# 海上絲綢之路文獻集成

總主编 陳支平 陳春聲

## 民間譜牒編 83

主編 林楓

海峽出版發行集團
THE STRAITS PUBLISHING & DISTRIBUTING GROUP
福建人民出版社

# 本册目次

# ［福建南安］芙蓉李氏族譜不分卷

李碩果　李引諏等纂修

［福建南安］《芙蓉李氏族譜》不分卷，李碩果、李引諏等纂修。芙蓉李氏遠祖係光州固始縣人，五季初從王潮入閩，後世子孫居於武榮芙蓉鄉（今屬福建省南安市）。開基祖廣孫，生於元泰定元年（一三二四）。是譜於嘉靖十二年（一五三三）由六世祖白水始修，至民國三十八年（一九四九），歷經八次編修。譜載歷次修譜之序、修廟序、諸儒譜論、族譜凡例、世系圖、恩命録、譜傳、祭田記、餘輝集、先塋圖、家範、詞翰等。以原族譜多有散失，譜系圖與譜傳部分僅記一世祖至五世祖。清康乾間，族人多往來臺灣，六修族譜序稱「子姪兄弟，或往臺或住臺」。清末民初，族人往來於新加坡、菲律賓、馬來西亞等地，多經營橡膠業，同時興辦鄉學、澤披梓里。如李國專、李光前父子於新加坡經商，李志成在蔴坡（今馬來西亞）經商，與族兄李映雪辦學等。李光前爲新加坡著名僑領，受陳嘉庚器重，創立南益公司，在東南亞影響甚廣。據民國間排印本影印。

# 芙蓉李氏族谱

## 白水公初次脩譜原序

嘉靖十一年壬辰正月望日猶子子瑞奉　祖母趙氏合壅牛尾墓先塋祭畢徹饌因而問曰斯墳何代余曰家無譜傳世次難以枚卜但曰遠祖耳子瑞曰家譜三世不脩比之不孝請余修之以昭示後人而篤親匕毋忘厥祖余自揣才疎識淺老病神疲倘有不終辭之誠懇再三固辭弗獲夫觀世人譜系多有攀援豪門貫族以爲遠祖余甚病焉要之族以繫親而已不必名人之華胄也蓋聞李氏受姓皋陶爲堯理官子孫因之以理爲姓後代改理爲李遷居隴西又述先君所言曰祖係光州固始縣人也五季初從王潮入閩厥後子孫因家於武榮芙蓉鄉追宗族大以蕃昌而有前房後房樓下下倉之號元季不幸中葉門祚一替祖宗之緒如抽獨繭年代世次莫得而詳今世首以　廣孫公次

原忠公列圖備明昭穆秩繫不虛美不隱惡不予富不奪貧五代一提頭凡例兩帙冠其端家範十條殿其後立論分類十卷首世系次恩命又次譜傳及祭田記餘輝集先塋圖家範詞翰綱舉目張夫家之譜猶國之史也源流支派

兹焉考徵大宗小宗兹焉係屬成敗賢否兹焉懲勸而垂裕後昆亦可兹焉繩檢信乎家譜無異國史矣李氏子孫誠能光先德而興孝友之心鑒前事而勵幹蠱之志雖無華胄之遠祖亦不爲缺典又安知華胄者不自此而出乎猶子以爲然請予書之以昭示來許云

嘉靖癸巳春花朝之辰

六世孫夏稽首拜序

## 逸溪公二次脩族譜序

嘗觀太史公曰天地者生之本也先祖者類之本也無天地惡生無先祖惡出故禮上事天下事地中尊先祖示不忘也然自先祖以來絲牽繩聯支分派衍自身而子而孫而子子而孫孫前乎此者事隔於人亡後乎此者衆分於世遠不特子孫忘其所出即其身而所謂若伯叔若兄弟若子姪云者舉弗克歷歷而盡識噫可慨夫原其由以譜之弗傳而弗脩也錫　祖白水公幼有大志遭際時艱童牙時嘗忍午饑而從學於安泰堂斯時也倘得賢師傅而造就之公豈爲逸民終已耶惜乎舉業宗匠卒無大就然其天資高邁故時與縉紳先生往來賦詩自覺迥然而當時施爲建置能使義重於縣尹澤流於後裔致祀於祖若宗皆令人嘖嘖喜談詳在公事實傳中迨其晚年中宵撫枕思念先德若憶若忘洒喟然長嘆恨譜牒之無傳至屛營彷徨不能安寐始奮然以著譜爲已任述往事示來者以著述則有據矣以目錄則畢張矣以昭穆序次則燦然明矣文詞所載鑿鑿然讀之津津然至不妄認華胄爲遠祖其識又何高也古稱

君子不朽斯譜也公之不朽意在斯乎則公之子三人孫十一人曾孫幾三十人各知守己業不可謂無報公者謂公之天定非耶然此就一宗而言自公之時宗分爲五矣其子孫又安可量也公之言曰家譜三世不脩比之不孝宗錫公三世嫡孫也幸睹族大以蕃間有一人五子六子八子者每視族中子孫有不能相識者有不知其名諱者惻然曰譜之不脩弊蓋至此英春知書者亦曾此意甚力懇焉錫竊以維先人之作至備矣余能薄而才譾何能有加於其舊但至整齊其世系則亦不得而辭焉故敢述前人之志而考其宗支生卒年月字行塋處其人繫某子娶某女外家有名者與焉某女適某壻有名者與焉蓋懼蒙不孝之罪廢先人之言故述先志以補其所欲著者爾至若睹斯譜而識祖宗之一氣幸族大而思睦族之有道志趣高遠以揚先德毋墮澆漓以玷家聲錫固與我族人而共勗之也倘曰脩譜何敢望焉何敢望焉於是譜成

萬歷丁丑年十一月壬子冬至特牲告廟謹而藏之

八世孫宗錫稽首拜書

## 黎懷公三次脩族譜序

宗譜不脩久矣自　逸溪公而後寥寥遂已四十餘年舊所存惟一册歲萬歷戊子先大人命余重書誠鄭重其事恐有遺忘也無幾年而嚮所脩者果不知墮落何手獨余所重脩存耳四十餘年之中雖居住不遷生者生死者死壟者壟光景不知幾經變換則今日脩譜之爲急也先大人素懷是志未竟而卒正庚中之歲余自甯陽以聞訃奔歸每途次之間感余碌碌一官無能有闡揚以光祖德幸藉祖宗之叨庇而有筆墨之役惟是計仕日遠山居寂寥得乘時綜輯是事或庶幾承先志光祖德之一義者爰筮日告廟謀之伯九溪叔三峯兄自盛弟自愷等冀所以共成厥事諸伯叔兄弟輩僉義是舉於是相與彙集屬稿當有序以弁其首序曰夫天地間盛衰之理家與國一耳國之有史則成敗得失綜焉家之有譜豈徒以詳生卒紀居塋已耶每見夫人與之泛論古今之成敗多懵然不省近舉祖宗成事未有不猛然思者故撫今而追昔亦家乘得失之林也吾宗世居芙蓉勝國以前世代無由詳覈入我

朝以來盛衰亦經幾變大都宗族久而丁產多丁少則役繁且甚有詭寄與他氏以避征役趙氏媽一女身擁二幼孤孫苦心盡力至養姪爲子以廣羽翼斯時岌岌不啻一髮引千鈞趙氏既歿而李氏事又中變矣女有贅壻婦有贅夫異姓雜處倚勢獻業獄訟無寧日即萬里赴京陳訴闕廷竟有不能伸理斯時而丁既單弱業亦耗散其不淪胥以沒者幾希耳再傳至我　白水公稍能克復先業光有前緒操翰墨與賢豪長者往來諸昆仲叔季各亦自樹立一時振作粗稱小康蓋未始非中興之一會云延至今日其蕃衍生息不知比前幾倍迺田土蕭條無論不能前十之一且澌然幾盡矣此又所謂丁幸多而產極少之日也說者以爲由盛而衰是在今日余獨以轉衰爲盛獨在今日何則宇宙間所拮据者惟人耳人能造財財不能造人每見傭耕而見華胄卑門而躋世族豈其初皆有祖宗之遺哉天生萬民必受之職人各任其事耳目手足皆足以供一身家衣食之用特患用之不善耳遡觀古今成敗之端當其盛也莫不有克家之子迨其衰也亦莫不有弗類之嗣夫所謂克家之子豈必皆聰明警敏

可以捷取功名獵得富貴功名富貴天也世間多有最聰明最警敏而覆宗祏家敗不旋踵彼所謂用之不善正吾所謂弗類之嗣也本根既壞而枝葉可以長久未之前聞記有之曰父慈子孝兄友弟恭夫信妻貞家之福也人家有此六福雖有功名富貴無以易此善積餘慶又安見功名富貴之不盡出於此途者也吾宗垂十餘傳忠厚世澤尚未斬於人心而詩書一脈科第人文視昔有加則今日所患衰衰在無財耳誠能得宗之兄若弟子若姪輩益脩其德而光大之父與父言慈子與子言孝兄與兄言友弟與弟言恭夫與夫言信妻與妻言貞士農工商各舉其事尊卑長幼不失其倫則今日雖不蕭條己不失舊盛氣象異日徼天之幸富貴功名安見不保世滋大子子孫孫勿替引之也若然則玆譜之脩其於起衰爲盛之機蓋亦與有力焉如第以詳生卒紀居塋已耶雖亦譜事中之要義顧一操觚之子能之無待吾輩之喋喋矣是爲序

天啓元年辛酉孟春吉旦　九世孫　邁種　謹序

民國戊子年重修

黎懷公續脩四次族譜序

宗譜之脩蓋自　天啓辛酉之歲於今又二十年矣二十年之中世故人情許多遷改姑無論其他即余一人之身喪母喪妻喪子凡幾悲悽逐隊一官由陞而降降而復陞陞而又黜蓋亦幾經辛苦何况吾宗子姪兄弟不啻數百餘人抵家以來所耳聞目見生者生死者死葬者葬中間齒行豈無有抑而未盡彰或有隱匿豈無有漏而未及摘者是皆曩年所未竟之事不可以不續書自維不肖無能表揚茲幸未盡之年竊有纂輯之志敢以告之兄弟子姪所有生卒年月葬處坐址或有善惡可爲勸懲各隨房分開示以便彙集謹告

九世孫　邁種　頓首拜撰

崇禎十一年歲次戊寅冬十二月吉旦

## 建廟脩譜序

祖廟以改制而愈新族譜因循脩而始備是二事皆光前垂後之盛舉也夫豈易言成哉當其舊也祠宇雜以人居歲久將圯譜系流於綿延代遠難稽士輔不自愧德薄力微但願與族中同志者稍遂其尊祖敬宗之志客歲壬午冬至拜祖因會族祖叔望聯廷陞叔球熺薦然朱弘弟文心等共謀鼎建祠宇務使人家分居兩列中特立一堂幸我族不叱而非之咸義而是之越癸未二月擇吉興工不意六月旱荒駢臻事幾乎中寢士輔乃奮勉向諸同志相勸諭曰若罔成功豈惟獲戾先靈而且貽譏於後世蓋幾經費心幾經竭力不數月屆冬至節而告厥成矣其巍煥壯麗視前有加焉爰是今年春取前庚辰冬各房叔高應麟學源兄士潛弟文察元騰峴光姪學乾等所自脩本房之譜傳筮日告廟抄彙成集合為一譜體式一依於舊書錄有取於新不敢望希續脩之盛蹟念自崇禎戊寅以後遙遙幾七十載於此而苟且書之不猶愈於泛漫乎故建廟之力隨人高下出財脩譜則計丁輸錢何論未數任事之人亦當奮自己財

力而水源木本之思孰不有懷睹土木瓦石之淨妍筆墨書紙之澄新在他人見之猶且生羨慕屬在子孫其喜慰更當何如也使由是而克紹前徽進而上之安知李氏之科第人文不較盛於曩時也哉要皆祖宗神靈所默佑然非伯叔兄弟和心協力曷易以言成哉此特會族鈔謄其數傳之生卒塋處姻婭不淪於落寞爾倘曰脩譜願以俟後之賢者輔則何敢

康熙四十年歲次甲申

十二世孫　士輔　頓首拜書

## 祖廟三建序書匾

廟宇於今爲三建矣相傳舊制簡約雅與地稱科第以後廣而張之後稍侵山東西各拓三間以居焉不免漲滿地勢嗣是而闈名不繼卞璞抱光且歷年來垣宇頹傾風吹雨射歲時瞻謁環顧而議鼎新才力莫舉遲遲以有待者豈氣運耶抑人事耶康熙壬午冬至日合族展拜十二世孫士輔倡議更新諸任事者從羣是其議而和之遂鳩集財力一時具輳癸未二月春筮日擇師召工庀材土木齊舉爰無停日越夏徂秋而工成進前近五尺東西設巷各一丈五尺有奇居者另構外護法追遵古制而木石丹漆遠邁於前茲冬至告奠有拜手而獻言曰廟宇今日得煥赫者盡知其由乎夫水木之思何人蔑有我族幾萬指財力無慮弗勝所恃以肩重任者在首事之公與才耳匪公無以集事匪才無以任事令今日而較量於分房之間則難矣令今日而不善爲居者謀之則難之難矣惟是度量輪貲不以多寡異數兩傍居人一無所預凡舊瓦木悉以助成外護頓使廟貌肅清祖先妥侑誠萬年不拔之基者信非公與才者莫能勝

任也其以人事扶氣運之隆者不在斯乎衆皆以爲然且曰其時督率則廷陞球熺分理則望聯薦然經營區畫始終統集共成者則士輔朱弘文心也不可不詳誌之以示後小子學源謹承父命而登於匾云

## 五脩廟宇序并附地理師製法備考

將即都會秀杰之區營建廟宇妥祖宗之靈裕熾昌之運雖本天地生成半由人
力工巧者也我祖卜廟於茲地號眠牛先是地理師　漁樵公先生因地勢以
裁成作法具極美備不數傳科甲層見迭出嗣後孫子更而張之古法遂以無
存書香竟稍替焉康熙癸未士輔文心同族叔望聯球熺朱弘廷陞薦然等更
立重建雅與地稱製作未及周詳乾隆癸酉裔孫天秀倡義鳩金脩除剗埊祇
仍舊規自康熙癸未閱乾隆戊子六十有餘載　瞻亭公雖應運起乎而科名
寥寥不數覯也是歲乾隆已丑瓜月念有五日三世祖媽忌辰裔孫天秀志程
偕衆房孫子咸在廟中時十世孫爲光自臺歸亦來謁祖顧瞻廟貌羣然議脩
爲光捐銀伍拾大員天秀捐銀伍拾肆大員志程捐銀陸拾大員且曰今日這
事殷阜職也宜一心鼎力焉爰是衆房子孫酌家貲以輸財罔不爭先赴義云
董其事者十四世孫瑞珩也拈鬮輪日課工十二世孫涨清尊良十三世孫宗
臣鳴皋肇芬士邑十四世孫捷登元向瓊輝十五世孫時寬克家也卜吉於已

丑桂月閏庚寅臘月而告竣計銀三百有奇計工六百有許基址踵故垣墉聿新木則石之土則磚之燦然易象赫然改觀當工力未就時僉曰壁茨丹雘孫子職也門庭砂水裁制得宜則非孫子所及知也須延名師議妥爲時有地理師諱樂道榜眼鄧公功姪孫也著一篇地理論直總廟地全局和盤托出后頭削去客土右肩劙平漲滿花臺成少陰胎息右脚培金水吉砂暗土高築以迎祥天井浮陽以納吉后溝寬　尺　寸左右兩溝廣　尺　寸門開壬位水放壬方鎖凶仰秀兩維宜焉維昔癸未建宗祠閱九載纔賡鹿鳴於今已丑成廟宇甫二歲旋登虎榜閤族子姓爰誦而祝之曰今日新廟弈弈非裔孫爲光天秀志程曷以倡其義非衆房孫子曷以課其工而非十四世孫瑞珩曷以總其成要其裁制合宜方位得所因乎天全乎地則鄧地理師之力也　漁樵先生其默相之矣以妥先靈以裕後昆鍾英毓秀綿綿繩繩其在兹乎故備誌之以昭示來者

乾隆癸巳年菊月　　十四世孫　如金　淸修　仝拜序

## 六次脩族譜序

族譜之脩上溯祖考下逮子孫事至繁也典甚鉅也六世祖　白水公慮瓜瓞既
綿而後世系莫詳故採諸譜圖成憲遍覽譜傳舊章創一家懿範垂萬世法程
族譜之脩蓋自　白水公始云嗣是再輯於八世祖伯　逸溪公三編四編輯
於九世祖伯　黎懷公沿及
國朝康熙癸未約有三世裔孫士輔以三世不脩譜比之不孝譜中垂訓森森如
也既成宗祠爰集叔兄弟姪高　應麟學源士潛元騰文察峴光學乾等纂脩
譜記其有率祖攸行至意乎自康熙癸未迄乾隆癸巳七十有餘載廟宇之脩
告竣於庚寅臘月譜記之修逮癸巳桂月而舉行緣子姪兄弟或往臺或往臺
年月生卒塟處男娶何姓女適何人罔得查覈倘在家者畢詳在外者竟缺後
數傳詢其昭穆訪其世代將茫然莫辨矣誰非水源木本祖宗苗裔有遺譜中
不特抱恨今人且獲戾祖考矣辛卯十有二月諸叔姪修札一封命裔孫士吉
往修焉癸巳瓜月寄臺地譜稿衆同裔孫瑞珩而議曰廟宇之修姪總其成譜

記之修姪董其事爰分任衆房子孫士璟士辛天根士曹源淵懋德士仍士敬士裔等各就分支鈔寫舊譜所傳字迹不無雕蟲篇帙或有殘缺必合數部印證創稿方既極精詳謄眞毋得簡略修譜之事於是舉矣且夫譜中記載豈獨詳其名字諡號年月生卒乎蓋以書先世善惡垂後人法戒史即國譜也譜即族史也史官之美刺維嚴褒貶必謹今之譜記子孫稱頌祖父鋪張之揚厲之此亦善則歸親之義也操筆者見美必錄見過必諱此亦善々欲長惡々欲短之意也凡我後人披閱譜記覽其文如見其人舉譜中所誌者奉爲典型文詞也即實行也則亦無負我祖脩譜之志矣

乾隆癸巳年菊月

十四世孫　如金　清修　仝拜序

## 收藏族譜序

族譜於今凡六脩矣其典與修廟而並重其事較修廟而更繁康熙癸未五修族譜交値祀輪流收執不數傳而編帙或至散失字迹有似雕蟲又其甚者當修譜之日有未生未卒未塟者修譜之後竟將生卒年月塟處纂入譜中與譜載所書字迹互異則徵信之史反爲傳疑之書値祀收譜其弊如是夫値祀多不與修譜之事那曉脩譜之艱且譜中記載上登祖考名號下傳孫子俊秀豈容弁髦視乎今公訂規條祭譜之日各房公舉俊秀孫子更問祖考以訂其人異日孫子要攷證譜記須向收執之人披閱毋得傳遞以致卷帙殘缺竹策垂之其琬琰奉之乎此繄公議凡諸子姓體遵無違

十四世孫　瑞珩　清修　仝拜序

乾隆甲午年荔月

## 七修廟宇原序

修廟與修譜役有繁簡費有重輕而實皆尊祖敬宗裕後光前之盛舉也我族歷次以來多修廟繼而修譜惟此次事分兩橛相去忽十餘年非有所偏重也丁多族大今昔不同欲並舉而兼施微論財力弗勝將有掛一漏萬之懼矣溯自乾隆己丑五修祠宇甫二歲旋宴鹿鳴嗣是而翰苑馳聲又嗣是而忠臣踵出蓋地靈則人傑今日之作法雖非漁樵先生之舊而鄧地理師之裁成曲當實亦足以輝映後先已無何而風吹雨射廟貌漸即飄搖道光年間起議重脩廳事開拓五間不免漲滿地勢甚至榱題椽桷蟻蝕難堪嗟乎古制以屢變而屢失其眞當此之時不特地脈有傷抑且先靈莫妥浸淫至光緒丙子再復舊規將五間折爲三間復因築舍道謀事遂中寢夫廟宇爲宗祖所憑依爲子孫所展拜亦即爲遐邇所觀瞻任其剝落摧殘凡值露濡霜降之辰能不益增悽愴哉亦越光緒辛卯僉議重建先君子淩漢公與叔兄弟輩赴省鄉試適叔玉芳拓業於省南台蒼霞洲家計殷富倡捐百金闔後再邀叔惟馨升光彥士寶訓

應章等集議舉行幸閤族踴躍捐貲快覩其成爰是擇吉興工脩築上下兩落及兩廊短牆偏門立法悉遵鄧樂道先生舊制維時董事者則名鈺濟坤家驥映奎也督役者則慶芳捷陞也鳩金者則應辰時珍家騏也墍茨丹雘氣象聿新越明年壬辰而蕆事行見丁財甲第自此而景運重開矣駒賦質不敏愧不能顯揚先烈爲志乘光惟茲譜牒之脩忝承筆墨之乏竊念脩廟職鉅不可不備述以示來茲也特附誌大略如此

光緒叁拾有貳年歲次丙午臘月

十九世裔孫　家駒　頓首拜序

## 七修族譜原序

自乾隆甲午六修族譜屈指於今又百三十有四年其間閱世生人閱人成世代屢推而屢遠族日衍而日蕃不獨舊存譜牒零星散佚有魯魚亥豕之憂即人事之代謝子女之婚嫁宅兆之變遷以及文武科名之發達當此遥遥百餘載類皆夥頤鬱積闕而待詳嗚呼三世不修比之不孝譜中之遺訓綦嚴凡爲子孫疇非水源木本之親疇無尊祖敬宗之志乃以責鉅費繁遲之又久令過此以往頭緒愈紛其缺憾更奚似耶夫他日欲爲子孫父祖今日當克爲父祖子孫况我族譜例周詳經鄉先達數次纂修又非文獻無徵者比觀於世系有圖恩命有錄祭田有記餘輝有集繩祖武則誌及先塋裕後昆則垂爲家範規模大備炳若日星後之人率乃祖攸行自可以修齊握治平之券彼鋪張粉飾胡爲者幸祖宗有靈閤族急公好義具有同心適癸卯科彥士鐵華名鈺映奎家騏家駒家駰等上赴秋闈有玉芳倡首捐貲而修譜之議遂決爰於甲辰春各家捐題舉族歡呼爭先樂義不數旬捐三千餘金因之分任採訪彙稿謄眞初

七修族譜原序

擬録諸棗梨以工費浩繁姑仍舊貫每房各鈔一部冠以支圖一部外再鈔四部互交以資考證合爲二十五部閱時日三易裘葛維時僉議同董者則升光慶芳慶雲嵩高鐵華敬清邦俊國頌進聲成卿也董事分鈔者則彥士鍾英名鈺時珍映奎家騏也鳩金者則懷堂也至分居異地之各房若福省建郡泉城永春數處亦陸續採輯惟臺灣一島孤懸海外自倭人割據苛禁横開關梁梗塞欲往脩而未果諸同志俱以爲憾然或往臺或住臺詳於分註者信而可徵異日拾遺補闕正自無難必因噎廢食執甯闕毋濫之説謝責目前豈我祖垂誨諄諄之本意也哉

光緒叁拾貳年歲次丙午臘月

十九世裔孫　家駒　頓首拜序

## 南安芙蓉李氏第八屆修族譜序

南安芙蓉李氏之修譜凡八屆矣族愈大則支派必多歲彌久則考據宜審至是旁稽遠溯總集其成昭穆分明慎爲序列洵盛舉也夫親親之誼九族攸敦仁以率祖義以率禰使無以聯繫之必至渙散無紀數典而忘將何以傳諸弈禩繩繩不替乎芙蓉開基以後至六世始有記載自此書香蔚起科第蟬聯世德相承則譜之修者繩祖武即貽孫謀也歷數百年來雖一代有一代之事略各房繕本同中有異未能劃一整齊彝倫攸敘乃爲釐訂綜合參考無遺承先即以啓後維翰維城宗祊永篤總其事者董事主任李碩果副主任李引諏名譽董事李丹臣李光前等皆族之重望也蓋尚齒貫德長幼有序瓜瓞之綿譜之關繫重矣高祖以至元孫謂之九族而本支百世由此而推芙蓉他日子孫千億保世滋大可預券也是爲序

中華民國三十八年春月 穀旦 晋江曾遒拜撰

## 諸儒譜論

程子曰管攝天下人心脩族譜厚風俗使人不忘本須是明世系立宗子法又曰宗子法壞則人不知來處以至流轉四方往往服未盡而不相識又曰立宗子法則人知尊祖敬宗而朝廷之勢自尊又曰宗子法壞譜牒尚有遺風譜牒義廢人家不知來處百年之後骨肉無統雖至親亦薄

唐相崔琳曰譜姓氏之經綸家代之綱紀道一家之流說九族之派人倫根蒂君子貴之

蕭陽朱氏文霆曰族之有譜所以明宗系之别其本有生之初也受姓之初一人而已則凡姓是姓者均族也不異而有所異者因其異傳而蔓延他適地異歲久聲跡不同名字不相通於是乎各異其族而有不能知其初同一人也此譜之所以作也夫

呂成公曰世之學者大而欲知天文地理之學小而欲知鳥獸草木之名獨於已

身祖考之所自出則茫然而莫之知也豈不深恥乎

韓魏公曰謹家譜而不忘其先孝之大者也

歐陽公曰譜圖之明則子孫喜其樹立惟恐墜其家聲

紫陽朱氏曰古者氏族掌於史官故官有譜姓有苑族有譜朝廷於選舉以之考其眞僞大夫士婚姻以之稽其閥閱而已厥後家自爲書以之明大宗小宗支別親疎遠近敍尊卑名分爲也

宋儒熊勿軒曰唐人所著家譜列於諸史蓋三十餘家自其末世之亂仕宦往往忘之譜學遂廢間有藏其舊譜而圖支又皆缺失朱文忠公慕歐陽氏譜牒採於唐無所考而上倣司馬遷子長史記表與鄒氏詩譜以爲圖而後譜乃成焉歐陽有異法合其法者蘇氏蓋明允先生所作也

蘇明允曰唐衰譜牒廢絕士大夫不講而世者不識於是乎由賤而貴者恥言其先由貧而富者恥錄其祖而譜遂大廢也

龍門子曰甚矣譜牒之難攷也歐陽脩圖世以爲甚精其言詢生通自通三世生

琮爲吉州刺史當唐末黃巢陷州縣率州民捍賊鄉里賴之保全自通八世生萬爲福安令脩則萬之九世孫詢唐初人黃巢陷州縣唐末也終始相去三百年詢至琮竟五世耳唐末至宋仁宗則一百五十餘年至閱十六世其理竟何如甚矣譜牒之難考也君子當闕其所不知而信其所可知而已矣人有言曰三世不脩比之不孝苟世脩之豈有如前之失耶君子當愼之可也

## 族譜凡例

一譜者傳信之書不得冒誣以誣其祖若先世莫知其詳倣蘇老泉譜法以其所知者爲祖

一譜圖倣歐陽公五世異帙五服之義再提而至九世者法九族之義也且五世之後又自爲五世之小宗屬焉此法最精令五世畫爲一圖附其事實使觀者瞭然

一譜者記其名以示不忘其先之義斯譜之作主於傳世當以諱書雖子孫脩譜亦當書父祖之名使後得所考據焉爲子命名不主冒犯也

一先圖而後譜者圖倣史氏年表列傳

一譜傳倣司馬遷班固列傳之體兼採墓銘壙碣之製故先書諱字書德性學問仕隱履歷嘉言懿行生卒年月塟處繼書配及婦德可稱揚者終書子男幾曰某女適某處某人之子有官爵者書其官

一譜以大宗爲主系派即子系世無子擇昭穆相應者嗣之書其下曰以某人子

爲嗣以子爲本宗人嗣者則曰以子繼某人庶系派分明

一婦人居孀守制者孝行貞節可稱則爲傳以表揚之

一士農工商民之本業男子不事本業出爲僧道者不書爲其不世也

一祖父出仕有功於社稷澤及生民者卒則當代立言君子誌銘之錄於譜以示不朽

一祖父恬退不仕隱遯邱園其文學懿行可以溉迪後人卒則求其名公作傳或墓碣類以表揚之

一嫡母無子卒皆書庶母不書有賢子女及有賢行者書之

一立例之意世次不備而失諱字名實不敢妄加補註者所以傳信也書官諱履歷生卒者詳始終也書行次者明昭穆也書配及子女嫁娶者重婚姻也書妾媵之子明嫡庶也書性行者昭先德者書詳略者不敢誣也書方隅者詳先塋也

內夫家也凡此皆竊先賢之意而損益之非杜撰也

一斯譜之作天敘民彝煥乎攸寓宜爲家傳之典章告我後人珍而藏之非如金玉之器既已失之而可以復得之亦不輕以借人以防小人盜鈔數世之後有同此尊祖敬宗者務求立言君子序其後先謄錄數本分給各房收閱倘有不虞之變或彼失此得庶無遺失之患也龍門子曰三世不脩譜比之不孝君子當慎焉可也

世系圖

作世系圖所以使知來處而篤親親睦族之情也自遠祖來於芙蓉鄉因之爲居再溯而上容有能詳之者但以攀援爲嫌抑亦有不足援者顏子淵簞瓢陋巷而有輕萬乘之良貴存焉袁氏四世五公非不賢且貴也而紹興術終不得借以蓋其不忠不孝之罪禹以聖德神功爲天子則郊祀鯀以配天信乎親之不庸援也今脩圖以廣孫公爲一世祖五世一提頭勉勵諸子孫可尚詩書而崇文學毋容遠依先賢近攀貴族因以此意詔之而作世系圖第一

恩命之錄所以尊

朝廷褒崇之盛典宜錄於譜以垂聲於後使子孫勉勵今錄鄉飲禮書蓋鄉飲

朝廷敬老尊賢之盛舉非德懋行脩爲鄉邦士民所景仰者不得與其恩光也故並

錄之以垂後世更空數帙以待

褒封贈誥之典爰作

恩命錄第一

一　嘉靖三年十月初一日南安縣知縣顏容端請

白水公鄉飲啓

恭惟先生素行見重於鄉邦行年已幾於耄耋今年本月初一日例應舉行鄉

飲是宜敦請特居賓位伏乞至期暫離邱園之賁以增宴享之光至望至望

一　嘉靖二十五年正月十五日泉州府知府程秀民請子瑞公禮書

恭惟先生謹孝行而鄉邦稱之興水利而都人德之本年正月十五日例應舉

行鄉飲是宜敦請特居賓位伏乞至期暫離邱園之賁以增宴享之光至望至望

一萬歷三十三年十月初一日南安縣知縣周紹祚請鳳窩公禮書

恭惟先生賦性不欺立心居厚母養踰八十舞班衣而孺慕不衰子教成一經登賢書而恬淡愈茂事兄如父雖詞氣顏色未敢嘗以加人處鄉如家無婦女稺童咸知其爲長者誠先進之懿範不二之遺風本年十月初一日例應舉行鄉飲是宜敦請特居賓位伏乞至期暫離邱園之賁以增宴享之光至望至望

一天啓六年十月初一日南安縣知縣侯謹度請靖宇公啓

恭惟先生稺年失怙哀毀至欲捐生隱行歲修步趨幾於有道讓田叔弟寧甘四壁之蕭條詒穀兒孫惟有幾籛之殘蠹髦耋猶不諳城市鄉閭悉奉爲典型敬採輿論預薦介席伏惟

寵臨曷勝榮幸之至

乃

朝廷酌古典尊高年而尚有德者風化所關禮宜慎重伏聞先生立心從厚稟性

至寬孝弟忠信之行四德克脩辭受取與之間一介不苟謹採輿論薦於介席

伏望屆期暫離邱園之賁以增宴享之光至望至望

一康熙四十九年正月十五日南安縣知縣李承祖敦請　朱裕公鄉飲啓

恭惟先生樸誠自矢忠厚待人孝行見稱於鄉里行年已幾於耄耋今正月望

日是宜敦請特居賓位伏期寵臨曷勝榮幸之至

一乾隆戊辰年陽月　知縣李元瑞　教諭陳翰墨　訓導李春芳端請　德昭

公鄉飲啓

恭惟介賓行敦孝友猶然德里遺風惠洽親疏無異義門令範年高德邵宜薦

介賓敬請至期蚤臨賓筵以光

盛典謹啓

一乾隆庚辰年二月初五日南安縣知縣靳漢文請　洣湕公鄉飲啓

恭惟先生立心從厚稟性至寬素行見重於鄉邦行年已臻於耄耋今年本月
十五日例應舉行鄉飲是宜敦請特居賓位伏望至期寵臨曷勝榮幸之至

一乾隆辛巳年端月望日鄉飲之期南安縣知縣靳漢文准　儒學牒請　宗臣
公賢衆賓行誼克脩慤誠自守門庭雍睦嚴訓子弟不染毫非粮課開徵勸隣
里率先輸納里戶不至追呼比閭絕無啓衅德孚公論宜與賓筵以光
盛典謹啓

一乾隆戊子年二月初一日南安縣知縣靳漢文請　廷珪公鄉飲啓
恭惟先生敦倫飭紀大義無虧睦族和鄉古道猶存本年正月十五日例應舉
行鄉飲是宜敦請薦於介席伏望至期暫離邱園之賁以增宴享之光至望至
望

一乾隆庚寅年陽月朔日鄉飲之期南安縣知縣成城准　儒學牒請　肇芬公
賢衆賓事親愛敬接物忠誠堪列賓筵之選敬請至期蚤臨賓筵以光

盛典謹啓

一　乾隆丙戌年二月十五南安縣靳漢文牒請文正公鄉飲啓
恭惟先生謹身節用無忝門内之修秉信守忠堪爲里閭之式賞課而宗族咸賴解紛而訟獄不煩野安作息之常戶有絃誦之樂今花月望日是宜牒特請居賓位伏期寵臨曷勝榮幸之至

一　乾隆甲申年二月初一日南安縣靳漢文請元華公鄉飲啓
恭惟賢耆賓事親敬長既孝弟之無虧睦族和隣復寬平之素著或念同氣而尚解推或憫孤寒而多施與束身寡過咸無蹈愆而忤人誠衆息爭俱可成風而訓俗洵已鄉評望重列於賓座無慚茲當陽月望日鄉飲之期宜舉賓筵以光
盛典

一　乾隆丙戌年端月望日南安縣知縣靳漢文　教諭兼理訓導謝家纘端請鄉飲啓
恭惟　時德公孝行克敦孺慕之誠可挹友于時篤行葦之誼可風規言矩行

德望重乎州巷赦債蠲租仁恩及乎鄉閭宜與賓筵以光

盛典伏祈

蚤臨曷勝榮幸之至

## 欽賜祭葬崇祀昭忠祠儀亭公忠烈傳

公諱來生字建德號儀亭由勇首於咸豐六年隨參將畢　赴江西廣信府剿辦髮逆出力八月蒙　統領兵勇浙江提督饒　賞給八品頂戴七年逆匪竄擾閩省復隨赴建甯府擊退賊匪出力蒙　統領軍務臬司趙　賞給六品頂戴以外委記拔八年隨仝遊擊許　赴汀州府連城縣堵賊出力九年正月間蒙統領軍務藩司裕　賞給五品頂戴同治元年隨　統領援浙諸軍記名道張　赴浙江金角山剿捕金錢會匪并陶山一帶剿逆出力蒙　前福建撫憲徐　奏保免補外委以把總儘先拔補於二年五月初七日奉
旨允准三年九月蒙嘉義營參將徐　委署水沙連汎千總四年三月卸署復蒙水師提督曾　派赴臺灣嘉義斗六一帶剿匪出力四年五月十八日奉前撫憲徐　彙同臺地剿匪出力案內隨摺咨保請免補把總以千總儘先拔補十年二月間蒙　福甯鎮羅　委派東南定勇前哨匕官隨參將郭　馳赴浦城一帶拏獲土匪出力奉

前署督憲文　前撫憲王會保同治十一年十一月十五日奉
上諭李來生着留福建原保官階陞用欽此光緒四年請考收標蒙發督標中營
候補續在延平道張　差遣蒙保守備銜十年閏五月蒙　統領帶鎮海營參
將楊　派充鎮海右營左哨匕官帶勇至馬坡山防堵旋即管帶全哨配駕漁
船泊寄營前港禦敵於七月初三日法夷驟發大炮　公竭力禦敵正督各勇
施放火箭突身中巨炮陣亡荷蒙　楊大憲
奏卹於光緒十一年二月十七日奉
旨照守備例給卹銀叁百兩幷
欽賜祭塟崇祀昭忠祠世襲雲騎尉　恩騎尉罔替
欽賜祭塟崇祀昭忠祠世襲雲騎尉　恩騎尉罔替儀亭公奉到敕書文曰
奉
天承運

爵以武致治以文服欽承往制選進賢能特設文武勳階以彰激勸受茲任者
必忠以立身仁以馭衆智以察微防姦禦侮機無暇時能此則榮及前人爵延
後嗣而身家永康矣欽此
李來生爾原係儘先候補千總因在本省中砲陣亡賞給雲騎尉與爾嫡長子
李成龍承襲後病故尚有雲騎尉壹次與原立官李來生嫡長孫李廣源承襲
光緒貳拾肆年四月　拾玖日

貤封昭武都尉

誥封登仕郎

晉封武德騎尉字建衷號祥齋於光緒甲辰年恭逢

皇太后七旬萬壽

覃恩七月廿八日奉到

敕書曰奉

天承運

皇帝制曰策勳疆圉昭大父之恩勤錫賚絲綸表皇朝之霈澤爾李建衷迺都司

銜武生李國棟之祖父敬以持躬忠能啓後威宣閫外家傳韜略之書澤沛天

邊國有旂常之典茲以覃恩貤封爾爲昭武都尉錫之誥命於戲我武維揚特

起孫枝之秀賞延於世聿昭祖德之垂

制曰樹豐功於行陣業著蘭孫錫介福於庭闈恩推大母爾　氏迺都司銜武生

李國棟之祖母壺儀足式令問攸昭表劍佩之家聲輝流弈世播絲綸之國典
慶衍再傳茲以覃恩貤封爾爲恭人於戲翟茀用光膺宏庥於天闕龍章載煥
昭異澤於皇朝
敕授登仕佐郎
誥封昭武都尉
晉封武德騎尉字于吟諱淑筠號　於光緒壬寅年福建賑捐案內報效出力
蒙閩浙聰督部堂許　彙奏奉
旨　准以巡政廳補用遵　領部覆行知各　憲在案於光緒甲辰年恭逢
太后七旬萬壽
覃恩七月廿八日奉
勅書曰奉
天承運

誕生李國樑教義方居後穀似光前積善在躬樹良規於弓冶克家有子拓
令緒於韜鈐茲以覃恩封爾爲昭武都尉錫之誥命於戲錫策府之徽章洊承
恩澤荷天家之休命增光門閭元配
敕封孺人
誥封恭人
晉封宜人陳太恭人仝日奉
天承運
皇帝制曰怙恃同恩人子勤思於將母趨恒著績王朝錫類以榮親爾陳氏迺都
司銜武生之母七誡嫻明三遷勤篤令儀不忒早流珩璃之聲慈教有成果見
干城之器茲以覃恩封爾爲恭人於戲錫龍綸而煥彩用答劬勞被象服以承
庥允膺光寵

# 芙蓉開基始祖廣孫公派下支圖

| 第一世 | 第二世 | 第三世 | 第四世 | 第五世 |
|---|---|---|---|---|
| 始祖廣孫 | 原忠 | 濟童 | 眞生 | |
| | | | 眞良 | 瑞元 |
| | | 定奴 | 宗保 | 仙慶　提 |
| | | | | 仙燦　提 |

芙蓉開基始祖廣孫公派下支圖

民國戊子年重修

## 譜傳

譜傳之編所以記先人之名行字號生卒娶葬及出處履歷之事蹟也蓋事蹟不記則後人無所考徵其間所書有詳略之不同者蘇明允曰詳吾之所自出亦詳吾之所知也李氏從有考處傳來八世二百三十餘年有遠而莫詳者姑闕之近有可書者則著論而備書之碌碌無聞及生卒存考紀者但書其名字耳蓋生存者未卜有否勸懲意也作譜傳第三

一世

始祖廣孫公 生泰定元年甲子 卒洪武十二年己未

娶陳氏 生泰定二年乙丑 卒洪武廿三年庚午

葬處失考

生男一 原忠

二世

廣孫公之子原忠 生至正九年己丑 卒洪武廿七年甲戌

[illegible]　廿四號

娶林氏　生至正十一年辛卯　卒洪武三十年丁丑

塋處失考

生男二　濟童　定奴

三世

原忠公長子 濟童　生卒塋失考

生男二　眞生　眞良

白水公曰三世公妣塋處遠出百年近則五六十年然子孫繩繩而莫詳者果混於草莽耶抑爲溝池耶抑爲犂鋤所及耶當爲隱憂其莫詳之姑爲無祭田也李氏家運中葉蹇滯存乎此矣噫譜傳不脩比之不孝允矣斯言此傳亦永鑒也夫

原忠公次子 定奴　生洪武十八年乙丑　卒洪熙元年乙巳

先塋失考

嘉靖十一年奉遺象塋泉[illegible]

娶趙氏[illegible]瑞人[illegible]

生洪武廿一年戊辰九月廿九日寅時　卒於天順七年癸未七月廿五日戌時

生男一　宗保

先合壟新墓

嘉靖壬辰年正月十二日玄孫眞童遷合葬於尾墓祖墳坐辛向乙夫祖宗一氣也生死一理也夏於夏季寢於大廳之西夢有人曰爲我塡主遂因問曰何姓應曰姓趙寤而問於家君曰姓趙爲何人也曰　祖母也遂塡主而祀焉

白水公曰曾祖母趙氏當李氏中微之際自濟童艱難手創田米一百五十餘石內抽田租以備軍裝延名師以教子孫修簿數以啓後人子孫享流澤者詎忍忘乎豈可久廢而莫祀乎果英靈未泯而感夢耶抑李氏將興之先兆歟錄此以戒毋忘厥祖也已

逸溪公曰按譜趙祖母視瑞元從堂姪孫也祖母寡守二孫家業全舉以付之其誰能議之顧見軍民二役重難二孫仙慶仙燦尙少惟瑞元壯長在外呼而子

養之手立遺囑租簿將產業配米一百五十石及房屋牛隻折爲兩半半與堂姪孫瑞元半與二親孫仙慶仙燦又立軍裝催募李添賜當軍嗟嗟此在丈夫尙忍不能決剐婦人乎厥後瑞元無嗣其產業雖爲服膺所殘破而趙氏血脈子孫所永享者猶多賴此人之遺然則據祖母當時識見其事後成敗眞若燭照而龜卜者矣噫希覯矣希覯矣其精英感夢也宜哉

黎懷公曰趙氏一女身耳而規畫措置饒有丈夫骨力二子俱在召瑞元於疎遠而半與之家業意當時別有先見然趙氏之心至此良苦矣服膺啓釁贅壻獻業天之所以禍李氏也承繼得人庸德歸宗則李氏之天乃定矣天生趙氏以造李福天生傅氏以釀李禍嗚呼婦德之賢不賢其所關家門豈淺鮮哉

四世

濟童公長子 眞生　生卒塋處失考

濟童公次子 眞良號梅山八十處士　生於建文二年庚辰二月初三日戌時　卒景泰二年辛未十一月廿七日戌時

歹葬本處山尾因被泥水蒸蝕乙酉年遷葬本都后田覆船山下井頭大路邊

坐庚向甲

生男一　瑞元

定奴公之子 宗保字體乾行一　生永樂廿一年癸卯十月廿四日巳時　卒於景泰五年甲戌正月初一日戌時

娶晉江溪頭吳氏　被出

生男一　仙慶

復娶十八都侯氏諱玉姿謚淑貞　生於宣德三年戊申三月初三日戌時　卒於天順三年己卯八月初八日申時

先合禮葬新墓因被泥水棺柩汚爛弘治己未九月十五日孫夏等奉瓦棺葬

於本處泉空太陽金帳裏孩兒形坐癸向丁

生男一　仙燦

女一　適十七都黃奇瑞

側室陳氏

生女一　適桐城張

廣孫公派下世系

真良公之子 瑞元行一 號誠齋處士 生於宣德六年辛亥九月廿九日亥時 卒成化十二年丙申十一月廿八戌時

娶南安金雞傳氏名服膺 生於正統二年丁巳五月廿八日亥時 卒於弘治六年癸丑十月廿三日巳時

合葬鄭埔山坐乙向辛

生女一　妙勤適晉江青陽市莊庸德

白水公曰服膺陰厚厥女蕩業殆盡聽壻庸德將門首膏腴田租三百二十餘石獻賣蔡清得銀七十兩獻賣後演水田三百二十餘石與李汝嘉得銀一百六十兩嗚呼以祖業當泥沙獻賣如燎毛其所益者少其爲害甚大忍心害理能恝然乎錄此使後人鑒後人也

逸溪公曰瑞元住董湖村趙祖母床舍不能自立趙祖母收回爲之娶婦傳服膺是其妻也仍將田業配米一百五十石折作兩半半與瑞元半與二親孫仙慶仙燦瑞元故無嗣僅存一女曰妙勤先許十九都戴玄珪總角時登門即將洋

廣壠董湖蘆口溪等處田地三百畝立契陰受玄珪米聽收割玄珪旋故又招晉江青陽市莊庸德進贅蔑棄祖業獻賣鄉宦蔡清季汝嘉米俱在戶致爭承繼推米赴京陳本至於賴賊扛屍而破蕩家業嗚呼服膺何忍也曾不念其夫之業得之何人夫死無嗣不以貽之子孫而以棄之他人於情安乎於理合乎幸而承繼有人庸德歸宗殘破之後子孫猶得享其十二之遺或者祖母趙氏之靈也後之子孫其永鑒諸

黎懷公曰婦人無子率多徇私意積私財市私恩一旦當繼嗣未定之際其能為夫家計久遠者百無一二服膺之禍亦吾宗不幸而當此耳家政不綱女德無良百載而下三復此際猶令人撫膺欲泣嗚呼危矣

## 祭掃儀式

主祭用嫡孫行禮諸子孫次序陪祭跪拜設禮生二人於左右或墓所或祠堂照依後開舉行毋得從俗號召及用道士宣經有玷儒風

禮生唱曰

排班　班齊　迎神鞠躬拜　再拜　興

平身　詣神位前　跪　上香　再上香

三上香　進饌　獻酒　再獻酒　三獻酒

讀祝文

主人以下皆跪

祝文式

維某年某月朔越某日某辰孝子孫某敢昭告于

某祖考妣某公某氏之神曰氣序推遷諱日復臨追念音容感慕不勝謹具牲醴庶品用伸奠獻

若祖父以妣配　若妣以祖父配　尚饗　送神禮同後

祭墓祝文式

維某年某月朔越某日某辰孝子孫某敢昭告于

某祖考妣某公某氏之神曰時序流易值茲清明春雨隱滯白露草木零落瞻掃

封塋怵悽惕愴不勝謹具牲醴庶品用伸歲薦某等無任感慕之至子祭父用

哀哉　尚饗　俯伏　四拜　興　平身　焚祝　禮畢

詣后土神前　跪　三上香　三獻酒

讀祝文

維某年　月　日　辰孝子孫李某等敢昭告于

后土之神曰某恭修歲事于　祖考李公妣　氏之墓維時保佑實賴神庥謹以

酒饌敬伸奠獻

俯伏　興　送神四拜　興　平身　化紙錢　焚祝　禮畢

中元節祝文式

維某年某月朔越十有五日某辰某世孫某等敢昭告于
李氏歷代宗親之神曰有子孫嗣續者歲時忌節各血食於廟祀但其間有無
後者有外亡者幽魂飄飄難必神會於一堂某等追念謹於中元節時備牲醴
庶品用伸奠敬蓋此均我宗親感召自然來格來歆尚冀降爾福庇我子孫
永保無疆之休　尚饗

## 祭田記

祭田之立其來尚矣所以報本追遠而爲天理人情不容已者禮曰惟士無田則亦不祭孟子曰卿以下必有圭田其斯之謂歟李氏一世祖　廣孫公生原忠公不立祭田則塋處莫考至五世始立祭田子孫輪流祭掃倘後曾元蕃衍恐於失祀夏洎眞童將原撥軍裝田内抽田谷一十六石於中元節令暨祀堂上宗親等神雖百世亦然矣世愈遠而愈增爲李氏孫子觀此祭田之記以世繼世次第立田綿綿接踵於後先則祖宗之神靈歆享於悠久子孫祭掃率由無疆李氏昌大爲何如耶謹書其田之條段而述此意若其收租肥已廢棄祀典與一切苟簡不豐不潔褻瀆祖宗者自有家規於後不容贅也故作此祭田記

計開

一租設鎭東衛軍裝租田園共拾伍畝載租叁拾玖石

一田拾畝坐黃山埔姜園

一園伍畝坐松柏子墓前此俱係已廢者不知何由而廢今據在開列于左

一祠堂祭冬租銀　　錢　　舊厝後頭　黄山寨

一趙媽祭掃墳塋及祀本音堂上宗親田壹畝陸分坐在后田坑上

李延自糧銀肆兩陸錢玖分貳厘有租稅開列於左

鰲峯宫口租谷春壹百柒拾伍斤穩壹百伍拾斤現耕推良孫與　再亭

祖德叔　晃叔合得厝租乙石小

鉷孫年得租谷乙百斤田在洋廣壠

桃生兄弟年的租谷乙百斤

武五孫年的園租乙石小

添生孫年的厝租伍斗小

錫孫年的厝租伍斗小另的池租叄拾斤

養嫞年的地基租三斗

[illegible]孫年的地基租五斗

祖傳嫡年的地基租貳斗

吉孫　靖好孫年合的租伍斗

四配孫春季的租柒拾斤另加米銀錢乙百零柒文

家成孫年的租谷柒拾斤另加米銀錢乙百零柒文

荔孫年的田租柒拾斤另加米銀錢乙百零柒文

溪洲稅共叁兩貳錢玖分

回孫的溪洲稅肆錢伍分

雙孫年的稅銀伍分

文友孫年的稅銀乙錢貳分

春夏孫年的稅銀伍分

延孫年的稅銀壹錢

邁孫年的稅叁分

武德孫年的稅玖錢

武伍孫年的稅錢銀壹錢伍分

官生孫年的稅銀壹錢伍分

璽孫年的稅銀叁錢陸分

首孫年的稅銀叁錢陸分

遠春孫年的稅壹錢

端孫年的稅銀伍分

添二孫年的稅銀叁錢貳分

恭舉孫年的稅銀玖分

太司孫年的稅銀玖分

山狗空租肆石伍斗小　傳賜郎耕乙石黃波官耕貳石黃愷官耕乙石伍斗

祠堂門口年田租六石小現耕登榮孫兄弟此係

白水公置

登榮孫年叉的租仔粟壹百斤

權孫年的租仔粟貳拾伍斤

改孫年的租仔粟叁拾斤

牽孫年的租仔粟貳拾伍斤

丁孫年的租仔粟貳拾伍斤

恐孫年的租仔粟貳拾伍斤

新孫年的租仔粟貳拾伍斤

堤孫年的租仔粟貳拾伍斤

媽居孫年的租仔粟伍拾斤

出孫年的租仔粟伍拾斤
大圍公納粟陸拾四斤
另上手交下手現錢四千柒百拾柒文
乾隆丁丑年生監鄉飲賓捐銀增置

## 淳樸公祭田序

祭田創自祖宗亦拓自孫子我族自服膺女贅庸德獻業與異姓訐控數十載家貲盡耗爲　夏公蹶生特起立廟築室營牛眠以厝先祖垂統緒以貽後人子乚孫乚世食其德譜載稱中興祖爲五世祖　淳樸公　夏公父也　夏公爲能祖　淳樸公即不祧之大宗而　淳樸公祭田未甚充腴禴祀蒸嘗豐則無以爲子孫輪當之計儉則無以慰祖考來享之心且不特此也譜中詳三獻之禮亦謂我後人凡有尊祖敬宗者宜有事於廟各展霜露之情數十年來祭祀之日輪當者在廟中生監不與焉豈非祀業菲薄祀典稍替乎乾隆丁丑年花月旬有五日

淳樸公忌辰裔孫　必茂　尊良　鳴皋等公議訂例子孫有入庠席賓及捐納貢監者每人捐銀壹兩加利分領增置田地充入

淳樸公祀業三獻之禮爰是舉矣報本追遠之道亦錫類不匱之道也

時貢生天秀瑞珩　　等各捐銀壹兩

庠生鳴皋元音如金清修捷登九標　等各捐銀壹兩
武生尊良時敏肇基　等各捐銀壹兩
監生文貞文會承龍必茂文韜天樞瑞璞瑞璋瑞珍志元大行清揚廈器鳳鳴
迪吉捷登　等各捐銀壹兩
鄉賓洙清宗臣廷珪肇芬文正　等各捐銀壹兩
後世子匕孫匕以此爲例各宜恪遵毋違并所置田地開列於左
乾隆癸巳年菊月十四世孫　如金　清修仝拜序
一　業田乙坵受種捌分坐后房濱土名大深坵頭配米肆升正米在十六都三
甲李爲輔戶內推出
乾隆廿八年二月契銀陸拾叁大員　承佐孫
一　業田乙段貳坵受種乙畝貳分坐落土名鳳山宫配米陸升正米在十六都
三甲李藏美戶內推出
乾隆三十五年二月契銀柒拾貳兩正　承揀孫

一　業田貳段貳坵受種捌分坐落后房演尾土名溪墘配米肆升四合米在十
六都三甲李肇燦戶內推出
乾隆三十七年十二月承　祖蔭　祖德　祖吉孫契銀四拾陸兩貳錢
一　業田貳段貳坵受種乙畝貳分坐落本都土名新厝池下配米陸升米在十
六都三甲李昇觀戶內推出
乾隆三十七年十一月契銀陸拾兩　承見文孫
乾隆三十九年收入本都甲李公議戶內共米貳斗乙升乙合五勺的糧銀叁錢
捌分零柒厘　里書楊初使

一白水公祭田坐落門口大坵池下槐坑烏梨墘大溪溪尾等處除已廢者又各

房各議爲抽出納米之費者今據現在開列於左

一門口大池原載租肆石今改租銀陸錢爲福泉公墓清明祭掃

一董湖宙馬崙山租稅錢貳仟文另池租谷年約納叁百斤

一壠頭大路下每年租銀叁錢

一東安烏岑兜每年租銀壹錢伍分

一槐坑租每年捌石

一山狗空每年租拾叁石

一敏齋公祭田租共玖拾石柒斗山租銀壹兩叁錢

一湖内田租拾叁石　一楓樹鬱田租伍石伍斗

一岩仔田租叁石柒斗　一董山尾田租肆石

一古知内田租拾壹石　一烏岑兜田租陸石伍斗

一東安田租拾玖石伍斗　一赤石壠田租乙石伍斗

一、崎尾林園租貳石
一楊梅山租柒石
一銀租壹兩叁錢
一象山公祭田租共拾玖石乙斗園租銀玖錢
一羊額墘田租捌石
一新墘田租叁石
一湖內地基租壹石伍斗
一黃山田租乙石
一羊腸壠田租壹石伍斗
一東安田租伍斗
一井墕后田租叁斗
一洋內墓園租陸斗
一對面宅園租柒斗
一東安園租銀伍錢
一赤石埔園租銀肆錢
一銀租貳石
一秋塘公祭田租共貳拾柒石貳斗
銀租肆錢
一田坐東安租壹拾貳石
一青壠口田租捌石
一董湖田租叁石
一東上租壹石伍斗
一九嶺頭田租壹石伍斗
一石碎仑租叁斗

一董湖園銀租肆錢　一租仔陸石

一設租捌石坐塔尾壠子孫有進學者准收爲油火之費

一棱椅背係　淳樸公房公山每首墳年定銀伍分以爲祭冬之費用

一竹軒公祭田壹段叁坵坐落本都宫口受種壹畝貳分年載租壹百柒拾伍觔

一田坐落本都土名墘仔壹段叁坵受種壹畝伍分年載租貳百捌拾觔

一田坐落在本都土名嶼仔乙段貳坵受種柒分每年載租貳石小

一田坐落在本都土名洋塘壠乙段乙坵每年載租谷貳百壹拾觔

一田坐落在本都土名新厝内門口乙段叁坵受種乙畝叁分年載租壹百肆拾觔

一園坐落土名坑美乙段乙廂年載租壹石小

一園坐落本都土名船亭后壁乙段貳坵受種乙畝年載租乙石伍斗大

一田壹段及園坐落本都土名州等門口年載租壹石伍斗小

脩葺

振盤公墳塋及奠祭　　振盤公墳塋序

芙蓉文明之運肇自九世祖伯　振盤公則　公爲我族文人大宗也書香一脈忍聽其窀穸崩頹祀禋罔舉乎是歲乾隆丙子春　鳴皋　元音等十二人虔誠拜奉

大魁夫子又本年冬姪孫　天秀倡義鳩金脩葺　振盤公墳塋事畢集同社人而議曰

大魁文章祖也　祖伯文人宗也我等敬奉文章之祖獨遺本族文人之宗乎元正旬有六日　公忌辰也請自今始每年元正

大魁華誕日淸晨首人焚香陳設酒醴先自展拜

大魁夫子後偕同社詣　振盤公墳塋奠獻禮畢歸一齊展拜爲

大魁夫子祝壽敬文章之祖還敬文人之宗　公與

大魁其永慰矣衆咸伏其義舉敬諸無違時重脩　振盤公費餘之錢壹仟文同

社人加利分領起於乾隆丁丑年越乾隆甲午年年債錢約計貳拾捌仟有捌百矣積累多建置田業挨次輪當以爲

大魁夫子華誕　振盤公祭墓永遠之圖同社人綿綿繩繩勿替引之矣

乾隆歲次癸巳年菊月

同社姪孫　　仝稽首拜序

## 燚哉公祭田

一鳳山寨春郎年租陸石肆斗大加伍田坐后房濱宮山后大坵

一尾墓橋兒郎年租貳石柒斗伍升大　田坐后房濱嶼仔此項每季落收玖拾斤永遠

一尾墓橋翹叔年租谷壹百斤園二坵坐梭壠山園嗣子規牆現耕

一董山尾元老年租粟陸拾斤此項契載年租谷壹百貳拾斤約明落收每季叁拾斤永完

一石鼻業田壹畝壹段　坵輪年自耕

一石橋年租叁石叁斗小原耕大熙

一公錢捌百肆拾文值祀之人遞年交用原清明節三日交明

一賣牛錢

一公錢柒錢乾隆叁拾年將錢交側哥收積

一池一口坐小塘門口

水悠公祭田

一業田貳坵受種貳畝坐小塘門口輪耕

一業田乙坵受種伍分坐后田壠土名石皮仔配米貳升陸合陸勺蘇家收米

一庭邊後讜叔年該冬租乙百伍拾斤永完佃坐洋廣壠頭桶鉤池下

一尾墓橋課孫年該冬租乙百斤永完佃坐洋廣壠桶鉤池

一庭邊後祖德孫年該冬租乙百斤永完佃坐洋壠廣桶鉤池此項佃賣大澤

現管

一山仔灣年租陸石伍斗大今作稅收

現耕

侯扱使　侯監使　侯衞使　侯抒使　侯恭使

本族現耕

推良孫　志弟　元紫孫　欽孫　祖蔭孫　祖吉孫

是孺子現管向孫　度孫

約菴公　水悠公掃墓合收祭田

一　稅銀乙兩肆錢　該錢乙仟乙百貳拾文現耕塗樓尾官孫

一　梭壠池邊業田　坵原賣翹孫今起耕付繼堯孫耕一季分收

碧山公及延立伯祀業

一　業田壹段伍坵受種壹畝叁分坐后墈

一　業田及園壹段不等坵年租叁石陸升坐后墈

春哥交輸年五斗　祥姪年五斗　芳奇哥一石零陸升　伍哥年五斗

仲脩哥年五斗

一　園租年五斗坐后墈擎天姪與耕者仝納

一　園租年陸斗坐后田坑美　開元弟四斗　騷姪貳斗

一　田租乙石坐打石山講春姪應扣米銀乙升

一　田租壹石貳斗田壹段叁坵坐石橋孔弟　雍弟　裁弟耕納

一　田租貳石肆斗田壹段伍坵坐新厝內池下渡姪買佃仝納

祭田

一園租柒斗坐美女坐機面前　賓哥耕

一園租陸斗坐草埔園樓生貳斗前弟貳斗喜哥承虎叔貳石

一田租拾斤坐洋塘壠　巨聖弟耕

一業田貳畝坐蘆口洋乙段不等坵暫落收每季估谷乙百伍拾斤現耕

思郎　省郎　默郎

一園乙坵坐銀演厝角年估粟壹百貳拾斤現耕　曾玉使

一山一片坐小楊梅新墓上至山頭下至田內至龔箕坡底外至黃厝墓界爲界

一蔣特興祖墓一首坐大坡山年稅叁分

古泉公　會齋公祀業

一田租年貳百叁拾斤田坐掘壠池　向孫捌拾斤　胆孫乙百斤

鮮孫伍拾斤

一田租貳石捌斗小坐戴萘龍蓮內井下　晛生佃賣　祖蔭叔現管

## 餘輝集

餘輝集所以集先人之墓誌銘及哀輓之類也蓋餘輝不集則死者潛德無由彰矣宗工名士所撰墓誌銘哀輓之類要皆集之而錄於譜以光前後俾子孫興行毋忝厥祖也故作餘輝集

### 題曾祖母趙氏木主銘曰

孺人趙氏　既適於李　早失所天　撫育孤兒
外侮內奸　薦至斯時　撥亂守業　開創世基
制立規模　彬有條理　訓誨兒孫　存乎禮義
享年八十　死有生氣　古今李婦　比者幾希

### 題室順德孺人雷氏寫眞圖

升斯堂兮面覩眞想音容兮杳冥匕宴瑤池兮醉未醒覺已逝兮忽心驚輾轉思兮夢寐清憶遺事兮誰維持魂魄去兮竟何歸覩遺像兮有無疑

### 一江逵泉先生爲寶峯公傳

公生而穎異長而遊庠學問愽洽武榮著聲與賜山許公欽齋楊公石埕許公爲少長生死之交蓋李氏世守淳龎斯文一脈自公作始矣孝以事母恭以事兄和以睦族多渾厚而無圭角遭時不幸舉族獻租周家道値宦僕刼殺之變公以身盡力伸理於是命傷者獲全業亦不廢而屈死於沙漠之野則公之生也固以扶李氏之頹運而天未欲昌李氏也迺奪其勳業未就之壯齡則公其不瞑目於地下矣後代子孫有能崢嶸祖武者未必非公倡始之功而其享有成業者可忘公禦侮之力耶時李氏脩譜通家會姪索余作傳於是乎言

會生江萬仞拜書

一甯德縣鄉宦進士吳國華舉入崔世召林桂陳邦梭合祭鳳窩公輓詞

嗚呼梅花山鎮公實篤生珪璋毓德衡泌怡情延年器度秋月仝瑩孝友端愨譽浹鄉評堦叢蘭桂擢秀抽英義方式穀娓匕素成震器亢宗鵲起鹿鳴良金美玉師表山城轉盼南宮滿擬登瀛公兮黃髮宜餌黃精優游盤谷應沐褒榮云何不效入山採藥之雲覔迺乘白雲而返於太淸淒涼蕙帳鶴怨猿聲吁嗟

人代總有鷹盈百年此日誰見錢鏗如公脩瞎天省不輕焚麻地下佇掇華纓
更看庭樹甘露祥呈奥惟令子忝締文明未見夙夜早飲芳名倏聞公訃隕淚
如傾東芻絮酒跽貢丹誠剌桐路杳高士峯榮公若控龍乘鶴而俯格恍惚兮
睹公之生平嗚呼

一甯德縣知縣王鶴徵縣丞屠明弼主簿王日爵典史同九卿合祭鳳窩公輓詞
嗚呼李公泉海濯源梅花孕靈托植慶門姱脩完懿斗南之英束髮受書才大
弗售厥崎生平掛角而讀帶經而鋤脫屣浮沈北山之北南山之南鴻飛冥匕
趨庭訓子含飴弄孫眞樂庚匕伯也蚤奮蜚跋文場秋宵鶯鳴仲季養高釣渭
耕莘家政維城猗歟我翁泌之洋匕泉石深盟淡薄明志怡曠宅神大璞藏瑛
就之純醪測之汪洋達尊莫京彼都大夫敦致賓筵以掌大烹俊彥之儀大典
之光哲人國楨伯氏釋褐奉檄春明來署甯鬒皋比罔倦束贄靡貽補闕嗣清
翁左右顧無不宜之振匕繩匕不有出者孰任繼志究翁經綸不有處者孰與
宗是翁事詒可見者系爵棠臣瑩旁廷皆廷青匕者矜陽管蜚聲相期代興謂

問我翁如岡如陵食此清亨胡爲乎哉步武八旬二豎忽嬰歲巳在未凜凜風霜吹隕德星豈厭世氛而賓羣仙紫府來迎哀哉廣文曠茲永訣有淚如繩徵也四人與翁伯氏同官海濱親就高賢方慶遭逢聞訃震驚嗚呼我翁履順返眞庶幾踐形隱不違親貞不絕俗通不近名旣壽而康好德考終五福兼倂令子聞孫旣賢而蕃冀野南溟指日馳封馬鬣穹碑慰翁神情一束生芻遙酬泉南鑒此微誠

一張宰寰先生爲仰朋公傳

公幼孤賴寡母黃以全每含酸風木不得偕養雙親爲恨輒有吟咏則悲泣隨之是所謂孝思發乎天性者耶至其義舉義興禮確有成規垂訓貽謨昭然可述一時伯仲同起或奏捷南宮或舉孝廉公以諸生倡隨其間文章節孝卓然並稱豪俊之英也文章之道鼎台爲重孝友之志金石爲堅公豈以世之知不知爲身之遇不遇也哉無涯結大年美德昌後裔公猶未艾矣

宰寰先生諱維樞賜進士出身特任大同參政

何謙我先生爲逸溪公墓誌文

余居京師南安李君　纖初舉進士寓舍對門昕夕甚驩也無何出爲揭陽令不三歲卒其尊考妣不及葬揭陽沒十餘年其子望皋舉柩而殯余銘於余嗚呼即吾翁也公諱宗錫字延楨世居其邑芙蓉里先世樸茂衍而微迨高祖白水散人稍始大白水公生　秋塘公秋塘公生公爲長公家世業多沒於豪右秋塘公脫身走京師上奏公時幼少門戶自在久之其世業盡復秋塘公語公曰家門難支即一椽吏足重也送公爲邑椽公法律精審不取錙銖自嘗邑令唐公甚重之遇事輒咨問唐公去公嘆曰誰復知我吾終不能勉此就功名即謝去公雖游於刀筆乎其敦好書史稱甚善爲詩匕輒就脩譜訓家好學脩身過於儒者草寇發其鄉里公作率鄉人糾旅築堡入招諭之皆解散鄉人推公爲約長爲人別善惡解是非無不安意從或質以疑事爲計畫指揮無所爽已復謝去種花蒔竹灌園藝蔬從一二父老娛怡而已而騷情逸韻彌好以上年六十九卒鄉人哭相聞久之立祠刻木祀公始配陳繼配王陳氏孝謹恭敬最

李家睦妯娌撫衾裯未嘗敢叱咤聲聞長者得年僅四十始公生揭陽君晚然心甚奇之揭陽君晚遇公獨不慍而慰之曰有時揭陽君生十餘年棄其尊妣公沒之三年而始成進士揭陽君將卒召望皋曰吾父母生而不逮一祿之養沒而不沾一命之榮遺體在堂不及窆土吾目其能瞑蓋嗚咽唏噓良久望皋與其諸父以萬歷乙巳年十二月十五日奉葬公若陳母柩於邑聚林山之麓而虛其右爲王母之壽藏銘曰　才敏而文腴法律詩書遯賁於邱園有溉有濡尸祝而社稷庚桑是如雖不享厥胤孰慶匪儲聚林何纂匕麓墳焉新墟誰其奉先志公胤之雛

匪莪先生諱喬遠賜進士出身奉
旨添註廣西布政司經歷前禮部儀制精膳二司郎中刑部主事
賜進士第承德郎戶部江西清吏司員外

年宗姪　燵　書丹

一秋塘公遷葬棗林墓銘文

秋塘公邁種祖伯父也種不識公狀但聞諸伯叔謂公生而骯髒喜讀書所從遊皆名士凡所以教家持身者一如　白水公遺訓其友愛二弟自髫齡以至折著無纖毫間也事　白水公祖母雷繼祖母黃尤極孝無論溫凊終身不怠而　白水公易簀時所囑公亦無纖毫遺故詩書一脈耳傳而孫爔遂以捷進士起家顯公貽謀之大焉公娶桃源陳公女生男五女三孫十六曾孫廿三先葬東上之陽經四十餘歲近爲陽侯所浸孫澄等以公不得遷吉爲念乃商之諸弟姪將公所遺祀祖積貯與期孫溉合買十五都棗林負卯揖酉中一壙合葬公媽二棺溉愿以左右二壙附焉夫以公葬久而公得遷公之靈也澄之孝也瀾與溉之勞也諸孫之愿也敢爲之銘曰　善積而昌地易而祥棗林之原水環山拱窀穸神安庭階瑞長慈孝錫類世匕名揚

天啓六年丙寅十月初八日吉時　　姪孫邁種頓首拜撰

皇清詩贈勤慈季媽雷需人墓誌銘

是歲乾隆二十有七復月望後五日安塟祖母於本鄉鰲峯山不敢請誌於搢紳先生孝孫清脩等爰舉其生平詳其塟處以示不忘云溯我宗之隸是鄉也地著伊始基業未拓闢數傳而始興者六世祖　白水公也其與公經營締造光前裕後者六世祖媽雷氏也而吾祖母亦系出雷氏當來歸我家也所稱服事公姑無忝婦道者難以備誌即與吾祖父共理家務時躬節儉勤織組搆廬舍以燕翼子營薄產以貽孫謀祖父力也祖母亦職有勞焉乃者祖父弗克永世祖母更歷年所凡所課督孫曹或責以詩書或教以力農母儀也而有父道焉詩所謂思齋思媚徽音克嗣者其是之謂與前者祖父敦本公安塟於本都彭田穴坐丁向癸兼午子是時祖母既已辭世僉以同塟爲詞而吾父爾侯公以爲佳兆不妨多營祖母塟處爰留爲後圖云幸也天相吉人再獲吉地以奠祖母靈穴坐乙向申兼卯酉便房盤結窀穸堅緻因形體以定高卑仍地勢以度廣狹穴本天成塚弗穿鑿邇挹芙渠獻麗共羡仙霞奇觀遥瞻川岳流徵羣欽玉堂勝概祖母靈也孫子福也吾父爾侯公志氣亦以不虚云既詳舉以誌

爲之銘曰

龍心環拱梅峯崢嶸鰲峯當眉宇而聳秀蘆溪繞襟帶而淵渟山則流馨源深者澤遠地傑者人靈惟吾祖母純嘏天錫享年七十有九齡閫儀純懿跬範典型既升遐而長逝還陟家而降庭得茲佳兆永奠幽冥福趾麟集孫曹含英仰維吾祖母德共勒石以鐫銘

乾隆二十有七年復月望後五日　孝孫清修等謹拜誌

皇清待贈顯考　敬亭李公暨妣　恭儉郭孺人墓誌銘

嗚呼維我皇考　敬亭謝世於康熙辛卯之年至今乃始卜吉四都九丈鄉與先慈　恭儉郭氏合壟而居焉非敢緩也蓋有待也臣不幸生年十二而孤然猶不失所恃母嘗撫諸兄弟而言曰爾父爲人無苟言無苟行處宗族以和處鄰里以睦樂善好施爲人排難自　廣孫公開基芙蓉至爾父凡十二世中間祖伯叔　振盤公舉進士第　黎懷公舉鄉進士大功伯　瞻亭公亦舉鄉進士雖皆繫乃族望而爾父樸實成家亦足推重一時最足念者爾父繫爾祖

裕壽公所出也裕壽公舉丈夫子四爾父居其三父母兄弟既孝且友所不待言而夫婦情篤自爾母生長郭家入李門爾父相敬如賓如友無祿生甫四十九歲而天奪之壽當臨終時喟然嘆曰大數已盡吾其已矣但古人有言死則同穴惟吾與爾竊願百年之後歸于其居爾其無忘吾言叮嚀若子若孫可也此皆吾母歷匕言之而維時兄弟亦佩服弗諼云以故先長兄謹愿次長兄和厚雖卓立成人而承歡慈幃皇考塋域姑未暇計厥後長兄謹愿次兄和厚偕四弟忠義五弟克勤相繼而亡死喪之威傷也如何臣恐母親以悲哀促其壽嘗延師擇吉猶幸延及數載保艾厥後蓋母親係出郭家望族爲外祖　顯齋公長女少嫺內則習女紅端莊靜肅事舅姑以孝得舅姑歡心勤而儉理家務有餘遇人困厄必解推以全其義至若處妯娌以睦御臧獲以恩又其較著也所由吉人天相壽躋耄耋而臣於皇考塋事亦留以有待焉臣罪戾滔天不自隕滅禍及先慈竟以戊寅年二月初七日終於正寢也已乃率衆姪輩戮力同心擇地卜吉合先嚴慈而葬焉所以仰比其愛者蓋承慈母之言以守嚴父之

名山吉兆神司厥藏有人居焉後嗣俾昌豈造物之獨眷實報德之有常

乾隆二十九年九月穀旦

男宗臣泣誌

恭祝

大銓選即翰封晬翁李姻臺七十華誕序

泉山至博石而始大也西放一支聳大帽拔明心逮芙蓉里歇爲大帽下余居也芙蓉李氏所宅余以姻故履其地則梅山挺峙蘆水縈環不禁喟然曰不得異物當産異人或曰李氏家世科第聯翩矣余曰猶未也余於吾　姻翁晬翁有大異焉　翁承先人遺緒居積素封矣小攻一經蔚然南雍儒雅矣偕老倡隨踵月誕慶琴瑟和奏矣長君瑞璞次君瑞璋三君瑞珍俱入成均四君瑞珩余胞孫壻爲錦繡明經五君志元六君志程皆森森國器矣諸孫蘭芽輩茁嘗孫嶄然頭角矣同懷弟姪連奪首案遊泮水而弟又明經矣玉樹盈堦芝香繞庭一旦風雲際會以覲上國之光則鳴珂聚笏在芙蓉里中矣然　翁殊泊然也翁寵辱不驚通塞一致以天倫爲樂不以人爵爲榮或書齋兀坐或隴上逍遙或與鴻儒談笑或與高客弈棋花前月下舉觴引滿論史和歌聽兒曹朗誦

經聲欣然意足非有得於中能如是乎余又喟然曰所謂川嶽靈秀鍾毓異物者殆於　翁信之矣歲辛未仲秋望後二日　翁七旬初度親朋稱觥請余序余何以序　翁哉余念山同支水同源余子今又與　翁猶子同案則功名同付後人梧陰染紫桂馥飄丹余當訂　翁尋香雲外一杯同酌相看眉輩與溪山同盟不老而已余何以序　翁哉歲

乾隆十六年辛未八月望後二日賜進士任甘肅平涼府知府事

年姻家弟潘晉晟頓首拜撰

皇清待贈太學生七十有八翁潤和李公墓誌銘

墓之有誌揚親之美也總其始終詳其功德而要以實爲歸蓋每見世俗之厝其親必請誌於搢紳先生夫搢紳先生或與生者莫逆而死者從未謀面或與死者晚末傾蓋而於其少而壯匕而老畢生事業得其略而未悉其詳乃逞瑰麗之雄詞成贊頌之篇章究於死者無涉夫有美弗揚與揚美而鮮實其失均爾烏足以言誌哉吾父　潤和公資性樸實在時每與不孝等竊議斷事令欲

[illegible]目之所睹記詞而序之公之岬親睦鄰藉匕人齒頰者難以備舉其居家爲政靡有遺憾者惟是孝友兩端祗服厥父事無傷厥考心焉而已溯始祖　廣孫公以世景滄桑自光州固始卜居於武榮十六都芙蓉鄉十二傳至　足菴公舉　公及　叔父二人　公長叔父十四歲　公纔弱冠之六年　足菴公溘然長逝當　足菴公病篤時　公侍湯藥　足菴公撫　公而囑曰吾家貲頗饒汝兄弟衣食亦可無虞所慮者吾未有塋處而爾弟材質穎異恨吾不及見爾弟之成立也爾能祗服厥父事無傷厥考心營吾佳兆念吾鞠子哀吾終含笑入地矣　公承　足菴公臨終數語嬛匕在疚常以不克祗服厥父事大傷厥考心爲憂撫靈柩而涕淚廢食忘寢延靑烏家陟巔涉河歷年辛苦不辭兄瘁得佳城於晉江四十四都郭坑山厝焉歲時祭掃　公必步到墳塋年邁古稀不憚跋履之勞其有終身慕之意乎茲欲宅　公窀穸亦適卜吉於晉江四十四都南塘鄉駕輀挽歌道出　足菴公墓下豈天欲以顯　公前生之慕親而於身後又陰爲區畫歟夫卜吉塋

親亦曰分所應爾至於公爾忘私有非人所可及者方 足菴公之謝塵世也
公自分家事紛縈不克留心舉業以圖上進 叔父負笈從學有道膏伙薪
米運給數載俾 叔父奮志燈窗果能以文章冠南軍而採厥香芹至於家務
煩頤 公之一身獨肩姜被田荊終無間言後因食指繁議析箸 公於 足
菴公所遺而外多有恢宏概分兩股不以居長任勞分毫多取至是而父事克
承考心無傷 公於 足菴公臨終數語可告無罪於九京矣書曰惟孝友于
兄弟其吾父 潤和公之謂歟不孝等不材愧無以揚親聊舉其要領詳其塋
處勒石以誌焉銘曰
維山之精厝人之靈以德獲福爰啓佳城遙看馬鬣寢寐常縈南塘卜吉為公
壙塋層巒環拱而挺秀澗壑紆迴而淵停山則獻媚水則流馨火主文明親火
德於南岳水來福澤吸水意於北溟仙霞奠麗魂魄來寧長庇後昆於沒替隱
慰先爽於冥 匕

乾隆二十八年八月穀旦 男瑞璞瑞璋瑞珍瑞珩志元志程 仝泣書

一順懿媽黃孺人墓誌銘

辛卯之冬十月既望功姪承重明淑功兄瑞璋等卜吉於本縣之四都相公山坐坤向艮兼未丑欲塟大功姆順懿黃孺人金柩至親稔知吾姆德性因綜生前事實詳而誌之夫婦人之德有三而事舅姑也以孝相夫子也以順撫孫子也以慈是孝順慈之關乎婦職妻道母儀者不容或虧也惟吾姆兼而備之吾姆系出燕山望族以鸞膠配吾大功伯　潤和公入門時吾胞叔祖業已登遐姆之所以事吾胞叔祖嬸者問寢視膳外其先意承志在祖嬸無不樂其婦德之足嘉焉是吾姆之孝洵有獨至已至其佐吾伯以尊師禮友周恤親鄰凡伯所樂施者姆皆敬順而無拂即至吾伯晚年謝世姆復仍吾伯存日之所為古之人所謂無違夫子以順為正且所謂妻道代終者吾姆其又何愧歟且有難人之尤難者吾姆之母儀足立止慈之極也夫姆撫男有六女有四而長男次男長女次女則前姆紫雲黃孺人所出者也姆拊而愛之與所自出者毫無異視平時之教養提攜以至男婚女嫁其均屬一體也人且習而忘之矣其最

足覘摯情者當長男寢疾之日毋已年屆耋耄而驚惶憂慮無不常在床前省視湯藥迨不幸而病革別世姆之廢寢忘食深自悲悼者情且一往而不返豈其積憂成疾致殞暮齡之軀耶抑且壽數之有窮期耶胡乃素極康泰安寧而自長男五月別世以返姆遂日以憔悴延至十月間竟爾溘然而仙逝耶嗚呼止茲之極於斯至矣銘曰葵山積氣兮垻水鍾精川岳競秀兮爰啓佳城盼峯巒之團結兮知勝地之留名楊梅左環而聳翠兮雙陽右拱而崢嶸水注新垻兮卜乘浪於北闕山名相公兮占標榜於帝京頌牛眠昭兮昭茲來許封馬鬣兮永奠先冥

乾隆三十六年十月穀旦　大功姪舉人如金頓首拜撰

一隱齋李公墓誌銘

隱齋公余長兄也享年六十有五生平行事余能默數之所謂知兄莫弟若者此也庚寅葭月猶子淑等請誌於余曰卜葬有日矣爰總始終本末詳而紀之考潤和公其昭示來者勤儉孝友數大端而善繼善述無負志事端有賴於兄

爲兄之創業垂統光前裕後在人耳目者不具贅其持身行已曰勤曰儉惟孝惟友先是　王父足菴公升遐　考與　叔父嬛々在疚叔父奮志攻書不與家事　考獨肩其責且素宿疾　兄心悼之時未弱冠　考未嘗不延師課督望以成器　兄喟然曰子弗克服厥父事大傷厥考心輟功名之念而援例入雍以爲考勷厥事櫛風沐雨不敢告勞飲食服御寧樸毋華毋寧淡毋豐以爲諸弟先是其克勤克儉自少時而已然矣惟　考亦心韙之而其先意承志無貽　考憂者可歷言焉乾隆十有九年春祀於小宗子姓咸集　考仰瞻榱桷興嘆曰人無水木之思不可以爲人　兄退自維知　考將有志於脩廟也倡厥子孫葺而新之是默體吾　考尊祖之心以敬宗也已卯而　考沒矣兄洟泣謂弟曰先時厥考之於乃祖子職克供事生送死兩無憾焉今者我等無以慰　考於生前苟得佳城如厥考之厝乃祖我等可稍安矣歷艱踰險遠擇牛眠卜吉於晉江南塘鄉是能承吾　考孝親之心以爲孝者也且又有宜弟之風焉初　考與叔父折箸時　考雖居長毫無私積兄々弟々和樂且耽後數

十年兄弟分爨　兄亦公爾忘私伯仲之際式好無尤是能承吾考友于之情以叶奏壎篪者也　考之没也吾　考母在堂　兄甘旨不缺於供能得　老母歡心不幸先母而没　母在時每一念及輒嘆息泣下常稱引行事以課督孫曹曰吾願爾曹效之余總　兄生平大率篤孝友躬節儉而所奉以周旋罔敢失墜者祇此善繼善述無負前人志事嗚呼爲人之孫子如吾　兄可不謂難歟倘天假之年其幹蠱克家光前裕後當復何如耶奈何甫膺一疾竟賚志以没也惜哉銘曰

汰口之南福山之北岳瀆鍾靈宛乎可即龍附蜿蜒爰建佳城眺厥鬣封爲兄處息玉枕環拱而挺徽鰲髻崢嶸而呈崗盼巒頭之秀圓知地脈之疏防水注林坂允扳龍於南冥風迴福山堪附鳳於北極永奠先爽兮夏屋魂靈長裕後昆兮貽謀燕翼

乾隆三十五年十一月穀旦

胞弟　瑞章瑞參瑞行志元大擧　仝拜撰

一 靜勤媽侯孺人墓誌銘

自始祖 廣孫公季公卜居南安芙蓉鄉美女坐機十二傳至余父 潤和公
余乃 潤和公之三子者也娶本邑九十都劉林鄉侯氏爲妻生男四生女二
長男曰懷時太學生次男明語三男明討四男明詰俱立志攻書孫自懷時出
者三人殿英樓英劍英自明語出者二人甫英彩鳳餘繩乜未艾茲因男懷時
等欲塟其母靜勤侯氏孺人靈柩恐無以光泉壤余爲略而敍之氏生於康熙
辛丑年八月十三日辰時卒於乾隆癸未年二月初六日卯時享年四十有三
其生平之孝慈勤儉鄉閭週知余何庸贅哉謹將塟處年月備載於後時在乾
隆三十六年歲次辛卯臘月望後五日子時安塟於本縣十五都山邊鄉土名
赤石坑橫路下穴坐癸向丁兼丑未嗚呼閶闔雲寒鏡失祥鸞之影瓊樓月缺
壟埋寶婺之光爾其德碩陰府昭地下而勿替靈顯陽世庇後昆而不忘
乾隆三十六年十二月十八日子時立

鬓髯衛鬮縣考穽香李公墓誌銘

## 泉州府儒學生員胞兄元音撰文

墓之有誌錄懿行也揚美德也而不得其實誌何益乎故繁言不如簡言之爲要華言不如質言之爲實也今以乾隆甲午年八月十五日丑時卜塟二弟於本都樹坑鄉新嶺山穴坐庚向甲兼申寅分金丙申猶子時捷請余誌蓋以知弟莫若兄也　弟籍芙蓉派出　白水公分居美女坐機傳至　父寅衷公生余兄弟九人弟居二生平行事余稔知試略而言之溯總角時同攻詩書燈窗之下備嘗辛苦　弟聰明勝十倍爲古文經史盡皆淹熟每出一筆絕不類轅下駒當日名師益友凡同筆研者莫不以遠大相期暨弱冠以上余拔邑矛聯遊郡泮　弟亦曾拔臺郡之文幟兄弟承美冀幸得繼父志登青雲路惜乎天不予　弟壽年三十有四竟挾仙以遨遊嗚呼痛哉綜厥生平胸懷磊落高曠不羈才力膽識超出尋常萬々者至若應酬交與大約疏財重義常法小數不拘々也昔年謝世未有實跡姑錄其概亦足以想見其爲人云　弟諱元藹字大綸別號奔香生康熙己亥年十二月十四日寅時卒於乾隆壬申年九月十六

[illegible]生男曰時捷恩例太學生虞雩丁式徵爰以第四弟之姪曰添二承繼爲次男時捷娶七都鄉進士潘新圖君孫女長曰士等次曰士管三曰士杯添二娶南傳學觀長女盈斯啓兆繩匕未艾女一適霞舒太學生蘇兆祥君爲婦旣誌爰爲之銘曰

堪輿鍾靈秀嶺獻防蜿蜒下來俯伏可即卜吉於茲佳城立得左縈兮福全之巔右拂兮永寧之崱鳳髻屏崎兮早徵附鳳於牛眠龍心拱翠兮預兆扳龍於燕翼仰先靈之永奠兮九原得所以無慚貽後昆之長裕兮弈世克昌而罔忒

甍之請誌於搢紳者揚親之美也予愧無德可稱遺令子孫無得請誌並自撰
老夫事實預先自敍爲子孫承遺之知予諱芳字有萌別號守愚　祖潤和公
生吾　父兄弟六予第六　志程公庶子也　嫡母杜氏　生母陳氏兄弟四
人予居第三　志程公讀書人也輕財重義交遊往來皆搢紳文士座上客常
滿也乾隆間本邑議脩學宮公捐銀三百與諸搢紳仝襄厥事名載學碑繼而
本族重建大小宗公皆勞心費財功敍族譜　嫡母杜氏晉江鳳栖坑監生杜
仍官三女道光癸未翰林浙江督糧道杜彥士胞祖姑也予生時嫡母年四十
餘長兄入雍次兄習弓馬予生母身弱賴嫡母躬親撫養直如已出予九歲出
就外傅嫡母是年十一月病故臨終惟以不見予成人爲憾予九歲喪嫡母十
四次兄亡十五慈父又謝世疊遭大喪家費不支無奈兄弟分居不幸生母及
長兄四弟又相繼去世予生三男兩女遭時艱難惟長男完婚抱孫時予夫妻
年俱四十餘次男三男外出經商予各爲完娶并留灣產又爲長孫讀書亦爲

完婚不意道光乙未至丁酉二十八月三子俱喪嗚呼命矣斯時也次男孫三男孫及長孫次弟三弟俱各呱幼次婦三婦又皆青年入室則魂銷雪窖出門則淚灑冰天昌發吾以爲幾何不相從而死但念呱幼滿庭不得不强顏度日以慰家人之心痛幼失怙讀書不成不能光揚父母然承先人遺訓禮義廉恥頗念在心凡屬義舉不敢吝財畏勞以負厥考遺風吁老矣思窀穸未卜恐異日爲子孫之憂因自擇本邑十四都水磨鄉風鼓山上一穴此穴係康熙年間外省極仙陳先生所取當時欲獻東家尚未點穴而先生忽患目疾不果所獻以此至今尚在予即親履其地見四山週密於外二水會合於內山下人居又皆予親房叔姪爰向買是地就山頭石下開築形號猛虎跳牆坐丙向壬兼午子分金辛巳辛亥內塋兩壙爲予及妻將來兆域一切用石築成牌上鐫芙蓉十五世考守恩李公妣新成黃氏壽域其石不貫工巧只重堅固以免異日崩壞而已至於榮華富貴惟天所命書曰皇天無親惟德是依子孫若能體天脩德是予所厚望於九泉之下者也爰自敘遺言以[illegible]

誥贈資政大夫昌翼李公偕德配黃太夫人墓誌銘

光緒丙午五月十七日　誥贈資政大夫李公昌翼之德配黃夫人卒於晉城寓次將塟子兩亭以書泣告吳魯曰吾父以光緒庚辰年九月十一日卒年七十有五以貧故不能乞大人先生銘已忽忽二十有七稔矣今吾母年八十有七縮衣嗇食未嘗亂費敢請銘於吾子惟吾子銘吾母並爲吾父類銘焉噫余兩拜覲學之　命表揚善行其職也顧自出山後疏闊不相聞日得郵訃回思與兩亭宴聚時敍及天倫樂事不可再得予忍不銘公諱昌翼考錫爵妣吳氏少失怙恃因慨然曰男兒不事四方老死鄉里何益由是挈眷遷芝城賈于斯家亦于斯焉泉俗喜客游累累致貲無算自公始也兩亭幼強記有父風口代籌珠雖鉅萬無毫錯然性豪爽樂與當世知名士大夫游一食萬錢弗吝也夜歸公必問曰今日孰與飲而懽乎兩亭答曰某某聞其賢也則喜時語夫人曰是兒弗吝之遊與若友所獲多矣寒畯之士鐙火不給公必佽助之賴以成名者比比甫谿轇轕萬金有訟至累年不能已者僉曰以李長者一言爲決其善

行可述邑子猶能道之公棄養後夫人約束家政以身先婢媼夫人為黃公仲
才之女明大義謹於㜸執自通商以來閩之茶市為商界大樞紐村野婦女揀
取茶屑日以千百計早則裹飯而出及日中飯則冷矣夫人弱給義漿絮匕作
慰語人亦幾忘其為夫人也者然雨亭雖以此起家每誡之曰中外商戰消長
有時吾決不出十稔而茶敗矣一切義務汝為力者及念勉成之無負汝父志
也泉之南邑舊有宗祠雨亭起而修葺之此外建支祠立家廟修譜系治道塗
所費不貲客有以萬安橋圮告者雨亭號於衆曰吾以五百金為倡甲申之役
朝廷需餉孔棘復首先報効得議敘同知銜嗣加六級晉二品為父母請誥
贈自後茶市疲矣益以生平仗義負者纍匕果不出夫人之所料然夫人怡然
處之治其家有常法今歲南方米貴民苦生計乃嘆曰邇來時局艱難中原重
困而歲荒且如此我為婦人死而得塟所幸矣嗚呼夫人之言如是匕可與
贈公合銘也子二長諱質夫　誥授昭武都尉次即雨亭　誥授資政大夫女
[illegible]

辰年十月十五日公之塋也距卒之年夫人歿光緒丙午年九月十八日祔於

華都西關外天□山之陽銘曰男子生而懸弧□者死而守□古有范蠡□齊

曰陶朱累苦身而勠力古今人物何殊公得其獨內助賢與偕夫勇於義婦中

禮有子卜式財願輸自來為善無不報敢信予言之非諛

賜進士及第　誥授通奉大夫翰林院修撰軍機處行走安徽提督學政署理吉

林提學使司統轄全省學校事宜鄉愚姪吳　魯撰文

賜進士出身　誥授中議大夫翰林院庶吉士通家晚生陳望林書丹

賜進士及第　誥授振威將軍　欽點御前頭等花翎侍衛　記名提督廣東雷

瓊水陸等處總鎮兼轄全省營務處世愚姪黃　培松篆蓋

餘聲雋一饗異日三珠競爽共奮鵬程我　姑母寵誥承歡萱帷介福　姑丈
幽光必發不於其身而於其子豈非理之可推而詩書之澤孔長哉夫讀書莫
先於立品科名顯晦其後焉者也丈雖未掇巍科固克完懿行自是眞讀書人
鈞以姻婭重親兼有丹鉛世誼知之最悉故略陳梗概俾登諸家乘垂之無窮
又竊謂品學兼優如丈者雖史有傳可也詎俟後之采風者乎
光緒三十有二年歲次丙午桐月　　日吉旦　乙酉科拔貢甲午科舉人揀選
知縣正堂　　愚內姪葉福鈞頓首拜序

題雲程先生大像贊

其居芙蓉其系猶龍泮林養望文囿潛蹤榮匪軒冕樂自章縫含輝隱曜爲世儒宗世圓獨方世巧獨拙秉正嫉邪懷清履潔六籍研精一衿勵節筆硯生涯爾耕惟舌三珠踵起並采芹香材呈天馬轉盼騰驤鵬摶競爽鯉對流芳靈椿告慰慶溢護堂道範巖巖披圖省識圭璧其躬馨香惟德謹撮大凡以貽典則經明行修士林永式

光緒三十有一年歲次乙巳端月上元後二日吉旦

賜進士出身　誥授奉直大夫刑部主政　欽加員外郎浙江司行走　特授江西安福縣正堂　姻家姪黃爾漚頓首拜題

# 雲程先生道德配懿葉太安人墓誌銘

先考諱等治字國超號雲程庠名有經後改凌漢先王父正齋公之四子王父豪爽邁俗教有義方五子各執一藝喜先考資性勤敏幼即令受業於諸名宿舅父葉祐程公未第時特延主西席先考從之遊適淸淑黃太安人初逝公大加物色決爲利器必售請之外王母以先妣許字焉先考內相得賢益專心進取同治癸亥科試章殿撰采南宗師取進入庠年已三十而高堂健在樂趣正融也越乙丑王母歿王父因氣血違和動履龍鍾依人爲命先考憂形於色常身先昆季爲之扶持抑搔侍奉湯藥數年如一即唾壺溺器亦必待整潔而後即安癸酉夏丁父憂喪葬盡禮後以家事委先妣鄉事委先伯父殷匕以興學育才爲已任課徒根柢六經輔以文藝日有定程一洗庸劣迂疏之痼習鄉中文風因之一變及門特達者尤多泉晉探花黃貽楫公耳其名已丑歲延課其姪謀烑適烏宗師歲試烑即與從兄驥入泮駒九歲應試蒙取佾生翌年與胞兄騏府縣試屢拔前茅先考夢得一科兩秀才喜入文昌新氣象同案胞兄弟聯

登金榜耀門庭之句院試果皆獨雋先考樂之謂二十年抑鬱名場至此始稍吐氣皆予生平不誤人子弟寧人負我勿我負人一點心田之默邀神佑耳前程尚遠兒其勉之辛卯秋一門四赴省試鬱不見售壬辰沈宗師歲試先考銳志功名老而彌篤場中腹痛仍勉強完篇場後竟沉劇弗瘳終於試寓學界知友門徒雲集弔唁運柩出郭執紼逹千餘人僉謂鄉先生身後之榮無過是者嗚呼吾鄉文運以先考爲開來繼往之功臣家學之略有成亦庭訓苦心栽培之力至爲購試館以安多士修祠宇以妥先靈與伯父合建新居財力罔較器量益過人已妣諱翠舍謚慈懿歲貢生葉作霖公三女家世簪纓素嫻詩禮十七歲來嬪撫黃太安人之遺胤愛逾所生不幸殤折嗣值姑歿舅病內而養生送死外而款友待賓以家風不此恆流事匕情文兼至其教養子女也愛而能勞憶蒙學時長日歸家妣憐受餓庀茶點畢即諄促入塾曰兒急往讀免遭父責也然則家庭教育之功慈母不亞嚴父矣性修潔而復儉勤洗掃及於戶庭暇輒種蔬充膳遇隣里貧窮有則以錢穀賙之無則撤簪珥貸之逋負者不責

也統上所述皆先考妣實錄不乞言貴顯以爲鋪張亦非有善歸親過情溢美
願弈禩先芬敬誦奉作楷模焉生卒年月世系載譜中不贅考舊由楊厝山移
塟湖内港民舊歷已卯二月二十三日申時合塟雞庵山穴坐巽向乾兼辰戌
分金丙辰丙戌謹誌而繫以銘曰
品峻斗山學富根柢一代經師考擅其美範式璇閨徽流彤管四德名姝妣當
其選生前同德雅賦同衾兆卜同穴佳氣蔚深山水環朝堂坊鞏固於萬斯年
發祥篤祜

孤哀子家駒泣誌

# 皇清贈顯考國學生八十有二翁輝星公墓誌銘

嗚呼不孝之誌吾父也敢以華言沒其眞而不以質言道其實乎吾父籍芙蓉派出白水公至十三世祖潤和公分居住豐宅頂書房傳至吾祖正聲公單生吾父一人吾父當幼穉而正聲公已賓天矣維時託孤無自梓里難留甫弱冠遂往榕城飲冰牀雪辛苦備嘗嗚呼父兮以總角而傷何怙復以舞象而陟遠方天之阨之何其甚也然天雖阨吾父幼時天究不阨吾父於壯盛行年二十餘始得於省垣開張生理及三十歲迎娶吾母過門以爲發越之助於是生理大振義舉是圖上則爲先人追薦功果置祀業何思孝之深也下則爲兒孫重修書館延名師何貽謀之遠也其所謂光前裕後者吾父殆庶幾乎若夫寬洪處世強與弱不存計較之心忠厚傳家出與入不設便宜之念種匕懿行知者能言聞者能述人言之傳誦無待筆下之稱揚故不詳著其事蹟本末而第約誌其世系里居生出婚配以永貞金石於不朽而已吾父生於嘉慶丁巳年七月廿七日酉時卒於光緒戊寅年六月十三日戌時享年八十有二今以光緒

庚辰年十一月十六日巳時卜葬本鄉庭邊后新墘頂穴坐乾向巽兼戌辰內
分二壙父先居左虛其右以爲吾母百歲計也吾母燕山黃姓系出本邑十九
都湖尾蘆內鄉傳不孝兄弟七人長曰每次曰能義三曰能纘四曰能言五曰
能求六曰能爲七曰能順女二長畝治適十七都下山鄉監生黃則孚次曰姜
治適十七都蔡厝鄉肆業生黃禮吉男孫九女孫三曾孫二每先父而卒能義
巡撫部院賚奏官娶十七都四甲鄉黃著之女生男曰貫成能纘國學生娶十
七都金波鄉黃倩官之女養男不成曰久成曰木成能言先父而卒拜契男玉
印承繼男玉種能求歲進士肆業生先聘十七都霜宅鄉黃海官之女後娶十
七都砂墩鄉黃忍官之女生男便姑生女曰不治能爲國學生先娶十八都厝
仔鄉侯祴官之女後娶十七都尤坂黃潭官之女生男曰禎祥女曰梅治能順
肆業生先聘十七都石目頭邑庠生黃禮淵老之令妹後娶本都官園鄉監生
陳榮禮老之女生男曰玉印拜契能言曰玉屛曰玉種承繼能言孫不成娶十
八都尾井鄉侯生男曰自在曰淸水久成娶十七都霜宅鄉黃餘繩匕未艾婚

娶許嫁俱名門不及備載因銘之曰山自秀兮水自清佳山水兮兆佳城爰卜

吉兮妥先靈俾後嗣兮桂馥而蘭馨

男　能義　能纘　能求　能爲　能順　仝拜誌銘

## [illegible]星公祭文

嗚呼一朝風灼萬古塵埃玉樹長埋壽星已隕風翻素旐驟聞甲馬之聲星落寒沙正值龍蛇之厄感羊叔子之碑潸然涕淚思陸士衡之賦誼重宗盟哀惟吾府君芙蓉雅範穠李芳規青年創業聲稱夙振於榕坦白手成家品望增光乎梓里延名宿以督兒孫書香酷嗜入雍宮而崇齒德令譽照宣宜乎舉案齊眉伉儷倡隨偕老承顏繞膝蘭桂並列成均方期永保天年膺龍章之三錫何意長辭人世駕鶴馭於九重宗哲云之高風宛在劍花隱曜徒看日照幢旛弓月潛形空帳露零筵几痛返魂之無術思表意以何從敬借椒醑之清芬薄奠靈旌於髣髴

文舉人宗弟春雲　廩生黃獅南　陳家瑞　茂才陳高翔

武舉人弟逢寅　茂才祖叔精華　黃景煇　姪浚漢　弟彥士

弟光輝　姪寶訓　姪謙光　武庠生姪高攀　監生姪蘊華

李老伯母侯太君七秩晉一帨慶

蓋聞桃實千歲西王母玳瑁開筵桂分一枝大羅天霓裳奏曲故萱庭垂蔭長栽益壽之花梓舍承歡永固恆春之樹而且鹿車共挽仰令德於千秋鴻按相莊流芳聲於百世又何待青鳥丹鸞之祝金松綺柏之辭以爲女界增光璇閨益慶者哉恭維李老伯母侯太君出自名門歸于望族柔順叶坤儀之道和悅符兌卦之占詩歌荇菜宜君子之好逑待字深閨已徵音之足式嫺閨儀於四德堪爲上谷令媛識大義乎三從竟作隴西冢婦雍和妯娌克盡內職而無遺服事姑嫜曲令婦道而不忝加以接物待人以寬以讓敦宗尊祖克敬克誠有藹藹敦詩之雅以競競守禮爲心幽嫻貞靜居然太姒之高風言德容工卓爾大家之芳範斯其婦德之過人而閫儀之足式矣太君溫恭婉娩黽勉勤勞力課桑麻躬親炊爨井臼親操手受辛而作苦衣裳手製綫抽乙以加工且也閨闈肅穆僮僕服其恩威姻婭聯歡戚鄙懷其淑慎相夫而營門第輪奐增輝勖內以振家聲箕裘克紹傳家一歸乎耕種課後悉本自農桑所以秋收冬穫倉堆

子敬之困右有左宜錢積尉遲之庫而太君仍濟勤以儉圖匱於豐愛惜在女布男錢儲蓄及竹頭木屑慈幼恤孤恩風廣被扶危濟困德澤宏施故不僅姒婦嬰姑胥皆蒙其冬愛即玉廚孃灶婢亦盡被其春溫也已洎乎蚌珠胎剖麟紱祥徵熊丸課子何殊柳母之賢畫荻傳書媲美歐家之教湛氏截髮留賓適相似矣孟母斷機訓學何多讓焉次郎璞玉渾金神姿絕世秀詞鸞翔鳳翥風雅宜人玉樹青葱看兒曹之繞膝相枝秀峙博飴座之歡心望重作眉有女皆珠圍翠繞鑒精坦腹得壻盡鳳起蛟騰則曰富曰壽允符箕範之疇多福多男永合華封之祝矣今將以壬申歲君元春穀旦爲太君七秩晋一奉觴稱慶是日也鳳曆春回鴻鈞氣轉屏開雲錦正萱幃舞綵之時慶溢德門乃海屋添籌之日三祝慶千春上壽與椒花並獻七旬增兩載遐齡同玉曆齊添集珠履以盈庭樽傾北海獻蟠桃而介壽詩譜南山洵高堂之懿範世式芳型宜晋算乎期頤人稱壽母祥忝屬通家常欽懿德考芳徽於列傳振古幾人稱樂事於慈帷於今第一情殷頌祝藉楮墨以摛詞志切揄揚捧觥籌而獻壽所願婺星長

爍年年飛王母之觴壽算頻添歲歲醉麻姑之宴謹序

世愚姪　陳應祥　拜撰

宗愚姪　李大鵬　拜書

泉州平民學校洎全體教職員拜祝

## 李老伯母侯太君八秩壽序

維

中華民國二十九年　月　日爲

李老伯母侯太君八秩榮慶

日暖仙臺王母晉長春之酒香郁梅嶺麻姑晉益壽之花北堂徵瑞蘭階衍慶

恭維

侯太君幼秉慧心少成淑性既嫻內則逮于望族事翁姑則禮謹晨昏處妯娌則心秉和順妻饁夫耕勉勤勞於一德此歌北唱敦敬愛而同心固婦道之足式實女教之所宗者矣至其接人既敬豐綠水青山享自然之佳趣人復却銘華以崇儉躬井臼以勵勤勗子奉公無忝芙蓉家範拒媳蓄婢能遵慈惠遺規且和悉懷冬愛待下終溫而惠盡被春溫篝燈課兒咿唔機杼相和理家相夫晝棟雕樑齊輝千倉百廩得天惠而獨宜乎淑德應享全福慈祥必躋高年所以玉樹參天盡譽匡時之彥芳蘭滿畹俱博後生之英有女亦復珠圍翠繞得壻

更是龍起蛟騰堂開五代瑞集一門積善肇慶仁者必昌也茲當設帨之辰正
値陽春之候珠履盈庭慶祝三多北海傾樽觴稱八秩臣等詞莫罄於揄揚情
更深於慶忭所願寶婺長光歲譜壽母　之曲從茲萱暉永蔭綿綿賡福履
章謹序

伍遠賓　拜撰

張啇銘　拜書

李光前　李丹臣　李碩果　陳台拔　李鳳翔　李五香　李天賜
陳懋材　孫　森　葉維垣　李毅然　陳光典　彭垂裳　葉保護
李秋萍　曾煥玉　黃衍塾　李玉麟　李碧英　葉滄溪　黃種芭
李引琛　陳村牧　王志明　黃敬言　陳烱禎　劉順德　張清香
李淑美　柯容金　黃漢惠　李　瓦　李家駒　黃素菲　陳爲平
李傳偉　潘淑郵　吳玉巒　李引專

仝拜祝

先塋圖所以圖先人之塋地也蓋先塋不圖則世遠人湮而祖宗佳城鬱爲茂草露濡霜降之敬無由而興春秋祭掃之禮於焉而廢矣凡先代墳塋要皆錄之於譜其坐向四至必詳書之俾子孫得有所據而保於永久薪木不至於毁傷强豪不至於兼併也故作先塋圖

計開

遠祖墓一首號尾墓石面石獻臺一堆土相傳曰牛尾墓坐辛向乙附塟祖母趙氏

祖墳一首號過溪松柏仔石面石獻臺一堆土坐庚向甲

宗保公及妣侯氏墓一壙坐落土名泉空太陽金下穴帳裏孩兒形石面石獻臺弘治已未年九月吉日安塟

定奴遺像墓一首在　宗保公墓下十五步坐向如前

瑞元傳氏墓一首在鄭埔上石面石獻臺石明堂灰堆坐乙向辛弘治甲寅年塟

一祖墳一首一堆土石面在本處後田坐丁向癸

一祖墳一首一堆土前後俱用石砌號金椅在本都楊厝山坐南向北

一致政公墓一堆土石面石獻臺在本處峯岑彎內坐丙向壬

一義軒公墓在本處峯岑後坐甲向庚

一仰峯公墓一堆土在本處峯岑石皮前坐乙向辛

淳樸公墓孺人張氏杜氏合葬古井壠仔頭天財土下穴號走馬扳鞍石面石獻臺石明堂一堆土坐庚向甲嘉靖乙酉年十二月葬張氏先葬溪頭前乙酉年始遷合葬洪氏亦合葬焉

白水公墓一首坐本都汰口福全山三壙石面有記石獻臺石擺手坐庚向甲乙亥年葬

敏齋公墓一首坐本里東頭石面石獻臺石擺手雙塘坐乙向辛

確齋公蔣媽墓一首一堆土坐本處仕芳宅赤塗山穴號飛鳳形坐巽向乾

眞翁公陳媽墓一首坐本處寨尾坐寅向申

秋塘公墓一首坐本里東頭石面有記石獻臺石擺手萬曆三年十一月塟天啓六年遷塟棗林之原負卯揖酉

珉公號竹軒居士墓一首坐十六都泉空石面有記石獻臺石擺手坐　向

碧山公墓一首坐本里鬱內石面有記石獻臺石擺手坐庚向甲萬曆庚申年四月妣陳氏合塟

象山公墓一首在本都東坡烏岑兜坐　向

逸溪公墓一首坐十五都棗林石面有記石獻臺石擺手石墓柱其墓三壙坐庚向甲萬曆乙巳年十二月十六日丑時塟

鳳窩公墓一首二壙坐十四都汰內水磨內南清山負未揖丑灰土成墳

九溪公墓一首二壙在新墘松柏壠官路下石亭石面有記石獻臺石擺手坐　向

古泉公　會齋公墓一首坐本處赤塗三壙坐乙向辛　慕莪公附左畔順治壬辰年塟

濱溪公媽墓一首坐本處葛尾號曰直龍坐西向東

津泉公墓一首坐本都台狗埧坐東北向西南

津泉媽墓一首坐本都台狗埧坐西南向東北公及媽兩墓相對面

混泉公媽墓一首坐本處葛尾腰內號曰鼠肉坐午向子

恆脩公媽墓一首坐本處嶺仔坐亥向巳

邇逸公媽墓一首坐本處瓦窯頭上坐乾向巽兼戌辰

任齋公墓一首坐四都徐厝嶺土名香爐桊坐壬向丙兼亥巳

任齋媽諡慈順墓一首葬十五都槖林穴坐辛向乙兼酉卯

恆齋公及勤慈媽慈孝媽合葬本鄉新普山大路頂坐寅向申兼甲庚

樸直公及肅懿媽合葬本都壁角山坐乾向巽兼亥巳

德馨公墓一首葬本鄉後田尾石碎崙石欄杆土龜溪石擺手爲記內坐丙壬兼

巳亥外兼午子

恭淑媽墓一首葬本都新嶺路邊坐乾向巽兼戌辰

向榮公墓一首塟本都新嶺尾蛇仔崙坐乙向辛兼卯酉

柔惠媽墓一首塟本都新嶺宮衙崙坐　向　兼

會齋貞惠媽墓一首塟本都泉空坐乙向辛

孝德媽墓一首塟本鄉莊厝山坐癸向丁兼午子

慈惠媽墓一首塟十五都孝子亭下暗橋內坐乙向辛兼辰戌

鳳窩公墓一首二壙在峯岑坐甲向庚

黎懷公暨媽蔡氏墓一首在本鄉山尾山坐南向北

會齋媽呂氏　慕莪媽陳氏墓一首坐本都泉空坐乙向辛康熙壬子年塟

約菴公　水悠公墓一首在二十都樹根橋外枷櫓林坐癸丁兼丑未康熙乙酉

年十一月塟題牌曰芙蓉仲季李氏佳城

約菴媽呂氏墓一首在本厝莊厝山坐癸向丁康熙辛丑年八月初二日巳時塟

題牌曰李母呂氏墓

柔德媽陳氏墓一首在十八都赤石宮大石崙坐艮向坤兼丑未康熙乙亥年塟

淑慎媽黄氏墓一首在本都寶岫後水江洋坐乙向辛石牌有芙蓉李氏任城雍
正甲辰年十一月初四日塟
足菴公暨媽黄氏墓一首在晉江四四都郭坑鄉向天獅山坐乾向巽兼戌辰石
牌石堵石柱題牌曰南邑芙蓉皇濤李氏祖墳康熙丙申年八月十五日先塟
公雍正壬子年八月十八日添塟媽
佑命公暨媽潘氏墓一首在五都嶺腹尾中年山坐丁向癸兼午子牌上有名字
確隱公暨媽杜氏墓一首在本都樹坑鄉文殊院對面坐丁向癸兼午子
敬亭公暨媽郭氏墓一首在四都九丈鄉猪母腹坐庚向甲兼酉卯
祥齋公暨媽鄭氏墓一首在十五都田頭鄉蓮潭山大湖崙坐壬向丙兼子午外
向子午兼壬丙
潤和公墓一首在晉江四四都南塘鄉竹西垻山洪厝後壁石面内坐巳向亥兼
丙壬分金辛巳外坐丙向壬兼巳亥分金丁巳石面石獻臺石屏石牌石獸石
明堂一堆土牌上鐫南邑芙蓉清潤和李公墓

潤和媽諡順受黃氏墓一首在十八都赤石宮山大石崙坐癸向丁兼丑未分金

庚子庚午一堆土石明堂

潤和媽諡順懿黃氏墓一首在本縣四都相公山坐坤向艮兼未丑

隱齋公墓一首在本都林坂鄉龍附山坐辛向乙兼戌辰分金辛酉辛卯一堆土

石面石明堂灰庭牌鐫清隱齋李公墓

隱齋媽諡勤敏黃氏墓一首在本處赤塗山坐甲向庚兼卯酉

棐齋媽諡端靜黃氏墓一首在本處峯岑墘坐乾向巽兼戌辰

德尚媽諡貞懿黃氏墓一首在本邑廿一都龍畝山印石崙金佰坡坐庚向甲兼

酉卯

見亭公暨媽質素黃氏墓一首在本處山仔坐　向　兼

丙午年續修增入秋公房

秩溪公暨妣褚氏墓一首在本處鳳山寨北門外坐未向丑

直齋公墓一首在本房山赤石宮過壠大路下一堆土坐壬向丙穴號咼咨吳公

淑恭媽陳氏墓一首在本房赤塗山土名后垵壠倒地鉤火燒崙一堆土坐申向
寅兼坤艮
仰溪公及妣蔣氏墓一首在本房赤塗山土名后垵壠倒地鉤坐坤向艮
泮溪公墓一首在本都官園大山東壙坐艮向坤
洋溪公　爵達公墓一首在本房山赤塗確齋公墓下右畔坐巽向乾穴號木梳
形
儉素媽及濟衷公墓一首在本縣廿一都石碇后土名金德鞍坐丙向壬
剛衷公墓一首在本都吳塔壠后坐壬向丙一堆土穴號田螺吐痞有一月娘牌
爲記牌上亦無塚字
勤儉媽王氏墓一首在本縣廿一都觀音亭后土名葭檜林穴坐癸向丁石牌鐫
清李母王氏爲記
質直公墓一首在本縣廿一都鋪頂土名大崎坐丁向癸兼午子
惠直公墓一首在本邑九十都歐徑鄉土名塔仔山中崙穴坐壬向丙

裕秀公及前妣黃氏墓一首在本邑十五都土名鐵尖山石面石明堂穴坐壬向

丙石牌有記

裕秀媽黃氏及蔡氏墓一首在本邑十九都埧田鄉穴坐　向

垂齋公及妣黃氏墓一首在本邑六七都中連山石牛口穴坐癸向丁

豪直公及妣侯氏墓一首在本邑十一都大埧土名竹林兜麗洋鄉坐甲向庚兼

卯酉石牌有記

玉齋公及妣王氏墓一首在本邑十一都隔外石碇寨坐艮向坤

敦愛公妣許氏墓一首在四都產田埧仔內葵山坐巽向乾兼巳亥有石牌爲記

茂齋公墓一首在二十都楊梅山虎碇寨內坐戌向辰兼乾巽

誠直公墓一首在本邑十七都高塘鄉土名觀音山穴坐　向　兼　石面石

獻臺石欄杆牌上鐫芙蓉李公祖墳其山界東西南北石皮上有書李氏山界

爲記

姒妃媽墓一首在本邑廿一都土名董內埔穴坐酉向卯兼辛乙石面碑上鐫淸

芙蓉李媽王氏佳城爲記

約軒公墓一首在本邑四都産田葵山冬田内坐辛向乙兼戌辰石面石獻臺石欄杆碑上鎸滸芙蓉國學生約軒李公佳城爲記東西南北四至石上有李宅界字

嫻範媽墓一首在本邑十四都東門溪尾鄉大寨一堆土石面石獻臺石欄杆内坐坤向艮兼未丑

事幹公　倚着公墓一首在本縣三都葵山内黄金山鎮武寨一堆土石面坐壬向丙兼子午穴號騎龍

正齋公墓一首在本邑十五都嶺脚鄉土名牡丹山虎陷内一堆土石牌穴坐

向　兼

家範録

家範之編所以記治家之良規也家規不立則後世人無所遵守矣凡祖宗所立之教條與先人治家之法言今皆斟酌損益參以已見附之舊規則普於譜使後世子孫覽是譜者皆知脩身謹行庶不至於辱先也故作家範録

一立祠堂本奉先世之神子孫出必告回必面至正朔望節序必參謁四時必集菓物以祭務盡誠敬凡遇忌辰孝子當用素服至祭是日不得飲酒食肉聽樂夜出宿于外

一歲首家長率衆參謁祠堂畢出堂下命子孫一人高聲之聽聽聽凡爲子孫必孝其親爲妻必敬其夫爲兄必愛其弟爲弟必敬其兄爲長必慈其幼爲幼必順其長毋徇私以妨大義毋怠惰以荒厥事毋從奢侈以干天刑毋容婦言以間和氣毋作非爲以攪門庭毋躭麯蘖以亂厥性有一於此既殞爾身復墜爾胤毗兹祖訓實係廢興言之再三爾宜深戒衆皆一揖分東西而坐復令子弟敬誦孝經一遍會揖而退

一　子孫乃祖先之所自出其忌辰及各處塋塚淸明白露一應祭掃立蒸嘗祭田迺告朔存羊重後不失之意子孫須以祖先爲念輪流直祀時之豐凶在所不論若因時失時而苟簡廢置取怒神人豈吾家子孫哉更有不才子孫受人誑誘盜賣升合祭田許族長告官以不孝論

一　各處塋塚祭掃者直事者先期報知各房婦人不與來祭子孫先期沐浴更衣不到者量其事情或罰油一二斤四五斤於祠堂公用祭畢享胙令子孫有思效報本之誠其塚有平塌者當以淨土益之更立石深刻名氏毋容湮沒

一　水塟火塟

國有正法亦非吾仁人孝子之用心也蓋人子少時誤爾跌傷爲父母一見大爲之痛其疴癢調護無所不至子於父母顧其死以全軀完魄委諸烈焰之中忍心爲之明日視之果何等人也苟擇其風氣聚處傭工協力以灰土營一塚壙大費不過二三兩銀若曰吾貧無措則當作佛事酒食雜費較彼何啻什佰況古人有負土成墳載諸籍可稽也何憚不爲萬一稱貸於人則名義之正天

地鬼神且共鑒之矣况乎佛事之作不過惑於左道所言欲收幽魂以免剉燒舂磨之苦也然幽魂不可見而火葬則立見之矣何習俗之難變愚夫之難曉一至是也今後宗人有此等葬親者族長率衆以理曉諭使其幡然悟渙然釋再不遵命告官以不孝論

一　爲宮室不斬於丘木先賢自有格論須當遵守違者許衆責罰猪羊醮祭不悛告官以不孝論

一　孝親敬長之道載諸經傳子孫自宜遵行不孝不悌之人族共責之其稱呼必曰某行伯叔某行兄遇於道途亦須拱手俟過乃行坐必起行必序應對必以名毋以爾我諸婦並同其有出言不遜制行悖戾姑誨之不悛者箠之

一　子弟受尊長之訓見責不論是非但當俯首聽受毋得交口爭辨若是受誣亦須俟言畢下氣怡聲婉述其事

一　子孫飲食必後長者言語必以倫應對賓客不得雜以俚語

一　子孫當以和待鄉曲寧我容人毋人容我不可先操忽人之心若累相淩逼

不已當理直之

一　諸婦必須安詳恭敬奉舅姑以孝事父母以禮待姊姒以和無事不出中門夜行以燭如其淫狎即宜屏放若長舌妬忌者姑悔之不悛者責之責之不悛則出之

一　婦人親族有爲僧道者不許往來

一　婚姻必須溫良有家法者不論貧富但當門閥相稱與卑賤奴隸佃人結親者衆即以大義責之令悔不悛生於譜削其名不許入祠堂以辱祖宗

一　子弟八歲入小學十二三歲出就外傅出宿於外見燈不許出中門聘致名師訓飭以孝弟忠信爲本令習讀四書文公小學然後令作文字若年至二十其學業無成者責其治家理財向學有進者不拘其宗人家窘有苦志力學子弟量行措置借貸

一　子孫出仕者務以報國爲心恤民爲念有所伸理須哀矜懇惻務得其情毋

一男子加冠當責以成人之道須令精熟文公小學通曉四書白文大義然後加冠其家稍裕延有德之賓師遵行家禮儀式慎勿溺於所愛及輕易舉事

一子弟凡遇本身生朝具慶者酒菓三行以盡膝下承歡之誠永感者則致恭祠堂終日哀慕

一吾宗子弟貧富須當以義命自安治田經商本分勤苦財利有無付之適然難得之數毋把持官府以要利毋包攬錢粮以生財爲一切行險僥倖之圖有此等子弟爲家長者當極陳利害以訓戒之不可坐視其敗以玷家聲

一宗族中田地山園基址連界不明者不許恃富強侵佔及買人等已成之際不許用計攙奪違者族衆公道折正將犯條之人罰以酒殽服禮田地等項照舊管掌

一族中子弟有年二十以上而無婚已聘而不能娶及親柩停在堂不能舉瘗者俟族衆會集之日所親所知者舉告尚義者得告宗人量行措置資助若俟本身乞哀求憐而後濟之非吾宗人之設心也

一宗族中婦人夫死無子而有女者或從幼令出閨門或養成長大擇配量行措置不許招外姓之子入贅前車可鑒至婦人夫死從一而終乃昭苦節不許移花接木瀆亂倫常

一喪事不得用樂服未闋者不得縱情放誕如違不孝

一喪事不問男女在尊長弔祭卑幼舉哀外只一揖不必下拜以瀆長幼之倫在兄弟妯娌行不妨

一宴集賓客長者在上與賓客交話卑幼不得攙說勸話自相諠譁以乖禮體

一譜書有空行所以預爲後塡註生卒年月計今後歲首履端日脩譜者各執會衆附書生者死者名字年月日時於上

一子孫不許主戲及宿娼巫之類違者家長諭之不悛者呈官治之非故家所宜也戒之戒之

中飭家範數條

家範規條先人所撫述已備無事增述今就中間所喫緊者數款更爲敷闡

以致叮嚀開列於後

一　惇族

水之千流萬派本乎其源木之千枝萬葉本乎其根人惟不揆所自耳試揆所自則葉葉相承波波相屬返索之只一高曾之身耳一身之中寒燠痛癢無不關切一毛一裏無不愛惜宗人正高曾之一毛一裏也而乃安其所危不以相恤私其所有不以相分聽其流離不顛沛莫可究詰於情忍乎惟是死必赴冠婚必告少而孤則老者字之貧而無歸則富者收之患難相恤疾病相扶持庶盡惇睦之道凡我同宗首宜切念

一　務勤

民生在勤勤則不匱士勤於讀則富詩書農勤於耕則裕谷粟女勤於織則餘布帛以至商賈百工未有不以勤立業者懶惰之人只是博得自已貧賤耳每觀此懶怠之人非盡筋力不堪只是游游徙倚虛度了光陰日復一日肢體習慣反欲勤而不能不知平日不勤之過也勤緊之人豈遂尫羸久久

習慣亦復自然矣到底受用大則富貴小則可免饑寒自古成立起於殷憂覆敗由於怠荒天時人事每每相應慎毋曰我生有命

一崇儉

儉美德也養德莫如儉夫人所不能廢者冠婚喪祭六親往來之禮一切慳吝鄙嗇固為可厭而其所能節省者宮室侍從飲食器用之間今世俗專以此為奢侈每事華靡盛麗求過於人暴殄已極蕭索立見平日之積習已成驟難卒改而費用無所出勢不得不鬻田園田園既盡必及宮室宮室既盡遂及衣服器具等物轉眼未幾而當身受用玩弄者悉為人有求一如平等人不可得嗚呼可傷矣語云寧可有日思無日莫待無時想有時旨哉斯言久宜切戒

一戒賭

破家之事非一而賭博者必敗昔人論之詳矣世人皆知其必敗而往往自卯於交覆敬相尋呂陷自驅嗚呼惜矣究厥所由皆起於優遊放逸不事生

一重喪制

喪服之制其族有九其隆殺節目見於大明會典九族之外有未載者但祖免謂以布纏頭也今人居父母之喪而哀慘不切於衷至於期服以下之喪有絕不服者有服之而輒除曾不滿限者噫誰謂無喪制可乎凡我同宗切宜遵守

一重埋葬

埋葬之禮起於中古所以必擇地者亦以珠玉寶藏尚保守珍重之矧父母之遺骸何敢輕爲今後有父母之喪但取地脈乾燥年月少利即安厝可也而敢拘拘於術家之說以至年年暴露使英爽之無所歸甚者貪圖富貴而必曰必得科甲吉地至於終無葬期噫尤非之非也

一編定字行

凡一世以一字爲一行使昭穆易知其在前汝字至十世必字已有定行此後以世爲宗大有建於國通行蓋取汝子延自必世爲宗大有建于國其義

亦皆相串數世之後更以待之後人乾隆甲午年脩譜裔孫天秀續定字行以

引成斯志用保孫貽通行於前所編字行意亦相串數世之後亦以待之後人

續編字行

光緒丙午脩譜裔孫家駒以英賢鼎起翌贊鴻基續之入民國後世變日殷此次續脩再續景運開新典常述祖八字叶韻者繼往以轉韻者開來有深意焉願與後賢勉旃

詞翰之所著乃吾宗先人有文行及自著詩文士大夫贈送詩文之類也苟或置而不錄則文獻無足徵矣凡此等文字要皆錄之於譜不惟有以重先人之文學而且有以驗昔日之交遊也故作詞翰集

正德甲戌年承買晉江靑陽市

雍府長史李公南聰大圳一半自號琥珀坪起至詩口後港遇頑石四十餘丈募匠開鑿未及三寸率皆沙泥衆咸嘆異曰豈是李君之先知歟抑李氏將興其兆始於此歟長史作詩十首以贈號曰南庄四景

仙臺奠安

南庄絕頂有仙臺鎭日白雲掃不開迤邐其間如砥處株茅小構闢蓬萊

象山峙屏

壁立千仞高且横巋然相對靜儀形陸尊德性工夫大象山因此擅芳名

覆釜高原

覆釜原頭日欲西餘光倒照見高低就中麻豆多糭種免使從前等閒堤

下曾沃壤

橫流百水各趨東一壤肥磽迥不同禾麥依稀齊落土不勞致力坐收功

栽種因地

地勢高卑各有宜善能因循利亦齊不聞同室開基者原隰昀昀載頌詩

濬導自流

支流百折勢委蛇鑿通百道混高低不自源頭深着力安能周帀百家畦

禾麥充需

軍國諸需在所充禾麻菽麥愿豐穰家餘儲石國因富會計還須乘早充

雞黍供應

俯仰內供外應賓廚無厚蓄怎聊生拳雞小黍如兼預聊且支吾庶幾春

百竿當戶

直節虛心只此君人能兼有亦堪尊隔溪山水堪描畫懶慢芟除意自存

一水環渠

數畝縱橫傍小渠蒔蒔蕨植計無餘一泓杳杳深深綠徙倚橫行傍索居

白水公次韻

夏昨日輟耕憩午忽見雲翰下示誠唾珠玉以光寒門謹錄寶之以示後世子孫傳之不朽夏不諳音律學習山歌野唱上瀆淸眄以發午醒大笑急投水火

次仙臺奠安

當時依誰結斯臺瑣璧石梯天際開一點紅塵飛不到於中別有小蓬萊

次象山峙屏

崔嵬峻絕霧烟橫晦隱多時不見形今日得因賢達者不須子靜也芳名

次覆釜高原

作東俱望收成西覆釜山頭日未低好把耕鋤勤着手官園寧必讓蘇堤

次下曾沃壤

無情水性決西東陶陸高岡沃壤同願君挽下天河水刻石勒碑萬世功

次栽種因地

物產世間皆土宜却緣同利心難齊誰爲老圃忘機者共聽太平鼓腹詩

次濬導自流

終始無心自委蛇任從頑石有高低源頭深處今初導不用機械浸百畦

次禾麥充需

農家耕種望年豐私有蓋藏公有充觸目篝車處處滿耕田鑿飲帝時功

次雞黍供應

往來貴門無俗賓從容詩酒共談眞珍饈不羨羅樽俎自覺風生滿座春

次百竿當戶

不可門前無此君更加松菊愈堪尊異才秀生千林裏閱遍風霜色尚存

次一水環渠

重恢故址拓新渠竹帀花環淸有餘夜觀近氣虹貫日此中知有異人居

丙子年李長史十月望日到南庄以詩四首見訪

日昨到小庄淸虛迫僧寺茹粥摘仙蔬履霜穿葛屨客來無雜言相將問農去

又

乘閑到庄行肩輿穿山小哀鳴何處聲軋乜雲邊杳常逢呼就食相繩看不了亢旱因天時憂時人亦少

又

崎嶇山路少能平姑舍肩輿緩步行茅舍穿穿眠饑旅草亭處處凝寒冰幸逢甘雨連宵沃更喜霜風一道淸二麥課罷尋歸路稚子候門遠將迎

又

少隱南庄髮未黃緬懷陶令思偏長門垂五柳春風醉籬吐黃花晚景光禾稻香時雞黍會茅柴熟處酒泉鄉掛冠憎我歸來早比較前人忙不忙

右六言八言均承朱邑博處次前人遊淸源者也但各言其志耳

白水公散人次李長史前韻四首

公退隱南庄朝廷虛臺寺泥塗貫軒冕園林理杖履豈專陶靖節先後賦歸去

又

策杖南庄行知已人亦少似鳳無比翼高扳雲端杳靜坐理遺經觀閱何時了兩對兩象山工夫還更少

又

吾道蓁蕪闢難平我公獨抱正直行聞善中宵亦起舞罔道乘時天欲冰當時規諫因鯁直晚節操持愈更深一臨南庄車馬悄慚愧鮮生少歡迎

又

天相吉人面耇黃福祿寧康延壽長靜裏吟詩消世慮閑中酌酒度韶光自辭榮貴歸鄉里獨樂烟霞忘帝鄉邱園鄉中多勝概來此藏脩莫教忙

正德庚辰年七月既望南安少卿黃河清遊棲眞岩邀飲題詩三首

尋眞三百里是處可栖眞地盡三山護汝濆二水分逃禪非避世談道恐驚
神石礡殘更漏寤言憶帝閽

又

落木鳴青鳥清飈散暮陰崎嶇容尺地聳秀入微岑僧好能知客龍高欲作
霖囊竿三十載何必覓知音

又

移席高明所居然見大荒山流流水曲水遠遠山傍（此韻有脫誤仍之）塵世三千
夢清明一萬觴秋水還未足我欲舞商羊

又

白水公次前韻三首

楊梅五勝景第一最棲眞慘淡諸峯立縈紆二水分眼寬覺世窄望極更傷
神禪關旣此入忘却懷帝閽

又

喬木安巢鳥却訝客傍陰忙觸花落举聽咏向石吟蜩蟬時聒耳蠨蛸見作霖遊客山下去野禽變清音

又

未塵君子所道開茅塞荒百畝縱横對兩水合仙傍遠望堪圖畫傍陰添百觴貪歡一迴樂歸家却忘羊

嘉靖戊子年湖内山卜築小屋號了悟子孫能肄舉業者以爲靜室也時招石崖居士作開山室主兩聯云

世間凡事皆了悟　天下何地不棲眞

嘉靖乙丑年築小屋在過谿號高原以爲耕讀娱老隱室自發登歌以寫懷題六花名以喻比

歌曰

萬事到頭一夢中千年旦暮古今同浮雲變化無定態一番境界一番忙勘破世間無了事已將舊物付諸郎恩讎惆悵尚未報悒鬱胸中不開通遍尋

得過且靜地且將隱作老圃翁綠豆飼牛衣短衣寒風颯颯鬢蓬鬆竹几蒲團眞况味山殽野蔌自馨香明媚韶光無限好只恐暗中換西風此身雖云離物外淸夢猶在盈豐塘雞鳴側耳聽消息高歌起舞倚寒窗聊發短歌舒心曲任教傍人說癡聾

題菊花以喻隱

莫將此花等閒看陶令去後少人扳世稱隱逸最淸趣時人偏何愛牡丹

題素花以喻樸素

砍竹編籬護嫩籐細葉稠密已更新素花淡粧無豔態幽香郁馥最宜人

題金鳳以期吾門之昌

聖人在上宿高岡爲何飛入吾園叢豈是吾門有吉兆先來集此報瑞昌

題桂花以期望三子

何時却是到天台移向名花老圃栽培達三枝他日秀天香飄下異香來

題山茶以喻君子

培植根元達枝柯枝葉秀盛綠婆娑甘與竹松期晚節肯隨春風同李桃

題朱薹以喻遠小人

一番雨過一番紅一年四季呈紅粧無愈秋深景更好不引浪蝶與狂蜂

逸溪公次張暀吾詩一首

張暀吾遺扇一握并題詩詩曰雪向梅梢盡梅從雪後新淡粧渾若洗素影凝於璘漫說千芳早應知一點眞好風吹莫急留對白頭人

逸溪公次韻

淸風來破屋誰知君意新雪梅雖同志蒹葭難倚璘識面豈無友虛心乃見眞瀝酒深自賀今朝有故人

逸溪公爲妹夫陳少柏池亭扁額成韻

斗室範圍藏得春鈎蘭淸路少山雲觀魚應出黃金鯉解慍偏宜南來薰風月座中常滿客草茅亭下不空樽深許少柏眞知趣有聲俱是傑俊人

一　江達泉先生爲贈象山公誕辰序

上世道純風逸俗阜而民康是故孝弟行於家庭情誼行於宗族禮化行於里黨若饑渴飲食率其常性無欲而自足居則于于弗慕于外而淑元敦樸之風日益爲之凝聚完固生而長長而老躋於期頤猶月而朔之望望而之晦可以恆理推求者也泉古稱純國地沃而水饒其山川佳麗之勝鍾美聳秀人生其間往往與邃古同者龐眉皓髮朱顔兒齒杖于上庠爲大夫所賓望者盡山野之逸叟也南安爲泉隸邑名勝爲諸邑冠有象山李君者年甫十四外失其所怙而內孝於慈闈童齡有成人之行長即能恢拓舊基茂振其家疆理莢塗日光前緒人咸嘖嘖嘆其孝爲天之所佑責仲弟以詩書揚其親曰産業門役吾分也筆札衣紳吾給也爾惟無介銖毫不入私室從而分巽兄弟益如初故慈闈以壽終賓峯補弟子員翹翹馳聲在庠校可不負所期族人里役度口計輸悉出已餘積都邑人誦其德遇

朝廷恩例農民之秀者納金餉邊竣椽冠帶受以官秩乃捐貲助餉應例抵京邸意得列燕識之末俾遠慰其親跋涉嬰疾乞養司鐠舟次踰越重羅宿𨗘

而始瘥曰吾不欲富貴以危人先遺體遂圖休棄其事雅意山水夫能養孝也友弟弟也睦宗義也知命智也兼是行之非古君子歟故年雖美盛而心壽彰矣夫氣壽之源也未有以德凝壽而壽不百計者未有壽計於百而享之不以德者南山之詩言樂只君子萬壽保艾皆美德而視壽匪直當其時也德厚而氣純氣純而年永詩人之言其徵諸此君其壽歟壽固天降天道無私承之以德孝則德之聚也思之啓之行之無適非百順百順之謂福壽乃福之先既醉曰令終有俶是矣三十七而壽者非古也固古人之行而壽之以心得禮之達壽之亦古之道達泉子曰二三子論誦其德而言必及其壽其知壽矣古人壽而稱觴言歸於德非以酒觴壽也觴以致言則言德而及壽善觴其壽二三子其感之以心乎余與寶峯君爲通家稔其德以二三子之言爲不誣信其壽以二三子之言爲必徵五月二十有八日誕辰也遂書之以爲壽序

嘉靖歲次癸丑夏五月之旦達泉先生諱萬仞賜進士出身時觀吏部政

吾鄉自開基後文化雖無大發展然其中特色有足多者爰錄出以光家乘

開創之艱難

三世基開祚不蕃產多丁少孀居趙母善推恩趙媽寡守二孫仙慶仙燦田廬折半分猶子財產爲公諭乃孫從堂姪孫瑞元父歿不能自立祖媽收養之與二孫業產平分并爲娶婦傅氏歿後晨鳴遭牝索傅氏南安金雞人我族斥呼金雞娘雞來他族肆鯨吞瑞元歿惟一女傅氏溺愛之爲贅戴玄珪產業被噬珪歿再贅莊庸德又被獻賣鄉官異姓入居爲害至此可爲殷鑒頻年上控蒙多難爭到僅如剝果存後仙慶妻洪氏又贅蔡煌變業搆訟廿餘年李氏轉衰爲盛皆賴祖宗歷盡艱險爭得此十二之遺子孫其永念諸

中興之建設

崛起中興大有人六世祖伯號中興白水散人亢宗事業一番新訟庭隨父披荊棘與淳朴公冒險京控寢廟奉先潔藻蘋築祖祠置祭田廣濬泉源資灌溉築前塘買大溪水圳肇脩譜牒敘彝倫嘉靖壬辰倡修宗譜功成了悟開精舍了悟軒遺址在湖內港觴詠名流動搢紳與李長史黃少卿往來吟詠

## 科第之發達

雁塔題名首破荒九世振盤公名櫼字自新入安溪庠萬歷戊子舉人己丑聯捷進士連枝丹桂又飄香
黎懷公名邁種字自進振盤公功弟萬歷癸卯舉人呦音自寂鹿鳴野黎懷公後科舉沈寂百餘年翽羽待
看鳳振岡分支四房確齋公坟穴號飛鳳至十二世貼亭公名文察字爲貢始中康熙辛卯舉人甲算康乾週
厥數　卯科先後發其祥十四世省園公名如金字大尉乾隆辛卯舉人距康熙辛卯適六十年若論濟
治兼戡亂　鷹宴馳聲武亦揚十七世柏軒公名逢寅字干年同治庚午武舉

## 耆碩之恩榮

耆年碩德兩堪誇　檢討榮恩疊拜嘉十四世濬齋公名濤修字大純入庠補廩嘉慶辛酉欽賜舉人
壬戌欽賜翰林院檢討年七十二　真庵公名步雲字大亨道光辛巳入庠壬午欽賜舉人癸未欽賜翰林院檢討年八十
二鎖院送歸光賜燭　玉堂宣進詔頒麻　並蒂競韡交輝萼二公族兄弟行對宇讙
呼太史家第宅相距不遠當日壽昌兼貴富　撫今追昔悵何涯人事變遷不勝今昔盛衰之感

## 文吏之廉明

治譜相傳著政聲　揭陽宦績早知名振盤公爲廣東揭陽令邑人以名宦祀春秋一官恥作

絜楹轉　七任多逢貝錦成黎懷公由學博轉知縣凡七任皆以不善迎合爲萋菲中傷最後曲陽令罷歸至賴士夫捐助其官况之清苦可見碑泐上杭追教澤貼亭公任汀州上杭縣學修廟建祠多士爲立碑頌其鐸政仕績詳府志鐸宣寧化振文衡省園公任汀州甯化縣學端士習課學業文風爲之一振蠅營狗苟貪汙輩　對此能無愧恧生

## 武臣之忠烈

法夷深入擾閩疆　親駕漁船抗敵忙十六世儀亭公名來生字建德爲勇首隨赴江西剿辦髮逆及各賊匪出力遞升福建督標中營候補守備光緒十年閏五月公充鎮海右營哨官在馬鞍山防堵七月初三日法夷入寇即管帶全哨駕漁船赴營前港禦敵火箭正張萬弩發　礮彈突至一身當公正奮勇督全哨施放火箭法夷驟發大礮陣亡策勳屢紀清邊寇屢次出力詳載公傳殉難堪憐固國防爲國捐軀賜卹襲封兼祭塋　昭忠崇祀永流芳楊大憲奏卹奉旨給卹銀叁百兩欽賜祭塋崇祀昭忠祠世襲雲騎尉恩騎尉罔替

## 鄉賢之品學

卅載蓉溪設講筵　斗山碩望仰鄉賢十八世雲程公名陵漢字國超入泮後精經史礪廉隅以振文

風培後學爲己任在蓉溪設教卅餘年從遊日衆**分齋教授宗胡瑗　通德門牆繼鄭玄**　**拾芥成名皆北面**教授先德行後文學逐句講經促諸生注意實踐遠近優秀成名者皆北面弟子**探花慕道特西延**泉紳探花黃貽楫延課其姪謀挑科入泮駒從學與從兄家驥功兄映奎胞兄家騏亦相繼獲雋聲名噪甚及歸探花親書贈學爲儒宗行爲士表愛若慈父畏若神明對聯**鯉庭幼學遵詩禮　壯未能行志到憐**駒入庠補廩後歲科雖屢試優等奈阨於時局竟躓棘闈制科既廢舉貢由省保送入京考職以縣丞不甘小就復值革命事起莫遂顯揚殊堪浩歎

## 學校之振興

**河山鼎革鼓風潮**辛亥宣統遜位民國改元**科學翻新舊學銷　周道自茲傷鞠草　臨雍無復聽圜橋　育才建校須通令　獨力輸貲賴富僑**僑商光前獨力輸貲建築學校開辦小學又辦國光中學前途正在發展**名署國光實克副　鵷班竚盼翮翀霄**

裔孫家駒謹誌

序類

## 一箭江史于光先生爲白水公役滿旋歸并壽序

國之需於郡縣而取辦於民也民繁故宰之以里里有正以宰之則征斂公而應辦有不失者矣南安芙蓉李君汝亨宰是里愛人樂施里中以公道聞縣致書辟爲鄉飲賓李君辭不赴噫樂善而不自足未有如此人者也是歲賦役趨事花封君好逸則命弟汝復長子子述次子子纘代勞爲戒之曰惟愼惟公惟勤弟子如命祗服役事週一歲矣官稱其能民稱其惠里人德之適役滿十有六日正李君初度之辰也親友陳肇器黃思承等謁余願得一言以爲慶贈余聞李君素行善事積陰德內外稱許無間言祖宗之廢者興之宗族之乏者周之貧不能塟者出已財以助之老不能給者割已田以贍之又嘗捐貲命世瑞量工開鑿石圳延袤數十餘丈灌溉官園成田數百餘畝爲鄉人百世之利宗屬年逋稅銀之無者君偕弟汝復倡訴諸官計田均分坐產而免於賠累償者

爲輕祖例地基科錢者君隱而憐其貧民居苦於煩擾者幸免是乃積德事也古稱有陰德者必有陽報故劉翊濟衆而身膺壽考禹鈞行善而五子高官報應之事豈其誣歟書曰皇天無親惟德是輔易曰自天佑之吉無不利吾知李君之行善天必佑之以福福而壽壽而康天將以李君爲一方之矜式者耶是故樂爲之序

嘉靖四年歲次乙酉夏望日也史君進士吏科給事中前翰林庶吉士

一留志淑先生壽

白水公序

君南安人居象屏之鄙其行誼吾不得而知也昔者聞顏紫山作縣時以鄉飲三聘之不至紫山英邁奇偉不輕與善者也其能以義而知君也如此君能以分自安而不求知也如此是可尚矣今年夏季十有六日爲君初度之辰也年始五十有七吾南庄先生走書請文以壽君南庄氣豪行特恆落落於世其能物色君之勤也如此君能致朋來之遠也如此是可尚矣夫壽徵於年匕徵於

善積善以完理理以完氣天下無異術也故善有可稱而年未耆耋是必有耆耋之道也耆耋而善不足以稱於人雖耆耋不足以爲壽故君子以壽徵於善而不徵於年也夫聲色耳目之欲伐性之斧斤也居恆恬淡自怡而無城市之諠引養完眞而無鉛衣之陋古人譬之深山之木無牛羊斧斤之侵則莊周所謂大椿以八百年爲春秋蟠桃以花實老天地是皆君之所以培植灌注而不自知者也豈必坐崑崙之上巔飱玉英飲沆瀣夢寐葛天王喬之府而後足以引年也哉是南庄諸公所以壽君之意也壽有觴觴有樂不可徒者樂也復系之歌以佑之歌曰

維山之陽兮紫芝茸茸于以採之兮眉壽無疆惟山之陰兮溪竹千尋于以飲之兮胡福匪任惟山之中兮草堂相容子孫千億兮五音載觴維茲縈會兮君樂康強

嘉靖辛卯年六月望日也留君進士時任浙江按察使

一李靜齋先生爲東山兄水利告功序

世有任事之君子能滿其力之所至而功被乎人則身不必登仕版名不必出州閭而人之享其利者甚厚所爲愛慕之者且勿衰夫東山李君謂其人非耶蓋余高祖參政菊泉公拓置薄田合爲一濱坐址武榮十六都芙蓉余二伯父少參鴈陽公令伊學山公昭繩世守之而以及於余子姓原設水一圳道旁山穿石通谿行水以資上下二濱田灌溉方春俶載戒期水澤孔棘則農人各計所種之多寡輸其工役而時其疏濬顧其役難均而工虞曠必得一人首事焉以董之課之然後人心一而力齊予所睹記則君之任勞居多蓋自甲寅秋玄溟布殃水道崩壓予家憂饘粥農人亦且苦荒蕪君爲料量地之險夷與力之難易鳩金修築而告成功迄今洫遂安流租賦兩辦雖有時少壅而濬復不難咸君之力也在昔馬臻召翁卿諸人導水興利澤及一方而名垂千禩君固無一職之寄一方之任要以畢彼分力營彼斡辦不憚以身服勤勛而導利于鄉匪才堪托重望足表正者誰肩之水旱爲災何歲蔑有世不能長無事也則此任事人詎可渺而名詎可湮也君家閥閱風高詩書色映而君之功德在人當

食報于後山谿不改田庄長綿余家子姓將與厥鄉里之農人世世思慕之願
君之介景福者因敍此以爲贈
萬歷歲次戊午冬廣東韶州府通判宗弟儲精頓首拜撰

例封六品安人嗣徽楊太安人八旬榮壽序

懿夫璣鼓八琅簇鸞輿而仗節珠探九館擘麟脯以脩儀蓬壺日暖麻姑罾綵帨之花梅嶺香濃金母進長春之酒自古徽流彤管靜叶坤貞莫不簡刻丹瓊聲蕃泰祉故山南紫草思兼月鷺於胎龍堂北金萱共譜雲鸞而稱兕也恭維太安人系出名門歸于望族閨中勤事筥筐之婦道無愆隴右垂芳夫壻之家聲可貴奉盥漱於高堂咸羨歡心藉博作羹湯於中饋詎云食性未諳況乃聞雞戒旦挽鹿同心饁冀缺之耕共稱嘉耦舉孟光之案不愧令妻已足騰輝女史之箴煥彩婦人之集者矣至其媞匕善下藹匕能仁轢釜無傷佐聯歡於棣蕚食糠不誚資庇蔭乎荊花戒薛蕭之異視妯娌雍和媲鍾郝之高風禮儀整肅又復郤鉛華以持儉躬濯澣而勵勤接人則能敬而和里閭遍譽待下則慈溫且惠婢僕銘恩閫門相士劉夫人慧可魁倫設座延賓柳太君賢能辨客如陶母之持家禮閑內外媲敬姜之課績力効勤劬蕃祉有原聲龐斯貫式茲淑德務以天麻宜乎福膺綏戩頌晉遐齡也今者堂開四代履集千春子婦繞膝

而執巾孫曹問安而索珮養潔陔蘭報烏私而燕喜香飄玉樹煥鷟采以蜚聲
或職超長史門第光榮或書讀成均琳瑯珍貫美濟鳳毛槐桂則森森擢秀祥
呈麟趾芝蘭亦葉匕生香此其釀齋室之太和養天眞於豫順有不祿綏天保
者乎且夫瓊液石腴奇難驟遇也交莉火棗幻不可爲也壽之言酬非請祈非
能力也壽之言受惟備德乃永膺也　太安人內蘊冲和外欽淑愼漫匕翌匕
琳館開也迭匕蕃匕瓊函御也鼓吹導輿小紅則花開稱意笙歌侑斝重碧而
酒釀延齡綵屢試夫萊衣甲華迭紀吸奚求夫桂實申錫無疆茲以屠維單閼
陽月嘉辰爲　太安人晉三多祝稱八秩觴子舍歡騰曲奏陽春之譜申鼇戩
錫詩賡壽母之章煥寶婺於南天坤齡永固晉瓊巵於冬日頤養素優福占九
五海屋籌添歲頌八千雪花獻瑞先期頤之廿載亥算頻增聚精氣於三華壬
林永錫頤指十行想悅華而長燦起居八座垂壼範以綏和試看榮叨花誥綿
匕賡福履之詩從茲蔭永萱暉歲匕譜壽人之曲是爲序
賜進士出身　誥授中憲大夫補用道禮部主客司郎中掌精膳司印兼儀制司

祠祭司行走管理養廉處同治十一年大婚禮儀處幫辦前内閣中書隨帶加

二級　　　　　　　　　　　　　　　　　　　　　　　　　　　　姻愚姪黃謀烈頓首拜撰

賜進士出身　誥授奉政大夫吏部稽勳司員外郎兼掌印司行走前翰林院庶

吉士加一級　　　　　　　　　　　　　　　　　　　　　　　　姻愚姪林樑材頓首拜書

光緒　年歲次　月　穀旦

國專先生事略

國專諱候號隱逸香普公之次子少穎悟好學長書法善事父母謙和有禮尤喜排難解紛故人樂親之初習縫紉開業於廈門曾厝垵嗣別營合勝棧於市區旅客窮乏周濟無吝容以是業雖盛而終以拖欠虧累歇業年四十到新加坡擬向客收所欠奈客散居各州府還欠者不及十之一二不得已因住新加坡營什貨儉約自持助人如初蓋天性也子三長玉麟次玉坤三玉榮俱隨寓居十餘年回國家居民國四年逝世享年六十次子玉坤字光前畢業僑辦道南學校以才學冠羣倫光緒末年選送南京暨南學校肄業既而革命軍興輟學南返陳嘉庚先生器重之妻以女營南益公司以樹膠鳳梨業名於世界斥資於家鄉興學設立國光中學於山美國專小學一校於蔡面二校於犀牛望月三校於董山美校舍俱新建築規模宏大四方來學者有一千五百餘人成南邑學村又於新加坡華僑中學獨資設立國專科學館亦堂皇壯麗報親育爲材世稱盛事焉

李烈士天賜事略

天賜烈士諱志成少聰穎居廈門父國祥以千里駒目之四歲時父欲攜之回里哭拒不果行而父附海輪竟沉於秀塗人以其兆而益奇之八歲復遭母喪哀泣甚兄引眉挈之南居蘇坡助兄習賈嗣轉職新加坡謙益膠行盡三年書算大進兄友林文殊器重之聘任裕美膠行經理於膠業益饒興趣年廿四婚陳氏金蕊氏籍閩之同安精英文夫婦相得互期遠大遂自營樹膠業於蘇坡規模日宏君磊落慷慨營地及祖國福利事業無不悉力倡助與族兄映雪創辦競敏小學尤開家鄉興學之先年三十一榮膺柔佛太平局紳復榮錫勳章其爲當地政府所崇敬可以概見抗日軍興君任救濟祖國籌賑會常委奔走吁號卓著功績日寇南犯馬來亞君被捕威脅利誘凜然不屈就義之日神色從容猶口罵賊時年三十七歲三月十七日也夫人陳氏偕子成鐵希石女清紅清蓮清容清潤清心清美清尼清香等已先於三月七日被押屠殺舉家殉難無一倖免可謂烈矣

## 引琛先生事略

引琛諱綿士元凱公之四子母菲婦菲珍西氏生於垊里納之雅雙社十一歲歸國就鄉校學繼入泉州官立中學致力於古文辭尤喜孔孟書以父商業失敗輟學南行遂投身商場謙和禮讓華菲人樂與交易連遭水火災所業盡墟人為惜嘆而先生竊引孟氏天降大任之說自勉慰復與母氏設肆於出生地先生善事父母於嫡母尤禮敬焉諸兄早亡贍養三寡嫂為置嗣息撫育至能謀生此人情之至難而先生能易人所難而竟其功眞倫常中之大事也抗日軍興先生鄉居適族人光前君斥資建校興學先生董其事躬身於風日雨露中十年如一日黌舍莊嚴大觀厥功偉矣

伍校長遠資哭先生詩云曾看簑笠篝燈夜急雨狂飇撼卧牛時適建犀牛望月校舍夜風雨大作已自扶梯兒補屋勞人不朽有千秋布衣簡樸一儒士得意生平孔孟間手澤紛鄉應祀社千秋安穩占梅山蓋紀實也先生既浴孔孟之教又心佛氏之心樂施與恆貯藥濟人初病起遍訪親舊復病遂不起遺言

墓必朝南孝子之意豈常人得知至死猶存孺慕心也享年六十殯之日人盡哀之無間言者

# 〔福建安溪〕清溪蓬萊嶺美張氏宗譜十三卷首一卷（卷首至卷一）

張吉六　張緝熙纂修

［福建安溪］《清溪蓬萊嶺美張氏宗譜》十三卷首一卷，張吉六、張緝熙纂修。元末七八郎入蓬萊（今屬福建省安溪縣），爲清溪蓬萊張氏始祖。五世直福、直壽兄弟分别於蓬萊嶺美、佛仔後建基，直福即嶺美張氏肇基祖。是譜載歷次修譜之序、世獻録、世文録、譜例、世系圖、世産録、世狀録、歷世紀實等。首修於乾隆十六年（一七五一），道光二十八年（一八四八）、光緒三年（一八七七）、光緒三十一年（一九〇五）、民國二十五年（一九三六）四次重修，其中後三次均有僑居海外之族人捐獻銀錢，捐款者累計近兩百人，多來自新加坡，亦有在石馬丁宜者。清代以降，張氏族人多往南洋，遍跡新加坡、馬來西亞、吉隆坡等；亦有遷往臺灣者。譜載道光二十三年（一八四三）張洵章「葬在南洋寔叻（今之新加坡）」，宣統二年（一九一〇）張長漢「葬南洋納閩坡（今屬馬來西亞）」，民國三年（一九一四）張養來「葬在吉隆坡」等。據民國間抄本影印。

首卷

# 清溪張氏族譜序

世之叙譜者僉曰從光州固始入閩而清溪張氏之譜獨否問其故功謀曰人謂光州固始從王入閩唐末也吾宗譜牒無存僅得族叔祖璧山公手抄公媽姓名墓所且查縣策三世祖　第四位公為明洪武時人則　璧山公所記入蓬始祖　七八郎公實生於元文宗順帝時無疑也進而上之則無據無據而妄援以為祖是誣其祖也至於從出之祖勢必目以非祖是忘其祖也為人子孫烏乎可余惟斯言有特取焉蓋　璧山公余外祖公也入閩始祖當日必限於聞知故特記曰始祖七八郎公今按元末距王入閩二百餘載則功謀仍以　七八郎公為斷者亦述而不作意乎夫譜者普也世代祖孫支派血脉以暨族人之富

貴壽夭生卒婚葬莫不具載此所以必功謀之中正無偏慎重不苟查前人之未詳者而詳之不嫌異踵前人之可因者而因之不妨同緝成卷編一披閱而燦然不遺秩然不紊舉四百餘年之散緒而脩明於一旦操厥斯任詎不甚艱要尤在和睦子姓脩孝弟以為本勸勉樂業敦詩書以繼世采芹采藻歌鹿鳴捷南宫大振家声俟採摭有据而敘所從来亦可無愧於嗣先啟後矣倘未洞徹祖先之始猥云從光州固始来者冒為始祖安知誣祖忘祖不自今始耶茲因功謀持譜示余索序余取其不誣不忘也故為之誌

大清乾隆十有六年歲在辛未仲秋之吉

賜進士出身太常寺卿外甥孫晉水陳大玠頓首拜譔

# 清溪張氏族譜序

譜三十年一脩始無殘缺失次之患過則不無遺忘况無譜可稽者乎我祖自　七八郎公入蓬至今四百餘年其間殘缺失次不可勝紀為人孫子誰無水源木本之思而可不興立譜之意耶　猷憶總角時嘗叩父　樸軒公曰人皆有譜繄我獨無父曰非無譜也緣遭兵燹以致散佚然猶幸有可考者大宗我祖　肇基公之三房派有　璧山公移居晋邑既而回籍手抄公媽姓名墓所後若有志於譜慎宗諸今思　猷　身居十四世而生齒所及見者已十六世斯役不任將世益遠派愈分稽查更覺無從爰不揣譾淺恪遵父訓披閱　璧山公手抄雖有公媽姓名墓所不過一支私敘

並非通族譜牒且無生卒各朝年號因攷歷代帝王圖并查縣庫
山冊所載我三世祖　第四位公履歷於明洪武二十年撥男防倭是
第四公生於元順帝時四世祖　十二位公生於明洪武時可知而
始祖　七八郎公與二五祖　八五郎公皆於元順帝三十四年乙巳
葬則其生直為元文宗以前更無疑矣而原其入蓮之始基或
傳溪南或傳松樹隔皆失嘗而罔据延及五世　福公兄也　壽公
弟也　壽公建基於佛仔後而我祖　福公則建基於嶺美蔭林之
下居焉育長　全明公三　全書公二四無出故房分長三居住
中廳則為奉祀我　福公號肇基公祖祠而門口坪上祠宇此又
肇基公派衆建於後者也以下支分派別或居本籍或移外府

生卒、名字以及婚娶、知者詳之、疑則仍闕。分其目有五、一曰世系圖、二曰世狀錄、三曰世猷錄、四曰世產錄、五曰世文錄、蓋使吾族子姓覽其圖知一脈之相貫、閱其錄於狀與猷與文知前人之事蹟、於產知前人之創垂、各安四民之業、共敦一本之親、世世子孫式好無尤、此猷立譜意也、後之鑒者、亦諒猷之苦衷、否、倘更孜求歷而加詳焉、則尤祖先之靈而猷所厚望也夫

大清乾隆拾陆年辛未春十四世孫　文猷敬序

名行　十五世起

鍾洵標炳培（君克念茲典）　字義取於五行相生

以上先人立

錫洪梓焜增　銘濟桂煌均

鏞澈樹煇垣

字行五世起

宗欽乾朝子　崇德必有功

君克念茲典　修齊延世芳

平治垂金鑑　昭明載玉書

以上洵第標滿為政仝立

以上洵第標滿為政仝續

# 領美張氏族譜序

余初席安溪時，即聞有　張君文猷者，好學篤行士也。既而來謁脩弟子儀，恂恂然言談與衆異。授以學約及寶言堂紀聞三種禮律輯等書，大契厥懷。旋而余重構公善堂，　君倡其里中士來助，無憚勞色。余心嘉其義而能力焉。丙子秋，余自湖山間道回邑，經領美避雨田舍，　君聞而迓之于家，精舍幽敞，雨中尤宜。所諮詢皆敦内行重本務及濟人利物之語。復出其所手輯族譜相示，且問序焉。余首肯之，歸未綴稿，而檄趣引見，匆匆北行矣。丁丑秋回任，復以譜索言，誠以余言不能虚飾為貴也。余細閱之，作而言曰：懿哉乎，張君之譜也！志與余同而事又相類也余祖自吳中入閩々復分派舊譜以兵燹失上世傳次無稽僅據祖墳坟以鰲江派為始而　君亦以譜失入蓬之祖上世罔據譜始于　七八郎公其不敢妄援傅會志與余同也立嗣以宗支為正自外來者例不登譜　君以為宗支無承故圖于外以存祀勢出無奈也作譜者乃不之登是絕其嗣也心弗忍余作譜亦念及此凡養異姓者皆登之不惟杜紛争亦親々之心不忍著其絕也志不又與余同乎余既失舊譜雖脩亦創緣瀕地播遷人率皇遽即神主中生卒庚甲類多差訛余悉校之明史按年攷訂而　君之作譜亦然余于譜事皆手自纂輯閱時許久始克成帙無事族中一毫之費而　君又然其事不甚相類耶吁此固為子孫

者職當如是然以視世之人曼乎遠矣竊慨夫世之人博通今古日草萬言而譜事則遜謝不遑又或刊佈著作貨貲不恡而譜貴必索諸族人或著譜而牽合世族以飾冠冕同支之側陋則忽而遺之嗚呼祖宗之於子孫無異視也而為子孫者反異視祖宗之子孫甚且棄其祖宗而冒人之祖宗者比比而然夫亦弗思甚也今觀　張君之作譜與余脗合其為人足徵已所以一晋接間輙為情契乎因其問序而覼縷之嘉張　君亦訓世人也

時乾隆戊寅夏四月

歲進士國子監肄業充

武英殿纂脩任安溪縣儒學訓導兼教諭事晋水年家眷同學弟

范學洙頓首拜譔

## 蓬萊領美張氏重脩譜牒序

葢嘗論古之治天下也教民和親莫先於敬宗收族周官以九兩係萬民五曰宗以族得民以本俗六安萬民二曰族墳墓上自天子諸侯下逮卿大夫士庶人莫不以是兢兢焉故家有譜猶邑有誌國有史凡理學文章忠勲義烈必有以部而綜之然後事可稽而言可法後昆由之以景步前蹤繼世因之以考核昭穆所關甚重又安容聽其缺而不脩耶蓬萊領美巨族張氏人尚二銘遺訓家傳百忍休風數傳而寖昌熾子孫之賢而達者亦代有聞人謹按舊譜肇脩于乾隆之辛未張君文猷手澤存焉迄今道光之丁未十六世孫洵鏘為一族之長倡議重脩日奔走從事以成厥

功十七世孫標湫揀輯亦與有力焉是歲沙縣壠東克恭兄甫遊泮水幸祖先之有靈共贊勷譜事雖山川遼遠亦敦典不忘也而念金兄同建章兄與予知文請予秉筆繕寫呈上覲其尊祖敬宗之心承先啟後之謀胣胣然流露于進接間無容贅詞余爰是不揣冒昧敬本紹聞之訓依先譜成例世遠則舉其畧世近則舉其詳不冒華冑不棄寒微凡長幼親疎之序生卒婚葬之詳無不書之其行可傳於後者附而錄之輯成卷編分為六部先後綱維巨細畢舉至戊申臘月譜完闔族追遠報本敬謝神祇後之子孫覽是譜瞭然心目當景慕先德感發孝思肅閨門全骨肉念爾祖無親疎之間律宗法無貴賤之分從茲似續綿遠寢熾寢昌

釆芹扳桂捷步南宫門閭光顯富貴澤長可立睹其效焉是

是爲序

道光廿八年戊申嘉平月重脩譜牒柬筆金谷里人

學弟王以梅頓首拜譔

# 蓬萊領美張氏重脩族譜序

蓋聞尊祖敬宗之意承先啟後之思莫先於譜譜不脩無論一姓莫稽其長幼親疎即一人亦莫知其生卒婚葬譜之為譜不綦重哉然此可為知者道難為俗人言也憶自幼從父　宮中公庭訓嘗於講學稍暇時指予而言曰吾宗譜牒肇脩于乾隆辛未年間爾曾祖　凜齋公獨任其事纂脩三年無憚勞色使當年憚勞而不輯成卷編雖後來肇脩有人不幾茲茲墜緒慮搜討之無從乎今之手澤現存令人閱其編次深嘆其功德堪垂千古於不朽者也自辛未年閱迄今八十餘載特患重脩無人竊恐世繁人蕃愈傳愈遠勢必欲脩愈難自今伊始倘有重脩爾宜贊襄其事庶無愧

子孫之職分焉耳時余年尚少不知吾 父之言甚切又安知斯
譜之所係匪輕乎迨至道光丁未春上元仝弟建章與二三父
老飲椒酒祝新禧少長畢集几席間偶談譜事咸然諾点頭
相囑於是聚會倡議重脩里人生員王君 以梅與予知交也生
平存心不苟秉正無偏故衆延請脩輯操筆削之權按舊譜唯
五世祖叔直壽公佛仔后派僅存遺稿詢之故老皆云稽查未詳
未敢編入茲幸詳明將遺稿補入亦不失親親之意凡宗規義
例俱倣前譜予不揣固陋亦有微加檢閱閱筆月餘適移住沙
邑遊泮庠名洵第是亦吾宗美事也今戊申臘月輯成卷編分
作六部披覽之支分者派自別源遠者流自長長幼親疏生卒

婚葬瞭然在目此固祖宗有靈亦不失父意也後有志復脩可

無殘缺失次之患焉是為序

大清道光廿八年戊申腊月長房十七世孫標滿謹誌

## 蓬萊嶺美重脩族譜序

邵子之言易也分而為四四而為八八分為十六為三十二為六十四又分為三百八十四而托始于太極人之本乎祖亦猶是也其中縱而為宗繼而為小宗支分派別遞推遞衍者同一氣焉然其生養卒葬歷久可稽莫要於脩譜韓子曰莫為之前雖美弗彰莫為之後雖盛弗傳為人子孫而克廸前光篤紹先烈其在譜牒之不漫漶乎蓬萊嶺美吾宗也自七八郎公瞻原望楚開基于此迄今十九傳矣繫之以姓而弗綴別之以派而弗殊繼之承之而昭穆不失其倫者皆由於譜之脩譜之重脩也余館鯉城適應試新舊生念　君建章君携譜索序閱其義

例行錄為一部其人文秀士為一部其世系序次為一部其生
年卒歲永宅為一部若綱在綱有條不紊禮曰人道親親親
親故尊祖尊祖故敬宗敬宗故收族其吾宗之謂乎從此箕裘
克紹門閭克克流芳正未艾也
時龍飛己酉年中和節辛卯科解元宗姪際青序

蓬萊領美張氏重脩譜序

嘗謂物本乎天人本乎祖欲尊祖必敬宗欲敬宗必收族但族之中世有遠近情有親疎序有長幼必按定其譜牒而後井然不紊領美張氏二銘之雅訓猶存百忍之休風未泯本著者葉自茂源清者流益長始幸　張君文猷考証於前繼尤懇請

王師以梅逑訂於後尊卑次第星月輝明迄今又三十載矣人數蕃衍户口繁增念明德之遺徽亦達人之代有張君倡議續脩　　襄贊奔走厥事邀予秉筆受命以来寸衷自凛終事不忘前從舊譜而書後就採輯而誌弗敢妄自僭越間有一二忘失而未順正者皆由彼之自致與執筆無與也然則斯

譜之脩也寔本先人之矩矱啟後世之綱維牒成分為　部

閭族郊荐是事鬼之心盡者亦事神之道全繼自今昌熾壽富

尚其拭望焉是為序

光緒三年歲次丁丑葭月書譜人鄰里淵兜黃河清頓首拜撰

重修領美張氏族譜小引

族之有譜也，豈非賢子孫延儒者以脩哉前有譜而前之世次世狀以明後有譜而後之世次世狀不紊是譜不可不修也明矣所以古人或三十年一修或五十年一修盖恐其久而有失也然惟賢子孫知念及此耳張氏之子孫賢者多矣尊祖敬宗董正於內者有其人疎財仗義勸捐於外者有其人是以水木興思因念閤族譜乘自丁丑編纂以来迄今已三十年往者愈久而愈湮来者日增而日繁僉議重修延余秉筆余感其意之誠不敢以固陋辭遂許諾而膺厥任焉細閱前譜其中有前而既脩者有後而不及脩者未免金甌失員爰囑採輯者各支各派查較詳明毋致差錯遺漏之虞余前遵舊譜而書後就採輯而録列基圖於先以便沿流溯源紀事寔於後以便即始核終自始祖七八郎公以及廿一世裔孫洪字行本本枝枝源源委委又如魚之貫如珠之聯令人閲譜洞若觀火夫千尋建木探本為難而況枝葉茂盛九曲黄河尋源匪易而況川澤衍流則是譜之成修者固不憚筆墨之勞而倡首以修者寔大有功於祖若孫也可不謂賢乎告成之日聊述数語以弁於首若夫鋪張揚麗藉飾鴻詞前人稱贊備矣余何贅焉

光緒三十一年歲次乙巳葭月朔旦纂修人

衡山蘇希賢拜引

# 蓬萊嶺美張氏族譜序

清溪嶺美張氏為蓬萊鄉之第一也為地方多故滄海沸騰張典廸先生長明先生目擊時艱憫宗人流離瑣尾遂與水源木本之念乃于民國乙亥春邀集各房長老傳岳、修德、基湖、炳東、烏會、修綿諸君等提議脩輯幸也列　祖有靈一倡百和議脩之舉眾僉歡欣任命典仁君造門請曰吾家譜系以歷年所宗支亦頗茂盛諸族親欲知敦本睦族之義莫如脩譜顧吾譜之脩凡經四次矣始於乾隆辛未再、脩於道光戊申三修於光緒丁丑則四修於光緒乙巳也始為先岳高會作繼聘名宿鉅公纂俱有條有理不漏不支可為後嗣指南也際玆國運鼎革桑田變遷而子姓絜眷避居者数不勝数若不

起而倫之恐世遠年湮支派莫攷其何以承先啟後耶爰於光緒
乙巳再為叙其支派生卒葬處以遺後人今已告竣欲成卷帙而
無一言為之綱非体也煩先生鉅筆數言弁首以為寒族光余聞
之瞿然曰美哉吾子之有志也昔老泉為劉氏序譜簡而明綜而
核後之人恒嘖嘖稱之不置余拙手也而吾子心存繼述志切修
明又安敢以不文辭也夫張氏之宗其源本之所出支派之由分昭
穆之克辨文献之克徵與夫里居姓氏山川墳塋前人之述備矣無
待余贅特以自光緒乙巳重修至今又歷三十二春秋矣人事代謝往
古来今其間生者幾何死者幾何生而有裨於人者幾何死而可傳
於後者幾何與夫或顯或晦或斷或續又幾何倘不再為纂輯舊聞

考据則今茲泯泯墜緒不免有雲散風流之悲何以使後之人覩今之事瞭如指掌也善夫韓昌黎之言曰莫為之前雖美弗彰莫為之後雖盛弗傳是茲譜之脩於前人為賢子孫於後人為賢父兄其所係不誠重哉余不敏勉從張君之請而又以眷其繼起之寢熾寢昌為楨為幹於無窮也於是為序

旹

大中華民國廿五年丙子季冬之吉

温泉壁陔弟唐欽侯拜撰

主譜裔孫吉六緝熙

董事

傳岦
炳東
典仁
春生
大海
錫雙
錫遠
金鈷
烏會
春暖

南洋董事

金桓
瓊林
棋楠
得来

世猷録

猷者賢也有文武才能被選進入庠入雍出仕者謂之賢有功勞於祖宗子姓及齒德與賓筵者亦謂之賢皆可稱猷已録於狀再標之以便覽或曰猷無大貴不足為譜光而非也古重世德不重世貴且使後之人觀感而勵焉安知後来者之不居上也哉

皇明

乾字行

張瑞溢

即字乾字號壁山當年移住晋江手抄公媽姓名墓所既而歸籍又復袖回今諸祖墓賴以識其公媽實有功於祖者

皇清

崇字行

張贊美

即字崇黼告執祖山有功

張任明

即乳名日熙字崇晦順治十七年庚子冬安溪縣知縣桂諱攀

舉鄉飲大賓

德字行

張國錄

即乳名奇璿字德在號心衡晉江學庠生

必字行

張鴻壇

即乳名肇寬字必大號範正安溪學庠生

有字行

張士俊

即乳名志善字有慶號樸軒安溪學庠生

張士應

即乳名志學字有聚號悦軒國子監太學生

張志廣

即乳名　字有積號遠裕沙縣鄉飲大賓

功字行

張文猷

即乳名元肅字功謀號凜齋國子監太學生　生平積學種德

肇脩譜牒最大有功於祖

張文對

即乳名元墀字　號飈齋國子監太學生

張文篤

即乳名元整字功飭號厚齋國子監太學生

張文珠

即乳名元湖字功夏號重齋國子監太學生

張文瑛
即乳名元雄字功于號展齋　國子監生

張文金
即乳名元貢字功燕號鳴玉　鄉飲賓

張仍
即乳名元統字功緒號天成　鄉飲賓

張文烈
即乳名元芳字功波號濃齋　國子監生

張元知
即乳名　字功哲號進機沙縣籍鄉飲賓

張元叟

即　字功長號進春沙縣籍國子監生

張進興

即　字功秀號起園誥授　奉政大夫

君字行

張鍾茂

即　字君寔號裕㚖　鄉飲大賓

張鍾樹

即乳名鍾曾字君椽號藝圃國子監生

〈2〉〈2〉〈2〉〈2〉〈5〉

張振聲
即乳名鍾唱字君永號崖圃　鄉飲賓

張鍾言
即乳名鍾侃字君訥號靖圃　國子生

張鍾玩
即乳名鍾贊字君讀號詞圃　國子生

張廷宜
即乳名鍾綿字君地號輔圃　國子生

張廷友
即乳名鍾尚字君義號進陞　國子生

張世起
即乳名佛助字君我號祐吉　國子生

張一香
即乳名鍾汀字君鶴號南洲　鄉飲賓

張鍾助
即　字君望號文明沙縣籍　職員

張宗魁
即乳名鍾丞字君順沙縣籍　庠生

張新德
即　字君仁號升浦誥授　奉直大夫

克字行

張洵玉
即乳名駟兆字克佩號琢如　國子生

張大柱
即乳名洵棟字東臣號石礎安溪庠生

張大鯤
即乳名洵鵬字克搖號直亭安溪武生

張大椿
即乳名洵核字新知號寔覺　國子生

張克忠

即乳名洵華字克美　沙縣籍　國子生

張洵第

即乳名洵第字克恭　沙縣籍　庠生

張克繩

即乳名洵恩字克惠號慶澤延平府庠生

張克青

即乳名洵章字克憲號慶文沙縣都司銜

張洵鳳

即　字克飛號慶雲　沙縣監生

張捷登

即乳名洵后字克成號雲文　鄉耆賓

張洵銘

即乳名　字克西　沙縣監生

念字行

張為政

即乳名標輭字建章號南亭安溪學增生

張為奎

即乳名天星字建垣號雲亭安溪　監生

張為霖

即乳名標三喜字建益號雨亭　安溪國子生

張滎祖

即乳名標迓字念宣號田安　國子生

張建甲

即乳名標孚　國子生

張慶豐

即乳名標景春　國子生

張標榜

即乳名標坎字念孚沙縣貢生加縣丞

張標驥

即　字念德　沙邑九品銜

張建侯

即乳名標根字念節號甸卿沙縣庠生

張建藩

即乳名標啟字念賢號東軒延平府增廣生係增貢生

張念光

即乳名標科字念盈沙縣籍九品銜

張建勲

即乳名標道字念修　沙縣籍庠生
張念湯
即乳名標聘字念珍　沙縣例貢生
張建中
即乳名標心意字建誠號静亭例貢生
張志南
即乳名標胆字建龍號星亭誥贈儒林郎
張澄清
即乳名夏水字建源號秀亭六品銜州同

茲字行

張士黌
即乳名炳鮭字鴻爾鞴充纊　國子生

張鴻泰
即乳名炳海字茲富　國子生

張慶昌
即乳名炳起字旀發　六品軍功

張慶敷
即乳名炳珍字茲山　六品軍功

張慶元
即乳名炳哈　國子生

張慶德
即乳名炳而字茲萬　國子生

張慶煒
即乳名炳耀字茲暉　鄉耆賓

張慶雲
即乳名炳斗字茲星　國子生

張承恩
即乳名萬物字茲備　國子生

張長齡
即乳名連春字玆華　九品職銜

張嘉瑞
即乳名龍溪字茆河　國子監生

張啟瑞
即乳名炳禄字玆迎　鄉飲院賓

張大椿
即乳名德成字玆敬又字鴻文號宣義　登仕郎

張竹林
即字鴻賢號和茂　奮武校尉民國元年任永春湖洋汛

典字行

張廷選

即乳名允順字典選號　安溪學武生任湖洋汛

張永清

即乳名培水字典清號　鄉飲院賓

張菁莪

即乳名培鰲字典龍號梅亭民國四年在福建省立法政高
等預科畢業

參贊員張星煒
警察獎章
即乳名五彩字典彰民國三年平匪爲參贊員賞給第三等

內閣中書銜張廷序
即乳名鴻雁字典濱號星門前清光緒戊申年捐納內閣中書

修字行

張寶生
即乳名春生字脩德別號仁堂安溪學庠生

張德音
即乳名錫鏗字長音　國子監生

張緝熙
即乳名緝熙字長明別號　集美師範畢業

張應麟
即乳名應麟字　諱書圖安溪縣立鄉村師範畢業

張應川

即乳名應川　安溪縣立鄉村師範畢業

張維翰

維翰即乳名維藩　福州華僑學校畢業

張金讓

即字脩禮　福建省立第一中學校畢業

齊字行

張整頓　即字齊安　福建私立集美師範學校畢業

張金鐘

金鐘　即字齊鼎　安溪縣立鄉村師範畢業

世文錄有引

世文者歷世中有自家所撰及他人所贈各篇章皆文也見其文想其人亦可助觀感故錄之

五世

肇基公合　厚山公記

福公四世祖十二位公長子祖叔壽公胞兄也福公偕妣温氏來領美建基於蔭林之下居焉今本派祖宇是也故公歸為開建祠宇始祖肇基公生四子二四無出本房全明公居長娶嫣姓氏生卒俱無攷僅有厝甯龜山墓所公嫣二首康熙乙未猷

父樸軒公因號福公為肇基公亦就二墓地名合號公曰厚山
公而三房祖叔全書公即公第三弟今下蔭祖宇長三兩房
各有住居此福公為本派之始祖公祖宇為本派之始祖宇所
由來也但後人知七八郎公為始祖而我福公為本派之始祖
恐未明其義耳故記之以為後人所共曉長房裔孫 文猷謹識

後高

七世

## 璧山公墓誌銘

璧山公安溪崇善里人也祖父第三祖母楊氏正德己卯年十二月初六日申時生公名瑞謚字乾守兄弟三人公居三焉十歲喪父賴楊氏撫教年二十　歲娶室陳氏上坑人也壬寅年生一女大娘陳氏歿公又娶梁氏溪頭人也癸丑亦生一女二娘梁氏又歿公復娶姚氏龍居人也壬戌年始生凌漢丁卯又生女三娘癸酉又生女四娘大娘配宮坂魏氏之仲子生三男三女　二娘配溪南蘇氏之仲子生女一夫歿夫翁誤聽媒議改適永安里　氏之季子生三男一女公又撫養姪女三娘配沈洋王氏生四男四女又撫幼外甥唐

氏于明幼姪朝潔俱娶婦分產無殊已出公諳曉詩書維持風俗在家庭第一要領也厚姻睦戚豐儉適宜在里閈為第一等人也盤錯拮据家資頗曉五旬後苦遭寺僧欲奪族田公議舉爭訟幾於蕩盡財產抱恨得疾萬曆丙子年八月廿四日申時終焉享年五十八漢甫十五母姚氏矢志栢舟迨年一十九娶婦蔡寄梧之女漢妹三娘還配寄梧之仲子生二男而三娘夭歿四娘九歲而殤漢扶母棄祖來泉傳生四男四女僅存男五英乙未生也二幼女尚在懷拱日夜惟公未葬為憂今壬寅年幸藉天緣始得乙穴在晉江縣三十九都弓鞋石后相疊石上坐辛向乙兼戌辰擇十二月十八乙巳日午時奉棺葬於左留右為姚氏生壙漢與五英偕姪孫外孫扶柩榮歸黄土

直福派下七世

願斯慰矣謹誌於石以遺傳子孫願公陰靈庇我苗裔　男凌漢立

## 嗜外公記

古傳我公壽九十一為余族之最高年者歟竊訝之茲躬任譜事徧覽族中無出其右始信人壽之難而享壽之不易易也公字朝義號嗜外娶嫣梁氏生四子三無嗣我祖列峯公行居二與祖伯朝由公祖叔謙素公為同胞昆季而祖叔乾敏公又嗜外公胞弟而同出於厚山公者也今嗜外公支派蕃衍較吾族不啻十居其七都人士咸稱其九十一歲公之名弗衰焉公誠高人一等獨傳千古云

裔孫文猷識

八世

陳氏媽節孝傳

乾隆丁未清溪張子文猷挾其家乘索予序閱之羨其子姓蕃衍奕世書香蔚起固知其先世之垂裕者宏非尋常所能致者比覩其七世祖母陳孺人青年守貞荼蓼備嘗竭誠事二人至老如一日不禁慨然曰古人云節義之後必昌信然也是可聞之當宁以揚其休垂為世訓而令其懿範弗彰不亦一大憾事歟文猷惻然曰此固吾祖居恒所談及嗚咽引為終身之憾者余小子亦耿耿在懷誠得褒言為之表章先人將長慰地下子若孫且銜感不朽矣余感其孝思之言乃隱括其家乘所載為之傳曰孺人陳姓

湖其家世為余族祖姑生而淑慎孝友及笄歸儒士張君希獻年二十六希獻君即世孺人矢以身殉三日不勺飲翁姑聞而懼曲諭之曰死者不可復生生者安可復死如二白與六歲孤何于是忍死奉二人以撫幼孤雖夫有兄弟而二老人奉皆孺人十指間出自哺粗糲而高堂必致甘脆每值朔望率其子叩天為翁姑祈、求永年非甚病未嘗一日廢也天憫其誠翁姑享年九十餘翁姑歿喪葬盡禮未幾孺人歿年七十又五子大度亦能孝養孺人自大度以下六世子孫多人皆隸名學校有文名文獻以國子生而久勵場屋其人孝友敦摯為月旦所推家乘即其所手輯者余老矣言且不文既為序其家乘復書此以見節孝之澤長闇

風者其知所興焉　姪孫大玠敬撰

陳氏嫣節孝匾額引

余忝秉鐸茲教是司凡稔知善行輙爲表揚示勸亦敎之一端也乾隆廿一年春奉委賞給老人避雨于領美張子丈猷家覩其蘭玉彬彬有禮爲作半日歡因讀陳翁湄先生所爲陳孺人節孝傳念其懿行可風歸述之同寅江筠園先生懿德同好爲贈一匾令人知節孝之澤長云鰲江范學洙記

青溪蓬萊張氏宗譜

九世

春宇公記

按公之生也甫六歲而列峰公卒媽陳氏矢志栢舟食茶茹苦惟冀我公成立幸公偕媽呂氏恪守母訓拮据經營拓置田業肯堂構於祖宇康偏自成一家縱舉業不就而宗族門户賴以維持公亦人傑也哉公諱大度字子恢別號春宇媽呂氏本里渓尾鄉人也生任明公勘破青囊名醫濟世者因公晚年多恙致然也

裔孫　文猷　謹識

十世

任明公行實

父諱日熙字崇晦鄉飲名任明號煒國為先王父春宇公之子王父隻身與先王母呂氏僅育父躬有女兄弟四幼攻舉子業不遂長能體先王父敦詩書士志以故恒見稱於鄉長者焉先王母既逝先王父染病在簀四五年父延醫嘗藥未嘗刻離久而畧諳藥性頗有活濟功素性慈厚有抱恙來呼者雖冒風雨不擇貧富而往或以利酬輒却不受閑居瓚眉不事足跡未嘗一履公庭惟一意謹身寡過課子及孫耕之外別無所營每遇佳客則茶香酒熱閒花玩木一味淡清雅致即竟日夕不倦眾謂怡情含美真儒家風

度以故前縣主桂舉行鄉飲賓典諸君子遂以父荐而寵錫褒嘉標
匾曰古道照人云逐来録得厠身黌序弟輩亦治生有戝父惟一意
卜擇王父母墳塋為亟今雖不及牛眠之見告然子戝之克殫與父道
之無憾鄉人所耳而目者録亦不忍為父隱諱也一堂相對膝下無
恙竊意天年稍暇行看兒孫成立豈料一疾莫起竟爾終天抱恨
如今日哉嗚呼痛哉父今逝矣父生於丙午年十一月廿四吉時娶母
林氏育録等兄弟五女兄弟一男孫七女孫八曾孫一惟次弟瑯夭
逝無育以今年十月初四巳時別世享年六十有七古稀未臻遽爾
淹没淚血難乾草言稍叙垂之家乘以誌不忘匪敢希
諸懿親大人榮而錫之華衮也

## 祭任明公文

康熙十一年歲次壬子陽月念八日己巳內弟林象熹謹以牲饈醴饌致奠于　任明張姐夫之靈曰嗚呼人生世上而得表於鄉褒於縣者余不知其何故及讀吾丈狀而知其由來誠不偶也蓋人生大節無過數端內而子職父道外而濟人交友於此而盡焉則寔行無虧矣於此而不盡焉則躬脩有歉矣而獨至吾丈則有兼全者丈之為子也則卜擇親翁墳塋其為父也則課督諸兒孫耕讀至於國手濟人不擇貧富交接賓朋茶香酒熱其視世之唯利是嗜吝嗇為性者相去為何如也是以聞之鄉〻之人咸嘖〻曰是誠可為閭閈典型者也聞之縣〻之人咸嘖〻曰是誠可為都邑羽儀者也、

余向謂吾丈之得表於鄉褒於縣不偶然者誠哉不偶也然也今者人琴云亡家之後生小子無與敦孝悌矣里之抱恙急呼者無與望其施濟矣鄉黨長者都邑賢侯無所過廬而請標扁而贈矣論者皆以年不及古稀為憾不知與其久生無益孰若鄉邑著聲如吾丈之不容湮沒者則死之年猶生之日也況乎長甥蜚聲黌序孫曾階前鵠立行將廓吾丈未遂之志而奉　黄綸以焚於墓下寧僅區區表於鄉褒於縣已哉余姐幸得備箕帚常往来丈家沐化誨者有日矣忽聞訃音不覺涕隕但贅一言以揚扢吾丈而無從也聊脩蕪詞尚其鑒諸

任明公墓誌銘

任明公張先生鄉之隱君子也按其生平事厥考春宇公厥妣呂氏生事葬祭克有孝名處伯叔昆弟友恭播譽幼攻舉業不遂足跡不履公庭而敦師重學恒見推於有道仁人以故冢郎君國録採芹於晉邑而邑宰父母舉行鄉飲典遂款迎先生就賓席特隆其匾曰古道照人親友方慶得人先生自視猶歉然若谷也年未週甲而子職脩父道盡夏葛冬裘盤蔬盂飯寄意花木山水間未嘗以毫利攖其胸誠可謂溫溫恭人如圭如璧求之當世殆邈焉寡侶者也 階 同居里閈日與諸郎交知先生甚悉令郎卜擇吉地安厝先生柩於其葬也特為序其畧焉先生諱日熙字崇晦別號

任明為春守公子有女兄弟三生於明萬歷三十四年丙午十一月廿四日戌時卒於寢康熙十一年壬子十月初四巳時享年六十有七男五長國錄娶本里東溪陳諱鴻規君女次瑯娶婦陳氏三珍娶本里蓬格陳諱擇宇君女四寶娶來蘇劉諱世貴公女五錫娶本里官嶺羅諱　公女有女一愿娘嫁興二里鄭諱高官男孫十二肇寬娶興二里庠生林諱奎所公長孫諱曦陟公長女肇泰娶永安里庠生蘇諱嗣昌公孫女肇謙娶本里蔡諱啟懷公次女俱國錄出肇伯娶本里蘇諱戍官長女肇守倫遺未聘俱國珍出肇儀娶本里柯諱率官肇儼得儒未聘俱國寶出肇戭聘本里庠生陳諱韜君次女自國錫出唯次男國瑯早殀婦去無出女愿娘

夫妻俱夭無傳女孫十嫁聘不及詳載男曾孫六志擇聘本里太學生陳諱命錫君叔諱啟高長女志善固執學未聘俱從長孫肇寬出志受肇泰出俱長房派蘭桂欣燧方興日盛今以康熙廿二年甲子十二月念三日午時奉柩安葬於光德里烏秋鄉地名西墘田中坐乾向巽兼戌辰分金地靈人傑天時合利階既為之序其始終復為之銘曰　相彼三台　其巍莫躋　維公德峻　克與時齊　觀音駕龍來　天馬鐵峰互濟　猗歟公窀穸　歷千秋而萬世

姻家姪陳玉階頓首拜譔

十一世

心衡公行實

父諱璿字德在庠生名國錄別號心衡先王父任明公長子也先王父身隻侍曾王父春宇公疾日久因嫺醫方恒為人所延父年方舞勺能代盡定省禮甘膬之供咸得曾王父歡曾王父歿喪葬之事父力佐先王父成子職先王父雅重師傅日以舉子業訓責父躬父能承厥志師事皆宿學名儒而所交遊莫非端人雅士不屑為豪侠狂誕行奈世事方艱身遭九六之會由弱冠至強壯奉先王父暨諸幼弟縮首山寨中者十餘年既乃思奮曰似此不圖安身之策則士農業荒吾亦落落虛度畢生矣於是謀諸伯叔就

近地築土堡以杜予侮不意經營方始而山海交煽在〻皆成錄林攻堡勒餉處處恚為搶掠父日以身周旋危難中惟恐以怵急貽先王父憂既幸得脫網羅更逢海宇削平父又思奮曰時方大定無能人宜自廢不甘為無能人何自廢因出就郡試獲厠身於晉庠意從此可以揚眉矣奈家務鞅掌外侮時加二十年來繁艱歷試雖日與諸友對酒閒花較試論文然心事縈〻未嘗不為貽壇以安計也無祿二三叔夭歿先王母亦相繼而逝父撫恤猶子盡誠喪祭既乃涕謂壇曰吾今行年五十餘矣俟吾轂哭就試又遲五六秋吾志雖壯吾力已耗爾曹當自勉吾惟謀父母塋是亟乃於甲子冬〻獲擇先王父塋於光德里詎意卜葬之日父經營哀慟一旦跪

哭仆地扶歸即成劇疾幾不復生二三年来雖藥神有濟然生平和光雅趣諸友咸謂月異而歲不同矣迨去秋見壇身列邑庠對友稍有談吐舉家竊冀無虞不意宿疾一日遽劇不少延而棄壇去也嗚呼痛哉父生於明天啟六年丙寅四月初九辰時娶母陳氏育不孝兄弟等三女兄弟二卒康熙廿五年十二月念三日午時嗚呼痛哉罔極之報同天淚血之乾何日苫塊之間語無論序非丐諸　懿親大人矜錫丕言以光先靈第述大槪以垂家乘云

# 祭心衡公文

康熙二十六年丁卯梅月乙巳朔越八日年家侍教生許封男現任安溪縣知事江西南昌縣舉人謹以清酌庶饈致奠于庠生　心衡公張君之靈曰嗚呼

昊天一老不遺未接手度先欽羽儀先生在岳都邑共跂昏定晨省先公克怡敦詩說禮風規岐嶷身列黌序紹裘紹箕余涖茲邑景慕如飢因得寵郎署色生曦端方自矢然諾不欺隻豚多恙全賴康夷或來或往如膠如飴滿擬晉謁簿書見羈先生何背竟遊帝鄉鷲嶺之上淺淺融融孫子吁號阻隔陰陽緬想先生後福難量父道克盡子職無傷矧乃蘭桂蔚蔚蒼蒼或戩大壇或列膠庠破壁聯蜚車馬鏘鏘焚黄馳贈誰堪比光鴑鈍鞅掌不及荐觴聊

備生蒭意注神鍾披詞致酌先生鑒嘗尚饗

勤慈陳孺人行實 即心衡公元配

母出自東溪望族陳諱衷奕公次女少嫻内則端莊靜肅年十九于歸先嚴　心衡公敬戒無違執婦道惟謹頗得二人歡心先　王父鄉飲賓　任明公私心竊喜曰真儒家淑女也主中饋食苦茹淡侍賓客乾餱不愆故父得交接於端人正士不致失禮於親戚朋友者皆母内助之力也壬癸之歲滄桑告警宗族縮首山寨母以跋涉維艱勧父就近築堡父乃謀諸伯叔經營拮据土木方興而山海交煽屢遭餉派家無餘積母脫簪珥以佐不逮夫而後子姪得以

安堵者既而海宇告平母又勗父棨竊肄業出就郡試遂列晋
庠或遇院試或赴棘闈資斧之費理之裕如也壬子冬先王父無
祿先王母亦繼隕殁父謀坟塋是亟詎意卜葬之後父成劇疾適
按臨在即母命不孝奔給頂袍更誡不孝曰汝當繼承父志無失
青氊世守不孝是科倖補弟子員纔閱一年父遂見背時先王母
柩尚在堂不孝謀叔父卜葬本山地名山門母乃始謀先人之慮
又性勤謹重書香雖年登花甲執女紅躬紡績不減少壯時事聞
子孫咿唔聲輙喜不忘常語不孝曰延西席課孫曹不唯儒家職
業且望後更進壇次男士俊己丑冬亦幸受知于　范文衡自是
母顏益展迩年來黃髮兒齒步履康安不孝等私心自喜竊謂期

頤可卜也奈客冬染恙越今二月廿六日竟以八十七之春秋棄
不孝而永逝耶嗚呼痛哉母生於天啟丙寅年四月廿一未時育
不孝等兄弟三女兄弟二男孫十一女孫十男曾孫有四女曾孫
四以今康熙壬辰年二月廿六未時終在內寢苫荻之際語無倫序
匪敢冀諸　懿親錫之華言亦聊垂之家乘以光不朽云

青溪蓬萊張氏宗譜

祭勤慈陳孺人文　即心衡公元配

康熙五十一年歲次壬辰三月甲辰朔越十有九日壬寅姻家弟李光徵（五代三公九十三翁鄉飲賓）率男育贊（庠生）曾孫外曾孫覲博等謹以清酌牲饈致奠于八十七齡張太姻姆陳孺人之靈曰：嘗觀婦人之道惟孝敬慈三者盡之矣，外此若能識時務通儒理，不亦閨中罕覯者乎。不意太姻姆孺人兼之。孺人出自東溪望族，端肅勤儉，其賦性也。徵第四孫辱在家君東床時，沐訓誨，常述懿行，知其歸我太姻翁也，敬戒無違，人稱好逑焉。事彼二人也，執守婦道，始終無間焉。處彼師友也，中饋必謹，無致失禮焉。是孺人之能孝也，孺人之能敬也。適際山海沸騰，則請就近築堡，令子姪得安其業而無風鶴之恐，雖太姻翁之唱建未始非内助之力也孺人之通曉時務又如此至其處妯娌相好無尤待臧獲撫恤必周賑乏德色不形何其慈也然此鄉族之人口能碑之能頌之無庸徵之閫揚而始著也最堪羡者勗夫子榮齋肄業爰採芹於晉邑課兒子以繼述而長郎繼遊於泮水教孫曾以勤學而次孫受知於范衡聞古有悃情之母擁財自衛而竟不通於儒理孺人何通達儒理有如此也嗟嗟孺人之懿德若斯宜其百歲康寧親受其子若孫之贈報矣胡天不再假之年際此花月念六日竟溘然而逝也雖然子孫盈庭鵬摶有基異日贈黄馳封行將偕夫子優游鵲橋以食其報則太姻姆雖死猶生也跪陳詞而荐酒神彷彿其來享

十二世

## 賀範正公六十壽文

通来鄉邑風氣道上詩書仁義之澤所在多有其間碩德耆彥表著於里閈者皆足為式余仕宦京邸謹握之暇常遊神鄉土每令晨佳序親屬慶賀吾身與焉雖萬里咫尺也日者李君左侯（丙子舉人諱輔材）以計偕到京為張正翁請壽序於余且詳其為人潛德休光當藉余文以不朽余謂正翁既杖於鄉齒德可稱矣古者入學尚齒耄老乞言今　朝廷崇重厥典倘正翁之令聞不已將有丐其言以光於國者而又何藉余言以為艷也雖然余職在史事分得採摭遺言逸行著為成書如漢書所列隱逸儒林諸傳以信於後知正翁之行

誼固可歿者乎因詳叩李君得之正翁為人敦孝友重寔行與人交誠意慨篤恂〻若不能言而遠近之乍見而目接者平日之遊處而熟覿者咸嘖嘖於正翁或謂其汪〻千頃或謂其如飲醇醪何令人愛慕至此自正翁之祖以德行醕篤舉於鄉或叨賓筵其流澤久而彌光尊先人已苦志讀書列庠序遭滄桑屈於數而不售至正翁克紹箕裘之志壯年充弟子員雅有令名人謂詩書之效必取償於茲矣乃正翁黙以養晦靜守其雌學不干祿人莫測其涯涘而日篤趨庭之訓常謂後來讀書當有跨出吾上者今庭桂之香騷〻乎可以鳴於時矣所謂力穡逢年穫之溉不速其利而獲莫当有十倍者乎正翁又夙飲上池能洞人臟腑蓋其學之餘緒足以濟

人而不事奔競即當道素優禮之而志淡如也但有求者則輙應而輙效計其所活足以種杏成林矣所謂有恆心而濟以妙術仁人君子痌瘝一体之誼固如是也吾聞靜者有永仁者必壽有德必獲徵今正翁之品行超出流俗萬萬如此其得壽之應也奚疑況乎通葛洪之藥性導引延年不待求方而齊彭鏗於八百豈特杖國杖朝以及大齊已乎至若庭陔蘭桂種種岐嶷詩書之厚澤取償正未有艾則吾又安能測其福之所至哉因次李君之言而序以稱觴焉

旹康熙四十三年甲申閏六月

賜進士出身現任翰林院侍讀姻家侍生陳遷鶴拜撰

範正公行實

父諱寬字必大庠名鴻壇範正其別號也先王父庠生　心衡公娶陳氏育兄弟三人父居震事王父母供甘旨能養志處弟友恭是篤性忠厚簡默好學不倦不欲旁及他藝曾王父鄉賓任明公儒而兼醫濟世功不淺鮮其末年譽命上建　邑侯桂公榮以冠帶賓筵曾王父欲綿其德以青囊遺父父以王父早遊泮水箕裘未紹無暇及此未幾曾王父見背越甲寅王父有疾父始戚然曰事親者不可不知醫乃發先王父篋而讀之披玩之下雖有信寡疑而攻舉子業不少間也丙寅夏　學使趙歲試父補弟子員至腊月王父捐館哀毀幾不欲生讀禮畢詩書之志益篤延西席必擇宿

儒名士又設育才租六十餘栳使入泮孫子窓灯場屋費有所資
己丑　范學院歲試俊偉擬芹時父年六十有奇矣越至壬辰王母
陳氏捐壼幃父哀慟謹恪視居王父喪無異服闋陳君庠生諱翰邀父告
倦於張文宗父曰吾方鼓孫子讀書遽爾休息是無以振也且次
兒入泮餘兒孫年青志鋭率以應試亦一樂事也至　李學院歲
延年逾七旬然後請擇牛耳之會焉父又秉公不阿邑侯　許公
深貴重之情如膠漆而父確然有守非公不至及署永邑扳父同
行父再三力辭盖王父在日嘗見欽於　邑父母闗公而不肯一
字干請父体王父志故不屑於就耳然未有造先人父每愁然心
戚故凡遇堪輿家皆慇懃欵之至癸未始得牛眠於本鄉千秋

墩營築二壙率二叔父厝先王父於左迨辛丑又厝先王母於右
且先世祖墳或有墳無碑者父必勒石以示子孫王父昆季五仲
叔夭而乏嗣父卜葬於本地虎窟田中親戚觀者咸美其穴且稱
父有孝弟之道焉祖宇蒸嘗之資不甚充羨父於辛酉歲育第四
弟倡始捐銀壹星後凡出一丁者各如例積置祀祖將以百計祖
宇將圮乙未歲父命不孝把積餘公銀鳩工庀材更而新之父經
營公私自壯至老未嘗稍懈前建茅居於九埕規模頗廓歷數年
始得落成適來又為身後之計購樂邱於本山虎岡賓朋至則率
以登臨觀玩焉至於禮親友睦族黨畜濫臧獲施予無吝財不
苟得皆其素性然也娶家慈林氏夫婦六十年沒有反目者育不

孝兄弟六女兄弟三俱擇名門嫁娶伯兄不幸癸巳見背貽父憂
数年来諸兄弟生齒頗繁孫曾一十有九曾孫一父亦矍鑠無恙
私謂期頤之壽可以預券也不意此九月十一日二豎深居膏肓父
自嘆曰病不療矣不孝等兄弟調之無效恭請名醫母舅林　泉
官理之亦不愈易簀之時少長咸集唯以耕讀勤謹孝友和順為
囑言畢而逝嗚呼父生於来歲六月初四日為八秩稱觴之辰胡
靳此九過之月使俊等不得效班舞萬一其何以為情哉唯諸
懿親大人錫之華衮以垂家乘則先嚴不朽不孝等亦感且不
朽

祭範正公文

雍正元年歲次癸卯陽月癸亥朔越二十有四日庚午姻晚生林進
時謹以牲醴庶饈致奠于邑庠生　範正張太姻翁之靈曰嗚呼
時　先君子與　翁同井愛會友也　時　翁為嫺姪繼而締姻以舍妹相
偕五郎則嫺兄弟也　時　誼屬姻姪今則膠漆堅而蘿施當以近世
之稱舅甥者為古之甥舅具於第五郎妹夫也而嫺翁矣於翁姻翁
也而太嫺翁亦無不可家居相去不十里知翁之行最悉沐翁之惠最
深以翁之德卜翁之福謂上壽之數惟翁克享之而翁果康寧無恙
即雪眉霜鬢而顏又如童時或優游林泉逍遙花居然物外神仙
憶客歲次郎慶　翁登大衍　時從諸親友後進一觴曰此日祝君

壽逾兩夏則尊公八袠之辰至那時將稱父執而祝乎稱嫺翁而祝乎抑称太嫺翁而祝乎要之皆卑幼祝尊長之義時當循卑幼之戢邀諸懿戚知契丐縉紳先生言鐫之錦屏以光大壽孰意翁竟以今秋而赴玉樓會耶雖然七十之歲人称古稀翁七十有九、則稀又稀也且　翁之德行有司大人頌之前　邑父母許公涖吾邑將十載庠中交際不一其士獨嘉翁為渾厚長者之儒契之深欽之至即署永邑欲拔以偕往而翁確然有守勵臧明之高節始終未嘗一字干請即此一事可以傳諸千古而不朽又況嘖嘖在人口碑者難以更僕數也顧翁生平事自守而外其他可能獨年逾七十不肯告倦以率兒孫應試與設育才祖二端為世所稀覯蓋其志拔俗数千丈故其事不類尋常之所為宜乎次郎君樌美泮宮一堂之上四代濟濟薛之鳳也荀之龍也異日者父子祖孫相從於閩粤棘闈之間能繼人之志能述人之事其樂何如也而翁也雲表下視志有能為継事有能為述樂何如也矧時於分為會姪誼為姻晚生為姻姪覩繼志述事之樂其樂又何如耶尚享

勤慈林孺人八十壽文

将巾於國中標厥堯舜禹皐以壽千古較之鬚眉男子尤希盖太傳如謝多不會親太家似曾每不曾讀嗣徽寂寥有由然也然而瑶京人瑞出自德門為令妻為壽母昔之禱詞今于是乎在張母林太君乃庠隽正翁賢佐也正翁婣連余族者二芳名曩已畧

聞頃者太君褰登八懿親共製錦屏余律卿兄偕姪孫左侯以
太君二桂子嘗後先問字爲請壽序於余且道頻醉其門耳熟
閨蹟兩不相禁津津乎述之余幸稱具觴慶耽班侍奏獲聖俞自
詞林旋里久矣趨庭繞膝之餘每樂挾幽光潛德備他日表彰聆
此徽音爰次所述太君毓質望族名衿奎所公是其從出歸張門
也肅雍宜家孝慈揚里勇則從聳泮林以上則鄉賓旌秀思共振家
聲僅僅佐夫子讀爰拔於黌夫子羅宿在胸出緒餘爲今華扁活
人萬計當道疊欽凡有叩門請者雖夜分太君必燒燭勸行蓋以
痌瘝一体壽世仁人爲最也猶惜大志未售相夫子一經庭訏厚
望撞破烟樓名師益友延而聚者多年太君不惜贍餘凡覲書設

帳以及應試斧資概為孫子浩費賓盈履錯無忽杯盤此猶其小
耳茲乃一堂四代森森嶽嶽或為膠庠升冕或為文戰前矛雖源
接家學要惟切示墨莊之力居多則萬選青錢所以光上國而榮
錦帨者正自今始矣至於他善班花難罄總與謝太傅曹大家頭
頭隱合太君真可壽千古耳即今雲裡蓬萊雨鼓風鈴互奏長生
之餉海中瀛島青山綠水並呈不息之燁所謂麻姑將酒麟脯引
年者余又何多贅惟把令妻壽母用劵五福箕疇

旨　雍正六年戊申四月

賜進士出身翰林院檢討充武英殿纂修官

年姻家弟李光墺拜撰

勤慈林孺人行實

吾母出與二里林家望族也邑庠生奎所公女孫及笄歸吾父
邑庠生　範正公時王父母在堂母執婦道問視靡懈家室是宜
王父母心最喜焉蓋以吾父敢篤簡默好學不倦而吾母又能
謹持中饋順承恪守也甲寅王父有疾延醫唯艰母謂父曰儒而
兼醫亦德也憶　任明公曩以書遺盍習之父於是發篋披覽雖
然有得然終不輟舉子業丙寅父受知　趙學使補弟子員至
臘月王父捐館母仝父哀毀盡礼與二叔父不計貲費意惟以詩
書課督吾父故父所延絳帳必擇名宿更慮孫子窗灯之志久而
或衰佐父經營養贍外設育才祖六十餘栳使入泮者塲費有資

己丑范學院歲試不孝士俊　亦倖掇芹始信吾母之志於萬一越
壬辰　王母陳氏棄幃母始終　仝父盡禮一如喪　王父然自是常語
父曰吾先人未厝凡堪輿家至須善待之癸未乃得牛眠於本處
千秋墘虎穴兩壙厝先王父於左迨辛丑厝先王母於右卜吉地
於本處虎岡墓以安　乏嗣曾祖叔　德爍公親戚觀者稱父有孝
悌之道且稱母有協贊之美焉至若捐丁銀以充祖贍積公銀以
新祖宇廣貽堂楄自營樂邱凡父從壯至老所義舉大計母不無
一一贊成之他如和妯娌恤宗黨待臧獲有恩意周貧乏無德色
又母之天性然也憶甲申六月初四吾父六衮初度親朋製錦幛
上壽　陳介老先生髙父誼為撰序詞然竟以七十九春秋仙

逝不獲效耋祝留憾幸今年初夏八日母登八衮親朋鐫錦屏稱
觴　識郁李老先生尚母德不憚操卷管榮序　邑邱父臺亦以
世守公清作詩歌以頌時母猶健而康覩親朋拜舞群兒相慶、
賡南山之翠傾北海之波陶然曰母不德奚当此笑語累日竊為自
此而九十而盈百歲ゝ介眉長侍菽膝沐訓萱庭未艾也詎意五月
念七日偶染微恙延醫求神服藥遂尔不效乃於六月十一日疫
起辞世溯榮壽之期前後甫三閱月頓令不孝等倏然而喜亦倏
然而憂也嗚呼痛哉母育不孝等男兄弟六女兄弟三俱擇吉望
門嫁娶不幸伯兄癸巳見背孫曾一十有八曾孫四各遵遺訓母
生己丑四月廿七日巳時卒今六月十一日午時慌乱之中言無

倫次　諸懿親大人倘哀而錫以華袞言垂家乘不孝等且不朽云

祭勤慈林孺人文

雍正六年歲次戊申八月辛酉越十二日庚寅年家侍教弟徐恢舉人現任安溪縣事謹以清酌庶饈致奠于張府　林太君之靈曰嗚呼太君其溘然逝耶自余撫治茲邑庠中諸友交際往來措不勝屈而求一端方之士堪為典型者瀰不可得悵悵余懷蓋已匪朝夕矣

間於謁廟之暇會敘絳座陳君（諱愫舉人現任安溪教諭）劉談及此而陳君特舉令嗣慶翁且詳太君八十上壽之晨太史李君諱光墺撰文致祝解篆邱公（諱鎮原任安溪知縣事解理泉州鹽務）詩章具贈是余未得慶翁而先有太君懿範在意中矣既而獲炙慶翁性情欵洽意惟晨夕與共不厭也而慶翁夙佩太君訓秉正自守金玉其音使余可望而不可即毋嘗說古今人不相及何慶翁與子羽不異耶假令有觀風清溪者向余而問曰汝得人焉爾乎必將應之曰有張姓慶翁者行不由徑非公事未嘗至於某之室也凡此皆太君母儀之訓內政之嚴使然耳孟母歟敬姜歟巾國中如太君夫豈多覯歟宜其長享遐齡俾余不得稱觴于八十上壽之期猶冀可赴祝於九十春

秋之會矣詎意時當季夏太君竟從西王母遊耶嗚呼太君逝矣慶翁將何以為情哉余能不念慶翁之痛而更難為情哉然而廻思太君一堂四代慶翁身列黌宮諸郎又復名噪文壇即日烟樓撞破　褒嘉寵贈金粟岡頭既呈不夜春色九原路上復覩奩光焚黃則太君雖死之年猶生之日也敬陳蕪詞遥將鄙忱

尚饗

範正公暨妣林氏合葬墓誌銘

君諱鴻壇字必大別號範正聚族藍溪之崇善里祖冠帶鄉賓任明公芳名有譽古道照人厥考心衡公才氣均良泮林翹楚舉大夫子三君行一配勤慈林孺人出龍興望族為庠生奎所公女孫鼓琴瑟六十年洵戩穀也迹君下幃有志善守清氊自壯歲補弟子員以逮垂老子入泮孫能文猶云率之應試者亦一樂事未昔告倦于文衡課孫子也西席必延妙宿分田置育才垂澤遠矣性孝友順事二人盡誠與禮處仲叔式好無尤敦本而推之宗祠字漶漫董事重新倡捐積以俎豆修先塋而更立碑且卜吉牛眠葬祭其從父之無主後者家紹青囊書君精壽世嘗道特崇

常節概卓然前　邑侯許公深貴重之情如膠膝　君非公不至
及署永极　君同行仍再三辭謝蓋以尊人昔曾投契衿邑侯聞而
絶無一字干請体親志故不屑於就耳凡茲美節声揚論者爲非
獨　君能也孺人林内善相焉孺人未字嫻令教歸後嗣徽音儀營
式禮家室咸宜佐　君子似續燕貽偕老未嘗稍懈故克振家声余
衿　君之從父分屬孫甥表誼綢縷憶前應試相遇談者屢又嘗
覽太史爲　君及孺人榮壽屏幛文知所聞悉如所見也穀貽孫
子光大又復何疑　君生于順治乙酉年閏六月初四日午時卒今
雍正元年九月廿五日酉時享年七十九孺人生順治己丑年四
月廿七日巳時卒雍正六年六月十一日午時享年八十男六長

士擇
娶本里太學生陳命錫君功叔諱啟高長女二庠生士俊
娶興一里庠生李維侯君功弟諱興岐長女續娶在坊鄉進士
劉春公孫諱奕俊長女三士固娶本里庠生蔡國璉功叔諱日琨
長女四士执娶永安庠生謝培次郎諱文樞長女五士學娶本里
庠生林韜公長女六士問娶本里庠生陳韜君胞姪諱元習長女
女三長適本里李肯贊公四郎仕華次適興一庠生廖玉勲公次
郎章攸三適本里太學生李鍾顕公三郎太學生清敬自士擇出
者男孫一元仁娶永安庠生謝開先公胞叔有濟長女女孫二一
適本里太學生陳毓元長郎䕶觀一適本里庠生陳韜公姪元榜
君次郎炎観自士俊出者男孫三長元肅娶新溪太學生林九會

君長女元雍娶本里太學生李清義君次女元穟娶興一里胡進
寀君長女即太學生士昂君胞妹自士固出者男孫五元温娶本
里太學生蕭際君長女元厲娶本里太學生陳毓元君姪孟賛
公次女元安元穉元竇俱未聘女孫一適本里庠生林元鳳公次
郎太學生鴻謨自士執出者男孫五元琳娶長泰庠生黄師錫君
四女元榜娶興二庠生林奎所公姪猷貳賁公次女元懐元郁元解
俱未聘女孫二一適興一庠生李維貞功叔及啚君三郎田觀一
適興一胡進徽君次郎旺觀即太學生士晟君胞弟自士學出
者男孫四元瑚娶本里太學生林逢時君長女元貢娶光德鄉進
士許煥公庠生金標君次女元統元褒俱未聘女孫一未許自士問

出者男孫三元雄娶在坊庠生吳𡘆翰公次女元齊元鏊俱未聘
女孫一未許曾孫四自元仁出者一茂郎自元肅出者一曾郎自
元穏出者一綿郎自元瑚出者一起郎俱未聘女曾孫三俱未許
餘繩繩未艾君在時自營菟裘於鄉内之虎岡負酉向卯兼庚甲
今雍正六年戊申八月十八巳時奉君洎孺人柩壙焉先期強余
銘余乃重違而系之銘曰　維君最有耽書情書香永紹寧辜
萬里雲程仁篤親兮著美聲遠近旁及合爲無忝所生圭之方而石
之介兮見履潔以蹈清昔齊眉而今同穴兮依然鸞鳳和鳴虎岡
聳峙澗水環迎映蓬萊鍾間氣後昆長庇此佳城

旹雍正六年八月

賜進士出身文林郎翰林院教習吏部觀政現選知縣

年家表弟陳大玠頓首拜撰

順宗諸公殖置私祖祠內祀祖紀

嘗觀世之生殖貨財者大抵為身家計身家者私也不得謂之公求其匯居匯康為先世祖妣營蒸嘗每不一得順宗輯五貴侯拙若樸軒諸公乃　肇基公裔孫也肇基公與祖叔直壽公分居自卜宅於頂室始為私厝繼則我私祖祠也患無蒸嘗之費康熙辛酉祖父　範正公建例每出一丁各捐銀壹錢積少成多順宗諸公議生放年年出息至正月初二春祭時必計本利若干如是者數十年所置祖業近以百計乃祖有血食矣越乙未順宗諸公更新我私祖祠者寔其嬴餘耶至雍正辛亥外姓謀顗宦欲就私祖私門口圖墳地肇基公派又將門口坪上田中再建一祠通邑內誣

告覲田樸軒毅然排抑迄今規模巍然肇基一派賴以棲神善成者固在後之人而原其積置之功倡捐者範正公也秉筆者貴倓公也計算者輯五公順宗公也而掌收貯者則有拙若公把握数賬出入建置者則有樸軒公緬想諸公誠可謂勞苦經營以報其本也於是乎紀以示後之子孫不忘先澤焉

文猷敬撰

心悅公之子
肇伯号啟棠



## 賀順宗公七十壽文

清溪邑治之西有山曰蓮萊是邑之最高大杰特者也郡誌邑乘文載之其山之南則余祖母家張氏居焉鼎族著姓代有聞人詩書踵武其蜚聲於膠庠者彬彬濟濟余雖家溫陵相距百餘里而諸中表歲時頻相過從甲辰余捷南宮表姪有慶偕其昆季大小阮不辭遠相來賀接必和表兄序並於余盍躋杖於鄉霜稍侵鬢、而顏猶童淳淳雅度居然詞寡吉人余揖而劵之曰兄狀貌氣象大年徵也有慶曰叔之必得其壽匪特此也公尚未盡知之於是歷道其素而余因以備聞其善戊申余出宰臨漳家山遙隔親知濶敘涖政之暇有慶所述猶惓惓胸臆間己酉春有慶郵函至依月望日值必和叔七襄懸弧之辰親友製錦祝嵩索余序之余惟曩者有慶之言質而無華詳而不腴今此之謂壽當無易斯語也兄性至孝事二人色養志養兼而有之具慈幃耄耋既躋喜懼尤繁每奉侍甘旨躬親夙夜匪懈撫同氣咸稱於鄉黨宗族戚屬有爭以理平之各氷釋其怨居常好德樂施敬師尊友嗜詩書聞孫子咿唔聲輒喜繁華不事而優游林泉自適天真時而種竹拈花時而焚香掃地客至汲中泠之靈泉烹蓬山之綠雪謀婦取酒呼童擷蔬共醉於花前月下者此樂真可以忘老也夫壽者德之應靜者壽之葆兄之可以得壽有難更僕數者矣況乎三桂競秀群蘭並香顯揚光大之緒孰能量其所至耶今茲祝嘏之期玉露浮樽金風拂

袖階前舞麟鳳之采堂上停綸綍之光舉案齊眉瑜環羅列兒也顧而樂之陶然一醉自應尒爾也

旹乾隆十年乙丑正月

欽定五經進士出身現任河南彰德府臨漳縣知縣事

年家表弟陳大玠頓首拜撰

# 奏愷公墓誌銘

君諱戰使字必勝別號奏愷陟三公娶於羅得丈夫子二君居長
秉性長厚淳樸敦孝友和鄉鄰是非不較清靜自閑娶陳氏倡
隨四十餘年毫無相拂意縱舉業不遂而書香一道日以異諸
子若孫克振成立鄉族親朋咸嘖嘖稱公有三代遺風焉公生於
康熙甲寅年九月初五未時卒雍正乙卯年九月初十申時享年
六十有二育男四長士曆娶永安恩榮冠帶八品謝文樞公次女
次士桑娶本里太學生林逢時叔肇北公次女三士寮娶本里邑
庠生蔡廷侃兄特吉公長女四士熱早殤女二一適本里太斈生
林逢寓君一適本里太學生林天賦君胞弟與觀自士曆出者男

孫四文壐娶本里太學生陳毓元君姪而文公長女文繹文梨文
定俱未娶自士柔出者男孫一文裔未聘自士察者男孫一文稹
未聘女孫自士屠出者一許本里邑庠生李育贊公孫申觀長郎
嫣愿覌自士柔出者一未許餘繩々未艾也今以乾隆戊午年正
月十八午時葬君柩于本里過溪鄉頂安邉崙眷紗帽石下石裙
上坐甲向庚兼寅申丙寅丙申分金既爲之誌復爲之銘曰安邉
吉地神司厥藏唯公居之后嗣克昌何造物之獨眷寔德報之々
有常

旹乾隆三年戊午正月

賜進士出身特受河南彰德府臨漳縣知縣現陞內閣中
書總理年家表弟陳大玠頓首拜撰

十三世

賀樸軒公五十壽文

憶丙子張子有慶負笈從遊丰裁峻整標格不群叩其所業則淵慧之思名綸繹絡側見層生決其風淂於世資居無何有慶即遂遊泮水亦足驗吾黨知言之效矣有慶家有嚴君龐眉具慶下多同氣金玉風流其子弟有瀟洒出塵不減烏衣王謝天倫之樂何以過此又家本山林園池亭榭之參差花鳥留春日從其尊人杯酒論文留髡送客一吟一詠觥斝交飛視世之瑣瑣尾尾者其足以易此樂哉況尊公名德諸生內行醇備萬石君之不言躬行陳仲子之平心率物可謂兼之且年幾大耋耳目聰明手足便利親

之者方以為威鳳祥麟爭先一覩之為快而一門子弟恂謹自好殊無驕倨容此尤所難也有慶當服官政之年為保障為慈母是其目前事萬年之觴固宜一舉爾日必將冪韝鞠膯侍酒高堂然後退受諸郎孫稱觴上壽可以陶然一醉也

勅授文林郎鄉進士行取現授刑部主政

旹康熙六十一年壬寅四月

年嫺家友弟李輔材拜撰

樸軒公行寔

父諱士俊字有慶别號樸軒先王父邑庠生　範正公娶先王母

林氏育父雁行六父居二幼岐嶷曾王父邑庠生心衡公鍾愛之
命王父延師課督異厥有成稍長事王父母供甘毳飫養親志処
兄弟友恭是篤待親朋恩義兼至且慧而多材不特肴破青囊活
人壽毋功匪淺鮮即人生不易諸大節父亦頗通曉焉甲戌王父
卜宅九埕時諸叔父年少凡經營締造父與伯父寔佐具任癸未
奉厝曾王父於千秋墘王父耗力稍衰雖二叔父共襄其事而董
成告竣父與有力自是家務稍殷而攻舉子業益篤己丑　范學
院歲試父補弟子員一家聚處如晏也奈癸巳伯父見背遺孤諸
父視猶子理家務迨孤諸冠伯父奚庶幾稍安常念祖宇傾頹積
置祀祖乙未鳩工飭材賴以聿新本支自鄉飲　任明公多設業以

上諸忌神祭費未拓遂再經營各家建置雖曰毛成亦父之力居
多丁酉母李氏捐壹幃戊戌夏四月王母壽七十命父續娶刘氏
不失一團和氣不意癸卯甲辰仲弟季弟繼歿而癸卯秋九月王
父又見背馮父哀毀盡禮必誠必慎不敢分毫苟且貽憾莫贖讀
禮畢而王母年幾八十父覲康寧如故謂諸叔父曰母八袠伊邇
亦人生不多得之境予爰自製錦屏集親朋添海算父稍自慰謂八
袠稱觴不得於父者猶幸得之於母詎甫五旬而王母歿父哀痛
盡礼不臧王父隨將王父自營虎岡大山壽域卜合吉厝頗費不
少先人有擇坪上祖地基一所辛亥眾建祠宇遭外釁幾害通
族微父毅然排抑安有巍然規模夫自癸巳迄癸卯煩惱叢生、

鬚髮頒白然而精力猶健遇親朋談及風水則請以偕遊歲庚戌幸得牛眠於本山卓坑壠頭爲母李孺人壙而仲弟季弟亦後先卜葬焉父又秉正不阿歷任邱　徐　蔣諸邑侯深貴重之情逾膠漆而父確然自守不肯一字干請最注意者書香一道凡延西席必擇宿儒名士嘗訓不孝曰自心衡公迨爾父俱屬弟子員汝拔前茅十餘次而未見售縱云有定終不免疑憾也不孝念亟冀成立壬子赴京師捐例入雍卯辰兩科勉體父意應賓興省歸父詔不孝曰汝父已告倦於周　學院汝等尚其辛勤努力各求更進恢祖烈以無負汝父設育才至意其新構住宅汝父既老當爲汝告厥成亟營書齋始畢乃願也幸客秋募集工匠刻砌丹塗俱已

完竣先時父命不孝以次男付母劉氏撫養繼承仲弟緣母丙辰棄世久托親朋爲父再覓絃膠共肴鵠立于今始得方冀天年長享再築齋房率孫曾而禮絳聽咿唔以怡精豈料四月初七日少恙不孝以察脉症中懷歷乱更扳諸叔父共商調治百計莫效不數日而長逝耶嗚呼痛哉父生於康熙癸丑年四月廿八日丑時卒今乾隆庚申年四月十二日未時享壽六十有八臨訣之時惟以書齋未構孫子未泮爲憾不孝痛哭餘生語無倫次亦奉母與諸叔父命誌父生平以垂家乘云爾匪敢異諸

懿親大人榮而錫之華衮也

## 祭樸軒公文

乾隆五年歲次庚申五月庚子朔越三日壬寅姻晚生白雲騰依仁里歲進士謹以牲醴香菓致奠于太姻翁　樸軒張府君之灵曰豪、傑之生也不生於逸樂之時而生於艰難之會艱难者運之所以待豪傑也不自其先不自其後豪傑能為豪傑之時將為豪傑之日則艱難適叢於其身過此以往艰難者忽為豊豫或為偶爾蹉跌時数之常何以安居樂食聚則成都行成市者終其身無微末細瑣之芥蔕哉是豪傑者天之所生艰難者天之所造也天生豪傑則必眷之篤之加之意焉若不足以艱難敦之惡乎愛之也愛之則曷為艰難之傳曰貧賤憂戚庸玉汝於成也人情見逸則怠遭勞則奮生而佚遊長而宴樂不建一功不立一績雖為異材不過峩冠博帶假稱大雅之比聾啞傴僂少別軀肌耳烏覩所謂萬人之傑千人之俊哉投之以杌樘遺之以崎嶇則必苦心揺神因其不得不然而與之擠而出之及其事定功成祖宗賴其榮子孫蒙其澤而豪傑之名乃表〻於人世幸者天生豪傑之才不幸者天所以成豪傑之遇古今來大抵如斯也翁生於儒家〻世素封接武與黌宮具聰慧什佰於儔人不特兼諸藝能即舉業中常稱最焉當此之時非貧非賤滿堂聚處穀禧洋溢知翁之英發而翁未嘗大展其用也俄而死喪洊至憂戚填心於是乃經營締造焉為詒燕之謀計且永謂自是可以光前可以裕後優游歲月矣未

幾多時外釁相侵挾強梗之勢以撞擊幾欲剪之以為快翁鳩宗
而禦之倉皇四出日靡寧居險阻而不辭卒排強族以振家宗剛
方不撓之性鄉鄰推重聞於邑侯〻禮愛之者歷三君翁未嘗以
此滿志也憂患植生不數年而鬚髮頒白質非金石奈何以艱
難瘁乃形竟未逾老而溘然逝耶然而祖宗賴其榮子孫蒙其
澤自此以往且將大躋於豐豫而未有艾後之子孫閱譜悽愴曰
吾祖某翁豪傑人也邑人之士聞風思慕曰某府某翁豪傑人也
今日訃音遠播屬在姻婭之親者無不潸然下涕悲惜而號曰某
翁先生豪傑人也逝矣不再覩矣安所寫此傷慟乎敬奠罇酒表
此寸心嗚呼哀哉尚饗

## 勤慈李孺人墓誌銘　卽庠生樸軒公元配

孺人乃慶翁張君淑配也出與一里上坑為余族與岐兄長女諱盼娘謚曰勤慈夙習與岐兄家訓悉諳婦道歸張門也德性寬容大義通曉和敬以事舅姑雍睦以處妯娌筐篚佐夫子讀爰拔于黌凡遇名師益友不惜杯酒盤飧而經營家業則又克勤克儉淡泊自甘故人謂慶翁當世賢豪抑知孺人內助之力不少也孺人生康熙十五年丙辰十一月廿七日辰時卒康熙五十六年丁酉九月廿日辰時享年四十二育男三長元肅娶新溪太學生林九會君長女再娶本里庠生陳作梅君叔長淑公長女次元雍娶本里太學生李清義君次女三元穏娶與一里胡進寧君長女卽太學

生士昂君胞妹自元肅出者男孫二長曾郎次伍郎俱未聘女孫
一許新溪太學生林元猷君長郎遠觀自元雍者女孫一未許自
元穏出者男孫一綿郎聘在坊太學生龔玉絃君次女餘繩繩未
艾也茲以雍正八年十一月初七日午時卜葬本鄉卓坑壠頭穴坐
戌向辰兼乾巽分金合既為之誌爰為之銘曰維虎之岡悠遠而
三山齊出包藏內二水交流會合中孺人於此兮翱翔俾爾富而
貴熾而昌千秋萬禩永紹書香

旹雍正八年十一月

歲進士候選儒學左堂叔鳴合頓首拜撰

賀有犖七十壽文

蓬萊清溪名勝也中曰領美則余祖母張外家聚族焉相距雖云窵隔而諸中表繩繩來往閒最心契者唯表姪有慶遇科歲試輒命子弟有圭功課等持稿來質劇談天倫樂事稔知安守青氈樹赤幟與凡磊落出塵者不少其人嗣而出宰臨漳旋宦京邸表章之暇念諸中表如面晤然辛酉典試東粵切省慈闈摺奏　聖俞試竣抵里諸中表更有以有慶有犖稱道者年逾七十而狀寔矍鑠因詳其為人少鍾懿秉孝友篤於天生長負殊姿仁義依于古訓淡功名默守養晦勘青囊洞腑達臟凡叩門請者雖夜分必應〻必效都人士咸以今安華扁艷焉家本素封也肯堂肯構不

惜貲費課孫子必擇名賢暇則寄情山水眠雲拂石弄月嘲風偕親朋戚族酣酒盤飧所謂山中白衣宰相林間素位公侯者何以加此且溯其尊公遺風内行醇備平心率物已羨其汪汪千頃黌門中不可多得而金昆玉友暨孫子輩或蜚聲宫序或弁冕辟雍或樹幟文壇種種森立不減烏衣王謝任安之休声鴻譽其足以易此樂哉亦有圭功謀以元正十四日為有舉七十張晨脩楮附家僮抵京索序余惟有舉之品行超出流俗萬萬如此則有美必揚即中表亦不為諛夫余聞仁者必壽有舉夙通藥性活人萬計是仁心而濟以妙術從此耄耋而期頤取償正未有艾烏能量其壽之所至哉矧是日也火樹閂銀花弛禁廿六欣春景星橋開金鎖

踏歌盡譜壽詩彼九如之頌三多之慶無待余贅也請上元佳節
遥祝萬壽無疆
旨
乾隆拾年正月
欽定五經進士出身現授太常寺卿表叔陳大玠頓首拜撰

賀允軒七十壽文

箕疇五福壽居其先壽之難也非多歷年所之謂有以厚其身有以安其身有以翌其行有以鴻其休則兼備之難也而不足為此翁難翁翁成德君子也敦倫飭紀而外忠厚居心和平接物絕去厓岸與世無爭人謂其性情之雅余欽其學問之醇少勵董幃坐勤匡榻圭璋品望曲江之風度可挹金錫模範橫渠之禮節堪型是以親戚交遊醉心公瑾不偶然也兹值古稀揆辰三陽啟泰律轉蓬萊之春萬象方亨瑞騰虎岡之勝二三知己釀製錦幛分歌詩韻共祝南山命序於余余素仰高山行誼而舍姪儒生辱翁坦馮言愧無文情不容已爰掇數語效祝三多懸弧佳節稱觴上壽庭

前桂子森〻階下蘭孫濟〻翁顧而樂之五福咸備九如駢臻非
翁之成德不足以當之矧後此之艾耆昌熾正未可量乎是為序

旹乾隆十五年正月

鄉進士候選文林郎現會試年姻家弟胡光彩頓首拜撰

祭悅軒公文

乾隆十五年歲次庚午三月庚辰朔越六日乙丑酉內侄林德賡
謹以牲饈醴饌敢昭告于　太學生悅軒張府君老姑丈之灵曰
嗚呼老丈其杳然逝耶賡聞喪旋茅即擬為一詞以獻把筆莫成
一字久之強歘成數言復執筆輙罷蓋欲為恒言以哭姑丈則姑

丈之問視維殷製錦幛以祝親壽哀毀盡禮崇牛眠以安先灵宗族之親能言之肯堂構以燕詒而門閭高大築書齋以課讀、而棟宇聿新里閈之衆能言之好施與忘形骸賓朋過從酒殽是將儒醫世傳方藥廣布懿戚之屬能言之此庶之無容言者也若翁為先君子胞妹夫最相知心情意有加復撫庶胞妹令配長郎歲時臘節與先君子互相往来促膝談心每過夜分其過荷惠愛之情不可以言盡也詩書耽嗜名師歷延俾庶胞兄弟與堂兄弟元造金聲等淂以藉攻敬亭朝夕光顧館十穀餘年其敬篤姻婭之誼不可以言盡也嗣是家君見背姑丈不勝心戚慮庶世事未諳屢嘗提携即数年来事有未達者猶時趋庭得有所諮焉

乃一旦典型云亡音容莫覩其不勝存殁之感不可以言盡也至
若文子孫森森矗起盡為文壇赤幟風雷一擊放入雲衢
聖天子召對楓宸而自敘其世次曰臣父祖某身遊辟水最重書
香撫孫子唯咿唔是歡邇七耋而詰誡不倦俾臣得有今日也行
見大史紀其事太常旌其勳名載簡編垂萬世不朽黃焚青塚流
芳譽於無疆則賡等旁藉餘光不可以言盡者又不等存殁之
感敦篤之誼與惠愛之情矣彼宗族里閈以及諸戚屬能言者復
何言哉此所以執筆輙嚴也生蒭致奠神其鑒臨尚享

## 陳孺人六十壽文 即初軒元配

古来稱賢女流者不曰提甕則曰畫荻而錫老介眉之説不與焉蓋見夫壽之難也以余所聞陳孺人則無難孺人為有本張君㴲配有本昆玉重道尊師其子弟瀟洒出塵余忝課督者多年所稔知孺人懿蹟今春復延小孫與兜孫同筆研歸述二月念三日孺人悦辰親朋製錦索余序義不容辭爰述閨芳孺人毓自名門歸于望族衣服不假豊華紡績無間夙夜操井臼嚴敬戒和丸教子制義從夫以故懿範端為閫則而休嘉錫自天申俾爾子孫昌而熾俾爾君子老而偕夏屋取大壯桂子列成均眉案齊舉恍甲榮週黄鸝囀花朝声声引長生之調綠柳美烟景處處呈不息之光

觴稱堂上擬三鳳拜舞階前慶八龍雖云吉人天相寔為麻仙
地行夫唱歡百年之鳳婦隨羨萬青之錢伯吹塤仲吹篪陶陶
繞六甲手之舞足之蹈淺〻祝千秋此真女流傑特而千古最难也
彼提甕畫荻特云賢耳詩曰永錫難老又曰為此春酒以介眉
壽敢謝風人移贈賢母豈惟補古人所未及亦以俟採風之便宜

旹乾隆十六年二月

特恩歲進士候選儒林郎教諭年姻家弟李黃坤頓首拜譔

十四世

# 賀凜齋公五十壽文

本朝人文甲天下者群推張姓其盛於桐城已耀人耳目而家藍溪虎岡山之麓者則有謀翁其人云謀翁為吾叔平翁東垣而吾叔第四男孫輿又為謀翁昆玉贅婿良以謀翁承尊人休光每院試輙壓倒元白家訓克昌行見由俊造而升司馬矣茲當九秋、桂馥適值張丈臺天華誕孫輿弟進松鶴圖以壽向余索言余追憶虎岡山之翠色玉映青樽勝如頌南山也其如竹如蘭緜紬繽紛金昆玉友朱履爍爛洵方興也庶紹桐城以振乎

旹乾隆十年乙丑九月

鄉進士特簡儒學正堂現會試内弟林　維新　頓首拜撰文并書

## 賀凜齋公五十壽文

清溪張子功謀余祖母曾姪孫也亦為宗姪黨坦姊夫而庠雋慶翁乃其尊人每試遵慶翁訓持稿讀于余〻早心手愛之嗣而余宰臨漳由中書歷陞京官大常寺卿乙丑方旋梓里會功謀知進雍學寵群英至再而三不深羨慶翁有子而驗文章之有定價哉茲党坦以九月初三日為功謀五十華誕扶壽幅請余序因其人而想其誕是誕也玉宇輝彤彩碧蟾度墨華正當服官之候且銳士進之年倚馬一展萬敵皆空步天根而遊月窟破禹浪而赴曲江誰謂宏謨偉烈不可為功謀五十時信之也至其居家孝友有類孝基為人慷慨宛同公藝謝庭競秀皆聯珮芝草添芽更異

香種種嘉修班花難罄余又何贅焉唯把九如三多数句附祝

九月三日千秋

欽定五經進士出身中憲大夫太常寺卿表祖叔陳大玠拜撰

旨乾隆十年乙丑九月

賀凜齋六十壽文

蓬萊為吾邑形勝之區中闕嶺美其福地也東峙髙雁西聳虎岡山阜岡陵峋峋嶙嶙江川包絡悠悠源源造物供偉人福壽之況良有以也謀翁張丈臺生長於斯靈秀攸鍾幼而英姿長而篤學、拔茅冠軍早歆芳名都人士佩其制義詩章咸以青錢艷焉因雲路有梯遂遊國學棘闈酣戰不渝龍門奪錦之志蓋自其高祖

應賓延嗣是曾祖禰蟬聯泮遊　翁寔欲廸前人光也齋頭詩書
不輟寒窗夜月講座師傅頻来馬帳春風以故冢君輩聲辟雍餘
皆文壇飛將一堂三代鵠雲鳳彩最為天倫樂事而堂弟輩或身
列成均吻花蒔發或手扶雲漢龍鼎欲扛不又玉筍班立輝映左
右乎季秋三日值翁六十榮旦實朋議製錦幛郵音囑余序余
惟翁吾叔　平翁東坦也吾弟孫輿為翁胞姪婿君明又為　翁
之贅婿至如令姪揖翁著翁鶴翁皆為寒門貴客以文章夙契
瓜葛情深淂稔知而傦言之夫貧疇衍福富壽康寧華封獻祝富
壽多男　翁手不殖貨而財產素封年週花甲而矍鑠如壯是所
謂壽而富壽而康也譜牒獨修曾不形倦勤之態蘭桂齊馨行將

恢前人之武是所謂眉壽耒艾而克昌厥後也昔人所頌禱而祈者已兼而有之余以一官匏繫不獲奉觴上壽然預想懸弧佳晨金風拂鸞駕珮環釘鐺特奏長生音响玉露浮霞杯紫氣繚繞時呈不息輝光攸同萬福而莫不興交祝千秋而莫不增將何以況之還以儒人所自據之山川為誦天保三章且採賡壽雋句曰遥獻蓬萊閣上仙是為序

旹乾隆廿十年九月

特授文林郎現任河南汝寧府西平縣知縣事

年家内弟林維新拜撰

# 蕭氏姜娘苦節録

吾宗寡守今昔不乏間或屈於外家或掣於舅姑或利厥家貲種種不一求其本於天出於性矢志不拔甘心艱苦不愧我節孝陳媽者唯堂弟婦蕭一人蕭諱姜娘為堂弟文温妻本里谷山鄉太學生際時君長女也幼失恃媽鍾愛之十九于歸温性頗悍不淂於父母氏善於彌縫年二十五未有生育温歿慟不欲生治喪事畢静守閨閾媽憐未有生育恐後無依懇歸寧諷以再醮此其所以為氏慮者正深且遠也氏怫然曰孫為媽所愛當有以教孫今以再醮是命何賤蒞孫太甚也越早即遣肩輿回謀妯娌抱服姪鍾降為繼嗣因拙妻具以情請余不禁驚駭曰果爾是陳媽繼孫也

遂贊成事患費未足余出助之氏不肯越明年即償不失自是母子相依不啻若自己出婚娶林氏年廿八育男一女二敬英方喜天之報施節孝不爽豈意鍾降又復早殀將前之立繼嗣者今又再守幼孫矣人皆悲之余獨不然夫天道無終窮之理大屈者必獲大伸　節孝陳媽當日孑單孫隻血食幾々斬曾幾何時而昌熾富壽不惟吾族無出其右者且堪與里閈較短長彼孫敬英年登八歲夭或作成易々耳今幸採輯現登縣誌倘不特表而再錄之於譜以公耳目其與吾宗寡守者無異而余所謂本於天出於性不愧我陳媽亦無由見耳錄此所以別衆寡也

文猷撰

## 譜成自序

余之任譜事也于今三年矣不假將伯之助不辞繕寫之勞且不致族中杯酒碗茶之費殫精竭慮廢寢忘飧總兾斯事之克濟亦幸告成披閱細按上而祖先下而支派丗系履歷備考其詳以至獻産與文靡不有條而有理雖子孫之職本當應爾此舉之攸関斯任之維艱知之者其惟 祖先乎

文猷撰

端齋公洎媽謝氏六十雙壽序

恭祝

大翰封張府　育翁老表臺偕表嫂謝氏太君六十雙壽序

癸未十月恭進　育翁張表臺偕尊閫謝太君六十雙壽賓朋製錦余堂兄玉翁為令兄　謀翁西席四郎苾翁同筆研因堂兄囑余序余惟　翁壽母族姑也余於翁為中表姑壽九十有五邑乘垂休不覺悟之禮曰恒言不稱老以父母在子不得言壽故古傳萊子班衣之舞引經為斷　翁似未可言壽而觀行誼則有必得其壽者而可以称壽者矣　翁西江名裔卋居嶺美之勝　曾祖與其大父蟬聯泮水堂兄弟姪或身列成均或名噪文壇文子

文孫彬彬濟濟翁誠詩禮家也至　尊翁則以積學種文兼通
岐扁　翁承其口講指授益邃於神農秦老之書遠近皆飲和食
德尊　閫則名門淑媛有詠雪之姿孝尊嫜協妯娌尊師禮賓
周匱恤貧無一不善承翁志云程子曰士苟存心於物必有　濟
翁儒者也無及物之量而能有及物之功其諸釋氏所云無量功
德無量壽者乎則　翁之得壽也固不獨五石練形五芝延年謂
得上藥養命之說也乃者南弧献長生之彩寶婺呈不息之輝賓
朋蒲座蘭桂盈階把双壽而度合四代以稱觴　翁與賢内助
即以其壽母壽已因以壽已者壽母雖不必傚萊子班衣之戲而
九十五壽之壽母亦將顧之而輾然以笑者矣又何拘拘於恒

言不稱之禮是為序

賜進士出身文林郎現吏部觀政候選正堂年家表弟陳

元錫拜撰

懍齋公行實

父太學生諱文猷乳名元肅字功謀號懍齋先王父邑庠生樸軒公冢子也少即岐嶷為曾王父邑庠生範正公鍾愛長攻舉業凡應試拔矛冠軍一時知交者咸謂張氏有子矣不意造家不逮年逾弱冠而祖母李氏捐壼父偕二胞弟凡附身附棺誠慎備至不貽後悔嗣是二叔父三叔父相繼赴呂玉楼僅遺幼女藐孤父撫

養成立無異已出王父續娶劉氏而父先意承志一如侍奉祖母李氏以故得其歡心二叔父乏嗣父遵先志撥次男鍾伍繼之伍早逝復撥三男孫洵什四男孫洵歷傳其支派祖母劉氏見背父為托親擇陳氏續膠一團和氣依然不失豈料僅閱三旬而王父竟溘然逝耶　父丁艱哀毀不殊昔年其事祖母陳氏也遇大年則演梨園以致慶祝逢時節則率孫曾以娛暮景甘旨定省未嘗少缺一堂五代洵藹如也王父為祖母李氏擇吉為二叔父卜葬父並佐其勞而厝王父與祖母劉氏陳氏則父寔肩其任至施殯費於貧丶窮捍外患於宗族此乃其天性使然耳且素秉正直急公義故邑侯穗齋周公葯齋莊公凡貢院考棚鼓樓泊武廟邑乘咸舉以董

其任丙子春　怡軒范師尊屈駕過訪閱父詩章譜牒欽其學問醇篤錫以積學種德扁額為溯淵源所自復贈　王父以光前裕後伻偕同寅　筠園江公贈太高祖母陳氏以節孝澤綿焉憶去秋父嘗語人曰余生平可共白者有數事焉譜牒肇新脩不費族中分文也剖辨雀鼠不肯依阿從事二也為親朋排難解紛雖甚勞瘁未嘗望報三也倡議重新私祖贊成改換上祖使先人精神有托四也族中喪費浩繁余為設其冗劃宗内世事雜踏余設乃津助五也得牛眠而父母安窀穸焉構新宅而兒孫避風雨焉茲年八十有五幸逢　聖天子優禮耆碩若得身受　覃恩吾願畢矣吾志足矣抑又何求而所未慊者書香一道自吾　高祖獲薦賓筵

以來芹香蟬聯余以父志亟冀觀光循例入雍屢試棘闈而不得志於有司長男入國而早逝次男肄舉業而未售三男四男習一家孫僅列成均其何以慰吾父志耶又嘗語不孝曰余娶爾母林氏陳氏郭氏育爾兄弟洎孫曾等有能勉体余懷銳志攻苦恢祖烈而搏鵬呈以無負爾父設育才至意則余亦含笑九京矣前不孝毋郭氏躋稀齡父命製錦屏以称觴不孝竊念前祝　父辰設錦幛若祝八袠亦當如之乃以祖毋禫服不果轉思父身康強期頤可卜何必介懷洎乎客臘身体漸衰飲食少進不孝晨夕問視時懷隱憂竊計老態使然天年容或可假詎和風甫臨藥石罔效竟從赤松子遊耶易簀之時少長咸集別無叮嚀唯以力學上進為囑言訖神情整暇而

逝嗚呼痛哉父生于康熙丙子年九月初三未時春秋八十有六

男三女一男孫十有五女孫三男曾孫八女曾孫一不孝等苫塊

餘生語無倫次非敢冀諸　懿親大人錫以哀言聊述節行以垂

家乘云爾

## 祭懍齋公文

歲在重光赤奮若花月廿七日陽内弟林元春等謹以牲粢香楮

之儀恭奠于　皇清待贈國學生八十六齡懍齋張府君之靈曰

嗚呼一朝風燭萬古埃塵庚子山思舊之情纏綿靡已陸平原嘆

逝之賦悽愴何堪是不特廬中泣血孝感丹陽行且江上招魂悲

深頭責矣翳唯吾如丈資擅岐嶷學窺淵源詩成擊鉢寄山水以標題文苦鏤心屏鉛華之粉飾拔矛冠軍久樹文壇之幟積李種德群欽風格之奇此足徵亢宗之學問矣存派撫孤光二季於地下娛親戲綵侍三母於堂中身登五代之庭一團和氣力扶四親之柩萬樣幽愁此足徵孝友之天性矣且也尚義急公貢院考棚武廟不吝傾囊以捐貲光前裕後小宗祖宇新堂並垂鼎新之結構肇修譜牒不償浩費于分文貧窮施濟不異千秋金於一飯此足覘生平之義舉矣惜也余如夙世徒傷奉倩之魂棘院久羈未展劉蕡之志為生平恨事耳然鳶絃垂白欣黙領於孫曾育才連阡督力學於兒輩其足以娛耄年之心曲者又昌有極也胡乃地下

乏修文竟赴迎於旗鶴玉樓侍書記旋俱亡于人琴嗚呼　丈其從余姪於地下也耶此日黃頭接懵夜月之寒楓丹旐飄紅、傷舊廬之隣笛春等燃鬚煑粥久恨無人倒篋傾囊兮憂無侶哀哉最可羨者芹香泮澤喜荀陳之聚星國學彩纓欣王謝之挺玉具於力學上進之語知必有以慰九京之幽魂而增光泉壤者桂酒三樽既悲鶴弔生芻一束願效驢鳴嗚呼哀哉尚享

歲乾隆四十有六年重光赤奮若花月甲辰朔越念七日庚午陽婿林士遠謹以剛鬣柔毛清酌之儀恭奠于　皇清待贈太學生懔齋岳父張府君之靈曰嗚呼岳丈兮溘然長往黯然魂消兮中心

蔽罔撫今追昔兮惟遠之知犬也夫惟青城之高峯兮峯称五岳之長既玉鏡之擬温郎兮聯舊盟於息壤覽冰清之修潔兮懷中情之慨慷翳風格之秘奇兮覔風規之倜儻撫芹香之未墜兮勵精脩於雪愰拔前矛而冠軍焉徵淹通之粹養侍五代於一堂兮繩公藝而心嚮三荊具兩凋零兮撫遺孤於在襁卜牛眠而晉四親兮擇行營以高敞建祖宇而鼎新兮煥巍峩于有象脩譜牒以睦族兮解紛難於里党濟涸轍之就枯焉辨鼠雀而不枉夫惟養深而氣醇兮斯言高而論說也美鄉閭之欽式兮縉紳羣以推奬家有寧馨之侍兒兮喜點領而祝鳩杖雖荀絮之情傷兮亦含飴而神異信樂地之行仙兮擬逍遥之鶴氅並曼倩之三枯兮戲巴卬之

八秵椿齡期以大年兮擅精神之骯髒何期大數之有限兮天年
其不再享也嗟白楊之悲風兮隨荒郊之宿莽其赴玉樓之召兮
其主蓉城之掌人琴以俱亡兮典型其不可仰嘆泰山之其頹兮彼
後生又將安仿違也屬半子之親兮聞訃音而頭搶陋王戎之還
直兮沐餘波之深廣長撫心以哀號兮隨江流之滉瀁瞻草上之
匍伏兮魂飄〻其已蕩羨璠璵之令器兮接王家之嗣嚮亦經綸
之高才兮標韓家之真賞起天池而奮兮生層雲而胸盪恢箕裘
之令緒兮聯書香於蓝榜肴待贈以焚黃兮酧夙志于疇曩跪陳
詞而荐酒兮寄哀心於肸嚮嗚呼哀哉尚享

恭奠

皇清大待贈太學生八十六齡張太姻翁俚言

拭淚欽遺範　悠然萬古風　芳河姑承　丈德　我輩仰　公莊

正直推鄰里　温和著比鄉　心為嗣服遠　志以燕貽長

共奠頤齡錫　誰知疾豎傷　行人悲隕涕　弔客痛迴腸

早信生前美　因思没後光　蘭芽繞砌秀　桂樹拂階香

指日綸音賁　来年贈誥將　如翁雖竟逝　食報自無疆

陽姻晚生林德光頓首拜　輓

恭奠

皇清太學生尊姻翁八十六齡懍齋張府君輓章

兩間淑氣萃名流特幸識荊慕素修筆吐煙霞追李杜學崇性命效程周岐嶷賦質超凡品科試掄才冠古無但願皇恩蒙寵錫肯營俗利着心頭一經教子傳家法百事勞身為祖謀菽水承歡皆可則名山擇吉會探求平情率物陳公侶厚族輕財范仲儔舉世衆难自問返躬俯仰不貽羞是宜壽鶴年無算何意夢楹疾弗瘳期耄方祈開錦幛仲春遽尔赴神州離群雁影初断促節猿声淚不休高誼一天雲漢薄大名終古日星留兒孫鵲起皆英器封誥叠来重荷邱我忝姻情欽懿範酒卮敬奠未忌憂嗚呼哀哉尚享

姻弟林元泒頓首拜　輓

輓聯句

生為英沒為靈精爽神明自古賢豪不死
先脩行後修業積學種德于今哲人如生
劉先生諱國楨

從今握手會無期歧路不勝知己恨
憶昔談心情欲絕烏啼添作斷腸聲
大墘林元造

## 十八世張府君二酉公行畧 并序

嗚呼不孝菁莪罪孽深重禍延 先嚴于四月十四日壽終正寢不孝肝腸摧裂血枯舌哽安能操翰狀吾父哉顧不孝不狀吾父誰為狀吾父者矧吾父生平行誼可錄者多又安能以哀毀寡文俾吾父之懿行終湮沒而不彰耶姑拭淚畧述其概

先府君諱德成字慈敬二酉其别號也吾張氏世居安溪之蓬萊清白傳家先王父帝谷公舉丈夫子四府君序居季王父性儉樸有威諸伯父恒畏不敢近公則親之益至每飯必侍夜則俟王父寢乃寢盖其至性天成自孩提時已然王父酷嗜書香延師教子多歷年所時長伯父學舉子業有聲士林所志未遂竟棄儒遠渡

重洋旋居吉蘭丹為王父所深憾府君則勉承王父志刻苦攻書稍長負笈温陵就學名師受業未久忽家人報至謂王父病篤亟思一面驚惶萬狀請假歸省星夜奔馳誤趨岐路行數十里而不覺蓋方寸已亂矣迨入家門見王父長逝撫膺痛哭幾不欲生時雖在悲哀之中而棺槨衣衾葬必從其厚經營窀穸必謀其安所謂喪盡其禮者蓋庶幾焉其事王母也一如事王父晨昏定省出入告面率以為常平日致養雖貧不能備甘旨而素羹淡飯必愉色柔聲以進設教鄉閭遇進膳有佳味者輒不敢自食懷歸以奉此尤其孝行純篤之實證也其居於鄉守義不苟然諾必踐處宗族以和待賓朋以禮煦煦融融藹若春風尤樂以善言為人排

難解紛以故鄉中事無大小賴以釋爭者不知凡幾鄉人德之沒之日多有泣數行下者窮年讀書志願未遂雖早歲應試輒拔前矛而終屈於塲屋至晚年猶殷勤赴試不孝以府君龍鍾跋涉久困風塵乃循例納粟以塞其望其實公之行誼自有足多不待人爵而顯也府君舉不孝晚愛而不廢鞭策幼年入塾每雞鳴必促起讀書迨學校興不孝由私塾入小學而中學而法政高等專門歷年經費爲數頗巨要皆父母勤儉辛苦累積錙銖而來也府君體素康健行不扶杖雖隆冬嚴寒黎明即起私謂期頤可卜不意今年首體清和之夜皓月當空方在教孫讀書忽神色有意及家人趨視則已坐立不能自在不孝踉蹌奔至叩其故已不能言而

含笑長逝矣嗚呼痛哉公生于清道光廿九年己酉八月十五日亥時卒于民國十二年癸亥古歷四月十四日戌時享壽七十有五不孝感杖履之猶在覩音容而莫及煢煢負疚號泣誰聞惟念先人行誼可錄者多不可令其不傳於後用敢畧述梗概敬呈大雅尚乞搢紳大人有道君子勿靳如椽之筆共錫紀實之詞歿存沾榮且不朽

男菁莪泣狀

二酉老伯傳贊

豹澤深山蘭芳幽谷凡今之人云胡不潡於唯張公珠璣滿腹屢
屢科名卒困塲屋大雅淪亡璞玉韞櫝養志無違承歡菽水排難
解紛一言折服敬禮賓朋睦和宗族善與人同卑以自牧碩行嘉
言實堪汗竹仁為壽徵爵惟天福九九長松乃生老茯哲嗣吾遊
典型耳熟不文敢辭述為世矚

鄉愚姪董步瀛敬題

二酉先生贊

於戲我公有才無時長松卧谷棟樑弗施　科名祿位蝣晷螢光
嘉言善行熠熠四方公之生平然諾必踐慷慨大節世覩新鮮、
宗族之中和氣氤氲鄉黨之間急難解紛公之晚節菊芳松茂
根道植義棫樸薪楢講學潛心斯文山斗天祐作人千禩不朽述
德纘言唯公有子庶無愧辭光吾枌梓枌梓傳言質勝斯野掇
其緒餘以告來者

公謝世後之三年哲嗣典龍先生述狀而乞詞於余余知公綦詳仰公彌
切故不敢以文辭也

鄉後學吳　德謹贊 字孝仁 邑内

張二酉先生千古

世道淩夷亦可傷誰將風化激清揚事親盡孝談何易處族能和足見長排難解紛天下士教兒成學燕山方道遥駕鶴西歸去里巷猶傳品節芳

任集美學校教員東山孫臥橋拜輓

二酉先生千古

吾家舊傍刺桐西引睠蓬萊隔一溪上有幽人追表聖晚從太學挹昌黎遺踪真足垂青史至行何嘗玷白圭猶見法星輝子舍撳髯一笑入天倪

温陵李唐敬挽

二酉張老先生千古

閱盡滄桑歷萬巇古稀都是幾多時解紛開口衆皆悅歸省心驚途又歧舍肉封人曾遺母劬書淮海且呼兒廣陵琴曲雖云絕行誼清高勝爾岐

愚姪吴　亮拜輓　明友 邑內

敬挽　二酉前輩先生七律一劆

藍溪西望碧如煙上有蓬萊駐隐仙己見法星輝梓舍仍收暮雪映芸篇一家孝友饒真趣萬卷詩書付後賢投老竟隨赤松去空留遺範播閩天

趙雪琴覆瓿稿　長泰里

青溪蓬萊張氏宗譜

悼張二酉先生七律五首

雲悽霧慘夜三更，忽報蓬山殞老成（公歿係四月十四夜）。十里閭風齊下淚，卅年舊雨慟交情（余與公交契歷三十餘年）。青楓黑塞魂何處（杜甫懷李白詩：魂來楓林青，魂歸關塞黑），地府泉臺路幾程。從此音容嗟永隔，不堪愁聽子規聲。

敦品如公夙有聲，殷勤至性本天生。急親誤赴楊朱路（楊朱誤趁岐路，嘆曰：莫怪學道之或迷誤也。按行狀，公少年在泉從師時，聞父病急歸家省視，曾趁迷途），奉母曾攜潁叔羹（公少時設教於鄉，東君有供異饌，公必攜歸奉母）。霽月光風思態度（公性情和易近人），梅花楊柳寫心情（公心地純沒而瀟灑）。清河物望今猶在，留得高風被後英。

蓮萊設教憶當年（余三十餘歲時曾設教蓬萊），交契倍增文字緣。蘭玉清芬同講席（時公令嗣典龍及婿栽宗均從學），葭莩末誼忝經筵（公與余有兩重戚誼）。過談如飲醇醪酒（昔人謂與謙純之賢士交，如飲醇醪，令人自醉，余與公亦然），

重傳頻歌適館篇公素尊師重傳痛煞人天今路隔一場舊夢渺如烟

學富其如運蹇何名場歲月久銷磨公雖困場屋而應試至老不倦文無知己誠堪嘆

以公才學而竟靳於一衿良堪嗟嘆生有佳兒不在多公生二子而仲嗣典龍才學超拔為學界翹楚誠足告慰九族克敦由任恤公对宗族姻戚

友朋均能以懇摯之情相待一方薰德樂雍和公善勸導人行誼為鄉鄰中所重薰其德而善良者頗多生平雅量知奚似想

見胸涵萬頃波

神州鼎沸火燎原時事如今不可言南北紛爭生靈塗炭時局至今不堪設想公去已離荊棘地

公歿固甚可惜然時事如斯生亦不遂既歸道山去轉得脫離亂世苦境我生難覓桃花源嗟余不辰丁茲阨運桃源何處避秦九泉回首應抛

淚公在九泉回首時局亦應感喟蒼茫一灑傷心之淚幾度臨風欲斷魂國步艱難知交零落傷時感事輒為傷心樽酒隻雞靈鑒否曹孟

德祭喬國老文他日經墓苟不以樽酒隻雞相餉者車過三步腹痛勿悔青茅奠罷一心酸

歲進士通家眷弟陳家珍拜輓

# 安溪張二酉先生行狀書後

吾鄉費君寒素士也未嘗出交當世士其親歿力能致義甯陳三立侯官嚴復陳衍林紓臨川李瑞清新化李詳桐城馬其旭新會梁啟超無錫錢基博韓國金滄洲之倫為之志墓傳記余大怪駭謂為人子者之欲不泯其親如費君者蓋寡也不圖復得之張君輾轉從友人謀余言其親余不文不能如義甯侯官臨川新化桐城新會無錫韓國諸先生何足以不泯張君之親哉肰其親猷能得此子欲不泯其親陳詞而無所於恧非其親平日所以教子克盡為人父之道者而能之歟又奚待他人之言其親哉張君真人子矣

南通劉元弼拜註

余弱冠時即蒙　鄉先輩茲敘君青眼輒相過從嗣以奔走衣食留滯南洋不獲承謦欬者十餘年忽聞溘逝悼痛殊深爰作詩輓之

齒德兼優曠代賢功成含笑忽登仙徒勞文戰呼負負竟喪善人恨綿綿處世能和真種福克家有子足光前徐君從此空留墓廻憶音容輒惘然

鄉愚弟林鏡清草

二酉師翁千古

因師丈子常拜尊顏矍鑠總堪誇共期壽享喬松俾吾黨永承矜式

雖萎哲人猶多舊澤陰功還有報佇看階盈蘭玉教公家大啟、

經筍

二酉公佳城志賀

愚姪柯世瑩拜輓

穴屬木形號醉翁隨身杖竹與壺銅坤庚列祖鍾情摯貪巨二星
夾輔崇水出御街迎祿馬案凴玉几詔神童如斯團結多人傑始
信地靈造化工
在地成形彷彿同任它比擬指西東星生立木成人體穴點圓臍
撫我躬華蓋屏臨御案外貴人峯聳玉門中應知磅礴留斯土孚
報先尊積德功

弟李華潭拜稿

法丈路美庠

生學堪輿

## 張先生仁堂社兄行實

天下事有所藉而成者易為功無所資而成者難為力然志之所向金石為開人苦無志耳有志則難亦不難也張君寶生號仁堂者余總角交少穎異善讀書家清淡而令尊典清伯酷嗜書香必欲成之不計家之丰嗇也窮且益堅其是之謂歟幸而善願天從君之姑丈同知劉君文彩誼伯彭君濟三表親廖君榮祖皆有意栽培後先造就不特不以貨財為禮抑且推食解衣雖姻亞世誼本有教養之責然非君之才與令尊之志未易獲此也有志事竟成信不誣矣夫子淵簞瓢子夏鶉衣古來賢人君子豈必出自金穴富窟惟視其志何如爾君蓋能体父志以為志者故刻苦從學

以成其才鏖戰童軍輙拔前茅居榜首弱冠後即採芹香繼而往
厦島島中人欽其雅度共舉為董魚釣局事旋有仕宦家陳氏者
延為西賓此真浮好遭逢可以慰親心矣况君性行修潔昆仲有
三雙親健在備君子之三樂從此獲福靡涯誠意中事焉余少於
君二歲又屬居同鄉結同盟營同道能無紀其寔而序之

光緒乙巳年葭冬之吉　　生員林向清拜撰

## 仁堂先生六十壽文

許慎説文訓壽為久謂歲月綿長久生於世也人有生而無樂於世者固不願以久累斯所僅見可勿論矣若樂其生求其久則戰戰而皆是或求其久而常不可得久者則以世固有戕生之事物足以中人之好而陰奪其歲月使之不可以倖得於以知壽之難而求之固自有其道也夫不求不得無苦無樂求而不得苦甯待言求而必得樂乃無藝至於不急急以求復徐徐而得此則生人之至樂古君子之所以為壽人也昔張巨和當永嘉之亂隱於泰山恬靜寡慾清虚服氣飧芝餌石修導養之法年命以永此道家者流求而必得也張横渠終日危生一室與諸生講學晚作西銘傳

岳仁言利溥亦享大年此又儒家所謂仁者壽求不急而得也徐吾邑　張仁堂先生少穎異家貧力學試輒高等甫冠而補博士弟子員聲名籍甚無何而科學廢鼎革成天下且亂鄉亦弗甯　先生固閒曠自適無稍拂欝則出其所學以教鄉之子弟長學校所培植才俊既速且宏可謂秉粹在躬布惠及人而依仁蹈義律己益嚴社會卑鄙齷齪事腐鼠鴟嚇鵷雛曾不目瞬清介拔俗可以廉頑立懦矣既而橐筆踏闈聚徒課讀首蓿生涯處之泰然及乎倦遊返里則逍遥塵垢之外遊泳浚漠之中山居務農樵牧為伍貌腴神固自葆天真於是　先生年且周甲矣謂先生求壽乎　先生似無是心謂　先生不求壽乎　先生之所為皆古聖人養生之大道不求之求

自得而得異乎巨和之服氣導引而以靜得仁由仁而壽是真橫巨之徒者歟夫存神者永縱慾者賊知斯二者斯知壽矣知斯壽者斯知先生矣　先生哲嗣整頓為集美師範畢業將於是年十月五日奉觴為壽以余曩嘗執教集美與有相知之雅故索壽文以助觴辭不獲命則抉　先生所以獲壽之道以告世之求壽者知所法焉是亦先生自壽壽人之意者乎是為序

世愚姪李揚鑣拜撰

蓬萊嶺美張氏丁丑年復修譜牒本派在番邦新嘉坡

喜捐銀兩名次開列於左

標天生捐銀拾元　標眷捐銀叁元　培庚捐銀弍元

培揀捐銀捌元　洵碚捐銀叁元　培勇捐銀弍元

二房培龍捐銀柒元　培財捐銀叁元　培洸捐銀弍元

標撐捐銀陸元　長房青龍捐銀弍元　炳怕捐銀弍元

景春捐銀陸元　双喜捐銀弍元　鎮縣捐銀弍元

炳而捐銀陸元　培噲捐銀弍元　炳位捐銀弍元

龍溪捐銀陸元　先知捐銀弍元　四房培暨捐銀弍元

炳閏捐銀肆元　培諒捐銀弍元　標淡捐銀弍元

炳納捐銀弍元

五房

金龍捐銀弍元

雅頌捐銀弍元

炳敬捐銀弍元

連春捐銀弍元

炳隱捐銀弍元

春發捐銀弍元

炳弓捐銀弍元

差用捐銀弍元

炳峴捐銀弍元

炳城捐銀弍元

炳厨捐銀弍元

炳勃捐銀弍元

長新捐銀壹元

双佛捐銀壹元

鴻義捐銀壹元

培潤捐銀壹元

炳航捐銀壹元

培抱捐銀壹元

炳紅捐銀壹元

承繼捐銀壹元

落溪捐銀壹元

萬發捐銀壹元

龜山尾

炳摘捐銀壹元

標宅捐銀壹元

標桂捐銀壹元

連居捐銀壹元

炳舵捐銀壹元

炳刊捐銀壹元

標寢捐銀壹元

廷黎捐銀壹元
離婁捐銀壹元
炳長捐銀壹元
炳鐳捐銀壹元
△炳報捐銀壹元
炳脛捐銀壹元
江寶捐銀壹元
炳後捐銀壹元
培祿捐銀弍元
炳有捐銀伍角

炳絨捐銀伍角
光輝捐銀伍角
標丹捐銀壹元
三龍捐銀壹元
炳魁捐銀壹元
炳旺捐銀壹元
山查捐銀壹元
炳擬捐銀壹元
培交捐銀壹元
炳珠捐銀壹元

竹院捐銀壹元
炳接捐銀壹元
培石捐銀壹元
六秀捐銀壹元
培福捐銀壹元
培挺捐銀壹元
培琛捐銀壹元
炳瑛捐銀壹元
洵猪捐銀壹元

大凡作事倡始難成終尤難此捐前在番邦衆志僉議興而又廢玆幸裔孫標景春標撑培洗等復興起此意朝夕鳩捐跋涉維艱以故斯譜之費得以贊成後之賢孫哲裔尚其鑒之

光緒丁丑年葭月

日本派衆誌

# 清河嶺美張氏重脩族譜序

嘗聞前之人創其始基特為後人衍其緒後之人仍其故步究為前人紹其傳所以古聖重繼述之典而紹淵源於勿替者正脩譜牒所由來也溯自吾祖清孝公分派以来至七八郎公開基嶺美為吾鄉之始祖其時譜乘之修源〻本〻喜無沉湮淪歿之感無如流傳至任明公之子譜據奚被二房逃負江西前卋之鴻功至此幾難可考文獻公即起而嘆曰人之無譜猶水之無源木之無本是以不憚勞苦踵而修之俾後卋不至有涉海問津之嘆至丁丑之歲雖重修之迄今已三十年然人口紛繁非再修無以明昭穆之典亦恐有遺忘散失之虞爰集有志再為倡首事若告成方堪

慰列祖列宗於九原惟是事関重大誠非獨力所能任其權必合衆人共任之易為功於是衆議發丹勸捐庶幾分九州之水流為大川合千灯之光混成一炬願我居洋同族之人追思丕顯丕承之規共念善作善述之典一唱百和莫展难而苟安庶不失為人後嗣之職分并可望将来子孫昌熾瓜瓞賡綿〻之盛科甲聯登簪纓歌疊〻之榮是所厚望也夫因為之序

大清光緒乙巳年桂秋吉旦住叻諸董事

六順
澄清
典福
典煇

仝敬序

乙巳年重修譜牒在叻坡喜捐銀兩名次開列于左

炳件喜捐大銀壹佰員
澄清喜捐大銀四拾員
綿興公司喜捐銀弍拾員
炳澗喜損大銀壹拾員
炳着喜捐大銀壹拾員
興實喜捐大銀壹拾員
炳愿喜捐大銀壹拾員
炳乜喜捐大銀壹拾員
修順喜捐大銀壹拾員

金記喜捐大銀伍員
炳謝喜捐大銀捌員
炳黨喜捐大銀捌員
可嬸喜捐大銀伍員
培和喜捐大銀伍員
培虎喜捐大銀伍員
利興喜捐大銀伍員
炳蝦喜捐大銀伍員
炳蚋喜捐大銀伍員

△禎祥喜捐大銀伍元

成發妣捐大銀伍元

金綦喜捐大銀肆元

双普喜捐大銀肆元

培絨喜捐大銀肆元

碩妣喜捐大銀叁元

成德喜捐大銀叁元

炳浚喜捐大銀叁元

培愷喜捐大銀叁元

培得喜捐大銀壹元 又壹元

珍南喜捐大銀弍元

金發喜捐大銀弍元

桂子喜捐大銀弍元

培喜、捐大銀弍元

利楼喜捐大銀弍元

庇佑喜捐大銀弍元

刋成喜捐大銀弍元

僭妣喜捐大銀弍元

杯妣喜捐大銀弍元

培輝喜捐大銀壹元

景元景典撰

鎮縣喜捐銀壹元半

双全喜捐銀壹元

培國喜捐銀壹元

錫連圖喜捐大銀壹元

錫成仁喜捐大銀壹元

錫海棠喜捐大銀壹元

民國丙子冬吾宗譜系告竣謹將外僑諸　宗
親熱心樂助巨款芳名列右
在叻坡認捐
五房棋楠喜捐大銀叁佰員
四房炳琅喜捐大銀弍佰員
三房朝源喜捐大銀弍佰員
六房火連喜捐大銀壹佰員
三房錫石喜捐大銀壹佰員
五房培閑喜捐大銀壹佰員
二房錫柿喜捐大銀壹佰員
長房修義兄弟捐大捌拾元
六房火炭喜捐大銀叁拾元
六甲金重喜捐大銀弍拾四元
培勲喜捐大銀叁拾八元
五房洪壇喜捐大銀拾三元知甫
璇石喜捐大銀弍拾元
溪洲成宗喜捐大銀壹拾元

二房中坡喜捐大銀柒元

在石馬丁宜認捐

五彩喜捐大銀肆拾元

洪友喜捐大銀伍拾元

得來喜捐大銀肆拾元

順天喜捐大銀叁拾元

五房添盛喜捐大銀伍元

巨栢喜捐大銀叁拾元

金桓喜捐大銀叁拾元

新徙喜捐大銀叁拾元

金蘭喜捐大銀叁拾元

梧桐喜捐大銀叁拾元
秀蘭喜捐大銀叁拾元
鳳儀喜捐大銀叁拾元
火煉喜捐大銀弍拾五元
錫叻喜捐大銀弍拾元
榮春喜捐大銀弍拾元
清良喜捐大銀弍拾元
炳送喜捐大銀叁拾五元
何海喜捐大銀叁拾五元
皆得喜捐大銀弍拾五元

傳二喜捐大銀弍拾元
江忠喜捐大銀弍拾元
洪義喜捐大銀弍拾元
新福喜捐大銀弍拾弍元
炳道喜捐大銀壹拾五元
培楠喜捐大銀壹拾五元
錫煇喜捐大銀弍拾元
和源喜捐大銀壹拾五元
厨八喜捐大銀弍拾元
真珠喜捐大銀弍拾元

重華喜捐大銀拾五元
國慶喜捐大銀壹拾元
棟樑喜捐大銀壹拾元
重地喜捐大銀壹拾元
扳麟喜捐大銀壹拾元
成元喜捐大銀壹拾元
錫請喜捐大銀伍元
炳出喜捐大銀伍元
杖梨喜捐大銀壹拾元
安水喜捐大銀壹拾元

江興喜捐大銀拾五元
瑞元喜捐大銀拾五元
炳勝喜捐大銀拾五元
厚生喜捐大銀壹拾元
四端喜捐大銀壹拾元
金成喜捐大銀壹拾元
天賜喜捐大銀叁拾五元
錫釗喜捐大銀壹拾元
瑞泉喜捐大銀壹拾元
火灯喜捐大銀伍元
三同喜捐大銀伍元

錫峇喜捐大銀壹拾元

# 清溪蓬萊嶺美張氏宗譜

正卷壹

## 世系圖 有引

系者世世相傳之序也自始祖以来祖傳父父傳子子傳孫孫復孫世世相傳各填其名仍就名下書字書號或有前程并書前程之名或不知其名僅傳其字與號則第書其字號若名字號俱亡而明知為某某之子某某之父亦仍以圈填之使一脉相傳於以昭然甚至移居外府縣于名下又填住某府縣必明知無嗣方以無嗣填其名下其間兄弟不一其人各依行次横列其子孫或依次列之五世一提雖支派多究不失相繼之義是譜中之最便覽者其惟斯圖乎故冠以首云

## 清溪張氏族譜凡例

一譜卷次序以世系居首者使一覽而知人数之先後多寡也人数明而其人之履歷未明故世狀繼之履歷明而其人之足為世表者雖紀於狀不標而出之亦仍未明故世獻繼之有人然後可守先業故世産繼之有人有産而文不傳則不光故以藝文殿焉

一譜内所列系圖或名或字或號不一皆子孫所稽查者而列之其間有明知有人並不知其名字與號者則直以圈填之俾後來有考便於註明云

一譜内狀與獻與文所紀事蹟或紀或不紀倘有遺漏亦阻於見聞不及耳而其所紀者則寔有其所可紀者而紀之匪敢

以偏徇為去取也

一譜所錄去產內祀田自始祖以及近祖併伯叔兄弟所抽贍祖以至之嗣之祀田或曰不勝紀可不紀余曰否祀業不比私業載諸譜中群耳群目公見公聞使為子孫者知其聽贖可私賣不可贖則更置賣將失祀禮云君子雖貧不鬻祭器雖乏不斬邱木器與木且不忍而寧忍於田乎紀之所以示戒也

一譜例抱養之子不列譜中謂非一本也余以情理酌之無嗣者必於本宗中無可取繼乃始抱養且彼為人後生者賴以事死者賴以葬果無他志猶一本也譜之列之於情可安理亦無礙只聲明狀內亦權而不失於經耳

一譜例為善者必褒作惡者宜貶余思譜牒無存縱有一二傳聞並非得之親覩所以未敢遽加筆墨自今伊始倘有其人必指其寔則据事直書為萬世所共鑑其榮辱何如耶願我公族各自猛省須為善而使人揚毋為惡而令人難隱也

一子孫前程以及有功於祖宗者乃祖宗所培養今皆詳載不致一人遺漏

一自父祖而上世代歷祖以至始祖名諱皆據寔直書而不加顧忌所謂臨文不諱也若稱公稱祖父恐非譜體矣

一凡自家所撰祖先傳記以及他人賀贈之文皆舉其重而載之不比採訪事類可以任意去取也

青美蓬萊張氏宗譜

一世　七八郎公入蓮始祖

二世　八五郎

三世　第四位　五處士

四世　十二位子三　十七位

五世　直福　直祿移住下磜　直壽

五世　直福

六世　全明號厚山

七世　乾義號嗜外　乾敏

八世　朝由　希猷號列峯　希敉號謙素　希堯號濚田

九世　子權號存坪　大度號春宇　大隶號美峯　大畧號懷廷　大用號我浴

全　无嗣

全書　號傳世

乾政　號德山

乾

瑞溢　號璧山　字乾守

朝淵　無傳

朝深　號振嶺

朝啟　乏嗣

淩漢　号新璧

大賓　乏嗣

大器　號重宇

大長　號輔宇

五英　无嗣

萬昌

直壽

全 乾 朝 子

豐盛一名蒲

連溪

懷宇

文倫乏嗣

文儀

文儼

文四

全

乾樹

朝爵

大五無嗣

大六

大璉

朝高

九世　十世　十一世　十二世　十三世

子權系

崇著 号錦山

奇承 字德宣

肇義 號宅遠

肇禮 號念美

肇智 號拙吾

志求 字有藝

志普 字有力

志繼 字有述

志山 字有良

肇語 無傳

奇卯 无傳

崇拱

德元

肇初 無傳

必芥

志鶴

肇杉

志亥

日七 妣脩矩

奇長 妣悞

肇孫 子孫現住延平

肇真

肇慕 妣克諧

肇白 妣向鳴

肇鼎 無傳

肇好

志新 兄弟現住江西

志鶯

志培 字有植

志操 字有存

志燮

志八 殤

志老

志性 殤

正派

九世　大度系

十世　日熙　號任明　鄉賓

十一世　奇璠　号心衡　庠　名国録

十二世　肇寬　號範正　庠　生鴻壇

肇嘉　現住台灣

十三世

志梅　殤

志漢

志庚

志擇　號怪濟

志善　號朴軒　庠　名士俊

志固　號定軒

志執　號允軒

志學　號悅軒　監　名士應

志問　號初軒

清溪蓬萊張氏

奇瑯　无傳

奇珍　號心隱

肇泰　號復所

肇謙　號有所

肇伯　號順宗

志㤅　號保園

志思

志叅　號質園

志願　無嗣

志萬　號咸裕

志惓　字有直

志廣　號逢裕

志福　字有多

志光　號時行

肇守 號博宗
肇倫 號篤宗

志侯 號咸在
志總 字有熏
志送 無傳
志居
志貫 无傳
志潭
志佔 字有開
志宅 字有典
志營 字有經
志隨 字有隨

奇寶 號心敬

肇遺 號逐宗

肇儀 號威鳳

肇儼 號履端

志助 字有信

志審 字有象

志高

志由 字有位

志措 字有知

志敏 號耻捷

志疊 號宛山

志汝 字有楫

志器 字有利

志廪 殤

江头

奇錫 號陟三

肇得 號承裁
肇儒 无傳
肇戰 號奏愷
肇爕 號化漸

志玉 殤
志貌 字有信
志董 殤
志睿 字有哲
志柔 號寧遠
志察 字有省
志熱 殤
志樞 號榮机
志權 號似卑

汀州

九世 十世 十一世 十二世 十三世

大東系

白鸞 號贊美

德勉

奇富 字德爵

奇俊 字德昭

奇香 字德艾

肇祖

肇法

肇主 无嗣

肇雙

肇傳

志報 殤

志長 字有立

志春 字有祁

志意 字有誠

志四

九世 十世 十一世 十三世 十三世

青溪

大畧

日七　日八 號時珽

奇鵬　奇佐 先孜　奇甲 號奇樞　奇吉 號灵士

肇厚　肇靜　肇孝 號偕侯　肇術 號貴侯

志賚 號富歲　志發 字有節　志與　志揆 字有亮　志讓　志誥　志汪　志殷 字有盤

乾敏一[illegible]

大用

日榜 號翹[illegible]

奇孟 號孔傳

奇果 號循勇

肇聽

肇都 號壁山

肇瑄

肇祥 號怀貞

志障 字有保

志簡 字有居

志益 字有成

志象 字有肖

志納 字有叙

志焕 字有文

志敬

志爱 號惜右

志親 [illegible]

奇叔　號敦博

肇編　號翰右

志全　字有用

志岳　字有峙

志巽　字有方

志顥　字有炅

奇季　號孔昭

肇瑞　號輯伍

志賜　號元通

志淵　號朝冠

志奮　號升飛

志至　號向右

志群　殤

志爵　字有尊

日楷　號如文

奇陞　無嗣

奇惜　號奇猷

肇煞　號與慕

肇竹　號里仁

肇將　號義園

志彭　殤

志暖　字有春

志祐

志建　字有歲

志苗　殤

志泳

志啟　殤

志接　字有迎

志夏

- 大器
  - 日機 無嗣
  - 日萃 號龍潛
    - 奇秋
    - 奇棊 號祇仁
      - 肇舉 字必推
        - 志真
        - 志欽
      - 肇新
  - 日華
  - 日蕃
  - 日藻
  
  （三俱乏傳）

- 肇柳 號宜脩
  - 志辯

以上為大宗長房全明公之派

- 大長
  - 日荐 號庶齋
    - 奇月 號居恆
      - 肇動 號愧時
        - 志襲 字有取
        - 志揚 字有越
        - 志意
      - 肇雲 號施龍
        - 志恭
        - 志對
        - 志耦
      - 肇篆 字必材
        - 志昆 字有仲
        - 志造 字有化
        - 志霜
        - 志鑑

肇曉字必喻

肇玟字必琬

志絨

志北

志誕

志雅

志景

志表

志塽

志斗

四聯

志七

樹仔坑

萬昌

九世　子

日稱　日宗　俱无傳

十世　崇

十一世　奇三　奇率（子三，肇連居長，兄出）

以上為大宗三房全書公之派

十二世　肇龍　肇鳳（殤）　肇通（移江西住）　肇是

十三世　志序（殤）　志居（殤）　志額　志重

文儀

士標

奇天

肇観　肇富　肇耆　肇枓

志安　志紇　志日　志續　志鄒　志運　志弼　志景　志賀　志保

士秉

奇賢

肇甲　肇田　肇軍　肇臣 無嗣　肇從

志漸　志諒　志蔣　志壬　志赫　志果　志專

- 文儼
  - 十八
    - 奇武
      - 肇昭
        - 志機
        - 志教
        - 志子
        - 志湔
      - 肇贊 无傳
      - 肇典
        - 志偲
      - 肇朝
        - 志福
        - 志廷
        - 志眼
    - 奇六
      - 肇臺 无攷

奇平

肇丰
志聲

肇起
志莆
志芩
志好
志脩
志歷
志亢
志錐

肇賞

肇宰 无孜

文四
日昌
奇文
奇滔 无出
肇漆
肇滔 與奇韜同音有槁姑存之
志宗 无傳
志愷
志輝
志約

大六
日傳
奇旺
奇里
肇政
肇轉
肇賤
肇遠
志計

以上為大宗直壽公之派

| 十三世 | 十四世 | 十五世 | 十六世 | 十七世 |
| --- | --- | --- | --- | --- |
| 志求 | 元創 | | | |
| | 元醒 | | | |
| 志晋 | 元庶 | | | |
| 志中 | 元姤 | | | |
| | 元遇 | | | |
| 志亥 | 元單 | | | |
| 志新 | 元延 | | | |
| 志培 | 元壯 | 鍾哲 | | |
| | | 鍾良 | | |

元混
鍾杯

元巖
鍾越
无嗣

元四
鍾蚌
洵豆

鍾爺
萬源

鍾床

志操
元弁
鍾聘
洵長

鍾鑑
洵康
標智
標忠
標綢

鍾栽
殤

長房

志爨

元黨
鍾泡
洵連

鍾宁

鍾欽
無嗣

元美
鍾暢
仙来
標富

神佐
鍾

元脏
鍾旺
冬玉

春香
殤

志性
元臟

志擇　恒爾
元仁
號端齋

鍾茂
號裕美
譜名鍾華

洵研
號成務

丙化
字念時

洵勁 號鑑儀

洵楫 號碩儀

標講 字念友

標瓚 字念珪

標綏 号愧安

標魯 号国安

標市 号安宅

標罵 字念選

標繆 字念户

討論 字念世

標掾 字念德

標悳 字念自

鍾蓮 号裕渠

洵鵰 号凤儀

洵躋 號明登

洵蹈 號履儀

標媚 字念𡘋

標藐

標律

標妥 字念帖

標軒 鴙

蒼保 字念定

標杏 字念彰

標活 号進德

標酣 字念醒

標琠 字念磋

鍾百 号裕礼

洵欵 号誠儀

洵部

洵駉 号季儀

洵斐 号如儀

標頊 号悟奇

標課

標邊

標忖 字念度

標敲

標項 号賢德

標敀 号旺德

標前 字念先

標記 字念至

標皎

- 鍾芬 號裕香
  - 洵鉢 號元儀
    - 標揣 字念本
    - 標鑿
  - 洵鎖 號有儀
    - 標蘇
    - 標反
- 鍾蕚 号裕明
  - 洵熾
  - 洵碟 俱殤
  - 洵樸 字克懷
    - 標齔 字念庶
    - 標迸 字念宣 双承
    - 標晝 字念三
    - 標齽 字念開

二房超

志善 號朴軒 庠名士俊

元肅 號凜齋 監名文猷

鍾曾 號藝圃監 名種樹

祖艾 殤

洵潛 殤

洵翕 號成合

標迸 又承

駟四兆 號琢如監 名洵玉

其昌

標冉 號榮有

標拵 字念遇

標會 號榮文

標河 號榮漢

標論

標格 字念誠

得初 无傳

洵奠 号足如

洵緩

檁燥 号行德

檁兗 号行澤

檁堅 号行前

檁闕 号行疑

檁稱 号行思

檁思 查名六 号行積

檁閣

檁八 号行士

檁文 号行美

[illegible]氏家譜

鍾卿　無傳

鍾喝　号崖圃賓　名振声

鍾侃　号晴圃監　名鍾言

洵蟾　号宫中

洵裕　号餘如

洵捷　号義利

標匹　字念一　号從溪

標魚　号我欲

標亞　字念干

標主　字念信

標森　号紹溪

標闖　字念秋

標滿　号玉溪

標這　号籺象

標伋　字念中

洵宰 殤

洵什 字克賦

洵忍 号義氣

洵諂 字克庶

標任 号寔政

標類 字念俗

標玅

標三

標虫 字念昆

標很 字念勇

標世

標姜

標讓 殤

標劉

標守 殤

鍾贊 號詞園監 名鍾坑

洵矩 殤

洵鳳 號岐山

標滾

標燃

標靳 無傳

洵預 號立如

標尚 字念志

洵潤 号立富

標韭 号德草

洵恰 号祿鍾

標沛 號德教

元雍 號黎熙

鍾伍 號逸參

酟三 號侍助

飄香 號桂承

青溪蓬萊張氏宗譜

元穏　號孝遠

鍾綿　號輔　國監　名廷宜

洵聚　无傳

洵歷　号泰伯

洵琛　號猷如

洵緝　號續如

標扁　無傳

標動　无傳

興開　號奮承

世眷　号相承

標順　号存承

標本　号道承

標宅　号楚承

標技　号有承

標典　号世承

二房止

三房

志固

元溫 号東臣
元勵 號砥齋

鍾降 字君揖
鍾倍 無傳
鍾夢 字君協
鍾海 號愧揚

洵粟 號周如
洵敬 號安恭
洵概
洵蘭 無傳
洵豁 字克旦
洵懋
洵攀 无傳

標波 号彼承
標点 字念祈
標碧 号黃潭
標額
標科

元安 號欽齋

鍾珩 無傳

鍾跨 號國美

洵茅 號連茹

標頻 無考

標威 無考

標頭

標埒 無傳

標午 字念辰

標六 字念平

標蕉 字念葭

紫漢 號益德

標趾

洵道 號里德

標雕 殤

鍾咸 先傳

鍾令 號圍清

洵白

洵稀 號廷自

洵讀 號存国

標共

標飽 字念來

標裁 號植材

標嘮 字念誦

標柱 號奐材

標院 字建書

標取 字建受

標舌 字建朕

標忝

元塀　失傳監名文對
元竇　殤
元肯
　鍾針
　鍾錠
　鍾菈
　鍾縷
　鍾葉　俱失傳

洵坪　號廷齊
　橒宰　殤
　橒响　字建声
　橒㓗

四房



志執

元琳 號苑齋

鍾采 號淄

洵錦 號製成
洵鉅 號大成
洵鋙 號秉成
洵鏂 號順成

桂馨 字念拔
標辨 号篤行
標思 字念賢
標薦 字念舉
標盛 字念智
標扶 字念節
標衛 字念龍
標轉 字念輾
標直
標寸

清溪蓬萊張氏宗譜

鍾涧　號佐才

洵衢

洵銹　號肴成

標錢　號萬遐

東美　字念陽

標杭　字念蒂

標氏　字念德

標竹

標俊　號德濟

標琅　字念球

標巖　字念搜

標綢　字念結

標蝌　字念烟

鍾拱 號章盛

鍾芹 號子邦

洵孺

洵都 无傳

洵創 號富有

洵儉 號以得

洵靜 號自得

標扑

標執 無傳

標亦

標夜

標癸

標魁 號稱桓

標甚 號稱美

標堪 號其樂

標止

元榜 名齋

鍾昌 殤

鍾宣 號盛仰

鍾植 無傳

洵貝 號辞氣

洵萃 號有教

標果 字念由

標妙 字念言

標誅 字念何

屢通

標北 字念西

景春

羣縷 字念英

標趣 殤

元懷

元郁

殤

鍾衷　號寅恭

鍾檜　號美咏

鍾徐

輔樓　號明目

洵騷　號老泉

洵攝　殤

洵簿　號升器

洵騫　字克悔

洵因　无傳

標者　字念仕

標媌　字念好

標郜

標卧　字念阢

標盪　字念懋

元解 號柔齋

鍾選
得水
標淡

得世 先孜

鍾邁
洵獺 號識淵
標睃

鍾蘭 號其福
洵往 號由可
標店 乏嗣
標業 字念垂
標撐

鍾偕 號安習
洵孔 字克明
標賓
標蠔

洵流 殤

洵治 先嗣

五房

志學 太學名士應

元瑚 號重齋 監名文珠

- 鍾忠
- 鍾菖 俱無嗣
- 鍾超 殤
- 鍾沛 殤
- 鍾尚 號進陞 監名廷友
  - 洵班 號定爵
    - 標猜 號登雲
    - 雙露 號春宝
  - 洵穰 號定峰
    - 標妍 字念香
    - 標毛 號淑綵
    - 標閩 號声南
    - 標快 字念足

佛助 号祐吉監 名丑起

洵鵬 号直亭

洵雝 號直畀

洵岳 字克岱

洵杰 字克俊

洵隈 字克澳

洵陀

標譜

標湫 字念然

標樵 字念耕

標炒 字念奠

標撾 殤

標晏 字念早

標杉 字念材

標層 字念次

標鴐

標乒 殤

洵欽 字新喜

標高

標祥

標窓 殤

標銅

元貢 號鳴玉 名文金

鍾渥 号岳寵

天賜 號六公安 地六

標箭 字念弓

鍾拔

鍾熙 號奮庸

洵述 无傳

鍾昂

鍾坤

洵念 无嗣

鍾鈎 號奮章

復進 無嗣

青溪蓬萊張氏

元綂 號天成

鍾汀 號南卅宾 名一香

鍾鶚 殤

鍾渚 號息洲

洵兜 無傳

洵杞 號宝材

洵棟 號石礎庠 名大柱

洵陰 號栖鳳

洵出 號寅亭

標臺 字建輔

標彪 字建柄

標椒 字建平

標強 號壯盛

標柏

標埕 號挺生

標賚

標包 字建竹

標塔 字建題

鍾灑 狒開然

鍾涉 号乃行

青錢 殤

洵鉄 号石齋

洵鍼

洵鍬

洵畝 無嗣

洵模

標潛 字建昭

標縹 字建榜

丹桂 号富宗

標雌

標田 殤

標發

洵殿 號有邦

標摑

標品 号其類

標閬

洵楓 号高大

標套 号長興

標奢

標者

洵札 号有筆

標漳 字建泉

標帳

洵銀 号有利

標於

標孚

元裦 号崇袞

鐘昉 號龍門

鐘時 殤

鐘晴 殤

鐘晙 号妙西

鐘昀 號閒盛

洵梯 號木偕

洵核 號宸覺監 名大椿

洵爨 號木理

洵忽 殤

洵剖 字新析

標濰 字建梾

標栩 号國周

標瓏 号声响

標玔 号玉環

標琀 字建珪

来傳

標長 號郁生

鍾物 号明徽

洵查 號安明 无傳

洵泳 号集承

洵洮 字新怡

洵淺 字新揭

標熊

標檬 字建松

標儼

標鈔

心意

標胆

夏水

標重

標鍛

六房起

志間

元雄　號展齋　監名文瑛

鍾瑤

鍾琇　號循理

宗庇　號中正

𪋿侯

標恬　号閑峰

標騫　字念閔

標監　字念光

鍾璚　子居遷

淮桂　字克殿

標𤨛

標向

𤇿顏

溱美　字克福

標墘

洵懇　无傳

鍾玖 字君敬

合意 号利貞
祇登 号利対
杖稀
洵奕 號利常

標語 号德言
標凜 號奉禄
天癸
福源 殤
田水
標屋
光泉
標茵
標淵
復興

鍾最　号長里

洵慈　字克叺

標雚

標羛　殤

標博　字念泉

進拔　號仁德

標眷

標陳

漢商　字克見

標厫

標掬

標窩

標董

洵周　号仁成

標両

鍾翊 旡傳

天来

元齊 監名文篤

元整 號厚齋

耳順 號声会

神程 号其力

玉麟 號琨珱

洵康 號達吉

象賢

濟德 無傳

洵艾 号頣圓

啟元 旡嗣

標江 号有汜

標贊

長成

標送 殤

洵燕 旡傳

洵楊 殤

鉄明 字克綱

天星 字建垣

洵歲

寶壯 殤

連飛 號景耀

洵委 號益圳

標挖

標垵

雙鯉 號趨訓

洵經 號榮生

標魏

標袪 殤

洵旁 旡傳

集成 號声振

洵謨 號嘉猷

標輭 庠名為政
三喜 監名為霖
祿全 字建州
開春 字建青
金福 字建祉

洵柳 佾生名宗元

光前 字建官
光劍 殤
標

洵洽 允傅

洵堂 號有道

金絨 殤

- 元芳 號濃齋 監名文烈
- 新居 號又園
- 鍾垾 號平園
- 素慶 號奕明
- 添丁
- 洵晏 無傳
- 廷佐
- 洵粉
- 洵梅 殤
- 洵楫
- 重華 無傳
- 洵尋 號其諸
- 標葛 字念卑
- 標對 字建揚
- 洵巧 無傳

鍾持 號維清

衡山 字克東
洵瑄 號遣明
乙卯 號己明

標水
標穀
祖述
吉品
標淵

鍾綴 號言圃

洵哂 號何由
且耽 兄傳
洵瑾 字克瑜

標省 字念約
彪維 字念翰
嘉禾

鍾撰 號設圃

洵恤 字克壬

標激

洵梭 字克梭

三元 字克第

武祥

標墻

標巷

標各

標剑

標炎

標耦

順溜

標皺

標恐

六房止



莅完　殤

長衡　號良圃

洵菴　號仲文

洵辱　字克成

洵進　殤

標在　字建中

標僕

天保

標達

夏泉

三春

標陟

汾溪邊黃氏家譜

范曰長弟
肇泰派下

志受

元移
鍾陣 无嗣

元杏
鍾徛
洵秋
洵塘 俱往台

鍾砂 往台
后佳

鍾基

鍾川 往台
洵
洵

肇泰派下

志參

元祎
靈音 无傳
騰祥

元品 无嗣

志萬

元仍 無傳　元忍 殤　元适

鍾炤　鍾曜　鍾補

洵樹　洵墙　寄服　添成 子六

樹老　標来 承繼　標枣　標口　標遮　標言　標俏

鍾會

洵志 子五 无傳

新興 殤

三進

標枇

標籠 殤

標来 出繼洵墻

新香 无傳

鍾鵲

洵禾

志養

元就

三朋 无嗣

鍾區

洵蜂

元肖

沙县

志廣 住延平沙縣壠東

元嘆

元知 號進机

元齒 號進謹

鍾賜 號飛騰

鍾堂 號達猷

鍾開 號達世

洵嶷 字克岐

洵崗 無傳

洵峯 殤

洵崑

洵崙 殤

洵華 號慶豈

標桂 殤

標烈 字念威

標車

標慶

標科

標聯

洵第 號杏坡

標顕

標接

標震 殤

標坎 字念孚

標艮 殤

標爍 殤

標佾

標根 号甸卿

標楊 殤

標啟 号東軒

元叟　字進春

鍾閲　字達俊

鍾助　号文明

洵秀　号慶書

洵章　号慶文

洵

洵瑩　殤

洵景　字克星

洵麟　字克書

標濂　殤

標奠　字念德

標基　字念王

標陪　字念臣

標接　字念宗

標育　字念慈

標祥

標貞

標彪

鍾彩 𥘵達邦

洵恩 号慶澤

洵龍 殤

洵鳳 字克飛

標燧 殤

標盛 字念隆

標琛 殤

標燈 殤

標立 字念權

標綏 字念来

標道 字念行

標權

標舉 俱殤

仁喚

志福 字有呈

既濟

元厚

鍾湔

元庚

元曺 號進敬

鍾轉 號達方

洵銀 字克波

鍾丞 字君順

洵庭 字克訓

標波

洵銘 字克西

標注

洵禧 殤

標荐 殤

標聘 字念珍

標緒 字念纘

心悅派下

- 志光
  - 神佑
    - 文良
      - 洵雷
        - 標切
      - 洵壇 殤
  - 元才
    - 鍾列
      - 洵有
        - 標信
        - 標建
      - 洵照
  - 元瞍
    - 鍾活
      - 洵蟳
        - 天黎
      - 洵稿
        - 標炮
        - 標彪
  - 元喜 无出

心悦派下

志倈

元桂

元奉

鍾潲　無出

鍾欣

元秦

鍾設

鍾奉

洵注

心悦派下

志總

元韜　殤

元亨

鍾亨

鍾通

丁潤　俱無出

心队〃〃

元三

元千
科名 — 洵老
鍾珠 — 洵帯

元圖
鍾蓝 無出
鍾東

元完
鍾辣
洵茶
洵等 — 標
標

志佑
元藻
鍾猛
轉来 俱无出

心悅派下

志宅

元平　元崇 無出　元德

鍾高 無出　鍾乒　鍾七

洵情　洵霞　洵返　洵春

標不　標　標　標　標　標　標　標

心悅派下

志營

心悅〃〃

志隨

鍾八 無出

元陣 出繼

元位

元擬

元藴 — 鍾意 — 洵霮 — 標葉

元妹 — 鍾吟 — 洵尚 — 八生

洵賢 — 標火

元發 — 鍾抹 — 洵推 — 標桶 兩承

洵徙 — 標桶 兼承

元成 无出

心悦派下

四敬

志助

元旺 无出

元椿

祖庇 無出

志審

元乾

鍾再

洵袋

標鶱

洵聊

標譽

天時

鍾序 無出

鍾齊

洵報

標麥

鍾寔

洵領

洵豬

鍾濯 往台

- 元撮
  - 連登
- 心敬派下 志甲
  - 元逞
    - 鍾輿 无出
    - 鍾國
      - 洵球
  - 元復
- 心敬派下 志敏
  - 元朗
    - 岩纓
      - 洵篇
        - 標井
        - 標萬 出繼
    - 鍾文
      - 洵添
    - 鍾恋
      - 洵灶
        - 標萬 承繼
        - 標貴
    - 鍾汪 无出

心敬派下　志章　元晏　无出

元貣　無出

心敬派下　志汝　元勞　元鷊　俱无出

心敬派　志器　元嘉　鍾祿　無出

元德　鍾惠　洵倒　標望　標詭

洵滑　標成

心敬派　志貌　元敦

元英　無出

红头

志曆

元隱　元升（俱无出）　元垔　元繹　元驪

鍾皜（元垔子）

佛佑（元驪子）　鍾聳

洵銓（佛佑子）　洵搞　洵鉗

標初（洵銓子）　標合　標莉　標倚　標鎮　標弄

紅头

志柔

元定　元朔 殤　元裔

金興　超元

明利　洵炭　洵柹　洵蓄

標呀　標眼　標漏　絨國　標勑　標瑞　文良　標搶　標紡

標丹

鍾投
- 淍向 殤
- 淍撻 — 火山
- 淍葉 — 懦水
- 淍別 殤
- 三齗

志蔡
- 元質 — 念成 无出
- 元槖
- 元藹

俱无出

红头

- 志樞
  - 元陶
    - 鍾極
      - 洵練
        - 標拈
      - 洵豹
        - 標乳
      - 洵釵
        - 標判
      - 洵透
    - 鍾雨
      - 洵到
        - 標抱
        - 標侯
      - 洵東
        - 標叭
        - 標竅
      - 洵斜 殤
      - 洵揪

洵坝
洵哞
標愛
標寝

元孔
元庇 俱无出
元確
鍾藝 无出
鍾宥
涵府
洵禱
鍾排 無出
元均
鍾赤 殤

綏
志權
元長
元仙
鍾繭

妙
志長
元萬
元聖
元尚
兄弟移居建寧府

妙日
志賚
繒朝
元賡
元妙
元楚
鍾石
洵企
鍾歸
洵金

青溪蓬萊張氏宗譜

- 志發 又名
  - 尊漢
  - 元晚
- 鍾麟
  - 洵繞
  - 洵揣
    - 標勇
    - 標邉 出繼
  - 洵卞
    - 標杯
  - 洵杷
- 鍾現
  - 洵甜
    - 標邉 承
  - 洵摻
  - 洵干

志揆

- 元西
- 元黄
  - 参詳
    - 洵莱
  - 鍾鶴　无出
  - 鍾賡
    - 洵樹
  - 鍾籃
  - 鍾且
    - 洵砧
      - 賞来
      - 進来

志殷

- 元鑽
  - 鍾入
    - 昭明
      - 標嚻
      - 標炎
- 元壽
  - 鍾角
    - 長茅

元祿無出

元交

鍾力

鍾浪

洵孔

洵餘

漢業

標養

標賞

標卜

志障

元卓

鍾牙

洵準

標得

標雲

標領

鍾欽

洵轉

標哲

標袍

元衛　元國　元峻　元膺　元超

洵抵 殤　洵仲

標穅　標暗

標拒　標囉

志簡
- 元和
  - 鍾孟
    - 天偨 無出
    - 由序
      - 標塲
  - 鍾盼
    - 洵岑
- 元孕
- 元玠
  - 鍾球 无出
  - 鍾育
    - 洵暹
  - 鍾聖 無出
- 元閣 无孜

志益
- 元春
- 元真

志象

元灝

鍾岱 典出

元堯 允出

鍾汗

洵耳

標鉐

志納

元洼

溪源

洵湍

標臏

洵瓶

標瀨

標厲

標銅

其英

洵斗

標搵

標榜

標余

新宅

元正

永成

佳山　洋良

洵忠　洵北　洵胄先出　洵池　洵[illegible]

標可

標愴　標响　標掾　標魏　標欣　標軟

有得

洵砡　標要
洵苟　標眼　標冉　標奚
洵旱　組綴　開生　家齊
洵嗹　建置
洵綴　標
洵章无出

志煥

元弼　元奥

鍾節　鍾鼎

洵畝　洵廟　洵深　長慶　洵犁　洵圍

標頭　標居　標鑲　標迺　標玲　標外　標票　四季　標題　標舉

志愛

元道　元所（殤）　元璉　元詩

元璉：鍾料（无出）

元詩：鍾老　鍾外（无出）

鍾臣　鍾榮

鍾臣：洵腰

鍾榮：洵鐃　洵銳（殤）

標操

洵腰：標槌

洵鐃：標引　建基

鍾成
- 洵迨
- 洵興

鍾鳩
- 天星

志全
- 元兼
- 元登
- 元第
- 元御

俱先出

志岳
- 元下 殤
- 元切

志巽
- 元慶

- 志顯
  - 元開
    - 鍾聽 无出
- 志賜
  - 元新 殤
  - 元奪
    - 鍾佛 無出
- 志淵
  - 元博
    - 鍾伬 無出
- 志奮
  - 元魁
    - 鍾傳
      - 天水
        - 標阮
        - 標紉
    - 鍾体
      - 洵金 无出
    - 鍾肴 無出
  - 元多
    - 三畏
      - 洵宜
        - 標鮑
- 志羍
  - 元泮
    - 鍾彥
      - 天乞
        - 標樟

元憲 無出

元偃

鍾軫

洵象　洵撥　洵麵

標爐　標剥　標此　標搶

標庀

志爵

元璜

熾鑠

洵侯　洵馬

標婢 承繼　標臨　標婢 出繼

志暖——元奚

志建——元珠

　　　——元作——鍾延　无孜

志接——元軍

志龍——連城

志揚——元溪

鍾虎——洵智——標賞

　　　　　　　——標千

　　——洵梅——新來

洵寶——標與

汾溪蔡氏族譜

文　　文　　文

志恭
元仰
鍾歲
鍾粮
傳旺

志對
元印
元邦
無出

志昆
元仾
鍾于
洵草
標銀
鍾院
洵系
元䎃
元趙
元彭
鍾買
洵砦
金水
金清

元華

鍾闖　鍾苑

洵裕　洵抄　洵專　明水　洵道　先知　洵叩

好生　江淮 承繼　添水 承繼出　金旭（全缺）　金章 承出　金環　金章 出外

鍾挑 殤
鍾園

洵玉
洵榜
洵謹

添水 出繼
標走
瑞源
成源 出繼
江淮 出繼
後生
成元 承繼
天生
扳桂 殤

水春

鍾畬 — 德意、洵宇、洵畬

五常 殤

鍾醮 — 洵欽 — 柳絮

志造 — 元栽 — 鍾昬

元務 無出

志誕 — 元玖

- 志表
  - 元呂
  - 元夾
    - 懷樹
  - 進興
    - 新德
      - 福榮
    - 新慶
      - 福壽
        - 紀生
      - 福安
      - 福海

以上住居上海

- 志塽
  - 元特
    - 鍾老
      - 成宗
    - 鍾鑽 无出
  - 元謀
    - 鍾潘

文 文

元眉
鍾串

四聯
来香
扳桂

志七
元玩
夭出

志額
元巌
元罙
鍾勝
元代山
鍾六
鍾來

志車
彥興
鍾順
鍾蔭
洵買
洵仁
鍾涉
清源
得意
志安
元帽 無出
志紙
元捷 無出
元郁
鍾權
元莪
鍾正 無出

志日

元必　元伍　元親　元荷　元輕

鍾冬　鍾寄　鍾獅　鍾買　鍾員 乏出　鍾望 殤　鍾樣

洵諸　洵粽　洵萬　洵靴

標鎮 養　標玖　標吉

標水 承繼

刊水

起来

標興

標裕

標進

標在

標邦

洵順

標水 出繼

標月

標添

洵洒
標榈
標典
標刊
標賁

洵令
標浚
標卜

洵平
標星
標長
三德
成珪 出革

志牘

元賜　鍾衙　洵𠂢

元內　鍾壇　洵恭

鍾雨　洵着

鍾䁊　洵恭

洵財　標綢

洵水

丁潤　鍾佃　瑞曲　新創　出丰

成珪　双承

瑞春　新創　承丰

元請　國盛

元道　鍾遑

志運　佛庇

志景　住外府子孫无攷

志賀　中立　進與

志諒　元存　無出
元義　鍾級
鍾須
元脫　兄出

志蔣　元此　鍾肴　無出

志壬　元雪　鍾脾　殤

志赫　元醒　鍾甂

志機
- 元眈
  - 鍾嘆　殤
- 元寅
  - 鍾拔
    - 洵巧
      - 標坑
  - 猛盛
    - 洵炮
      - 標是
  - 鍾穴
    - 洵送　無出
- 元韋

志蒲
- 珍珠
- 群瑛

志福
- 進全
  - 鍾分
  - 鍾叢
    - 洵啟

志菊
元行 無出
元南
鍾迎
洵耙 殤
鍾座
洵銘
洵盤
洵墻
元聽
志苓
元愿
鍾耦
洵語
志脩
元兮
志亢
合利 无出
自求

志錐

會乞

疊真

元琪

志愷

美山

三秋

成龍

成鎮

六養

志輝
七其

志約
蒼俊
敏慎

志計
元次
錫公
六七
元鋏

長房



十七世　十八世　十九世　廿世　廿一世

標智
炳貴
培養
培鈞殤

標忠
炳池
培詩
培禮
培熹

炳河
炳欽

一

標綢
- 炳沅
  - 培栽
- 炳得

標雨化
- 炳沾
  - 培悻
- 炳嶶
- 炳貨
- 炳覔

標講
- 炳蟬

長房



標瓚
炳萌

標綏
炳寵
培平
新出
洪洴 出丰

登載
洪洴 俱奴承
洪絹

培親
錫泉
洪耒 出丰

炳疊
炳愽
炳顔 出丰

標魯

新發

培照 繼

朝生

介恭

培貸

嘉賓

鴻發 承丰

培照 出繼

培鹽

鴻發 出丰

培科

錫某

洪絹 出丰

清溪蓬萊張氏宗譜

標市　双權　承

標囂　連及

培龍　冬来　提吉

洪成

培種　新建

培族　錫秋

培琛　錫火　承　土壁　双承

培詩　水泡　土壁　出丰

庚申

德發

培朕

永源

錫火 出繼

錫羆

土龍 双承

錫腦

萬乞

新脫

河海

土龍 出丰

清吉 抱

春暖

情樹 俱抱

情寬 出丰

雲路

金苞 双承

情寬 承丰

標繆

炳料

培頌

錫英　錫造

東山　東成

坤成　洪坤　金朝　金龍　金獅　金源

培平

錫明

金美
金賜 俱双承
大狗

錫兵

金美 俱出丰
金賜

錫份

澤蘭 改名錫清

大水
大狗 出丰

培宇

培文

炳節

升階

培怡

来春

錫閂 双承

錫閂 出㦤

加多

新俊

金田

永中

金木

金木

翰墨

敦厚　培鐸　培抛　培田

隨禮　岩居　岳傳　錫分　錫賞　錫墻出繼　海水　錫墻繼

瑤池　大金　金福　俱出丰　俊權　泉城

清溪蓬萊張氏宗譜

柄徙

囙陳

金送

錫紅

請令

水生 出

利水

水生 終

標討論

庇根

培恭

厘戥 終

夏水

培西

炳螺

培真　培貓　和中子四　泉河出丰

湖力　新卒　水月　春陳出丰　水宗殤　捲竹殤　傳興　傳王　春陳承丰

土山　金爲　洪鍊

炳沛

成栢 培虎

錫蓰 萬選 金嘷 致成 冬用 抱 厨八

興基 承丰 興基 出丰 興丁 德興 出繼 德興 承繼 来有 再有

廷清

自元

明水

佐卿

金覺

古人

為學

次第

流水

金珍

坤城

金興

金珠

清溪蓬萊張氏宗譜

永福
金春
新氏 出丰

為霖
新氏 承丰
峻清 抱

造佑
金龍
金火

七寸
火義
錫廈
錫居
其庶

炳川
三賢
進財 出丰
來金

東成

培開　錫羅 出丰

造格　進財 承丰　來金

厘戩 出丰　錫羅 双承

五蔭

八記　泉河 承丰　春陳 承丰

標掾　炳勅　炳屋 俱在台

- 標怎
  - 炳捒
    - 西安
      - 錫茶
    - 連作
  - 炳箱
    - 泰山
      - 庭前（抱）
      - 超群
  - 炳貫
    - 培趙
  - 炳級
    - 松林
    - 陰潤（承）
  - 炳簪
    - 朝宗
      - 錫周
        - 洋質

慶德

新豪

炳宣
- 補助
- 培江
- 陰潤 出繼

標媚
- 炳東
- 炳讓
  - 清溪
  - 清河
  - 清水 俱住廈

- 清桃
  - 滄海
- 炳連
  - 文彬
  - 文質 抱
- 標毓
  - 炳嗹
    - 培廩
      - 甘泉
      - 生發 出丰
    - 春愚
      - 國法 承丰
        - 添興
      - 兩旺 双承
    - 才情
      - 錫方 抱双承
    - 水通

炳木 承

標律
- 炳南 — 佳仍 — 發生 — 錦福
- 炳垣 殤
- 炳木 出繼
- 合淑

標妥
- 炳陽
- 炳琛

標蒼保

炳昜　炳地　炳劍

培瘦

培鬆

金盼

新田　田土　火生

培爆 抱

兩和

長水　長泉 俱出丰

朝雅 出丰

三江

長水　長泉 俱双承

標吝
- 炳淞 — 西河
- 炳鎮 — 齊眉
- 炳觥 — 新全
- 炳保
- 炳伍 — 培智
- 炳亮
- 炳痕

標活
- 炳赤
- 炳丢

炳㲄

青雲

標酣

炳潡

木林

標㻑

炳脛

標頔

炳㪤

天送 抱

朝雅 双承

三江 子内叙

添丁

炳悃

钱胤 双承

標課
炳撙　炳裕
培開　培鬷　錢鼠 出丰　昭君 繼出　添丁 出繼

標邉
炳永
培喩

標忖
来與
祿壽
八音

標項
炳疃　炳匏
佳才　合春 承丰

炳由
合春 出半
培歐

標敢
炳懷
培老
國清
建發
八音 出半
水倉

炳瘦

標前
炳托
三福
培照 承
生朝

標揣
朝聘
珠清
文艷
聯發
棖楨
寶國

宝盛

聯全

成寶

成德

成枝

琴順

培丕

連對

忠厘

殀

標鑿

新瑞

承

標鼇

萬物

奐塏　焜煌

崢嶸　神童　天賜 出半 子四　神助

和源　和德 出繼　火烟　烟泉　振源 抱　文来 抱　火益 繼　招美　招添　庚申 承半　庚申 出半

三陽　重光 嵩峯　景有 景基 景仁

泗水　天賜 承峯　招美
重光 承峯　景仁

五湖　重華　德英
重地

六合

火煉 抱

永安 抱

益精

益裕

金聲

開創

珪璋 殤

和盛

兜陳 双承

開泰 双承

聯登 抱

福海

培領

兜陳 出羊

開泰 出丰

聯登 抱

標逬

龍溪

允順

條梅 抱

双清

俊傑

連帶

文慶

錦章 俱双承

文慶 出丰

生枝

文華 抱

錦章 出丰

錦標

漢彊

招財

鳳儀 抱

錫春

錫治

進寶

朝燕 殤

真珠

永遠 承繼

景星

景賢

景象

漢疆 双承

景超

景彩

錦德 抱

福祿

銀買　抱

廣興

詩軟

應得

麟趾

建德

建源

添富　殤

新取　出丰

忠義

錫丑

吉來　抱

福來　抱先傳

標韋　炳庵　稅契　新取　忠義

標櫟　春發　江中　金木　元乞

金枝

江陵

炳簡　汁興　錫順

榮枝

春桃

以上範正公長志擇之派

弍房

標其昌
炳銃

標冉
炳欝

標拵
炳翰

高珍
再生

標河
炳箴 抱
培戒 抱

炳犀
培資

培毛

培照

標格

福来

標燦

成祖

標允

炳跳

培帽

培滚

標堅

新氏

培纝

有財 双承

興隆

培在

培吁 殤

新田

培吆

錫便

培猛

有財 出丰

大江

興隆

炳庇

培碩 出繼
培良
培酹 殤

開盛
新来

洪木
皆得
皆載 殤
德水
德順
洪木 出丰
德枝

標闕　炳有 抱殤

標清　傳樂　培碩 承繼　錫嘉　榮春　榮發　三桐　欽賜　順天

標匹　炳津　培超　成仁 承　得来　玉麟 出丰　玉全 出丰

炳禮

培洗

成仁 出繼

成功

維素

三經

玉麟 双承

四配

五帝

玉泉 双承

培蘂

錫水

海棠 双承

培水

春生 邑庠

鏊頊

金鐘 出丰

棟樑

標巠

炳晋

培纘

錫旺

炳起

培策

江水　文生　三才　四寶

金標

再發　再成

連璧双承

連璧出丰

海棠出丰

瓊林

金鐘双承

錫士 出丰
錫浪 継出

培總

培盛
錫士 承丰

培珹
錫浪 承

炳笑

培䜭
滎宗 抱
明成

六秀

真垂
天賜 抱
水源 出丰

得金
水源 双承

炳菊

丕承

丕顕

丕謙

聯登

金聲

炳件

培傳

壬癸

洪狗

水成

俱養

培山

壬坤承

培道

錫枾

福林

福全

培恭

朝寶　水源　金榮

水源 双承　樹林 双承　輝相　輝煌 抱　貞福 双承　福連　貞福 出丰　福順　福枝

培榜

錦桐 殤
錦德
窑金
錦祥
金鈥

江海
炳金
樹林 出丰
丙丁
加添
炳堅 出丰
再福
水源 出丰

江漢

邦根
- 烟春 抱
- 炳堅 双承
- 添水 双承
- 淵悌 承繼

榮桼
- 添水 出嗣
- 木水

榮和 抱
- 順魁
- 順風
- 順海

皆興
深根

来團
炳飛

團枝

泥全
維德
維来
清水
清陰
清源
清海
維銀

培英 殤

標年
炳甘
財取
中波
永金

- 炳瓏
  - 養成
- 三奇
  - 祥瑞
    - 中河 双承
- 炳粒
  - 來接 抱
  - 生吉
- 炳纓
  - 圓光
    - 連城
      - 水櫃

- 中河 出半
  - 承興 双承
- 中元
  - 裕德
  - 承興 出半

- 永祥
- 興太
- 興華

培長

春木 — 青連

秋竹 — 金鐘、金里、金蓮（得令半承）

夏金

得令 — 金蓮（双承）

炳潑 — 天申（双承） — 金枝

載陽 — 培義 — 金堆（双承）

潯海施氏家譜

天申

金蘭

復元

金堆 出半

金枝

泥苑

安水

全盛

樹籐

錦華 出継

錦成

有水

錦華 承

- 標森
  - 炳泉
    - 天用
      - 朱池 双承財来
      - 錫鐃
    - 順水
      - 錫請 双承
    - 財来 出継
    - 從来
    - 陳春 出継
  - 炳浩
    - 財来 承継
      - 朱池 承丰
      - 錫請 出丰
      - 路岸
        - 當強 双承
      - 路達 殤
    - 陳春 継

編字第　之一

火城

當強 又名東成 出丰

標闌

炳專

標潲

炳切

培鵲

瑤琨

明火 双承

培重

培淫

炳怡

拔萃

冬来

錫賤

標這

炳客　抱來　明火 出峯

四美　培梅

炳基　青龍　秋金　致祥

財助 出繼

木生

炳纏　培內　長文　新金 双承

長漢　新興 出峯

長訓　新金 出峯

必昌

新興 双承

標伋

炳巴 抱

培唇

文章

培肴

錫情

錫先

培囷 出継

炳宋

培拱

文慶 出半

培𥳑

文慶 承半

培聚

文山 承半

𤇾華

培強

文賀 抱

玉龍

文山崒

玉明　玉真　見成　金成　古成　奇華　重華　榮華

文英

標類

炳次　炳樹　炳重　炳蓮

培庚　培居　泥水 殤

吉新　新登　能愛 抱

金順 承芊　金順 出芊

標出
廣明

標世
炳印

標很
炳願 双承
朝應 双承
培力 双承
江隆 出芊 係王承

標姜

炳顔 出𡙇

培力

江隆 出𡙇

萬種

兩成

江隆 承

連蒲

炳添

来旺 抱

柳夜

克信

標劉

天送

培力 三承

萬種

朝應 出𡙇

福慶

福興 出繼

福泰 承

朝發

福興 承繼

標尚

吉星

標沛

天然

標香

炳禹

光亮 承

興閒

炳廉

培桑

錫盤

洪蕊

財宝 出繼

玉泉

上海

錫新 常年

財寶 継

財星 抱

財賓

財河

財珍

財両

培立 出継

培丙

錫新 承丰

財河

財珍

炳悅

盈泉

世眷
　炳立承
　　培着殤

標宅
　炳山

標技
　炳擯
　炳搖
　　培多承
　炳崇

標典
　炳第
　　培抔承
　　　金英
　　　　洪磷又名洪碰
　　　錦元
　　　　清淵
　　　三重出繼
　　　敬忠
　　　　金河

標波

炳而

培坏 出繼
培鵝

三重 承
見龍
榮源 承

玉龍
文龍
萬成

淵成
淵堯
淵悌 出繼
阿皰
福秀

標點

炳燦

培福

錫利

培亮　出繼

培多　出繼

培挺

以上範正公二志善之派

国家出版基金项目
NATIONAL PUBLICATION FOUNDATION

# 海上絲綢之路文獻集成

總主編　陳支平　陳春聲

## 民間譜牒編

84

主編　林　楓

海峽出版發行集團
THE STRAITS PUBLISHING & DISTRIBUTING GROUP
福建人民出版社

# 本册目次

# 〔福建安溪〕清溪蓬萊嶺美張氏宗譜十三卷首一卷（卷二至卷三）

張吉六　張緝熙纂修

# 清溪蓬萊嶺美張氏宗譜

正卷貳

叁房

清溪蓬萊嶺美𠀋系圖卷次

十七世　十八世　十九世　廿世　廿一世

標碧 — 炳顒 — 培橈
　　　炳閬 — 培增
標科 — 炳瓏 — 培樟 抱乏嗣
標年 — 炳巢 — 成發

錫妥
榮心
金枝 出丰
金土

炳伯

培着　成慶　成德　培文　培删

金粧　金枝（承）　大生　錫石　金宣　聯秀　進氣　錫抱

桂炎（承半）　桂炎（出半）　海炎

廣蘭

聯作 繼

夜光

尼姑

培桂

培蜀

炳良

登山

培田

水泉

水池

水俊

萬興

培鼐

三元

送生

冬水

錫祥 出丰

其甲 出丰

其寶

其麟 出丰

其秀

為義

其麟 双承

水俊 承丰

錫祥 承丰

標陸

春西

炳使

新開

標惠

炳卒　炳株

璋寶

培烈
錫閃 豢

培英
仰承
錫閃 出半

培揚
錫次
金福
錫韞
錫秋

培創
炎阿

裕金

裕玉

標聰
炳

炳射
裕成

培第　金榮
文生　錫垂　火殿　水抄
紅省　牆壁　長新
天良

標飽

炳灘　炳潤

培錖　培金 出羊殤　培顏

朝元　錫挽

金駿　炳陽　金燚　亞土　洪買　漢祥　洪潽　四海

標栽

炳溢

炳栩 殤

炳侔

培茂 承

再生 抱

錫三

錫李

六午

漢成 出半

文鑾

青山

漢成 聚承

標嘮

炳奎繼

永發　永来　永成　源成

金木　興吉抱　木榮　木生　金進

標柱

炳沌抱

標院

炳接抱

山墩

錫旺　秋泉　秋桂

標舌

清溪抱

培登抱

培坵

培茂出繼

光輝

標忝

炳煥

培智

錫東

錫墨

烏狗

炳樁

培河

培潭

桂林

標褧

及時

以上範正公三志固之派

四三房叔赞

青溪蓬萊張氏宗譜

標馨
炳喜　炳範
培恩　光輝　培意
啟成　振順　錫賛　錫雙 双承　敦仁 出羊又名雙
新安 出羊　洪木 出羊　洪蘭　洪送　新安　洪木 俱双承　連子　連子　應祥　應恐　水仙

六生

應麟抱

錫荳

應固抱出繼

應固承

錫葉抱

培城

培碟

炳端

炳求

炳璃

清溪蓬萊張氏宗譜

標思

炳来抱

培春　培碎

錫扁　錫貌　錫八　錫井

長興抱　金瓻出　作慶　洪旺出　洪義　金瓻双承　洪旺双承　玉泉抱　洪拵

烏龍

烏參

烏種 出半

洪匏

添賜

開芳

烏超 出半

開務

烏超 双承

文旦

守業

牡丹

培庵

炳曲

明山

長雨

標薦

炳臼 — 傳基抱 — 清澗 — 丁癸

玉梅

錫朝 — 禮義

炳棹 — 培根 — 圓明 — 西池承丰

培必 — 錫永 — 佳檜

西池丰

發成丰

洪癸

錫澗

錫芬是名 雁

發成双承

連進

培清　培陸　培練　培蠣　培蘭

錫木

炳海

培日

有本

洪燕承半

錫壇

新寶

洪燕出半

通士

庶幾

加椎

培道抱
朝明

錫皎
水源殤
錫石抱
興化
萬順
来成

茶枝
金典
万年
長久抱
洪閣
金鳳
鴻麟双承

炳歡

培服　培智

春火　溪田　水通　三傳 殤　春季　春安　烏會

鴻麟 出丰　水龍　長德　洪玉　天推　繼全　龍水

培為

錫榮
宗枝

錫捏

錫錦

水仙
殤

建春

孔信

標盛

炳倚

炳筒

標扶　標衛

炳佳　炳壽　炳丹　炳近　炳月出繼　炳教

培約承繼　培約　培箱　培賢　培午　培祖

清雨

火炎　陰潤

科甲

洪哉

樹林 双承

培排

桂子

佳堆

凸獅 継出

建悌 承丰

蒲全

来春 抱

林坤

建悌 出丰

凸獅 承継

培祥

容發

炳登

鎮府

錫姜

培養

培興

錫約

洪錬

洪軟 出丰

新參

洪評

錫疊

洪軟 承丰

錫歐

青雲 承

錫陳

錫袍

金吉 承

榮忠

錫領

洪樹

清溪蓬萊張氏宗譜

培（鄉）

錫慈
錫蓮
錫河
錫發

洪慶
洪塩 双承
水專
水来
秋菊
洪塩 出丰
永順
茶枝 俱双承
永順 出丰 丕興
金吉 出丰

標轉

- 炳地
  - 生財
  - 利會
- 炳修
  - 培國 承
- 炳月
  - 培國 出繼
  - 培雨
    - 雙普
      - 洪寅 承繼
    - 聯財
      - 洪清
  - 培冬
    - 江水
    - 金連

茶枝 出羊

標直
炳卮　炳權抱
培社　培諸
双全　錫火　允水
洪寅出繼　江林　金獅　金壁　金肴　金栓出繼　良春　金栓承繼

炳祖

炳厚

培蝉

天来 發

玉麟

三山

天来 出手

玉水

炳潭

成德

培兜

標寸

炳牛 抱

培交

培吁

標錢

炳瞈

培黨

敦生　烏綴　金精

木榮 双承

海水　木榮 出丰

進来 抱　茂坤

炳[illegible]

昌熾

東美

炳篆

鎮縣

錫安　金言 殤

炳珍

培入

順天

跨剌

炳堯

清泉

培概　麗水　秋香　光苑

錫孝抱　正心抱　楓葺

路阿兼承　怡林兼承　異路出半　怡林出半　金鳳

雨堂出繼　雨堂承繼　連元承半　水疲　連元出半

進發　進發

標杭

炳耀

培佛　培蹼

千財　厚水　洪源 岩　乜聯

淵丁　繼全　金燕　成立　双坤 出丰　水金　来成　双坤 双承　洪禧

培桃

火第
- 卯發 出丰
- 長合
- 長利

和承
- 卯發 双承

四正

蒼基
- 金玉
- 清玉
- 清火 丰繼

朝來
- 清火 双承

五福

日進
- 金標
- 玉園

炳益

有定

錫端

籐枝

銀寶

金環

珠清

開順 出丰

音論

尊守

慶讃

培桃 双承 子内叙

開順 双承

音論

尊守

諒遇 殤

汾溪蘇氏家譜

標民

炳亨

壬水　溪水　文山

錫田　金城　國樑　仁力　金順 双承　金讓　金興

新基　炳宏　朝固 出半　佳得　朝固 承半　朝鳳

炳吉

培會　培添　培浪

金濟　金順出年　龍旂　錫疇　春楚　長江承年　長江王承　金秋　中庸　長江出年　才五

標竹　朝陽　培霞　金宗

　　　　　　　　　榮昌　春盛 春

　　　　　　　　　富仔

標俊　協順

標很　乾巽

標巖　再舉　培寄　玉明

　　　　　　培順

標綢

斜文

真字

標蟖

炳鷂

標魈

炳勃

培揀

新金

新發

炳波

培陸（豢）

錫木

世恭（抱）

震坤（抱）

標甚

三能

培想

炳蚌

標果
炳燒　金成　炳盤

標妙
炳紀
才紹　才兮
森建　森發　錫烈　錫妹　俱養

標誅
炳咸　炳禾　炳魁
連份承　培芸
火昆承　明達

土肇

連分 出継

三月

火箕

火坤 承丰

火爐

屡通

炳顧

水狗

鎮南

金發

火發

均發

士輔

標兆　光傳　培爆　天助　文欽

景春　炳從抱　添福出丰　連枝　坤華

黎忠

彩真承丰

文鳳

培饌　彩真

彩連

重新抱　添爵　錫問　萬根

積玉

双佛抱
添壽抱

炳𤇯抱
添福𧰼

添在殤

鳳儀
昌盛
坤和

炳𤇯
釡丙
樹林

金全

金明

亞珠

韋縷

炳靛

汀洋莊氏家譜

標者　標貓　標却

炳檢　亳厘　子平　巡境　添綿

高陞　冬水　培智 承　將来　嘉木

金帶　銀對　永遠 出繼　戊己 三承　美生　戊己

標臥
山查
煥文抱
戊己三承
炳恁
蘇卅抱
炳位
金木
添丁
朝福
培添

標溢
炳擬
来發抱
萬出豢
良梨
刋成
永合知抱
錫茈
振元

四季

萬出
出半

喜鵲　良吉　良梨

楚蘭

山桂　山(麗鳥)彪　山豹　山象

標浚

有文　有清　有興

清溪蓬萊張氏族譜

標暖
炳甲 双承
連發 承
水椋

標店
炳球 叒承
贊元
冬財

標業
炳甲 出丰
連發
水椋
双宇
双盛 出丰

廷生 承
双盛
瑞銘 俱承丰

炳得 抱

- 連發 出繼
- 潽堂 → 清城 出羊
- 廷生 出繼
- 春石 → 清城 彖
- 五子 → 双字 承羊
- 囬生 → 瑞波
- 春冬 → 瑞禎、瑞銘 出羊

標撐

炳球 双承　有義

贊生　贊元　鴻雁　培準 出繼　培準 承繼

錫咨　玉發 出半　玉山　玉發 承半

水文　水金

以上範正公四志執之派

五房叔𡘙



標猜

炳挑

炳蒼

培汰

錫石

洪首 殤

洪盞

洪真 出嗣

培紉 出嗣

丹成

洪真 承祧

炳志

培紉 承嗣

丹成

洪真

雙露

炳飄

標妍

炳瓚

炳鄧

炳錯 出繼

標毛

炳專

標閫

炳嘆

標快

炳錯 承

炳帆

金精

水俊 承丰

培北

西姑

冰俊 出丰

炳知

炳嘆 出繼

標湫

炳婆

標樵

炳芍

炳窑

培土

炳連

標層

炳域

有仁

根宝

有蓮

培友

冀嫩 又承

炳厨 出繼

清溪蓬萊美張氏宗譜

標鶯

炳厨承

四方

福全承繼

糞嫩出聿

培添

水龍殀

龍標

秋水殤

四印

海順

福全出繼

福騰

漢水殤

標高　刊漲　建寧　天送

標箾　炳鄉　培隨

松桔　培什　福来 抱　禮儀 承

成基 抱 双承　禮儀 出羊

標臺　炳鞋　培圓　錫唱　洪鑄

洪錠

洪鍉

洪鉗

錫涓　洪鎮

錫鏗

洪錦
洪鏡
洪鍛 出繼
洪鉛
洪銘 殀
洪鉅
洪鎬
洪鈞
洪銅 殤
洪錡

汾溪[illegible]美蔡氏家譜

玉來　洪鍛 承

培刑　錫瑞　洪鈴

錫琛

培諸　錫福　叔夏

聯提 承丰

洪榜 出丰

洪搖

錫壽　聯提 承丰

壬花　洪榜 双承

培偕　錫助

炳勧

培捐

五才

金槐出繼

長興

有貴

有富

洪阬

光載

光明

金德

洪

洪

培皤

金槐 維

洪

洪

洪

洪

洪

培吱

炳頍

培乞

炳瓊

錫龍 抱

錫瑙

錫火 子嗣𠀤

培詩

連圖

天生 承𠀤

春陳 抱此名報錯查

海土 火发抱子

海洋

△標彪　炳甲

△標椒　炳潘　培澗

炳慮

△標栢　炳峴抱　培醉殤

樹蘭養

標埕　炳桃　培覩

培會

培應

標賛
標苞

炳淙
炳紅
炳巧

培銳
培篆
培山

錫箱
西朝 出繼
麟祥
西朝 承
開生

洪壇
璇石 抱
秋菊 出羊
長樹
秋菊 双承
建順
陸岳

清溪蓬萊張氏宗譜

標塔

炳然　炳綖（養）

培經　培保（殤）　培抱　培耀　培汝

麟祥（双承）　修業（双承）　春魁（双承）　錫添　新壬　雲集　進財　修業（出養）

璇石（双承）　洪養（双承）　洪養（出養）

培窓

已都

賈來

園丁

丙申 出去文湖頭

培文

海棠

清波

錫流

水獺

水本 双承

陽春

淵泉 殤

春魁 出丰

稽首

炳嘌

培𪔆

錫苑 双承

標潛

炳每 抱

培聳 — 錫雍 — 華國、華僑、金寶

培雄 — 錫服；錫苑 出羋

培棖 双承 — 開作 — 默居 双承；朝固 双承

培夜 双承 — 錫瀨 — 天賜

昌熾 双承 — 奇楠 — 致化 養

炳紫

容成

錫甲　生財　生定　金水　昌熾 出丰

國治 承　五而 抱　國寶　天庇　國治 継出　玉侯　来發 抱　玉麟　奇楠　五而 抱

錫甲

興隆

玉麟 出丰

炳拱

培夜

錫國

培用

錫語

洪歐 全鍋

洪品 全品

培欽

閒旼

油河

西姑

培根 承丰

朝固 出丰

默居

善居

培新

朝固 承丰

善居

求俊

敦禮

振華 出丰

錫請

烈種

培頂

振華 承丰

榮標

榮美

仁義

啓維

慶宗

火燈

火燈

青溪蓬萊張氏宗譜

標縹

炳圍

寬宏 承
大英
培靳
培坤
培勤 殤

潤澤
廷丕 出丰
金有 抱
金籐
錫全

萬轉 万先
萬春
淵泉 承繼
鹿水
淵泉 出繼
洪寶

天爵 出繼

炳常
培行
新入
錫乾
建春

炳彝
寬宏 出繼
寬柔
有土 兼承

生固
生珍
生火
振鳳
振住
振欲
振濱
武從
武城

進賢

習字

泗水

金井

錫弟

麒麟

進前

榮輝

炳針

天爵 承

丹桂

炳旁 抱

進益

萬義

金會

福成

丙泉 承丰

錫湿

丙泉 出丰

嘉慶

標雌

炳鑾

東昇 抱

錫潤

双全 抱

土金

呵生

金士

財星

培日 絭

培交

菅蘭

双福 抱

復成 抱

高山 承

炳芥 → 培日 出丰；高山 出繼

炳雨 → 培交 出丰 → 錫造；培茶 → 仁貴

標擱 → 炳認；炳桓

標奢 → 炳泉 承

標奢
炳灤
仰池承
寅玉
寅水
炳概出繼
炳木
炳泉出繼

標者
炳概承
新基
仰池出繼
登科
四寶
壹色

標漳

炳飽

清和 抱
合吉

清蓬
錫當 承丰

清源
錫龍
錫當 出丰

清時 出繼

清閑
金泉
玉書

清蓮

炳他

禾筆 抱

汾溪逵菽氏家譜

清時 承
錫木

標帳
粉里
先進
炆
春陳
熟美

炳珪
金鉦
錫簡 承丰
金發

標於
炳堅
培恭 承

標孚

炳翕 抱

培田

培恭 出繼

培芬 出羊

炳洋 抱

培閣

培芬 殤

標濯

炳叏

錦川

家脩 承

金土 承

炳鈿

培枯

家修 出羊

金土

家春

標栩
　炳哈
　　清明
　　　海宗
　　　　金土 出三承
　　　　連土
　　　錫蟳
　　　　春水
　　　　春城
　　　烏九
　　　　榮全
　　　　榮河
　　清秀
　　　夏月 殤
　　三泰
　　　水絞
　　　錫生
　　　何事
　炳火

標瓏

炳硲

培沙　培龍　培洄

培沙：新澤 殤　生來 抱　養來 抱　保全 承

生來：洪招

養來：景謀　祖謀 承

保全：祖謀 出丰

培龍：福星　福全 出丰

福星：景謀　祖謀 俱出丰

培洄：通達

承繼

- 金釵 子嗣
  - 老幼

標圳

- 炳緣 抱
- 炳領
  - 培喜
    - 克章 崋
      - 明螺
    - 金寅 殤
    - 松茂
    - 忠孝
    - 忠信
  - 培㤐 出繼
  - 連聽
    - 克章 承牛
      - 明螺

標玲 — 炳叭（抱）
　　— 富安
標長 — 炳鍊
標橡 — 定祿 — 培㑭（承） — 生佛
標儼 — 炳培 — 焕章 — 天玉 — 振發
　　　　　　　　　　　　　— 振刻
　　　　　　　　— 永定
　　　　　　　　— 天寶
　　　　　— 興讓 — 武義

2　1

- 標心
  - 光彩 抱
    - 炳永 抱
      - 金蘭
        - 堯志
    - 炳杏 抱三承
      - 金照
        - 尚志
    - 炳怡
      - 文苑
    - 炳燦
- 標胆
  - 暹恭
    - 炳文 承丰
      - 生傳
        - 協力 承
      - 新興 俱殁
    - 炳長
      - 井泉 殤
      - 新杏 双承

夏水

炳思 贅
福聯
竹林

端木 養承
端木 出丰
新杏 出丰
新蓏
大海

協美
協力 出繼
協助
協昌
協溢
振藝 抱
振聰 承丰

大彪 — 振聰 出丰

麟宗 抱 — 添丁

復基 — 添盛 出丰

復成 — 添盛 双承

烈火

標重 — 炳瓏 双承

標鍛 — 炳瓏 出丰

標恬 — 天誥

以上範正公五房志學之派

六房



標騫　天返　光武　錫麻　有財
　　　　　　培坎　錫頂　有財 抱双承

標豎　時中 殤
　　　炳誠

標墘　炳金 殤

標茵　金星　瑞生

復興

炳盼　炳鉄　炳註

標藿

炳擱　炳他

執公 承

錫土 承

發成 承丰

標博

炳摕

培吟

錫尚　錫成　發成 出丰

青溪蓬萊張氏家譜

標養　標廠

炳粮　天報　炳會　炳㣧　炳鑑

培執 出繼　培井　培栽　培前 出繼　培斗

錫鎮　錫判　連福 承半　叔夏

龍枝 承半　麟元　新寶　龍枝 出半

水孝　天推

連福（出繼）　麟元

錫丹

炳賞　培前（承繼）　中萬　天蔭

天順

光景　火營

烏九

標掬　炳猴　培烈（承繼）

標審
炳猪
培烈 出羊
培輝

炳藝 出継

標董
炳羊
崑龍
培曬

炳桃
培楝
連理
培臨
培呈

朝金

標丙

根和

萬生 出繼

文成

錫蓮

正寶

洪枝

山枝

添木

錫完

由還

萬生 承

錫学

天来

炳黨

培水

立賢 出丰

培淵

立賢 双承

桂鳳

清溪 出丰

標江
天星

炳裕
炳建抱
炳罕抱

榮林
建德承半

添福
錫深
建德出半

江海
清溪叔承

春例
培燒
匏只

春吉
冬菊

炳罙 承

培草

金狗 承繼

火連

金狗 出繼

金江

金宗

賜基

培塔

馨桂

通清

文桂

迎福

炳均

水滾

炳泰
南山
南薰
南窑
有德

標墢
天運
炳溪
炳叻

標轅
有政
廷琨
廷璨
紹基
紹文

三喜

廷瓊

廷瑜

瑞榮 抱

培蕉 承

金吉 承

炳廷 抱

培蕉 出繼

培柿

炳保 抱

茂合

錫貞

長順 牮

金吉 出繼

榮華 出幸

玉瑛

錫抱 養

治邦

長順 承

火星

榮華 承幸

祿全

清概

土來 承

和尚 承

清旺

定尊 承幸

發成 抱

炳富

土來 出幸

和尚 承

金福　標蔔

得脩 抱　炳烝

定尊 十三

癸戍　和尚 十三　聰明

金本

水城

梅魁

青生 抱

秋桂

来興 抱

洪潭

清溪蓬萊張氏家譜

天從

福緣

福川

福壬

志東

志能

溪峰

溪松

培國

水俊

海土
承丰

錫火

培波

壬癸

火丁
半承培棨

培棨

錫莊

培汀
連生
連子
連與

滿朝
九懋
薰閒
三湖
四贊
五鳳

玉角
錫標 抱
傳枝
傳與

枝發 俱抱
添財
自然
中央

清溪蓬萊張氏宗譜

德成

六雁

培萼

培鰲

傳美

應麟 承半

揚生 双承

添木 抱半

緝熙 抱

桐樹

揚生 出半

瑞生

應麟 出半

揚生 承半

應川

四哲

標對

旺魁

有志

有為

培文 — 錫和 養

培浩 — 甲乙 峯

培筍 — 甲乙 犖

初用

榮生 — 秀蘭

維玉 抱

錫鉗

金城

昭黎

榮名
- 巨栢 双承
- 昭黎 双承

榮章
- 巨栢 出半

炳佛
- 瓊林
  - 中庸 出半
  - 中河
- 瓊杕
  - 英山 双承
- 瓊樹
  - 中庸 承半
- 瓊東
  - 英海 出半
  - 英山 出半

水紋

英海 双承

清倉

婆英

戊巳

中華 双承

清源

中南

清宗 殤

中華 出羊

祖述

錦龍

錦瑯

錦崇

錦鐺

標渊

順恭

標省

炳納抱

培樠

山水出継

春色

山水承継

桂子

金鍊

三龍

羗維

清鏡

壽星殤

傳二

金圍

錫力

培綿殤

家和　標釗　標在　標僕

江寶　正辰出繼　正辰承繼　玉水　合海　再來抱　炳藝　炳時

春水　壽星承　培部　培河俱殤　培林

玉𢙣　廣厚

炳斗

三德
淋灘
清苑
清楚

新科
玉清 抱
玉彩 抱
國強

成閣
滄江 承丰

火炭
滄海
松柏 出丰
滄江 出丰

火炎
松柏 承丰

雁塔　祭
培簡　抱
水土
明寶

福志
培梯
論硬
利氏

標達
萬發
猷瑞　抱
玉蘭
佳綢
佳錐
佳淋

夏全

陸遜　炳歐　泗浚

呈祥　揚聲　格火　先知

璇石

三春

陸甲

淵源

坤旺　維坤　坤盛

淵深

金重

敬賢

六房止



一金水 出繼

標勅——金水 承繼

以上範正公六房志閒之派

佑賢人々



挑秉

業瑞

壬癸

戊己

冬水出繼

後生

冬水承繼

滄浪

秋鴻

家讓

標参

炳火

梓材

賀利承繼

建昭

金善

泮恭

長在

長發

長基

賀利出繼

浒溪王氏家譜

炳隱　養順　錫婆　緝熙 出䍷

連春　禎祥　璇璣 抱　睿智

綿遠

錦綉

錦昌 殤

泮水

泮成　漢文

維藩　振中 抱

濾溪　日新 抱

扳麟 出繼

有執

昆仲

守義 繼

扳麟 承繼　建安

青溪蓬萊張氏宗譜

五彩

劍甫

興仁

守義 出継

吉六

蔭庭

蔭堂 出羊

四知

宗澤

經綸

楊柳

双全

景星

緝熙 出羊

兩旺

杏章

慶雲

江漢

玉繩

嘉猷

圍陳

昭武

利民

標口

蘭珠

天乞 抱

諸侯

欲速

浴沂

光炎 殤

益美

鴻雁
濟生

孔懷
審察
飄香抱
長波
吟風殤
俊德抱
武烈
季根出丰

學詩
滄洲
大奠
池汀繼出
南陽
池汀承繼
祝華抱

標遮
石清　離妾　四體
庇佑　培奐（抱）　源提　頂元　瓊花（承丰）
天送　巨川　平康　克繩　春成

標言
卧龍
栽木
金寧　錫謨
春秋（出丰）　春秋（承丰）

培閣 出継

瓚花 出半

春成 三承

炳逢

培閣 承継

文煉

培宇 抱

春成 出三承

新叴

培談

錫湿

炳敬

雙琴

海水

雅頌

載輿

寶成 抱

春成 三承

標悄

盈科

井水

杖黎

洪輕

學習

洪潤

每色

朝林

納福

經猷

若翰

神接

忠信

燕山

啟蟄

輝鵬

輝儀

璧軒 抱

後傳

得地 出繼

美志

清溪蓬萊張氏宗譜

豪傑　錦華
新田 出繼
敏求　壽達 承
守坋　得地 承
明堂　新田 承繼　拱照　壽達 出
三進　炳趣　墇道　水生
天來
火烘

炳滚 抱

標枇

長生 抱

安士

太甲

炳錯

四端

八元

仁和

梅慶

奚月

玉埜

玉賢 出継三孔

玉賢 双承

玉賢 三承

燦發

燦祥

燦福

以下沙县



標科

焫鴛

培泉 抱

培植

錫液
錫爍
錫游
錫爵

培熾

錫坤

培木

錫級
錫溢

培鎮

- 標聯
  - 炳灝
    - 培棟
- 標榜
  - 炳暄
    - 培鎮
      - 錫瑞
    - 培崟
    - 培森出
  - 炳津
    - 培運
    - 培江
  - 炳暖
    - 培芬
  - 炳梧
  - 炳椿

建侯

炳焾　炳水　炳渭　炳仁

培芹　培菁（炳焾子）

培湧（炳水子）

建藩

炳蛟　炳虬　炳虹

- 標驥
  - 炳震
  - 炳霖
  - 炳霽
- 標基
  - 炳鏡
    - 培梁
  - 炳鋸
- 標陪
  - 炳綿
  - 炳鈺
- 標育
  - 炳亮 抱
    - 培鍪
- 標盛
  - 炳星
    - 培滄

標卒
炳泮
炳湘
炳涵

建勲
炳照
炳圖
炳超

標聘
炳峯
培安
培雋 出継
培衡

標緒
炳鎔
培雋 承継

紅头

標信 — 連来

標建 — 承輅 出半

天黎 — 承輅 承半

標鶱 — 炳傳 抱

標髫 — 新興　炳飯

天畤 — 炳法 抱

標初 — 春潭　炳浸

红头
標令
炳報
草生
培導
炳窓
金科

红头
標莉
炳音
培盤
烈大
炳本 承

红头
標倚
四端 抱
清取
越向 抱
金聲

红头
標鎮
福魁
福安

紅头
標眼
明叩　炳奶

紅头
標鎗
炳黄　炳白

紅
標丹
冬記　冬吟

紅头
標拈
炳冇
財命
火炎　煥生　天送　瑞泰　双林　双枝

標抱

炳尾

炳棲 承

水照

炳本 出維

新婚

金桔

金良

禎祥

秋芳

金鐘

金水

賜財

孝義

培着

慶化

慶合

標竅
廣貴
再添
春令

標棠
炳愚 承

標寢
炳愚 出繼
叶分抱

標杯
永泉
崑山 出岸
振生
崑山 承岸
培清

廷遑

火炮　來興抱
水淃　天送

泉聲
綿源繼
金水

賞來

進來

火炎　成章
第成
春福

綿源出繼

標噸
炳閣　培赤　錫鍊

𣶸

標炙

炳脉　炳釤出繼　炳釤承繼

江海抱　鉄釘

錫饌出年　烏皮　惠民出繼

錫饌承叔　文禮

培拿養年　南飛　雁塔　金蓮

美基　錫仁　合成　培簡叔子內

青溪蓬萊張氏宗譜

標賞
炳九
繼成

標卜
炳巴
炳員
金傳
炳扁
炳湶
烏龍 出
茶枝

標得
炳閅 抱
培丙 承
火鍊
錦鐘 出
錦發
水池
蓮池 出

地基 抱

永定 双承

培慮

興泉

廷崑

茜根

興順

蓮池 承

培藩

錫埜

木通

埜勝

錦鐘 双承

錫紅 双承

四維

瑞意

清溪蓬萊張氏族譜

炳掬
　連生
　　瑞玉
　　瑞慶
　　有城
　　　水音 抱
　　亞華

炳渉
　潮水
　　錫紅 出丰
　　本源
　　振源 出丰
　　興源
　足來 抱丰
　　康申
　　振源 双承
　金龍
　　康申 出丰

濟邑蔡氏家譜

標哲 — 炳僭 — 柳絮 — 分興抱 — 福壽抱

福才

標抱 — 炳吱

標糠 — 炳喜 — 長春抱

松茂承

標晚 — 炳蚋 — 申元 — 水錦

火通

養土峯

水坤

孟尊

交河　殤

得勝

金祥
　養土
　水坤　俱承半

標場
　炳奎
　炳乞
　　玉蘭　承半
　復興
　　武金
　　玉蘭　出半

標鉐
　炳田
　炳活

標臏
　炳守
　　冬来

標瀨

炳痴　炳戎　炳貓

煥来抱　新澤　金當　連務出繼　煉丹　連務承繼

水生　建生　茂林　水萍　浮金　德豐　德源　德順　德海

青溪蓬萊張氏宗譜

標厲

炳鰍

輝燿 殤

炳茂

清江

培熱 俱養

炳粧

標銅

江淮 抱

培端 抱

庚申

心火

培目 承

木水 抱

水觥

興治

培開 兴仝

火亥

標揭
炳昌
水波　兩儀　三事
左盛 双承
左盛 出丰　祖意

標榜
炳強　炳章　炳孝
培桃　培櫞 出丰　培櫞 承丰　峇嗷殤　培萱
天送 承丰　天送 出丰　天送

標耀

炳吉 抱

炳仁

標可

炳歲

金元 出洋改名 永安

新氏

永成

榮洋

金足

雨露 出繼

四利

雨露 承繼

西方 繼

西方 出繼

志清

標宅

炳權
炳否
鳳鸞

永順
龍發
甲庚
火興
金元 承半
麒麟

火興 承半
進德 抱
天從
金賜
土朝 豁
成山

標愴
新山承
培燦 三承

標啕
炳吋
培燦 三承

新山 出繼

炳譁
培燦 三承

標欣
炳越
維鵲
金湿
炳紫

標再
炳刋
培

礁辛
水来

榮成

金興

金城

金順

炳驄

興奇 殤

培

組綴

聯登 承丰

進春

開懇

新蘇 承丰

順天

開懇

惠氏 俱承丰

家齊

聯登 出丰

進春

竭力

開懇 出丰

八

清溪蓬萊張氏族譜

- 標頭
  - 新蘇 出洋
    - 仙景
      - 火照
      - 清涼 出洋
    - 三都
      - 清涼 又承
    - 四鑾
  - 汝生
    - 足來 抱
      - 永順 承半
    - 秋水 承半
      - 永順 出洋
    - 水獺 又承子叔外
  - 五彩
    - 秋水 出洋
      - 永順

水獺 出丰

玉興 出丰

玉發

玉楝

瑞地

木龍

茂林

抱芸

瑞全

玉田

連居

炳會

玉井

自買 抱

玉燕

新拔
足林
國英
培俊

新奐

標鑲
炳腸 抱
炳九
繼成 出
炳殿
維成 承

標𨗦
炳舥
炳鎮

標外
清時
朝金
錫裁
天秀

光明 出繼
培芳 抱

新基
五起
堅固
榮泰
克立
丕堅 承牢

玉土 繼出
玉土 承
天鐸
成泉

青溪蓬萊張氏

標季
炳紅
光明承
先得抱　丕堅出丰

標舉
炳里
培攊　培量　培聽
錫植出丰　錫植双承　朝陽

標槌
談論
新福　培庚
建荼　建發　錫良

- 丁午
- 肖寶
- 標引
  - 炳竹
    - 萱蘭 養
    - 培甲 抱
      - 四保 出羋
  - 炳草
    - 水梘
      - 元成 抱
      - 四保 承羋
- 建基
  - 元山 抱
    - 溪河
      - 國慶 承羋
  - 成宗
    - 國慶 出羋
  - 錦水

溪廿派



進才—水侵

標鮑—炳九

標樟—炳鐸

標搶—桂水—潘成—萬德、萬山

標賞—炳利、炳全

標千—炳萬、炳貴（殤）、炳春、炳来

亨　金水　福麟

亨　金章　漢國　承半

亨　金桓　漢國　出半
漢英
漢琦　出半

亨　瑞源　永遠　出半
在書永遠

火盛
壬山 出丰

後生
壬山 承丰

成元
永順
永發

天生

保鎮以 保仔后



標柳絮
炳
炳瑞
漢琦承丰

保鎮
傳世
水池
清秀
榮火
淑女
興發
雲英出継

標絞 — 雲英 承繼 — 玉蓮 双承

成吉 — 炳賤 — 再興 双承 — 培英

成吉 — 炳送 — 再發 — 新建

新置

新榮

培英 出繼

再興 出半 — 培英 承繼

木水

國慶　炳出 繼出　國基 繼出　炳郡 过繼

鄉成 双承 炳出

刋水

金定 承

水椽　保全

標裕

維羅　維士

天安　天德　有玉 出丰

陰潤

有条
有手
有寶
有玉
文照 俱承
再買 殤
金兜
再買 出
得令
文照 出
維技
水錦

廣進
　新聰
　　天賜

標四在
　松樹（殤）
　清道
　　天福
　金煉

邦貴
　溪水
　　金魚
　福麟
　炳土

標月
炳出 承
卿成 叉承

標添
國基 承賜
炳郡 承維

標勤
炳齊
水欉
水仙 出半
炳定 出繼
青龍
成金
海水

標典
- 發成
  - 水仙 双承

標賞
- 天生

標談
- 炳剌
  - 玉箕 出丰
  - 玉蓮 出丰
  - 玉崑
- 眉棟
  - 玉篔 承丰

標葚
新登殤
炳性
振成

三德
炳有

成圭
維申

標坑
炳本

- 標是
  - 炳壹
    - 水浪
      - 錫祺
      - 文祉
    - 水泉
      - 錫福
      - 錫吉
      - 金荳
    - 水井
      - 進川

長房止

青溪蓬萊張氏宗譜

廿一世　廿二世　廿三世

洪提
吉
丁壬
丁基

以上範正公長志擇之派

興隆　樹根

皆得　森誠

德水　長泉

榮春　金煉　水扶　水宝

出 丰

欽賜—水寶 承丰

得来—漢龍
　　—漢文

玉麟—漢宗 抱

玉全—漢拯
　　—漢美

維索
漢文 承年

整頓
和鈴
和衷

福林
長發

洪蕋
炳桂
維六 俱双承

二房止



財星—維六 出

財寶—梓英
　　　—炳桂 出

清淵—梓綱

以上範正公二志善之派

氏家譜

連子 — 隆盛 抱

洪義 — 通美

新寶 — 玉眞

新炭

玉攀

庶幾　奴龍

火來　四土

洪清　漢陽 承繼

四房止

洪水疲
金長 梓

運元
明發 梓
明忠

以上範正公四志執之派

青溪蓬萊張氏宗譜

洪盞　金山

洪鑄　清池 承繼

洪錠　清池 出繼

梓海

梓炳

梓講

梓淵 出繼

洪鍉 — 添水 双承

洪鉗 — 添水 出丰

洪鎮 — 佇成 双承
　　 — 致成
　　 — 順灯 出丰

洪錦 — 成基
　　 — 壬癸 出丰

洪鏡
竹成　双承

洪鉛
壬癸　双承

洪鎬
松栢　出羋
松發　出羋

洪鉤
松栢　承羋

洪鈴
- 懷璧
- 春旦（梓）

有貴
- 力虎
- 瑞王

有富
- 強樑

洪隱
- 盡忠

洪壇

梓榮　梓富　梓貴　梓明

璇石

彩真　彩盛　彩璋

五房止

秋菊　金煉

陸幸　梓朕　承維

以上範正公五房志學之派

# 清溪蓬萊嶺美張氏宗譜

正卷叁

厚山公支派積谷小引

祀業之典由來尚矣然或創垂自祖宗或經營自子孫事雖各異而所以光祀典致孝享則同也余曾祖　範正公念五世祖肇基公蒸嘗未贍其資建例交積丁銀命余祖父　樸軒公偕曾祖叔　順宗公　輯五公　桂侯公　拙若公計本加息歷積遞交後建置田租幾以百計令肇基公馨香之薦諸公之力也諸公能盡子孫之分以謀祖宗血食如是是為子孫者可無祖宗血食之念乎故余父　懍齋公于六世祖　厚山公祭費未充當余受室時即命余則效諸公而屢祖樂事之無人今春清明令節因祭掃　公墳少長畢集余議鳩谷生放為公祭費

咸唯諾歡從命余唱首余思世之拜社結盟者值會期則豪邁自雄傾囊甘心至謀祖宗煙祀則鄙吝頓生聲色輒形今諸人既歡欣輸誠點首相囑余敢憚拮据之勞負諸人義舉併負余父命至意乎爰不辭鈍拙就　厚山公支派踴躍樂事者為類娶而滋息之倘異日銖積累粒而簿正得以常供端望諸人之賛勷祖宗之默佑至余斯役之舉第厭世俗陋習恪尊父命以傚先人成規耳敢掠諸人之趍事急公以為功乎故特書之於弁俾知　厚山公祀業創建之由以勸後之樂事者

旹乾隆四十五年庚子桂月十五世孫　鍾唱謹誌

## 世産録 有引

産者生也田園山地之利所以養生也賦役之供亦所以安生也故統祖山祖田園及祖墓塲並録為世産焉

### 祖山

查萬曆拾玖年縣丹載崇善里張旺户山土名　跳坑　許坑

石岩内　石竹坑　潘坑林　山門　嶺尾　大張宅　小張宅

梅山　潘厝崙　寨仔兜　共配米二升六合八勺夏税鈔二文

繼又加米壹斗三升三合二勺共配米壹斗陸升前經分南北東西左右中七柱均去炤分各完納

萬歷二十三年被八甲甲首張永即佳壠張思暨舉和等將大張

宅小土名老婆崙混造盜献顕宦幸鄉鄰李福生等和處力勸偹
銀弍两貼張永贖田時仝立合約字弍帋并將各舊管産山小土
名開列合約内
立合約分山人張永係崇善里八甲甲首與鄰人張仁今立姪張
旺係九甲里長姓氏雖同軍民各别原有産山貫兩家屋後已憑
蘇德賑王寵範吳積孝等分管在先向寂無異近因永房族參差
献山以致宦強兼併永慮後患隨鳩族揭價贖田要得與張旺斜
貼些須張旺執係世業不愿幇貼兩家因搆忿爭互土名競鬧間
幸親鄰李福生林文仰吳景等和議山歸宦握禍無紀極恭幸永
贖歸俾樵牧得以相安宦銜無由吞奪其勳匪浅鮮也因力勸旺

族出貼銀弍兩交還永族收補贖其山依舊以道姐坪崙脊分内外内山分永外山分旺又以山門田直出分上下田上山分旺田下山分永各照界内小土名隨各開後存留壟木自山自樵牧彼此無禁墳塋依舊嘗祀式相好無相尤使子孫世守於弗墜鄉社歡娱於無間何幸若之間有蹈奸襲獻二家共鳴鼓攻之謹立合同分張旺收執為照

今開

張旺產山土名　石竹坑　大垅頭崙　虎窟林仔　大垵鶴岫旂　尾圳仔　楓樹壠安　大平崙　山門　梅山　跳坑　老婆崙等處上至崙頭分水下至山門田上直出内至道姐坪崙脊直

下外至　家陳家産山其土名潘厝崙潘坑壠頭石山内大小張
宅俱張旺舊管山界
萬歷弍拾叁年乙未　日立合仝分山人張永户丁張思暨
代書和事李福生　張舉和
同和處人林文仰　張思表
吳景　張思道

祖田祖

一田土名功勞載祖壹佰壹拾伍觔
一田土名淵下載祖壹佰壹拾伍觔
一田土名渊下載祖壹佰壹拾伍觔

一田土名松樹下載租一百弍拾觔
一田土名松樹下載租一百弍拾觔
一田土名湖仔載租乚百觔
一田土名蔡土樓前載租四百觔
一田土名崎厝洲中載租乚百五十觔
一田土名沙坂載租乚百弍拾觔
一田土名跳坑載租乚百觔
以上共租壹仟陸佰柒拾觔係公衆積置物業因府城莊國楨有
承天寺米陸石玖斗立戶莊進送揀㡯賠累不堪康熙三十九年
赴泉州府　來大老爺告審出讞語押莊繩清莫莊繩先立撥

批將後岸等處山祖墓税撥付賠納外賠貯米石寺餉尚有公議
只存跳坑祖式佰觔以為墩頂蘇氏媽墓所祭祀之費其餘悉付
七柱輪流值催之人收納貯户莊進名下官民米并張英名下餉
銀而祭始祖七八郎公松樹格墓所之費並無清出祖声土名至
乾隆年賠户莊進户内民米一盡轄免僅賠莊進官米張英餉銀
七柱衆議抽出崎廟洲中祖壹佰伍拾觔沙坂祖壹佰式拾觔共
佰七拾觔充入　七八郎公松樹格墓所祭費
一田土名楓腰載祖八拾觔
此田七柱後來積置物業仍為七柱雜費公用
康熙三十一年五月廿四日泉州府来大老爺到任告莊進寄

產卸累稿

張英為世害萬慘新政必討事命盜斬絞罪只及身抗產粮累禍延子孫虎舍莊繩先恃伊祖故宦莊國禎呑賺承天寺田四百单八畝將米送揀英安溪縣崇善里九甲户下現米六石九斗立户莊進戍丁四丁丹証同班陳良忩証歷累傾家賠納官单証現今抗粮不輸紳衿例應褫革豈容虎舍恃炎抗貪控究無門下告差畏不拘隔邑莫何幸逢新政乞親提討告

八月初三日審廿六日出讞語

審得張德等以賠粮控莊繩先也緣繩先有承天寺田三十餘石立户莊進寄在張英户内雖除推弍拾石於别户尚存六石九斗

於英籍歷年代比代賠受累無休桃僵李代誰則甘心故張德等
有世害萬慘等事之控但訊據繩先則供伊祖户原寄安邑崇善
里九甲分柱立户而繩先粮載西信三柱供與張德催粮五柱絕
不相蒙及訊張德又堅称莊進户粮實伊賠納彼此混稱均無着
落但户粮細冊籍隸縣坂故將兩造押發到縣清算茲据該縣称
莊進户並無分柱開載字樣且繩先竟不到案等語是繩先所供
粮寄陳良户内似属支飾其六石未除之民米仍着繩先赴縣清
算完納可也至於周巧串仝張澤賺騙田租銀兩審無確據不必
深求蔡端奉差需索訊之干証陳文僅供錢許姑責懲免革立案

大宗長房五世

肇基公祀租

一田土名西壠頭受子五斗載租十六栳仍載佃租五栳

一田土名横坑門口受子二斗半載租十栳仍載佃租二栳

一田土名東頭受子一斗半載租四栳

一田土名崎坑受子三斗載租壹拾栳

一田土名西墘門口受子四斗載租拾栳

一田土名芹菜垵受子乚斗載租三栳仍載佃租半栳

一田土名洲坑受子乚斗載租四栳

一田土名後厝載佃租八十栳

一田土名竹叢垵受子三斗載租十四梿另佃租乚百觔
一田土名洋山坂路内受子乚斗載租六梿
一田土名長墘尾圳下受子四升載租佃四梿
一田土名門口坪上受子三升載租佃三梿
以上共租玖拾伍梿零除撥西墘門口租弍梿與範正公對換門
口坪上祖厝地基祖尚存玖拾叁梿零共配張德户内官民米柒
斗柒升伍合康熙四拾伍年收光德四甲李福生民米柒升雍正
五年收與二二甲姚進富民米六升五合劉晋民米壹斗四升另
有居貼納分干粮銀三分有哲貼納

大宗長房七世
嗜外公祀祖
一田土名跳坑受子四升載祖佃四槎
一田土名温坑口受子一斗載祖佃四槎
一承肇基公崎坑祖六槎
一承肇基公西墘門口祖五槎

大宗長房八世九世
列峯公　春宇公　合祀祖
一田土名后壁溝受子七斗載祖佃五槎

一土名康坑受子四升載祖佃四槎

一田土名洋山坂祖厝后溝受子壺斗半載祖佃八槎

一田土名竹叢坑受子　載祖佃三槎半

一田土名樟坑埃載祖佃三槎半

一田土名坑口　載祖七百二十觔

一承典肇基公東頭載祖四槎

一承典肇基公洲坑載祖四槎

以上共祖佃三十七槎大雍正五年收興二里二甲姚進富洋山坂民米二升又收本里五甲劉晋竹叢坑民米六升立户張峯

大宗長房十世

任明公祀祖

一田土名書房口載祖佃十二槿半
一田土名潘厝尾崙載祖佃七槿
一田土名楓宅山墘載祖佃八槿
一田土名瓦窑坪及跳坑底載祖佃弍槿
一田土名龜山壠頭及功勞載祖佃八拾觔
一田土名龜山壠載佃祖七槿
一田土名鴨夏崙載佃祖五拾觔
一田土名青潭邊載寺三槿重乚百三十八觔
一田土名庵内壠載祖五槿

一田土名潘厝崙載租八十觔
一田土名亀山格載租四槎
一田土名橋頭坑載佃租十四槎
一田土名虎堀載佃租十二槎半
以上共租佃粟柒拾玖槎半付值祭收年該完張　名下分干粮銀三錢七分六厘另貼納有敘亀山格民米四升其餘所配官民米前公議已經均四房頭分去完納不與值祭之人

大宗長房十一世

心衡公祀祖

一田土名千秋墘載租佃九槎

一田土名後厝載租佃六栳
一田土名瓦窑坪載租佃六栳
一田土名橋頭坑載租佃四栳
一田土名庵内載租佃五栳
一田土名長坂壠載租佃八十觔
一田土名墩子後載租三栳
一田土名東坑坂載租四栳
一田土名下深載租弍拾四栳
一田土名營尾載租十九栳
一田土名功勞載租七十觔

一田土名欝仔内載租拾栳
一田土名赤石墓石頭坂載租四栳
以上共租玖拾六栳值祭之人收谷年該完張繼良名下餉銀乙
兩零乙分又該納張衡戶内正供銀　錢　分

德燦公祀田

一田土名虽斗崎載租佃乙栳年該納張六藝名下分干粮乙分
四厘四毫此田係範正公僉虎窟之墓當日乃伊自己安葬公田
中故就自己祀租内撥出租乙栳付伊六子輪耕為乙月十八忌
辰清明祭墓之資

充烏龕田段條目

十二世三房派鍾助等　充錢捌仟文

十七世五房派標琀　充錢捌仟文

第五世三房派亢振興　充錢伍仟文

十七世二房派標主　充錢四仟柒佰文

十七世三房派標柱　充錢四仟文

共錢弍拾玖仟柒佰文買祖佃田三百觔歷年付值祭首人收

辦田段附右

一本鄉虎岡崎溝邉祖佃二百陸拾觔内本充烏龕壹佰弍拾觔

錢拾弍仟餘原本壹佰四拾觔係先代付輪當祖胥祭人收辦

一本鄉後古后溝載租佃壹佰叁拾觔伐拾叁什文
一本鄉營尾厌唇角田租陸拾觔年約納五拾觔硬

世狀錄有引

狀者履歷之狀也如何父之子何子之父婚配何氏生卒何時住居墳葬何所以及生就何等一一有其履歷今立世狀錄以詳之其父子相繼一項雖覧圖可見而於此加詳就某字行某人名下填幾子子某名内有承繼抱養及無嗣與外出無可考者俱填明其外出無嗣無可考者填明之後下世不錄是覧一世而已知下世之人至於生卒婚配住居墳葬以及生平成就或詳或闕不等又有嫁出女流不論富貴賢否亦附錄焉如此而世狀昭然矣

一世

孫七八郎公

孫七八郎公生卒無考查璧山公僅記始祖公孫七八郎乙巳年十二月初五日葬松樹格坐寅向申　媽阮四娘葬溪南林頭並無某朝名年號猷再查縣庫山冊第四位公係生于順帝洪武丙朝特人則就璧山公記第四位公葬于丙子年按之丙子即洪武廿九年也上而溯之乙巳方知為元順帝叁拾四年後倣此

元順帝三十四年乙巳十二月初五日葬本里吳山鄉松樹格坐　向至清乾隆年修整豎石碑　娶阮氏四娘生卒俱無攷元順帝三拾四年乙巳葬本里溪南林頭

二世

林

林八五郎公

林八五郎公即七八郎公子也生卒俱無攷璧山公記　元順帝三十

四年乙巳十一月初五日葬洋坑　娶温氏拾娘生卒俱失考元順帝三十四年乙巳葬官田洋

三世

第四位公

第四位公即八五郎公長子也生卒失考（查縣庫山冊記修仁鄉第一圖軍户有祖張第四洪武年為防倭事將男張發頂名抽充永寧衛軍洪武廿年調鎮東衛前所猷按第四位公生元順帝時人也　璧山公記）明洪武廿九年丙子十二月葬本里長坑尾坂上　娶蘇氏二娘生卒俱失考明洪武三十一年戊寅十一月初四葬本里洋中亭墩上坐寅向申（至清乾隆八年修整竪碑）

五處士公

五處士公即八五郎公次子也生卒葬俱失考　娶李氏五娘生卒失考（壁山公記）葬本里沈洋龜山龜背鱸鰻孔右坐乙向辛

四世

十二位公

十二位公即第四位公子也生卒葬俱失考　娶吳氏一娘生卒俱失考（壁山公記）葬龍興里觜門坐北向南

十七位公

十七位公即五處士公子也生卒失考（壁山公記）葬本里吳山鄉井頭內坐西北向東南婚配何氏生卒葬失考（猷查壁山公當日自敘移居泉城因由敘內有云欲效我祖先十七位叔之蹤携子入泉登科第自立門户豎立碑坊曰鵲霄意蓋如此就此敘句而絜之則鵲霄乃十七位叔之子孫無疑矣此壁山公所以無記其墳云）

五世

直福　子四　全明　次全　全書　四全

直福即十二位公長子也號肇基（清康熙五十四年乙未献父庠名士俊鳩衆鼎新祖宇建立神主因号為肇基）

生卒及墓俱无考　娶温氏二娘生卒葬俱无考自構頂祖厝

一座坐壬向丙兼　東西兩畔扶厝全完

直壽　子三　長全　豐盛　三全

直壽即十二位公次子也字號未詳生明正統十三年七月廿

十辰時卒正德二年七月初八午時　娶留氏生景泰四年十

月初一辰時卒嘉靖六年三月十九辰時夫妻瓦棺合葬姚垵

西面山坐東北向西南

六世

全明　子二　乾義　乾敏

全明即直福長子號厚山生卒无攷葬祖山後厝灣田后大石前坐乾向巽　娶　氏生卒俱無攷葬龜山厝跡後左畔坐壬向丙

康熙五十四年乙未猷父士俊建立神主合厚厝龜山二墓因以為号　公号厚山公媽從公號亦稱厚山媽

全

全　即直福次子名號生卒娶无攷壁山公記葬祖山山門垵厝跡后崙仔全書之墓右畔中有古墓堀前有大樣樹坐　向

全書　子三　乾政　次乾　瑞溢

全書即直福三子號傳世生明成化四年　葬祖山山門垵厝

跡后崙仔左畔　娶楊氏生明成化十八年十二月十三寅時
卒嘉靖四十三年正月廿一日葬本山草坑坐北向南前有水
圳康熙五十四年建立神主因号為傳世公

全　子一　乾公

全　即直壽長子生卒失考葬本山土名小張宅坐子向午
娶　氏生卒失考葬梅山路水井外坐丁向癸

豐盛　子一　連溪

豐盛即直壽次子字欽盈號豐盛生嘉靖癸亥年正月初七子
時卒萬曆辛丑年七月十五辰時葬溪南山土名蜈蚣牙坐丙
向壬兼巳亥　娶謝氏生嘉靖丙寅年八月廿二申時卒萬

曆丁未年正月初二午時葬本山后厝林坐　向　建佛仔

後厝乚座在圳下坐　向

全公　子二　乾樹

全　即直壽三子生卒葬娶俱无攷

七世

乾義　子三　朝由　希献　希敉

乾義即全明長子字乾義别號嗜外生弘治九年正月初四日子時卒萬曆十四年四月初七申時年九十一至萬歷三十七年正月初三寅時葬沈洋菴山后坐　向　娶梁氏生弘治十一年　卒嘉靖三十年十月廿七午時享年五十又四至萬

歷五年正月初九日辰時葬在沈洋龜山崙後坐巽向乾兼

乾敏　子一　希堯

乾敏即全明次子名號未詳字乾敏生卒娶歿攷僅存祖山小
張宅大石上墓一穴坐東向西

乾政　子三　朝淵　朝深　朝啟

乾政即全書長子名號及娶未詳字乾政生正德九年正月廿
三卒萬歷五年七月廿三

乾公

乾　即全書次子名號未詳生正德十年　卒嘉靖十三年

葬本鄉龟山尾梨樹外石下墓乙穴　娶蘇氏改嫁無嗣

瑞溢　子一　凌漢

瑞溢即全書三子字乾守號壁山生正德十四年十二月卒萬歷四年十二月十八午時葬晋江三十九都桂花山弓鞋石後相疊石上坐辛向乙兼戌辰　娶陳氏生嘉靖三年十一月十五酉時卒嘉靖三十一年八月　時僅生一女配新康里宫坂鄉魏家具陳氏骸罐魏家拾去収埋　又娶梁氏生嘉靖十年十一月初十丑時卒棺葬本鄉山猫埪僅生一女配溪南鄉蘇家　三娶姚氏生嘉靖十三年八月初九酉時卒萬歷四十五年五月廿八申時壽七十八葬晋江三十九都桂花山弓鞋

石後相疊石上壁山公墓之右壙

乾　公　子一　朝

乾　即全　公長子生卒失攷葬本山水桐垵口坐寅向申

娶　氏生卒失攷相傳葬尾坑墓后坐　向

連溪　子一　懷守

連溪即豊盛長子字乾　號連溪生乙丑年十一月十三酉時

卒于　甲子年九月初一子時　娶林氏生　年　月

時卒　年九月廿五日　公媽合葬本山新厝墓坐　向

乾樹　子二　朝爵　朝高

乾樹即全　之子生卒葬娶失攷

八世

朝田　子一　子權

朝田即乾義長子名諱未詳朝田其字也生嘉靖元年五月初十巳時卒萬歷八年十月廿三辰時葬梅山山貓埪田中坐寅向申　娶溪南蘇氏生嘉靖六年九月廿二巳時卒萬曆十六年十一月廿八申時葬祖山后厝灣田上坐　向

希猷　子一　大度

希猷即乾義次子字朝策諱列峰生嘉靖三年正月十七巳時

漳州

卒萬曆七年三月廿二戌時年五十六葬自己山后厝龟仔形
坐酉向卯　娶周堂陳氏生嘉靖十二年十月初五亥時卒萬
曆三十五年正月十五酉時年七十五葬本山大姐坪坐申向
寅節孝傳匾詳在世文録部

希敉　子二　大秉　大畧

希敉即乾義三子字朝盖號讓素生嘉靖九年七月廿二巳時
卒萬曆三十二年八月十八戌時壽七十五　娶洋內傅氏大
娘生嘉靖十五年七月初五子時卒萬曆三十二年正月初六
辰時壽六十九至萬曆三十八年十二月廿五卯時夫妻合葬
祖山土名山門坐亥向巳　自構本鄉土名沒下內厝一座并

小厝二護閹分二子居住

希堯　子二　大用　大賓

希堯即乾敏長子字朝順號榮田生嘉靖十八年二月十八子時卒萬歷三十年六月十三寅時壽七十與子大用合葬本鄉門口坪田中坐酉向卯至乾隆十四年修整竪碑　娶鴻卿李氏生嘉靖十九年三月廿十卯時卒萬曆廿二年十二月廿六酉時至萬曆三十五年十二月十四葬祖山後厝生乾向巽將閹分浚下外厝重新起蓋并左畔扶厝

朝淵　無傳

朝淵即乾政長子名號生卒葬娶俱失攷

朝深　子二　大器　大長

朝深即乾政次子號振嶺朝深其字也生嘉靖廿七年六月三十日巳時卒萬曆三十五年四月十四巳時　娶鄭氏生嘉靖廿九年庚戌六月廿四酉時卒萬曆十五年丁亥八月廿六至萬曆三十九年辛亥夫妻合葬祖山山門垵中崙乾巽向　入娶楊氏生嘉靖四十二年癸亥十一月初三卒萬曆三十一年癸卯三月廿九巳時至崇禎三年庚午正月初五丑時合鄭氏葬本鄉相仔兜上坐申向寅

朝啟　無嗣

朝啟即乾政三子生卒葬娶俱失攷

## 凌漢　子二　五英　萬昌

凌漢即瑞滋長子號新壁生嘉靖四十一年壬戌二月十二未時卒崇禎十二年己卯七月十一巳時至順治五年戊子十二月十五丑時葬祖山大坪外崙右壙　娶蔡氏生萬曆十七年己丑卒天啟七年丁卯十一月廿二申時至順治五年十二月十五丑時葬大坪外崙右壙生五英　又娶梁氏生萬曆十四年丙戌十月初九戌時卒順治六年己丑正月初二亥時即於初四甲時葬溪南髙厝山巽方生男一萬昌女一（清雍正十一年誥贈七品孺人）適晋江東門內衮綉舖陳（諱）曙（郡誌載陰録　誥贈文林郎）清雍正甲辰科五經進士現任太常寺少卿陳（諱）大玠是其孫也

衡伯派

朝

朝　即直壽公長子之孫生卒失考葬梅山新田尾坐未向丑

娶　氏生卒失考葬山門墘坐辛向乙

懷宇　子四　文偉　文儀　文儼　文肆

懷宇乃連溪長子號懷宇生萬曆甲戌年九月初八戌時卒萬
曆丙午年四月初七未時瓦棺葬本山鶴岫旂坐丁向癸　娶
洋山姚氏生萬曆丙子年　卒萬曆己巳年正月十二巳時
瓦棺葬龜山坐辰向戌　建頂厝私祖乙座所付三子掌管房
屋付文儀文儼子孫居住文四子孫無干

朝爵　子三　大五　大六　大璉

朝爵即乾樹長子名緋失考字朝爵生嘉靖三十二年癸丑正月十四酉時卒順治二年乙酉閏六月十四申時葬娶唐氏生隆慶五年辛未五月初三子時卒天啟六年丙寅二月初八巳時至崇禎二年戊辰十一月廿一葬本鄉社壇崙坐亥向巳

朝高

朝高即乾樹次子名緋失考字朝高生卒失考葬跳坑中崙坐辛向乙娶王氏生卒失考葬大張宅口大圍邊坐乾向巽

九世

本

本系

子權　子三　崇著　崇拱　日七

子權即朝田長子號存坪（名号不知只存大坪墓一首因墓為名）字子權生萬曆四年丙子八月十六戌時卒崇禎六年癸酉十月廿三亥時娶谷山吳氏生萬曆七年己卯七月廿三辰時卒崇禎十二年己卯二月十五午時至康熙三十八年癸卯八月初七未時夫妻合葬祖山大坪下坐艮向坤

大度　子一　日熙

大度即希猷之子字子恢號春宇生萬曆二年甲戌十一月十六卯時卒崇禎九年丙子五月廿七丑時壽六十三至順治三年丙戌十二月廿四申時葬祖山石竹坑崙坐戌向辰兼辛乙

娶溪尾呂氏生萬曆二年甲戌　月　時卒崇禎七年甲戌三月初七吉時寿六十一至順治十八年辛丑十二月十五丑時葬祖山虎堀崙坐乾向巽　女一九娘適過溪李家　自構本鄉頂外厝一座左小扶厝坐壬向丙

## 大秉　子一　日鸞

大秉即希敉長子字子懿號美峰生嘉靖三十五年丙辰七月二十未時卒崇禎八年乙亥十月十六酉時壽八十　娶洋內錢氏淵娘生嘉靖三十七年戊午又七月十三申時卒崇禎十年丁丑十二月初五酉時寿八十至崇禎十五年壬午十二月初七辰時夫妻合葬祖山大坪坐癸向丁

大畧　子二　日七　日八

大畧即布敉次子字子揆號懷廷生嘉靖四十五年丙寅九月廿六子時卒崇禎五年壬申十月十四申時寿六十七崇禎十年丁丑正月十一卯時葬與一里湖坵向天鑼坐酉向卯

娶尾塘林氏二娘生隆慶元年丁卯九月初八子時卒崇禎六年癸酉六月廿一卯時崇禎十年丁丑十二月十三辰時葬小張宅口癸向丁兼丑未

大用　子三　日榜　日楷　日機

大用即布堯長子字子貴號我浴生嘉靖四十四年乙丑十二月十一戌時卒萬歷四十二年甲寅七月二十申時與布堯合

葬門口坪尾坐酉向卯至乾隆十四年己巳修整豎碑　娶蓮洲王氏大娘生萬曆元年癸酉十月十一寅時卒崇禎元年戊辰十月初五申時至乾隆五年辛酉瓦棺與日機合葬祖山大垅頭坐辛向乙兼酉卯

# 大賓

大賓　无傳

大賓即希堯次子生卒葬失攷

# 大器　子四　曰萃　曰華　曰蕃　曰藻

大器即朝深長子字子球號重宇生隆慶五年辛未八月初二未時卒崇禎四年辛未六月十五巳時葬山門內崙生庚向甲　娶李氏大娘生萬曆十二年甲申九月十四戌時卒順治四年

丁亥二月初十丑時至康熙七年戊申十二月二十未時葬祖
山山門坐乾向巽

大長　子一
曰存

大長即朝深次子字子輪號輔亭生萬曆五年丁丑十一月廿
八吉時卒順治三年丙戌四月初二巳時壽七十至康熙四十
一年壬午九月廿八丑時葬洋山鄉土名張婆崙坐乾向巽兼
戌辰　娶楊氏生萬曆二十年壬辰四月廿八吉時卒崇禎十
四年辛巳五月初九酉時葬本山尾圳仔坐　向

五英　無嗣

五英即淩漢長子號玉鋐又號宗鼎生萬曆乙未廿三年五月

廿一寅時卒萬曆四十五年丁巳五月廿八丑時彼時尚住居
晋江即葬于桂花山弓鞋石后璧山公及姚氏合葬之墳右另
堆坐癸向丁

萬昌　子二　曰稱　曰宗

萬昌即凌漢次子字號失攷生天啟元年辛酉三月初二未時
卒順治十一年甲午五月十八未時葬祖山寨仔兜坐丁向癸
娶姚氏生天啟元年辛酉　卒順治十年癸巳九月十六酉
時夫妻合葬寨仔兜

子　子一　曰

子　即直壽公長子之曾孫名字生卒失攷葬梅山路上坐坤

向良　娶　氏生卒失考葬本山頂禁林頭坐申向寅

文偹　子一殤

文偹即懷宇長子字子瑛號仰懷生萬歷癸巳年七月初十子

時卒天啟甲子年十月廿四酉時生子殤幼媳胡氏三娘殤

公葬大帽寨土名小坑陳家山坐申向寅胡三娘附葬在左邊

分水　自建大厝乚座書屋一座座付胞弟三人掌管

文儀　子二　士標　士秉

文儀即懷宇次子字子夢號寅衷生萬曆丙申年八月廿九

寅時卒順治十一年五月初五午時葬本山老婆崙

御

娶黄柱楊氏生萬曆己亥年卒崇禎癸未年十月初二子時葬
本山新厝墓坐 向

**文儼** 子一 志八

文儼即懐宇三子字子孜號醒茗生萬歷庚子年十月十二日
巳時卒崇禎十二年二月十一巳時與嫣温氏合葬本山老婆
崙坐癸向丁兼子午 娶温氏生萬曆己酉年五月廿七巳時
卒崇禎七年甲戌五月廿六酉時 又娶陳氏葬本山碣仔坐
甲向庚 三娶温氏葬本山大垃頭后坐壬向丙

**文四** 子一 日昌

文四即懐宇四子字子侃號和樂生无攷卒天啟 年十二月

十四葬梅山深内老婆崙腳生　向　娶林氏生萬曆三十七
年己酉五月廿一未時卒順治八年辛卯十月十九丑時至順
治辛丑年十二月十五辰時葬祖山大張宅坐壬向丙　女二
長酉娘適洋内傅甫官次引娘適大坪林喬官

大五　乏嗣

大五郎朝爵長子字子申生卒无攷　娶石氏生卒俱无攷合
葬祖山石皮垵崙坐癸向丁

大六　子一　日傳

大六郎朝爵次子字子雍生无攷卒　年八月初七吉時

娶陳氏生失孜卒　年三月十四日葬潘厝崙上水埕坐乾向巽兼亥巳

大璉　無嗣

大璉即朝爵三子字子愷生卒與娶　氏之生卒俱无孜葬祖山小張宅頭生辛向乙兼酉卯僅生一女孫娘適溪南蘇香官

## 十世

崇著　子二　奇承　奇卯

崇著即子權長子號錦山崇著其字也生崇禎三年庚午十一月十九午時卒順治六年己丑正月廿七午時　娶小溪楊氏

崇禎七年甲戌十二月初三未時卒順治十七年庚子十二月
十八丑時葬祖山尾圳仔坐壬向丙

崇拱　子二　德元

崇拱郎子權次子字崇拱生卒葬无攷
娶楊氏生卒葬俱失攷

日七　子一　奇長

日七郎子權三子號循矩生天啟年間十二月初三辰時卒无
攷葬祖山大坵頭崙内坐壬向丙　娶庵内溫氏生天啟二年
壬戌十一月廿九卯時卒崇禎十四年辛巳十一月廿四卯時
合德元仝葬小張宅口坐未向丑

本直

日熈　子五　奇壿　奇瑯　奇珍　奇寶　奇錫

日熈即大度之子字崇晦號任明生萬歷三十四年丙午十一月廿四戌時順治十七年庚子冬縣主桂諱攀舉鄉飲大賓卒康熈十一年壬子十月初四巳時壽六十七至康二十三年甲子十二月廿三午時葬光德里烏秋鄉西墘田中坐乾向巽兼戌辰　娶興一新村鄉𥿄遲字公女大娘生萬曆三十六年戊申十月初一午時卒康熈十六年丁巳五月五月初九酉時壽七十至康熈三十五年丙子八月十三辰時葬本鄉山門田中甲庚兼酉卯向　女一愿娘適水帽兜鄭高官

日鸞　子四　德勉　奇富　奇俊　奇香

青溪蓬萊張氏宗譜

日鸞即大秉長子字崇甫號賛美生萬曆十一年癸未九月初
十戌時卒順治乙酉年十月初四日午時壽六十又三　娶蔡
氏生萬曆十五年三月初十子時卒順治四年丁亥五月十二
巳時夫妻合葬后坑田中坐巽向乾

日七　子生　奇鵬　奇佐　无孜

日七即大畧長子生卒娶失考葬祖山頂禁中崙

日八　子三　奇申　奇吉　奇果

日八即大畧次子字崇茂號時挺生萬曆廿七年己亥十二月
廿一丑時卒順治三年丙戌六月初五未時娶崎兜溫逸山之
女宜娘生萬曆卅年壬寅九月十六寅時卒崇禎九年丙子十

月初六巳時至康熙三十四年乙亥十二月初二辰時夫妻合

葬鶴樹壠崙坐亥向巳兼乾巽

日榜　子三　奇孟　奇叔　奇季

日榜即大用長子字崇登號翹寰生萬曆廿五年丁酉九月

十八寅時卒崇禎十六年癸未七月廿四卯時　娶谷山吳氏

生萬曆廿七年己亥五月初五吉時卒崇禎十六年癸未二月

十五酉時至康熙元年壬寅十二月初三夫妻合葬虎埪洋田

中坤艮向

日楷　子二　奇陸　奇惜

日楷即大用次子字崇謨號如文生萬曆三十三年乙巳二

月廿六寅時卒順治九年癸巳十一月廿六申時至康熙廿年辛酉十二月十三葬佳壠尖后坐丙向壬　娶來蘇里淵兜沈氏四娘生萬曆三十七年己酉七月十八酉時卒順治十年甲午四月初五酉時至康熙六年丁未十二月初五辰時葬虎堀坐癸向丁兼子午

日機　乏嗣

日機即大用三子生卒娶育失攷葬大坵頭辛乙酉卯向

日萃　子二　奇秋　奇某

日萃即子球長子字崇拔號龍潛生萬曆四十二年甲寅八月

十七酉時卒康熙廿三年甲子七月初一寅時壽七十一 至康
熙三十九年庚辰十二月廿四申時葬后坑田中坐申向寅
側室車氏 生崇禎元年戊辰三月十三寅時卒康熙廿二年癸
亥十月十二午時葬本里魯寮坐 向 生男奇某隨帶抱養
奇秋女一腰娘配彭格陳瑯官

日華 乏嗣
日華即子球次子生卒葬失孜

日蕃 乏嗣
日蕃即子球三子生卒葬失孜

日藻 乏嗣

日藻郎子球四子生卒葬失攷

日存　子

奇月

日存即子輪長子字崇祿號庶齋生萬曆四十八年庚申十一月初九卯時卒康熙三十二年癸酉十月十六亥時至康熙五十八年九月廿二未時瓦棺葬洋山土名墩中嶺生丁向癸兼午子　娶吳氏生崇禎二年己巳十月初八酉時卒康熙十一年壬子九月初一戌時至乾隆五年五月初二辰時合于婦姚氏惜娘仝葬大坵頭崙辛乙酉卯向

日稱　之嗣

日稱即萬昌長子生失攷卒八月初二寅時

佛仔后

日宗

日宗即萬昌次子生失攷卒正月廿五吉時

崇　子二　奇三　奇率

崇　即直壽公長子之元孫生佚卒四月十二日葬欝仔崙内

坐艮向坤　娶　氏生佚卒十月初十日葬在欝仔田崙尾生

乾向巽有承祖厝乚座坐北向南貫土堡下浚頂土名翁厝頭

今倒墜地基現在

士標　子一　奇天

士標即文儀長子號占梅生庚午年七月十一未時卒己酉年

八月廿五戌時葬洋山坂軍粮山火圍内枣樹垵大路后壁坐

癸向丁兼子午　娶鄭氏引娘生丁巳年正月十一酉時卒丙
申年十二月廿五巳時葬本山老婆崙坐　向

士秉　子一　奇賢

士秉即文儀次子號　生崇禎己卯年九月廿八卯時卒康
熙癸酉年十一月十二申時葬石皮垵崙壬丙亥巳向　娶陳
氏惜娘生崇禎己卯年三月十四丑時卒庚子年

志八　子三　奇武　奇六　奇平

志八即文儼之子字崇毅號士遠生崇禎庚午年正月初九卯
時卒康熙己丑年十月廿四酉時葬洋山土名大坵坐酉向卯
兼庚甲　娶崎兜温氏三娘生崇禎癸酉年八月廿五辰時卒

康熙己酉年四月廿三申時葬千秋墘田中坐　向　又娶許
氏二娘生崇禎甲戌年十月初一子時卒康熙庚寅年七月廿
十申時葬新厝墓脚左畔坐坤向艮

日昌　子二　奇文　奇翰

日昌即文四之子字崇畜生崇禎五年八月初二午時卒康熙
廿年十二月十四辰時　娶許氏生崇禎五年三月十五戌時
卒康熙廿五年七月十九巳時合葬本里洋山肴牛崙坐辛向
乚兼戌辰

日傳　子二　奇旺　奇里

日傳即大六之子字崇　生康熙二年癸卯四月十二辰時卒

康熙四十八年己丑正月廿一丑時至康熙五十年二月廿一
葬祖山大張宅坐寅向申兼甲庚　娶陳氏險娘生康熙十二
年十月十三辰時卒乾隆二年丁巳又九月十二戌時至乾隆
十二年丁卯二月廿六午時瓦棺葬新厝墓內中崙辛乙向係
改嫁殷家奇旺兄弟奉養安葬

十一世

奇承　子四　肇義　肇禮　肇智　肇語

奇承即崇著長子字德宣號　生天啟五年乙丑正月初七
戌時卒康熙十七年戊午十月廿五寅時壽五十五合德元仝
葬小張宅口坐未向丑
娶南安十二都黄氏生崇禎十二年己卯七月初八子時启改

改嫁卒康熙甲午年五月十五申時
女一坤娘適上坑周宣官
奇夘 乏嗣
奇夘即崇著次子字德亮生卒葬娶失孜生一女適上地胡四官
德元 子五 肇初 必芥 肇衫 肇孫 肇真
德元即崇拱之子名颉生卒失孜葬小張宅口未丑向
娶 氏葬尾圳仔田尾
奇長 子五 肇慕 肇白 肇鼎 肇好 肇嘉
奇長即日七之子字德勛號懷元生崇禎十一年戊寅五月初

本支

六卯時卒康熙三十五年丙子二月廿二巳時至康熙四十七
年戊子十二月十二未時葬祖山尾圳仔乾巽向　女三長適
同安郭任李遠官次配田頭楊肅官三配溪南蘇好官
娶東洋陳氏生失考卒四月初六日未時葬北山頭坐　向

庠生國録　子三　肇寬　肇泰　肇謙

庠生諱國録乳名奇璠字德在號心衡即日熙公長子也取進
晋江學第　名生天啟六年丙寅四月初九辰時卒康熙廿五
年丙寅十二月廿三午時壽六十一至康熙四十二年癸未三
月十五未時葬本鄉千秋墘田中左壙坐壬向丙兼亥巳娶本

本支

里東溪號冲奕陳公次女怨娘號勤慈生天啟六年丙寅四月廿一未時卒康熙五十一年壬辰二月廿六未時壽八十七至康熙六十一年壬寅四月廿五就本鄉千秋墘田中合葬心衡公右壙　女二長戌娘配永安塘尾陳　官次完娘適新溪亦嶺林惜官即庠生林之超次郎暨官與奇珍奇宝奇錫合構本鄉稲廠前書房乙座花園一圍

## 奇瑯　乏嗣

奇瑯即日顯次子字德燦因早喪生卒失考僅傳七月十八日卒胞姪肇寬即鴻壇自已奉瓦棺葬本鄉虎堀任明公交輪田中沒泥蛇形坐亥向巳兼乾巽四房頭公議收呂氏媽交輪田

本支

祖之人于冬至祭呂氏媽之墓時備三牲祭献墓所鴻壇又撥
自己分干祖佃田乙斗付自己六子輪流以為七月祭忌清明
祭墓祀業娶陳氏改適無生育

奇珍　子四　肇伯　肇守　肇倫　肇遺

奇珍即日熙三子字德佩號心隐生崇禎四年辛未正月廿五
卯時卒康熙十三年甲寅九月十一酉時至康熙卅一年壬申
三月十一未時葬本山鑄鼎崙左壙戌辰辛乙向　娶本里
蓮格陳氏招娘謚孝貞生崇禎八年乙亥三月二十卯時卒康
熙六十一年壬寅七月廿四日午時壽八十八本年十月初六
未時與公合葬右壙女二長近娘適與二大港頭李盛官　次

本直
清分

勉娘適本里井邊陳玩官

奇寶　子四　肇儀　肇儼　肇得　肇儒

奇寶即日熙四子字德欽號心敬生崇禎六年癸酉正月廿五辰時卒康熙四十八年己丑七月十八亥時至雍正七年己酉十二月初三巳時葬本里洋山鄉姚家山土名許宅溪坐壬向丙兼子午娶來蘇上祀劉氏壬娘生崇禎十五年壬午二月廿八戌時卒康熙四十一年癸未二月廿二未時葬本山鑄鼎崙戌辰辛乙向　女二長意娘適興一輸苑社楊意官次緞娘適光德東青庠生吳芳官

奇錫　子二　肇戟　肇燮

本

奇錫即日熙五子字德型號陟三生崇禎十五年壬午十月廿
未時卒康熙四十九年庚寅十月廿六寅時壽六十九　娶本
里東溪羅氏璧娘生順治六年已丑十月廿七巳時卒康熙四
十六年丁亥八月廿三申時壽五十九至康熙六十一年壬寅
十月初四午時夫妻合葬本鄉楓宅山墘田中乾巽亥巳向
女四長轉娘配與一新村林章官次服娘配蓮格陳樑官三京
娘適后垵謝焕覌四蔡娘適后垵謝齊郎　又娶永安長潭周
氏恬娘生康熙元年壬寅五月初九戌時卒雍正五年丁未七
月十二卯時即日葬本山北山中崙田后璧辛乙戌辰向享年
六十六無出　自構本鄉後壠頭厝乙座原分長二子分住至

乾隆　年長房孫志礐兄弟將伊父閹分祖厝及壆地一
齊撥付二房孫志樞兄弟對換歸一其後壠頭厝及地听志礐
兄弟移向重新起蓋居住

德勉　子一　肇祖

德勉即日鸞長子名號生卒娶失攷

奇富　子一　肇法

奇富即日鸞次子字德爵生卒葬失攷

奇俊　子二　肇主　肇雙

奇俊即日鸞三子字德招號　生卒失攷卒十月十五寅時
葬本里延壽院石岩邉路下田中坐　向

奇香　子一　肇傳

奇香即日鸞四子字德艾號　康熙三年六月移居建寧府甌寧縣水吉三十都安口生卒旡攷葬甌寧縣安口大坪庵西坑仔坐東向西　娶鄭氏改適林家

奇鵬　旡攷

奇鵬即日七長子字號生娶卒葬旡攷（家仙簿有德鯤未知是其字否）

奇佐　旡攷

奇佐想是日七次子字號生卒娶葬旡攷

奇申　子三　肇厚　肇靜　肇老

奇申即日八長子字德言號其樞生天啟三年癸亥又十月

廿九寅時卒康熙廿七年戊辰正月十六亥時至康熙四十二
年癸未二月廿六寅時葬本里沈洋鄉蕉坑茶林頭崙巽乾
兼辰戌　娶本里沈洋王氏伍娘生天啟七年丁卯三月初五
卯時卒康熙四十二年癸未十二月十三酉時即於十六申時
葬祖山潘厝崙上水埕坐壬向丙兼子午　女一器娘適本里
周堂陳肅官

奇吉　子三

肇彬

肇聽

奇吉即日八次子字德藹號多士生崇禎八年乙亥九月十
一巳時卒康熙四十二年癸未十月廿七酉時壽六十九至康
熙四十七年戊子十二月初四巳時葬本山鴨夏崙坐戌向辰

蕉乾巽　娶同安九都后房鄉陳氏好娘生崇禎九年丙子
十月廿六未時卒順治十三年丙申九月廿七辰時葬本山亀
山頂戌辰乾巽向女外娘適還二里水口蘇十二官　又娶同
安十一都後村鄉李氏金娘生崇禎十一年戊寅正月十四申
時卒康熙十八年己未十一月十一酉時至康熙六十一年癸
卯二月十六卯時葬祖山小張宅尾寅申甲庚向生子肇彬女
寵娘適南安上運阜嚴官　又娶本里魯廷蔡氏寅娘生順治
四年丁亥八月廿三寅時卒雍正元年癸卯六月初一寅時葬
本山深坑辰戌巽乾向女一卯娘適登虎榜傅悦官

奇果　子二　肇郁　肇琯

奇果即日八三子字德田號循勇生崇禎十一年戊寅二月廿三巳時卒康熙廿五年丙寅正月初十辰時至康熙四十六年丁亥十二月十八寅時瓦棺葬洋山磜内田中坐　向　娶窺窑林氏愛娘生崇禎十七年甲申五月廿八戌時卒康熙五十年辛卯七月十一子時即本日亥時葬山門外崙坐癸向丁女三長娘適輸苑李厝官次與娘適上地胡錫官　三娘適崎兜温

提官

奇孟　子一　肇祥

奇孟即日榜長子字德拔號孔傳生萬曆四十六年戊午正月廿二未時卒康熙十一年壬子十一月廿日戌時葬在虎埪凡

窑內田后壁坐庚向甲　娶蔡土樓蔡氏生天啟三年癸亥十一月初二辰時卒康熙十五年丙辰十二月初八未時葬洋山鄉姚家山土名鍾籃坑鳳岡尾乾巽向女一配南運頭卓家

## 奇叔　子　肇編

奇叔即日榜次子字德仁號敦博生天啟六年丙寅閏六月廿四未時卒順治十三年丙申五月十九未時　娶倉美鄉陳氏巽娘生崇禎三年庚午十一月十三酉時卒康熙十二年癸丑十一月廿四寅時至康熙四十九年庚寅十二月初十卯時夫妻合葬本山鑄鼎崙尾坐申向寅兼坤艮女一外娘適芹石林

党官

奇季　子一　肇瑞

奇季即日榜三子字德音號孔昭生崇禎三年庚午九月初十
未時卒康熙十一年壬子十一月初八巳時至康熙十三年甲
寅葬大張宅葬乾辰戌向　娶溪南蘇氏速娘生崇禎六年
癸酉正月廿八戌時卒康熙三十一年壬申五月十九卯時壽
六十一至康熙三十七年戊寅十月十八寅時葬鑄鼎崙生酉
向卯兼庚甲

奇陸　乏嗣

奇陸即日楷長子生卒失考葬祖山大坪后

奇惜　子四　肇然　肇竹　肇璋　肇柳

奇惜即日楷次子字德禹號奇猷生崇禎十五年壬午十月初十巳時卒康熙五十一年壬辰七月十九未時葬水桐垵坐丑向未兼癸丁　娶龍居鄭卒官女引娘生順治九年癸巳二月十五未時卒雍正元年癸卯十二月十二酉時至雍正六年戊申七月十九亥時葬產墘崙田中坐庚向甲兼酉卯　女三長節娘適荇厝林綴官次懇娘配龍居林義官三添娘適魯廷蔡節官

奇秋

奇秋即日萃長子係隨母車氏抱養現赮居江西江西生卒佚

奇棊　子二　肇舉　肇新

奇棊即日萃次子號純仁生康熙七年戊申正月廿四巳時卒雍正三年乙巳六月十四辰時葬新厝墓内崙坐

娶吳埔頂楊氏僩娘生康熙十年辛亥九月初二午時卒乾隆元年丙辰十二月初六巳時葬在跳坑田後坐

女二長適江西玉山縣次適谷山林銀官　自構本鄉后壠厝

奇月　子五　肇勳　肇雲　肇彖　肇曉　肇琰

奇月即日存之子係抱養字德斯號居恆生順治十六年己亥四月十二辰時卒雍正十一年癸丑十一月十三午時至乾隆二年丁巳五月廿一未時葬梅山新田中崙坤艮兼申寅

娶洋山姚氏惜娘生康熙七年戊申三月十二巳時卒乾隆三
年戊午十二月初七未時葬大坵頭與吳氏合葬坐辛向乙兼
酉卯　女二長來娘適井邊陳甫官次雪娘適鴻鄉李彭官
自構本鄉后壠厝乙座分與五子居住

奇三　子二　肇龍　肇鳳

奇三即直壽公長子之雲孫生失攷卒二月廿九　娶陳氏生
卒失攷仝葬欉仔崙外生癸向丁

奇率　子三　肇連　肇通　肇是

奇率即直壽公長子之雲孫字德西生失攷卒四月廿七巳時

葬亀山頂坐乾向巽　娶同安縣馬巷蔡氏生失考卒十月廿
七巳時葬亀山尾規頭茶林中坐丙向壬

奇天　子六　肇觀　肇富　肇考　肇科　肇甲　肇田

奇天即士標長子號達甫生順治乙亥年（欽查乙亥崇禎八年舊誌有錯）八月十九
午時卒雍正辛亥年八月廿六辰時瓦棺葬于秋墘田中坐艮
向坤　娶谷山林氏生壬子年十一月初三巳時卒乙巳年十
二月初三巳時葬本山老婆崙坐丑向未兼艮坤

奇賢　子三　肇軍　肇臣　肇從

奇賢即士秉長子字德默號志甫生康熙甲寅年十月初四卯
時卒乾隆戊午年九月初五未時壽六十三瓦棺葬梅山新田

艮坤兼丑未　娶洋内傅亥官三女取娘生康熙癸亥年八
月十五寅時卒乾隆甲子年五月廿三巳時瓦棺葬本山深内
坐未向丑兼丁癸　長女沒娘適溪南蘇成官次氣娘適
路美林添官

奇武　子四　肇昭　肇贊　肇典　肇朝

奇武即志八長子字德揚號亮甫生順治乙未年八月初十午
時卒雍正丁未年七月廿三亥時瓦棺葬小張宅尾癸丁向
娶谷山蕭氏　娘生順治庚子年十一月初一午時卒乾隆甲
寅年六月廿四午時葬大張宅乾巽戌辰向　長女順娘適刘
德官次業娘配陳漢官

奇六　子二　肇臺　肇圭

奇六即志八次子字德暖號居泰生順治戊戌年五月初八丑時卒康熙丙戌年五月十九辰時葬本山石碎崙生　向

娶井邊陳氏初娘生康熙丙午年九月十六戌時卒乾隆丙寅年九月十三午時葬本山石岸内生　向　女快娘適溪南蘇喜官次五娘適鴻卿李寔官三適吳坊林家

奇平　子三　肇起　肇賞　肇宰

奇平即志八三子字德成號醇甫生康熙癸卯年四月廿七卯時卒雍正戊申年三月廿八巳時葬深内墘田中壬丙子午向

娶延壽院吳氏靜娘生康熙戊年二月廿三日巳時卒乾隆十

一年丙寅十月十二子時葬小張宅頭坐亥巳兼壬丙

長女信娘適鴻卿李添官次適澳江王家三報娘適東洋社陳

鮑官

奇文　子一　肇添

奇文即日昌長子字德生號　　生順治九年壬辰七月十五

日卒康熙　年十二月十八子時至乾隆十二年二月廿六巳

時葬小張宅坐乙向辛兼卯酉、娶溪南蘇六官長女酉娘生

康熙十年辛亥　月　時卒康熙三十八年己卯三月廿九

巳時至雍正六年十二月廿一子時葬祖山新厝墓下與寅衷

之媽楊氏仝葬坤艮向　長女大娘適龍居鄭武官次嫂娘配

斜名黄衷官

奇翰　乏嗣

奇翰即日昌次子生失孜卒康熙　年十二月廿四日即老

婆崙葬生亥向巳

奇旺　子二　肇政　肇轉

奇旺即日傳長子字德興號　生康熙三十三年又五月廿

五卯時卒乾隆四十年十一月初十日　娶埔任殷氏蕉娘生

康熙四十七年戊子六月十二午時卒乾隆七年三月三十日

吉時葬　女一適光德陳夏官

奇里　子二　肇賤　肇遠

奇里即日傳次子字德卅號仁美生康熙四十年三月廿二卯
時卒乾隆庚午年十一月初三卯時葬本山　坑崙坐丑向未
兼癸丁　娶庵内温氏靜娘生康熙四十九年七月廿三巳時
卒　年　月
長女位娘配登虎榜傅綿官　次兑娘適大塊林漢官

十二世

肇義 子一 志求

肇義即奇承長子號宅浩 生順治十六年十一月十一寅時卒
康熙己亥年九月廿二巳時至雍正三年十二月初八未時葬
祖山寨仔兜丁癸午子向　無娶

肇禮　子一　志晉

肇禮即奇承次子字必玉號念美生康熙癸卯年六月初六子時卒康熙四十四年乙酉六月十二辰時葬臺灣承天府南路前金鄉　娶蓮格陳氏謹娘后改適　女一酉娘適鴻卿李杉官

肇智　子二　志繼　志山

肇智即奇承三子字必巧號拙若生康熙八年己酉十月廿十子時卒雍正十年壬子正月廿九未時壽六十又四至雍正十一年癸丑十月初七子時葬大埔崙壬丙亥巳向　娶鴻卿李氏儼娘無出生康熙廿三年甲子六月廿九亥時卒佚

肇語　丢嗣

肇語即奇承四子字必畲生康熙十三年甲寅三月廿六午時

卒康熙四十七年己丑正月廿四未時葬新厝外崙坐　向

娶北石陳氏未生育改適

肇初　无孜

肇初即德元長子字必進生卒葬无孜

必芥　子一

志鶴

必芥即德元次子生卒葬失孜

肇杉　子二

志亥　志新

肇杉即德元三子移居江西生卒无孜

肇孫　子一　志鶯

肇孫即德元四子移居延平府

肇真　乏嗣

肇真即德元五子生失考卒五月初六吉時

肇慕　子三　志培　志操　志爨

肇慕即奇長長子字必孝號克諧生康熙九年庚戌二月初三辰時卒雍正元年癸卯十二月初七辰時至雍正　年十二月初七葬卓坑壠中崙尾田后壁戌辰乾巽向　娶来蘇田頭楊氏界娘生康熙十七年戊午九月初四巳時卒葬失考　女四長儉娘適谷口吳星官次益娘適上地胡殿官三　娘適上地

胡喜官四完娘適竹叢蔡忠官

肇白　子二　志八　志老

肇白即奇長次子字必鷹號向鳴生康熙十一年壬子七月廿

八寅時卒雍正元年癸卯十二月初六丑時葬

娶過溪李氏引娘生康熙廿四年乙丑四月十八卯時卒　年

十二月十三葬石室崙下田后

肇鼎　無嗣

肇鼎即奇長三子字必立生康熙　年　月　時卒康熙

十　年　月　時葬

娶上地胡氏改適　生女一適芸尾鄭錦官

肇好　子二　志性　志梅 俱殤

肇好即奇長四子字必合號東冲生康熙十八年己未七月廿三午時卒雍正八年庚戌正月十一辰時至乾隆二年丁巳三月十二子時葬祖山大坪崙尾丑未艮坤向　娶鴻卿李氏好娘生康熙廿九年庚午四月初五寅時　女一咸娘適蔡洋李瑞官二景娘適內井林仁官三苑娘適光德許踏官

肇嘉　子二　志漢　志庚

肇嘉即奇長五子移居臺灣北路生子二

庠生鴻壇　子六　志擇　志善　志固　志執　志學　志問

庠生諱鴻壇名肇寬字必大號範正即庠生心衡公長子也趙

宗師歲試取進安溪學第　名生順治二年乙酉六月初四午
時卒雍正元年癸卯九月廿五酉時壽七十九　娶興一內井
鄉曦陂林公女惠娘生順治六年己丑四月廿七巳時卒雍正
六年戊甲六月十一午時壽八十號勤慈卽雍正六年八月十
八巳時夫妻合葬本山虎岡山中崙酉卯兼庚甲　女長姶娘
適路尾李喜娘卽庠生李育贊四郎滎娘官次綉娘適上坑廖
秀官卽庠生廖王勲次郎攸官三美娘適路尾太學生李鍾顕
三郎教官卽太學生李清敬
康熙三十三年甲戌自構本鄉
九埕田中厝乙座坐庚向甲連小厝四護分六子居住

后坑



肇泰 子四　志受　志思　志參　志愿

肇泰即心衡公次子字必際號復所生順治十六年己亥九月廿二酉時卒雍正六年戊申九月廿七亥時壽七十即本月廿九申時葬本山鑄鼎崙戌辰兼辛乚向　娶炭坑蘇統官即元昜公三女瑾娘生康熙元年壬寅九月廿五午時卒雍正八年庚戌十一月廿五酉時壽六十九即本月廿七午時葬祖山老婆崙寅申甲庚向　女長偶娘適登虎榜傳謇官長郎外使次珠娘適登虎榜庠生傅道岸長郎開丗官三端娘適蓮格陳妹官四達娘適新村庠生林賢官次郎濟官

肇讓 子四　士萬　士養　士廣　士福

心既五子

肇謙即心衡公三子字必光號育所生康熙元年壬寅十二月十四酉時卒乾隆七年壬戌正月廿六辰時壽八十一乾隆八年癸亥三月十六卯時葬埔上島林田中坐丁向癸兼未丑
娶魯廷萃字蔡公三女尾娘生康熙四年乙巳八月十八巳時卒乾隆二年丁巳八月初六午時壽七十三乾隆九年甲子十一月廿三辰時葬石街崙中申寅庚甲　女長隣娘適新村林程官次謹娘適魯廷蔡瑚官三潛適大墘庠生林元造
自構本鄉書房頂厝乙座坐北向南

肇伯　子三　志光　志侯　志總

肇伯即奇珍長子字必和號順宗生順治十七年庚子七月十

心院之子



五卯時卒乾隆二年丁巳七月初七寅時寿七十七乾隆七年
壬戌十月初六卯時葬本山卓坑崙戌辰辛乙向　娶溪南蘇
戌官次女憲娘號戌德生康熙十年辛亥五月廿一丑時卒乾
隆十年乙丑四月十八卯時寿七十五　長女織娘適大墘林
親官次孟娘適淵兜沈琢官　合胞弟肇守肇遺合構本鄉
龜山厝一座生西向東

肇守　子四
志送　志居　志貫　志潭

肇守即奇珍次子字必約號博宗生康熙三年甲辰二月十三
巳時卒雍正　年三月初八吉時　娶上場李高官女腰娘生
康熙十九年庚申十月十一午時卒乾隆四年己未八月初十

卯時壽六十葬本山寨街邊坐　向

肇倫　子四　志佔　志宅　志營　志隨

肇倫即奇珍三子字必敦號篤宗生康熙八年己酉十二月初七酉時卒乾隆十三年戊辰七月初六申時葬虎岡洋田中坐向　娶曾口坂傅卯官次女服娘生康熙廿三年甲子三月初九未時　女二長秘娘適崎兜溫春官次好娘適曾口坂傅由官

肇遺　子一　志助

肇遺即奇珍四子字必遐號遜宗生康熙十四年乙卯二月初七午時卒乾隆十一年丙寅七月初一亥時壽七十二就本月

心敬之8

初三巳時塟本山虎岡生戌向辰乾隆年間扦塟祖山坐
娶蓮格陳二官女担娘生康熙三十年辛未八月初四未時卒
雍正元年癸卯九月初六巳時乾隆六年辛酉瓦棺塟虎岡墓
林垵坐　向　女長漸娘適蓮格陳祐官次振娘適魁美陳郡

肇儀　子四　志審　志高　志由　志措

肇儀即奇寶長子字必經號威鳳生順治十八年辛丑五月初
九午時卒康熙三十九年庚辰五月初十巳時塟虎堀水埕下
癸丁丑未向　娶溪頭柯寀官女遜娘生康熙三年甲辰六月
初五亥時卒雍正五年丁未九月初一巳時壽六十四塟虎堀

外崙坐癸向丁兼丑未　女長引娘適崎縣陳許官次玉娘
適荇厝林安官

肇儼　子五　志敏　志疊　志汝　志器　志廪

肇儼即奇寶次子字必莊號履端生康熙十二年癸丑二月廿二亥時卒雍正八年庚戌四月十八卯時壽五十八至乾隆十年乙丑十二月廿九子時葬虎堀大埈口横路上小窩内坐子向午兼癸丁　娶新墘馬岳官長女賢娘生康熙廿十年辛酉六月廿二卯時卒雍正十三年乙卯十月初三卯時　女長素娘適崎兜溫圭官次粉娘埔頂蘇天生　自構本鄉佳壠厝山座分與五子居住

肇得　子三　志玉　志鈋　志董

肇得即奇寶三子字必壽號承裁生康熙十九年庚申五月十九辰時卒乾隆十五年庚午正月初九未時葬虎堀水埕下坐向　娶谷山林果老長女蔡娘生康熙廿九年庚午八月十五亥時卒雍正八年庚戌正月十五卯時至乾隆十年乙丑三月初四巳時葬鑄鼎崙尾辛乙戌辰向　又娶溪尾劉氏梲娘生康熙廿六年丁卯二月十四巳時卒佚無出

肇儒　乏嗣

肇儒即奇宝四子生康熙廿二年癸亥十一月初八戌時先娶

在臺灣卒康熙六十年辛丑五月廿八亥時

肇戩　子四　志馨　志柔　志察　志熱

肇戩即奇錫長子字必勝號秦凱生康熙十三年甲寅九月初五未時卒雍正十三年乙卯九月初十申時年六十二至乾隆三年戊午正月十八午時葬過溪劉與張合嘗高雁山頂菴邊壠頭紗帽石下石裙上甲庚寅申向　娶蓮格陳申官庠生次女育娘生康熙十四年乙卯十月廿二申時卒雍正十三年乙卯九月十一辰時年六十又一至乾隆三年戊午十一月廿四巳時葬北山崙田中辛乙兼戌辰　女長妃娘適本里庠生林仕奇四郎偉官次娥娘適谷山林果老四郎與官自構后壠

清溪蓬萊嶺美張氏宗譜

頭頂厝乚座生亥向巳兼壬丙

肇變　子二　志樞　志權

肇變即錫次子字必業號化漸生康熙廿六年丁卯七月廿日丑時卒雍正元年癸卯四月廿三未時至雍正七年己酉四月廿七辰時葬蒼邅崙壙内癸丁丑未向　娶洋山庠生林芳春次女聚娘生康熙三十年辛未十一月初一子時

女一繁娘適曾口坂傅

肇祖

肇祖即德勉長子移居凭孜

肇法

肇法即奇富之子係接建寧府甌寧縣安口肇傳之長子志長私簿所誌但其移居无攷耳

肇主

肇主即德招長子生失攷卒雍正三年乙巳六月十九辰時葬梅山路水井頂無尾崙坐　向　娶　氏無出改適

肇雙　子一　志報

肇雙即德招次子生順治十六年己亥六月十八吉時卒康熙四十五年丙戌六月十二子時葬潘厝崙　娶蘇氏恩娘生男志報後改適登虎榜黃家凡遇肇雙以及祖先忌辰偹祭二十餘年

肇傳　子四　志長　志春　志意　志四

肇傳即奇香長子從父移居建寧府生康熙三年甲辰七月廿三午時卒雍正五年丁未三月廿六寅時葬建寧甌寧縣三十都大梨鄉高崎坐西向東　娶漳州現住甌寧安口鼎可登長女金娘生康熙廿五年丙寅八月初四酉時卒葬失考

女一眷娘適崇安圳垻卯術官

肇厚　子二　志賴　志發

肇厚即奇申長子字必載生順治十年丙申五月十一丑時卒康熙三十三年甲戌九月十四辰時至康熙四十二年甲申二

月初二巳時葬小張宅庚甲兼申寅向　娶東洋陳氏大娘生
順治十六年己亥八月廿五丑時卒乾隆十一年丙寅六月廿
十巳時葬鑄鼎崙坐乙向辛　女一錦娘后改適井邊陳甫

肇靜　子二　志與

肇靜即奇申次子生順治十五年戊戌六月十七辰時卒康熙
五十二年癸巳五月廿六巳時葬梅山路上坐　向

肇老　子四　志撥　志讓　志誥　志汪

肇老即奇申三子字必龍號偕侯生康熙十年辛亥正月十八
寅時卒乾隆七年壬戌十一月十三申時至乾隆八年癸亥十
二月十三午時葬大坪崙癸丁丑未向　娶洋山姚氏銅娘生

康熙廿五年丙寅十一月十三酉時卒雍正十三年甲寅九月
初八未時至乾隆九年甲子十二月十二卯時葬尾圳仔頭坐
戌向辰兼乾巽　女一位娘適芹石林嚴官

## 肇彬

子四　志恩　志障　志簡　志益

肇彬即奇吉長子字必素號貴侯生康熙七年戊申十二月十
一申時卒雍正八年庚戌四月廿七巳時壽六十三乾隆丁卯
葬虎岡岩外坐　向　娶頂劉劉氏巧娘生康熙十年辛亥五
月初五午時卒乾隆十五年庚午十月　時壽八十葬
女長釆娘適蓬格王斗官次雪娘適黃山頭劉

仁官三許娘適来蘇下仔洪媽官四郡娘適厦門太學生陳諱

寧政　自構本鄉亀山尾厝乚座坐　向

肇聽

肇聽即奇吉次子

肇都　子二　志象　志納

肇都即奇果長子字必舜號歷山生康熙九年庚戌六月廿十

寅時卒康熙四十九年庚寅五月廿八酉時至雍正七年己酉

五月十六寅時葬本山佳冬林丁癸午子向　娶蔡土楼蔡氏

轉娘生康熙十八年己未八月廿四未時卒雍正八年庚戌十

月十三辰時至乾隆三年戊午十二月十三酉時瓦棺葬祖山

小張宅中崙坐壬向丙　女一掟娘適藍田徐科官

肇琯　子一　志煥

肇琯即奇果次子字必専生康熙十六年丁巳十一月初一寅時卒康熙四十二年癸未四月初一戌時至雍正七年閏七月初五辰時瓦棺葬石苻上項水埕中崙癸丁子午向

娶林氏改適

肇祥　子四　志敬　志愛　志親　志全

肇祥即奇盍長子字必興號懷禎生順治九年壬辰五月廿三亥時卒康熙四十六年丁亥九月廿九子時至戊子年十一月二十辰時葬石室崙内横路后戌辰乾巽向　娶魯廷蔡氏湊

娘生順治十四年丁酉十二月初一寅時卒康熙六十一年壬
寅正月十九未時至雍正二年甲辰葬新厝墓坤艮申寅向
女長悻娘適上地胡亷官次忍娘適嶺埔葉粒官

肇編　子三　志岳　志巽　志顕

肇編即奇叔之子字必脩號翰六生順治十一年甲午三月初
二酉時卒康熙五十五年丙申十月十一卯時至雍正七年十
二月初五葬新厝墓丁癸午子向　娶浯尾李氏丑娘生順治
十四年丁酉三月十六酉時卒雍正九年辛亥正月初二日戌
時葬本山深坑外崙坐　向　女悅娘適蓮格陳篤官

肇瑞　子六　志賜　志淵　志奮　志至　志犀　志爵

肇瑞郎奇季之子號輯五生康熙元年壬寅十月廿五辰時卒
康熙五十九年庚子十一月初四申時至雍正十年壬子十二
月十一卯時葬曾口坂嶺湖上田中巽乾巳亥向　娶井邊
陳氏攀娘生康熙五年丙午九月三十日亥時卒康熙五十二
年壬辰六月初五午時至康熙五十七年丁酉十月廿二葬溪
尾赤塗嶺頭乚辛兼辰戌向　續娶宮坂林氏月娘生康熙五
年丙午十一月十二吉時卒乾隆元年丙辰六月廿二酉時就
本月廿三葬合坑壠頭庚甲兼申寅與青陳氏生男六女三長
姜娘適谷山陳泰官次潛娘適魯廷蔡徹官三箕娘適鍾洋易
根官　自構后壠坑坑邊厝乚座生　向　又構本鄉后坑

田中厝座生　向

肇然　子三　志彭　志暖　志祐

肇然即奇惜長子字必慨號興慕生康熙十年辛亥七月十八

巳時卒雍正五年丁未二月廿二寅時至乾隆二年丁巳八月

初八辰時瓦棺葬大張宅中崙壬丙兼子午　娶溪尾劉氏順

娘生康熙廿二年癸亥九月二十未時卒雍正七年己酉五月

十三巳時乾隆丁巳八月初八與夫仝葬

肇竹　子三　志建　志苗　志泳

肇竹即奇惜次子字必美號里仁生康熙十八年己未七月初

四午時卒雍正八年庚戌九月初八辰時壽五十一至雍正十

三年乙卯十二月十九辰時瓦棺葬大張宅老婆崙邉坐乙向
辛兼卯酉　娶塘尾陳氏腰娘生康熙廿九年庚午七月廿四
酉時卒　　年　月

肇璋　子三　志敀　志接　志夏

肇璋即奇惜三子字必福號宜園生康熙廿四年乙丑九月初
六亥時卒　　年　月　　　娶吳埔陳氏好娘
生康熙三十五年丙子四月初六申時卒葬佚女推娘適竹園周參官

肇柳　子一　志辨

肇柳即奇惜四子字必孵號宜修生康熙三十年辛未八月初
一子時卒雍正七年己酉四月十八戌時葬漳州石碼下墩尾

坐　向　娶東洋陳氏改適　生子志辨　志續出繼宗弟肇富

肇舉　子二　志真　志欽

肇舉即某長子字必推生康熙三十年辛未十二月十九寅時

卒雍正十年壬子六月廿八辰時葬大坪後田下坐　向

娶溪南蘇氏順娘生子志真志欽后改適　自構后壠厝一座

肇新　乏嗣

肇新即奇某次子生康熙四十七年戊子四月廿八申時卒佚

肇勳　子三　志襲　志揚　志意

肇勤即奇月長子字必中號愧時生康熙廿九年庚午五月初一子時卒乾隆十三年戊辰七月初六丑時即葬當蓮嶺圳上大路邊坐　向　娶溪南蘇氏照娘生康熙四十四年六月初一卯時卒　年　月　時葬　女長桃娘適大墘林恋官次族娘適鴻卿李廣官

肇雲　子三　志恭　志對　志耦

肇雲即奇月次子字必從號拖龍生康熙三十二年癸酉正月初二戌時卒雍正十二年甲寅六月初十申時至乾隆十一年丙寅十二月廿十瓦棺葬大坪崙坐　向　娶過溪李氏勧娘生康熙四十五年丙戌十月初五午時卒乾隆十年乙丑正二

十葬祖山石室崙内埈頭坐　向　女一寶娘適芹石林三官

肇彖　子六　志昆　志造　志霜　志監　志絨　志北

肇彖即竒月三子字必材號嘉美生康熙三十四年乙亥九月十六辰時卒乾隆十九年甲戌十月十六戌時葬虎埪山牛角壠崙甲庚兼寅申　娶周堂陳氏任娘生康熙四十五年丙戌七月廿八亥時卒乾隆五十九年正月初六吉時葬尾圳仔坐壬丙兼子午　女長綴娘適大墩林典官　次樓娘適興一王情官三敬娘適大墩林其官

肇曉　子二　志旦　志雅

肇曉即奇月四子字必喻號義美生康熙三十八年己卯八月十八卯時卒乾隆三十三年戊子五月廿一卯時葬尾圳仔田中艮坤兼寅甲　娶吳埔楊氏廉娘生康熙四十六年丁亥八月廿七卯時卒乾隆四十七年壬寅二月廿八巳時　女長專娘適下坑黄提官次玖娘適谷山林家

肇琰　子六　志景　志表　志奕　志斗殤　四聯　志七

肇琰即奇月五子字必琨號珍琳生康熙四十六年丁亥三月十五未時卒乾隆三十六年辛卯二月十九申時葬梅山坐申寅兼庚甲　娶內園蘇氏錦娘生康熙五十三年甲午十一月初六亥時卒乾隆元年丙辰六月初四卯時葬祖山新厝墓坐

甲寅蕉庚甲生子志景　又娶府城米倉巷陳氏孟娘生雍正元年癸卯八月十六戌時卒　年九月廿二未時葬大坪尾壬丙蕉子午　女長載娘適井邊陳家次益娘

肇龍　子三　志序　志居　志額

肇龍即奇三長子生失孜卒四月廿三日葬虎埪口田中坐辛向乙　娶陳氏改適

肇鳳殤

肇鳳即奇三次子字必飛生卒葬失孜

肇連

肇連即奇卒長子生　年三月廿四寅時卒　年八月廿七巳

時乾隆十五年十月初一丑時合肇是仝葬梅山路后坐坤艮

娶　氏無育改適

肇通

肇通即奇率次子殁江西生卒候查

肇是　子一　志重

肇是即奇率三子字必明生康熙　年二月十四戌時卒七月十一巳時乾隆十五年十月初一丑時合連仝葬在梅山路後坤艮向　娶周氏后改適　女延娘適周堂陳方官

肇觀　子三　志安　志純　志日

肇觀即達甫長子字必顯號有孚生康熙戊辰年十二月廿一

丑時卒雍正癸丑年十月初六亥時葬大坋頭中崙壬丙兼子
午向　娶溪南蘇氏勧娘生康熙庚午年六月初三卯時卒乾
隆十四年十一月廿二卯時葬小張宅中崙生壬丙兼子午
女細娘適埔上楊旭官

肇富　子一　志續 係柳子繼

肇富即奇天次子字必廣號体胖生康熙甲戌年八月廿四辰
時卒乾隆癸未年二月初七午時葬本處深内坐　向
娶溪南蘇氏完娘生康熙庚辰年七月初七辰時卒乾隆庚午
年十一月初二申時葬小張宅坐

肇考　子五　志郊　志運　志衙　志景　志賀

肇考即奇天三子字必参號在興生康熙戊寅年八月廿七子時卒乾隆己丑年九月初五卯時葬深内田中坐壬丙兼亥巳娶蘇氏坤娘生康熙癸未年九月廿一巳時卒乾隆甲午年九月十七未時　女良娘適溪頭柯阻官次送娘適上壬陳千官三香娘適東洋陳奎官

肇科　子二　志保　志漸

肇科即奇天四子字必塲號廷試生康熙壬午年五月初八寅時卒乾隆甲戌年六月廿五巳時葬大張宅頭辛乚向　娶鴻卿李氏忍娘生康熙丁亥年二月初四亥時卒乾隆辛未年五月十七申時葬大張宅坐　向　兼　女長月娘適龍居鄭樹

官次卯娘適上地胡慶官三盡娘適上地胡埕官
肇甲　子二　志諒　志蔣
肇甲即奇天五子字必登號聯騰生康熙乙酉年六月初十寅
時卒乾隆三十四年九月十二未時葬小張宅生　向　娶崎
兜温氏論娘生康熙庚寅年閏七月初三酉時卒乾隆十六年
閏五月初七酉時葬大張宅埈尾亥巳乾巽向　又娶城内蔡
氏美娘生康熙癸巳年十月十五寅時卒乾隆壬辰年五月十
三辰時葬小張宅狗肚形生　向　女族娘適縣内顏梅官次
桃娘適曾口坂傅崇盛
肇田　子二　志壬　志赫

肇田即奇天六子字必千號拱芳生康熙壬辰年十二月廿六
卯時卒乾隆甲午年十月初四戌時葬本鄉放墓脚生　向
娶黄桂陳氏晏娘生康熙乙未年七月十五未時卒乾隆乙卯
年六月初一酉時葬小張宅狗頭坪生　向　女瓦娘適溪
南蘇澤官次作娘適曾口坂傅好官三悔娘適光德梁開官四
美娘適路尾李尊官

肇軍

肇軍即奇賢長子號志師生康熙戊子年二月十七辰時卒雍
正戊申年十月廿九戌時葬苦坑崙丁癸午子向

肇臣

肇臣即奇賢次子生卒葬失攷

肇從　子二　志果　志尊

肇從即奇賢三子字必用生康熙　年十月　酉時卒乾
隆五年正月三十日巳時葬跳坑生　向　娶府城王氏素娘
生雍正　年十月初五酉時

肇昭　子四　志幾　志教　志子　志蒲

肇昭即奇武長子字必耀號穆軒生康熙乙丑年七月初四辰
時卒乾隆丙午年正月初一申時葬大張宅尾坐　向　娶上
地胡氏担娘生康熙丙寅年七月初三戌時卒乾隆癸亥年九
月三十日寅時葬寨仔兜坐庚甲兼申寅　女一適楊家

肇贊

肇贊即奇武次子生康熙戊寅年八月十六寅時卒康熙五十
三年九月初一卯時葬本山匏靴崙坐　向

肇典　子一　志偲

肇典即奇武三子字必峻號帝明生康熙戊辰年二月廿三甲
時卒康熙辛丑年十一月廿七巳時瓦棺葬寨仔兜坐
娶石壁郭氏省娘生康熙癸酉年九月初九未時卒乾隆　年
十月初四吉時葬本山新田崙生　向　女近娘配灶坑黃家

肇朝　子三　志福　志延　志眼

肇朝即奇武四子字必會號輔仁生康熙辛巳年七月十三卯

時卒乾隆己亥年二月初四申時葬本山梭木埪坐　向
娶井邊陳氏粉娘生康熙丙戌年十月十八亥時卒乾隆己巳
年九月初八亥時葬梅山坐　坐　向　女仕娘適林家

肇臺

肇臺即奇六長子生卒葬失考

肇圭　子一　志聲

肇圭即奇六次子字必鎮生康熙己丑年十一月初八卯時卒
乾隆丁未年正月廿二寅時葬跳坑虎咬狗猪母崙坐
娶陳氏進娘后改適

肇起　子五　志菊　志苓　志好　志脩　志歷

肇起即奇平長子字必鳳號棲梧生康熙戊寅年九月十八巳時卒乾隆廿三年四月初九巳時葬新田后壁坐

娶宮坂傅氏成娘生康熙辛巳年九月廿一酉時卒乾隆己卯年三月廿二酉時葬深内虎形墓脚坐　向

女瑚娘配大墩林次對娘配東洋陳

肇賞　子二　志亢　志錐

肇賞乃奇平次子字必金號昆麓生康熙丙戌年正月初七日申時卒乾隆己丑年十二月初六丑時葬土壠崙坐　向

娶埔頂楊氏来娘生康熙己丑年五月廿六卯時卒佚葬石皮按坐　向

女才娘配延寿吴家　次斤娘配蓬洲王家

肇寀

肇寀即奇平三子生卒葬無攷

肇添　子四　志宗　志愷　志輝　志約

肇添即奇文長子字必籌號徽華生康熙壬申年九月廿五
丑時卒乾隆己未年五月十二丑時葬深內石碣仔生
娶埔頂楊氏曰娘生康熙辛巳年十一月初十吉時卒乾隆甲
午年十二月十七未時葬小張宅虎爪崙乾巽戌辰向
長女吉娘配井邊陳家次級娘配苦帽朱家

肇政

肇政即奇旺養長子生雍正九年正月廿三寅時卒佚

肇轉

肇轉即奇旺次子生雍正十一年六月十七辰時卒佚

肇賤

肇賤即奇里長子生乾隆八年八月初二辰時直戌時

肇遠　子一　志計

肇遠即奇里次子　生乾隆十年三月初五申時卒嘉慶十五年四月十二申時葬本鄉大嶺邊坐　向　娶施氏眈娘生乾隆十六年　卒乾隆四十八年七月初一巳時葬本鄉橄欖下坐　向

十三世

志求　子二　元創　元醒

志求即肇義抱養子字有藝生康熙三十四年四月廿六辰時卒乾隆　年閏　葬　　娶埔頂楊氏賤娘生康熙三十九年二月初七卯時卒乾隆八年八月廿二酉時葬

志普　子一　元麃

志普即肇禮長子字有力生康熙三十九年五月初六午時卒葬失攷　娶嶺頭蘇氏魁娘生康熙四十三年八月廿七寅時卒乾隆十五年十月廿四辰時葬山門墘頭辛乙向

女長品娘適大墘林家二次娘　三丑娘　乾隆二年丁巳與志山合構本鄉美坋中厝乙座坐亥向巳

志繼

志繼即肇智抱養子字有術生康熙五十二年五月初一酉時卒乾隆六年十月十七午時葬　娶大墘林苗官女儉娘生康熙五十四年十月初八卯時卒雍正十三年十月十九戌時葬樟坑壠荒田水埕上坐壬向丙　與志普志山合構尾坋中厝乚座坐亥向巳

志山　子二　元始　元遇

志山即肇智次子係肇好三子繼字有艮生康熙五十七年八月十九未時卒葬失攷　娶上地胡氏佁娘生康熙五十七年八月廿七辰時卒　乾隆　葬

二年與志普志繼合構尾坋中膺山座亥巳向

志鶴

志鶴即必恭之子字　生卒葬失攷

志亥　子一　元串

志亥即肇彬長子現住江西候查

志新　子一　元延

志新即肇彬次子亦移江西

志培　子四　元壯　元混　元嚴　元肆

志培即肇慕長子字有植生康熙卅五年九月廿一吉時卒

年　月　時葬　娶大墘林氏重娘生康
熙四十四年六月初八吉時卒　年　月　時葬
與志操志簒合構本鄉菅湖内厝乚座坐
志操　子三　元弁　元黨　元美
志操即肇慕次子字有存生康熙四十八年二月廿九吉時
卒　年　月　葬　娶鴻卿李氏報娘生康
熙五十一年七月廿一卒失孜葬大張宅坐　向
仝志操志簒合構菅湖内厝乚座两護併前横厝一行
志豐　子三　神佐　元賍

志爕即肇慕三子字有甑生康熙五十九年九月廿五吉時卒

年　月　葬　　　　　娶鎮府李氏擬娘生雍正元

年四月廿二吉時卒葬无𢀖

志八

志八即肇白長子生康熙四十九年八月十一丑時卒佚

志老

志老即肇白次子係肇好四子繼生雍正六年戊申六月初二

子時卒葬佚　　　　　　　娶上地胡氏器娘生

乾隆六年辛酉十一月　　日卒佚

志性　子一　　元朧

志性即肇好長子生康熙五十年辛卯六月廿十未時卒葬失
攷　　娶許氏晚娘生康熙四十九年庚
寅正月初八吉時卒乾隆十四年己巳十一月初二亥時葬祖
山石皮內崙生　向

志梅

志梅即肇好次子生康熙五十三年甲午十月廿九酉時卒葬
失攷

志漢

志漢即肇嘉長子生卒失攷

長房

志庚

志庚即肇嘉次子生卒失攷

志擇　子一　元仁

志擇即範正公長子字有升通曉脉理恒心濟世號曰恒濟生康熙六年丁未六月廿一丑時卒康熙五十二年癸巳閏五月二十申時年四十七雍正二年甲辰十二月十六子時葬虎崆田崙中庚甲兼酉卯　娶東溪陳高官長女默娘生康熙八年己酉十月初四酉時卒乾隆廿九年甲申十月十五卯時壽九十六　莊邑侯採入縣乘云早寡子幼苦守五十五勤慎節

2

青溪蓬萊張氏宗譜

儉里閒稱之號曰　乾隆三十年十二月初九巳時葬祖山寨仔兜內午子兼丁癸外坐丁向癸兼午子　女二長適蓮格太學生陳毓元長郎擭官次適蓮格陳炎官

邑庠生士俊　子三　元肅　元雍　元穆

邑庠生諱士俊名志善字有慶號樸軒即範正公次子也　范學院取進安溪學第八名生康熙十二年癸丑四月廿八日丑時卒乾隆五年庚申四月十二未時壽六十八　娶與一里李興岐公長女盼娘生康熙十五年丙辰十一月廿七辰時卒康熙五十六年丁酉九月廿十辰時年四十二號勤慈雍正八年

庚戌十一月初七午時葬祖山卓坑壠頭中崙戌辰乾巽向
續娶魁斗奕俊劉公長女謹娘生康熙三十年辛未五月廿六
日寅時卒乾隆元年丙辰十二月十一酉時年四十六號慎慈
無育至乾隆廿五年十二月十五巳時與公合葬大墩頭崙田
中庚甲申寅向　又娶東溪號廷趙公長女陳氏泰娘生康
熙廿九年庚午十月十五亥時卒乾隆三十八年癸巳十月十
八卯時號恬慈亦無出至乾隆四十三年十二月初四巳時葬
本山卓坑壠口中崙坤艮兼未丑　雍正十一年癸丑公自
構本鄉大墩頭田中厝乚座連小厝二護閣分三子居住

志固　子六　元温　元厲　元安　元墀　元賓、元肯

志固即範丑公三子字有箺號定軒生康熙十五年丙辰正月十四辰時卒乾隆十九年甲戌二月廿八巳時壽七十九至乾隆廿四年己丑十二月初十申時葬本鄉虎埪大壠頭酉卯兼庚甲　娶魯珽蔡氏喜娘係好官長女生康熙十九年庚申八月十九午時卒乾隆三年戊午十二月廿九申時壽五十九生男五女一任娘適大墘太學生林顯官　又娶林邊温氏宜娘生康熙三十九年庚辰九月十一辰時卒佚生男肯　乾隆年間公自構本鄉營尾田中厝乚座連小厝二護生乾向巽

儒士志執　子五　元琳　元榜　元懷殤元郁殤元解

儒士志執即範正公四子也字有圭號允軒生康熙廿十年辛酉正月十八辰時卒乾隆三十二年丁亥十月廿八卯時　娶厚垵謝氏姿娘係二妹官長女生康熙廿三年甲子十一月廿三酉時卒乾隆廿九年甲申四月初十午時女二長勧娘適翰苑李田官次適上地鄉賔胡進徽次郎旺官公葬本處墓林池头乾巽亥巳　媽葬洋山鄉轉内辛乙戌辰自攜本鄉土名土樓后三落厝乙座坐壬向丙兼　鬮分三子居住

國子監生士應　子四　元瑚　元貢　元統　元褒

國子監生諱士應名志學字有聚號悅軒即範正公第五子也

雍正十年捐納國子監生生康熙廿二年癸亥八月廿二甲時
卒乾隆十五年庚午正月廿八戌時壽六十八　娶大墘庠生
林端峯公長女沣娘生康熙廿二年癸亥十月十九日未時卒
乾隆十六年辛未十一月初四戌時壽六十九號勤慈女一宛
娘適南安蓮島太學生鄭植桂　乾隆元年自構埔頂居乚座
連小厝二護坐寅申兼艮坤右畔書房乚座　又構虽斗崎厝
一座坐辛乚兼酉卯俱分四子居住　公葬在本里土橋内
桔仔崙坐癸向丁兼子午　媽葬本鄉虎埪坪生酉向卯
兼辛乚

志閅

子四　元雄　元齊　元整　元芳

志問即範正公六子字有本號初軒生康熙廿七年戊辰六月廿五辰時卒乾隆十九年甲戌閏四月廿四酉時　娶蓮格陳習官長女孌娘生康熙三十一年壬申二月廿三未時卒乾隆四十四年乙亥七月初六丑時壽八十八女一探娘適谷山蕭詠官長郎伏官　乾隆十四年己巳自構本鄉湲股内厝乙座庚甲兼酉卯左右小厝兩護右畔構書室一分與四子居住公于乾隆廿年乙亥八月廿五巳時葬横坑鄉土名崩岩尾田中坐丙壬兼巳亥　媽至乾隆五十七年壬子四月廿六酉時葬在與一里龍居鄉土名大梅厝桶后中崙乾巽戌辰

志受　子二　元稷　元杏

志受即肇泰長子字有祿號保園生康熙廿二年癸亥八月廿二寅時卒乾隆廿年乙亥十一月十一子時葬后坑崎田中坐　向　娶曾口坂庠生傅道岸長女惜娘生康熙三十年辛未八月廿十亥時卒乾隆二年丁巳七月廿六未時就廿七午時葬潘厝尾崙壬丙兼子午后改葬梅山深田坐　向　無育抱養本姓元稷　側室陳氏生康熙四十一年壬午十二月二十亥時卒失攷　生子杏　雍正年間自構本鄉稻厰頂一座坐亥向巳

志思　乏嗣

志思即肇泰次子字有宰生康熙廿五年丙寅八月廿五寅時
卒乾隆辛未年八月十九酉時葬跳坑崙坐　向

志參　子四　元祐　元品　元仍　元忍

志參即肇泰三子字有魯號質園生康熙三十九年庚辰七月
廿七辰時卒乾隆三十一年丙戌二月十九酉時　娶洋山姚
左使長女近娘生康熙四十七年戊子三月廿九酉時卒乾隆
三十一年丙戌二月廿四酉時與夫合葬石鼻頭内丑未癸丁
女一冰娘適頂刘劉潡官

志愿

志愿即肇泰四子字有聪號吉園生康熙四十二年癸未六月

紹賢

廿五丑時卒乾隆元年丙辰九月十四寅時就十五日葬合坑壠崙坐申向寅　娶陳氏無育改適

志萬　子一　元适

志萬即肇謙長子字有邦號咸裕生康熙三十五年丙子九月廿八子時卒雍正元年癸卯二月廿一卯時年廿八雍正三年十二月初十寅時葬水洞垵頭中崙坐丑未兼癸丁　娶蓮格陳習官次女玩娘生康熙三十五年丙子四月初九辰時卒乾隆三十八年癸巳七月十二辰時壽七十八守節五十年葬小張宅坐卯酉兼乙辛　女一鑽娘適魯口坂傳五官　乾隆廿二年丁丑修安溪縣誌登列女傳所云述在世文錄

志養　子三　元就　元韶　元嘆

志養即肇謙次子字有直號及裕生雍正元年癸卯十一月初三辰時卒乾隆三十九年甲午九月十五吉時葬山門生西向東　娶塘尾陳先官長女課娘生雍正元年癸卯二月廿三酉時卒葬佚

女一準娘適洒滘劉桃官

鄉飲賓志廣　子四　元知　元蚩　元叟　元曾

鄉飲賓志廣即肇謙三子字有積號遠裕乾隆三十九年甲午二月初六躬率四子移居延平府沙縣九都壠東水尾后底鄉自架長岸行墘屋一座上下兩棟未丑坤艮向庚子年又架嶺美厝乙座上下兩棟左右內外護厝辛向乙兼戌辰生雍正六年

戊申正月廿五巳時嘉慶十四年已巳蒙沙縣正堂　翁教諭童訓導劉舉飲大賓賜以望重天朝匾額卒嘉慶十五年庚午二月十八未時壽八十三葬沙城小北外下馬廚土名麥山坐乾巽兼亥巳　娶周堂陳思官長女于娘生雍正十年壬子八月十六日卯時卒乾隆十二年丁卯三月十七巳時號昭懿葬安溪祖山山門瓦窑崙坐辛乙兼戌辰　又娶黃栢蔡悅官次女配娘生乾隆四年已未七月三十日寅時卒乾隆三十一年丙戌二月廿二酉時號和慈葬祖山林内坐坤艮兼未丑

女一曰娘適大墘林恤官

志福　壬　元既濟殤　元庚殤　元厚

心阮公派

志福即肇謙四子字有多生雍正九年辛亥十二月十五酉時
卒乾隆五十年二月廿一吉時葬
娶谷山蕭氏衍娘生乾隆年間卒佚葬
志光　子四　神佑　元才　元腴　元喜
志光即肇伯長子字有道號時行生康熙三十一年壬申二月
廿七酉時卒乾隆　年七月十六葬　　娶崎兜温燮
官女坤娘生康熙三十五年丙子八月十九卯時卒乾隆年間
葬在
女二　長有娘適蓮格陳東官　次理娘適科坂翁錦官
志侯　子三　元桂　元奏　元秦

志候即肇伯次子字有甸號戚在生康熙三十七年戊寅二月初五午時卒乾隆十年乙丑十一月初五未時就初六巳時葬合坑崙坐　向　娶蓮格陳疊官三女箕娘生康熙四十五年丙戌三月初六申時卒乾隆年七月十四日葬

女二長月娘適科名黃義官次遏娘適山頭陳楚官

志總　子六　元韜　元享　元三　元千　元圖　元完

志總即肇伯三子字有讓號秉思生康熙四十年辛巳九月廿三寅時卒乾隆　年五月廿二日葬　娶崎縣陳資官女扳娘生康熙四十九年庚寅九月十六酉時卒葬失考

女長景娘適巷口溫岩官次勸娘

志送

志送即肇守長子生康熙四十一年壬午十月廿三戌時卒雍正　年十月十一吉時葬

志居

志居即肇守次子生康熙五十年辛卯十二月十九辰時卒　年　月　葬

志貫

志貫即肇守三子生康熙五十五年丙申　月　日乾隆三年戊午六月初十日卒台湾南路呵猴街媽祖宮邊

志潭

志潭即肇守四子字有淵生康熙五十九年庚子正月廿二亥時卒葬失致

志佁　子一　元藻

志佁即肇倫長子字有開生康熙五十年辛卯三月初五亥時卒乾隆三十一年丙戌十月初十日葬娶曾口坂傅氏　娘生康熙四十九年庚寅八月廿八酉時卒乾隆四年己未六月十三酉時就本月十五子時葬寨街下灌注埈坐癸向丁兼子午

志宅　子五　元玊　元崇　元德　元位　元擬

志宅即肇倫次子字有與號維美生康熙五十五年丙申十二
月十二辰時卒乾隆三十六年辛卯五月初二辰時葬
娶埔頂楊篇官長女義娘生康熙五十七年戊戌二月十四酉
時卒乾隆三十六年辛卯二月初二辰時葬　　女緞娘
志營　子二　元蘊　元妹
志營即肇倫三子字有經號克締生康熙六十年辛丑十月初
十丑時卒乾隆　年十月初一申時葬
娶上地胡氏甘娘改適
志隨　子三　元發　元戍
志隨即肇倫四子字有季生雍正五年丁未八月初一未時卒

心敘派

于　年七月十四日葬　　娶路尾趙賀官女修娘
生乾隆四年己未正月廿四辰時卒　年十月廿六日葬本山
麻頭池坐　向
志助　子二　元旺　元椿
志助即肇遺長子係胞兄守次子繼立字有信別名履思生康
熙四十七年戊子十一月廿八戌時卒乾隆四十九年甲辰四
月初一申時葬虎埪山坐　向　娶蓮格陳越官女度娘生
康熙五十三年甲午六月初八子時卒佚葬
志審　子二　元乾　元撮　元叄　降行出継元温

汾陽世系郭氏家譜

以敬派

志審即肇儀長子字有象號恥傳生康熙廿四年乙丑十一
月十六亥時卒乾隆年間葬　娶洋山朱
祖娘長女添官生康熙廿六年丁卯四月廿十午時卒乾隆
年　月　日葬在
自構本山石岸厝乙座坐壬向丙

志高
志高即肇儀次子生康熙廿九年庚午三月初二午時卒
年　月　葬

志由　子二　元逞　元復
志由即肇儀三子字有位生康熙三十四年乙亥十一月初六

巳時卒乾隆年間葬　　娶溪頭柯津官長女
怏娘生康熙四十四年乙酉三月十四丑時卒乾隆年間葬在
又娶　氏
與志慥合構後崎厝乙座坐乾向巽兄弟三人分住

志慥

志慥即肇儀四子字有知生康熙三十八年己卯二月初六卯
時卒乾隆　年　月　日葬

志敏　子二　元朗　元二

志敏即肇儼長子字有樹號耻掟生康熙四十一年壬午二月
初二丑時卒乾隆七年壬戌六月十一巳時年四十一即葬虎

嚴派



埪荒田上生　向　娶永安橋頭街殷氏眈娘生康熙四十
四年乙酉十二月初七未時卒乾隆二十年　月　葬
女二長訪娘配曾口坂傅家次預娘配龍居鄭家

志疊　子一　元晏

志疊即肇儼次子字有裔號究山生康熙四十三年甲申七
月初七寅時卒乾隆二年丁巳九月初四巳時葬梅山路上
娶溪南蘇立官長女巽娘生康熙四十八年己丑十月
十六戌時卒乾隆年間葬
女一聽娘配上地胡良官

志汝　子二　元笏　元鶴

志汝即肇儼三子字有楫號趾為生康熙四十六年丁亥七月初九辰時卒葬佚
娶上地胡寛官三女險娘生康熙五十年癸巳又五月廿八辰時卒葬失考
女一却娘
志器 子三 元嘉 種德 元英
志器即肇儼四子字有利號趾先生康熙五十年辛卯十一月初二午時卒葬佚
娶溪美劉成官三女姜娘生康熙五十八年己亥十一月初四卯時卒葬佚
女二長妹娘適科名黃家 次持娘適赤嶺林茁官之子

志廩　殤

志廩即肇儼五子字號耻俸生雍正二年甲辰五月初一午時卒乾隆十一年丙寅七月二十戌時就廿三未時葬水洞垵口年廿三歲葬向寅申艮坤

志玉

志玉即肇得長子生康熙五十年辛卯十月廿八巳時卒雍正九年己酉九月廿六巳時年二十乾隆十年三月初四巳時合母林氏仝葬鑄鼎崙尾辛乙兼戌辰

志貌　子三　元敦　元隱　元升

志貌即肇得次子字有言生康熙五十八年己亥二月初七寅

時卒乾隆三十一年四月廿九酉時葬
娶鴻卿李氏旅娘生康熙五十八年已亥十一月十九丑時卒
葬失攷　　女三長金娘適谷山林
彩官次錢娘適灶坑黄模官三双娘適洋山胡表官

志董

志董即肇得三子生雍正四年丙午十月初七卯時卒乾隆
年五月十四辰時葬　　娶西山林氏
娘生卒失攷

儒士志曆　子四　元璽　元繹　元驪　元定

儒士志曆即肇戦長子字有哲號道存生康熙三十四年乙亥

九月十二辰時卒乾隆廿九年甲申八月廿四卯時在臺卒年五十七葬　娶后垵謝二妹官次女宜娘生康熙廿三年甲戌十月十五子時卒乾隆三十年乙酉十一月初七寅時葬小張宅甲庚卯酉向　女一仰娘適路尾李顧官

志柔　子二　元朔殤　元裔

志柔即肇戰次子字有體號遠寧生康熙三十九年庚辰六月初三丑時卒雍正元年癸卯十一月初九辰時年廿四雍正八年瓦棺葬梅山新田后壁坤艮未丑　娶大墘林北官四女布娘生康熙三十九年庚辰二月廿四午時卒乾隆辛未年六月廿七巳時葬尾圳仔壬丙亥巳

儒士志察　子三　元質　元槖　元藹

儒士志察即肇戩三子字有省號理密生康熙五十三年甲午三月三十日巳時卒乾隆五十五年九月初九未時葬山門頂路癸丁兼丑未　娶瓦窑口蔡福官三女端娘生康熙五十六年丁酉三月廿六辰時卒乾隆五年庚申十二月廿三未時就本月廿五辰時葬跳坑后仝陳氏合葬山門頂路坐　向　生子元質女一暖娘適谷山林晚生官　又娶蓮格陳果官長女福娘生康熙四十八年己丑七月初十丑時卒　年　月　日　時生子元槖元藹女牙娘適

志執殤

志熱即肇戟四子號既濟生康熙五十六年丁酉正月二十午
時卒乾隆元年丙辰五月十七未時就本月十八申時葬大坪
乾巽兼戌辰
志樞　子五　元陶　元孔　元庇　元確　元均
志樞即肇爕長子字有辰號榮機生康熙四十七年戊子十一月
初五午時卒乾隆己亥年八月廿六未時葬卓坑壠坐坤向艮
兼申寅　娶后垵謝尊官長女鑚娘生康熙四十九年庚寅五
月十五戌時卒乾隆　年正月初四吉時葬虎堀楓樹仔坐
　女一乃娘適翰苑李智官又娶五里埔王氏　娘生
康熙　年　月　日　時卒葬佚

紅头

志權　子二　元長　元仙

志權即肇變次子字有奐號似卑生康熙五十三年甲午十月初四酉時卒乾隆十四年已巳　月　時葬虎埪林脚坐西向東　娶岢厝林安官長女聖娘生康熙五十四年乙未十一月十七卯時卒乾隆　年　月　葬

志報

志報即肇双長子生康熙四十一年壬午正月廿二辰時卒乾隆八年癸亥三月廿九辰時葬跳坑石皮頭内坐

志長　子三　與萬　與聖　與尚

志長即肇傳長子字有立現住建寧府甌寧縣三十都安口生

康熙四十三年甲申三月初三午時卒葬佚
女二　秀娘適崇安陳石官　衍娘適崇安卲柃官
志春
志春即肇傳次子字有祁生康熙五十二年癸巳正月十六丑
時卒佚葬　　　　　　　　　　　　　　　娶水吉詹都官長
女尾娘生康熙五十三年甲午七月廿二亥時卒佚葬
　　　　　　女一適水吉黄其双官
志意
志意即肇傳三子字有誠生康熙五十九年庚子十二月三十
日寅時卒佚葬　　　　　　　　　　　　　娶鎮江縣陳偉官女

葉娘生雍正二年甲辰六月初七辰時卒佚葬

女一申娘適安口李成官

志四

志四即肇傳四子生雍正五年丁未六月初二未時卒

年　月　時葬

志頼　子五　曾朝　元經　元妙　元楚　元晩

志頼即肇厚長子字有弼號富歲生康熙廿一年壬戌八月廿

二辰時卒乾隆六年辛酉九月廿四午時壽七十

娶土樓蔡中官次女正娘生康熙　年　月　時失孜

葬新田后壁坐　向　無育　又娶

金谷溫香官長女進娘生康熙三十一年壬申三月十三辰時卒
乾隆十六年辛未八月初一午時與公合葬苦坑崙頭壬丙兼
子午　女一餘娘適沈洋王百官

志發　子一　尊漢

志發即肇厚次子字有節生康熙　年　月　日　時卒
失孜葬　　　　　　　　　　　　　娶井邉陳氏湲娘生
康熙年間卒佚葬

志興

志興即肇靜之子係胞兄肇厚三子繼生康熙三十二年癸酉
正月十三戌時卒佚葬

娶庵内温寅官四女受娘生康熙四十二年癸未二月十八巳時卒佚葬

志揆　子二　元酉　元黄

志揆即肇老長子字有亮號惠我生康熙四十五年丙戌二月廿六午時卒乾隆三十八年癸巳又三月廿一寅時仝長子元酉葬寨仔兜口坐庚甲兼寅申　娶周堂陳詰官女裕娘生康熙五十五年丙申十一月初一辰時卒乾隆己卯年四月初二午時葬　女三長旅娘適鴻卿李保官次盂娘配新村林連枝三素娘配小坑王作官

志讓　無傳

志讓即肇老次子生康熙四十八年己丑三月廿三寅時卒

年八月初六吉時葬

志誥

志誥即肇老三子生康熙五十一年壬辰十一月二十辰時卒

乾隆　年十一月二十日葬龜山格甲庚寅申

志汪

志汪即肇老四子生康熙五十九年庚子六月廿六未時卒

年　月　日　時葬

志殷　子四　元鑽　元壽　元祿　元文

志殷即肇彬長子字有盤號在陸生康熙廿九年庚午二月廿

青溪蓬萊張氏宗譜

一寅時卒乾隆丁卯年二月廿二亥時葬石碣上坐甲庚兼卯酉　娶溪南蘇省官次女閩娘生康熙辛未年又七月初二午時卒乾隆四十六年五月初八巳時葬大坪田下癸丁兼子午女二長信娘適延壽院吳祿官次程娘適上地胡拔官

志障　子六　元督　元衛　元國　元俊　元膺　元超

志障即肇彬次子字有保號奕臨生康熙三十三年甲戌十一月廿四申時卒乾隆三年戊午十一月廿五卯時年四十五葬午角壠頭坤艮兼　娶溪邊坂胡尚官長女錦娘生康熙三十八年己卯二月初五寅時卒乾隆辛未年七月十九日未時葬在水洞垵坐　向

志簡　子四　元和　元孕　元玠　元閣

志簡即肇彬三子字有居號奕理生康熙三十六年丁丑六月廿二午時卒乾隆甲午年十月二十申時葬大埕頭坐巳亥兼丙壬　娶上塲王章官次女乘娘生康熙四十七年辛巳十月十八酉時卒乾隆八年癸亥十月三十日寅時葬卓坑壠頭水埕上坐壬丙兼亥巳　女一敬娘適曾口坂傅降官

志益　子二　元春　元真

志益即肇彬四子字有成號奕進生康熙五十三年甲午四月初五午時卒乾隆乙卯年九月廿六酉時葬

娶溪美劉守官長女罔娘生雍正元年癸卯九月十三未時卒
乾隆辛巳年十月十一酉時葬
女二長曰娘適洋山頭次元娘適
志象　子三　元灝　元堯　元弼 繼志煥
志象即肇都長子字有肖號旁賢生康熙三十八年己卯十一
月十三寅時卒雍正八年庚戌八月廿一酉時年三十二瓦棺
葬梅山新厝墓崙田頂坐　向　娶縣内李豫和官長女謹娘
生康熙三十八年己卯八月廿六寅時卒雍正七年己酉十二
月廿五日酉時至乾隆三年戊午十二月十三未時瓦棺葬在
水洞垵口大崙坐　向

志納　子三　元注　元軫　元正

志納即肇都次子字有叙號盛時生康熙四十四年乙酉七月廿五申時卒乾隆十九年甲戌十一月初九亥時葬大坪坐乙辛兼卯酉　娶沈洋王氏望娘生康熙五十二年癸巳二月初九寅時卒乾隆四十五年庚子十一月初二辰時壽六十八葬山門外崙坐癸丁兼丑未　女一婁娘配大墘林眼官

志煥　子二　元𧗠　元奐

志煥即肇琯之子係胞兄肇都次子繼字有文號承郁生康熙四十一年壬午九月初一辰時卒雍正十三年乙卯　月　日　時年三十四坐　向　娶鴻卿李俗家官次女符娘生康

熙　年八月初二亥時卒佚葬

志敬

志敬即肇祥長子生康熙十七年戊午又三月初四辰時卒康熙四十三年甲申正月廿二子時即日葬佳壠尖坐　向

志愛　子四　元道　元所　元璉　元詩

志愛即肇祥次子字有惠號惜若生康熙廿三年甲子六月廿日未時卒乾隆十六年庚午十二月　日　時葬龟山前田中生丁癸兼未丑　娶烏塗鄭意官次女靜娘生康熙三十八年乙卯十二月十九卯時卒乾隆三十三年戊子十月十一未時葬祖山

女一英娘適谷山林蒲官

志親

志親即肇祥三子生康熙三十二年癸酉十二月初五午時卒

康熙五十四年乙未七月十四亥時葬启坑坂仔上圳頂坐

志全　子四　元萬　元登　元第　元御

志全即肇祥四子字有用生康熙三十六年丁丑二月十六子

時卒乾隆年間葬　娶大墩林五官

長女讓娘生康熙四十五年丙戌七月廿一午時卒乾隆

年　月　日　時葬

志岳　子二　元下　元切

志岳即肇編長子字有峙生康熙十六年丁巳七月廿三丑
時卒乾隆十一年丙寅十一月廿五卯時葬
娶下沄陳景官次女好娘生康熙三十九年庚辰三月廿三辰
時卒康熙五十四年乙未二月廿五巳時葬
續娶藍渡詹氏速娘生康熙　年九月初四未時卒雍正
三年乙巳八月廿九辰時葬

志冀　子　元慶　元開 繼志顕

志冀即肇編次子字有方生康熙廿七年戊辰三月十七酉
時卒乾隆三年戊午九月廿七亥時葬
娶蓬格陳同官長女完娘生康熙四十九年庚寅十二月十一

巳時卒雍正九年辛亥十一月十八巳時葬跳坑崙石頭上

坐向

志顕　子嗣　元開　係冀次子繼

志顕即肇編三子字有靈生康熙三十二年癸酉三月廿二酉

時卒失孜葬　娶山頭陳滿官三

女柳娘生康熙五十一年壬辰正月初十未時卒　年

月　時葬

志賜　子二　元新　元奪

志賜即肇瑞長子字有達號元通生康熙廿二年癸亥七月

廿八午時卒康熙五十七年戊戌三月廿三未時葬尾圳仔坐

向　娶新村林氏巽娘改適

志淵　子一　元博

志淵即肇瑞次子字有冕號朝冠生康熙三十五年丙寅九月十八酉時卒雍正八年庚戌七月十七申時瓦棺葬佳壠寨後坐　向　娶溪南蘇義官長女習娘生康熙三十年辛未三月十三未時卒乾隆三十年　月　時葬

女三長隱娘適鴻卿李春官次貫娘適井邊陳執官三險娘適周堂陳扳官

志奮　子二　元魁　元多

志奮即肇瑞三子字有翌號升飛生康熙三十二年癸酉七

月初六巳時卒乾隆元年丙辰十二月初三未時至乾隆九年甲子十二月十八日葬炭坑垵坤艮兼未丑 娶東溪陳詠官長女秋娘生康熙三十三年甲戌六月三十日未時卒雍正四年丁未四月初二亥時至雍正十三年乙卯十一月初八瓦棺葬大林口炭坑崙坤艮甲寅

士志 子四 元洋 元猷 元充（下行寔録孜充此名） 元偃

士志即肇瑞四子字有持狮向若生康熙三十五年丙子七月初七午時卒乾隆七年壬戌十月初七亥時至乾隆十一年丙寅十一月十一子時葬深坑田中酉卯兼庚甲 娶大墩林卜官三女儉官生康熙三十六年丁丑正月初八丑時卒 年

月　日　時葬

女長餝娘配龍居鄭慕官次椒娘適路尾李琓官

志群

志群即肇瑞五子生康熙四十二年壬午十一月十八卯時卒雍正四年丙午八月十七卯時瓦葬后坑崎上坐　向

志爵　子一　元弘

志爵即肇瑞六子字有尊號敦正生康熙四十八年戊子十二月初十亥時卒乾隆　年　月　日　時葬亀山后坐　向

娶井邉陳晉官長女好娘生康熙四十八年戊子六月廿三亥時卒乾隆元年丙辰正月十八子時至乾隆九年甲子十二

月十八瓦棺葬亀山后生乾巽兼戌辰　又娶　氏

女一孕娘適西園林佐官

志彭

志彭即肇然長子生康熙四十一年壬午十一月二十戌時卒

雍正八年庚戌十一月廿五酉時葬大張宅坐　向

娶李氏準娘改適

志暖　子一　元突

志暖即肇然次子字有春生康熙四十四年乙酉七月十一酉

時卒乾隆九年甲子九月十五未時葬台灣南路淡水塔楼牛

埔上　娶后垵殷恬官女有娘生康熙四十四年甲申九月

六初未時后改適

志祐

志祐即肇然三子生康熙五十年辛卯七月十二巳時卒

年 月 日 時葬

志建 子二 元珠 元作

志建即肇竹長子字有歲生康熙五十一年壬辰十一月三十

日戌時卒失孜葬 娶洋山胡杞官女

巧娘生康熙五十八年己亥十二月十三未時卒乾隆十五年

月 日 時葬 女一配娘

志苗

志苗即肇竹次子生雍正元年癸卯二月二十午時卒乾隆
年　月　日　時葬

志詠
志詠即肇竹三子生雍正五年丁未正月初九酉時卒失攷
葬在

志欲
志欲即肇璋長子生康熙五十七年戊戌五月初九酉時卒失
攷葬

志接　子一　元軍
志接即肇璋次子字有迎生雍正六年戊申九月廿三酉時卒

年　月　日　時葬
娶將厝林氏抱娘生雍正十一年癸丑十一月廿二午時卒佚
葬在

志夏

志夏即肇璋三子生乾隆二年丁巳十月十七未時卒
年　月　時葬

志辯

志辯即肇柳長子生雍正元年癸卯四月廿五子時卒雍正十
年壬子四月十三卯時葬龜山後

志真

志真即肇舉長子生雍正三年乙巳八月初一未時卒
年　月　時葬
志欽
志欽即肇舉次子生雍正七年己酉二月初七寅時乾隆三十
七年壬辰九月卒在石碼娶　氏生卒无攷
志襲　子一　連城
志襲即肇動長子字有取生康熙五十三年甲午九月廿七
酉時乾隆八年癸亥六月十三亥時卒在安南海中
娶井邊林氏攺適　女一適鴻卿李家
志揚　子一　元溪

志揚即肇動次子字有鉞生康熙五十七年戊戌又八月初二
未時卒乾隆　年五月初一日葬　娶吳氏改適

志意

志意即肇動三子生雍正三年乙巳七月十三辰時卒乾隆六
年六月十八日葬

志恭　子一　元仰

志恭即肇雲長子字有奉號正軒生雍正二年甲辰五月初六
未時卒失玫葬　娶溪口林圭官

長女　娘生雍正十年壬子　月　日　時卒　年
月　日　時葬

志對　子二　元印　元邦

志對即肇雲次子生雍正五年丁未八月初三未時卒

年　月　時葬

娶　氏生乾隆年間卒佚葬

志耦

志耦即肇雲三子生乾隆元年丙辰十一月初四寅時卒乾隆

年　月　日葬大垇頭桐生脚庚甲兼酉卯向

志昆　子五　元倵　元翰　元趙　元彭　元華

志昆即肇彖長子字有仲號仲齋生雍正二年甲辰正月初十

未時卒乾隆四十八年癸卯四月十二未時葬山門壂路内生

癸丁兼丑未　娶晋江歐氏寶娘生乾隆乙卯年十一月十八申時卒乾隆四十八年癸卯四月十三戌時葬在大坪田下坐乾向巽　二女長返娘適鶴前刘孝官次業娘適蔡土楼蔡條官

志造　子二　元栽　元務

志造即肇彖次子字有化號創緒生雍正八年庚戌九月廿八酉時卒乾隆　年十月初三吉時葬尾圳仔田角乙辛向

娶周堂陳氏寅娘生乾隆丁巳年十一月十五寅時卒乾隆　年十一月初三辰時葬

女三　長亥娘適辰益廖和官　次妹娘適尤俊陳添官　三有娘

志霜　乏嗣

志霜即肇彖三子生雍正十一年癸丑正月廿八未時在臺卒
失攷

志絨

志絨即肇彖五子生乾隆八年癸亥六月十五辰時卒乾隆
年三月廿一吉時葬在厦門灰仔垵

志北

志北即肇彖六子生乾隆十二年丁卯七月廿五寅時卒乾隆
乙未年四月十三亥時葬梅山路下坐丁癸兼午子

志誕

志誕　子一　元玖殤

志誕即肇曉長子生乾隆二年丁巳三月十一辰時卒乾隆五

十年四月廿二吉時葬　　娶　氏改適

志雅

志雅即肇曉次子生乾隆九年甲子八月初二未時卒乾隆四十八年五月初二吉時

志景　乏嗣

志景即肇炎長子號維何生雍正十一年癸丑十一月廿三巳時卒乾隆　年十二月廿二亥時葬大坵頭坐

娶　氏改適

志表　子三　元呂　元夾　進興

志表即肇炎次子字有外號維裹生乾隆十年乙丑十二月廿

娶晋江黄敬達官次女心娘生乾隆三十二年丁亥三月十五申時六亥時卒嘉慶癸酉年五月廿六巳時葬

卒道光廿七年丁未二月初四巳時公媽仝葬大坪垵丑未兼艮坤　女二　長留娘配鴻卿李農官　次香娘配溪尾刘謙官

志壎　子三　元牿　元謀　元眉

志壎即肇炎三子字有抜號維萃生乾隆十三年戊辰七月初一辰時卒嘉慶丁丑年十二月廿一戌時葬林内寮口坐子午兼丁癸　娶西山林炎官次女不娘生乾隆丁亥年十一月初七午時卒道光乙酉年十二月十七辰時葬

女一完娘適上地胡銀官

志斗殤

志斗即肇炎三子生乾隆十五年庚午十一月　時卒

年　月　時葬

四聯　子二　赤香　攀桂

志四聯即肇炎四子字有登號科何生乾隆甲戌年正月初六

酉時卒嘉慶己巳年六月廿一午時葬延平府水東街大路下

柴坊脚坐　向　娶山邊黄氏生卒失攷葬

女二　長瓊娘適山邊黄願官　次寸娘適南安蓮島鄉

又娶　氏

志七　子一　元玩

志七即肇炎五子字有情號維六生乾隆丁丑年二月廿八日未時卒道光壬辰年三月廿一子時葬　　娶上坂廖兼官長女寶娘生乾隆丁酉年九月初九辰時卒道光丁亥年八月初六午時葬大坪田中右畔坐寅申兼艮坤公媽仝穴

佛仔派

志序

志序即肇龍長子殤生卒失孜

志居

志居即肇龍次子往臺生卒失孜

志頟　子三　元巖　元妟　元岱

志頟即肇龍三子生康熙三十年辛未四月初四酉時卒失攷葬在　娶大墩林辛官女同娘生康熙五十二年癸巳十二月廿六巳時卒佚葬　女一璉娘適湖坑鄭榷官

志重　子二　顔興　得意

志重即肇是長子生康熙五十八年己亥九月廿七寅時卒失攷葬

志安　子一　元愲

志安即肇覌長子字有慮號能德生康熙辛卯年十月廿四

卯時卒乾隆己卯年四月初九午時瓦棺葬土龍墓坐
娶叅内陳氏启改適
志純　子六　元捷　元郁　元莪　元必　元伍　元親
志純即肇観次子字有一號養厚生康熙甲午年正月十一
丑時卒乾隆甲申年二月十三丑時葬老婆崙坐　向　娶城
内李氏和娘生乾隆丁巳年三月初六酉時卒道光　年二月
十七吉時葬土龍墓坐　向　女勅娘適車岭柯家
志日　子五　元荷　元輕　元賜　元内　丁潤
志日即肇観三子字有新號本欲生雍正丙午年十月廿八丑
時卒嘉慶丙辰年十一月初十未時葬千秋墩田中坐壬丙

蕉亥巳　娶城内排鋪街黄氏棄娘生乾隆壬戌年十一月初
七酉時卒嘉慶丁卯年七月初一酉時瓦棺大張宅坐壬丙蕉
子午　女三　長笑娘適南安蓬島郭四友官次好娘適蔡洋
李泚官三楼娘適少卿王在官
志續　子二　元請　元道
志續即肇富長子係肇柳子繼字有以生雍正丙午年四月廿
二寅時卒佚葬深内坐　向
娶埔頂楊氏愛娘生雍正　年　月　日　時卒失孜葬
在　　　　　　　　　　女三長適埔頂楊廣官次党
姑適陳坂洋李勳官三銷姑適青洋余碑官

志鄒

志鄒即肇考長子生康熙庚子年八月初七辰時卒乾隆丙寅年十二月十二辰時

志運　子一　佛庇

志運即肇考次子字有世號國泰生雍正乙巳年二月初四卯時卒失孜葬

娶鎮府李氏謚娘生乾隆丙辰年九月廿五酉時卒佚葬

女英姑適洋內傅家

志㶊

志㶊即肇考三子生卒無孜

志景

志景即肇考四子生卒葬失攷

志賀　子嗣　中立　係志約次子承

志賀即肇考五子字有敬生乾隆癸亥年十一月十八酉時卒失攷葬

娶府城鄭氏顕娘生乾隆甲戌年十一月初五吉時卒乾隆癸巳年二月廿八未時葬

志保

志保即肇科長子外出生卒无攷

志漸

志漸即肇科次子生乾隆己未年十二月初三酉時卒乾隆庚子年九月廿二午時葬

志諒　子三　元存　元義　元脫

志諒即肇甲長子字有度號謹權生雍正己酉年十二月初一丑時卒乾隆庚戌年四月廿三未時葬

娶鍾洋易氏担娘生乾隆辛酉年四月十二巳時卒乾隆四十八年三月廿九酉時葬

志蔣　子一　元此

志蔣即肇甲次子號榮盛生雍正癸丑年二月初八丑時卒嘉慶七年四月初六酉時葬在本山放墓脚內崙坐

娶新厝陳氏折娘生乾隆甲子年八月廿三丑時卒乾隆庚戌
年三月十九巳時葬大嶺邊生

志壬　子一　元雪

志壬即肇田長子字有啟號厥中生雍正壬子年四月初三申
時卒嘉慶丁丑年九月廿十吉時葬
娶南安李氏佐娘生乾隆甲子年二月十九寅時卒乾隆四十
四年十一月十六戌時葬　女惜姑配

志赫　子二　元醒　元眈

志赫即肇田次子號厥聲生乾隆庚申年七月廿七亥時卒嘉
慶戊寅年正月廿六丑時葬小張宅口壬丙兼子午

窑樞

娶溪邊坂胡氏坦娘生乾隆甲戌年四月初四申時卒　年
十一月三十日吉時與夫仝穴　女長提姑適凡涉林要官次
雪姑適尚卿王春官

志果

志果即肇從長子生乾隆甲戌年六月初五卯時卒乾隆三十
九年十月十六巳時葬深内坐

志專

志專即肇從次子生卒無孜

志幾　子二　元寅　元牽

志幾即肇昭長子字有衡號窑樞生康熙戊子年四月初四申

時卒乾隆甲子年十月初四寅時葬大張宅頭生　向　娶石壁郭氏氣娘生康熙辛卯年三月初五寅時卒乾隆癸亥年三月十一未時葬石皮埈崙坐　向　女一桂姑配上任傅家

志教

志教即肇昭次子生康熙庚寅年十月初八丑時卒乾隆丙寅年十月十五戌時葬台湾

志子

志子即肇昭三子生雍正癸卯年十一月初二子時卒康熙年六月初八吉時葬小張宅

志蒲　子二　珍珠　群英

志蒲即肇昭四子字有儁號易生生雍正己酉年正月初六戌時卒乾隆五十三年八月十三辰時葬大張宅大崙邉生丙壬兼巳亥　娶鶴前劉氏蘊娘生乾隆壬戌年八月十一寅時卒嘉慶戊寅年正月廿九未時

志偲

志偲即肇典長子號仲錫生康熙己亥年七月十九卯時卒乾隆戊子年九月初十午時葬老婆崙生

志福　　子一　　進全抱養

志福即肇朝長子生雍正己酉年十一月初五亥時在番邦卒无攷　娶蔡洋李氏軫娘生雍正癸亥年三月十三丑時卒嘉

慶壬申年六月廿二未時葬深内放墓脚坐　向

志廷

志廷即肇朝次子號廷緩生雍正壬子年十二月初七午時卒

乾隆戊子年正月初三辰時葬梅山坐

志眼

志眼即肇朝三子號治世生乾隆壬戌年七月初九巳時卒乾

隆乙卯年十一月廿三寅時

志聲

志聲即肇圭長子號達才生乾隆丁巳年十一月十一酉時卒

嘉慶戊寅年十月廿十酉時

志菊　子三　元行　元南　元聽
志菊即肇起長子字有明號維馨生康熙辛丑年八月廿七
酉時卒乾隆丙戌年九月初五辰時葬梅山坐　向　娶蓮洲
王氏銅娘生康熙壬寅年六月初二辰時卒乾隆己巳年四
月廿二辰時葬石肥頭坐　向
女二好娘適曾洋昜三佛官　次腰娘配参内黄光富官
志好
志好即肇起三子生卒无攷只有六月廿五日祭祀瓦棺葬深
内虎形墓脚與傅氏媽合葬
志好無嗣
志修　子　元兮

志脩即肇起四子字有先生乾隆辛酉年正月十二日辰時卒乾隆五十三年四月廿六巳時葬　娶蔡洋李氏却娘生乾隆丙寅年十一月十九酉時卒乾隆五十四年九月廿七巳時葬　女巧娘配新村林水官　莪娘配谷山吴歲官

志苓宜書志菊外行因旧譜失登再查上世旧譜故書於此　子　元愿

志苓即肇起次子生雍正丙午年十一月初四子時卒乾隆壬辰年正月初四寅時葬在小張宅亥巳壬丙向

娶鄭氏勸娘改適　女發娘配黃斂官　警娘配李渠官

志歷　無出

志歷即肇起五子生卒无攷葬石碣仔崙頭生

志亢　子二　合利　自求

志亢即肇賞長子字有陳歸伯魚生乾隆壬戌年九月初十

酉時卒嘉慶癸亥年正月廿二寅時葬

娶劉氏滿娘生乾隆癸酉年正月十二未時卒嘉慶庚申年十

月廿五辰時葬

女三長便娘適新村林總官次險娘適鴻卿李家三耕娘適新

村林多官

志錐　子三　會乞　疊真　元琪

志錐即肇賞次子字有剌生乾隆乙丑年十一月廿二丑時卒

嘉慶　年十月三十日吉時葬大嶺邉坐　向
娶新村林氏麗娘生乾隆三十年二月初二辰時卒失孜葬
在　　　　　　　　　　女柔娘配東溪陳抄官次葉娘配
頂刋劉便官
志宗
志宗即肇添長子生康熙六十年辛丑九月初二午時卒乾
隆十四年己巳十月十五午時葬深内石碣仔
志愷　子六　美山　三秋　戒龍　成鎮　六養　七其　繼志輝
志愷即肇添次子字有惻生雍正己酉年十一月廿六酉時
卒失孜葬　　　　　　　　娶蓮格陳氏于娘生卒

失孜奚

志輝　子　七其承繼

志輝即肇添三子字有耀生雍正癸丑年十二月十七丑時

卒乾隆五十二年五月初七酉時奚柑橄脚坐　向

娶溪南蘇氏朕娘改嫁

志約　子三　聰俊　中立　敬慎

志約即肇添四子字有說生乾隆丁巳年八月初八寅時卒

乾隆五十一年二月十四寅時奚石肥頭坐　向　娶李氏居

娘生乾隆丁卯年九月廿九子時卒失孜奚

女長盼娘配蓮洲王究官次德娘　配李還官

志計

志計　子二　元次　元鋏

志計即肇逵之子生乾隆四十四年三月初四丑時卒嘉慶九年四月廿八巳時葬本山頂水埕坐

娶叅内葉氏后改適

国家出版基金项目
NATIONAL PUBLICATION FOUNDATION

# 海上絲綢之路文獻集成

總主编　陳支平　陳春聲

## 民間譜牒編　85

主編　林楓

海峽出版發行集團
THE STRAITS PUBLISHING & DISTRIBUTING GROUP
福建人民出版社

# 本册目次

# 〔福建安溪〕清溪蓬萊嶺美張氏宗譜十三卷首一卷（卷四至卷五）

張吉六　張緝熙纂修

# 清溪蓬萊嶺美張氏宗譜

正卷四

清溪蓬萊張氏宗譜歷世紀實　卷肆

十四世

元創

元創即志求長子生康熙五十九年十二月初九丑時卒

元醒

元醒即志求次子生乾隆二年十月廿三辰時卒

元廡

元廡即志普長子字功　生雍正七年五月十四未時卒佚葬

在　　娶中厝楊氏生乾隆三年

戊午月　時卒佚葬

元姢
元姢即志山長子生乾隆三年戊午三月初七申時卒葬佚
元遇
元遇即志山次子生乾隆六年五月廿四卯時卒乾隆三十一年十一月初五吉時葬本山虎埪
元軍
元軍即志亥長子
元延
元延即志新長子
元壯　子二　鍾哲　鍾艮

元壯即志培長子字功輿生雍正二年甲辰十月廿八吉時卒
乾隆　年三月初六吉時葬
娶鴻卿李富官次女浩娘生雍正八年七月廿八日吉時葬在
本山土名

元混　子一　鍾杯
元混即志培次子生雍正十二年十月廿九吉時卒　年
七月十二吉時葬

元巖　子一　鍾越
元巖即志培三子生乾隆三年十月十七吉時卒嘉慶十七年
八月　時葬　娶中厝陳氏　娘生乾隆

年四月初六吉時卒乾隆年間葬

元四　子四　鍾蚌　鍾爺　鍾旺 出繼 鍾床

元四即志培四子字功教號尔門生乾隆十年七月十九未時

卒嘉慶戊寅年二月初九酉時葬本山烏梨崙頭坐東向西

娶磜內李氏延娘生乾隆癸巳年八月廿四子時卒道光廿四

年五月初三申時葬南安廿八都東洋鄉石枋橋上坐西向東

女長緞娘適崎兜溫巧官次趙娘適上地胡逞官

元弁　子　鍾聘　鍾鎑　鍾栽　鍾暢 美繼元 鍾泡

元弁即志操長子生雍正十二年五月十三日卒嘉慶三年四

月十五日午時葬沙縣壠東水尾坐　向　娶內園蘇

瑗官女靖娘生乾隆十三年七月初十未時卒乾隆　年五月初五未時

元黨　子二　鍾宁　鍾飲

元黨即志操次子號亦達生乾隆二年三月十三日　時卒于乾隆六十年五月十九巳時葬本山双墓垵坐子午兼壬丙娶鴻卿李氏少娘生乾隆廿四年四月十六吉時卒乾隆五十五年十月十七吉時葬

元美　子　鍾暢承

元美即志操三子生乾隆九年十月初八日卒　年五月初十日葬

元神助　子　鍾

神助即志爨長子生乾隆十年十二月廿六日卒失攷葬在

本山　　娶石井林氏惜娘生

乾隆年間卒失攷葬

元賍　子一　鍾旺

元賍即志爨次子號闇鏡生乾隆廿五年三月十七未時卒道

光七年九月十四卯時葬本山桿坑壠路頂坐北向南

元朧

元朧即志性之子係抱養生乾隆七年壬戌十二月初一日卒

失攷葬

長房𢘊

二房

元仁　子五　鍾茂　鍾蓮　鍾百　鍾芬　鍾蕚

元仁即志擇之子字功育號端齋生康熙四十三年甲申十月廿六亥時卒乾隆三十一年丙戌十一月十六戌時壽六十三乾隆三十四年己丑十二月十八巳時葬祖山大垃頭中崙庚甲兼酉卯墓面兼申寅　娶后埈謝有齊公長女肖娘生康熙四十三年甲申九月十八巳時卒乾隆三十九年甲午九月三十日申時壽七十一道光十四年改葬本鄉卓坑壠匏靴崙尾坐癸向丁兼　女一㚑姑適五鯉埔王神注官

太學生文猷　子六　鍾曾　鍾伍出繼元雍　鍾卿　鍾唱　鍾侃　鍾贊

太學生文猷乳名元肅字功謀號懍齋即樸軒公長子也雍正

十年捐國子生諱文獻生康熙三十五年丙子九月初三未時
乾隆四十五年庚子奉　肯覃恩賜穀帛卒乾隆四十六年辛
丑六月初三未時壽八十六至嘉慶十四年十一月十五葬虎
岡后溝壠鏡面坐辛向乙兼　娶赤嶺社太學生拱和林公
長女濬官生康熙三十七年戊寅八月十五巳時卒雍正七年
己酉七月初五卯時號孝懿至乾隆十二年丁卯五月廿一卯
時葬本山大林頭內崙坐坤艮兼未丑　三男鍾卿號良弼公附
葬在內生子二鍾曾鍾伍女聘娘適赤嶺太學生林牡生官長
郎遠官　又娶東溪陳長淑長女微官生康熙三十九年庚辰
五月十七戌時生子三卿唱侃卒乾隆六年辛酉四月十五未

日二房

時就十六甲時葬本山虎堀中崙生癸向丁兼　又娶惠安
縣白鵝鄉郭公長女端娘生康熙四十三年甲申七月十七酉
時生男贊卒乾隆四十一年七月廿三吉時葬本鄉龜山邊巳
亥兼巽乾　乾隆十四年自構大墘頭下厝一座兩護生乾巽
兼亥巳分四子居住

元雍　子一　鍾伍　係胞兄元肅四子繼

元雍即志善次子字功時號黎熙生康熙三十九年庚辰五
月十七戌時卒雍正元年癸卯八月廿五未時年廿四至雍正
六年戊申八月廿四辰時葬本山龜靴崙生乾巽兼亥巳
娶路美李氏侍娘生一女嫺娘適赤嶺太學生林元秉官后侍官爲李外家苦迫改節

二房(3)

三房(1)

元穟　子一　鍾綿

元穟即志善三子字功深號孝遠生康熙四十一年壬午九月廿一酉時卒雍正二年甲辰十月廿六寅時年廿三雍正六年戊申四月初酉時葬本山阜坑壠中崙庚甲兼酉卯娶上地胡載官長女信娘生康熙四十三年甲申七月廿四酉時卒乾隆三十一年丙戌十一月十六辰時號字節生子綿嘉慶十二年十二月與孝遠公合葬阜坑壠中崙

儒士元温　子二　鍾降　鍾倍

儒士元温即志固長子字功潤號東玉生康熙四十一年壬午閏六月十一申時卒雍正六年戊申六月十一申時年十七越

227

十二巳時葬本鄉虎埪厝仔后田中坐戌辰兼　娶谷山
太學生蕭際時公長女姜娘生康熙四十三年甲申三月初
十卯時卒乾隆癸卯年五月十八甲時葬
元厲　子三　鍾望　鍾海　鍾珩
元厲即志固次子字功磨號砥齋生康熙四十六年丁亥八
月初八亥時卒乾隆四年己未十二月十九申時年三十三
娶蓮格陳賛官女居娘生康熙五十二年癸巳三月初一午
時卒乾隆　年四月十三吉時公塟溪南林后石砧崙生
向　兼　妣葬

〈3〉

元安 子四 鍾跨 鍾倍 鍾咸 鍾令

元安即固三子字功靜號欽齋生康熙四十九年庚寅五月廿七丑時卒乾隆己亥年十二月十八戌時葬本山水洞坡頭生 向 兼 娶尚卿廖奇宗官女寵娘生康熙五十三年甲午十二月初五午時卒乾隆甲辰年閏三月廿八辰時嘉慶六年十二月十六未時全兜附葬本山小張宅中崙艮坤兼寅申 女賽娘適大墘林家

〈4〉

太學生文對 乏嗣

太學生文對即志固四子雍正十年循例捐國子監生諱文對

<6>　<5>

名元墀號颺齋生康熙五十二年癸巳三月廿四辰時卒雍正十二年甲寅十二月初五酉時年廿一葬

元寶殤

元寶乃志固五子號桂齋生康熙五十四年乙未九月初五未時卒雍正十三年乙卯正月初七卯時年廿一葬

元肯　子　鍾針　鍾錠　鍾蓮　鍾綾　鍾葉

元肯即志固六子字功耒生乾隆八年癸亥五月廿一申時卒嘉慶年間葬　娶登虎榜傅寔官長女朕娘生乾隆戊辰年　月　日　時卒乾隆三十七年正月

四房1

廿七吉時葬　又娶溪頭柯佁官女法娘生乾
隆十四年己巳十月十一寅時卒

元琳　子四　鍾彩　鍾洄　鍾拱　鍾芾　鍾昌

元琳即志執長子字功翰號苑齋生康熙四十二年癸未九月
十七酉時卒乾隆十三年戊辰九月二十未時葬本山山門生
巽乾兼辰戌　娶參內黃師錫第四女佁官生康熙四十三年
甲申九月廿五酉時卒乾隆二年丁巳十二月初一酉時葬本
鄉鴨夏田中坐壬丙兼子午生子彩洄　又娶東溪陳寔官女
丙娘生康熙五十二年癸巳正月廿五未時卒　　年月

四房
〈2〉

〈8〉

日　時葬本鄉沈洋寨田中坐卯酉兼甲庚生子拱芹女一迎
姑適宮坂林宗官　公自構本處甲第居乚座丙護生乾巽兼
亥巳又構書房乚座生癸丁兼子午分與四子居住
元榜　子五　鍾宣　鍾植　鍾衷　鍾檜　鍾徐
元榜即志執次子字功登號名齋生康熙四十五年丙戌十月
初一辰時卒乾隆年間六月初八吉時葬本鄉墩上田中坐
向　兼　娶内井林式官次女尾娘生康熙四十九年庚寅
十二月二十巳時卒乾隆　年十月二十吉時葬
女佳娘適溪邉坂太學生次郎胡建官
元懐殤

〈5〉　〈4〉

元懷即志執三子號元德生康熙五十三年甲午十一月初一
酉時卒雍正九年辛亥九月初八辰時年十八葬本山山門中
崙生乾巽兼亥巳

元郁 殤
元郁即志執四子號元文生康熙五十七年戊戌九月廿八亥
時卒雍正九年辛亥九月初十辰時年十四與兄元懷仝葬

元解 子五　鍾遐　鍾邁　鍾蘭　鍾偕　鍾忠殤
元鮮即志執五子字功進號柔齋生康熙六十年辛丑九月初
二戌時卒乾隆　年八月初三吉時乾隆五十六年十二月

葬本山新厝墓坐坤艮兼未丑　娶南安十二都蓬島鄉庠生郭為璋即名竭官次女唱娘生康熙六十年辛丑四月初八寅時卒乾隆廿四年己卯六月十九巳時葬山門田中坐　向

國子生文珠　子四　鍾超　鍾沛　鍾尚係元統継　佛助

國子生諱文珠乳名元瑚即悅軒公長子也字功夏號重齋生康熙四十二年癸未十月十七辰時卒乾隆三十三年己丑十二月十三未時葬本里土橋內桔樹兜坐艮坤兼丑未至道光五年十二月化入瓦棺葬本鄉后厝龜仔墓邊坐壬丙兼

娶大墩太學生林纘官長女依娘生康熙四十三年甲申六

(2)

月初三巳時卒乾隆三十五年庚寅三月廿九寅時葬本山
佳壠尖中崙辛山兼酉卯　又娶側室陳氏玉娘生雍正二年
甲辰二月十六巳時卒嘉慶十八年六月初九吉時生子佛
助葬

鄉飲賓文金　子六　鍾沃　鍾拔　鍾熈　鍾昂　鍾坤　鍾鉤

鄉飲賓諱文金乳名元貢號鳴玉字功燕即悅軒次子生康
熈四十五年丙戌七月初七亥時卒乾隆五十三年戊申十月
廿四辰時葬本鄉佳壠尖后巽乾兼巳亥　娶光德澚內厝生
許金標次女保官生康熈四十九年庚寅正月初八未時卒乾

五房〈3〉

隆十九年甲戌正月廿九寅時號勤慈葬本鄉老婆崙坤艮兼
未丑　又娶后按厝生陳梅官胞兄彩官長女恚娘生康熙六
十一年壬寅二月十七卯時卒乾隆四十年乙未三月十二未
時號慈信乾隆五十四年二月初三巳時與公合葬一處許氏
生子四沃拔熙昂女一兌娘配坂頭太學生白蒞官陳氏生子
二坤鈞　公乾隆三十七年八月奉　旨授鄉飲賓贈匾音曰
耆德崇隆自構本鄉土名蹹壠尾厝一座壬丙兼亥巳又構書
室一座在尾稻庭坐壬丙兼亥巳

鄉飲賓仍　子六　鍾汀　鍾藹　鍾渚　鍾灑　鍾涉　鍾 繼元瑚

鄉飲賓諱仍乳名元統即悅軒公三子字功緒號天成生康熙

四十九年庚寅正月廿六亥時卒乾隆五十六年辛亥八月三十日丑時葬溪南下格鳳尾雎田中坐巽乾兼巳亥　娶山頭太學生陳錫明長女漸官生康熙五十二年癸巳十月二十未時卒乾隆十五年庚午三月廿五亥時號慈順生男四汀藹渚尚乾隆十八年癸酉十二月初二日葬本鄉山門垵坐乾巽兼亥巳　續娶產墘胡諒官次女免娘生康熙五十三年甲午五月十九辰時卒乾隆四十九年甲辰五月廿九未時號慈和生子灑涉女一雅娘適東溪太學生陳集官男拱官乾隆五十年二月廿二葬本鄉楓樹壠崙中壬丙兼子午　公銳志詩書應試屢拔前矛亦嘗備取於葛宗師焉雖行艾期學業不敢

梢僯清溪月課應期考試一時往来學署者咸道其奉養双
親敦篤友恭故蒙教諭林老師諱宗懋贈以匾曰孝友傳芳至
乾隆五十一年七月奉　旨恩授鄉賓贈匾音曰令德壽豈乾隆
四十七年十二月與四弟婦林氏合建厝乙座在千秋墘申寅
坤艮公得右畔

元褒　子六　鍾昉　鍾時　鍾晴　鍾晙　鍾昀　鍾昒

元褒即志學四子字功華號榮袞生雍正甲辰年二月十九卯
時卒乾隆癸巳年十月廿九寅時葬本里谷山鄉根竹后田中
午子兼丁癸　娶塘尾陳三着官次女瑞娘　生雍正乙巳年二

六房〈1〉

月初八酉時卒乾隆甲申年十二月初六辰時葬千秋墩田中坐庚甲兼酉卯育男六女二長合娘殤葬山母后次好娘適塘尾賜進士現任儀徵縣正堂陳元錫次郎玠舍　又娶大墩林起官次女杳娘生雍正丁未年五月初十未時與夫胞兄元統合構厝乙座在千秋墩申寅兼坤艮林氏得左畔卒嘉慶年十一月初三日號惠慈葬林內客婆崙坐癸丁兼丑未

太學生文瑛 子六　　鍾瑶　鍾琇　鍾璚　鍾玖　鍾最　鍾翊

太學生文瑛乳名元雄乃志開長子字功千號展齋生康熙戊子年十一月十六申時卒乾隆　年　月　時葬虎岡墩丁

六〈2〉

癸兼午子　娶邑内庠生吴世翰次女絧官生康熙庚寅年六月初六未時卒雍正甲寅年七月二十未時乾隆癸亥年葬本鄉礐仔内田中坐丑未兼癸丁生男瑶女一欣娘適斜名黄太學生開官次郎郁君　又娶光德院宅林陳起官四女器娘生康熙五十八年己亥五月初八巳時生男四琫璚玖最卒乾隆十六年六月初六巳時葬后坑頭田上左壙母子合葬　又娶淵兜沈氏瑞官生

## 元齊 殤

元齊即志閭次子號原珍生康熙五十三年甲午八月初九酉時卒雍正十年壬子七月廿八巳時年十九雍正十一年癸丑

<3>

十二月十三辰時葬祖山小張宅中崙坐子午兼癸丁

太學生文篤 子五 耳順 神程 連飛 双鯉 集成

太學生文篤幼名元整即志問三子字功飭號厚齋乾隆九年
循例捐國子生生康熙六十年辛丑又六月十六子時卒乾隆
四十六年三月十六未時葬本鄉墓林池田中坐乾巽兼
娶頂劉刘莪官長女謹娘生康熙六十年辛丑五月十八巳時
卒乾隆三十一年丙戌十月十八申時葬本山虎堀坐壬丙兼
亥巳育男五女一棠姑適湖坵林珠官　續娶源口劉氏救官
生康熙　年　月　時卒佚葬

六房〈4〉

又娶谷口陳氏雅官號言慈生　年　月　時卒
失葬在本山新田崙坐　向
太學生文烈子七　新居　鍾垣　鍾持　鍾綴　鍾饌　莅殤　長弼
太學生文烈乳名元芳即志問四子字功淺號濃齋生雍正六
年戊申八月初八未時卒嘉慶十三年戊辰六月廿八申時
葬本鄉虎堀中崙坐酉卯兼庚甲　娶淵沈貢生沈章顯次
女吟官生雍正六年戊申十月十二卯時卒乾隆十二年丁卯
六月初八巳時葬本山鴨夏埔癸丁兼子午無育　又娶南安
十二都蓬島山后郭易官長女記娘生雍正九年辛亥六月

初五巳時卒嘉慶十一年丙寅九月初四午時號孝懿葬本山佳壠尖中崙坐酉卯兼辛乙生子七女一適湖垳林讓官

元移　子二　鍾陣

元移即志受長子係抱養字功東號常美生雍正元年甲辰四月廿七酉時卒乾隆十六年辛未八月初九戌時葬本山石室崙坐酉卯兼辛乙　娶坂頂陳沛官次女係官生雍正十二年甲寅九月十五寅時后改適　女一卯娘適南安蓮島蘇家

元杏　子三　鍾侍　鍾砂　鍾基　鍾川

元杏即志受次子係庶出字功北號種林生雍正五年丁未九

月廿七巳時卒失孜葬
娶蓮格陳璞官女蔡娘生雍正十三年乙卯十二月廿五未時
卒失孜葬

元祐　子二　靈音　騰祥

元祐即志參之子字功周生雍正十二年甲寅十一月十五巳
時卒乾隆四十四年己亥十一月初八辰時葬山門石碎崙坐
向　兼　娶本里湯內鄒平官三女叁娘生乾隆八年癸
亥三月十七卯時卒道光元年辛巳正月廿二酉時葬跳坑頭
田后壁坐　向　兼　女長鄒娘適大墩林詩官次桃娘適

谷口謝錐官

元品 乏傳

元品即志參次子生乾隆三年戊午五月初八子時卒乾隆三十一年丙戌十一月十二酉時葬跳坑口崙坐

元仍

元仍即志參三子生乾隆六年辛酉十二月廿二亥時卒乾隆三十一年丙戌正月廿九未時葬跳坑口外崙

元忍 殤

元忍即志參四子生乾隆十二年丁卯正月初三酉時卒乾隆　年　月　時葬

元适

元适　子六　鍾炤　鍾耀　鍾補　鍾會　鍾香　鍾鵲

元适即志萬子字功容號居南生康熙五十八年己亥六月十四日辰時卒乾隆乙未年十二月廿五午時年五十七葬本山大張宅坐亥巳兼乾巽　娶登虎榜傳明官長女貴娘生康熙五十八年己亥四月廿一卯時卒乾隆丙戌年九月廿一戌時年四十八葬沈洋蕉坑茶林頭坐乙辛兼卯酉　續娶蓬格陳氏賤娘生康熙庚子年八月初一卯時卒乾隆乙卯年五月廿二寅時壽七十六葬本山匏靴崙坐北向南女長與娘適芹石林家次閏娘適洋内傳章官　乾隆十四年自構本鄉后墘厝一座坐乙辛兼卯酉

元就　子二　三朋　鍾區

元就即志養長子生乾隆十年乙丑正月十一亥時卒

年　月　時葬　娶　氏

元肖

元肖即志養次子

元嘆

元嘆即志養三子

鄉飲賓元知　子三　鍾賜　鍾堂

鄉飲賓元知即志廣長子字功哲號進機　生乾隆廿二年丁丑

九月十六午時道光三年癸未舉鄉飲大賓蒙布政使司惠賜以蒲輪寵錫匾音卒道光丙戌年十月十三未時葬本都中漈坣辛乙兼戌辰　娶延壽院傅合官長女金娘生乾隆廿七年壬午五月十三寅時卒乾隆五十五年庚戌十月初三寅時號儉蔥　續娶朱氏存娘生乾隆三十七年壬辰五月二十申時卒嘉慶廿二年丁丑二月廿六卯時號儉愛　入娶林氏色娘生乾隆十四年己巳九月廿九戌時卒道光十四年甲午八月廿九亥時女長意娘適官橋范家次快娘適井后陳榮成

元藹　子二　鍾開　鍾閱

元嵩即志廣次子字功年號進謹生乾隆廿四年己卯三月十
七酉時卒嘉慶廿四年己卯十一月十一辰時葬
娶本鄉金山連世賞公女美娘生乾隆三十五年庚寅又五月
廿七子時卒嘉慶十五年十二月初四酉時號勤慎葬
又娶莊氏桂娘生乾隆四十四年十一月初二寅時卒道光七年
八月二十寅時號貞惠葬井后神宮壠田墩坐巳亥兼巽乾

太學生元叟　子三　鍾助　鍾彩　鍾丞

太學生元叟即志廣三子字功長號進春生乾隆廿五年九月
廿九子時卒嘉慶廿四年十月廿六辰時葬本鄉水尾雞角

沙

壠生乙向辛兼卯酉　娶洋口莊奕公三女巾娘生乾隆三十
八年十月廿六寅時　側室施氏貴娘生嘉慶三年三月二十
未時女担姑適龍坑陳榮耀

元曺

子一　鍾轉

元曺即志廣四子字功偶號進敬生乾隆廿七年壬午六月十
九辰時卒乾隆五十一年二月初七辰時葬本鄉頂頭坐酉向
卯兼庚甲

既濟　殤

既濟即志福長子生乾隆乙未年三月初五亥時卒　年

月　時葬

元康　殤

元康即志福次子生　年　月　時卒　年

月　時葬

元厚　子一　鍾滿

元厚即志福三子字功博號進地生乾隆四十九年五月初四

巳時卒道光廿十年十月廿九酉時葬沙縣九都壠東水尾塝

邉坐東向西　娶陳氏雜娘生乾隆辛亥年三月廿一辰時卒

道光癸未年二月初二酉時葬　女一井姑

神祐　子一　文良

神祐乃志光長子字通默（字行功字而父名志光同音改光為通）號喻會生雍正二年甲辰十月十九寅時卒乾隆辛未年又五月廿八午時葬本山林內石竹崙坐亥巳兼乾巽　娶谷山太學生林天賦官長女豫娘生雍正三年乙巳八月十三日改適　女一大娘

元才　子一　鍾列

元才即志光次子生雍正壬子年七月初五卯時卒嘉慶己卯年七月廿九申時葬本山炭坑坡坐辛乙兼戌辰　娶鴻卿李氏賤娘生乾隆庚申年十二月十二午時卒乾隆庚子年三月

初十子時葬本山大姐坪崙坐巳亥兼巽乾　女長却娘適東
溪陳魁元次縣姑適溪頭柯辦官　公字通用師喻源

元腴　子一　鍾活

元腴即志光三子生乾隆丙辰年八月十二子時卒乾隆甲寅
年五月十三巳時葬龜山脚圳上坐子午兼壬丙
娶蓮格陳氏系娘改適

元喜　之嗣

元喜即志光四子生乾隆癸亥年十一月三十日酉時卒嘉慶庚

甲年十二月初三子時葬龜山脚崩山邊生　向　公號喻樂

元桂　殤

元桂即志侯長子生雍正四年八月廿三巳時卒雍正六年戊申七月初五未時

元奏　子二

鍾滿

鍾欣

元奏即志侯次子字功節號宣音生雍正六年戊申十一月廿五寅時卒乾隆己亥年六月廿八亥時葬

娶竹塔李俊官長女　娘生乾隆四年己未六月十五卯時卒

佚葬　先娶府城謝寶官女愛娘生乾隆

年間卒乾隆三十七年正月初四吉時葬

元泰　子二　鍾談　鍾奉

元泰即志侯三子號孝臣生乾隆九年甲子正月初三酉時卒

道光六年十一月廿四辰時葬龜山上坐酉向東

娶蓮格陳參官女　娘生乾隆十二年丁卯七月廿七申時卒乾

隆四十　年　月　時葬

元韜　殤

元韜乃志總長子生雍正九年辛亥四月十八巳時卒乾隆十二年丁卯六月十一酉時年廿二葬本山墓林池崙

元享　子三　鍾亨　鍾通　丁潤

元享即志總次子字功聘生雍正十一年癸丑七月十一未時卒失孜葬娶東洋陳氏卯娘生卒失孜葬

元三

元三即志總三子生乾隆二年丁巳正月十一酉時卒乾隆

年　月　時葬

元千　子二　科名　鍾珠

元千即志總四子　生乾隆十年乙丑九月十八巳時卒失攷

葬　娶崎縣陳竇官女萃娘生

乾隆　年　月　時卒佚葬

元圖　子三　鍾蕋　鍾辮 維元完 鍾東

元圖即志總五子字功思號落　生乾隆十四年丁巳十二月初

四辰時卒嘉慶辛酉年正月初一卯時葬　娶寮內

陳氏該娘　生乾隆廿四年九月十三卯時卒道光七年十月廿七未時葬

元完　子一　鍾辣係胞兄圖次子承

元完即志總六子　生卒失攷　娶崎兜温氏庄娘　生乾隆　年　月　時卒失攷

元藻　子二　鍾猛　鍾來

元藻即志佁長子字功緐生雍正七年己酉六月廿一辰時卒失攷葬　娶蓮格陳次官女且娘

生雍正八年庚戌正月十一巳時在臺卒無孜女二長賽姑
適蓮格陳甦官次　姑適龍居

元丕　子二　鍾高　鍾兵

元丕即志宅長子字功富生乾隆二年丁巳正月二十寅時
卒失孜英
娶大墩林柳官女銀娘生乾隆年間卒失孜英

元崇　乏嗣

元崇即志宅次子生乾隆八年癸亥正月十一辰時卒失孜

葬在

元德 子二 鍾乚 鍾八

元德即志宅三子生乾隆十年乙丑八月初九未時卒

年 月 日 時葬

元陣 継元移

元陣即志宅三子生乾隆十三年戊辰 月 日卒佚

元位

元位即志宅三子

元擬

元擬即志宅四子

元蘊　子一　鍾意

元蘊即志營長子字功蓄號以是生乾隆十年乙丑十二月十八午時卒嘉慶丙寅年六月廿八申時葬祖山大坪尾與胞弟元妹仝穴坐　向　娶頂劉鄉劉詳見官長女錦娘生乾隆丙子年九月廿一未時卒乾隆甲寅年九月廿五卯時葬祖山大坪尾田寮上坐　向

元妹　子一　鍾吟

元妹即志營次子字功邦號以恒生乾隆十三年戊辰九月十五卯時卒嘉慶壬戌年十二月初四子時葬本山山門大坪尾與胞兄元蘊全穴坐　向　兼

娶本里登虎榜傅氏謂娘生乾隆壬午年六月初三午時卒道光丁酉年十二月初六子時葬本處頂溫坑坐　向

女長玉娘適溪尾劉聊官次告娘適延壽院傅佐官三救娘適登虎榜傅全官四足娘適后宅蔡亦官五淨娘適鶴前劉、贊官

元發　子一　鍾抹

元發即志隨養長子生乾隆庚辰年月日佚卒嘉慶二年
正月十六酉時葬本山大嶺上坐　向

元成　乏嗣
元成即志隨次子生乾隆癸巳年七月二十辰時卒佚

元旺　乏嗣
元旺即志助長子生乾隆六年辛酉十二月初八未時
娶崎兜溫漸官女諏官生乾隆十年乙丑十一月初六丑時夫
妻卒葬俱佚

元椿　子一　祖庇

元椿即志助次子生乾隆十四年己巳　月　時卒佚

娶鴻卿李氏㥯娘生卒葬佚

元乾　子四　鍾再　鍾序　鍾齊　鍾寔　鍾濯

元乾即志審長子字功　生康熙四十八年　月十七日丑時卒

失玫葬

娶鴻卿李双官女探官生卒失玫葬

元撮　子一　連登

元撮即志審次子字功取生康熙五十九年庚子正月十七日亥時卒乾隆年間葬

元逞　子二　鍾與　鍾國

元逞即志由長子字功制生乾隆元年丙辰十一月廿八日辰時卒失孜葬

娶洋山姚和官長女　娘生乾隆十年乙丑八月十四午時卒失孜葬

元復

元復即志由次子生乾隆十二年丁卯八月十八辰時卒
年　月　日　時葬

元朗　子四　鍾纓　鍾文　鍾戀　鍾汪

元朗即志敏長子字功昭號照明生雍正六年戊申九月廿
九未時卒乾隆五十七年壬子十月廿六酉時葬本山大崙頭
坐　向　娶鴻卿李儒官女蕉娘生乾隆己未年七月十九卯
時卒嘉慶六年辛酉正月初一巳時葬本山禁頭垵坐
女二長鉄娘適谷山林家次基娘適龍居林家

元贇　殤

元贇即志敏次子生雍正九年辛亥十一月廿六午時卒乾隆十三年戊辰正月廿一申時葬本山北山頭坐庚向甲

元晏　乏嗣

元晏即志疊長子生雍正十三年乙卯七月廿七丑時卒乾隆　年十月二十吉時葬

元翁　乏嗣

元翁即志汝長子生乾隆六年辛酉四月廿六辰時卒乾隆　年　月　時葬

元鶴

元鶴即志汝次子字功集生乾隆十年乙丑六月廿六酉時卒

乾隆　年六月十九吉時葬　娶本里林氏

元嘉　子二　鍾祿　鍾惠 繼元種德

元嘉即志器長子字功　生乾隆四年己未十一月十七卯時卒

嘉慶己未年十一月　時葬本鄉跳坑口坐

娶厦門陳氏好娘生乾隆十五年庚午五月十六日巳時卒乾

隆　年五月　四日吉時葬

元種　子　鍾惠　係胞兄子繼

元種德即志器次子號愧仁生乾隆十二年丁卯七月初三辰

時卒嘉慶二年十月十一寅時葬

元英　乏嗣

元英即志器三子號愧深生乾隆　年　月　時卒乾隆

年十月初五吉時葬

元敦　無嗣

元敦即志貌長子生　年　月　日　時卒失攷葬

在本山

红



元隱　乏傳

元隱即志貌次子生　年　月　日　時卒失孜葬

在本山

元升　乏傳

元升即志貌三子號允吉生　年　月　時卒

年正月初一吉時葬本處大嶺邊橄欖脚生

元璽　子一　鍾皜

元璽即志睿長子字功符號美良生康熙五十四年乙未四月

廿七未時卒乾隆辛丑年四月廿六巳時葬本山石碎崙坐

向　兼　娶莲格陳拔官長女待娘生康熙五十五年丙

申三月廿四亥時卒乾隆　年十二月廿六吉時葬本处大姐

坪崙坐　向　兼　女長節娘適與少卿王島官次命娘適

與二尾塘林尹官

元繹

元繹即志睿次子生雍正元年癸卯五月廿八丑時在臺灣卒

年月葬失孜

元驪　子二　佛祐　鍾聳

元驪即志馨三子字功氏號美德生雍正七年己酉八月十九酉時卒嘉慶丙辰年正月廿四丑時葬本處禁頭垵坐

娶惠安縣陳氏姐官生乾隆庚申年五月初六酉時卒乾隆甲寅年十二月三十日午時葬本處產墘崙坐酉卯兼庚甲女長是娘適西山林家次閱娘適上地胡深官

元定　子一　金輿

元定即志馨四子字功前號美后生乾隆二年丁巳正月十二卯時卒乾隆三十九年五月廿九辰時葬本處梅山大崙頭坐

癸丁兼丑未　娶鴻卿李氏双娘后改適

元朔　殤

元朔即志柔長子生康熙六十年辛丑十月初一戌時卒雍正
七年己酉九月三十日酉時葬本山跳坑坐

元畬　子二　超元　鍾投

元畬即志柔次子字功欽號後光生雍正元年癸卯十一月十
八亥時卒乾隆十九年甲戌十月初七巳時葬本處山門崙中
坐坤向艮兼申寅　娶鴻卿李賓官長女甚娘生雍正七年

己酉六月廿七卯時卒乾隆三十九年十一月十七戌時夫妻
合葬山門仝穴　女一然娘適鴻卿李户官

元質　子養一　鍾念戍

元質即志察長子字功彬號文鉅生乾隆五年庚申二月廿六
辰時卒嘉慶甲戌年十月初四巳時葬本鄉跳坑口坐　向
娶泉城陳氏次娘生乾隆丙寅年二月廿二酉時卒嘉慶
十七年壬申正月廿九辰時歸乾慈葬后壠頭厝后坐北向南

元橐　無嗣

元橐即志寮次子號承賢生乾隆九年九月初七酉時卒乾隆
乙卯年五月十二子時葬本山梅山大崙頭坐
娶陳氏后改適

元藹　無嗣
元藹即志寮三子號義吉生乾隆十四年己巳八月十五吉時
卒乾隆甲辰年七月十九巳時葬本山新田

元陶　子三　鍾極　鍾丙
元陶即志樞長子字功甄號舉世生雍正十一年癸丑三月十

八寅時卒乾隆癸巳年五月二十寅時葬本山卓坑壠水埕頂
坐未丑兼坤艮　娶景坑温載官長女滿娘生乾隆元年丙辰
二月初六寅時卒乾隆廿三年戊子九月初一酉時與公合葬
一處女二長顏娘適邑内西街周家次送娘適曾口坂傳輕官

元孔　殤
元孔即志樞次子生乾隆三年戊午六月廿八午時卒乾隆十
四年己巳　月　日葬

元庛　無嗣

元庇即志樞三子生乾隆六年辛酉九月初四午時卒乾隆
年　月　日葬
娶竹崇蔡孝官長女奇娘生乾隆甲子年正月廿四日酉時卒
失攷葬

元礶　子三　鍾藝　鍾肴　鍾排

元礶即志樞四子字功專號拔㞢生乾隆九年甲子六月十七
申時卒嘉慶丙寅年九月廿九午時葬
娶虞庄陳氏投娘生乾隆年間卒嘉慶　年十月初九吉時
葬在
女一　物娘適福明溪劉埒官

紅　紅　紅

元均　子一　鍾赤殤

元均即志樞五子生乾隆十二年丁卯六月十三卯時卒乾隆四十七年十一月初四吉時葬

娶李氏正娘后改適

元長

元長即志權長子生乾隆二年丁巳十二月十八辰時卒乾隆　年　月　時葬

娶登虎榜傅道官長女嫺娘改適

元仙　子一　鍾蔺

元仙即志権次子字功脩生乾隆七年壬戌八月十二卯時卒
失孜葬
娶凡窑口蔡萬官長女欽娘后改適

元萬　兄弟三人住居建寧府候查

元萬即志長長子生乾隆四年己未十一月十四申時卒在建
寧府候查

元聖

元聖即志長次子生乾隆七年壬戌十一月十一酉時卒葬候
查

元尚

元尚即志長三子生乾隆十三年戊辰　日　時卒葬候查

元纘朝　無嗣

纘朝即志賴長子生乾　查　康熙五十七年戊戌十一月初七亥時卒乾隆　年三月十四吉時葬

元賡　無出

元賡即志賴次子生康熙六十一年十一月十一辰時卒乾隆　年九月十六吉時葬

元妙　無出

元妙即志頼三子生雍正四年丙午九月十七巳時在番邦卒

失孜

元楚　子六　鍾石　鍾入　鍾歸　參詳黄繼元　鍾鄰　鍾現

元楚即志頼四子字功勝號允掟生雍正十三年乙卯正月初十

申時卒嘉慶元年丙辰十二月廿三戌時葬本山小張宅狗肚

内坐庚甲兼申寅　娶新厝陳氏　娘　生乾隆辛丑年八月廿

九吉時卒道光元年二月初七申時壽七十七葬

女三長燦娘適蔡土楼蔡集官次初娘適芹石林表官三立娘

適上地胡備官

元晚

元晚即志賴五子生乾隆四年己未八月十五子時在番邦卒

失攷

尊漢

尊漢即志發長子生雍正七己巳年　餘俱失攷

元西　子養

鍾鶴

元西即志撥長子生乾隆三年戊午正月廿四辰時卒嘉慶丙寅年六月十九辰時與父合葬本山寨仔兜口坐庚甲兼申寅

娶周塘蘇氏　娘生

元黃　子五　參詳（係楚四子承繼）　鍾鶴　鍾賽　鍾籃　鍾且
元黃即志揆次子字功中號允殿生乾隆八年癸亥九月十一
酉時卒嘉慶十六年六月初三寅時葬本山小張宅坐　向
巽　娶鴻卿李芳官長女正娘生乾隆丁亥年四月初十酉
時卒　女三　長力娘適溪頭柯助官
之子答官次遠娘適谷山林隈官三哖娘適尚卿廖者官
元鑽　子一　鍾入
元鑽即志恩長子字功彌號研齋生康熙五十二年癸巳七月十
八卯時卒乾隆辛丑年四月二十卯時葬大張宅口坐壬丙兼亥巳
娶鴻卿李廣官次女寶娘生雍正元年癸卯四月初十亥時卒

乾隆十四年己巳　月　日葬

元壽　子二　鍾角　鍾刀

元壽即志恩次子字功南號眉齋生康熙五十七年戊戌九月初六寅時卒嘉慶庚午年正月初五子時葬

娶鎮府李袍官次女溥娘生乾隆元年丙辰八月十一酉時卒嘉慶癸亥年八月十五辰時葬　女二長愧娘適邑内北門吳滔官次蔡娘適溪頭柯楼官

元祿

元祿即志恩三子生康熙六十年辛丑八月十九酉時卒乾隆　年　月　時葬

元交　子　鍾浪

元交即志恩四子字功騰號龍齋生雍正五年丁未五月廿七卯時卒乾隆丁未年十二月廿七辰時葬本山寨街頂坐　向　娶谷山蕭宰官女飭娘生乾隆己未年十一月初七日巳時卒乾隆辛巳年十月十九卯時葬本山小張宅坐甲庚兼卯酉生男鍾浪女一磐娘適鶴前劉推官　續娶塔壠林氏寅娘生乾隆戊午年三月初六寅時卒乾隆癸未年六月廿四酉時無出瓦棺葬本山林内坐子午兼癸丁　三娶邑内蔡氏美娘生乾隆　年　月　時卒　年正月初五午時無育葬本山橄欖脚坐　向

元阜 子四 鍾牙 鍾欽 鍾玻 鍾環

元阜即志障長子字功立號燕爾生康熙五十八年己亥八月廿三卯時卒乾隆丙申年二月廿七戌時葬本鄉山門坐　向

煎

娶蓮格陳建官女賢娘生雍正十一年癸丑六月廿七寅時卒乾隆癸丑年五月初六酉時葬山門坐　向

女三長㨂娘適西坪王家 次招娘適洋山胡家三專娘適洋宅林陳珍官

元衛

元衛即志障次子生康熙六十一年壬寅十月初一子時移居臺灣府南門外候查

元國
元國即志障三子生雍正三年乙巳正月十九日寅時亦移居臺灣无攷
元俊
元俊即志障次子行四生雍正八年庚戌七月廿五辰時移臺灣
元膺
元膺即志障五子生雍正十一年癸丑十月廿三戌時移臺灣
元超
元超即志障六子生乾隆元年丙辰七月廿七酉時兄弟六人五人移居臺灣府南門外岳遠年湮无攷

元和　子二　鍾孟　鍾盼

元和即志簡長子字功眈號宜室生雍正元年癸卯四月十八巳時卒乾隆　年七月十九吉時葬本山狗頭坪坐　向

娶傅氏生失考卒　年八月初十吉時葬山門坐

女四長團娘適大墩林宰官次送娘適洋山胡章官三順娘適大墩林謀官

元孕　無嗣

元孕即志簡次子生雍正三年乙巳十月初二寅時卒乾隆七年壬戌九月十一巳時葬本山荒田埔水埕上坐酉向卯

元玠　子三　鍾求　鍾育　鍾聖

元玠即志簡三子字功拔號錫圭生雍正五年丁未十一月十九辰時卒乾隆戊戌年九月十三丑時嘉慶十一年葬本山大坵頭坐巳亥兼丙壬　娶洋山頭陳氏禮娘生乾隆庚申年六月初十巳時卒乾隆乙巳年六月十五申時葬龜山邊茶林坐巳亥兼巽乾　女一葉娘適尾塘林捷官

元閣

元閣即志簡四子生雍正八年庚戌二月初六亥時在臺灣卒

失攷

元春

元春即志益長子號平聲生乾隆十五年庚申八月十一酉時
卒道光甲申年七月二十亥時葬　娶科坂莊
氏尾娘生失孜卒　年十月初八未時葬

元真
元真即志益次子生佚卒　年六月十四巳時

元灝　子二　鍾岱　鍾江
元灝即志象長子字功若生康熙六十年辛丑七月廿八辰時
卒失孜葬本山水桐垵坐　向
娶大墘林齊官次女員娘生雍正二年甲辰七月初十日辰時
卒乾隆年間葬

元堯

元堯即志象次子生雍正四年丙午四月初八子時卒乾隆
年　月　時葬

元注 子四　溪源　其英　佳山　沣良

元注即志納長子字功向號邑東生雍正十年壬子五月十二
卯時卒乾隆　年十月初八吉時葬本鄉大坪生　向
娶大墩林氏漸官生乾隆五年庚申　月廿八子時卒嘉慶
年五月廿五午時葬本鄉鶴樹壠口坐　向　兼　女長
桂娘適鴻卿李另官次胆娘適大墩林辣官三沣娘適鎮府黃潞官
四新娘適大墩林串官五輕娘適西山林琛官六送娘適谷山林佯官

元軫殤

元軫即志納次子生雍正十二年甲寅五月十五亥時卒年月日時无孜

元正　子二　永成　有德

元正即志納三子係抱養字功教號義方生乾隆癸亥年九月初五寅時卒嘉慶十五年三月廿一午時壽六十八歲本山小張宅石古內生　向　娶溪南蘇六爻官三女于娘生乾隆十二年戊辰五月十七申時卒嘉慶乙丑年九月初八卯時年五十有八歲

元弼　子一　鍾節

元搦即志焕長子係胞兄志象三子承繼　生雍正七年己酉五
月廿二寅時卒　年六月初二吉時葬
娶路尾林滚官女宜娘　生雍正十三年乙卯十二月十四辰時卒
失孜葬
元奧　子三　鍾鼎　鍾臣　鍾榮
元奧即志焕次子生雍正十一年癸丑十一月廿四子時卒
乾隆　年三月十三吉時葬本山跳坑中崙外坐　向
娶永春西向郭氏　生乾隆　年　月　時卒乾隆三十
年二月十三吉時葬　又娶登虎榜傅氏軒娘生
乾隆　年十二月廿五吉時葬

元道
元道殤
元道即志愛長子生失孜　寅時卒乾隆九年九月廿四日寅
時葬
元所
元所即志愛次子生康熙六十年辛丑九月初八寅時卒
年月日葬
元璉
元璉子一　鍾料
元璉即志愛三子功商號殷重生雍正五年丁未五月初八辰
時娶本里洋山岸生林元掟即名畧官長女初娘　其生卒葬
俱失孜

元詩　子四　鍾老　鍾外　鍾戍　鍾鳩

元詩即志愛四子　生乾隆四年己未五月初七辰時卒

年　月　葬　娶　氏生卒失攷

元蕙

元蕙即志全長子生雍正六年戊申五月十六寅時卒乾隆

年　月　日葬

元登

元登即志全次子生雍正八年庚戌十二月十六申時卒

年　月　日　時葬

元御

元第

元第即志全三子生乾隆　年三月初十吉時卒　年

月　日葬

元御

元御即志全四子生乾隆六年辛酉十月十四辰時卒

年　月

元下殤

元下即志岳長子生康熙五十六年丁酉九月十九酉時卒

年　月　時葬

元切

元切即志岳次子生雍正元年癸卯四月十九戌時卒乾隆
年　月　日葬
元慶
元慶即志巽長子生雍正六年戊申四月二十卯時卒
年　月　時葬
元開　子一　鍾聽
元開即志顕之子係胞兄元巽次子繼立字功克生雍正九年
辛亥十一月初五酉時卒乾隆　年　月　葬
娶溪南蘇始官長女瑗娘生雍正　年　月　日卒失攷
葬在

元新殤
元新即志賜長子生康熙四十五年乙酉九月初九寅時卒
雍正三年丙午四月初四酉時葬本山涯注垵坐　向
元奪　子　鍾佛
元奪即志賜次子字功儉生康熙五十五年丙申三月十一亥
時卒乾隆　年　月　日葬祖山山門崙中坐
娶登虎榜傅榮官三女滿官生卒葬失攷　生子鍾佛女
一桃娘適龍居
元傅　子一　鍾依
元傅即志淵之子生康熙四十九年己丑二月初一戌時　卒

乾隆年間葬

元魁　子四　鍾傳　鍾体　三位繼元多　鍾肴

元魁即志訓長子字功斗生康熙五十四年乙未十二月初九巳

時卒失攷葬　娶鴻卿李恬官女

冷娘生雍正元年癸卯六月初五巳時卒佚葬

女一嫋娘

元多　子嗣　三位承繼

元多即志訓次子生康熙廿七年八月初一未時卒乾隆

年　月　日葬　娶南安呂洋黃寔官女業娘

生雍正八年庚戌二月初六寅時改適　女一救娘

青溪蓬萊張氏宗譜

元洋　子一　鍾彥

元洋即志士長子字功歆生雍正五年丁未七月十一子時卒

乾隆　年　月　時葬

娶鍾洋易格官長女謹娘后改適

元巘

元巘即士志次子生雍正八年庚戌十月十五寅時卒乾隆年

閒葬在

元偃　子一　鍾軫

元偃即士志三子字功是生乾隆二年丁巳四月初五巳時卒

失攷葬　　娶鴻卿李潭官長女

娘生卒失孜葬

元弘　三　熾鑠　鍾虎

元弘即志爵之子字功璧生雍正九年辛亥六月廿九丑時卒

失孜葬　娶周堂陳氏

元突

元突即志暖長子生乾隆元年丙辰七月廿八酉時卒乾隆

年　月　時葬

元珠

元珠即志建長子生乾隆五年庚申十二月廿一申時卒失孜

奕在

元作　子一　鍾延

元作即志建次子生乾隆癸酉年十二月　日午時卒失攷

元韋

元韋即志接長子

連城

連城即志襲之子

元溪

元溪即志揚之子生乾隆十一年五月初五寅時卒

年　月　時葬

元仰　子二　鍾崴　鍾粮

元仰即志恭長子生乾隆　年　月　時卒嘉慶廿四

年五月十一吉時葬　娶　氏改適

元印

元印即志對長子生卒失攷

元邦

元邦即志對次子生乾隆辛卯年十二月廿三丑時卒

年　月　日葬

元低　子二　鍾于　鍾院

元低即志昆長子號曰錫生乾隆丁巳年三月初七亥時卒嘉

慶廿一年七月十二巳時葬本山虎堀大垵坐辛乙兼酉卯
娶鴻卿李赫官次女益娘生乾隆壬辰年七月初七辰時卒咸
豐五年乙卯十二月十二卯時葬本山石碎崙頂坐亥巳兼乾
巽女二快姑適鴻卿李巧官次慈娘適鴻卿李札官

元韜　無出

元韜即志昆次子號曰欵生乾隆甲申年十一月初四巳時卒
嘉慶癸亥年四月初十午時葬山門崎路内坐癸丁兼丑未

元趙

元趙即志昆三子號曰忠生乾隆戊子年六月初三戌時卒道
光庚寅年十一月初三丑時葬大坪外田中

元彭　元華　合

元彭　子二　鍾買　鍾苑

元彭即志昆四子字功專號曰城生乾隆乙未年三月初九寅時卒咸豐二年五月十五未時葬本山虎咬猪母坐亥巳兼壬丙娶南安蓮島郭波官長女雪娘生乾隆辛亥年十月初一巳時卒同治二年三月初二酉時葬土名大坪田中維六公左畔坐艮坤兼寅申

元華　子六　鍾闖　鍾批　鍾園　鍾畬　五常　鍾醮

元華即志昆五子字功爵號曰禮生乾隆己亥年九月初六丑時卒道光廿八年四月二十未時葬本山大坪下中崙坐乾巽兼戌辰　娶鶴前刘有官長女悔娘生乾隆癸丑年十月二十

巳時卒同治十三年二月初十戌時葬尾圳仔楓脚外田下左

畔坐亥巳兼乾巽　女后姑適鴻卿李喜官

元栽　子一　鍾唇

元栽即志造長子字功正號所知生乾隆庚辰年十二月廿四

亥時卒嘉慶十六年七月廿九辰時葬

娶　氏枣娘生乾隆乙酉年　月　時卒嘉慶十五年十

月廿二未時葬

元務　無出

元務即志造次子生乾隆丁亥年九月廿一辰時卒道光廿五

年六月十九酉時葬

元玖
元玖即志誕長子
元呂
元呂即志表長子號調軒生乾隆甲辰年八月十五卯時卒咸
豐十一年八月初七　時葬土名大坪垵維裹公右畔坐丑未
兼艮坤
元夾　子一　懷樹
元夾即志表次子字功來號祥瑞生嘉慶六年二月十四卯時
卒光緒三年八月十七巳時葬廈島蓮格鄉　娶蓮格陳橋官
三女返娘生嘉慶廿一年三月初三卯時卒同治十二年十二月

十五酉時葬厦門萬石岩邊坐　向　女添姑

元進興　子二　新德養　新慶

進興即志表三子字功秀號起園同治八年誥授奉政大夫生加
慶十六年二月初九卯時卒光緒五年己卯十月初六卯時葬
依仁坂頭鄉　娶依仁坂頭白氏妗官生嘉慶癸亥年八月廿
二寅時卒咸豐八年五月廿七未時葬厦門深田内吳厝保石
獅拔甲身邊石下坐乙辛兼卯酉　又娶浙江寧波府徐宗藍
官次女順娘生道光二年十一月廿一辰時卒咸豐十一年七月
初七　時葬江南上海縣　嫣白徐氏同治八年誥授五品宜人

元拮　子二　鍾老　鍾鑽

元拮即志墺長子字功文號正仕生乾隆戊申年九月十九午時

卒道光丁卯年二月廿六辰時葬

娶少卿王竹官長女儉娘生嘉慶辛酉年五月初四丑時卒咸

豐二年十一月十六日葬土壠墓崙頭

元謀　子一　鍾潘

元謀即志墺次子字功爲生乾隆壬子年五月初十寅時卒咸

豐二年十月十四子時葬

娶蓮格陳苟官長女浮娘生嘉慶己巳年五月初五辰時卒道

光辛卯年十一月廿七卯時葬

元眉　子一　鍾串

元眉即志墺三子字功目號峨山生乾隆丁巳年三月初八未

時卒道光乙酉年六月廿八未時葬厦門

娶溪頭柯氏后改適

元未香

未香即志四聯養長子

元攀桂

攀桂即志四聯次子生嘉慶庚申年八月廿九吉時卒未詳

元玩　無出

元玩即志七之子　生嘉慶辛酉年二月廿二申時卒道光丙午年正月廿六吉時葬

佛仔后派

元巖即　頷長子

元突　子三

鍾勝　鍾六　鍾來

元突即志頷次子

元岱

元岱即志顲三子

元彦典　子四　鍾順　鍾蔭　鍾涉　清源

彦典即志重長子字功美生乾隆戊寅年十月廿二申時卒道

光辛卯年十二月廿一巳時葬

娶許氏敬官生乾隆戊子年四月初三午時卒嘉慶庚午年七

月初六亥時道光丁亥年十二月初五葬本山水桐垵頭坐壬

丙兼亥巳

元得意

得意即志重次子　生乾隆癸巳年三月廿六戌時卒嘉慶壬
戌年三月十六午時葬

元帽　無嗣

元帽即志安之子生乾隆戊辰年六月廿五寅時卒　年
月　日葬
娶南安英内洪氏兊娘生乾隆辛卯年七月十五巳時卒

元撻　乏傳

元捷即志紇長子　生乾隆十五年四月廿四亥時卒乾隆三
十一年丙戌十一月初四辰時葬本山老婆崙生　向

元郁　子一　鍾權

元郁即志紀次子　生乾隆丁丑年五月初一巳時卒

年　月　時葬　娶鶴前劉氏七官

生乾隆庚寅年七月廿六丑時卒失攷葬

女一　娘

元莪　子一　鍾正

元莪即志紀三子　生乾隆辛巳年二月十三未時卒

年　月　時葬　娶沈洋王氏罔官

生乾隆辛卯年七月廿四酉時卒佚

元必　子二　鍾冬　鍾寄

元必即志紀四子生乾隆甲申年八月十八酉時卒
年　月　時葬　娶路尾李氏藹娘生乾隆
年　月　時葬
元伍　子一　鍾獅
元伍即志紀五子　生乾隆丁亥年十月廿二酉時卒
年　月　時葬
元親　子一　鍾買
元親即志紀六子生乾隆乙未年四月初六午時卒失孜葬在
本山　娶崎兜温氏欵娘生乾隆丁酉年
七月初五未時卒佚葬

元荷　子二　鍾員　鍾望殤

元荷即志日長子字功香號美成生乾隆戊寅年十一月廿三丑時卒乾隆六十年六月廿七吉時葬

娶上地胡氏快娘改適

元輕　子養一　鍾樣

元輕即志日次子字功位號美祿生乾隆丙戌年七月十五辰時卒道光壬午年八月初九寅時葬本鄉千秋墩田中坐　向

娶烘兜柯元官次女佁娘生乾隆丁酉年十二月初八酉時卒失孜葬

女三長午娘適上地胡臺官次姜娘適上地胡亥官三味娘適大墩庠生子林玠官

元賜　子一　鍾衙

元賜即志日三子字功惠號美錫生乾隆庚寅年八月十九午
時卒嘉慶九年二月廿四未時葬　娶登虎榜傅
就官次女沃娘生乾隆辛丑年三月十四巳時卒嘉慶十年二月
十四午時葬　女一色娘適登虎榜傅別官

元內　子三　鍾壇　鍾兩　鍾晩

元內即志日四子字功弟號美忠生乾隆癸巳年八月十一子
時卒道光辛卯年十一月廿三寅時葬大張宅坐壬丙兼亥巳娶登
虎榜傅久官長女嬌娘生乾隆甲辰年十一月初七酉時卒失攷
葬小張宅石牙內坐壬丙兼亥巳　女三長葉娘適曾口坡傅依官

次陳娘適鴻卿李党官三兔娘適蔡土樓蔡妥官

元丁潤　子一　種佃　抱養

丁潤即志日五子字功水號美富生乾隆丁酉年八月十六日巳時卒道光己丑年十月初二卯時瓦棺葬本山大張宅坐艮坤兼寅申　娶南安呂洋黄欺官長女草娘生乾隆庚戌年八月二十申時卒咸豐三年五月初五巳時葬本山竹篙崙頭山仔坐庚甲兼卯酉

元請　子　國盛　係元義次子立

元請即志續長子號其目生乾隆甲申年七月廿四酉時卒道光庚寅年二月初九申時葬　娶谷山林氏主娘生乾

隆丙戌年六月十二卯時卒道光壬午年七月廿九辰時葬

元道　子一　鍾邉 承繼

元道即志續次子　生乾隆丁亥年九月廿二卯時卒嘉慶辛未年二月初二吉時葬

元佛庇

佛庇即志運長子生乾隆丁亥年五月十七未時卒

年　月　日　時葬

元中立　子　進興 抱養　住龍湄里陳山鄉

中立即志賀之子係志約子繼立生乾隆　年　月　日

時卒

元存　無出

元存即志諒長子生乾隆丁亥年三月十六丑時卒

年　月　時葬

元義　子四　鍾級　國盛繼元請　鍾須　鍾省繼元此

元義即志諒次子字功禮號車忠生乾隆己丑年九月廿四未

時卒道光二年壬午年五月初五申時葬　娶大墘林

綫官次女儉娘生乾隆丁酉年三月廿九未時卒道光廿四年

甲辰十二月初六寅時葬　女長六娘適溪南蘇邉

官次富娘適碑烏林習官

元獺　無嗣

元獺即志諒三子生乾隆庚子年正月廿四卯時卒嘉慶

年　月　時葬

元此　子一　鍾着　殤係元義四子継

元此即志蔣長子生乾隆丙申年十一月廿一寅時係抱養卒道

光　年九月十二辰時葬

元雪　子養　鍾脾

元雪即志壬長子生乾隆庚寅年七月初二戌時卒

年正月十二吉時葬

元醒　子養一　鍾瓢

元醒即志赫長子生乾隆辛丑年七月廿七丑時卒

年　月　時葬　娶溪頭柯心官長女鑽

娘生乾隆己酉年二月十六午時卒

女一　端娘適大墘林涉官

元耽　子養　鍾嘆　外出

元耽即志赫次子生乾隆乙巳年九月廿九辰時卒道光廿一

年辛丑十二月廿四午時

元寅　子三　鍾拔　鍾盛　鍾宂

元寅即志機長子字功協號世法生雍正甲寅年六月初六寅

時卒嘉慶丙寅年八月廿四酉時葬本山石碣仔崙坐甲庚兼
寅申　娶泉郡谷氏娘官生乾隆乙未年五月初五午時卒嘉
慶癸酉年九月初三未時葬本鄉深內墘水埕后壁坐艮坤兼
寅申　女一桂娘適溪頭柯家

元騫　乏嗣

元騫即志機次子生乾隆庚申年十二月十七卯時卒乾隆
年十二月廿九日葬在山和埕口

元珍珠　無嗣

珍珠即志蒲長子號廷寶生乾隆甲午年八月三十日酉時卒
道光　年正月初五巳時葬本山跳坑生　向　兼

元郡英　無嗣

郡英即志蒲次子號廷超生乾隆甲辰年三月廿六巳時卒道光癸未年五月初九戌時葬本山跳坑坐　向

元進全　子二　鍾分　鍾叢

進全即志福抱養子生乾隆乙未年二月初四丑時卒　年　月　時葬　娶登虎榜傅氏格娘生乾隆五十二年二月初八未時卒道光三年癸未二月廿五酉時年三十八葬　女一得娘適頂刘劉祥官

元行　無嗣

元行即志菊長子字功許號照諾生乾隆甲子年五月廿六酉

時卒乾隆甲辰年五月十四巳時葬本山石肥頭項貢坐　向
娶蓮格陳氏后改適

元南　子二　鍾迎　鍾座

元南即志菊次子字功自狮北混生乾隆甲戌年六月初九寅
時卒嘉慶十九年甲戌五月十八戌時葬
娶金谷姚氏意娘生乾隆己卯年正月廿二申時卒嘉慶六年
壬戌十月初五戌時葬本山大坪崙坐
女一適沈洋王壁官

元聽　無出

元聽即志菊三子生乾隆廿八年五月廿六酉時卒乾隆甲寅
年十月二十卯時葬

元愿　子一　鍾耦　抱養

元愿即志芩之子號心外生乾隆辛巳年十一月初四子時卒嘉慶壬戌年十二月廿三巳時葬本山小張宅口與子合葬坐　向

娶新墘禹氏伴娘生乾隆三十七年九月初六酉時卒道光　年九月十八日葬

元兮　無出

元兮即志脩之子生乾隆三十三年四月廿五辰時卒道光己丑年正月廿九卯時葬

娶劉氏后改適

元合利　無出

合利即志亢長子號義吉生乾隆乙未年七月初一辰時卒乾

隆乙卯年四月初七辰時瓦棺葬本山大張宅口路上坐　向

兼　娶蓮洲王氏褒娘生乾隆甲午年五月初十卯時卒乾

隆乙卯年二月初二卯時葬本山虎形墓下坐　向　兼

元自求

自求即志亢次子生乾隆丁未年五月廿三寅時卒

年　月　時葬

元會乞

會乞即志錐長子係抱養　外出台湾生卒失孜

元疊真

疊真即志錐次子

元琪

元琪即志錐三子

元美山

美山即志愷長子

元三秋

三秋即志愷次子

元戍龍

戍龍即志愷三子

元戍鎮

戍鎮即志愷四子

元六養

六養即志愷五子

元七具

七具即志愷六子繼志輝爲長子

元聰俊　千一　鍾銓

聰俊即志約長子

元敏慎

敏慎即志約次子

元次　子一　鍾錫

元次即志計長子生嘉慶庚申年四月初二辰時卒　　　年

月　　時葬

娶墻內陳氏問娘生嘉慶元年十月初七日巳時卒　　　年

月　日　時葬

女二長適谷山西格吳燥官次宜娘適　柯再舉官

元鋏

元鋏即志計次子字　生嘉慶癸亥年十二月三十日亥時卒

失孜英

十五世

鍾哲

鍾哲乃元壯長子字　生乾隆丁卯年七月廿一未時卒

年　月　時葬

鍾艮

鍾艮乃元壯次子

鍾杯

鍾杯乃元混長子生　年　月　時卒失孜葬

鍾越

鍾越乃元巖長子

鍾蚌　子一　洵豆

鍾蚌乃元四長子字居　生乾隆癸丑年二月廿八未時卒

失攷葬　娶登虎榜傅玖

官長女寢娘生嘉慶辛酉年五月十三午時卒失攷葬

鍾俞　子一　洵萬

鍾俞即元四次子字居　生嘉慶戊子年十一月十四丑時

卒失孜葬在

娶谷山林全官長女来娘生嘉慶庚午年十月十二酉時卒佚

葬在　女富娘適登虎榜傅久官

鍾庥

鍾庥即元四三子字　生嘉慶乙亥年五月十七寅時卒

年　月　葬

鍾聘　子一　洵長

鍾聘即元升長子字居生乾隆　年　月　時卒失孜

葬在

鍾鎾　子一　洵康

鍾鎾即元弁次子字居震號文殿生乾隆庚寅年十月十四卯時卒道光丁亥年正月廿八戌時葬沙縣壠東房邊壠尾乚辛向　娶瓦安奇氏　娘生乾隆甲午年七月初三酉時卒嘉慶己卯年四月十八卯時葬沙縣壠東土名塝邊坐　向自構壠東下水墘厝乚座坐壬向丙

鍾栽殤

鍾栽即元弁三子生卒失孜

鍾泡　子　洵連抱養

鍾泡即元弁四子生卒失攷

鍾宁

鍾宁即元黨長子　生乾隆甲午年十一月十二戌時卒

年　月　日　時葬

鍾欽　無出

鍾欽即元黨次子　生乾隆四十八年七月初三丑時卒道光

十二年正月十二戌時葬　娶谷山吳讓官女偶娘

僅生一女獺姑適鴻卿李家　吳氏改適

鍾暢　子一　洵天来

鍾暢即元美長子字君茂號文忠係元弁三子繼立生乾隆庚子年正月初一吉時卒道光丁酉年十月十五酉時葬沙縣墈東鄉

鍾旺　子二　冬五　春香殤

鍾旺即元瞧長子係元四三子繼字君興生嘉慶庚申年二月十七申時卒佚葬

娶小溪楊接官長女因娘生嘉慶十八年癸酉九月十三寅時卒佚葬

女蕙姑適永春住在沙洋圩林琴官爲婦

长房

鄉飲賔鍾茂　子三　洵研　洵勁　洵榻

鍾茂即元仁長子字君寔號裕美生雍正二年甲辰六月初七辰時至乾隆五十六年舉鄉飲賔卒嘉慶壬申年二月初十丑時　娶興二内山林建官長女華娘生雍正四年丙午十一月十四午時卒乾隆己酉年九月初五午時道光癸未年夫妻合葬本鄉草埔尾坐酉向兼庚甲　女二長峭娘適湖坵林爰官次格娘適科名蕭利官

鍾蓮　子五　洵鵯　洵躋　洵踏　洵綰　洵部

鍾蓮即元仁次子字君荷號裕渠生雍正十一年癸丑十二月廿六丑時卒乾隆辛丑年十月二十吉時葬本山佳壠尖后坐

向　娶上地胡快官次女切娘生雍正壬子年九月初
三戌時卒乾隆癸卯年十二月廿五寅時葬本山佳壠尖中崙
坐　向　乾隆　年自構本鄉康墘坪厝乙座坐庚甲兼
女一團娘適興一龍居胡　官

鍾百　子二　洵騧　洵斐

鍾百即元仁三子字居　號裕禮生乾隆十二年丁巳十一月十
九酉時卒乾隆己丑年五月十六辰時葬祖山虎埪大山脚坐
戌辰兼乾巽　娶後頭垵林向官女姜娘生乾隆二年丁巳三
月廿四午時卒嘉慶乙丑年八月十五未時葬大山墓右畔温氏
傅氏二婦仝空坐庚甲兼酉卯

鍾芬　子二　洵鉢　洵鎖

鍾芬即元仁四子字君苾號裕香生乾隆六年辛酉十一月廿八午時卒嘉慶乙丑年八月十五未時道光甲午年十一月葬祖山虎埪林中崙坐壬丙兼亥巳　娶東溪陳氏畏娘生乾隆癸亥年正月十五丑時卒乾隆癸卯年五月廿四日巳時葬洋山鄉壠潭坑坐壬丙兼亥巳　女二一適溪邊坂胡殊官一適大墘林家

鍾蒃　子六　洵熾　洵碟俱殤　洵樸　洵翕　洵潛殤

鍾蒃即元仁五子字君辯號裕明生乾隆十一年丙寅七月十一巳時卒嘉慶五年庚申七月三十日寅時嘉慶八年九月葬

二房起

本鄉和樹壠頭崙中生乾巽兼亥巳　娶大墘林湖官長女欣
娘生乾隆十年乙丑十一月十六未時卒道光七年丁亥六月
廿一巳時號喜慈葬本鄉狗頭坪腳崙中生艮坤兼寅申

太學生鍾樹　子五　祖艾　駟兆　得初　洵箕　洵璲

鍾樹乳名鍾會即凜齋公長子字君稼號藝圃生康熙六十年
辛丑三月十二午時乾隆十九年秋捐太學生諱鍾樹卒乾隆
廿六年辛巳九月三十日酉時葬佳冬林生未丑兼坤艮
娶坂頭歲進士白鳳騰長女賀娘生康熙五十九年庚子正月
初一卯時卒乾隆三十九年甲午八月十二未時號慈順葬本山潘
厝崙坐子午兼壬丙　女一快娘適湖坵林　公長郎葉官

儒士鍾卿 無嗣

鍾卿即凜齋公次子號良弼生雍正十年壬子五月廿五午時卒乾隆十一年丙寅三月廿六未時乾隆十二年五月附孝慈林氏媽葬本山大林頭内崙坐坤艮兼未丑

鄉賓儒士振聲 子二 洵蟾 洵裕

振聲乳名鍾唱即凜齋公三子字君永號崖圃生雍正十三年乙卯十二月初五午時乾隆五十二年秋縣主張諱森舉鄉賓

諱振聲卒乾隆六十年乙卯閏二月廿一亥時壽六十又一嘉慶八年三月葬本山鵰岫壠口坐癸丁兼子午 娶路尾鄉太學生李教官長女紬娘生乾隆二年五月二十日酉時卒嘉

慶九年甲子十月初四未時號慈儉嘉慶十三年十月葬本山
後厝龟仔鏡面坐乾巽兼戌辰乾隆五十五年自構本鄉清卿居
一座坐未丑兼坤艮分與二子居住
太學生鍾言　子五　洵撰　洵宰錫　洵什　洵忍　洵諧
鍾言乳名　鍾侃即凜齋公四子字居納號靖園生乾隆五年庚
申十一月十一戌時乾隆間捐監生諱　鍾言卒乾隆五十一年
丙午三月十二丑時年四十七葬本山大張宅坐亥巳兼壬丙
男洵宰附葬在內　娶湖垃鄉太學生林維魚次女園娘生乾隆
五年庚申七月初四酉時卒乾隆五十年乙巳四月廿二卯時
號寧慈葬本鄉吊壁灯田中坐丙壬兼午子女一

太學生鍾玩 子六 怡矩 八鳳 季歷 維鍾 伍 祖豫 洵潤 洵恰

鍾玩乳名鍾贊乃凛齋公五子字君讀號詞圃生乾隆十一年四月廿六寅時乾隆廿八年捐監生諱鍾玩卒乾隆四十六年七月十五戌時嘉慶十一年十二月葬本鄉對面大圳下田中坐巳向亥兼　娶新溪湖坵太學生林叅官長女双娘生乾隆十一年丙寅四月廿九辰時卒乾隆四十一年丙申九月十八吉時號慈和生子矩鳳歷豫潤女一莪姑適芸美郭喬官又娶湖坵林元振公長女愈娘生乾隆十八年十月初十酉時卒乾隆五十七年十月十三巳時號慈柔生男恰二媽合葬在本鄉龟山坐艮坤兼丑未

二房止

鍾伍 子二　配三　季歷 係鍾贊三子承

鍾伍即元雍之子係胞兄元肅次子繼字君聯號逸參生雍正七年己酉六月三十日午時卒乾隆十四年己巳四月初二未時就初三甲時葬本山大林頭路上壙内坐丁癸兼未丑墓面坐未丑兼丁癸　娶東溪陳唱官長女磐娘生雍正九年辛亥九月廿五未時卒乾隆十六年辛未五月初七巳時號和一無生育就初七巳時葬本山北山頭大崙中坐坤艮兼申寅墓外坐申寅兼坤艮

太學生廷宜 子四　双璧　洵琛　洵緝　洵栗

廷宜乳名　鍾綿即孝遠公之子字君地號輔園生雍正二

三房起

年甲辰七月廿三酉時乾隆十八年秋捐監生諱廷宜卒乾隆
甲午年三月廿一辰時葬　娶邑內龍興賢官次
女担娘生雍正甲辰年九月廿五卯時卒乾隆六十年乙卯三
月廿七亥時號慈濟葬　女二長傳娘適登
郁陳拺舍次霞娘適赤嶺林賚官

鍾降　子一　洵敬

鍾降即元温之子係志審三子繼字君揖號　生雍正二年
甲辰十月廿一卯時卒乾隆廿年乙亥九月十七申時葬
娶赤嶺林東官女速娘生雍正三年乙
巳九月初一巳時卒

女二長足娘適龍居頂寨林　次蟾娘適湖坵林

鍾倍

鍾倍即元温次子係胞弟元安次子繼禩三生乾隆十一年

丙寅九月廿二酉時卒乾隆三十一年丙戌十月廿三丑時葬

鍾望　子四　洵概　洵蘭　洵谿　洵懲过継

鍾望即元厲長子字君協禩　生雍正元年辛亥十月初

午時卒乾隆　葬

娶后山黄愽官女蔭娘生乾隆元年丙辰八月十五未時卒

乾隆三十七年正月廿四戌時葬

鍾海　子二　洵愷　洵扳

鍾海即元厲次子字君波號愧揚生雍正十二年甲寅五月初八丑時卒乾隆　年二月廿六吉時葬

娶蓮格陳漆官女勤娘生乾隆二年丁巳六月十一寅時卒乾隆　年三月初六吉時葬

鍾珩

鍾珩即元厲三子號　生乾隆四年己未九月廿九丑時卒乾隆　年十月初八辰時葬

鍾誇　子三　洵芽　紫漢　洵道

鍾誇即元安長子字君灶號圖美生乾隆壬戌年九月初九子

時卒嘉慶辛酉年十月初十酉時葬大嶺邊坪內坐乾巽
娶上地胡蔭官女美娘生乾隆甲子年七月初四未時卒嘉慶
戊寅年四月十九巳時葬本山大嶺邊坐癸丁兼丑未兜德益
附葬在內女一為娘適蒲格王艾官

鍾戚

鍾戚即元安三子號感應生乾隆十五年庚午三月初九午時
卒乾隆三十一年丙戌十一月廿一丑時仝母廖氏合葬本山
小張宅中崙艮坤兼寅申

鍾令

鍾令 子五 洵白 洵禘 洵讀 洵雋 洵坪
鍾令即元安四子字君稟號園清生乾隆乙亥年十月二十未

時卒道光辛卯年十月初九辰時壽七十葬大崙戌辰乾巽
娶洋山胡子官長女来娘生乾隆庚辰年七月廿九辰時卒道
光丙午年四月初二未時與公合葬　女一禮娘適
邑内北門李挑官

鍾嶷

鍾嶷即元肯長子號　生乾隆辛卯年四月十三辰時卒
年月

鍾錠

鍾錠即元肯次子號　生乾隆甲午年三月廿一巳時卒道
光　年　月　時溺葬

鍾藍

鍾藍即元肯三子號　生乾隆丙申年七月初一寅時卒失

攷葬

鍾縷

鍾縷即元肯四子號　生乾隆戊戌年十二月初五寅時卒

道光　年　月

鍾葉

鍾葉即元肯五子　生乾隆癸卯年十二月初八未時卒

年　月　時葬

四房起
淄

鍾彩 子五 洵錦 洵鉅 洵鋙 洵[金品] 洵[金兩]

鍾彩即元琳長子字君疇號治田生雍正七年己酉四月初七巳時卒乾隆五十二年正月廿六巳時壽五十九乾隆五十三年戊申十月廿六子時柩葬本里十字路周堂鄉詹厝田中飛鴉落洋坐辛乙兼酉卯　娶東溪陳氏莊官生雍正十年二月十七酉時卒乾隆十六年正月十八辰時未過門后化瓦棺迎歸葬本山棹坑壠坐　向　兼　又娶洋山胡岳官長女継娘生雍正　年　月　日　時卒嘉慶十四年四月十三巳時歸葬慈緝　生子五女一　閏娘適來蘇淵兜沈揵官嘉慶十五年柩葬本山卓坑壠坐申寅兼庚甲　公自構本處後坑崎頭

厝乙座丙護坐辛乙兼戌辰閹分五子居住　又構本鄉温坑
厝乙座坐巽向乾兼辰戌五子閹分暫換居住頂落五間及過
水二間五房頭出錢公起下落五間瓦桷及門枋戶扇係是荐
孫自造完成日后五房頭要用居住者備錢對荐孫清還不得
異言以譜為証
克菊立 公建置周堂鄉深內厝乙座坐亥巳兼乾巽

儒士鍾洄　子三　洵衢　洵孺　洵都

鍾洄即元琳次子字居榮號佐才生雍正十一年癸丑正月廿四
日酉時卒嘉慶庚午年八月初四丑時葬本山太岙垵坐　向
兼　娶永安厚垵謝瑞官長女介娘生乾隆元年丙辰十
一月初三日丑時卒乾隆壬子年正月廿五午時　生男二天

章盛

衢儒樑葬本山卓坑坐　向　又娶東埔山李詳官長
女皆娘生雍正十三年乙卯四月十五卯時卒乾隆乙亥年十
二月初三酉時生男洵都葬本山林內客崙坐

鍾拱　子一　洵創

鍾拱即元琳三子字君平號章盛生乾隆四年己未八月廿七
寅時卒乾隆三十一年丙戌十一月十一吉時葬沈洋鄉龜尾
坐　向　娶上地胡祖官次女探娘生乾隆六年辛酉
月　日　時卒乾隆廿七年十一月十三辰時葬本處虎埪
厝桶坐　女一尊娘適洋山胡保官
公後改葬北山中崙申寅坤艮

四房(五)

于邦

鍾芹　子三　洵儉　洵靜　洵貝

鍾芹即元琳四子字君厚號于邦生乾隆七年壬戌八月初八丑時卒嘉慶己巳年正月初十卯時葬本處產墘頭坐庚甲兼酉卯　娶路岩鄉洪訪官女凱娘生乾隆乙丑年十二月廿七酉時卒道光壬午年七月十三卯時葬寨街格寅申甲庚

女三長成娘適官坂林監官　次倫娘適少卿王扆官　三順娘適大墘林伯官

鍾昌殤

鍾昌即元琳五子生乾隆十年十二月廿五吉時卒乾隆　年　月　日　時葬

鍾宣　子一　洵萃

鍾宣即元榜長子字君著號盛仰生雍正十一年癸丑七月廿六酉時卒乾隆廿五年十一月初十巳時年廿八葬在本鄉大垅頭寮婆坡坐壬丙兼子午　娶赤嶺林佐官長女漸娘生雍正十二年甲寅四月十六卯時卒乾隆戊申年六月十七辰時葬本山大林頭坐癸向丁

鍾植

無嗣

鍾植即元榜次子字君芸號生香生乾隆二年丁巳閏九月初五子時卒乾隆三十一年丙戌八月十七亥時年三十葬

娶蔡洋李氏法娘后改適

鍾東

子一

輔楼

〈4〉
〈2〉
〈4〉

鍾衷即元榜三子字君哉號寅恭生乾隆六年辛酉十月廿一丑時卒乾隆五十二年丁未三月十九申時葬本鄉長墘頭厝角坐亥巳兼壬丙　娶感化溪尾蘇氏粒娘生乾隆甲戌年四月十五申時卒道光辛丑五月廿七午時葬

女二長僭娘適林蒲格王敬官次雪娘適坂頂陳治官

公兄弟五人合葬長墘頭一座壬丙兼子午

鍾檜　子四　洵騷　洵攝　洵儔　洵寡

鍾檜即元榜四子字君炎號美味生乾隆甲子年十一月十二寅時卒道光元年辛巳三月初六子時葬本鄉卓坑壠壬丙兼子午　娶內井林專官長女趣官生乾隆甲戌年十一月初

乙酉時卒道光十二年壬辰三月十三丑時葬本鄉大張宅生
乾向巽兼戌辰

鍾徐　子一　洵因

鍾徐即元榜五子號生成生乾隆　年　月　時卒
年五月初六吉時葬
娶尚卿廖氏稼娘生乾隆年間卒佚葬
女寢娘適本里溪尾劉咱官

鍾選　子二　洵得水　得世

鍾選即元解長子　生卒失孜

鍾邁　子一　洵獺

青溪蓬萊張氏家譜

鍾邁即元解次子號月視生

卒乾隆　年七月廿二吉時葬

鍾蘭　子一　洵往

鍾蘭即元解三子字君臭號其福生乾隆戊辰年六月初九丑

時卒乾隆丙午年十一月廿二辰時葬

娶源口劉氏邑官改適

鍾偕　子三　洵孔　洵流殤　洵治

鍾偕即元解四子字君斯號安翼生乾隆　年間卒嘉慶辛

酉年六月初六未時葬　娶與二朱萬

官四女配娘生乾隆壬辰年四月廿五卯時卒失攷葬在本

五房起

山

女一漱姑適魯廷蔡王官

鍾忠殤

鍾忠即元解五子生乾隆　年　月　時卒乾隆　年

十一月初二吉時葬

鍾超殤

鍾超即元瑚長子生卒葬失考

鍾沛

鍾沛即元瑚次子號永美生雍正元年六月初二巳時卒乾隆

三年三月廿三酉時瓦棺葬本鄉翁厝田中乾巽亥巳

國子生廷友　子三　洵班　洵穰

廷友乳名鍾尚即元瑚三子係胞弟元統子承繼字君義號
進陞生乾隆己巳年六月廿四寅時卒乾隆丙申年正月初一
午時葬本山跳坑中崙坐辛乙兼戌辰　娶邑內宮邊吳烈君
長女壽娘生乾隆己巳年五月十八午時卒道光　年十二
月十六巳時葬　女一　余娘適虞都陳進素官

國子生世起　子七　洵鵬　洵鶵　洵岳　洵杰　洵隈　洵陀　洵歆

世起乳名佛助字君我號祐吉乃重齋公四子也　捐國子監
生諱世起生乾隆丁丑年正月初二戌時卒道光十一年辛卯
二月廿八日辰時葬本鄉佛仔后厝角田中癸丁兼子午

娶溪尾劉恤官長女好娘生乾隆戊寅年二月十四酉時卒道
光八年戊子正月初十辰時謚孝慈媽葬本山佳壠尖坐
　側室陳氏冬吉娘生乾隆己丑年二月十九戌時卒道
光十三年癸巳三月十四酉時謚来慈葬本鄉佳壠尖坐
向
鍾渥　子一　洵天賜
鍾渥即元貢長子字君顔謚世寵生乾隆二年丁巳五月廿
五酉時卒乾隆廿一年丙子七月初十辰時乾隆三十八年十
一月柩葬本鄉產墘田中乾巽兼亥巳　娶五里埔王太官
長女脩娘生乾隆三年戊午十一月廿二午時卒道光二年

壬午七月二十未時葬

鍾拔　無嗣

鍾拔即元貢次子號振挺生乾隆五年庚申六月廿二亥時

卒乾隆十七年壬申七月初五卯時瓦棺葬本山山母后坐

向　兼

鍾熈　子一

洵述養

鍾熈乃元貢三子號奮庸生乾隆七年壬戌十二月初九申時

卒乾隆壬午年八月初十午時柩葬本鄉大坪崙腳坐癸丁

兼未丑　查丑未

鍾昂　無嗣

鍾昂乃元貢四子號奠井生乾隆十二年丁卯七月三十日未時
卒乾隆廿七年壬午六月廿三未時瓦棺葬本山厝埕崙坐

鍾坤　子一　洵念養

鍾坤乃元貢五子字君自號世發生乾隆廿年乙亥三月初三
寅時卒乾隆三十八年癸巳四月三十日申時柩葬本鄉欉𦳝仔內
艮坤兼丑未　娶湖垃林氏改嫁竹園　女一差娘隨母帶去

鍾鈎　子二　復進　洵兜

鍾鈎乃元貢六子字君曲號奮章生乾隆廿四年己卯十月十
四丑時卒道光五年丙戌四月廿七寅時葬
娶塘尾陳井舍長女變舍生乾隆廿五年庚辰二月廿一日丑時

卒道光十四年甲午五月三十日吉時葬

鄉飲賓一香　子三　洵杞　洵棟　洵陰

一香乳名鍾汀乃天成公長子字君鶴號南洲生雍正十一年癸丑九月初十巳時卒乾五十九年甲寅正月初四未時素係儒士王宗師諱杰歲試取備第五名充入樂生　乾隆癸丑年奉〻　旨恩授鄉飲賓諱一香邑侯張公諱杰贈以匾音曰功招世業　娶赤嶺太學生林壯官長女臘娘生雍正十三年乙卯十二月初十亥時卒嘉慶乙卯年十一月廿八酉時公道光七年十二月十三葬本鄉山門癸丁兼丑未　媽葬本鄉墓后

田中坐癸向丁兼子午

鍾藹　殤

鍾藹乃天成公次子生乾隆七年壬戌七月初四巳時卒乾隆廿一年丙子六月十二辰時即日葬本山瓦窑口山母崙丑未兼艮坤

鍾渚　子一　洵出

鍾渚乃天成公三子字君島號晃洲生乾隆十年乙丑七月初四寅時卒嘉慶九年甲子十二月廿九卯時道光十二年十二月葬本鄉山母坪后內坤艮兼申寅外坐甲寅兼坤艮娶光德嶺邊許頤官次女轉娘生乾隆十二年丁卯二月十四

寅時卒嘉慶十三年戊辰十一月初七午時葬

鍾灑　子五
青錢　洵鐵　洵鉞　洵鍬　洵畝

鍾灑乃天成公四子字君内號開然生乾隆十八年癸酉九月初六寅時卒道光壬午年九月十三巳時葬大林口田中丁癸兼未丑　娶東溪陳掄官長女謹娘生乾隆廿一年丙子四月廿十日午時卒嘉慶　年十一月十八吉時葬

鍾涉　子五
洵謨　洵殿　洵楓　洵札　洵銀

鍾涉乃天成公五子字君川號乃行生乾隆廿年乙亥八月廿

一寅時卒乾隆甲寅年七月廿四未時葬本鄉大坪艮坤寅申
娶温泉唐勇官長女再娘生乾隆廿二年丁丑八月十二寅時
卒道光乙酉年三月廿五未時狶斯慈葬

鍾昉　子三　洵梯　洵核　洵燮

鍾昉乃元褒長子字君任狶龍門生乾隆十二年丁卯十月初
二申時卒乾隆五十一年丙午四月廿一未時葬本鄉鳳儀尖
中崙坐辛乙兼戌辰　娶石壁郭第官長女淑娘生乾隆十一
年丙寅七月廿八未時卒道光壬午八月初四午時狶慈安
葬本山佳壠尖申寅兼庚甲　女一侯娘適吳山蔡譪君

鍾時 殤

鍾時乃元褒次子號妙雨生乾隆十八年癸酉九月廿七吉時卒乾隆三十八年癸巳正月十三未時葬在本山寨仔兜丁癸兼午子

鍾晴 殤

鍾晴乃元褒三子生乾隆廿年乙亥十一月初一卯時卒乾隆四十年乙未十月十五酉時葬本鄉山門垵癸丁丑未

鍾睒 子一 洵葱

鍾睒乃元褒四子字君原號妙酉生乾隆廿五年庚辰十一月初一日卯時卒乾隆五十五年庚戌七月十九未時葬延平府沙

縣壠東鄉坐　向　娶路美李氏后改適
公后改葬梅山田寮后丙壬兼午子

鍾昀　子二　洵剖　洵查

鍾昀乃元褒五子字君璧號開盛生乾隆廿九年甲申九月
廿九辰時卒嘉慶三年戊午六月初三戌時葬本處山母後
巽乾兼巳亥　娶登虎榜傅王官長女報娘生乾隆三十二年
丁亥十二月初一子時卒乾隆五十九年甲寅八月初四未時
號慈德葬本山山母后未丑兼丁癸　又娶溪南蘇文官長女
柔娘生乾隆三十四年己丑八月十九酉時卒道光三年癸未
三月十二酉時號遠慈葬本山石岸崙寅申艮坤　傅氏生剖　蘇氏生查

鍾昫　子三　洵泳　洵泚　洵淺

鍾昫即元褒六子字君昕號明徵生乾隆三十一年丙戌正月初一戌時卒嘉慶十二年丁卯正月初四午時葬本處梅山坤艮兼申寅　娶大墘林取官長女璉娘生乾隆三十三年戊子七月十八申時卒嘉慶廿五年庚辰十一月廿四申時葬大張宅頭崙脊中葬乾兼辰戌

鍾瑶　無傳

鍾瑶乃元雄長子生雍正十一年癸丑九月廿二巳時卒乾隆十六年六月初六午時與母合葬祖山潘厝崙邊坐癸丁兼子午

鍾琫　子一　宗庇

鍾琫乃元雄次子字君達號循理生乾隆元年丙辰九月廿八卯時卒乾隆三十一年丙戌三月廿四丑時乾隆三十三年戊子葬本里洸洋蕉坑田中内乚辛辰戌外乚辛卯酉　娶洋内傅啟順官次女悦娘生乾隆六十年乙卯五月廿一未時前譜誤係生乾隆戊午年正月廿日亥時卒乾隆六十年五月廿一未時號慈貞金葬大山嶺頂坐

鍾璚　子四　滙桂　洵顏　湊美　洵懇

鍾璚乃元雄三子字君遷號本園生乾隆六年辛酉九月廿五吉時卒佚葬　娶谷山蕭伏

官女衍娘生乾隆　年　月　日　時卒失孜葬

鍾玖　子四　合意　祇登　杕稀　洵奕

鍾玖乃元雄四子字君致號報玉生乾隆十年乙丑八月廿四午時卒道光十三年六月初五寅時葬本山寨街格邉乾巽戌辰娶洋山胡葵官女契娘生乾隆己丑年十月廿二卯時卒嘉慶辛未年五月十五酉時葬大山脚坐卯酉兼乙辛又娶海澄街王氏順娘生乾隆甲戌年九月二十午時卒道光七年丁亥正月二十巳時葬

鍾最　子四　洵慈　振拔　漢裔　洵周

鍾最乃元雄五子字君切號長理生乾隆十三年戊辰閏七月廿四吉時卒嘉慶丁丑年三月廿二戌時壽六十九葬本山佳壠尖、葬乾兼巳亥　娶登虎榜傳旻官次女壽娘生乾隆辛未年十月廿日辰時卒嘉慶辛酉年十月十四戌時年七十五葬大坵頭庚甲兼酉卯　女二長契娘適邑內吳超官　次雲娘適澚江傀接官　公自構本鄉礬斗內厝壹座癸丁兼丑未分與四子居住

鍾耳順　子四　玉麟　康寧　象賢　濟德

耳順乃元整長子字君通號聲會生乾隆十二年丁卯十二月

十四卯時卒乾隆四十年乙未六月十九酉時年廿九葬大林
崙坐　娶鶴前劉旁官長女滿娘生乾隆
十一年丙寅正月廿四巳時卒失攷葬
女一鸞娘配東洋陳曲官
神程子七　洵艾　洵啟　洵燕　洵楊　鉄明　洵歲　寶藏
神程乃凡整次子字君引號其力生乾隆十七年壬申十一月
初七戌時卒道光七年丁亥三月初二戌時葬小張宅石古項
辰戌兼巽乾　娶湖坵林氏士娘生乾隆十七年壬申四月十
五申時卒乾隆三十九年甲午十月十五辰時葬大林口坐坤
向艮兼申寅　又娶中埔陳曠官女甘娘生乾隆廿六年七月

廿五巳時卒道光壬辰年六月十五申時葬

鍾連輝　子養一　洵委

連輝乃元整三子字君炳號景耀生乾隆廿二年丁丑二月廿九丑時卒乾隆五十三年戊申八月廿七申時年三十二葬

娶鴻卿太學生李元忠長女改娘生乾隆廿四年乚卯七月初七巳時卒道光四年甲申五月初三戌時號彵慈葬

處士鍾雙鯉　子三　洵經　洵旁　洵謨

雙鯉乃元整四子字君賜號趋訓與兄連輝同孕並生生乾

隆廿二年丁丑二月廿九丑時卒道光廿一年辛丑五月十六未時享壽八十五　娶鎮府黃勇官女裁娘生乾隆廿五年庚辰正月初九午時卒嘉慶十年乙丑十二月十三巳時年四十六號常慈葬厦門西山上呂厝墓頭坐丁癸兼午子　公葬本山匏靴崙坐壬丙兼子午道光廿一年十月初十監碑女一近娘配湖垵林別官　公幼習詩書應試未售因理家務輟業培育孫曾寒暑不倦為人和厚可風尊賢敬友以故冢孫為政英年入泮雖越一年未及親見亦可稍慰書香之願于九京矣

儒士鍾集成　子三　洵柳　洵洽　洵堂

集成乃元整五子字君成號聲振生乾隆廿九年十一月初六戌
時卒嘉慶十六年辛未六月初八卯時葬佳壠尖對面頂禁生
丙壬兼午子　娶金谷姚氏湊娘生乾隆三十六年辛卯十二
月廿六未時與長子洵柳渡臺灣卒道光廿三年癸卯十一月三
十日巳時號慈節葬在臺

鍾新居　子四　素慶　洵晏　廷佐　洵粉　洵梅殤

新居乃元芳長子字君盛號又圃生乾隆十四年己巳三月廿八
未時卒乾隆六十年乙卯五月初三辰時瓦棺葬本鄉潘厝尾
田中坐癸丁兼子午　娶溫泉唐持官長女兑娘生乾隆十
五年庚午二月初八未時卒嘉慶十六年辛未十一月廿八日

酉時號巽葬頂水埕田上坐癸丁兼子午生男四女二長辨娘適嵬洋王惠官次偶娘適翰苑李萃官

鍾坦　子四　洵揖　洵華　洵尋　洵巧

鍾坦乃元芳次子字居然號平園生乾隆十八年癸酉十二月十三寅時卒道光元年八月廿一酉時葬本山林底竹篙崙坐午子兼丁癸　娶龍居太學生林元璽長女笑娘生乾隆廿年乙亥六月廿七未時卒道光七年十月廿九辰時葬本山草坑壠火路上坐戌辰兼乾巽　女一勸娘

儒士鍾持　子三　衡山　洵璡　洵卯

鍾持乃元芳三子字君守號維清生乾隆廿二年正月初三寅時卒道光十四年正月十八辰時葬梅山大崙坐辛乙兼酉卯娶崎蹊陳梧官長女比娘生乾隆廿五年庚辰十一月十四酉時卒乾隆五十二年丁未八月廿三辰時葬本山齊雞邊獅形坐子午兼壬丙生男衡山女猜娘適　　續娶淵兜沈梧官長女族娘生乾隆廿五年庚辰八月十五寅時卒道光十五年乙未四月廿六未時歸和慈葬梅山與公仝穴自稱土樓后厝乙座坐壬丙兼亥巳

鍾轂　子三　洵哂　且眈　洵瑾

鍾轂乃元芳四子字君前號言圃生乾隆廿五年庚辰八月十

五巳時卒道光甲申年九月十二申時葬沈洋鄉上地崙田頂坐卯酉兼乙辛　娶來蘇產墘董眼官次女斷娘生乾隆廿八年癸未十月十一巳時卒道光十一年七月初一午時號三葱葬本山石牙頭外紅土崙坐子午兼壬丙　女一丑娘適東溪陳溆官

鍾撰　子三　洵恤　洵梭　洵元

鍾撰乃元芳五子字居先號設圍生乾隆廿九年甲申九月初八午時卒嘉慶十七年壬申五月初一酉時瓦棺葬浚古厝角左畔坐酉向卯兼辛乙　娶洋頭廖揚官長女抱娘生乾隆廿五

年庚寅四月十六未時卒道光甲辰年三月初九酉時葬本山山門瓦窑坡坐　女二長面娘適坂頂陳典官次益娘適登虎榜傅銓官　媽后改葬林內石岩坡口崙路上丙壬巳亥

鍾蒞完　殤

蒞完乃元芳六子號治圃生乾隆三十三年戊子四月初七未時卒乾隆五十七年壬子十月廿五寅時葬本山匏瓠崙坐庚甲兼甲寅

長號　子三　洵卷　洵辱　洵進殤

長號乃元芳七子字君賚號良圃生乾隆三十八年癸巳十一月十八亥時卒同治二年癸亥七月廿八午時葬

娶南安蓮島山後郭建官女田娘生乾隆四十三年戊戌
十二月初九亥時卒嘉慶十五年庚午八月廿五戌時年三十
三道光七年瓦棺葬本山大張宅中崙坐壬丙兼亥巳育男二
女一妙娘適溪邊坂胡是官　又娶惠安縣洛洋橋上田林肯
官次女銀娘生乾隆三十九年甲午八月十八辰時卒道光三
十年庚戌十月初五巳時葬本山內產墘頭坐辛乙兼戌辰抱
養男洵辱女愧娘適鶴前劉社官　三娶惠安縣東蓮鄉辛
甘官女慰娘生嘉慶六年辛酉二月初十亥時卒同治八年己
巳六月十五丑時葬埽箒崙坐壬向丙　公自構沈洋鄉厝乙
座坐癸丁兼丑未　又內自構一座坐丑未兼艮坤

肇覺公派下

鍾陣 无嗣

鍾陣乃元移之子係志宅五子繼生卒失攷葬山門坐

鍾待 子二 洵秋 洵長

鍾待乃元杏長子字君時生乾隆　年三月十二吉時卒道光　年　月　時葬 娶黄柏蔡氏善娘生乾隆　年三月十二日卒道光十四年甲午七月十八吉時葬 女一 偲娘適鴻卿李任

鍾砂 子一 启佳

鍾砂乃元杏次子生乾隆年間卒在臺无攷

鍾俸基 一名鍾村

俸基乃元杏三子移居臺灣生卒失攷

騰祥

騰祥乃元祐之子生乾隆甲午年八月初七申時卒道光廿九年己酉五月十八酉時葬

鍾炤 無育

鍾炤乃元适長子䚡其明生乾隆丁巳年又九月初三丑時卒乾隆庚子年十二月十九酉時年四十四葬

鍾曜　子二　洵樹　洵墻

鍾曜乃元造次子字居肆號其羽生乾隆庚申年又六月初三辰時卒乾隆己亥年四月十九亥時年三十五葬

娶十二路陳氏后改適

鍾補　子二　寄服　添成

鍾補乃元造三子字居羨號其足生乾隆甲子年正月廿七酉時卒嘉慶丁卯年正月初五申時壽六十四葬匏靴崙乾、巽兼亥巳　娶白汀劉氏姜娘生乾隆甲戌年五月廿一子時卒嘉慶己卯年六月初五午時葬匏靴崙尾田中庚甲酉卯年六十又六　女一領娘配溪頭柯涉官

鍾會　子一　洵志

鍾會乃元逌四子字君試號具友生乾隆丁卯年八月廿四日寅時卒乾隆乙卯年四月十七巳時年四十四歲

新香　無嗣

新香乃元逌五子號具美生乾隆庚午年十一月廿八酉時卒乾隆癸卯年五月廿九午時年三十四歲

鍾鵲　子一　洵禾

鍾鵲乃元逌六子字君渡號具春生乾隆乙亥年五月十六子

時卒嘉慶乙丑年五月初一未時年五十一葬
娶　氏后改適
三朋　無嗣
三朋乃元就長子生乾隆年間卒葬佚
娶登虎榜傅氏瓦娘生佚卒　年正月初二吉時葬
在本山
鍾區　子一　洵峰
鍾區乃元就次子生乾隆乙未年　月　日　時卒佚
娶后垵謝氏粮娘改適
女拈娘適鴻卿太學生李欝官

鍾賜　子二　洵疑　洵崗

鍾賜乃元知長子字君詩號飛騰生嘉慶元年丙辰七月十八辰時卒道光十六年丙申十二月十五戌時葬

娶八都后湖王勅官長女英娘生乾隆六十年乙卯五月十一酉時卒佚葬　女四長允姑配洋溪尤量包次幼姑配大壠東朱永久三脩姑配南山下朱仕標四永姑配南山下林

鍾堂　子二　洵崑　洵崙

鍾堂乃元知次子字君升號達猷生嘉慶六年辛酉十二月十四辰時卒佚葬　娶本鄉佘法

元長孫女鳳官生嘉慶八年癸亥八月初六亥時卒失攷葬
在　　　　　　女三長桃姑配井后陳陽學次
香姑坡頭楊　三梨姑配洋溪魏

鍾開　子四　洵華　洵第　洵秀　洵章

鍾開乃元齒長子字君雕號達安生乾隆五十四年己酉六月
廿三未時卒道光十八年戊戌十月廿四寅時葬
娶長角松林格陳魁芷公次女溰娘生乾隆五十五年庚戌九
月廿二酉時卒道光十九年己亥九月十三午時葬
女二長菊姑配覌庄王世祿次清姑配潹口陳文葵妣號淑愛

鍾閔

鍾閬乃元崙次子號達俊生嘉慶廿一年丙子三月初九日戌時卒道光十一年辛卯十月十二辰時青年十六歲幼配陳氏未完婚而改適后胞姪洵華將四男標接權為嗣孫葬北坑公山坐壬丙兼子午

職員鍾助　子二　洵景　洵麟

鍾助即元嵏長子字君望號文明　捐納職員生乾隆五十九年甲寅七月初六辰時卒失攷葬

娶沙城太學生倪元泰女孫名縈姖生乾隆六十年乙卯十月廿二酉時卒佚葬

女二長鶴姑配覲庄王國棟次招姑配大元廖榮耀

鍾彩　子三　洵恩　洵龍　洵鳳

鍾彩乃元叟次子字君色生嘉慶四年己未三月十七酉時卒失歿葬

娶沙邑庠生管榮久長女淑英生嘉慶三年戊午九月初九酉時卒道光十二年壬辰閏九月十五辰時葬本鄉下宅坤艮兼甲寅

又娶余氏諱生枝生嘉慶十九年甲戌二月初八申時卒失歿葬在

女三長發姑配油桯鄧胡學次射姑配后坪賴朗朝三尾姑配大壠東陳邦

武庠生宗魁　子三　洵庭　洵銘　洵禧

宗魁名鍾丞乃元叟三子字居順道光十八年戊戌　吳宗

師歲試取沙邑籍武生第二名生嘉慶廿三年戊寅八月廿

一午時卒佚葬

娶岩下太學生鄭植杭公妹宝娘生道光元年辛巳二月十二

戌時卒失攷葬　女錦姑配洋口

鍾轉　子一　洵銀

鍾轉乃元會長子字居圓號達方生乾隆五十一年丙午六月

初七辰時卒道光二十年庚子六月十三午時葬

心阮公派下



娶魏氏良娘生嘉慶九年甲子六月初九午時卒道光十年
庚寅九月初六酉時葬

## 鍾滿

鍾滿乃元厚之子生嘉慶十年甲戌十二月初三辰時卒葬在
沙邑莫孜

## 文良

子二　洵雷　洵壇

文良乃神祐長子字君起號本然生乾隆庚午年八月初七寅
時卒嘉慶丁丑年十二月廿九辰時葬本鄉寮銭崙坐
娶參內黃氏亂娘生乾隆三十七年壬辰七月
廿七戌時卒嘉慶七年壬戌三月二十卯時葬温坑坐

鍾列 子二　洵有　洵照

鍾列乃元才長子係堂弟元藻三子繼立字君令號其霹生乾隆癸未年三月十五辰時卒嘉慶丁卯年十二月初七卯時葬本山石肥頭坐　娶新溪衙口陳氏嘆娘生乾隆辛卯年正月廿九巳時卒道光三年七月十九亥時葬本山石肥頭坐　向　女二長蕉娘配登虎榜傅河官次富娘適金谷吳入官

鍾伐 子二　洵蟳　洵槁

鍾伐乃元睃長子字君紂生乾隆癸卯年正月初五亥時、卒失考葬　娶溪頭柯徒官長女桃

娘生嘉慶丁巳年三月十三酉時卒道光十五年乙未五月廿
十未時葬本山寮錢崙坐　女一咱姑配溪南蘇愫官

鍾潾無出

鍾潾乃元奏長子生卒葬失考

鍾欣

鍾欣乃元奏次子生卒葬失考

鍾談子一　洵注係胞弟鍾奉子承半

鍾談乃元奏長子係堂弟四子來承生乾隆　年　月
時卒嘉慶　年六月廿七吉時葬　娶洋山

妣列官女蕋娘生失孜卒嘉慶廿二年丁丑二月廿二巳時葬
祖山大林口坐南向北　女三長劍姑配鴻卿李添益次連娘
配蓮兜尾林祖德三過娘配厦門

鍾奉 子二 洵注　洵池 継鍾伴

鍾奉乃元泰養次子生乾隆丙午年正月廿二卯時卒道光
十三年七月廿七巳時年六十又二葬
娶惠安縣蔡宅盧棟官次女狠娘生乾隆辛亥年二月廿一卯
時卒莫孜葬

鍾亨　無育

鍾亨乃元享長子生乾隆　年　月　時卒失攷葬
在

鍾通　無育

鍾通乃元享次子生乾隆丙申年三月初十午時卒葬失攷

丁潤

丁潤乃元享三子生乾隆　年　月　日　時卒道光
年　月　時葬在厦門

科名　子一　洵老

科名乃元千長子字君登號其寶生乾隆壬辰年八月初六
卯時卒道光丁酉年四月初六巳時葬
娶湖頭舉坑黄氏偶娘改節　女二長成姑配洋山胡及官
次蔭姑配蓮格陳炮官

鍾珠　子養一　洵帯

鍾珠乃元千次子生乾隆　年　月　日　時卒道光
年　月　日　時葬

鍾蔬

鍾蔬乃元圖長子生乾隆　年　月　日　時卒道光

年　月　日　時葬

鍾東

鍾東乃元圖次子生乾隆六十年九月廿四未時卒佚

鍾辨　子二

洵茶　洵等

鍾辨乃元完長子係胞兄元圖次子承繼生乾隆辛亥年十月

初九寅時卒失孜葬　娶

洋內葉爹官長女葉娘生乾隆丙午年四月廿二子時卒

鍾猛　乏嗣

鍾猛乃元藻長子生乾隆　年　月　時在臺卒佚

鍾轉来

轉来乃元藻次子生乾隆　年　月　時與兄鍾猛同

母三人俱在臺未詳

鍾高

鍾高乃元玉長子生乾隆年間卒葬失孜

鍾兵 子四 洵情 洵霞 洵返 洵泰 繼鍾一

鍾兵乃元玉次子字君自生乾隆　年　月　時卒失孜

葖在　　娶員德楊藝官長女愼娘生

乾隆　年　月　日卒失孜葖

女二長登姑配登虎榜傅漢官次午姑配溪頭柯賢官

鍾一 子一 洵泰 兵之四子繼

鍾一乃元德長子生乾隆　年　月　時卒道光　年

正月初一吉時葖

鍾八　無嗣

鍾八乃元德次子生嘉慶三年　月　　時卒道光三年

癸未　月　日葬

鍾意　子一　洵靈 係吟次子繼

鍾意乃元蘊養長子號心美生乾隆壬寅年十二月初九

午時卒嘉慶甲子年十一月初八戌時

鍾吟　子三　洵尚　洵靈 过繼　洵賢

鍾吟乃元妹長子字君會生乾隆辛丑年十一月初六午時卒

嘉慶　年十月十四亥時葬本鄉龜山頂坐
娶嶺埔葉氏罕娘生嘉慶庚戌年十二月初五辰時卒失孜
葬在

鍾抹

子二　洵推　洵徙

鍾抹乃元發養長子號其玉生乾隆五十八年八月初一戌
時卒咸豐戊午年八月廿一寅時葬土壠墓頭竹篙垵坐丁
癸兼午子　娶尚卿廖卧官長女好娘生嘉慶甲子年八月
初四卯時卒道光辛酉年六月十五未時葬
女一云姑適溪南蘇沛君

鍾冉　子　洵袋　洵聊　洵報 繼鍾齊

鍾冉乃元乾長子字君日號斯可生卒失攷葬

鍾序　乏嗣

鍾序乃元乾次子生卒葬失攷

鍾齊　子嗣　洵報 係冉三子繼

鍾齊乃元乾三子未詳

鍾寔　子二　洵領　洵猪

鍾寔乃元乾四子未詳

鍾濯

鍾濯乃元乾五子往臺未詳

連登

連登乃元撮長子

鍾與 乏嗣

鍾與乃元逞長子

鍾國 子一 洵球
鍾國乃元逞次子生卒娶失攷
巖纓 子三 洵篇 洵灶 繼鍾恋
巖纓乃元朗長子字君高號奇成生乾隆辛巳年八月初四酉
時卒道光辛卯年十月廿二亥時壽七十一葬本山鑄鼎崙坐
向 娶本邑林氏執娘生乾隆丁亥年二月十五吉時
卒道光甲申年十一月十一巳時葬本山跳坑林邉左畔坐
向 女一東姑配登虎榜傅蕲官

鍾文　子一　洵添　養

鍾文乃元朗次子號奇斗生乾隆丁亥年十一月初二午時卒道光丙戌年十二月廿三戌時葬同安縣橋仔頭頂土名大西橋邊坐　向　娶厦門陳氏伴娘生乾隆丙申年十月廿七辰時卒道光壬申年九月十八未時葬本山大嶺邊坐

女三長池娘適登曽口坂傅炭官次花娘適溪頭柯祖官三念姑適谷山吳房官

鍾恋　子嗣　洵灶　岩瓔子繼

鍾恋乃元朗三子號奇鳳生乾隆三十七年壬辰二月廿二辰時

卒嘉慶十四年十二月初五午時葬本山炭坑埯坐酉向卯

鍾汪　無嗣

鍾汪乃元朗四子號奇洋生乾隆四十一年丙申十一月十五酉
時卒道光廿三年癸卯五月初六巳時

鍾祿

鍾祿乃元嘉長子號奇壽生乾隆四十四年己亥九月初十
午時卒道光十六年十月十八寅時葬

鍾惠　子二　洵倒　洵浮

鍾惠乃種德嗣子係元嘉次子繼生乾隆癸卯年四月初七辰時卒失攷葬

娶胡扇官長女探娘上地人生乾隆丙子年九月初十午時卒失攷葬　女一推姑配溪南蘇閬官

鍾皓

鍾皓乃元璽長子狮白石生乾隆丁卯年九月十八子時卒嘉慶辛未年六月廿六丑時葬梅山新田崙坐

鍾佛祐　子五　洵銓　洵摘　洵鉗　名利　洵炭

佛祐乃元驪長子字君緣號俊秀生乾隆壬午年十一月三十日戌時卒道光甲申年十二月廿四巳時葬本山沈洋鄉水車內崙坐丙壬兼午子壽六十三　娶登虎榜傅伐官長女惜娘生乾隆辛卯年五月初七巳時卒咸豐二年三月十八日葬在本山跳坑口大崙邊坐亥巳兼壬丙　女二長比姑適溪頭柯穰官次銖娘適登虎榜傅英官　自稱佳壠垵邊坐丁癸兼午子厝一座左右護五子分住

鍾聳　子一　係乏傳

鍾聳乃元驪次子號俊崎生乾隆丙戌年二月初三申時卒嘉

慶癸亥年七月廿三未時葬本山跳坑口牛路下子午兼癸丁

金興　子養　洵柿

金興乃元定長子號維財生乾隆三十八年癸巳二月十四寅
時卒道光廿九年己酉四月十五日葬山門中崙水埕后

起元　子三　洵蓄　洵向殤　洵撻

起元乃元裔長子字君越號合盛生乾隆十二年丁卯五月初、
一亥時卒道光七年丁亥二月初九子時壽八十一葬本山林內
坐乾巽兼亥巳　娶東洋陳氏嘆娘生乾隆壬午年十月十四、
子時卒乾隆己亥年三月廿一酉時年十八無育　又娶佳塘
尾陳氏足娘生乾隆辛未年六月初八巳時卒嘉慶十四年六

月廿四丑時壽五十九與陳氏合葬本山尾圳仔生乾巽兼亥

巳　後嫣生三男

**鍾投**　子三　洵葉　洵別　三緞

鍾投乃元裔次子字君契號合成生乾隆十八年癸酉正月

廿九亥時卒嘉廿二年丁丑十月廿二寅時葬本山尾圳仔窂

坐　娶洋山胡慶官次女柃娘生乾隆戊子年八

月十八辰時卒道光己酉年十月廿二戌時葬

女一却娘適溪邊坂胡題官

**廉成**　無嗣

廉成乃元質養子生乾隆丙申年三月初六日寅時卒在廈

門莫孜

鍾極　子四　洵練　洵豹　洵釵　洵透

鍾極乃元陶長子字君深號文泰生乾隆丙子年二月廿五丑時卒道光十四年甲午三月初一午時壽七十九葬本山大坪下牛運堀坐酉向東　娶東埔鄉鄧忍官長女義娘生乾隆己酉年十二月初二酉時卒道光丁酉年七月十三未時葬

女二長福娘適鶴前刘抄官之子次巧娘適上地胡尭

鍾両　子五　洵到　洵炳　洵擻　洵垻　洵哖

鍾両乃元陶次子字君車號文晋生乾隆甲申年八月十九午時卒道光元年辛巳九月廿二巳時葬卓坑壠崙坐酉向東

娶五鯉埔王龍虎官女準娘生乾隆癸巳年七月廿四辰時卒
道光十三年癸巳九月廿三寅時年六十一葬大嶺邉坐南向
北女三長暖娘配曾口坂傅琳官次與娘配上地胡　三益姑配
蓮格陳敦官

鍾藝

鍾藝乃元確長子號丈射生乾隆癸巳年五月初五辰時卒
嘉慶　年三月十六日葬
娶沈洋王氏未過門

鍾楯　子二　洵府　洵禱

鍾楯乃元確次子號文干生乾隆丙申年十月十四酉時　卒

道光乙巳年正月初十吉時葬
娶大墘林沃官女市娘生乾隆甲辰年卒嘉慶戊辰年六月
十八未時葬

鍾排

鍾排乃元礶三子生乾隆己亥年二月初十亥時卒道光元年
七月廿九吉時葬

鍾赤

鍾赤乃元均之子生乾隆辛丑年八月初四巳時殤

鍾藺

鍾藺乃元仙之子生乾隆癸巳年　月　卒　年四月廿

三吉時葬

鍾石　子養　洵企

鍾石乃元楚長子字君盅生乾隆三十四年五月十三午時卒

道光壬辰年四月十九卯時葬　娶厦門林氏

匏娘生乾隆乙巳年　月　卒道光廿七年　月　日

時葬　女一韮娘適新墘馬討

鍾歸　子養　洵金

鍾歸乃元楚次子諱朝矩生乾隆癸巳年十一月廿一寅時卒

嘉慶丙子年六月廿三卯時

鍾麟 子四　洵繞　洵揣　洵詐　洵杷

鍾麟乃元楚三子字君定號朝祥生乾隆辛丑年二月初七日
吉時卒道光丁未年六月初五巳時
娶蓬格陳氏帖娘生嘉慶壬戌年五月十二戌時卒
女長適蔡土樓蔡家次適鶴
前刘家三適洋内葉家四適彭格陳家五六適頂劉

鍾現 子三　洵甘　洵覬又名摻　洵干

鍾現乃元楚四子號朝溪生乾隆丙午年六月初七巳時卒
道光戊甲年十一月十九寅時葬
娶埔頂楊氏玉娘生嘉慶戊辰年四月初十辰時卒道光丁未年

十一月初九申時葬金蕊巽　　女一眉娘

叅詳　子養　洵萊

叅詳乃元黃之子係元楚四子繼生乾隆五十年乙巳二月初

十亥時卒道光十九年十二月廿六申時葬

鍾鶴

鍾鶴乃元　養長子生乾隆年卒在台湾

鍾賽　子一　洵樹

鍾賽乃元黃次子生乾隆五十四年十一月十一辰時卒
年　月　日葬　娶蔡土楼蔡氏銭娘
生嘉慶三年十二月初二酉時卒道光辛卯年十一月十七子
時葬　女一搭娘適尚卿廖

鍾籃

鍾籃乃元黃三子號脩戒生嘉慶七年十二月初八丑時卒
道光十六年六月初一辰時葬

鍾且　子二　洵碚

鍾且乃元黃四子字君哲生嘉慶十四年己巳正月初八卯時
卒失攷葬　娶上地胡氏

鶯娘生道光三年癸未十二月十二辰時卒　年　月

日葬

子嗣　昭明

鍾入

鍾入乃元鑽之子係元草三子繼生乾隆壬辰年二月初二未

時卒　年正月十三亥時葬

鍾角　子三長茅　洵餘　洵孔

鍾角乃元壽長子字君惠號德馨生乾隆乙亥年十一月十

三甲時卒乾隆庚戌年六月初二巳時葬大坪坐　娶溪

頭柯氏鶯姑生乾隆癸酉年七月廿四辰時卒道光己丑年

十月初一辰時葬橄欖脚坐　女一甦娘配漳平縣吳家

鍾力

鍾力乃元壽長子生卒失考

鍾浪　子二　漢業　洵招过継

鍾浪乃元蛟長子字君石號翠巖生乾隆丁丑年九月初七未時卒乾隆癸　年十月初五申時葬梅山生娶大墩林氏生乾隆戊辰年九月廿八寅時卒嘉慶甲子年五月初二午時葬

鍾芽　子一　洵準

鍾芽乃元草長子字君萌號居朝生乾隆甲戌年十一月廿四子時卒嘉慶廿四年四月初一巳時葬虎脚石古後甲庚兼卯

酉　娶科港陳氏美娘生乾隆丁丑年十月初十酉時卒乾隆
戊甲年五月廿九巳時葬溪洲内田中生
女一度娘適谷山蕭部官

鍾欽　子二　洵轉　洵仲

鍾欽乃元卓次子字居外號畏敬生乾隆壬午年十月初十辰時
卒道光乙酉年九月廿六酉時葬狗頭頂生　娶泉城
外林氏癸娘生乾隆甲子年十一月十一未時卒　年正月初
乙辰時葬龜山頂坐艮坤兼　無育將洵轉撥為長男　又娶鴻
卿李氏勧娘生乾隆己丑年五月廿一未時卒道光癸未年正

月初一卯時葬狗頭頂與公仝穴生男轉仲

鍾玻

鍾玻乃元卓三子生乾隆乙酉年　月　卒　年二月初十吉時葬

鍾環

鍾環乃元卓四子生乾隆辛卯年九月初十吉時卒　年十二月十七申時葬

鍾孟　子二　天秩　由士

鍾孟乃元和長子生乾隆　年　月　時卒　年十月十四吉時葬

娶洋山林氏瓦娘 生失攷卒 年七月十二日吉時葬

在

鍾盼 子一 洵麦

鍾盼乃元和次子生失攷卒 年十一月初二日吉時葬

在

鍾求

鍾求乃元玠長子號輕朝生乾隆辛巳年十二月三十日吉時

卒嘉慶庚午年正月十八酉時葬

鍾育 子一 洵遲

鍾育乃元玠次子諱錫珍生乾隆甲申年十月十六戌時卒道
光二年壬午　月十九酉時葬

鍾聖

鍾聖乃元玠三子諱肥朝生乾隆癸巳年五月十九未時卒嘉
慶丙辰年七月十二未時葬

鍾岱

鍾岱乃元灝長子生乾隆十年乙丑七月廿八巳時卒

鍾江　子一　洶爾

鍾江乃元灝次子字君漢諱岷山生乾隆十四年己巳七月十七

吉時卒嘉慶五年十一月初一吉時葬水洞埈口坐東向西

娶鴻卿李氏粇娘生乾隆年間卒乾隆五十八年九月三十

日吉時葬虎咬豬母坐北向南

溪源　子三　洵湍　洵瓶

溪源乃元注長子字居止號文言生乾隆乙酉年十二月初十日

申時卒道光甲申年六月十二未時葬

娶溪尾劉氏鳳娘生乾隆乙酉年五月初二戌時卒道光壬

寅年五月十六酉時葬

女四　長取姑適西山林虎官　次盡娘適洋山胡壬官　三杏娘適淵兜沈家　四湍娘適洋山胡閭君

鍾其英　子三　洵斗　洵忠　洵卜

其英乃元注次子字君三號育才生乾隆乙未年七月十二申時卒道光丁亥年六月十九酉時葬大張宅口坤艮兼未丑娶員德楊氏錫娘生乾隆　年　月　時卒嘉慶戊午年七月十八吉時葬　生女一圭娘　又娶九福黃氏講娘生乾隆乙未年五月廿二午時卒失孜葬在大張宅坐壬丙兼亥巳　生男三女二長兜娘適大墘林皓官次沾娘適鴻卿李志官

鍾住　子一　洵冑

住山乃元注三子生乾隆戊戌年九月廿一亥時卒嘉慶

娶内村蕭氏改適
年六月初一吉時葬
泮良　子一　洵池
泮良乃元注四子號文入生乾隆辛丑年又五月初六卯時
卒道光丙午年六月初八申時葬
永成　子六　洵勛　洵梗　洵荀　洵旦　洵嗹　洵啜
永成乃元正長子字君社號集善生乾隆丁亥年十一月初
七寅時卒嘉慶己卯年八月三十日午時葬梅山新厝墓
娶尾塘林仰官女聖娘生乾隆甲午年四月十五
戌時卒道光壬辰年十月廿八卯時葬
女一　庄娘適鴻卿李等官

鍾友德 子三 洵章 洵猷 洵廟

友德乃元正次子字君明號益三生乾隆己巳年十月廿三巳時卒道光辛卯年十月廿九未時葬梅山路生丙壬兼巳亥

娶蓮洲王氏愛娘生乾隆己酉年五月十六酉時卒道光庚寅年二月初七巳時葬 女三長紫娘適南安

園尾鄭家次兩娘適登虎榜傅家三思娘適光德馬頭許

鍾節 子嗣 洵深

鍾節乃元鍭長子係抱養生卒失孜葬

鍾鼎 子四 長慶 洵黎 洵深 过継 洵圍

鍾鼎乃元奥長子字君級號樹青生乾隆廿五年辛巳正
月初八午時卒嘉慶十一年丙寅七月初九酉時葬佳壠崙
坤艮申寅　娶鴻卿李氏弍娘生乾隆壬午年五月廿十午
時卒道光戊戌年九月十八子時葬
女二長快娘適龍居林檣官次杳娘適龍居鳳斗姚騫官
鍾神　子養一　洵腰
鍾神乃元奥次子號樹猷生乾隆己丑年九月初三未時卒嘉
慶丙申年十一月十三寅時葬
娶竹塔李氏玉娘生乾隆辛丑年四月初一辰時卒失攷

鍾榮　子二　洵鐃　洵鋭殤

鍾榮乃元奥三子字居慈號尊仁生乾隆壬辰年十月十二亥時卒道光壬午年八月初三申時葬

娶大墘林氏報娘生乾隆乙未年五月十七午時卒道光壬辰年十二月廿三寅時葬梅山大崙頭生亥巳兼乾巽

鍾料

鍾料乃捉璉長子生卒失考

鍾老

鍾老乃元詩長子

鍾外

鍾外乃元詩次子生乾隆壬辰年十一月廿三辰時卒

年　月　日　時葬

鍾成　子二　洵迨養　洵興

鍾成乃元詩三子字君美號達才生乾隆丙申年十二月初九

寅時卒道光　年　月　時葬南洋望佳錫　娶廈門侯

氏蕉娘生乾隆　年　月　時卒失攷葬廈門大石泉

花園邉坐西南向東北生子洵興養女一順興娘配廈門黄、

家生女宝娘配廈門蔡家　公在望佳錫又娶　氏生卒失攷

生女二長令娘次葱娘在本處配唐人

鍾鳩　子一　天星

鍾鳩乃元詩四子生乾隆甲辰年九月初二午時卒失孜

娶南洋望佳錫氏育女一愛娘配唐人

鍾聽

鍾聽乃元開長子

鍾佛　無出

鍾佛乃元奪長子生卒失孜

鍾伩 無嗣

鍾伩乃元儁長子號秋成 生卒葬佚

鍾傳 子一 天水

鍾傳乃元魁長子係双承字君賢號心法生乾隆甲子年六月初二卯時卒嘉慶庚申年五月廿七巳時葬本山大坪脚庚甲酉卯 娶岕厝林氏好娘生乾隆 年 月 時卒 年十二月三十日吉時葬本山和奇尖坐 向

續娶厦門鄭氏佁娘生乾隆庚寅年 月 時卒嘉慶十年六月初四午時葬本山大垃頭坐 向

鍾體　子一　洵金

鍾體乃元魁次子字君長生乾隆丁卯年九月十五寅時卒嘉慶三年十一月初六寅時葬本山寨街格坐巳亥娶路尾陳氏戍娘后改節

鍾肴　無嗣

鍾肴乃元魁三子號來遠生乾隆己卯年五月三十日酉時卒乾隆五十七年正月廿一申時葬　娶鴻卿李氏伴娘生乾隆丙戌年九月二十吉時卒乾隆五十七年三月廿四卯時葬本處深坑田中生

三畏　子一　洵宜

三畏乃元昇長子係胞兄元魁三子繼双承字居威號脩己生

乾隆甲戌年三月初六酉時卒乾隆五十二年二月廿六午時

葬在

娶楊氏贊娘後改適　生女郜娘適洋內葉柱官

鍾彥　子一　天乞

鍾彥乃元洋長子字君邦號萬安生乾隆庚午年六月初七巳

時卒嘉慶戊午年十月廿三子時葬

娶井邊陳氏寵娘生乾隆己丑年正月初八巳時卒道光己丑

年七月十七巳時號淑慈葬本山深內厝地

鍾軫　子三　洵象　洵撥　洵麵

鍾軫乃元偃之子號熙性生乾隆癸巳年九月初六酉時卒加慶庚辰年四月十四巳時葬本山佳壠尖邊坐　向

娶惠安縣鉄塘鄭氏吉娘生乾隆己亥年五月十三午時卒

鍾熾爍　子三　洵傒　洵馬　洵寶

熾爍乃元弘長子字君大號重樂生乾隆癸未年八月十七丑時卒道光四年四月廿七辰時葬本山石肥頭坐癸丁兼子午

娶厦門寮仔后馮氏跳娘　生乾隆丁亥年十一月十六午時卒道光四年閏七月十四巳時葬　　育女笑

娘適彭格陳壟官

鍾虎　子二　洵智　洵梅

鍾虎乃元弘次子字居寔號大炳生乾隆三十年九月初七

寅時卒道光十一年正月十四戌時葬小張宅達時公墓邊坐

　　娶虞都陳氏髻娘生乾隆甲午年九月初七丑

時卒道光壬寅年八月廿九酉時葬

女窑娘適上地胡縷官

鍾延

鍾延乃元作之子生卒未詳

鍾歲

鍾歲乃元仰長子生乾隆甲寅年三月十五吉時卒
年　月

鍾粮　子一　傳旺

鍾粮乃元仰次子生嘉慶乙丑年　月　時卒

鍾于　子一　洵草

鍾于乃元抵抱養子字君友號仁得生嘉慶壬申年十一月初
五巳時卒同治七年五月廿九申時葬
娶蔡土樓蔡品官長女勸娘生嘉慶丁丑年十一月廿五酉時

道光乙未年正月廿一午時卒葬本山石碎崙後丙壬兼午子
生子洵草　續娶彭格頭林輕官女蔭娘生嘉慶己巳年十月
十九寅時卒

鍾院　子一　洵系

鍾院乃元抵養次子字君書生嘉慶癸酉年十二月初九巳時
卒光緒己卯年五月廿二亥時葬
娶本里過溪李淵官長女蜂娘生道光乙酉年八月初六辰時
卒
女二　長貴娘適　次裕娘適興二上頭黃家

鍾買　子　洵峕　洵叩　先知　洵道 俱養

鍾買乃元彭養長子字君承號平得生道光元年十二月初一巳時卒同治元年六月十九戌時葬在南洋吧城

娶兜竹楊道官長女賴娘生道光庚寅年正月十一申時卒咸豐五年九月十七未時葬　又娶溪南蘇問官次女鶯娘生道光十三年正月初六申時卒光緒丙申年二月初五午時葬在尾圳仔田角艮坤寅申　女一栽娘適大墘林順珍

鍾苑〃子二　明水　洵專 俱養

鍾苑乃元彭養次子字君紫號夢思生道光九年二月廿七丑時卒同治四年正月廿七未時葬南洋寔叻坡

娶新宮劉典官次女慱娘生道光十四年十月廿八申時卒咸豐
二年十月十二子時葬

鍾闖　子四　洵抄養　洵裕　洵玉　洵榜

鍾闖乃元華長子字居斗生嘉慶十九年四月初一未時卒光
緒丙戌年五月初三申時葬大坪外石卒崙内乾巽兼亥巳娶路
尾李格官長女香娘生嘉慶廿四年二月十五寅時卒光緒癸巳
年正月十三戌時葬梅山新厝墓内崙　女三長居娘適溪頭柯卜官
次蓮娘適温泉唐丁官　三曰娘適蔡厝園内蔡讓官　公獅明德

鍾挑　無嗣

鍾挑乃元華次子號難得生嘉慶廿一年十月初七子時卒

道光廿年正月十四酉時葬大坪外路邉

鍾園　子一　洵謹

鍾園乃華元三子字君色號閒德生道光二年十二月廿二酉時卒光緒癸卯年十一月初七酉時葬

娶西山林涉官長女来娘生道光十年十月初四卯時卒道光廿六年十二月初七巳時葬　又娶龍居鄭氏引娘生道光八年七月初三未時卒道光三十年十月十二酉時葬　三娶東埔陳氏姜娘生道光十一年九月十八午時卒咸豐八年八月十三子時生子洵謹葬

四娶頂圳鄉劉捻官長女省娘生道光十二年五月初一酉時卒

光緒乙巳年十月初二申時歿

鍾⿰土畬 子　得意　洵宇　洵裔抱養

鍾⿰土畬乃華元四子字君山號田德生道光五年十二月初五巳時

卒同治十二年十二月初十子時歿

娶洋山胡鑛官長女乖娘生道光十五年四月十七辰時卒光緒

丙申年八月廿二卯時

五常 乏嗣

五常乃元華五子生道光十年二月廿八吉時卒　　　　年

月　　日　　時歿

鍾醮　子一　欽賜

鍾醮乃元華六子字君鑒生道光十二年十一月廿八申時

卒光緒壬午年十一月廿四辰時　娶胡氏改適

鍾昬

鍾昬乃裁長子生卒失攷

懷樹

懷樹乃元夾長子生道光十九年五月廿九申時卒同治

十年十一月廿九吉時葬

新德　子一　福榮

新德乃振興養長子字君仁號升浦皇清誥授　奉直

大夫生道光十七年四月初三寅時卒光緒壬辰年九月
日　時葬在上海　娶南邑李双官長女
金娘皇清誥授五品宜人生道光廿四年三月初四申時
又娶来儀徐氏　娘
五品宜人生卒佚

新慶　子三　福壽　福海　福安

新慶乃進興次子狒　生道光廿三年正月廿四子時卒
光緒甲午年五月初五酉時　娶曾氏寶娘生道光
甲辰年十一月廿一未時卒

鍾老　子一　成宗

鍾老乃元掊長子字君　狮　生道光四年十二月十四戌時卒　葬

娶蔡土楼蔡鈎官長女早娘生道光九年八月廿一未時卒同治元年九月十一酉時葬

又娶厦門吴村吴氏慎娘生道光十四年十一月拾九申時卒失攷

鍾贊

鍾贊乃元掊次子狮　生道光十九年五月初三戌時卒光緒二年四月初五申時葬

青溪蓬萊張氏宗譜

娶廈門美頭鄉陳課官長女伴娘生卒失孜

鍾潘

鍾潘乃元謀長子　生道光九年六月初三丑時卒光緒二年
五月十五未時葬

鍾串

鍾串乃元眉養長子生道光十四年十一月十一未時卒光緒
丁丑年六月　時葬
娶劉氏濺娘生咸豐二年三月十七亥時卒同治九年三月初
八巳時葬

佛仔後派

鍾勝

鍾勝乃元癸長子

鍾六

鍾六乃元癸次子

鍾來

鍾來乃元癸三子

鍾順

鍾順乃彥興長子生乾隆庚戌年正月初三寅時卒嘉慶

己卯年正月初二未時

鍾蔭　子二　洵買　洵仁

鍾蔭乃彥興次子字君福生乾隆乙卯年八月十五酉時卒失

攷葬　娶先德赤岺柯氏參娘生

嘉慶丙寅年十二月初六子時卒道光丙申年四月廿三酉時

無育葬

又娶先德烏秋謝氏纘娘生嘉慶乙丑年九月廿一寅時卒失攷

葬在　生男二女一依娘

鍾涉

鍾涉乃彦興三子生嘉慶九年七月廿二酉時卒道光廿七年五月廿七巳時葬

清源

清源乃彦興次子行四生嘉慶十二年十一月廿四卯時卒失孜葬在

鍾銓

鍾銓乃聰俊抱養子生卒失孜

鍾榷

鍾權乃元郁長子生嘉慶己巳年九月三十日未時卒

鍾正乃元莪長子生嘉慶戊辰年正月十四吉時卒道光

年　月　時葬

鍾正 無嗣

鍾冬 子三 洵 殤　洵諸　洵粽 出繼

鍾冬乃元必長子號西園生嘉慶戊午年九月十六亥時卒道

光癸卯年十月十四酉時葬

娶登虎榜傅飽官長女寶娘生嘉慶乙丑年九月十九寅時

卒失攷葬

女一 省娘適上地胡至誠

種寄

鍾寄乃元必次子生嘉慶丙寅年十月初一午時卒

年　月

鍾獅

鍾獅乃元伍長子生嘉慶壬戌年七月十二戌時卒

年　月　　娶光德與口許氏

子一　洵粽承維

研娘生嘉慶甲戌年十二月廿五日卒佚

女二長永娘適飛鴒林宅次明娘適小溪陳為參官

鍾買

鍾買乃元親長子生嘉慶庚申年　月　　卒佚

鍾員 先傳

鍾員乃元荷長子生乾隆庚戌年三月十六寅時卒
年六月十二酉時

鍾夢 殤

鍾夢乃元荷次子生卒失攷

鍾樣 子七 洵萬 洵靴 超来 洵順 洵合 洵平

鍾樣乃元輕養子字君一號永好生嘉慶己巳年十月十七
巳時卒光緒甲申年三月十七午時葬深内墘田中　娶
鴻卿蔡洋李出官次女發娘生嘉慶辛未四月廿九辰時卒光

緒乙酉年五月廿二辰時葬千秋墘田中坐艮向坤

女一　妹娘適崎兜溫閭官

鍾衙　子一　洵尺

鍾衙乃元賜長子號清門生嘉慶庚申年十二月廿一辰時卒道

光廿三年六月十一未時葬　娶登虎榜

傅鏡官長女譽娘生嘉慶庚午年八月初二申時卒道光十

八年十月十五申時葬　女引娘適蔡洋李林官

鍾壇　子一　洵恭

鍾壇乃元内長子

鍾丙　子一　洵着養

鍾丙乃元内養次子生嘉慶　年　月　時卒葬失攷

鍾晩　子三　洵恭过継　生財　洵水

鍾晩乃元内三子字君視狒　生道光甲辰年直甲甲年二月十一辰

時卒失攷葬梭木空壬丙亥巳　娶埔頂楊虎官長女宣

娘生道光丁亥年三月十一辰時卒失攷葬

女一寛娘適蓮格陳壽官

鍾佃　子二　瑞曲　瑞春

鍾佃乃丁潤抱養長子字君召號社田生嘉慶壬申年五月二十午時卒道光三十年十一月十二卯時葬在小張宅嶺脚生亥巳兼乾巽　娶馬頭許賜官長女棻娘生嘉慶丙子年五月初四午時卒同治八年九月初七寅時葬

國盛

國盛乃元請長子係元義次子繼　生嘉慶癸亥年六月十五辰時卒

鍾邉

鍾邉乃元道長子係穴長子繼立生嘉慶丁卯年　月　日　時卒

鍾進興

進興乃中立長子

鍾紭

鍾紭乃元義長子生嘉慶庚申年五月十九午時卒

鍾湏

鍾湏乃元義次子生嘉慶丙寅年三月廿一子時卒

鍾肴

殤

鍾肴乃元此長子係元義四子繼　生嘉慶丙寅年三月廿一
子時卒失攷

鍾牌
鍾牌乃元雪抱養子生卒失攷

鍾䣛
鍾䣛乃元醒抱養子生道光十年四月初九巳時卒
娶蔡土楼蔡乾官長女準

鍾嘆
娘生道光甲午年十一月初八午時卒失攷

鍾嘆乃元耽抱養長子

鍾拔　子一　洵巧承繼

鍾拔乃元寅長子字君超號志公生乾隆壬午年十一月十八酉時卒乾隆乙卯年四月初十卯時葬本山大坪尾坐

娶　氏

猛盛　子二　洵巧出繼　洵炮

猛盛乃元寅次子字君利號士服生乾隆壬辰年七月二十未時卒道光丙申年八月廿二亥時葬　娶安海戴氏益娘生乾隆己亥年十月初三亥時卒失攷葬

女三長初娘適沈洋王長官

次梅娘適洋山姚等官、三花娘適上地胡腰官

鍾宂　子一　洵送

鍾宂乃元寅三子號志意生乾隆己亥年六月初二未時卒

嘉慶辛巳年七月初五酉時葬廈門望高石脚

娶蔡氏禩娘改適

鍾份

鍾份乃進全長子生嘉慶丙寅年十月廿五　時卒

娶沈洋王主官長女硯娘

生嘉慶　年　時卒光緒辛卯年三月初四辰時葬

鶴岫壠頭蛇仔坐辛向乙

鍾叢　子　洵啟

鍾叢乃進全次子生嘉慶甲戌年九月十九寅時卒

鍾迎　子一　洵耙 養

鍾迎乃元南長子號祥德生乾隆癸丑年四月初七巳時卒

道光廿七年正月初十午時葬

娶頂刘劉氏昭娘生嘉慶庚申年十一月廿六亥時卒嘉慶

丁巳年十二月十四未時葬

鍾庢 子三 洵銘 洵迖 洵墻

鍾庢乃元南次子字君生狒　生嘉慶丁巳年十月初一辰時

卒失孜葬

娶惠安縣内詹氏瑶娘生嘉慶十九年十二月初十午時卒失孜

葬在

女二 厝姑適延壽院吳姜官次庶姑適厦門

鍾耦 子養一 洵誥

鍾耦乃元愿抱養子狒標養生嘉慶丁巳年閏六月廿五子時

卒道光壬午年四月二十未時附葬元愿在本山小張宅口坐

向 兼

鍾銓

鍾銓乃蒼俊之子

鍾錫　壬二　六七

鍾錫乃元次長子歸　生道光丙申年十月初九申時卒同

治戊辰年四月十日時

娶衕口陳桜官三女專娘生卒失孜

女二　長適鶴前劉寶官　次適洋山姚家

# 清溪蓬萊嶺美張氏宗譜

正卷伍

清溪蓬萊張氏宗譜歷世紀寔　卷伍

十六世

洵豆

洵豆乃鍾蚌長子號　生嘉慶庚　年十月十二未時卒

萬源

萬源乃鍾爺長子狒　生道光十五年五月初九日辰時卒
年　月

洵長

洵長乃鍾騁長子號　生嘉慶年間往臺灣失稽

洵康　壬三智　標忠養　標綢

洵康乃鍾鑑抱養長子字克諧號　生嘉慶辛酉年三月十二辰時卒同治癸亥年五月廿一申時葬沙縣前水尾三斗米壠崙頭坐艮坤兼寅申　娶溫泉唐氏益娘生嘉慶十七年十二月十七子時卒同治癸酉年十一月十二戌時葬

女二　起娘適陳景全官次玉娘適

現住沙邑自構居室乙座土名壠東下水圳坐子午兼

洵連

洵連乃鍾泡長子號　生卒在臺湾失攷

仙来　子一　標富

仙来乃鍾暢抱養子號　生道光元年七月初十日辰時卒

咸豊丙辰年五月廿三申時

冬玉

洵玉乃鍾旺長子號　生道光廿年十一月廿三子時卒

春香　殤

長房起

春香乃鍾旺次子

洵研　子三　雨化　標楠　標贊

洵研乃鍾茂長子號成務生乾隆己巳年十一月初五辰時卒

乾隆四十四年四月廿六吉時葬本山大坵頭坐

娶鶴前劉氏團娘生乾隆壬申年正月廿六寅時卒嘉慶

年正月初二吉時葬

自構本鄉草埔尾崙厝乚座

洵勁 子六　標綏　標魯　標市　標囂　標繆　討論

洵勁乃鍾茂次子字克果號鏗儀生乾隆辛巳年九月初九辰時卒道光戊子年八月初九巳時葬李山草埔尾圳下坐酉卯兼辛乙　娶登虎榜傳所官長女閏娘生乾隆癸未年四月十一卯時卒乾隆丙午年五月十四巳時葬鳳旂尖坤艮申寅續娶鶴前劉與官女任娘生乾隆甲申年十月初九亥時卒嘉慶辛巳年七月初四未時葬草埔尾崙坐乾巽兼戌辰

洵榻 子五　標据　標怎　標媚　標貌　標律

洵榻乃鍾茂三子字克廷號碩儀生乾隆丙戌年六月三十日吉

時卒道光丁亥年九月廿七未時葬本山草埔尾崙圳上坐壬丙兼子午　娶坛尾鄭炳官三女畬娘生乾隆辛卯年七月初十巳時卒嘉慶壬申年六月廿九午時育男五　續娶小溪楊氏嘆娘生乾隆三十九年甲午五月十五午時卒道光十九年十一月初四巳時葬双墓垵頭坐亥巳　育女一適大墩林嘌官

洵鴉　子　標安　標軒殤　蒼保　標杏

洵鴉乃鍾蓮長子字克還號鳳儀生乾隆丙子年八月廿二申時卒道光巳丑年三月十八辰時壽七十四葬本山小張宅口申寅兼坤艮　娶五鯉埔王神註官長女守娘生乾隆丙子年正月十七吉時卒道光癸巳年正月十三丑時壽七十有八葬

公墓后歿庚甲申寅

洵躋　子一　標活

洵躋乃鍾蓮次子字克堂號明登生乾隆辛巳年八月初八辰時卒乾隆六十年五月初十寅時年三十五葬本山虎崆水埕坐坤艮兼未丑　娶大墩林閣官長女鄰娘生乾隆癸未年五月廿六未時卒道光八年十一月初二未時葬祖山虎崆口中崙坐庚甲兼酉卯與祖姑仝穴

洵蹈　子二　標酣　標琠

洵蹈乃鍾蓮三子字克行號履儀生乾隆甲申年十月廿三戌時卒嘉慶庚辰年五月初十戌時葬本山小張宅坐

娶大墩林望官長女信娘生乾隆己丑年十一月初五巳時卒
道光壬辰年十一月廿七辰時葬
女二　長寶姑適曾口坂傅圭官　次　姑適溪頭柯劉官

洵綰　子二　標頓　標課

洵綰乃鍾蓮四子字克忠號誠儀生乾隆戊子年六月初十戌
時卒道光癸巳年二月初二酉時壽六十五葬
娶登虎榜傅袁官次女綢娘生乾隆己亥年五月
十六辰時卒嘉慶壬申年十一月廿四寅時葬
女一英娘適大墩林沾官

洵部　子一　標邉

洵部乃鍾蓮五子字克宴號陸儀生乾隆丁酉年二月廿六子時卒道光十一年癸巳正月初九辰時葬

娶鴻卿李留官長女艾娘生乾隆庚戌年七月初七申時卒

洵駉　子四　標忖　標敲　標項　標敢

洵駉乃鍾百長子字克駿號季儀生乾隆己卯年九月初一辰時卒道光癸巳年三月廿一午時葬垵頭坑溝口庚甲兼酉卯

娶内山鄉林氏金娘生乾隆丁亥年九月初三巳時卒嘉慶丙寅年七月初四卯時葬祖山后溝壠中崙酉卯兼庚甲

續娶崎兜温氏焕娘生乾隆癸未年三月十九寅時卒道光
年　月　　時與裕禮公仝葬　女一指姑適上地胡絨官
林媽后改葬卓坑壠坐艮坤兼寅申　公后改向庚甲申寅

## 洵斐　子三　標前　標訖　標皎

洵斐乃鍾百次子字克有號如儀生乾隆乙酉年正月十八酉
時卒道光甲午年十一月廿二寅特葬虎埪山坐辛乙兼戌辰
娶鴻卿李氏進娘生乾隆甲午年正月初三卯時卒嘉慶戊辰
年五月十九子時與公仝葬　又娶登虎榜傅氏愛娘生乾
隆丁亥年二月廿七午時卒道光庚寅年十月初七辰時葬
女一胥姑適上地胡維官

洵鉢　子三　標揣　標鑿

洵鉢乃鍾芬長子字克孟號元儀生乾隆　年二月初二巳
時卒道光甲午年二月廿二戌時葬
娶登虎榜傅氏再娘生乾隆甲午年二月初六午時卒道光廿
五年乙巳四月十七未時葬本山阜坑壠坡生
女一口姑適許宅溪劉雩鎶

洵鎖　子二　標蘇　標反

洵鎖乃鍾芬次子字克言號有儀生乾隆壬辰年十月十八辰
時卒道光七年三月廿三辰時葬
娶胡氏敏娘改適

洵熾 殤

洵熾乃鍾蔞長子生卒失攷

洵碟 殤

洵碟乃鍾蔞次子生卒失攷

洵樸 子四　標齔　標迓　標晝　標韃

洵樸乃鍾蔞三子字克懷號成玉生乾隆乙未年十月廿八未時卒咸豐壬子年四月廿五申時葬本山九頭坪生亥巳兼壬丙

娶鶴前劉壬㝁次女益娘生乾隆癸卯年三月十九酉時卒咸豐戊午年正月初二辰時葬本處梅山頂深坤艮兼申寅

女二　長否姑 適大墘太學生林廟官長郎武舉大樑　次曲姑 適鴻卿李芮官

二房起

公為人醇厚誠意交孚頗得岐扁之術能療瘋症其扶顛持危以濟世有仁德之心可謂風儀長者焉

洵翁　子嗣　標迓（係朴次子繼）

洵翁乃鍾蔿四子號成合生乾隆戊戌年閏六月初二戌時卒嘉慶十一年十一月初三戌時至十五年八月二十寅時葬本山棹坑壠坡生申寅兼坤艮

洵潛　殤

洵潛乃鍾蔿五子生乾隆年間卒葬佚

祖艾　殤

祖艾乃鍾晉長子生卒葬佚

太學生洵玉子七　其昌　標冉　標抒　標曾　標河　標論　標格

洵玉乳名駟兆字克佩號琢如乃藝圃公長子生乾隆十四年己巳六月廿六未時乾隆三十年秋捐國子監卒道光元年辛巳十一月初二亥時葬

娶榜頭鄉白覲官長女蓄娘生乾隆十四年己巳五月十八寅時卒乾隆五十八年癸丑十二月十一卯時號內慈葬黄坑格士名山母后坐巳亥兼巽乾生子昌冉　女揣姑適来蘇東埔山貢生李拔萃長男察官　又娶虞宗鄉周祇載長女協娘生乾隆三十年乙酉七月十五丑時生男抒曾河論格卒道光六年丙戌十二月廿五丑時號和慈葬

得初　無嗣

得初乃鍾曾次子號敏如生乾隆十七年壬申正月二十子時

卒乾隆丁亥年八月廿四辰時葬本山鶴岫壠口崙中坐壬丙

兼子午

洵箕　子八　標爍　標光　標堅　標闕　標稱　標六　標閣　標八

洵箕乃鍾曾三子字克齡號足如生乾隆廿年乙亥七月初十

戌時卒嘉慶廿五年庚辰七月十三戌時葬

娶大墩太學生林芳聲長女京娘生乾隆廿年乙亥二月廿六

戌時卒嘉慶廿三年戊寅十月廿七戌時號文慈葬

女一向娘適山兜林鉅官子

洵瑗　子一　標文

洵瑗乃鍾曾四子字克取號伯如生乾隆廿六年辛巳六月十七卯時卒嘉慶己卯年正月十三未時葬

娶斜名太學生黃長發官次女應娘生乾隆廿七年壬午九月二十亥時改適　駟兆　洵箕　洵瑗兄弟三人乾隆三十六年合構本鄉營美田下厝乚座并左右兩護坐酉卯兼辛乚二三居住又合構田中頂厝乚座坐申寅兼坤艮長居住

儒士洵蟾子七　標四　標魚　標亞　標主　標森　標闈　標滿

洵蟾乃崖園公長子字克步號宫中生乾隆廿六年辛巳八月

二十子時卒道光十二年壬辰六月廿三午時葬本山清卿崙
上坐丁癸兼未丑　娶科名鄉賓黃肴官長女子娘生乾隆廿
六年辛巳正月初二寅時卒嘉慶五年庚申九月初三辰時謚
曰慈葬本山棹坑壠內中哖嶺外窩內生辛乙兼戌辰生子五
女蕋娘適與二科名鄉黃麗官　續娶本里華美鄉李石官長
女劉娘生乾隆三十三年戊子四月廿一午時生子二卒道光
十二年壬辰正月廿五午時號行慈葬本山寨街中崙坐庚甲
兼申寅

## 洵裕

洵裕　子一　標這

洵裕乃鍾唱次子字克鐃號餘如生乾隆三十九年甲午二月

三十日巳時卒嘉慶元年丙辰三月十八巳時葬清卿口坐丁
癸兼午子　娶東洋陳芽官次女默娘生乾隆四十一年丙申
三月三十日未時卒嘉慶廿年乙亥七月初八丑時號愛慈

儒士洵撻 子三　標伋　標任　標累

洵撻乃靖圃公長子字克便號義利生乾隆廿五年庚辰十二
月廿一辰時卒道光十七年丁酉十月廿七未時葬本山虎崗
山尖石坐酉卯兼庚甲　娶吾庄陳揥官長女瑞娘生乾隆廿
七年壬午六月廿四戌時卒道光十四年甲午正月廿四戌時
號祥慈葬本山阜坑壠中崙坐辛乙兼戌辰

洵宰　殤

洵宰乃靖圃公子與父鍾侃仝穴

洵什　子二　標玅　標三

洵什乃靖圃次子字克賦號　生乾隆三十六年辛卯十一月
廿七丑時卒道光七年丁亥六月十八卯時住厦門
娶厦門郭氏逆娘改適

洵忍　子一　標虫

洵忍乃靖圃三子字克訓號義氣生乾隆三十九年甲午八月
十六午時卒道光九年己丑十月廿九午時葬
娶吳氏告娘生乾隆四十年乙未十一月十一未時卒在臺灣

女貴娘適厚垵謝訓容官

洵諧　子六　標狠　標世　標姜　萬讓　標劉　標守殤

洵諧乃靖圃四子字克廣號義和生乾隆四十二年丁酉十月廿四甲時卒道光三十年庚戌十月十八未時葬在大張宅坐申寅兼庚甲　娶谷山林堯官女勉娘號宜慈生乾隆五十六年辛亥十月廿四戌時卒咸豐七年丁巳十二月初一未時葬在水洞垵坐乾巽兼亥巳

女長卮娘配科名黃勲官次扱娘配登榜傅塔官

洵矩殤

洵矩乃鍾贊長子字克直號維平生乾隆三十年乙酉六月廿八午時卒乾隆五十七年壬子四月初三申時葬本山大張宅口坐坤艮兼未丑　娶赤嶺林氏無育改節

洵鳳子三　標滚抱養　標燃　標蕲

洵鳳乃鍾贊次子字克鳴號岐山生乾隆三十一年丙戌九月初十戌時卒道光六年丙戌正月初五酉時葬

娶東洋陳高官長女腰娘生乾隆三十八年癸巳五月初二亥時卒道光五年乙酉十二月廿六巳時號心慈葬

女愛娘適溪頭柯玩官

洵預　子一　標尚

洵預乃鍾贊四子字克悅號立如生乾隆三十八年三月廿九午時卒道光八年戊子三月十八未時　娶路尾李赤官長女愛娘生乾隆五十二年丁未七月十五午時卒道光十七年丁酉七月廿四吉時夫妻俱卒葬厦門女二長凉娘次蘭娘俱配厦門

洵潤　子一　標韭養

洵潤乃鍾賛五子號立富生乾隆四十一年丙申四月初五寅時卒道光十一年辛卯七月廿六未時葬厦無婚娶

洵恰　子一　標沛

洵恰乃鍾贊六子字克用號祿鍾生乾隆四十四年己亥七月廿一卯時卒道光十一年辛卯七月初七丑時葬后壠生庚甲兼申寅　娶沙溪太學生黄朝璋女孫賢官生乾隆己亥年七月初七申時生男標沛后不從夫命革出不知何往

配三　子一　標香　承繼

配三乃鍾伍長子係元壯次子繼號待助生乾隆十四年己巳十二月十五寅時卒乾隆三十一年丙戌十一月廿四丑時

洵聚

洵聚乃鍾伍次子係功叔過繼後因放蕩法外依舊草回

洵歷　子三　標扁　標動

洵歷乃鍾伍三子係鍾贊三子繼字克闊號泰伯生乾隆三十

四年己丑八月廿七卯時卒道光二年壬午五月初二未時葬

本山　娶西坪詹捷官長女佳娘生

乾隆三十八年癸巳三月廿一酉時卒　八月初九未時葬

女胆娘適邑內西街萬貴官長男

洵琛　子五　與閑　世春　飄香出繼　標順　標本

洵琛乃鍾綿長子字克賂號猷如生乾隆十三年戊辰十月廿一亥時卒嘉慶三年戊午九月初六巳時　娶沙溪黃初官次女嫺娘生乾隆十三年戊辰十月初二申時卒嘉慶五年庚申閏四月初一巳時號言慈夫妻合葬本鄉梅山大崙上坐申寅兼庚甲女願娘適上卿廖蟾官之子

洵緝　子四

標宅　標技　標典　標波

洵緝乃鍾綿次子字克繼號續如生乾隆十七年壬申六月初九戌時卒乾隆五十九年甲寅九月初五丑時葬大山林腳壬丙亥巳　娶溪邉坂胡成官長女刋娘生乾隆十七年壬申十

二房止

一月十八申時卒道光十七年辛卯十一月廿七亥時號隨慈
葬佳壠垵坐辛向乙　女一偶娘適上地溪邊坂胡苑官
洵栗　子一　標點
洵栗乃鍾綿三子字克容號周如生乾隆三十三年戊子六月
廿一未時卒道光十三年癸巳八月十一未時葬
娶赤嶺林培官長女勤娘生乾隆三十一年丙戌十月十四巳
時卒嘉慶十四年己巳二月十六午時號儉慈葬本鄉龜山坐
戌辰兼　女三長猛娘適科名黃家次進娘適登尾榜傅
雕官三換娘適谷山林軒官

三房起

洵敬

子一　標碧

洵敬乃鍾降長子字克尊號世恭生乾隆辛未年十一月初二申時卒乾隆癸卯年四月初十子時葬本山虎埪山面坐酉卯兼辛乙　娶與一里龍居林教官長女遂娘生乾隆甲戌年八月二十巳時卒道光癸巳九月十一辰時葬本山卓坑壠匏乾崙生

女一廟姑適中標許奓官

洵概

洵概乃鍾望長子生卒无攷

洵藺

洵蘭乃鍾望次子生卒失攷

洵谿　子一　標額　養

洵谿乃鍾望三子字克旦生乾隆　年　月　時卒道

光廿三年十二月廿九申時葬

娶本里魯廷蔡氏忍官生乾隆年間卒道光十二年四月初七

亥時葬

洵腦　子一　標科

洵腦乃鍾海長子係鍾望四子繼生乾隆辛卯年　月

時卒　六月初四吉時葬

洵攀

洵攀乃鍾海之子生卒失攷

洵茅子七

標頎　標戚　標頭　標埒　標午　標陸　標蕉

洵茅乃鍾誇長子字克吉號連茹生乾隆癸巳年十月初一酉時卒道光四年十二月初十酉時葬本山小張宅坐艮坤兼寅申　娶二里山頭黄氏乖娘生乾隆丁酉年五月廿十巳時卒道光廿六年丙午年十月二十寅時葬溪南相疊石坐巽乾兼

女一領姑適與一上地胡探官

紫漢　子一　標恥

紫漢乃鍾誇次子號孟德生乾隆丁酉年四月廿九子時卒嘉慶辛酉年十月十九寅時葬本山大嶺與母仝穴坐癸丁兼未丑查兼丑未

娶上地胡棟官長女勧娘早寡子幼改適

洵道　子二　標雕殤　標共

洵道乃鍾誇三子號里德生乾隆丁未年八月初九寅時卒道光元年辛巳七月十七午時葬

娶林氏衔娘后改適　女一雅姑適上地胡意見官

洵白　子五　標飽　標柱出継　標栽　標褻出継　標嘮

洵白乃鍾令長子字克仕號廷玉生乾隆辛丑年閏五月初八巳時卒道光癸卯年又七月十九子時葬新田坐南向北

娶溪頭柯衍官次女醉娘生乾隆庚戌年五月初三亥時卒道光壬寅年三月廿九未時葬跳坑口坐癸丁兼

女二長月姑適邑內吳霞官次玩姑適頂劉刘勤官

洵禘　子一　標柱承継

洵禘乃鍾令次子字克省號廷旬生乾隆甲辰年九月初九亥時卒嘉慶癸酉年十二月廿八吉時葬高厝水埕后坐乙辛

娶大墘林氏改適

洵讀　子五　標院養　標取　標占　標奈　標宰

洵讀乃鍾令三子字克在號存國生乾隆丁未年十一月十九日甲時卒道光丙午年十月廿五未時葬大張宅坐子向午娶光德許長官次女罔娘生嘉慶戊午年十一月十一丑時卒咸豐癸丑年五月廿三卯時　女二長口姑配鶴前劉吉官次曲姑適刘厝諸官　媽葬本山水硐垵坐寅申兼艮坤

洵奪

洵奪乃鍾令四子號廷文生乾隆壬子年四月十七亥時卒道

四房起

光元年辛巳九月廿八午時葬大張宅壬丙兼子午

娶林氏改適

洵坪　子二　標响　標褧

洵坪乃鍾令五子字克草號廷齊生嘉慶庚甲年四月十三亥

時卒道光庚子年十二月初四未時葬小張宅坐甲庚兼卯酉

娶大墘林蘭官次女滿娘生嘉慶癸亥年七月十三寅時卒光

緒　年正月初九未時葬

女二長錯姑適谷山蕭協官之子次員姑適圓潭謝術官

洵錦　子四　桂馨　標思　標辨　標薦出繼鉅

洵錦乃鍾彩長子字克圬號製成生乾隆十九年甲戌八月十

一辰時卒道光元年辛巳八月初四酉時壽六十九葬大張宅
坐寅申兼艮坤　娶登虎榜傅謨官長女恕娘生乾隆乙亥年
正月初八寅時卒嘉慶二年十一月初一巳時迁葬在双墓垵坐
酉卯兼辛乙　育男四女一帛娘適新村林晉官　又娶竹塔
李氏衍娘生乾隆廿五年正月初七辰時卒道光己丑年六月
十一申時葬北山頭坐癸丁兼丑未

洵鉅　子二　標薦　標盛　俱承繼

洵鉅乃鍾彩次子字克呂號大成生乾隆庚辰年七月初三未
時卒道光戊戌年十二月初八卯時年七十九葬產墩頭坐癸
丁兼子午娶厚安謝課舅長女好娘生乾隆　年二月二十

未時卒道光廿七年二月廿七酉時壽八十五葬寨仔街垵坐亥巳兼乾巽

洵鋙 子四 標扶 標衛 標轉 標直

洵鋙乃鍾彩三子字克劍號秉成生乾隆　年　月　時卒嘉慶廿三年四月廿四午時葬炭坑垵大墓右畔坐丙壬兼午子　娶后垵謝來官長女惜娘生乾隆　年　月　時卒嘉慶壬申年七月十一巳時葬本山松柏墩坐乾巽兼亥巳

女一崎姑適洋山胡思官　公與胞弟洵謳合構墓林池厝一座坐癸丁兼子午

洵鏂 子六 標寸 標錢 東美 標坑 標民 標竹

洵鏂乃鍾彩四子字克歆號順成生乾隆丙戌年十一月三十丑時卒嘉慶廿三年九月十八寅時葬沈洋龜山蠦鰻埪上坐巽乾兼巳亥　娶上地胡參官次女依娘生乾隆壬辰年八月初十巳時卒道光廿五年四月初四卯時至廿七年正月廿六葬龜山頂坐乾巽兼亥巳　女二長幼娘適崎縣陳方官次法娘適登虎榜傅長官　公與胞兄洵鋙合桷墓林池厝癸丁兼子午　自桷洋垻邊厝乚座坐乾巽兼亥巳

洵鏋　子四　標俊　標琅　標岩　標綢

洵鏋乃鍾彩五子字克菊號質成生乾隆四十五年庚子二月廿二申時卒咸豐六年正月十二未時葬在牛角壠坐乾向巽

兼亥巳　娶登虎榜傳問官三女粉娘生乾隆四十八年癸卯四月十四卯時卒道光廿五年乙巳六月初八酉時葬虎埪中崙坐癸丁兼丑未　女二長挑娘適大墩林鄧官次滿娘適登虎榜傳叙官

質成公行畧

公為人克勤克儉和鄉黨睦宗族事父母得人言之稱處兄弟著友恭之誼此皆得之風耳余未嘗不為之諄諄也自余與公相親近公日與余談論余之所以知公者頗諳堪輿妥先靈以窀穸之安詒謀燕翼先諸郎以伉儷之諧桂子蘭孫瞻依膝下洵可樂也觀其秉性溫和忍圭角杙是非然諾所謂因人成事者也故鄉舉為一族之長而信從者眾公於是倡議重脩譜牒

不惜觔力之勞集腋成裘克成乃事其功亦偉矣哉

洵衢　子五　標蠏　標扑　標軌　標赤殤　標夜　標盛出繼

洵衢乃鍾田長子字克道號大行生乾隆戊寅年二月初八吉時卒道光二年七月二十午時葬卓坑壠匏靴崙路頂生

娶尾塘林氏遠娘生乾隆壬午年二月十八巳時卒嘉慶癸亥年七月初三巳時葬甲第崙上生

洵孺　子一　標突

洵孺乃鍾田次子字克和號達情生乾隆辛巳年二月廿三子

時卒乾隆六十年乙卯五月廿三巳時葬匏靴崙邉坐
娶鴻卿李氏后改適

洵都

洵都乃鍾囬三子號士賢生乾隆辛卯年十月廿一丑時卒嘉
慶辛未年五月廿二未時葬

洵創　子三　標雖　標甚

洵創乃鍾拱長子字克業號富有生乾隆乙酉年閏二月初七
未時卒乾隆甲寅年九月十六酉時葬卓坑壠尾坐丙壬兼子午
娶內井林天星女留娘生乾隆丙戌年十一月三十日酉時卒道
光戊戌年四月十七巳時葬

女一鉄娘適東洋陳客官

洵儉　子一　標堪

洵儉乃鍾芹長子字克讓號以得生乾隆壬辰年五月三十日丑時卒

洵靜　子五　標止　標果　標妙　標誅　屢通

洵靜乃鍾芹次子字克常號自得生乾隆甲午年八月廿四酉時卒道光十九年庚子十二月二十巳時葬甲第坪后艮坤寅申

娶大墩林斗官次女柔娘生乾隆戊戌年八月十五辰時卒嘉

慶辛未年六月廿四午時生男四女一葬寨街尾坐巳亥兼巽乾

續娶延壽院吳粗官次女星娘生乾隆五十七年癸丑九月十

六寅時卒　　年　　月　　時葬寨街尾申寅庚甲

生子屡通

洵貝　子三　標卜　標春

洵貝乃鍾芹三子字克文號辭氣生乾隆辛丑年十月十七辰時

卒道光十二年壬辰正月初六子時葬寨街后坐巽乾兼辰戌

娶上地胡良官長女考娘生乾隆丙午年十一月十三卯時卒

道光廿一年辛丑三月廿八子時葬毛頭池寨街邉坐丙壬

女二長鑽娘適大墘林崑崙　次蕉姑適許宅溪武生刈貞祥官

洵醉　子二　羣綾　標趣殤

洵醉乃鍾宣長子號有敎生乾隆癸亥年八月廿五午時卒乾隆廿九年十一月十三辰時葬虎堀坐

娶頂劉刘氏引娘生乾隆　年八月十六卯時卒乾隆廿四年五月廿八亥時葬觀音坐殿坐丁向癸

輔楼　子一　標者

輔楼乃鍾袁長子字克岑號明目生乾隆四十年乙未正月初四申時卒道光辛卯年十月十一卯時葬虎堀大坡横路邉坐艮坤兼寅申　娶登虎榜傅敬官長女語娘生乾隆五十一年丙午三月初十日午時卒嘉慶十六年辛未九月十一未時

葬山門犁壁墘坐巳亥兼巽乾

洵騷　子二　標媌　標却

洵騷乃鍾檜長子字克繹號老泉生乾隆壬辰年四月廿一辰時卒嘉慶丙子年三月十五辰時葬大坪下坐子午兼癸丁娶傅氏後改適　生女一格娘適登虎榜傅泮鉄官

洵攝　殤

洵攝乃鍾檜次子號升堂生乾隆庚子年七月十八寅時卒乾隆六十年五月十九吉時葬在大坪垵坐乾巽兼亥巳

洵簿　无嗣

洵簿乃鍾檜三子號升器生乾隆丁未年十二月十二辰時卒

嘉慶　年九月廿五吉時葬與胞弟寡仝穴

洵寡 子三　標卧　標盪

洵寡乃鍾檜四子字克悔號德行生乾隆辛亥年三月三十日巳時卒咸豐二年十月廿五辰時葬虎沉格坐庚甲兼酉卯

娶鴻卿李錦官次女延娘生乾隆甲寅年八月十五卯時卒同治元年八月廿八辰時葬本山烏豹力坐寅甲兼艮坤

女三　長蔚姑 適尾塘林榜官　次吉娘 適上地胡帝官　三春姑 適鴻卿李利官三郎

洵因 無出

洵因乃鍾徐之子號　生乾隆己亥年四月十二寅時卒

得水　子一　標淡

得水乃鍾選長子號　生乾隆己亥年六月十二巳時卒道光廿五年乙巳九月初九申時葬

娶過溪李氏翕官生乾隆癸丑年　月　時卒光緒元年十二月十三未時葬

女二　長允娘適路尾李紹官　次

得世

得世乃鍾選次子從幼傲遊四方生卒未詳

洵獺　子二　標暖

洵獺乃鍾邁長子號藏淵生乾隆庚子年十月十五巳時卒道光二年壬午十月十二未時

娶廟後蘇氏改適

洵往　子三　標店　標業　標撑

洵往乃鍾蘭長子字克來號由可生乾隆丙午年六月初七午時卒道光廿七年丁未五月初十戌時葬大張宅頭田頂丑未艮坤　娶十字路車頭陳蕙官四女杉娘生乾隆庚戌年二月十八巳時卒

女二長蔭娘適大墘林星官次旺娘適陳启吳粒官

洵孔 子二 標賓 標蠔

洵孔乃鍾皆長子字克明號勇三生乾隆辛亥年四月十三未時卒道光廿五年正月廿六丑時葬

娶大墘林氏后改適

洵流殤

洵流乃鍾皆次子號勇承生乾隆六十年乙卯二月初十戌時卒嘉慶十七年壬申五月初九巳時

洵治

洵治乃鍾皆三子號勇平生嘉慶辛酉年二月十六亥時卒道光廿五年　月　日　時

五房止起

娶蔡土樓蔡氏改適

洵班　子三　標猜　霜露養

洵班乃鍾尚長子字克祿號定足生乾隆三十四年己丑八月
十八未時卒道光元年四月十四辰時葬在卓坑壠坐亥巳
娶仙宮劉光舍煥長女所娘生乾隆三十六年辛卯九月初二
辰時卒道光十　年十月十七未時葬
女二長脫娘配鶴前刘后改適次譬娘配湯內庠生盧莪官子
心地官

洵穰　子五　標妍　標毛　標閩　標快　標譖

洵穰乃鍾尚次子字克金號定峯生乾隆丙申年二月十六日

洵班起



酉時卒道光壬辰年七月廿七丑時葬虎堀大坡口坐癸向丁兼丑未　娶沄尾陳部官次女棗娘生乾隆乙未年十二月初七子時卒乾隆乙卯年九月初一吉時葬小張宅狗頭坪脚艮坤兼丑未　續娶魁美大厝內劉𨑨官長女徙娘生乾隆三十七年癸巳十二月十七子時卒道光己丑年八月初四辰時葬與公全穴　生男五女一縣娘配馬頭許鑾官

庠生大鯤　子一　標湫　承繼

大鯤乳名洵鵬字克揺號直亭乃國子生祐吉公長子嘉慶丙辰年入泮丁巳居族長為人忠義和順鄉試二次武藝皆合式

未得連翩直上惜哉生乾隆四十二年丁酉七月廿六酉時卒
嘉慶壬戌年十一月廿四寅時年廿六葬堀斗崎厝角圳上田中
生酉卯兼庚甲　娶科名鄉黃詞官長女寵娘生乾隆丁酉年
十二月十八子時卒道光廿五年乙巳九月廿六申時守節四
十四年葬虎咬猪母崙邊坐
女一　勸姑適曾郁庠生陳吟舍男桧楫舍
洵雛　子三　標樵　標湫出繼
洵雛乃佛助次子字克揚號直異生乾隆壬寅年正月初六日
戌時卒道光戊戌年五月初十酉時葬跳坑大崙坐
娶上地胡艾官長女扳娘生乾隆辛丑年十月十八日午時卒

道光十二年壬辰九月初一戌時葬竹篙崙頭坐　向

女三　長賤娘配曾最傅串官　次賓娘配溪頭柯井官　三西娘配大墘林順官

洵岳　子四　標炒　標揾瑪　標宴　標杉

洵岳乃鍾助三子字克岱生乾隆甲辰年六月廿六子時卒

年九月十一巳時葬

娶曾洋易悔官長女滿娘生乾隆丁未年八月二十未時卒道

光廿四年甲辰十月廿九申時葬

女一　盼娘適鴻卿李剡官　公壯學弓馬雖不得志功名而

和鄉睦鄰交道接禮有斯文氣象焉

洵杰　子一　標層

洵杰乃佛助四子字克俊生乾隆壬子年六月十九丑時卒

娶登虎榜傅求官次女隔娘生乾隆六十年乙卯十二月十三丑時卒嘉慶廿十年乙亥六月十三吉時瓦棺葬跳坑口坐北向南

續娶白葉林山官三女本娘生嘉慶丙辰年七月初九辰時卒

女一買娘適鴻卿李柿官

洵隈　子一　標鶱

洵隈乃佛助五子字克澳號菏成生嘉慶丁巳年九月十五日

午時卒道光十四年甲午四月廿一吉時在番邦望加錫

娶井邉陳研官長女乖娘生嘉慶甲子年七月十一丑時卒同

治二年癸亥八月廿八未時葬

洵陀　子二　標兵殤　標高

洵陀乃佛助六子字克江號　生嘉慶壬戌年五月初七午

時卒

娶洋山胡齊官三女箱官生嘉慶辛未年四月初四酉時卒

卒道光廿六年丙午八月初十吉時葬沙縣壠東後碭葬本鄉

佳壠尖坐南向北

洵歆　子三　標祥　標窓殤　標銅

洵勧乃佛助七子號　生嘉慶乙丑年三月初七巳時卒同
治七年四月廿二午時葬
娶上地胡蔥官次女里娘生嘉慶己巳年七月初七吉時卒同
治十一年七月廿一卯時葬
女長富娘（適上地胡每官）次担娘（適酉口坂傅問官）三腰娘（適上地胡肘官之子）

天賜　子二　標箭

天賜乃鍾渥長子字克一號地六生乾隆廿一年丙子十一月
廿一未時卒嘉慶三年正月廿十辰時
娶龍居林誥官長女媛娘生乾隆廿年乙亥二月初八酉時卒
乾隆四十年乙未八月十八酉時瓦棺葬老婆崙坐

續娶尾塘林翁官長女發娘生乾隆三十六年辛卯九月廿九巳時卒

洵述　無嗣

洵述乃鍾熙抱養子緋明告生乾隆廿六年辛巳三月十九寅時卒乾隆四十六辛丑十月廿五未時葬

洵念　無嗣

洵念乃鍾坤抱養長子生乾隆三十三年戊子三月十二午時卒乾隆四十七年壬寅六月廿四午時葬梅山大崙

復進　無嗣

復進乃鍾鈞長子錦盈財生乾隆四十五年庚子七月十八日辰時卒嘉慶廿一年又六月廿一巳時

洵兜　無嗣

洵兜乃鍾鈞次子錦盈德生乾隆四十八年癸卯九月初七辰時卒嘉慶丁丑年十月初七巳時

洵杞　子一　標臺養

洵杞乃鍾汀長子字克廿狮寔材生乾隆廿年乙亥正月十八亥時卒道光十年庚寅十月初九寅時至十二年十二月廿四子時葬本鄉山母后生坤艮兼申寅生平學業不就恒醫濟世乾隆戊甲承父命董建邑內西街祀樓至乾隆五十九年八月中進及左廊被風雨損壞充錢壹萬零脩輯邑侯張公諱森贈以匾音曰傳經垂裕　娶龍居林牙官次女官生乾隆廿五年年庚辰七月初七亥時卒嘉慶癸酉年八月初一午時狮恬柔瓦棺葬大張宅生子午兼癸丁

庠生大柱　子四　標彪　標椒　標強　標栢

庠生諱大柱乳名洵棟字東臣號石礎乃鍾汀次子生乾隆廿三年戊寅七月廿七寅時卒嘉慶壬申年十月初五辰時葬本鄉鏡面頭坐　娶本里舉人曾廷蔡學簡長郎經舍次女命舍生乾隆廿八年癸未十二月廿五酉時卒道光　年　月　日　時號靜順葬

公素習詩書學文不成去而學武乾隆戊戌歲試沈宗師取進安溪學第五名諱大柱至戊申冬承父命董建邑內西街祀樓嘉慶二年丁巳年已四十邑侯葉公諱紹棻贈以鸞鵠亭峙四字匾音天承父命督搆泉州承天巷張氏家廟及嘉慶十一年邑侯　府尊部舉為族正送戳付印十六年倡議重修九埕祠

字亦完成可謂加人一等矣

洵陰 子二　標壬又名程　標贇

洵陰乃鍾汀三子字新峯號棲鳳生乾隆廿八年癸未八月十
二丑時卒嘉慶戊寅年三月初四午時葬
娶鴻卿李皆官長女素娘生乾隆三十四年己丑十月三十日
辰時卒道光乙酉年十月廿四寅時
女一笑娘適后垵謝五言官

洵出 子五　標包　標壿　標潛　標縹　丹桂

洵出乃鍾渚長子字新雲號寅亭生乾隆三十三年戊子十一月
廿四子時卒嘉慶廿五年庚辰十月廿九子時葬虎岡洋田中

生　　娶光德嶺邊鄉許典官女採娘生乾隆三十五
年庚寅七月初一戌時卒嘉慶十八年癸酉八月二十未時葬
本山糞箕垵田中坐　　女一伐娘適大墩林軒甥

青錢　殤

青錢乃鍾灑長子生乾隆四十一年丙申八月初九亥時卒乾
隆四十七年壬寅二月廿一未時葬瓦窑口山母坪上坐巽向
乾巽戌辰

洵鉄　子一　標雌

洵鉄乃鍾灑次子字新璆號石齋生乾隆四十五年庚子七月

廿九戌時卒道光己亥年十一月十五未時葬堀坑田中坐辛

乙兼戌辰　娶山兜林氏坦官生乾隆丁未年七月二十酉時卒

嘉慶廿三年七月初五吉時葬石岩内庚甲卯酉

女一雪娘適剑厝劉峯元官

洵鋮　子二　標田殤　標發

洵鋮乃鍾灑三子生乾隆五十三年戊申正月廿二戌時卒

年二月初九吉時葬

娶鶺前劉氏歆官改適　女二長鬆姑適溪頭柯買官　次拈姑適岩口蔡恤官

洵鍬　乏嗣

洵鍬乃鍾灑四子號寔穀生乾隆五十五年庚戌十月廿四辰時

卒道光　年十一月廿四巳時葬

洵畝　無嗣

洵畝乃鍾灑五子號儀縠生乾隆五十九年甲寅七月廿一辰時卒道光十年庚寅七月廿四酉時

洵模

洵模乃鍾涉長子生乾隆四十二年十二月廿七未時卒乾隆五十二年丁未十月廿五戌時葬瓦窑口山毋后生午向子兼丁癸

洵殿　子三　標搁　標品殤　標閫

洵殿乃鍾涉次子字新崴號有邦生乾隆四十五年庚子十月十二卯時卒道光乙酉年五月廿三午時葬山母后育才田坐坤艮兼甲寅　娶魁美劉鈎官長女引娘生乾隆五十年乙酉九月初五寅時卒道光辛卯年七月初四午時葬

洵楓　子三　標套　標畬　標者

洵楓乃鍾涉三子字新樹號高大生乾隆五十年乙巳七月初一辰時卒道光廿五年乙巳五月初一未時葬　娶谷山姚彥官長女担娘生乾隆五十九年甲寅六月十三辰

時卒咸豐丙辰年四月十五戌時葬淑慈與公合塋山武后生

丙壬兼巳亥　女二 對娘 適馬頭許運官 次初姑 適上地胡士官

洵札 子三 標樟 標帳

洵札乃鍾涉四子字新牒號有筆生乾隆五十三年戊申十一

月廿十酉時卒道光七年丁亥四月廿六辰時葬鰲山寨內象

獅坑任明公交輪田中坐　娶大墩林愛官長女朕娘生嘉

慶丙辰三月初四辰時卒同治壬申十月廿七寅時葬本山武丙壬向

洵銀 子二 標於 標孚

洵銀乃鍾涉五子字新燭號有利生乾隆五十七年壬子六月

初六甲時卒道光十二年壬辰八月十六午時葬山母舊厝角
生　娶青洋余搨官長女忌娘生嘉慶丁巳年
十一月初五吉時卒道光庚戌年十一月廿二未時葬
女綿姑適谷山林柔官

洵梯 子二　標滌　標栩

洵梯乃鍾昉長子字新山號木偕生乾隆辛卯年二月廿四亥
時卒嘉慶十二年丁卯八月廿七午時葬山母頭崙眷台高之
下坐寅申兼艮坤　娶蓮兜尾林鳩官女仍官生乾隆四十年
乙未十月十五亥時卒道光十一年辛卯二月初五卯時葬山
母頭崙與公仝穴坐寅申兼艮坤　女一常娘 適刘厝刘義官

國子生大椿 子三 標瓏 標圳 標玲

大椿乳名洵核字新知號寔覺生乾隆四十二年丁酉十月初九子時卒道光元年辛巳四月廿一寅時葬在小張宅狗頭坪坐丑未兼 娶車頭陳兼官三女姜娘生乾隆五十年乙巳六月初六辰時卒道光四年甲申八月廿八酉時葬在大山上坐酉卯兼辛乙 公為人秉性醇厚和鄉黨睦宗族凡尊祖敬宗之事倡議樂成焉聞其風而為之錄

洵夔 子一 來傳抱養

洵夔乃鍾昉三子字新聘號木理生乾隆五十二年庚子十月廿九酉時卒嘉慶十二年丁卯九月初五未時葬

洵惹　殤

洵惹乃鍾睽長子生乾隆五十一年丙午七月廿九未時卒佚

娶谷山林氏后改適

洵剖　子三　標長　標熊　標橼

洵剖乃鍾昀長子字新析號寔讓生乾隆五十三年戊申七月十二午時卒咸豐三年正月廿二卯時

娶登虎榜傳勅官次女四娘號布慈生乾隆五十三年戊申七月廿八辰時卒同治八年十二月廿七巳時

女賢姑適虞都陳鄰舍

公幼學詩書雖無意於功名

亦學醫以濟世業軒岐傳世之術受思邈龍宮之方通陰陽療膏肓祖傳醫法歷八矣盅先生前駐金谷為弟梓里余知 先生者素先生丹成九轉養活火於爐中脈透三微會生春於指上其回生之功宏甚繼而懸壺廈肆杏林花發橘井泉香以故道憲大人周贈以區音曰至誠之道

洵查

洵查乃鍾昀次子號寔明生嘉慶元年丙辰十月初一午時卒道光四年甲申六月廿八巳時瓦棺葬本山

洵泳　子二　標儼養　標鈔

洵泳乃鍾昒長子字新佳號寔永生乾隆五十七年壬子十一月十八酉時卒道光廿六年丙午十一月廿九寅時葬寨仔兜口田中酉卯庚甲　娶鳳斗姚氏溢娘生嘉慶六年辛酉八月廿二辰時卒道光廿七年丁未六月十一亥時葬大張宅壬丙兼亥巳

女四　長孌娘適魁美刘沙官　次富娘適溪邊坂胡鏡官　三定娘適大墘林肯官　四滿娘適洋山姚咏官

洵泚　子三　心意　標胆　夏水

洵泚乃鍾昒次子字新怡號寔美生乾隆六十年乙卯九月十六巳時卒同治元年十月初七亥時葬奇龍斬辛乙兼戌辰

娶泉城外吳等官次女影娘生嘉慶廿二年丁丑十一月十六戌

六房

時卒光緒乙酉年七月廿三卯時葬荒山格艮坤兼丑未
女二長物娘適洋山姚誥官次　迨光緒庚寅年給請封典勅
贈寔美公儒林郎元配吳氏謚恩慈誥贈太安人賜匾音曰奉
天誥命丈斗坪祖宇中龕主位立焉

洵淺 子二 標重 標鍛

洵淺乃鍾昒三子字新揭號寔深生嘉慶十年正月廿二寅時
卒咸豐五年五月廿八亥時葬
娶大墩林氏寔娘后改適

宗庇 子四 應傒 標恬 標騫 標監

宗庇乃鍾埒之子字克派號中正生乾隆庚辰年十一月十四

戌時卒道光甲午年九月初三巳時

娶上地胡和官次女吾娘生乾隆壬午年六月初一酉時卒道

光辛卯年十月初二卯時

女三

淮

桂　子二　標龢　標向

淮桂乃鍾璹長子字克殿號　生乾隆　年　月　日

時卒乾隆　年

娶鴻卿李創官長女救娘生乾隆　年　月　時卒

榮顏

滎顔乃鍾璚次子生乾隆　年　月　時卒

湊美　子一　標墘

湊美乃鍾璚三子字克福生乾隆己亥年八月初八午時卒道光　年　月

娶谷山林氏

洵懇　無嗣

洵懇乃鍾璚四子生乾隆　年　月　日　時卒道光

合意　子二　標語　標澟

合意乃鍾玖長子號利貞生乾隆乙酉年九月初七甲時卒嘉慶丙申年四月十四午時葬虎埪楓脚坐辰向戌兼娶洋山胡捷舅女滿娘后改適

祇登　子一　天發養

祇登乃鍾玖次子號利對生乾隆丁亥年正月初十戌時卒道光辛丑年十二月三十日戌時

杖稀　子四　福源殤　田水　標屋　光泉

杖稀乃鍾玖次子生乾隆丁酉年十一月十七酉時卒在台湾失孜娶在臺德園周氏生卒失孜　女罔娘適東洋陳鵬官

洵奕　子三　標苗　標淵殤　復興養

洵奕乃鍾玖四子字克業號利常生乾隆庚子年四月初八寅

時卒道光庚子年十一月廿三亥時葬

娶崎縣陳杯官三女寡娘生嘉慶丁巳年三月二十卯時卒

年　月

女萬娘適刘厝刘降官

慈園　子三　標灌　標羲殤　標博

慈園乃鍾最長子字克隱號仁敬生乾隆三十六年十月　日

時卒嘉慶廿三年戊寅三月十八酉時葬大埕頭內桔仔脚坐

壬丙蕉子午　娶登虎榜傅氏恬娘生乾隆三十六年　月
　時卒道光廿二年正月初二巳時葬大坪崙坐癸丁蕉子
午女一

進拔　子二　標養　標陳養

進拔乃鍾最次子字克汝號仁德生乾隆癸巳年十月十一日辰
時卒道光癸巳年十月初一巳時葬和樹壠中崙坐乾巽蕉亥
巳　娶新村林氏欵官生乾隆庚子年二月初九亥時卒咸豊
九年十月初六巳時葬

漢商　子四　標厥　標掬　標畬　標董

漢商乃鍾最三子字克見生乾隆丁酉年二月初一辰時卒道

光乙酉年正月初五酉時葬大垃頭生巽乾兼巳亥
娶鶴前劉氏草官生乾隆庚戌年十月初一戌時卒同治六年
十二月二十甲時葬　　女別娘適灣江王巽

洵周　子二　標丙　天来　俱養

洵周乃鍾最四子號仁成生乾隆四十八年十一月初一亥時卒
咸豐二年正月十四亥時葬牛角壠垵頭生乾巽兼亥巳
娶劉氏囝娘号結靜生乾隆五十五年正月三十日辰時卒同治
三年九月十三卯時葬梘內茶林崙生丙壬兼巳亥
女前娘適曾口坂傅猜官　蕉娘適東洋陳溪官　尾娘適伴龍刘仙官

玉麟　子一　標江

玉麟乃耳順長子字克鏘號琬琰生乾隆丙戌年三月十一未時卒道光壬午年二月二十辰時葬本山大嶺邊與母劉氏合葬　娶厦門陳氏朱娘生乾隆壬寅年十一月初六吉時卒

洵康　子一　標貳抱養

洵康乃耳順次子號進吉生乾隆戊子年五月廿七申時卒嘉慶丙子年十月廿五辰時葬在小張宅坐艮坤兼丑未

娶厦門劉氏　生子貳改適

象賢　無出

象賢乃耳順三子生乾隆癸巳年八月廿四卯時卒在臺灣

濟德　無出

濟德乃耳順四子生乾隆癸巳年八月廿四卯時卒葬無攷

怡艾　子二　長成　標送俱殤

怡艾乃神程長子字克蒼獅頭園生乾隆三十六年庚寅七月
初二亥時卒咸豐三年六月廿一未時葬
娶本里李良官長女雪娘生乾隆四十七年八月廿七酉時卒
嘉慶　年二月初五未時葬
女二長壺娘適內井林莪官次過娘適內井林中官

啟元

啟元　無嗣

啟元乃鍾程次子號敬承生乾隆三十八年壬辰三月十一日酉時卒乾隆六十年乙卯九月初十酉時葬厦門

洵燕

洵燕　無出

洵燕乃鍾程三子號敬居生乾隆四十五年庚子九月廿三甲時卒嘉慶丙子年三月廿五酉時葬本處北山坐北向南

娶厦門　氏愛官后改適

洵楊

洵楊　殤

洵楊乃神程四子生乾隆四十九年甲辰七月廿七寅時卒乾隆五十二年四月廿八亥時

鉄明 子一 天星

鉄明乃神程五子字克綢號玉壺生乾隆五十二年丁未七月十二未時卒同治五年九月初七巳時葬

娶許宅溪刘潭官長女香官生嘉慶癸亥年六月十二辰時卒道光庚寅二月廿二辰時葬

女一慈姑適馬頭許市官

洵崴 殤

洵崴乃神程六子生乾隆五十五年十月初二未時卒乾隆五十六年十二月

實壯

寶壯乃神程七子號敬與生嘉慶戊午年十月廿三卯時卒
嘉慶十九年　月
洵偉　子二　標桅　標垵
洵偉乃連輝舂長子字克英號益圳生乾隆壬寅年七月十六寅時卒道光庚寅年八月初九辰時葬本山禁頭垵庚甲兼酉卯　娶崎縣陳治官長女汝官生嘉慶壬戌年五月初一卯時卒
女二長閨娘適内田林殿官次粒娘適蔡土樓
五經　子二　標魮　標祛　俱承繼
五經乃双鯉長子字克書號滎生乾隆五十年乙巳十月十一

午時壯年往番邦佳錫 生殖得利甚多卒嘉慶廿五年庚辰四月初九巳時葬望佳錫墓碑為記 娶厦門吳成官女壽娘生乾隆五十年十月廿二寅時卒嘉慶十三年戊辰六月廿一戌時葬厦門仙洞脚鉄窟口坐丁癸兼子午 又在番邦續娶氏生女一鳳娘適漳洲林乖官

洵旁 無出

洵旁乃双鯉次子號侍助生乾隆五十三年戊申十一月廿八子時卒嘉慶十六年辛未十一月初四巳時葬梅山新厝墓下大石上坤艮兼申寅

洵謨　子六　標輭　標祛出繼　三喜　禄全　開春　全福

洵謨乃双鯉三子字克良號嘉猷生嘉慶二年丁巳三月廿一寅時卒咸豐九年三月初八午時

娶東洋陳饒官長女慶官生嘉慶八年癸亥十月初五辰時卒同治六年六月初四辰時

女四　長鶴娘適金谷陳求官　次廳娘適大墩武生林際春長子彩舍　三旺娘適東洋陳情官　四双娘適鴻卿李殿官

公為人勁直強支狎侮即請命父親移居郡城令長部標輭從師力學取名為政弱冠即受知文衡焉　媽號善慈

儒士洵柳　子　光前　光劍殤

洵柳乃集成長子字新綠號　生乾隆己酉年十月十八卯
時卒
娶王氏生嘉慶十年乙丑閏六月廿八未時卒道光廿三年癸
卯十二月廿二午時葬

洵洽　無出

洵洽乃集成次子號太山生乾隆六十年乙卯二月廿七巳時
在畨邦望佳錫卒道光十二年壬辰九月初二日吉時

洵堂　子一　金絨殤

洵堂乃集成三子字克升號有道生嘉慶戊午年七月十七戌

時卒道光廿一年辛丑閏三月初四酉時葬

娶吳氏惜娘改適　女一真娘適金谷姚家

素慶　子一　添丁

素慶乃新居長子字克富號奕明生乾隆三十四年己丑八月

廿五辰時卒道光十年八月十五未時葬佳壠尖邊丙壬午子

娶登虎榜傅助官長女醒娘生乾隆丙申年十一月十四卯時卒

道光庚寅年八月初九申時葬

女一却娘適金谷侻蓮官　媽號同慈

洵晏　無出

洵晏乃新居次子號有政生乾隆四十年乙未九月十三日丑

時卒嘉慶　年十月廿一日葬虎堀壠仔頭坐癸丁兼子午

## 廷佐

廷佐乃新居三子號雲三生乾隆四十三年戊戌十一月十六卯時卒乾隆六十年三月廿五子時瓦棺葬梅山大崙坐酉卯兼辛乙與胞弟洵粉仝穴

## 洵粉殤

洵粉乃新居四子號義思生乾隆四十八年癸卯四月廿五酉時卒乾隆六十年六月初七未時葬梅山大崙坐

與胞兄廷佐同穴

洵梅　殤

洵梅乃新居五子生卒無攷

洵揖　無出

洵揖乃鍾坦長子字克立號宫明生乾隆乙未年十二月十八寅時卒道光三年癸未七月十四酉時葬卓坑壠火路上與母林氏仝穴　娶上地胡氏乖娘改適　女三長担娘適登虎榜傅卯官獺娘適登虎榜傅㫤官三滿娘適登虎榜傅宝織官

重華

重華乃鍾坦次子字克美號唐明生乾隆丁酉年十一月初八

辰時卒嘉慶辛未年十月廿二辰時葬在厦門

洵尋　子二　標葛　標對　俱養

洵尋乃鍾坦三子字克直號其緒生乾隆己亥年十二月初七日酉時卒咸豐十年三月十七酉時葬沈洋尾坑垵頭山辛辰戌

娶崎兜温甞官長女挑官號勤慈生乾隆己酉年六月初九巳時卒嘉慶丁丑年五月初五酉時葬梅山新田崙坐庚甲兼申寅

女一貽娘適崎縣陳道官

洵巧　殤

洵巧乃鍾坦四子號發明生乾隆壬寅年四月初五酉時卒嘉

慶戊午年六月初四申時被水流去

衡山　子三　標水　標穀

衡山乃鍾持長子字克東號南明生乾隆四十九年甲辰七月
初五酉時卒道光乙巳年正月廿三寅時葬厦門
娶洋内葉氏扶官女端娘號仁慈生嘉慶辛酉年七月十九日
酉時卒道光己巳年正月廿五午時
女柔娘適尾塘林石官為婦

洵瑄　子三　祖述　吉品　俱養

洵瑄乃鍾持次子字克慎號遠明生乾隆五十五年庚戌十一
月廿九亥時卒道光十五年九月初三日葬番邦望佳錫

娶山頭林氏朮娘號美慈生嘉慶辛酉年六月初一辰時卒咸
豊辛酉年三月廿六午時葬大張宅
乙卯　子養一　標淵
乙卯乃鍾持三子字克甲號已明生乾隆六十年乙卯正月初
七酉時卒道光廿五年四月十三午時葬梅山大崙與父母仝
穴　娶崎縣陳默官女惜娘號　生嘉慶甲寅年三月廿三
未時卒
洵哂　子一　標省
洵哂乃鍾轂長子字克軒號和田生乾隆甲辰年八月廿六巳
時卒道光丁亥年十一月初二酉時葬新田崙坐午向子兼丙

壬　娶鴻卿李輟官長女金娘生乾隆壬子年七月廿九未時卒嘉慶丙子年六月廿四未時葬大張宅大湖内庚甲兼酉卯生男標省女占娘適崎縣陳盼官　又娶吳氏雲娘后改適

且眈　無出

且眈乃鍾輟次子號和樂生乾隆丙午年八月初一酉時卒嘉慶丙子年六月廿二未時葬大張宅寮内地坐巽乾兼巳亥

洵瑾　子二　嵬維　嘉禾　俱養

洵瑾乃鍾輟三子字克瑜號和珍生嘉慶丁巳年六月十一辰時卒咸豐八年二月廿三申時葬梅山大崙頭坐亥巳兼乾巽娶登虎榜傅氏格娘生嘉慶癸亥年五月二十卯時卒同治八

年十一月十四巳時葬　　女專娘鵠娘

洵恤　子五　標潋　武祥　標墻　標巷　標各

洵恤乃鍾撰長子字克任號循性生乾隆五十七年十二月初四寅時卒道光庚戌年十一月十七戌時娶西山林氏雌娘生嘉慶四年九月二十辰時卒咸豐十年七月初十子時號治慈葬

女二長朕娘適洋頭廖雪官富娘適蒲格王哖官

洵梭　子四　標釗　標炎　標耦　順溜

洵梭乃鍾撰次子字克機號綿節生嘉慶丁巳年十一月十四

丑時卒光緒元年二月初六酉時葬
娶洋山胡氏見娘生嘉慶戊辰年九月廿五寅時卒道光廿九
年又四月十三未時葬
續娶谷山蕭氏東娘生嘉慶乙亥年三月廿九卯時卒咸豐四
年七月廿九丑時葬
又娶蒲格王氏福娘生嘉慶十九年十月初十子時卒光緒十
八年正月廿三亥時
女四長差娘適內坂林拔官　次乳娘適鴻卿李家　三濺娘適登榜傅家
三元　子二
標皺
標恐
三元乃鍾撰三子字克第號順發生嘉慶八年癸亥六月廿五

子時卒咸豐丁巳年三月十九巳時
娶上地胡贊官三女寅娘生嘉慶己卯年二月廿三寅時卒光
緒乙未年十月初七丑時葬
洵卷　子三　標在　標僕　俱養　天保　殤
洵卷乃鍾獬長子字克儉號仲文生嘉慶五年庚申閏四月廿
五午時卒道光十八年戊戌四月初六亥時葬尾圳仔田頂坐
亥巳兼壬丙　娶溪尾鶴前劉樣官次女廉娘生嘉慶十一年
丙寅六月廿一巳時卒同治庚午年十月廿七酉時葬
女一柬娘適大墘林銅官

鄉飲賓捷登 子四 標達　夏全　三春　標勅

捷登乳名洵辱字克成號雲夫乃鍾弼抱養次子生嘉慶廿十年乙亥四月廿一辰時追光緒壬辰年欽賜鄉賓匾音曰厚德宜年卒光緒廿五年已亥四月廿一戌時享年八十有五娶溪邊坂胡既官長女洿娘生嘉慶乙亥年六月初八未時卒光緒十九年癸巳八月廿九卯時號善慈公媽合葬在沈洋山大垵尾坐巳亥兼丙壬　女三長始娘適蓮洲王典官次英娘適洋山胡談官三尾娘適新宮劉妙官

洵進

六房

洵進即鍾弼三子六歲殤瓦棺葬洋山坑口田中酉卯庚甲

洵秋　子

洵秋乃鍾侍長子生乾隆　年　月　時卒

娶魯建蔡氏返官生嘉慶　年　月　時卒

女二長適鴻卿李正甥次適鴻卿李少師官

洵塘

洵塘乃鍾侍次子生嘉慶　年　月　時在臺失攷

后佳

后佳　乃鍾砂長子生乾隆　年　月　時

洵

洵　乃鍾川長子在臺候查

洵

洵　乃鍾川次子在臺候查

洵樹　子一　標老

洵樹乃鍾曜長子字克建號如秋生乾隆己丑年三月廿十亥時卒道光廿三年癸卯十二月初二辰時葬沙縣壠東水掬橋頭土名羊桃網生乚辛兼卯酉

洵墻　子嗣　挑來

洵墻乃鍾曜次子號如璧生乾隆丁酉年八月初三丑時卒嘉慶戊午年五月初五午時

寄服　子四　標枣　標口　標遮　標言

寄服乃鍾補長子字克襄號如濯生乾隆癸巳年十一月廿四丑時卒道光十五年乙未二月廿九戌時葬本山真武田洝頂

生巽乾兼巳亥　娶鴻卿李仍官長女還官生乾隆壬寅年九月十五午時卒嘉慶丁巳年六月廿六未時年十六未冠號惠貞葬虎埪山尾生乾巽兼亥巳　公合改向亦乾巽亥巳

續娶來蘇里崖墘董氏廿官生乾隆四十三年戊戌八月十八午時卒道光三年癸未十月廿八丑時號桔慈葬蕉坑土名運堀仔生寅申兼甲庚

女二端娘適溪頭柯台官次徧娘適龍居林柳官

添成　子六　標峭　新興殤　標進　標枇　標籠殤　挑來出繼洵墻

添成乃鍾補次子字克意號如正生乾隆五十七年壬子十一月初四巳時卒咸豐巳未年四月十八辰時葬本山鑄鼎紅山崙

坐乾巽兼戌辰　自蓋厝乚座沈洋鄉大垵口生巽向乾兼亥巳

娶溪頭柯降官次女芍娘生嘉慶二年丁巳五月十四午時卒

同治癸酉年六月廿六酉時號贈慈葬沈洋鄉土名蕉坑尾坋

坐巽乾兼辰戌　女三長閏姑適洋山胡貢官次僅娘適上地

胡舉官三子娘適本里刘斯官

洵志

洵志乃鍾會子生

洵禾

洵禾乃鍾鵲子生

洵蜂

洵蜂乃鍾區之子生嘉慶　年　月　時住沙邑

洵嶷　子　標桂殤　標烈

洵嶷乃鍾賜長子字克岐𢇁　生道光五年乙酉九月十八戌時卒光緒壬午年二月廿七亥時
娶下淤鄉董德裕公長女圍娘生道光六年丙戌四月初四巳時卒光緒壬辰年九月廿四丑時
女長端姑　次旺姑配龍坑陳欽源

洵崗

洵崗乃鍾賜次子字克岷號　生道光十年庚寅正月十八
亥時卒咸豐八年戊午十月初一辰時葬螺窠

洵峯殤

洵峯乃鍾賜三子

洵崑　子二　標車　標慶

洵崑乃鍾堂長子字克崚生道光二年壬午十一月初七辰時卒
光緒壬辰年十二月初五亥時葬
娶本里傅元玉公女椄娘生卒失攷　又娶陳氏尾娘生道光
元年辛巳十二月廿六辰時卒咸豐　年九月初四酉時
三娶陳氏賢娘生道光八年戊子正月廿六寅時卒光緒元年

乙亥九月十九卯時葬　又娶陳氏足
娘生道光十八年戊戌七月廿二子時　女全姬係陳氏出適坡頭蕭
太學生克忠子四　標科　標聯　標顯　標接
克忠乳名洵華字克美號慶封乃鍾閣長子道光廿五年捐國
子監廿七年率諸弟構中央山敬德堂土堡坐癸丁兼子午生
嘉慶十六年辛未七月十六申時卒道光三十年庚戌四月廿
三亥時葬前水尾栗仔窠坐乙辛兼辰戌　娶本都南山
下朱俊登公女英娘生嘉慶十九年甲戌正月十三子時卒道
光十四年甲午八月初一日酉時號納誨與勤慎連氏合葬前

沙岩

水美坟庵生坤艮兼甲寅　又娶黃福先公女珠娘生嘉慶廿
一年丙子七月十五巳時卒光緒二十年甲午八月初二午時
女長冬姑適井后陳榮貴次紀姑黃西坑胡積達標枓朱氏出餘男女俱黃出

同知洵第　子　標坎　標根　標啟

洵第字克恭號杏坡乃鍾鬧次子道光丁未歲試蒙宗師
彭取進沙縣學第五名并於是歲同昆仲架中央山敬德堂
土堡咸豐四年甲寅由附加捐貢生至己未年由貢加捐正五
品同知銜同治壬戌自構頂頭大垻鎮修堂土堡上下三棟坐
庚兼申生嘉慶己卯年正月廿三亥時卒光緒十三年丁亥九

月初四寅時葬前水美頂山壠内艮坤寅申　娶村美陳式栗
公女德娘生道光元年辛巳九月十一寅時卒同治十三年甲
戌三月三十日丑時歸坤儀葬北坑西山庚甲酉卯　側室
潘氏承英生道光己酉年九月廿九酉時卒同治癸酉年又六
月初一酉時歸肅儉附葬前水美頂山壠附公坟右艮坤丑未
續娶永南魏氏蘭英生道光庚子年十二月初四亥時卒光緒
辛卯年八月十二未時歸素如葬峽頭墩山后横壠内甲庚寅
申外寅申甲庚　女長與姑配富口增貢林紹箕次緣姑配沙
城中書科鄧雍程　三男二女俱陳氏出

洵秀　子二　標驥　標基

洵秀乃鍾開三子字克麗號慶書生道光二年壬午六月廿六戌時卒道光丁未年十二月初八寅時葬大壠東荷尾嶺頭生壬丙兼子午　娶大元岸生范大鵬公女掌珠生道光乙酉年四月十七辰時卒道光癸卯年三月十九酉時號含玉葬
又娶沙城魏大粦公女榮姬生道光辛卯年十一月初二子時卒佚

武員洵章　子　標　陪

洵章乃鍾開四子字克憲號慶文生道光十三年癸巳七月十二日申時咸豐十年捐納遊擊銜　卒同治五年丙寅五月初

五巳時葬本里竹篙崙尾坐　娶大元鄉武生范高
攀長女翠英生道光十四年正月初七午時卒光緒丙戌年七
月十五吉時

洵滎殤

洵滎乃鍾助子

洵景　子　標育

洵景乃鍾助長子字克星生道光元年辛巳十二月十四酉時
卒同治二年癸亥七月十六未時葬
娶石斗林銀官女新娘生失孜卒佚　又娶鄧氏珠娘生道光

四年甲申九月十八酉時卒咸豐八年戊午七月廿三巳時葬

洵麟　子三　標祥　標禎　標彪

洵麟乃鍾助次子字克書號　生道光五年乙酉七月十二丑
時卒光緒乙酉年四月廿四午時葬
娶壠坑陳氏章娘生道光十二年壬辰七月廿三申時卒光緒
丁亥年五月十八未時　女卓姫配大壠東顏年見

附貢生克繩　子四　標盛　標立　標緌　標道

附貢生諱克繩乳名洵恩字克惠號慶澤乃鍾彬長子生道光

二年壬午八月十二亥時道光三十年庚戌　黃宗師歲試取
進延平府學第七名咸豐四年甲寅由附捐納貢生卒同治三
年甲子三月初七巳時　娶李氏蘭娘生佚卒道光十
七年丁酉九月初二丑時　又娶班竹溪詹法起長女進娘生
道光四年甲申正月廿七子時卒光緒戊戌年六月初三未時
側室曾氏桂娖生道光十七年丁酉十二月廿八未時卒
女六長眉姑適前水美余訓明次何姑適龍坑陳覲仲長子三
佳姑適沙城陳大榆四陽姑適井后陳陽齋五好姑適西坑山黃
雨順　六益姑適大元范聲雷

洵龍

洵龍乃鍾彬次子生道光甲申年十一月十二酉時卒道光十七年丁酉正月廿四吉時

太學生洵鳳　子三　標騁　標緒

洵鳳乃鍾彬三子字克飛號慶雲生道光六年丙戌十二月十七酉時咸豐元年辛亥捐納國子生即於是年九月廿三申時別九葬北坑底壬丙亥巳　娶井后鄧有乾公長女財娘生道光五年乙酉十一月廿七酉時

洵庭　子一　標波

洵庭乃鍾丞長子字克訓　生道光十六年丙申七月初十卯時卒光緒乙酉年十一月廿七酉時

娶馬岩陳孫官女奔娘生道光十六年丙申十一月十九寅時卒

職員洵銘　子一　標柱

洵銘乃鍾丞次子字克酉生道光廿四年甲辰四月初五酉時

同治七年戊辰捐納從九品　娶沙邑石橋朱榮蔡妹紫娘生道光廿八年戊申四月廿一辰時　長女遠姫適梅烈水西羅友訓次全英配陳墩蕭承接　公卒光緒戊戌年正月廿四午時

洵禧

洵禧乃鍾丞三子字　生道光廿六年丙午九月十二辰時

卒

洵銀

洵銀乃鍾轉長子字克液生道光四年甲申十二月廿三卯時卒

光緒二年丙子九月初四酉時葬前水美石竹窠坐

洵雷　壬一　標切　承繼

洵雷乃文良長子生乾隆五十九年甲寅四月十一戌時卒道

光廿六年正月廿三未時葬感德里左槐鄉土名九斗尾

洵
壇殤
洵壇乃文良次子生卒失攷

洵
有
子二　標信　標建
洵有乃鍾建長子公係鍾列嗣　生嘉慶三年戊午七月十一辰時卒
年　月
娶上地胡要官長女恍娘生嘉慶七年壬戌四月廿一亥時卒道
光十九年七月廿四巳時葬本處龟山頂坐

洵
照

青溪蓬萊張氏宗譜

洵照乃鍾列次子生嘉慶十一年乙丑閏六月十七巳時卒

年　月　娶柯氏分娘后改適

洵蟳　子一　天藜

洵蟳乃鍾伐長子字克青生嘉廿二年丁丑九月廿七日巳時卒

年　月　娶姚氏錢娘后改節

洵稿　子二　金炮　標彪

洵稿乃鍾伐次子生嘉慶廿五年九月廿八辰時卒

洵注

洵注乃鍾奉長子蕙承鍾詨 生嘉慶廿五年六月十六日卯時

卒

洵老

洵老乃科名長子生嘉慶十九年甲戌餘失攷

洵帯

洵帯乃鍾珠長子生卒失攷

洵茶

隱泚

洵荼乃鍾辣長子生道光三年癸未正月廿一辰時卒
娶廈門林送官長女
蕉官生道光庚寅年　月　日卒

洵等　子二
洵等乃鍾辣次子生道光六年十二月十四巳時卒

洵情　子一　標不養
洵情乃鍾兵長子生嘉慶　年　月　日　時卒
娶大墩林氏新官生道光

年　月　　時卒

女一

洵霞　子二

洵霞乃鍾兵次子生嘉慶　年　月　　時卒

年　月　　娶臺灣　氏

洵返

洵返乃鍾兵三子生嘉慶　年　月　日　時卒

娶臺灣　氏　官

洵泰

洵泰乃鍾兵四子生嘉慶　年　月　時卒

年　月　葬　娶坂頂陳氏

洵璽　子一　標葉

洵璽乃鍾意長子係鍾吟次子繼獅福元生嘉慶乙亥年十二

月廿一卯時卒道光丙午年五月廿六寅時

娶溪尾劉氏推官生道光乙酉年

七月廿七巳時卒道光乙巳年五月初二酉時葬

洵尚　子一　八生

洵尚乃鍾吟長子號　生嘉慶癸酉年八月廿八午時卒咸

豐辛亥年八月初六申時葬

娶蓮格陳氏柴官生道光乙酉年三月初四辰時卒

年　月　女一

洵賢　子二　標海　標好

洵賢乃鍾吟三子號　生嘉慶戊寅年十一月廿五亥時卒

同治八年十一月十四寅時

洵報　子一　標麥

洵報乃鍾齊次子字克含係兄再次子繼生乾隆丁未年四月

廿三午時卒

娶王氏后改適

洵領

洵領乃鍾寔長子生

洵猪

洵猪乃鍾寔次子生

洵球

洵球乃鍾國抱養子生嘉慶　年　月　時住沙邑卒佚

洵篇 子二 標井 標萬

洵篇乃岩纓長子字克表號四一生嘉慶五年庚申十一月初二卯時卒道光廿五年乙巳四月廿九午時葬

娶崎縣陳氏免官后改適　女二長碟娘適官會李波官子

宜官次見娘適上地胡暖官

洵添

洵添乃鍾文抱養子生嘉慶丁卯年四月廿八卯時卒

洵灶　子二　標萬承繼　標桂

洵灶乃鍾鑾長子係岩纓次子繼生嘉慶七年壬戌八月

亥時卒

娶鷗前劉氏本娘係名長官　生嘉慶壬申年九月十七酉時卒

洵

洵倒　子三　標望　標詭

洵倒乃鍾惠長子狒　生嘉慶庚午年十二月二十丑時卒

年　月

娶溪頭柯角官長女送娘生嘉慶二十年乙亥九月十九辰時卒

女一銀姑

洵浮　子一　標成

洵浮乃鍾惠次子字　生嘉慶丁丑年十月廿六辰時卒

年　月

娶延壽院吳雍官長女族娘生道光辛卯年七月廿六辰時卒

洵銓　子四　標初　標合　標莉　標倚

洵銓乃佛佑長子字克選號長發生乾隆己酉年八月廿四戌

時卒咸豐元年辛亥又八月廿六日葬與一里洋山鄉厝埕崙寨

仔脚坐庚甲兼甲寅　娶登虎榜傅陸官長女丑官生嘉慶壬
戌年六月十一寅時卒道光癸巳年十二月初九午時葬本山
小張宅大路邊坐甲庚兼卯酉生子三女一担娘適十二路陳岩
舍　又娶洋内葉氏素官生嘉慶壬戌年七月十二巳時卒同
治九年庚午又十月初五寅時葬
　生子倚　傅氏嫣后移葬佳壠坡辛乙戌辰
洵摘　子一　標鎮養
洵摘乃佛佑次子字克庇號振龍生嘉慶戊午年四月廿五巳
時卒道光己丑年三月十九午時葬虎堀壠仔頭中崙坐　向
兼　娶傅氏潲官后改適

紅　紅

洵鈿　子三　標美抱養　標呀　標眼

洵鈿乃佛佑三子字克入號榮發生嘉慶辛酉年十月三十日子時卒咸豐八年戊午三月十七辰時葬本山深内路后壁生未丑兼丁癸與元配仝穴　娶登虎榜傅聽官五女富娘生嘉慶庚午年十二月初九戌時卒道光丁酉年正月初五辰時與公仝葬無育抱養子一標美　續娶蓮格陳奇官長女腰娘生嘉慶戊寅年五月十八午時卒光緒廿一年五月廿七酉時葬和旗尖尾丁癸兼　生子呀眼女榮娘適登虎榜傅吧官次獺娘適坵城柯鈞官

名利　子三　標漏　絨國　標勅

名利乃佛佑四子字克仁號德成生嘉慶戊辰年正月初五

戌時卒同治二年癸亥正月廿九日葬南洋

娶溪頭柯氏忖娘生嘉慶丙子年二月十四酉時卒光緒

年　月

女二長玉娘適魁美刘敏官次京娘適新溪陳閑官

洵炭　子一　標瑞

洵炭乃佛佑五子字克紅號有發生嘉慶乙亥年十月廿七午

時卒同治　年　月　時葬在臺灣　妻　改節

女寶娘適金谷趙韜官

洵柹　子　文良

洵柹乃金興抱養子生嘉慶三年己未七月廿一酉時在番

邦望佳錫　娶妻　育男有三候查

洵蓄　子三　標鎗　標紡　標丹

洵蓄乃超元長子字克藏號成德生乾隆庚子年十月初七丑

時卒咸豐丁巳年十一月十九丑時

娶谷山林宗官長女銑官生嘉慶元年丙辰八月初十戌時卒

光緒　年　月

女三長寫娘適蔡土樓蟾官　次甘娘適土橋陳賓官　三適許宅溪刘爾官

[illegible]氏家譜

洵向殤

洵向乃超元次子

洵撻　子一　火山

洵撻乃超元三子號進来生乾隆癸卯年十二月二十子時卒

年　月

娶番邦望佳錫候查

洵葉　子一　儒水

洵葉乃鍾投長子字克樹號進乾生乾隆甲寅年五月初三寅

時卒道光廿一年閏三月初七卯時葬望佳錫　娶泉城蔡氏

尾官生嘉慶十七年壬申四月初八日巳時卒咸豐　年
月　時葬

洵別
洵別乃鍾投次子號振坤生嘉慶戊午年十二月廿三丑時卒
年　月　時葬本山跳坑口坐南向北

三斷
三斷乃鍾投三子號振綢生嘉慶十九年甲戌七月廿一日辰時
卒同治壬戌年正月初四巳時

洵練　壬一　標拈
洵練乃鍾極長子字克磨號入發生乾隆乙巳年八月十七巳

時卒咸豐九年已未二月初一午時
娶溪南蘇誥官長女右娘生乾隆庚戌八月初一酉時卒道光
廿九年己酉正月廿七未時夫妻合葬虎咬猪母坐子午兼壬
丙　女二長笑娘適上地胡足官次賤娘適西山林成甫官

洵豹　壬一　標乳

洵豹乃鍾極次子號二發生乾隆癸丑年九月廿九未時卒同
治三年甲子八月二十吉時葬
娶湖上藍氏刊娘生道光二年壬午十月十六巳時卒咸豐十
一年辛酉十一月廿七吉時葬

洵釵　子一　標判養

洵釵乃鍾極三子生嘉慶戊午年十月十八辰時卒東都无攷

洵透

洵透乃鍾極四子號　生嘉慶丙寅年三月初九丑時卒

年　月　時葬　娶坂頂陳甦纘官

長女欣娘生道光二年壬午四月十九未時卒道光廿五年乙巳

正月廿四卯時葬　女一寬娘適官橋林禄官

洵到　子二　標抱養　標候

洵到乃鍾兩長子字克審號清發生乾隆六十年乙卯六月廿六寅時卒同治五年丙寅七月廿七卯時葬

娶新溪上地王紹官長女近娘生嘉慶癸酉年五月十八寅時卒同治十三年甲戌三月廿五卯時葬

女一嬌娘適溪頭柯驢官

洵秉　子二　標叭　標竅

洵秉乃鍾兩次子字克燭號集發生嘉慶己未年五月初九卯時卒道光三十年庚戌六月十二卯時葬

娶頂刘劉仲官四女嘌官生嘉慶乙亥年五月初七寅時卒道

光十七年丁酉二月廿六辰時葬

女二温娘適魁美刘耳官次壽娘適頂刘劉廷青官　續娶埔

頂楊顔官次女次娘生嘉慶己巳年八月廿七亥時卒

生子二標叭標竅

女二長烏娘適魁美刘侍官次格娘適崎縣陳得官

洵斜殤

洵斜乃鍾两三子生嘉慶壬戌年四月初十亥時卒葬佚

洵搬

洵搬乃鍾两四子字克萬號順發生嘉慶甲子年十月十三丑

時卒道光廿七年丁未十一月廿一卯時葬
娶鴻卿李遠照官三女湫娘生嘉慶丁丑年十月初三酉時卒
改適生女三春娘適鴻卿李叩官次瞈娘適西山林　官三返娘
適新春林溪官

洵垻

洵垻乃鍾两五子生嘉慶戊辰年二月十四辰時卒咸豐七年
丁巳十一月初九吉時

洵哖　子二

標愛抱養

標寢

洵哖乃鍾兩六子字克哃號振發生嘉慶庚午年十二月廿六子時卒咸豐七年丁巳十一月初九吉時（查初七午時）葬苦思脚石皮内壬丙兼子午　娶翰苑李夛官五女奎娘生道光三年癸未三月廿五辰時卒光緒庚子年五月初九辰時葬

女田娘適鴻卿李業官

## 洵府

洵府乃鍾肴長子生嘉慶癸亥年　月　在臺卒失攷

## 洵禱

洵禱乃鍾肴次子生嘉慶戊辰年　餘在臺未詳　娶項沒

水牛埔高氏素娘生道光二年壬午八月

洵企

洵企乃鍾石抱養子生嘉慶廿一年庚子二月初二卯時卒

洵金

洵金乃鍾歸養長子生嘉慶十四年八月廿三吉時卒道光

年十月廿二巳時

洵繞

洵繞乃鍾麟長子　生道光二年壬午五月廿八戌時卒

洵撾（支圖 誌摕）　子一　標舅

洵撾乃鍾麟次子　生道光甲申年又七月初五辰時卒　娶崎縣陳
榜官次女超娘生道光十七年丁酉正月初六戌時卒
女省娘適鎮府黃泮官

洵詐　子一　標杯

洵詐乃鍾麟三子　生道光乙丑年九月　日巳時卒
年　月　娶湖頭溪尾蘇

氏順官生道光己丑年八月廿三酉時卒

洵杷

洵杷乃鍾麟四子　生道光壬寅年十月初六戌時卒

洵甜　子一　標廷

洵甜乃鍾現長子　生道光丙戌年四月廿九巳時卒

洵摻

洵摻乃鍾現次子　生道光己丑年七月廿三巳時卒

洵干

洵干乃鍾現三子　生道光壬辰年七月初三辰時卒

洵萊

洵萊乃參祥抱養子生道光十五年正月初四辰時卒

洵樹

洵樹乃鍾賽長子　生道光十年九月廿八午時卒

洵硈　子三　賞来　進来

洵硈乃鍾且長子　生道光己酉年七月三十日戌時卒光緒

辛丑年正月初九酉時葬嗹叻　娶陳氏儉娘生咸豐

癸丑年五月初五午時卒民國丙辰九月初六巳時葬陳牛廊

昭明　子三　標瀾　標炎

昭明乃鍾入嗣子係鍾浪次子繼姊集成生乾隆辛丑年四月

廿一酉時卒咸豐四年四月廿七未時　娶蓮格陳尾官長女

首官生嘉慶甲子年八月二十申時卒道光庚寅年　又四

月廿六巳時　葬安慈　公媽合葬大張宅口附研齋公墓邊

壬丙亥巳

長茅

長茅乃鍾角長子　生乾隆乙未年五月初二酉時卒

洵餘

洵餘乃鍾角次子生乾隆辛丑年六月廿一辰時卒咸豐七年

丁巳八月廿五申時

洵餘　子一　標養

洵孔

洵孔乃鍾角三子　葬　生乾隆庚戌年三月廿二卯時卒咸

豊三年癸丑六月十四申時葬
娶周堂陳仁官長女擇娘生乾隆乙卯年九月初六寅時卒咸
豊四年甲寅五月十九申時

洵漢業　子三　標賞
標卜

漢業乃鍾浪長子字克是號建田生乾隆戊戌年五月廿一
辰時卒道光廿三年癸卯十二月十二戌時葬新田崙坐庚甲
兼酉卯　娶溪頭柯存官次女平娘生乾隆己酉年六月十九
申時卒同治六年丁卯七月廿四酉時葬土壠墓頭水埕頂坐
癸丁兼丑未

洵準　子三　標得抱養　標雲　標領殤

洵準乃鍾芽長子字克矩狒俊脩又俊彥生乾隆癸卯年十月初八未時卒道光乙巳年十二月初九戌時葬

娶谷山蕭篤官長女專官生乾隆庚戌年二月初二亥時卒嘉慶廿四年七月十八亥時葬寨街邉路上坐癸丁兼丑未　生女二長悔娘適鶴前劉忽官次究娘適龍居鄭流官　又娶洋山頭陳閣官次女氣官生乾隆己酉年八月初八卯時卒咸豐癸丑年五月十九巳時生男標雲領　女長縣娘適谷口吳氏官次笑娘適登虎榜傅琉官

洵轉　子四　標哲　標抱　標糠　標暗

洵轉乃鍾欽長子號展側　生嘉慶戊午年二月初四申時卒道
光廿五年乙巳正月十五未時葬
娶洋山頭林宰官次女族官　生嘉慶庚申年閏四月十四未時
卒同治元年壬戌八月廿四未時
女阜娘適魁美刘倉官

洵抵殤。

洵抵乃鍾欽次子　生嘉慶辛酉年十二月廿九辰時卒嘉慶
己卯年七月廿六未時

洵仲　子三　標拒　標囉

洵仲乃鍾欽三子字克進生嘉慶甲子年七月初一亥時卒

年　月

娶劉氏愿娘后改適　女賤娘適

天秩　無出

天秩乃鍾孟長子生乾隆己亥年七月廿六巳時卒葬失攷

由序　子一　標埸抱養

由序乃鍾孟次子號農圃生乾隆己亥年七月廿六巳時卒道

光丁酉年二月初八申時

洵麥　無出

洵麥乃鍾盼嗣子係胞兄鍾孟三子繼生乾隆壬寅年十一月

廿六卯時卒无孜

洵暹

洵暹乃鍾育抱養子　生乾隆癸丑年五月廿九午時卒

洵爾　子一　標鉊

洵爾乃鍾江之子姉　生乾隆辛丑年十月十六未時卒

道光　年　月

娶登虎榜傳双官長女質娘生嘉慶　年　月　時卒

年　月

女長切娘適西山林集官次蒲娘

洵湍　子一　標臏

洵湍乃溪源長子字克油號東流生乾隆癸丑年七月初十子

時卒道光己丑年七月廿三午時葬

娶登虎榜傳區女族娘生乾隆丙辰年九月十九巳時卒

年十二月廿五日

女五長桃娘適谷口蔡成官　次提娘適崎兜温所官　三粒娘適延寿院吳潛官　四娘

洵瓶 圭

標瀨 標厲 標銅

洵瓶乃溪源次子字克惟號東海生乾隆乙丑年五月十九亥時卒光緒辛巳年五月廿三寅時葬和旗尖

娶中標許氏嘆官生嘉慶癸酉年十月十八寅時卒光緒辛巳年又七月廿九卯時葬

女謹娘適登虎榜傅悦官次契官適路尾李友官

洵斗 孟

標擿 標榜 標杂 新宅出繼

洵斗乃其英長子字克南號玉振生嘉慶庚申年五月廿二辰時卒咸豐十年庚申七月廿八未時葬大張宅崙壬丙兼亥巳

娶大𡵓林縈官長女安娘　生嘉慶壬戌年十二月廿一酉時卒光緒庚辰年四月廿一申時與公仝葬　女勸娘適鴻卿李非官

洵忠　子一　標可

洵忠乃其英次子字克厚號庸理生嘉慶乙丑年十一月初七酉時卒道光廿七年丁未十月初九巳時葬

娶溪沙胡等官次女六娘生道光元年十二月廿五辰時改適

女一　參娘適登虎榜傅然官

洵北　子嗣　新宅　係洵斗四子繼

洵北乃其英三子號東振生嘉慶甲戌年八月十三辰時卒

洵胄 無出

洵胄乃住山長子生嘉慶甲子年　月　時卒道光

年十二月初一吉時葬畨邦望佳錫

洵池

洵池乃泮良長子係鍾奉次子繼生道光癸未年十一月十五未

時卒光緒癸巳年十二月初八卯時葬畨邦寔叻

洵赳 子六

標愴　標响　標搡　標巍殤　標欣　標軟

洵勵乃鍾永成長子號明海生乾隆壬子年七月十六巳時卒
道光廿八年戊申七月初六未時葬梅山新厝墓下坐
娶大墘林七官長女受娘生嘉慶丙辰年四月十九酉時
卒同治七年戊辰九月廿四未時葬
女
担娘適鴻卿李然官

洵砥　子一　標要
洵砥乃永成次子字克言號明辨生嘉慶戊午年四月初七酉
時卒道光甲午年七月初七酉時
娶洋山陳氏后改適

洵苟　子三　標眼　標再　標奚

洵苟乃永成三子字克志號桂振生嘉慶辛酉年九月廿六日戌時卒咸豐十年庚申十一月初十辰時葬

娶溪頭柯儉官五女發娘生嘉慶己卯年閏四月十五卯時卒同治九年庚午十月初八卯時葬

女一萬娘配埔頂楊省官

洵旦　子三　組綴　開生　家齊

洵旦乃永成四子字克平號　生嘉慶丙寅年十月廿四日辰時卒咸豐八年戊午十月初一寅時葬

娶路尾李澤官長女敗娘生嘉慶廿五年庚辰十二月初一戌時卒同治八年己巳十二月二十寅時葬本山土名大崙頂坐庚甲申寅

洵嗹　子一　建置

洵嗹乃永成五子字克連生嘉慶己巳年七月十二寅時卒光緒元年乙亥十一月十六丑時葬

娶感化山兜裴故官七女朱娘生道光丁亥年七月十五丑時卒咸豐七年丁巳二月廿一午時葬

洵啜　子一　標　殤

洵啜乃永成六子字克粥號醇醨生嘉慶壬申年十一月十八
亥時卒道光廿三年壬寅正月初二未時葬溪洲內生
娶洋山胡經官四女企娘生道光元年四月初三子時卒
道光廿八年戊申十月廿一日

洵章 無出

洵章乃友得長子號明文生嘉慶辛未年五月十一辰時卒
道光廿三年三月初二酉時葬在南洋寔叻

洵畎 子一 標頭

洵畝乃友德次子字克畝號道德生嘉慶癸酉年十二月廿五未時卒道光丁酉年正月三十日寅時

娶鶴前刘倒官次女烏娘生嘉慶丙子年三月十一未時卒同治九年庚午六月初十酉時葬大嶺下貢生辛乙兼酉卯

洵廟　子一　標連居

洵廟乃友德三子字號院聲生道光甲申年二月十六子時卒光緒己卯年五月初九酉時葬

娶瓦窑口蔡蘭官次女送娘生道光八年戊子七月二十卯時卒光緒己丑年十一月廿一亥時葬新厝墓下内立午子丁癸外立丁癸午子

女富娘適鶴前刘竹官子

洵深　子一　標鑲

洵深乃鍾節之子係鍾鼎三子継狒積篙生乾隆壬子年六月十二子時卒道光廿五年乙巳四月三十日巳時

娶彭格陳先官次女好娘生嘉慶戊辰年四月十四丑時卒咸豐三年癸丑七月廿三辰時葬

女二長客娘適阮后坑陳賛官次幼娘適崎兜温連君

長慶　子二　標廼　標玲

洵長慶乃鍾鼎長子字新禮狒寧圃生乾隆癸卯年九月初二

卯時卒道光戊戌年五月十九戌時葬山行頭坪尾壬丙亥巳

娶溪尾劉過官次女寶官生乾隆丙午年七月十一酉時卒道

光十八年五月初十午時葬本鄉溪洲尾坐坤艮兼未丑

女長姜娘適登虎榜傳艾官三子次來娘適鴻卿李然官

洵犁

| | | | |
|---|---|---|---|
| 子三 | 標外 | 標漂 | 標李 |

洵犁乃鍾鼎次子字新伯號文圃生乾隆丁未年四月初九戌

時卒同治三年甲子四月十四巳時葬梅山大崙頭冬田內亥

巳兼乾巽　娶長坵頭李會官次女讓娘生乾隆六十年乙卯

二月十五戌時卒同治四年乙丑五月十四辰時葬

女三長治娘適鴻卿李協官次寬娘適鴻卿李唱官三
孌娘適大墘林家

洵團　子三　標題　標舉　標操

洵團乃鍾鼎四子字克圓號佳圃生乾隆甲寅年十一月十三寅
時卒道光十五年乙未九月初三申時葬
娶吳氏鎰娘后改節

洵腰　子養一　標槌

洵腰乃鍾臣抱養長子號　生嘉慶辛未年八月初四午時卒
道光十七年十一月初三酉時葬在本山墩頂坐子午兼壬丙

娶溪南蘇裙官長女髓娘生嘉慶丁丑年三月初四寅時卒光緒癸未年正月初八酉時葬梅山新田垵坐庚甲兼酉卯狮其慈

洵鐃　子二　標引抱養　建基承繼

洵鐃乃鍾榮長子字克肥號其明生嘉慶庚申年二月廿四酉時卒同治元年壬戌三月初二卯時葬

娶鶴前劉安官長女戇娘生嘉慶辛未年五月初二午時卒同治三年甲子三月十六申時　女佁娘適

洵銳殤

洵銳乃鍾榮次子狮其進生嘉慶甲子年正月十一丑時卒道光

元年四月十二丑時

洵追

洵追乃鍾成抱養長子字克和㢸　生嘉慶戊辰年二月十

三巳時卒咸豐四年　月

娶東洋陳淵舍長女燦舍生嘉慶　年　月　時卒道光

廿四年七月廿二巳時

女敬娘適周堂陳聖官

洵與

洵興乃鍾成次子生嘉慶丁丑年　月　日　時在番邦望

佳錫

天星

洵天星乃鍾鳩長子

天水　子二　標阬　標幼

天水乃鍾傳長子字克陞生乾隆庚子年十月十一寅時卒道光十七年三月初七吉時葬本山跳坑

娶黃柱楊氏吟娘生乾隆　年八月初六日卒　年

月　日　時葬

洵金　無出

洵金乃鍾体長子

洵宜　子一　標鮑

洵宜乃鍾三畏長子字克禮號受祿生乾隆癸卯年八月廿二

未時卒道光戊申年九月初四丑時

娶岕厝林氏吳娘生嘉慶辛酉年二月十一辰時卒道光戊

申年七月初九酉時號正明葬

女一田娘

天乞　子二　標樟　標庀 抱養

天乞乃鍾彥長子字克家號直生生乾隆甲辰年十月十八午時卒道光乙未年五月三十日午時

娶大墩太學生林潤官長女塿官生乾隆甲辰年十一月十六丑時卒道光丙申年六月二十巳時

女二長段娘適大墩武生林豙官次葱娘適登虎榜傅德官

洵象　子一　標爐 養

洵象乃鍾軫長子號日昍生嘉慶壬戌年九月十七卯時卒道

甲申年十一月初五未時

洵撥　子二　標剃　標此

洵撥乃鍾軫次子曰入號生嘉慶丁卯年四月十五卯時卒同治三年二月廿六子時葬

娶谷山林奐官女格娘生嘉慶辛未年九月初八日卒同治九年閏十月廿三丑時號物慈葬

洵麵　子一　標搶　承繼

洵麵乃鍾軫三子生嘉慶十九年九月十五卯時卒道光丙午

午年六月廿三卯時葬
娶葉氏桂娘后改節

洵僕　子一　標婢承繼

洵僕乃熾爍長子生乾隆五十六年五月初五午時卒道光元年二月初八申時

洵馬　子二　標臨　標婢出繼

洵馬乃熾爍次子生嘉慶戊午年九月廿五亥時卒道光丁未年十一月初十午時葬
娶過溪李氏員娘生嘉慶戊辰年正月十六卯時卒同治

年　月　日

女順娘適

洵寶 子一　標興 抱養

洵寶乃熾爍三子生嘉慶乙丑年八月廿三亥時卒道光

年七月十四吉時

洵智 子二　標賞　標千

洵智乃鍾虎長子字克信號中和生乾隆乙卯年八月十七丑

時卒道光廿八年五月初四戌時葬沙邑　娶科名黃氏

官生卒佚葬

洵梅　子一　新来

洵梅乃鍾虎次子字克花　生嘉慶戊辰年四月十二戌時卒

道光乙巳年正月初九寅時葬

娶大墘林悃官長女配官生嘉慶　年　月　時卒

傳旺　住沙邑

傳旺乃鍾粮抱養長子生道光十九年己亥五月廿四酉時卒

候查

洵草　子一　銀當

洵草乃鍾于之子字克生號　生道光十四年甲午八月初

五酉時卒光緒五年己卯十二月廿八亥時
娶大墘林妥官次女乖娘生道光廿三年癸卯十二月初八寅
時卒光緒四年戊寅　月　　時葬廈島

洵系

洵系乃鍾阬長子生道光廿九年己酉九月初九寅時卒同
治　年　月　日　時葬南洋吉里文

洵筥　子四　標金水　金清　金章祭　金桓

洵筥乃鍾買抱養長子字克為獅龍輔生道光三十年庚戌六

月廿三丑時卒光緒丁未年七月初五午時

娶山頭黄氏笆娘生咸豐九年己未二月初一亥時卒光緒癸

未年十月廿六未時

又娶廣東省廣州府番禺縣郭麗川官長女金帶官生咸豐

己未年十二月廿七亥時女金鳳氏卒民國廿三年四月廿六子時

又納側室洋山胡氏氣娖生光緒丙子年十一月廿五酉時

洵叩

洵叩乃鍾買抱養次子生道光三十年庚戌九月十八午時卒

光緒丁亥年　月　日

先知　子嗣　金章双承

先知乃鍾買抱養三子生咸豐二年壬子九月十九未時卒光
緒辛卯年正月廿四午時葬　娶陳氏悦娘攺節

洵道　子一　金旭

洵道乃鍾買養四子號龍得生同治三年甲子五月十四巳時
卒民國癸亥年二月初七辰時
娶德崇蔡語官長女樟官生同治壬申年十一月廿八子時在
南洋逃出

明水

明水乃鍾苑抱養長子生道光廿七年丁未九月初一申時卒

洵専

洵専乃鍾苑抱養次子生咸豐二年壬子正月廿六申時卒

洵抄　子二　添水　江淮　俱承繼

洵抄乃鍾闖抱養長子生道光廿五年乙巳十一月廿十酉時卒光緒七年辛巳十二月廿二卯時葬在夷

洵裕　子五　好生　添水出繼　標走　瑞源　成源出繼

洵裕乃鍾闖次子字克豐號集充生道光廿九年己酉閏四月二十亥時卒民國丙辰年八月初二巳時葬本山石卒崙内

路下坐乾巽兼亥巳　娶溪南蘇新興官長女知娘生道光
三十年庚戌九月十五午時卒民國庚申年十一月初二日酉時
葬在
女三長旺娘適溪南蘇義官 次梅娘適魁美刘英官為媳 三得娘適刘美官
洵玉 子 江淮出継 後生 聯登贅出
洵玉乃鍾闕三子字克美绵集美生咸豐三年癸丑九月十
八申時卒民國廿一年壬申八月初七寅時葬本山大坪垵坐
辛山兼戌辰　娶上地胡唱官長女枣娘生同治甲子年四
月廿五卯時
女三長甘娘適温泉唐宜官 次氣娘適鴻卿李諸官 三笏娘適蔡接為媳

洵榜　子嗣　成元 係洵裕五子繼

洵榜乃鍾闖四子字克　生咸豐十一年辛酉五月廿七

日巳時

娶崎兜温垻官長女時娘生同治辛未年三月初八辰時卒光

緒庚子年二月十五辰時葬

女二　長佔娘配温共官次位娘配

洵謹　子三　新興殤　天生　扳桂　水春

洵謹乃鍾園長子歸　生咸豐五年乙卯八月初六巳時

在洋卒宣統辛亥五月十三吉時

娶谷口謝敬官三女月娘生同治九年庚午十月十四寅時

女三長脊娘適大墩林黃官次妹娘適大墩林堯官三純娘

洵得意

得意乃鍾墦長子狮　生咸豐九年己未三月十九午時卒

光緒三十年甲辰正月十三吉時

娶上地胡雲龍官長女笑娘生光緒五年己卯十一月　日

洵字

洵字乃鍾墦次子狮　生同治七年戊辰十一月廿三酉

時

洵畲

洵畲乃鍾墖三子　生光緒二年丙子十二月初九亥時

洵欽賜

欽賜乃鍾醮子字克明號龍文生咸豐十年庚申正月初九未時卒民國癸丑年十二月廿七戌時與父合葬尾圳仔田中壬丙子午

娶路尾李他官長女錦娘生同治元年壬戌七月廿二未時

壬一　柳絮

福榮

福榮乃鍾新德長子生同治元年壬戌　月　日

福壽　子一　紀生

福壽乃新慶長子生同治庚午年十一月初三戌時

娶陳氏美玉娘生同治

丁卯年十一月三十日戌時

福海

福海乃新慶次子生光緒元年乙亥十一月二十丑時　娶周

氏巧雲娘生光緒九年癸未九月初二酉時

福安

福安乃新慶三子生光緒五年己卯三月廿九寅時與諸凡
均住上海候查

成宗

成宗乃鍾老長子　生光緒乙亥年二月廿一寅時外出

佛仔後派

洵買

洵買乃鍾蔭長子字　生道光庚子年五月廿三寅時外出

卒佚

洵仁

洵仁乃鍾蔭次子字　生道光乙巳年五月廿三申時卒

洵諸

洵諸乃鍾冬長子　生道光庚子年三月十五亥時卒

洵粽

洵粽乃鍾鄉長子係鍾冬次子繼　生道光癸卯年九月十五丑時卒

娶橫彭氏定官生

道光乙巳年十月十六未時卒

洵萬　子二　寶鎮　標紋

洵萬乃鍾樣長子字克千號心年生道光庚寅年二月廿五亥時卒光緒戊戌年七月十三未時葬在小張宅嶺頭坐寅申艮坤娶龍居姚日官長女報娘生道光庚寅年五月十一辰時卒咸豐丁巳年二月　時葬本山新厝墓脚坐庚向甲酉卯又娶水磨兜鄭氏帕官生道光己丑年十二月廿八寅時卒光緒己亥年八月三十日寅時葬小張宅嶺頭寅申甲庚女三長適內山林諒官次適溪南蘇猪官三適白汀刘閃官

洵靴 子三　成吉　木水 継　刋水繼

洵靴乃鍾樣次子號心孝生道光甲午年正月初一未時卒咸豐四年三月初八酉時葬小張宅狗頭生

娶大墘林氏晏官后改適

超来 子　垂興　生裕　廣進　標在　標邦

超来乃鍾樣三子號心英生道光丙申年六月十四丑時卒宣統二年庚戌七月十四午時葬本山擇目埪水埕頂田中坐甲庚寅申娶十字路陳漁舍長女宣娘生道光丁酉年十月初七未時卒光緒丁未年十月廿六酉時號道慈葬本山新厝墓厌墓頂坐坤艮申寅公字克海光緒乙巳勅授鄉飲賓諱建立

女二長省娘適大墘林類官次尾娘適魁美劉禮官

洵順　子三　本水出繼　秋月　加添

洵順乃鍾樣四子字克孝號心義生道光己亥年四月初七卯時卒光緒甲午年九月廿三申時葬

娶灶坑黃樵官長女莉娘生道光庚子年五月廿三酉時卒同治己巳年十二月廿三酉時

又娶　氏　官生道光丁酉年　月　時卒

洵酒　子　標勤　標典　刊水出繼　標賞

洵酒乃鍾樣五子號心興生道光癸卯年七查十一月十三卯時

卒宣統庚戌年正月十一寅時葬在潘厝尾崙癸丁丑未
娶翰苑李須官女蓮娘生道光癸卯年七月廿五卯時卒宣統
己酉年十月十九亥時查潘厝尾乃李蓮娘葬處
公在日自擇壽域小張宅狗頭坪上艮坤寅申公歿後葬此
女一便娘適崎縣陳鑾官
洵合　子三　標詨　標卜
洵合乃鍾樣六子號心　生道光丙午年四月初十吉時卒光
緒乙巳年五月十八午時葬
娶鶴前劉滿進長女縱官生道光戊甲年十一月廿四未時卒民
國癸亥年四月初七午時

洵平　子四　標生　標長　三德　成珪出斗

洵平乃鍾樣七子獅心　生道光　年七月廿五午時卒光緒甲辰年五月十四午時葬

娶烘兜柯氏勉官生道光　年四月十三戌時卒民國庚午年八月十四酉時葬

洵厎

洵厎乃鍾衙長子　生道光丁亥年九月十二未時卒

洵恭

洵恭乃鍾壇嗣子係鍾晩子繼立生道光己酉年八月初五亥

時卒光緒甲辰年三月　　時葬在寅嗹叻

洵着

洵着乃鍾兩養長子　生道光丁酉年　月　日　時卒

洵生財　子一　標綢

生財乃鍾晩次子狒　生咸豐乙卯年七月初七卯時卒光

緒甲辰年九月廿二酉時葬深內口路下田中艮坤寅申

娶登虎榜傳坤官三女悔娘生同治庚午年六月初二卯時卒

女一蔓娘

洵水

洵水乃鍾晚三子　生　年　月

瑞曲　子　標新創抱養出丰　成珪

瑞曲乃鍾佃長子狒　生道光己亥年九月十二子時卒光
緒乙巳年六月廿三日
娶彭格陳限官次女畧娘　生咸豐丙辰年二月廿五亥時卒宣
統己酉年六月初二日
女一凸娘適井邉陳墻官

瑞春　子　新創雙承

瑞春乃鍾佃次子狒心景生道光癸卯年又七月十五丑時卒

光緒丁未年正月初二日吉時

洵巧　子一　標坑

洵巧乃鍾拔嗣子係猛盛長子繼字克笑生嘉慶癸亥年九月

十五辰時卒　年　月

娶洋山胡氏須娘生嘉慶壬甲年十月十三辰時卒

年　月　日

女三長練娘配溪南蘇井官次樣娘適登榜傅連官子三担娘

洵炮　子一　標是

洵炮乃猛盛次子字克連號維霖生嘉慶戊辰年正月十三午時卒光緒十六年庚寅十月十二申時葬虎形墓腳坐艮坤

娶洋内傅奕官長女千娘生嘉慶十九年十一月初一卯時卒道光廿四年十一月初六午時葬

女四長咩姑適鴻卿李家　次草姑適龍居林佃官　三忍娘適魁美吴讓官　四變姑適新春林自官三子

洵送

洵送乃鍾穴長子生嘉慶十八年　月　日　時卒道光廿二年六月十二午時

洵啟

洵啟乃鍾叢長子　生咸豐甲寅年三月十四寅時卒未詳

洵耙

洵耙乃鍾迎養長子　生道光九年五月十三申時卒道光廿一年八月　日

洵銘

洵銘乃鍾座長子號　生道光乙未年八月廿四子時卒
年　月

娶十字路陳氏甘娘生道光辛丑年三月初十未時卒

洵盤

洵盤乃鍾座次子生道光癸卯年又七月十五未時卒

洵墻

洵墻乃鍾座三子生咸豐辛亥年五月廿六丑時卒

洵誥

洵誥乃鍾偶抱養子生嘉慶　年　月　時卒道光廿

五年四月十八巳時

洵六七

六七　乃鍾錫長子　生同治甲戌年四月廿八巳時

国家出版基金项目
NATIONAL PUBLICATION FOUNDATION

# 海上絲綢之路文獻集成

總主編　陳支平　陳春聲

## 民間譜牒編

86

主編　林　楓

海峽出版發行集團
THE STRAITS PUBLISHING & DISTRIBUTING GROUP
福建人民出版社

# 本册目次

# ［福建安溪］清溪蓬萊嶺美張氏宗譜十三卷首一卷（卷六至卷七）

張吉六　張緝熙纂修

# 清溪蓬萊嶺美張氏宗譜

正卷陸

清溪蓬萊張氏宗譜歷世紀實　卷陸

十七世

標智　子　炳貫

標智乃洵康長子號　生卒莫俱佚　娶鄭丕柳公長女月娘生道光癸巳年二月廿五寅時卒光緒甲辰年七月初二日吉時

標忠　子六　炳池　炳瑶殤　炳清殤　炳淵殤　炳河　炳欽

標忠乃洵康抱養次子字念信號　生道光壬辰年三月廿八辰時卒光緒己丑年十二月廿八午時

娶大壠東陳氏湊娘生道光丁酉年十二月十五卯時卒光緒

壬寅年四月初四寅時葬

標綢　子二　炳沅　炳得

標綢乃洵康三子字念繆號　生道光戊戌年十月廿七未

時卒光緒庚辰年六月十三申時葬

娶陳氏福娘生道光戊戌年十月廿一卯時卒同治癸亥年四

月十一巳時葬前水尾糞寮坵崙尾丙壬午子　又納側室陳

氏幼英生道光乙巳年十月初八巳時卒光緒丙戌年二月廿

一戌時

標富

標富乃仙来長子字念對生道光庚戌年十月十一日辰時卒

標雨化　子四　炳沾　炳竅　炳貨　炳覔

雨化乃洵研長子字念時生乾隆三十八年癸巳七月廿十辰

時卒道光十二年四月初九辰時葬

娶淵兜沈氏嘆娘生乾隆癸巳年十一月十六辰時卒道光乙

未年六月初六未時葬

女一　娘適仙宮刘

標講　子四　煒蟬　炳疊　炳博　炳頵

標講乃洵研次子字念友獅　生乾隆乙未年十二月十六日

辰時卒道光廿六年丙午　月

娶龍居林氏前娘生乾隆四十三年戊戌八月初四辰時卒嘉
慶廿五年庚辰八月二十申時葬
女四長適九福黄家次會娘適同安赤蘭脚葉榔官
標贊　子二　炳　萠
標贊乃洵研三子字念圭　生乾隆四十四年己亥三月十六
酉時卒　往臺候查娶官
會李氏便官生乾隆癸卯年三月初八子時卒
標綏　子嗣一　炳寵　承
標綏乃洵勁長子號愧安生乾隆五十年乙巳六月初九寅時

卒嘉慶十二年丁卯十一月廿九子時葬炭坑垵后改葬康墘
坪坐

標魯　子三　新發　介泰承

標魯乃洵勁次子號國安生乾隆己酉年閏五月初四午時卒
道光甲午年二月十八未時葬

標市　子一　雙權承繼

標市乃洵勁三子字念阮號宅安生乾隆辛卯年十月初五戌
時卒道光廿三年九月初三酉時葬小張宅狗肚坐庚甲兼酉
卯　娶鶴前劉誥官長女梅娘號柔順生嘉慶辛酉年正月初
八午時卒道光壬午年八月初八未時葬與公仝穴

標囂　子三　炳及　德發　炳介出繼
標囂乃洵勁四子字念巽號大安生嘉慶丁巳年十一月初三
卯時卒咸豐三年癸丑四月十五巳時葬本山虎埪中崙坐辛
乙兼酉卯　娶東洋陳餞官次女柿娘生嘉慶乙丑年十二月
十六未時卒同治十二年癸酉八月廿五午時號果慈葬墩尾
坐乾巽兼戌辰　女四長員姑適彭格陳撻官次蒲娘適溪尾
刘春法官三停娘適魁美刘抹官四異娘適登虎榜傅珊官
標繆　子　炳寵出繼　炳料　炳節　翰墨　炳徙
標繆乃洵勁五子字念户號廍安生嘉慶六年辛酉十二月十

五子時卒同治二年癸亥八月初三未時葬阜坑壠坐辛向乙
兼戌辰　娶鶴前劉珍官長女貴娘生嘉慶庚午年十一月十
二丑時卒光緒五年己卯二月廿八辰時葬富順葬墩尾石鼓
下坐乾巽兼亥巳

討論　子八

庇根　夏永　炳螺　双権　炳沛

炳川　鳳儀　炳記

討論乃洵勁六子字念世葬叔安生嘉慶丙寅年九月初三丑
時卒同治三年甲子三月廿六戌時葬虎隔格横路上壬丙亥巳
娶登虎榜傅氏柔官係坂官長女　生嘉慶癸酉年十二月初四日
午時卒同治六年丁卯九月十四巳時葬本山墓林右畔厝角壬

丙兼子午　女二長乃娘配湖頭李法舍次壽娘配大墘林徹官

標據　子　炳勅　炳屋　新發出繼

標據乃洵楊長子字念德號　生嘉慶元年丙辰八月初七

巳時卒

娶尚卿廖興官女贊娘生嘉慶三年戊午四月十四吉時卒

年　月

女二長愿娘適溪頭柯鎖官次佃娘適柯攔官

標怨　子六　炳揀　炳籍　炳貫　炳級　炳箴　炳宣

標怨乃洵楊次子字念自號故安生嘉慶己未年八月廿六辰

時卒咸豐七年丁巳六月三十日子時葬草埔尾圳下坐亥巳兼壬丙　娶行厝林提官長女鎮官生嘉慶乙丑年十月廿七辰時卒同治六年丁卯十二月廿七巳時祔重慈葬本處虎埪喬元生坤艮兼申寅　女二長蕉娘適登虎榜傅氏官次好娘適鎮府黃奴官　公自構居室乙座在沈洋格生卯酉兼乙辛

標媚　子三　炳速　炳讓　炳連

標媚乃洵榻三子字念慈號餘安生嘉慶壬戌年五月十五午時卒同治十三年甲戌十二月廿四未時葬厦門金山仔坐丁癸兼未丑　娶上地胡尚官長女閑娘生嘉慶庚午年二月十九卯時卒咸豐三年癸丑七月十五卯時葬厦門山

標䫉　子二　炳嗹　炳木承

標䫉乃洵棍四子號煞安生嘉慶丁卯年五月十八午時卒光緒元年乙亥　月　日葬林内大姐坪下坐丁癸兼未丑

娶崎兜温氏葉娘號枝成生嘉慶甲戌年八月二十申時卒光緒甲午年七月十三亥時葬本山石劍垵坐坤艮兼申寅

女一　適崎兜温奚官

標律　子　炳南　炳垢殤　炳木出繼　炳淑

標律乃洵榻五子字念欲號言安生嘉慶己巳年八月初九寅時卒同治十三年甲戌十月十三年時葬北山垵坐乾巽兼亥巳

娶烘兜柯漢官長女滿娘生嘉慶己卯年三月廿六日申時卒

道光十七年丁酉十二月初三午時未過門　又娶小溪楊氏

[土韱]官生道光五年乙酉十二月廿二寅時卒

女一格娘適溪南蘇賞官

標安　子二　炳陽　炳探

標安乃洵鵢長子字念帖號悟平生乾隆丁酉年八月十九未

時卒道光三年癸未三月十五未時

娶嶺埔葉氏隨官生乾隆乙未年七月廿五午時卒道光乙未

年四月十一寅時葬

女二長珠娘適溪頭柯簪官次思娘適湯内盧帖官

標軒　殤

標軒乃洵鵮次子　生乾隆壬寅年六月初三子時卒佚

標倉保　子三　炳易　炳地　炳劍

倉保乃洵鵮三子字念定號其平生乾隆庚戌年二月初十子
時卒道光十三年正月廿七卯時葬
娶鴻卿李言官次女緞官生嘉慶元年丙辰十一月十三丑時
卒道光廿六年丙午年二月初七午時葬
女党娘適大墩林禀官

標吞　子七　炳淞　炳瑱　炳航　炳休　炳伍　炳亮　炳痕

標吞乃洵鵝四子字念彰號心平生乾隆五十七年十月廿六子時卒同治三年甲子十一月廿二寅時葬

娶嶺埔葉吟官長女香官生嘉慶辛酉年六月初四寅時卒同治八年己巳四月十一午時葬

女三長春娘適溪头柯太官　次擬娘適柯蠏官三親娘適嶺埔葉素蓮

標活　子四　炳赤　炳丢　炳樂　青雲殤

標活乃洵躋長子字念寒號進德生乾隆癸卯年六月十二卯時卒道光丙午年十一月初一巳時葬

娶林向官女笑娘生乾隆壬子年三月廿七丑時卒佚 妣係谷山人
女二長愧娘適洋山姚力官次氣娘適洋山胡交官

標酣 子一 炳潡

標酣乃洵踏長子字念醒號悟足生嘉慶戊午年十二月三
十日丑時卒道光丙午年八月初十酉時葬
娶沈洋王唱官四女用官生嘉慶庚午年十一月廿二亥時卒
道光甲午年八月初三未時生子炳潡　續娶魏氏生女四
長添娘適蔡滿官次令娘配同安縣三好娘適崎縣陳要官四
吉娘適崎兜溫肴官子

標瑛　子一　炳脛

標瑛乃洵踏次子字念磋生嘉慶甲子年六月十九卯時卒
　年　月

娶大崁林氏梅官生嘉慶丁丑年七月十五戌時卒

女一灑娘官配大崁林委

標頎　子三　炳瓢承　炳個承

標頎乃洵綰長子號悟奇生嘉慶六年壬戌三月十四丑時卒
道光元年八月初四申時葬

標課　子四　炳瓢出繼　炳礴　炳個出承頎　炳裕

標課乃洵綰次子字念義號悟吉生嘉慶九年十一月初五
寅時卒道光廿三年正月十五卯時葬
娶大墩林氏足官生嘉慶己巳年　月　日卒
女瀨娘適大墩林家

標邉　子一　炳永承

標邉乃洵部抱養子生嘉慶辛未年六月十九辰時卒道光
十年九月十二亥時葬

標忖　子一　來興養

標忖乃洵騙長子字念度生乾隆己酉年七月十二辰時卒
道光三十年六月初八巳時葬

娶溪南蘇出官女巧娘生嘉慶戊午年二月十一未時卒
年正月初二吉時葬

標敲
標敲乃洵騳次子生乾隆癸丑年二月初八午時卒嘉慶甲
戌年九月廿一酉時葬

標頊　子三
炳畽　炳匏　炳由
標頊乃洵騳三子字念思號賢德生嘉慶三年六月初五戌時
卒道光廿五年丙午三月廿三巳時葬后溝壠坐酉卯
娶溪頭柯南官三女契官生嘉慶六年辛酉二月廿八巳時
卒咸豐四年甲寅十月十八日號順敬葬墘尾坐庚向甲

標感　子二　炳槐承　炳瘦

標感乃洵騧四子字念應犻旺德生嘉慶八年癸亥八月廿三巳時卒道光廿二年癸卯十一月十一酉時葬大山墓林坐酉向卯　娶劉晉尾官長女錐官生嘉慶戊辰年九月初七辰時卒道光庚戌年十一月廿七酉時　謚順慈葬樟坑壠匏杓崙尾坐乙向辛兼卯酉

女四長知娘適鶴前劉敢官次配娘適上地胡可官三預娘適登虎榜傅家四滿娘適溪南蘇家

標前　子二　炳托　三福

標前乃洵斐長子字念先號　生乾隆癸丑年九月初九子時卒同治九年庚午十二月廿四未時

娶登虎榜傅畜官長女錐官生嘉慶辛酉年十二月初二午時卒道光壬寅年正月初九酉時葬

女三　長牒娘適山頭黄從官　次會娘適路尾李慨官　三治娘適登虎榜傅服官

標訖

標訖乃洵斐次子字念至生嘉慶丙辰年十月初四未時卒年十月十九酉時葬

娶新村林氏

兗官生嘉慶丁卯年十月初七辰時卒道光乙未年九月初十卯時

女一　發娘適少卿王係官

標皎

標皎乃洵斐三子生嘉慶十年乙丑九月十六子時卒佚

標揣　子四　朝聘　炳琴　仲厘殤　新瑞出繼

標揣乃洵鉢長子字念本生嘉慶乙丑年五月初二辰時卒

娶登虎榜傅閨官次

女送官生嘉慶戊辰年七月初八卯時卒

女二長賤娘適崎縣陳河官　次儼娘適小溪楊蚶官

標鑿　子　新瑞承

標鑿乃洵鉢次子生嘉慶十八年癸酉四月初三寅時卒

標蘇

標蘇乃洵鎖長子　生嘉慶十三年戊辰九月十四丑時卒

標反

標反乃洵瓆長子　生嘉慶十九年甲戌三月十四巳時卒

標齕　子三　萬物　金聲　福海　養

標齕乃洵樸長子字念庶號禮安生嘉慶九年甲子十二月初四辰時卒咸豐五年乙卯七月二十辰時葬在南洋啶叻新山生丙壬兼巳亥　娶上坑廖降官次女乖官號美慈生嘉慶十二年丁卯十一月初四午時卒同治七年戊辰十二月初二辰時葬本山大張宅口坐亥巳兼乾巽

女二長和娘適大墘林康官次叓娘適邑內王文德舍

太學生榮祖　子三　龍溪　福祿　福來　養

榮祖乳名標迸字念宣號田安乃洵樸次子兼承胞弟洵侖生
嘉慶十九年甲戌十二月廿五戌時至同治庚午年捐納太學
生卒光緒丁亥年六月初八子時葬湖坵蜈蚣开坐寅申艮坤
娶魁美吳佳官長女陽娘號善慈生道光四年甲申正月十五
寅時卒光緒庚寅年二月初七辰時葬光德里馬頭格厝角頂
坐甲庚兼卯酉　女三長恂娘適鴻卿李鐸官次好娘適長尾
陳祥官三却娘適鶴前刘欉官　咸豐丙辰年標迸兄弟與
姪萬物等合構屋一座土名沈洋龍泉新厝坐巽向乾兼辰
戌日後兄弟子姪和氣同居式好無尤

標晝　子一　炳庵

標晝乃洵樸三子字念三號禮日生道光二年壬午十二月初六卯時在外夷卒

娶尚卿廖氏改節后再回家　卒民国六年丁巳八月初四丑時

標鏷　子三　春發　炳簡　春桃

標鏷乃洵樸四子字念開號　生道光五年乙酉九月十二子時卒

娶德崇蔡氏截官係性官女生道光十一年辛卯正月十二辰時卒同治四年乙丑八月廿三巳時

再娶衙口陳定官長女盛官生道光十一年九月十六丑時卒

二房起

青溪蓬萊張氏宗譜

太學生榮祖　子二　龍溪　福祿　福来養

榮祖名標進乃洵翁双承子係胞兄洵樸次子承其生娶卒葬

已叙在內

其昌　子一　炳銃養

其昌乃駟兆長子字念文號榮盛生乾隆三十四年己丑十月廿八

酉時卒乾隆五十六年辛亥八月初三未時葬

娶湖坵林氏無育改適

標用

標用乃駟兆子生乾隆壬辰年八月十三午時殤

標題

標題乃駟兆子生乾隆庚子年八月廿五寅時殤

標冉　子一　炳蔚

標冉乃駟兆次子字念柔號榮有生乾隆四十八年癸卯十二月
二十辰時卒道光十八年戊戌七月廿七未時葬
娶五鯉埔王氏罔官生乾隆五十年乙巳十一月
十六午時號幸慈葬

女湊娘適崎兜溫

標拧　子二　炳翰　高珍

標拧乃駟兆三子字念遇生乾隆五十九年甲寅七月初五午時卒葬佚　娶溪頭柯氏儉官生嘉慶九年甲子七月十一丑時卒道光廿一年三月廿九戌時號讓慈葬

女四長鍊娘適登虎榜傳達官次春喜適溪頭柯幞官三良娘適溪頭柯家四八宝亦適溪頭柯家

標曹

標曹乃駟兆四子號榮交生嘉慶二年丁巳十一月廿一戌時卒道光元年七月初一未時葬

標河　子二　炳箴養　炳屋

標河乃駟兆五子字念海號榮溪生嘉慶五年庚申十一月初二酉時在臺卒道光廿六年丙午又五月廿七寅時葬小張宅坐乙辛兼辰戌

娶藍蒲格王氏對官生嘉慶十四年己巳五月初二酉時卒同治十一年壬申正月廿五戌時葬

女三長修姑適林蒲格王攔官　次獺姑適大墘林投官　三春娘適林蒲格王天生官

標論

標論乃駟兆六子字建設生嘉慶八年乙丑七月三十日亥時在臺府卒無考　娶台灣劉氏

標格　子一　福来

標格乃駟兆七子字念誠生嘉慶十三年戊辰八月十六丑時

在臺卒同治二年七月廿一戌時

娶台府謝氏生嘉慶廿三年戊寅四月三十日未時卒同治元

年壬戌十二月初八巳時女宝娘

標爍　子一　成祖養

標爍乃洵質長子字念輝號行德生乾隆三十九年甲午七月

廿六未時卒嘉慶十四年己巳九月十七亥時

娶新康溪墩前鄉林氏儼官生乾隆丁酉年正月十八吉時
卒乾隆乙卯年五月初三吉時謚靜慈葬
又娶在坊里北門外李氏信官無育改適
標兌　子二　炳跳
標兌乃洵奠長子次行字念道謚行澤生乾隆四十一年丙申十
一月十九酉時卒嘉慶六年辛酉四月初九卯時
娶洋山姚氏參官生乾隆四十三年
戊戌四月初十酉時卒道光十四年甲午正月初二丑時謚信慈
葬在　女一
標堅　子　新氏養　新田　炳庇

標竪乃洵箕三子字念滭號行前生乾隆四十三年戊戌十一月
廿五寅時卒嘉慶廿三年戊寅十二月初三巳時葬梅山深内
坐子午兼癸丁　娶谷山姚氏吉娘生乾隆五十五年庚戌二
月廿二寅時卒道光廿十年庚子九月初十亥時　謚食慈葬
至咸豐八年公媽梅山深内坐癸丁兼丑未
女一差娘適坂頂陳舟官

標闕　子一　炳有養

標闕乃洵箕四子號行疑生乾隆四十七年壬寅正月三十日
寅時卒道光九年己丑三月廿九戌時葬
娶魁美劉氏器娘生嘉慶己酉年（查己酉乾隆五十四年）二月初四卯時未昝

卒嘉慶癸亥年九月初七巳時葬

標稱　子養一　傳與

標稱乃洵箕五子字念美排行思生乾隆五十二年丁未十月初十未時卒嘉慶庚辰年十二月廿三戌時葬大嶺中崙生戌辰兼乾巽　娶溪頭柯氏初娘改節

標六

標六乃洵箕六子排行積生乾隆五十八年癸丑正月廿五戌時卒嘉慶十八年癸酉四月初三寅時葬

清溪蓬萊張氏宗譜

標匹　子三　炳泮　炳禮　炳起

標匹乃洵蟾長子字念一號從溪生乾隆四十七年壬寅十月初三寅時卒道光十七年丁酉七月廿九午時葬本山清卿崙坐丁癸兼未丑　娶尚卿廖對官長女士官生乾隆四十八年癸卯六月十二辰時卒光緒二年丙子閏五月十七午時享壽九十又四號心慈葬佳壠垵中崙坐酉卯兼辛乙　女長明姑適湖頭李佩舍次完娘適赤嶺林瞻官　三尾娘適大墘林量官

標魚

標魚乃洵蟾次子字念味號我欲生乾隆五十年乙巳九月廿六

寅時卒嘉慶十一年丙寅八月初二卯時葬寨街尾坐壬丙
兼子午　娶登虎榜傅氏趕娘改適

標亞　子五　炳進　炳笑　炳菊　炳件　炳嚴殤

標亞乃洵蟾三子字念干號楚溪生乾隆五十八年癸丑八月初
八戌時卒同治四年乙丑二月初二申時
娶華窑口蔡哭官長女柔娘號温慈
生嘉慶四年己未十一月十五戌時卒同治七年戊辰八月初一
甲時葬
女長沙娘適大墘林章官　次玉娘適德崇蔡才官　三田娘適登虎榜傅愿官

標主　子七　炳甘　炳壠　炳奇　炳粒　炳纓　炳潑　載陽

標主乃洵蟾四子字念信號忠溪生嘉慶二年丁巳五月二十
戌時卒同治四年乙丑三月初三巳時葬本山加槽林頭坐坤
艮兼未丑　娶新村林性佑官長女担娘號挑葱生嘉慶十年
乙丑十月初一寅時卒光緒八年壬午十二月初九巳時葬洋山古
井崙大垵中坐巳亥兼壬丙

標森　子二　炳泉　炳浩

標森乃洵蟾五子字念高號紹溪生嘉慶五年庚申又四月廿
六卯時卒道光廿七年丁未五月二十申時葬本山毛頭池坐辛

向乙兼戌辰　娶延壽院吳培官女尾娘未成皆卒無孜
續娶登虎榜傳神賜官長女業娘諡懿慈生嘉慶十四年
戊辰十一月初六寅時卒同治七年戊辰九月廿二丑時葬阜
坑壠坐乾巽兼亥巳

標
闈　子一　炳專

標闈乃洵蟾六子字念秋諡環溪生嘉慶八年癸亥九月初
二辰時卒咸豐七年丁巳十二月十二巳時葬加槽林頭
娶上地胡鑽官長女送娘生嘉慶丁卯年六月廿三申時未
完婚卒道光癸未年四月十六亥時諡慈而葬佳壠尖邉坐

又娶曾口坂傅春官長女培娘生嘉慶十
七年壬申七月十三辰時卒道光十二年壬辰六月廿九午時
謚慈裁葬
女早娘適上地胡赫宣官
儒士滿朝　子四　炳切　炳怡　炳容　炳美
標滿乃洵蟾七子字念金一字建春號玉溪生嘉慶十五年庚
午正月初三寅時卒光緒二年丙子九月廿三辰時葬
娶大墩林茲官長女在官生嘉慶十九年甲
戌九月初九寅時卒咸豐三年癸丑八月十一申時謚念慈葬小
張宅祖嬸吳氏墓下坐亥巳兼壬丙　女長應娘適崎縣陳暹

官次送娘　再娶科名黃氏賜娘生嘉慶十五年庚午五月
二十巳時卒光緒三年丁丑八月初一未時　謚宣慈葬
自構深坑祖厝右畔厝一座坐未
丑四子分住又再承后坑頂厝地基一座

標這　子二　炳基　炳纏

標這乃洵裕長子字念是號氣象生嘉慶元年丙辰十一月初
四辰時卒道光七年丁亥二月十七甲時葬龜山坐艮坤兼丑未
娶洋山頭林燕官長女寔娘生嘉慶五年庚申十一月初五
辰時后改適　女妹娘適科名黃曰官

標伋　子二　炳巴　炳定

標伋乃洵撻長子字念中號寔揚生乾隆四十六年辛丑七
月三十日巳時卒咸豐元年辛亥三月初十巳時
　　娶山兜林錦官女分娘生乾隆五
十一年丙午九月十一午時卒咸豐十年庚申七月廿七午時
謚有合葬
女長丑娘適路尾林彪官次茁娘適大墘林萃官

標任　子

標任乃洵捷次子號寔政生乾隆四十九年甲辰又三月十三日
寅時卒嘉慶壬申年九月廿一巳時年廿九卒在天津葬福建

義塚山邊　定聘功德許家未婚聽其改配

標類　子四　炳次　炳樹　炳重　炳蓮

標類乃洵捷三子字念屬號寔事生乾隆五十一年丙午十月廿三巳時卒咸豐元年辛亥八月廿六巳時葬虎堀中崙亥巳乾巽　娶大墩林就官長女宝娘生嘉慶元年丙辰十月十四寅時卒咸豐二年壬子二月初四日謚金慈葬

女草娘適白石王力官次雅娘適曾口坂傅東官

標鈔

標鈔乃洵什長子 生嘉慶壬戌年十二月廿七戌時在厦門卒佚

標三

標三乃洵什次子 生嘉慶丁卯年十月初七辰時在厦卒道光庚子年四月廿六吉時

標虫　子一　賡明

標虫乃洵忍長子字念昆號寔羽生嘉慶甲戌年八月十二巳時卒咸豐四年甲寅四月十二吉時

娶大墘林氏火官生嘉慶丙子年三月初三午時卒道光癸卯

年四月初十巳時謚水德

標狼　子二　炳顧　朝應　俱双承

標狼乃洵諧長子字念勇號好仁生嘉慶十七年壬申九月初四申時卒道光三十年庚戌三月廿七巳時葬本山寨街庚甲向娶新村林氏昧娘號純嗣生嘉慶廿年乙亥二月二十亥時卒道光廿二年壬寅十二月廿七巳時葬佳壠尖邊坐庚甲兼女悔娘適鴻卿李登科官次領娘殤

標世　子一　炳印

標岳乃洵諧次子號習成生嘉慶廿二年丁丑十月初四辰時卒
光緒三年丁丑八月十三申時
娶登虎榜傅氏出娘號友蕊生道光十二年壬辰二月廿一申時
卒同治二年癸亥十二月初五酉時葬
女省娘適谷山林桃官

標姜　子二　炳願　粲　炳添

標姜乃洵諧三子號維成生嘉慶廿五年庚辰五月初四未時
卒光緒三年八月十一卯時葬本山大嶺邉坐庚甲兼申寅
娶溪頭柯氏廟娘號宗蕊生道光十五年乙未十月三十日卯時

卒光緒三年丁丑正月廿二辰時葬佳壠尖邉坐乾巽兼亥
巳　女初娘適溪頭柯家

標萬讓
萬讓乃洵諧四子生道光丁亥年十一月廿五辰時卒道光辛
卯年二月初四巳時

標劉　子　天送　朝應双承標恨　朝發
標劉乃洵諧五子字念向號欽成生道光十一年辛卯六月廿
一卯時卒光緒廿五年己亥七月十八酉時葬李山杉林生丁

癸蔗未丑　娶厦島杜氏田娘號治慈生道光廿七年丁未十一月十二卯時卒光緒三十年甲辰五月初五子時葬大坪尾田脚坐庚甲蔗申寅

標守

標守乃洵諧六子生道光乙未年九月廿七未時卒道光戊戌年七月廿一甲時

標衮

標衮乃洵鳳抱養子　后草歸劉家

標燃
標燃乃洵鳳次子狮德支生嘉慶壬戌年六月廿三寅時卒

標蘄
標蘄乃洵鳳三子狮德三生嘉慶戊辰年正月廿二午時卒道光辛卯年三月初十未時葬厦門義塚山上

標尚　子一　吉星
標尚乃洵預長子字念志生嘉慶丁卯年十月初十戌時卒道光乙巳年　月　娶厦門　氏安官住厦島

標韮

標韮乃洵潤抱養子號德草生嘉慶壬戌年十一月三十日吉
時卒道光己丑年二月廿八吉時葬厦門義塚山

標沛　子一　天然

標沛乃洵恰長子號德教生嘉慶七年十一月三十日吉時卒
道光九年二月廿八寅時葬厦塚山

飄香　子　炳禹　炳

飄香乃配三嗣子係洵琛三子繼字念晋號桂承生乾隆乙未年八月廿三巳時卒嘉慶壬戌年四月初二寅時

娶路尾李氏意官生乾隆庚子年正月初四午時卒道光辛丑年七月廿一辰時葬

標扁

標扁乃洵歷長子生乾隆壬子年六月十四酉時卒嘉慶己未年八月初二午時

標動

標動乃洵歷次子號静承生嘉慶辛酉年十二月十七寅時卒

道光丁酉年正月十七日卯時葬廈門塚山

興閒　子三　炳廉　炳立出繼　炳悅

興閒乃洵琛長子字念發號奮承生乾隆三十四年己丑二月初五申時卒道光十年庚寅七月三十日辰時

娶沈洋王氏祝官生乾隆四十年甲辰八月十六寅時卒道光戊戌年七月十六丑時謚樑慈葬

女二長淵娘適溪南蘇兜官次好娘適崎兜溫愛官

儒士世眷　子嗣　炳立

世眷洵琛次子字念祐號相承生乾隆三十八年癸巳四月初五

酉時卒嘉慶六年辛酉五月十五寅時葬
娶溪沙黄氏静娘改適　生女錯姑隨母適宮坂林草官

標順

標順乃洵琛三子號存承生乾隆甲辰年三月十二酉時卒嘉
慶辛未年五月二十卯時葬佳壠尖路下

標本

標本乃洵琛四子號道承生乾隆丙午年九月十三寅時卒嘉
慶戊辰年九月廿九辰時葬厦門塚山

標宅　子一　炳山抱養

標宅乃洵緝抱養子緋樹承生乾隆乙未年十月十一辰時卒
道光庚子年正月十八午時葬三角坵坐甲庚

標技　子三　炳擯　炳搖　炳崇

標技乃洵緝次子字念美緋有承生乾隆四十七年壬寅正
月十三寅時卒道光十八年戊戌九月初八巳時
娶頂寨林感官女如娘生嘉慶元年
丙辰七月廿五卯時卒道光廿二年壬寅十月初九戌時緋及
葱葬
女四長品娘適溪邉坂胡拒官　次春娘適曾坂傅切官　三云娘適溪南殤　四富娘適溪南蘇廷官

標典　子一　炳第

標典乃洵緝三子字念詰號世承生乾隆五十一年丙午十一月初六丑時卒道光廿一年辛丑十二月十八未時葬龜山中坐乾巽亥巳　娶上地胡立官長女徙娘生嘉慶十四年己巳正月十三亥時卒

女長營娘適溪邊坂胡宰官次榜娘適谷口郭家

標波　子一　炳兜

標波乃洵緝四子字念流號彼承生乾隆五十七年癸丑六月廿八午時卒道光二年壬午九月三十日戌時葬蔚仔垻坐甲庚　娶崎蹊陳乾官長女便娘生嘉慶辛酉年改適

三房起

標點　子一　炳炕

標點乃洵栗長子字念晳號曾承生乾隆五十七年壬子六月
廿七戌時卒咸豐四年甲寅十月十九卯時
娶谷山林泮官長女葉娘生嘉慶五年庚申二月　時卒
嘉慶廿一年丙子十二月十五辰時未完婚葬佳壠尖邉艮坤
兼丑未

標碧　子三　炳顥　炳閲

標碧乃洵絳長子字念溪號黃潭生乾隆三十九年甲午六月
廿八酉時卒道光廿六年丙午八月廿四寅時葬

娶路尾李敏官女煞娘生乾隆乙亥年九月廿四丑時卒咸豐
丁巳年三月初十卯時
女三長成娘適瀨內黄秋官次乃娘適福宅溪刘攝官三富娘適鶴前刘政官

標額

標額乃洵豁抱養子生道光年間卒佚

標科　子一　炳瓏

標科乃洵脳長子生嘉慶癸丑年四月初一戌時娶番邦望
佳錫卒咸豐甲寅年三月廿三巳時葬虎堀大路下坐子午兼
癸丁　女香娘適福宅溪刘南官宣娘配蘇敃官

標頫

標頗乃洵茅長子號奮本生嘉慶丁巳年正月初五寅時卒
嘉慶己卯年十月初六寅時葬本山放墓脚亥巳兼乾巽

標戚

標戚乃洵茅次子生嘉慶辛酉年四月初三巳時卒道光丙
申年　月

標頭

標頭乃洵茅三子生嘉慶壬戌年十一月廿五寅時卒道光丙
申年　月　日　時葬

標埒

標埒乃洵茅四子生嘉慶己巳年三月廿七卯時卒道光廿二年七月初十吉時

標午 子五

炳巢　炳怕　尼姑　炳龍　萬興

標午乃洵茅五子字念辰號立本生嘉慶十九年甲戌十二月初六寅時卒光緒二十年甲午十一月廿一酉時葬本山大嶺下坪内坐乾巽兼亥巳　娶溪南蘇錢官長女䆠娘號淑容生嘉慶丁丑年正月廿七巳時卒光緒十一年乙酉八月廿八辰時葬寨街崙酉卯兼辛乙　女一金娘配新村林進官

標陸　子　春西　炳增

標陸乃洵茅六子字念平號治本生嘉慶丙子年十一月初四戌時卒失攷葬番邦咭噶明　娶溪尾刘裨官次女拖娘號淑施生道光三年癸未八月初三寅時卒光緒丙申年九月廿一寅時葬虎堀坐寅申兼艮坤　女佑姑適龍居胡于官

公卒同治乙丑年十二月廿一寅時

標蕙　子三　炳卒　炳珠　炳赦

標蕙乃洵茅七子字念葭號三才生嘉慶廿四年已卯六月初九巳時卒光緒十年甲申七月十五未時葬水筒墘乾巽兼亥巳

娶芹山陳氏鳳娘號　生道光三年癸未十一月廿二寅時卒

光緒六年庚辰七月廿四午時葬本山水井垵丙壬午子

標耻　子

標耻乃紫漢長子生嘉慶己未年十月初八酉時卒佚

娶臺灣　氏　官

標彫

標彫乃洵道長子生嘉慶廿十年乙亥五月十五未時卒道

光十七年丁酉十月初十午時

標共

標共乃洵道次子生嘉慶戊寅年三月十二未時卒

標飽

子三　炳灘　炳澗　炳灆

標飽乃洵白長子字念求生嘉慶十二年丁卯七月十二子時

在南洋卒　年三月十四吉時葬

娶邑內王服舍長女于娘生嘉慶庚午年五月三十日午時

卒同治元年四月初四巳時葬

女一　笑娘

標栽

子二　炳粣　炳侮

標栽乃洵白次子字念揀生嘉慶廿四年己卯五月廿三午時卒道光二十年十二月十一吉時葬跳坑口生南向北

娶上地胡氏勺娘夫歿改適

標嘮　子一　炳圭

標嘮乃洵白三子字念誦生道光戊子年六月十四子時卒在夷

娶鷹前劉氏培娘生道光十年庚寅三月初二未時卒

標柱　子一　炳汜養

標柱乃洵禘嗣子係胞兄洵白次子繼字念員生嘉慶己巳

年十月廿五酉時葬和旂尖生

子午　娶頂刘劉竹官次女唸娘生嘉慶廿一年丙子九月

廿五卯時卒同治八年己巳五月十八酉時葬厦門山

標院　子　炳接抱養

標院乃洵讀抱養長子字建書號逢得生嘉慶廿十年乙亥

正月廿九辰時卒光緒十一年乙酉正月廿三未時娶陳氏格娘

因夫在夷求去　續娶洋內傅友官女益娘生道光八年戊子

十二月廿八辰時卒咸豐六年丙辰四月十八巳時狒進慈夫

妻合葬本山新田坐丙壬兼午子

標取

標取乃洵讀養次子字建受生道光癸未年二月十一子時卒

失攷葬　　娶光德許氏鈎娘改適

標舌

子一　清溪

標舌乃洵讀三子字建朕號及駟生道光六年丙戌十月初四日

未時卒咸豐四年甲寅七月廿三未時葬本鄉淵内坤艮未丑

娶湯内　玉誥官次女香娘號有慈生道光乙酉年十月初四

丑時卒光緒庚寅年五月十一未時

標忝笑　子　炳煥　炳構

忝笑乃洵讀四子字建言號　生道光癸巳年正月廿一辰時

卒宣統庚戌年十一月初六未時葬在小張宅坐北向南

娶大墩林治官女田娘生道光十五年乙未十二月初一辰時卒

宣統己酉年十月十七未時

女訴娘適德崇蔡苗官

標宰

標宰乃洵讀五子生道光戊戌年四月初一午時卒道光丁未年

十一月初九辰時葬狗頭坪內亥巳兼乾巽　娶上地胡氏勸娘

生道光丁酉年

標响

標响乃洵坪抱養長子字建聲生道光甲申七月初二午時卒

年　月

娶漢南蘇允官係兜官女生道光癸未年七月初二卯時卒

標褺　子一

及時

標褺乃洵坪嗣次子係胞兄洵白四子繼字建邦生道光丁亥

年正月初五申時卒

娶上地胡氏治娘生道光甲申年八月二十卯時卒

女一倫娘適瀨舅三郎清撮官

標桂馨 子五 炳喜 炳範 炳端 炳求 炳雨

桂馨乃洵錦長子字念攀號復盛生乾隆四十四年己亥正月初五巳時卒咸豐六年丙辰十月廿三亥時葬鶴樹壠尖坐癸丁兼午子[illegible]午 娶洋山胡係官長女起娘生乾隆四十七年壬寅六月十八辰時卒咸豐 年八月廿三酉時葬大張宅坐寅申兼甲庚女柿娘適龍居林買官

標便

標便乃洵錦次子號篤行生乾隆四十五年庚子十二月三十日未時卒乾隆六十年乙卯七月廿二未時葬林内大坵頭崙邊坐亥巳兼壬丙

標思　子三　炳来養　炳曲　炳宇

標思乃錦公三子字念賢號明慎生乾隆四十九年甲辰正月二十辰時卒道光廿一年辛丑十一月十二寅時葬本山寨街邊生壬丙兼子午　娶大墘林温官次女鴉娘生乾隆五十八年癸丑十月初四辰時卒同治六年丁卯七月十六未時謚鳳儀葬

女桃娘適金谷陳夏官次尾娘適大墘林暗官

標薦　子四　炳棹　連進　炳海　炳歡

標薦乃洵鉅長子係胞兄洵錦之子繼字念舉號行美生乾隆五十六年辛亥正月廿四酉時卒咸豐十年庚申十二月廿六酉

時葬鬱仔中崙癸丁兼丑未　娶后垵謝丕成官長女騰官生
乾隆五十六年辛亥五月初七午時卒咸豐七年丁巳十二月
初一午時葬本山棹坑壠垵田中生乾巽兼亥巳

標盛　子四　炳椅　炳欉又名簡　炳佳　炳壽

標盛乃洵鉅次子字念智係堂兄洵衢之子繼生嘉慶八年癸
亥九月廿三亥時卒同治九年庚午十月廿四亥時葬
娶魁美刘乃足官長女妹娘生嘉慶
十六年辛未四月初三子時卒咸豐元年辛亥四月初三日葬
女担娘改適上地胡家

七十

又娶上地胡氏於娘生　　卒光緒己丑年十二月初三
寅時
標扶　子三　炳丑殤　炳近　炳月出繼
標扶乃洵鋙長子字念節號合玉生乾隆四十九年甲辰八月
十三未時卒道光　年八月廿三吉時葬
娶翰苑李貨官長女勑娘生乾隆五十七年三月初四卯時卒
道光廿七年丁未二月初三卯時
女長札娘適坂頂陳蒲官次鎖娘適洋山胡紅官
標衛　子三　炳教　炳登　炳地

標衙乃洵鋙次子字念龍號善居生乾隆五十三年戊申五月十六酉時卒咸豐六年丙辰十二月十二丑時葬洋山鄉姚厝覌音坐座乾巽亥巳　娶溪頭柯伋官長女賴娘生乾隆六十年乙卯十月廿九丑時卒道光廿四年壬辰九月初五酉時謚慈懿葬本山匏靴崙外生乾向巽兼

女長救娘適登虎榜傳琅官次花娘適英兜沈杙官

標轉　子三　炳修抱　炳月承　炳櫶抱養

標轉乃洵鋙三子字念展號丹成生乾隆五十八年癸丑六月初二酉時卒咸豐四年甲寅九月廿三丑時

娶谷山林看官長女改官生嘉慶五年庚申閏四月初四酉時卒道光十一年辛卯十二月廿二午時葬本山墓頭池坐乾巽兼亥巳　又娶湯内鄒听官次女笑娘生嘉慶九年甲子正月初九卯時卒咸豐三年癸丑十二月十八辰時葬

標直　子四

炳芹　炳祖　炳厚　炳覃

標直乃洵語四子字念為號來成生嘉慶二年丁巳四月十二巳時卒光緒戊寅年正月初四亥時葬本處壠仔邉田中坐未向丑兼坤艮　娶鴻卿李雨官女謹娘生嘉慶九年甲子四月初四酉時卒光緒壬辰年正月初九辰時葬本山寨街后巽乾兼

巳亥　女梭娘適龍居胡壬官

標寸　壬一　炳牛　抱養

標寸乃洵鏂長子生乾隆五十六年辛亥三月廿五丑時卒嘉慶十九年甲戌五月十九未時葬寨街邊　娶曾口坂傅氏改適

標錢　壬二　炳𦝼　炳⿰火果

標錢乃洵鏂次子字念青號萬選生乾隆五十九年甲寅三月十六午時卒道光十二年壬辰八月初八未時葬墓頭池乾巽兼亥巳　娶尚卿廖蟾官女泰娘生嘉慶六年辛酉七月初九

午時卒道光二年壬午十二月三十日吉時葬寨街邊癸丁兼
丑未　再娶新墘馬氏改適　生女志娘適大墘林羽官

東美　子四

炳篆　炳珍　炳堯　朝陽出繼

東美乃洵鏂三子字念陽號萬粟生嘉慶五年庚申二月十八
寅時卒光緒戊寅年正月廿三午時葬沈洋寨龜頭辛乙戌辰
娶登虎榜傅綏官女于娘生嘉慶八年癸亥三月初九辰時卒
光緒丙戌年八月十九午時葬大林足滕崙生
女長燕娘適溪南蘇蟬官次外娘適曾口榜傅勵官

標杭　子　炳耀　炳益　慶賛　諒遇殤
標杭乃洵鏂四子字念委號萬州生嘉慶十一年丙寅正月
廿四寅時卒同治四年十二月廿七寅時葬甲第垵頭乾巽兼
亥巳　娶鴻卿李隨官女書盃娘生嘉慶十三年戊辰二月廿二
巳時卒道光十年庚寅六月廿六未時葬阜坑壠乾巽亥巳
再娶谷山林来官女糼娘生嘉慶十八年癸酉九月三十日未
時卒光緒辛巳年正月廿三巳時
李氏生男耀林氏生男益賛富　女貼娘適洋山胡石官次適刘
晋振官
標氏　子二　炳享　炳吉

標氏乃洵鏂五子字念德號慎厚生嘉慶十四年己巳五月十四未時卒光緒丙戌年六月十三子時葬沈洋寨坐甲庚兼寅申娶曾口坂傅調官長女蔡娘生嘉慶十九年甲戌四月初十巳時卒咸豐十年庚申七月十三申時葬炭坑埈坐巽乾兼辰戌再娶魁梅兜朱氏峇官生道光三年癸未七月初五吉時卒光緒戊戌年十一月廿九寅時葬北山中崙坐庚甲兼申寅女賤娘適曾口坂傅梅官次適上地胡啟官西娘適刘厝泰官

公自構鳳美厝一座又築德美居乚座并前與兄長等仝建洋埧尾厝一座創造各自完成付二子分為居住

標竹　子嗣　朝陽

標竹乃洵鉅六子生嘉慶丁丑年二月十八酉時卒道光己亥年八月廿三巳時葬䆉箕潭邊坐　向

標俊　子二　恊順

標俊乃洵鏋長子字念聰號德濟生嘉慶十年丁卯二月初十酉時卒道光廿五年乙巳四月十三申時葬沈洋龜尾娶溪南蘇氏載娘生嘉慶十五年庚午十二月廿三寅時卒光緒己丑年　月　日　時

女受娘適光德庠生　添官

標琅　子一　乾奬

標琅乃洵鏑次子字念珠生嘉慶十七年壬申四月廿六亥時卒咸豐四年甲寅三月十二戌時葬

娶尾塘林者官長女除娘生嘉慶廿二年丁丑七月十九巳時卒同治八年己巳九月初十亥時

女窕娘適大墘林種官

標巖　子一　再舉

標巖乃洵鏑三子字念搜生嘉慶廿二年丁丑八月二十戌時卒

娶龍居林貴官女安娘生嘉慶廿四年己卯十一月十二午時

卒道光廿五年乙巳五月初八午時葬
公雖淡素而和光處世得人意爲此譜亦始終從事
標綢　子二　鈄文　真字
標綢乃洵錆四子字念結生道光元年辛巳二月廿二寅時卒
同治七年戊辰二月初九申時葬
娶溪頭柯伋官次女偏娘生道光四年甲申正月初三申時卒
咸豐五年乙卯五月初八巳時
女塔娘適淵兜沈錫官
標蠏　子一　炳鴣
標蠏乃洵衢長子字念烟生乾隆四十五年庚子七月十五

酉時卒道光十年庚寅十月廿五辰時葬北山頭坐　向
娶上地胡曰官長女智娘生嘉慶五年庚申八月十六酉時
卒嘉慶廿二年丁丑五月初八巳時葬
娶路尾林接官女　娘生嘉慶　年　月　時卒道光
年八月廿八吉時葬本山卓坑壠生

標扑

標扑乃洵衢次子生乾隆五十二年丁未四月十九辰時卒道
光十二年壬辰九月初九吉時葬
娶坂頂陳氏改適

標執

標執乃洵衢三子生乾隆五十八年癸丑二月二十吉時卒道
光九年己丑四月二十巳時葬在半溪林渡

標赤

標赤乃洵衢四子生嘉慶二年丁巳三月初一戌時卒失攷

標夜

標夜乃洵衢五子生嘉慶五年庚申七月十五（查初十日）丑時卒道
光十一年辛卯十二月十六午時

標奚

標奚乃洵儒長子生乾隆伍八年癸丑七月廿八未時卒

標魋　子三　炳勃　炳波　世恭抱養

標魋乃洵創長子字念向號稱桓生乾隆五十五年庚戌正月廿八酉時卒道光二年壬午八月初三午時娶大墩林伯官女配娘生乾隆五三年戊申　月　時卒嘉慶辛未年七月三十日未時葬沈洋坐巽乾兼辰戌再娶山頭黃氏巧娘生乾隆五十七年壬子八月廿八酉時卒

年　月

林氏生女金娘適尚卿廖甗官黃氏生男勃波

標甚　子二　炳能　炳炐

標甚乃洵創次子字念近號稱奕生乾隆五八年癸丑十月十一酉時卒道光十年庚寅二月十二丑時葬

娶榜上陳敏官長女恬娘生嘉慶三年戊午八月廿四申時卒道光廿年庚子七月廿八申時葬

女長富娘適岺口蔡嘆官　次適鴻卿李現官三什娘適上地胡是官

標堪

標堪乃洵儉長子號其樂生乾隆癸丑年八月十五未時卒嘉慶辛未年十一月初五亥時葬

標止

標止乃洵靜長子生嘉慶三年戊午　月　日　時卒

標果　子三　炳燒　金成　炳盤

標果乃洵靜次子字念由生嘉慶五年庚申三月十六辰時卒

咸豊　年十二月初六卯時葬

娶沄尾郭應官長女月娘生嘉慶十六年辛未七月初一酉

時卒同治　年二月十六酉時葬

女勸娘適鴻卿李賀官兔娘適洋山胡竹官不娘適上坑廖忯官

標妙　子二　双純

標妙乃洵靜三子字念言𥽁其廷生嘉慶九年甲子九月十一辰時卒咸豐五年乙卯六月廿九寅時葬水筒垵口坐
娶溪尾刘謀官長女髻娘生嘉慶十四年己巳九月廿六卯時卒道光十四年甲午十月十五辰時
又娶鴻卿李喜官長女麥官生嘉慶十一年丙寅　月卒咸豐十年庚申十二月廿六未時二氏合葬跳坑林邉坐向　兼　女一晏娘適馬頭許家

標誅　子三　炳咸　炳禾　炳魁

標誅乃洵靜四子字念何生嘉慶十七年壬申三月初五戌時卒光緒甲申年七月廿三戌時葬甲第厝后滿生癸丁子午

娶登虎榜傅知官五女借娘生嘉慶廿二年丁丑二月初四巳時卒光緒元年乙亥五月初八未時

公號守義　女一嫁金門

屢通　子三　炳頎　水狗　土蜅

屢通乃洵靜五子生道光十六年丙申三月初八丑時卒光緒　年　月　日

娶溪南蘇紅官三女洒娘生道光丙申年九月十四酉時卒同治十年辛未十月初六午時　再娶

上地胡氏謹娘生道光廿一年辛丑五月廿一酉時卒

女蔭姑適劉家

標北　子一　光傳

標北乃洵貝長子係抱養字念酉生嘉慶十八年癸酉十月廿
三卯時卒道光廿四年甲辰三月十九戌時葬
娶上地胡湍官女住娘生嘉慶丙子年十二月十五卯時卒光
緒乙未年十月十九辰時
女先娘適蔡土樓便官

太學生慶豐　子六　炳從　重新　双佛　炳萱　鳳儀　炳鑾

慶豐名景春字念　𦈢維賢乃洵貝次子生道光六年丙戌五

月初十未時卒光緒甲午年十一月初八卯時葬南洋嘡叻麟
記山坐　向　娶本里刘洵官長女超官生道光壬寅年正
月十七午時卒民國丙寅年三月十六寅時葬在北山
側室陳氏現娘生道光壬寅年十一月初一巳時卒光緒庚子
年七月十六日葬嘡叻建寧仔山

韡樓　子二　炳靛　炳檢

韡樓乃洵醉長子字念英生乾隆四十五年己亥五月廿三子
時卒
娶中保陳氏玉娘生乾隆丙午年九月初二卯時卒嘉慶辛未
年三月廿一午時葬佳壠尖邉坐

標趣

標趣乃洵醉長子係行次殤生乾隆己酉年十月十五午時卒乾隆甲寅年六月廿五酉時

標者　子二　炳厘　炳平

標者乃輔楼長子字念仕號施仁生嘉慶十年丁卯八月十五子時卒同治十一年壬申二月十一亥時葬

娶鴻卿李氏審娘號察慈生嘉慶丙子年七月廿一寅時卒光緒丁酉年正月初一亥時夫妻合葬本山大坪下癸丁向

女賤娘適水帽兜鄭家　次千娘適溪头柯綫官　三法娘適沄尾陳斗官

標

婻　子一　巡境

標婻乃洵騷長子字念好䝙維嘉生嘉慶十七年壬申十一月

初九亥時卒光緒甲午年正月十五辰時

娶埔頂楊氏對娘生道光四年甲申正月廿三辰時卒光緒丙

戌年五月廿七未時葬

標

却　子二　添綿　山查

標却乃洵騷次子䝙維什生嘉慶廿一年丙子六月十三巳時卒

同治五年丙寅三月廿七巳時葬大張宅艮坤丑未

娶鴻卿李炎官次女不娘生道光十年庚寅六月十三寅時卒
民國丁巳年四月初七日巳時葬在虎堀坐艮坤兼寅申
女長適曾口坂傅在官次適西溪蘇桓官三適蔡土樓闊官

標臥　子二　炳恁　炳位

標臥乃洵寡長子字念隱號而用生嘉慶戊寅年六月十七巳
時卒咸豐　年　月
娶大墩林氏甕官生道光三年癸未十一月十四辰時卒同治
年十月　日亥時
女長氣娘適大墩林家次須娘亦配大墩林家

標盪　子二　炳擬　刊成

標溢乃洵寡次子字念戀號舟德生道光元年辛巳正月十三酉時卒同治八年庚午二月初八戌時葬

娶上地胡氏川娘係蓮官長女生道光十二年壬辰三月初八辰時卒光緒戊申年十二月十二亥時葬在大林坐丙壬兼午子

女一適崎兜温家

標淡　子　有文　炳　殤　有清　有興

標淡乃得水長子生道光十四年甲午六月初九辰時卒光緒　年　月

娶大墘林氏猜官生咸豐元年辛亥二月初十寅時卒光緒三十一年正月三十日亥時

標暖　子一　炳甲双承

標暖乃洵獺之子生道光二年壬午五月二十寅時卒同治

年　月　日

標店　子　炳球双承

標店乃洵往長子號何事生嘉慶己巳年十月十二子時卒道

光辛卯年六月初四午時葬本山頂水埕后壁坐　向

標業　子二　炳甲出丰　炳得抱養

標業乃洵往次子字念隨號田明生嘉慶廿十年乙亥五月十四

未時卒道光　年　月
娶東洋陳抱官長女粮娘生道光七年丁亥又七月三十日卯
時卒光緒乙酉年二月廿八戌時狮完慈奠
女二長格娘適鴻卿李桶官次妹娘適嘉塘美陳創官

標撑　子二　炳球双承標店　有義抱養

標撑乃洵往三子字建補狮縫成生道光辛巳年十月廿八丑
時卒光緒甲申年四月廿四子時
娶大墘林鮭官長女送官生道光七年丁亥又七月十一丑時卒
光緒廿五年己亥十一月初一寅時狮迎慈奠

五房

5

標賓

標賓乃洵孔長子生道光十六年丙申二月初四未時卒

標蠔

標蠔乃洵孔次子生道光十九年己亥三月十三申時卒咸豐

年　月　日

標猜　子　炳挑　炳窓　天志　天享殤　炳蚶无孜

標猜乃洵班長子字建珍號登雲生乾隆五十七年壬子六月

廿三亥時卒道光十二年壬辰正月廿五午時葬本山大嶺邉
後遷葬在大張宅坐辛向乙　娶登虎榜傅博官長女早官
生乾隆五十六年辛亥四月初五子時卒同治七年戊辰十一
月初五酉時葬大張宅大湖頂壬丙向
女一甑娘適漙江貢生倪麟官五子

霜露　子一　炳飄

霜露乃洵班抱養次子字建儒號泰寶生嘉慶八年癸亥十一
月廿七酉時卒道光廿年庚子三月十七酉時
娶洋内傅蕉官長女玉娘生嘉慶十一年丙寅十月十八寅時卒

道光廿十年庚子三月廿九未時葬

女二長佯娘適上地胡採官次　娘

標妍　子　炳瓚　炳鄧　炳錯出繼　炳　殤

標妍乃洵穰長子字念香號声笑生嘉慶元年丙辰八月廿

二未時卒道光廿七年丁未二月初二酉時

娶淵兜沈菖官長女厚娘生嘉慶二年丁巳十月十六未時卒

道光十七年丁酉九月初一丑時葬

女三長過娘殤　次車娘適路尾林受官　三美娘適登虎榜傳家

標毛　子二　炳草殤　炳專

標毛乃洵穰次子字念資號潊緜生嘉慶三年戊午十一月初六寅時卒道光乙亥年十月初七丑時

娶魁斗内劉湍官長女緞娘生嘉慶九年甲子七月十五未時卒道光六年丙戌二月廿六申時葬

續娶惠安縣謝氏粉娘改適

標閣　子一　炳嘆承繼

標閣乃洵穰三子字念儺號聲南生嘉慶六年辛酉四月初十寅時卒道光十一年辛卯九月十五酉時葬

娶登虎榜傅氏后改適　生一女雲娘

標快

子　炳錯承繼　炳帆　炳知　炳嘆出繼

標快乃洵穰四子字念足號元有生嘉慶丙寅年六月初九未時卒同治乙丑年九月廿三吉時葬

娶洋山胡欽官長女宣娘生道光丁亥年九月廿三寅時卒

標譜

標譜乃洵穰五子號本辛生嘉慶壬申年六月初三亥時卒道光廿九年五月廿三亥時葬

娶臺灣府　氏

標峹
標峹乃洵鵬養子殤

標瓦
標瓦乃洵鵬養次子殤

標湫　子
炳胆　炳婆　炳御殤　炳羊殤
標湫乃洵鵬三子係胞弟洵殊次子繼字念然生嘉慶十九年甲戌八月二十巳時卒同治九年九月廿二戌時葬嘆叻

娶彭格陳江官長女曉官生嘉慶癸酉年八月廿一酉時卒

年月

女長讓娘適長尾陳家次利娘適

標樵　子　炳芍　炳窑　炳瑞蓮

標樵乃洵殊長子字念耕號玉牧生嘉慶十一年丙寅二月初

十寅時卒道光三十年正月十四子時

娶鴻卿李杯官長女烏娘生嘉慶廿十年乙亥九月十六亥時

卒

女拈娘適埔上楊家次于娘適崎兜温家

標炒

標炒乃洵岳長子字愈奠生嘉慶丁卯年　月　時
卒
娶龍居胡氏英娘后改適　生女祈娘配上地胡棖官

標晏

標晏乃洵岳次子字念蚕生道光辛巳年四月初八巳時卒
失攷　娶沈洋王氏却官改節

標杉　壬一
炳淪

標杉乃洵岳三子字念才生道光癸未年十月十七寅時卒佚

娶鶴前劉氏任官后改適

標層　子二　炳城　炳厨出繼

標層乃洵杰長子字念次號星支生嘉慶廿五年庚辰九月廿八酉時卒同治五年四月廿九申時葬本山水筒坳生寅向申

娶洋山胡吟官女勅娘號新慈生道光四年甲申九月廿七巳時卒光緒丁丑年十二月十四戌時葬虎墓腳坐癸丁兼丑未

標鴛　子嗣　炳厨

標鴛乃洵隈長子生道光癸未年五月二十午時卒同治四年

九月廿四巳時卒

標高　子一　利澁

標高乃洵陀之子𦐂　生道光丁酉年九月十六寅時卒

年　月

娶湖頭李氏今娘生道光廿八年四月初三卯時卒

年十二月廿九日　女蔭娘

標祥

標祥乃洵欽長子生道光十六年乙未六月初四午時卒

娶登虎榜傅氏栽官生道光廿

十年己亥二月廿六日酉時卒

標銅

標銅乃洵歆次子生道光廿七年丁未二月初八午時卒

娶井邊陳氏圭官生

咸豐九年己未十二月初三未時逃出

標箭　子二　炳榔　榕結

標箭乃天賜長子字念弓生乾隆辛亥年十月初二子時卒道光十八年十一月廿一巳時葬

娶過溪李氏且娘生乾隆壬子年八月廿六酉時卒道光二年壬午七月二十丑時

又娶崖墘董氏花官生乾隆癸丑年五月廿八卯時卒咸豐辛酉年九月初十酉時生子二女一葬

儒士標臺　子　炳鮭　炳勧　炳頍　炳瑍

標臺乃洵杞抱養子字建輔號大文生乾隆五十二年丁未正月十六酉時卒同治三年十一月廿四戌時葬

娶溪邊坂胡予官長女罵娘生乾隆丁未年正月廿七酉時卒道光廿一年辛丑九月十七亥時葬

女一月娘適曾洋昜　自擒本鄉真趣厝山座艮坤寅申

標彪　子一　炳甲

標彪乃洵棟長子字建炳號光昌生乾隆四十九年甲辰七月

廿三卯時卒嘉慶十四年己巳七月廿八申時葬
娶淵兜沈氏后改適

標椒　子二　炳潘　炳蘆殤

標椒乃洵棟次子字建平號其聲生乾隆五十八年癸丑五月廿六戌時卒道光六年丙戌九月初九未時葬
娶上地胡氏后改適

標強

標強乃洵棟三子號壯盛生嘉慶二年丁巳九月十六子時卒

道光　年九月廿一未時葬

標栢　子養一　炳峴

標栢乃洵楝四子生嘉慶六年辛酉四月十九辰時卒咸豊八
年三月廿八午時葬

標埕　子三　炳桃　炳涼

標埕乃洵陰長子字建驗號挺生生乾隆五十九年甲甲寅四
月初八酉時卒道光六年丙戌三月廿七午時
娶上地胡塈官女敏官生嘉慶三年戊午五月廿四辰時卒咸

豐七年丁巳　月

標賛　子一　炳紅

標賛乃洵陰次子號長財生嘉慶己巳年十一月初十亥時卒

同治甲戌年三月廿一卯時

標苞　子二　炳巧　炳然　養

標苞乃洵出長子字建竹號茂名生乾隆五十四年己酉四月

初五辰時卒道光廿九年己酉三月初八巳時葬虎崗山面甲

寅庚甲　娶光德許攀官長女浚官生乾隆五十五年庚戌十月

初八午時卒道光甲辰年七月初五戌時葬山母頭坪頂乾

巽兼亥巳　女長氣娘適宅溪刘潛官　次適大墩林石官　三蚊娘適大墩林品官

儒士標塔　子　炳甤　炳漂俱夭

標塔乃洵出次子字建題號雁名生嘉慶元年丙辰八月廿四

申時卒道光三年七月十五卯時葬蒖箕垵坐癸丁兼丑未

娶金谷蔡喜官長女尊娘生嘉慶五年庚申九月十二午時卒

道光十六年丙申七月廿九午時葬石岩行内艮坤兼寅申

標潛　子　炳每夭　炳紫　炳拱　西姑

標潛乃洵出三子字建昭號淵名生嘉慶三年戊午五月初二辰時卒道光三十年十一月初九巳時葬在山武坐丙壬兼巳亥娶大墩林氏素官號敦厚生嘉慶辛酉年　月　時卒道光　年三月初十未時未過門又號勤慈葬本山水銅坡坐艮坤兼丑未　再娶沄尾郭氏京娘生嘉慶十年乙丑六月初四卯時卒道光十六年丙申五月十七巳時號念周葬本山虎堀坐艮坤兼寅申　三娶大墩林氏伏官生嘉慶九年四月初四午時卒咸豐四年八月廿六未時葬號勤慈葬在虎埪

女鳳姑適鴻卿李慶官

標縹　子四　炳圈　炳姝　炳尚　炳髯　炳針

標縹乃洵出四子字建榜號官名生嘉慶八年癸亥四月初四
辰時卒咸豐二年壬子四月初五申時葬本山武頭坪坤艮未丑
娶登虎榜傅氏達娘係買官女生嘉慶十年乙丑十月初一卯時
卒道光廿九年己酉十一月廿七卯時謚孝慈葬在本山寨仔兜
中崙坐午子兼丁癸　女長刺娘適溪南蘇金官趙
娘適坪兜許鰍官福娘適大墘林格物官

儒士丹桂　子三　炳旁　進益　俱抱養
丹桂乃洵出五子字建榮號富宗生嘉慶十五年庚午四月初
十巳時卒道光十二年癸巳十二月初六卯時葬大張宅口辛乙

兼戊辰　娶福宅劉朝官長女士官生嘉慶十六年辛未三月
初二卯時卒光緒　年六月初一酉時葬正葱莫在山武坪
生寅申兼艮坤

標雌　子四　炳鑾　炳蘭　炳芥　炳两

標雌乃洵鉄長子字建雄葬　生嘉慶壬申年七月廿七未時
卒　年　月
娶溪頭柯富官次女受娘生嘉慶廿三年戊寅十一月　日
時卒　年　月

標田

標田乃洵鍼長子殤

標發

標發乃洵鍼次子生道光乙未年八月十五亥時卒

標擱

子二　炳認　炳垣

標擱乃洵殿長子號相坟生嘉慶十二年丁卯正月廿五酉時

卒道光戊申年二月十七巳時葬水桐坡崙坐癸丁

娶溪尾劉炎官長女慶娘生嘉慶十九年甲戌八月十八寅時

卒同治癸酉年十二月十六亥時葬

標品

標品乃洵殿次子號其類生嘉慶辛未年閏三月初九巳時

卒道光戊子年九月廿七午時

標閬

標閬乃洵殿三子生道光三年癸未正月十九辰時卒同治查

咸豐　年十二月十五未時葬

標套　子一　炳泉承

標套乃洵楓長子號長興生嘉慶十九年甲戌九月廿二戌
時卒道光十九年已亥十月十五丑時

標奮　子　炳漢殤　炳暨出繼　炳本　炳泉出繼

標奮乃洵楓次子字建固號榮祿生道光元年辛巳七月十
五丑時卒同治十年辛未十月廿七辰時葬在水銅垵頭坐
娶淵兜沈氏笑娘號喜慈生道光九年已丑正月
廿四子時卒　葬本山樟坑壠坐戌向辰兼
女水娘適溪尾刘田官

標者　子嗣　炳暨

標者乃洵楓三子號即物生道光十年庚寅七月十五巳時卒
咸豐十年庚申十一月初三戌時葬本林內窰婆墩頭坐乾巽
兼亥巳　娶上地胡氏滿娘改適

標漳　子二　炳飽　炳他

標漳乃洵札長子字建泉號治甫生嘉慶廿一年丙子正月初
三卯時卒光緒乙酉年三月十七午時
娶龍居林戎官長女咩娘生道光四年甲申七月二十午時卒
光緒壬寅年六月十二未時號節儉葬

女呈娘適亀脰李愽官

標帳　子二　粉里　炳珪

標帳乃洵札次子號治羅生嘉慶廿五年庚辰三月廿五巳時
卒光緒辛丑年十二月初二子時葬在紅山坐辛向乚
娶鶴前劉波官長女蠢娘號然慈生道光己丑年正月十三
酉時卒光緒二年丙子正月十三卯時葬在山武巳亥兼丙壬

標於　子一　炳堅

標於乃洵銀長子字建廣生嘉慶廿一年丙子十月十一辰時

卒同治戊辰年十二月廿九申時

娶登虎榜傅氏改適

**太學生建甲** 子二 炳翕 炳洋 抱養

建甲乳名標孚字建信號建甲乃洵銀次子生道光三年癸未八月十九午時同治年間捐納國子生卒同治甲戌年十一月初七巳時葵

娶馮氏腰娘生道光壬辰年九月初九巳時卒光緒庚子年八月十二巳時號慈慎

**標濰** 子三 炳炎殤 炳鈿

標濰乃洵梯長子字建棣號國有生乾隆六十年乙卯十二月

初三亥時卒道光十年庚寅六月十六酉時

娶登虎榜傅氏蓮娘係接官女生嘉慶六年辛酉正月初九寅

時卒嘉慶庚辰年五月十二午時葬

再娶鴻卿李氏菊娘生嘉慶七年壬戌十二月初九卯時卒同

治十年四月十一午時

生子二女一燃娘適新村林鎮官之子

標栩　子二　炳哈　炳火

標栩乃洵梯次子字建宛號國周生嘉慶七年壬戌十一月廿

一戌時卒道光廿六年丙午十一月初二寅時

娶魁美吳氏盤娘號緘慈生嘉慶庚午年六月廿六戌時卒

光緒丁亥年十二月廿二酉時公媽合葬石皮埁坐壬丙兼子午

標瓏　子三　炳硆　炳揚殤　承継

標瓏乃洵核長子字建玲號鄉聲生嘉慶十三年戊辰四月十六寅時卒道光十二年壬辰二月十一巳時葬在梅山新厝墓下項坋冬田中生申寅兼坤艮　娶西山林文官三女六娘生嘉慶十二年丁卯九月廿三丑時卒同治七年三月廿八辰時葬在大林口生未丑兼丁癸係兼坤艮　謚穗慈　女專娘適馬頭許桀官

標圳　子三　炳緣養　炳渭殤　炳冷養

標圳乃洵核次子字建珠號玉環生嘉慶十五年庚午八月廿八未時卒道光廿三年癸卯六月廿三亥時葬虎堀田中辛巳戌辰　娶魁美劉蟳官長女省娘改適　生子渭女罔娘適彭格陳莪官

標玲　子三　炳叭養　炳順殤　炳安

標玲乃洵核三子字建珪號明聲生嘉慶十九年甲戌六月十九辰時卒同治二年正月十七子時

娶魯廷蔡軌官女參娘生嘉慶廿四年己卯十一月初七子時卒同治十一年十二月廿九未時葬　女娘

来傳

来傳乃洵燮抱養次長子生　年　月　日　　年　月　日　時卒

標長

子一　炳鍊養

標長乃洵剖長子字建國號有郁生嘉慶十五年庚午正月十四酉時卒道光十五年乙未正月十四申時葬

娶佳藍周氏逞官改適僅生一女見娘適龍居林家

標熊

標熊乃洵剖次子生嘉慶廿一年丙子四月十四卯時卒

年　月　日　時

標橡　子一　清溪支圖書足祿

標橡乃洵剖三子字建松狮順盛生嘉慶廿四年己卯七月十八

寅時卒同治二年正月初四寅時

娶洋山胡獅官長女珍娘生道光四年甲申二月十九辰時卒

同治五年十月初五酉時葬

標儼　子一　炳培

標儼乃洵泳抱養長子字建思號振成生道光六年丙戌九月十七巳時卒光緒丁丑年七月廿二卯時葬在虎堀騎龍斬坐壬丙兼子午　娶登虎榜傅氏賽娘生道光九年巳丑八月初三未時卒

標鈔

標鈔乃洵泳次子生道光十六年丙申三月初六戌時在外洋未詳

五房建中长子
五房四子

例貢生建中　子四　光彩抱養　炳永　炳炤　炳爍

建中乳名心意字建誠號靜亭乃洵泚長子生道光廿一年辛丑二月初二巳時卒宣統三年辛亥五月廿七申時葬本鄉龜仔墓頂坐酉卯兼辛乙　娶谷口吴臨官女再娘生道光甲辰年正月廿五卯時卒光緒壬寅年三月初四酉時葬本山石鼻、頭坐卯酉兼辛乙

誠翁張先生大國手序

翁之為人也經營成業白手成家建華屋列明經此閒々見見昭人耳目無庸更贅者矣諺曰為人子者不可不學山亦不

不可不學醫青鳥之書　翁曾習之可歸堪輿至於岐軒之業
翁固精而尤精焉儂忝相知畧序一二因不揣其固陋謹拙七
律俚詞以記不忘云爾

醫書著作誌神農　後學如翁得所宗
腸倣華陀刳洗胃　心同扁鵲換穿胸
陰陽寒暑善調和　遠迩尊卑樂順從
洋溢聲名閭里外　令人称頌令人恭

末弟陳汝一頓首拜序

五房志南二子
五房四

儒林郎志南 子 遲恭 炳文 承養双 炳長殤 福聯 福盛殤

儒林郎諱志南名標胆字建龍號星亭乃洵泚次子生道光廿三年癸卯十一月初七子時卒光緒己亥年十月廿三寅時葬南洋嘡叻　娶沄尾廩生鄭治註老女好官生道光廿六年丙午八月十九酉時葬卒民國戊午年正月初十日巳時

女三長縣娘適溪尾刘紋官次返娘適谷口吳設官三曰娘適谷口陳樵官　又納側室王氏秋金號楸玉生佚卒光緒乙未年八月廿五日葬在夷嘡叻

五房夏水三子
五房四

卅同澄清子　竹林　華林殤　麟宗養復基　烈火殤　復成抱

卅同澄清名標夏水字建源號秀亭乃洵泚三子生咸豐六年丙辰七月十三巳時卒同治查民國元年壬子十一月初四丑時

娶彭格庠生陳化龍五女附生陳紀綱胞妹盼官號淑慎生同治甲子年七月十一酉時卒光緒壬辰年七月初七巳時葬土壠墓頭紅山坐辛乙兼酉卯例贈安人生男竹林華竹　又娶大墘林修官長女愛娘號淑敬生咸豐辛酉年八月十七巳時卒民國元年壬子十月廿三子時葬

側室鄭氏要娘號淑勤生光緒丁丑年七月初十辰時卒民國三年癸丑年七月初十丑時葬

女三長富娘適鴻卿李次金娘適亦鴻卿三子娘適垵海林
翁於光緒庚辰年捐太學生迨壬寅年加捐州同職銜封典
勅贈儒林郎并於文斗坪祖宇進入主位亦可謂顯祖榮宗矣
秀亭翁之為人也經綸英資穎異聰敏童年博覽醫書而傷寒一
門尤為精妙推勘脉理寔有着手回春況乎生平磊落慷慨洒
脫不凡時然後言樂然後笑義然後取進有善舉勇以為之
前因山東荒歉福州水災　翁慷慨捐資以賑災黎閩浙部堂
許制臺褒奬有加彙案奏聞奉　旨准給州同並錫匾音曰
誼敦桑梓種種善事筆難罄述至凡締交結納賓朋滿座雍雍
乎有儒雅之風昔孔北海以座上客常滿罇中酒不空　翁之為

人大率類此乚巳之歲貴鄉譜牒重修　翁傾囊助就而且鼎力勸捐此誠有功於族者也克昌厥後預為　翁卜之畧陳鄙詞敬為之序

萃英書院山長王扳桂
纂修生員衡山蘇布賢
仝譔

五房止此

標重　子　炳瓏　双承

標重乃洵淺子歸　生道光癸卯年十月十五午時卒光緒癸卯年七月初五申時過繼與大墘林家為兩承　娶蔡氏送娘生二子長井利次炳瓏將瓏繼嗣標重與標假兩承

標假　子　炳瓏　双承

標假乃洵淺次子歸　生道光已酉年九月十六未時卒光緒己亥年七月初五丑時

應候

應候乃宗庇長子號閣中生乾隆壬寅年三月廿一亥時卒嘉慶戊寅年八月廿二戌時葬
娶山兜林策官女洋娘生乾隆癸卯年八月十五未時卒嘉慶壬申年八月廿七酉時葬

標恬　子一　天誥

標恬乃宗庇次子字念肇號閣紙生乾隆己巳年九月十三子時卒嘉慶庚辰年九月初七丑時葬本山大林頭
娶溪尾劉氏色官改適　女二長田娘適沄尾李肥官次瓦娘適尾塘林妻官

標騫　子一　天返

標騫乃宗庇三子字念閔號閔敬生乾隆壬子年四月廿四午時卒咸豐七年丁巳十月十七午時葬

娶溪尾劉氏香娘生嘉慶壬戌年四月十四巳時卒道光五年乙酉四月廿四巳時號河慈葬

續娶山內寨顏氏柬娘生嘉慶丁巳年六月十五午時卒光緒甲申年十一月初一卯時號世慈

女倖娘適井邉陳乞官

標監　子二　時中殤　炳成

標監乃宗庇四子字念光號閔泰生乾隆乙卯年二月十七巳時

卒　　年三月廿九酉時葬
娶榜上陳昂官次女愛娘生嘉慶庚申年二月十九午時卒道
光戊子年十二月初二酉時葬
再娶溪邊坂胡述官女該娘生嘉慶三年戊午五月初四酉時
卒咸豐二年壬子四月十七午時葬

標𩰠

標𩰠乃淮桂長子生

標向

標向乃淮桂次子生

標墘　子　炳金

標墘乃湊美長子生嘉慶十八年癸酉　月　時卒

年　月　娶鴻卿李氏

標語

標語乃合意長子獅德言生乾隆甲辰年十二月十五辰時卒

嘉慶甲子年五月十二辰時　壯年往臺到海中被賊所害

標凛

標凛乃合意次子騑奉祿生乾隆己酉年八月廿三子時卒
嘉慶丁丑年三月初七未時

天𤼵

天𤼵乃奇登抱養子生道光甲申年四月初五午時卒同治
甲戌年八月廿八巳時

福源殤

福源乃杖稀長子生嘉慶丁丑年十月　　時卒道光年

閭奚泉城

田水

田水乃杕稀次子生嘉慶己卯年　月　日卒

標屋

標屋乃杕稀三子生道光　年　月　時卒佚

光泉

光泉乃杕稀四子生道光　年　月　時卒先孜

標苗　子一　炳垦

標苗乃洵奕長子字念碩生嘉慶壬申年十二月初五申時卒

娶新村林氏織官生嘉慶丙子年三月十五辰時卒

標淵

標淵乃洵奕次子生嘉慶乙亥年五月初七丑時殤

標復興　子三　炳盼　炳鉄　炳鑄

復興乃洵奕抱養三子生道光己丑年二月廿一日寅時卒同

治　年　月　日　時葬寔叻坡

娶登虎榜傅氏沙官生道光庚寅年九月初五午時卒光緒廿二年丙申四月初三未時

標霍　子　炳擱　炳他

標霍乃洵慈圖長子字念求歸糧美生嘉慶二年丁巳六月十五吉時卒同治三年九月十三卯時葬

娶磜內林氏情官生嘉慶　年　月　時卒

再娶光德下頭卿陳氏

姜娘生嘉慶辛未年　月　時卒同治己巳年十一月十九申時葬

標姜

標姜乃洵慈圍次子號維甯生嘉慶壬戌年九月三十日戌時卒

嘉慶乙卯年九月三十日卯時

標慱　子一　炳揣

標慱乃洵慈圍三子字念泉號　生嘉慶庚午年正月三十

日子時卒

娶后宅葉氏店娘改適　自構佳壠尖邊厝一座坐子午兼癸丁

標養　子四　炳糧養　天報　炳會　炳協

標養乃振拔抱養長子字念仁號　生嘉慶丙寅年十一月十四子時卒
娶井邊陳氏戴娘生嘉慶甲戌年十二月十七酉時卒咸豐己未年二月十一戌時
再娶南邑蓮島蘇氏救娘生道光己卯年四月初一辰時卒
女好娘適登虎榜傳家

標陳

標陳乃振拔抱養次子號茄照生嘉慶辛未年正月初八卯時卒道光庚寅年二月十一戌時葬本山炭坑垵口

標厫　子二　炳監　養炳賞

標厫乃漢商長子號進發生嘉慶戊寅年正月二十戌時卒光

緒乙酉年正月廿三子時

娶溪口劉極官次女盛官號永淑生道光年閏卒道光庚寅年

四月初五日葬水埕上坐艮坤兼寅申

再娶德崇蔡廟官女治官號永順生道光壬午年二月廿四酉時

卒光緒癸未年二月十三未時葬

標掬　子一　炳猴

標掬乃漢商次子號鳩吉生嘉慶庚辰年十二月初八戌時卒同

治乙丑年八月初一丑時葬

娶登虎榜傅氏后改適

標審　子三　炳猪　炳漸殤　炳藝出繼

標審乃漢商三子字念祥號逢慎生道光三年癸未四月初五
辰時卒光緒甲午年十月十五巳時葬

娶鴻卿李竅官長女寬娘生道光壬辰年六月初一卯時卒同
治丁卯年正月初九日

再娶翰苑李可官次女銀娘生道光壬午年七月廿七酉時卒
光緒甲午年十月十一午時

標董　子　炳羊　炳桃　朝金

標董乃漢商四子號　生道光六年丙戌十月廿三酉時卒

年月

娶大墘林賓官女元娘生道光丙申年九月初十巳時卒

標丙　子二　根和　由還

標丙乃洵周抱養長子號興美生嘉慶甲子年正月十四丑時
卒道光三十年庚戌十月初九未時葬龜山灣內坐丙壬兼巳亥
娶頂劉牙官次女恩官生嘉慶丁丑年十一月廿一巳時卒光緒
乙酉年十一月十八巳時葬
女二長登娘適大墘林前官次富娘適大墘林信官

標天来　子二　炳黨　炳裕抱養

天来乃洵周抱養次子獅興知生道光四年甲申五月十二寅
時卒光緒甲申年正月廿七丑時葬
娶鴻卿李肥官女玉娘生道光甲午年七月初二寅時卒同治六
年丁卯八月廿十未時
續娶同安金門黃氏惜娘改適

標江　子一　炳建

標江乃玉麟之子獅有已生嘉慶乙亥年正月廿四未時卒道
光乙巳年二月初九卯時葬厦門

標貳

標貳乃康寧長子殤

長城

長城乃洵艾抱養長子殤

標送

標送乃洵艾抱養次子殤

天星 子六

炳罕養　炳哭承　陽基養　通清　炳均　炳泰

天星乃鉄明抱養長子字建垣號　生道光二年壬午十月
廿二寅時至　年間捐納太學生名為奎卒
光十年庚寅八月十三子時卒　娶新村林杭官女先娘生道
又在叻娶梁氏河娘生道光庚寅
年三月十三酉時卒

標挖　子一　天運癸

標挖乃洵委長子號　生道光元年辛巳七月初九子時卒
光緒二年丙子十月廿三吉時葬
娶福宅溪劉氏熟娘生道光己丑年七月十四卯時卒道光己卯

年二月廿七未時歿

再娶上地胡氏 娘生道光十年庚寅八月十二寅時卒

標垵 子三 天運出洋 炳溪 炳叨

標垵乃洵委次子字念敦號金亭生道光乙酉年正月十四日巳

時卒

娶洋山頭廖氏芍娘生道光辛卯年十一月十八寅時卒光緒三

年丁丑四月十七亥時歿

女一適鴻卿李必官

標魏

標魏乃洵五經長子係洵往次子繼立生嘉慶戊寅年五月初四辰時卒

標祛

標祛乃洵五經次子係胞弟洵謨次子繼立生道光丙戌年八月十六午時卒道光戊申年六月初九申時

增生爲政 子 廷琨養 廷璨 廷瓚 廷瑜

爲政乳名標輭字建章一字念德號南亭乃洵謨長子生道光二年壬午二月廿二未時道光廿二年　李文宗科試取進安

溪縣學第十四名卒同治十一年壬申正月初五未時葬峻古
灣田中坐　娶鶴前劉雌官長女笑娘號淑人
生道光五年乙酉五月初八未時卒光緒廿九年癸卯九月廿
十卯時
公自幼從師聰明穎異知其不凡卽解元　鼎軒公覩其詩文早
決必售迨至壬寅科試蒙宗師李諱嘉端取進縣學鄉試房官
荐拔數次亦有兩科堂備其才智過人手姿出衆宜乎秋闈中
式矣不意功名有限竟以一衿終其身焉況乎琴棋書畫無一
不能凡四方求書求畫者尚有手澤存焉厥後為清水岩修嚴
誌設蔭船此具益於神明榮吾宗族於今為烈後人無不稱羨之

從學姪　茲敬　謹誌

太學生為霖　子三　炳榮　炳廷　炳補

為霖乳名標三喜字建益一字念欣號雨亭乃洵謨三子生道光十年庚寅二月初七申時　年捐納太學生卒同治七年戊辰二月廿四巳時葬鰲山後深山埔坐坤艮兼申寅娶大墩林占鰲官女河娘生道光丁酉年十二月二十亥時卒光緒　年　月　時

標祿全　子三　炳概　炳旺　炳富

祿全乃洵謨四子字建洲號進源生道光十二年壬辰七月廿
五辰時卒同治九年十月十一午時
娶上地胡氏好娘生道光十六年丙申十月廿四未時卒

開春

開春乃洵謨五子號泰陽生道光十八年戊戌正月十一午時卒
年　月

金福　子一　来儀養支圖記得修

金福乃洵謨六子字建祉號　生道光庚子年六月二十寅

時卒光緒二年丙子八月　日　時葬在𡍼

娶上地胡氏返官生道光十六年丙申二月廿四丑時卒光緒三十年甲辰七月廿六卯時葬

光前

光前乃洵柳長子字建官號　生道光八年戊子正月廿六亥時卒

娶陳氏　娘生道光十二年壬辰八月十九酉時卒

光劍

光劍乃洵柳次子殤

標絨

標絨乃洵同長子殤

添丁

添丁乃素慶長子號望興生嘉慶乙亥年五月初三午時卒

咸豐三年　月　日時

標蒿 子四 炳烝 儒士　天從　滿朝　德成 儒士

標蒿乃洵尋長子字念覃號希谷生嘉慶十九年甲戌十
二月廿三辰時卒同治十年辛未十月初八巳時享壽五十八齡
葬本鄉峻古角田中坐申寅兼庚甲　娶溪南蘇鎮官長女葉
娘號維慈生嘉慶廿三年戊寅七月十七亥時卒光緒廿一年
乙未正月初十酉時享年七十八齡光緒三十一年乙巳六月
廿四午時將棺安葬本山新厝墓外崙坐丁癸兼未丑　公與
其緒公儉樸經營築建龍山厝坐壬丙兼亥巳　置祖妣父母
墳塋各處砂水完成　又建置祀業抽立育才　又與兄弟仝築

龍山内厝坐乾巽兼亥巳可謂盡子職完父道焉且生平酷嗜
書香尊師重傅教育二子未得成名以慰其心不無憾焉者即
維慈嫣佳城風水坐向德成立心問於福善堂　關夫子而
聖神使者降詞以示云云丁癸丁癸山峯翡翠未丑合兼法高
低配全類左畔宜修飾右邊自拔萃庭築非斗筲穴体自升位
水出乾為安方如朱文謂天馬峯巒拱長生帝旺對如此依地
作綿連富貴綿連富貴德成述其事以為將來子孫知之

標對　子四　旺能　初用　炳佛　婆英

標對乃洵尋次子字建揚號布廷生道光六年丙戌九月十三

未時卒光緒廿三年丁酉二月十六寅時葬在佳壠垵坐辛乙兼戌辰　娶登虎榜傅第係聯第長女疼官生道光己丑七月廿六辰時卒民國九年庚申八月　日　時葬本後垅山埔坐壬丙兼亥巳女三長植娘配大墘武生林登三次珠娘適鴻卿厝生李德敏子三信娘適溪南蘇日官

## 標水

標水乃衡山長子生道光甲申年六月廿二寅時卒道光丁未年九月初十辰時葬

娶上地胡氏進官生道光丁亥年七月十五卯時卒咸豐壬子年八月廿六卯時葬

標穀

標穀乃衡山次子　生道光　年　月　　時卒咸豐

年　月

祖述

子四　炳龍　錦瑯　錦崇　錦鐺

祖述乃洵追抱養子生道光　年　月　日　時卒佚

娶　氏

吉品

吉品乃洵追抱養次子　生道光　年　月　日　時卒

年　月

標淵

標淵乃洵夘抱養長子生道光　年　月　日　時卒

娶新村林氏二娘

號德慈生道光己丑年二月初八未時卒咸豐庚申年正月十

四酉時葬厦門

標省

子三　炳納　春色　三良

標省乃洵洒長子字念約號進儉生嘉慶十年壬申十二月初

五午時卒同治四年乙丑三月初五戌時葬

娶溪邊坂胡氏聘官號　生嘉慶廿五年庚辰正月二十寅

時卒光緒壬辰年二月十七酉時
女長受娘適溪邊坂胡甦官次宪娘適大墩憶官

姜惟　子三　清鏡　江寶　正神出継

姜惟乃洵瑾長子係抱養字建斌號進悦生道光九年己丑二月十六辰時卒同治九年庚午七月初一辰時
娶后頭垵林興官長女葉娘生道光十一年辛卯八月廿五寅時卒光緒丙午年四月初五巳時

嘉和　子嗣　正神

嘉和乃洵瑾抱養次子生道光己酉年　月　日　時卒

標斂

標斂乃洵恤長子　生道光己酉年二月十一巳時卒同治壬申年九月廿八巳時

武祥

武祥乃洵恤次子　生道光丁亥年十二月十二酉時卒咸豐三年癸丑在上府

標墻

標墻乃洵恤三子　生道光庚寅年十一月廿七戌時卒同治

庚午年九月十九申時

標卷

標卷乃洵恤次子　生道光己亥年三月廿六辰時卒同治丁

卯年正月初六酉時

標谷

標谷乃洵恤三子　生道光辛丑年十一月初六辰時卒

標釗　子二　玉水　合海

標釗乃洵梭長子字念欣號　生道光十年庚寅又四月十五未時卒

年　月

娶蔡土樓蔡品官次女京娘生道光己丑年正月初六卯時卒

標炎

標炎乃洵梭次子號　生道光十九年己亥九月三十日亥時卒

娶福宅溪劉攝官女好娘生道光丁酉年八月廿八子時卒

偶遇

偶遇乃洵梭三子絺進才生道光辛丑年十月初六亥時卒同治乙丑年二月廿一子時葬佳壠崙邊坐酉卯兼庚甲

順溜

順溜乃洵梭四子絺進清生道光乙巳年八月廿六未時卒同治甲戌年十一月初八巳時

標綯

標緲乃洵元次子號進紗生道光丁酉年七月初二子時卒同
治　年　月　日　時葬 行次居長

標恐

標恐乃洵元次子號　生道光乙巳年五月初十亥時卒

標在　子二　炳来　炳藝

標在乃洵叁抱養子字建中號其有生道光癸未年四月十六
辰時卒咸豐己未年四月十三日吉時葬
娶鶴前劉氏乖官生道光己丑年五月十三申時卒同治庚

午年閏十月初五申時葬樟坑壠乾巽戌辰

標樸　子四

炳時　炳斗　雁塔　福志出繼

標樸乃洵卷抱養次子字建曰狮再有生道光十一年辛卯七月廿九巳時卒咸豐八年已未九月初四未時娶鶴前劉魯官女典官生道光十二年壬辰正月初六丑時卒同治庚午年十月初五戌時

天保

天保乃洵卷三子殤

標達　子一　萬發

標達乃洵辱長子字建材號德有生道光十八年戊戌二月

廿三巳時卒咸豐九年己未十一月十九午時葬沈洋山尾坑

垵大石皮内坐　向

娶溪南蘇扉官長女揀娘生道光己亥年十二月初八申時

卒

夏全　子三　陸遜　存心　泗浚

夏全乃洵辱次子字建清號源有生道光廿十年庚子四月初

二寅時卒光緒廿四年戊戌七月初七子時
娶溪邊坂胡疊官次女水官號金慈生道光廿一年辛丑十月
廿二巳時卒同治八年己巳二月廿二辰時葬大張宅口狗頭
坪坐　向　再娶蓮格陳浮官女珠官生道光廿七年丁
未七月初四酉時卒民國乙丑年六月十二辰時
　女三長器姑適上地胡慥官次寶
姑適大墘林芳官三子姑適上地胡家
三春　子三　陸甲　金重　金水出繼
三春乃洵辱三子字建懷歸　生道光廿七年丁未十二月
十四巳時在外卒民國戊午十二月十六申時葬叻坡陳牛壠舊塚東西向

六房止

娶嶺后坑劉亥官長女有官，號慶慈，生咸豐八年戊午七月初七未時，卒光緒壬寅年八月初八午時，葬本大山尾建茶格，坐乾巽兼亥巳。女四：長汝娘，適路美陳却官；次凸娘，適大墘林桂官；三緞娘，適曾口坂傅家；四綢娘，適本里刘哞官。

## 標勅　子嗣　金水

標勅，乃洵辱四子，字建澤，號賜有，生咸豐三年癸丑十二月初三子時，卒光緒十九年癸巳五月十五辰時，葬廣東省香港。

娶登虎榜傅作霖官長女買官，生同治七年戊辰八月十六酉時，卒光緒十八年壬辰九月初八寅時，葬。

女二：長頂娘，適井邉監生陳瀬官；次真娘，適洋山姚岩官。

標老

標老乃洵樹抱養長子字念安號是懷生嘉慶辛未年十二月
十七午時卒同治壬申年八月　日葬沙縣壠東葛窩隔生
巽乾兼巳亥

挑來　子酉　叢瑞春　後生　滄浪　家讓

挑來乃洵墻嗣子係添成六子繼字念迎號是用生道光庚子
年三月二十戌時卒光緒癸巳年十一月十一巳時葬在下垻大
坵崙邉坐坤艮兼申寅　娶洋山胡講官長女謹官號敬慈生

道光甲辰年十月初五午時卒光緒壬寅年七月廿五未時

女緣娘適埔竹庵刘家

標棗　子六　炳火　炳允　進卜　烟霞　連春　楊柳

標棗乃寄服長子字念修號是珍生嘉慶七年壬戌七月十三辰時卒咸豐元年辛亥　月　日　時葬本處蕉坑頂水埕尾坐甲庚兼寅申　娶鴻卿李騧官長女好娘生嘉慶九年甲子十月十三卯時卒咸豐元年辛亥七月廿九午時號儉慈葬在蕉坑頂尾圿坐坤艮兼申寅

道光廿六年兄弟四人仝構沈洋水車外厝一座坐巽乾兼辰戌

標口　子二　蘭珠

標口乃寄服次子字念嗜號是曰生嘉慶十一年丙寅十月二十申時卒光緒丁丑年五月十七寅時葬大武垅崙生午子兼丁癸　娶登虎榜傳擭官長女賢娘號尊慈生嘉慶廿一年丙子五月初九卯時卒光緒丙戌年八月廿四申時葬沈洋樵坑豹仔垵土閪崙生壬丙兼子午

女長卻娘適鴻卿李滯官次力娘適鴻卿李兮官

標鴛

標鴛乃寄服三子殤

標遮　子三　石青　離婁　四體

標遮乃寄服四子字念多號是盃生嘉慶十八年癸酉三月廿十未時卒光緒丁丑年十二月廿十卯時葬沈洋下垻田中坤艮兼申寅　娶洋山姚悄官長女玉官號美慈生道光壬午年四月十八卯時卒光緒庚寅年二月十四卯時葬大武坵崙坐丁癸兼未丑　女富娘適鶴前劉坎官

標言　子五　卧龍　炳進　新世　炳敬　雅頌

標言乃寄服五子字念語號是代生嘉慶廿一年丙子七月廿

八辰時卒同治八年己巳六月十一巳時葬本蕉坑荒田邉坐
艮坤兼丑未　娶湯泉唐枚官長女柔娘生道光乙酉年七月
初六寅時卒同治癸亥年二月十五巳時葬本蕉坑豹仔垵坐
甲庚兼寅申　再娶崎縣陳氏疼娘號節慈生嘉慶庚辰年
月　日　時卒同治十年辛未正月十七申時葬尾坑垵
石皮頂坐寅申兼艮坤
女二飛娘適湖頭李督官　不娘適登虎榜傅意官

**標俏**　子六　盈科　朝林　忠信　後傳　守玢　明堂

標俏乃添成長子字念心號是愠生嘉慶十九年甲戌七月十
三亥時卒光緒壬寅年十一月十三巳時葬在蕉坑蛇形崙邉申

寅蕉庚甲　娶大墩林瘵官長女擨娘號孝慈生嘉慶甲戌年六月初七未時卒道光丁酉年三月初十申時葬虎崗山坐乾巽兼戌辰　再娶登虎榜傳時官長女愛娘生道光二年壬午正月十九辰時卒咸豐七年丁巳四月十一巳時號身慈葬在

三娶鴻卿李容官之姊箴官生道光己丑年十月初四寅時卒光緒戊戌年十月廿十午時號儉慈葬沈洋荒田邊大坪尾坐丙壬兼亥巳生子鳳堂　女釵娘適洋山胡甚官次云娘適鴻卿李緣娘三取娘適洋山胡麥官

新興　子　忠信　双承

林嫣后析葬在本處八垃角坐乙辛兼卯酉

新興乃添成次子號是旺生道光壬午年十月二十辰時卒道光丁酉年四月初七戌時葬牛角壠垵頭癸丁兼丑未

## 三進

子二　炳厝　炳滚養

三進乃添成三子字念孟號是盛生道光乙酉年九月初七丑時卒咸豐壬子年四月二十未時葬本處下垻口坐甲庚兼寅申　娶鴻卿李粮官三女認娘生道光庚寅年六月十五酉時卒光緒戊子年正月廿八酉時葬尾坑垵外崙生甲庚兼寅申

女緞娘適埔竹庵刘委官

標枇 子四 長生養　安士　太甲　炳錯

標枇乃添成四子字念銘生道光己丑年九月廿七卯時卒光緒甲午年五月初一午時葬

娶大崑林引官長女西娘生道光癸巳年四月廿一申時卒光緒廿九年癸卯八月廿三戌時葬善慈葬

女桃娘適鴻卿李土官　次葉娘適埔竹庵刘擴官

標龍

標龍乃添成五子殤

標烈

標烈乃洵嶷長子字念咸號　生道光戊申年二月廿七戌時卒

娶李氏銀娘生咸豐七年丁巳十一月十四酉時

標車

標車乃洵崑長子　生咸豐二年壬子八月初二辰時卒同治十一年十月十一未時

標合　上誌標慶

標合乃洵崑次子　生光緒四年戊寅四月廿六卯時

從九品念光　子一　炳鴛

念光乃洵華長子乳名標科字念盈諱念光生道光十二年壬辰十一月初二巳時咸豐年間捐納從九品卒同治二年癸亥正月廿七卯時葬

娶洋溪池后陳氏萬娘生道光十二年十一月初八丑時卒同治二年癸亥七月廿九未時葬

標聯　子一　炳灝

標聯乃洵華次子字念芳生道光十八年戊戌三月十四卯時卒

咸豐八年戊午十二月初六巳時葬
娶沙城馬氏(錯字)坑李氏改適

## 標題

標題乃洵華三子字念謨生道光二十年庚子七月初四申時
卒同治十二年癸酉六月十六戌時
娶桂岩官廷球次女隱娘生道光廿一年辛丑八月十九午時
卒同治六年丁卯七月十一申時葬

## 標接

標接乃洵華四子字念宗生道光廿二年壬寅九月三十日辰時榷出嗣胞叔祖鍾閥公為後卒光緒七年辛巳又七月廿七日戌時葬

娶西亭鄧氏富娘生道光廿六年丙午三月十四子時卒同治十一年壬申三月廿三子時葬

又娶沙城魏氏覩娘改適

縣丞標榜　子五　炳喧　炳津　炳腰　炳梧　炳椿

縣丞諱標榜名標坎字念孚乃洵第長子生道光廿十年庚子十一月廿八寅時同治三年由監加貢監立區額后蒙沙縣正堂　向舉脩城工於同治十一年四月初一奏准以縣丞遴用

加理問銜　娶柚楻枋徐植興公長女嵩娘生道光十八年
戊戌十月廿八子時卒光緒壬辰年八月廿三申時葬
長女善英適城東廩生廖國
安次泰英適桂岩官廷鈔
邑庠生建侯 子四 炳娘　炳水　炳渭　炳仁
庠生諱建侯名標眼字念節號甸卿乃洵第次子生咸豐元年
辛亥三月初七丑時同治十二年癸酉蒙宗師孫科試取進
沙縣學第廿一名光緒廿二年蒙邑主李保奬六品功牌娶
岩下庠生鄭汝全公長女富娘字端莊生道光己酉年六月初
七巳時卒同治甲戌年三月廿九辰時

再娶沙城黎萬珍妹蘭娘生咸豐甲寅年十一月十五午時

卒

長女錦姬歸黃西坑胡德頌君次吉英適龍坑陳勲莅長男女係鄭氏出餘俱黎出

## 增貢生建藩　子三　炳蛟　炳虯　炳虹

增貢生諱建藩名標啟字念賢號東軒乃洵第三子生咸豐五年乙卯八月廿五未時同治辛未　孫宗師歲試取進延平府學第八名即於癸酉科試補增生光緒庚寅由增加捐貢生娶大元監生范大徽長女雙姬生咸豐七年丁巳六月十二酉時又納側室陳氏菊娘生同治癸亥年八月十四子時女長妙英

歸城西職員葉上玖次子次妹英適城內監生黎國燮五子三
婮英前水尾沈世瀋長子　長女范氏出餘俱陳氏出

從九品標驥　子三　炳震　炳霖　炳霽

標驥字念德乃洵秀長子生道光廿四年甲辰八月廿六卯時
光緒元年捐納從九品卒光緒廿四年六月廿八申時葬
娶沙城廩生羅榮稱妹銀娘生道
光甲辰年十月十九卯時卒光緒八年壬午十一月初五申時
女娥英歸三姑村蕭兆忠

標基　子二　炳鏡　炳鋸

卒

標基乃洵秀次子字念丕生咸豐十一年辛酉二月廿二酉時

娶董氏銀娘生同治元年壬戌十月初三申時

女瑞英適桂岩官元升

標陪　子二　炳綿　炳鈺

標陪乃洵章之子字念臣生咸豐四年甲寅二月廿五辰時卒

光緒甲午年十月初三巳時

娶琅口林氏愛娘生咸豐三年癸丑正月十三卯時

女長藻英適大壠東朱永錦　次蕉英適城內朱樹湧

標育　子一　炳亮

標育乃洵景之子字念慈生道光廿七年丁未四月初六酉

時卒　娶顏氏香娘

生道光廿九年己酉九月廿六午時

標祥　子一　念呈

標祥乃洵麟長子生咸豐三年癸丑五月廿六戌時

標禎

標禎乃洵麟次子生咸豐六年丙辰八月初一未時卒光緒八年壬午六月初一寅時葬

## 標彪

標彪乃洵麟三子字念煥生同治十一年壬申六月十一亥時

## 標盛

子一　炳星

標盛乃克繩長子字念隆生道光廿一年辛丑八月十四午時卒咸豐十年庚申七月初七戌時葬前水尾姜厝後坐乾巽兼亥巳　娶圳後黄氏招娘生道光廿三年癸卯七月初三寅時

長女養弟　適前水尾陳登泰

標立　子三　炳洋　炳湘　炳涵

標立乃克繩次子字念榷生咸豐八年戊午九月十四戌時

娶沙城陳在明公女玉

嬌生咸豐戊午年二月初五子時

長女淑英適西坑胡瓚壽次

坑英改適丁公墘鄧德郎三祝英適上洋溪黃光明

標綏

標綏乃洵繩三子字念耒生咸豐九年己未四月廿五辰時卒同

治十年辛未九月初九辰時

娶陳氏春娘改節

邑庠生建勲　子三　炳照　炳圖　炳超

庠生諱建勲名標道字念脩乃克繩四子生同治元年壬戌六月十五巳時光緒六年庚辰　崑宗師歲試取進沙縣學第十七名　娶龍坑陳縈簡公長女秘姫生同治壬戌年二月初四辰時　長女萉英適龍坑魏元達長郎詩妹次敏英

貢生念湯　子一　炳峯

貢生諱念湯名標聘字念珍乃洵鳳長子生道光廿三年癸卯七月十二辰時同治四年由監加捐貢生掛匾額卒同治十年辛未五月廿三酉時葬　娶洋溪池后鄉賔

陳滿生女珠娘生道光廿五年乙巳十一月十六丑時卒

標緒

子一　炳鎔

標緒字念纘即洵鳳次子生咸豐元年辛亥八月廿六亥時

娶沙城武生

魏慶同次女金娘生咸豐辛亥年閏八月廿六申時

長女雪英適上洋溪陳閭拔

標波

標波乃洵庭長子生咸豐十年庚申二月初六卯時卒光緒十三年丁亥十月初八亥時葬

標注

標注字念經乃洵銘之子生同治七年戊辰十二月廿三丑時

標切

標切乃洵雷長子豨　係洵照之子繼生道光丁亥年九月

廿三吉時卒

標信　子一　連来

標信乃洵有長子　生道光甲申年八月初十戌時卒

年　月

娶鄭氏琴娘生道光十四年八月三十日辰時卒

標建　子一　承輅又承

標建乃洵有次子字念寅號永置生道光乙未年七月初六

寅時卒光緒甲午年三月初八未時享年六十葬永春一都南
山鄉佛仔格後外荒墩　娶蔡氏汝娘生咸豐壬子年三月廿
四卯時卒
女一好娘適一都南山陳北官

天藜　子　承輅　承半

天藜乃洵蟳長子生道光戊申年七月廿五酉時

標金炮

金炮乃洵槁長子　生咸豐壬子年十二月初四卯時卒光緒

丁丑年七月廿三卯時

標彪

標彪乃洵稿次子　生咸豐乙卯年六月初四辰時

標葉

標葉乃洵靈抱養子　生道光庚寅年　月　日　時卒

八生

八
生乃洵尚抱養長子　生道光乙巳年五月初七丑時卒

標
好
標好乃洵賢次子

標
桶
標桶乃洵推之子兼承胞弟洵徙生

標
鶱　子一
炳傳

汫洲邑黃氏家譜

標鶱乃洵袋長子生嘉慶　年　月

娶　氏員官生道光　年　月

標鬐　子二　新興　炳飯

標鬐乃洵聊長子　生嘉慶　年　月　時娶

天時　子一　炳法

天時乃洵聊次子　生嘉慶　年　卒道光　年

娶上刈劉氏訓官生嘉

慶年間卒道光　年　又娶上地胡氏后改適

標井

標井乃洵篇長子　生道光八年四月十九巳時卒佚

娶井邊陳侯官長女罕娘生道光庚子年五月十九午時卒

失孜

萬發

萬發乃洵灶長子係洵篇次子繼立生道光乙未年五月初六

亥時卒

標桂

標桂乃洵灶次子　生道光丁未年十一月廿九亥時俱在

外候查

標望

標望乃洵倒長子　生道光壬寅年十二月廿七丑時卒

標詭

標詭乃洵倒次子　生道光　年　月　日　時卒

標成

標成乃洵浮長子　生道光　年　月　日　時卒

標初　子三　春潭　炳浸

標初乃洵銓長子字建朔生道光甲申年十二月十六亥時卒

巽在南洋日哩　娶上地胡卧官長女勧娘生道光乙

酉年十二月十七寅時卒亦在南洋日哩　女笑娘適上地胡樞

標合　子二　炳報　炳窓

標合乃洵銓次子字建和號立日生道光戊子年四月廿五巳

時卒光緒四年戊寅六月十六日葬南洋嚏叻
娶金谷趙赫官長女安官生道光庚寅年五月初九卯時卒光
緒壬寅年十月廿六申時葬
女一　妹娘適馬頭許莉官
標莉　子二　炳音　炳本繼立
標莉乃洵銓三子字建水號玉成生道光壬辰年九月初十巳
時卒光緒戊子年三月十六辰時葬佳壠尖後生　向
娶福宅溪劉恩官四女兮娘生道光乙未年九月廿三戌時號
儉德卒光緒三十一年十月初四戌時葬大嶺邉坐午子兼壬丙
女二　長桃娘適崎縣陳泳官次銀娘適福宅刘保官

標倚　子　炳端養　清取

標倚乃洵銓四子字建依號立成生道光己亥年十月初三辰
時卒同治十二年五月初五巳時葬佳壠垵坐南向北
娶仙宮劉厝於官長女撮官生道光辛丑年九月十三酉時卒
光緒元年八月十六辰時葬大嶺邊坐南向北女不娘適大墘
林沓官

標鎮　子二　福魁　福安

標鎮乃洵摘抱養長子生道光庚寅年二月初八寅時在南洋
呣咾卒佚　娶上地胡氏賢娘生失攷卒咸豐辛亥年八月
十六日　時葬本山竹篙崙頭

標弄

標弄乃洵鉗抱養長子𢑱丹桂生道光乙未年七月初五辰時

卒同治　年五月初六吉時葬

娶大墩林氏治娘改適

標呀

標呀乃洵鉗次子生道光癸卯年八月廿三辰時卒同治

年十二月廿七吉時

標眼　子二　明叩　炳奶

標眼乃洵鉗三子　生道光庚戌年十二月十四辰時卒
娶崎縣陳苧官女約娘生
同治三年　月　時卒光緒廿一年二月十七申時

標漏
標漏乃明利長子　生道光丙申年二月初二酉時卒

標絨國
絨國乃明利次子　生道光廿八年又五鐠四月廿五卯時卒

青溪蓬萊張氏宗譜

標勅

標勅乃明利三子　生咸豐辛亥年又八月初七寅時在廈門

卒失攷　娶李氏美官生卒失攷　女一珍娘

標瑞

標瑞乃洵炭長子號振成　生道光己亥年六月初七申時在外

洋卒同治十年四月十四日

文良

文良乃洵柿長子號　生道光　年　月　日　時在外

洋先孜

標鎗　子二　炳黃　炳白

標鎗乃洵蓄長子字建首號源美生嘉慶己卯年十二月廿四卯時卒光緒二年十一月廿七　時葬

娶鴻卿李族官次女灥娘生道光乙酉年十月十八子時卒光緒壬辰年八月初十丑時葬

女二長梅娘適谷山林周官次孰娘適頂刈劉楷官

標紡

標紡乃洵蓄次子生道光戊子年十一月初八寅時卒葬在外

洋失孜　娶洋山胡沙官女謹娘生道光壬辰年五月十三
丑時卒咸豐十一年　月

標丹　子三　冬記　冬吟　炳

標丹乃洵蓄三子　生道光乙未年九月二十丑時在南洋嗹
叻卒光緒廿年正月廿六巳時
娶福帽朱氏不娘生失孜在嗹叻卒光緒廿三年十一月十七日
巳時

火山

火山乃洵撻長子　生嘉慶十七年十一月廿三未時卒

標懦水
懦水乃洵葉長子生道光壬辰年十月三十日亥時卒葬在
提烘未詳

標拈
標拈乃洵練長子字念閭生道光丙戌年四月十五巳時卒
失孜　娶登虎榜傅領官次女坂娘生道光庚寅年十月廿三
酉時卒同治甲戌年九月廿六未時葬

標拈　子二　炳冇　炳尾

標乳
査
公卒民國甲寅年正月初四寅時

標乳乃洵豹長子　生道光庚戌年九月初七丑時卒

標判

標判乃洵釵抱養長子　生道光癸卯年十月十一申時卒

標抱　子一　炳棲承

標抱乃洵到抱養長子　生道光乙未年十一月廿六辰時卒

娶西山林綿官女見娘

生道光己亥年　月　日　時卒咸豐辛酉年十二月初七申

時葬

標俟　子三　炳樓出繼　炳照　炳本出繼

標俟乃洵到次子銻平在生道光壬寅年九月廿四寅時卒光緒　年　月　日葬在外洋　娶新墘馬士官次女嬿官生道光甲辰年九月廿五寅時卒光緒甲申年三月十一申時葬

標叭

標叭乃洵東長子銻平千生道光十九年已亥六月廿六未時卒光緒　年　月　時

標竅　子二　廣貴　春令

標竅乃洵秉次子號平啟生道光廿十年庚子十一月廿二未時

卒光緒廿年甲午三月廿三卯時葬

娶崎兜溫彭官次女友官生咸豐辛酉年八月廿六辰時卒

女唾娘適刑厝林和官

標愛　子一　炳愚養

標愛乃洵哖抱養長子號平仁生道光乙巳年八月二十寅時

卒同治辛未年十月十二午時葬

標寢　子二　炳愚出繼　叶分養

標寢乃洵啐次子字建興號平安生咸豐甲寅年三月二十午
時卒光緒癸巳年十一月廿十吉時
娶魁美刘箕官次女縣官攺節　女志娘適崎縣陳報官

標甥
標甥乃洵擩長子　生同治七年四月廿八亥時往外夷娶夷
女　氏

標杯
子西（永泉）　紫榮　火炮　水港（半承惠安王）
標杯乃洵詠長子　生咸豐己未年九月十四辰時卒光緒
丁酉年八月廿四巳時葬在嘡坳坡　娶劉氏環娘生

同治戊辰年九月初十未時

女長望娘配大墘林　次於娘適象運埠　三梅娘適黃水君

尾娘適田頭黃宝治

廷邊　子一　泉聲

廷邊乃洵甜長子係洵揣次子繼　生咸豐十一年三月初四午時

卒民國丁巳年二月廿九卯時葬叻老塚

娶陳氏晏娘　生同治　年六月初六戌時 旧譜誌同治　查看田洋寄来生光緒乙丑六月初八巳時

賞来　子　綿源　金水

賞来乃洵砧長子狮　生光緒庚辰年三月十一吉時卒

娶水邊陳氏　官生光緒辛巳年八月廿四巳時

進耒　子二　大炎　綿源出繼

進耒乃洵硞次子字　生光緒壬午年二月廿九吉時卒民國丁巳年五月廿二未時　娶蘇氏仁娘生光緒乙酉年六月十九戌時卒民國癸亥年六月廿三午時葬新加坡

女二　長綿娘適鄭泗水　次玉娘適陳有官

標嚂　子三　炳閣　炳脉　炳釤出繼

標嚂乃洵昭明抱養長子字念色號蔭堂生道光癸未年十二

月廿八巳時卒光緒辛卯年四月廿八辰時葬千秋墩路上田
中外立乾巽亥巳內立　娶洋山姚氏藿官號守慈生
道光壬辰年十月初九未時卒光緒壬辰年又六月初四亥時
葬鶴岫壠坐亥巳兼壬丙　女一尾娘適新春林音官
公為族中長上凡鄉中有事即出為排解勸和故取號曰蔭堂
取庇蔭之義也

標炎　子嗣　炳釤

標炎乃昭明次子號景堂生道光乙酉年十月廿二辰時卒道
光　年　月

標養　子二　雁塔　承　金蓮養

標養乃洵餘抱養子字建涵號育堂生道光戊子年十二月廿八戌時卒光緒壬寅年十二月初一子時葬大坪下坐　向

娶溪南蘇賽官長女獺官改節　再娶后宅葉糸官女剌官生道光庚戌年正月廿一丑時卒

標賞　子一　炳九

標賞乃漢業抱養長子　生嘉慶癸酉年十月廿三子時卒佚

娶　氏早歿　再娶內山林氏端官改適

標卜　子四　炳砸　炳員　炳扁　炳湶

標卜乃漢業抱養次子獅叶圍生道光十四年九月十五酉時卒光緒丙戌年十月十五未時葬新厝墓横路上生

娶劉氏早歿　再娶溪南蘇性官長女星官生道光癸卯年八月廿八吉時卒

女三長螺娘適龍居胡掌官次桃娘適新村林儼官三巡娘適鴻卿李望官

標的　子　炳閜　抱養

標的乃洵準抱養長子生嘉慶癸酉年六月初一辰時卒咸豐二年四月三十日寅時

標雲　子三　炳潤　炳掬　炳涉

標雲乃洵準次子號　生道光二年壬午十二月廿六子時卒光緒己亥年二月十三寅時葬嘡叻坡坐北向南

娶溪沙黃浪官三女昉官生道光庚寅年正月十六巳時卒同治癸亥年四月初四巳時

再娶谷山蕭氏禾娘生道光丁亥年九月初六申時卒同治甲戌年九月十六未時葬

女二

標領

標領乃洵準三子生道光乙酉年正月初七卯時卒道光廿二

年正月十五巳時

標哲　子二　炳鐕　炳吱出繼

標哲乃洵轉長子號其寶生嘉慶己卯年六月初八巳時卒咸

豐五年八月初三辰時葬

娶崎縣陳市官次女滿官生道光戊戌年十月廿五酉時卒咸豐

八年六月初三辰時葬

標抱　子嗣　炳吱承

標抱乃洵轉次子號文梨生道光癸未年三月十八卯時卒道

道光丙午年七月廿二午時

標糠　子二　炳喜　炳蚋　出繼

標糠乃洵轉三子號　生道光乙未年七月初一辰時卒光

緒癸未年十二月廿七寅時葬

娶溪南蘇坋內官長女縣娘生道光辛丑年十月初八巳時卒

光緒甲午年六月初六丑時葬

標晚　子嗣　炳蚋　繼

標晚乃洵轉四子生道光庚子年六月二十卯時卒同治乙丑

年二月初一申時

標拒

標拒乃洵仲長子　生道光己亥年正月廿八辰時卒

標囉

標囉乃洵仲次子　生道光丁未年十二月廿八辰時卒

標塲　子三　炳圭　炳乞　復興

標塲乃由序抱養長子號　生嘉慶己卯年正月初五辰時

卒同治癸亥年二月初九巳時葬

娶大墘林辦官長女摘娘后出再娶光德許氏鉤娘生道光壬
午年六月十八午時卒光緒壬辰年六月廿三申時

標鉐　子二　炳田　炳活

標鉐乃洵爾長子　生道光庚寅年六月十三丑時卒

標膭　子二　炳首　炳痴

標膭乃洵湍長子號　生道光壬午年七月廿八申時卒光
緒丁丑年八月十一未時
娶鴻卿李白官長女烏官　生道光丙戌年四月廿四酉時卒光

緒庚子年七月十四子時奚

女一　娘適大墘林拘官

標瀨　子二　炳戎　炳猫

標瀨乃洵瓶長子師　生道光庚寅年二月廿八申時卒光

緒辛卯年七月初七卯時

娶登虎榜傅氏疼娘生道光癸巳年二月廿八酉時卒咸豐十

年庚申七月十六辰時奚

再娶上地胡氏進娘生道光廿一年辛丑七月十六寅時卒光

緒三年五月廿五丑時

女二　長碟娘適加甘李記官次錢娘適南安

標厲　子三　炳鰍　炳茂　炳粧

標厲乃洵瓶次子號　生道光乙未年九月廿六亥時卒

娶蓮格陳氏蓮娘生

道光廿三年癸卯三月十八卯時卒光緒癸卯年三月十五午

時葬厦島

標銅　子四　江淮　心火　水龍　火爻

標銅乃洵瓶三子字　生道光三十年庚戌十二月初四戌時卒

民國己未年十月十八卯時葬跳坑林頭壬丙子午娶鴻卿李氏貴官生咸

豐九年七月初八寅時卒民國乙丑年二月廿五辰時葬寨仔兜

口辛乙酉卯　女三長情娘適大墘林好官　次娑娘適鴻卿李碣官　三信娘

標擿　子一　炳昌

標擿乃洵斗長子字建瑶號懷玉生道光己丑年十二月十二丑時卒光緒乙未年九月十一申時葬

娶郭氏通官出　再娶泉州葩山街葉氏錦官生道光丙午年四月廿九巳時卒同治十三年甲戌九月廿六巳時

女二長才娘適德崇蔡尊官　次金娘適鴻卿李流官

標榜　子三　炳強　炳罩　炳孝

標榜乃洵斗次子字念金號懷題生道光癸巳年十一月十五卯時卒光緒癸卯年四月十九巳時葬

娶溪南蘇氏鑽官生道光丙午年十月十二申時卒民國癸亥年正月初八酉時葬

女二長寬娘適彭格陳經官次濺娘適路尾李逆官

標余　子三　炳吉養　炳仁

標余乃洵斗三子號懷美生道光庚子年十二月廿七巳時卒光緒乙酉年閏五月初九酉時葬

娶登虎榜傅踏官女治娘生道光廿九年己酉二月廿九戌時卒光緒丙午年閏四月初九吉時

標可　子三　炳崴　炳榷　炳否

標可乃洵忠長子號　生道光丙午年年五月初四丑時卒光緒

丙戌年十月廿七日葬在南邦新加坡新恒山亭塚坐南向北

娶磜內林氏富娘生咸豊八年戊午八月十五卯時卒民國乙

卯年八月廿二午時葬嘆叻舊塚坐東向西

新宅　子一　鳳鸞養

新宅乃洵北嗣子係洵斗四子繼字念居號懷安生道光甲辰

年十一月十七申時卒光緒庚子年十一月廿四丑時

娶洋山姚氏鉗娘生咸豊七年丁巳八

月十四申時卒民國庚午年八月廿九申時葬本鄉大嶺邊

女二長晏娘適溪口內易預官次悔娘適埔頂楊雲官

標愴　子一　新山　承

標愴乃洵勛長子生嘉慶乙亥年十二月十九子時卒同治十二
年癸酉十二月廿九申時
娶許氏萓娘改適

標响　子三　炳吽　新山　出繼　炳譁

標响乃洵勛次子字念聲號其音生嘉慶戊寅年二月十八巳時
卒光緒庚辰年十月十二未時
娶東洋陳氏鑽官生道光十四年甲午年四月廿二丑時卒光緒十
七年辛卯八月十六丑時號彌慈

標揉

標𢱧乃洵勳三子生道光二年壬午八月三十日子時卒道光
己酉年十一月廿二辰時

標巍

標巍乃洵勳四子號高峻生道光丁亥年十二月初四未時卒
道光辛丑年四月廿四辰時

標欣 子四 炳越 炳怡 炳湿 炳柴

標欣乃洵勳五子字念喜號其然生道光甲午年年正月十九丑
時卒光緒甲午年十月初六日葬在南洋嗟叻大吧窑
娶溪頭柯氏近官生道光廿一年辛丑十一月初四亥時卒光緒

十二年丙戌十月二十辰時歸則慈英
女因娘適五埔陳家

標軟
標軟乃洵勵六子生道光丁酉年二月十五未時卒同治戊辰
年十二月廿七日

標要
標要乃洵砭長子　生道光己丑年七月十七未時卒

標眼

標眼乃洵荀長子　生道光丙申年十一月十七亥時卒道光

庚戌年八月十八日

標再　子三　炳刊　炳顋

標再乃洵荀抱養次子鈽　生道光十二年十一月廿六巳時卒

光緒乙巳年四月廿六巳時

娶胡氏儉娘生道光廿三年二月十三辰時卒光緒　年

月　日　時葬外洋啶叻

女二長笑娘適上地胡嗹官次金娘適新墘馬甲官

標昊

標昊乃洵荀三子生咸豐五年九月廿五巳時卒同治癸酉年
七月二十吉時

組緞　子二　聯登　新麻　俱殀

組緞乃洵旦長子　生道光壬寅年九月廿九辰時卒咸豐戊
午年六月十二吉時　娶李氏斤娘改適

開生

開生乃洵旦次子生道光丙午年年八月十六午時卒佚

家齊　子三　聯登　新麻　俱未成　組綴

家齊乃洵旦三子字念國號家修生道光三十年四月初七辰時卒光緒壬寅年十月初三午時歿外洋嘮叻大吧窑

娶洋山胡遭官女蕃娘生咸豐庚申年十月廿五戌時　女抱娘

建置

建置乃洵嗹之子

標

乃洵綴養子　殤

標頭　子三　汝星　五彩　抱芸

標頭乃洵猷長子字念端號言猶生道光十五年乙未又六月廿八午時卒光緒廿三年丁酉六月初五戌時葬在外洋嘡叻娶德崇蔡氏爲官號人慈生道光癸卯年七月十五午時卒同治己巳年十月廿二卯時生男一女一葬

再娶庵頭林氏添官生道光己亥年七月十九辰時卒民國六年丁巳八月初三戌時生男二女三　長成娘適竹塔李柔官次恍娘適鴻卿李寅官三面娘適路尾李愜官

連居　子三　炳會　新拔　新奕

連居乃洵廟長子字念安號　生咸豐丁巳年五月初五卯
時卒民國五年丙辰十一月廿三未時
娶登虎榜傅氏見官係捺官女生同治丁卯年二月初二申時
卒民國壬申年七月十三卯時
女二長蔓娘　次斷姑

標鑲　子三　炳腸　炳賫　炳殿

標鑲乃洵深長子號作行生道光戊子年八月十九巳時卒光
緒戊子年十一月初四未時
娶湯内鄒法官長女于娘生道光丁未年四月十八辰時卒民國
癸酉年九月初八辰時　女銀娘 適鶴前刘寛官

標迺　子三　炳舵　炳鎮

標迺乃長慶長子字念宣生嘉慶辛未年八月初二丑時卒佚

娶金谷温瑞官次女扳娘生嘉慶廿十年六月廿九午時卒同

治甲子年二月廿五未時

女　環姑適溪頭柯家

標玲

標玲乃長慶次子狒　生嘉慶己卯年三月十九卯時卒葬

失攷　娶路尾李氏奩官改適

標外　子二　清時　炳紅出繼四李

標外乃洵犁長子號固本生道光癸未年十一月十四辰時卒光
緒庚寅年七月初一酉時
娶林氏蔭官改適

標漂

標漂乃洵犁次子號固居生道光丁亥年　月十三辰時卒光緒
年　月　時葬在洋
子嗣　炳紅

四季

四季乃洵梨三子號固春生道光十年五月廿四亥時卒光緒
己亥年八月廿五　時葬在厦島
娶林氏金官改節

標題

標題乃洵園長子殤

標舉　子一　炳里

標舉乃洵園抱養次子字念進號固遷生道光乙丑年五月十三巳時卒光緒乙未年二月十九巳時

娶十字路陳氏𨁈官生道光戊子年十二月初一午時卒民國甲寅年六月十八吉時

女一芳娘適南安楊瑞官

標操

標操乃洵圜三子生道光十五年十一月初二卯時卒同治壬戌年六月初七辰時

標槌　子二　談論　丁午

標槌乃洵腰養長子字念其生道光庚子年八月初九丑時卒

娶谷口蔡氏冉娘生咸豐辛亥年四月十五卯時卒民國庚午年六月廿九午時葬

女二　長茶娘適溪南蘇添平官次香娘

標引　子二　炳竹　炳草

標引乃洵鐃養長子字念申生道光戊子年三月初六日未時

卒同治元年壬戌十二月初九吉時葬在夷　娶西山林氏
甲娘生道光庚寅年八月初十午時卒民國甲寅年十月初二
申時與子炳格合葬大崙頭生　女早娘配黃宅林陳地官
建基　子二　元山養　炳才
建基乃洵鐃次子係洵深次子繼諱標鶼號址立生道光庚子
年十月十一丑時卒　年八月廿四日吉時葬在外洋石馬
丁宜　娶曾口坂傅正官女却娘生佚卒同治戊辰年六月
廿六酉時　女新娘適大墘林餡官
標阬

標阮乃天水長子生嘉慶丁丑年十月初五酉時卒咸豐

年　月　娶李氏滿娘改節

標纫

標纫乃天水次子生道光乙未年五月十九辰時卒

標鮑　子一　炳九

標鮑乃洵宜長子　生道光癸未年六月十九午時卒咸豐

年　月　日　時　娶鴻卿李

氏諒官

標樟　子一　炳鐸

標樟乃天乞長子號樹香係抱養生嘉慶十六年辛未八月十四午時卒道光十七年丁酉二月初十酉時

娶大墘林氏旺娘生嘉慶十五年庚午八月初七辰時卒道光十九年已亥六月廿八巳時號興慈巽

標庄

標庄乃天乞抱養次子生道光乙酉年正月初六午時卒咸豐　年

娶林氏六娘改適

標爐

標爐乃洵象抱養長子號生香生道光戊戌年十二月初六吉時卒咸豐丁巳年六月十二卯時

標剥

標剥乃洵撥長子生道光廿三年癸卯三月十九未時卒光緒甲辰年正月初一子時

標此

標此乃洵撥次子生咸豐乙卯年正月初八丑時卒光緒

年月

娶上地胡氏改適　女一配厦島

標搶　子嗣　桂水

標搶乃洵麵嗣子係胞兄洵撥之子繼生道光廿七年丁未四

月初六卯時卒

標婢

標婢乃洵侯承子係胞弟洵馬繼立生道光甲午年十月初八

巳時卒咸豐　年　月　日　時

標臨

標臨乃洵馬長子生道光庚寅年四月十六午時卒同治

年　月　日　時

標與

標與乃洵寶抱養子之子生道光七年丁亥十二月初九卯時

卒咸豐　年　月

標賞

子　炳刋　炳全

標賞乃洵智長子豨　生道光壬午年十二月十五辰時卒

年　月

娶溪尾劉隈官女玉官生道光十一年十一月十九辰時卒

標千
子　炳萬　炳貴殤　炳春　炳来

標千乃洵智次子狮　生道光戊子年八月初三巳時卒

新来

新来乃洵梅長子　生道光　年　月　日

銀當

銀當乃洵草長子　生同治癸亥年五月廿四戌時

金章乃洵筶三子煎承先知字念文生光緒廿一年乙未八月十二寅時卒

幼配龍居林氏成娘生光緒三十年甲辰四月初七午時筶早歿而氏出

金桓　子三　漢國出丰　漢英　漢琦出丰

金桓乃洵筶四子字　生光緒廿五年己亥六月廿五辰時

妻溪南蘇氏吉娘生光緒癸卯年七月十五巳時女秀蓮幼

金章　子　漢國承丰

金章乃先知双承子係洵管三子繼寔録見上

金旭

金旭乃洵道長子字念日生光緒廿年甲午十月初九寅時隨母逃出

添水

添水乃洵抄繼子係洵裕次子繼生光緒十年甲申閏五月廿七亥時卒

江淮

江淮乃洵抄繼次子係洵玉長子繼生光緒十三年丁亥九月

廿一子時卒光緒戊甲年十二月初七戌時

好生

好生乃洵裕長子生同治十三年甲戌八月十五申時卒

標走

標走乃洵裕三子殤　生光緒十二年丙戌二月十七巳時

瑞源　子三　永連出羊　火盛　壬山出半

瑞源乃洵裕四子生光緒十四年戊子十一月廿五亥時

娶鶴前劉氏文娘生光緒辛丑年七月十七子時

女二箕娘　璇石俱幼

後生　子　壬山承半

後生乃洵玉次子字　生光緒廿一年乙未十月初五日巳時

娶李氏斟娘生光緒廿六年壬寅十月廿三申時

女二長鑾娘次醉娘俱未字

成元　子二　水順　水發

成元乃洵榜嗣子係洵裕五子繼　生光緒十九年癸巳十二月

初十寅時娶溫泉唐氏花娘生光緒癸卯年十二月廿七巳時

女二　金傳　金諒俱幼

天生 子三

天生乃洵謹長子字　生光緒廿二年丙申十月十七辰時
娶崎縣陳氏元娘生宣統己酉年十月初六子時女二長乞娘
次木昭幼

扳桂

扳桂乃洵謹次子生光緒乙巳年七月廿九丑時殇民國丙寅
年四月十六日未時

水春

水春乃洵謹三子字　生宣統己酉年八月廿九申時娶王

氏晟娘生民國庚申年四月十一日戌時

標柳賜　子二　炳　炳瑞　漢琦承丰

柳賜乃洵欽賜長子號　生光緒七年辛巳十一月初一午

時卒民國癸酉年七月初六未時葬外夷　娶

佛仔後派

寶鎮　子　傳世　淑女　雲英出繼

寶鎮乃洵萬抱養長子生咸豐七年丁巳正月十一寅時字念師

卒民國辛酉年二月初四寅時葬小張宅狗頭坪路后壁壬丙子午

娶溪南蘇監生諱龍鱗長女于官生同治六年丁卯十一月初五
卯時　女陳娘適溪南蘇桂

標紋　子嗣一　雲英

標紋乃洵萬次子生咸豐十一年辛酉十一月初二巳時卒光
緒　年九月初一吉時　娶德崇蔡氏改節

成吉　子二　炳賤　炳送

成吉乃洵靴抱養長子　生咸豐元年辛亥二月廿六卯時卒
光緒甲午年正月十五寅時

娶洋山胡𡿨官長女取娘生同治癸亥年　月卒民國丙寅年

四月廿三巳時葬南洋石傌丁宜

木水　子　國慶　國基出繼　炳出出繼　炳郡

木水乃洵靴权承次子係洵順次子薰承生咸豐十年庚申九

月十二寅時卒光緒庚子年九月初二申時

娶龍家王孟官長女不官生同治己巳年五月十五午時

女去娘適路尾李宣官為媳

刋水　子嗣一　金定

刋水乃洵靴承繼三子係洵酒三子嗣生光緒丙子年六月初

三辰時卒光緒乙未年五月初八未時葬晃墓脚癸丁丑未

垂興

垂興乃超來抱養長子生同治元年壬戌九月廿四巳時

陞裕　子七　維羆　維士　陰潤　金兜　得令　惟技　水錦

陞裕乃超來次子字念豊生同治五年丙寅二月十一酉時

娶上地胡進緘官次

女姤官生光緒丙子年九月初三巳時

女長霞娘適鎮府黃双廪次茶娘

廣進　子一　新蒼

廣進乃超来三子字念益號　生同治七年戊辰十二月十四
卯時　娶上地胡義官次
女格官生光緒乙亥年九月廿五未時女一蕉娘

四在　子　松樹殤　清道　金練

四在乃超来四子字念左生同治十一年壬申五月十二亥時卒
民國十九年正月十四亥時　娶登厝榜傳地官長
女愛官生光緒丁丑年十二月初三卯時在外卒民國壬戌年九
月廿四卯時

邦桂　子三　溪水　福麟　炳土

邦桂乃起來五子字念富生光緒元年乙亥十一月十五丑時

娶崎兜温彭官五

女湶官生光緒壬午年五月初二午時女枣娘卒民國甲戌年七

月十八日巳時葬在吉隂坡福建塚

木水　子　國慶　國基殤　炳出出継　炳郡出継

木水乃洵順長子兼承洵靴　寔錄叙在內

秋月　子　炳出承

秋月乃洵順次子號　生同治三年甲子四月初四戌時卒

光緒乙巳年二月

娶陳氏喹娘生光緒戊寅年四月十六未時卒光緒乙未年九

月十八未時

加添 子二 國基 承殤 炳郡 承

加添乃洵順三子號 生同治六年丁卯八月十八寅時卒

光緒庚寅年三月廿三丑時

標勤 子四 炳齊 炳定 出繼 青龍 海水

標勤乃洵酒長子號 生同治二年癸亥十二月初八酉時

卒民國癸亥年八月初四午時葬在紅山坐辛乙酉卯

娶崎兜溫漂官長女好娘 生光緒乙亥年三月廿九未時卒光緒

乙巳年十月廿五吉時葬晃墓腳坐卯酉乙辛 女 長石娘 次螺娘

再娶上地胡氏硯娘生光緒丁丑年正月十七寅時　女三玉娘

適忙卅王

標典　子一　發成

標典乃洵酒次子　生同治十三年甲戌二月廿七未時卒

光緒癸卯年十月初四子時

娶大墘林氏西娘改適

標賞　子一　天生

標賞乃洵酒四子　生光緒乙酉年三月初四辰時

娶上地胡罕官長女仁娘

生光緒己丑年三月初五申時卒光緒乙巳年十一月十九寅

時葬在蛇仔形甲庚酉卯　再娶上地胡田官四女最官

生光緒壬辰年五月初一巳時

女八長信娘適崎縣陳次隨娘適登虎榜傅三嶶娘適魁美刘四

腰娘適上地胡五預娘未字六着娘適曽口坂傅七柿娘八截娘俱

未字

標談　子二　炳剃　眉棟

標談乃洵合長子狮　生同治五年丙寅八月廿四卯時卒

民國丙寅年十一月廿七亥時葬

娶溪頭柯溢官女練娘生同治丁卯年十一月廿八卯時卒民國

乙亥年五月十五子時　女長担娘適大墘林茂官次圭娘適上地胡三最娘

標明卜

明卜乃洵合次子生光緒丁丑年二月廿六申時

標星

標星乃洵平長子　生同治十二年癸酉八月初八申時卒民

國丙子年二月廿七丑時

標綿長　子　新丁殤　炳性

綿長乃洵平次子字　生光緒二年丙子六月初六辰時在

外曳卒民國癸亥年二月初七子時　娶西山林醎官

三女足娘生光緒甲申年十一月初二丑時

三德　子一　炳有

三德乃洵平三子字念明生光緒庚辰年九月廿六子時在外
洋　娶彭格陳旺
官女儉娘生光緒戊子年七月初六酉時卒民國甲寅年二月廿
二戌時女早娘適崎兜陳日生官

成珪　子一　惟申

成珪乃洵平四子　生光緒癸巳年正月廿四未時卒民國乙
丑年八月初一申時　娶登虎榜傳

氏担官生光緒丁酉年二月廿一辰時卒民國己巳年二月初二午時

## 標綱

標綱乃洵才長子生光緒丁酉年三月十二寅時外出無攷

## 新創

新創乃洵曲抱養子蕉承瑞春生同治壬申年正月十七巳時卒葬在外叓娶内山林量官女田娘改適

標坑　子一　炳本

標坑乃洵巧長子　生道光丁酉年五月廿五丑時卒

娶魁美劉氏月娘生

道光庚子年正月十二酉時卒光緒九年癸未十月十六吉時

葬在

標是　子一　炳壹

標是乃洵炮長子字念皆號道亭生道光辛丑年十二月初九

辰時卒

娶胡氏緞官改適

# 清溪蓬萊嶺美張氏宗譜

正卷柒

清溪蓬萊張氏宗譜歷世紀實卷柒

十八世

炳貴　子二　培養　培鈞殤

炳貴乃標智長子生道光庚戌年五月初十卯時卒光緒丙戌年五月初七申時葬　娶沙縣黄氏秀英生咸豐壬子年四月廿一酉時在沙邑卒未詳

炳池　子三　培詩　培禮　培熹

炳池乃標忠長子𥒰生同治辛未年正月廿七卯時卒光緒十七年辛卯五月十九未時葬

清溪蓬萊張氏宗譜

娶鎮頭水尾墘吳氏綢英生同治己巳年十月初五酉時在沙邑未詳

炳河　乃標忠五子

炳欽　乃標忠六子

炳沅　子一　培栽

炳沅乃標綢長子字孫芷生同治癸亥年正月十一午時

娶林氏鳳姑生同治乙丑年七月十二辰時卒光緒己亥年六月十五子時　女二長木英適碧口鄧發全次索配洋溪陳其發

炳得

炳得乃標綢次子字兹三生光緒乙亥年三月初一酉時在沙邑

娶尤氏秀金生光緒庚寅年五月初二吉時在沙邑未詳

炳沾　壬二　培悻

炳沾乃雨化長子㫆　生嘉慶戊午年四月初七辰時卒道

光戊子年六月廿三申時葬

娶李氏裁官改適

炳㝅

炳㝅乃雨化次子㫆　生嘉慶辛酉年四月十三戌時卒道

光　年　月　日

炳貨

炳貨乃雨化三子　生嘉慶九年十二月廿二丑時卒道光

年　月　日

炳覔

炳覔乃雨化四子　生嘉慶　年　月　日　時卒

炳瓊

炳瓊乃標講長子殤

炳蟬

炳蟬乃標講次子　生嘉慶三年戊午十二月三十日酉

時卒

炳疊

炳疊乃標講三子 生嘉慶六年辛酉九月十二丑時卒

年月日

炳愽

炳愽乃標講四子 生嘉慶九年甲子十二月廿二丑時卒

年月

炳頡

炳頡乃標講五子字舔命熙承標遺生嘉慶辛未年六月初七

辰時卒葬失玫 娶大墘林氏戚官女云娘生嘉慶甲戌年

二月初一卯時卒 女担娘適

炳萌

炳萌乃標瓚長子生嘉慶六年辛酉九月十三酉時卒未詳

炳寵　子二　培正　培親

炳寵乃標綏嗣子係標繆長子繼狒淑然生道光八年戊子正月廿九未時卒光緒廿九年癸卯六月廿三巳時葬

娶溪南蘇山官長女抬官生道光十六年丙申十二月廿三巳時卒

女三長領娘適鴻卿李本官　次適溪頭柯寬　三娘適洋山胡付

新發　子　培照　承

新發乃標魯長子駢　係標掾之子繼生道光七年丁亥八

月廿一寅時卒

介恭　子四　培箕　培照出繼　培筐　培科

介恭乃標魯次子係標嵩三子繼駢世然生道光廿三年癸卯

二月二十子時卒光緒廿一年乙未九月十七申時

娶登虎榜傅勁官次女薄官駢侍正

生道光甲辰年八月十一卯時卒光緒廿年甲午三月初十日

巳時葬本山大姐坪崙邊生酉卯兼庚甲

雙權

雙權乃標市嗣子係標討論四子繼　生道光廿一年辛丑十月

十三辰時卒

連及　子五　青龍　培種　培族　培琛　培詩

連及乃標置長子字兹廣號其知生道光四年甲申十月十六

子時卒光緒三十年甲辰二月廿十申時

娶東洋陳札官四女添娘生道光八年戊子十一月廿五午時卒

光緒戊寅　年九月廿九日巳時葬寨街格內崙坤艮　甲寅

女長謙娘適曾口坂傅孝官次畣娘

德發　子二　培朕　水源

德發乃標囂次子字茲峻生道光廿年庚子四月十八寅時卒年正月初四巳時

娶洋山胡楓官長女即官生道光廿三年癸卯七月廿五午時卒光緒癸卯年七月廿五午時

女長接娘配溪頭柯次圭娘適龍居林琠官三成娘

炳料　子四　培頌　培丕　培宇　培文

炳料乃標繆次子字爾度生道光十五年乙未十二月廿五丑時

卒民國乙卯年正月廿四日
娶溪南蘇杏官長女千官生道光廿年庚子正月初一卯時卒
光緒乙巳年十月廿三日葬
女長草娘適　次草娘適　陳拔官三褅娘
炳節　子三　升階　培怡　培敦厚
炳節乃標繆三子字滋品生道光十九年己亥十一月初六日戌
時卒民國戊午年八月廿九巳時葬本鄉土名放口坐辛乙戌辰
娶溪頭柯白官長女氣娘生道光廿五年乙巳十月初十辰時卒
民國乙卯年六月廿六午時葬本鄉土名墘尾坐乾巽兼亥巳
女三長適溪尾吳着官　次適崎縣陳名書　三配后山園王灶官

翰墨　子三　培鐸　培拋　培田

翰墨乃標繆四子字兹花號　生道光廿五年乙巳十一月初二午時卒光緒丁未年六月初七辰時

娶溪南蘇阜官長女箴官號成安生光道廿七年丁未十一月十五酉時卒光緒廿三年丁酉六月初一巳時葬虎崗岩壬丙亥巳

女長情娘適曾口坂傅查官　次飽娘配加塘尾陳題雁官

炳徙　子三　因陳，請令　利水

炳徙乃標繆五子字兹居號　生道光廿九年己酉八月廿十子時卒光緒丁未年五月廿一申時葬

娶登虎榜傅城官長女順官生咸豐三年癸丑十一月

十五寅時卒民國己巳年十二月十九未時

女三長奶娘適大墩林萬官　次呈娘適安海三茶娘

## 庇根

子二　培恭　厘戩承丰

庇根乃討論長子字茲委生道光十四年甲午十月廿三申時卒

同治七年戊辰十月十二子時葬

娶溪南蘇興官長女錬娘生道光廿一年辛丑十月廿二寅時卒

同治十一年壬申十二月廿六寅時葬

## 夏水

子二　培西　培真繼炳螺為長子

夏水乃討論次子字茲春生道光十七年丁酉五月十九日辰時

卒同治辛未年六月十　日巳時葬

娶蓮格陳鉗官長女韮官生道光甲辰年三月十八子時卒

炳螺　子三　培貓　中和　泉河　出半

炳螺乃討論三子字欽海號燦然生道光十九年己亥九月十

三寅時卒光緒十七年辛卯七月初五酉時葬北山石創生辛

乚兼　娶溪頭柯𤆬官長女嫌官生道光廿七年丁未十月

初三酉時卒光緒丁未年四月廿四日

女長銀娘適城隍寮姚情官次足娘適赤嶺林拏官

炳沛　子七　成栢　培虎　金覺　流水　永福　造佑　乜寸

炳沛乃討論四子字慈雨號明然生道[illegible]廿八年戊申三月初
八日丑時卒光緒廿八年壬寅七月初三戌時葬菅湖生后改葬
北山坐壬丙兼亥巳　娶洋山胡鎌官長女笑官生咸豐元年
辛亥十月廿三寅時卒民國丙寅年十二月初二酉時葬崎兜山
坐酉卯辛乙　女花娘適洋山胡對官

六川　子五　三賢　培開　造格　厘戩出繼　五蔭

六川乃討論五子字慈填號定然生道光三十年庚戌三月廿四
巳時卒光緒廿九年癸卯六月廿六未時葬本鄉北山石痛頂、
坐庚甲兼酉卯　娶上地胡多官次女好娘生咸豐八年戊午
正月十四巳時卒光緒廿四年戊戌十一月廿八巳時號純青葬

女二長湍娘配龍居胡駙官為媳次配延寿院吳家

炳八記　子一　泉河　承丰

八記乃討論六子豨禮然生咸豐乙卯年十月初五酉時卒光緒廿六年庚子七月廿七申時葬在南洋寔叻娶柯氏未笄出

炳勅

炳勅乃標據長子生道光元年辛巳八月初十巳時卒在台湾

炳屋

炳屋乃標據次子生道光四年甲申二月十三卯時卒在台

炳揀　王　西安　連作

炳揀乃標㤔長子號披盛生道光六年丙戌三月二十酉時卒
同治十二年癸酉二月初五未時葬阜坑壠鉋靴崙
娶登虎榜傅月官三女寔娘生道光庚寅年九月初三卯時卒
道光乙巳年七月廿三酉時葬
再娶溪尾劉洵官三女春娘生道光七年丁亥十一月初六酉時
卒道光廿七年丁未十月十七吉時葬
三娶大墩林氏却娘生道光十六年丙申十一月廿七子時卒同
治十三年甲戌四月廿三巳時　　生男二

炳箱　子二　泰山　新刋　螞養

炳箱乃標怎次子字茲倉𥿄萬𤏲生道光九年己丑八月廿三子時卒光緒十六年庚寅六月初六未時葬本北山坐乾巽兼戌辰　娶鴻卿李闖官長女耳官生道光十六年丙申四月初四辰時卒同治八年己巳六月初三未時葬梓坑壠庚甲酉卯生子泰山　又娶上地胡氏正官女晝娘生道光十五年乙未九月十七辰時卒光緒丙午年五月十九吉時葬

炳貫　子一　培趙

炳貫乃標怎三子字茲條𥿄豁𤏲生道光十五年乙未六月十四

申時卒同治四年乙丑二月初十子時葬双墓垵中崙辛乙戌
辰　娶鴻卿李旺德官長女信娘生道光廿二年壬寅八月十
五未時卒同治十年辛未十二月十四寅時葬在大林内未丑
兼丁癸
炳級　子二　松林　陰潤承
炳級乃標忩四子字茲和號經然生道光十八年戊戌十二月
廿一卯時卒同治十年辛未五月初六巳時葬本大山垵坐亥
巳兼乾巽　娶竹塔李返官長女蜂官改適
炳簪　子二　朝宗　新豪
炳簪乃標忩五子字茲規號仁然生道光廿一年辛丑六月十三

辰時卒光緒廿五年己亥　月　日　時葬大山坂田中坐乾巽兼亥巳　娶厚安謝秤官次女吽娘生道光廿九年己酉十月初七酉時卒民國庚午年正月廿一申時

女三長謙娘適上地貢生胡斛官　次儉娘適沄尾陳雨順　三念娘適湯格陳介

炳宣　子三　補助　培江　陰潤出繼

炳宣乃標怎六子字茲昭號著然生道光廿三年癸卯十二月廿七寅時卒光緒廿九年癸卯九月廿六寅時

娶溪頭柯氏雪官生咸豐五年乙卯九月二十卯時卒光緒丁未年二月初六巳時葬

女二　長絹娘適溪頭柯語官次明娘適柯倉官

炳東

炳東乃標媚長子　生道光七年丁亥七月十九子時卒

炳讓

子　清溪　清河　清水　清桃

炳讓乃標媚次子鍗　生道光十年庚寅四月初五午時卒

同治十二年癸酉十月　時葬厦門山

娶大墩林氏金娘　生道光廿二年壬寅六月廿三戌時卒

炳連　子二　文彬　文質養

炳連乃標媚三子　生道光十五年乙未三月十二卯時卒

娶厦門余氏燕官生道光廿五年乙巳六月初九亥時卒

炳嗹　子四　培廩　培春愚　才情　水通

炳嗹乃標藐長子　生道光廿三年癸卯四月初一午時卒

光緒戊申年十月十八丑時葬大烏坪下崙內丁癸未丑

娶溪南蘇氏蓮官　素慈生咸豐丙辰年四月廿六申時卒同

治十二年癸酉十月廿七酉時葬本山石創大崙邊癸丁兼子午

女一刋娘適新村林滔官　再娶山頭黄汶官六女靜官生咸豐己未年五月廿三午時卒民國乙卯年三月廿六申時葬在林内大姐坪坐乾巽兼亥巳　女二長担娘適鴻卿李有官　次宝娘

炳木

炳木乃標藐繼次子係胞弟律四子嗣生同治元年壬戌正月十二巳時

炳南　子一　佳仍

炳南乃標律長子字茲兆生道光廿九年己酉五月初二午時

卒民國乙丑年六月初八卯時與媽合葬叻坡呑納口　娶溪頭柯氏悉

娘生咸豐二年壬子十月十五寅時卒宣統辛亥年又六月初二

戌時

女一適嚐叻

炳垃

炳垃乃標律次子殤

炳合溆

合溆乃標律三子生同治五年丙寅三月十五寅時卒

炳陽

炳陽乃標安長子生嘉慶十八年癸酉六月廿七午時卒失孜

炳㮚

炳㮚乃標妥次子字兹花生道光二年壬午十一月初三寅時

卒佚

炳易　子二　培瘦

炳易乃標蒼保長子字兹經生嘉慶十八年癸酉十一月初四辰時卒咸豐四年甲寅八月十六卯時

娶上地胡氏慶娘生道光三年癸未四月廿九未時卒道光廿十年庚子三月初五巳時葬

再娶鶴前劉氏不娘生嘉慶　年十二月廿三午時卒道光廿
三年癸夘十一月十九午時
炳地
炳地乃蒼保次子生嘉慶廿三年戊寅九月初三辰時卒咸豐
十年庚申正月十一酉時葬　娶蔡氏改適
炳劍
炳劍子　培鬆承　培爆養双承　朝雅兩承
炳劍乃蒼保三子字茲貿號金戒生嘉慶廿五年庚辰七月十
六辰時卒光緒壬辰年七月十一子時葬
娶南安前坑余河官次女来娘生嘉慶庚辰年七月初三卯時

卒同治十三年甲戌十一月廿七丑時葬遠葱

再娶王氏三娘生道光三年癸未正月初三戌時卒光緒癸巳

年三月初四午時

女烟娘適曾口坂傅金官

炳澎　子一　西河

炳澎乃標春長子字兹滴生嘉慶廿五年庚辰十一月初二子時

卒咸豐九年己未九月初五卯時

娶大墩林氏縣娘生道光元年辛巳十二月廿五亥時卒同治十

三年甲戌十月十二卯時葬

女幼娘適曾口坂傅家

炳瑱　子二　齊眉

炳瑱乃標杏次子字兹琓錦儀成生道光三年癸未八月十二寅時卒光緒辛卯年四月十一戌時葬

娶登虎榜貢生傅墻官長女謹官生道光癸未年十月十三未時卒光緒丁酉年八月廿八未時葬

女三長元娘適南安下尾洪肖官　次里娘適曾口坂傅其心　三嫌娘適福宅溪刘要官

炳鯱　子一　新全

炳鯱乃標杏三子錦　生道光九年己丑二月初二寅時卒

娶山嶺埔葉氏榔娘生道光辛

卯年九月初四午時卒咸豐己未年七月廿三寅時葬

炳休

炳休乃標吝四子字祢美生道光十二年壬辰正月十一日巳時卒

同治　年在嘪叻未詳　娶鴻卿李氏改節

炳伍　子一　培智

炳伍乃標吝五子字玆陸號平成生道光甲午年三月廿四未

時卒光緒丙甲年　月　日

娶林氏改節

炳亮

炳亮乃標吝六子 生道光廿十年庚子三月初六未時卒

炳痕

炳痕乃標吝七子 生道光廿三年癸卯四月十一日 時卒

炳赤

炳赤乃標沽長子 生嘉慶廿二年丁丑二月廿八戌時卒佚

娶谷山吳氏叚官生道光丙戌年五月廿九午時卒佚

炳壬

炳壬乃標活次子生嘉慶庚辰年十一月十七卯時卒佚

炳穀

炳穀乃標活三子　生道光癸未年九月廿三亥時卒

青雲

青雲乃標活四子生道光己酉年二月廿六巳時殤吳寨格街

脚坐壬丙兼子午

炳潄　子一　木林

炳潄乃標酣長子生道光九年己丑八月廿一亥時卒光緒元年乙亥八月十五申時

炳脛

炳脛乃標瑛長子字　生道光廿二年壬寅二月二十寅時卒

娶劉氏澤娘　生咸豐六年四月廿九辰時卒

女二

炳瓢　子　培爆承　天送養　朝雅承　添丁承

炳瓢乃標頡嗣長子係標謀之子繼狮心誠　生道光七年丁亥

五月廿八申時卒光緒　年三月初六吉時

娶大墘林氏滿娘生道光十三年癸巳七月　時卒光緒十

年甲申十一月十四吉時

女銮娘適厦門董沙官

炳烟　壬一　錢胤叅

炳𤇾乃標頡嗣次子係標課三子繼生道光十五年乙未正月

廿五巳時卒

炳捧　壬三　培開　培戇

炳捧乃標課次子生道光十一年辛卯八月初五寅時卒咸豐

己未年二月十九辰時葬在厦紫岩后坐辛乙　娶杞氏宝娘

生咸豐丁巳年七月初七戌時

炳裕　子　銭胤（双承姻）　昭君（出継 母旧）　添丁（出継）

炳裕乃標課四子生道光十九年己亥十二月初二亥時卒

炳永　子一　培噞

炳永乃標邉長子字慈命係標講子双承生嘉慶十六年辛未

六月初七午時卒同治癸亥年六月廿四酉時

娶大墘林儀官長女云娘生嘉慶十九年甲戌二月初一卯時

卒咸豐　年　月　時　　女担娘

来興　子一　祿壽

来興乃標忖養長子字玆盛號琢利生道光元年辛巳七月廿三辰時卒咸豐　年十二月十六未時

娶刘厝劉氏貴娘生道光七年丁亥又五月十一未時卒咸豐四年甲寅四月十二吉時

炳曈　子一　佳才

炳曈乃標項長子號見町生道光乙酉九月初五子時卒同治七

年戊辰十月初六戌時
娶谷山林氏佑娘生道光十一年辛卯五月十七酉時卒光緒三十
年甲辰六月廿一午時葬有慈葬

## 炳匏　子一　合春　叔承

炳匏乃標項次子號草町生道光十年庚寅七月十七辰時卒
光緒　年　月　時葬外洋嘪叻　娶本里劉氏乖
官生道光丙申年三月初三酉時卒同治十年辛未十一月初
二寅時葬後清壠崙頭坐辛乙兼酉卯　女于娘適曽口坂傅午官

## 炳由　子二　合春　叔承　培歐

炳由乃標項三子號進町生道光十三年癸巳十一月十七丑時
卒光緒　年六月初九吉時葬外洋嗅叻
娶岩得厝李氏氣娘生道光廿四年甲辰七月廿九巳時卒光緒
年十月十三丑時葬樟坑壠坐癸丁兼子午

炳懷　子一　培老

炳懷乃標感長子號思義生道光十七年丁酉十二月初五子
時卒光緒廿九年癸卯正月廿四午時葬后滴壠厝角坐辛乙
兼酉卯　娶洋山姚氏縣官號常慈生道光廿十年庚子九月
初九午時卒光緒廿八年壬寅正月廿七午時葬虎崗口墩尾

生壬丙兼子午　女三長閑娘適上地胡甘官次眈官適大墘林乞官三桃娘配上地胡正道官公　扦英卓坑墘生癸丁子午

炳瘦

炳瘦乃標感次子生道光癸卯年五月十七酉時卒

炳托

炳托乃標前長子　生道光丁亥年十一月初六寅時卒

三福　子一　培照承

三福乃標前次子　生道光乙未年六月初十未時卒

年　月　日

朝聘　子一　珠清

朝聘乃標揣長子字菸時號　生道光壬辰年二月初九卯

時卒

娶延壽院吳氏串娘號　生道光十五年乙未三月廿九日

寅時卒

女三長險娘適大墘林默官　次碟娘適十二路陳申官　三用娘

琴順　子一　培不

琴順乃標揣次子　生道光己亥年八月十五日子時卒民國

丙辰二月十六丑時葬𠮟坂舊塚　娶柯氏滿娘改節女芍娘隨母嫁

忠匣

忠匣乃標揣三子生道光癸夘年十二月廿七未時卒佚

娶李氏受娘改適

新瑞

新瑞乃標鑾継子係胞兄揣之子継生咸豐二年壬子五月廿五

亥時卒光緒三年丙子五月廿四吉時

太學生承恩 子六

奭塏　焜煌　三陽　泗水　五湖　六合

承恩乳名萬物字菸備號皆盛乃標齓長子生道光十一年辛卯二月初七寅時本儒士捐納監生卒宣統三年辛亥正月十九戌時葬本鄉虎咬猪母生亥巳壬丙娶中埔社許𠬤官次女洽娘生道光十年庚寅八月廿四卯時卒同治六年丁卯四月廿七亥時號吉興葬后厝生辛乚兼酉卯生子二奐塏焜煌女五長爲娘配龍居胡熱官次再娘適洋山胡庙官三從娘配西山林疃官四禁娘適十字路刈珠官五銀娘適崎縣陳陽官　再娶邑内鄭氏格娘生道光庚子年五月初八巳時卒光緒三十一年乚巳十二月廿五申時號致興葬

生男四女一配鴻卿李旺官

金聲　子二　開創　開泰双承

金声乃標戲次子字㳟水號振盛生道光十七年丁酉四月初十酉時卒同治七年戊辰十一月初八戌時葬

娶湯内王氏坪娘生道光十八年戊戌四月廿六午時卒光緒戊寅年五月廿二未時號坦興葬棹坑壠坐辛乙兼酉卯

福海　子二　培領養双承　開泰出嗣

福海乃標戲養三子字兹東號　生道光十九年己亥六月初一辰時卒光緒戊申年十月廿四巳時

娶林氏才娘生咸豐元年辛亥五月十三甲時卒民國戊午年

清溪蓬萊張氏宗譜

十二月初十巳時葬

太學生嘉瑞　子　允順　招財　進寶

嘉瑞乳名龍溪字兹河號化成乃標迓長子生道光廿六年丙午閏五月十二亥時卒光緒廿七年辛丑五月十八亥時葬本鄉林内烏梨崙生壬丙子午　娶鴻卿李盆官長女讓娘號仁與生道光廿八年戊申八月十二卯時卒光緒六年庚辰八月二十辰時葬　再娶林氏于娘號邦與生咸豐辛酉年三月初九巳時卒光緒三十年甲辰六月十一巳時葬在本處梅山酉卯庚甲　女五親娘配中埔楊顕官次罔娘配洋山

三女近娘配溪南蘇福官四殤五免娘配溪尾刘前官

院賓啟瑞　子二　銀買　吉来　俱養

啟瑞諱福祿字玆迎號化祥乃標迸次子生咸豐三年癸丑九月十五寅時卒民國丁卯年八月初八申時葬大山脚酉卯庚甲

娶溪尾劉惟静官次女庀娘生咸豐六年丙辰四月十二酉時卒光緒戊甲年十月十八酉時號言慈葬

再娶鄭氏耀娘生同治庚午年二月日　時卒民國癸亥年九月十七戌時

女一逆娘適溪尾刘篆官

炳庵　子一　梲契

炳庵乃標畫長子號　生咸豐辛酉年六月十一寅時卒

娶李氏寵娘生同治壬

申年三月初一戌時卒光緒壬辰年四月十四午時葬菅湖坐

乾向巽　再娶陳氏灡娘生同治丁卯年十一月廿四酉時卒

光緒癸卯年四月廿八寅時葬

春發　子二　江中　江陵

春發乃標鑾長子號福生生咸豐元年辛亥正月十二日丑時

卒光緒丙申年九月初八吉時

娶李氏清娘生同治壬申年九月三十日午時卒光緒乙未年十二月廿八未時葬

炳簡　子一　江輿

炳簡乃標麟養次子狮南軒生咸豐庚申年十月初二午時卒民國戊辰年三月初七未時

娶德崇蔡氏担娘生光緒庚辰年十一月廿一午時

女舌娘適東洋陳讓官　柿娘適新墘馬添官　甘娘適進德林水官　錐娘適南安埔头黃復官　五做娘未字

春桃

春桃乃標麟三子狮　生同治十年辛未二月十八寅時卒光緒辛卯年四月廿四未時葬

二房起

福来

福来乃標迓養三子其長次兄叙在念宣行下生咸豐丁巳年五月十五日　卒同治辛未年二月十二辰時葬烏梨崙戌辰兼乾巽

炳銃

炳銃乃其昌抱養長子生乾隆丁未年四月初一卯時卒道光乙巳年九月廿四吉時葬

炳欝

炳欝乃標舟長子　生嘉慶十六年辛未七月十八寅時卒葬俱在臺失攷

炳翰

炳翰乃標拵長子　生道光三年癸未五月初四戌時卒咸豐十一年七月初十戌時葬在台

娶莊氏

高珍　子一　再生

高珍乃標拵次子　生道光十二年壬辰二月十一卯時卒

娶陳氏生道光十五年二月十一未時卒

炳箴　子一

培戒養

炳箴乃標河抱養子生道光癸巳年九月廿六午時卒道光丁

未年十一月廿七丑時

炳屋　子　培資　培髟　培照

炳屋乃標河次子字蔭季號　生道光壬寅年六月廿七巳時卒光緒　年六月初八吉時葬台灣　娶谷山林氏法娘生道光廿五年乙巳十二月十三丑時卒

福来

福来乃標格抱養長子生道光廿六年丙午十二月十五午時在臺灣卒无孜

成祖

成祖乃標爍抱養長子　生嘉慶戊辰年七月十九巳時卒道光　年七月十四酉時葬

炳跳

炳跳乃標兊長子𥫗踴躍生嘉慶六年辛酉十月初七酉時卒道光十五年乙未十二月初六申時葬

娶龍居林氏𡊮官生嘉慶八年癸亥改節女語娘適林家

子二　培悄　培滚

新民

子三　培纓　培在　培吁

新民乃標堅抱養長子字茲釋號明德生嘉慶癸亥年二月
十六卯時卒臺灣未詳　娶溪頭柯氏端娘生嘉慶丁卯年
七月廿二午時卒道光戊甲年四月廿一午時

新田　子三　培吹　培猛　培碩 出繼

新田乃標堅次子字亦畝生嘉慶庚午年十月十九子時在台
卒道光丙午年十二月十一巳時葬
娶溪南蘇氏尾娘號身慈生嘉慶乙亥年二月十六未時卒同
治甲戌年十二月初一酉時葬

炳庇　子三　培良　培酎殤

炳庇乃標堅三子字𦳝保生嘉慶己卯年三月廿二卯時在台卒

道光乙巳年四月十二巳時葬　娶李氏文娘改適

炳有

炳有乃標闕抱養子殤

傳興　子一　培碩承繼

傳興乃標清抱養長子號詩禮生嘉慶辛未年六月廿七巳時

卒　年正月十六子時葬紅山頂水埕坐壬丙兼亥巳

炳泮　子二　培起　培洸

炳泮乃標匹長子字茲在號即遊生嘉慶七年壬戌六月十八申時卒同治二年癸亥八月初三寅時葬清卿詞園公墓邊右畔坐丙壬兼午子　娶湖頭李雲舍長女柬舍號生慈生嘉慶九年甲子九月十六酉時卒光緒十七年辛卯五月初五丑時葬鶴岫攏口乾巽亥巳　女長香娘適湖頭庠生李錦舍次愛娘適馬頭許玉官三春娘適西山林撾官未娶卒四吉娘適

炳禮　子二　培燕　培水

炳禮乃標匹次子字爾知號節義生嘉慶十四年己巳九月廿

五未時卒光緒十二年丁亥三月廿二未時享年七十又九葬

娶尚卿廖氏祿官號錦慈生

嘉慶十八年癸酉二月十六巳時卒光緒丁丑年八月初六酉

時葬寨街中崙坐申寅兼庚甲

女萊娘適刘厝太學生刘錦官

軍功慶昌　士一　培策

軍功六品銜諱慶昌乳名炳起字茲發號即振乃標三子生

嘉慶廿五年庚辰正月廿二卯時卒光緒廿四年戊戌六月廿二

酉時

娶周堂陳謨官長女宣官

生道光四年甲申九月廿五未時卒咸豐辛亥年六月廿三未

時號咸慈葬本處坂仔坐庚甲兼酉卯　再娶温泉唐氏貪娘
號尹慈生道光三年癸未二月十三酉時卒光緒廿一年乙未八
月廿六卯時葬
女二近娘適蘇闊官　銅娘適大嶺后陳宗官
斯譜之修公朝夕從事不憚煩勞亦可謂令嗣矣

炳晉乃標亞長子字旅國號　生嘉慶己卯年正月初九酉
時卒光緒元年乙亥十月十五卯時葬

炳晉子　培鑽　培總　培盞　培珖

娶洋山姚氏緣娘生道光壬午年四月廿五戌時卒
年　月

肖



女長受娘適新宮刘杳官次曰娘適洋山傅拱官三兜娘適

炳笑　子三　培甯承　六秀　真垂

炳笑乃標亞次子字兹言號樂取生道光五年乙酉十月初八午時卒同治十三年甲戌四月十五辰時

娶谷山蕭氏救娘殤　再娶上地胡氏香娘生道光丁亥年二月廿二午時卒

女澁娘適大墘林塲官次好娘適溪頭柯南官三　四

儒士炳菊　子　丕承承　丕顕　丕謙

儒士炳菊乃標亞三子字㳅黄號其華生道光十三年癸巳三

月初十戌時卒光緒三十一年乙巳七月廿三午時葬
娶華瑶口蔡氏慣娘號慈順生道光癸巳年二月廿四酉時卒
光緒丙申年五月初五午時
女趁娘適覺苑王賀官
炳件　子七　培傳殤山　培道　培恭　培榜　泥金　培英殤
炳件乃標亞四子字祢請生道光十八年戊戌又四月廿四亥時
卒光緒乙巳年九月廿七辰時
娶上地胡氏坂娘生道光戊戌年四月廿九午時卒光緒甲辰
年十一月廿一申時葬新加坡
女長桃姑適鴻卿李奪官

炳嚴

炳嚴乃標亞六子查行五　生道光廿年庚子十一月廿六戌時殤

炳甘

炳甘　子一　財助承

炳甘乃標主長子字菰露號食旨生道光六年丙戌十一月初七子時卒光緒五年己卯正月十七子時與妻仝葬

娶大墘林光官長女我官生道光七年丁亥六月廿九亥時卒光緒三年八月初十巳時號欲慈夫妻仝葬北山頭中崙生庚甲　女一治娘配崎兜溫南官

儒士炳瓏　子一　養成　養

炳瓏乃標主次子字蓀珍號石山生道光十年庚寅八月廿四

午時卒咸豐元年辛亥九月廿九午時葬

娶陳氏法娘改適　女獺娘適十字路陳選舍

三奇　子一　祥瑞

三奇乃標主三子字蓀賞號得良生道光十三年癸巳十二月

廿八丑時卒光十三年丁亥七月十二丑時葬

娶洋山胡氏雪娘生道光十二年壬辰二月初二戌時卒光緒

廿六年庚子十月初九巳時號潔慈葬

儒士炳粒　子二　来接養　生吉

炳粒乃標圭四子字紹玉號勤歲生道光十七年丁酉六月二十巳時卒光緒四年戊寅四月廿三卯時葬

娶彭格陳逐官長女廩官號有慈生道光廿六年丙午五月十五酉時卒光緒廿年甲午八月二十酉時葬

女三長領娘配西山林東官　次時娘配鶴前劉能官　三斷娘配溪頭柯邊官

炳纓　子六　圓光　培長　春木　秋竹　夏金　得令

炳纓乃標圭五子字紹阻號清斯生道光廿十年庚子二月廿一寅時卒光緒廿八年壬寅二月廿八戌時葬

娶彭格陳雍官長女忖官生咸豐元年辛亥五月十四卯時卒
光緒三十年甲辰五月廿八未時葬號心慈
女一寄娘適大墘林眼官

炳
潑　子一　天申　双承
炳潑乃標主六子字祢活號發源生道光廿四年甲辰十月十
八戌時卒光緒三年八月廿一巳時葬
娶唐氏曰娘改節　女格娘

載
陽　子五　培義　天申　串　泥苑　安水　有水
載陽乃標主七子字祢春號日山　生道光卅拾年庚戌三月
廿四午時卒宣統庚戌年六月十五未時葬本鄉梅山坐庚甲兼申寅

娶登虎榜傳旺官長女銀娘生咸豐十年庚
申十月初五午時
女三長嗹娘適大墘林墙官次傚娘　三榮娘

炳泉　子五　天用　順水　財来出繼　從来　陳春出繼

炳泉乃標森長子係抱養字茲源號水若生道光九年己丑九
月十九寅時卒光緒三年丁丑三月初二戌時葬大坪尾崙頂
生壬丙兼子午　娶東洋陳氏妍官號經慈生道光九
年己丑十一月十八辰時卒同治五年丙寅十月十八卯時葬
寨街壙內立亥巳乾巽外立乾巽亥巳生男四女二長鏡娘適溪南

蘇業官次額娘適蓮洲王奈官　再娶上地胡氏箱官號乃慈
生道光十年庚寅十二月二十丑時卒光緒十七年辛卯七月
初四巳時葬

炳浩　子二　財来　陳春　俱承繼
炳浩乃標森抱養次子號廣若生道光十一年辛卯六月初十
巳時卒同治五年丙寅二月十五子時娶陳氏爾娘出
　再娶溪南蘇氏蕉娘生道光十八年戊戌四月
廿六　時卒同治四年乙丑八月廿六子時夫妻合葬佳壠尖坐
子午兼壬丙

炳專

炳專乃標闌長子生道光辛卯年八月廿三亥時殤

炳切

子三　培鶴　培重　培淫

炳切乃標滿長子字茲剴號友德生道光十七年丁酉十月初八卯時卒光緒廿一年乙未閏五月廿四戌時

娶上地胡闖官長女敏官生道光十八年戊戌二月十八酉時殤再娶路尾李肖官長女備官生道光十九年己亥十一月十一戌時卒光緒廿一年乙未五月二十午時號皆慈

葬在

女一幼娘適吊竹陳峉官

儒士炳怡　子一　拔萃

炳怡乳名炳高字茲和一字鴻良號心德乃標滿次子生道光廿一年辛丑六月二十未時卒光緒三十年甲辰九月廿八丑時葬

娶寮內陳永官次女連娘生咸豐二年壬子十月廿二子時卒光緒六年庚辰三月十四戌時號閒慈葬

再娶田頭黃城官次女錠娘生咸豐三年癸丑十二月三十日未時

女三長氣娘適路尾陳切官　次不娘適溪头柯珍官　三尾娘適大墘林光官

公篤承父教勤儉家務此譜之修擇師再肇亦可謂守先待後

矣

另與胞兄弟竭力重構深坑祖厝邉居室乚座未丑向號

曰重興厝又承后坑頂厝舊厝乚座生壬丙兼

炳窓　子一　抱來

炳窓乃標湍三子字茲理號文德生道光廿四年甲辰十一月

廿二酉時卒光緒廿三年丁酉七月廿六甲時

娶鴻卿李顯官長女恨官號好懿生咸豐四年甲寅十二月初

四未時卒光緒七年辛巳六月十七子時葬

四美　子一　培梅

四美乃標湍四子字茲興號戚德生道光廿八年戊申四月廿

四酉時卒光緒廿六年庚子三月初五辰時葬
娶龍居林肯官次女貴娘號富慈生咸豐八年戊午八月初十
午時卒光緒十一年乙酉二月十一巳時葬

女一先娘未字而殤

炳
基　子三　青龍　財助出繼　木生

炳基乃標這長子字爺時號榮業生嘉慶廿四年戊寅五月
初四辰時卒光緒二十年甲午正月初六酉時葬與黃氏仝穴
元娶坂頂陳氏眼娘生道光十三年癸巳五月初三酉時卒光
緒己亥年十一月廿六酉時葬佳壠尖生

又養女黃氏春娘號景慈生同治壬申年十月廿三寅時卒光
緒甲午年十二月初九辰時與榮業公合葬山門格月眉崙

炳纏　子一　培内

炳纏乃標這次子字茲約生道光四年甲申十二月廿七酉時卒
光緒壬寅年九月廿六子時葬本鄉洪山坐辛乙兼酉卯號榮綿
娶鴻卿李冬官女恩官生道光十三年五月初一未時卒光緒
戊戌年六月初九寅時葬大頭坐寅申兼甲庚
女長瓦娘適鴻卿李兜官次勸娘

炳巴　子三　培唇　培肴　培囷出繼

炳巴乃標伋抱養長子字兹侯號振德生嘉慶十七年壬申六月初二卯時卒咸豐七年丁巳九月十八巳時

娶鴻卿李素官次女室官生嘉慶廿十年乙亥八月初八亥時卒光緒三年八月初九未時

女愧娘適東洋陳家

炳定　子四　培拱　培簡　培聚　培強

炳定乃標伋次子字兹爾號有志生嘉慶廿三年戊寅十一月廿一酉時卒光緒十三年丁亥四月初六申時

娶魁美吳氏蔭娘生嘉慶廿四年七月初八巳時卒光緒廿九

年正月廿七亥時葬

炳次　子一　培康

炳次乃標類長子字慈通號致曲生嘉慶廿一年丙子三月廿六酉時卒咸豐四年甲寅十二月初四未時

娶洋山姚氏歡官生嘉慶廿二年丁丑十月廿二酉時卒咸豐三年癸丑七月十九巳時號喜慈葬佳壠三角坵寅申艮坤

女與娘適姚家

炳樹　子二　培居　泥水

炳楚乃標類抱養次子字茲敏號聲在生道光九年己丑七月初七甲時卒光緒丁酉年十二月初八酉時

娶上地胡氏意娘殤再娶鴻卿李氏任娘號福慈生道光十年庚寅七月廿八午時卒同治四年甲寅三月十二午時

炳重

炳重乃標類子生道光十二年六月十四巳時殤

炳蓮

炳蓮乃標類三子生道光十八年戊戌九月十九申時卒

廣明

廣明乃標𤈦之子生道光十八年戊戌二月廿六申時卒咸豊

年月

炳印　王一　培杰

炳印乃標世長子生咸豊十年庚申九月廿一卯時

炳願　王三　培力　丙戌　連蒲

炳願乃標姜長子蕉承標很字茲聞生同治六年丁卯二月廿七丑時卒在嗹叻於民國癸亥年十二月十三寅時葬陳牛壠公司山

炳漆号
炳漆之
卒一九
葬大

[illegible]氏家譜

娶溪南蘇明官長女潤娘生光緒九年癸未四月十六酉時

女木娘

炳漆　子　来旺養　柳夜　克信

炳漆乃標姜次子字菾加號　生同治九年庚午九月廿三辰
時卒民國癸酉年七月十五午時葬本山佳壠尖崙中坐亥巳
兼壬丙　娶洋山胡㰦官長女嬌官生光緒十二年丙戌四
月初十丑時

天送　子　培力双承

天送乃標劉抱養長子號玉麒　生同治十三年甲戌五月廿二

酉時卒光緒廿三年丁酉六月十七吉時葬厦島

朝應　子三　福慶　福興 出丰　福泰 承

朝應乃標劉次子兼承標很字菘廷生光緒八年壬午七月
初五丑時
娶溪南蘇螺官次女先官號進慈生光緒十年甲申三月廿七
丑時卒光緒甲辰年五月初九申時
再娶崎縣陳氏相娘係額官長女生光緒十六年庚寅六月十
七卯時女担娘適上地胡堯舜官

朝發　子一　福興 丰承

朝發乃標劉三子號　生光緒十四年戊子八月十六酉時卒

民國甲戌年四月初三午時

吉星

吉星乃標尚長子生道光廿二年壬寅十月二十辰時往厦門

卒佚

天然

天然乃標沛抱養長子字祢灼號焜美生道光八年戊子七月十二亥時卒同治十三年甲戌十二月十四辰時

娶沈洋王氏信娘號寔慈生道光十一年辛卯七月廿一未時

卒光緒三年八月初九戌時葬

炳禹　子一　光亮

炳禹乃飄香長子

炳廉　子三　培桑　培立出繼　培丙

炳廉乃興閙長子字兹節生嘉慶十三年戊辰八月初六亥時

卒咸豐五年乙卯八月初四吉時葬鶴岫壠口乾巽兼戌辰公

號制義　娶林氏引娘改適　女究娘適頂寨林起官

炳悅　子二　盈泉

炳悅乃興開三子生嘉慶乙亥年九月初七丑時在三吧壠卒

同治三年甲子十月十五吉時葬　娶施氏

炳立　子一　培着鴉

炳立乃世眷長子係興開之子継立字茲建生嘉慶十七年壬

申八月初八戌時卒咸豐二年壬子二月廿七未時

娶鴻卿李氏偕官生道光四年甲申

正月初三亥時卒道光廿十年庚子七月初八巳時

再娶陳氏改適

炳山

炳山乃標宅抱養子

炳擯

炳擯乃標技長子號其勍生嘉慶庚辰年四月初二未時卒咸豐四年七月初二辰時

炳揺

子一 培多承

炳揺乃標技次子號其指生道光癸未年二月初二卯時卒咸豐戊午年八月十九午時

炳崇

炳崇乃標技三子號其德生道光丙申年三月廿一寅時卒同
治乙丑年七月初四辰時

炳第　子一　培坏承

炳第乃標典長子號　生嘉慶戊寅年九月廿一午時卒道
光廿三年十一月廿四吉時

太學生慶德　子二　培坏出繼　培鵜

慶德乳名炳而字弥萬號兆德乃標波長子生道光二年壬午
正月十一申時卒光緒乙巳年正月初八寅時葬虎堀垵亥巳壬丙

三房起↓

娶上地胡⿰石匠官女蓮官生道光七年丁亥三月十五巳時卒民國

年十一月十二申時

炳⿰火朕　子　培福　培壳出繼　培多出繼　培挺

炳⿰火朕乃標點長子字荪君娣其服生嘉慶廿三年正月初十寅

時卒光緒乙酉年四月廿九辰時葬

娶溪尾李氏千娘娣道慈生道光甲申年九月十六寅時卒光

緒甲申年八月十七未時

女毛娘適上地胡貌官

炳顒　子一　培襓

炳顒乃標碧長子號元錫生嘉慶丁巳年七月廿七巳時卒道光乙未年十一月十四辰時葬在寅

炳閱　子一　培增

炳閱乃標碧次子字恭游號元清生嘉慶十三年戊辰十月初一子時卒道光廿五年乙巳七月初八未時

娶鴻卿李氏成官生嘉慶廿七年丙子四月初六亥時卒道光十九年己亥六月二十亥時葬

再娶榜上陳氏帖娘生嘉慶壬申年五月初五申時卒咸豐三年四月初六卯時葬

炳瓏　子一　培樟養
炳瓏乃標科長子生道光十五年乙未八月初五寅時卒
年　月　在⿰口是叻娶

炳巢　子　成發　培着　成慶　成德
炳巢乃標午長子字⿱艹外有號通明生道光十四年甲午五月廿
九巳時卒光緒辛巳年十二月廿九巳時葬在⿰口是叻
娶吾庄陳上賢舍女存舍號心慈生道光十三年癸巳八月初
三子時卒光緒辛丑年正月初十卯時葬湯墘坪坐癸丁兼丑未
女知娘配彭格陳六里官

炳怕　子四　培文　培刚　廣蘭　夜光

炳怕乃標午次子字裕衣號文明生道光十七年丁酉二月十四戌時卒光緒庚寅年五月初八午時葬本厝堀生子午癸丁

娶光德許氏葉娘馬頭人生道光十八年戊戌四月廿四酉時卒光緒廿九年癸卯四月初四丑時

女三長兑娘適龍居貢生胡觧官　次險娘適上地胡京官　三木娘適大墘林培官

尼姑　子二　培桂　培蜀

尼姑乃標午三子字裕年號利齋生道光廿年庚子十一月廿四子時卒同治十三年甲戌正月十五午時葬林内大姐坪下田中

生甲庚兼卯酉　娶鴻卿李炮官長女要官生道光廿四年甲
辰七月廿五巳時卒光緒丁未年七月二十申時

炳良　子二　登山　培回

炳良乃標午四子號慶雲生咸豐五年乙卯七月十九寅時卒
光緒十一年乙酉正月十八申時葬
娶鴻卿李嗹官女曰娘生咸豐七年丁巳三月十七酉時卒民
國廿四年乙亥九月十一日巳時
女二茂娘適新村林厲官　次双娘適鴻卿李益官

萬興　子三　培靠　冬水　為義

萬興乃標斗五子字茲周號　生咸豐八年戊午十二月廿四
申時卒民國壬申年七月廿八亥時葬在山門垵癸丁子午
　娶大墩林秩官長女謹官生同治四年乙丑八月
十六巳時　女長玉娘適大墩林闖官　次冬娘適彭格陳道官　三禾娘適上地胡伴官　四欉娘配
上地胡
公在日擇寿域在跳坑口后厝庚甲酉卯又一穴土名頂深丁癸兼

春西

春西乃標陸長子生道光丙午年正月廿五未時卒咸豐辛酉年
十一月初五酉時葬外洋嚎叻

炳使　子二　新開　璋寶

炳使乃標陸次子號　生咸豐乙卯年十二月初五丑時卒光緒丁未年五月初四卯時

娶龍居胡國官長女溅官生同治七年戊辰十一月初七亥時

女魋娘適溪尾刘泰官　次柳娘　三儉娘

炳卒　子四　培列　培英　培揚　培創

炳卒乃標蕉長子號善士生道光乙巳年二月二十辰時卒光緒庚寅年二月初二子時葬在新田垵午子兼丁癸

娶上地胡棁官長女肖官號身慈生道光戊申年九月十四午

時卒光緒廿六年庚子十月三十日午時
女二長適彭格陳佳官次嬿娘配路尾陳係官

炳珠　子三　裕金　裕玉　裕成
炳珠乃標蕙次子號　生咸豐元年辛亥九月十九酉時
娶黃氏姐娘生咸豐九
年十月十六辰時

炳射　子四　培第　培文　培番　土龍
炳射乃標蕙三子號　生咸豐五年乙卯十一月初一丑時卒民
國　年十一月十三辰時葬

娶溪南蘇氏好娘生同治三年九月初七亥時

女四長耳娘適登虎榜傅　次笋娘適彭格陳　三信娘適溪南蘇　四畝娘適大墩林

炳

炳　乃標恥之子生道光丁酉年　月　日　時卒无孜

炳灘　子　培金[illegible]殤

炳淮乃標飽長子生道光戊子年五月初六亥時卒光緒元年乙亥三月十五日吉時葬

炳濶　子二　培金　培顏

炳濶乃標飽次子狒長有生道光十二年壬辰六月廿三申時卒

光緒二年丙子五月廿七午時葬在外洋嘪叻　娶邑内王氏

蕉娘生道光己亥年十一月十二亥時卒光緒丁未年五月初

四亥時葬在大嶺東西　女長却娘適溪頭柯文官　次情娘適鴻鄉李泉官

炳溢

炳溢乃標飽三子生道光乙未年四月十一卯時卒光緒

年　月　娶葉氏椓娘攺節

炳栅

炳柵乃標栽長子生道光辛丑年十月十九辰時殤

炳悖

丟

茂承再生養

炳悖乃標栽次子獅長心生道光廿三年十一月初七卯時卒光緒二十年甲午七月初六辰時娶番邦四員娘

炳圭

子四

永發　永来　永成　源成

炳圭乃標嘮長子兼承標柱生同治元年壬戌十月廿九卯時卒民國甲戌年十二月初一日丑時

娶吴氏蜂娘生卒民國壬申年五月初六申時女二勸娘　春娘

炳沌

炳沌乃標柱抱養長子生道光十三年壬辰正月廿二午時卒

同治甲子年六月十七子時葬龜山坐北向南

娶上地胡氏炭娘生道光辛卯年四月十四午時卒同治癸亥

年八月廿三午時葬在厦門深田内

炳接　子二　山墩　培登抱養

炳接乃標院抱養子狒　生咸豐壬子年九月十二午時卒

光緒丁酉年十月十八未時葬叻坡大吧窑

娶龍居姚係林捷官女腰官生咸豐己未年五月初二子時卒

民國癸丑年九月初一未時葬叻坡舊塚坐乙辛卯酉　女担娘適后坡謝明官

清溪　子三　培區　培茂出繼　光輝

清溪乃標舌抱養長子生道光廿七年丁未十二月廿七未時

卒宣統己酉年七月廿九未時　娶上地胡氏省
娘生道光己酉年三月初二巳時卒宣統庚戌八月十二子時
女五銀娘適坂頂陳三第　次不娘適洋山胡漂官　三為娘適溪南蘇士官　四最娘配彭格陳見定　五截娘適德崇蔡国興

煥公　子二　培智　烏絞

炳煥乃標忝長子生咸豐十一年辛酉三月二十午時卒民國
癸亥年十一月廿七巳時葬佳壠尖坐西向東　娶上地胡因官長女蔭
娘生同治癸亥年二月十二申時卒民國丙寅十二月初八吉時
女三寶娘適大墩林開門　次悔娘　三凸娘適鴻卿李制官

三房止

四房起

炳構　子三　培河　培潭

炳構乃標奈次子生同治三年甲子十月初三午時卒民國丙辰年十一月廿四寅時葬小張宅坐北向南娶大墘林佃官長女謹官生光緒乙亥年三月初三丑時

女三花娘適洋山胡　次粉娘適大墘林　三𦞂娘　四咨莉

及時

及時乃標棃長子生道光丙午年九月初二亥時卒

炳喜　子一　培恩

炳喜乃桂馨長子字狝心號德如生嘉慶癸亥年七月廿一酉

時卒道光九年己丑正月初三酉時葬

娶李氏改適

炳範　子三　光輝　培意　培城

炳範乃桂馨次子字茲池號德型生嘉慶十一年丙寅十二月初五亥時卒咸豐十年庚申四月十二卯時移葬水銅坡坐癸丁兼丑未　娶上地胡氏香娘號瑞氣生嘉慶廿年乙亥七月初十午時卒同治六年丁卯五月初八戌時移葬沈洋山蕉坑口坐甲庚兼寅申　女三

炳端　子一　培碟

炳端乃桂馨三子字茲月生嘉慶十四年己巳十二月十八午

時卒道光廿七年十一月十一吉時葬鶴岫壠美乾巽兼戌辰

娶溪南蘇氏政適　女一適大墩林秋

炳求

炳求乃桂馨四子生嘉慶己卯年四月初八卯時卒道光壬寅年十二月十四吉時

炳璃

炳璃乃桂馨五子生道光三年癸未五月初四子時卒

炳來　子二　培春　培碎

炳来乃標思抱養長子𦀪源遠生道光元年辛巳正月初四

寅時卒光緒廿六年庚子八月十二未時葬在北山頭內立戌
辰辛乙外立辛乙戌辰　娶仙宮劉氏始娘生道光二年壬午
十一月廿六戌時卒光緒十三年丁亥九月十三巳時葬寨街
邊坐癸丁兼丑未　女一均娘適大墘林釄官

炳

曲　子一　培庵

炳曲乃標思次子字茲致號全誠生道光四年甲申四月廿七
未時卒光緒廿六年庚子八月廿五辰時葬樟坑壠坐庚甲兼
娶龍居林盤官次女曰官號仁慈生道光十一年丁酉三
月廿九辰時卒光緒乙巳年九月初六寅時葬北山頭亥巳兼
壬丙　女一賀娘適大墘林紅官

炳自　子一　傳基養

炳自乃標思三子號全古　生道光九年己丑十一月廿四酉時

卒同治五年丙寅十一月十二卯時殁葬竒龍斬內癸丁丑未

娶劉氏免娘改節　女二　長仸娘　次為娘

炳棹　子二　培根　培必

炳棹乃標荐長子字兹宴號植立　生嘉慶十七年十一月初四

巳時卒同治九年庚午七月十三卯時葬棹坑壠巽乾巳亥

娶惠安縣陳氏㬥娘生道光四年甲申六月十三辰時卒光緒

甲午年十一月十九戌時　女二

連進

子五　培清　培陸双承　培練　培厲　培蘭

連進乃標薦次子字號招號添財生嘉慶廿四年己卯十月十二酉時卒同治九年庚午二月十四丑時

娶崎兜温蟾官長女梅官生道光九年己丑五月廿三午時卒光緒丁丑年七月初七辰時葬

女春娘適洋山胡温官

太學生鴻泰　子三　培日　培道養　朝明

鴻泰乃標薦三子乳名炳海字號富號植福生道光三年癸未四月廿九寅時卒光緒壬辰年十月十六酉時葬梓坑壠坐坤艮兼申寅

娶溪南蘇硯官長女省官號儉慈生道光

八年戊子四月十四酉時卒光緒癸卯年十一月初一辰時葬在沈

洋蕉坑坐艮坤兼丑未

女尾娘適大墩林晉救娘適洋山胡戎官

炳歆　壬　培服　培智　培為

炳歆乃標薦四子字恭悦號植笑生道光八年戊子正月廿八

酉時卒光緒三年丁丑七月初三未時葬沈洋尾坑坐寅申兼

甲庚　娶溪南蘇殿官長女長官生道光廿三年癸卯七月十

三午時卒光緒戊戌年十二月廿三亥時號幼慈葬本山小張

宅坐寅申兼甲庚

女配娘適鶴前刘誰官次適鴻卿李登官

炳倚

炳倚乃標盛長子生道光八年七月初八午時卒光緒三年七月初三吉時

炳筒

炳筒乃標盛次子　生道光乙未年三月十五亥時卒同治丁卯年四月十八亥時

炳佳

炳佳乃標盛三子　生道光戊戌年七月十四子時卒同治庚

午年十月廿六巳時　　娶郭氏宝娘改適

炳壽

炳壽乃標盛四子生道光庚戌年九月初二辰時卒

炳丑　子一　培約承

炳丑乃標扶長子字詠關生嘉慶甲戌年五月初八辰時卒道

光癸巳年二月初十亥時葬厦門

炳近　子三　培約出繼　培箱　培賢承

炳近乃標扶次子字缔　生嘉慶丁丑年八月十二亥時卒同治

庚午年六月初六未時葬

娶鴻卿李氏瑾娘生嘉慶庚辰年十月　日　時卒

女徙娘適下堡陳戇官

炳教　孟

培午　培祖　培排　培祥

炳教乃標衛長子字孫賢號元讀生嘉慶十八年癸酉六月十五未時卒光緒辛卯年正月十六丑時葬大張宅生辛山酉卯

娶洋山胡壬官長女成娘生道光元年辛巳十一月十三申時卒道光戊申年五月十五巳時

再娶中厝楊氏好官生嘉慶廿五年庚辰十二月十八酉時卒光緒甲辰年正月初二巳時葬

女格娘適寮坑胡寸官

炳登　子四　鎮府　培興　培樣　培鉚

炳登乃標衛次子字㳟科號元榜生嘉慶廿四年己卯正月廿
三未時卒光緒己丑年八月廿二申時葬山門坐癸兼丑未
娶伽湳李鶴官長女次娘生道光六年丙戌九月十六申時
卒光緒乙未年七月廿五寅時葬林內沼梨崙坐辛乙戌辰
女一熾娘適本里武生劉節舍

炳地　子二　生財　利會

炳地乃標衛三子字　號元及生道光四年甲申九月十一酉
時卒同治八年己巳正月初一申時

娶溪頭柯真官女銀官生道光辛卯年十一月三十日午時

卒

炳修　子嗣　培國

炳修乃標轉抱養長子字諡德號蕊道　生道光壬午年年七月十

二未時卒道光乙巳年四月廿七丑時

娶柯氏改節

炳月　子三　培國出繼　培丙　培冬

炳月乃標轉嗣次子係標扶三子繼立字諡光　生道光三年癸

未十一月廿八酉時卒

娶西山林騫官女曰娘生道光五年乙酉五月二十寅時卒

女池娘適曾口坂傅芋官

炳相　子一　培諸

炳相乃標轉抱養三子生道光十八年戊戌正月十七未時卒

年　月

娶鴻卿李氏盡娘生道光庚子年八月廿二酉時卒咸豐四年

甲寅正月廿三子時

再娶李氏汫娘改節

炳庀　子一　培社

炳庀乃標直長子狮玉成生道光十年庚寅九月初四丑時卒

光緒十三年丁亥八月廿八寅時葬本山大墓腳坐酉卯兼甲庚

娶龍居鄭氏有娘生道光十四年甲午十一月十六卯時卒
光緒廿一年乙未七月二十酉時葬簸箕潭辛乙戌辰向
女二長停娘適溪頭柯巧官次示娘適崎縣陳炎官

炳祖

炳祖乃標直次子生道光十四年甲午八月廿九酉時卒
娶洋山胡氏腰官改節

炳厚　玉蠏　玉麟　玉水

炳厚乃標直三子生道光廿四年甲辰二月初二亥時卒民國
丙寅年十一月十四午時葬本山寨街后庚甲申寅

娶谷山林氏坤娘生咸豐八年戊午六月十六巳時

炳潭　子三　成德　培兜

炳潭乃標直四子生道光廿七年丁未六月十九酉時卒

娶蘇氏伴娘生咸豐

十年庚申十二月初六酉時卒

炳牛　子二　培文　培吁

炳牛乃標寸養長子號　生嘉慶十四年己巳正月初四

巳時卒同治九年庚午十一月初八卯時葬墓頭池亥巳向

娶崎縣陳氏見娘生道光二年壬午十一月初五卯時卒同
治五年丙寅十月十八未時
女久娘適大墘林雅官

炳瞻　子一　培黨
炳瞻乃標錢抱養長子字茲興號興望生道光七年丁亥十
一月二十巳時卒光緒乙酉年十一月十一卯時葬寨街邉路上癸丁丑未
娶溪頭柯氏蚊娘號在慈生道光十二年壬辰四月廿一巳時
卒光緒庚子年二月廿五巳時

炳煠　子一　昌熾

炳煠乃標錢次子號　生道光壬辰年正月廿六戌時卒咸
豐九年己未二月廿五吉時

炳鑾　子一　鎮縣

炳鑾乃東美長子字茲文號　生道光元年辛巳十一月
二十未時卒光緒　年　月
娶邑外東門吳氏鏡娘生道光六年正月初六寅時卒道光
年七月十四良時葬沈洋龟尾尖
再娶金谷蔡氏窓娘生道光十五年二月二十申時卒
女一適榜頭

韋功慶勲　子二　培入　清泉

韋功六品銜諱慶勲乳名炳珍字絃山號寶足乃東美次子生道光乙酉年六月初十酉時卒光緒廿九年癸卯十一月初三卯時葬沈洋山尾坐寅申兼甲庚　娶東洋陳氏絨官生道光十一年辛卯三月廿二辰時卒同治十一年壬申七月廿五日午時葬沈洋水車内坐酉卯　女三長哂娘適大墘林懔官　正娘適鶴前刘羅官　員娘適蔡蕉官　再娶竹園周氏愛娘生道光十六年丙申九月初一午時卒光緒乙巳年八月三十日午時葬本山放林坐庚甲兼酉卯

炳堯　子　培概　麗水　秋香　光苑

炳堯乃東昊三子字爾唐號天雲生道光八年戊子十一月初
四寅時卒光緒廿五年己亥正月十一辰時
娶崎縣陳氏庀娘生道光十五年乙未六月二十辰時卒同治九
年己巳十二月初十辰時葬
再娶谷山林
氏玉娘生道光十四年甲午十月三十日寅時卒光緒壬寅年十
月十六午時
女二瞞娘適大墘林𣶏官　次　娘適溪頭柯官

鄉飲賓慶煒　子五　培佛　培𧷤　培桃双承　四正　五福

慶煒諱炳耀乳名爾煒字乃標杭長子生道光九年己丑七月
初三未時卒光緒乙巳年十月初六申時號春呈葬產墘頭路

頂乾巽亥巳　又擇風水一穴在林内脚頭趼崙坤艮未丑

娶溪南蘇勅官長女豈官生道光十七年丁酉六月廿一巳時

卒　年十二月十七寅時葬

女嬌娘適井邊陳他官

炳益　子二　有定　開順双承

炳益乃標杭次子字爺三排友三生道光廿四年甲辰六月初

三丑時卒宣統庚戌年十月十九未時葬本山大山尾丁癸向

娶溪頭柯氏文娘生咸豐元年辛亥五月初三　時卒同治九

年庚午五月廿九申時葬甲第墓邊坐辛乙兼戌辰排

再娶洋山胡氏玉娘生道光三十年庚戌五月十五申時卒光

緒丁未年六月廿九巳時葬寨街尾坐辛乙兼戌辰

女三長冬娘適大墘林丁官 次丙娘適上地胡燦官 三花娘

慶讚 子二 培桃 開順 俱奴承

慶讚乃標杭三子[illegible] 生咸豐二年壬子二月三十日丑時卒

同治十年辛未十一月十二巳時

諒遇

諒遇乃標杭四子生咸豐六年丙辰六月初七未時卒同治

五年丙寅七月廿二丑時

炳享 子三 壬水 渼水 文山

炳享乃標氏長子字苶儀號　生道光十七年丁酉十二月廿九午時卒民國辛酉年十月廿三申時葬大富寨垵辛乙酉卯娶鴻卿李氏圓娘生道光廿一年辛丑正月二十巳時卒同治八年十一月十二丑時葬沈洋水車内乙辛卯酉向　再娶溪南蘇氏格娘生道光廿五年八月初六未時卒光緒丁酉年十一月廿八巳時葬狗頭坪下坐亥巳兼壬丙

炳吉　子三　培會　培添　培浪

炳吉乃標氏次子字苶甫號燕生道光廿六年丙午十月十二亥時卒民國丁巳年正月廿九亥時

娶曾口坂傅氏趙娘姊成慈生道光己酉年三月初十戌時卒
光緒庚辰年正月十九午時葬小張宅頭坐丑未兼艮坤
女一專娘適高倉章要官　再娶蒲格王波官女受娘生道
光丙午年九月十一午時卒光緒辛卯年十一月廿九亥時葬
虎崗山尾坐戌辰兼乾巽

朝陽　子一　培霞

朝陽乃標竹嗣子係胞兄東美之子繼立生道光十八年戊戌
十二月二十亥時字祢鳳姊　卒同治　年　月
娶傅氏富娘改適女探娘適本里刘笑官

協順
協順乃標俊長子　生道光十五年十月初八寅時卒同治
年十二月廿六寅時

乾巽
乾巽乃標琅之子　生道光十五年十月十五寅時卒同治
年　月　日

再舉
再舉　子二　培寄　培順
再舉乃標岩長子字敘見生道光壬寅年正月初四寅時卒
年　月　日

娶鴻卿李氏門娘生咸豊二年壬子十月初十吉時

斜文

斜文乃標綢長子生道光廿六年九月初四子時卒

真宇

真宇乃標綢次子生咸豊四年甲寅三月十二戌時卒光緒元年乙亥八月初十未時

炳鵨

炳鷄乃標蠏長子生道光壬午年又三月二十午時卒

炳勃　子一　培揀

炳勃乃標魋長子字兹然犻　生嘉慶十八年十二月初五巳時卒

娶東洋陳氏瑞娘生嘉慶廿二年七月十四未時卒咸豐元年十一月廿四卯時葬深田內　女錫娘適仚宮刘桃官

炳波　子一　培陸双承

炳波乃標魋次子犻炳浪生嘉慶丁丑年十二月廿四子時卒光

緒戊子年九月十一日吉時葬厦島　娶縣内陳氏榮娘生

年　卒光緒己卯年五月初五吉時葬厦

世恭　子一　震坤養

世恭乃標魁養三子生道光二年壬午十二月十四未時卒咸

豐　年十月十二亥時　娶金門

三能　子一　培想

三能乃標甚長子[illegible]　生嘉慶庚辰年二月初二卯時卒

年　月　娶魁斗劉氏脩娘

生道光　年五月廿八午時卒

炳炓

炳炓乃標甚次子生道光乙酉年五月初五辰時卒咸豐

年　月

炳燒

炳燒乃標果長子生道光十一年辛卯二月初二未時卒咸

豐七年十一月十六巳時

金成

金戌乃標果次子 生道光廿五年十一月初十巳時卒同治
年月日

炳盤
炳盤乃標果三子生道光廿八年 月 日卒同治
年月

炳紀
子二 才紹 培兮

炳紀乃標妙長子㺭德義 生道光乙巳年五月十六酉時卒光
緒戊子年十月廿二酉時葬在外洋嶴叻建寧山
娶井邉陳氏絹官生咸豐四年甲寅七月初十寅時卒民國

辛酉年四月初七卯時葬
女二長嘆娘適五埔生員陳令煒老次救娘適

炳戚
炳戚乃標誅長子生道光廿十年庚子三月廿七酉時卒咸豐
年　月

炳禾
壬　連分承
炳禾乃標誅次子號　生道光廿三年十月十七辰時卒同
治三年甲子七月廿八寅時

炳魋　子三　培芸　連分 出繼　三月

炳魋乃標誅三子歸德星生道光廿九年己酉三月十二申

時卒光緒壬寅年七月廿六巳時葬在梅山耒丑丁癸

娶曾口坂傅御官女雪官生同治三年五月十七日辰時卒光

緒丁未年四月十三吉時葬水銅垵石皮頭亥巳壬丙

女做娘適周堂陳俊官

炳願　子一　鎮南

炳願乃慶通長子歸　生同治五年丙寅五月十八子時

卒光緒　年　月　時葬外洋嘓叻

娶鴻卿李茂官長女鰥娘生

水狗　子三　金發　火發　均發

水狗乃屢通次子生同治甲戌年五月初六丑時卒光緒

年　月　　時葬在崼叻　娶本里蔡氏栽官

生光緒　年　月

土蒲

土蒲乃屢通三子生光緒丁丑年十月十六未時　娶新村林

氏　官生光緒　年　月

光傳　子一　培爆

光傳乃標北長子生道光十八年戊戌八月初九子時卒同治
六年八月初七未時

炳從　子三　添福 双承炳樹　文鳳 出葉家祀　泉源 又名培饌

炳從乃景春抱養長子狶　生咸豐辛亥年三月廿五午時
卒宣統庚戌年九月初八寅時
娶路尾李氏嫒娘狶名慈生同治乙丑年十月初二酉時卒
光緒辛丑年十二月二十卯時葬　生子三

女五長寶娘適鴻卿李冑官　次悔娘適本里刘齊官　三盡娘適刘元官　四滿娘適鴻卿李良官　五洋娘

再娶行厝林氏珠官生同治癸亥年二月初二辰時卒

年　月　　女一練娘

重新　子二　添爵　積王

重新乃景春抱養次子號　生咸豐五年乙卯二月廿七卯

時卒光緒　年四月　日　時葬在嗅叻

娶南邑林氏吉娘生咸豐庚申年　月　時卒光緒

年七月十三吉時葬在嗅叻　女五長榮娘適王六官次桂

娘　三軟娘　四貸娘　五来娘適沄尾陳宅

雙佛　子養一　添壽
雙佛乃景春抱養三子號品銘生同治六年丁卯十二月初十
子時卒光緒庚寅年十二月初二丑時葬外洋嘪叻
娶同邑陳氏玉娘改節

炳萱　子二　添福雙承　添在殤
炳萱乃景春抱養四子字蓀嘉號立銘生同治九年庚午九月
初一子時卒光緒癸巳年六月廿二卯時葬虎陌格酉卯甲庚
娶本里貢生劉永舍三女看官改節

鳳儀　子一　昌盛抱養

鳳儀乃景春抱養五子號來銘生同治九年庚午九月十六丑時卒光緒辛卯年六月廿三卯時葬在寔叻娶柯氏崇月娘

炳鎣　子　金內抱　金全　金明　亞珠

炳鎣乃景春六子字芬　生光緒辛巳年四月廿三日未時娶岢厝林氏參官係欽公次女生光緒甲申年十月廿六寅時出側室陳氏初軿生光緒又娶曾氏椰娘生光緒庚寅年十二月十一吉時女一嗎咪適曾

炳龍　天祿

炳靛乃羣縷長子生嘉慶九年甲子十一月十三亥時卒

年　月

炳檢

炳檢乃羣縷次子生嘉慶十三年戊辰七月初十寅時卒

年　月

毫厘　子二　高陞　冬水

毫厘乃標者長子字苏月姊　生道光十六年丙申八月二

十酉時卒

娶洋山姚氏樣娘姊乃慈生道光壬寅年四月十三午時卒光

緒乙未年四月廿七寅時葬虎陷格坐　向
女冬娘適新墘馬黎官

子平

子平乃標者次子字蒜星生道光甲辰年八月十一卯時卒

逖境

逖境乃標婼長子字茲申號至間生道光丁未年二月十一未時卒光緒庚寅年八月初六吉時
娶湯泉唐氏引娘生咸豐七年丁巳八月十四子時卒光緒壬辰年八月廿六吉時葬

子一　培智　承

海上絲綢之路文獻集成　民間譜牒编

女二長悔娘適洋山頭林琴官次雪娘適德崇蔡運官

添綿　子二　將来　嘉木

添綿乃標郎長子字茲應號　生咸豐六年丙辰二月廿八亥時卒民國辛未年十月初四未時葬在山門坐丑未兼癸丁娶溪邊坂胡寮官長女瓏官生同治庚午年四月十一寅時

女三長晏娘適大墩林淵官　次禁娘　三根娘適崎縣陳家

山查　子一　煥文抱養　蘇州抱

山查乃標郎次子字莽桂號至神生咸豐九年己未九月三十日巳時卒光緒己亥年五月十四午時葬

娶登虎榜傅省官女唓娘改節女淨娘適谷山林克官為媳

炳悳

炳悳乃標卧長子生道光己酉年七月廿八申時

炳位　子二　金木　培添

炳位乃卧公次子字　生咸豐四年甲寅六月初十申時

娶湖頭黃氏　娘生咸豐庚申

年九月廿九卯時

炳擬　子二　来發養　萬出承

炳擬乃標盪長子字茄議號議取生道光廿八年戊申五月三十日丑時卒光緒戊戌年四月三十日卯時葬

娶蓮格陳氏前官號在慈生咸豐丙辰年十二月廿八卯時卒光緒辛巳年九月廿八午時葬

刋成　子　永和養　萬出承　樹蘭養

刋成乃標盪次子字茄仁號議心生同治三年十月廿八子時卒民國癸丑年十一月廿一寅時

娶榜頂陳刚官女瞈娘生同治辛未年四月廿二戌時卒民國癸酉年七月廿三丑時葬山門坐艮坤兼寅申

有文

有文乃標浚長子生同治十三年甲戌四月二十午時

娶胡氏喜官生光緒丙戌年十一月廿六卯時　女一乞娘

有清

有清乃標浚次子生光緒十六年二月十八酉時

有興

有與乃標浚三子生光緒十八年正月十四未時

炳甲　子一　連發承

炳甲乃標暖双承子係標業子承生叙在外

炳球　子二　贊元　冬財

炳球乃標店双承子係標撐長子承生娶叙在外

炳甲　子二　連發出承　廷生

炳甲乃標業之子兼承標暖生咸豐　年

卒光緒　年　月

炳得　子七　連發出繼　潽堂　廷生　春石　五子　回生　春冬

炳得乃標業抱養次子狮　生咸豐甲寅年正月初七日戌時卒民國甲子年四月十三日丑時葬大嶺邉

娶湖頭監生李約舍女添舍　生同治乙丑年六月十七申時

女三長甜娘配　次滾娘　三滿娘　四拜娘俱適名族

李氏卒民國庚甲年正月初二巳時葬巨港云林埠

炳球　子五　賛生　賛元　鴻雁　冬財　培準出繼

炳球乃標撐長子兼承標店字荪琳狮　生咸豐辛酉年六

五房起↓

月十四卯時卒宣統庚戌年十月　日葬在山門

娶上地胡銳官女蓮官號揉慈生同治甲子年二月初二卯時

卒光緒甲辰年四月初四未時葬

女三長梅娘配鴻卿李有官　次甘娘適崎兜溫　三浜娘配大墘林

有義　子一　培準承

有義乃標撐抱養次子號成禮生光緒戊寅年正月初一午時

卒光緒辛丑年七月初六未時葬在外洋巨港

炳挑

炳挑乃標猪長子字茲檐號順意生嘉慶十八年十月初九

酉時卒咸豐五年三月初十寅時葬　娶林氏改節

炳蒼　子二　培汰　培㓜出丰

炳蒼乃標猜次子字𦳝明號順致生嘉慶己卯年九月廿八酉

時卒同治九年庚午閏十月初四亥時葬棹坑壠外崙路上坐

辛乚兼戌辰

炳志　子一　培㓜双承

炳志乃標猜三子字㳰治號順糺生道光癸未年八月初九酉

時卒咸豐丙辰年十月廿三寅時葬

炳飄

炳飄乃双露長子生道光四年甲申十二月十一丑時卒道光廿

六年丙午十二月廿九日葬在叓嚏叻

炳瓊

炳瓊乃標妍長子　生嘉慶乙亥年十一月初四子時卒

年　月　日　時葬

炳鄧

炳鄧乃標妍次子　生道光壬午年五月二十辰時卒

年　月　日

炳專

炳專乃標毛之子生道光十五年乙未七月十七申時卒

炳嘆

炳嘆乃標闖長子係標快之子繼立號金金生道光乙巳年八月十五亥時卒同治元年二月十一丑時

炳錯

炳錯乃標快長子係標妍之子繼立生道光丁亥年正月十二辰時卒

炳帆　壬一　金精

炳帆乃標怏次子號順沛生咸豐五年乙卯正月十八巳時卒
民國壬子年三月初四戌時葬
娶鴻卿李香官長女允官號　生同治丙寅年十一月初
七酉時卒光緒己亥年十一月廿三申時
再娶溪頭柯典官女信娘生同治丙寅年五月十三午時卒光
緒壬寅年八月初一戌時

炳知

炳知乃標怏三子　生咸豐九年己未七月初九巳時

炳婆

炳婆乃標湫長子生道光十四年甲午十一月十四未時卒同治辛未年三月初九亥時葬嚘叻

娶蓮格陳氏氣娘生道光十七年十一月初九寅時卒

炳芍

炳芍乃標樵長子生道光十二年九月廿七戌時卒咸豐年九月廿三吉時

炳窑　子一　培土

炳窑乃標樵次子生道光十九年八月初七戌時卒同治十

二年十二月初一卯時葬

娶上地胡氏近娘係坵官女生道光庚戌年七月廿一申

時卒　女二

炳連

炳連乃標樵三子生道光廿二年五月初九子時卒

年六月初四吉時

炳城　子三　有仁　有蓮　培友

炳城乃標層長子號　生道光廿七年七月二十酉時卒宣統辛亥年七月初九辰時葬

娶鎮府黄氏定娘生咸豐辛亥年十月十二戌時卒光緒己亥年正月廿八酉時葬　再娶本里劉寶官

女蟳官生咸豐戊午年正月十四巳時卒民國庚午年十月廿五卯時葬

女目娘配彭格陳鄧官粟娘適崎縣陳垂官

炳厨　子　四方　培添　秋水殤　四印　漢水殤

炳厨乃標鴛繼子係標層次子繼立字鴻中號　生咸豐七

年十二月十二子時卒民國丁巳年二月初八卯時

娶上地胡陸官女不官生同治丙寅年

二月初三子時

女烏鬚配山母脚刘次烏棉配溪尾刘

刋溢　王　建寧

刋溢乃標高長子字　生光緒己卯年十二月十九寅時

娶溪南蘇日官長女圭娘生光緒庚寅年十一月初一午時卒

民國戊午年十一月初五亥時公卒民國丙子年

女金娘未字卒民國乙亥年

炳榔　子一　培隨

炳榔乃標箭長子號如栱生道光甲申年正月十七卯時卒咸豐甲寅年十月十三寅時

炳松桔　子一　培什

松桔乃標箭次子字兹成號桂亭生道光己丑年四月初九亥時卒光緒己亥年三月初十卯時葬

娶劉氏哎娘號問慈生道光十一年九月廿七辰時卒光緒戊寅年七月初十酉時

女長辦娘配龍居胡傍官　次納娘配廣東潮州刘發官　三滿娘適本邑鄭黄官

炳鮏　子　培圓　培園　培謂　培偌

炳鮏乃標臺長子字鴻耳號充纉太學生名黌生嘉慶十二年二月廿八巳時卒同治十二年八月十二酉時葬沈洋新開垵坐巽向乾　娶大墩林怕官長女訓娘生嘉慶十三年二月初三卯時卒同治庚午年十二月廿六辰時葬在山母后坐坤向艮　女潄娘適上地胡具官之子次救娘適蔡厝

炳勸　子二　培捐　培膰

炳勸乃標臺次子字鴻奬號從教生嘉慶廿一年丙子五月廿一丑時卒同治　年十一月十二辰時葬

娶雲美郭氏京娘生道光三年七月廿九申時卒光緒三年八
月初四戌時葬

炳頍　子一　培吹

炳頍乃標臺三子狮鴻弁狮尺步生道光元年四月初五戌時
卒咸豐七年八月十五吉時葬大林尖丙壬巳亥
娶溪頭柯切官長女宴官生道光五年十月十五午時卒
年　月

炳瑍　子二　培乞　培詩

炳瑍乃標臺四子字鴻美狮有萬生道光四年九月十四酉時
卒同治十二癸酉二月廿十巳時

娶魁美劉俊官長女草娘生道光十二年十一月十四午時卒

炳甲

炳甲乃標彪長子生嘉慶十五年正月十六巳時卒

炳潘　子一　培潤

炳潘乃標椒長子生道光元年十月初二丑時卒

年　月

娶蘇氏味娘生道光六年九月十六子時卒

炳慮

炳慮乃標椒次子生道光甲申年九月十三辰時卒道光廿二年十月初四寅時

炳峴　子二　培醉殤　培樹養

炳峴乃標栢抱養長子姊　生道光庚子年八月十七子時卒光緒辛卯年四月廿九亥時葬在嗅叻

娶鴻卿李氏鄰娘生道光辛丑年十月十一辰時卒光緒甲午年十一月廿四戌時葬在嗅叻

炳桃　子　培覿　培會　培應

炳桃乃標埕長子號少好 生嘉慶二十年十月初八戌時卒咸
豐九年十一月十六子時葬
娶溪尾劉氏旺娘生道光十年二月初三卯時卒

炳凉

炳凉乃標埕次子 生道光元年八月十三酉時卒道光廿四
年九月廿八午時葬

炳紅

炳紅乃標賚長子 生道光庚戌年十二月廿五寅時卒

炳巧 子三 培鋭 培篆 培山

炳巧乃標包長子字鴻笑號好言生嘉慶十六年三月初六亥時卒道光甲辰年九月廿五未時葬與妣合葬

娶大嶺后陳氏蓮娘生嘉慶十七年十月初四卯時卒道光廿十年六月廿三酉時號藻順與公合葬頂深石碣仔癸丁丑未

再娶員竹楊氏兜娘生嘉慶 年 月 時卒

年 月 三娶英内

洪氏后改適 陳氏生鋭篆女娟娘配大墘林喜官楊氏生女

着娘爍娘 洪氏生培山

炳煞 子二 培經 培保

炳然乃標苞抱養次子字鴻沛號有兩生道光六年丙戌十二
月十二午時卒光緒乙未年八月初八未時葬
娶大墘林氏梅官生道光十年庚寅九月十九酉時卒同治五
年十二月廿七酉時葬號節慈　再娶灶
坑黄氏銀娘生道光己亥年二月初九巳時卒光緒丙申十月
十六寅時葬
女二長默娘適曾口坂傅納官　次綢娘配鶴前刘翎莞官

炳雉　子　培抱　培耀　培汝　培窓　培文

炳雉乃標塔抱養長子字鴻賓號大章生道光三年癸未正月

初九寅時卒光緒壬寅年二月初四辰時

娶烘兜林氏金官生道光六年丙戌正月初八酉時卒道光廿五年乙巳八月初十午時

再娶彭格陳氏謹娘㛪仁慈生道光戊子年九月十八丑時卒光緒丁丑年十一月初五酉時葬山武邊丁癸未丑

女棗娘適井邊陳尚官

炳嘌　子三　培[illegible]殤　培聳　培雄

炳嘌乃標塔次子係抱養字鴻車㛪好音生道光四年甲申十一月初八辰時卒咸豐十一年辛酉十一月廿九未時

娶谷口蔡氏在娘生道光七年丁亥十月

初二丑時卒同治五年丙寅四月初十午時號慎慈葬

炳每　子　培根（双承）　培夜　昌熾（俱双承）

炳每乃標潛抱養長子號善事生道光八年二月廿五巳時卒道光廿五年十月十三酉時葬小坑水尾　田中艮坤寅申

炳紫　子二　容成　昌熾（出丰）

炳紫乃標潛次子字鴻色號立事生道光九年己丑十月初六戌時卒光緒元年乙亥七月廿八丑時葬嘖叻

娶大墘林氏奚官生道光十四年四月廿七丑時卒光緒壬寅年七月十五午時葬大張宅大湖生壬向丙兼子午

女二長哂娘配蔡土楼碧官次連娘適大墘林朝宗

炳拱　子　培夜　培用　培欽

炳拱乃標潛三子字鴻照號端士生道光十二年八月十一辰
時卒光緒庚子年十月初十丑時
娶沄尾郭氏拈娘生道光十五年五月初六辰時卒光緒丙申
年四月廿四寅時　女長衿娘配金谷
陳標官次為娘適后坑陳意官三省娘適谷口倪處官

西姑　子四　培棖出丰　培新　培俊　培頂

西姑乃標潛四子字鴻明號榮士生道光廿一年辛丑九月十
九辰時卒光緒癸巳年七月初五未時葬山母大坡崙邉巳亥丙壬

娶谷口蔡寅官女净官號養慈生道光癸卯年十一月廿六丑時卒光緒壬寅年九月廿五戌時葬山毋松脚上艮坤寅申女郇娘配鴻卿李家

炳圜　子一　寬宏　承

炳圜乃標縹長子號碧玉生道光五年十二月初六巳時卒道光廿四年二月二十酉時葬磨頭池坐辛乙兼戌辰

炳妹　子四　培靳　培勤殤　天爵出繼　培坤

炳妹乃標縹次子字鴻邦號明德生道光十年庚寅六月初一辰時卒光緒戊寅年八月十二未時葬山武本宅后滴艮坤寅申

娶洋山胡爺官女隨官號惠慈生道光十一年辛卯

三月初三寅時卒光緒壬寅年三月初五未時葬大嶺邉坤
艮未丑女三長配娘適大墘林向聲次妹娘適新宮刘萃官三
柿娘適洋山胡康官

炳尚 子一 培行

炳尚乃標縹三子字鴻睦號論古生道光十八年戊戌十二月
廿九酉時卒同治十年辛未十月十二酉時葬山武頭崙中生
丙壬兼巳亥 娶大墘楊詳官女族官生道光庚子年八月
初五午時卒光緒三十四年戊申七月十六巳時葬大張宅艮
坤兼寅申
女二長盤娘適鶴前刘呈官次来娘適大墘林袟官

炳鬚 子四 寬宏出繼 寬柔 進賢 進前

炳鬚乃標縹四子字鴻美狮紫玉生道光廿一年辛丑八月廿九酉時卒宣統辛亥年正月廿七申時

娶洋山胡捻官長女意官狮恩慈生道光庚戌年九月十四卯時卒民國癸丑年五月初四巳時葬

女三 去娘適溪南蘇黎官 嗹娘適温泉、唐奠查 嫧娘適浦格王先官

炳針 子一 天爵承

炳針乃標縹五子狮錫金生道光癸卯年又七月初七午時卒同治四年乙丑九月廿三卯時葬翁仔厝田中艮坤夾丑

炳旁

炳旁乃丹桂抱養長子生道光戊子年正月十二午時卒咸豐丙辰年五月十一未時葬

進益　子　萬義

進益乃丹桂次子係養鍗　生道光廿一年九月廿二丑時卒同治甲戌年七月廿二巳時娶大墘林氏好官生道光壬寅年十月廿二酉時卒民國丙寅年九月十八申時葬

炳鑾　子　東生　双全　阿生　金壽俱養　培日　倍交俱承

炳鑾乃標雌長子 生道光庚子年十月初八寅時卒

萱蘭 子 双福 養 高山承

萱蘭乃標雌次子生道光丙午年九月十九巳時卒光緒

年 月

炳芥 子二 培日 双承 高山 出繼

炳芥乃標雌三子娣 生道光三十年庚戌五月十五未時

卒

娶內山林戎官長女蝦娘生咸豐丁巳年十一月初四亥時卒

年月
女三　愈娘適溪南蘇波官　須娘適鴻卿李婿官　蔭娘適

炳丙　子二　培交又承　培荼
炳丙乃標雌四子生咸豐八年戊午四月十四申時卒
年月
娶鴻卿李裔官長女領官生同治丙寅年五月初八午時卒
民國甲戌年五月三十日未時
女蓮娘適

炳認
炳認乃標摺長子號德言生道光十三年癸巳六月十四丑時

卒咸豐辛酉年二月初二巳時

炳垣

炳垣乃標撋次子生道光廿五年乙巳十月初一酉時卒

年　月

炳泉

炳泉乃標套承子係標奢四子繼立狒源流生同治己巳年四

月十五申時卒光緒壬辰年三月初九申時

炳漢

子嗣　仰池

炳漢乃標奢長子諱知義生咸豐己卯年十月十六子時卒
同治庚午年又十月初六酉時

炳木

炳木乃標奢次子諱金声生同治甲子年九月廿三申時卒光
緒癸未年十二月廿一卯時

炳概

子三　新基　仰池出継　登科早殁　四寶

炳概乃標者嗣子係標奢次子繼立諱鴻氣生咸豐己未年十
一月廿三午時卒民国甲子年七月十九戌時葬李处紅山仔
娶溪南蘇教官女鸞官生同治辛未年十月廿
九午時卒

女長碟娘適鴻卿李次悔娘適　三力娘適本里劉

炳飽　子六　培和 養　清蓮　清源　清時　清閑　清蓮

炳飽乃標漳長子字鴻德號　生道光廿四年甲辰二月十

五亥時卒民國乙丑年十月十一卯時葬

娶完竹楊南官女發娘生道光三十年庚戌八月十八寅時

卒　年九月廿十亥時

女一尾娘配鶴前刘廷官

炳他　子三　木筆　清時 繼

炳他乃標樟次子字鴻正號心義生道光廿六年丙午十一月

廿一寅時卒同治八年己巳四月十六寅時

粉里　子一　先進

粉里乃標帳長子字鴻擇號　生咸豐六年丙辰八月廿四丑時卒民國癸丑年九月初三吉時

娶鴻卿李纘官女留官號竹慈生咸豐九年己未十一月十九申時卒光緒甲辰年五月初三寅時葬本處紅山坐

炳　珪　子二　金鉦　金發

炳珪乃標帳次子字鴻璋號　生同治四年乙丑二月初十卯時卒

娶路美李共官女長官生光緒丙子年十二月十四寅時卒

年　月

女

醒娘　次蔥娘

炳堅　子　培恭承

炳堅乃標於長子

炳翕　子　培田　培恭出繼　培芬双承

炳翕乃標学抱養長子號

生咸豐四年甲寅九月初一申

時卒民國乙丑年八月初四寅時
娶德崇蔡殿官次女苑官生咸豐丁巳年十月廿八丑時卒民
國壬子年四月初八寅時葬
女長乖娘適井邊陳会官　次曰娘適官会李天從　三丕娘配德崇蔡烘官　四友娘配蔡心官

炳沣　子二　培開殤　培芬兼承
炳沣乃標爭抱養次子生咸豐七年丁巳十一月初七辰時卒
光緒　年十二月廿四吉時葬
娶馮氏　后改適

炳炎

炳炎乃標漼長子殤

炳鈿　子二　錦川　培炶

炳鈿乃標漼次子字鴻玉號鎮美生道光丁亥年十一月廿五
寅時卒光緒己卯年六月廿七吉時
娶溪南蘇袋官女翕官生道光十四年甲午十月十五寅時
卒同治四年乙丑八月初九巳時號合順葬
女滿娘適福宅劉家

太學生慶元　子　清明　清秀　三泰

慶元乳名炳哈字鴻欽號心喜生道光九年己丑十一月初

十酉時卒光緒辛丑年十月十六卯時葬

娶十字路陳氏兑娘生道光乙未年十月二十寅時卒咸豐六

年六月十一寅時死出　再娶上地胡丙官女益娘生道

光廿二年壬寅九月初三辰時卒民国壬戌年五月二十亥時

葬在　女三金娘適大墘林做官　盡娘適十二字路陳福　受娘適曾口坂傳樟官

## 炳火

炳火乃標翀次子生道光壬寅年四月十九寅時在嘡叻卒同

治癸酉年六月十三亥時　娶刘氏改節

炳蛤　子三　培沙　培龍 養　濚洄

炳蛤乃標瓏長子字鴻壁號聯合生道光廿八年戊子十二月十一巳時卒光緒己卯年九月初七巳時葬山武大垵丙壬兼巳亥　娶魁美劉叻官女榮娘生道光九年己丑十二月二十酉時卒光緒十八年壬辰二月十七卯時葬本山大張宅生亥巳兼壬丙　女一殤　公生平勤儉粒積自構大廈一座上下兩進及扶厝土名真厝洋江邉寅申兼艮坤

公為人嚴謹有舉必成乙亥年重脩岑行頭麼董輯完成至丁丑年重脩譜牒亦與有力焉

承繼　子一　金釹

承繼乃標瓏抱養次子字鴻啟號述志生道光十年庚寅七月十五寅時卒光緒庚寅年八月廿八未時葬在虎堀妣陳氏仝穴　娶洋宅林陳双官女明官號德慈生道光十八年戊戌十月初八寅時卒同治辛未年十月十一卯時夫妻合葬本山虎堀大坡坐乾巽兼亥巳　女順娘配本里刘吉之子

炳緣

炳緣乃標圳抱養長子生道光丙戌年四月十三寅時卒咸豐癸丑年十二月十三午時葬

炳領　子三　培喜　培恠 出繼　連聽

炳領乃標玔抱養次子生道光廿三年癸卯六月初九寅時卒

光緒丁未年十月初六寅時

娶新墩馬氏英官號淑玉生道光戊申年八月十五丑時卒光

緒甲辰年四月十三酉時葬本荒山仔生　向

女二長縣娘配大墩林浪官次宿娘配埔上楊柳官

炳叭

炳叭乃標琀抱養長子生道光辛丑年十二月廿五未時卒

年　月

萬安

萬安乃標玲次子生道光三十年庚戌九月十四戌時卒

炳錬

炳錬乃標長抱養長子字鴻推生道光十二年壬辰七月初六午時葬在𡉏卒

足祿　子嗣　培恀

足祿乃標橡長子生道光癸卯年三月初九午時在巨港卒同治癸酉年　月　日

炳培　子二　煥章　興讓　俱養

炳培乃標儼長子獅栽植生咸豐三年癸丑十月二十午時卒

光緒壬辰年三月廿三子時葬小張宅巽乾辰戌

娶洋內葉銀官長女法娘生同治己巳年十月初五酉時卒民

國戊辰年二月初四卯時葬騎龍斬坐壬丙兼子午

光彩

光彩乃標心抱養長子生同治癸酉年三月廿一寅時早歿

炳永　子一　金蘭

炳永乃心意抱養長子生同治癸酉年三月廿一（同字起至廿一有錯）公字鴻命

㻏和膺生光緒乙亥年九月初一申時卒光緒庚子年十月初九丑時葬　娶曾口坂傅青龍官三

女浮娘生光緒戊寅年六月初三未時卒民國元年壬子五月廿九申時葬虎堀生壬丙兼子午　女角娘配溪头柯　花娘配行厝林

炳永不幸早逝而遺腹子金蘭無人撫養時鄰鄉刘等媢有一男名曰㕛英生同治庚午年十二月初九申時愿過繼與心意為两承子后若生男頭胎繼刘家餘俱承炳永為嗣立合約二帋

㕛后再娶谷口吳氏卓娘生光緒癸未年十一月廿五酉時子一　金照　女六

蠘娘　格娘　腰娘　鵲娘　畝娘　含笑　俱婚配名族

炳怡　子二　文苑養

炳怡乃心意抱養三子㻏和悦生光緒丁丑年十一月十八吉

時卒光緒辛卯年四月十三酉時

炳燦

炳燦乃心意抱養四子生光緒乙未年十月初八午時卒

遲恭

遲恭乃標桓長子生同治十三年甲戌三月廿四巳時殤

炳文　子二　生傳 双承　新興

炳文乃標胆双承子生同治己巳年十月十二午時卒宣統辛

亥年五月廿二申時歿　葬

娶玉井林刑官次女截官生同治甲戌年十月初七寅時卒宣
統辛亥年五月廿二申時葬
女
于娘適鴻卿李

炳長

子　井泉殤　新杏双承　端木養出

炳長乃標胆養三子痲和安生光緒丙子年八月初六戌時卒
光緒庚子年八月廿三亥時葬
娶水帽兜鄭氏匏娘係着官長女生光緒辛巳年五月十一辰
時卒民國辛酉年五月十三子時葬

炳思　子一　端木　双承

炳思乃標胆贅三子緋和恩生光緒丙子年二月十六巳時卒

民國癸亥年七月初五子時

娶　氏

女一　萬娘配鴻卿李

福聯　子二　新杏　双承　新蓝

福聯乃標胆四子字鴻春緋和祥生光緒庚辰年七月初十未

時卒民國戊午年二月十九酉時葬

娶大墘林唱官次女葱官生光緒壬午年正月二十辰時卒民

國丙辰年六月廿四申時葬　緋淑蓮

奮武校尉超英 子二 大海 大彪

超英名竹林字鴻賢號和茂乃夏水長子宣統 年任永春湖洋汛生光緒丙戌年五月初一巳時卒民國四年乙卯二月初三午時葬新嘉坡陳牛啣崙頭 娶谷口謝彖官

長女旭官生光緒丁亥年六月初一日辰時

麟宗 子一 添丁

麟宗乃夏水抱養次子字鴻趾生光緒己丑年六月廿七子時 娶大墘林善定

老三女鏡娘生光緒庚寅年四月廿八未時卒

復基　子　添盛　双承復成

復基乃夏水三子字　生光緒丙申年四月初十寅時卒民

國十一年壬戌又五月廿一亥時葬

娶彭格陳氏文娘生光緒戊戌年十月初十日寅時

女含笑適頂刘劉宅

復成　嗣子半　添盛

復成乃夏水抱四子生光緒丁酉年　月　日

烈火

烈火乃夏水四子 生光緒甲辰年七月十五子時殤

炳瓏

炳瓏乃標重長子兼承標鍛 生光緒丁亥年四月十五未時

在外洋卒

天誥

天誥乃標恬抱養長子字添東係康生道光三年癸未九月初八
日戌時彿　卒
娶劉氏添娘改節

以上範正公五房志學之派

国家出版基金项目
NATIONAL PUBLICATION FOUNDATION

# 海上絲綢之路文獻集成

總主編　陳支平　陳春聲

## 民間譜牒編 88

主編　林楓

海峽出版發行集團
THE STRAITS PUBLISHING & DISTRIBUTING GROUP
福建人民出版社

# 本册目次

# 〔福建安溪〕清溪蓬萊嶺美張氏宗譜十三卷首一卷（卷一〇至卷一二）

張吉六　張緝熙纂修

# 清溪蓬莱嶺美張氏宗譜

正卷拾

六房契

清溪蓬萊張氏宗譜歷世紀實卷拾

十九世

培光武

光武乃炳天返長子號在文生道光廿四年甲辰五月廿六寅時卒光緒　年五月　日葬外洋嗹叻

培坎　子二　錫蘇　錫頂

培坎乃天返次子號在與生道光己酉年七月初一辰時卒光緒廿五年己亥九月初七戌時

娶魁頭柯氏香娘生同治元年五月十六辰時女二長于

清溪蓬萊張氏宗譜

娘適大墘林彩官次汝娘適柯氏卒民國丙子年八月十九子時

瑞生

瑞生乃炳垦長子

培

乃炳垦次子生

乃炳垦三子生

培執

子

錫土　承

發成　承丰

培執乃炳擱承子係炳舵次子繼立生道光十五年己丑七月

廿一丑時娉蔡氏賢娘生光緒

公卒宣統庚戌年十一月廿七辰時

培吟　子三　錫歐　錫成　發成出半

培吟乃炳舵長子生光緒四年戊寅九月十八寅時娶大墘

林氏智娘生光緒八年壬午九月十二寅時公卒民國癸亥年

七月十八戌時女三　秀娘適溪南蘇水源　桂花　玉蘭俱幼

培井

培井乃炳粮長子生同治五年丙寅九月十九酉時卒光緒

年　月　時葬嘡叻

培裁　子二　錫鎮　錫判　聯福雙承

培裁乃炳鑑長子字典正號有道生同治八年己巳十一月初十卯時卒光緒甲午年十月初七巳時

娶上地胡氏紉官女潘娘生同治癸酉年三月廿一子時

培斗　子四　叔夏　水孝　聯福出羊　錫舟

培斗乃炳鑑三子字典才生光緒元年乙亥八月廿六日辰時號星輝卒民國甲戌年二月三十日亥時

娶曹口坂傅氏見官生光緒乙亥年十一月初三辰時卒民國

辛酉年正月廿四酉時葬虎窟生癸丁兼丑未
女四長爻娘適彭格陳次晟娘適上地胡三富娘適溪尾刘四
花娘適溪南蘇

培前

子二　中萬　光景

培前乃炳賞承子係炳鑑次子繼立字典光生同治十一年壬
申十一月十八卯時卒民国壬申年正月廿三戌時葬
娶彭格陳鎮爵老女碟官生光緒三年丁
丑十一月廿五子時女三長蠟娘適貞洋易次苑娘適新豊刘
三尾娘適上地胡

培烈

培烈乃炳猪長子蕙承炳猴生光緒癸未年　月　日　時

卒民國甲戌年七月廿二酉時

培輝

培輝乃炳猪次子生光緒十三年丁亥六月廿五日寅時卒民

國辛未年四月三十日未時

崑龍

崑龍乃炳羊長子生

培羆

培羆乃炳羊次子

培棟

培棟乃炳桃長子

連理

連理乃炳桃次子

培臨

培臨乃炳桃三子

培呈

培呈乃炳桃四子

文成

文成　酉　錫蓮　正寶　添木　錫完

文成乃根和次子生同治九年庚午十月十七丑時娶頂劉潤

官女碩官生光緒三年丁丑十月十三辰時卒民國癸亥七月廿六卯時與公合葬陳牛廊公司山

女二長旋娘適同安縣次嫒娘適鴻卿李三对娘適洋山胡宅
四娘適洋山胡水旺四有娘
公卒民國甲戌年十月廿三寅時與妣合葬

惟言

惟言乃根和三子生同治十三年甲戌十月廿六亥時

萬生　子一

錫学

萬生乃由還承繼子係根和次子繼字典化號仰山生同治丙
寅年十月初六亥時卒光緒戊戌年四月初八巳時
娶曾口坂傅託官女碟官號

玉甌生同治庚午年十二月初八戌時卒光緒癸卯年二月

十三寅時

女二乖娘適曾口坂傅次妹娘適

春水　子一　立賢出丰

春水乃炳黨長子字興滄生光緒五年己卯六月十四辰時

娶大墘林佔官女勧娘

生光緒十年甲申七月廿五日未時

淵傳　子　立賢承丰

淵傳乃炳黨次子生光緒八年壬午八月廿六日巳時卒光

緒丁未年十一月初六辰時葬寔叻舊塚

桂鳳　子一　清溪 出芉

桂鳳乃炳黨三子生光緒十七年辛卯二月初四日寅時卒民國己巳年十二月初八亥時葬寔叻舊塚　娶南安上訓王鉗官郜娘生光緒乙未年九月廿八亥時　女扁娘 㓜

榮林　子　建德 承継芉

榮林乃炳黨四子生光緒十九年癸巳二月初十日寅時娶硯音山王氏桃娘生光緒丁酉年九月十一寅時卒民國乙卯四月初九亥時葬叻坡旧塚　又娶蒲格王氏錸娘生光緒戊戌四月十一酉時卒民国壬戌七月廿五辰葬寔叻舊塚　三娶上訓梁氏冬〻娘生宣統己酉九月十八巳時　女丙英 㓜

添福　子二　錫深　建德 出芉

添福乃炳黨五子生光緒廿一年乙未五月廿一寅時娶溪
南蘇氏前娘生光緒壬寅年正月廿七卯時卒民國己巳年十一
月廿二未時葬叻坡舊塚　女一　員英未字

江海　子　清溪　承羊

江海乃炳黨六子生光緒廿四年戊戌五月廿六日巳時卒
民國乙卯年三月初六未時葬叻坡舊塚

春例

春例乃炳裕長子

培燒

培燒乃炳裕次子

匏只

匏只乃炳裕三子

春吉

春吉乃炳罕長子字典安生同治十二年三月廿五日巳時

卒光緒辛丑年五月初四卯時葬外洋嚐叻

培冬菊

冬菊乃炳罕次子字典梅生光緒十六年庚寅七月十四日

酉時

培草　子嗣　金狗

培草乃炳奚長子字典芳生同治十三年甲戌正月十三

巳時卒民國戊辰年六月十七卯時葬新加坡馬智律萊塘塚

火連　子三　金狗出繼　金江　金宗

火連乃炳奚次子字典金生光緒十七年辛卯二月廿七日丑時娶余氏月娘生光緒丙申年七月廿六午時

培搭

培搭乃賜基長子字典牽生光緒五年己卯九月初十日戌時

馨桂

馨桂乃賜基次子字典林生光緒十二年丙戌正月廿三日巳時

培文桂

文桂乃通清長子字典章生光緒十二年丙戌正月十三日

亥時

迎福

迎福乃通清次子字典集生光緒廿四年戊戌七月廿八日

酉時

水滚

水滚乃炳均長子字典泉生光緒十八年壬辰六月十九日子時卒民國乙丑年四月廿九申時葬大吧窑山　娶林氏愛娘生　女二　木娘　花娘

南山

南山乃炳泰長子字典大生光緒廿四年戊戌七月廿九日戌時

南薰

南薰乃炳泰次子字典來生光緒廿八年壬寅三月廿二日寅時

南窑　乃炳泰三子生宣統己酉年正月十二申時

有德　乃炳泰四子生民國己未年文七月廿八未時

培紹基

紹基乃廷璨長子

紹文

紹文乃廷璨次子

培蕉

培蕉乃瑞榮嗣長子係炳廷長子繼立生光緒九年癸未七月十四午時卒光緒己丑年四月　日　時葬

培金吉

金吉乃瑞榮嗣次子係炳保次子繼立生光緒廿八年壬寅三月廿二申時

培柹

培柹乃炳廷次子生光緒十年甲申十二月廿九日酉時

茂合　子三

錫貞

長順　双承

榮華　出丰

茂合乃炳保長子生光緒十八年壬辰十二月初八日寅時卒

民國甲戌年八月十五卯時葬新加坡陳牛廊娶王氏溱娘生光緒丙申六月十五酉時女三

培玉瑛子　錫抱養　長順承丰

玉瑛乃炳保次子生光緒壬寅年　月　　時卒民國乙卯十一月初八子時葬福建塚

培火星　子　　榮華承丰

火星乃炳保三子生光緒壹　宣統辛亥年六月十一子時娶溪

内蔡兵官次女初娘生民國乙卯年二月十二巳時

土来　子　　和尚承丰

土来乃清概双承長子係炳富長子承生光緒廿三年丁酉十

月十四酉時卒民國己未年四月廿一申時

娶陳氏担娘生光緒辛丑年二月十九日申時

定尊

定尊乃清旺双承子係炳富次子繼丰錄見下

土來

土來乃炳富長子萬承清概錄見上

定尊又名枝　子　發成養　和尚出丰　聰明

定尊乃炳富次子萬承清旺生光緒癸卯年十月三十日酉時娶延壽院吳氏再娘生光緒丁未年二月初二卯時女柚柑幼

金木　子　水成

金木乃炳富三子生宣統己酉年三月初一子時娶洋內葉葛官女雲娘生民国癸丑年五月初十酉時

培梅魁　子三　育生　来興　俱養

梅魁乃炳蔡長子字典開號玉山係天返三子繼立生咸豐九年己未十一月初一辰時卒光緒十五年己丑二月廿一日辰時

娶鴻鄉李茜官女悔娘生咸豐十一年六月初十日寅時卒民國　年　月

秋桂

秋桂乃炳蔡抱養次子字典馥生同治三年甲子十一月初十日未時

福緣

福緣乃炳蔡三子字典慶

福川

福川乃炳蔡四子

福壬｜志孚

志乾＝湛峰｜博士

湛崧｜學士

福壬乃炳蔡五子字典辛

培國　子二　水浚　錫火

培國乃炳天從抱養長子字典興生同治八年己巳正月十二日亥時

娶大墘林昑官女穟官生同治甲戌年四月廿七日巳時卒光緒戊甲年二月廿四巳時葬

女一梅娘

培波

培波乃天從次子字典濤生同治八年己巳五月廿七日巳時

在洋卒

壬癸　子一　火丁

壬癸乃天從三子字典中生光緒二年丙子八月十一日亥時
卒民國庚申年十月初九日戌時
娶福宅溪劉賞官長女眈官生光緒六年庚辰七月初九日
未時
女長好娘適鴻卿李次氣娘亦適鴻卿李心娘適福宅溪富娘
未字

培案　子一　錫莊
培案乃天從四子字典玉生光緒六年庚辰四月十九日戌時
卒　年六月初五午時
娶大墘林朝官女尊官生光緒十一年乙酉八月廿四日巳時

卒　年十一月廿十卯時

培汀　子　連生　連子 半継　連興

培汀乃天從五子字典雪生光緒十二年丙戌五月初四日戌時

娶曾口坂傅氏銀娘生光緒丁酉年五月廿九辰時卒民國廿四年乙亥七月廿七日未時　又

娶黃氏送娘生光緒丁未年

九懋

九懋乃滿朝長子字典功號悅山生同治十年辛未十月初五

未時卒光緒廿十年甲午十月廿二酉時與弟薰閒合葬小張
宅中崙坐壬丙兼子午
娶鴻卿李氏伴官歿節

薰閒

薰閒乃滿朝四子次行字典南號建山生同治十二年癸酉十二
月初十酉時卒光緒十八年壬辰五月十八日巳時與兄懋合
葬小張宅

三湖

三湖乃滿朝三子字典西生光緒二年丙子十二月廿七日寅時
卒光緒三十年　月　時葬在外洋

四贊　子一　玉角

四贊乃滿朝四子字典勛生光緒五年己卯二月初八日卯時

在洋卒民國甲戌年五月十四戌時

娶大墘林謗官女罶官生光緒十年甲申十月廿四日卯時

女奎娘適

培五鳳　子四　錫標養　傳枝　傳興　傳美

五鳳乃滿朝五子字典麟生光緒九年癸未十月廿八日亥時

娶崎兜溫罕官女燕官生光緒十七年辛卯四月十九日酉時

女二長波娘適漢頭柯鴻圖次玉蘭幼

六
雁

六雁乃滿朝六子字典雲生光緒十三年丁亥九月初十日申時卒　年　月　時葬南邦仰先坡

娶上地胡氏張官改節

培
蕚　子　應麟承丰　添木抱丰

培蕚乃德成長子字典呈號朗山生光緒九年癸未十一月十一申時卒民國庚申年九月十七日酉時葬新嘉坡

娶十字路舉人陳希賓曾孫女儒士日金長女妹官號倪慈生
光緒十三年丁亥六月廿二子時卒宣統己酉年十月廿四日
申時葬虎窟欉仔崙坐癸丁兼丑未
再娶龍居鳳斗姚氏幽官在新嘉坡改適后再田籍生光緒庚寅
年五月初五午時女三螺娘適湖頭許滿官次大目三閣娘均未字
法學士菁莪　子四　錫緝熙　應麟出羊　應川　四哲
菁莪乳名培鰲字典龍號萊山別號梅亭即德成次子生光
緒十一年乙酉五月初九日酉時宣統三年畢業安溪縣公立
小學校民國四年由福建第一中學校考陞法政專門高等預
科畢業歷任魁美學校教員蓬萊學校校長蓬萊第二校校長

民國八年蓬萊自治會會長福建省長薩鎮冰為給匾音文曰
興學育才卒民國戊辰年十月廿六未時享年四十有四葬在
本鄉土壠墓内厝角大埧邊田中坐辛向乙兼酉卯
娶室東洋陳新登官次女貴官號富慈生光緒十四年戊子正
月廿八日亥時　女三
長喜蓮適上地胡竹村次素蓮適新豐劉克耀三秀蓮未字
龍翁為鄉之碩彦也少時從父入學聰明穎異及其長也業畢
於法學專門依守儒素家風而不自驕矜至其居家孝友外無
閒於人言子道堪欽内盡誠乎色養而且排難解紛不亞魯仲
連遺風焉今者冢郎長明兄身擔社會巨任次三郎尤為學界

中翹礎一經相傳繼起多英賓　翁積德功深所以天之眷顧益厚也愚也才識淺陋不敢弄斧班門聊述數語誌諸譜端以為之後賢哲者則之

編修主筆學姪唐欽侯拜誌

有志

有志乃炳能長子字興士號　山生同治九年庚午二月廿一寅時卒光緒十四年戊子二月廿七日巳時與父合葬在土壠墓崩岸外頂水埕埔辛山酉卯

有為

有為乃炳能次子生光緒三年丁丑三月廿一日巳時卒光緒

清溪蓬萊張氏宗譜

培文　子一　錫和養

培文乃旺能三子字典理號郁山生光緒六年庚辰四月廿三
巳時卒民國　年八月初五吉時葬新嘉坡
娶大墩林再發官女領官生光緒九年癸未三月初九日丑時
女長金娘適崎縣陳麼官次嬿娘適鴻卿李粽官　媽卒民國
壬申年四月十四吉時葬廈門

培浩　子　甲乙出羊

培浩乃旺能四子字典澤號沛山生光緒九年癸未二月十七

寅時

娶曾口坂傅謁官女寶官號珮慈生光緒十四年戊子十一月

廿一日　時

女璇娘適溪南蘇河水君

培筍　子　甲乙双承

培筍乃旺能五子字典芽生光緒十一年乙酉二月初四日酉

時卒民國壬申年七月廿五日卯時葬

榮生　子　水亮殤　秀蘭　錫鉗半　金城　昭黎半承

棨生乃初用抱養長子字典彩號青山生光緒元年乙亥三月
廿一寅時卒民國乙亥年八月廿二日亥時與元配合葬
娶洋山胡鈔官女籃官生光緒乙亥年二月廿九子時卒民國
二年癸丑四月初一寅時與公合葬在大張宅口寅申甲庚
再娶　氏旺官生光緒　年　月　日　時卒民國乙卯
年九月十五巳時
三娶井濱陳氏禾娘生光緒九年癸未九月初七日巳時
女三　長　次晏娘適溪口陳三潤娘適崎兜溫
棨名　子　巨栢承繼　昭黎承

榮名乃初用抱養次子字典仁號直山生光緒七年辛巳正月初八寅時卒光緒辛丑年十月初九寅時葬紅山頂崙中坐癸向丁兼丑未娶曾口坂傅註官女予娘生改適

榮章　子一　巨栢 出羊

榮章乃初用三子字典華號憲山生光緒九年癸未三月初三日寅時

娶大墩林向聲官女貞娘生光緒癸未年七月初五日酉時卒民國甲戌年八月初八日戌時葬本鄉虎咬豬母坐坤艮未丑女五長柳娘適鴻卿李次不娘適崎兜温三奎娘適魁美劉宅

四芙蓉適曾口坂傅五耳娘未字

瓊林　子二　中庸出丰　中河

瓊林乃炳佛長子字典會號苑山生光緒十二年丙戌五月十九日卯時

娶鴻卿李氏晟娘生光緒丁酉年　月　日　時卒民國辛未年十一月廿六日未時

女二　長猪母次水獺俱殤

瓊杖　子　英山承丰

瓊杖乃炳佛次子字典蔡號乙山生光緒十四年戊子九月初
十亥時卒

瓊樹　子　中庸及承

瓊樹乃炳佛三子字典綠號木山生光緒十七年辛卯正月廿
三巳時卒

瓊東　子　英海半　英山半繼

瓊東乃炳佛四子字典綜號金山生光緒廿一年乙未九月初
四寅時

娶曾口坂傅氏粉娘生光緒丙午年正月十九日午時

水蛟　子　英海双承

水蛟乃炳佛五子字典騰號珠山生光緒廿六年庚子九月初六寅時卒民國戊辰年二月初九申時

娶鴻卿李氏廿娘改適

女一鍒娘未字

培倉

培倉乃炳佛六子字典山號白山生光緒廿八年壬寅九月十三寅時

娶大墘林氏隱娘生民國壬子年十一月初二日辰時

女一泉娘幼

戊己　子　中華聚

戊己乃炳婆長子字典厚號博山生光緒十八年壬辰十月初

九子時

娶

清源　子　中南　中華出丰

清源乃炳婆次子字典泉號本山生光緒廿六年庚子閏八月

十九日巳時

娶彭格陳氏又娘生宣統庚戌年　月

清宗

清宗乃炳婆三子生光緒廿九年癸卯八月廿九辰時殤

培構

培構乃炳納長子字典堂號　生同治元年壬戌九月十五

戌時卒光緒乙未年四月廿十酉時葬嗅叻

娶陳氏欣娘改嫁

山水　子一　桂子

山水乃春色嗣子係炳納次子繼立字典有狶　生同治十

二年癸酉六月廿四寅時卒宣統己酉年十二月初三日吉時

葬在

娶崎縣陳海官長女儉娘生光緒十一年乙酉　月　日

時女一

傳二　子二　金團　錫力金　抱

傳二乃清鏡次子字典　生光緒廿四年戊戌八月廿八日午

時　娶鴻卿李氏不

娘生光緒丙午年五月十一日巳時

培綿　清鏡三子生光緒廿七年辛丑正月初七戌時殤

春水　子　玉憲

春水乃清鏡四子字典　生光緒丁未年四月十二日亥時

娶溪南蘇氏梅娘生民國甲寅年十二月初四酉時

壽星

壽星乃江寶承繼子係清鏡長子繼立生光緒廿一年乙未八

月廿二子時殤

培郜　子一　廣厚

培郜乃再來長子字典恭號　生光緒十年甲申十月十二日

丑時卒民國癸亥年正月十七日未時葬本鄉中哖嶺邊坐丁

向癸兼未丑　娶溪頭柯氏綢娘生光緒壬辰年正月初四日巳

時女二長千娘適大墘林次縣娘適鴻鄉李

培河

培河乃炳時長子生光緒殤

培虎

三德　子三　淋灕　清苑　清楚　清天

三德乃炳時次子字典　生光緒十六年庚寅四月初三午時
娶溪邊坂胡氏
晃娘生光緒丙申年　月

新
科　子二　玉清　玉彩

新科乃茲星抱養長子字基澤號　生光緒十一年乙酉九
月初五辰時卒光緒丙午年五月十九日戌時
娶鶴前庠生劉啟文女贍娘生光緒十四年戊子十一月十一
辰時

成闓　子一　滄江　丰承
成闓乃茲星抱養次子字典　生光緒十九年癸未 查 癸巳九
月廿九辰時卒民國庚申年五月廿一巳時
娶曾口坂傅氏不娘生光緒乙未年十一月初三巳時
女二長金娘適鴻鄉李　次加蠘未字
火炭　子　滄海　松栢炭 承丰 次滄江 繼丰
火炭乃茲星三子字　生光緒廿四年戊戌五月初十日辰
時　娶崎兜溫氏奎娘
生光緒辛丑年七月初六戌時女二秀英秀添均幼

火炎　子　松栢承半

火炎乃茲星四子字　生光緒廿五年己亥四月廿四卯時

娶鄭氏榭榴娘逃出

培簡　子二　水土　明寶

培簡乃雁塔抱養子字典　生光緒廿五年己亥二月初六日申時

娶九福黃氏嗹娘生光緒庚子年八月十六日巳時

側室延壽院吳氏梅娘生宣統辛亥年六月廿二日申時卒氏

劉林岡鳳 村

蛇俗形崙

坐亥向巳兼乾巽

國戊辰年四月二十巳時

女 貽娘未字

培梯 子二 論硬 利民

培梯乃福志長子字典登生光緒十五年己丑六月廿六日申時 娶谷山林鳳官女月娘生光緒十六年庚寅十一月初五日申時

女長甜娘適大墘林次好娘未字

献瑞 子 玉蘭 佳綱 佳錐 佳淋

献瑞乃炳發抱養長子字典　生光緒十六年庚寅十一月十七子時
娶龜脰李倡官女冇娘生光緒十七年辛卯三月廿二日辰時
女三　銀娘　玉娘　扁娘均幼

呈祥　子一　璇石

呈祥乃陸遜長子字典　生光緒十八年壬辰十二月十一日申時卒民國甲戌年六月十四巳時　娶鴻鄉李氏戠娘生光緒戊戌年二月廿五午時女一禹娘適曾口坂傅欽官

揚聲

揚聲乃陸遜次子字典　生光緒二十一年乙未九月廿八日

子時

格火

格火乃陸遜三子生民國壬子年八月初十巳時娶十二路陳
氏英娘生民國壬戌年五月初十卯時

先知

先知乃炳歐長子生民國癸亥二月廿八未時

淵源 子三

坤旺　維坤　坤盛

六之房亡

淵源乃陸甲次子（係行長）生光緒乙巳年四月廿八丑時娶崎縣陳氏禧娘生光緒戊申年正月廿四卯時

淵深

淵深乃陸甲次子生民國壬申年十二月廿七丑時

敬賢

敬賢乃金重長子生宣統辛亥年六月十二丑時娶　氏聘娘生民國丁巳年十月廿九子時

培

壬癸　子

壬癸乃業瑞長子生光緒丁亥年六月初八午時娶鴻卿李氏送娘生光緒甲午年六月十一寅時卒民國乙丑年六月十一

浯洲[illegible]蔡氏家譜

酉時女一笋娘

戊巳　子

戊巳乃業瑞次子生光緒壬辰年正月十四戌時卒民國十九
年五月十四甲時葬在外洋

冬水　子

冬水乃後生嗣子係業瑞三子繼立生光緒辛丑年十一月廿
四子時娶谷山林梧官女晟官生宣統辛亥年八月初十午時
女二長荐娘幼　次昭治適谷山

梓材　子一　伴利抱

梓材乃炳火長子號能發生道光三十年庚戌二月二十辰時
卒光緒十年甲申十一月十八卯時
娶衙口陳輦官女領官生咸豐七年正月初七巳時卒光緒二
十年甲午十一月初八辰時
女下娘適上地胡音官

金善　子　泮恭　賀利　泮水　泮成　乃炳火抱次子其生娶詳在正譜

養順　子一　錫婆　養

養順乃炳隱抱養長子生咸豐元年壬子六月廿三寅時卒光
緒乙巳年二月十四戌時　查咸豐元年辛亥　旧誌有錯
娶大墘林鉄官女淂娘生咸豐二年三月初八酉時卒光緒甲

辰年九月初一申時

女三長英娘適黄宅林陳竹官次蔭娘適洋山頭林坑官三粧

娘適洋山胡粮官

禎祥　子五　璇璣　維潘　瀇溪　攀麟過繼　有執

禎祥乃連春長子字典福號星雲生咸豐十一年辛酉十月十六

寅時卒民國丙子年正月十八日卯時葬蕉坑荒田邉艮坤丑未

娶大墘監生林泉官女香娘生同治八年已巳七月初五辰時

女勸娘適鴻卿李禾官

又娶側室陳氏吳娘生光緒壬午年四月十一酉時生于攀麟

公于民國甲寅年與胞四叔仝建築新安厝仝座坐巽乾兼辰
戌至民國乙亥年與堂弟姪建築寶斗厝腳砲樓仝座
翁素持清德遐邇咸欽英年渡洋勤儉經營居家孝友子道堪稱賛勷譜端乃
出真誠淡蕩自守與世無爭典型已渺猶在如生
主筆愚姪唐欽侯拜贈

綿逵　子二　昆仲　守義　繼承

綿逵乃連春次子字與澤號能卿生同治三年甲子正月初七
巳時卒光緒廿二年丙申十二月十九戌時葬外洋嘆叻
娶彭格陳餘官女水官生同治九年庚午九月十九酉時卒宣
統元年己酉十月初五亥時葬本山蕉坑荒田邉坐壬丙兼子午

錦繡　子嗣　攀麟承繼

錦繡乃連春三子字典文號能衮生同治七年戊辰八月廿九辰時卒光緒廿八年壬寅五月初五亥時葬蕉坑荒田邊后改葬運堀仔坐甲庚兼寅申

娶鴻卿李永然官女惜官生光緒六年庚辰五月初三日寅時

女二長淑娘　次碧娘

五彩　子　劍甫　興仁　守義出継

五彩乃連春四子字典彰號星輝生光緒六年庚辰十一月初三戌時民國成立帶隊安民賞給第四等勲章至民國三年平

匪有功賞給第三等警察獎章卒民國八年己未四月初一
亥時葬本山尾坑垵頭烏土崙生甲庚兼卯酉
女三長鸞娘次萃娘三愿娘均適鴻鄉李　娶上地胡伴官女
閃官生光緒十四年戊子十月初六未時

吉六　子五　蔭庭　蔭堂出丰　四知　宗澤　經綸

吉六乃連春五子字典廸生光緒十四年戊子四月初四丑
時娶魁美劉集官次女幼官生光緒十八年壬辰八月十七
未時

君利浚定心光明懷宗譜之來竣繼先兄以厥成處世和藹待
人公平安分守己純樸忠誠乃祖是訓無忝所生

民國庚申年與堂兄弟姪等合建中興居全座山辛卯酉

雙全　子三　景生　杏章　慶雲

雙全乃楊柳長子字典貴號能富生同治四年乙丑十月廿四子時卒民國戊辰年正月廿六子時葬本山運堀仔坐丁癸兼午子　娶洋山胡濡官女長女碟娘生同治壬申八月十五巳時卒民國癸酉年四月十六子時葬本山后墘垵崙

天乞　子二　欲速　欲沂

天乞乃蘭珠抱養長子字典通號能達生咸豐九年己未八月廿二寅時卒光緒三十一年乙巳六月初二丑時葬后墘垵頭

娶鴻卿李蒂官女庚娘生同治四年十月初三未時

女 盤娘適福黎溪劉

諸侯 子三 光炎 孔懷 客察

諸侯乃蘭珠次子字典政生同治六年丁卯十月十七丑時號能柔卒民國丁巳年十月初八未時葬本山後墘嶺路上坐向 娶西山林錦官女盛官生同治十三年甲戌三月廿三夘時

女四長綢娘適溪頭柯次差娘適横坑李三環娘適大墘林四

香娘亦適大墘林

内閣中書銜廷序　子二　飄香　長波

廷序乳名鴻雁字典賓號星門乃蘭珠三子生同治十年辛

未十月廿六日戌時前清光緒戊申年捐納内閣中書銜　卒

宣統己酉年十二月十四亥時葬在本山後墘垵頭坐丙壬兼

午子　娶溪尾劉鄙官女趁官號淑慈生光緒五年己卯六

月十二亥時卒光緒癸卯年九月初四辰時葬后墘垵頭坐丙

壬兼午子與公仝穴　再娶本里金谷蔡敏官次女信娘生光緒

十年甲申十一月初五日卯時

濟生　子五　哈芳殤　俊德抱　武烈　季根出半　永爍殤

濟生乃蘭珠四子字典保生光緒四年戊寅二月廿十日戌時

在厦醫學傳習所畢業　娶魁美劉笑宗

四女八官生光緒七年辛巳正月十七亥時卒宣統庚戌年七

月廿一未時生女二長楚娘適溪南蘇次毛娘適鴻鄉李

續娶路美李氏石娘生光緒庚寅年正月十四辰時生男武烈

元妣葬在本鄉蕉坑尾坋田中生庚甲兼甲寅

季根生女獅娘未字

典保從前乳名灑溜字典利後因慈濟堂保生大帝並

清水岩大師降乩為之改其名曰濟生字典保蓋取能濟治保

衛生活人之義也非精於醫道烏得　聖神之取義命名如
是耶　修人謹誌
民國廿一年承買錫周福全美厝左畔乚頭右畔過水角間連右畔田園乚所又后溝荒
埔及厕池二口厝坐巽乾兼辰戌
庇佑　子一　天送
庇佑乃炳石清長子字典純號　生同治七年戊辰九月初
九未時卒民國丙辰年八月廿九辰時
娶彭格陳窗官女莉官生光緒七年辛巳二月廿六日申時女
寶娘適溪頭柯
培爽

培奐乃石清抱養四子次行號能快生光緒二年丙子十二月廿
三戌時卒民國元年壬子六月初二申時
娶橫坑李氏妹官改適

源題　子三　渠川　平康　克繩

源題乃離妻長子字典　生光緒十八年壬辰九月十三日巳
時　娶上地胡氏胎
娘生光緒乙未年閏五月初九日寅時

頂元

頂元乃離妻次子生光緒廿七年辛丑八月廿九亥時殤

裁木　子　金寧　錫謨

裁木乃卧龍長子字典　生光緒元年乙亥十月廿二日申時

娶劉厝劉氏碟娘生光緒　年　月　日　時卒民國癸丑年九月廿九吉時女一玉娘未字

瓊花　子　春成 係再興次子三承

瓊花乃卧龍次養子兼承四体生光緒乙未年二月初十卯時

娶溪頭柯氏蒲娘

生光緒甲辰年五月初八亥時

培闇 子 文煉

培闇乃炳進承長子係卧龍次子繼立字典 生光緒七年辛巳九月初七未時在洋卒民國己巳年二月十五卯時

娶洋山胡撳官女看官生光緒十四年戊子十一月廿二日辰時

培宇 十一 春成 出半

培宇乃炳進次子係抱養生光緒十六年庚寅十月十八未時

卒民國丁卯年二月二十亥時

培談　子　錫湿

培談乃新世長子字典笑生光緒五年己卯十月廿九日酉時

娶溪南蘇旋官女

金娘號玉慈生光緒十年九月十九卯時卒光緒乙巳年二月

廿六申時葬蕉坑土關崙生艮坤兼丑未

再娶新春林氏在娘生

雙琴　子一　海水

雙琴乃炳敬長子號　生光緒九年癸未十一月十五日丑時
卒民國戊辰年十一月廿一未時葬寔叻陳牛墘
娶新春林氏姜娘生光緒乙未年十二月二十辰時
女四粘好娘姚適洋山　水潤　富娘　愛娘均幼

載興　子二　寶成　春成俱養 三承培字瓊花
載興乃雅頌抱養子生光緒廿一年乙未十一月十八日卯時
字典旺　娶潮州葉氏
能池生光緒丁未六月十七吉時

井水　子二　杖黎　學習
井水乃盈科長子號　生同治十一年壬申六月初九申時

卒民國辛未年正月廿六亥時
娶黃宅林陳周官女蔭官生光緒四年戊寅八月十五日　時
卒光緒廿九年癸卯八月十二卯時女寬娘

納福　子一　經猷

納福乃朝林抱養長子生光緒七年辛巳九月十四日亥時
娶鴻卿李攤官女河
官生光緒十六年庚寅十月初二日戌時卒民國壬戌年八月
廿六未時葬在南洋

神接　子

神接乃朝林次子號　生光緒十六年庚寅七月初九戌時
卒民國甲寅年五月初五吉時葬外洋
娶林氏改適

儒士燕山　子三　啟蟄　輝鵬　輝儀
燕山乃炳忠信長子字典岳號登瀛生光緒五年己卯九月十
二卯時卒宣統三年辛亥五月初五戌時葬星加坡
娶鴻卿李石巖官長女軫官生光緒六年庚辰十二月廿十子
時卒民國丁卯年十二月十五巳時葬水埕尾文塬林甲庚寅申
女長廿娘適曾口坂傅士官爲媳次語娘

美志　子一　璧軒抱

美志乃忠信次子字典仁生光緒十三年丁亥八月廿九日丑時娶頂劉養官女求官生光緒十六年庚寅九月十二申時女二長楚娘適鴻卿李次却娘適曾口坂傳

豪傑　子一　錦華

豪傑乃炳傳次子字典　生光緒廿四年戊戌十一月廿六日酉時　娶鴻卿李氏菊娘生光緒丙午年正月初八亥時女二長友娘次發娘俱幼

敏求　子　壽達承丰
敏求乃炳傳四子字典　生光緒丁未年三月　日酉時卒
民國己巳年八月廿二戌時
娶曾口坂傅氏水娘改適

得地
得地乃守鳳嗣子係炳傳長子繼立號　生光緒十八年壬
辰十一月初三戌時卒奚外洋

新田　子二　拱照　壽達繼丰敏求

新田乃明堂嗣子係炳傳三子繼立字典　生光緒三十年甲辰九月廿四寅時

娶林氏玉娘生宣統己酉年五月初六日酉時

培道　子　水生　次天来

培道乃炳趣長子字典德生光緒七年辛巳七月十八日未時

娶胡氏要娘上地人（生光緒辛卯年正月廿六寅時　卒民國己卯年十一月初八午時葬叻坡旧塚）又娶乜縣郭氏秀平生光緒癸卯四月廿六辰時女二水蓮（未字）水錦適南安陳錦綉為媳

火烘

火烘乃炳趣次子生光緒十八年壬辰七月三十日巳時殀幼
娶溪頭柯恍官女蕉官未婚夫歿別適

四端　子三　奚月　玉樹　玉賢

四端乃安士長子字典莊生光緒十九年癸巳正月十八日寅時　娶鴻卿李氏進娘生光緒丁酉年六月廿二未時　女二長加蠘次　娘均未許字

八元　子　玉賢承手

八元乃安仕次子字典　生光緒廿三年丁酉九月廿六巳時
卒民國癸酉年六月初十巳時
娶鴻卿李氏叁娘生光緒辛丑年六月初一日辰時

仁和　子

仁和乃炳太甲長子生光緒廿二年丙申九月廿四未時字典
合　娶上地胡氏甜娘
生光緒癸卯年四月初七日未時

培梅慶　子三　榮發　榮祥　榮福

梅慶乃炳錯長子號　生光緒十四年戊子十二月十一日辰
時卒民國甲戌年五月十八未時
娶鴻卿李氏保娘生光緒丙申年二月廿六子時女帯娘適林
溪官

培泉　子

培泉乃炳錯次子係抱養字典　生光緒廿九年癸卯五月廿
九酉時居同安娶

培植　子四　錫液　錫爍　錫游　錫爵

培植乃炳鴛長子字典芸號　生同治九年庚午十月初一

日卯時
娶窑塲鄧忠沫公女金娘生同治十年辛未十二月三十日
亥時女瑞嬌適上村李振洋

培熾　子　錫坤

培熾乃炳鸞次子生同治十二年癸酉九月廿三戌時卒光緒
廿七年辛丑六月初六未時
娶本里尤興隆公女圓姫生同治十三年甲戌六月廿四未時

培木　子二　錫級　錫溢

清溪蓬萊張氏宗譜

時

培鎮　子一　錫瑞

培鎮乃炳暄長子字典三生光緒五年己卯又三月十六日寅

時

娶龍坑陳大集公女相英生光緒六年庚辰十一月初九卯時

培窑

培窑乃炳暄次子字典理生光緒七年辛巳又七月初二日巳

時　娶城内監

生陳鴻典女玉蘭生光緒乙未年七月初五日午時

培運

培運乃炳津長子字典育　生光緒十三年丁亥四月十三日未時

娶前水美余煥

長女水姬生光緒十二年丙戌八月廿三日未時

培江

培江乃炳津次子　生光緒廿四年戊戌正月廿九日酉時

炳水

培芬

培芬乃炳暖長子生光緒三十年甲辰十月廿六日子時

培芹

培芹乃炳烺長子　生光緒廿十年甲午九月初九日卯時

培菁

培菁乃炳烺次子　生光緒廿六年庚子又八月初五日午時

培梁

培梁乃炳鏡之子 生光緒三十年甲辰三月廿七日子時

培鋆

培鋆乃炳亮抱養子 生光緒廿九年癸卯正月廿八日寅時

娶本里蘇于寧

長女萊姫生光緒廿六年庚子閏八月廿二未時

培滄

培滄乃炳星抱養長子字典海 生光緒十四年戊子 十二月十

四酉時

娶井后陳開舉女進姫生光緒乙未年二月廿三日子時

培安

培安乃炳峯長子字典樂生光緒十七年辛卯六月廿八日子

時　娶陳墩蕭紹清

長女春英生光緒十六年庚寅五月初七丑時

培儁

培儁乃炳峯次子兼承炳鎔生光緒己亥年九月初一日辰時

培衡

培衡乃炳峯三子生光緒三十年甲辰八月初四日寅時

草生

草生乃炳報長子號益色生同治十二年癸酉八月廿六午時

卒光緒癸卯年五月初二寅時葬嵔叻

培尊

培尊乃炳報次子　生光緒十四年戊子二月十三戌時

娶劉氏生卒无考

金科

金科乃炳窓長子

培籃

培籃乃炳音長子　生光緒十四年戊子十一月十九日辰時

烈火

烈火乃炳音次子生光緒十九年癸巳二月初六亥時卒光緒癸卯年四月二十午時葬南洋四文呣

越向

子　金聲

越向乃清取抱養子生光緒廿一年十一月廿一日戌時

娶德崇蔡保官女德娘生光緒廿六年庚子七月十六日午時

再添（下次重修宜書培着外行）乃廣貴抱子生民國乙丑年十月廿四巳時

㓜娶柯氏好娘生民國戊辰年二月初十丑時

財命　子　火炎　煥生　天送　瑞泰　双林　双枝

財命炳有長子字典聯生光緒十三年九月初八日酉時

娶大墩林固官四女烏官生光緒十五年己丑二月廿六日戌

時

新婚　子　金梏　金良

新婚乃炳有次子字典　生光緒十五年己丑九月十二日

辰時娶科名黄氏糧娘　生光緒丙申年九月初七日子時

秋芳　子二　金鐘　金水

庆合

秋芳乃炳有三子生光緒十八年壬辰九月十三日午時
娶劉氏有娘生光緒戊戌年五月初二辰時

賜材　子一　孝義

賜材乃炳有四子生光緒廿二年丙申八月十七日丑時娶大
墘林氏蜓娘生光緒戊申年十二月初二申時女一　腰治

培着　子二　慶化　慶合

培着乃炳有五子生光緒廿四年戊戌九月初十日午時　本繼炳
娶上地胡氏差娘生光緒丙午年二月廿二巳時

崑山　乃永泉長子半承紫榮生民国乙卯年三月十九子時

培清　乃紫榮抱子又名振生民国己未年四月十七日辰時

来興　乃火炮之養子生民国戊辰年十月十四日卯時

天送　乃水港之子兼承炳歲生民国癸酉年七月初七卯時

培赤 子 錫鍊　錫撰崋　烏皮　玉元 出継順天改名惠民

培赤乃炳闇之子蕙承炳脉生光緒十年乙酉三月十三日巳

時辛民國甲戌年八月初五日寅時　娶鴻

卿李氏　女玉娘未字

江海

江海乃炳脉養長子生光緒廿三年丁酉八月廿四辰時殤

成章 后修宜書赤之行 乃炳炎長子生民国壬戌年正月十七日巳時　榮成 乃炳炎次子生民國甲子年四月初六卯時　春福 乃炳炎三子生民國戊辰年八月初二申時

鉄釘 子 錫撰 双承　文禮

鉄釘乃炳脉次子生光緒三十一年乙巳十月廿十日未時　娶大墘

林氏配娘生宣統己酉年十一月十七申時 公辛民國乙亥年二月初八辰時

清溪蓬萊張氏宗譜

培拿子一 美基

培拿乃炳釗抱双承子生光緒庚寅年吉月 時卒民國戊辰年三月廿四酉時

娶劉氏宙娘生光緒庚子年九月十三日午時

南飛子二 錫仁 合成

南飛乃炳釗次子生光緒丁未年三月十四日巳時娶蘇氏汝娘生光緒戊申年九月十三午時

培簡子

培簡雁塔抱養子生娶誌六房

繼成

繼成乃炳九抱養子萬承炳殿生民國丁巳年二月廿五日辰時娶大墘林氏蕋娘生民國丁巳年正月十七酉時

麗藩　子二　錫樹　錫紅彖

麗藩乃炳濶三子生光緒十二年丙戌七月廿六日卯時卒宣庚戌十一月三十日申時葬宮邉坐東向西

娶陳氏時娘生光緒　卒民國戊辰五月十五亥時葬叻坡福建塚山大伯公

女綉龍適溪南蘇水龍官

四維　子　瑞意　瑞玉　瑞慶俱葉出

四維乃炳濶四子生光緒十六年庚寅十二月十六日申時

娶李氏專娘生光緒丁酉年正月　日吉時卒民國庚申八月初二　時葬大山嶺上

再娶葉氏添娘生光緒廿一年乙未月　時　女一

連生　子二　有城　亞華

連生乃炳掬長子字　生光緒十二年丙戌十一月十五日巳時卒民國壬戌年十二月廿七酉時

娶林氏最娘生光緒十五年己丑十二月廿八日寅時　女玉

娘適水謀坑鄭丁官次烏椒娘　公卒民國壬戌年十二月廿七酉
時　媽卒民國乙丑年十月廿八酉時

潮水　子　錫紅出丰　本源出丰　振源出丰　興源

潮水乃炳涉長子字　生光緒十八年壬辰六月十八日午
時　娶黃氏來娘生宣統己酉年六月十八卯時

足來　子庚申振源承俱双　乃炳涉次子生光緒乙未年二月　時
卒民國乙卯年七月初八吉時葬叻坡福建塚山

金龍　子丰　庚申乃炳涉三子生宣統己酉十一月
初六未時娶姚氏腰娘生光緒甲辰十一月廿七酉時

柳絮　子一　錫分興養

柳絮乃炳僭長子生同治九年庚午二月廿一亥時卒光緒癸
卯年十一月十六寅時葬嘡叻大吧窑　娶陳氏來娘生光
緒十一年乙酉　月

福財

福財乃炳僭次子生同治十三年甲戌三月廿二日亥時卒光緒廿二年丙申十一月廿一未時葬嘡叻

長春

長春乃炳喜抱養長子生光緒　年

松茂

松茂乃炳喜承次子係炳蚋三子繼立生

中元　子　水錦　火通　養土出羋　水埘出羋　孟尊

中元乃炳蚋長子生光緒丁酉年四月廿一日子時娶卓氏玉娘生光緒廿六年壬寅十一月十一寅時女一美蓮幼

交河

交河乃炳蚋次子字　生光緒戊戌年九月廿六日酉時死孜

金祥　双承子二　養土　水埘

金祥乃炳蚋次子生光緒乙巳五月初八丑時卒民国庚申十二月十八寅時葬叻坡福建塚山

得勝

乃炳蚋四子生民国乙卯年三月初二巳時娶邱氏志娘生民国丙辰年十月初七亥時女一瑞英幼

武金

武金乃炳興長子字典　生光緒辛卯年七月廿九日巳時

玉蘭

玉蘭乃炳興次子兼承炳乞生光緒己亥年八月廿六日巳時

冬来

冬来乃炳守長子生光緒丙子年十月廿一卯時

煥来

煥来乃炳守抱養次子生光緒壬辰年　月

清溪蓬萊張氏宗譜

新澤　子二　水生　建生

新澤乃炳戎長子生光緒丙戌年十月十六日未時娶柯氏預娘生光緒　卒民國丙寅年七月十九丑時女二

金桃　亞妹　均未字

金當　子一　茂林

金當乃炳戎次子生光緒十九年癸巳十月三十日未時娶陳氏饌娘生光緒辛丑年二月十八寅時女二　焦娘適大墘林應朝

柅娘未字

連存　改名煉丹　子二　水萍　得金

連存乃炳戎四子生光緒廿五年己亥十二月廿二寅時娶胡

[illegible]氏家譜

氏醫娘生光緒癸卯年十一月初八戌時女二　綢剌　綢腰　均未字

連務　子四　德豐　德源　德順　德海

連務乃炳貓長子係炳戎三子繼立生光緒丁酉年十二月十五申時娶胡氏文娘生光緒辛丑年三月十一亥時女三　玉枝　次德花　三玉英　均幼

暉曜

暉曜乃炳鰍抱養子生光緒廿九年癸卯八月十八日卯時殤

清江　乃炳茂長子生宣統己酉年六月初九巳時娶劉氏愛娘生光緒丁未年　月　時卒民國癸酉年三月初九申時又娶柯氏月娥生光緒戊申年八月初五子時　女秀喜

培熟　乃炳茂養次子生民国戊午年十月初一卯時

培端

培端乃江淮抱養子字　生民國丁巳年十二月二十日申時娶溪頭柯氏花娘生民國丙辰年八月初十日辰時

庚甲

庚甲乃江淮次子字　生民國己巳年九月十六日未時

培目

培目乃心火嗣子字　生民國壬戌年九月廿九日巳時

木水　乃心火抱次子生民國丙子年正月廿八酉時

興治　乃水龍長子生民國丙子年五月初一寅時

培開

培開乃火发長子　生民國乙丑年三月初一日辰時

水波　子　左盛　承丰

水波乃炳昌長子號　生光緒戊戌年五月十五日卯時卒

年六月初五日

兩儀　子　左盛　出丰　祖意

兩儀乃炳昌次子字　生光緒三十年甲辰正月廿六丑時

娶德崇蔡氏銀娘　生宣統辛亥年二月十四寅時

三事

三事乃炳昌三子字　生光緒乙巳年十二月初四日寅時

培桃

培桃　子　天送　双承

培桃乃炳強長子字　生宣統己酉年十二月初二日寅時

娶大墘林氏愿娘　生民國癸丑年六月廿九日丑時

培檬

培檬　子　天送　出丰

培檬乃炳強次子薰承炳豆生民國癸丑年三月初十日　時

娶横坑李氏晟娘生民國乙卯年六月初六日寅時

培樹

培樹乃炳孝之子

金元改名永安　子三　榮洋　金足　雨露出丰　四利

金元乃炳崴之子薰承鳳鸞生光緒壬寅年五月十六日未時

字典

娶溪南蘇堆官女縣娘生光緒甲辰年正月十七日巳時

女二　五全　五蔭 未字

新氏　子二　雨露　西方 俱殁

新氏乃炳歲次子係養生宣統己酉年九月二十巳時卒民國
壬戌年七月廿九卯時

培永成　子二　西方 出洋　志清

永成乃炳歲抱三子生宣統辛亥年四月廿八巳時娶尾山林
全官女錦娘生宣統己酉年十月十五申時女二長明益次明
治均未字

永順　子二　火興 半繼報 錯乃在下行

永順乃炳歲四子生民國戊午年四月初二酉時娶蕭氏脞娘

生民國戊午年六月初四戌時女一璇娘幼配上訓王全錦官

龍發　子二　進德養　天從

龍發乃炳權長子係抱養生光緒丁未年四月初十午時娶南邑陳氏金鳳生光緒戊申年五月十九卯時女三進治　兩盛烏娘均未字

培

甲庚　子三　金賜　土朝双胎　成山双胎

甲庚乃炳權次子生民國癸丑年五月初七丑時娶鴻卿李氏秀英生民國丙辰年十月十六辰時

火興　乃炳權三子半承炳歲生民國壬戌年七月廿八卯時

麒麟　子

麒麟乃鳳鸞長子字　　生宣統辛亥年六月廿八日戌時娶李氏素英生民國辛酉年五月初三子時前聘胡氏梅娘生民国乙卯五月初七午時卒民壬申五月初五戌時

培燦

培燦乃新山長子兼承炳吽炳譁生光緒九年癸未七月廿二日戌時卒光緒丙午年九月十八巳時娶同安紀氏富娘生光緒戊子年五月十二日未時

培

培　乃炳刋長子

礁立　子五　水来　榮城　金興　全城　全順

礁立乃炳刊次子生光緒廿一年乙未十一月廿一申時

娶陳氏節娘生光緒癸卯年四月初九日午時

興奇

興奇乃炳韺長子生殤

順天　子　開懇繼丰　惠民養

順天乃新蘇抱養子字　生光緒丙午年又四月十七日

酉時

進女

娶谷山林氏得娘生宣統庚戌年正月初八日丑時　女菊娘

尚幼

進春　子二　蝠力　開懇　峯

進春乃聯登長子字　生光緒乙巳年十二月初六日戌

時娶上地胡氏棲娘生光緒丁未年九月廿四日辰時

仙景　子二　火照　清凉　峯

仙景乃聯登次子字　生宣統元年己酉正月初十日戌時

娶新塽馬氏答娘生宣統辛亥年三月廿七午時

青溪蓬萊張氏宗譜

三都　子　清涼　承羊

三都乃聯登字　生民國元年壬子九月十四日亥時

娶溪頭柯氏親娘生民國乙卯年七月廿一日未時

四鐙

四鐙乃聯登四子字　生民國四年乙卯九月初十日巳時

娶蔡氏済娘生民國庚申年十月初二日午時

爵来

乃炳汝養子生光緒乙未年又五月十六日午時

清溪蓬萊張氏宗譜

秋水
秋水　子　永順出丰爵来
秋水乃五彩長子兼承炳汝生光緒己亥年十月初三未時字典夏
娶蘇氏清娘生光緒戊申年四月初三卯時

水獺
水獺　子三　玉興出丰足来　玉發　玉棟出丰
水獺乃五彩次子字典御兼承炳汝生光緒癸卯八月初六午時娶
李氏吻娘生民國癸丑年八月初三辰時

瑞地
瑞地　子　木龍
瑞地乃五彩三子字典祥生民国壬子年三月十四寅時娶林氏金位生
民國甲寅六月廿八巳時

茂林

茂林乃五彩四子字典山生民國丙辰四月初四丑時娶傅氏乚娘生民國辛酉年正月廿九巳時

瑞全

瑞全　子　玉田

瑞全乃抱芸之子生民国壬子年十月拾四日巳時娶許氏牡丹生民國乚卯年二月初七未時

玉井

玉井　子　自買抱

玉井乃炳會長子字典　生宣統辛亥年五月初九寅時娶大墘林氏菊娘生民国乚卯年九月十九子時

玉燕

玉燕乃炳會次子　生民國甲子年六月廿一亥時

敬南　下次重修宜書培後行下

乃新奐長子生民國甲戌年六月十九辰時

足林

足林乃新拔長子　生民國壬戌年九月十一日申時

國英

國英乃新拔次子字　生民國甲子年六月廿三日巳時

培俊

培俊乃新拔三子字　生民國丁卯年十月十四日子時

繼成

乃炳九長子兼承炳殿　生民國丁巳年二月廿五日辰時

娶林氏蕋娘生民國丁巳年正月十七酉時

朝金

朝金子五　錫裁　新基　五起　堅固維　榮泰　克立

朝金乃清時長子字典真　生光緒九年癸未十二月十七日未

時

娶鶴前劉猛官女鳳官生光緒十二年丁亥八月廿六日寅時

培茅　子

乃清時抱三子生光緒甲午年正月初三酉時

光明　子三　先傳 抱　堅固 承維　朝金　丕堅 出承培茅

光明乃炳紅嗣子係清時次子繼立生光緒十六年庚寅十月

二十丑時卒民國戊午年八月廿四巳時

娶溪南蘇氏笋娘生光緒甲午年四月初七戌時女二　芙蓉次

粿娘未字

培擥　子　錫植 出半

培擥乃炳里長子字　　生光緒廿四年戊戌十月十四日巳時

娶彭格陳氏苑娘生光

緒丙午年十月初十日酉時女一秀英幼

培量　子　錫植 承半

培量乃炳里次子號　生光緒廿七年辛丑八月廿五日未

時卒民國癸亥年四月十四吉時

培聽　子　朝陽 抱

培聽乃炳里三子字　生宣統二年庚戌八月　日　時

娶坂頭白氏　生民國己未年九月十二寅時

新福　子二　建条　建發

新福乃談論抱養長子生光緒三十年甲辰十二月廿八日丑時字

娶鴻卿李氏勤娘生宣統己酉年正月十七日卯時

培庚　子三　錫良　自寶

培庚乃炳談次子字　生民國壬子年五月廿八日申時

娶李氏玉娘生民國丙辰年五月初九巳時公卒民國丙子年八月二十日午時

樹蘭

樹蘭乃炳竹抱養長子字　生光緒廿四年戊戌十一月廿

七未時幼歿

娶洋山胡尋官女户官生光緒廿七年辛丑十一月初八卯時

未昏而出

培甲　子一　四保出丰

培甲乃炳竹抱養次子生光緒廿七年辛丑十二月廿八日午

時娶溪南鄉蘇氏連娘生光緒乙巳年十月廿二寅時長女對

娘未字次女順娘適曹口坂傅

水梘　子二　元成養　四保承半

水梘乃炳草抱養長子生光緒十六年庚寅八月初七日巳時

卒民國辛酉年六月初七酉時　娶溪南蘇氏禾娘生光

緒甲午年七月十二午時　女二長花娘適溪南蘇次老娘禾字

溪河　子嗣半　國慶

溪河乃元山長子生光緒三十年甲辰正月十八日未時殤

民國己未年六月廿五未時

培成宗　子二　國慶出繼半　錦水

成宗乃元山養次子生光緒乙巳年吉月　日　時字　娶

上地胡氏庀娘生光緒廿七年辛丑十一月初八卯時

女四　長女縣娘　次格娘　三昨娘　四担娘俱幼

水浸

水浸乃炳才長子字　　生宣統庚戌年十一月廿五日亥時
娶曾口坂傅氏秀冬生民國癸丑年五月十九日午時

蒲成　子二　萬德　萬山

蒲成乃桂水嗣子生宣統庚戌年十一月二十卯時
娶許氏金鳳生宣統辛亥年　月

汾陽郭氏家譜

佛仔后派

水池

水池乃傳岳長子字　生宣統己酉年十二月初九日丑時

娶新春鄉林氏蕉娘生民國丙辰年十月十四日午時

清秀

清秀乃傳岳次子字　生民國乙卯年十月廿七日丑時

榮火

榮火乃傳岳三子字　生民國乙丑年八月初七日卯時

培興發　乃淑女長子　生民國辛未年七月初五日卯時

培　乃雲英長子

再發　子三　新建　新置　新榮　培英出継

再發乃炳送長子字　生民國元年壬子四月廿八日申時

娶溪南蘇氏燕娘係南山官女生民國壬子年八月廿五日未

時

再興　子　　錫英　繼

再興乃炳送次子字　　生民國九年庚申五月初六日卯時

幼娶李氏連娘生民國九年庚申九月廿一日午時

卿成

乃國長子兼承炳出（國慶生文）生民國庚午年六月初三子時

水橡

水橡乃金定長子字　　生民國辛酉年五月初八日子時

娶鶴前劉氏杏娘　生民國辛酉年七月初十日丑時

保全

保全乃金淀次子字　生民國乙丑年九月廿一日丑時

培天安

天安乃維羅長子　生民國癸酉年二月初一日午時

天德

天德乃維麗次子　生民國乙亥年二月廿八辰時

有玉

有玉乃維士長子半承陰潤生民國甲子年九月廿二日寅時

有条

有条乃維士次子　生民國庚午年十二月廿十日辰時

有手

有手乃維士三子　生民國癸酉年六月十四申時

有宝　乃維士四子生民国丙子年正月十三寅時

有玉　乃陰潤双承子係維士長子承半内叙

再買

再買乃金兜長子蕪承陰潤生民國癸酉年三月廿五日巳時

殤

文照

文照乃得令長子蕪承陰潤生民國壬申年九月廿七日寅時

天賜

天賜乃新聰長子　生民國乙亥年七月十四申時

天

天福

天福乃清道長子 生民國庚午年三月十八寅時

金

金魚

金魚乃溪水之子 生民国乙亥年五月三十日寅時

水

水欉

水欉乃炳齊長子 生民國丙寅年八月廿六日丑時

水仙

水仙乃炳齊次子字　生民國辛未年十月初八日巳時

培成金　乃青龍嗣子係炳定三子繼生民國丙子年又三月三十辰時

玉奠

玉奠乃炳剌長子蕙承眉棟　生民國己未年九月初一亥時

玉蓮

玉蓮乃炳剌次子生民國癸亥年十二月廿二巳時蕙承雲英

培玉崑

玉崑乃炳剌三子　生民國丙子年三月十八日巳時

水浪　子二　文祺　文祉

水浪乃炳壹長子字典　生光緒廿五年己亥五月廿九日

酉時娶鶴前塔仔陳氏珠娘生光緒癸卯年十一月廿七日子時

女土粉未字次女竹筍殀

水泉　子三　錫福　錫吉　金樹

水泉乃炳壹次子字典　生光緒廿八年壬寅七月十二日巳時

娶大墘林氏里娘生光緒丙午年正月廿七丑時卒民國乙亥年

清溪蓬萊張氏宗譜

四月十四未時葬寔叨嗤呸山　女二金鳳　金春均未字

再娶陳氏萱蘭生民國丙辰年五月

水井　子一　進川

水井乃炳圭三子生光緒乙巳年九月廿九日卯時

娶彭格陳布官三女冬娘生光緒戊甲年正月初四日辰時

女一饌娘未字

# 清溪蓬萊嶺美張氏宗譜

正卷拾壹

清溪蓬萊張氏宗譜歷世紀實卷拾壹

廿十世

新出　子　洪洴　出半

新出乃培正長子　生光緒丙戌年十月廿一未時卒民國

丁卯年五月十一日　時

娶唐氏改適查回生光緒丙申年五月初五日

登載　子二　洪洴　承半　洪絹　承半

登載乃培正次子生光緒辛卯年正月廿三亥時卒民國

年十月初三日

錫泉　子一　洪未 繼丰

錫泉乃培親長子字　生光緒甲午年五月初十日未時

娶延壽院吴卜官次女緩娘生光緒甲辰年十一月十四日子時

女二　花治　扁治 均幼

錫某　子一　洪絹 出丰

錫某乃培親次子字　生光緒庚子年八月二十日酉時
娶登虎榜傳貽芳君三女愿娘生光緒乙巳年二月廿一日未
時

嘉賓
嘉賓乃培奠長子字　生光緒壬寅年九月廿九卯時

錫鴻發
鴻發乃培鑑長子兼承培奠生民國甲寅年五月廿五日午時

松根　乃青龍長子生光緒乙亥年四月廿三戌時早歿

冬来　子二　提吉　洪成

冬来乃青龍次子狒　生光緒壬午年九月十七亥時字

脩住卒民國己未年十月初一申時

娶頂劉劉氏才娘生光緒甲申年四月初七日寅時女四断娘

適大墘林　晏娘適溪南蘇　盡娘適頂劉　治娘適上地胡

新建

新建乃培種之子生光緒辛巳年正月廿一日子時卒光緒廿八年九月　時

錫秋

錫秋乃族長之子生光緒壬午年八月初六日申時卒

錫火

子　土壁　双承

錫火乃培琛嗣子係培詩次子繼立生光緒己亥年四月十一

戌時卒

娶大墩林氏腰娘生光緒癸卯年六月初五日寅時

水泡　子二　庚申

水泡乃培　生光緒庚寅年八月初七日巳時卒

七七酉時葬

水泡(李謹)合

列柱

一光緒乙未年　月　日　時卒　年

月　時

再娶劉氏　生光緒戊戌年　月　日　時卒民國壬申

△3　△4

年七月廿三巳時

女三蕉娘適鴻卿李甘娘適鎮府黃最娘適貞洋昜

錫羆　子　土龍双承

錫羆乃培朕長子號　生光緒丙戌年二月十九日亥時卒

年十二月初五日申時

錫瑙　子二　萬乞　新脱

錫瑙乃培朕次子字脩力號　生光緒乙未年七月初三子

時卒民國乙亥年八月初二未時

錫脑　李哞

青溪蓬萊張氏宗譜

娶鴻卿李氏哖娘生光緒　年　月　日　時卒民國辛未年十二月初七酉時葬本鄉後滿崙內生

河海　子二

土龍 出洋　清吉 抱

河海乃培朕三子字修潤生光緒戊戌年六月初八日戌時

娶大墘林氏醒娘生光緒癸卯年二月廿二申時卒民國丙寅年七月初四未時葬在茂林池

再娶溪頭柯氏改娘生光緒癸卯年十月初四日亥時

女四　謹娘　耽娘　囝娘　秀英 俱未字

春暖　子二　情樹　情寬

春暖乃培朕四子字修温生光緒廿八年癸卯正月十七日丑時娶鴻鄉李圖官三女法娘生光緒丁未年三月廿九日午時又納側室吳氏亞代生光緒戊申年五月十八日卯時係廣東人

雲路

雲路乃水源長子字　生光緒丙申年六月十四日亥時卒　年正月初十辰時

錫英　子二　東山　東成

錫英乃培頌長子字　生光緒庚辰年十月十六日寅時

娶巫婦　生光緒辛丑年　月　時

錫造　子六　坤成　洪坤　金朝　金龍　金獅　金源

錫造乃培頌次子字　生光緒己丑年八月初七日子時

娶林氏秀枝　生光緒戊戌年六月十一日丑時

女三　長咪娘未字　亞桃適厦門　亞委適唐家

錫明　子　金美双承　金賜双承　大狗双承

錫明乃培丕長子字　生光緒辛卯年五月初十日巳時

娶鎮府黃氏

黙娘生光緒癸巳年五月十二日酉時

錫兵　子二　金美出丰　金賜出丰

錫兵乃培丕次子字　生光緒丁酉年十二月十七日戌時

娶土橋陳氏京娘生光緒庚子年十月十五日丑時女二庄娘

腰娘俱未字

## 錫份　子一

錫份乃培丕三子字　生宣統己酉年二月初二日未時
娶埔頂楊氏柿娘生民國丁巳年二月十四卯時

## 澤蘭（改名錫清）　子二　大水　大狗（半繼）

澤蘭乃培字之子　生光緒庚子年十月廿四日未時娶福
州王連春三女昔金生宣統庚戌年十月初一酉時卒民國甲
戌年五月十一甲時葬南洋

## 來春　子二　金田　永中

來春乃培階長子字修富生光緒廿三年丁酉十二月初二日

長時

娶鴻卿李末官女紗娘生光緒廿六年庚子十一月十三未時

女二　省娘　葉娘　均未字

錫閃　子一　金木

錫閃乃培怡長子兼承培階生光緒壬寅年五月廿九日戌時

娶新村林央官三女鳳娘生光緒癸卯年七月初二日辰時

女四　次娘　店娘　花娘　蘭娘　均未字　看娘

加多　子

加多乃培怡次子字　生光緒丙午年正月十六日戌時
娶溪南蘇三重官長女欉娘生宣統二年庚戌三月廿九日亥
時　女三　文娘　能娘　瞈娘　均未字

新俊

新俊乃培怡三子字　生民國己未年十一月廿二日丑時

隨禮

隨禮乃培怡四子字　生民國壬戌年八月十三日子時

岩居

岩居 子

岩居乃敦厚長子字修敬生光緒戊甲年十二月十三日午時
娶谷山林翁官次女柔娘生民国癸丑年十月三十日酉時

㐀傳

㐀傳乃敦厚次子字　生民國癸丑年四月十七日丑時
娶鴻鄉李進年次女容娘生民國甲寅年二月十五日子時

錫分　子三　瑤池　火金　俱出丰　金福

錫分乃培鐸長子字　生光緒丁酉年四月十二日巳時

娶上地胡氏便娘生光緒乙巳年八月十二日子時

女二　笑治　春種

錫賞

錫賞乃培拋長子字　生光緒丁酉年十一月十六日酉時

海水　子　瑤池双承　俊權

海水乃培拋次子　生光緒丁未年六月初二日巳時卒民
國甲戌年六月廿三丑時
娶鴻卿李氏乚娘生光緒丙午年九月初九日卯時
女二　曰娘　郜娘俱幼

錫墻　子一　泉城

錫墻乃培田承子係培拋次子繼立生光緒乚巳年六月二十
日丑時　娶上地胡氏軟娘生光緒甲辰年十月十六日巳時
卒民國甲戌年九月初九子時女牡丹幼

金送

金送乃因陳之長子字　生民國乙卯年正月廿七日辰時

錫紅

錫紅乃因陳次子字　生民國辛酉年二月初八日巳時

水生

水生乃請令長子字　兼承利水生民國甲子年六月初四

卯時

湖叻又名協叻子　土山

湖叻乃培猫長子係抱養生光緒己亥年十一月十二日卯時

娶曾口坂傅訪官生光緒癸卯年九月十一日未時

女長　香花　次三幼

新立
新立前名新入子　金為　洪錬
新立乃培猫次子字修建　生光緒癸卯年四月廿六日寅時
娶谷山林氏碟娘　生光緒戊申年二月初四日巳時
女一　蓮花

水月
水月乃培猫三子歸　生民國乙卯年七月廿三子時卒民
國癸酉年九月初二申時

春陳
春陳乃培猫四子蒸承全河　生民国戊午年二月廿一日亥時

娶溪南蘇氏　生民國癸亥年九月初十未時

水宗

水宗乃和中長子生光緒辛丑年五月二十亥時

捲竹

捲竹乃和中次子生光緒乙巳年八月十九日辰時

傳興

乃和中長子生民國癸丑年月　時娶鴻鄉李氏榭榴生民國

傳王

乃和中次子生民國乙卯年十二月廿九酉時娶溪南蘇氏寬娘生民國壬戌年八月廿六午時

錫鉛

子一

興基　承丰

錫鉛乃松栢長子號　生光緒丁酉年十月廿七日未時卒

民國癸丑年五月初八亥時

萬選　子　興基出丰　興丁　德興过継致成

萬選乃松栢次子號　生光緒庚子年六月廿六日子時卒

民國乙亥年五月廿九寅時

娶金谷陳氏罕娘生光緒癸卯年五月初二日午時女一要娘

未字

金唬

金嘸乃松栢三子生光緒壬寅年十一月初七日亥時

致成

子　德興繼

致成乃松栢四子字

生宣統辛亥年七月十三日丑時

娶溪頭柯氏緞娘生民國丙辰年十月初八日丑時

冬用

冬用乃培虎長子生光緒庚子年十二月初三子時

廚八　子二　乔有　再有

廚八乃培虎次子字　　生光緒庚子年四月廿八酉時

娶上地胡氏秀娘生光緒丙午年六月廿一夘時

廷清

廷清乃培虎三子字　　生光緒　年　月

娶溪頭柯初官長女鋏娘生光緒丙午年十二月十二申時

自元　子

自元乃培虎四子字　生宣統庚戌年正月廿三辰時
娶陳氏星娘生民國甲寅年二月廿九卯時

## 明水

子一　佐卿

明水乃培虎五子字　生民國丁巳年八月廿五日巳時
娶大嶺后陳水官四女英娘生民國己未年十月十五日寅時

## 古人

古人乃金覺抱長子字　生光緒丁未年正月廿七日辰時

為學

為學乃金覺次子字　生宣統辛亥年十月二十申時

娶上地胡氏銀娘生民國乙卯年七月廿二未時

次第

次第乃金覺三子字　生民國乙卯年十二月十六日丑時

金珍

子一　坤成

青溪張氏宗譜

金珍乃流水長子字　生宣統辛亥年五月十三日午時
娶潮州柯氏玉蘭生民國甲寅年六月初六戌時

金興
金興乃流水次子字　生民國壬子年四月廿四日申時

金珠
金珠乃流水三子字　生民國乙卯年十月十八日寅時

金春　子　新民 出洋

金春乃永福長子字修　生光緒丁未年十一月十四子時

娶上地胡氏担娘生宣統己酉年八月初二日未時

為霖　子二　新民 永年　浚清 抱

為霖乃永福次子號[illegible]　生宣統辛亥年十一月廿五酉時卒

民國乙亥年四月二十日卯時

娶曾口坂傅氏東娘生民國丙辰年十一月初七日巳時

金龍

金龍乃造佔抱長子生民國癸丑年三月十一未時娶溪南蘇

赤狗女梅娘生民國戊午年四月初七日申時

金火

金火乃造佔次子　生民國戊辰年七月十三酉時

進財

子　来金

進財乃培三長子字　生光緒乙巳年十月廿四亥時

娶鴻卿李氏綢娘生宣統己酉年五月十五日寅時女一節娘

東成

東成乃培三賢次子字　生民國壬子年十一月廿九日辰

時　娶洋山胡氏東娘生民國丁巳年三月初七日未時

火義 宜書金火外行 乃七寸長子生民國癸丑七月十六辰時娶陳氏金蒼生民丙辰七月初二丑時

錫慶乃七寸次子生民國丙辰十二月二十日巳時

錫居乃七寸三子生民國戊午十月十四寅時

其庥乃七寸四子生民國壬戌年二月十九巳時

錫羅

錫羅乃培閣長子兼承厘頂 生民國己巳年三月十三日巳時

錫茶

錫茶乃西安長子字 生光緒丙申年四月十七日巳時

庭前

庭前乃泰山抱養長子生光緒丁酉年十二月初三日亥時卒民國廿三年甲戌娶鴻卿李氏草娘生光緒壬寅年九月十五日未時女一富娘未字

超群改名六壬

六壬乃泰山次子生光緒乙巳年九月十六日寅時卒民國乙

丑年四月十五吉時

錫
周　子　洋賀　慶德

錫周乃朝宗長子字修元生光緒丙申年二月廿二日巳時
娶龍居胡氏親娘生光緒癸卯年五月十　日　時

甘泉

甘泉乃培廩長子生民國壬子年七月廿七日巳時

娶招厝劉江官女慎娘生民國癸丑年十一月十二日戌時

女蛙娘幼

生發

生發乃培廩次子兼承培釵生民國壬戌年九月廿三寅時

娶鶴前劉氏雖娘生民國癸亥年十月十六辰時

國法　子　添興

國法乃春愚双承子係王移来之子生民國癸丑年八月十五

子時　娶上地胡氏彩娘生民國丙辰年五月初三亥時

生泉　乃春愚承次子生民國

錫方　子

錫方乃才情双肸子　生宣統己酉年　月　時娶柯

氏愛娘生宣統庚戌年五月廿一卯時

發生　子一　錦福

發生乃佳仍長子生　年　月　時

娶上地胡閭官女鶴

娘生宣統己酉年三月廿八寅時女一玉柳

金盼　子三　新田　田土　火生

金盼乃培鬆之子字　生光緒壬辰年四月十一寅時

娶曾口坂傅氏詠娘生光緒庚子年九月初九　時女一筫

娘末字

两和　子二　長水　長泉　俱卒

两和乃培爆之子字　生光緒辛卯年二月廿七子時

娶尤俊陳氏傳娘生光緒丙申年　月　時女　担娘

足娘　盡娘　笑娘　啞娘

三江　双承子二　長水　長泉

三江乃朝雅之子字　生光緒丁亥年六月十一戌時卒

宣統己酉年十二月初十亥時

14
國清　子　建法

國清乃老子長子字　生光緒癸卯年三月初九日子時
娶上地胡氏喜娘生光緒戊申年十二月十六寅時女一妹娘未字

15
八音

八音乃老子次子蕙承祿壽生民國丁巳年三月廿七日卯時

清溪蓬萊張氏宗譜

娶溪頭柯彩官三女寶娘生民國庚申年三月初九卯時

錫水倉

水倉乃老子三子生民國丙寅年五月十五日寅時

錫生朝

生朝乃培照之養子生光緒庚子年十二月十八日寅時

文艷　子一　根楨

17

文艷乃珠清長子字　　生光緒癸巳年正月十六日酉時
娶南邑陳湍官長女和娘生光緒庚子年正月二十戌時女一
卜三幼

聯發　子二　宝國　寶盛
聯發乃珠清次子字　　生光緒甲辰年十二月十三酉時
娶金門邱崇成養女葉娘生民國壬子年五月廿八卯時女柑娘

聯全　子　成宝　成德　成枝
聯全乃珠清三子生光緒丁未年五月初四日丑時娶英內洪壠官長女柿娘生民國壬子年七月初四辰時

連對

連對乃培不長子　生宣統辛亥年十一月初九卯時娶

南邑方氏來娘生民國辛酉年

峥嶸　子二　和源　和德 俱抱出繼

峥嶸乃奐塏長子號成添生光緒癸未年六月廿七未時卒

光緒戊甲年四月初七申時

娶頂劉氏脫娘生光緒庚寅年二月廿三日子時女二

神童　子三　火烟　烟泉　振源承抱

神童乃奕塏次子字　生光緒甲午年七月初六日甲時

娶鍾氏奎娘生光緒丁酉年六月廿五日丑時

天賜　子　文来抱　火益繼　招美

天賜乃奕塏三子兼承泗水　生光緒己亥年二月初四寅時

娶黄氏本娘生光緒丙午年二月三十日吉時女二招治

次昭碧均幼

錫神助　子　庚甲承半

神助乃焜煌長子號成力　生光緒癸巳年九月廿九日丑時
卒民國甲子年七月十一申時
娶上地胡氏眼娘生光緒

錫重輝　子一　庚申　卒

重輝乃焜煌次子字修月　生光緒丙午年十二月廿七卯
時娶溪頭柯弄官三女綢娘生宣統辛亥年七月初七酉時
女三　嬌娘　愿娘　蘭娘 均未字

重光　子三　景有　景基　景仁

重光乃三陽之子兼承泗水生光緒癸卯年七月十三子時
娶李氏奉娘生宣統己酉年五月十五日吉時

錫重華子一　德英
重華乃五湖長子字　生光緒丁未年十月廿八日申時
娶陳氏秀娥生民國乙卯年二月廿一未時女一

重地子
重地乃五湖次子　生宣統辛亥年三月廿六卯時娶

火煉　子二　益精　益裕

火煉乃六合抱長子字　生民國癸丑年八月初四酉時

娶鴻卿李孟讓官三女瑪瓏　生民國乙卯年正月十三酉時

永安

永安乃六合抱次子字　生民國辛酉年八月初十巳時

錫珪璋　乃開創之子殤

和盛子

和盛乃閭創長子　生光緒甲午年六月廿四丑時

娶長卿王氏笑娘生民查光緒戊戌年十月初八日卯時

錫兜陳

兜陳乃培領長子兼承閭創生光緒乙巳年三月十三寅時

早歿

聯登

聯登乃開泰抱養子生光緒乙巳年八月廿一午時娶頂
劉刘氏　生光緒丁未年十一月廿三寅時

條梅　双承子二　文慶　錦章

條梅乃典選抱長子號　生光緒己丑年正月廿七辰時
卒光緒乙巳年十二月十八寅時葬本鄉龟仔墓
娶龍居胡氏閃娘改節

錫双清原名玉林子三　文慶[illegible]　生枝　文華養

双清乃典選次子字修義生光緒辛卯年二月初十日辰時

娶林蒲格王氏葉娘生光緒癸巳年五月廿三日寅時卒光緒
丙午年九月十三午時
續娶溪頭柯盤官長女金娘生光緒癸巳年六月初三日亥時
女三長素華適亀豆李維國　素英適金谷林光齊　素珠適金
谷蔡鎬渠官

俊傑子　錦章出羊　錦標

俊傑乃典遜三子字　生光緒乙未年十月十八日丑時
娶楊氏　生光緒丙申年七月初四辰時

錫連帶　子一　漢疆 出半

連帶乃典選四子一名覺生字　生光緒丙午年正月廿三日申時民國廿二年秋在厦門大學法學院畢業得法政學士學位

娶參內葉玉燕乳名專生宣統二年庚戌八月十四日未時集美女子師範學校畢業卒民國廿四年乙亥九月十二亥時葬

女　漢坤未字　葉氏葬在厦

錫春　子

長春乃典選五子字　生宣統己酉年二月廿八日卯時

娶洋山胡安官女笑娘生宣統辛亥年四月廿一卯時女一

樹美幼

## 長池 上誌治

長池乃典選六子字　生民國丁巳年九月廿七日　時

## 鳳儀

鳳儀子　景星　景賢　景象　漢疆双承

鳳儀乃招財抱養長子字　生光緒乙未年十月十八日丑

時　娶劉氏晟娘生光緒己亥年十一月廿四申時女二

心愛　柳樹均幼

錫添成子

添成乃昭財抱次子生光緒乙巳年十月初四卯時

娶蔡氏水錦生民國乙卯年四月十八日子時

朝燕　乃振寶抱長子生光緒庚子年十一月廿九辰時殤

真珠子二　景超　景彩

真珠乃進寶抱次子字　生光緒癸卯年四月十三申時

娶上地胡氏連娘生光緒甲辰年二月廿四酉時女二　長秀娘

次賤娘均未字

19　20

永遠　子一　錦德

永遠乃進寶抱三子字修綿生光緒戊申年五月初六日巳時

娶新豐劉維高長女甘娘生光緒丙午年九月十八日子時

女一　瑶琴幼

廣興　子三　詩欵　應得

廣興乃銀買長子字修發生光緒庚子年九月廿二日戌時

娶頂劉劉氏富娘生光緒壬寅年六月十八日子時女四　梅蘭

次秀麗　三湖頭　綢春

麟趾　子三　建德　建源

麟趾乃銀買次子字修祺生光緒癸卯年六月三十日辰時

娶洋山胡氏水娘　生光緒丁未年六月十六日辰時女一丈英

添富

添富乃銀買三子生光緒乙巳年九月廿九日未時殤

錫新取　子一　忠義

新取乃吉来抱養長子狒　生光緒癸卯年七月初七酉時
卒民國甲戌年九月十五亥時兼祀稅契
娶鴻卿李氏幼娘生宣統辛亥年七月廿一日卯時

錫世

錫世乃吉来次子字　生宣統庚戌年二月十一日戌時

金本　乃江中長子生民國戊辰年三月初四丑時

金枝　乃江中次子生民國庚午年又六月十七子時

元乞　乃江中三子生民國乙亥年六月初六未時

錫順　乃江興長子生民國丙寅年八月十七午時

榮枝　乃江興次子生民國癸酉年七月十四子時

二房

錫便

錫便　乃培吱長子　生同治壬申年二月初一午時卒佚乏嗣

有財　子　大江　興隆　洪木双承

有財　乃培猛長子兼承培纓字修用　生同治庚午年正月十五
申時卒光緒丁未年九月十七日亥時
娶大墘林氏蕉娘　生光緒丁丑年正月初十日酉時　女一蓮花
適東溪陳

二房 10

開盛 子四 皆得 皆再殤 德水 德順

祿獅

開盛乃培猛次子字 吳志远 生同治壬甲年十一月二十日酉時

娶溪頭柯氏穟娘生光緒甲申二月十三未時

新来 子二 洪木出丰 德枝

新来乃培猛三子獅 生光緒丁丑年五月初一未時卒民

國 年三月初一日

娶洋山胡氏鵨娘生光緒庚寅年七月廿七寅時女一銀娘

適大墘林

錫嘉　子　榮春　榮發　三桐　欽賜　順天

錫嘉乃培碩長子字脩身號　生同治己巳年五月十八甲時卒宣統庚戌年六月十五甲時

娶鳳斗姚氏愿娘生同治甲戌年四月初八亥時卒民國丙寅年十二月廿四戌時女

成仁　子三　得来　玉麟出繼半　玉全双承五岳

成仁乃培超嗣子係培洸次子繼立字修己號　生同治乙丑十二月初六午時卒民國辛未年七月十三午時　葬在本

鄉新厝仔後滴生甲寅兼坤艮自构本鄉后坑崎厝全座

娶大墘林氏呈娘謚政慈生同治壬申年十月廿一

辰時卒宣統二年庚戌九月初三寅時葬在佳壠尖邊生乾巽

兼亥巳

錫成功　子一　維素

成功乃培洗長子字修峻號勉行生咸豐己未年四月初八

日　卒光緒丁酉年四月初六申時葬

娶王氏親娘蓬州人生同治丙寅年八月十七未時女一適上

地胡

三經　子　玉麟　承半

三經乃培洸三子字修洛號明行生同治庚午年十月十八日巳時卒光緒甲辰年五月初三亥時　娶胡氏改適

四配

四配乃培洸四子號上行生同治壬申年十二月三十日辰時卒光緒己亥年十一月　時葬廈島

錫五岳　子　玉泉　承繼半

五岳乃培洗五子字修華號泰行生同治甲戌年十二月初四
未時卒光緒丙午年七月十三丑時
娶谷山林氏茶娘改適

錫冰

錫冰乃培宴長子生同治甲子年七月十二戌時外出卒佚

附貢生寶生　子四　洪鵬　鏊頡　金鍾出繼　棟樑

寶生乳名春生字修德一字長成別號仁堂乃典清長子生

同治癸酉年十月初十午時光緒辛丑歲試　鹿府尊取結
前列第三名　標宗師取進安溪學第十八名至宣統己酉年
加捐貢生監旗匾　其行寶壽文詳在首本卋文中
娶曾口坂傅氏丕娘生光緒辛巳年正月十六子時與父
其源公仝葬后坑崎内崇安楼仝座坐申寅兼坤艮女三長
緞娘適曾口坂傅栽培次儀娘適上地胡梧桐　三篇娘適土
橋陳再生

錫海崇

海棠乃典清次子兼承培宴生光緒戊寅年九月十八卯時

外出卒葬失攷

瓊林　子嗣半　金鐘

瓊林乃典清三子字修翰號玉堂生光緒壬辰年四月初二丑時卒宣統二年庚戌十月十七丑時葬本山寨街石碎崙生癸兼午子

江水　子一　金標

江水乃培儀長子字修龍號　生光緒甲申年四月廿一

酉時　娶上地胡氏怡娘生光緒壬辰年十一月初一卯時

文生　子二　再發　再成

文生乃培策次子　生光緒庚寅年三月廿二卯時

娶洋山胡氏集官生光緒壬寅年四月廿七午時

三才　子一　連璧 承平

三才乃培策三子　生光緒壬辰年十一月廿八戌時

娶上地胡氏壎官　生光緒戊甲年七月十四酉時

四寶　子一　連璧出半

四寶乃培廉四子　生光緒壬辰年十一月廿八日戌時

娶大墘林氏柿娘　生光緒丙午年八月廿四巳時卒民國庚

午年十一月廿六寅時　女一　峇莉適埔上楊

錫旺

錫旺乃培纘之養子係親生　年三月十八午時

娶傀氏

錫士

錫士乃培纘次子萬承培盞字修而號則學生同治甲戌年十月十一卯時卒光緒乙巳年七月初十午時

娶大墩林氏吉娘 生光緒壬午年六月初六巳時

錫浪

錫浪乃培纘三子繼培玳敘在外

錫浪

錫浪乃培玳嗣子萬承培僜生光緒戊寅年十一月廿六

日辰時

滎宗　子一　明成

滎宗乃培勤抱養子　生光緒己丑年四月十六日辰時

天賜　子一　水源出丰

天賜乃真隨養長子　生光緒戊戌年二月廿六卯時

娶溪頭柯氏生光緒己亥年十一月初七亥時殤

再娶上地胡氏甜娘生光緒乙巳年正月十三丑時公卒
民國甲子年十月初三辰時
得金 子 水源 承半
得金乃真隨養次子生
聯登
聯登乃培讓長子 生光緒辛丑年六月十七日未時

錫金聲

金聲乃培謙次子生光緒甲辰年二月十一申時

文桂

文桂即壬癸 子二 洪狗 水成俱養

文桂乃培傳嗣子係培道次子維立字修林生光緒己丑年十二月三十日戌時

娶上地胡氏金娘生光緒庚寅年十二月廿八日巳時

壬坤

壬坤乃培山嗣子係培道三子継立字修　生光緒癸巳年五月初十巳時

錫柿　子六　福林　福全　福枝　福順　貞福　福連

錫柿乃培道長子字修柑生光緒丁亥年七月二十日戌時娶東洋陳氏允官生光緒辛卯年二月十八未時女三玉娘適大墘林庚官蔭娘適湖頭許買官尾娘未字四癸

金榮　子　貞福　承祭

金榮乃培道四子　生光緒己亥年十月初二丑時

水源　改名煥章　子

水源乃培道五子　生光緒癸卯年十一月初四日申時　娶溪南蘇天枝官女員娘　生光緒乙巳年十一月十二卯時　女三　長朱娘　次梅娘　三秀春　均未字

錫朝寶　子四　輝煌　輝相　樹林　出承水源　承丰

朝宝乃培恭抱長子　字修藏　生光緒戊子年九月十三巳時

卒民國庚申年九月十三巳時葬嘆叻舊塚坤艮未丑
娶湖頭李天賜官長女撻娘生光緒壬辰年二月初六辰
時女三軟舌適林基祥　亞花　三鳳　均未字

錦德　子四　江海　炳金　樹林　承半　朝宝　丙丁
錦德乃培恭次子　生光緒己亥年九月初八卯時
娶厦門顏理由官長
女玲娘生光緒癸卯年九月十二未時又納側室黃氏喧
娘生　年　月　時半祀子江海　卒民國癸亥年
十二月初三酉葬南洋

又納側室林氏亞梅生　年　月　時卒民國甲
戌年七月十五申時半祀于埜林奚南洋
女三　鳳琴　亞匏　亞火均少

錫窑金
窑金乃培恭三子　生光緒乙巳年二月十七午時

錦祥　子一　新丁
錦祥乃培恭四子　生光緒戊申年九月初一日巳時

娶金門陳武松官長女春碧生民國壬子年三月初九子時

女二　水連　却治均少

錫叙　子　炳堅出羋　再福　水源出羋　江漢

錫叙乃培榜長子字修玉生光緒辛卯年正月十一日申時

娶溪南蘇氏續娘生光緒壬辰年七月十五日午時

女五　永娘適溪南蘇　梅花適蔡土楼　長娘　阿婌　五

金爾均未字

邦根　子四　烟春養　炳堅羋承　添水羋承　淵悌継

邦根乃培榜次子字修　生光緒戊戌年正月十二日辰時

娶東洋陳樹官女分娘生光緒戊戌年九月十一寅時

女二　玉萱適龍門林缶官次愛玉適洪亞金

滎源

滎源乃培榜三子繼培鵜為子

錫火爻　子二　添水丰繼　木水

火爻乃標榜四子　生光緒庚子年八月三十日寅時卒

民國乙亥年三月十二亥時

娶溪南蘇氏用娘生光緒癸卯年六月十七寅時

錫榮和　子三　順盤　順風　順海

榮和乃培榜五子　生光緒壬寅年二月初六酉時

娶大墩林進官女好娘生光緒乙巳年二月十九酉時女

二　清治　金鳳　均未字

皆興　子一　深根

皆興乃培榜六子　生宣統己酉年三月初一申時

娶漳浦黄烘龜女戇娘生民國甲寅年

来圑 子一 炳飛

来圑乃培榜七子字　生民國壬子年六月十三辰時

娶鎮府黄悌官女法娘 生民国丁卯年

圑枝

圑枝乃培榜八子字　生民國已未年

錫維德 子

維德乃培泥長子字修達生光緒辛卯年四月十六日卯時
娶溪南蘇氏婆娘生光緒壬辰年十一月初四日未時公卒
民國丁巳年正月廿四巳時葬大吧窑陳牛廊

維来

子　清水　清隆　清源　清海

維来乃培泥次子　生光緒庚子年五月十二日戌時娶許
氏招娘生光緒己亥年六月初二亥時　女四　愛娘未字　次益娘
適陳家　三久娘　四佑娘未字

維銀

維銀乃培泥三子　生光緒甲辰年四月十八日卯時

錫中波　子　永金　永祥　興太　興華出繼秋金

中波乃財助長子字　生光緒辛卯年十一月十一卯時

娶新墘馬氏畝官生光緒壬辰年二月十九卯時卒民國壬

申年四月初七午時葬在砂勝越福建塚山

中河　子嗣半　承興

中河乃財助次子兼承祥瑞　生光緒戊戌年六月十二日丑

時卒民國己未年又七月初一　時

錫中元　子　裕德　承興出半

中元乃財助三子　生光緒乙巳年九月初三寅時

娶林氏白娘　生光緒丁未年正月十一日巳時

連城　子　水櫃

連城乃圓光長子　生民國壬子年六月初五卯時

娶曾口坂傅氏為娘　生民國戊午年十一月十四戌時

青蓮

青蓮乃春木長子

生民國己未年八月二十卯時

錫金鐘

金鐘乃秋竹長子

生民國甲子年八月十九卯時

金里

金里乃秋竹次子字

生民國丁卯年九月廿三日未時

錫金蓮

金蓮乃秋竹三子蕉承得令　生民國壬申年十一月十二子時

金蘭　子一　復元

金蘭乃天申長子字修馨生宣統己酉年十一月十三日戌時娶城隍寮姚氏儉娘生民國癸丑年八月初十午時

金堆

金堆乃天申次子蕉承培義字修成生民國乙卯年十二月

十二酉時　娶埔頂楊氏配娘生民國己未年七月廿一辰時

金枝

金枝乃天甲三子字　生民國己未年正月初九子時

娶上地胡氏寶娘生民國辛酉年十一月十七辰時

全盛

全盛乃安水長子　生民國壬戌年五月初五辰時

樹籐

樹籐乃安水次子　生民國戊辰年七月十五日午時

錦華

錦華乃安水三子繼有水為祀　生民國甲戌三月廿三亥時

錦成

錦成乃安水四子生民國丙子年三月初四戌時

錦華

乃有水嗣子實錄見上

錫鐃

錫鐃乃天用之子字修裕生光緒壬午年八月十一寅時卒光緒戊申年十月廿三戌時

娶鴻卿李氏亮娘生光緒丁亥年十一月初三寅時卒光緒丙午年又四月廿五未時葬嘍叻

朱池

朱池乃財来双承子係先用長子繼半生光緒己卯年三月初六寅時卒光緒乙巳年十月十五辰時

娶上地胡氏唾官　生光緒甲申年十二月廿八亥時卒光緒
丁未年十一月廿二子時

錫請

錫請乃財来次子兼承順水字修益生光緒庚子年五月
廿二酉時娶上地胡氏墻娘生光緒甲辰年八月初二酉時

路嵜　子　當強　双承

路嵜乃籐春長子　生光緒辛丑年十一月二十酉時

娶新村林氏双娘先緒三十二年丙午八月十八酉時女一釤娘未字

路達

路達乃籐春次子生光緒乙巳年八月廿四子時殤

火城　子　洪當強出丰

火城乃籐春三子生光緒戊甲年十月初九巳時卒民國甲戌年四月廿三吉時葬在星洲

娶崙頭陳氏柬娘生宣統三年辛亥四月廿六巳時女一杢蘭未字

瑤琨

瑤琨乃培鵲長子　生光緒壬寅年正月十八未時早殁

錫冬来

冬来乃拔萃長子　生光緒壬寅年三月廿三寅時卒民

國壬申年四月廿四申時

娶路美陳氏晟娘改節女一金枝

錫賤

錫賤乃拔萃次子　生光緒乙巳年七月初七日寅時

娶厦蘇灶黄雖来次女旋治生民國甲寅年二月十六　時

明火

明火乃抱来長子兼承培鵲生民國辛酉年三月　日亥時

錫秋金

錫秋金　子二　致祥　興華承繼

秋金乃青龍長子生

娶卓氏素娘生光緒甲申年五月廿一日午時

錫長文

長文乃內趋長子　生光緒甲申年六月廿七日酉時卒民
國己未年十一月十四未時葬嘎叻呇納口舊塚

長漢　子一　新金　承丰

長漢乃趋公次子　生光緒丙戌年七月廿四日巳時卒宣統
庚戌年八月初八吉時葬南洋納閣坡

錫長訓 子二 新興出手 新金出手

長訓乃內趍三子 生光緒戊子年八月廿一寅時

娶路尾陳春梅次女痛娘 生光緒甲辰年八月廿六日吉時

女四 石治 勤治 金鸞 金花俱㓜

必昌 子 新興双承

必昌乃內趍四子 生光緒庚子年四月十六日辰時卒民

國乙丑年四月廿一申時葬在嗹叻峇納口舊塜

文章

文章乃培啓長子生卒失攷

錫情

錫情乃培看長子號誠意生光緒己卯年七月十四未時卒

光緒壬寅年二月初一吉時

錫先

錫先乃培看次子號修意生光緒己丑年八月廿三卯時卒光

緒壬寅年四月廿十酉時

錫文慶

文慶乃培拱抱養子蕙承培柬生同治甲戌年五月廿九日巳時卒

娶上地胡氏奎娘改適

文賀　子三

玉龍　玉明　玉真

文賀乃培強抱長子字長善號軒欣生光緒辛巳年十一月初一申時卒民國己巳年十二月廿四戌時葬南洋安順坡

娶路尾陳氏宜官生光緒乙未年二月十七午時女四玉娘適

湯埔陳　玉蘭　玉花　玉珠均未字

錫文山 子六　見成　金成　古成　奇華　重華　榮華

文山乃培強次子萬承培聚字長南生光緒庚寅年九月初

四戌時　娶溪頭柯氏乞娘生光緒辛丑年五月初九巳時

女一　梅童少

文英

文英乃培強三子　生光緒癸巳年十月十二卯時　卒光緒丁

未年四月初十日吉時英在洋

娶德崇蔡氏改適

錫吉新

吉新乃培庚抱長子　生光緒丁丑年三月十二酉時

新登　子一　金順

新登乃培庚次子　生光緒己卯年十月初一辰時卒民

國甲寅年二月初二寅時

娶善壇鍾氏綿娘號長美生光緒丁亥年六月十八巳時卒光

緒甲辰年五月廿四酉時

續娶洋山胡氏熟官生光緒戊子年八月十八卯時女一

能愛

能愛乃培居抱長子　生光緒壬午年十二月初一日巳時

江隆

江隆乃培力長子兼祀丙戌　生民國十八年己巳十二月十八戌時

萬種

萬種乃培力次子　生民國甲戌年十一月廿一卯時

錫盤　子　洪蕋　財宝繼承新　玉泉　上海

錫盤乃培桑長子字修銘生光緒戊寅年九月初五日丑時

娶洋山頭林氏冬娘生光緒庚辰年十一月初六午時

女二　粉娘適大墘林　次　適上地胡

錫新　子五　財寶繼　財星養　財賓　財河　財珍　財兩

錫新乃培桑次子字修煥號　双承培丙生光緒壬午六月初九丑時卒民國戊辰年四月廿五申時

娶大墩林氏文官生光緒庚寅年三月廿四卯時卒民國　年　月

又娶

女　長于娘適大墩林　次燕娘未字

金英　子一　洪碰

金英乃培抔抱長子字修　生光緒伍年己卯九月十二日

卯時

娶曾口坂傅氏　三

錫

錦源　号貞一

陳妹　晩慈

葬廿大林内エ壱巷坐甲向寅兼申

庚甲

十五月初七未時卒光

緒坐庚甲兼申寅

娶彭格陳氏妹娘生光緒己卯年十二月廿四戌時

敬忠　子一　金河

敬忠乃培孫三子字修　生光緒戊子年四月初七申時娶

上地胡氏玉娘生光緒庚寅年五月初十卯時

錫三重　子三　玉龍　文龍　萬成

三重乃培鵝長子係培抔三子繼立字修禮生光緒乙酉年二月廿三未時

娶彭格陳氏返娘出又娶上地胡氏

二娶陳氏搵娘生光緒癸巳年三月初三卯時卒

見龍

見龍乃培鵝次子生

錫榮源　子五　淵成　淵堯　淵悌繼承　阿匏　福秀

榮源乃培鵝承三子係培榜三子繼立生光緒　年　月　日　時

娶溪南蘇倣官女居娘生光緒丙午年四月廿四日丑時

錫利

錫利乃培福長子字修　生光緒己丑年九月十三寅時

三房起



錫安

錫安乃成發長子字

生光緒辛巳年九月初九辰時

以上範正公二志善之派

燦心

榮心乃成發次子　生光緒甲申年八月十七日辰時

金枝

金枝乃成發三子兼祀成慶生光緒壬辰年八月十四辰時

金土

金土乃成發四子生光緒庚子年四月初二日丑時

金粧

金粧乃戍癸五子　　生光緒壬寅年二月十六日戌時

火生　子一　桂发 承丰

火生乃培德長子　生光緒己亥年七月初七日巳時卒民國

丙寅年三月三十日戌時

娶溪南蘇德官女斟娘生

## 錫石

子二　桂炎 出丰　海炎

錫石乃培德次子　生光緒乙巳年正月初七戌時娶榜頭
白泰山君次女洵娘生宣統庚戌年八月廿六寅時
女三　成娘　宝笑　粋娘 均少

## 金碹

金碹乃培德三子　生宣統辛亥年五月廿六戌時娶
加塘尾陳氏月娘係興官三女生民國癸丑年三月十八
時女二　扁娘　好娘 均幼

聯秀

聯秀乃培交長子　生光緒癸未年九月十二日戌時

進粇

進粇乃培交次子　生光緒癸巳年七月十一酉時

錫抱

錫抱乃培等長子生光緒戊戌年三月初九丑時

聯秀　乃培交長子　生光緒癸未年九月十二戌時內書

錫聯作

聯作乃廣蘭承子係培交次子繼立

錫水泉

水泉乃培𤰝抱長子　生民國丙辰年十二月十七酉時

娶曾口坂傅氏愛娘　生民國丙辰年十二月廿四寅時

水池

水池乃培田抱次子　生民國丙辰年

錫水俊

水俊乃培田三子　生民國己巳年二月初六辰時

錫三元　子一

三元乃培靠抱長子　生民國壬子年七月初二寅時

娶會口坂傅氏綢娘生民國壬子年三月初六亥時

送生

錫祥

錫祥乃培崇次子兼承爲義生民國丙寅年十月初四寅時

其申

其申乃冬水長子兼承培桂生民國癸亥年十一月廿二日辰時

其寶

其寶乃冬水次子　生民国丙寅年九月初一巳時

其麟

其麟乃冬水次子兼承為義生民國己巳年正月十三巳時

其秀

其秀乃冬水四子　生民國癸酉年五月初二日巳時

錫仰承

仰承乃培英長子生光緒壬寅年四月初三日巳時

錫閎
錫閎乃培英次子　生光緒乙巳年四月十一未時　兼承培烈

錫次　子一　金福
錫次乃金查培玖長子　生光緒丙午年八月廿一寅時
娶湲内蔡氏望娘生宣統辛亥年四月廿三辰時

錫⿰章息

錫⿰章息乃培玖次子　生民國丁巳年六月十四亥時

錫秋

錫秋乃培玖三子生民國己未年五月十一日亥時

火炎

火炎乃培創之子　生民國庚申年四月廿一寅時

金榮
金榮乃培第長子 生民國戊午年十月二十丑時

錫垂
錫垂乃培文長子 生民國癸丑年九月十六日寅時
娶龍門陳氏柳娘生民國丁巳年三月初六日巳時 女一

加節

火殿

火殿乃培文次子　生民國辛酉年六月初三未時

錫水抄

水抄乃培文三子　生民國甲子年八月十六未時

牆壁

牆壁乃紅番長子　生民國壬戌年二月初六日巳時

錫長新

長新乃紅畨次子生民國庚午年三月廿六戌時

錫朝元子　金駿　炳陽　金發　亞土

朝元乃培瓦長子　生光緒壬辰年十一月初六夘時

娶上地胡氏嬿娘生光緒己亥年四月廿六夘時女四

桂花　亞綵　亞梨　亞嗳均未字

錫挽　子五　洪買　漢祥　洪湍　四海　漢成出洋

錫挽又名朝璧乃培瓦次子字　生光緒乙未年九月初七日巳時　娶鴻卿李氏寶娘生光緒己亥年四月廿二卯時女二　亞荔　亞東未字

錫三　子二　文鑾　青山

錫三乃培瓦三子　生光緒丙午年七月十九日戌時　娶鴻卿李氏寔娘　生光緒戊申年五月十五戌時　女四玫垷　亞蘭　玉葉　金葉均少

錫垄　子　漢成　双承

錫垄乃培瓦四子　生民國癸丑年十二月初三亥時　娶

鴻卿李氏奅娘生民国丁巳年十二月初四日戌時

六午

六午乃培瓦五子　生民國戊午年九月初四亥時

金木　[illegible]

乃永發長子生民國丁巳十二月初一巳時娶蘇氏尽娘生民国乙丑六月十一卯時

木生

乃永来三子生民國乙亥年六月初一申時

木榮

乃永来長子生民国壬申年九月十八辰時

金進

乃永成之子生民國丙子九月廿七亥時

錫旺

錫旺乃培陳抱長子　生宣統庚戌年九月十六卯時娶大

坤林教官次女富娘生民國己未年七月十五寅時

錫秋泉

秋泉乃培陳次子字　生民國乙卯年十一月初五寅時

娶后垵謝善官次女拈娘生民國壬戌年正月十八日午時

秋桂

秋桂乃培陳三子　生民國庚甲年八月初五卯時

錫東

乃培智長子生民國乙卯年十一月初六辰時

四房起↓

錫墨　乃培智次子生民国戊午年三月初七卯時

桂林

桂林乃培河長子生民國丁卯年二月初七卯時

以上範正公三志固之派

錫啟成　子　新安　双承錫贊

啟成乃培恩長子號長文生同治丙寅年十二月二十日寅時

卒光緒丙申年八月二十辰時

娶上地胡氏用娘生同治己巳年六月初三午時卒

年　月　時　女勧娘　草娘

錫振順　子一　洪木出丰

振順乃培恩次子號辰存生同治癸酉年五月十七未時卒光

緒甲辰年十寔四月十七亥時葬

娶鴻卿李氏東娘生光緒庚辰年十二月十三未時卒

年　月　時　女一俗娘

連贊　子二　新安　洪木俱双承

連贊乃培恩三子生光緒丙子年四月廿二午時卒光緒甲辰

年七月廿十亥時

錫篗　子五　連子　應祥　應恐　水仙　六生

錫篗乃培意長子兼承光輝字修竹生同治甲戌六月廿二日巳時

娶本里劉氏尾娘生光緒辛巳年十月初二申時

民國甲子冬修竹建築內甲第旧厝左畔德安厝全座辛山戌辰抽出右畔大房過水前所三間付弟婦傅氏居住管掌餘則歸竹子孫居住室錫再改德美

錫樹　子二　應麟　應固　俱養出繼

錫樹乃培意次子號茂盛生光緒己卯年七月廿八亥時卒光緒甲辰年三月初十日未時葬林內烏梨崙坐壬丙子午

娶曾口坂傅氏悔官生光緒甲申年八月十七申時

錫葉　子八　應固承

錫葉乃培意抱三子歸　生光緒己卯年　月　時卒

民國壬子年十一月初七亥時

錫扁　子　長興抱　金甑承錫　甑作慶　洪旺出洋

錫扁乃培春長子字修員生光緒己卯年八月初五日未時

娶大墩林氏晋官生光緒甲申年十月初三午時

女四見娘適鴻鄉李抹娘適大墘林　双娘適鶴前陳　本
娘未字

錫貌　子二　洪義　金甑 双豫

錫貌乃培春次子字修容生光緒甲申年四月十四申時
娶鴻鄉李氏花官生光緒己丑年七月二十辰時卒民國
壬子年十月廿一未時

錫八　子　洪旺 双豫　玉泉 抱

錫八乃培春三子字修士生光緒丙申年九月廿三申時　娶

頂刘氏為娘生光緒辛丑年十二月初八寅時

錫井　子　洪𢭏　烏龍　烏𠫓　烏種出丰

錫井乃培碎長子　生光緒癸巳年二月初六日辰時

娶溪南蘇氏近官生光緒癸巳年十月　時女三仰娘

適鴻卿李　預娘　惜娘均未字

開芳　子二　洪匏　添賜

開芳乃培碎次子　生光緒甲申年正月初九辰時　娶鴻

卿李氏忖娘生光緒庚子年九月十六亥時女三鉗娘鍊娘

迨娘俱未字

錫

錫富又名閣務　子一　烏超

錫富乃培碎三子字　生光緒壬寅年十二月二十亥時

娶曾口坂傅氏截娘生光緒丙午年九月初八丑時

文

文旦　子一　烏種　权承

文旦乃培碎四子　生光緒丙午年正月十八寅時娶鴻卿

李氏愛娘生民國癸丑年九月初四申時

錫牡丹　子三　守業　明山　長雨

牡丹乃培庵長子　生光緒壬辰年又六月十三酉時娶

娶德崇蔡氏水娘生光緒廿一年乙未九月廿六日戌時女

五葉娘適新春林峇徽綠娘適鴻鄉李壬娘宴娘未字

愛娘適洋內葉

玉梅

玉梅乃培庵次子生光緒辛丑年八月十九日亥時

錫朝　子一　禮義

錫朝乃培庵三子　生光緒辛丑年

娶曾口坂傅氏石娘生光緒乙巳年九月廿二丑時

清擱　子一　丁癸

清擱乃傳基長子　生光緒壬寅年三月十七午時卒民

國癸酉年九月十八日巳時

娶蒲格王氏壓娘生光緒癸卯年五月十二卯時　女一乖娘

未字

圓明　子　西池癸豕

圓明乃培君長子　生光緒癸卯年十月廿三寅時卒民
國乙丑年十月廿五寅時

錫永　子三　佳橧　西池峯　發成出繼
錫永乃培必長子　生光緒乙未年十一月初二日辰時
娶洋山胡氏云娘生光緒辛丑年二月十六日巳時　女二葉
娘適　硯娘均未字

錫潤　子一　洪葵
錫潤乃培必次子　生光緒辛丑年正月廿八戌時卒民

清溪蓬萊張氏宗譜

國乙丑年八月十二酉時葬佳壠尖

娶頂劉鉗娘改適

## 錫芬

子嗣　發成

錫芬（官名雁）乃培必三子　生光緒戊甲年五月十八午時娶崎縣

陳氏延娘　生宣統己酉年八月廿二甲時

## 錫木

錫木乃培陸双承長子　生光緒辛卯年十一月十一寅時

卒

有本　子一　洪燕　承半

有本乃培日長子號立德生同治辛未年十二月十九酉時

卒光緒丁亥年十月廿九辰時葬寨街格亥巳壬丙

錫壇　子二　新寶　洪燕　出半

錫壇乃培日次子字修塋號[illegible]生光緒乙亥年正月初七

日巳時卒民國丁卯年七月十五未時葬

娶新春林氏脱娘生同治甲戌年四月二十寅時卒民國丙寅
年八月十五寅時
女三　双娘適溪頭柯　笑娘適大墘林　六娘適溪美刘
通士　子四　庶几　加椎　茶枝　金典
通士乃培日三子字修達生光緒辛巳年七月十一日丑時
娶鴻卿李氏柿娘生光緒壬午年九月初五未時女二
好娘　曰娘
錫皎　子一　万年

錫皎乃培日四子字修潔號　生光緒丙戌年九月廿八亥
時卒民國癸酉年四月廿七亥時
娶曾口坂庠生傅清老女蓮官生光緒丁亥年四月廿八午
時卒民國癸亥年九月十四亥時
女完娘未字

錫石

錫石乃培道長子　生光緒庚寅年又二月初四辰時

興化 子三　長久養　洪閣　金鳳

興化乃朝明長子字修龍號立鳳生光緒壬午年九月初八
巳時卒民國甲戌年五月十一申時
娶彭格陳氏生官生光緒辛巳年又七月廿四辰時卒民國
壬子年十二月廿四亥時
再娶頂刘刘氏听娘生光緒辛卯年　月　時卒民國
癸酉年九月廿七未時
女五　柬娘適鴻卿李　進娘適小路林　蒼娘　氣娘
糠娘均未字

修成 又名來成　子　鴻麟 双承

修成乃明朝次子字修仁生光緒癸未年十月初五日寅時

卒民國甲寅年五月廿八申時公乃朝明次子

娶溪南蘇氏螺娘生光緒丁亥年十二月廿二亥時卒光緒

甲辰年八月初三丑時

又娶胡氏

萬順

萬順乃朝明三子生光緒戊子年十一月十七日辰時卒光

緒癸卯年五月初三子時

錫春火　子一　鴻麟 出丰

春火乃朝明四子　生光緒辛卯年十月十三戌時卒民國
壬戌年九月廿九辰時

溪田　子三　水龍　長德　洪玉

溪田乃培服長子狮　生光緒戊寅年七月廿八卯時卒
民国壬申年二月初一卯時葬峇叻甲
娶溪頭柯氏瑞娘生光緒己丑年三月十六日子時卒宣統、
己酉年九月十七吉時葬本山佳壠尖路邉癸丁丑未

再娶大墘林氏梅娘生光緒壬辰年四月廿九亥時卒民國
丁卯年八月十九未時葬本山大嶺紅頭生子午兼癸丁

錫水通子

水通乃培服次子　　生光緒乙酉年九月十二日午時

三傳

乃培服三子生光緒癸巳年七月初七亥時殤

春季

春季乃培服四子　生光緒甲辰年正月初五日未時

春安　子二　天推　繼全

春安乃培智長子號　生光緒壬辰年又六月初十午時

卒民国壬申年十月十三未時葬寔叻

娶傅氏柰娘生光緒己亥年三月廿三日寅時

錫金有 改名烏会　子一　龍水

烏會乃培智長係次子字長　生光緒辛丑年五月初三申

時　君為人謹慎存心公平報本為念大義深明協董譜
事服務經營可為家之彥為國之英字修玉
娶上地胡氏潇娘生光緒乙巳年正月廿四日寅時
女三　甘娘　英娘　善娘均未字

錫榮　子一　宗枝

錫榮乃培為長子　生光緒庚寅年十二月廿七日戌時
娶鴻卿李氏朝娘生光緒戊戌年十二月初四巳時卒民國
乙丑年正月廿七戌時

錫揑　子

錫捏　乃培為次子　生光緒丁酉年六月十一巳時　娶

大墘林氏成娘生光緒癸卯年五月十一辰時

女辛娘　次

錫錦　乃培為三子生光緒辛丑年四月十二卯時

水仙　乃培為四子生光緒甲辰年三月初一亥時　俱殤

錫建春

建春為公五子字　生宣統己酉年二月初九未時娶溪

南蘇氏軟娘生民国壬子年十一月十七未時

錫孔信

孔信乃培為四子六　生宣統辛亥年九月十一未時

清雨　子二　火炎　陰潤

清雨乃培祖長子字修順　生同治甲戌年十一月初六丑時

卒民國丙寅年八月初三申時葬新山嘈仔挽坡

娶延壽院吳水官女粒娘　生光緒壬午年八月十二辰時

錫科甲　子二　洪哉　樹林丰承

科甲乃培祖次子　生光緒己丑年三月十一午時卒民

國乙卯年七月初三吉時

娶柯氏冷娘生光緒　年　月　時卒

年　月

桂子　子三　佳堆　亞獅維錫 虎　建悌維丰

桂子乃培排長子　生光緒甲申年十二月廿二辰時卒民

國癸丑年八月二十吉時葬外洋

娶溪南蘇灣官長女萬娘生光緒甲午年五月十六未時

錫浦全 子三 来春 抱 林坤 建悌 承丰

浦全乃培排次子 生光緒己丑年十一月廿八卯時卒

民国甲戌年六月十八辰時葬洋嗎咥山坐西向東

娶登虎榜傳望官次女錦娘生光緒戊戌年六月初四午

時女四 水娘 未字 壽娘適德崇蔡 貝娘 進明 均幼

錫虎 旧誌容發 子一 凸 獅維

錫虎乃培祥長子 生光緒庚寅年六月十二丑時娶

氏 女三 笑娘

蓮花　金花幼未字

錫姜

錫姜乃鎮府長子歸通神生光緒乙亥年六月十二丑時卒光

緒辛卯年九月十八辰時

錫約　子四　洪鍊　洪軟出洋　新參　洪評

錫約乃鎮府次子　生光緒戊寅年七月廿七丑時卒民國

癸酉年十一月初三巳時葬在跳坑林邊癸丁丑未

娶大墘林氏和娘生光緒庚寅年八月十三亥時女二芙蓉

最娘 均未字

錫疊 子 洪軟 双承

錫疊乃鎮府三子 生光緒甲申年十二月廿三寅時卒

年 月 時葬牛運堀庚甲申寅

錫歐 子 清雲 継半

錫歐乃鎮府四子 生光緒己丑年八月初十日戌時娶

陳氏郇娘生光緒庚寅年十月廿一吉時女三金娘適林文

連 福氣 花娘 均未字

錫陳

錫陳乃鎮府五子　生光緒癸巳年十一月十四甲時卒

錫枹

錫枹乃培興長子　生光緒乙未年五月廿七日子時卒

子　金吉　槃

榮忠

榮忠乃培興次子　生光緒庚子年三月廿四日戌時卒

额钰

錫頷　子二　洪樹　洪慶

錫頷乃培檥長子　生光緒乙酉年四月初二未時　娶溪

頭柯氏甚官　生光緒己丑年十月廿六子時

錫蔥　子　洪塩　双承

錫蔥乃培檥次子　生光緒己丑年二月十七亥時卒

年　月

娶劉氏改適

錫蓮　子　水專　水来　秋菊　洪塩 出半

錫蓮乃培檨三子　生光緒己亥年十月二十亥時　娶鴻
卿李氏耳娘生光緒癸卯年六月初三未時

錫河　子　永順　茶枝 俱双承

錫河乃培鉚長子　生光緒乙未年四月十六酉時卒
年　月

錫發　子三　永順　金吉　茶枝 俱出半

錫發乃培鉚次子　生光緒戊戌年三月十七日寅時
娶蔡氏　娘生

雙普　子一　洪寅繼
雙普乃培兩長子　生光緒辛巳年三月十四巳時在洋
船中而卒宣統己酉年十一月初五卯時
娶劉氏滿娘生光緒己丑年八月初八子時女一郁娘

錫聯財　子一　洪清

聯財乃培兩次子　生光緒丙戌年九月初八亥時娶大嶺

后陳宋官次女兔娘生

錫江水

江水乃培冬長子　生光緒己丑年五月初二辰時

金連

金連乃培冬次子　生光緒癸巳年十二月廿八申時

娶　氏　生光緒壬寅年三月初六亥時

錫双全　子　洪寅出繼　江林　金獅

双全乃培社長子字　生光緒癸未年六月十一寅時

娶　女二

錫火　子四　金壁　金盾　金於出繼　良春

錫火乃培社次子　生光緒戊子年十一月初四日午時卒

8△

民國乙亥年四月十一午時葬在山門格亥巳乾巽
娶内山林氏寬娘生光緒癸巳年二月十一巳時女二楠娘
適洋山胡　秀春未字

允水
允水　子嗣　金於
允水乃培社三子　生光緒戊戌年又三月廿二酉時娶登
虎榜傅氏領娘生光緒乙巳年八月廿二午時女一英蘭

錫
三山

三山乃玉麟抱養子生民國辛酉年八月初二未時娶南安
英內洪嘉謨三女來金生民國乙丑年五月初十丑時
錫天來　乃玉麟次子兼承培蠏生民國丙子年正月廿五申
錫敦生子　木榮　双承
敦生乃培黨抱長子生光緒戊寅年六月二十申時娶鴻卿
李氏言娘生光緒壬午年五月初二丑時往廈未詳公在外卒

錫烏緞　子二　海水　木榮　丰維

烏緞乃培黨次子　生光緒乙未年十月二十未時娶龍居胡瑞官次女宜娘生光緒癸卯年七月初七寅時女二長葉娘次粉娘未字

金精　子二　進來抱　茂坤

金精乃培黨抱三子　生光緒庚子年又八月廿四日申時娶溪頭柯西梧官女傳娘生光緒乙巳年八月十四卯時女四　綉柳　次蓮花　綉鳳四女　綉龍三女　均未字

錫安
錫安乃鎮縣長子生光緒
錫順天　子　跨刺　雨堂出繼
順天乃培入抱長子生佚卒
娶善壇鍾氏先官生同治戊辰年四月廿二戌時女長適
洋山胡次配大墘林

錫老　子一　雨堂承

錫老乃培入抱次子生同治癸亥年五月廿四辰時卒光緒甲辰年九月十一卯時

正心　子一　連元未承

正心改名錫擇乃清泉抱長子生光緒己卯年十一月初九日酉時卒　年五月初六日

娶溪頭柯氏色官生光緒壬午年又五月初二辰時卒光緒甲辰年五月十一午時女質娘

楓樹　子二　水疲　連元　出

楓樹乃清泉次子生光緒甲申年四月廿三子時卒民國壬戌寅

年六月廿一未時葬在崎仔癸丁丑未

娶大墘林氏栽官生光緒丁亥年七月十八申時

異路　子

異路乃秋香長子薫承培概生光緒壬寅年十一月初一寅

時娶

青溪蓬萊張氏宗譜

怡林　子一　進發
怡林乃光苑長子𦾔承麗水生民國癸丑年九月十三辰時
娶溪南蘇水湖官次女于官生民國丙辰年十一月初七日辰時

金鳳
金鳳乃光苑次子字　　生民國丙辰年十月十五子時
娶洋内傅添官長女水娘生民国庚申年九月初九午時

錫千財 子二　淵丁　繼金 承丰

千財乃培佛抱養 生光緒辛卯年十月十九戌時娶上地胡

燦官女有娘生光緒　年　月　時卒民國丙辰年正

月十三未時

再娶溪南蘇浩官女紨娘 生光緒甲申年十一月十六日辰時

錫厚水 子三　金燕　成立　双坤 半継

厚水乃培贌長子　生光緒丁亥六月初五未時娶溪南

蘇通官次女爛官生光緒丙申年五月初四巳時女三　長

瑞子適彭圩蔡文守次梨花禾字三心娘適大坪高炮
城為媳

錫浩源　子三　水金　来成　双坤　承丰

浩源乃培瞨次子　生光緒庚寅年九月十二亥時娶
大墘塔心林井官長女喜娘生光緒己亥年二月初五酉時
女三　程娘適貞洋易連火　次秀花　三胡佳均禾字

七聯　子一　洪禧

七聯乃培瞨三子　生光緒丁酉年八月十五寅時娶曾口

榜傅當官次女志娘生光緒丙午年正月十九卯時女二

長梅娘適許厝次牡丹未字

錫火第　子三　卯發出芈　長合　長利

火第乃培桃長子　生光緒庚寅年十月廿六亥時娶

登庑榜傅梨官次女樣娘生光緒庚子年十二月廿四酉

時女三　長蜜娘　次勝娘　三流娘均幼

和承　子　卯發双承

和承乃培桃次子號海濱生光緒廿七年辛丑七月廿六日酉時

卒民國丁巳年十月廿二巳時

蒼基　子三　金玉　清玉　清火 半繼

蒼基乃四正長子　生光緒丙申年十一月十三日亥時

娶彭格陳畓官長女畧娘生光緒丙申年又四月三十日

巳時女亞力 幼

朝来　子　清火 承半

朝来乃四正次子生宣統己酉年十一月初二子時娶上坑廖

路官女信娘生民國丁巳年七月十一丑時

日進 又名 其南　子二　金標　玉團

日進乃培五福長子生光緒辛丑年三月十七戌時娶上地

胡氏齊官生光緒戊申年三月初四巳時女二　綴娘　儉娘　均未字

錫端　子一　籐枝

錫端乃有定長子　生光緒丁未年十二月十五酉時

娶上地胡氏早娘生宣統庚戌年六月初二亥時

銀寶

銀寶乃有定次子　生宣統庚戌年十月廿六日亥時

娶會口坂傅氏端娘生民國乙卯年七月初九日未時

金環

金環乃有定三子　生民國甲寅年三月十三日午時

娶刘氏垂娘生民國壬戌年十一月初三寅時

珠清

珠清乃有定四子　生民國辛酉年八月十四日寅時

音論子　尊守

音論乃開順長子字　生宣統己酉年正月十六日卯時

娶谷山林氏銇娘生民國甲寅年十一月廿五辰時

錫田　子三　新基抱　炳宏　朝固承丰

錫田乃壬水長子　生光緒丁亥年十月初七申時　卒

民國庚午年八月十八丑時葬星洲

娶龍居胡氏玉娘生光緒戊戌年九月十一日辰時女一

音娘未字

金城

金城乃壬水次子生

錫國樑

國樑乃溪水長子號　生光緒丁酉年九月初四日午時辛民國甲戌年正月十六　時

仁力

仁力乃溪水次子生光緒辛丑年四月十二卯時

畢業生金讓　子　佳得　朝固 承羊

金讓乃培山長子字修禮號　生光緒庚子年正月初四

寅時卒民國丁卯年三月初六巳時葬紅山内生癸丁兼丑未

在福建省立第一中學畢業

娶登虎榜歲貢生傅明候翁女名速娘生光緒己亥年正

月十四酉時女一　万珍未字

金輿　子一　朝鳳

金輿乃培山次子字修　生光緒壬寅年九月十三日申時

娶大崁林氏蠻娘生光緒丙午年

金濟

金濟乃培山三子生民國戊午年六月初八日午時

金順

金順乃培山四子兼承溪水生民國辛酉年四月十九寅時

龍旂

龍旂乃培山五子生民國戊辰年十二月十四日寅時

錫疇

錫疇乃培會長子生光緒壬寅年四月十六亥時娶劉氏

生

春楚

乃培會次子生宣統己酉年正月十六日子時

金秋

金秋乃培浪長子生民國壬子年八月十五寅時娶潮州謝氏來成生民國己未年十月廿一日子時

中庸

中庸乃培浪次子生民國戊午年二月廿六日寅時

長江

長江乃培浪三子生民國辛酉年十一月初三日寅時蕉承培添

才五

才五乃培浪四子　生民國戊辰年五月初七日午時

金宗

金宗 子

金宗乃秋霞長子生光緒甲申年九月廿二日辰時卒宣統

己酉年十月十三未時葬厦門山

錫榮

錫榮昌 子一　春盛養

榮昌乃秋霞次子生光緒丙戌年十月廿五申時卒民國癸

酉年十月三十日酉時葬叻噍呸山

娶上地胡忠敬官長女綿娘生光緒乙未年正月初三日午

時女二長玉娘適尾溪昜梨水次沙娘未字

重複

榮昌乃秋霞次子生光緒丙戌年十月廿五申時卒民国
癸酉年十月三十日酉時葬叻嗎哐山
娶上地胡中敬官長女綿官生光緒乙未年正月初三日午
時女二長玉娘適尾溪易梨水次沙娘未字

玉明

玉明乃培寄長子

秋金
秋金乃培揀長子生光緒乙亥年九月二十亥時

錫新發
新發乃培揀次子生光緒　年

森建
森建乃才紹長子生光緒丁未年八月　日

森發

森發乃才紹次子　生民國甲寅年二月廿二日　時

錫烈

錫烈乃才兮抱長子生民國甲寅年正月廿八寅時丑　娶崎縣

陳令官女瑞官生民國丁巳年八月十八辰時

錫妹

錫妹乃才紹次子生民國乙丑年四月十二卯時

火昆

乃連份嗣子生民國己巳年四月廿七寅時係三月次子継立

錫明達

明達乃培云抱長子生民國癸亥年七月廿九戌時

土筆

土筆乃培云次子生民國甲戌年十月初九日戌時

△13



火奠

火奠乃三月長子 生民國甲子年八月十一日丑時

火爐

火爐乃三月三子 生民國甲戌年十月十七日申時

錫天助　子一　文欽

天助乃培爆長子生光緒庚辰年六月十四申時在外洋

卒民國　年

娶林氏腰娘生光緒戊子年七月十三酉時生子一又納側

室陳氏金蓮生光緒辛巳年六月十五午時女水英元配休出

又娶傅氏苑娘生光緒丙午年正月初二吉時卒民國乙亥年

十月初二巳時葬二閬山

錫連枝　子一　坤華

連枝乃添福長子生民國癸丑年十一月廿四日酉時娶陳氏

黎英生民國丙辰年十一月廿二寅時

黎忠

黎忠乃添福次子生民國庚申年三月十七日吉時娶白氏

樹蘭生民國庚申年二月初四日吉時

錫彩真

彩真乃培饌長子生民國癸亥年五月廿九日巳時

彩連

彩連乃培饌次子兼承添福生民國丁卯年三月十六戌時

錫閂

錫閂乃添爵長子生民國壬子年　月

娶胡氏日娘生民國三年甲寅五月十三　時女一彩鳳

子一　萬根

坤和

坤和乃昌盛長子生民國癸丑年九月　日　時

樹林

樹林乃金丙長子生民國壬申年八月廿一午時

金帯

金帯乃高陞長子生光緒辛丑年十二月初四未時

銀對

銀對乃高陞次子生光緒乙巳年正月十六戌時

美生

乃將来抱長子生民國乙亥年十月廿七丑時

錫戊己

戊己乃嘉木長子三承煥文將来生民國壬申年十一月十

九未時

添丁

添丁乃金木抱長子　生宣統己酉年六月十八日午時
娶福山林命官次女䏚官生民國甲寅年十二月廿四午時

朝福

朝福乃金木抱次子生民國丙寅年六月廿一辰時

錫芒

錫芒乃永和長子　生民國辛酉年十一月廿一寅時

振元

振元乃永和次子　生民國丙寅年九月初四辰時

四季

四季乃永和三子　生民國壬申年正月初四日丑時

錫喜鵲

喜鵲乃萬出長子　生民国乙丑年六月廿八巳時

錫良吉

良吉乃萬出次子　生民國戊辰年閏二月十五申時

良梨

良梨乃萬出三子　生民國庚午年九月初一亥時

錫山桂

山桂乃樹蘭長子　生民國庚午年七月初三子時

山羆彪

山羆乃樹蘭次子　生民國壬申年九月廿八辰時

錫山豹

山豹乃樹蘭三子　生民國乙亥年三月廿三日卯時

水棕

水棕乃連發抱長子　生民國丙辰年三月十九午時

錫双宇

双宇乃連發次子薫承五子生民國壬戌年五月十三日辰時

双盛

双盛乃連發三子薫承廷生　生民國丙寅年九月初四申時

錫清城

清城乃灕堂長子兼承春石生民國甲寅年正月廿七巳時

娶路美李千官長女惠娘生民國丁巳年

錫瑞波

瑞波乃田生長子

生民國甲戌年二月廿八日寅時

瑞禎

瑞禎乃春冬長子　生民國己巳年四月初五日酉時

瑞銘

瑞銘乃春冬次子兼承廷生　生民國辛未年七月十五酉時

錫答　子二　水文　水金

錫答乃贊生長子　生宣統己酉年二月初四日戌時

娶葉氏珠娘生民國癸丑年五月廿三午時

玉發

玉發乃贊生次子薰承贊元生民國甲子年十月二十巳時

幼娶黃氏由娘生民國乙丑年三月廿一寅時

錫玉山

玉山乃贊元長子字　生民國丙辰年十月十二日申時

娶葉氏雖娘生民國丙辰年十月初五日未時

以上範正公四志執之派

# 清溪蓬萊嶺美張氏宗譜

正卷拾式

五房

清溪蓬萊張氏宗譜歷世紀實卷拾弍

範正公五房　志學公派　廿十世

錫石　子三　洪首殤　洪盞　洪真双承丹成

錫石乃培汰長子字長福　生光緒壬午年五月十二日午時

娶溪南蘇氏衛官生光緒乙酉年十二月廿六日辰時卒民國

癸亥年十一月初四吉時葬本山

丹成　子　洪真承丰

丹成乃培幼長子　生光緒庚辰年十月廿七日辰時

西姑　乃培北長子生民國己未年十月十七午時

水俊　乃培北次子薰承金精生民國辛未年正月初四酉時

錫根寶

根寶乃有仁長子　生光緒戊甲年十月廿八日辰時

福全

福全乃四方嗣子係四印次子繼立生民國己未年五月十五

日亥時

糞嫩

糞嫩乃四方之子行次　萬承培友生民國甲戌年四月初一日巳時

錫水龍

水龍乃培添長子生宣統己酉年又二月十八午時卒民國丙寅年十月廿三申時

錫水龍子

青溪蓬萊張氏宗譜

龍標

龍標乃培添次子　生民國戊辰年九月十四日午時

錫海順

海順乃四印長子　生民國丙辰年十月十一日辰時

福騰

福騰乃四印三子　生民國壬戌年二月廿九日子時

錫天送
天送乃建寧長子　生民國壬申年十一月廿五酉時

福来
子　禮儀 又承
福来乃培什抱長子　生光緒甲午年年年八月廿七酉時卒
年　月

錫成基　子　禮儀　出丰

成基乃培什抱双承次子　生光緒甲午年七月初七寅時卒
民國甲戌年六月初二午時
娶溪南蘇氏勉娘生光緒戊戌年七月十三日卯時

錫唱　子　洪鑄　洪錠　洪鍉　洪鉗

錫唱乃培圓長子字長聲號德鴻生咸豐甲寅年九月廿二申
時卒光緒辛丑年六月初二午時
娶德崇蔡氏配官號合助生咸豐丙辰年正月十九卯時卒民
國壬子年五月廿七酉時

女四長適路美李次適福宅溪劉三適頂刈四適路尾李

錫滔　子　洪鎮　洪錦　洪鏡　洪鍛过繼　洪鉛

錫滔乃培圓次子字長江號德山生咸豐八年戊午六月二十亥時卒光緒乙巳年五月初四未時

娶大墩林氏盡官號合性生咸豐十年庚申七月廿七寅時卒光緒癸未年正月初六巳時葬

再娶路尾李詔官女尾娘生咸豐庚申年八月初一寅時卒民國癸丑年十二月十八亥時

太學生德音　子　洪銘夭　洪鉅　洪鎬　洪鈞　洪銅殤　洪錡

德音乳名錫鏗字長音號德鏘乃培圓三子生同治壬戌年四月初九寅時卒宣統己酉年十二月初六巳時葬在本山虎堀生癸丁兼子午娶土橋陳氏疼官號合仁生同治丁卯年四月十五亥時卒光緒丁酉年五月十一卯時改葬在

再娶洋内葉氏杏官生同治戊辰年九月二十申時女二適谷口陳　冬娘

玉来　子　洪鍜承

玉来乃培圓四子字長美號德宝生同治戊辰年七月初六日

午時卒光緒乙未年六月初八日巳時

娶項劉厝生新宗長女截官后改適女二宜娘斟娘

錫瑞

錫瑞　子一　洪鈐

錫瑞乃培刓長子字長猷生同治癸亥年八月廿七酉時號其庭卒民國甲戌年五月廿六日午時

娶溪南蘇氏尊官號合賢生同治丁卯年四月廿四寅時卒民國己巳年十二月廿四子時

錫琛

錫琛乃培刑次子字長元號其求生同治甲戌年十月十五日
辰時卒光緒戊戌年三月廿六卯時葬
娶刑厝林氏滿官號添性生光緒辛巳年六月十四巳時卒民
國壬子年六月初九辰時葬
女一嘆娘適路尾李

錫福

子　叔夏　聯提（双承）　洪榜（出羊）　洪搖

錫福乃培謟長子號德祥生同治甲子年正月十四未時卒民
國戊辰年八月初八卯時葬

娶内山林氏節官生同治辛未年六月初五辰時歸合儉卒民
國戊午年十月十五戌時

錫壽　子　嗣丰　聯提

錫壽乃培謡次子歸　生光緒乙亥年十一月二十亥時卒
光緒戊申年八月十九寅時

錫壬花　子　洪榜　双承

壬花乃培謡三子字長庚生光緒乙酉年十二月廿一午時卒
民國丙辰年四月廿二午時

錫助

錫助乃培偌之子字長藉狒　生光緒庚辰年十月廿七酉時卒光緒戊申年十二月初八未時

娶溪頭柯氏格官生光緒乙酉年十月廿一子時卒光緒戊申年七月十一丑時

五才

子　有貴　有富　洪阢　光載　光明

五才乃培狷長子字長用狒德學生光緒丙子年九月十四日辰時

娶頂劉刘氏罕官號合言生光緒戊寅年十月十四辰時卒民
國丁卯年十月初三子時
自擴龍坂新隆興厝坐辛乙兼酉卯　女　櫳娘適溪頭柯次烈
娘適大墘林

長興　子三　金德

長興乃培拥三子　生光緒甲午年十一月廿六丑時

金懷　子五

金懷乃培皤嗣子係拥次子承生光緒庚寅年五月十七午時娶山行口蔡氏滿娘生光
緒庚子年十二月初二卯時卒民国辛酉年十一月十八巳時
娶谷山姚氏支娘生　又

錫籠

錫龍乃培乞抱長子生光緒辛卯年十二月初四日酉時卒宣
統己酉年六月初七卯時
娶山武后蔡氏对娘生光緒甲午年十一月十二巳時

錫璐

錫璐乃培乞次子　生光緒丁酉年十二月三十日卯時卒
民國甲寅年六月十二寅時

錫火

子　天生双承　春陳抱

錫火乃培乞三子　生光緒庚子年十一月十三辰時卒民

國辛未年正月廿七未時

娶溪頭柯氏認娘生宣統己酉年十一月廿六日卯時

女一　蓮娘未字

錫連圖　子二　海土　海洋

連圖乃培詩之子生光緒癸卯年十二月十四子時　娶葉德

利官三女錦娘生宣統庚戌年八月初七子時

錫箱　子一　洪壇

錫箱乃培鋭長子字長萬號號慶倉生同治乙丑年五月廿
三亥時卒光緒乙未年八月十七子時
娶鴻卿李氏担娘生同治甲子年九月初三子時卒光緒壬寅
年三月十七申時葬

麟祥　子　璇石抱　秋菊双承西朝　長樹

麟祥乃培鋭三子字長鳳生光緒乙亥年六月初二日丑時
娶埔頂楊氏楚官生光緒乙亥年五月初三酉時女宝娘適溪

頭柯家

西朝　子一　秋菊敍

西朝乃培篆嗣子係培鋭次子繼立號慶良生同治庚午年九月十二酉時卒光緒戊戌年九月十二寅時

娶林氏祿官改適　女二　俱適大墘林

錫開生　子二　廷順　陸世

開生乃培山抱長子號　字長合生光緒辛巳年四月廿五申時卒宣統庚戌年正月廿五日丑時

娶頂刘劉氏涉娘生光緒癸未年九月廿七寅時卒民國壬
子年三月廿三辰時葬

錫添

子　洪樣　双承

錫添乃培耀長子號新潘生光緒己卯年八月廿四戌時卒
光緒甲午年十一月廿四辰時葬山武頭大垵外丙壬巳亥

甲壬

甲壬乃培耀次子字長啟生光緒乙酉年十二月初四申時卒

民國庚午年十二月廿七酉時葬在山母后溝丁癸未丑
娶井濱陳氏愿娘生光緒丙戌年六月十九未時

雲集　子　洪權　未承

雲集乃培耀三子　生光緒戊子年十一月三十日丑時
娶鶴前劉氏詩娘生光緒戊戌年二月十一辰時女三嘆娘
適蔡厝次雪娘適鴻鄉李　三尾娘未字

進財

進財乃培汝長子　生光緒己丑年十二月初四日午時

娶伽俌李氏蓝娘生光緒甲辰年九月二十日未時

錫修業

修業乃培汝次子蕉承培抱生光緒戊戌年五月十三午時卒

民國丁卯年二月十九子時

乙都

乙都乃培窓長子　生光緒乙巳年七月十八日午時早歿

賞来　子三　園丁　丙申

賞来乃培窓次子　生光緒
娶井濱陳氏貽娘生光緒戊申年十月初十日寅時女一嬍娘
未字

海棠　子　清波

海棠乃培文長子　生光緒己亥年八月十五日未時　娶
大墘林氏硯娘生光緒癸卯年十一月十六申時女一熟娘
未字

錫流　子三　水獺　水本双承　水櫢賣出　陽春

錫沇乃培文次子　生光緒癸卯年四月二十日戌時　娶
鴻卿李氏寮娘生光緒戊申年十二月十九午時

淵泉　乃培文三子　生光緒甲辰年九月廿九巳時殤

春魁

春魁乃培文三子　生宣統庚戌年十月初一申時　娶埔
頂楊氏利娘生民國己未年九月初四寅時蕉承培抱

錫稽首

稽首乃培文四子　生民国癸丑年十二月廿二辰時　娶

溪頭柯氏蜂娘　生民國庚申年十月十二午時

錫雍　子三　華國　華僑　金寶

錫雍乃培傑之子　生光緒甲午年九月初六子時　娶洋

山胡氏巧娘　生光緒壬寅年二月十九辰時卒民國壬戌年

四月十六申時

又娶同安陳氏鄒娘生　年　月　時卒民國

戊辰年十月初一酉時　三娶王氏

枣娘生光緒己亥年三月十二戌時

錫服

錫服乃培雄長子　生光緒辛卯年七月十六日戌時卒

年　月

錫苑

錫苑乃培雄次子　兼承培翮　生光緒丙申年十二月廿八日未

時卒

開作　子一　默居　承羊

閒作乃培棖長子兼承培每生光緒庚寅年正月初十日戌
時

錫瀨　子一　天賜

錫瀨乃培夜次子兼承炳每生光緒乙未年又五月廿七未時
娶劉氏葉娘生光緒丁酉年三月初十寅時女二却娘義娘均
未字

奇楠　子　致化抱　國治承　五丙抱

奇楠乃昌熾長子兼承炳每生光緒己亥年七月初十酉時

娶洋內傅氏知娘生光緒癸卯年五月十五卯時女一金娘
未字　側室李氏意娘生民國辛酉年二月初六吉時

錫
生財　子三　國宝　天庇　國治繼

生財乃容成長子字長有歸　生光緒庚寅年八月十
一卯時卒民國甲戌年八月廿四亥時
娶蔡氏琳娘生光緒戊戌年八月初三申時女一眈娘未字

生定　子一　玉俟

生定乃容成次子　生光緒癸巳年九月廿一未時卒民國
癸酉年七月廿一酉時
娶大墘林氏惜娘生光緒丙午年六月十三丑時女一玉秀

錫金水　子一　来發抱
金水乃容成三子兼承蔡家生光緒辛丑年七月十一巳時
娶鴻鄉李氏鍉娘生光係宣統己酉年十二月初一日卯時

科甲　子二　興隆　玉麟
科甲乃昌熾次子　生光緒壬寅年七月廿六午時　娶洋

山胡氏音娘生宣統庚戌年十月初三申時女二送娘　次

娘均幼

錫國

錫國乃培夜長子　生光緒己丑年八月初七日戌時

錫語　子二　洪歐　洪品

錫語乃培用長子生光緒壬辰年七月十五丑時娶魁斗

劉氏刊官生光緒丁酉年三月十二丑時　女二勸娘適溪

頭柯次梅娘未字

錫開拔子

開拔乃培欽長子　生光緒癸卯年七月廿八亥時　娶曾
坂傅氏富娘生宣統辛亥年十二月十三未時

油河

油河乃培欽次子　生光緒丙午年六月廿六日午時　娶
大墘林氏来娘生民國甲寅年四月三十日子時

錫朝
朝固　子二　默居　繼丰　善居
朝固乃培根長子蕉承培新生光緒丁酉年四月二十卯時
娶崎兜温氏梅娘生光緒丙午年四月十九日午時

敦禮
敦禮　子三　榮標　榮美　仁義
敦禮乃求俊長子　生光緒壬寅年九月十五日子時
娶大墘林氏奎娘生光緒乙巳年七月廿四寅時

振華
振華　子三　峇維　慶宗　火燈

振華乃求俊次子兼承培頂生宣統己酉年六月初七午時
娶鴻卿李氏盤娘生民國壬子年八月初六寅時

錫請

錫請乃求俊三子　生民國丙辰年十二月廿八亥時
娶彭格陳氏竡娘生民國戊午年正月初六日未時

烈種

烈種乃求俊四子　生民國庚申年三月初二午時

錫潤澤　子　萬轉　萬春

潤澤乃寬宏長子　生光緒戊戌年八月十七日酉時

娶鶴前陳氏縣娘　生光緒丁未年九月十五日午時

廷丕

廷丕乃寬宏抱次子萬承洪拿生民國甲寅年七月十二日

子時　娶洋山胡氏驕娘　生民國丁巳年三月初五午時

金有

金有乃寬宏三子　生民國戊午年三月廿三未時

金籐　子嗣　淵泉

金籐乃培蘄長子　生光緒辛巳年五月初八巳時早歿

錫金　子三　麗水　淵泉出維　洪寶

錫金乃培坤抱長子生光緒

娶劉氏救娘生光緒乙巳年十二月初二日巳時女一貴英

新入　　壬三　　生固　生珍　生火

新入乃培行長子　生光緒壬辰年七月初五日巳時

娶上地胡氏佔娘謚梅慈生光緒十八年壬辰二月十四未時

卒宣統二年庚戌四月十一寅時

再娶鴻卿李氏寬娘生光緒丁酉年十一月初十寅時卒民

國丙寅年九月十一戌時

三娶延壽院吳氏取娘生光緒癸卯年六月十七日戌時

女一偏娘未字

10
△



錫乾　子三　振鳳　振住　振欲　振濱

錫乾乃培行次子　生光緒庚子年又八月廿五申時

娶大墘林氏担娘生光緒甲辰年四月初四辰時女一又娘

未字

建春　子二　武從　武城

建春乃培行三子　生光緒甲辰年四月初三巳時　娶鴻

卿李氏疼娘生光緒丁未年二月廿三亥時女云娘未字

有土

有土乃寬柔嗣子係培賢四子繼立　生民國庚申年八月初八亥時

錫習宇　子　泗水

習宇乃培賢長子　生光緒丙午年十一月廿二寅時

娶頂劉刘氏盞娘生宣統辛亥年二月十八日巳時

金井

金井乃培賢次子　生宣統庚戌年九月十四日戌時

娶内山林氏鬆娘生宣統辛亥年二月十八巳時

錫弟

錫弟乃培賢三子　生民國甲寅年六月廿五日未時

娶鴻卿李氏漲娘生民國戊午年八月廿日寅時

麒麟

麒麟乃培賢五子　生民國癸亥年十二月十五辰時

榮輝

榮輝乃培前長子　生民國甲寅年正月初八午時　娶十
二路陳氏成娘生民國乙卯年十二月初四巳時

錫金會　子二　福成　丙泉承丰
金會乃萬義抱長子　生光緒癸巳年十二月初七日申時
娶許氏玉心生光緒甲辰年十月十五日　時

錫湿　子　丙泉出丰

錫湿乃萬義次子　生光緒丙午年五月十三日亥時
娶溪頭柯氏信娘生民國甲寅年十一月十五寅時　女一禁
娘未字

嘉慶

嘉慶乃萬義三子　生民國丙辰年正月初十日午時
娶溪頭柯氏報錯查寔　娶大墘林氏首娘生民國辛酉年十一月
十七酉時

錫潤

錫潤乃東昇長子　生光緒丁酉年　月　時娶

土金

土金乃双全長子

錫財星

財星乃金壽長子　生光緒乙巳年正月初二辰時在上海

生長未詳

錫復成

復成乃双福抱長子　生光緒己丑年

錫造

錫造乃培交之子生民國戊午年十月初八日寅時

錫贛又名仁貴

錫贛乃培荼長子　生民國庚午年正月十九戌時

寅玉

寅玉乃仰池長子

生民國丙寅年六月初五日未時

寅水

寅水乃仰池次子

生民國庚午年八月初七寅時

錫壹色

壺色乃四寶長子生民國乙亥年十一月初四申時

金吉　子

金吉乃培和之子　生光緒甲辰年正月十三日辰時　娶大墘林氏賽娘生民國壬子年二月十八日亥時　女二長先娘　次玉蕙未字

錫龍

清溪蓬萊張氏宗譜

錫龍乃清源長子生民國癸丑年六月十八寅時娶陳氏鑽
英生民國戊午年四月廿四吉時
錫當
乃清源次子兼承清蓮生民國己未年十一月十五丑時
金泉
金泉乃培閑長子　生宣統庚戌年十一月初四日酉時
娶
玉書
玉書乃培閑次子係養生民國戊辰年十二月十八巳時

錫木

錫木乃清時長子　生民國己巳年八月初十日巳時

火叏

火叏乃先進長子　生民國戊午年四月廿五亥時娶溪南蘇氏万娘生民國戊午年二月初六子時

熟美

熟美乃進公次子　生民國庚申年九月十九未時

家修　子　金土　承

家修乃培怡長子萬承錦川生光緒戊子年六月廿九未時

卒民國癸亥年十二月十三巳時

娶鶴前劉氏笑娘生光緒丁酉年　月　時卒民國甲戌年七月

家春

家春乃培炶次子　生光緒乙未年五月十五日辰時

錫海宗

海宗　子　金土出三承　連土

海宗乃清明長子　生光緒乙未年五月十三日巳時卒民國乙亥年十月十九辰時

娶坂頂陳氏語娘生光緒癸卯年七月二十酉時女一奎娘

未字

錫蟳　子二　春水　春城

錫蟳乃清明次子　生光緒庚子年十一月廿三戌時　娶

林氏不娘　生宣統辛亥年三月初六辰時女一添娘

錫瑤后改名烏九　子二　榮全　榮河

錫瑤乃清明三子　生光緒乙巳年正月廿二日子時娶溪南

蘇氏夼娘　生宣統庚戌年八月廿九酉時女一

夏月

夏月乃清秀長子　生光緒庚子年十月初七日辰時殤

水絞

水絞乃三泰長子　生光緒庚子年十一月二十卯時

錫生　乃三泰次子　生光緒戊申年五月二十巳時

何事　乃三泰三子生民国丙辰年十一月十五子時

新澤　乃培沙長子殤

錫生来 子一 洪招

生来乃培沙抱次子生光緒乙酉年十月初五日未時卒民國乙亥年九月十二子時

娶鴻卿李氏最娘

生光緒壬辰年十一月初四卯時女一花娘

養来 子 景謀 承丰

祖謀 承丰

養来乃培沙抱三子

生光緒庚寅年二月廿二午時卒民國甲寅年十一月廿五巳時葬在吉隆坡

娶溪南蘇氏權娘 生光緒甲午年七月十九日丑時

錫保全　子一　祖謀承半

保全乃培沙双承四子係培龍次子繼立生光緒乙未年五月

廿七酉時卒民國壬戌年二月初七酉時

錫福星　子二　景謀出半　祖謀出半

福星乃培龍長子生光緒戊子年五月初二日巳時　娶沈

氏峉娘生光緒丁酉年　月　時卒民國辛酉年二月初

五酉時女水娘適柯標官

通達

通達　乃培洄長子　生光緒乙巳年十一月廿五酉時　娶
崎兜温氏綢娘生民國丙辰年九月初六日子時女一嫵娘
未字

老幼　乃培敘承子生

克章　子一　明螺

克章　乃培喜長子　生光緒乙未年十月初六日亥時　娶
大墩林氏棬官生光緒庚子年四月初七寅時女二　綢娘金
素均未字

錫金寅

金寅乃培喜次子薰承連聽生光緒壬寅年十一月十三日戌時殤

松茂

松茂乃培喜三子　生光緒丁未年五月十四日酉時娶溪頭柯氏蠘娘生宣統庚戌年五月初四酉時

子

忠孝

忠孝乃培喜四子　生宣統庚戌年八月初四日丑時娶溪頭柯氏香娘生民國丙辰年十月十八日酉時　女一

畲榴未字

志信

志信乃培喜五子　生民国壬子年十二月初四日申時

娶曾口坂傅氏榭榴生民國乙卯年八月初八日子時

錫生佛

生佛乃培悔之子　生光緒戊戌年十月十六日寅時

錫天玉 子 振發

天玉乃煥章長子 生宣統元年己酉八月十三卯時

娶謝氏慧娘 生民國癸丑年十一月初四戌時女琼娘幼

永定

永定乃煥章嗣次子係培丙之子繼立生

錫天寶

天寶乃焕章三子生民國庚申年十二月二十子時

錫武義

武義乃與讓長子　生民國甲子年十月初四日子時

堯志

堯志乃金蘭長子　生民國丁卯年十月廿九亥時

尚志

尚志

尚志乃金照長子　生民國乙亥年正月廿八日午時

錫協力

協力

協力乃生傳嗣子係新杏次子繼立生民國乙丑年六月初九日未時

錫協美

協美乃新杏長子　生民國壬戌年四月廿八辰時

協助

協助乃新杏三子　生民國丁卯年十月十五日寅時

協昌

協昌乃新杏四子　生民國甲戌年十一月十八日寅時

賣出

錫協溢

協溢乃新蕋長子　生民國甲戌年十一月十八午時

錫振藝

振藝乃大海抱長子　生民國庚午年正月廿五日未時

錫振聰

振聰乃大彪長子　生民國丙子年七月十九日酉時

以上範正公五房志學之派

六房

範正公六房　志問之派　廿十世

錫蘇

錫蘇乃培坎長子跡益三生光緒己卯年五月廿五巳時卒光緒辛丑年七月十三吉時葬在嗹叻

錫頂　子一　有財

錫頂乃培坎次子生光緒戊子年十二月初三午時卒光緒丁未年五月廿九酉時

錫土

錫土乃培執嗣子係培吟次子維立生光緒癸卯年十月廿五巳時

錫尚 又名歐

子

錫歐乃培埒長子生光緒庚子年六月廿五丑時卒民国壬戌年三月廿六日巳時

錫成

子

錫成乃培埒次子生宣統庚戌年十二月初三日戌時

娶歸窑林貴官女富娘生民國乙卯年三月十六日辰時

癸戌

癸戌乃培埝三子兼承培執生民國癸丑年二月廿三日戌時

錫鎮

錫鎮乃培栽長子　生光緒癸巳年八月廿一寅時卒民國丙子年二月廿七卯時

娶鴻鄉李氏早娘生光緒乙未年三月十七戌時卒民國癸
亥年十一月廿四辰時
續娶滌內李氏燕娘生光緒甲辰年十一月廿六酉時改適
女三柳娘未字　裕娘適鴻鄉李　三綱娘適楓林前林

錫判

錫判培栽次子生光緒　年　月　時卒民國丁巳年
五月廿一戌時

錫叔夏　子二　新宝　龍枝

叔夏乃培斗長子　生光緒乙未年十月十三日辰時
娶鴻卿李氏蘇娘　生光緒辛丑年三月初三日寅時女三
巧娘未字次玉蘭適刘宅　三發娘未字

水孝　子一　天推

水孝乃培斗次子　生光緒丁酉年十月初三日未時　娶
鴻卿李氏晏娘　生光緒壬寅年三月初九吉時卒民國丁卯年
四月初六辰時葬在外垵仔坐
再娶上地胡氏緞娘　生光緒丙午年　月　時卒民國壬
申年正月廿六子時

三娶曾口坂傅氏眈娘生宣統庚戌年十二月初二丑時
女二銀娘未字次寬娘適鴻卿李

錫連福　子一　麟元

連福乃培斗三子　生光緒壬寅年六月十四日巳時娶
上地胡氏宝娘生光緒甲辰年三月初十未時兼承培裁

錫丹

錫丹乃培斗四子　生民國甲寅年八月初一日辰時娶
曾口坂傅氏因娘生民國甲寅年十一月初五卯時

女一　茉莉未字

錫中萬　子二　天蔭　天順

中萬乃培前長子　生光緒丁酉年四月初五日未時

娶鴻鄉李氏牸娘生光緒癸卯年四月初八丑時

光景　子二　火樹　烏九

光景乃培前次子生光緒癸卯年二月初一寅時　娶鴻

鄉李氏乖娘生光緒甲辰年十一月廿五酉時

錫蓮 子

錫蓮乃文成長子　生光緒戊戌年四月初七日巳時

卒民國乙亥年八月二十吉時葬陳牛廍公司山

正寶 子二

洪枝　山枝

乃文成次子生光緒甲辰年正月初八戌時

娶蘇氏柬娘生光緒丁未年八月初二吉時女二滿娘于娘

添木

乃文成三子生民國壬子正月初八寅時

娶林氏金娘生民国丁巳八月十八未時

錫完

乃文成四子生民國癸丑十一月廿六卯時

錫苧

錫苧乃萬生長子　生光緒戊子年九月廿三日戌時

立賢

立賢乃春水長子兼承培淵生宣統己酉年十月十一亥時

字

清溪

清溪乃桂鳳長子兼承江海生民國丁巳年四月廿三亥時

錫深

錫深乃添福長子　生民國辛酉年七月初二丑時

建德

建德乃添福次子蕙承榮林生民國戊辰年七月初九丑

時

金狗

乃火連長子蕙承培草生民國戊午十一月廿五戌時

金江

乃火連次子生民國庚申六月初十午時

金宗　乃火連三子生民國戊辰年九月廿一日辰時

錫貞

錫貞乃茂合長子　生民國壬子年三月初一日午時　娶湖頭蘇籃官長女惜官生民國癸丑年二月十一日申時　女宝珠未字

長順

長順乃茂合次子兼承玉瑛生民國辛酉年二月二十子時

滎華

榮華乃茂合三子兼承火星生民國乙亥年六月十四丑時

錫抱　子一　治邦

·錫抱乃琣玉瑛抱長子、生民國丙辰年十月初八日巳時娶上榜

陳氏傳娘生民國丙辰年三月廿一午時

發成

發成乃定枝抱長子　生民國甲子年五月初二巳時

幼娶上份王庚金女粉娘生民國乙丑年二月初五日戌時

錫和尚

和尚乃定枝次子　生民國戊辰年十二月十一巳時幼娶

上份王氏蝗娘生民國癸酉年八月初九卯時

聰明

聰明乃定枝三子生民國丙子年正月初三卯時

水城

水城乃金木長子生民國乙亥年十一月初三日午時

錫育生

育生乃梅魁抱次子行長　生光緒庚辰年十一月初十日
申時在外洋

来興　子　洪潭
来興乃梅魁抱次子生光緒
娶林氏茶娘生光緒乙未年八月廿三丑時

水俊子　海土 承丰

水俊乃培國長子　生光緒戊戌年八月十四寅時卒民國

丙辰年九月十五巳時葬新嘉坡陳牛廊

錫火

錫火乃培國次子　生民國癸丑年八月廿三丑時

火丁

大丁乃培壬長子　生民國癸丑年四月十三日未時娶溪頭
柯氏金玉生民國辛酉年十月廿九戌時君薰承培棻

錫莊

錫莊乃培棻抱奴承子　生民國壬子年四月十四日申時　娶
行厝林氏參娘生民國乙卯年五月廿五戌時

連生

連生乃培汀長子　生民國丙辰年十月廿五日卯時娶鴻

娶李氏蒼娘　生民國戊午年九月初十未時

連子

連子乃培汀次子兼承培土生民國甲子年九月廿四日申時

錫連與

連與乃培汀三子生民國辛未年五月初二日巳時

玉角　子二　枝發　添財　俱抱

玉角乃四贊之子生光緒丁未年十一月初三辰時兼承九懋

娶溪南蘇氏来娘生宣統辛亥年六月十九卯時

錫標　子一　自然

錫標乃五鳳長子　生光緒乙巳年八月三十日寅時

娶崎兜溫氏發娘　生光緒戊申年正月廿四日巳時

傳枝　子一　中央

傳枝乃五鳳次子　生民國甲寅年十二月廿七日子時

娶崎兜溫氏水娘　生民國甲寅年四月廿十日辰時卒民國乙亥年二月初五未時

傳興

傳興乃五鳳三子　生民國庚申年五月十三日寅時

娶崎兜温氏惜娘生民國辛酉年十二月廿七未時

傳美

傳美乃五鳳四子　生民國乙丑年六月十一日卯時

錫添木

添木乃培萼抱半子　生民國庚午年九月十七日亥時

畢業生緝熙 于三　桐樹　揚生 半承應麟　瑞生

緝熙字長明號宗亮乃典龍抱長子生光緒甲辰年十月初八卯時民國戊辰年在集美學校師範本科畢業越己巳年王縣長諱岫松委任安溪縣警備隊隊長至癸酉年十九路軍入閩地方鼎革蓬萊各姓紳民公選安溪縣長林諱樞特委守望隊長後中央軍涖閩轉任本邑二區第六聯保主任

娶室溪南蘇許星次女諱筱引生光丁未年七月初三日寅時女一碧玉 幼

君性聰敏品質純良才學兼優膽力非常英年任事大度
寬宏利與弊革賴其澆風提修譜牒尊祖敬宗無忘庭訓
培養全功里閭式化門第增光前途遠大獲福無疆
璧陵弟唐欽侯拜贈

錫應麟　子　揚生双承

應麟乃典龍次子字長麒別號書圖兼承培蕃生民國丙辰年
正月廿五寅時甲戌年在安邑鄉村師範畢業
娶室新豐劉維正之女　諱　芙蓉生民國戊午年七月十一日
辰時

應川

應川乃典龍三子字長　生民國戊午年十月十九日

来時丙子年在安邑鄉村師範畢業

四哲

四哲乃典龍四子字長　生民國壬戌年四月初五日寅時

錫和

錫和乃培文抱長子生

甲乚

甲乚乃培浩長子字修癸　生光緒丙午年九月初六日巳時

娶溪尾劉氏進娘生宣統庚戌年十月廿二酉時兼承培筍

女寀娘幼

錫秀蘭子　維玉抱

秀蘭乃榮生長子　生光緒辛丑年七月初十未時　娶十字

路陳氏文娘生宣統己酉年正月十八日子時女二　茉莉

次京娘幼

錫鉗

錫鉗乃榮生双承次子　生民國甲寅年五月初四日午時

娶鴻卿李氏朱英娘生民國辛酉年二月廿四日巳時

金城

乃金城係榮生三子　生民國戊午年五月初七日巳時

4

△

青溪蓬萊張氏宗譜

錫昭黎

昭黎乃榮生四子兼承榮名生民國甲子年八月初三辰時

巨栢

巨栢乃榮章長子兼承榮名　生宣統辛亥年正月廿四卯時

娶魁美劉氏萬娘　生民國乙卯年七月十四日卯時

錫中庸

中庸乃瓊林長子　字　　生民国甲寅年七月初七日酉時

娶傅氏信娘生民國辛酉年七月初二巳時

中河

中河乃瓊林次子　　生民國殤

英山

英山乃瓊杖双承子　生敘在外

英海

英海乃培速長子　生民國丙寅年九月十七日辰時

英山

乃培速次子兼承培杖生民國辛未年八月十九卯時

錫

乃水紋長子

錫中南

中南乃清源長子　生民國庚午年八月十八未時

中華

乃清源次子生民國丙子年三月初三丑時

桂子

子一　金錸

桂子乃山水之子　生光緒癸卯年二月廿三日寅時

娶李氏前娘生民國壬子年二月初二日午時

金團

金團乃傳二長子　生民國乙丑年正月廿九日辰時

錫力

錫力乃傳二次子　生民國己巳年八月十一日卯時

玉憲

乃春水長子生民國丙子年八月十一未時

廣厚子

廣厚乃培卻長子　生民國壬子年九月十七日戌時　娶

曾口坂傳氏見娘生民國丙辰年二月廿四午時

淋灘　乃三德長子生民國丁巳年七月初七巳時

清苑　乃三德次子生民國己巳年七月廿四巳時

清楚　乃三德三子生民國壬申年八月廿三子時

錫玉　清子

玉清　乃新科抱長子字　生光緒乙巳年七月初三日巳時

娶溪南蘇氏梅娘生宣統辛亥年十二月初四辰時

玉彩　子一　國強

玉彩乃新科抱次子　生民國乙卯年六月十四日午時　娶

十字路陳氏信娘生民國丙辰年十月廿二申時

錫滄江

滄江乃成閒双承子生敘在外

滄海

滄海乃火炭長子　生民國丁夘年五月二十辰時

松栢

松栢乃火炭次子蕉承火炎生民國壬申年七月廿三子時

錫滄江

滄江乃火炭三子兼祀成閱生民國甲戌年二月十四日寅時

錫水土

水土乃培簡長子生民國乙丑年三月十九日亥時

明寶

明寶乃培簡次子　生民國乙亥年五月廿三日酉時

論硬
論硬乃培梯長子　生宣統庚戌年八月廿六日巳時
娶林氏雪娘生民國壬戌年二月十四寅時

利民
利民乃培梯次子　生民國甲子年七月初二日辰時

玉蘭

玉蘭乃猷瑞長子　生宣統己酉年九月十九午時

錫

佳綱

佳綱乃猷瑞次子　生民國丁巳年四月初十日丑時

佳錐

佳錐乃猷瑞三子　生民國庚申年正月初二日辰時

佳淋

佳淋乃猷瑞四子　生民國壬申年七月十八日午時

錫璇

璇石

璇石乃呈祥長子

生民國壬戌年正月廿八日戌時

坤旺

坤旺乃淵源長子

生民國辛未年三月十三午時

六房止

維坤

維坤乃淵源次子　生民國癸酉年十月廿七日巳時

坤盛

坤盛乃淵源三子　生民國丙子年十月初六巳時

以上範正公六房志問之派

錫

乃壬癸長子

錫伴利　子　建昭

伴利乃梓材抱長子

生光緒辛丑年四月廿三子時　外詳

娶

洋恭 子三 長在 長發 長基 乃金善長子生光緒甲午二月十七午時娶林氏金裕生光緒甲辰十月廿五申時

賀利 子一 建招 乃金善次子生光緒辛丑四月廿三丑時娶胡氏玉娘生光緒丙午又四月十三寅時

洋水 子 乃金善三子生薫承梓才生宣統庚戌七月十三日戌時

洋成 子一 漢文 乃金善四子生民国壬子年九月初九辰時娶胡氏儉娘生民國甲寅年正月十八日卯時

錫婆 子 緝熙 丰継

錫婆乃養順之子字修姿號欒容生光緒甲申年五月十六巳時卒光緒丙午年六月廿二申時

娶頂刘須娘改節

璇璣 子一 膺智

璇璣乃典福抱長子字修衡生光緒癸巳年三月初九酉時

娶本里鴻卿李發官長女鎮娘生光緒辛丑年正月廿五
酉時　女二　映雪　晏娘均未字
畢業生維翰　子二南瑒　振中抱
維翰乃典福次子乳名維藩字修屏生光緒甲午年八月廿
四日辰時民國乙卯年在福省華僑中學校畢業
娶上地胡諸安官長女嫌娘生光緒己亥年二月廿四日
酉時女一賽娘未字
錫瀌溪　子一　日新抱

瀇溪乃典福三子字修清生光緒己亥年四月初二戌時
娶登虎榜傅維官長女薔薇生光緒甲辰年十一月初十
未時卒民国甲戌年二月十五巳時歸紫葱奚在本山后壠
坡頭

錫有執　子

有執乃典福四子字修中生民國元年壬子九月三十日
巳時娶鴻卿李久官長女店娘生民國庚申年五月十一
寅時

錫昆仲　子

昆仲乃綿遠長子字修康生光緒壬辰年六月十九日午時

卒民國丁巳年九月二十寅時葬厦門山

錫守義

守義乃綿遠嗣長子係典彰双胎三子繼立生民國八年己未

四月初八日子時

攀麟　子一　建安抱

攀麟乃錦繍承長子係典福四子繼立生光緒甲辰年十一月十四辰時 娶登虎榜傅氏雲官長女本娘 生宣統己酉年十月廿五辰時女二長嬌娘次旭娘均未字

錫劍甫

劍甫乃典彰長子字修玉生民國元年壬子十月十三日午時

興仁

興仁乃典彰双胎次子字修 生民國己未年四月初八日

子時

錫蔭庭

蔭庭乃典迴長子字　生宣統辛亥年七月初十日卯時

娶本里彭格陳五合官四女謙娘生民國丙辰年三月初

三吉時

錫蔭堂

蔭堂乃典迴次子字修　兼承養順生民國甲寅年七月

初一巳時　娶德崇蔡書清次女燕娘生民國庚申年五月初
三子時

四知

四知乃典廻三子　生民國十一年壬戌七月十九巳時

宗澤

宗澤乃典廻四子字　生民國十五年丙寅十月廿九亥時

錫經綸

經綸乃典迴五子字　生民國辛未年十一月廿七日酉時

錫景星　子　緝熙承繼　兩旺

景星乃雙全長子字修烈生光緒己丑年九月廿五日亥時
娶上地胡太山官長女文娘生光緒癸巳年十二月初一日未
時卒民國庚午年八月廿九日卯時葬在本鄉豹仔垵崙
生甲庚兼寅申　女三長乖娘適鴻卿
李次段娘適頂刘才官三絨娘未字

錫杏章子　江漢　丕繩　嘉猷　園陳　昭武殤

杏章乃雙全次子生光緒辛卯年十一月廿二辰時　娶崎縣陳鎖官長女蕉官生光緒廿一年乙未九月三十日巳時女一近娘適鴻鄉李

慶雲　子一　利民

慶雲乃雙全三子字修　生光緒乙未年七月十四丑時娶上地胡瑞池君長女茉莉生光緒庚子年九月廿七日午時女長真娘適曾口坂傅達官次令娘三住娘未字四兔娘適上地胡五青

欲速

欲速乃天乞長子號禦成生光緒甲申年九月初八日寅時

卒光緒癸卯年七月初七戌時

浴沂

浴沂乃天乞次子字修泰號　生光緒丁亥年九月十四日

戌時卒民國辛酉年正月廿八未時葬荷屬日嗒坡

娶溪頭柯昆官長女省娘生光緒戊子年八月初七日辰時

子一　益美抱

錫光炎　乃諸侯長子　生光緒辛丑年四月初八子時殤

孔懷　子一　學詩

孔懷乃諸侯次子字修抱生光緒癸卯年十一月廿五日寅時

娶鴻卿李稻穗官五女嚮官生宣統庚戌年十二月十二日

寅時女二　喜涼　椎涼　均幼

錫窓察　子一　滄洲

窓察乃諸侯三子字長文生光緒三十二年丙午十一月廿五

長時　娶鴻卿李排官三女妙娥生民國癸丑年十一月廿三日卯時

錫飄香　子　火箕　池汀繼出南陽

飄香乃典賓長子字修桂生光緒丙申年十月十九日巳時娶曾口坂傅連对官長女簪官生光緒辛丑年十二月十七子時女二　洪蔬　次梅花均幼

長波　子嗣　池汀

長波乃典賓次子號生光緒丙午年七月十六日寅時

卒民國甲子年三月十五日吉時葬英屬新加坡

吟風　乃典保子殤

錫俊德　子　祝華

俊德乃典保抱長子字修明生光緒癸卯年七月廿九日未時

卒民國甲戌年十一月十三辰時葬南洋嘆叻坡

娶福宅溪刘淵官長女秋菊改適

武烈

武烈乃典保三子字長承生民國壬子年七月十二辰時
娶彭格陳係官三女賽珍娘生民國丙辰年正月十九辰時

季根
季根乃典保四子兼承文經字長平生民國己未年四月初十未時

錫天送
天送乃庇佑長子生宣統己酉年四月廿九卯時

錫巨川
巨川乃源題長子　生民國庚申年九月廿四申時

平康
平康乃源題次子　生民國癸亥年七月初九亥時

克繩
克繩乃源題三子　生民國丙寅年十月十九日亥時

金寧　子一　春秋　出洋

金寧乃栽木承羊子　生民國元年壬子正月二十未時娶輿

一里林查星官長女水娘生民國乙卯年三月初一子時

女一未字

錫謨　子　春秋　双承

錫謨乃栽木次子　生民國丙辰年五月十三申時卒民國乙亥

年三月十一酉時葬新加坡陳牛廊

文煉

文煉乃培閣長子生民國庚申年六月二十日辰時

春成

春成乃培宇長子兼承再與生民國甲戌年八月廿二卯時

字長源又祀瓚花

錫温

錫温乃培談長子　生宣統二年庚戌十月三十日丑時

娶潮州人李氏桂玉生民國丙辰年八月廿一寅時

錫海水

海水乃双琴長子　生民国戊辰年六月二十日巳時

寶成

寶成乃再興抱長子字長發生民國乙丑年八月初五日

未時

錫杖黎　子一　洪輕

錫杖乃井水長子字　生光緒戊戌年六月廿一酉時

娶曾口坂傅氏裁娘生光緒癸卯年三月初十午時

女一　段娘未字

學習　子二　潤呵　每色

學習乃井水次子　生光緒癸卯年九月初八日巳時

娶曾口坂傅氏專娘生民國癸丑年三月初四巳時

經猷　子一　若翰

經猷乃納福長子　生宣統己酉年十一月廿四吉時

娶同安汪離鴉　生民國乙卯年　月

女一呵名幼

錫啟蟄

啟蟄乃典岳長子跡　生光緒壬寅年八月廿七未時卒

民國乙丑年五月　日　時癸南洋

錫輝鵬　子

輝鵬乃典岳次子字修　生光緒丙午年十月初五日亥時

娶曾口坂傅忠官女叚娘生民國三年甲寅十一月廿九日

辰時

輝儀子

輝儀乃典岳三子字修　生宣統辛亥年正月初八巳時娶

上地胡敏官次女素蓮生民國乙卯年二月初二寅時

錫璧軒
璧軒乃典仁抱長子　生民國己未年三月十二日未時

錫錦華
錦華乃豪傑長子兼承得地生民國丁巳查丁卯十二月廿四申時

錫拱照

拱照乃新田長子　生民國廿一年壬申二月廿七辰時

壽達

壽達乃新田次子兼承敏求生民國乙亥年三月十八日寅時

水生

水生乃培道長子　生宣統辛亥年七月廿八辰時

天来

天来乃培道次子生民國辛未年四月初三申時

奚月

奚月乃四端長子　生民國丁巳年九月廿一申時

娶德崇蔡永官長女笑娘生民國辛酉年十一月初五午時

玉樹

玉樹乃四端次子　生民国壬戌年五月十一日亥時

錫玉賢

玉賢乃四端三子　生民國乙丑年四月初七日戌時兼
承八元

榮發

榮發乃梅慶長子　生民國庚申年三月廿四日辰時

榮祥

榮祥乃梅慶次子　生民國甲子年七月十一日午時

榮福

榮福乃梅慶三子　生民國戊辰年二月十一日午時

錫液

錫液乃培植長子　生光緒辛卯年六月廿三卯時娶南山下林氏細弟生光緒乙未年五月廿五卯時

錫爍

錫燦乃培植次子　生光緒癸巳年十二月十六亥時

錫游

錫游乃培植三子　生光緒丙申年五月十七丑時

錫爵

錫爵乃培植四子　生光緒辛丑年九月初五丑時

錫坤

錫坤乃培熾長子　生光緒丙申年八月廿五亥時

錫級

錫級乃培木長子

生光緒辛丑年八月廿三丑時

錫溢

錫溢乃培木次子

生光緒甲辰年正月三十日寅時

錫瑞

錫瑞乃培錤長子

生光緒甲辰年三月二十日未時

金聲

乃越向之子生民國戊辰年十一月廿八卯時

以上住沙邑生長

錫火炎　乃財命長子生民國己未年七月廿五子時

煥生　乃財命次子生民國辛酉年十二月初二亥時

天送　乃財命三子生民國乙丑年正月廿六午時

瑞泰　乃財命四子生民國丙寅年十月初一戌時

双林　乃財命五子生民國庚午年二月初九寅時

双枝　乃財命六子生民國癸酉年八月廿三巳時

金桔　子一禎祥　乃新婚長子生民國癸丑年二月廿三子時
娶薛氏生營生民國丁巳年七月十二日亥時

江　〃　〃　〃　〃　江

金良　乃新婚次子生民國丙辰年九月廿一日辰時

娶陳氏潤清生民國戊午年十二月三十日午時

金鐘　乃秋芳長子生民國己未年八月十三寅時

娶　氏柔娘生民國己未年十月初十申時

金水　乃秋芳次子生民國甲子年五月廿七日巳時

孝義　乃四財長子生民國丁卯年三月初三卯時　娶井邊陳氏

芹娘生民國甲戌年四月十八戌時

慶化　乃培着長子生民國乙丑年正月廿一亥時

慶合　乃培着次子生民國壬申年四月廿三辰時

錫鍊

錫鍊乃培赤長子　生民國壬子年八月十九午時

錫撰

錫撰乃培赤次子字　兼承鉄釘生民國丁巳年七月廿五寅時

烏皮

烏皮乃培赤三子　生民國庚申年十二月初四日寅時

玉元 又名惠民

玉元乃培赤四子　生光寔民國乙亥年二月初五丑時

繼順　天祀

文禮　乃鉄釘長子生民國壬申年九月廿三未時

美基　乃培拿長子生民國丙辰年十二月二十未時

娶刘氏梨娘生民國庚申年十二月十六日卯時

錫仁　乃南飛長子生民國戊辰年十月廿六丑時

合成　乃南飛次子生民國癸酉年四月十二卯時

榮忠 原名火煉　子　錦鍾 双承 錫樹　錦發　水池　蓮池 出半

榮忠乃培丙長子双承生光緒乙巳年七月初五辰時　娶葉

氏燕娘生光緒乙巳年二月廿二未時　女綉冬　幼

地基　子

地基乃培丙次子係養生宣統辛亥年二月廿二申時

娶陳氏月英生民國甲寅年五月初三辰時

錫永定

永定乃培丙三子生民國丙辰年正月初一亥時

興泉　子二

廷崑　茜根

興泉乃培慮長子生光緒三十年甲辰十月廿七日酉時
娶柯氏碟娘生光緒甲辰年正月二十日辰時女二水
影次銀娘均幼

興順　子　蓮池承繼

興順乃培慮次子生光緒丁未年八月初四亥時　娶白
氏凸娘生民國二年癸丑正月初二丑時

錫樹　子　木通　堃勝　錦鍾半承

錫樹乃麗潘長子生宣統元年己酉五月初五日卯時

娶林氏嬌娘生民國三年甲寅六月初三卯時女伏娘幼

錫瑞意

瑞意乃四維長子生民國四年乙卯十月初四日巳時

瑞玉

瑞玉乃四維次子生民國七年戊午正月廿五日子時

錫瑞慶

瑞慶乃四維三子生民國十三年甲子十一月廿七亥時

有成　子　水音抱

乃連生長子生民國辛酉年正月初二吉時

亞華

乃連生次子生民國癸亥年八月廿八巳時

錫紅

錫紅乃朝水長子蕙承麗藩生民國十三年甲子六月十一巳時幼娶傅氏蔭娘生民國十七年戊辰三月初九丑時

本源

本源乃潮水次子蕙承金龍　生民國十九年庚午四月十二卯時

振源

振源乃潮水三子蕙承足來　生民國廿十年辛未十二月十四未時

錫興源

興源乃潮水四子　生民國廿五年丙子又三月初三亥時

庚申　乃金錶次長子兼承足来生民國

錫分與　子一　福壽抱

分與乃柳絮抱長子　生光緒庚子年　月　時卒

民國十七年戊辰四月十一吉時葬嘡叻福建塚山

娶科名黄氏銀娘　生光緒廿九年癸卯正月廿九吉時自由

不知何往

錫水錦

水錦乃中元長子

生民國八年己未十一月三十日巳時

火通

火通乃中元次子

生民國十一年壬戌正月三十日未時

養土

養土乃中元三子兼承金祥生民國十三年甲子二月廿二日
卯時

錫水坤

水坤乃中元四子兼承金祥生民國廿一年癸酉九月十二
丑時

孟尊

孟尊乃中元五子生民國丙子年正月十六寅時

水生　乃新澤長子生民國癸丑年四月十六未時娶趙氏阿玉生民国丙辰正月二十吉時

建生　乃新澤次子生民國

茂林　乃金當長子生民國甲子年三月二十日亥時

水萍　乃煉丹長子生民國乙丑年四月二十午時

得金　乃煉丹次子生民國戊辰年九月廿九申時

德豐　乃培務長子生民国丙寅年三月初六子時

德源　乃培務次子生民国丁卯年九月十二寅時

德順　乃培務三子生民国己巳年十二月初五亥時

德海　乃培務四子生民國乙亥年八月廿七巳時

錫左盛

左盛乃兩儀長子薫承培坡生民國癸酉年八月廿二子時

祖意

祖意乃兩儀次子　生民國丙子年九月十二亥時

天送　乃培椽長子薫承培桃生民國乙亥年十一月廿七辰時

錫榮洋

榮洋乃永安長子　生民國癸亥年八月十五亥時

金足

金足乃永安次子　生民國丙寅年五月廿七日丑時

雨露

雨露乃永安三子出繼新民敍在外

錫四利

四利乃永安四子生民國癸酉年十二月二十酉時

兩路

兩路乃新民嗣子係永安三子繼立生民國戊辰年八月廿四酉時

錫西方

西方乃新民嗣次子係永成長子繼立生民國

錫志清

志清乃永成次子生民國癸酉年六月廿二丑時

火輿

火輿乃永順半継子生民國壬戌年七月廿八卯時

進德

進德乃龍發抱長子生民国乙丑年二月十七巳時

天從

乃龍發次子生民國丙子年四月初五未時

錫金賜

金賜乃甲庚長子生民国乙亥年二月初四寅時

土朝

土朝乃甲庚双胎次子生民國丙子年五月十二日酉時

成山

成山乃甲庚双胎三子生民國丙子年五月十二日酉時

水来

水来乃礁立長子生民國辛酉年二月初七日申時

錫榮城

榮城乃礁立次子生民国乙丑年四月廿四午時

金興

金興乃礁立三子生民國庚午年十月初五申時

金城

金城乃礁立四子生民國癸酉年三月十六卯時

金順

金順乃礁立五子　生民國甲戌年九月初五日辰時

惠氏

惠氏乃順天承子係培赤四子維立内叙

錫竭力

竭力乃進春長子　生民国壬申年正月十二日戌時

閒懇

閒懇乃進春次子燕承順天 生民國甲戌年七月十六日

辰時

火照

火照乃仙景長子 生民國癸酉年八月初一日戌時

錫清涼

清涼乃仙景次子燕承三多生民國乙亥年十一月廿九

未時

錫永順

永順乃秋水長子兼承爵来生民國甲戌年四月十二子
時

玉興

玉興乃水獺長子兼承爵來生民國庚午年五月十三日
丑時

錫玉發

玉發乃水獺次子生民國壬甲年五月廿四戌時

玉棟

玉棟乃水獺三子　生民國甲戌年十月十八丑時

木龍

木龍乃瑞池三子　生民國甲戌年九月二十丑時

玉田

玉田乃瑞全長子　生民國乙亥年十月廿六亥時

自買　乃玉井抱養子生民國癸酉年十一月十八酉時

錫裁　子二　文秀　玉土繼出

錫裁乃朝金長子　生光緒　年　月　時　娶大

墘林氏佔娘生光緒丙午年八月廿九巳時

錫新基　子二　玉土承　洪天鐸

新基乃朝金次子生民國壬子年二月初二日午時　娶大墩林桂官女富娘生民國癸丑年十二月十九未時

錫五起　子一　成泉

五起乃朝金三子生民國壬子年　月十二日寅時娶大墩林真来官長女省娘生民國壬子年十一月十九辰時

錫堅固

堅固乃朝金嗣四子係光明子繼立生民國甲寅年二月十九未時娶溪頭柯氏領娘　生民國丁巳年八月初十巳時

錫榮泰

榮泰乃朝金五子　生民國丁巳年六月十九日酉時

克立　乃朝金六子生民國丁巳年七月初二辰時

娶李氏寶娘生民國辛酉年七月初二午時

錫先傳

先傳乃光明抱長子　生宣統己酉年十二月十五酉時

娶山頭陳春官女笑娘　生宣統庚戌年十月初十午時

女二　任孫　秀玉　均幼

錫丕堅

丕堅乃光明次子兼承培茅生民国辛酉年七月初五日酉時

錫植

錫植乃培㰖長子　生民國乙丑年正月十二亥時兼承培量

朝陽　乃培聽養子生民國甲戌年正月十七丑時

錫建条

建条乃新福抱長子生民國壬申年二月十八未時

建發

建發乃新福抱次子生民國乙亥年十二月初八巳時

錫良

錫良乃培康長子　生民國癸酉年十月廿二未時

自寶

乃培康次子　生民國丙子年五月初十日酉時

錫四保

四保乃培甲長子熏承水梘生民國癸亥年十月十四卯時

元戌

元戌乃培梘長子
生民國甲寅年八月初四午時

娶林氏旬娘生民國丙辰年六月初五酉時

國慶

國慶乃成宗長子兼承溪河生民國庚申年十二月初十日未時

錫錦水

錦水乃成宗次子生民國戊辰年六月初九寅時

萬德

乃滿成長子生民國庚午年三月十七寅時

萬山

乃滿成次子生民國甲戌年九月十七未時

佛仔後

新建

新建乃再發長子　生民國己巳年三月十八日丑時

新置

新置乃再發次子　生民國庚午年十月廿九寅時

錫新榮

新榮乃再發三子　生民國癸酉年三月初三日亥時

錫培英

培英乃再發四子過継再興　生民國丙子年七月三十日子時

錫祺

文祺乃水浪長子　生民國乙丑年八月十四日未時

文祉

文祉乃水浪次子　生民國戊辰年四月廿六日戌時

錫福
錫福乃水泉長子　生民國乙丑年四月十四日申時

錫吉
錫吉乃水泉次子　生民國丙寅年十月初九辰時

金豐
金豐乃水泉三子字　生民國壬申年五月初四卯時

進

進川

進川乃水井長子　生民國癸酉年八月十九日巳時

国家出版基金项目
NATIONAL PUBLICATION FOUNDATION

# 海上絲綢之路文獻集成

總主編　陳支平　陳春聲

## 民間譜牒編 87

主編　林楓

海峽出版發行集團
THE STRAITS PUBLISHING & DISTRIBUTING GROUP
福建人民出版社

# 本册目次

# ［福建安溪］清溪蓬萊嶺美張氏宗譜十三卷首一卷（卷八至卷九）

張吉六　張緝熙纂修

# 清溪蓬萊嶺美張氏宗譜

正卷捌

六房

# 清溪蓬萊張氏宗譜歷世紀實卷捌

## 十八世

炳天返　子二　光武　培坎

天返乃標賽長子字苏西號元南生道光元年辛巳九月十六子時卒光緒壬辰年正月十二巳時娶后格林氏鵠娘號靜慈生嘉慶己卯年正月初十巳時卒同治五年二月初十巳時葬女長適曾郁陳　次適福宅劉

時中

時中乃標監長子生道光癸巳年五月初十申時殤

炳誠

炳誠乃標監次子　生道光癸卯年四月初二卯時卒

秋金

秋金乃標墩長子　生道光　年　月　日　時殤

金星　子一　瑞生

金星乃標苗長子生道光十八年戊戌八月十四酉時卒光

緒　年　月

娶延壽院吳雍官女圭官生道光廿一年辛丑三月初五酉時

卒

炳盼

炳盼乃復興長子生咸豐四年甲寅五月初二巳時卒

炳鉄

炳鉄乃復興次子生咸豐七年丁巳三月十七丑時卒

炳鑄

炳鑄乃復興三子生

炳擱　子一　培執

炳擱乃標藿長子生道光十七年丁酉九月廿五未時卒光

緒　年　月

炳他

炳他乃標藿次子　生道光壬寅年二月初二辰時卒

炳摕　子二　培吟　培執出繼

炳揣乃標慱長子號　生道光壬寅年三月初五寅時卒民

國甲寅年九月初五巳時查公卒十一月初五寅時

娶新墘馬釘官女氣娘生咸豐元年辛亥六月十九巳時卒

民國甲寅年九月初五日巳時

炳粮　子一　培井

炳粮乃標養長子係抱養字添珠號草美生道光戊戌年七月

初七巳時卒光緒元年十二月十二戌時葬

娶新春林氏却娘改節

天報

天報乃標養次子　生道光丙午年十一月廿五戌時卒

炳會

炳會乃標養三子　生道光己酉年正月初十酉時卒同治四

年乙丑六月初六戌時

炳忣

炳忣乃標養四子　生咸豐庚申年十一月十五申時卒光緒

年　月　　娶林氏約娘改節

炳鑑

子　培栽　培前出繼　培斗

炳鑑乃標彪抱養長子字亦照號金美生道光辛丑年七月十

五寅時卒光緒乙未年三月十七申時葬
娶洋山胡垵官次女河官生道光丙午年　月　時卒
年　月　時葬辭仔垵尾坐寅申兼甲庚
女長禩娘適魁斗陳梅官　詩娘適鴻卿李菊官　為娘適大墘林審官

炳賞　子嗣　培前
炳賞乃標廠養次子號奇珍生　年　月　時卒

炳猴　子　培烈　雨承
炳猴乃標掬長子號　生咸豐癸丑年正月初九辰時卒光

緒乙未年八月廿五吉時

娶谷山林氏枣娘生咸豐乙卯年三月十二巳時卒光緒己丑年

八月初十未時葬

炳猪　子二　培熙　粲　培煇

炳猪乃標審長子狒　生咸豐四年甲寅十月廿三辰時卒

光緒　年

娶上地胡叭官女双娘生同治元年壬戌五月十二戌時

炳羊　子三　崑龍　培罷

炳羊乃標董長子狒　生咸豐丙辰年六月十五日寅時

柯氏　娶溪頭

炳桃　子四　培棟　連理　培臨　培呈

炳桃乃標董次子字沵源生同治元年壬戌九月十九戌時

娶溪南蘇秀官

長女　娘生

朝金

朝金乃標董三子字　生光緒丙子年十一月初六辰時

根和　子　萬生出繼　文成　惟言

根和乃標兩長子字菸貴號元禮生道光十七年丁酉五月廿三辰時卒光緒廿九年癸卯十月廿三戌時葬

娶東洋陳溪官女謹官生道光廿一年辛丑七月廿五午時卒　年　月

女二長乙娘適福宅溪刘意官　次梅娘適上地胡鎮官

由還　子嗣　萬生

由還乃標兩次子號元泰生道光辛丑年二月十五亥時卒同治乙丑年十二月初二亥時葬大垅頭内癸丁兼丑未

炳黨　子六　培水　培淵　桂鳳　榮林　添福　江海

炳黨乃天來抱養長子字慈吾生咸豐四年甲寅十二月十三辰時卒民國壬申年十二月初六酉時葬在寔叻舊塚

娶大墘林掌官女省娘生咸豐八年戊午十月初十丑時卒民國壬申五月十七午時葬寔叻舊塚

女力愛適鎮府黃春銅

炳裕　子　春俐　培水殤　培燒　匏只

炳裕乃天來次子字茄綽號豐美生　年　月　日時卒光緒丙申年十二月二十戌時葬

娶曾口坂傅等官女嬿官生光緒丁丑年八月廿三辰時卒民

國丙子年九月初五卯時葬新嘉坡陳牛廊

炳建

炳建乃標江抱養子生道光辛卯年八月廿七卯時卒光緒

年　月　時葬番邦嘮叻　娶李氏烏娘改適

炳罕　子二　春吉　冬菊

炳罕乃標天星抱養長子字茲布生咸豐元年辛亥九月初四

寅時卒光緒　年　月　時葬在番邦嘮叻

娶上地胡乃官女綢官生咸豐壬子年五月初四未時卒

炳奚　子　培琛　草　火連

炳奚乃天星繼次子係標乃之子繼立字兹通生咸豐元年辛亥十月廿八卯時卒民國丙辰年十月初九申時葬新加坡武吉智嗎律

娶大墘林寮官女招官生咸豐二年八月廿九未時卒民國丙子年九月廿十亥時葬新加坡峇山溪菜塘塚

賜基　子　培搭　馨桂

賜基乃天星養三子字兹端生同治元年壬戌十月十三未時卒光緒　年　月　時葬在嘡叻

娶新春林魋官女勸官生咸豐十一年六月廿九巳時卒光緒　年　月　時葬嘡叻

通清 子二 文桂 迎福

通清乃天星四子生同治五年丙寅五月初四寅時

炳均 子一 水滚

炳均乃天星五子 生同治五年丙寅七月初九未時卒民國

辛酉年十月十二子時葬麟記山 娶洋内傅氏子

娘生

炳泰 子 南山 南薰 南岱 有德

炳泰乃天星六子生同治十二年癸酉六月廿二巳時 娶

氏　生　　公卒民國甲戌年六月初九日巳時葬

在二關山

天運

天運乃標垵長子兼承標抱生道光戊申年十二月十五未時

卒光緒　年　月　日

炳溪

炳溪乃標垵次子生咸豐六年丙辰六月廿八辰時卒

炳叻

炳叻乃標垵三子生咸豐十一年辛酉九月廿六未時卒

廷琨

廷琨乃標轅抱養長子生咸豐四年甲寅十月廿七寅時卒光

緒　年　月　時葬番邦嘪叻

廷璨

子二　紹基　紹文

廷璨乃標轅次子字　生咸豐十年庚申十一月初二丑時

娶溪頭柯祿

官女梅官生同治三年甲子二月十五申時

廷瓚

廷瓚乃標輭三子字亦登號　生同治甲子年四月廿五辰時卒光緒乙未年十一月初三吉時

娶岩山陳氏文娘生

廷瑜

廷瑜乃標輭四子　生同治五年丙寅六月初五未時

瑞榮　子三

培蕉　金吉　俱承

瑞榮乃三喜抱養長子生咸豐六年丙辰十月初三戌時卒光緒四年戊寅九月廿六亥時

炳廷　子二　培蕉 出繼　培柿

炳廷乃三喜抱養次子生咸豐七年丁巳十月廿四未時卒光緒廿九年癸卯正月初六　時葬番邦嘡叻

娶曾口坂傅拔官女文娘

卒民國丙子年八月初六日卯時

炳保　子　茂合　金吉 出繼　玉瑛　火星

炳保乃三喜養三子生咸豐十年庚申四月初一辰時卒民國乙卯年十月廿二卯時葬新嘉坡陳牛廊　娶龍居林田官長女縣官生同治戊辰年十一月初八戌時女三花娘適登虎

榜傅春官次富娘適湖頭許墻官三完娘適南安下尾洪補來

清概　子　土來 出半

清概乃祿全長子生咸豐辛酉年十月初五卯時卒光緒

年　娶洋宅陳

氏　娘生卒失玫與夫俱葬在嘡叨

清旺　嗣子半　定尊 又名枝

清旺乃祿全次子生同治五年丙寅三月廿八戌時卒光緒

年七月廿一丑時

炳富　子三　土來 半承概　定尊 俱双承 又名枝　金木

炳富乃祿全三子生同治甲戌年九月十八寅時　娶坂頂陳

氏　娘生佚卒光緒　年　特奚[口是]叻　再

娶謝氏痛娘

公卒民國庚午年二月初十未時女三担娘適林蒲格王利官次泉娘適上
訓王康金三尾娘適溪南蘇和蘭

得脩

得修乃金福養長子生同治七年戊辰五月初四未時

儒士炳焘　子四　培梅魁　福緣　福川　福壬

儒士諱炳焘乃標葛長子字沵璘一字鴻葵狮居義生道光十

八年戊戌六月廿四子時卒光緒癸卯年七月廿十吉時奚外

洋咭囒[口丹]　娶大墘林添喜官長女春官狮立惢生道光廿

年庚子十一月十八卯時卒光緒廿九年癸卯正月初七午時
葬　女一曰娘配大墘林漢官
又在咭㘓㖿納側室康氏福緣福川福壬是其所出也

炳天從　子五　培國　培波　培壬　培案　培汀

天從乃標葛次子字玆順號存義生道光廿三年癸卯五月十
九戌時卒光緒十八年壬辰四月初四巳時葬本山小張宅口
坐　向　兼　娶十字路陳行官女香官　號馨葱生道光
廿二年壬寅五月廿一未時卒同治九年庚午閏十月初七午
時葬小張宅口與公同穴　女一宜娘適大墘林天與官

再娶龍居林捐官長女新官生道光廿七年丁未五月十九酉
時卒民國十五年丙寅十二月十七巳時葬
女一縣娘適頂刘劉宇官

滿朝　子六　九懋　薰開　三湖　四贊　五鳳　六雁

滿朝乃標葛三子字兹廷號廸義生道光廿六年丙午九月廿
十亥時卒民國庚申年十月廿六日丑時葬本山紅山頭癸丁子午
娶温泉唐驪蟠官女蔓娘號青慈生道光
廿八年戊申八月十五酉時卒民國廿四年乙亥十月初九日戌時
葬在后坑山癸丁丑未
女一配娘適路尾鄉賓李壽仁之子才官

登仕郎儒士大椿　子二　培葛　培鰲典仄

大椿乳名德成乃標葛四子字慈敬一字鴻文號宣義別號二酉生道光廿九年己酉八月十五日亥時卒民國十二年癸亥四月十四戌時享壽七十又五葬頂水埕石岩內路頂坐癸丁兼丑未風水公在時自擇堪輿先生有詩二首列輓詩內

娶溪南鄉飲賓蘇松齡孫女闌官長女唓官號壼慈生咸豐二年壬子六月十五午時卒同治十年辛未七月初十未時葬本山虎墓腳內石碣仔石闕內坐甲庚兼卯酉至宣統元年己酉移葬虎堀中崙坐　向　兼　再娶東洋陳智官長女善官號淑慈生咸豐六年丙辰五月廿六酉時卒民國九年庚申七

月廿二戌時葬在佳壠中崙坐酉向兼庚甲　女三長柹娘適
溪頭柯蒲官壹慈媽出次苑娘適大墘林浩官後改適頂刘千
總劉練宗三變娘適本里貢生劉文彬四子千總劉練宗四弟福
州商業師範畢業劉裁宗澂慈媽所出也公光緒辛巳年與胞
兄及胞叔仝建龍興厝一座坐子午兼癸丁又光緒己丑年與
胞姪培壬合建千秋墘内厝乚座應得左畔扇房一間前廳房
乚間　公生平行誼可録者多有行畧一篇及親朋傳賛詩歌均
弁首本譜牒重修兩次纂修先生有贈云　公虛心力學雅意接
人故座上常不虛焉
　　　　　　　　前修人書贈
敬翁自幼立志攻書府縣試嘗拔前矛至今未見售者大器晚於

晩成故也最可喜者次郎典龍君學業已成克紹書香孔子曰
後生可畏從此力學安能量其所至乎
通家學弟蘇希賢拜贈

旺能 子四 有志 培文 培浩 培笋

旺能乃標對長子字茲雲號興義生道光三十年庚戌四月初四未時卒光緒三十四年戊申正月十四戌時葬土壠墓頂水埕埔辛乙酉卯子有志附葬 娶城隍寮姚獺官女才官生道光三十年庚戌十一月廿七未時卒光緒三十四年戊申正月初八戌時葬 女三長盡娘適崎兜温胃官 係居行次 長育娘適本里刘設官 三担娘適在坊里大嶺后陳宗官 後因夫婦反唇被賣永

安里后垵高上謝約官

初用　子三　榮生　榮名　榮章

初用乃標對次子字茲安號敦義又號英惠生咸豐五年乙卯

三月初七卯時卒光緒十一年乙酉五月初九巳時葬𠯿叻坡

娶鴻卿李孟石官女錦官號節慈生咸豐六年丙辰四月初一

辰時卒光緒廿八年壬寅七月初十巳時葬在淵内田中坐申

寅兼坤艮　女一早娘適大墘武生林登三次子傳紅官

炳佛　子六　瓊林　瓊杖　瓊埜　瓊東　水紋　清滄

炳佛乃標對三子字茲垂號英義生同治二年癸亥八月十一

日巳時卒光緒三十年甲辰七月初五午時葬在本山晃墓脚
癸丁丑未　娶路美李㮾官長女淑官諱仁慈生同治六
年丁卯九月十五寅時卒民國廿四年九月初七戌時葬在本
山跳坑口癸丁丑未
婆英　子三　戊己　清源　清宗　殤
袁包了票封四子字茲市諱心義生同治五年丙寅十月十七
時葬崩岕頭生壬向丙兼子午
戊生同治辛未年九月十六子
葬方廷大孩宅柴仔頂坐向壬丙兼
緒三十　七月廿四卯時葬在本山石級仔艮
坤丑未　女二長蓮娘適黄宅林陳納官　次硯娘適崎兜溫玉和

錦龍

錦龍乃祖述長子

錦瑯

錦瑯乃祖述次子

錦崇

錦崇乃祖述三子

錦璫

錦璫乃祖述四子

順恭

順恭乃標淵之子生道光廿九年己酉十一月廿七寅時卒在

外先孜

炳納　子二　培楠　山水出継

炳納乃標省抱養長子字彞修號福美生道光廿三年癸卯九月初八寅時卒光緒辛丑年四月初三寅時

娶蘇氏圈娘生道光廿二年四月廿二寅時卒光緒戊申年十一月初九子時女免娘適崎縣陳意官

春色　子一　山水承

春色乃標省次子字茲園號閑美生道光廿五年乙巳四月廿一卯時卒同治十年辛未六月廿一卯時葬

娶林氏湍娘改適　女一適彭格

三龍

三龍乃標省三子號鳳美生咸豐三年癸丑十二月十八日寅時

卒光緒三年丁丑十一月十五巳時葬[口是]叻

清鏡　子三

清鏡乃標羗維長子號蓉美生咸豐乙卯年九月十八子時卒　壽星維殤出　傳二　培綿殤　春水

光緒癸卯年十二月十八卯時與妣合葬本山紅山癸丁丑未

娶鴻卿李氏嗹娘生同治丁卯年三月廿五申時卒

年六月廿四吉時與公合葬　女六長緣娘適鶴前刘滄浪次

三娘適鴻卿李瓊官三桂娘適　四燦娘適彭格陳邑官
五完娘適溪頭柯買官六蔭娘

江寶　子一　壽星 承殤

江寶乃𣱵維次子號懷美生咸豐八年戊午十一月廿四戌時
卒光緒丁酉年三月初五　時
娶溪邉坂胡氏　官生

正辰

正辰乃家和嗣子係𣱵維三子繼立生同治三年甲子七月廿
七巳時卒光緒　年　月　時葬在嘡叻

玉水

玉水乃標釗長子　生咸豐丙辰年十月三十日

合海

合海乃標釗次子　生同治乙丑年十二月廿五未時

再来　子一　培郜

再来乃標在養長子字茲朋　生道光三十年庚戌五月三十日辰時卒

娶水帽兜鄭蚋官女檝官生咸豐三年癸丑十二月十二辰時

卒光緒廿九年癸卯五月廿一辰時葬在大湖甲庚卯酉

女一允娘適洋山胡紂官

炳藝

炳藝乃標在次子係標審三子繼立生咸豐庚申年二月初六

午時卒光緒廿九年癸卯四月　日葬在噴叻

炳時

子三　培河　培林俱殤　三德

炳時乃標僕長子字茲吉號日美生道光三十年庚戌六月廿

十午時卒光緒廿四年戊戌正月二十戌時葬在本鄉大坵頭
辛山戊辰　娶頂劉西官長女京娘生咸豐十一年辛酉八
月十三子時卒民國廿五年　月　時葬在大林崙中辛山向
女三長當娘適谷山林檜官次滿娘適鴻卿李水生三歲娘
國子生慶雲　子　新料養　戍閣　火炭　火爻
慶雲乳炳斗字玆星號　生咸豐十年庚申五月十九日未
時卒民國丙辰年五月初一巳時
娶龍居林氏官三女盡官生同治丁卯年四月初一午時在外
洋

又納側室李氏畬娘生光緒乙亥年正月十二未時卒光緒癸卯年十一月十五卯時

公自幼失怙特幸能立志奔波湖海逐利於英屬寔叻開張金記并於廈島開張合成棧經營生理蔭諸弟姪體親堂不存偏私之念迨光緒庚子年董首翻蓋峻古祖宇而親諸派散處番邦者不一其家應得房閭者不一其人　呈先備銀項以翻築成室然後鳩集捐資不計親疎此誠有德可欽量可嘉者焉堂兄茲敬為之紀其事云

雁塔　子一　培簡

福志
尾圳仔
坐壬向丙兼子午

雁塔乃標樸三子兼承標養生咸豐九年己未九月十八辰時
卒民國元年壬子五月十九未時
娶鳳斗姚剖官次女芹官生同治九年庚午五月廿五日未時
女二　寬娘　晏娘

福志　子一　培梯

福志乃標僕四子字茲五號士美生同治五年丙寅正月十四
午時卒光廿二年丙申三月初八子時
娶福宅溪劉黙官四女轂官生同治辛未年九月廿九酉時女
鳳娘適

萬發　子一　猷瑞

萬發乃標達長子字茲榮生咸豐八年戊午十一月十一日辰時

卒民國戊辰年七月廿八亥時

娶龍居胡宗官長女花官生同治戊辰年十一月十九未時卒

年　月　時女蕋娘適　嫣奚蕉坑西公髻坐東向西

再娶

陸遜　子三　呈祥　揚聲　培連殤　格火

陸遜乃夏全長子字茲親生同治七年戊辰七月廿五日子時

在外洋

娶洋山胡尋官長女蓮官生光緒元年乙亥七月廿一日辰時

女二　愛娘適溪頭柯編官　然娘適大墘林蔴官

## 存心　子一　先知

存心一名炳歐乃夏全次子字茲陽生光緒元年乙亥三月十

娶上地胡談官女吉娘生光緒癸未年七月廿三卯時

六巳時

## 泗浚　子

泗浚乃夏全三子字　生光緒十五年己丑十月廿二午時

陸甲　子二　淵源　淵添

陸甲乃標三春長子字茲庚生光緒八年壬午五月十一日卯時

娶井邊陳氏文娘生光緒十二年丙戌十月廿三丑時卒民國丁巳年七月十五辰時葬叻坡陳牛壠舊塚坐酉向東又娶永春南門外周券官次女寔娘生光緒丙午年九月十二寅時女一峇莉未字

金重　子一　敬賢

金重乃三春次子字茲羽生光緒十三年丁亥正月十六日辰時

娶頂劉樸官三女免娘生光緒十九年癸巳三月十三寅時

女一醒娘適谷山林仍成官

炳金水

金水乃標勅嗣子係三春子繼立字茲良生光緒廿一年乙未
九月廿一午時

業瑞 子三　壬癸　戊己　冬水 繼后生

業瑞乃挑來抱養長子字茲創生咸豐十一年十二月二十日卯
時卒光緒三十三年　月
娶溪南蘇快官女豣官生同治乙丑年六月十四日酉時卒宣
統二年庚戌七月廿九申時葬

女系娘

後生　子一　冬水　承繼

爰主了兆来次子豨軌畏生同治九年庚午八月初四日亥時

八年四月初三寅時癸番邦

滄浪　子一　秀鴻

一子字　生同治十三年甲戌九月十五日巳

娶龍居姚氏疊娘生光緒辛巳年四月廿六日酉時卒民國壬

戌年十月初五申時

女長見娘適鴻鄉李次緩娘適山兜林

青溪蓬萊張氏宗譜

家讓　子

家讓乃挑来四子號軌興生光緒戊寅年四月十六日寅時在嗹叻卒

炳火　子三　梓材　金善抱

炳火乃標棗長子字茲銀號軌山生道光四年甲申十月初四丑時卒咸豐四年甲寅五月初四辰時

娶彭格陳哭官女閃娘號協慈生道光六年十月初三未時卒咸豐辛亥年八月廿九吉時夫妻合葬沈洋蕉坑豹仔垵坐甲庚兼寅申

再娶大墩林衢官次女京官號邑慈生道光己

丑六月十一卯時卒光緒己亥年三月初四卯時葬

炳隱　子二　養順　協助　俱養

炳隱乃標枣次子字兹居豨孰以生道光七年丁亥十一月初九戌時卒光緒辛丑年二月初六亥時葬榫坑壠田中庚甲兼申寅　娶鴻卿李亦官女愛娘豨欲慈生道光十年八月廿七未時卒光緒己亥年四月初八戌時葬沈洋蕉坑老公崙坐丙壬兼巳亥　女長粉娘適　次情娘適德崇蔡瓶官　三川娘適龍居林五官

職員長齡　子六　禎祥　綿遠　錦綉　錦昌　五彩　吉六

長齡乳名連春字茲華號杏村乃標秉三子生道光十八年四月廿八子時卒光緒三十四年戊申十二月十五酉時享年七十又一無病善終葬本山蕉坑荒山邊坐甲庚兼寅申

娶大墘林普官長女姜官號恭慈生道光廿一年十一月廿二辰時卒民國十年辛酉七月廿三巳時葬本山鑄鼎崙牛角壠田中坐壬丙兼子午

女三長梅娘適鴻卿李契官次妹娘適彭格庠生陳謙光三甜娘適大墘林四時

公與堂兄弟等仝建金鳳厝仝座坐巽乾兼辰戌

楊柳　子一　双全

楊柳乃標棗四子字爲綠號執絜生道光廿二年壬寅十二月初二辰時卒民國癸亥年十月初五寅時享年八十有二葬本鄉運窯仔路脚坐艮坤兼寅申

娶溪南蘇戚官女憮官生道光廿二年五月十五卯時號農慈卒民國元年壬子十一月初七丑時享年七十一齡葬本鄉蕉坑司公髻脚坐卯酉兼

女一和娘適路尾李合官

蘭珠　子四　天乞抱養　諸侯　鴻雁　濟生

蘭珠乃標口長子字爲清號執圓生道光十五年乙未二月初

三卯時卒光緒三十一年乙巳六月初九辰時葬本山尾坑垵
頭中崙坐乙辛兼辰戍　娶鴻卿李伏官女串娘歸和
慈生道光廿十年四月十七酉時卒光緒丙午年十一月廿十
卯時葬本山圭庵罩田中坐乙辛兼卯酉　女三長淵娘適溪
南蘇昭官次腰娘適鴻卿李南官

石清　子三　庇佑　培奕養

石清乃標遜長子字藔宿號執門生道光廿三年癸卯九月初
五午時卒同治十三年甲戌九月初五午時葬后墘垵頭石率
崙坐巽乾兼辰戍　娶洋山姚氏未娘生道光癸卯年七月

初四辰時卒宣統己酉年正月十五巳時

離婁　子二　源題　頂元

離婁乃標遮次子字茲明號執龍生咸豐二年壬子九月初十丑時卒宣統己酉年十月十一子時葬后墘垵頭坐甲庚兼寅申　娶大墘林鷂官女曰娘生同治丙寅年十一月十二丑時卒民國辛酉年十二月廿二寅時葬頂文窟林坐乙辛兼辰戌女四長柿娘適大墘林由官次悔娘適洋山胡創官三詩娘適鴻卿李　四素娘適登虎榜傳

四體　子一　瓚花丰承

四體乃標遮三子字茲　號孰身生咸豐九年己未六月初九未時卒民國乙丑年十月初十戌時葬本鄉下坋坐巽乾辰戌

娶上地胡珠官女葉娘生同治甲戌年十二月初五戌時

卧龍　子三

栽木　培閣出繼　權花

卧龍乃標言長子字茲達號孰溪生道光癸卯年五月廿三亥時卒光緒癸未年三月十四亥時葬沈洋同生腳坐乙辛卯酉

娶曾口坂傅江官女寅娘號維慈生咸豐乙卯年三月十五午時卒光緒癸卯年五月廿七卯時葬

女一逆娘適曾口坂傅兜官

炳進　子二　培閣承　培字抱

炳進乃標言次子號執青生道光廿六年丙午二月十七卯時

卒　年五月十四日

新世　子一　培談

新世乃標言三子字茲論號執芳生道光己酉年七月廿三

子時卒民國庚申年三月初八未時與妣合葬本山豹仔垵坐

丑未兼艮坤　娶本里劉斯官女銀娘生咸豐三年三月初五

辰時卒民國癸亥年七月二十戌時與公仝穴　女四坤娘配崎縣陳

次特娘適曾口坂傅　三儉娘適上地胡　四奈娘

炳敬　子一　雙琴

炳敬乃標言四子字茲誠號　生咸豐二年壬子八月初四戌時卒光緒丁亥年六月二十卯時

娶陳坑胡貢官女宿娘生同治元年壬戌四月初四寅時卒光緒癸未年十一月廿三巳時葬

雅頌　子一　載與

雅頌乃標言五子字茲入號執得生咸豐五年乙卯十二月十一戌時卒光緒乙酉年三月廿八酉時葬

盈科 子一 井水

盈科乃標悄長子字兹甲號執金生道光十九年八月初一辰
時卒民國庚申年十二月廿二寅時又號執登
娶洋山胡賀官女賞娘號班慈生道光廿
一年十月初四酉時卒咸豐辛酉年四月廿五酉時
再娶劉氏厨娘生道光甲辰年七月廿九
戌時卒同治壬戌年八月廿九酉時謚卓慈葬本山鏡仔面辛
山兼戌辰 三娶鴻卿李氏換娘生道光癸卯年八月初八日
未時卒同治癸亥年三月十三酉時 謚同慈與班慈胡氏倚葬
鏡仔面癸丁丑未 四娶内山林氏圭娘號謾慈生道光己酉

年十二月初五酉時卒光緒丙子年九月廿六巳時葬虎崗山
犁頭垵坐辛乙兼酉卯林氏生子二

朝林　子二　納福　神接

朝林乃標悄次子字茲茂號孰陽生道光廿四年五月初九日
辰時卒光緒壬寅年五月初五亥時葬虎崗山坐乾巽兼戌辰
娶谷山林峰官女配官生道光廿九年六月十三亥時卒光緒
廿九年癸卯七月初四辰時
女乚娘

忠信　子二　燕山　美志

忠信乃標悄三子字菾義狒孰祿生道光廿八年戊申三月廿八卯時卒光緒三十年甲辰五月十六亥時葬蕉坑荒田邊庚甲兼艮坤　娶曾口坂傅鉄官女香娘生咸豐甲寅年八月初十辰時卒光緒己亥年八月廿五戌時葬

女　札娘適曾口坂傅次預娘適昭晉刘家三分娘適溪頭柯家

後傳

子三　得地过継　豪傑　新田过継　敏求

後傳乃標悄四子狒孰有生咸豐九年己未二月廿五寅時卒宣統辛亥年八月初一丑時葬在后墘坳瓦窑上甲庚寅申

娶洋山姚緣官女井官生同治四年乙丑正月廿九申時卒民
國甲戌年十月初十午時葬本鄉蕉坑土關崙外甲庚寅申

守坋　子一　得地承
守坋乃標悄五子㺭孰審生同治乙丑年五月廿八巳時卒光
緒乙未年十二月初二亥時葬文堀仔礤仔頭坐艮坤兼寅申
娶林氏刋娘改節

明堂　子嗣　新田
明堂乃標悄六子㺭孰面生同治七年戊辰正月廿六日丑時

卒光緒戊戌年八月初七午時葬尾坑垵大湖坐癸丁兼子午

娶劉氏遠娘后改適

炳趣

子二　培道　火烘

炳趣乃三進長子字兹肯號　生道光己酉年八月二十未

時卒光緒　年　月　時葬在南洋嗅叻

娶鴻卿李宴官女雍娘生咸豐元年辛亥五月十六未時卒光

緒丙午年十月初二子時葬虎埪寮仔坐　向

女㳾娘適溪頭柯愚官

炳滚

炳滚乃三進抱養次子生同治三年甲子四月廿六卯時

炳長生

長生乃標枇抱養長子生咸豊三年八月初四酉時卒光緒戊子年十二月廿九吉時葬南洋

安士　子二　四端　八元

安士乃標枇次子字菘永號孰春生咸豊四年九月十四未時卒民國癸丑年二月十三戌時葬

娶鶴前劉饒官女祿官生同治元年壬戌十月十五辰時
女四長西娘適曾口
坂傅西官次滿娘適鴻鄉李則官三嬿娘適大墘林　四尾娘

太甲　子一　仁和
太甲乃標枇三子字慈賢生同治壬戌年二月廿三寅時卒民
國己巳年七月十七卯時
娶大墘林雅官女友娘生同治丙寅年九月十九辰時卒光緒
庚寅年十月初八酉時
女　佳娘適本
里劉堦官　又娶本里劉照官次女銀娘生光緒二年丙子八

清溪蓬萊張氏宗譜

月廿五未時卒民國丙寅年十月十六卯時

炳錯　子三　梅慶　培泉　養

炳錯乃標枇四子號孰爾生同治四年乙丑又五月初六日午時卒光緒乙未年十月初四亥時葬沈洋豹仔埯坐壬丙兼子午娶洋山胡棟官女硯官生同治庚午年十二月十四　時卒民國　年五月初六吉時

炳鴛　子四　培植　培熾　培木　培鎮

炳鴛乃標科長子字慈交生道光三十年庚戌十月十七寅時

卒光緒廿九年癸卯五月廿九亥時

娶房坑林氏理娘生咸豐壬子年四月初十未時

女三嬌英適梅烈吳鑾翔次嬪英適傅金榮三現英適井後陳

紹祥

炳灝　子一　培棟

炳灝乃標聯長子字玆遠生咸豐十一年六月初一子時

娶黄氏秋娘生同治二年

二月初五丑時卒光緒十九年癸巳九月十三亥時葬

炳暄　子三　培鎮　培客　培森 西出

炳暄乃標榜長子字茲潤生咸豐七年丁巳九月二十辰時卒

光緒十四年戊子六月二十辰時葬后尒生乾巽兼戌辰

娶城內職員鄭汝懋官長女青璇生咸豐九年己未五月初六

亥時

女二長燕嬌適城內武生鄭子珍次玉嬌適羅布曹永全

炳津　子二　培運　培江

炳津乃標榜次子字菾劍生同治五年丙寅八月二十卯時卒

娶富口監生林紹

第女枣姬生同治丙寅年八月初七戌時

女二長嬌姑適岩下鄭長全　次雲嬌

炳暖　子一　培芬

炳暖乃標榜三子字菻　生同治十三年辛未十月廿七日寅時

娶沙城鄧大榆長女善英生同治八年己巳十一月三十日辰時卒光緒十七年辛卯七月初七辰時葬

再娶半溪羅集楊長女水娘生光緒二年丙子五月二十午時

炳梧

炳梧乃標榜四子生同治甲戌年十月初八辰時卒光緒十一年乙酉十月　時葬

娶余氏梅姫改適

炳椿

炳椿乃標榜五子生光緒三年丁丑十月十七寅時

娶井後余光璧女殿娘生光緒元年乙亥十月廿四酉時

女眉娘適井后鄭法成次郎火仔

炳烺　子二　培芹　培菁

炳烺乃建侯長子字兹千生同治十年辛未十二月三十日卯時　娶城內

魏家銓女美娥生同治辛未年五月初七丑時

女長翠珠適大壠東朱洪潘次女香珠

炳水　子　培湧

炳水乃建侯次子字兹川生光緒五年己卯九月初六丑時卒　娶前水

尾余煥長四女瑞姬生光緒十年甲申四月十八亥時

女柳珠適龍坑陳楊純

炳渭

炳渭乃建侯三子字茲濱生光緒十一年乙酉十月十四日辰時

炳仁

炳仁乃建侯四子生光緒十八年壬辰六月廿八寅時

炳蛟

炳蛟乃建藩長子字茲騰生光緒十六年庚寅十月廿四未時

炳虬

炳虬乃建藩次子字　生光緒廿年甲午七月十九日午時

娶北坑羅書美三女建箒生光緒廿三年丁酉八月初三酉時

炳虹

炳虹乃建藩三子生光緒廿三年丁酉四月二十寅時

炳震

炳震乃標驥長子字蒸長生同治八年己巳二月十二辰時

娶城内陳家備次女秀娘生同治十年辛未十一月廿七辰時

炳霖

炳霖乃標驥次子字蒸甘生同治十一年壬申十一月初三子時

娶西坑胡積達公長女鳳姬生光緒元年乙亥九月初十酉時

卒光緒二十年甲午十一月十九亥時葬

炳霽

炳霽乃標驤三子字茲月生光緒二年丙子十二月廿六日辰時

娶三姑村蕭兆具次女馬英生光緒十二年丙戌正月廿六日辰時

炳鏡　子一　培梁

炳鏡乃標基長子字茲菱生光緒五年己卯八月十二日卯時

娶石橋楊氏榮嬌生光緒八年壬午六月十九未時

炳鋙

炳鋙乃標基次子字　生光緒九年癸未六月十九戌時

炳綿

炳綿乃標陪抱養長子字茲健生光緒四年戊寅十月十七辰時

娶茅坪陳長發長女清娘生光緒十一年乙酉十一月廿四子時

女二　欄嬌　繡嬌

炳鈺

炳鈺乃標陪次子生光緒廿一年乙未五月十六日戌時

炳亮　子一　培𨨏

炳亮乃標育抱養子字茲燎生光緒二年丙子五月初四日辰時

娶房坑鄭盛典長女卯娘生光緒四年戊寅十一月初二日午時

女燕姬未字

炳星　子一　培滄

炳星乃標盛之子字茲煒生咸豐十一年九月十二卯時

娶大隴東朱奎順長女明姬生同治三年甲子九月十四巳時

炳洋

炳洋乃標立長子字茲遊生光緒十六年庚寅二月十五寅時

炳湘

炳涵

炳涵乃標立三子字　生光緒廿二年丙申九月廿八日卯時

炳照

炳照乃建勲長子字兹光生光緒六年庚辰正月廿八日寅時　娶前山頭蘇于蟹長女愛姬生光緒　年

炳圖

炳圖乃建勲長子行次字兹璇生光緒九年癸未十二月十八日
亥時

炳超

炳超乃建勲三子字兹拔生光緒十六年庚寅三月十一日寅
時
娶沙城生員陳壽康女有容生光緒　年　月　日　時

炳峯

子三　培安　培儁　培衡

炳峯乃標聘之子字兹肇生同治八年己巳四月廿三日午時

炳鎔

娶龍坑
陳兆榜公女琴姫生同治十年辛未十二月初七子時
女憲英
適上洋溪裴良菊三郎

炳鎔　子一　培雋 衆

炳鎔乃標緒之子生同治十一年六月廿五亥時卒光緒廿二
年丙申二月初五酉時葬
娶羅氏女改適

15 阮派下

炳

連来

連来乃標信長子生同治五年丙寅二月十六卯時

娶李氏衛

娘生同治七年戊辰十二月初九日丑時

15 阮派下

承輅

承輅乃標建長子蕉承天黎生

炳傳

炳傳乃標鶩抱養子生道光廿六年八月廿四卯時卒

新興

新興乃標髻長子生道光戊子年八月初十巳時卒

炳飯

炳飯乃標髻次子生道光辛丑年五月初五未時卒

炳法

炳法乃天時之子係抱養生道光乙酉年三月初九辰時卒

春潭

春潭乃標初長子生道光丁未年五月初三未時在外洋卒

炳浸

炳浸乃標初次子生道光戊申年十一月廿四未時在日嘪卒

候查

炳報　子二　革生　培尊

炳報乃標合長子字茲喜生道光戊申年九月廿三午時卒
娶十字
路陳岩舍女救官生咸豐五年乙卯五月　日時
女一滿娘適本里刘宅

炳窓　子一　金科

炳窓乃標合次子號興昌生咸豐六年丙辰七月初九日吉時
卒光緒　年七月廿二辰時葬畨邦丹咾娶林氏来官改適

炳音　子二　培籃　烈火

炳音乃標莉長子字茲声號興隆生咸豐八年戊午五月初六巳時卒光緒己亥年六月初一丑時葬番邦四文吽
娶大墘林朏官女秦官生同治丙寅年正月十七亥時卒

炳本　子嗣　培着

炳本乃標莉次子係標侯三子継立字茲立生光緒八年壬午正月初二亥時
娶上地胡氏柹娘生光緒己丑年三月十一日巳時

炳四端

四端乃標倚抱養子字茲正號興美生咸豐九年三月十七午
時卒光緒三十年甲辰七月十三寅時葬嗹叻

清取

子一　越向養

清取乃標倚次子字茲泉生同治六年十月十三酉時

福魁

福魁乃標鎮長子生

福安

福安乃標鎮次子

明叩

明叩乃標眼長子生光緒

娶曾口坂傅跟官三女貴娘生光緒

炳奶

炳奶乃標眼次子生光緒

炳黄

炳黄乃標鎗長子生咸豐十年庚申九月十二丑時卒光緒

年　月　時葬南洋嘥叻

炳白

炳白乃標鎗次子生同治四年乙丑五月初二辰時卒光緒

年　月　時葬南洋

娶十字路陳眉官女足娘

生

冬記

冬記乃標丹長子生光緒庚辰年十月十六日卯時

冬吟

冬吟乃標丹次子生光緒癸未年十二月初四申時

炳有

子五　財命　新昏　秋芳　賜財　培着出繼

炳有乃標拈長子字茲有生咸豐四年甲寅二月廿六日未時卒

民國戊辰年二月十八酉時　娶上地

胡培官次女允娘生同治五年丙寅九月初八亥時卒宣統己酉

年三月十一申時女二　認治適金門歐家　貽治適蔡宅

女長認娘適谷山林双地官次抹娘

炳尾

炳尾乃標拈次子生咸豐八年戊午八月初八午時

炳樓

炳樓乃標抱承子係標侯長子繼立生同治九年庚午十二月廿一午時卒光緒　年　月　時葬畬邦

水照

水照乃標侯之子生光緒二年丙子六月初九日午時

廣貴　子　再添抱

廣貴乃標竅長子生光緒八年壬午六月十一午時卒吉年
吉月吉日葬南洋廖內山

春令　子

春令乃標竅次子生光緒十一年乙酉十一月廿四日午時卒
光緒戊甲年十月廿四午時葬嘡叻舊塚

炳愚

炳愚乃標愛承子係標寢子繼立生光緒壬午年二月三十
日未時卒光緒丁亥年三月初六未時

叶分
乃標寢抱養子生光緒丙戌年三月廿四申時

永泉　子一　崑山出丰

永泉乃標杯長子生光緒戊戌年五月十八未時卒民国丙寅年二月廿一未時葬叻福建塚新恒山亭

娶謝氏榴娘生　年　月　時葬叻福建塚山

又娶李氏万娘生光緒丙申年十一月十一吉時卒民国壬子年七月十一酉宮右畔坐東向西

三娶許氏錦娘生光緒己亥年六月初八酉時時葬叻新恒山亭右畔坐北向南

紫榮又名振生　子二　崑山承丰　培清養

紫榮乃標杯次子生光緒戊戌年九月十九辰時卒民國甲戌年七月十三酉時葬在叻后港街上

火炮　子一　來興養

火炮乃標杯三子生光緒壬寅年十二月廿四巳時娶蘇氏爲娘生光緒乙巳年八月十七辰時

女　目呢娘　幼

水港　子一　天送又名丁南

水港乃標杯養四子煞彤惠安王苑君生光緒戊申年四月初六巳時娶蔡氏悔娘生光緒戊申年十一月十七酉時女　水治　幼

泉聲

青溪蓬萊張氏宗譜

[illegible]氏家譜

泉聲乃廷追之子生光緒乙巳年七月廿二午時　娶蘇氏寧
娘生民國壬子年九月十四戌時

綿源

綿源乃賞来嗣子生光緒乙巳年正月初二未時

金水

乃賞来次子生宣統己酉年吉月　時

火炎　子三　成章　第成　春福

火炎乃進来長子生光緒庚子年三月初六丑時卒民國壬戌
十一月廿四子時葬新加坡　娶葉氏先娘生光緒庚子年十月
廿四午時女咪娘未字

炳閣　子一　培赤 [illegible]

炳閭乃標嘯長子字茲門號維山生咸豐三年癸丑正月初
二亥時卒光緒十二年丙戌十月初四子時葬畨邦凹圓仙仔
簡　娶鴻卿李氏捈娘改適

炳脉　子二　培丙（此名前書錯）　江海　鉄釘

炳脉乃標嘯次子字茲貫生咸豐十一年辛酉五月初六亥時
卒
娶上地胡科官長女唖娘生同治乙丑年吉月吉日吉時未及
笄卒光緒辛巳年五月初九巳時
再娶横坑李學官次女茁娘生同治八年己巳十月初五辰

時卒　　女香娘適溪南蘇

炳釗　子二　拿　峇嗷又名南飛

炳釗乃標奚承子係標噸三子繼立生同治九年庚午正月十四巳時卒民國乙丑年九月十四吉時葬嘮叻坡

女建寧適上地胡　娶福宅溪刘宇官長女早官生光緒六年庚辰正月初六巳時

炳漲　子三　烏龍半繼　茶枝

炳漲乃書在外

雁塔　子一　培簡養

雁塔乃標養双承子係標僕三子兼承字茲題生同治二年七月十三辰時
娶鳳斗姚剖官女勸官生同治九年庚午五月廿五日未時　女長寬娘
次晏娘

金蓮
金蓮乃標養螟次子生光緒八年壬午六月初四日巳時

炳九
炳九　子一　繼成
炳九乃標賞長子𢓵　生道光廿六年五月初十日辰時卒

青溪蓬萊張氏宗譜

年又十月三十日酉時

炳砸

炳砸乃標卜長子生同治九年己巳五月初八日戌時

娶榜上陳孔官

女晏娘生光緒十四年戊子十一月十八日午時

炳員

子一　金傳

炳員乃標卜次子生同治辛未年七月廿九日申時在夷娶陳

氏英娘生

炳扁

炳扁乃標卜三子生光緒乙亥元年正月廿五日辰時卒光緒
庚子年又八月廿九日吉時葬畬邦

炳涱　子二　烏龍　出半　茶枝

炳涱乃標卜四子生光緒七年辛巳正月初四午時卒民國丙
寅年六月廿二子時
娶福溪劉時君官三女嫵娘生光緒十五年己丑五月十七日
午時卒宣統辛亥年十月廿七日

續娶谷山林氏笑娘生光緒丙戌年正月十四午時

女惜娘適上劉〻宅　次歷娘未字

炳閭　子　培丙承丰

炳閭乃標的抱養子生咸豐元年四月廿六日寅時卒

炳潤　子　培丙出丰　培慮　麗藩　四維

炳潤乃標雲長子生咸豐五年八月初八卯時號富綿卒民

國戊辰年二月廿二未時與妣合葬嗹叻　娶陳氏倉娘生

咸豐丁巳年十月初三日未時號明德卒民國癸亥年十二月廿三午時與公合葬叻坡福建塚大伯公后双碇坐癸向丁

女三　苑娘適湖頭陳宝官　次綏娘適洋山胡省官　三珠娘適洋山姚棠生

炳掬　王一　連生

炳掬乃標雲次子　生咸豐十一年十一月十九卯時卒宣統己酉年九月十八未時　娶鴻鄉李凉官女監娘　生同治己巳年五月廿八未時卒民國壬申年四月廿四巳時

炳涉　王一　潮水　足來抱丙承　金龍

炳涉乃標雲三子號　生同治丁卯年十一月三十日申時卒光緒戊戌年六月廿八申時葬寮内坡

娶胡氏妹娘　生光緒丙子年九月初九酉時卒民國甲戌年十
一月十三午時葬叻坡二関塜山　　女貴娘適漳州林江福

炳僭　子二　柳絮　福才

炳僭乃標哲長子獅　生道光廿五年乙巳二月十八戌時卒
光緒丁亥年六月廿九辰時葬嘮叻大吧窑
娶溪南蘇氏枣娘生道光丙午年七月初三巳時卒
女舌娘適科名黄櫞官

炳吱

炳吱乃標抱嗣子係標哲次子継立生道光戊申年六月初九

申時卒光緒甲申年五月吉日葬嗹叻大吧窑

娶蘇氏早娘

炳喜 子二 長春養 松茂承

炳喜乃標糠長子字生同治壬戌年二月廿二酉時卒光緒

年 月 時葬叻坡大吧窑

炳蚋 子 中元 交河殤 松茂出繼 金祥 得勝養

炳蚋乃標晩承子係標糠之子繼立生同治壬申年三月廿七

亥時

娶陳氏再娘生光緒庚辰年五月初五子時

女五 長香娘 次蒽娘

炳圭

炳圭乃標塲長子生咸豐三年癸丑十月初九辰時

炳乞

炳乞乃標塲次子生咸豐丙辰年二月十八寅時卒光緒癸巳

年正月初二子時

子丰　玉蘭

復興

復興乃標塲三子獅　生咸豐庚申年三月十八未時卒光

子二　武金　玉蘭出丰

緒癸卯年十二月廿七戌時

娶劉氏緞娘生咸豐己未年三月初五午時卒

女二長海娘　次石娘

炳田

炳田乃標鉐長子生同治己巳年十二月十三日卯時

炳活

炳活乃標鉐次子生同治甲戌年九月廿二亥時

炳守　子二　彜煥　来養

炳守乃標臏長子生道光丁未年九月廿三戌時卒光緒廿一年乙未九月初八午時葬

娶溪南蘇性官女佯官生咸豐七年丁巳八月廿六酉時卒年　月

女二長金娘配崎縣陳羆官次招娘適寮內陳家

炳痴

炳痴乃標臏次子生咸豐九年己未六月十二巳時卒光緒甲辰年三月廿九日葬外茇

青溪蓬萊張氏家譜

炳戎　子四　新澤　金當　連務出繼　連存

炳戎乃標瀨長子生咸豐五年八月廿八卯時

娶横卿李

要官女英娘生咸豐十年七月廿三戌時卒

女禁娘

炳貓　子嗣　連務

炳貓乃標瀨次子生同治八年七月十四卯時卒光緒三十年

甲辰九月十四午時葬

娶井濱陳連官女姡官生光緒乙酉年正月初五未時卒光緒

廿八年壬寅正月十一酉時葬

炳鰍　子一　耀煇　養

炳鰍乃標厲長子生同治五年丙寅四月十四申時卒光緒

年四月初九吉時葬南洋

娶劉氏改適

炳茂　子二　清江　培熙　俱養

炳茂乃標厲次子字荪昭生同治十年辛未正月十四午時

娶橫卿

李邱官女切娘生光緒庚辰年八月廿八辰時

女春娘　蜂娘

炳粧

炳粧乃標膺三子生光緒辛巳年又七月廿六寅時
娶彭格陳擸官三女樣官生光緒十一年乙酉十月廿八酉時卒光緒癸卯年三月初四未時葬

江淮

江淮　子二　培端養　庚申

江淮乃標銅抱養長子生光緒十五年己丑正月廿四寅時
娶鴻卿李氏今

娘生光緒癸巳年九月廿三申時
女二長蕉娘次分娘均未字

心火　子　垚　培目　木水抱

心火乃標銅次子生光緒十八年壬辰十月十五子時
娶十字路陳
氏宣娘生光緒庚子年十二月十八戌時女二長招治次却治均
未字

水龍　子　興治

水龍乃標銅三子生光緒二十年甲午四月初十日亥時

娶德崇蔡氏鴦娘生光緒乙巳年二月十四酉時女二　玉蘭玉
好均來字

火叐　子一　培開
火叐乃標銅四子生光緒廿七年辛丑十二月初八日巳時
娶温泉唐氏梅娘生光緒乙巳年

炳昌　子三　水波　兩儀　三事
炳昌乃標攜長子字茲盛生同治庚午年十二月初三申時卒氏
國壬子年十月十四卯時　葬長垂與妣合葬
娶龍居林浩官女甘娘生光緒元年乙亥十二月十九巳時卒氏

國癸丑年三月廿九申時葬與公合在大張宅艮坤丑未

女一配娘適德崇蔡

炳強　子二　培挑　培櫞出丰

炳強乃標榜長子彿　生同治三年甲子七月初八午時卒民

國壬申年八月初一辰時葬

娶溪南蘇氏站娘係絹官女生同治十二年癸酉五月十九日

午時卒民國乙卯年五月二十申時

女寶娘適溪頭柯宅

炳罩　子　培櫞双承

炳罩乃標榜次子號　生同治八年己巳八月十八日酉時

卒　年十月十一吉時

娶本里劉道官次女嗹官生光緒九年癸未三月十九日子時卒

光緒癸卯年三月二十巳時

又娶彭格陳凸官女畧娘生光緒七年辛巳十二月十五巳時

炳孝　子二　峇嗷殤　培瑩

炳孝乃標榜三子字茲忠生光緒八年壬午九月廿四日巳時

卒民國癸亥年九月十五酉時

娶鴻卿李氏柿娘生光緒乙未年九月廿三午時卒民國

年正月三十日吉時

又娶南安　氏生　卒

炳吉

炳吉乃標耀長子係抱養生同治十二年閏六月廿五午時卒

年　月

娶曾口坂傅熊官女位娘生光緒戊寅年四月廿三辰時卒

年　月

女文娘適德塔李

炳仁

炳仁　乃標羅養次子生同治十二年十月初二寅時在外夷卒

年　月

炳歲　子四　金元 両承鳳鸞 改名永安　新氏　永成　永順

炳歲乃標可長子字　生光緒丁丑年六月初六日亥時

娶蘇氏甜娘生光緒十年甲申四月十三日卯時

炳權　子三　龍發　甲康　火興

炳權乃標可次子生光緒五年己卯四月初六日午時

娶柯氏陳娘生光緒戊子年二月初二卯時女五樹蘭適德崇次 蔡溪水

江娘適谷山林釵官　三玉扁適洋山胡德源　四明英適水帽兜　五秀室未字

炳
否

炳否乃標可三子生光緒十四年戊子十月初四巳時

鳳
鸞　子三　金元　双承　麒麟

鳳鸞乃標宅嗣子字菘　生光緒三年丁丑六月初六亥時

查公生八月十三未時卒民國己未年又七月十三辰時葵本山

娶橫鄉李謗官女双官生光緒九年癸未九月三十日酉時女

三秀華適廈陳炳煇次嬌娘適廈陳塗官三麗華幼

炳
新山　子一　培燦三承

新山乃標愴承子係標响次子繼立字菻用號其命生咸豐八年十一月初九辰時卒光緒十八年壬辰又六月初五未時葬在　娶上地胡湾官女罔娘生同治六年丁卯七月廿一卯時卒光緒十六年庚寅五月廿五甲時

炳

炳吽　子一　培爍山子三承

炳吽乃標响長子生咸豐五年乙卯六月初七辰時卒光緒　年　月　時葬南洋

炳譁　子　培爍山子三承

炳譁乃標响三子生咸豐十一年辛酉十一月二十亥時卒光緒十三年丁亥七月十八酉時

炳越

炳越乃標欣長子生同治五年丙寅九月廿十寅時卒光緒　年　月　日時

維鵠

維鵠乃標欣次子號有方生同治十一年壬申五月三十日戌時卒光緒　年　月　日　時葬南洋

全湿

全湿乃標欣三子號　生光緒元年乙亥十二月初二酉時、
卒宣統三年辛亥二月初九申時

炳紫

炳紫乃標欣四子生光緒五年己卯三月十五日卯時卒光緒丙
午年四月二十申時

炳刋

炳刋乃標再長子字茲木號　生同治三年四月十八日未
時卒光緒三十年甲辰五月十八巳時葬大吧窑

炳刋　子　培　瑪

𤍠立

娶上地胡池官女是娘生同治辛未年三月初八戌時

女蓮花　五連

炳䲮　子二　興奇殤　培

炳䲮乃標再次子生光緒乙亥年八月廿六寅時卒光緒三十年甲辰五月初六申時葬嗅力大吧窑

娶刘做官長女須官生光緒丙子年十二月廿一寅時卒光緒戊戌年七月初十辰時葬

聯登　子一　進春

聯登乃組緞双承子係家齊長子兼承錄叙在外

新蘇　子一　順天　養

新蘇乃組緞双承次子係家齊次子承生光緒十九年癸巳七月初九午時卒光緒丙午年又四月二十未時

聯登　子　進春　先景　三都　四鏗

聯登乃家齊長子兼承組緞字蕊豐生光緒七年辛巳七月十一丑時娶德崇蔡練官女傚官生光緒十二年丙戌六月廿一日申時

新蘇

新蘇乃家齊次子萬承組緻寔錄見上

汝生　子三　足來養　秋水 双承　水獺 双承

汝生乃標頭長子排行伍生同治四年八月十三丑時卒光緒

十五年己丑八月初九吉時葬嘡叻

五彩　子四　秋水 出半　水獺 出半　瑞地　茂林

五彩乃標頭次子字彖色生光緒元年乙亥五月初一丑時

娶曾子坂傅五官女

氣娘生同治十三年甲戌正月十七未時卒光緒廿九年癸卯

九月十九卯時再娶李氏金枝生光緒甲申年二月十五午卒民国乙丑年三月初十戌時女一皆娘

抱芸　子一　瑞全

抱芸乃標頭三子生光緒五年己卯十一月廿九申時字祢窓
卒民國戊午年十月十一寅時　娶溪南蘇嘉
善官長女謹官生光緒十三年丁亥八月廿八日巳時

炳會　子二　玉井　玉燕

炳會乃連居長子字茲佳生光緒十三年丁亥三月初四日丑
時卒民國壬申年八月十八寅時
娶溪尾王氏看娘生光緒十五年己丑七月廿一辰時卒民国

清溪蓬萊張氏宗譜

戊辰年又二月廿八未時
又娶鄭氏隨娘生光緒癸未年十二月廿八日亥時
女二長烏娘配大墘林次煉娘

新拔　子三　足林　國英　培俊

新拔乃連居次子生光緒廿四年戊戌六月十五丑時卒民國
戊辰年閏二月十三辰時
娶溪頭柯氏

新奐　子　敬南

新奐乃連居三子生光緒廿六年庚子十月十五日戌時
娶延壽院吳氏莉娘生

炳腸

炳腸乃標鑲抱養長子生同治四年乙丑三月廿二酉時

炳賞（改名炳九）　子一　繼成（双承炳殿）

炳賞乃標鑲次子字菘慶號　生光緒二年丙子五月廿三酉時卒民國癸酉年八月廿九申時
娶洋山姚貌官女哖娘生光緒六年庚辰正月三十日亥時

女音娘適大墩林

炳殿　子嗣丰　繼成

炳殿乃標鑲三子生光緒十年甲申八月廿四亥時卒光緒廿五年九月十五亥時

炳舵

炳舵乃標遷長子生道光辛丑年九月廿三子時卒

炳鎮

炳鎮乃標迺次子生道光甲辰年十月初十辰時卒

清時　圭　朝金　光明出繼　培茅抱

清時乃標外長子字彝、狒　生咸豐元年辛亥十一月初三寅時卒民國庚申十二月十七子時葬厦門麒麟山坐巽乾兼辰戌娶彭格陳贊官女不官生同治四年乙丑十月十三酉時卒民國辛酉年七月廿六午時葬在本山佳壠尖邉

女二長草娘適彭格陳助官次娟娘適溪尾劉松茂官養女蔡娘生光緒丙戌年　月　日時卒光緒癸卯年六月初六吉時抱養子克立生民國丁巳七月初二辰時

炳紅　子一　光明承

炳紅乃標季長子係標外次子繼生咸豐五年乙卯八月初六
戌時卒光緒　年七月廿七日葬厦門西山小坪丁癸午子

炳里　子三　培擥　培量　培聽

炳里乃標舉長子號　生咸豐九年己未七月廿九辰時卒
卒宣統元年己酉八月十七吉時葬
娶大墘林向官女籠娘生光緒庚辰年十一月初三午時卒民
國甲寅年六月廿五吉時
女縣娘適大墘林

談論　子二　新福　培康

談論乃標槌長子字茲言生光緒三年丁丑五月廿七丑時卒　年　月　日

娶曾口坂傅宝官三女綢娘生光緒丙戌年十月十三丑時卒　年　月　日

丁午　子

丁午乃標槌次子生光緒十一年乙酉十二月廿七卯時卒　年九月初四吉時

娶洋山姚箓官女情娘生光緒十八年壬辰十一月十四卯時

炳竹　子二　樹蘭　培甲 俱養

炳竹乃標引長子生道光廿九年八月廿三午時卒

年十一月廿十寅時

炳草　子一　水梘

炳草乃標引次子生咸豐四年甲寅八月初八亥時卒光緒十

八年壬辰八月初四酉時葬

娶井邉陳智官三女勧娘 生同治八年己巳十二月十二日申時

女一雪娘

元山　子二　溪河　培成宗養

元山乃建基養長子生同治九年庚午九月廿四丑時卒民國

甲寅年五月廿二戌時　娶西山林

贈官女葉娘生光緒四年戊寅九月十四丑時

進才　子一　水浸

進才乃建基次子字　生光緒戊寅年七月初四未時

娶路尾趙氏勉

娘　生光緒壬午年二月十三日戌時

炳九

炳九乃標鮑長子

炳鐸

炳鐸乃標樟長子生

桂水

乃標檜承子生光緒丙戌十月初十戌時卒宣統辛亥八月廿七巳

子嗣　蒲成

時娶蘇氏汝娘生光緒辛卯四月廿一子時在洋卒光緒丁未十月二十子時

炳刋

炳刋乃標賞長子生

炳全

炳全

炳全乃標賞次子生咸豐六年丙辰二月廿三寅時

炳萬

炳萬乃標千長子生咸豐八年戊午十二月二十日亥時卒光緒九年癸未十一月初九寅時

炳貴

炳貴乃標千次子殤

炳春

炳春乃標千三子生同治五年丙寅正月廿五申時

炳来

炳来乃標千四子生光緒九年己未十月十五午時（查九年癸未）

福麟

福麟乃金水長子字

生民國己未年七月初四日巳時

漢國

漢國乃金桓長子字菾　生民國辛酉年十二月三十日午時萬承金清娶溪南蘇氏的娘生民國壬戌年六月初八戌時

漢英

漢英乃金桓次子生民國庚午年十月十四日寅時

漢琦

漢琦乃金桓三子生民國甲戌年三月初五日寅時半承柳絮

炳永連

炳連乃瑞源長子兼承添水生民國己未年十一月廿五日寅時娶大墩林氏富娘生民國甲子年正月十六申時

炳火盛

炳盛乃瑞源次子　生民國壬戌年十一月十八日戌時

炳壬山

炳山乃瑞源三子兼承後生　生民國丙寅年九月廿二日寅時

炳水順
炳順乃戍元長子字　　生民國丙寅年七月三十日卯時

炳水發
炳發乃戍元次子字　　生民國庚午年正月初四日寅時

炳
炳　乃戍元三子

炳
乃天生長子

炳
乃天生次子

炳
乃天生三子

炳

炳

乃柳絮長子生

炳瑞

炳瑞

乃柳絮次子

佛仔后派

傳世 子三

水池　清秀　培榮

傳世乃保鎮長子字兹箕生光緒丙戌年十月初四日午時

君性和厚而大義深明者回重修譜牒頗有力焉

娶路尾林絨官女親娘生光緒己丑年十月廿八亥時

女先娘適溪頭柯興官

淑女　子一　興發

淑女乃保鎮次子生光緒十九年癸巳六月廿二寅時

娶溪頭柯氏審娘生光緒庚子年八月廿一日申時

女四長伙娘次水花三青娘四烏糠

雲英　子　玉蓮　發承

雲英乃標絞承子係保鎮三子繼立生光緒廿四年戊戌二月廿五丑時娶蘇氏綢娘生光緒癸卯年九月十二日酉時卒民國癸亥年四月廿八未時
又娶鴻卿李氏綿娘生光緒丁未年十一月廿二亥時
女二 羗娘 柬娘

炳賤　子　再興承丰
炳賤乃標成長子生光緒

炳送　子二　再發　再興出丰
炳送乃標成吉次子生光緒丙戌年八月十六日卯時
娶周堂陳桃官次女穟官生光緒丙申年十月廿三午時

國慶　子　卿成峯

國慶乃木水長子　生光緒丙戌年十二月廿六日丑時

娶刘氏卜娘生光緒甲辰年十一月初六酉時

金定　子二　水濠　保全

金定乃刋水承子係炳勤次子繼立生光緒丁酉年正月十

一日戌時

娶洋山姚氏廿娘生光緒辛丑年十一月廿六日酉時

女四　長梅娘未字次吉娘　三紂春適楊厝　四玉花適曾口坂

傅宅

維羆　子二　天安　天德

維羆乃標裕長子字荓熊生光緒癸巳年七月廿四日卯時

娶延壽院吳汝官長女炭娘生光緒庚子年七月二十日卯時

女五亞哂適大墘林拱星　銀花　金蘭　亞富　亞氣均未字

維士　子　有玉出丰　有条　有手　有寶

維士乃標裕次子字茲八生光緒丙申年十一月初五日辰時

娶區炉鄉劉賞官長女閣娘生光緒癸卯年六月二十日午時

女一儉娘

陰潤　子　有玉　文照　再買 俱双承

陰潤乃標裕三子號良澤生光緒己亥年十二月十一日未時

卒民國戊午年正月初五午時葬新厝墓灰墓下申寅坤艮

金兜　子　再買 出半殤

金兜乃標裕四子字菘苓生光緒丁未年三月十四日未時

娶崎縣陳凛官三女　契官生民國元年壬子五月十九日寅時

儒士得令　子一　文照 出半

得令乃標裕五子字茲　生宣統庚戌年五月初八日未時
娶大墘林向喜君次女敏娘生民國癸丑年十一月十三辰時

惟扙　子
惟扙乃標裕六子字茲栻生民國癸丑年三月十一日未時
娶上地胡連香官長女務娘　生民國丙辰年九月廿六日亥時

水錦
水錦乃標裕七子字茲繡生民國丙辰年十月廿八日辰時
娶洋山胡乃清次女柳娘生民國庚申年七月初四卯時

松樹

松樹乃四在長子生光緒庚子年三月初二戌時殤

新聰　子一　天賜　乃廣進長子生民国乙卯年四月十七亥時娶洋内葉氏礐娘生民国丙辰年十一月廿七酉時

清道　子一　天福

清道乃四在長子生宣統辛亥年六月廿九亥時妻王氏花娘生民国丁巳年　女一

金煉

金煉乃四在次子字菘　生民國乙卯年七月十四日午時

溪水　子一　金魚

溪水乃邦貴長子生宣統己酉年二月廿六日亥時

娶林氏越娘生宣統辛亥年九月十五丑時女一宝娘

福麟

福麟乃邦貴次子生民國三年甲寅九月十一未時

娶朱氏草娘生民國丁巳年二月初三戌時

炳土

炳土乃邦貴三子生民国壬戌年十一月初六日午時

炳出　子　卿成 双承

炳出乃秋月承繼子係木水三子繼立生光緒廿五年己亥十
二月十六未時
娶傅氏劝娘生宣統己酉年三月初二未時

國基

國基乃加添嗣子係木水次子繼立生光緒甲午年二月初四
巳時殤

炳郡

炳郡乃加添嗣次子係木水四子繼立生光緒三十年甲辰
七月十六子時

炳齊
子二　水欉　水仙

炳齊乃標勤長子字　生光緒壬辰年十一月十四未時卒
民國壬申年五月初九酉時
娶德塔李氏潘娘　生光緒丁酉年十二月廿四日未時
女二　笑娘　烏娘　均未字

青龍
子嗣　成金

青龍乃標勷三子　生民國甲寅年十一月廿九日亥時
娶溪頭柯氏香娘　生民國戊午年十二月初八辰時

海水

海水乃標勷四子字爇　生民國丁巳年五月十六日卯時
娶鷹前劉氏文娘　生民國己未年四月初八未時

癸成　子一　水仙繼

癸成乃標典抱養子號　生光緒甲辰年　月　日　時
卒

天生

天生乃標賞長子生民國己巳年七月廿二日子時

炳剌　子二　玉箕承半眉棟　玉蓮出半　玉崑

炳剌乃標詨長子生光緒癸巳年五月十五日戌時

娶新春林氏辨娘生光緒戊戌年九月廿九戌時

眉棟　子　玉箕双承

眉棟乃標淩次子締　生光緒廿四年戊戌九月十一日未

時卒民國癸丑年五月十七戌時

新登　乃標萇長子生光緒三十年甲辰六月廿一丑時殤

炳性　炳性乃標長之子　生民國壬子年八月廿四日戌時娶大墘

林氏寔娘生民國乙卯年十二月十七日卯時女二　惜娘　水仙

炳有　炳有乃三德之子　生民國癸丑年正月初九午時

惟申　惟申乃成圭長子　生民國己未年十一月初九日子時

炳本

炳本乃標坑抱養子　生同治己巳年　月

炳壹　子三　水浪　水泉　水井

炳壹乃標是長子獅　生同治戊辰年十月初六午時卒民國癸亥年七月十八酉時葬本山土名虎咬猪母坐壬丙兼子午

娶上地胡綱官長女妹娘生光緒己卯年十一月十二未時自擇壽域在本山虎咬猪母坐壬丙兼子午

公于民國丁卯年自搆佛仔后大圳脚坐壬丙兼子午

# 清溪蓬萊嶺美張氏宗譜

正卷玖

長房

清溪蓬萊張氏宗譜歷世紀實卷玖

十九世

培養

培養乃炳貴長子號　生同治癸酉年十月三十日辰時

娶吳氏吉娘生光緒乙酉年十月初九卯時卒光緒辛丑年五月十五日未時

培詩

培詩乃炳池長子生光緒丁丑年正月初十日寅時

娶朱氏清姬生光

緒庚寅年二月廿五子時

培禮

培禮乃炳池次子生光緒九年癸未五月初八寅時

娶林氏富姫生光

緒甲午年十月廿五申時

培熹

培熹乃炳池三子生光緒丁酉年四月初三辰時

娶劉氏尾娘生光緒

丁酉年正月初八子時

培裁

培裁乃炳沅長子生光緒癸巳年二月初七日酉時

培悻

培悻乃炳沾長子號　生道光八年九月廿七申時卒同治癸亥年八月初四吉時

培正　子二　新出　登載

培正乃炳寵長子諱　生同治乙丑年十二月初九日丑時
卒
娶曾口坂傅推官女長娘生同治丁卯年三月初一卯時卒光
緒三十一年乙巳四月初五丑時葬
女二　長蜀娘　次鳳娘配十字路陳晋庭為媳
培親　子二　錫泉　錫某
培親乃炳寵次子諱崇仁生同治癸酉年六月廿四寅時卒光
緒卅十一年乙巳正月十一巳時葬
娶德崇蔡氏沙官係水官女生光緒乙亥年九月二十日寅

時

女梅娘配大墘林山官

培箕　子　嘉賓

鴻發 承半

培箕乃介恭長子號興修生同治庚午年四月初六未時卒光緒壬寅年三月二十丑時葬嘡吻　娶上地胡怚官女志娘生光緒三年丁丑二月初五吉時

女一　沌娘

培籃　子一　鴻發 出半

培籃乃介恭三子　生光緒丙子年七月十一巳時卒民國壬申年十月初十未時葬嘡叻嗼呸山　娶溪南監生蘇繞官女免娘生光緒十一年乙酉七月廿一戌時

女差娘適溪南蘇永官

培科

培科乃介恭四子　生光緒壬午年正月廿四子時卒民國癸亥年五月吉日吉時葬嘡叻大吧嗂山

青龍　子二　松根殤　冬来

青龍乃炳及長子字典飛號遠在生道光己酉年十二月廿五巳時卒光緒庚寅年十一月廿二戌時葬厖埪田中庚甲申寅

娶溪尾劉彩官女榮娘𣴓光慈生咸豐癸丑年五月十四未時
卒民國乙亥年八月十七酉時葬
女三長于娘配劉眼官次知娘配鎮府黄忠官　三柳娘配溪頭柯益官

培種　子一　錫新建

培種乃炳及次子字典五𣴓　生咸豐乙卯年九月十五寅時
卒光緒廿七年辛丑四月十四吉時葬畓邦
娶曾口坂傅氏銅官生咸豐丙辰年五月初五酉時卒
年　月
女二長唑娘配鴻卿李俊官　次卜娘配上地胡家

培族長　子一　錫秋
族長乃炳及三子字典宗生咸豐丁巳年十一月十八寅時卒
光緒癸未年七月初三卯時葬
娶井濱陳諸官女漲娘　生咸豐庚申年七月十五寅時　女
悔娘配谷口温通士

培琛　子嗣　錫火
培琛乃炳及四子生咸豐辛酉年正月廿八未時卒光緒甲申
年正月十六辰時葬在嗄叻
娶陳氏擬官改適

培詩 子三 水泡 錫大 出繼

培詩乃炳及五子號　生同治甲子年九月十七亥時卒

娶德崇蔡包官女

郭官生同治戊辰年八月廿三寅時卒　年　月

日　時

女　長顏娘配大墘林能元　次陣娘　三勸娘

培朕 子四 錫㬎　錫璐　河海　春暖

培朕乃德發長子字典琴號遠心生咸豐辛酉年八月廿九

未時卒民國戊午年十二月十五丑時葬在本鄉北山頭石痛

坐辛向乙兼酉卯自構隆美厝全座土名溝坑壠祖左畔坐

娶鴻卿李節官女玉官生同治丙寅年十二月

廿六酉時

女二　長汝娘適上地胡叙官　有娘適鴻卿李

水源子　雲路　金苞双承

水源乃德發次子字典泉號遠清生同治壬申年十月三十日

午時卒光緒癸卯年八月初八午時葬

娶龍居林和官女耳娘生光緒二年丙子九月初四酉時卒

年十二月十九申時葬

女一禾娘

培頌 子二 錫英 錫造

培頌乃炳料長子號 生咸豐戊午年八月十六日子時卒

光緒戊申年十一月十一吉時葬大山坳

娶温泉唐捧官女不官生同治癸亥年三月十三日酉時卒

培丕 子三 錫明 錫兵 錫份

培丕乃炳料次子字典顕生咸豐庚申年十二月初二日未時

卒 年八月初八吉時

娶龍居林質官女冬娘生同治庚午年閏十月十一日辰時

卒　年七月廿三吉時

女　長淡娘　次勤娘　三炭娘

培宇　子　澤蘭后改錫清

培宇乃炳料三子　生同治庚午年七月十一日卯時卒

民國丁卯年正月十五亥時葬南洋舊塚　娶溪尾劉再興

官長女吉娘生光緒丙子年九月初四寅時

培文

培文乃炳料四子　生光緒庚辰年五月初六日未時

娶鴻卿李勺官

長女高娘生光緒丙戌年十月十五辰時

陞階　子二　来春　錫閃　燊

陞階乃炳節長子字典納號升堂生同治丁卯年十二月廿四戌時卒光緒壬寅年十月初一午時葬北山石痛頂生辛乙兼酉卯

娶德崇蔡暢官女須娘生同治庚午年十月十五日子時

女二吱娘配蔡厝蔡思孝為媳次洞娘配溪尾劉

培欲　幼殤

培怡　子　錫閔兼承　加多　新俊　隨禮

培怡乃炳節次子字典悅生同治癸酉年十一月初九日戌時卒民國丁卯年九月廿六申時合楠溝坑壠右畔厝乚座右畔壬丰

娶溪南蘇許儀長女水娘生光緒庚辰年十一月十七日寅時

女二　長篇娘適大墘林　次鍊娘適鴻郷李

敦厚　子二　岩居　世傳

敦厚乃炳節三子字典禮生光緒八年壬午四月十二日亥時

娶上地胡扒官五女

偶娘生光緒乙酉年三月初六巳時

女四長先娘配溪頭柯次綢娘適　三適寮坑胡　四定娘未

許字

培鐸　子　錫分

培鐸乃翰墨長子字典道號榮木生同治戊辰年正月初三日

巳時卒光緒癸卯年九月初三巳時葬

娶溪南蘇踏官四女嘌娘號繹慈生同治甲戌年七月初七酉

時卒光緒甲辰年二月十四子時葬

女二　長菈娘適　次沙娘適福宅溪劉家

培拋　子　錫賞　錫牆　过継　海水

培拋乃翰墨次子字典隨生同治庚午年十二月廿四日戌時

卒民國丁卯年十月初六日子時

娶鴻卿李拱官女連官生光緒丁丑年八月初二辰時卒民國

甲戌年五月初五辰時葬

女長蔓娘　次担娘

培田　子嗣　錫牆承

培田乃翰墨三子字　生同治甲戌年正月初一戌時卒

年　月

娶崎縣陳丑官女鈴娘生光緒丙戌年十月初八巳時卒光緒

甲辰年六月廿六未時葬
再娶后宅葉氏
囝陳　子三　金送　錫紅
囝陳乃炳徙長子骈　生光緒癸未年八月初八巳時卒民
國已巳年九月三十日酉時
娶登虎榜傅氏引娘係烟官女生光緒壬辰年七月初十日巳
時卒民國庚午年又六月廿四寅時葬
請令　子一　水生出外

請令乃炳徙次子號　生光緒乙酉年五月初七卯時卒民國甲戌年二月廿五未時葬

娶德崇蔡仁官次女呈娘生光緒壬辰年十一月十五卯時

女一屬娘

利水　子　水生 双承

利水乃炳徙三子號　生光緒戊子年十一月初八日卯時

卒民國壬戌年十二月十九日　時

娶吳氏改適

培恭

培恭乃炳根之子生同治癸亥年正月初五日戌時

培西

培西乃炳夏水長子生同治甲子年十一月廿八日巳時

培真

培真乃炳螺承子係夏水次子繼立生同治丁卯年八月初一申時卒光緒壬午年

娶上地胡儉官女肴官生同治辛未年二月廿九日丑時卒

培猶　子　湖力抱　錫立　水月　春陳丰繼

培貓乃炳螺次子號　生同治壬申年正月廿七日亥時卒
民國甲寅年三月初一日酉時葬北山生丁向癸兼未丑
娶鴻卿李沃官女雕官生同治壬申年十一月十一申時卒光
緒丁未年六月初十日巳時葬塞街邉路頂坐癸丁兼子午
再娶登虎榜傅氏兮娘生光緒己丑年正月十九日寅時
女一歷娘適鴻卿李
和中
子四　水宗　捲竹俱殤　傳興　傳王
和中乃炳螺三子號　生光緒丙子年正月十四亥時卒民
國己巳年十二月十六卯時
娶溪頭柯嘮官女寶娘生光緒庚辰年十一月廿十日寅時卒

民國壬戌年五月十四日　時

女一鵪娘適上地胡

培泉河　子一　春陳半承

泉河乃炳螺四子號　生光緒癸未年十二月十七日辰時

卒

娶陳氏滿娘改節

成栢　子三　錫鉛　萬遻　金喨　致成

成栢乃炳沛長子字典知號　生同治庚午年十一月廿九

辰時卒光緒丁未年四月廿五日辰時葬

娶登虎榜傳集官女取官號節義生光緒　年

卒光緒丙申年二月廿二未時葬本寨街坐

再娶新春林蛙官女着官生光緒戊寅年十月二十子時卒民

國辛未年三月十七酉時女一

培

培虎　子五　冬用　養　厨八　廷清　自元　明水

培虎乃炳沛次子字典獅獅　生同治癸酉年十二月初八

亥時卒民國庚午年六月三十日亥時葬

娶登虎榜傳濫官女富娘生光緒庚辰年正月十四日巳時卒

年　月　日　時再娶溫泉唐氏究娘生光緒戊

子年九月初九辰時

54



金覺　子三　古人　為學　次第

金覺乃炳沛三子字典曉號　生光緒己卯年十月十三亥
時卒民國乙卯年七月廿九酉時葬
娶溪頭陳影官女唖官生光緒庚辰年十月初六日子時女
一　發娘適大墘林

流水　子三　金珍　金興　金珠

流水乃炳沛四子字典音號　生光緒壬午年三月十八日
戌時卒民國乙卯年五月廿九辰時葬
娶十字路陳慶官女綢娘生光緒戊子年四月廿四日辰時

培永福　子二　金春　為霖

永福乃炳沛五子字典海生光緒乙酉年四月廿三卯時卒民（号後録）

國戊辰年十二月初三申時葬大山考田頂坐庚甲兼申寅

娶上地胡養官長女祥娘生光緒辛卯年正月廿八戌時

女二長尾娘適鴻卿李次烏甜未字

造佔　子二　金龍　金火

造佔乃炳沛六子字典　生光緒丁亥年五月十九日辰時

娶崎縣陳氏知娘生光緒壬辰年十月廿五未時卒民國丙寅年九月二十辰時葬　再娶洋山頭林氏

荼娘生光緒丁未年九月二十酉時女二碟娘適鶴前劉金生官　蛙娘未字

七寸子　火義　錫慶　錫居　其庶

七寸乃炳沛七子字典　生光緒庚寅年閏三月初四亥時卒

民國　年二月廿二日戌時

娶胡氏綿娘　生光緒癸巳年二月初二巳時女二能娘　貴春

三賢　子二　進財出半　東成

三賢乃炳六川長子字典　生光緒丙子年十一月十一日辰時

卒民國丙寅年六月廿一日亥時葬北山

娶洋山姚端官女恃娘生光緒十年甲申十一月十六日未時

培開　子一　錫耀 繼丰

培開乃六川次子號　　生光緒辛巳年九月十八辰時卒

年　月

娶德崇蔡遇官長女位娘生光緒戊子年十一月初三丑時卒

光緒丙午年四月十九酉時

再娶林氏生光緒辛卯年十二月初八日戌時

造格　子　進財 双承

造格乃六川三子　　生光緒乙酉年十一月初七申時

培厘戩　子　錫耀 継丰

厘戩乃六川四子兼承炳根生光緒十四年戊子四月三十日

巳時卒　年二月初十吉時

五蔭

五蔭乃六川五子生光緒丁酉年八月廿七日酉時

泉河　子　春陳 丰承

泉河乃炳八記承子係炳螺四子繼丰生娶内敘

西安　子一　錫茶

西安乃炳揀長子號榮金生同治甲子年正月二十子時卒光
緒甲辰年十月二十子時
娶洋山胡泉官女肴娘生光緒乙亥年二月初二寅時卒光緒
廿八年壬寅四月初五巳時

連作

連作乃炳揀次子號　生同治九年二月十六日丑時卒光
緒　年　月　日　時葬在番邦日里

泰山　子二　庭前　超羣

泰山乃炳箱長子字典岱生咸豐十年十一月十九日酉時

卒
娶溪尾劉仁官女鍱娘號全慈生同治六年五月初七酉時卒
光緒癸卯年十一月初十日寅時生女一配鴻鄉李家葵
續娶淵兜沈不官女專娘生光緒癸未
年七月初六辰時卒民國丁巳年七月初八寅時

培趙

培趙乃炳貫長子生同治二年四月初一日辰時娶洋山胡欽
官女銀娘生同治六年二月十一辰時夫妻同往嚧叻卒先改

松林

松林乃炳紉長子生同治七年又五月廿五丑時卒光緒壬辰年九月廿六日戌時

陰潤

陰潤乃炳紉承次子係炳宣三子繼立生光緒十四年戊子四月廿五酉時

朝宗 子一 錫周

朝宗乃炳箴長子字典漢生光緒丙子年正月十二寅時卒民

國庚午年　月　日　時葬
娶后垵庠生謝四意長女淡官生光緒乙亥年十一月廿六日
午時卒民國廿五年正月廿六日

新豪

新豪乃炳箴次子生光緒十二年丙戌四月初三日丑時

補助

補助乃炳宣長子字典邦生光緒四年戊寅十一月廿八日巳時
娶大墘林豹官
女鰍官生光緒壬午年十一月初六日卯時女一

清江

清江乃炳宣次子 生光緒七年辛巳二月初六日卯時

娶溪頭柯毛官女蔭

官生光緒十一年乙酉十月廿六日亥時

培廩　子三　甘泉　生發（半承培釵　又名老仞）　生泉（出繼）

培廩乃炳嗹長子號　生光緒三年丁丑十月三十日子時

卒宣統庚戌年七月初九未時

娶溪頭柯泰山長女于官生光緒乙酉年二月十六日寅時女

為娘適科名黄石官次音娘未字

春愚　子　國法（承半）　生泉（承繼）

春愚乃炳嗹次子生光緒七年辛巳三月廿二日巳時

娶崎縣陳碟官三女妹

官生光緒十二年丙戌十二月初五日卯時

才情　子　錫方　抱双承

才情乃炳嗹三子字典　生光緒十年甲申正月廿三日亥時

娶大墘林印官女令官

生光緒戊子年十二月初二日申時卒民國庚申年八月初

八子時葬叻舊塚山

水通　子

水通乃炳嗹四子字典　生光緒十六年庚寅二月初三日戌

時娶

佳仍　子一　發生

佳仍乃炳南長子生同治癸酉年二月初四日酉時卒光緒乙巳五月廿一巳時葬蹬峇納口舊塚生　娶上地胡氏　生光緒甲申十月初二巳時女一調治適溪南苏才官

培瘦

培瘦乃炳易長子生道光辛丑年九月廿八申時卒先攷

培鬆　子一　金盼

培鬆乃炳劍長子字典　號　生道光庚戌年七月初十未時卒民國乙丑年四月廿七寅時葬

娶龍居林捧官女蕉娘生同治壬戌年三月初四日巳時卒光

緒己卯年七月初六日亥時葬
再娶陳氏旺娘生咸豐辛酉年　月　日　時卒民國乙丑
年七月初一亥時葬

培爆　子　兩和
培爆乃炳劍兩承次子狮　生道光己酉年三月初九未時
卒光緒乙未年六月初七日巳時
娶　氏

朝雅　子一　三江
朝雅乃炳劍三子兼承炳瓢生咸豐四年十一月十七日未時

卒光緒辛巳年九月廿四午時葬小張宅狗頭外與金成公仝葬坐乾巽兼戌辰　娶上砂傅杞官女好娘生咸豐辛酉年十二月初三午時卒民國壬申年七月十六日酉時葬本鄉大嶺灣坐酉卯兼辛乙　女六長圭娘適曾口坂傅次寬娘適彤厝林三火娘適長坵頭陳四壬娘　五却娘　六綢娘

西河

西河乃炳淞承子係炳昜之子繼立生道光廿八年　月日　時卒

齊眉

齊眉乃炳瑱抱養長子號　　生咸豐五年三月十七未時卒光緒辛丑年四月二十吉時葬

娶曾口坂傅氏掂娘生同治七年二月廿二日子時卒光緒壬寅年四月初八吉時

新全

新全乃炳觥之子　　生道光廿九年四月十九日巳時卒同治九年十二月初三卯時葬

木林
木林乃炳潄長子

朝雅
子一　三江
朝雅乃炳甑双承子係炳劍之子兼承叙在内

天送
天送乃炳甑次子生　年　月　日　時卒光緒　年　月

添丁

添丁乃炳甑三子係炳裕四子繼立

銭鼡

銭鼡乃炳烱双承子係炳裕長子分承寔錄見下

培開

培開乃炳捀抱養長子

培戇

培𧪌乃炳搀次子

錢胤

錢胤乃炳裕長子兼承炳悃生

昭君

昭君乃炳裕次子

培喩

培喩乃炳永長子號脩己生道光　年　月　日　時卒

光緒乙未年九月廿九卯時葬　娶李氏張娘改適

培祿壽　子　八音　承平

祿壽乃來興抱養長子生咸豐　年七月十五日辰時卒

民國壬戌年十一月廿六戌時葬嗄叻峇叻口坐乙辛兼卯酉

佳財

佳財乃炳畽長子生咸豐癸丑年十月三十日丑時卒

△7

合春
合春乃炳由長子兼承胞兄炳匏　生光緒二年丙子十一月初
一子時

培歐
培歐乃炳由次子字典　生光緒八年壬午十二月初一日丑
時

培老子　子　國清　八音丰継　水倉
老子乃炳懷長子字典養生光緒四年戊寅正月廿六日寅

時卒民國乙亥年十二月廿八未時葬阜坑壠生癸丁兼丑未
娶溪南蘇瑶官長女園官生光緒十年甲申十二月廿六日
寅時
女五長早娘適溪尾刘次牲娘適大墘林　三時娘適溪南蘇
四用娘適溪頭柯五秀娘適溪南蘇

培照　子一　生朝

培照乃炳三福長子係介恭次子繼立狮興鑑生同治辛未
年十二月廿三巳時卒光緒壬寅年三月十七卯時葬嘡叻
娶上地胡汝官女余娘生光緒五年己卯四月

△8

十四辰時

珠清　子三　文艷　聯發　聯全

珠清乃朝聘長子字典　生同治二年四月初二日辰時卒民國壬申年八月廿九卯時葬崑叻坡式關塚　娶劉氏同娘生同治六年丁卯五月十六日卯時卒民國丁卯年二月廿日申時女二長滿娘適十字路陳圡官　次爲娘適林門社林宏官

培不　子一　連對

培不乃炳琴順長子生光緒己丑年八月十九日午時卒民國己巳年六月初五酉時葬南洋舊塚　娶廣東蘇彩玉娘生光緒　卒民國辛未年十二月廿一丑時葬南洋

清溪蓬萊張氏族譜

培奭塏　子三　崢嶸　神童　天賜出手

奭塏乃萬物長子字典快𢅏切磋　生咸豐五年乙卯二月廿
四寅時卒光緒戊申年十二月初九寅時葬在虎埪外壠田
中公田與媽傅氏秀葱合葬坐乾巽兼亥巳
娶蔡土樓蔡河官女春娘生咸豐庚申年十一月初二酉時卒
光緒壬午年十二月十三辰時葬
再娶傅氏錦娘　生同治甲子年十一月十二申時卒光緒己亥
年五月十八午時葬與公合　女瑞娘

焜煌　子二　神助　錫輝

焜煌乃萬物次子字典光生同治元年壬戌八月初十丑時卒光緒戊申年二月初七巳時狒然磋葬本鄉虎咬猪母坐亥巳壬丙與妣仝穴娶谷山林氏我娘生同治丙寅年六月初一日戌時卒民國癸酉年十月十六日亥時

女久娘

三陽　子一　重光双承泗水

三陽乃萬物三子字典新狒如磋生同治九年庚午三月十一卯時卒宣統己酉年十一月初八辰時葬在　乾巽亥巳

娶陳氏雲娘生同治甲戌年十一月初八日未時卒民國庚午年七月初七申時葬

培泗水　子　天賜　重光　俱承

泗水乃萬物四子字典濵號居芳生光緒元年乙亥九月廿一巳時卒光緒辛丑年五月廿八子時葬

娶林氏晏娘因夫亡後改節

五湖　子二　重華　重地

五湖乃萬物五子字典中號平磋生光緒戊寅年九月初四申時卒民國丙辰年四月廿九日葬

娶胡氏淡娘改適

六合　子三　火煉　永安　俱養

六合乃萬物六子字典定號彌磋生光緒癸未年正月十九

寅時卒民國己未年正月初十日　時
娶溪美劉氏唖娘生光緒庚寅年十一月初十日辰時女二長
謹娘適湖頭董金官　次素琴適於南安林家才官

開創　子　珪璋殤　和盛　兜陳双承
開創乃金聲抱養子號成業生同治甲子年三月十七日午時
卒光緒丁酉年十月十九申時葬
娶李氏鴦娘生同治己巳年十月廿九日寅時

培領　子一　兜陳兼承開創
培領乃福海抱養長子生同治戊辰年四月廿三日未時卒

青溪蓬萊張氏宗譜

民國己未年十二月初一日辰時

開泰　子一　聯登 抱

開泰乃福海次子係金聲三子繼立生同治庚午年四月廿五日戌時卒民國癸亥年六月二十日戌時

娶王氏卞娘生光緒己卯年十二月初一申時

武生奮武校尉廷選　子六　條梅 養　玉林 改名双清　俊傑　連帶　錫春　錫治

廷選乳名允順字典選號源德乃龍溪長子生同治壬申年九月廿三亥時光緒乙未歲試　王宗師取進武學第六名

卒民國癸亥年七月廿九日午時葬厦門禾山洪山柄蘇厝龍古山坐乙辛兼卯酉
娶林氏洵娘號温慎生同治壬申年四月十六日巳時卒光緒
癸卯年四月廿七巳時葬
再娶李氏配娘生光緒癸未年九月廿九酉時生男連帶　女
碧端碧志
又納側室胡氏做娘生光緒壬午年十月廿四日辰時
女三長女桂娘適新豐劉克紹北京大學商科畢業　次碧端
適官橋曾郁鄉陳正禮集美中學畢業自己厦門大同中學畢
業三碧志厦門大同中學附設小學畢業未字

培招財　子二　楓儀養　再傳殤

招財乃龍溪次子字典源號源春生光緒乙亥年九月廿七申時卒光緒庚子年六月廿八戌時葬在虎咬豬母癸丁子午

娶陳氏郝娘號恭維生光緒丙子年九月廿一亥時卒光緒乙巳年十二月初四丑時葬

女一剔娘適洋山胡

儒士進寶　子三　朝燕養殤　真珠　永遠係承四房高陞三子維

進寶乃龍溪三子字典國號源器乃龍溪三子生光緒庚辰年正月初七未時卒民國辛未年九月十二日卯時葬本鄉龜仔墓灣坐癸丁兼子午

△10

娶劉氏客娘生光緒辛巳年八月初七寅時

銀買　子三　廣興　麟趾　添富

銀買乃炳祿抱養長子字典玉號其璧生光緒庚辰年十一月初八巳時卒民國二年癸丑二月初三子時

娶鴻卿李氏巧娘生光緒癸未年五月廿五卯時女二石娘泗美

吉来　子二　新取出𦍌　錫世

吉来乃炳祿抱養次子號其成生光緒癸未年三月初一子時

卒光緒丙午年又四月廿七丑時葬

娶劉氏鬆娘生光緒甲申年四月十六辰時卒光緒丁未年十
月十二辰時

税契　子　新取双承

税契乃炳庵長子生光緒壬寅年四月廿六午時卒
年八月廿九日

江中　子　金木　金枝　元乞

江中乃春發長子字典　生光緒辛卯年十月初一日巳時
娶科名黃氏黎娘生光緒癸卯年七月初九子時
女四　赤娘　曰娘　玉燕　玉珠均未字

二房

江陵

江陵乃春發次子

江興

江興乃炳簡長子生宣統辛亥年四月廿九申時娶湖頭林氏信娘生民国乙卯年七月十二卯時子二錫順　榮枝女一富娘幼

再生

再生乃高珍長子生同治十年正月廿六寅時

培戒

培戒乃炳儀抱養子生咸豐元年十月十四卯時卒同治九年庚午六月十二吉時

資生

資生乃炳屋長子生同治九年庚午二月初二亥時卒光緒

年六月二十丑時葬嗁叻

培毶　子

培毶　乃炳屋次子娣　生光緒己卯年四月廿五酉時卒

年　月

培照　子

培照乃炳屋三子生光緒甲申年十月十八酉時卒

年　月

培帽

培帽乃炳跳長子生道光五年二月廿七酉時卒在番邦嗅叻

無考　娶温氏拈娘生卒葬俱失考

培滚

培滚乃炳跳次子生道光九年八月廿八吉時在臺無考

培纙

培纙乃新氏長子號利用生道光十年七月廿六辰時卒光緒十三年丁亥二月廿三寅時葬嗅叻

子一　有財　双承

培在

培在乃新民次子生道光廿六年丙午正月十八丑時卒同治

四年乙丑三月廿六未時

培吁

培吁乃新民三子殤

培吹　子一　錫便

培吹乃炳田長子生道光乙未年二月初四巳時　娶台湾

陳氏生道光己亥年七月廿八未時

培猛　子　有才　開盛　新来

培猛乃新田次子字典濟號[illegible]　生道光十七年丁酉七月十
九未時卒光緒三十二年丙午八月十四未時葬在小張宅坐
癸丁兼丑未　娶崎都温氏謹娘號信慈生道光廿一年辛
丑九月初一辰時卒光緒七年辛巳十一月十一丑時葬
女卜娘配劉祥官再娶新宮劉良
官長女閏官生道光十八年戊戌四月廿八巳時卒
年　月

培良

培良乃神庇長子生道光十八年十一月初四日未時卒

培醇

培醇乃神庇次子殤

培碩　子一　錫嘉

培碩乃傳興承子係新田三子繼立生道光十九年己亥五

月初五未時卒

娶厚垵謝氏汝娘號得慈生道光廿四年十一月廿七酉時卒

光緒廿九年癸卯五月初五寅時

女賞娘配上地胡兵官

培超　子　錫成仁承

培超乃炳泮長子字典笏號其英生道光七年丁亥十一月廿八卯時卒光緒廿五年己亥七月初三卯時葬本山佳壠尖傍坐癸丁兼丑未　娶曾口坂傅氏富娘生道光九年九月十二日殤再娶溪頭柯氏鸞娘生道光十年庚寅八月初十卯時卒道光廿九年九月初一亥時葬

培洗　子五　成功　成仁出繼　三經　四配　五岳

培洗乃炳泮次子字典濯號其心生道光十三年癸巳六月廿四辰時卒光緒十二年丙戌二月十八酉時葬后坑崎坐申寅

坤艮　娶上地胡氏對娘號雙慈生道光十二年壬辰正月
日吉時卒咸豐十年庚申七月十八寅時原葬佳壠崙尾
要遷大坪尾田中坐乾巽兼亥巳生男成功女令娘配蓮洲王
興官　再娶科名黃氏三娘生道光廿一年辛丑十月初三巳
時號孟壺卒光緒四年戊寅七月廿六巳時葬本鄉大坪尾灣
牛運窟下坐艮坤兼丑未
公爲人慷慨舉事宏大是譜之資雖在夷千里殫力鳩集跋
涉負載眞未易易者　前修人誌

培燕　子二　清冰　海棠双承
培燕乃炳禮抱養長子字典翼號具音生道光廿年庚子十

二月初四巳時卒光緒己卯年七月十七子時葬

娶登虎榜傅氏恍娘生道光廿一年七月廿

四巳時卒光緒戊寅年四月廿五巳時葬

女二長銀娘適上地胡基官　次香娘適溪頭柯斗官

鄉飲賓永清　子四　春生　海棠 双承　江中 殤　瓊林

永清乳名培水字典清乃炳禮次子號其源生道光廿二年壬

寅三月廿九午時光緒辛丑歲試蒙學憲擅獎鄉飲賓幷賜

匾音曰誠樸可風卒民國五年丙辰三月初六巳時享壽七十

有五葬鶴岫壠尖尾窩內生乾巽兼亥巳

娶蓮格陳枣官女鈌官生道光三十年庚戌十一月十六夘時
卒民國十五年丙寅六月初四酉時享年七十有七葬在大坪
尾下坡内生丁癸兼

翁為人勤儉樸寔居己則維温維和待人則以誠以信最可羡
者生平尊師敬友酷嗜書香以故令冢郎修德兄亦虛心力李
十載芸窻遂即發軔泮宮而　翁亦蒙學憲賜以身列賔筵頂
帶榮身此非天之所以報其好學者乎来日封誥頻膺正未有
艾焉耳

纂脩人衡山蘇　希賢　拜贈

培策　子四　江水　文生　三才　四寶

[illegible]
遷尖坵後葬
寅申兼甲庚坐

培箓乃炳起長子字典金號其言生道光廿五年乙巳十二月
廿九寅時卒光緒廿十年甲午四月初五日戌時葬小張宅厝
地路頂坐寅申兼甲庚　娶谷山林吉官女早娘生咸豐十年
庚申四月初七酉時卒民國十九年庚午正月十六日丑時葬
在　　女三長蕉娘配溪
尾武生刘毓芝次昭娘適新宮刘保官三疢娘適刘講為妻

培纘　子三　錫旺　錫士粲　錫浪

培纘乃炳晋長子字典緒號季安生道光廿年十月初三寅時
卒同治四年九月初一亥時

娶上地胡氏好娘諱謀葱生道光壬寅年六月廿七巳時卒
光緒庚子年四月初十卯時葬
女守娘適鶴前刘貓官

培總

培總乃炳晉次子諱季春生道光廿七年十月初十卯時卒光
緒廿九年癸卯三月初一子時葬
娶溪南蘇氏要娘諱春億生道光丙午年十二月初五申時卒
光緒己卯年十月十四巳時
女二長有娘適烏秋謝全官次于娘適蓮格陳量官

培賫　子　錫浪　双承

培賫乃炳晋養子　號乃以　生

卒光緒　年十月十九卯時

培盛　子一　錫士　双承

培盛乃炳晋三子　號金甌　生咸豐丙辰年正月十三丑時卒光

緒丙子年九月十九未時

培玳　子　錫浪　双承

培玳乃炳晋四子　號季玉　生咸豐庚申年八月十一子時卒光

緒乙亥年九月十六寅時

培麕　子　榮宗 養

培麕乃炳癸承子係炳巴之子継立生道光廿八年戊申十月
十一寅時卒光緒辛丑年五月初五申時葬在嗅叻大吧窑坐
東向西

六秀

六秀乃炳癸次子⿰弓市　生咸豐丙辰年十二月十一丑時卒
民國庚申年四月廿七辰時

真垂　子二　天賜　得金

真垂乃炳癸三子⿰弓市　生咸豐己未年十一月初二日酉時
卒民國癸亥年十月十一巳時葬

娶龍居林輦官女　官生同治二年癸亥三月初七申時

丕承

丕承乃炳菊長子係炳樹之子繼立生咸豐戊午年六月廿十卯時

丕顯

丕顯乃炳菊次子𪨊　生咸豐庚申年七月初四日卯時

培謙　子二　聯登　金聲

培謙乃炳菊三子字典受號心亨生同治己巳年十月十六
子時卒光緒辛丑年七月廿六寅時
娶登虎榜傅通官女益官生光緒丁丑年五月廿八亥時卒
民國二年癸丑八月初六午時葬
女二　長領娘配上地胡　次預娘配傅家

培傳　子一　壬癸承

培傳乃炳件長子號心法生咸豐七年丁巳七月十八巳時卒
光緒二年丙子七月廿八丑時葬厦門鎮南關

培山　子　壬坤承

培山乃炳件抱養次子字典水𦏁秀登生咸豐八年戊午三月

廿四子時卒

培

道　子五　錫柿　壬癸出繼　壬坤出繼　金榮　水源

培道乃炳件三子𦏁寔德生同治元年四月初八卯時卒光緒

九年癸未十月三十日午時葬在嚏叻大巴窑塚坐東向西

娶陳坑胡平官女頂官生同治三年甲子十一月十一辰時卒

女二長銖娘配德崇蔡皮官次鉗娘

汾陽郭氏家譜

培恭子　朝寶養　秋潘殤　錦桐養　錦竹　崟金　錦祥

培恭乃炳件四子字典近號温良生同治三年十一月廿七亥時卒民國乙亥年四月廿七巳時葬叻坡二關塚壬丙子午

娶頂刘西姑官女面娘號仁慈生同治戊辰年十一月廿二午時卒光緒乙未年十一月十七辰時女一葉娘

再娶大墘林氏文娘生光緒辛巳年七月初一辰時生錦竹女一吉治適林慶魁

培榜子八　金釵　邦根榮源　榮炎　榮和養　皆興　来園　園枝

培榜乃炳件五子字典首號文義生同治七年五月廿四日

亥時卒民國戊辰年三月廿七日葬南洋嗎哑山双葬
娶鳳山頭林氏求官生同治己巳年正月十一寅時女三
長營娘配刘燕官次蕉娘適湖頭陳三金粧媽卒民國辛未年三月十五日
側室陳氏格娘生光緒辛卯年三月初七酉時卒民國壬戌年又五月十九酉時葬叻坡武闌塚

泥金子　惟德　露發　惟来　惟銀

泥金乃炳件六子字典南號中陽生同治九年十二月初十
卯時卒民國癸丑年四月廿六午時葬新加坡峇山溪
娶溪南蘇氏煥娘生光緒己卯年三月初五日丑時女一
英娘適黄家氏卒民國丁卯年七月初四巳時葬大吧窑二閣
塚坐

培財助　子　中波　中興殤　中河双承　中元

財助乃炳甘承子係炳基次子繼立生咸豐五年乙卯十月廿六未時在南洋卒民國庚申年九月十九巳時

娶洋山胡弁官女眈娘生同治戊辰年十二月十五酉時卒光緒壬寅年十一月十九戌時

再娶胡氏蟶娘生同治庚午年八月二十日戌時女三長殊娘　次云娘　三吟娘　蟶娘卒民國廿年十二月廿八子時

培養成

養成乃炳瓏抱養子生咸豐元年辛亥七月廿二日辰時

祥瑞　子一　中河　双承

祥瑞乃三奇長子號文明生咸豐十年庚申四月初十日戌時卒光緒十一年乙酉六月十六子時葬在嘡叻娶上地胡氏未合巹而出

培寶　乃炳粒之子殤

来接

来接乃炳粒抱養長子號迎禮生同治癸酉年十月十八日辰時卒光緒甲辰年四月十二日葬嘡叻

娶上地胡温官女曰娘生光緒丙戌年十二月廿六日申
時

培生吉

生吉乃炳粒次子號成安生光緒癸未年九月初六日寅時
卒光緒壬寅年三月十八子時葬嘡叻

圓光　子一　連城

圓光乃炳纓長子字典榮生光緒己卯年閏三月廿三巳時
卒民國乙卯年五月十三未時葬
娶大墩林氏返官改適

培長

培長乃炳纓次子生光緒七年辛巳八月廿八日巳時卒光緒
乙未年六月廿六日戌時

春木　子　青蓮

春木乃炳纓三子字典　生光緒九年癸未十一月廿三日丑
時娶登虎榜傅氏歐娘生光緒丙甲年四月初六午時
女長　娘適南安曾次菊花三玉花均未字

秋竹　子　金鐘　金里　金連

秋竹乃炳纓四子字典　生光緒十二年丙戌九月初六日卯
時娶傅氏笋娘生光緒丁酉年七月十五日

夏金 子

夏金乃炳纓五子號 生光緒十五年己丑二月十九日丑

時在外洋卒民國己未年十一月十八酉時

得令 子 金連双承

得令乃炳纓六子號 生光緒十八年壬辰正月十四日寅

時卒民國壬子年十月十五日申時

培天申 子 金蘭 金堆継半培義 金枝

天申乃炳潑兩承子係再陽次子熏承錄見下

培義　子　金堆承

培義乃載陽長子字典仁生光緒四年戊寅十二月十六卯時
卒宣統庚戌年五月廿一申時
娶蓮格陳魁元女柔娘生光緒七年辛巳二月十一卯時卒光
緒廿四年戊戌十二月廿五吉時未笄亡
再娶曾口坂傅氏去娘改適

天申　子　金蘭　金堆繼　金枝

天申乃載陽次子字典命兼承炳潑生光緒八年壬午七月十
七午時
娶崎兜温敬官女悔官生光緒辛卯年七月初三日寅時

女一適德崇蔡家

泥苑

泥苑乃載陽三子生光緒十七年辛卯十月初八寅時卒光緒廿八年壬寅八月十九申時

安水

安水乃載陽四子字典　生光緒廿年甲午十二月初四日酉時娶大墘林氏乖娘生光緒辛丑年十一月十五寅時

子　全盛　樹簾　錦華出繼　錦成

女三長端適曾口坂傅次圭娘三菊娘均未字

有水　子　錦華承

有水乃載陽五子生光緒廿四年戊戌八月初三卯時卒民
國七年五月廿九日申時

培天用　子　朱池双承　錫饒

天用乃炳泉長子字典行號安身生道光廿九年己酉四月
初一亥時卒光緒十八年壬辰十二月廿四午時葬
娶溪南蘇氏割娘生咸豐九年己未九月初五子時卒光緒
十三年丁亥正月初六酉時

培順水　子一　錫請 承芊

順水乃炳泉次子號安存 生咸豐乙卯年八月初二辰時卒

同治七年十月三十日巳時葬寨街邊坐巽乾兼巳亥

從来

從来乃炳泉三子 生同治四年正月十七日戌時卒光緒三

年八月初十日未時

財来　子　錫請 出芊 行二　朱池 承芊 行一

財来乃炳浩承長子係炳泉三子繼立字典雨號其福生咸

豐十一年辛酉十二月廿七丑時卒民國辛未年三月廿九日

巳時葬本處佳壠尖邊坐艮坤兼丑未

娶十字路陳子官女奐娘生光緒二年丙子五月廿三日申時卒光緒三十二年丁未六月十九戌時葬

女長河娘　次綢娘

籐春　子　路衍　路達殤　火城

籐春乃炳浩承次子係炳泉五子繼立字典章號其　生同治八年己巳十一月廿一巳時卒民國十三年甲子正月初十日亥時葬

娶少卿王氏卜娘生同治五年十月十五日戌時卒民國廿五年丙子五月十四巳時

培鵲 子三 瑤琨 明火 承平

培鵲乃炳切長子號　生同治四年乙丑六月初六日子時

卒光緒廿九年癸卯十月十八未時

娶鴻卿李鷟官女八娘生　年　月　時卒光緒卅

一年乙巳三月廿八戌時葬

培重

培重乃炳切次子　生光緒元年乙亥十月初十戌時卒光緒

年二月廿六吉時葬在嗼叻

培淫

培淫乃炳切三子　生光緒五年己卯十月初一日戌時卒光緒

廿六年庚子七月廿三日吉時葬嘘叻

拔萃　子二　冬来　錫賤

拔萃乃炳怡抱養長子字典其狶自生生同治十二年癸酉

九月初九午時卒光緒甲辰年三月廿六子時

娶山門沈慶官女生光緒六年庚辰七月廿一日寅時

抱来　子一　明火 出羊

抱来乃炳窓抱養子生光緒五年己卯四月廿九丑時卒

民國庚午年六月廿七丑時葬嘘叻二閑塚

娶鴻卿李魁官女愛娘生光緒己卯年十月廿二申時卒
光緒壬寅年十一月三十日午時
再娶大墘林氏德娘生光緒乙酉年十二月十八日午時女
長腰娘適溪頭柯生財　次去娘適鴻卿李標官端娘適谷口温石枝
四利娘適新春林自來　五圓娘適同安陳家

## 培梅

培梅乃四美長子字典　生光緒六年庚辰十二月十一酉
時卒光緒庚子年五月十六日巳時
娶曾口坂傅奥官女沙官生光緒七年辛巳七月初四丑
時女一罔娘

青龍　子一　秋金

青龍乃炳基長子字典麟號其德生道光三十年庚戌十一月廿八戌時卒光緒庚寅年閏三月廿一巳時葬

娶周朝官女椒官生咸豐四年八月廿六未時卒　年

月　日　時

女二　長珀文　次碧英

木生

木生乃炳基次子生光緒三年丁丑二月初一日辰時

培內趨　子四　錫長文　長漢　長訓　必昌

内趙乃炳纏之子字典心號其外生咸豐六年丙辰十一月二十亥時卒光緒癸卯年五月初六卯時葬在本处大嶺頂辛乙酉卯

娶鴻卿李容官女嬿官生同治四年乙丑十一月十六寅時卒光緒　年　月　時葬 号彤慈

再娶洋山胡氏寶娘號珠慈生同治乙丑年八月二十日辰時卒民國壬戌年六月十七丑時葬在水銅垵坐艮坤兼丑未

女二　長畧娘　次緞娘

培啓　子一　文章

培啓乃炳巴長子字典朱號同受生道光十八年戊戌九月初二甲時卒光緒丙戌年九月廿一戌時葬厦島

娶上地胡氏治娘殤　再娶程氏益娘號佑慈生道光廿五年五月初七巳時卒光緒二年十一月初七巳時　女玉娘適鴻卿李

培看　子二　錫情　錫先

培看乃炳巳次子字典守號同人生道光二年壬寅七月廿九申時卒光緒庚寅年十二月初四酉時葬

娶蓬格陳氏花官生咸豐三年三月初五巳時卒

女三長富娘適鴻卿李德水次逆娘配鴻卿李宝官三媛娘

培拱　子一　文慶双承

培拱乃炳定長子號歸向　生道光十九年正月初四日戌時

卒咸豐三年九月十六辰時　娶陳氏況娘改適

培簡　子一　文慶双承

培簡乃炳定次子號　生道光廿一年辛丑十二月初七日

巳時卒同治二年癸亥四月十四吉時

培聚　子一　文山双承

培聚乃炳定三子號　生道光廿五年十一月廿日未時在

厦卒同治十二年七月十四辰時

培強　子四　文賀　文山出半　文英　文瀾殤

培強乃炳定四子字典爲號方雨生咸豐乙卯十月十七戌時卒光緒丙申正月初八卯時

娶林氏悔娘大墘人生同治丙寅年五月廿六申時卒民国廿四年乙亥二月廿九戌時

培庚　子　吉新　新登　正利殤

培庚乃炳次長子字典西號長有生道光廿二年正月廿五辰時卒光緒乙未年六月廿五亥時

娶鴻卿李氏樓娘生咸豐四年七月十五子時號田慈卒光緒甲辰年五月廿七寅時

女二　笋娘適大墘林知官　甘娘適洋山胡草官

培居　子　能愛

培居乃炳樹長子生咸豐元年辛亥三月二十辰時卒

年三月十二吉時葬外洋

培力　子　江隆　出丰　萬種

培力乃炳顧長子魚承天送生光緒廿九年癸卯七月廿六寅時
娶姚氏甘娘生光緒丁未年六月初十卯時

丙戌　子　江隆　承丰

丙戌乃炳顧次子生　卒民國戊辰年七月十二日
戌時葬叻坡陳牛壠公司山

連蒲

連蒲乃炳顧三子生民國乙卯年十一月十三日寅時

来旺　子

柳夜 卒
女二
適

来旺乃炳添抱養長子生光緒廿七年辛丑十一月廿十日酉
時卒

柳夜
柳夜子

柳夜乃炳添次子字典　生光緒戊申年七月初九日亥時
娶曾口坂傅氏月娘　生民國壬子年九月十九巳時　女一秀
鳳未字

克信(绍忠)

克信乃炳添三子字典　生民國甲子年八月廿六酉時

福慶

福慶乃朝應長子字典　生民國二年癸丑十一月初八日丑時

福興

福興乃朝應次子兼承朝發生民國丁巳年十二月十一日巳時

福泰　乃朝應承三子　生民國十三年甲子十二月初十未時

培光亮

光亮乃炳禹承子係炳朕次子繼立號有心生道光廿六年九月廿一酉時卒光緒庚辰年十二月廿三子時葬嘮叻

培桑子二　錫盤　錫新出丰

培桑乃炳𤆬長子字典春號成材生道光廿三年六月廿八午時卒光緒癸卯年七月初六午時與祖合葬豪樹壠口坐乾巽兼戌辰　娶鶴前刘氏受娘生道光廿五年十二月廿四申時卒民國十八年己巳十月初三申時葬在虎咬猪母崙中坐辛向乙兼戌辰

培丙子　錫新承丰

培丙乃炳𤆬次子號成元生　卒

光緒　年五月初四未時

盈泉

盈泉乃炳悅長子　生道光廿五年九月十七午時卒

培着

培着乃炳立長子殤

培多

培多乃炳搖長子係炳朕三子繼立生咸豐辛亥年十二月初九寅時卒光緒戊戌年八月十五未時葬嘮叻

培抔

培抔　子四　金英　錦元　三重出繼　敬忠

培抔乃炳第承子係炳兜長子繼立字典末生道光庚戌年六月初五申時卒民國辛未年六月初一酉時

娶蔡氏富娘生咸豐壬子年八

月初六日巳時卒民國　年六月初三吉時
女一法娘適嶺后坑刘慶官

培鶼　子三　三重承　見龍　榮源係培標榜子継立

培鶼乃炳兜次子字典生生咸豐丙辰年二月十一巳時卒光緒戊戌年四月廿三未時葬畨邦嘧叻
娶黃氏志娘生　　卒民國辛未年四月初七日酉時
女二長玉娘配下坑黃頡官次同娘配洋中亭林炮官

光福　子一　錫利

光福乃炳朕長子字典祿生道光廿四年甲辰二月初十日

三房起

寅時卒

娶玉井林彥官女笑娘生咸豐辛酉年八月十二日未時卒

年　月

女一楓娘適玉井林世紋官

培挺

培挺乃炳朕四子　生咸豐六年丙辰十一月十一日戌時卒

培襓

培襓乃炳顥長子　生道光庚寅年五月初二日子時卒

培

培增

培增乃炳閣長子字典宗生道光壬寅年八月初九日辰時

卒光緒三年九月十七戌時

娶鴻卿李氏程娘生咸豐辛亥年十月初五寅時卒同治癸酉

年十二月十二卯時

成

成發　子四　錫安　榮心　金枝出繼半錫金土　金糍

成發乃炳巢長子生咸豐十一年辛酉七月十四辰時卒光緒

三十年甲辰　月　日葬嘡叻　娶埔頂楊萬官女訪

娘生咸豐十年二月初五辰時卒

培着

培着乃炳巢次子　合葬本處下深生甲庚兼卯酉

成慶　子一　金枝　承

成慶乃炳巢三子號福承生同治五年丙寅四月十五丑時卒
光緒丙申年九月十七卯時

培成德　子三　火生　金石　金碹

成德乃炳巢四子號　生同治十年辛未十月廿九日辰時
卒民國乙丑年四月廿六戌時葬叻坡舊塚娶溪南蘇氏圜娘生光緒
元年乙亥二月初十亥時

培交　子三　聯秀　聯作出繼　進氣

培交乃炳帕長子字典明號福道生咸豐十年庚申十一月廿四午時卒光緒丁酉年二月初六卯時葬嘓叨大巴崙塚

娶洋山胡蔚官女成官生咸豐庚申年十月初三酉時

女一報娘適鴻鄉李閑官

培等又書删　子一　錫抱

培等乃炳帕次子號　生同治六年丁卯六月初一日丑時

娶大墘監生林頂官

女姜娘生光緒二年丙子五月廿三戌時卒光緒癸卯年三月
十二丑時
再娶德崇蔡買官女甘娘生光緒五年己卯三月廿五日卯時
女綢娘

廣蘭　子一　聯作承
廣蘭乃炳伯三子號　生同治九年庚午十月廿二寅時

夜光
夜光乃炳伯四子生光緒元年乙亥九月初四酉時卒光緒甲
辰年二月十五吉時葬嘡叻

培桂

培桂乃尼姑長子號　生同治五年丙寅十二月廿三日未時卒光緒甲辰年二月廿六吉時葬嘪叻

娶鴻卿李翁官女吉娘生光緒八年壬午十月十六日酉時卒

女長罔娘　次足娘

適上地胡良生官

培蜀

培蜀乃尼姑次子　生同治十年辛未六月初四日酉時

登山

登山乃炳良長子號　生光緒元年乙亥十二月初三日子
時卒
培囬　子三　水泉　水池　水俊
培囬乃炳良次子　生光緒四年戊寅四月廿五日戌時
娶鴻卿李仲官
女峰官生光緒十一年乙酉七月廿六日寅時卒民國甲子年
十一月廿一卯時
再娶許氏嬿娘生光緒庚寅年五月廿七日辰時
培靠　子二　三元　錫祥出平

培靠乃萬興長子字典仁生光緒十一年乙酉十月初四日亥時娶溪尾劉氏背官生光緒十六年庚寅正月初二日酉時

女一　却娘幼

冬水　子四　其申承半　培桂　其寶　其麟承半　為義　其秀

冬水乃萬興次子號　生光緒廿四年戊戌八月十六日午時卒民國癸酉年九月初五未時葬鳥豹力

娶溪南蘇氏圖娘生光緒庚子年二月廿二日申時女四長早娘次留娘　三樹蘭　四賤娘均未字

為義　子　其麟承　水俊承半　錫祥承半

為義乃萬興三子號德仁生光緒廿八年壬寅十一月廿四日寅時卒民國丁卯年九月十六酉時葬在烏豹力

娶大墩林氏前娘生宣統己酉年　月

新開

新開乃炳使長子生光緒十三年丁亥八月廿二日寅時卒民國丙子年三月十九酉時葬嘡叻

璋寶

墇寶乃炳使次子　生光緒廿四年戊戌六月廿二日子時

培烈　子一　錫閃　承

培烈乃炳卒長子歸于左生同治九年庚午六月十四日巳時

卒光緒十八年壬辰十月十六子時葬

娶李氏所娘改適

培英　子二　仰承　錫閃出繼

培英乃炳卒次子　生同治十二年癸酉十月初二日酉時

娶鴻卿李囉官

女得娘生光緒九年癸未五月初七日寅時

培揚　子　錫次　錫聽　錫秋

培揚乃炳卒三子生光緒壬午年八月廿七子時卒

年五月初二未時　娶鶴前刘能官

女悔娘生光緒丁亥年十一月十四辰時

培創　子　火发

培創乃炳卒四子　生光緒庚寅年二月初四日未時

裕金

裕金乃炳珠長子

裕玉

裕玉乃炳珠次子

裕成

裕成乃炳珠三子

培第

培第乃炳射長子號　子一　金榮又名龍

生光緒乙酉年九月初六日申時卒

青溪蓬萊張氏宗譜

民國庚申年二月初九酉時
娶上地胡氏椎娘生光緒丁亥年十二月廿四日午時女一
策娘適蓮格陳
培文生　子三　錫垂　火殿　錫水抄
文生乃炳射次子生光緒己丑年十二月廿四申時
娶胡氏格娘生光緒壬
辰年五月十四日亥時女茉莉幼
培招源改名紅蕾　子二　牆壁　長新

招源乃炳射三子　生光緒癸巳年八月十四日申時
娶曾口坂傅氏卩娘生光緒庚子年十一月初五日巳時

土龍改名天良
土龍乃炳射四子　生光緒癸卯年四月初五日寅時
娶福黎溪劉氏鬆娘生光緒癸卯年十一月十六辰時女二
長春娘次善娘均幼

培金
培金乃炳潍两承子係炳潤子承殤

培顏即瓦子　朝元　錫挽　錫三　錫杢　六午

培顏乃炳潤長子字典色生同治八年己巳十二月廿六酉時

卒民国甲子年正月初十日寅時葬大林内坐壬丙兼子午

娶鴻鄉李鉛官女　官生光緒丁丑年三月十一日申時女

二長乖娘配　次鷂娘配溪南蘇

自擒本鄉溫坑厝全座甲庚寅申

培金

培金　乃炳濫双承子幼歿

培茂

培茂乃炳㤝承長子係清溪次子繼立生光緒壬午年七月初

2

戌時卒光緒壬寅年九月廿六吉時葬南洋凹員

再生

再生乃炳[illegible]抱次子生光緒戊子年五月十一未時

永發　子二　金木　興吉

抱乃永發抱次子生民國癸酉年　月
下次重修宜書錫金木外行

永發乃炳奎長子　生光緒癸巳年七月十二辰時娶梁氏

烏麻生光緒辛丑年七月廿三未時卒民國戊午　月

又娶姚氏截娘生光緒辛丑年六月十八亥時卒民國辛酉年

十月廿五吉時　三娶葉氏音娘生光緒乙巳年六月

十六卯時

3

培永来　子二　木榮　木生

永来乃炳奎次子　生光緒丁酉年九月十四午時娶曾氏傳娘生光緒辛丑年十二月初九申時卒民國戊辰年六月初六戌時

又娶劉氏吉娘生光緒丁未年七月廿四午時女三牡丹皮娘金蓮

永成　子一　金進

永成乃炳奎三子　生光緒戊甲年十二月廿六酉時娶謝氏珠娘生民國乙卯年　月　時

女三　葉娘　金枝　桂花

源成

源成乃炳奎四子　生民國壬子年九月廿二巳時

培陳又名山墩子三　錫旺　秋泉　秋桂

培陳乃炳接長子字典楚生光緒壬午年二月十七戌時
娶大墘林畽官女

碩娘生光緒丁亥年十一月初二辰時女一先娘

側室廣東客人李氏嬌娘生光緒庚寅年九月廿一丑時

培

發子

培登乃炳接抱次子生光緒己亥年七月廿三亥時娶廣東
黃氏森娘生光緒丁未年二月廿七酉時女一紅花未字

培區

培區乃清溪長子生光緒二年丙子十二月廿九亥時
娶上地胡長官
女飯娘生光緒己丑年十二月廿九酉時

光輝

光輝乃清溪次子生光緒甲申年八月三十日寅時

培智　子二　錫東　錫墨

培智乃炳煥長子生光緒丙戌年正月十二卯時卒民國辛未年七月十二卯時　娶陳氏碟娘生光緒丁亥年二月二十卯時　女二　妹娘　水娘　均幼

烏紋

烏紋乃炳煥次子生光緒庚寅年十二月初十戌時娶施氏愛娘生光緒己亥年　月

培河　子一　桂林

四房起

培河乃炳檇長子字典　生光緒庚子年四月廿六亥時
娶鶴前劉瑞官女時娘生宣統辛亥年十月初五未時女二
發春　加雒幼

培潭

培潭乃炳檇次子生光緒丁未年七月十五戌時娶洋內傅氏
担娘生民國癸丑年正月初八卯時

培恩　子三
啟成　振順　錫贊

培恩乃炳喜長子字典因號基德生道光丁亥年九月初
三酉時卒光緒癸卯年九月廿六巳時
娶龍居林氏敏娘生道光己亥年十月初九日午時卒光
緒癸卯年八月十八亥時

女三長諒娘適蔡土樓梅官次適劉厝陳三官佁娘適大墘
林五厘官

光輝　子　錫鑊双承
光輝乃炳範抱養長子號基德　生道光廿一年辛丑三月二
十亥時卒失考葬在外洋嘡叻　娶上地胡時官女受娘
生道光廿六年十月廿七巳時卒同治九年九月十五日戌時
葬在寨街格坐亥巳兼壬丙后扦葬在龜山尾内梘頭丙壬
兼午子

培意　子三　錫鑊崋　錫樹　錫葉養

培意乃炳範次子字典發號　生道光廿四年甲辰九月廿四子時卒民國壬子年十月十六申時葬本鄉寨街崙生酉卯兼庚甲　娶龍居林柔官女前娘生咸豐六年丙辰十月初三酉時

女三長獺娘適曾口坂傅逢官次素娘適　三咲娘適

培城

培城乃炳範三子號基守生咸豐五年乙卯四月十八申時卒光緒丁丑年十一月十七吉時葬在畬邦碩上

培碟

培碟乃炳端長子　　生道光廿六年丙午十月廿七日戌時
卒

培春

子三　錫扁　錫貌　錫八

培春乃炳来長子字典光生咸豊元年十二月廿四未時卒
民國壬子年正月十八甲時葬甲第厝門口坐壬丙兼子午
娶鴻卿李告官女得娘生咸豊丙辰年八月初五子時卒民國
己巳年正月十九巳時葬牛角壠坐乾巽兼亥巳　女三長紉
娘適溪頭柯便官　幼娘適曾口坂傅中官　三信娘

培碎　子四　錫井　開芳　開務　文旦

培碎乃炳耒次子字典石生咸豊七年丁巳八月初八日亥時

卒民國丙辰年八月十三酉時葬書房外坐癸丁

娶登虎榜傅納官女善娘生同治丙寅年二月初三日午時

卒民國戊辰　年十月二十酉時葬在鏡面酉卯辛乙

女三長足娘適曾口坂傅桂官次蓮娘適傅烏紋三棟娘

培庵　子三　牡丹　玉梅　錫朝

培庵乃炳曲長子字典院生同治元年壬戌三月廿一寅時

卒民國丙寅年八月廿五亥時葬

娶新春林陀官女腰官生同治二年十二月十三辰時卒

年　月　時葬山門辛乙戌辰

女長從娘適溪頭柯次患娘適湯內王三萬娘

培傳基　子一　清潤

傳基乃炳自抱養子[illegible]　生光緒二年丙子二月十九午時

卒　年　月　日　時葬在虎沉格癸丁丑未

娶上地胡分官女院官生光緒庚辰年正月十五日巳時女

二長洒娘適　次富娘適洋山胡

培君　子一　圓明

培君乃炳棹長子號　生咸豐五年乙卯八月初十日酉時

卒　年　月

娶福宅溪刘蠟官女閏官生同治庚午年七月初六巳時

女三長萬娘適溪南蘇浮官次最娘適　三盤娘適鴻

卿李和尚

培必　子　錫永　錫潤　錫芬

培必乃炳棹次子號　生咸豐十年庚申十一月十三巳時

卒民國己巳年　月

娶蓬格陳謀官女不官生同治壬申年五月初十酉時女挖
娘適

培清

培清乃連進長子生咸豐元年辛亥閏八月初六申時卒

培陸　子一　錫木

培陸乃連進次子薰承炳波生咸豐五年乙卯二月廿二戌時
卒民國己未年正月初六申時葬
娶十字路陳姑舍女客官生咸豐八年戊午正月十七日寅

時卒民國壬申年六月初七酉時

女三長挺娘適苻山陳春官　次桃娘適鉛坑劉宅　三柬娘

培諒 練上誌

培諒乃連進三子生咸豐八年戊午七月廿七未時卒

培蠣

培蠣乃連進四子生同治四年乙丑十二月廿九子時卒

培蘭

培蘭乃連進五子生同治八年己巳三月廿一卯時

## 培日

子五　有本　錫壇　通士　錫皎　水源殤

培日乃炳海長子字典新號[illegible]生咸豐元年辛亥六月初一辰時卒民国壬子年九月十八寅時葬下格心生山向辛兼辰戌　娶埔頂楊藝官女縣官綿知慈生咸豐元年三月十八寅時卒民國廿四年乙亥九月廿二巳時女三長銀娘適上地胡千官次惜娘適曾口坂傅宅三賢娘適崎縣陳家

培道　子一　錫石

培道乃炳海養次子號　生咸豐三年癸丑三月初一申時

卒光緒壬辰年十月初六申時葬梅山新厝墓內未丑兼丁癸

娶溪尾劉陣官女配娘生　年　月　時卒

年　月

女二長送娘適上刋成官次盡娘適魁美劉詩官之子

朝明　子四　興化　脩成　萬順　春火

朝明乃炳海三子字典啟號宗達生咸豐八年戊午二月廿一

巳時卒光緒庚子年八月初一酉時葬北山頭坐申寅兼庚甲

娶溪頭柯勘官女不娘號爾慈生咸豐十年庚申十一月十六日

子時卒光緒癸卯年四月廿六酉時葬

公启圻葬墩仔

坐

女二長疼娘適大墘林方官次對娘

培服　子四　溪由　水通　三傳　春季

培服乃炳蓄長子字典成生道光三十年庚戌十一月初九日寅

時卒民國丙寅年十二月初一　時葬本山林內脚頭吁崙酉卯辛乙

娶溪頭柯非官女園官生咸豊丁巳年七月廿五子時卒

年正月十九日　葬本山佳壠尖崙中坐乾巽兼亥巳

女二長帖娘適溪頭林壬官次苧娘

培智　子二　春安　金有

培智乃炳蕃次子字典禮生同治二年癸亥八月十三日卯時
卒民國丙寅年二月廿五亥時葬
娶洋山姚河官女初官生同治六年十月廿四午時卒民國丁
卯年八月初一酉時葬本山大嶺邉山門口坐壬丙兼子午
女二　長珠娘　次足娘
培為子　錫榮　錫捏　錫錦殤建春　水仙殤孔信
培為乃炳蕃三子字典有生同治五年丙寅十月初一日辰時
卒民國己巳年九月拾一日丑時葬本山大山官湖頂酉卯辛乙
娶新春林兑官女犧官生同治壬申年十月十三日午時女四
醒娘適　綠娘適鴻卿李盛官　三腰娘適曾口坂傅　四爆娘適

大墘林

培約

培約乃炳丑承子係炳近長子繼立生道光己酉年十月廿二寅時卒光緒元年二月十三寅時

培箱

培箱乃炳近次子生咸豐二年壬子十月初二日寅時卒

培賢

培賢乃炳近三子係炳覃三子維立生

培午

培午乃炳教抱養長子生道光丙午年四月廿二日申時卒葬

在外洋无攷

培祖　子　清雨　科甲

培祖乃炳教次子字典宗號達明生咸豐五年乙卯六月十六

申時卒光緒廿一年乙未閏五月十五子時葬

娶曾口坂傳秦官女葉官生咸豐六年十月十八申時卒民

國乙亥年七月廿九未時葬叻嘆唓山

女二長獺娘適大墘林五官次爲娘適崎縣陳題雁

培排　子二　桂子　蒲全

培排乃炳敎三子字典列生咸豐八年戊午六月廿八巳時卒
光緒甲辰年十二月廿　吉時葬外洋
娶山武后蔡㚖官女攜官生同治元年四月十三寅時　女二
長担娘適新墘馬豬官次汝娘　嫣卒宣統庚戌年十月廿
五巳時

培祥　子一　容發

培祥乃炳敎四子字典禎號達福生同治元年壬戌十一月廿
九寅時卒光緒己亥年四月十九午時葬嗹叻

娶鴻卿李業官女洒官號綉葱生同治戊辰年正月廿七辰時
卒光緒甲辰年六月初六未時葬
女醒娘適上地胡涉官次奈娘幼

鎮府　子　錫姜　錫約　錫疊　錫歐　錫陳

鎮府乃炳登長子字典洲生道光廿九年己酉九月十二午時
卒民国丙辰年十二月廿九巳時葬大嶺邉庚甲酉卯
娶招厝劉剖官女取官生咸豐三年八月廿二寅時卒民國丁
巳年二月十九酉時葬水樹墘壬丙巳亥
女一　足娘適谷山林堂官

培興　子二　錫枹　榮忠

青溪蓬萊張氏宗譜

培興乃炳登次子字典揚生咸豐四年甲寅七月十二卯時
卒
娶湯泉唐𥫱官女截娘生咸豐己未年五月廿三辰時卒
民國癸酉年十一月廿九酉時
女二長先娘適溪南蘇萍官次斷娘適洋山姚柑官

培櫒　子三　錫頷　錫慈　錫蓮

培櫒乃炳登三子字典萌生咸豐八年戊午七月廿七日未時
卒宣統庚戌年十一月廿一子時葬水銅垵癸丁子午
娶福宅溪刘布官女梅官生同治乙丑年十月初二亥時

女三　長柿娘　次匏娘　三柳娘

培鉀　子二　錫河　連發

培鉀乃炳登四子號達昂生同治六年丁卯三月初二丑時

卒光緒庚子年八月二十卯時

娶本里劉蕥官女養官改適　女一嬪娘適大墩林縅官為媳

生財

生財乃炳地長子生咸豐二年癸丑（查壬子）十二月二十日丑時

卒咸豐　年　月

秋會
秋會乃炳地次子生咸豐七年丁巳六月十九巳時卒咸豐　年　月

培國
培國乃炳脩嗣子係炳月次子繼立生咸豐二年八月二十日寅時卒咸豐　年

培雨
培雨乃炳月長子生咸豐六年丙辰四月初七日未時卒光　子二　双普　聯財

緒癸卯年三月廿八酉時葬嘿叻大巴窑塚山
娶龍居鳳斗姚怕官女愛官生咸豐八年十二月廿六子時
女二長莉娘適崎縣陳綢官次益娘適蔡洋李稠官媽卒
宣統己酉年八月初十吉時葬叻坡陳牛墘舊塚

三冬　子二　江水　金連

三冬乃炳月次子　生咸豐庚申年三月十五卯時卒光
緒廿六年七月廿九日午時
娶劉氏禁娘生同治戊辰年八月十三日未時

培諸

培諸乃炳相長子　生咸豐八年戊午十一月廿一辰時卒

培社　子三　双全　錫火　允水

培社乃炳庄長子字典理號　生咸豐五年乙卯十二月廿七申時卒民国甲寅年又五月廿九日子時葬寨街面坐

娶曾口坂傅青龍官女吉娘生咸豐己未年十二月廿六卯時卒民國辛未年二月廿九未時葬本鄉水銅垵口坐艮坤兼寅申

女五長早娘適大墘林秋金次梳娘適曾口坂傅成宗三甜娘適　四𣲖娘適　五尾娘

培蠏　子　天來 双承

培蠏乃炳厚長子生同治十三年甲戌四月十八亥時

玉麟　子二　三山抱　天來 出半

玉麟乃炳厚次子字典　生光緒十五年己丑十一月十九
戌時

娶林氏壇娘生光緒庚子年七月十七日午時卒民國壬申年
六月廿七日丑時葬厦五倉坑内

再娶施氏花娘生光緒乙巳年十二月廿九子時

玉水

玉水乃炳厚三子生光緒廿六年庚子四月初八酉時

成德

成德乃炳潭長子生光緒八年壬午十二月初八亥時

培兜

培兜乃炳潭次子生光緒十三年丁亥三月初七日未時

培交

培交乃炳牛抱養長子生道光己酉年五月廿八日申時

培吁

培吁乃炳牛次子生咸豐癸丑年九月初八戌時卒同治十三

年四月十二辰時

培黨　子三　敦生　烏緞　金精 俱養

培黨乃炳瞻長子字典義生咸豐九年己未七月十八辰時卒

光緒丙午年五月十三未時　娶曾口坂傅荣
官女曰娘生同治壬戌年八月廿四寅時女三長耳娘適本里
劉浜官次蕋娘適大墘林乜官三霍娘　嫣卒民國癸亥年三
月廿九未時

昌熾

昌熾乃炳煠之子　生同治五年丙寅三月初一寅時　娶邑内刘西
官女面娘生同治七年十一月廿二午時
鎮縣　子一　錫安

鎮縣乃炳篆長子 生咸豐二年壬子十二月十八辰時卒

娶谷山林

氏嘔娘生

女領娘配溪南蘇

培入　子二　順天　錫老 俱養

培入乃炳珍抱養長子生咸豐癸丑年十一月廿五日辰時卒

光緒丙子年五月十二吉時葬嗅叻

清泉　子二　正心　楓樹

清泉乃炳珍次子猕玉河生咸豐六年丙辰七月初一寅時卒

年　月　　時葬蘇頭池下乾巽亥巳

娶沄尾陳連官女孋官生咸豐乙卯年五月十二辰時卒光緒甲辰年六月初七酉時葬大林内中崙生丙壬兼午子

女三長須娘適曾口坂傅雪官次輕娘適傅以官三究娘適傅桂官

培概　子一　異路　兩承

培概乃炳堯長子號基有生咸豐九年己未八月初一日辰時卒光緒丙申年九月廿一日申時葬

娶東洋陳生官女智娘生同治壬戌年七月初六未時改節

女二長春娘適鐘洋易家次月娘適鴻鄉李家

鹿水　子　怡林 双承

鹿水乃炳堯次子號基金生同治九年庚午九月初十申時卒

光緒乙未年十一月初七午時

秋香　子　異路 双承培概

秋香乃炳堯三子字典馨號基桂生光緒元年乙亥五月廿一

戌時卒光緒癸卯年九月三十日吉時葬叻坡

娶李氏后改適　女玉治未字

光苑　子二　怡林 出半　金鳳

光苑乃炳堯四子字典照生光緒四年戊寅二月初三日申時

娶坂頂陳琛官女

蕉官生光緒十三年丁亥正月十七午時

培佛　子一　千財

培佛乃炳耀長子字典士生咸豐六年丙辰四月十二日寅時卒民國庚申年十二月初八日戌時葬唐濟蛙山坤艮申寅娶大墘林氏蝶娘生同治癸亥年十月廿三子時卒民國丙寅年四月十六戌時葬叻坡舊塚

培贌　子三　厚水　浩源　乜聯

培贌乃炳耀次子字典通生咸豐八年戊午七月三十日子時卒民國甲寅年九月初六申時葬本鄉山門生辛乙兼酉卯

娶崎縣陳塔官女德官生同治戊辰年七月初七日巳時女一
頷娘適崎兜温彩官

培桃　子三　火第　和承

培桃乃炳耀三子字典李號達栁生同治六年丁卯六月廿七日
巳時卒光緒廿八年壬寅三月初六巳時葵嘡叻
娶上坑廖毛官女嗹官生同治十年辛未八月初一日未時女
三長好娘適上地胡王官次担娘適　三銀娘適溪南
蘇沣官

四正　子三　蒼基　朝来

四正乃炳耀四子字典中生同治九年庚午十月廿二日辰時娶大墘林三官女挑官生同治甲戌年二月十七巳時卒民國乙丑年十一月、初十申時

**五福**　子　日進原名其南

五福乃炳耀五子字典德號　生同治十三年甲戌九月十七日巳時卒民國辛未年九月十四卯時葬本鄉脚頭吁崙坐坤艮兼未丑　娶崎兜溫罕官女京娘生光緒辛巳年五月十六寅時女金娘　勉娘　網娘未字

有定　子　錫端　銀寶　金環　珠清

有定乃炳盈長子字典知生光緒九年癸未二月廿六日巳時

娶大墘林鑾官

女柿官生光緒十六年庚寅六月十四酉時女三長着娘適曾

口坂傅次宜娘適溪尾刘三笑娘

開順　子一　音論

開順乃炳盈次子字典存兼承慶讚生光緒十五年己丑九

月廿二丑時卒民國癸丑年正月廿六巳時

娶溪頭柯氏漆娘生光緒己丑年九月十三卯時

卒民國癸丑年五月初十辰時

壬水　子二　錫田　金城

壬水乃炳享長子字典寅生同治五年丙寅十月十七日午時

卒　年四月廿九日葵

娶龍居林等官女詩娘生同治四年八月十四日巳時卒光緒

癸卯年閏五月初四午時葵

再娶李氏生一子改節

溪水　子二　國樑　仁力　全順出半

溪水乃炳享次子字典源號　生同治九年庚午九月十二

卯時卒光緒壬寅年五月初八辰時葬大山中崙坐申寅兼庚甲
娶鶴前刘隨官女新官改節　女二長約娘適鴻鄉李家次勧
娘適德崇蔡見官為媳

文山

文山子五　金讓　金興　金濟　金順叔承溪水　龍旂
文山乃炳亨三子字典川生光緒元年乙亥十一月廿九卯時
娶頂刘都司衙劉
文海女刋官生光緒丁丑年八月初六日巳時卒民国乙丑年
十二月十三辰時葬寨街山坐庚甲兼酉卯
再娶林氏　娘生光緒辛卯年正月廿四辰時女四長情娘適
邑内莊次富娘適頂刘〻宅三蒲娘適魁斗四郜娘未字

培會　子二　錫疇　春楚

培會乃炳吉長子字典文生光緒元年乙亥六月初二日酉時卒宣統庚戌年十月初四亥時　娶谷山姚璧官女輿官號惕慈生光緒庚辰年二月十五巳時卒光緒癸卯年又五月二十午時葬本處龜山坐癸丁兼丑未　又娶彭格陳氏尾娘生光緒甲申年四月廿六巳時

培添　子　長江双承

培添乃炳吉次子字典爵號清進生光緒二年丁丑十二月初

八辰時卒光緒癸卯年四月廿五午時葬在加隆坡
娶礤內林点官女粜娘生光緒辛巳年四月十四戌時卒光緒
癸卯年六月十九酉時

培浪　子四　金秋　中庸　長江峷　才五

培浪乃炳吉三子字典波生光緒辛巳年正月十六寅時
娶曾口坂傳乜官女
爲娘生光緒己丑年五月十七寅時女四親娘適洋山胡陳君　蕋娘適歸窑林亭君
㔾娘　桃娘幼

秋霞　子三　金宗　心富仔　榮昌

秋霞乃朝陽長子字典雲姊源凌生咸豐十一年庚申七月十

九巳時卒光緒乙未年六月初二卯時葬沈洋寨生
娶溪頭柯攄官女箕官生同治七年戊辰正月初十日
午時女一曉娘

培寄　子一　玉明

培寄乃再舉長子生光緒四年戊寅正月十七日寅時
娶劉氏叁娘生光緒庚辰
年九月十一日子時女治娘

培順

培順乃再舉次子生光緒八年壬午十月十七日申時

培揀　子二　新金　新發

培揀乃炳勃長子　生道光廿三年癸卯二月廿三日子時卒光緒　年七月二十吉時葬𡁯叻坐　娶同安金門許氏吟娘生　卒光緒　年八月初三吉時

震坤

震坤乃世恭抱養子生光緒元年乙亥二月十九日巳時

培想

培想乃三能長子生同治十二年癸酉五月二十午時卒光緒
年　月　日　時葬嗅叻

盡中

盡中乃炳純長子生光緒三年丁丑七月初八巳時

才紹　子二　森建　森發

才紹乃炳純次子生光緒九年癸未十一月十九日酉時卒
民國癸亥年四月廿九酉時葬嗅叻舊塚娶廣東梁氏雪娘生光緒壬長十一月十四丑時

才兮　子二　錫烈　錫妹　俱抱

才兮乃炳純三子生光緒丙戌年正月初四卯時卒民國庚午年五月廿七卯時葬寶叻舊塚　娶土橋陳氏萎娘生光緒丙申年十二月初三未時

連份　子　火昆　承

連份乃炳禾承子係炳魁次子繼立生光緒十五年己丑八月十九子時

培芸　子二　明達　土筆

培芸乃炳魁長子生光緒十二年丙戌正月初四日卯時

娶上地胡氏方娘生光緒丙申年八月廿七日亥時　女于娘未字

三月
子三　火奠　火坤繼承　火爐
三月乃炳魁次子生光緒十九年癸巳正月初六日丑時娶彭
格陳氏認娘生光緒辛丑年七月廿七日卯時女一秀花未字

鎮南
鎮南乃炳顧長子生光緒十八年壬辰十一月十二日丑時配王
氏今娘生光緒　年

金發

金發乃水狗長子生光緒乙未年六月初八日亥時

火發

火發乃水狗次子生光緒廿四年戊戌十一月初十日午時

均發

均發乃水狗三子生光緒廿九年癸卯十月廿五日子時

培爆子一　天助

培爆乃光傳抱養長子生咸豐九年己未十一月廿九未時卒光緒癸卯年七月初一午時葬

娶溪頭柯荷官女氣官生同治二年十一月十九卯時女一配長尾陳活官

添福子　連枝　黎忠子　彩連承丰

添福乃炳從長子兼承炳樹生光緒丙戌年三月廿三日卯時卒民國庚申年十二月廿六日

娶溪頭柯乞官女浪官生光緒十五年己丑十二月十一戌時卒民国五年五月廿一子時葬暹羅地

又娶楊氏良約生光緒丁酉年　月

文鳳

文慨乃炳從次子生光緒二十年甲午六月初六卯時継出

泉源又名培鍛　子二　彩真　彩連継半添福

泉源乃炳從三子生光緒廿五年己亥十一月廿七寅時娶林氏錦娘生光緒壬寅年十一月十五寅時女二　眈娘　花娘俱幼

添爵　子　錫閂

添爵乃重新長子生光緒十三年丁亥二月十九日子時卒

娶上地胡氏粒娘生卒佚壸卒民國庚午年四月初一酉時年七月初二巳時葬陳牛廓公司山

公卒民國戊辰

## 積玉

積玉乃重新次子生光緒十四年戊子六月廿七未時

## 添壽

添壽乃双佛養子生光緒丁亥年八月初二申時兼承炳樹

## 昌盛

昌盛子一　坤和

昌盛乃鳳儀養子生光緒丙戌年十月初七亥時娶

## 培金

培金丙子　樹林

金丙乃炳鍠長子生民國壬子年十一月廿三吉時娶李氏淑連生民國甲寅年八月初三吉時

金全 子

金全乃炳鋆次子生民国癸丑年七月初五吉時

金明 子

金明乃炳鋆三子生民國丙寅年十月廿三吉時

亞珠 乃炳鋆四子生民國庚午年 月

高陞 子二 金帶 銀對

高陞乃毫厘長子字典陵號際泰生同治乙丑十一月廿三丑時

卒光緒乙巳年十月初十酉時

娶新墘馬屡官女寔娘生光緒丙子年正月廿一卯時女一須娘

冬水

冬水乃亳厘次子生光緒廿二年丙申十二月二十酉時

培功智

功智乃巡境抱養子生同治三年甲子七月十九日巳時

將来

子　戊己　繼承　美生抱

將来乃添綿長子生光緒十九年癸巳十二月初六日巳時娶

上地胡氏佑娘生光緒丙午年三月初十日辰時

嘉木　子一　戊己　承繼　煥文　將來

嘉木乃添綿次子字典（号玉斗）生光緒丙午年二月廿六日未時娶

登虎榜傅氏養娘生民國甲寅年八月十八日丑時

煥文　子一　戊己　承丰

煥文乃山查抱養長子號　生光緒十三年丁亥八月十五

午時卒民國庚申年四月初十日未時

娶劉氏色娘改適女久娘適山門黃家

蘇州　乃山查抱次子生民國癸酉年十月廿八卯時

培金木　子二　添丁　朝福

金木乃炳位長子字典　生光緒十二年丙戌十二月十四
巳時卒民國乙亥年六月十七午時葬叻坡嗎啞山
娶洋山胡臨官女莉官生光緒十五年己丑十二月十八日、
申時女一圓娘適大墘林和鄉

培添

培添乃炳位次子生光緒廿三年丁酉五月十四午時

来發

来發乃炳擬抱養長子生光緒十一年乙酉四月廿四日未時

娶坂頂陳溪官女教官生光緒十六年庚寅十月十四酉時

萬出

萬出乃炳擬双承子係刋成次子分繼錄見下

永和　子三　錫芒　振元　四季

永和乃刋成長子字典含（名世吉）生光緒廿一年乙未二月十四日

午時娶溪南蘇氏時娘生光緒己亥年二月初九酉時女

長銀娘次担娘俱未字

萬出　子三　喜鵲　良吉　良梨

萬出乃刋成次子燕承炳擬生光緒戊戌年五月十一日午時
娶上地胡氏看娘生光緒丙午年四月廿七巳時

樹蘭　子三　山桂　山顯　山豹

樹蘭乃刋成抱養三子字典芳生光緒乙巳年二月十二日未
時娶上地胡氏爾娘生光緒乙巳年八月廿五卯時

冬財

冬財乃炳球子生光緒廿三年丁酉十一月初四日戌時

連發　子三　水棕養　双字出半　双盛出半

連發乃炳甲承長子係炳得長子繼立生光緒十年甲申八月
十九寅時
娶洋山胡旋官女唖官生光緒乙酉年十月十三日戌時女
祖娘

廷生　子　双盛　瑞銘俱承半

廷生乃炳甲承次子係炳得三子繼立生光緒十八年壬辰正
月初一寅時娶李氏德娘生光緒辛丑年十一月初十午時

## 潚堂 子 清城 出畀

潚堂乃炳得次子字典 生光緒十五年己丑十月初四日辰時娶溪南蘇再官女箴娘生光緒廿一年乙未十月初十日未時 公卒民國癸丑年十一月廿三酉時葬巨巷

## 春石 子 清城 双承

春石乃炳得四子生光緒十九年癸巳十二月廿九日未時卒民國乙丑年二月初八巳時 娶魏氏能娘生光緒

培五子　子　双字承

五子乃炳得五子生光緒廿一年乙未十一月廿四日巳時卒

民國庚申年四月十二申時娶傅氏忠治生光緒庚子年四月

廿六卯時卒民國乙亥年七月廿一亥時

培佃生　子一　瑞波

佃生炳得六子生光緒廿八年壬寅十一月初三日卯時

娶鍾氏八珍娘生宣統庚戌年十一月廿九丑時

春冬　子二　瑞禎　瑞銘出洋

春冬乃炳得七子生光緒三十年甲辰五月初二日卯時

娶胡氏萬娘生光緒丁未年十一月廿六寅時

贊生　祀標店支　子二　錫答　玉發出繼羊

贊生乃炳球長子字典助生光緒八年壬午四月初三日午時卒民國辛未十月十二子時葬星卅老塚　聘德崇蔡氏蚋官生光緒丁亥年　月　日　時未娶而卒於光緒癸卯年七月二十日　再娶彭格陳槐官女棁官生光緒十三年丁亥七月十五午時

贊元　祀標店支　子二　玉山　玉發承繼羊

贊元乃炳球次子字典會生光緒十一年乙酉十一月十六日子

時娶上地胡氏愛娘生卒宣統辛亥廿九辰時葬本山

又娶李氏七娘

鴻雁　承標撐支

鴻雁乃炳球三子生光緒十四年戊子二月廿九日亥時

冬財　内詳

培準

培準乃有義長子係炳球五子繼立生光緒廿六年庚子十月

十一丑時

三房起

培汰　子一　錫石
培汰乃炳蒼抱養長子字基淘生道光廿七年丁未十月初
九亥時卒民國丁卯年十二月初一吉時葬本山
娶過溪李凿官女賤娘生道光戊申年二月廿二日戌時卒民
國癸亥年十一月初四吉時葬本山
培幼　子一　丹成
培幼乃炳蒼抱養次子蕙承炳志字基佐生咸豐三年癸丑四
月十四未時
娶林蒲格王擱官女送官生咸豐戊午年十二月初十日寅

時

金精　子　水俊 双承

金精乃炳帆長子生光緒十四年戊子九月廿七酉時卒光緒

三十年甲辰七月廿九酉時

培北　子二　西姑　水俊

乃炳帆抱次子生

娶上地胡氏卜娘 生光緒丙申年十一月十六戌時

培土

培土乃炳揺長子生同治十年辛未四月廿一日申時

有仁　子一　根寶

有仁乃炳城長子(弓希)　生光緒五年己卯八月初六日巳時
卒民國三年甲寅六月廿八寅時
娶鶴前刘探官女營娘　生光緒十年甲申七月初一寅時卒民
國癸酉年七月三十日吉時葬
女　笑娘

有蓮

有蓮乃炳城次子生光緒十七年辛卯三月廿一日巳時卒民
國癸丑年九月初四日酉時
娶大墘林三官女却官　生光緒廿四年戊戌二月十五日申時

培友　子　冀嫩 継丯

培友乃炳城三子生　年　月　時卒

年　月　時葬嘎叻

四方　子　福全 承継　冀嫩 出丯

四方乃炳厨抱養長子生光緒十三年丁亥六月廿六日子時

卒民國丁卯年十月廿九日吉時葬

娶福宅溪刘迎官女春娘　生光緒十五年己丑二月初八午時

培添　子二　水龍 殤　龍標

培添乃炳厨次子犻　生光緒戊子年十月十三午時卒
民國癸酉年五月初六日未時
娶德崇蔡氏冬娘生光緒　年七月十一日午時　女
長秀英適城隍寮姚次牡丹適龍居　三茉莉適洋中亭
林宅

四印　子三　海順　福全出繼　福騰

四印乃炳厨三子犻　生光緒廿三年丁酉二月十九日卯
時卒民國辛酉年九月廿三申時葬
娶溪尾劉氏銀娘生光緒己亥年二月十二日寅時女一

要娘未字

建寧　子一　天送

建寧乃利湜長子字　生宣統庚戌年八月十五日吉時

娶埔頂楊氏千娘生民國乙卯年七月十七日辰時

培隨

培隨乃炳榔抱養長子號裕後生道光廿七年二月十四巳

時卒光緒六年庚辰二月初四吉時

培什　子二　福来　成基　双承

培什乃松桔長子生咸豐庚申年閏三月廿一申時卒民國丙子年四月十三申時　娶十字路陳榻官女粉官生咸豐十一年辛酉正月初一子時卒民國甲戌年八月初十子時女長氣娘　次却娘

培圓　子四　錫唱　錫滔　錫鏗　玉来

培圓乃炳鮭長子字基團號志明生道光十三年壬辰五月十二丑時卒光緒元年正月初八巳時葬山武頭坐癸向丁

娶山尾脚劉氏吉官號良美生道光十四年四月初七未時卒

光緒乙未年又三月三十日酉時與夫合葬

女五長宝娘適溪頭柯沃官次險娘適尾塘林令官為媳三七

娘適彭格陳斐官四滿娘適五里松陳庭官五漲娘適頂刘王官

培刖上誌園　子二　錫瑞　錫琛

培刖乃炳鮭次子字基印號志心生道光十七年丁酉十二月

十五卯時卒光緒廿七年辛丑七月十二丑時

娶大墘林氏草娘號華美生道光十九年六月初七日子時

卒光緒甲辰年十月十九卯時

女二長知娘適上地胡甚官次皆娘適大墘林囉官

培謵　子三　德福　錫壽　壬花

培謵乃炳甦三子字基言號志勤生道光廿二年壬寅十一月廿日子時卒光緒壬辰年十一月十二巳時葬

娶大墘林美官女初娘生道光廿三年癸卯七月十五酉時卒民國庚申年二月十二午時葬

女四長近娘適鴻卿李萬官鈎娘適李宜官三葉娘適魁美刘傳官四惜娘適新宮刘根官

培偖　子一　錫助

培偖乃炳甦四子字基佑號志惟生道光廿八年戊申七月三十

日丑時卒光緒六年庚辰八月廿二巳時
娶山武脚刘氏庂娘生咸豐元年八月初十申時卒光緒戊申
年八月十六申時葬
女三定娘適洋山胡尗官次金娘適崎兜温律官三寬娘適山
頭黄番官

培捐　子　五材　金槐出継　長興

培捐乃炳勧長子字基取號抱德生道光廿一年辛丑十一月廿
六巳時卒光緒廿八年壬寅七月廿一寅時
娶延壽院吳氏士娘號良惠生咸豐四年七月廿七辰時卒光
緒廿三年丁酉十月廿一日未時

女四長笑娘適德崇蔡伏官次庀娘適洋山頭陳八官三囝娘

適洋山胡萬官四宴娘適黄宅林地官

培皤　子嗣　金槐

培皤乃炳勧次子生道光廿八年戊申八月十四日巳時卒同

治七年十二月廿六吉時

培吱

培吱乃炳頊之子殤

培乞　子三　錫龍抱　錫瑤　錫火

培乞乃炳瓊長子字基儕生咸豐四年甲寅九月十八日戌時卒民國壬申年十月初八日卯時

娶蔡土樓蔡氏愛娘生同治七年九月十九酉時卒民国己未年八月三十日寅時

女二　長親娘適大墘林紂官次洒娘

培詩　子一　連圖

培詩乃炳瓊次子字基禮號志興生咸豐十年庚申四月初十巳時卒光緒庚寅年正月十四巳時葬嚏叻

娶頂劉頭官長女在官生

培濶

培濶乃炳濇長子生咸豐六年丙辰八月廿八丑時卒

女梅娘

樹蘭

樹蘭乃炳峴抱養子生光緒己卯年十二月二十日酉時

娶彭格陳氏于娘

生光緒丁亥年六月十一午時

培觀

培觀乃炳桃長子生道光廿七年十二月初二戌時卒光緒二年十月十一巳時

## 培會

培會乃炳桃次子　生咸豐元年辛亥十月十三酉時卒同治癸酉年八月廿二酉時

## 培應

培應乃炳桃三子生咸豐八年戊午十月初七午時卒

培銳　子三　錫箱　西朝出繼　麟祥

培銳乃炳巧長子字基進號文精生道光十五年乙未十月初七卯時卒光緒乙未年九月廿七戌時葬蔡壠垵崙仔坐乾巽兼戌辰　娶魁美刘吉官女理娘生道光丁酉年十月廿十日未時卒咸豐丁巳年九月十六寅時號精義

再娶曾口坂傅氏三官係慶、官女生道光丁酉年九月二十子時卒民国乙卯年十一月十二申時葬

女三　長桊娘配鴻卿李助官次旭娘適大墩林查官三信娘適溪頭柯江官

培篆　子　西朝　承

培篆乃炳巧次子字基玉號文字生道光己亥年八月十
二辰時卒同治庚午年閏十月廿二未時
娶李氏改適

培山　子養　開生

培山乃炳巧三子字基岳號　生咸豐二年壬子十一月
十四辰時卒民國戊午年十一月初三亥時葬叮噹垵崙脊坐
庚甲兼酉卯　娶鄭文官女吱官生咸豐十一年辛酉二月廿
四申時卒民国己未年正月十五日寅時葬

培

培經

培經乃炳愁長子生咸豐二年壬子九月初四日丑時卒光

緒四年戊寅十月初二卯時葬

娶柯氏知娘改適

培

培保

培保乃炳愁次子生光緒七年辛巳十一月廿四日午時卒

光緒廿二年丙申十月初五子時

培

培抱　子　修業双承　春魁承半

培抱乃炳雞長子號克子生道光廿五年乙巳七月三十

日午時卒光緒　年二月廿一吉時葬外洋

培耀　子三　錫添　新士　雲集

培耀乃炳[illegible]次子字基遠號克足生道光廿八年戊寅五月十九巳時卒光緒廿一年乙未九月廿一酉時

娶蓮洲王舵官女號謙順生咸豐十一年辛酉七月三十日酉時卒光緒丁酉年七月廿九巳時與夫合葬山武后溝內崙坐午向子　女二羽娘配大墘林騫官

色娘配蓮洲王辦為媳

培汝　子二　進財　修業出丰

培汝乃炳雞三子字基士生咸豐四年甲寅四月初六未時卒

光緒廿六年庚子十一月十八酉時葬

娶彭格陳煥官女喜官生同治九年庚午五月十一卯時卒

年　月

培窓　子　乜都　賞来

培窓乃炳雞四子字基明生咸豐八年戊午七月廿八申時

卒民國癸酉年十二月初二酉時葬

娶上地胡任官女寬官生同治十三年甲戌五月十六寅時

女四長文娘適彭格陳次蔭娘適大墘林三滿娘適洋山胡
四豆娘適曾口坂傅

培文　子四　海棠　錫流　春魁出半　稽首

培文乃炳雞五子字基成號　生同治元年壬戌閏八月初
三申時卒民國戊午年六月初四酉時葬本鄉豪旂尖尾坐
辛山戌辰　娶鶴前劉天敘女題官生光緒二年丙
子四月十二未時女德娘

培䰙　子　錫苑双承

培鬍乃炳漂長子生道光廿七年丁未九月廿一日未時卒同治七年十月十三亥時

培聳　子　錫雍

培聳乃炳漂三子號克抜生道光三十年庚戌十一月初九日亥時卒光緒壬寅年七月初八午時與弟雄合葬本鄉長垃角坐向　娶林滄格王氏配官號淑合生同治九年庚午月　日　時卒光緒辛丑年八月廿九申時女早娘適溪頭柯盤官

培雄　子二　錫服　錫苑双承培鬍

培雄乃炳漂三子號克會生咸豐五年乙卯五月初九卯時卒

光緒壬寅年七月二十酉時與兄贊合葬
娶林蒲格王統官女須官生同治十年辛未十一月廿七亥時
女三長近娘適崎兜溫皆官次客娘適林蒲格王胡官 三蜂娘
適

培棖　子二　閑作　朝固双承
培棖乃炳每双承長子係西姑長子蕙承錄見下

培夜　子一　錫瀨
培夜乃炳每双承次子係炳拱長子蕙承錄見下

青溪蓬萊張氏宗譜

培昌熾　子二　奇楠　錫甲

昌熾乃炳每双承三子係炳紫次子双承號文盛生同治十年辛未十月初七戌時卒民國癸酉年十一月十三卯時葬在外洋嗹叻　娶德崇蔡練官女閏娘生光緒六年庚辰五月廿二日未時

女一　阿鐸適尾塘林

容成　子三　生財　生定　金水

容成乃炳紫長子字基宗號安文生咸豐十年庚申十二月十五午時卒光緒甲辰年五月初十丑時葬山母松脚上寅申甲庚

娶德崇蔡七官女契娘生同治庚午年五月十一寅時卒民

國甲戌年七月十六酉時葬

女　善娘　香娘

昌熾

昌熾乃炳紫次子兼承炳每錄見上

培夜　子一　錫國

培夜乃炳拱長子兼承炳每號安興生同治五年丙寅十月十一亥時卒光緒辛卯年四月廿八寅時

娶浯尾鄭胃官女揣官號　生同治七年七月初一日未時

卒光緒廿一年乙未六月十五午時

培用　子一　錫語

培用乃炳拱次子號安舒生同治九年庚午四月廿四戌時卒

光緒十五年己丑九月廿五午時

培欽　子二　開吹　油河

培欽乃炳拱抱養三子字基訓生同治十一年壬申十一月十

二卯時

娶大墘林法官女崇官生同治壬申年十月二十戌時卒民國

辛未年十一月初一申時葬

女四笑娘　寬娘　滿娘配己魁斗劉朗娘適德崇蔡五

慼娘適溪頭柯

培棖　子　朝固　双承

培棖乃西姑長子字基甲號安甲薰承炳每生同治四年乙丑

七月初二巳時卒光緒辛丑年九月初四亥時

娶溪頭柯叻官女桃官號葉慈生同治戊辰年十月廿二辰時

卒光緒己亥年五月廿二午時

培新　子　朝固　承半

培新乃西姑眷次子生同治十三年甲戌十月十五日戌時

求俊　子　敦禮　振華　半承　錫請　烈種

求俊乃西姑三子字基富生光緒七年辛巳正月十八日寅時

娶鴻卿李奇官女連官生光緒辛巳年九月初八巳時女四大娘

適溪南蘇次攙娘適蔡宅三惜適溪頭柯四量娘未字

培頂子　振華承平

培頂乃西姑四子號　生光緒十年甲申九月初七丑時卒

民國癸酉年二月廿六申時

娶刑厝林香娘生光緒　年三月廿三辰時

女一　紅咩適翁家

寬宏 子三　潤澤　廷丕 出革　金有養

寬宏乃炳圓嗣子係炳彝子繼立字基度號廣量生同治戊辰

辰年正月初五戌時卒光緒庚子年七月三十日巳時

大英

娶鶴前劉程官女粧官生光緒元年乙亥二

月初十丑時卒民國甲戌年十一月十三亥時葬在本鄉水銅

垵生坤艮兼甲寅

培蘄 子一　金滕

培蘄乃炳沫長子字基裁號仁成生咸豐七年丁巳八月初

二丑時卒光緒癸巳年五月初七午時葬在同安縣虎井下店宫

遑　娶大墘林宴官女緞官號淑慎生咸豐八年九月初三吉時卒光緒辛卯年五月廿五未時

培坤　子一　錫金

培坤乃炳淶次子字基元生咸豐十年庚申三月廿五日寅時卒民國乙丑年七月初三卯時娶彭格陳氏東官係明官女生同治六年丁卯十一月廿三辰時卒民國癸酉年四月廿五申時葬廈門

培勤

培勤乃炳沫三子生同治丙寅年四月廿十日　時殤

培行　子四　新入　宇宙殤　錫乾　建春

培行乃炳尚長子字基同又基端號忠正生同治三年甲子十二月初十戌時卒民國癸酉年十一月十一丑時享年七十葬本鄉大張宅坐艮坤兼寅申

娶溪頭柯真官女富官生同治辛未年五月初一未時卒光緒丙午年七月十一寅時葬本鄉山母頭生合穡后墘垵居室　左畔壺頭坐乾巽兼亥巳　女一安娘適大墘林

寬柔　子一　有土 双承

寬柔乃炳髯次子字基温號廣順生光緒六年庚辰九月廿二辰時卒民國

娶彭格陳文官女儉官生光緒十年甲申四月廿七巳時卒宣統庚戌年十月廿一辰時

再娶湖頭恒山蘇氏專娘生光緒丁亥年十一月十九日卯時

女二　吆娘　知娘

進賢　子四　習字　金井　錫弟　麒麟

進賢乃炳髯三子字基國號尊敬生光緒九年癸未五月廿二

巳時卒民國癸酉年二月初一戌時
娶頂劉潘官女蔓官生光緒十三年丁亥九月廿四日辰時
女一綏娘適魁美刘

進前　子一　榮輝

進前乃炳駢四子字基後號尊榮生光緒丙戌年四月十五子
時卒民國甲寅年十二月廿六未時
娶鴻卿李西官女礫官生光緒十四年戊子四月初二日申時
女一返娘適鴻卿李

培天爵

12

天爵乃炳針承子字基祿號卿士係炳泳四子繼立生同治九年十月廿七甲時卒光緒戊戌年七月十一寅時
娶楊氏改適　女二長娥娘適大墘林閱官次連娘適横坑李得法官

萬義　子三　金會　錫湿　嘉慶
萬義乃炳益長子字基仁生同治四年乙丑五月初八巳時卒民國乙卯年九月初四寅時
娶上地胡烏官女照官生光緒五年己卯七月初四日卯時

東昇　子　錫潤

東昇乃炳鑾抱養長子生同治十三年甲戌十月　日　時

娶鴻卿李篇官

女位官生光緒六年庚辰　月

雙全　子一　土金

雙全乃炳鑾養次子生光緒二年丙子八月初二酉時

娶周堂陳罾官女嬪官

生光緒八年壬午二月十三寅時女參娘配埔頂楊蓀官為

媳

培呵生　子　錫
呵生乃炳鑾抱養三子生光緒四年戊寅　月　日　時
娶上海

金士　又上誌金壽　子　財星
金士乃炳鑾養四子生光緒十三年丁亥七月初三日亥時
娶上海　氏

培日
培交
均炳巒金双承子係炳芥炳兩之子来承録俱見下

雙福　子一　復成

雙福乃管蘭抱養子生同治十三年甲戌　月

培高山

高山乃管蘭承次子係炳芥次子繼立生光緒廿三年丁酉

十二月廿六子時卒

培日

培日乃炳芥長子兼承炳鑾生光緒廿一年乙未十一月十

九子時卒

娶崎兜温双官女呈官生光緒十五年己丑正月廿七酉時卒

培交　子一　錫造

培交乃炳雨長子蕙承炳鑾生光緒十二年丙戌八月三十日巳時卒民國丙寅年三月十六卯時

娶劉氏嗟娘生光緒

培茶　子二　錫戇（錯報即）仁貴

培茶乃炳雨次子生光緒十六年庚寅十一月初四卯時卒民國癸酉年七月廿五午時

青溪蓬萊張氏宗譜

娶柯氏便娘生光緒

仰池

子　寅玉　寅水

仰池乃炳漢嗣子係炳概次子繼立生光緒廿四年戊戌十月廿八卯時

娶魁美劉氏歐娘生光緒丙午年三月十九卯時卒民國壬申年四月十五酉時葬星卅嗟啞山

新基

新基乃炳概長子綿根名生光緒十四年戊子十一月廿七日寅時卒光緒甲辰年五月廿五申時

青溪蓬萊張氏宗譜

培登科

登科乃炳概三子生光緒廿八年壬寅十二月十二酉時早歿

培四寶　子一　乚色　乃炳概季子生宣統辛亥年九月初七丑時娶英兜沈氏

彩娘生　年　月　時卒民国辛未年正月初五吉時葬新加坡陳牛廊

再娶曾口坂傅田官長女甜娘生民国丁巳年八月十七申時

培和　子一　金吉

培和乃炳飽抱養子狒　生同治七年戊辰四月十九日丑

時卒民國丙寅年十月初一亥時

娶官會李八官女抹官生同治戊辰年二月廿五日丑時

培清蓮　子　錫當 双承

清蓮乃炳飽次子字基楚號文來生同治十三年甲戌七月初八亥時卒光緒庚子年十二月十一丑時葬外洋嘧叻

娶胡氏廿娘改節　女二長傳娘次蔓娘

清源　子二　錫龍　錫當 出

清源乃炳飽三子字基順生光緒三年丁丑三月十九日辰時卒民國癸酉年九月二十吉時

娶烘兜柯榷官女蕉官生光緒十六年庚寅二月廿二寅時

女三　春娘適洋内葉　柳娘適王厝　芙蓉 幼

清閑 子二 金泉 玉書

清閑乃炳飽五子生光緒十一年乙酉七月廿九亥時

娶鴻卿李氏藍娘生光

緒庚寅年十月初七日未時 女簡娘未字后適南安蓮島郭錫贊

清蓮

清蓮乃炳飽六子號綿知生光緒十四年戊子正月十二日辰

時卒光緒乙巳年十月廿四申時

木筆

木筆乃炳他抱養子生同治四年乙丑五月十八日午時

培清時　子　錫木

清時乃炳他繼次子係炳飽四子継生光緒八年壬午九月廿二午時娶劉占官長女冉娘生光緒辛卯年十二月十九卯時

女四綢娘　格娘　悔娘　四幼

先進　子二　火炎　熟美

先進乃粉里承長子係炳窓之子繼立　生光緒十四年戊子十一月廿三巳時卒民國乙亥年八月十九未時

娶鴻卿李氏隨娘生光緒丙申年八月十三日寅時女一閣娘未字

金鉦

金鉦乃炳奎長子生光緒廿八年壬寅二月初十巳時

金發

子

金發乃炳奎次子字基　生民國乙卯年七月廿三申時娶溪頭柯氏蘭娘生民國戊午年十一月初三酉時女一金寶

培恭

培恭乃炳堅承繼子係炳翕次子繼立生光緒十四年戊子十

一月十二年時卒民國甲子年七月初五吉時

培田

培田乃炳翕長子　生光緒九年癸未十一月廿六未時娶本
里劉諧女綿娘生光緒庚寅年八月十九寅時

培芬

培芬乃炳翕次子　生光緒廿二年丙申七月廿八亥時半承
炳洋

錦川　子　家修双承

錦川乃炳鈿長子字基文生咸豐四年甲寅十月十六日辰時

卒光緒戊申年四月初十酉時

娶鴻鄉李漢官女純官生咸豐八年戊午十二月十九丑時卒

光緒丁亥年六月十一寅時

儒士培炶　子二　家修崋　家春

培炶乃炳鈿次子字基茂狒　生咸豐七年丁巳十月初二

未時卒宣統辛亥年正月十七巳時

娶彭格陳讀官女雪官生同治八年己巳五月初十日午時女

信娘

清明　子　海棠 実名宗　錫蟳　錫瑙

清明乃炳哈長子字基時生咸豐八年戊午十一月廿四日寅時卒光緒丙午年四月初十辰時

娶溪南蘇坩官女胆官生同治癸亥年十一月十四日戌時

女惜娘適鶴前刘陸官

清秀　子　蝦月

清秀乃炳哈承次子係炳粮次子繼立生同治三年甲子六月初二辰時卒光緒廿八年壬寅八月初五子時葬廈島

娶上地胡氏双官改適

三泰　子三　水紋　錫生　何事

三泰乃炳哈三子生同治十二年癸酉二月十四丑時卒民国丁卯年十二月初十卯時壽七十五葬陳牛廊添福律吧尾山坐南向北

娶大墘林纓官女榮娘生光緒二年丙子七月廿六酉時女蕉娘適上地胡冬官次迁治未字

培沙　子　新澤殤　生来抱　養来抱　保全双承

培沙乃炳蛤長子字基石號　生道光廿九年己酉八月初五未時卒民國壬子年四月廿九亥時葬

娶后山園王探官女宣官生道光己酉年正月十四酉時卒民國癸酉年十二月初六卯時

女二長冬娘適溪頭柯茅官次練娘適圍内蔡綿官

石翁為人事理通達心氣和平解紛排難遐邇知名和鄉睦族里閈交稱是誠一族之巨擘千人之俊英者也況今重修譜牒亦翁合羣力董成不惟有功於宗祖且善詒謀于孫曾俚語以贈畧表芳聲

纂修人蘇希賢拜贈

培龍　子二　福星　財星 后改保全 峯

培龍乃炳蛤次子字基見生咸豐三年癸丑十二月初四亥時

卒光緒丁未年正月廿一寅時葬星洲老塚
娶溪南蘇共官女淂官生咸豐八年十一月十一巳時卒民國
十一年壬戌二月初七吉時

培灤洄　子一　通達

灤洄乃炳蛤三子字基仁生同治八年己巳五月初一日午時
卒民國丙寅年五月十四戌時
娶本里劉溜官女晏官生光緒八年壬午二月初九日寅時
女一梅娘適崎都温

金釵　子嗣　老幼

金釵乃炳承繼長子生同治八年己巳十二月初六日巳時卒
民國癸酉年九月初三未時

培喜　子五　克章、双承　金寅　松茂　忠孝　志信

培喜乃炳領長子生同治九年庚午八月十二午時
娶溪頭柯恍官女
旺官生光緒丁丑年十二月初六日寅時女專娘未字

連聽　子一　克章承半

連聽炳領三子生光緒五年己卯四月廿一日辰時卒宣統庚

戌年四月初五日吉時葬
娶鴻卿李氏圍娘后改適

培悔　子一　生佛

培悔乃炳祿承子係炳領次子繼立生同治十二年癸酉正月
廿六亥時卒民國甲寅年四月廿七未時
娶項劉老官女碟官生光緒庚辰年四月十八寅時卒宣統辛
亥年十月廿七辰時
再娶鶴前劉氏用娘生　年　月　日　時卒民国
壬子年四月十九吉時

女一晟娘適岩山柯

煥章 子三 天玉抱　永定　天宝

煥章乃炳培抱養長子生光緒六年庚辰八月十七日巳時卒
民國辛未十月十四卯時葬星州老塚　娶鴻卿李氏桂娘生
光緒十年甲申十月初九丑時卒光緒丙午年十月廿二日午
時卒光緒丙午九月廿二午時 右上已書免誌　再娶上地胡氏千娘
生光緒乙未年六月廿七日子時卒民國丙辰年三月十七日
時　三娶蔡氏金娘生光
緒丁酉年二月初五日辰時女丹鳳未字

興讓　子一　武義

興讓乃炳培抱養次子生光緒廿一年乙未三月初九日午時　娶洋内葉氏醒娘生

光緒癸卯年五月十六日午時女香娘未字

金蘭　子一　堯志

金蘭乃炳永長子號　生光緒廿六年庚子九月十三日寅

時卒民國廿一年壬申三月十六巳時

娶溪頭柯晟娘生光緒丁未年九月十五日午時

金照　子一　尚志

金照乃炳客長子　生民國二年癸丑十一月十六日寅時

娶大墩林氏勤娘生民國丙辰年十二月十一日酉時

文苑

文苑乃炳怡抱養子生光緒丙戌年　月　卒

娶黃氏桃娘生光緒

十一年乙酉十二月廿九卯時卒光緒三十年甲辰四月初八

寅時

生傳　子　協力　承

生傳乃炳文螟子生光緒乙未年又五月初三酉時

新興

新興乃炳文次子生光緒己巳年十一月初四寅時殤

井泉

乃炳長之子殤

端木

端木乃炳恩長子兼承長江生民國六年丁巳正月廿七日辰

端木　子

時

新杏　子　協美　協力承　協助　協昌賣出

新杏乃福聯長子萬承長江生光緒辛丑年正月廿八日午時

娶大墩林氏春娘生光緒癸卯年又五月廿二丑時女一碧荷

未字

新蔬　子一　協溢

新蔬乃福聯次子生宣統二年庚戌九月初八丑時娶大墩林

氏韮娘生　年　月　時未過門而卒

再娶頂刘鄉劉氏月治娘生民

國二年五月廿日巳時

振藝抱

振聰双承

培大海 洋村 子二

大海乃竹林長子字基湖 生光緒丙午年天四月廿五寅時

娶頂劉劉氏緞娘生宣統辛亥年九月廿四日未時

培大彪　子一　振聰 洋

大彪乃竹林次子字基名生宣統二年庚戌五月十八日午

時娶鴻鄉李氏綢娘生民國甲寅年二月三十日午時女一

銀花未字

添丁 子

添丁乃麟宗長子生

添全 乃麟宗次子生民國甲寅年

添源 乃麟宗三子生民国丁巳年

添賜 乃麟宗四子生民國庚申年

添盛

添盛乃復基抱養長子兼承復成生民國甲子年二月十九日巳時

以上範正公五房志學之派

国家出版基金項目
NATIONAL PUBLICATION FOUNDATION

# 海上絲綢之路文獻集成

總主編　陳支平　陳春聲

## 民間譜牒編

89

主編　林　楓

海峽出版發行集團
THE STRAITS PUBLISHING & DISTRIBUTING GROUP
福建人民出版社

# 本册目次

# ［福建安溪］清溪蓬萊嶺美張氏宗譜十三卷首一卷（卷一—三）

張吉六　張緝熙纂修

# 清溪蓬莱嶺美張氏宗譜

正卷拾叁

长房

清溪蓬萊張氏宗譜歷世紀實卷拾叁

廿一世

洪汫

洪汫乃錫出長子生民國甲寅年四月廿八日寅時蒸承登載

洪朱

洪朱乃錫泉長子蒸承錫淵生民國丙子年二月十四申時

清溪蓬萊張氏宗譜

洪絹

洪絹乃錫壯長子蕙承登載生民國丙寅年十一月廿一日

卯時

洪提吉　子　丁壬　丁基

提吉乃冬来抱長子字　生光緒乙巳年四月廿九巳時

娶頂刘劉氏當娘生宣統己酉年十一月廿八日卯時女一宝

娘幼

洪成

洪成乃冬来抱次子字　生民國戊午年四月初十巳時

土壁

土壁乃九泡長子兼承錫火生民國癸亥年十月十三戌時

庚甲

庚甲乃九泡次子　生民國丁卯年七月廿一酉時

3

洪萬乞

萬乞乃錫臈抱長子字齊鄰生民國[illegible]卯年正月初二日未時娶鴻卿李氏含笑生民國丙辰年十一月廿六日亥時

新脱

新脱乃錫臈次子生民國庚午年四月初五日巳時

洪土龍

土龍乃河海長子長子兼承錫羆 生民國甲子年正月初三日卯時

洪清吉

乃河海養次子 生民國乙亥年十月初六戌時

情樹

情樹乃春暖抱長子 生民國己巳年八月十六日巳時

情寬

情寬乃春暖次子兼承錫苞 生民國辛未年七月廿六日午時

洪東山

東山乃錫英長子生民國甲子年十一月初一日丑時

東戌

東戌乃錫英次子生民國己巳年五月初二日未時

坤戌

坤城乃錫造長子生民國乙卯年十月十二日子時

洪坤

洪坤乃錫造次子生民國戊午年二月十八日卯時

金朝

金朝乃錫造三子生民國丁卯年正月廿三酉時

金龍

金龍乃錫造四子生民國己巳年五月初八日申時

金獅

金獅乃錫造五子　生民國辛未年十月初八日寅時

金源

金源乃錫造六子　生民國癸酉年十一月廿四日酉時

洪金美

金美乃錫兵長子兼承錫石生民國戊午年十一月初一日午時

娶大墘林氏來娘生民國癸亥年七月廿十未時

洪金賜

金石乃錫兵次子兼承錫名生民國辛未年九月初二日戌時

大水

大水乃錫清長子生民國辛未年三月初八日卯時　幼娶漳州吳氏　生民國庚午年六月十三申時

洪大狗

大狗乃錫清次子蕉承錫名生民國癸酉年五月廿七寅時

金田

金田乃来春長子生民國丙寅年八月廿三戌時

永中

永中乃来春次子生民國癸酉年二月初一日丑時

金

金木

金木乃錫閃長子

生民國癸酉年正月初五巳時

洪瑤池

瑤池乃錫分長子兼承海水生民國丁卯年三月初十日辰時

火金

火金乃錫分次子兼承新出生民國壬申年七月廿一未時

金福

乃錫分三子生民國丙子年十月十七戌時

俊權

俊權乃海水長子生民國癸酉年九月初九日卯時

洪泉城

泉城乃錫墻長子　生民國乙丑年八月初四酉時

洪土山

乃錫叻長子生民國乙亥年四月十四丑時

金為

金為乃新立長子　生民國戊辰年六月初四辰時

洪鍊

洪鍊乃新立次子　生民國壬申年十月初一酉時

興基

興基乃萬遥長子兼承錫鉛　生民國丙寅年十二月初六日卯時

興丁

興丁乃萬遥次子　生民國庚午年二月廿五辰時

德興

德興乃致成嗣子係萬選三子繼立生民國壬申年十二月初三亥時

洪耒有

耒有乃廚八長子生民國丁卯年二月十七巳時

再有

再有乃廚八次子生民國戊辰年十月十五亥時

佐卿

佐卿乃明水長子生民國丙子年五月十六辰時

坤城

坤城乃金珍長子生民國乙亥年七月十五日寅時

洪新民

新民乃金春長子兼承為霖生民國乙亥年七月初一日辰時

浚清　乃為霖抱長子生民國丙子年七月初八辰時

来金

来金乃進財長子　生民國戊辰年八月十四日寅時

　幼娶溪南蘇氏花娘生民國戊辰年十月十六日申時

洋質

洋質乃錫周長子生民國癸亥年八月初九巳時

慶德

慶德乃錫周次子生民國戊辰年七月三十日卯時

洪添興

添興乃國法長子生民國乙亥年正月初八日卯時

錦福

錦福乃發生長子生民國庚午年又六月初六丑時

洪新
新田

新田乃金盼長子生民國甲子年六月初四未時

田土

田土乃金盼次子生民國丙寅年十二月初二丑時

火生

火生乃金盼三子生民國癸酉年九月初十子時

洪長水

長水乃兩河長子兼承三江生民國丁巳年七月十三亥時

娶洋山姚氏草娘生民國壬戌年三月初三亥時

長泉

長泉乃兩河次子兼承三江生民國癸酉年九月廿二寅時

建發　乃國清長子生民國乙亥年十二月初二酉時

洪根禎

根禎乃文艶長子生民國丁巳年五月初二丑時娶客人朱宏官次女嘉娘生民國辛酉年九月十七酉時

寶國

寶國乃聯發長子　生民國庚午年正月廿六卯時

寶盛

寶盛乃聯發次子生民國甲戌年四月十七日未時

成寶

成寶乃聯全長子生民國壬申年二月三十日卯時

成德

成德乃聯全次子生民國甲戌年二月十二日子時

成枝

成枝乃聯全三子生民國乙亥年六月初七日亥時

洪和源

和源乃峥嵘抱長子生宣統庚戌年十二月初四申時

娶劉氏菊娘生民国甲寅年五月廿五午時女二李娘 廉梅

和德

和德乃峥嵘抱次子繼錫燒為祀生民國壬戌年正月初三日

午時

火烟

火烟乃神童長子　生民國戊午年八月廿六日卯時

娶楊氏秀鳳生民國庚申年五月初七丑時

烟泉

烟泉乃神童次子生民國辛酉年四月十四酉時娶林氏玉勤

南安楓樹人生民國十四年乙丑十一月初五卯時

洪振源

振源乃神童抱三子係承李店螟生民國癸酉年九月初十日戌時

文来

文来乃天賜抱長子　生民國癸亥年八月十二巳時

火益

火益乃天賜嗣次子係胞二兄子繼立生民國戊辰年閏二月

廿三辰時

招美

招美乃天賜三子生民國乙亥年二月二十辰時

招添

乃天賜四子生民國丙子年九月十一巳時

洪庚申

庚申乃重輝長子蕉承神助生民國癸酉年十月初七寅時

景有

乃重光長子生民國辛未年七月初一卯時

景基

景基乃重光次子生民國癸酉年五月初八午時

景仁

景仁乃重光三子生民國丙子年閏二月初六寅時

德華（昰名德英）

德英乃重華長子生民國丙子年九月初三日巳時

洪孟精

孟精乃火煉長子生民國甲戌年十一月十六亥時

孟裕

孟裕乃火煉次子生民國丙子年八月十一日申時

洪文慶

文慶乃双清長子兼承朝梅生宣統辛亥年七月十二子時

娶崎縣陳同長女秀蘭生民國壬子年九月十八寅時女二

淑卿　淑惠

洪生枝

生枝乃双清抱次子生民國戊午年七月初十日巳時娶科名黄禮苑官三女新娘生民國庚申年九月十八寅時

文華

文華乃双清抱三子生民國戊辰年八月十七巳時

錦章

錦章乃俊傑長子熏承朝梅生民國乙卯年八月十四辰時

娶楊氏少卿生民國八年己未四月廿四辰時

錦標

錦標乃俊傑次子　生民國六年丁卯巳查丁二月廿二寅時

漢疆

漢疆乃連帶長子兼承鳳儀生民國壬申年四月十八日丑時

洪景星

景星乃鳳儀長子生民國戊午年五月二十日辰時

景賢

景賢乃鳳儀次子生民國庚申年九月廿四丑時

景象

景象乃鳳儀三子生民國廿一年壬申正月廿九子時

5

洪景超

景超乃真珠嗣長子係鳳儀五子維立生民國庚午年二月十四寅時

景彩

景彩乃真珠抱次子生民國癸酉年六月初五甲時

錦德

6

錦德乃修綿抱長子生民國甲戌年八月初一戌時

洪詩軟

詩軟乃廣興長子生民國七年戊午九月廿八午時

娶胡氏柳賽生民國己未年十一月初八丑時

應得

應得乃廣興次子生民國十五年丙寅八月初十寅時

建德

建德乃麟趾長子生民國戊辰年正月廿四子時

建源

建源乃麟趾次子生民國甲戌年八月廿六日寅時

洪忠義

忠義乃新取長子生民國癸酉年十二月十七午時

二房起

以上範正公長志擇之派

洪大江

大
江乃有財長子
生光緒乙巳年四月十四寅時

興隆
子
樹根

興隆乃有財次子生宣統己酉年六月十六午時
娶李氏来法生民國乙卯年四月初五申時

洪皆得　子一　森誠
皆得乃開盛長子字齊明生光緒庚子年九月廿六戌時
娶溪頭柯氏錦娘生光緒乙巳年十一月初九亥時女一品娘
未字

皆載　乃開盛次子生光緒乙巳年九月初五戌時殤

洪德水　子一　長泉

德水乃開盛三子生民國癸丑年六月初四日巳時　娶德崇蔡氏笑娘生民国丁巳年二月廿三午時

德順

德順乃開盛四子生民國丁巳年三月廿六日丑時娶溪頭柯氏銅娘生民國庚申年七月廿六丑時

洪木

洪木乃新来長子兼承有財生民國壬戌年二月廿二日亥時

德枝

德枝乃新来次子生民國戊辰年正月十四未時

洪榮春

子　金鍊　水扶 出羊　水寶 出羊

榮春乃錫嘉長子字茲添生光緒辛卯年三月十六日寅時

娶谷山林氏盒娘生

女二　金娘適董家　有娘幼

榮發

榮發乃錫嘉次子生光緒壬辰年十月十九酉時卒民國丁

卯年九月十四亥時

洪三桐

三桐乃錫嘉三子　生光緒甲午年十一月廿八日酉時

娶同邑陳氏錢娘　生光緒丙午年九月初十日

欽賜　子一　水寶承羊

欽賜乃錫嘉四子豨　生光緒辛丑年三月廿四未時卒民

國癸亥年二月十二吉時

順天

順天乃錫嘉五子字齊　生光緒戊申年正月初七日辰時
娶上地胡氏西娘生民國乙未年二月初八酉時

得來　子　漢龍　漢文

得來乃成仁長子字齊賢生光緒乙未年二月初五戌時
娶溪頭柯氏箱娘　生光緒戊申年三月十八辰時

洪玉麟　子一　漢宗抱

玉麟乃成仁次子兼承三經字齊鳳生光緒癸卯年九月十八
未時娶上地胡氏車娘生宣統辛亥年十二月十四戌時　查氏生七月

玉全　子二　漢拯　漢美

玉全乃成仁三子字齊淵薰承五岳生光緒癸卯年九月十八日申時娶上地胡氏禁娘生宣統辛亥年十二月廿五卯時

維素　子一　漢文　聚

維素乃成功長子號欲定生光緒丁亥年二月廿七日寅時卒民國己未年正月　日　時葬外洋

畢業生整頍　子　和鈴　和衷
整頍乃修德長子字齊安別號律己生宣統己酉年十一月初十
亥時民國戊辰年在集美師範本科畢業
娶溪南蘇國恩君次女蕉娘生宣統己酉年十二月十四丑時
女二　和箕　和珠　均幼

畢業生金鐘
金鐘乃修德次子字齊鼎別號　燕承瓚林生民國丙辰
年二月初五申時丙子年在安邑鄉村師範畢業
娶崎兜温皆官長女綿娘生民國丁巳年十二月十七日未時

洪棟樑

棟樑乃修德三子字齊柱生民國己未年正月十三酉時

金標

金標乃金水長子生民國丁卯年　月

洪再發

再發乃文生長子生民國辛酉年九月廿三日巳時

再成

再成乃文生次子生民國丙寅年九月十五亥時

連璧

連璧乃四寶長子兼承三才生民國丁卯年十一月廿三申時

洪
明成

明成乃榮宗長子生民國丙辰年十一月初七辰時娶潮州郭
石郎女木花娘生民國辛酉年六月廿七辰時

水
源

水源乃天賜抱長子兼承得金生民國丙寅年八月廿二亥時

洪狗

洪狗乃壬癸抱長子生民國辛酉年十一月十二酉時

水成

水成乃壬癸次子生民國戊辰年三月二十卯時

洪福林　子一　長發

福林乃錫柿長子生宣統己酉年二月初十丑時

娶東

洋陳鍊官長女樣娘生民國丙辰年二月廿八亥時女富娘幼
未字

福全
福全乃錫柿次子生民國戊午年八月初一酉時

福枝
福枝錫柿抱三子生民國辛酉年三月十六辰時

福順

福順乃錫柿四子生民國癸亥年七月廿九卯時

貞福

貞福乃錫柿五子兼承金榮生民國乙丑年九月初三寅時

福連

福連乃錫柿六子生民國辛未年二月廿一午時

煒煌

輝煌乃朝寶抱長子生民國乙卯年六月廿五申時娶洋山胡滕官女格娘生民國丁巳年閏二月初九申時

輝相

輝相乃朝寶次子生民國戊午年正月十七酉時　娶湖頭李氏鉛娘　生民國庚申年十一月廿四丑時

洪江海

江海乃錦德長子繼黃氏宣娘生民國甲子年五月初三日

辰時

洪炳全

炳全乃錦德次子生民國乙丑年十一月十二未時

樹林

樹林乃錦德三子兼承朝宝又承林氏亞梅生民國庚午年四月十四亥時

丙丁

丙丁乃錦德四子生民國乙亥年二月初九未時

洪加添上書新丁

加添乃錦祥之子生

洪炳堅

炳堅乃錫敘長子蕉承邪根生民國癸丑年六月十五卯時

娶胡氏蓮娘生民國庚申年十一月廿六辰時

再福

再福乃錫欽次子生民國己未年又七月十二丑時

水源

水源乃錫欽三子兼承朝寶生民國甲子年六月初六戌時

江漢

江漢乃錫欽四子生民國丙寅年六月初九日巳時

洪烟春

烟春乃邦根抱長子生民國　年六月初一寅時

洪淵悌

淵悌乃邦根承繼子生民國己巳年九月初一日寅時

添水

添水乃榮芆長子兼承邦根　生民國辛酉年九月廿二未時

娶

氏呇莉生民國丙寅年十二月十三亥時

洪木水

木水乃榮炎長子生民國丙寅年九月十二酉時

順魁

順魁乃榮和長子生民國丙寅年十月十七辰時

順風

順風乃榮和次子生民國庚午年二月廿七辰時

順海

順海乃榮和三子生民國壬申年七月初九辰時

深根　乃皆興長子生民國丙子年七月十六亥時

炳飛　乃来團長子生民國丙子年八月初五子時

清水　乃維来長子生民國庚申年八月十七亥時

清隆　乃維来次子生民國甲子年正月初十巳時

清源　乃維来三子生民國壬申年五月初五丑時

清海　乃維来四子生民國甲戌年六月十一戌時

永金

永金乃中波長子　生宣統辛亥年八月初三子時

興祥

永祥乃中波次子生國甲寅年三月十二寅時

興太

乃中波三子生民國丙辰年七月十二辰時

裕德

乃中元長子　生民國壬申年八月廿五戌時

承興

乃中元次子兼承中河生民國丙子年

洪復成（寔名復元）

復成乃金蘭抱養子生民國乙亥年四月初二卯時

水櫃　乃連城之子生民國丙子年九月初五辰時

當強　乃火城長子兼承路嵙生民國丙子年五月十九未時

致祥

致祥乃秋金長子生光緒乙巳年九月廿五巳時

興華　乃秋金嗣次子生民國甲子年四月廿五亥時

新興

新興乃長訓長子熏承炎昌生民國壬戌年五月初五吉時

新金

新金乃長訓次子熏承長漢文生民國辛未年九月二十寅時

玉龍

玉龍乃文賀長子字齊鳳生民國乙卯年五月廿九酉時娶

湯埔陳交官長女換娘生民國己未年四月初一亥時

洪玉明

玉明乃文賀次子生民國辛酉年十月初四巳時

玉真

玉真乃文賀三子生民國戊辰年八月初八日辰時

洪見成

見成乃文山長子生民國九年庚申二月廿九酉時

金成
金成乃文山次子生民國十一年壬戌閏五月廿四日寅時

古成
古成乃文山三子生民國十三年甲子四月初八子時

奇華
奇華乃文山四子生民國十五年丙寅九月十七子時

洪重華

重華乃文山五子生民國十七年戊辰八月十三亥時

洪榮華

榮華乃文山六子生民國廿年辛未十一月廿四亥時

金順

金順乃新登長子生宣統己酉年八月十七戌時卒民國辛酉年五月初一戌時

洪蕋　子　梓炳桂　維六俱承丰

洪蕋乃錫盤長子生光緒己亥年八月十一未時卒民國庚

午年三月十七辰時

娶林氏連娘生光緒甲辰年七月初九辰時女桂花幼

玉泉

玉泉乃錫盤三子字齊　生民國丙辰年三月初三卯時

娶林氏金貭生民國　年七月初七子時女一喜英幼

洪上海

上海乃錫盤四子字齊　生民國戊午年六月初九寅時

娶溪南蘇氏笋娘生民國丙辰年十二月十六子時

財星　子一　維六出丰

財星乃錫新抱長子字齊　生光緒辛丑年十一月初六午時

娶溪頭柯氏鈕娘生光緒戊申年十一月廿二午時女三　秀梅

秀蘭　秀瑗均未字

財寶　子　梓英　炳桂出丰

財寶乃錫新嗣次子係錫盤次子繼立生光緒癸卯年九月
初八戌時卒民國甲戌年三月十一吉時
娶玉井林氏月娘生光緒甲辰年五月十九戌時女信娘幼

洪財寶
財寶乃錫新三子生民國己未年十二月廿三卯時

財河（改財筍）
財河乃錫新四子生民國丙寅年九月初一巳時

洪財珍 改名財吉

財珍乃錫新五子生民國壬申年十一月廿三卯時

財兩　乃錫新六子生民國甲戌年四月十九午時

洪磜

洪磜乃金英長子生民國丁巳年六月初三日吉時

清淵　子一　梓綱

清淵乃錦元長子號　生光緒辛丑年五月廿三辰時卒民

國庚申年十二月初十吉時葬外洋

娶洋山胡氏儉娘改適

洪金河

金河乃敬忠長子字齊漢生民國甲寅年三月廿一日巳時

娶彭墟蔡氏看娘生民國戊午年五月初二巳時女一玉宴

玉龍

玉龍乃三重長子生民國五年丙辰七月二十寅時

文龍

文龍乃三重次子生民國戊午年十一月十六寅時卒民國癸酉年十月初三戌時

萬成

萬成乃三重三子生民國十五年丙寅五月廿二日酉時

洪淵成

淵成乃榮源長子生民國辛酉年三月二十辰時

淵堯

淵堯乃榮源次子生民國乙丑年四月二十酉時

淵悌

乃榮源三子繼邦根內敘

阿匏

阿匏乃榮源四子生民國壬申年三月三十日吉時

洪福秀

福秀乃榮源五子生民國甲戌年九月十三吉時

以上範正公二志善之派

桂炎

桂炎乃錫石長子薫承大生生民國辛未年四月初七丑時

海炎

海炎乃錫石次子　生民國乙亥年十一月廿七辰時

送生

乃三元長子生民國辛未年二月廿一丑時

洪金福

金福乃錫次長子生民國甲戌年七月廿一卯時

洪金駿

金駿乃朝源長子生民國己未年十月十五子時

炳陽

炳陽乃朝源次子生民國乙丑年十二月初五申時

金發

金發乃朝源抱三子过繼再生字　生民國庚午年十月初

二子時

洪亞土

亞土乃朝源四子生民國癸酉年三月初一卯時

洪買

洪買乃錫挽長子生民國丙寅年四月十一巳時

洪漢祥

漢祥乃錫挽次子生民國戊辰年五月廿七卯時

洪瀟

洪瀟乃錫挽三子生民國辛未年十月初一寅時

四海

四海乃錫挽四子生民國癸酉年五月十七卯時

洪漢成

漢成乃錫挽五子生民國丙子年正月廿三卯時蕉承錫坔

文鑾

文鑾乃錫三長子生民國己巳年八月廿三卯時

青山

青山乃錫三次子生民國甲戌年五月廿七子時

以上範正公三志固之派

洪新安

新安乃啟成長子號 萬承錫賚生光緒丙申年三月廿
二巳時卒民国癸酉年十一月十一巳葬南洋
娶劉氏蒼娘生光緒戊申年十一月初二子時卒民國己巳年三
月十八甲時
再娶谷山林氏潛娘生宣統庚戌年五月十七巳時

玉蘭　乃振順抱次子　生光緒甲辰年正月初二辰時

洪木　娶蘇氏晟娘生光緒戊申年五月初三午時

洪木乃振順長子兼承錫贊生光緒廿六年庚子七月初

七日戌時卒民國癸亥年四月初一子時

洪送　乃振順三子生宣統辛亥年八月十六寅時

連子　子　隆盛抱

連子乃錫雙長子字齊碧兼承錫樹生光緒乙巳年九月

十九寅時娶谷山林氏舉娘生宣統庚戌年四月廿八寅時

應祥

應祥乃錫䉶次子字齊禧生宣統己酉年四月廿三酉時
娶溪頭柯氏西娘生民國癸丑年六月十七申時女好娘幼

應恐

應恐乃錫䉶三子字齊徨生民國甲寅年五月初二未時
娶洋山胡氏権娘生民國戊午年二月十二丑時

水仙

水仙乃錫䉶四子生民國辛酉年十一月初一子時

洪六生

六生乃錫籰五子生民國乙丑年九月初十日酉時

應麟

應麟乃錫樹抱長子字齊鴻生光緒戊申年正月廿九戌時

娶上地胡氏真娘生民國壬子年七月　日　時卒民國甲戌年八月十九申時

又娶谷山林氏刊娘生民國丁巳年正月廿三戌時

應固

應固乃錫葉抱長子字　　生民國壬子年九月廿二寅時
娶崎兜温氏綢娘生民國壬子年　月　　時女一玉蘭

洪長興
長興乃錫扁抱長子生光緒甲辰年八月初九未時娶陳厝
前陳氏瞈娘生光緒甲辰年五月初五申時女一

金豗
金豗乃錫扁次子兼承錫貌生民國丁巳年十一月廿六日
巳時

洪作慶

作慶乃錫扁三子生民國庚申年十一月廿七日丑時

洪旺

洪旺乃錫扁四子蕙承錫八生民國癸亥年十二月十五酉

洪義　子　通美

洪義乃錫貌長子生光緒戊甲年十月初八寅時娶谷山林

氏約娘生民國甲寅年二月初八寅時女錦綉幼

洪玉泉

玉泉乃錫八抱長子生民國乙亥年正月十七日未時

洪拼

洪拼乃錫井長子生民國癸丑年二月廿二丑時娶上地胡氏

娘生

烏龍

烏龍乃錫井次子生民國丁卯年十二月初一丑時

烏参

烏参乃錫井三子生民國辛未年正月廿一午時

洪烏種

烏種乃錫井四子兼承文旦生民國癸酉年十二月初五寅時

洪匏

洪匏乃開芳長子生民國壬戌年六月十八寅時

洪添賜

添賜乃開芳次子生民國己巳年二月廿九申時

烏超

烏超乃錫富長子生民國甲子年又四月廿三申時

洪守業

清溪蓬萊張氏宗譜

守業乃壯丹長子生民國十二年癸亥十一月廿三寅時

洪明山

明山乃壯丹次子生民國廿一年壬申七月廿八卯時

洪長雨

乃壯丹三子生民國乙亥年十月廿六寅時

禮義

禮義乃錫朝長子生民國庚午年十月十五辰時

洪丁癸

丁癸乃清擱長子生民國己巳年十二月廿三子時

佳檜

佳檜乃錫永長子生民國癸亥年七月十八辰時

西池

西池乃錫永次子生民國丁卯年六月廿一丑時兼承圓明

洪葵

洪葵乃錫潤長子　生民國乙丑年七月初七子時

發成

發成乃錫雁維子　生民國乙亥年十月十四丑時

新寶　子三　玉寘　新炭　玉攀

新寶乃錫壇長子綿　生光緒己亥年四月初十未時卒民

國辛未年七月廿七丑時

娶曾口坂傅氏鷄娘生光緒庚子年九月初四子時女一柬娘

適曾口坂專

洪蕪

洪蕪乃錫壇次子生光緒甲辰年二月廿一日卯時蕪承有本

庶幾　子一　双龍

庶幾乃通士抱長子生光緒丙午年九月二十未時娶曾口坂

傅氏斂娘生宣統己酉年正月廿九酉時卒民國庚午年八月
廿三申時
又娶大墩林氏于娘生民國甲寅年五月十六寅時

佳椎

佳椎乃通士次子生民國癸丑年正月廿八寅時　娶曾口坂
傅氏盤娘生民國甲寅年正月十八申時

茶枝

茶枝乃通士三子生民國丁巳年二月十六寅時

娶李氏蕋娘生民國辛酉年三月廿四丑時

洪金典

金典乃通士四子生民國壬戌年五月初九夘時

萬年

萬年乃錫皎長子　生民國甲寅年四月十五未時娶曾口

坂傅氏听娘生民國己未年九月廿二戌時

長久　子

長久乃興化抱長子生光緒癸卯年　月　時娶曾口坂
傅氏乖娘生光緒癸卯年　月

洪閣

洪閣乃興化次子生光緒乙巳年七月初五辰時娶上地胡氏
⿱毛灬娘生宣統庚戌年七月初八辰時女凸治

金鳳

金鳳乃興化三子生民國戊午年三月十五亥時娶頂刘劉氏
蚋娘生民國庚申年十月廿一酉時

鴻麟

鴻麟乃春火長子薰承修成生民國癸丑年十月初二申時

娶鴻鄉李氏擬娘生民國癸丑年三月初六未時女一有治

洪水龍

水龍乃錫田長子　生宣統己酉年九月初八午時娶崎縣

陳氏歎娘生民國壬子年六月二十未時

洪長德

長德乃錫田次子生民國己未年四月

書玉

書玉乃錫田三子生民國辛酉年十一月廿八日辰時

天推

天推乃春安長子生民國丙寅年正月十九亥時

洪繼全

繼全乃春安次子生民國庚午年八月初八未時

龍水

龍水乃烏會長子字　生民國庚午年又六月初七巳時

宗枝

宗枝乃錫榮長子生民国戊午年十月十一午時

洪火炎　子一　四十

火炎乃清雨長子生光緒壬寅年十二月十五戌時娶哖兜尾

林釆春女玉娘生宣統辛亥年四月初四酉時女英娘幼

陰潤

陰潤乃清雨次子字齊　生光緒乙巳年四月十二寅時
娶溫泉唐加水官長女干娘　生民國壬子年四月廿七卯時

洪哉

洪哉乃科甲長子　生民國庚甲年十一月十六戌時

樹林

樹林乃科甲双承次子　生民國戊辰年九月廿一亥時

佳椎

佳椎乃桂子長子生民國乙卯年七月十九日辰時

建悌

建悌乃桂子双承三子生

来春

来春乃湔全抱長子生民國癸亥年五月初六卯時

洪林坤
林坤乃潽全次子生民國丁卯年正月三十日酉時

建悌
建悌乃潽全三子兼承桂子生民國己巳年九月十八日申時

洪㠯獅
㠯獅乃錫虎嗣子係桂子次子継立生民國己巳年二月廿六
子時

洪鍊

洪鍊乃錫約長子　生宣統庚戌年六月初三申時　娶崎
兜温氏綢娘生民國乙卯年九月初九子時

洪軟

洪軟乃錫鈞次子兼承錫疊生民國癸丑年九月廿八日午
時娶上地胡氏笑娘生民國己未年十一月初六申時

新參

新參乃錫約三子生民國丙辰年十一月初三子時卒民國甲戌年十二月廿九午時

洪評

洪評乃錫約四子生民國壬戌年六月十五未時

青雲

青雲乃錫歐次子行長兼承錫姜生民國己未年七月廿九寅時

洪樹

洪樹乃錫領長子字　生宣統辛亥年十二月廿五卯時

娶新宮劉氏簡娘　生民國戊午年六月廿六申時

洪廈

洪廈乃錫領次子字　生民國癸亥年五月廿一巳時

水專

水專乃錫蓮長子　生民國辛酉年十一月三十日丑時

水来

水萊乃錫蓮次子生民國癸亥年十二月廿三卯時

秋菊

秋菊乃錫蓮三子生民國丙寅年十月初五卯時

洪塩

洪塩乃錫蓮次室四子兼承錫慈生民國壬申年四月十四巳時

洪永順

永順乃錫發長子蒸承錫河生民國丙寅年十月初九辰時

金吉

金吉乃錫發次子蒸承錫枹生民國己巳年三月廿二巳時

茶枝

茶枝乃錫發三子蒸承錫河生民國甲戌年二月十六日辰時

洪寅

洪寅乃双普係双全長子継生

洪清　子一　漢陽

洪清乃連才長子生光緒丙午年九月廿六戌時

江林

江林乃双全次子生民國乙卯年三月十一丑時

金獅

金獅乃双全三子生民國戊午年三月十五日巳時

洪金璧

金璧乃錫火長子生民國乙卯年六月廿五日辰時

洪金肴

金肴乃錫火次子生民國己未年三月初六亥時

洪良春

良春乃錫火四子生民國辛未年十二月初五日戌時

金於

金於乃允水嗣子係錫火三子繼立生民國壬戌年六月初二丑時

洪海水

海水乃烏綴長子生民國戊辰年四月十二日申時

木榮

木榮乃烏綴次子生民國癸酉年五月十四申時兼承敦生

洪進来
進来乃金精抱長子生民國庚申年十月初三申時

茂坤
茂坤乃金精次子生民國乙亥年九月廿九申時

跨剌

跨剌乃順天長子　生光緒丙戌年十二月廿三辰時

洪雨堂

雨堂乃錫老嗣子係順天次子繼立生光緒丙申年三月初九寅時卒失效

水疲

水疲　子一　金長

水疲乃錫楓長子生光緒乙巳年十二月廿四巳時娶崎兜温氏能娘生宣統庚戌年三月廿七未時卒民國廿三年甲戌十

月廿三申時女秀英未字

洪連元　子二　明發　明忠

連元乃錫楓次子兼承正心生宣統己酉年十一月初九未時

娶潮邉吳氏金英生民國丙辰年

進發

進發乃怡林長子生民國乙亥年九月廿九申時

洪淵丁

淵丁乃千財長子生民國戊午年八月廿八酉時

金燕

金燕乃錫厚長子生民國癸亥年二月廿七未時娶德崇蔡五悌官長女鳳英生民國辛未年六月初四卯時

成立

成立乃錫厚次子生民國丁卯年九月十四日戌時　娶溪南蘇

嘆官長女倩官生民國乙亥年五月十九午時

洪双坤

双坤乃錫厚三子兼承浩源生民國乙亥年十一月初五日巳時

水金

水金乃浩源長子生民國乙卯年十二月初五丑時娶南安尤良官長女烏營生民國戊午年八月十七未時

洪来成

来成乃浩源抱次子生民國己巳年七月廿八戌時

洪禧

洪禧乃乜聯長子生民國甲子年四月初二辰時

邱發

邱發乃火第長子蕉祀和成生民國庚申年九月十三未時

洪
長合

長合乃火第次子生民國癸亥年四月廿五戌時

長利

乃火第三子生民國丙子年九月十九丑時

金玉

金玉乃蒼基長子生民國甲子年二月廿五午時

清
玉

清玉乃蒼基次子生民國庚午年六月十一亥時

洪清火

清火乃蒼基三子煎承朝来生民國甲戌年八月初五亥時

金標

金標乃其南長子生民國甲子年正月十三戌時

玉園

玉園乃其南次子生民國己巳年十二月初十未時

洪籐枝

籐枝乃錫端長子生民國甲戌年五月廿四寅時

尊守

乃錫論長子生民國丙子年八月初十吉時

新基

新基乃錫田抱長子生民國乙卯年八月初二申時

娶蔡氏拈娘生民國庚申年十一月十二午時

炳宏

炳宏乃錫田次子生民國壬戌年十月初二戌時

洪朝固

朝固乃錫田三子兼承金讓生民國丁卯年九月二十辰時

佳得

佳得乃金讓抱長子生民國丙辰年

朝鳳

朝鳳乃金與長子生民國戊辰年四月初六日午時

春盛

春盛乃榮昌抱長子生民國乙丑年十月初一寅時

洪文欽

文欽乃天助之子生

洪坤華

坤華乃連枝長子生民國丙子年四月十六日酉時

萬根

萬根乃錫門長子生民國廿一年壬申七月十七丑時

洪水文

水文乃錫答長子生民國甲戌年正月初五寅時

洪水金

水金乃錫答次子生民國丙子年十月初七子時

以上範正公四志執之派

洪首

洪首乃錫石長子生光緒甲辰年六月初八酉時殤

洪盞　子　金山

洪盞乃錫石次子生光緒丙午年六月初七日巳時娶陳氏端娘生民國癸丑年二月十三巳時

洪真

洪真乃錫石三子兼祀丹成生民國二年癸丑五月廿三戌時

禮儀

禮儀乃成基長子蕙承福来生民國庚申年十一月十九子時

洪鑄　子嗣　清池

洪鑄乃錫唱長子字發鐘號鎔亭生光緒癸未年十一月初八亥時卒光緒壬寅年五月十七申時娶胡氏銀娘改節

洪錠　子　清池出繼　梓海　梓炳　梓謪　梓淵出繼

洪錠乃錫唱抱次子字發金生光緒戊子年四月初一日未時

娶德崇蔡氏粘娘生光緒癸巳年六月初六申時

洪鍉　子嗣半　添水

洪鍉乃錫唱三子生光緒壬辰年八月十八未時卒宣統辛亥年三月十八卯時

洪鉗　子一　添水 出半

洪鉗乃錫唱四子生光緒乙未年五月十九寅時　娶李氏緩娘生光緒壬寅年二月初二巳時

洪鎮 子三 竹成 癸承 致成 順灯 出丰

洪鎮乃錫滔長子字發殿生光緒庚辰年八月十七卯時卒

民國甲戌年八月十九亥時

娶東洋陳氏晏娘生光緒丁亥年二月十八未時

合葢瓦窑口新興厝四坋浔一坐艮坤兼寅申女二幼娘適內

田林次卄娘未字

洪錦 子二 成基 壬癸 出丰

洪錦乃錫滔次子字發衾鍗鎔祥生光緒壬午年年十月初六

子時卒民國甲子年三月廿二酉時
娶溪南之蘇氏情娘生光緒癸巳年十一月十一吉時卒民國
癸丑年四月廿九日吉時
再娶湯內周氏允娘生光緒乙未年九月廿五申時卒民國甲
子年十二月十一申時

洪鏡　子　竹成　承丰

洪鏡乃錫滔三子　生光緒庚寅年九月廿八酉時卒民國
癸丑年四月十七未時

洪鉛　子　壬癸　癸承

娶

洪鉛乃錫滔五子生光緒丁酉年正月初三辰時

洪銘

洪銘乃錫鑾長子生光緒庚寅年八月三十日巳時卒光緒乙巳年五月廿八酉時

洪鉅

洪鉅乃錫鑾次子字發庭生光緒癸巳年六月十七寅時

娶洋内傅氏得娘生光緒乙未年

洪鎬　子二　松栢峯　松癸峯

洪鎬乃錫鍳三子字

生光緒戊戌年十二月廿一戌時

娶上地胡氏對娘生宣統元年己酉正月廿五丑時

洪鈞　子　松栢叅

洪鈞乃錫鍳四子

生光緒壬寅年二月初九子時　娶

鴻卿李氏玉娘生民國甲寅年六月十四申時

54

清溪蓬萊張氏宗譜

洪銅　乃錫鏗五子殤

洪錡

洪錡乃錫鏗六子字　生光緒乙巳年十二月初二日巳時

洪鍜　子丰　順灯　乃玉来承子生卒佚

洪鈴　子三　懷璧　春旦

洪鈴乃瑞公長子字發鈞號鎔印生光緒甲申年八月初五

申時

娶鶴前劉氏受娘號取興生光緒乙酉年二月廿七寅時卒民

國甲戌年十一月廿六丑時

合葬瓦窑口新興厝四坋得乙艮坤寅申女四恍娘適新豊刘

文娘適鴻鄉李　意娘適上地胡　抄娘未字

洪叔夏

叔夏乃錫福長子字發春生光緒己丑年四月十七日午時

卒民國丁巳年四月初三日未時

聯提

聯提乃錫福次子字蕉承錫壽生光緒辛卯年六月廿八日卯

時

洪榜

洪榜乃錫福三子兼承錫壬生光緒丁未年正月初八卯時

卒民國辛未年十一月十七卯時

娶岩大坪林氏子娘生民國甲寅年又五月十五寅時女一

苑芳幼

洪摇

洪摇乃錫福四子生宣統庚戌年九月廿八丑時

洪有貴　子二　力虎　端王

有貴乃五才長子字發明生光緒辛丑年八月十四戌時

娶鶴前劉氏蔭娘生光緒戊申年十一月廿七日辰時女一

鳳娘未字

有富　子一　強樑

有富乃五才次子生光緒乙巳年　月　時娶溪頭柯

氏乖娘生宣統庚戌年十二月廿七巳時女碟娘未字

洪隱　子一　盡忠

洪隱乃五才三子字　生光緒丁未年五月初二酉時
娶溪頭柯氏双桃生宣統辛亥年　月　時卒民國庚午
年又六月十七辰時
再娶曾口坂傅氏蘭娘生民國壬子年九月十五丑時

光載

光載乃五才四子生民國丙辰年十月十二亥時　娶鴻鄉李
氏利娘生民國戊午年十二月廿五寅時

洪光明

光明乃五才五子生民國己未年三月初二亥時

洪金德

金德乃長興長子生民國丁卯年十一月廿一酉時

洪

乃長興次子

洪

乃長興三子生民國

洪

乃金懷長子生

洪

乃金懷次子生

洪
乃金懷三子生民國

洪
乃金懷四子生民國

洪
乃金懷五子生民國

洪春陳（错報書外）乃錫火抱長子生民國丙子年七月廿六丑時

洪海土

海土乃連圖長子蕪承錫圳生民國丁卯年十一月十四申時

海洋

海洋乃連圖次子蕪承錫否生民國庚午年五月廿三卯時

洪壇子

梓榮　梓富　梓貴　梓明

洪壇乃錫箱長子生光緒辛卯年十月二十日午時
娶彭格陳氏雁娘生光緒壬寅年十一月廿三午時
女　金鳳適彭格陳　次金珠　三金蓮　四金宝　未字

洪璇石　子三　彩真　彩盛　彩璋
璇石乃錫祥抱長子生光緒癸卯年十月十五戌時
娶魁美劉氏錦娘生光緒甲辰年十月初十辰時
女二　本娘適洋山頭林　次　未字

秋菊　子　金煉

秋菊乃錫祥次子兼承酉朝　生光緒乙巳年六月十二未時
娶溪頭柯氏傚娘生光緒戊申年九月十三子時
女勧娘未字

洪長笙
長樹乃錫祥三子生民國壬子年十月初九酉時　娶溪頭柯氏
金晃生民國丙辰年十一月初九巳時

廷順

廷順乃開生抱長子生光緒庚子年六月初三亥時卒民國
己未年十二月廿九辰時

陸岳　子嗣　梓朕

陸岳乃開生次子　生光緒甲辰年五月廿五未時
娶洋山姚氏愛玉休出

洪養

洪養乃雲集長子蕙承錫添生民國癸酉年又五月初一日

午時

團丁

團丁乃賞来長子生民國癸酉年六月十五申時

洪丙申

丙申乃賞来次子生民國乙亥年八月初三酉時

洪清波

清波乃海棠長子生民國壬申年七月十四卯時

洪水獺

水獺乃錫流長子生民國庚午年五月初六午時

水本

水本乃錫流半次子生民國辛未年十二月廿八酉時

陽春

乃錫流三子生民國丙子年十月初八辰時

洪華國

華國乃錫雍長子生民國戊辰年十月初一日午時

華僑

華僑乃錫雍次子生民國辛未年八月初三亥時

洪金寶

金寶乃錫雍三子生民國乙亥年八月十八日戌時

默居

乃開作双承子敘外

洪天賜

天賜乃錫瀨長子生民國甲子年六月初二寅時

洪致化
致化乃奇楠長子生民國甲子年九月初六寅時

國治
國治乃奇楠次子係生財次子繼立生民國乙丑年六月廿三日巳時

洪五而
五而乃奇楠抱三子生民國辛未年十二月十三酉時

洪國寶
國寶乃生財長子生民國丙辰年十二月廿六亥時　娶德崇蔡氏鷂娘生民國丁巳年六月十七卯時
洪天庇
天庇乃生財次子生民國庚申年十二月十一日巳時
玉侯
玉侯乃生定長子生民國丁卯年七月十一日酉時

洪来發

来發乃金水長子生民國己巳年三月十九巳時

興隂

興隂乃科甲抱長子生民國戊辰年七月十四辰時

玉麟

玉麟乃科甲次子生民國乙亥年十月廿九辰時

洪歐

洪歐乃錫語長子生民國戊辰年五月二十巳時

洪品

洪品乃錫語次子生民國辛未年三月初三巳時

默居

默居乃朝固長子兼承開作生民國癸酉年七月廿五寅時

善居

善居乃朝固次子生民國丙子年九月

㯲標

㯲標乃敦禮長子生民國庚午年正月十八寅時

洪榮美
榮美乃敦禮次子　　生民國壬申年十月初一午時

洪仁義
仁義乃敦禮三子生民國乙亥年十一月廿十寅時

峇維
峇維乃振華長子生民國辛未年七月十四辰時

慶宗

慶宗乃振華次子生民國癸酉年三月十七巳時

洪火燈

火燈乃振華三子生民國甲戌年三月初四申時

萬轉

萬轉乃潤澤長子生民國丙寅年九月初五亥時

萬春

萬春乃潤澤次子生民國己巳年七月十六午時幼娶溪頭柯
氏營娘生民國壬申年十一月廿七辰時

麗水　乃錫金長子生民國癸亥年七月初三戌時

淵泉　乃錫金次子生民國丁卯年十月初八日未時

洪寶　乃錫金三子生民國丁巳年六月十三丑時

生固

生固乃新入長子生民國丁巳年六月十三日丑時
娶德崇蔡氏遷娘生民国壬戌年十月初三午時

生珍

生珍乃新入次子生民國庚甲年九月十六日申時

12



生火　乃新入三子生民國乙亥年八月廿四寅時

洪振鳳

振鳳乃錫乾長子生民國丁卯年十月廿一丑時

振佳

振佳乃錫乾次子生民國庚午年二月初四巳時

洪振欲

振欲乃錫乾三子生民國壬申年正月十一戌時

振濱　乃錫乾四子生民國丙子年十一月十九午時

洪武從

武從乃錫建長子生民國甲子年正月十一辰時

武城

武城乃錫建次子係錫乾四子繼立生民國甲戌年十月十一

未時妁娶温氏花娘生民國丙子年又三月初十未時

洪泗水

泗水乃習字長子生民國辛未年六月初八巳時

洪福戚

福戚乃金會抱長子生民國乚亥年三月初十子時

丙泉

丙泉乃錫湿長子蕉承金會生民國乚亥年二月初九未時

洪

乃金吉長子生民國

春陳

乃錫火爻抱長子生民國丙子年七月廿五亥時

洪金土

金土又書晉 乃海宗長子兼承家修生民國丙寅年五月十三寅時

連土 乃海宗次子生民國乙亥年二月十九未時

洪春水

春水乃錫蟳長子 生民國己巳年七月十三戌時

春城

春城乃錫蟳次子生民國甲戌年六月初五日卯時

洪滎全

滎全乃烏九長子生民國癸酉年四月初一戌時

滎河

滎河乃烏九次子生民國乙亥年六月初十辰時

洪招

洪招乃生来長子生民國

洪景謀
景謀乃福星長子蕉承錫勇生民國乙卯年十二月初五未時
娶温氏蔭娘生民國癸亥年八月十四巳時

洪祖謀
祖謀乃福星次子蕉承錫才勇生民國十四年乙丑四月初五亥時

洪明螺

明螺乃克章長子生民國戊午年正月十八午時娶大墩林氏

着娘生民國壬戌年十月十六未時

振祥 上書 振發

振祥乃天玉長子生民國丙子年正月十八吉時

以上範正公五房志學之派

洪有財

有財乃錫頂抱双承子生光緒丁未年七月初二午時娶劉氏時娘生民國壬子年七月十九酉時卒民國甲戌年九月初二午時

新寶

新寶乃淑夏長子生民國己未年七月廿六申時

洪龍枝

龍枝乃淑夏次子生民國甲子年六月廿一巳時

洪天推

天推乃水孝長子生民國癸亥年十月十四亥時

麟元

麟元乃連福長子生民國甲戌年正月十四子時

洪天蔭

天蔭乃中萬長子生民國辛酉年六月十八寅時

天順

天順乃中萬次子生民國甲子年八月十一亥時

火樹

火樹乃光景長子生民國乙丑年二月十二申時

烏九

烏九乃光景次子生民國甲戌年二月初十寅時

洪枝

乃正寶双承長子生民國乙丑年四月初二午時

山枝

乃正寶次子生民國甲戌年四月十九辰時

洪治邦

治邦乃錫抱長子生民國丙子年二月初二未時

洪潭

乃来興長子生民國癸丑年七月廿四未時

洪海土

海土乃水俊双承子生

洪枝發　乃玉角抱長子生民國戊辰年九月初九午時

洪添財

添財乃玉角抱長子生民國辛未年十二月十三申時　娶許氏阿桃生民國庚午年十二月初十酉時出

自然　乃錫標長子生民國甲戌年八月廿四未時

中央

中央乃傳枝長子生民國甲戌年十二月三十日申時

洪桐樹

桐樹乃長明長子字　生民國丁卯年九月十三日戌時

2

洪揚生

揚生乃長明次子藂承應麟生民國廿三年甲戌十一月初七日丑時

瑞生

乃長明三子生民國丙子年十二月

洪景棠　清化

洪維玉

維玉乃秀蘭長子生民國壬申年六月廿六日酉時

洪金錸

金錸乃桂子長子生民國

洪國強

國強乃玉彩長子生民國丙子年四月初二未時

以上範正公六房志閏之派

洪建
昭

建昭乃賀利長子　生民國己巳年十月廿七申時娶吳氏
梨枝生民國戊辰年十月十四卯時

長在

長在乃洋恭長子生民國乙丑年十月十八子時

長發

長發乃洋恭次子生民國丁卯年九月十九未時

長基

長基乃沣恭三子生民國壬申年九月十八子時

漢文

漢文乃沣成長子生民國乙亥年五月十七卯時

洪緝熙

緝熙乃錫婆双承子字發明生宣統三年辛亥閏六月十八亥時娶鴻卿李氏善娘生民國乙卯年十月初十卯時女一素娥

洪曆智

曆智乃璇璣長子字齊圖生民國丙寅年六月廿二丑時

二南

二南乃維藩長子字齊川生民國庚申年十月初八辰時卒

民國乙亥年十月廿九日

洪振中

振中乃維藩抱次子生民國辛未年

洪日新

日新乃濵溪抱養子生民國丙寅年正月廿一午時

洪建安

建安乃攀麟抱長子生民國壬申年七月廿五酉時

緝熙

緝熙乃景星長子兼承錫婆其生娶内敘

洪
兩旺

兩旺乃景星次子生民國十二年癸亥十一月十三寅時

江
漢

江漢乃杏章長子生民國六年丁巳五月十三丑時

丕
繩

丕繩乃杏章次子生民國十二年癸亥六月十四午時

洪嘉猷

嘉猷乃杏章三子生民國十五年丙寅十二月廿二日寅時

圍陳

圍陳乃杏章四子生民國十八年己巳十二月廿八酉時

洪利氏

利氏乃慶雲長子生民國十六年丁卯八月廿三日午時

洪益美
益美乃浴沂抱長子生民國辛酉年六月初九巳時

學詩
學詩乃孔懷長子字齊書生民國己巳年十月初二日寅時

洪滄洲

滄洲乃蜜察長子生民國乙亥年十一月三十日卯時

洪火莫

火莫乃飄香長子生民國壬戌年二月十八辰時

南陽

南陽乃飄香次子生民國庚午年十月初八亥時

洪池汀

池汀乃長波嗣子係飄香次子繼立生民國丙寅年八月廿一
巳時

洪祝華
祝華乃俊德長子生民國戊辰年五月十五辰時

洪春秋 乃金寧長子兼承錫謨生民國丙子年八月初十
寅時

洪輕

洪輕乃杖黎長子　生民國庚甲年十月十二午時

洪潤

洪潤乃學習長子　生民國庚午年十二月初四日巳時

每色

每色乃學習次子　生民國甲戌年五月初一亥時

若翰

若翰乃經猷長子生民國甲戌年正月

錦鍾

錦鍾乃榮忠長子兼承錫樹生民國十三年甲子七月十六午時

錦發

錦發乃榮忠次子生民國丙寅年二月初十巳時

洪水池

水池乃榮忠三子生民國戊辰年十月三十日巳時

蓮池

蓮池乃榮忠四子又名尼姑兼承順興生民國壬申年八月初九

寅時

廷昆

廷昆乃興泉長子生民國壬戌年十月十二巳時

茜根

茜根乃興泉次子生民國十六年丁卯十二月廿八寅時

洪木通

木通乃錫樹長子生民國廿一年壬申二月廿一戌時

堃勝

堃勝乃錫樹次子生民國廿四年乙亥十月初六日卯時

水音

水音乃有城抱長子生民國乙丑年九月初一戌時

洪福壽

福壽乃分與抱長子生民國十一年壬戌十二月初六巳時

娶王氏倓娘生民國巳巳年七月十六丑時

洪文秀

文秀乃錫裁長子生民國丁夘年六月廿八夘時

玉土

玉土乃錫裁次子蕙承新基生民國乙亥年十一月初六午時

洪天鐸

天鐸乃新基次子生民國丙子年七月十二日丑時

洪成泉

成泉乃五起長子生民國癸酉年十月廿四日丑時

廿二世

梓丁壬

丁壬乃提吉長子生民國戊辰年四月初一日丑時

丁基

丁基乃提吉次子 生民國庚午年八月十八巳時

以上範正公長志擇之派

梓樹根　乃興隆長子生民國丙子年十月初七寅時

森誠

森誠乃皆得長子　生民國己巳年二月十四日戌時

長泉　乃德水長子生民國丙子年十一月廿八亥時

金煉

金煉乃榮春長子　生民國己未年正月廿二亥時

娶溪頭柯氏衛官生民國庚申年七月廿二午時

水扶

水扶乃榮春次子　生民國乙丑年三月十三亥時

梓水寶

水寶乃榮春三子兼承欽賜生民國己巳年三月初一日未時

漢龍

漢龍乃得来長子　生民國辛未年正月廿九日丑時

漢文

漢文乃得来次子兼承維素生民國癸酉年九月二十日戌時

漢宗

漢宗乃玉麟抱長子　生民國甲戌年十二月十九申時

梓漢拯

漢拯乃玉泉長子　生民國甲戌年八月初四亥時

梓漢美

梓漢乃玉泉次子　生民國丙子年七月十七日亥時

和鈴

和鈴乃鏊頻長子生民國戊辰年三月十五日亥時

梓和衷

和衷乃整頓次子生民國庚午年二月廿一戌時

長發

長發乃福林長子生民國

梓維六
維六乃財星長子蕙承洪蕋生民國丙子年八月十八子時

梓英
梓英乃財寶長子　生民國甲子年八月三十日申時

炳桂
炳桂乃財寶次子蕙承洪蕋生民國丙寅年十月廿一卯時

梓綑

梓綑乃清淵長子生民國庚申年三月廿一午時

以上範正公二房志善之派

梓隆盛　乃連子抱長子生民國乙亥年十月十二巳時

梓通美

通美乃洪義抱長子生民國癸酉年十二月廿五丑時

梓玉篔

玉篔乃洪寶長子　生民國庚申年六月十三未時

新炭

新炭乃洪寶次子　生民國丁卯年十月初九寅時

玉攀

玉攀乃洪寶三子　生民國庚午年十二月十五戌時

双龍

双龍乃庶幾長子生民國庚午年八月三十日未時

梓

乃長久長子生民國

梓四十

四十乃火炎之子生民國癸酉年九月廿九戌時

梓漢陽

漢陽乃洪清之子　生民國丁卯年九月十七丑時

金長

金長乃水菽長子　生民國戊辰年十月初九寅時

明發

明發乃連源長子　生民國甲戌年六月十九申時

梓明忠

明忠乃連源次子　生民國丙子年二月十六吉時

梓金山

金山乃洪盏長子生民國癸酉年七月十三日辰時

以上範正公四志執之派

清池
清池乃洪鑄嗣子　生民國甲寅年十一月廿二辰時娶大墘林氏大鵬生民國辛酉年二月十六午時

梓江海
江海乃洪錠長子　生民國丁巳年四月初五丑時

文炳
文炳乃洪錠次子　生民國己未年又七月廿三子時

春

春講

春講乃洪錠三子　生民國丁卯年七月廿二辰時

梓添水

添水乃洪鉗長子兼承洪鍉　生民國庚午年八月十四申時

竹成

竹成乃洪鎮長子兼承洪鏡生民國甲寅年十二月初八丑時

致成

致成乃洪鎮次子生民國丁巳年十二月廿八卯時

順燈

順燈乃洪鎮三子生民國戊辰年十月廿五日卯時

梓成基

成基乃洪錦長子生民國乙卯年二月初九未時　娶彭格陳氏茉莉生民國丙辰年八月廿七申時

壬癸

壬癸乃洪錦次子生民國甲子年正月廿七寅時兼承洪鉛

松栢

松栢乃洪鎬長子兼承洪鈞生民國辛未年十二月二十日

亥時

梓松發

松發乃洪鎬次子兼承洪錡生民國甲戌年五月初六巳時

懷璧

懐璧乃洪鈴長子字其寶生民國壬子年九月十五寅時

娶大墘林氏好娘生民國癸丑年十月初二亥時

春旦

春旦乃洪鈴次子生民國丁巳年十一月二十午時

梓力虎

力虎乃洪友長子　生民國甲子年九月十二亥時

梓瑞王

瑞王乃洪友次子　生民國壬甲年五月廿三卯時

強樑

強樑乃洪富長子　生民國癸酉年八月廿四日子時

梓盡忠

盡忠乃洪隱長子　生民國甲戌年正月初五日申時

梓榮

乃洪壇長子生民國甲子年三月廿七卯時

梓富

乃洪壇次子生民國戊辰年三月初一辰時

梓貴　乃洪壇三子　生民國壬申年六月廿一辰時

梓明　乃洪壇四子　生民國乙亥年四月十九午時

梓彩真

彩真乃璇石抱長子　生民國戊辰年八月初九日午時

彩盛

彩盛乃璇石抱次子　生民國壬申年十月廿二辰時

彩瑋

彩璋乃璇石三子　生民國甲戌年三月十三未時

梓金煉

金煉乃洪菊長子　生民國癸酉年十二月廿九日申時

梓朕

梓朕乃陸岳嗣長子係洪錠五子繼立生民國甲戌年十一月廿四寅時

# [福建南安]楊氏宗譜不分卷

張子卿纂修

［福建南安］《楊氏宗譜》不分卷，張子卿纂修。楊氏入閩始自唐末楊安，由河南光州固始遷來，其子肅移居泉州南安，被王審知封爲「太乙真人」，是爲「始祖仙翁」。譜載入閩序、始祖仙翁傳、譜序、家世實録、墳契、山契、字據、家傳、公墓合約、與同安合約、字行、世次支圖等。世次支圖分「由河南來閩始祖」、「自高美分派社莊」，自十七世而下爲「西房下厝派」等。清代楊氏族人有遷居臺灣者，如廿三世從賢「進入臺灣任鳳山縣府學」，「妣臺灣士界陳氏」；廿四世廷順、廿五世兆卻「卒臺灣」。亦有往南洋者，廿七世敬罕「卒番邦」，敬榜、敬巢「卒吡叻」。據民國二十年（一九三一）排印本影印。

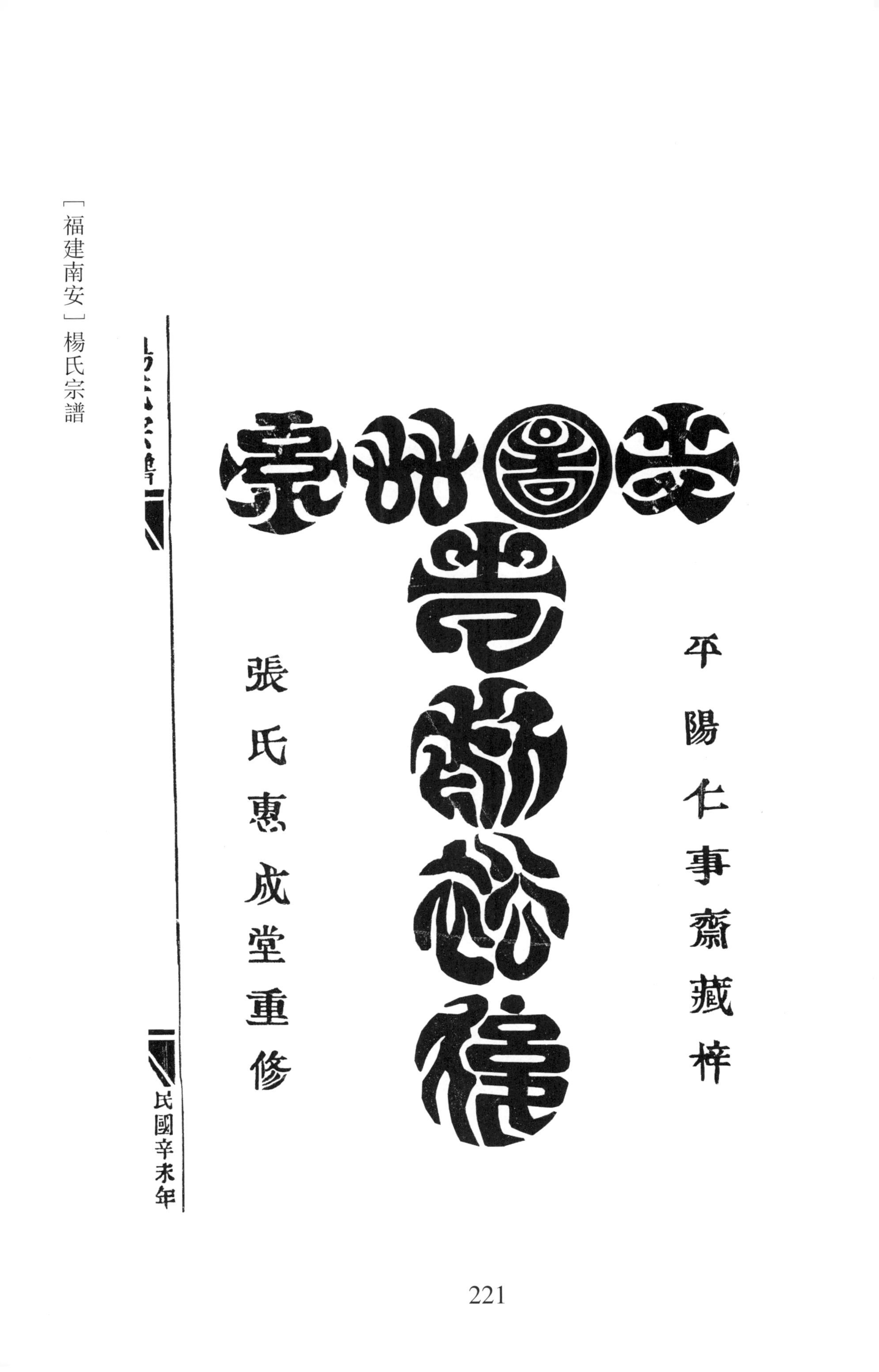

平陽仁事齋藏梓

張氏惠成堂重修

民國辛未年

# 入閩序

我楊氏入閩之祖始于賻侍郎諱安公性行端莊率遵詩禮古良士也其故家蓋在河南汝寧府別號宏農固始縣傳慶鄉海下里云當時安公有二子妣趙氏長子諱逸次子諱肅逸公生子一諱明珠號遙玉幼慧敏而長剛方篤志經史舉進士於唐禧宗之辛丑科官歷形科給事超陞吏部左侍郎時家行密僭稱王號據吳國公懼禍及身固欲避之適會上召求兵入閩緣是父子祖孫舉家南行公仍帶把總官軍七八仝王審知及諸仕宦等率軍民一時仝遷徙此公入閩之所自始也當時入閩暫寓仙遊趙德山

麓未幾而安公卒卜塟山麓之鳳形遂以人泉逸公性好音樂喜琴書殁其身於泉肅公叟計令模分任南安蛟犀嘗登高遊玩得授仙人之秘飃然不與凡間同審知慕其神化請爲妻醫其乳痛公用金針一度厥疾立瘳知曰神之妙其如斯乎勸之仕不應於是宣封公爲太乙眞人賜以衮袍令酉從效發軍開洫以溉其田使世世享無疆之福寶乃公之厚德所召也而明珠公以文學之身不欲雜處紛擾遂移清溪頭巾石住公至此而心愈堅貞不以山林而弛經濟之念况在荒祖與苗裔尤轉增其懷戀公之忠孝仁慈已足流芳于後矣生子二長進居次進廉二公

入三洋開創統緒生子尅克承祖志窮經博史髫年入泮
而基業從此肇矣

有宋紹興二年庠生　貴生未完

右序舊譜闕錄芳得之先伯未完

其入閩來歷增入舊譜未完

# 始祖仙翁傳

泉郡舊誌中有仙翁楊氏肅公者余鼻祖也翁爲五季時人從華陰徙居吾邑之自家村是爲今朴鄉嘗觀棋石室歸而以禁方愈王后乳疾得賜爵與金帛辭問所欲爲翁曰民所居蓄畝恒苦旱願儆縣官力爲鑿渠溉沃詔俞之發士卒爲竣其役而連陌數千頃稱膏腴焉樸鄉之地至今題之曰太乙眞人其辭榮不就爲民請利造福一方澤施後人豈白日飛昇無益於世者所可等倫哉邁拜遺像於祠宇質先德於口碑信夫翁之骨爲不朽形爲長存仙籙中別一仙也蓋於維藝弟之贊翁語有取云

旹

萬歷三十年壬寅春　三月

裔孫維邁百拜　書

人實齋庚戌譜序仙翁至熊飛爲十世一時錯筆古者三十年爲一世五代至元符一百五十年世數相合翁傳曾元五世居朴鄉六世熊飛偕子然從甥舘于謝庄維藝按大人宗支圖以熊飛爲社庄第一世祖而不及翁以仙翁而下二世至五世祖諱無徵故也萬歷辛丑重續是篇追叙翁爲熊飛所由始之祖云　廟懸金字宣封太乙眞人楊氏之匾

其兩楹前人有聯云　此聯或云　朱晦翁先生贈

仙子友英賢一局曾消千日瞬

天王旌國手三軍爲濬萬年川

萬歷辛丑暢月之吉　裔孫維藝百拜書

# 弁楊君禹習重修族譜序

明賜進士出身中順大夫雲南楚雄府知府前戸部山西司郎中傅履階撰

余友禹培君曁二仲禹聘禹習肄業寒家精舍者累年禹培則言其叔父寶齋君禹習君廼翁也葺家乘紀九世祖德馨墓寔余　祖宋進士定保公誌之德馨高祖伯淳諱景陞登開禧乙丑進士官建寧司法叅軍呂侍郎大圭銘焉名列泉儒林傳誌傳今尚書麟泉王公撰也禹培近捐舘二仲謝青衿余亦懸車林壑矣茲春禹習君重修廼翁舊譜丐余一言以弁余遡楊之先華陰人漢太尉震之後五

代時仙翁肅陟居吾南邑自家洋啖桃奇遇紀在清源志元符間五傳至熊飛贅謝庄因偕子然居焉越三世爲景陸登進士第弟伯成領鄉薦四傳德馨者生三子曰澤曰俊曰與澤俊居謝庄而澤子進贅葛洲與則分派蓮塘今謝庄自鏢卿葛洲自繼偉上之熊飛爲十七世蓮塘五傳庠生碩德公瓛有子九人再傳茂林輩上之熊飛爲十八世寶齋君於碩德第九子也其狀碩德公及伯壽德馨墓誌上遡水木下迨枝派合謝庄葛洲譜焉名曰楊氏族譜蓋能明先德所由起而不但取於文獻之足徵也庚戌後子姓漸繁鏢卿繼章茂林而下又兩世射臣葛洲十七一

有九而蓮塘則爲世二十矣禹習捧手澤志前修於萬歷辛丑之歲請諸謝庄祖叔洪雅洪明而與族弟君燮肩其事殫精竭慮諸若紀若圖若誌若傳若附錄靡不具載云傅子曰余覽朴鄉濬鑒遺跡儒林詩書遠澤走馬高溪數百年來券書則徵箕裘之世紹瑞魁一十二代嘉客則知累世之姻睦他如所載二母洽懽九子敦叙三世守孤之節二陳樛木之惠伯仲賓禮後嗣文學與夫鶺鴒赴難之烈騷人逸叟之趣更僕未易數也夫莫爲之前則美不彰莫爲之後則盛不傳寶齋君譜其宗美彰已矣禹習此日家乘纘修蓋庶幾乎與能門子繼父談之志並傳也故余

於禹習見繼述之孝焉君彝見贊襄之義焉洪雅洪明昇宗盟之思焉一譜而衆美萃矣余祖　德馨墓曰後人勿替引之余不佞弁斯譜也亦云禹培諱維藩禹聘諱維邁禹習諱維藝君彝諱繼倫爽名簡端昭茲來祀洪雅諱柏洪明諱桐則樂觀斯譜之成也者

旹

萬歷三十年歲次壬寅

# 楊氏家世實錄

吾族先世譜記值神州陸沉之變燼於回祿之災我
明
正統甲子高祖銘修而復失成化丁未父繼而成之乃
祖仙翁而宋與正德間復修萬桂公之墳於瑞魁山又名
寺家山即今之自家內蓋因祖居自家洋以此名山也得
壙中石誌更屬姚君德馨續編前譜乃祖熊飛而宗伯淳
於宗支世系猶未悉也於謝庄葛州族屬猶未叙及也今
得伯淳從兄伯壽壙誌於萬桂公祖墳之傍二銘交相援
引明證可稽備知樸鄉十世祖號仙翁諱肅漢太尉震之
裔自五代時陟居泉之南安自家洋即今之朴兜鄉也仙

翁事見清源誌世傳仙翁樵于山中見二仙對棋因立觀焉久而不還仙人與之桃翁食而餘其半仙人曰長者與爾桃何不盡食翁曰欲歸以遺老母仙人遽趣之歸及家已三載矣從此有仙家風味以醫術有功王家與之爵不受惟求王命于自家洋開築埧圳水利達自九溪灌注千頃鄉人德之爲之刻碑立廟故號仙翁歲時祭祀翁之子孫世居其鄉者皆與饗焉至今猶然續

封楊氏太乙眞人廟懸太乙眞人之扁又立像刻石在縣之金粟洞至嘉靖歲洞圮始爲宦家所沒翁之實多有可稽媿鏞力未能也傳至有宋祖曰熊飛者因贅謝氏於元

徛間偕子然自朴鄉出居于謝家庄是爲謝庄一世始祖熊飛生然然生吾祖號二十評事及祖叔仲雲仲雲生大明及大昕大明生伯壽及伯成伯成領鄉薦伯壽生巖起載諸墓誌神扁以遷徙零落而亡焉二十評事生二十一致政二十一致政生景陞字伯淳登宋開禧乙丑毛自知榜進士官建寧府司法著有春秋漢唐通鑑史志解行世具見泉誌埜晉邑四都高溪豆窟山買地契券得於謝庄壁中是皆煨燼之餘者稽德馨公之誌知伯淳公之壟乃祖家樸鄉侍郎呂公爲之誌也景陞生巖肖巖肖生冲冲生公錫公錫生萬桂字德馨埜瑞魁山與從伯伯壽二壙

相連每歲冬至之日吾族合祭是也有子三曰澤曰俊曰與澤俊守土謝庄分東西二房其東又有諱進者即進保爲晉邑葛州林氏贅婿因家居焉與於元初亦贅蓮塘謝門俞姓是爲蓮塘之始考妣也與生銘即銘保銘保生高祖初涓初涓生晉祖進瑤進瑤生祖祐祐生父瓛瓛生銓銓嗣子維淮維淮生茂林且未艾也自仙翁至於熊飛有十世自然至萬桂有八世自與至茂林有九世以九世而知八世以八世可知十世矣楊氏仙翁太尉之後端不誣也嗚呼崇韶拜郭令公之墓爲世所譏狄青却狄梁公之像識者賢之夫無徵弗信則却者爲是拜者爲非吾其有

徵容或自己謝庄葛州其世亦猶蓮塘也獨吾一支而紛
言者以計世數耳謹按誌銘合吾族而譜之慚愧德菲力
薄固不能如范文正公多置義田相恤亦不敢效蘇老泉
公條陳六事相告徒以祖宗支派脈絡子孫尊卑依序使
思吾祖者不委於空桑目吾族者毋同於路人斯焉足矣
幷附神扁誌券于後用徵吾家世實錄

旹

嘉靖二十九年庚戌秋

蓮塘十六世孫錨頓首拜書

四世祖叔大明大昕塋母墳契

晉江縣務本里王佛慶祖地一段號走馬石種子二斗產錢四文東至自地西至大路南至買主自塋地北至賣主自地右件四至明白今來就段內中心抽出一片地賣與南安興集里楊大明大昕宅充安塋地前面明堂一任放水出處其賣地東取西闊八丈南至買主安塋北至賣主地仍就地內西畔退路一條取大路闊八尺四面埋石為界一面商量得價錢一貫文足其錢隨文字交領去訖其地還買主一面開掘下土吉辰放水取便一定後二姚比各無交加退悔候別日請官印紙依比填紙稅印為憑者

淳熙七年十月十五日立契賣地人王佛慶一號

牙書人楊元亨一號

## 五世祖司法公墓山契

晉江縣養能里黃振孫有祖二段地號豆窩山受種子四斗東至張宅林西至黃宗慶林南至路北至山尾分水一段東至溝西至自林南至謝廸功林北至黃佛貴林今來四至明白該載產米四文今來無錢使用情愿出賣南邑謝庄楊司法宅價錢一十貫錢隨文字領訖其山並無重叠交關典掛賣主抵當其山還買人前去管掌今恐仁理難信故立文字一本還買人前去管掌收執請官稅印爲憑者

咸淳二年四月　　十五日賣主黃振孫一號

買主楊司法一號

牙人謝　信一號

# 償莊媽童塋祖字據

南安縣三十四都謝庄葛州塘上楊澤楊俊楊與有祖
司法咸淳年間買得務本里顏師仙祖山前繳賣與黃
振孫黃宗慶振孫宗慶賣與州城謝金紫宅見廣東濂
泉山長兼簽位黃與謝盡繳找絕與楊司法賣出錢四
十貫東至溝南至路北至山尾大石分流西至自山林
四至登契明白築墳營塋托毗鄰莊媽童父祖守看有
伊孫甫開前來求乞父母墳地本族三房議念祖佃將
本山中東畔山崙下偏處窟上飛土堆許甫開前去堆
土塋親不得相碍亦不得多侵界立字爲照者

楊氏

隆慶三年十二月　日

楊桂一號　楊錄一號

楊璣一號　楊麒一號

宋進士建陽司法叅軍楊伯淳先生儒林傳

明賜進士出身戶部員外郎溫陵晉邑後學王用汲頓首拜撰

嘗謂道德積中英華發外學術文章不與士君子之林者名湮沒不稱昔夫子設科講德論道弟子蓋三千焉其尤著者七十二人當時稱之曰魯國之儒一人詳觀儒行篇其言與行可概見已後學尚法孔子景行先哲鄉之先生凡可師法者竊慕効之余曩閱溫陵誌有宋伯淳楊先生諱景陸（誌作景隆）登開禧乙丑毛自知榜進士官建陽司法叅軍與唐四門助教歐陽詹宋侍郎呂大圭

並列儒林記其博學強識鈎元提要生徒恒數百人著有春秋漢唐通鑑史誌解學者傳之夫學而識博矣而元要鈎提則從事反約一時信從者衆其至德不孤之驗乎傳之儒林不虛矣先生沒五十餘年陵遷谷移生平所著書惜今不及見焉唐自貞元迄我明七百有餘歲列儒林者不多覯歐陽氏始拔於常袞與韓愈李絳等聯第人謂龍虎榜文章深切回復明辨與愈友善及卒愈撰哀文李翔爲傳李貽孫序之先生後歐陽數百餘年而生呂侍郎後先生登第與先生祖同里心孚意契有自來矣先生沒侍郎公誌其墓卽昌黎爲哀文李

翔李貽孫傳序歐陽意也夫光岳氣分眞儒不數得如先生與侍郎同時同地同聲同傳正余所昕夕抵掌而健羨者侍郎公後有平江路教授傳定保名列循良嘗誌先生曾孫德馨公墓云予讀場屋之文知伯淳楊先生之名恨不並世而學焉及覩樸鄉呂公所撰誌銘乃嘆曰是其文獻之足徵也見與聞符古今人詎不相及哉懷泉君維藩於予有莫逆雅曁弟珍山君維邁時泉君維藝皆膠庠矯矢也間出叔父實齋所修譜相示丐余爲先生傳余惟君子疾沒世而名不稱先生學宗洙泗馥郁儒林上繼歐陽諸儒之緒下開我國朝張廷芳

蔡清之學亶一代文宗後學山斗潛德體光久而彌著者也詩不云乎高山仰止景行行止夫景先生之行莫不興起况幸見先生孫子如見先生乎又况先生孫子能毋念爾祖求無忝先生乎求無忝先生謂先生至今存焉可也余知楊之儒聲未替也故爲之傳儒林云

旹

萬歷十年歲次壬午孟春甲寅望日之吉

猗歟我祖挺生明時學宗孔氏元鈎要提匪云強識春秋漢唐考觧史誌咀英含粹道臻厥美洙泗淵源旁徨邇退詩書講授聽者如雲朋來百億斗山標準主司三

薦超躍龍門名第開禰官歷上郡建陽敷治德政咸淳
法寬刑措民樂如春儒林播馥清風猶存上繼歐陽下
啟斯文呂公誌銘傳之誰倫道胍攸寄千載輿論億千
餘歲欝匕邱墳吁嗟乎公之緒誰纘而紹其苾芬

裔孫維藝頓首百拜贊

十七世文義公墓合約

仝立合約字人葛州鄉林秋菊等楊兆洗紹時紹𦠆二姓雖係同居各分疆界居住楊姓有祖墳文義公墓在交界之所因秋菊就西南畔合起瓦屋壹座在西南畔墳邊二比世代相好加以姻親是以商議仝請諸公兩姓耆老公舉就此東畔北角閃鈌無碍祖墳其餘厝東邊現有龍眼三株并宅地一片听其耕種厝後空地一小片不得開剝栽揷樹木公訂合約爲憑兩處空地不許起蓋迫近祖墳各無生端異言各守本分決無食言恐口無憑立約爲照各執一紙收存此係兩愿各無反

悔

峕

同治十年五月　　日同立合約字林秋菊　仝照

楊紹時

楊兆洗

楊紹滕

知証人　王楚友

洪督官

代書人　林振仂

[illegible]

## 與同安合約

仝立公約人晉江葛州族長久叔近叔聽叔元英同安霞路生員運揚監生廷懐　聲等爲捐銀充租以便冬烝事南邑謝庄鄉我楊氏有大宗祖祠一座兩進坐乾向巽兼亥巳自宋迄今歷久傾圮重興于清乾隆三十二年歲次丁亥中道乏費爰是蓮塘太封君省亭公之孫國學生廷炎等合賚頂二叔公會晉南同三邑子姓鳩銀進主入廟配饗每主定銀二十大員時共進三十六身而寢廟告成尚剩銀八十大員貯以生利建業以古租辦舊主棹八席以利錢辦新主棹四席則値祭者不至駿奔靡暇三大房輪流供祭維同邑鴬遠無

與輪值只於冬烝之時直來助祭無異作賓閱今二十餘載於禮有加但慮後來久遠恐有疎闊替廢之情跡運揚有父主鄉飲大賓元恭公剩錢十四千三百零五文明買族叔嬌觀產園一坵種一斗四升付我本長房葛州潭頭從進保公作四房輪流耕種收成爲冬費供給同安元恭公苗裔廩餼其行程無定人其居停無限日則行李之往來不患其無東道主而飲福受胙可以長享凡我晉同子孫不得盜賣私售致廢先祀今欲有憑同立公約二紙一付進保公四房收執一付運揚收執具勒族譜以爲世守祀業存照

旹

乾隆五十六年十一月　日仝立公約人

晉江葛州族長

久叔

近叔

聽叔

元夾

同安霞路

生員運揚

監生廷懷

聲

## 楊氏重修譜序

竊維木有本水有源人有祖宗蓋木有本而布於枝葉不知其幾千萬分而卬其本則一也水有源而達於江海不知其幾千萬分而窮其源則一也夫人由得姓之祖蔓衍之至於子孫亦不知其幾千萬派而究其初則一人而已木與水頑然冥然且有本有源維人生兩大間稟二氣之秀爲萬物之靈若不知原始而尊其祖是木水之不如矣此古人所以作譜也然譜固不可不作而又不可不及時增修不然則年湮代遠子孫繁衍幾莫測其本源之所自出者故孝子慈孫未有不以修譜

之事爲急急也爰考楊氏之先以安公爲一世而至十
世澤公生四子曰眞曰進曰福曰賜而眞保守土謝
福保分居甘棠賜保遷于同安美市維進保爲潭頭啟
基始祖先哲前賢已詳備誌毋庸再贅第自前清光緒
癸卯年編訂居今民國辛未屆指已數十餘載矣裔孫
紹紅承眼承顯承却承乾承社丕安丕員諸君誠恐歷
年久遠未免昭穆難分親疎莫辨慨然有敬宗睦族之
念商諸父老延余增修予愧不能文又不敢辭爰將歐
式更改蘇式以五世一提之法於已登譜者殘者修之
缺者補之是者從之非者改之未登譜者書其名皆

號記其年月日時載其婦女嫁娶姓氏里居并錄其墳
墓坐向條分縷晰秩然不紊備後之子孫一開卷而瞭
如指掌從此追本溯源可知祖宗之所由來矣是爲序
旹
民國二十年歲次辛未秋月　穀旦
浙江平陽張子卿拜撰

# 行第

字行

敬承丕緒　振起宏規

和洽忠恕　功隆創垂

# 世次支圖

第一世　第二世　第三世　第四世　第五世

# 由河南來閩始祖

**始祖 安公**
公由河南光州府固始縣傳慶鄉海下里分派泉城內住
塋仙遊趙德山麓名曰飛鳳朝天唐誥封吏部左侍郎
妣趙氏與次子諱肅自泉州分住南安三十九都高

**逸公**
住泉城

**明珠**
賜進士吏部左侍郎

**進廉**

**進居**
分派安溪頭巾石號爲三洋

**肅公**
公與母趙氏分派南邑三十九都高美鄉爲高美始祖嘗登仙蹟山上遊玩遇

**仙子**
仙翁肅公子稱爲仙子
塋在高美山頭本宮左邊坐東向西名曰仙子墓半

**駟行**
生卒失考
塋在蓢園
妣　氏生卒失考
子一

**曾孫**
生卒失考
塋高美山頭宮邊坐東向西
妣　氏生卒失考

美鄉

生子二

仙人奕得修仙之教於是成爲仙翁唐禧宗召爲后醫其乳痛公用金針一度厥疾立愈故封公爲太乙眞人昇天陟退在四月初七日葬在仙跡岩下名曰眠牛倒地穴坐癸向丁兼子午書塋日唐宣封太乙眞人楊氏始祖墓妣陳氏誥封一品夫人

月石碑書楊

二世祖墳

妣　氏生卒失考

生子一

生子一名曰熊飛詳後圖轉提第一世也

# 自高美分派社庄

第一世

**熊飛**

曾孫公之子

元符間自朴鄉贅居社庄爲一世始祖祠匾書始祖考承事尊神妣廿七太孺人謝氏蕃我三族實由茲始嗟嗟後昆追思曷已

妣謝氏生卒失考

第二世

**然公**

祠匾書二世祖考十七宣義尊神

妣三十五恭人王氏

生子二

按祠匾又書二世叔祖考十八承事暨妣三十太孺人鄭氏是十七宣義公弟

第三世

**評事**

生娶卒塟俱未詳祠匾書三世祖考二十評事尊神

生子一

**仲雲**

生卒未詳

祠匾書三世叔祖考三十二承事尊神

第四世

**致政**

生卒塟失考

祠匾四世祖考廿一致政

妣　氏

生子一

**大明**

生卒失考

祠匾書二十二評事尊神

配　氏

第五世

**伯淳**

**伯壽**

**伯成**

合塋在高美山頭宮左邊坐東向西生子一

暨配也但名字生卒塋俱不可考謹附二世之下以俟後知者

妣三十太孺人蔡氏塋晉邑務本里走馬石郎今驛行鋪道傍坐午向子男二長大明次大昕見於淳熙七年買地塋母契萬曆甲午年二月社庶祖叔柏桂率族合祭掃封維藝記後編

生子二

**大昕**

生卒塋娶俱失考

生卒失考開禧間鄉薦榜首祠匾書五世叔祖廿八貢元

第五世　第六世　第七世　第八世　第九世

**伯淳**（進士）

致政公之子

諱景陸三領鄉薦登開禧元年毛自知榜進士官建寧司法參軍博學強識鈎元提要生徒常數百人著有漢唐春秋通鑑史誌解行于世祠匾書五世祖考廿六司法

**巖肖**

生卒失考妣　氏生卒失考子一

**冲公**

生卒失考妣　氏生卒失考男二長公錫次亡其諱但萬桂公誌云藴叔父以禮故知公有二子焉

**公錫**

生卒失考妣曾氏見萬桂公誌長男萬桂祠匾號三十一致政次亡其諱匾號卅二致政

**萬桂**

繼

妣念七安人貝氏塋晉江高蘿頭宿山石坟坐艮向坤呂侍郎大圭銘誌見德馨公誌不及黃振孫賣山契男一巖肖嘉靖元年張靜峯岳修清源誌列儒林傳隆慶元年黃葵峯光昇重修誌列人物傳維藝贊記後編

第五世

大明公長子

**伯壽**

諱瀛誌石書
宋故致政楊
公生紹興二
十年八月十
七日卒嘉定
十二年四月
二十日事親
竭力治家有
法教子弟以
從學家有役
事分任其勞
妣陳氏生於
紹興十二年
九月三十日

第六世

**巖起** 止

生卒失考

**巖得**

生卒失考
妣蔡氏誌云
有子未命名
今不可知也

第七世

第八世

第九世

卒寶慶元年四月十二日婦德女功閭里備能言之藍社庒寺家山有男岩超超絕立繼岩得不審爲誰廢出

第九世

萬桂
公錫公之子
字德馨
生咸淳八年壬申二月十八日當宋末

第十世

澤公
字原津
分社庒東房
祠匾書曾祖三十四致政

十一世

眞保
守士謝庒

進保

十二世

顯宗

十三世

外觀
止

外相
外孫

□□氏禍作
公甫六歲二
親挾以逃時
事既定未弱
冠備嘗艱阻
壯年勤菑荒
疇生計用裕
塾叔父以禮
教兒從師尤
汲汲焉里有
善事捐資首
倡有鬪訟者
杯酒爲之釋
感以故人皆
德之卒泰定
元年甲子十
月十八
娶石埠邊祠
匾書高祖考
三十一致政

妣太孺人黃
氏八太孺人
曾氏庶母四
太君易
生子四

生卒失考
洪武三年贅
葛仙林太之
女二娘承其
業而家居焉
是爲葛州始
祖
合塟石鼓山
生子二

能孝敬不失
祖先之祀及
別戶異籍乃
壹意戶役孝
事林外祖妣
亦不忘本意
也生於洪武
戊辰年七月
十四日卒於
宣德乙卯年
十二月初二
元配吳氏生
洪武乙卯年
二月十六日
卒正統壬申
年正月十五
無嗣抱養長
男外觀
繼配王氏
生子一

妣太孺人蘇氏塋瑞魁石坟即自家山首癸趾丁壙破得誌備知詳悉

生子三

按神匾書高叔祖考三十二致政妣六十一太孺人謝氏是萬桂公弟暨配也

俊公
分居社庄

興公
分居尉去董唐

福保
分居甘棠

賜保
分居同安

妾林氏

生子一

公妣合塋石鼓山

顯銘 [illegible]

生洪武壬申閏十二月二十日卒正統己巳年二月十四日

配桐林黃氏

生洪武甲戌年二月十五

卒景泰癸酉年七月廿九

生子五

合塋石鼓山

媽長

媽奴

媽保

媽成

媽養

惠成堂

十三世

顯銘公四子
媽成
生宣德
卒成化
妣北山周氏
生卒失考
子一
合葬石鼓山

十四世

復生
字宗疇
生景泰
卒正德
妣曾氏
子一

十五世

文勝
字欽理
號新庵
生成化
卒嘉靖
妣東境庫李氏謚行素生
卒失考
子三

十六世

分頂厝
汝春
號葛溪
生正德戊辰年六月初七
卒嘉靖癸亥十月初十日
妣呂厝蔡氏謚端懿生於正德丙寅年十月初九日
卒嘉靖壬戌年正月二十
子三
公塟本山頭改與妣合塟

十七世

希汶

希泮

希泝

古塘後銅鑼
穴仝坟

汝夏 分下厝
號雲峯
生正德丙子
十二月十六
卒萬歷乙酉
十二月十八
妣硎坑尤氏
生正德戊寅
年九月初八
卒萬歷丁酉
十二月廿二
子二
合葬思母山

希泌 詳
希浩 [illegible]

汝寶
號愧魯

希檥
希幹

十七世　十八世　十九世　二十世

# 西房下厝派

**希泌**
汝夏公長子
字君隆
號仰雲
生嘉靖庚戌
三月廿四日
卒失考
元妣朴里呂
氏謚勤慈生
嘉靖庚戌年
九月廿八日
卒萬歷辛丑
十一月廿四
繼妣新門江
氏生於嘉靖
庚申年八月

**解奕**
字士榜
號直州
生萬歷癸未
九月十五日
卒失考
妣西安吳氏
生萬歷癸未
九月初四日
卒失考
子三

**大樂**
生萬歷壬寅
十二月二十
卒失考

**大化**
生萬曆丙午
十二月廿一
卒無考
妣林氏謚勤
順生於壬寅
四月初九日
卒己丑七月
初九日

楊氏宗譜　一

惠成

廿七卒失考
子二

葬石鼓山

**大曾**
字恢贊
生失卒九月
初三
元妣吳氏生
失考卒丙申
七月十七日
繼妣　氏生
卒俱逸
子三
公葬上井地
中坐東向西
吳氏葬海淇
潭山

**文先**
生卒失考

**哲先**
生卒失考

**祐先**
字伯勛
號心齋
生崇禎壬午
十一月初六
申時
卒八月廿二
元配陳氏謚
勤貞生

**令範**

**令宣**

**令陵**

十六卒康熙
癸亥年五月
初四日吉時
繼妣李氏謚
慎慈生順治
己丑年八月
廿二日吉時
卒雍正癸巳
五月初一日
吉時
子三
公與李氏合
塟鶯趐兔山
豬母石下坐
酉卯兼庚甲
陳氏塟浯淇
潭山地坐丙
壬兼巳亥

秉英

字士機
生萬歷戊子
四月十八日
吉時卒失考
妣許氏生於
萬歷庚寅年
五月廿八日
吉時卒失考

汝夏公次子

**希浩**

字君慶
號仰魯
生嘉靖壬子
九月廿九日
卒失考
妣桔里曾氏
諡端懿生於
嘉靖丙辰年
九月十四日
丑時卒崇禎
庚午年二月
初七日丑時
子二

**魁英**

字士斗
號而化
諱漾
生萬歷癸未
四月十六日
卒失考
元妣安平伍
氏生萬歷乙
酉十一月十
七日卒失考
繼妣蔡氏生
卒失考
三妣黃氏生
卒失考子三

**大本**

號心誠
生正月初一
卒康熙丁亥
九月初八日
妣蔡氏諡勤
慈生失考卒
六月初九日
子二

**全先**

號安齋
生失卒九月
廿九日

**述先**

號紹齋
生康熙癸丑
十二月二十
卒乾隆辛酉
十二月初五
妣蔡氏生於
康熙己卯年
八月十五日
卒乾隆丁丑
十一月初九

**合書**

生康熙庚子
七月十四日
卒無考
配張氏生逸
卒六月十一

**合博**

生失卒十一
月十四日

子三

合讀
生雍正庚戌四月初九日
卒十一月十一日

大祥
生萬歷丙午五月三十日
卒失

大萱
號靜軒
生丙午五月三十日卒丙申九月廿四
配黄氏謚慎

巳五月初八
塟石鼓山坐
南向北

## 喬英

字士標
號贊化
生萬歷丁亥
五月初七日
卒壬午六月
初五日
妣攀鱗鄭氏
生萬歷丙戌
十一月十五
卒庚寅五月
初一日子三

## 大貞

諱旭
號質恐
生萬歷丙午
五月十八日
卒甲申二月
十二日
妣李氏謚儉
德生戊申六
月十九日卒
丁丑正月初
九日子一
葬石鼓山坐
艮坤

## 發先

號伯奮
生崇禎庚午
二月初十日
卒康熙己卯
八月初四日
妣許氏謚靜
素生於崇禎
乙亥年九月
廿八卒乙亥
三月初一日
子一
葬南安三十
四都自家山
林下山坐北

## 合弼

向南

大樞
字際璇
號高軒
生庚戌十二
月初六午時
卒順治丙申
十二月廿四
配呂氏謚儉
順生壬子九
月廿四日卒
癸巳四月初
五日
葬銅鑼穴坐
坤艮兼未丑

大來——開先——嗣合報

□□行
生天啟癸丑
十一月十三
卒九月廿二
妣戴氏生失
卒九月初六
子二
葬後頭坑坐
東向西

生崇禎
卒十一月十
六日
妣陳氏生十
月廿六日卒
五月十二日
嗣子一

二月廿九日

**科先**
號恒齋
生崇禎二年
八月十六日
卒雍正乙巳
九月十八日
配洪氏生四
月廿五日卒
雍正乙巳六
月廿八子四
葬濟淇潭

**合德**
生失考卒七
月廿八日

**合報**
紹長伯嗣

**合講**
生十一月初
一日卒十二

惠成堂重修

月初二日

命吟

廿一世　廿二世　廿三世　廿四世　廿五世

# 西房下厝派

祐先公長子
**合範**
號約亭
生康熙己酉
四月廿四日
卒康熙辛丑
七月廿八日
元妣陳氏生
康熙辛亥年
四月初八日
卒雍正丙午
九月初十日
繼妣　氏生
卒失考
公與繼妣合
葬南邑卅四

**宗岳**
字幹輔
號明軒
生康熙戊寅
九月初六日
卒乾隆丙戌
八月初十日
妣林氏謚慈
勤生於康熙
庚辰年正月
廿六卒乾隆
庚寅十一月
廿一
子四
合葬南邑卅

**從謙**
字亨若
號尊道
生康熙戊戌
十一月初二
卒乾隆丁酉
十月十二日
妣陳氏謚淑
慎生於康熙
壬寅年四月
初八卒乾隆
庚辰年六月
十二
生子二
合葬浯淇潭

**廷強**
生乾隆丁卯
三月廿一日
卒十月

**廷尤**
生乾隆庚午
六月初三日
卒辛卯七月
初七

都王中後壁
坐午子兼丁
癸
三妣甘氏忌
辰三月廿一
子二
塟湃淇潭山

四都風爐石
下西畔崩崙
坐乙辛兼卯
酉內有壙誌

山

**從輝**
字允若
號耀道
生康熙庚子
九月初七日
卒乾隆甲辰
八月十八日
配王氏謚勤
慎生於康熙
庚戌年二月
廿三卒乾隆
丙午年二月
廿一生子二

**廷璋**
生乾隆丁丑
九月二十日
卒嘉慶乙亥
正月十二日
配后坑黃氏
名靜娘謚端
淑生於乾隆
丙戌十二月
廿八卒道光
丙申年五月
初十日
子二

**廷然**
號肯忠
生乾隆甲申

**兆播**
號兆綢
生乾隆己酉
三月初九日
卯時卒咸豐
丁巳十一月
十四日午時

**兆富**
紹胞二叔嗣

**兆任** 少亡
嗣子兆富

七月初五日
卒嘉慶甲子
正月廿二日
妣食厝王氏
謚儉朴生於
乾隆甲午年
七月廿六日
卒嘉慶壬戌
十一月初十
子一
以胞長兄
次子入紹

嘉慶丁巳年
九月初八日
丑時卒咸豐
乙卯年三月
十三日酉時

**從霖**

生戊申
卒失考

**從望**

名遠
字贍若

**廷江**

生乾隆庚寅
十月初三日

號儼然
生雍正壬子
三月初十日
卒嘉慶辛未
正月初二日
妣黃氏生於
乾隆庚申年
二月十四日
卒乾隆戊申
正月廿五日
子三

**宗玉**
字金甫
生康熙甲申
九月十二日

**從佐**
生雍正丁巳
四月廿七日
卒失考

卒嘉慶戊辰
十月十四日

**廷雄**
號洽忠
生乾隆戊子
正月初六日
卒乾隆癸亥
六月廿六日
妣新安林氏
改志
生子一

**兆泉**

**廷七** 夭

妣尤氏生於
甲申年五月
初九日
卒失考
子二

**從貴**
生卒失考
移居台灣北
路大潭墘妻
子未詳

祐先公次子
**合宣**
號素亭
生康熙辛酉
九月廿五日
卒乾隆癸酉
四月十九日
妣尤氏謚慈
惠生於康熙
癸亥十二月
十二卒乾隆
庚寅年七月

**宗洲**
字榮甫
號文軒
公著造本房
家譜至今尚
存駟行公許
事公墳陵歷
拜掃皆是公
之力也
生康熙乙酉
九月廿二日

**從胖**
字安若
號體道
生雍正
七月初二日
卒乾隆乙巳
八月十二日
妣尤氏生於
雍正辛亥年
六月十八日
卒乾隆戊申

**廷志**
生甲戌七月
初五日
卒甲申九月
初五日

**廷順**
生乾隆辛巳
正月十九日
卒台灣
妣李氏生於

嗣子
**兆旦**

二十日
生子三

卒乾隆甲申
六月廿一日
妣磁灶吳氏
謚順正生於
康熙癸未年
八月廿六日
卒乾隆癸酉
四月廿四日
生子四
公與大化媽
合葬石鼓山
坐丁癸兼午
子
妣葬本處山
後坐壬丙兼
子午

四月十四日
生子三

乾隆庚辰年
五月十四日
卒乾隆乙巳
七月三十日
以胞三弟
之子入紹

廷甘
號嚴雋
生乾隆乙酉
九月初六日
卒道光己亥
七月廿三日
配山外林氏
生乾隆庚辰
六月十八日
卒道光己亥
十一月二十
子一

兆旦
紹胞二伯嗣

**從才**

字育若
號教道
生雍正乙卯
正月十五日
卒嘉慶己未
九月初八日
妣王氏謚素
儉生於乾隆
庚申年六月
廿七卒嘉慶
癸酉年七月
廿四
生子三

**廷潔**

號忠良
生乾隆庚辰
九月十四日
卒乾隆甲子
十月初三日
以胞次弟
次子入紹

**廷衆**

號諸德
生乾隆乙酉
十月初七日
卒道光壬辰
十二月初三
妣曾氏圭內
書黃氏生於
乾隆甲申年

嗣子**兆厚**
生卒俱失考

**兆郤**

生乾隆丁未
三月十八日
卒台灣

**兆厚**

紹胞長伯嗣

從公
字紹若
號景道
生乾隆庚申
八月廿四日
卒乾隆丁未
三月初六日

五月初八日
卒嘉慶庚午
六月初六日
生子四

廷屋
生乾隆癸巳
十二月廿八
卒失考

廷亮殤

廷儼
號斯忠
生乾隆壬辰
五月廿七日
卒嘉慶甲子

兆于往台

兆葛
紹廷傑叔嗣

妣吳氏生於
乾隆丙寅年
四月十五日
卒乾隆丙午
正月十九日
生子三

從聖
生乾隆甲子
十一月十七
卒乾隆丙申
十一月初二

三月初六日

廷貞
號斯義
生乾隆己亥
十月初七日
卒咸豐甲寅
七月廿六日
妣蘇氏名魚
娘謚勤慈生
失考卒道光
辛卯年七月
初八日子一

兆託
生嘉慶庚辰
卒光緒丙申
六月初二日

宗輝

字繡甫
號繡軒
生康熙戊子
二月初七日
卒乾隆庚戌
五月初十日
妣尤氏生於
康熙庚寅年
六月初九日
卒乾隆辛丑
六月十二日
生子三
自築壽域兩
壙在南邑卅
四都竹洋山
牛角嵛坐丙
壬兼亥巳

從厚

號維道
生乾隆己未
十一月初五
卒乾隆甲子
十月初八日
以胞次弟
長子三弟
長子入紹

嗣子廷一

名概
號剛忠
生乾隆丁亥
三月十四日
卒嘉慶丁卯
五月初一日
妣蔡氏生於
乾隆己丑年
十一月初四
卒嘉慶辛未
七月初七日
子二

嗣子廷蒂

號上忠
生乾隆丙申
二月三十日

兆芽

兆執

兆偶

妣林軒王氏
名月娘謚慈
義生於乾隆
丙申年十月
三十日吉時
卒道光己酉
八月初八日
子一

## 從梅

字魁若
號處守
生乾隆戊午
八月初五日
卒道光辛卯
八月初一日
妣洪氏生於
乾隆戊午年

## 廷一

紹胞長伯嗣

## 廷溪

生乾隆甲午
七月十六日
卒嘉慶乙丑
八月十九日

## 兆洒

[illegible]

## 兆軒

[illegible]

五月初七日
卒嘉慶己巳
四月十五日
子二

從仁
字君若
號德誠
公先愛育年
八十七歲

元妣王氏名
素謚儉質生
乾隆丁酉年
三月十八日
卒乾隆壬子
正月廿二日
繼配前山張
氏名傳娘謚
順信生乾隆
戊戌年九月
初四
卒咸豐甲寅
正月十八日
子二

廷蕭
紹胞長伯嗣

廷修

兆翊

戊申十一月
十八卒同治
庚午閏十月
初七生子四

兆埔

廷綸

號理忠
生乾隆丁未
三月初五日
卒道光辛巳
四月初三日
妣田邊李氏
名勤娘謚柔
靜生於乾隆
甲子年三月
廿八卒同治
庚午年四月
初八日子一

兆臣

廷午

卒乾隆五十
年八月初一
子四

十六卒嘉慶
癸酉年二月
廿一
子三

從善
號讓道
生乾隆己巳

初九卒道光
壬午年七月
初十
繼配林氏生
乾隆壬寅年
七月初五日
卒咸豐戊午
九月初五日
子一
以兄廷衆
四子入紹

廷白出繼

廷久夭

廷套
號達叙
生乾隆甲寅

六月廿五日
午時
配后房曾氏
謚儉懿生於
嘉慶丁酉年
六月十七日
亥時卒道光
乙未閏六月
十九日申時

兆順殤

兆戎殤

五月廿八日卒嘉慶丙寅六月初九日
元妣黃氏生乾隆庚午年正月初七日
卒乾隆庚寅四月十九日
繼妣前尾王氏生於乾隆壬午閏五月二十卒乾隆庚戌年五月初八
三妣陳氏生乾隆乙酉年十二月十二卒道光庚子四月廿九日
子二

三月十四日卒咸豐甲寅正月廿一日
妣陳氏名菁娘謚順靜生乾隆甲寅年十二月初二卒咸豐壬子四月廿四日
子四

廷金出外

兆淵

嗣子兆桃

從賢
字希若
查舊譜有出
承宗吟進入
台灣任鳳山
縣府學
生乾隆壬申
七月十九日
卒嘉慶己巳
妣台灣士界
陳氏生乾隆
戊寅年九月
初六卒失考

祐先公三子
合俊
號直亭

宗臣往臺
號忠甫

從露
生乾隆辛未
七月初五日

惠成

正月廿七日
卒乾隆癸未
十一月二十
妣林氏生於
康熙壬申年
九月十八日
卒乾隆壬申
二月廿五日
子二
葬涪淇潭山
坐乙辛兼戌
辰
公有遺業二
坵以爲烝嘗
之資

六月廿四日
卒乾隆廿三
年九月十五
妣洪氏生於
甲子年九月
廿九卒乾隆
廿四年二月
十一日
生子一
葬涪淇潭山

宗廷
生五月十七
卒十一月廿
四日
妣許氏改志

卒乾隆丙申
十月廿五日

合弼
發先公長子
號賚成
生康熙辛亥
正月十二日
卒雍正戊申
九月廿三日
妣李氏謚勤
儉生於康熙
丁巳年六月
初九卒乾隆
壬申年四月
廿三日子二
合葬新堂山
坐東向西

宗渭
號誠玉
生康熙甲戌
七月十三日
卒乾隆壬申
四月十一日
配李氏謚儉
素生於康熙
戊寅六月廿
五日卒乾隆
壬申年五月
初六日子二

宗漢
號敦誠
生康熙己亥

從長 出外

從次 殤

從本
號立道
生乾隆辛未

嗣子廷沛
生乾隆戊戌
六月廿六日

三月初四日
卒乾隆丙申
二月十二日
妣莊氏謚柔
嘉生於雍正
甲寅年三月
初六卒嘉慶
己巳年六月
初九子二

正月十四日
卒嘉慶壬戌
二月初三日
配大宅陳氏
生乾隆庚辰
七月初八日
卒嘉慶丁丑
四月三十日
子一
嗣子一

卒十一月十
四日

廷頭
號志仁
生乾隆乙酉
十月廿六日
卒咸豐丙辰
十二月廿四
配柯氏謚寬
懿生於乾隆
癸丑年八月
初三卒道光
甲辰年十月
初三日子二

兆贊 殤

兆閣

從轉

字坤道
生乾隆壬午
六月十一日
卒嘉慶戊辰
三月初六日
配吳氏改志
子四

廷妹

生乾隆庚戌
十月初八日
卒失考
配磁灶吳氏
生卒失考

廷張

生乾隆癸丑
六月十三日
卒失考

廷信

生乾隆壬午
三月廿五日
卒失考

林上宗譜

廷體出外

科先公三子
合吟
號實亭
生康熙壬子
卒乾隆己丑
二月廿一日
嗣子一
葬浯洪潭山

宗茅
生卒失考

廿五世　廿六世　廿七世　廿八世　廿九世

西房下岸派

孫雄公長子
兆泉
號立志
生嘉慶辛酉
年八月廿七
未時卒咸豐
癸丑年五月
十五日未時
配長埔王氏
名外娘謚勤
儉生於嘉慶
乙丑年十月
初七日辰時
卒同治庚午
年五月初三
未時

紹閩
號明閔
生道光癸未
年正月廿八
子時卒道光
戊戌年八月
初七日巳時
以胞四弟
長子入紹

嗣子
敬吽
號振志
生咸豐辛亥
十二月廿九
巳時卒光緒
丁酉年四月
十二日子時
以胞次弟
長子三弟
次子入紹

承藩
生光緒戊子
四月初六日
巳時卒民國
十二癸亥十
月廿三未時
以胞次弟
長子入紹

承社
生光緒庚寅
年七月十八
巳時卒民國癸未年
九月初二未時葬本山
浯湛廟山坐卯向酉兼甲庚

嗣子
丕湉
生民國五年
丙辰十月廿
二寅時
緒撰以
紹胞二叔嗣

丕湉
紹胞長伯嗣

丕床
嗣子撰水

娶葛仙尾厝
林氏名綢娘
生光緒辛丑
十一月十七
寅時卒民國丁
丑年九月初九未
時葬諸道潭山坐坤
向艮兼申寅
子四

生民國七年
戊午年八月
初二日寅時
卒民國乙亥年
十二月初三巳時葬諸道
潭山坐坤向艮兼
申寅

丕再興 天

丕札
生民國十五
年丙寅十一
月十九巳時
卒 四月十三日

丕淙 以承繼

丕渲

紹扐
號明燦
生道光丙戌年七月初五辰時卒道光甲辰年七月廿七日丑時
夫沒氏收以胞四弟次子入紹

子鳳 敬權
號南堂
生咸豐庚申年正月初三酉時卒民國元年壬子七月廿五寅時
配下尾王氏名粄娘生於同治戊辰年正月初三日吉時卒民國十九年庚午六月初八日巳時
子四

承藩
紹胞長伯嗣

承砦
生光緒甲午年二月廿六酉時
娶南邑溪南林氏名釐娘生光緒乙巳十一月十六時
子二

丕牘 夭

丕調
兼承末月嗣
生民國十七年戊辰十月十一日辰時

紹雝

生道光己丑年七月廿七寅時卒道光壬寅年七月初七日吉時

紹囷

號明質

生道光辛卯年五月廿一丑時卒光緒

敬曄

紹胞長伯嗣

敬權

承執

紹胞四叔嗣

承冰

殤

丁亥年九月初四日未時配前尾王氏名淑娘謚懿慈生於道光辛卯年八月十七日午時卒光緒丁酉十二月初二未時
子四

紹胞二伯嗣
**敬呼**
號純青
生同治甲子年六月初一未時卒光緒丁亥年五月初一日辰時配上方黃氏名自娘生於同治辛未年四月初八日丑時
子三

**承社**
紹胞長伯嗣

**承驪**
生光緒壬辰年八月十九巳時卒民國貳拾一年壬申四月廿九日辰時娶樟嶺朱氏名緞娘生於光緒丁未年正月十一日辰時

**丕蚋** 天

丕墻

敬謳

承謳殤

子一

承集

子一

生光緒乙未年八月廿五子時辛民國壬申年六月十一日卯時

娶長埔王氏名般娘生於光緒乙巳年二月初四日辰時

丕鏗

生民國十三年甲子十一月初七亥時

戌時

**承兎**

號柔愼
生光緒癸卯
年三月初九
寅時卒民國
六年丁巳八
月廿五申時

**承鐲**

川水次子順恒兼祧

生光緒乙巳
年九月廿二
寅時

卅四年西曆九月廿三
日日美戰爭失
踪於小呂宋班乃島

娶前洪李氏

生民國三年甲寅年八月十二月卯時

汝節生一女

楊玉香 适本村　承啟

承梯 天

承準

生民國三年甲寅二月初五日亥時

[illegible] 正月初二日

延順公嗣子
# 兆旦
號順正
生乾隆乙卯
年九月初六
亥時卒光緒
丙子年十月
十一日午時
配田邊鄧氏
名便娘謚孝
義生於乾隆
丁未十一月
初四日午時
卒道光戊戌
六月十八日
巳時
嗣子一

嗣子
# 紹什
生道光庚寅
年四月初八
午時

廷一公長子

**兆茅**

號順吉

生乾隆癸丑十二月廿七亥時卒道光戊戌閏四月廿三日卯時

配岩前許氏名格娘謚勤慈生於乾隆癸丑十二月二十日辰時卒同治庚午年九月廿八巳時

子三

**紹星**

紹胞二叔嗣

**紹合**

生道光甲申年六月十一丑時卒同治丙寅閏二月廿九日子時

配後頭坑尤氏名所娘謚

生道光癸未年五月十七日未時卒光緒年六月初九

**敬鈌** 夭

**敬隻**

嗣子

生咸豐庚申十二月初五未時卒民國十三年甲子五月二十吉時

配砌坑尤氏名好娘生同治甲子年四月初十日寅時卒民國

**承照** 殤

**承餞**

兼承長伯嗣

生光緒丙戌年五月廿五辰時

配樹後李氏名緑娘謚

生於光緒乙未年二月

**丕盒**

生宣統辛亥年十月十一午時卒民國十二年癸亥二月初二日卯時

**丕寵**

丑時
子一
以胞長兄
五子入紹

十四年乙丑
三月廿七日
午時
子三

紹糕出承
葛仙

初八日吉時
卒民國十四
年乙丑正月
廿八日酉時
繼配下庒蘇
氏名完娘生
光緒壬寅年
正月十三日
吉時
子三

承羅
紹胞長伯嗣

兼承長伯祖
後
生民國三年
甲寅正月十
六吉時

丕察
紹承全叔嗣

廷一公次子

**兆執**

號兆圭
生嘉慶庚申
年十月初七
戌時卒道光
辛巳年四月
十四日午時
以胞長兄
長子入紹

**紹星**

號紹德
生嘉慶庚辰
年四月十五
申時卒光緒
丙戌年八月
初四日午時
配豪舖王氏
名晏娘
生道光壬午
年六月廿六
卯時卒光緒
戊子年六月
二十日子時
子五
合塟浯淇潭
山丁癸兼未

**敬窗**

生道光甲辰
三月廿三日
子時卒光緒
戊子年六月
十七日午時
以胞五弟
三子入紹

**敬篇**

生道光乙巳
十一月廿八

兼祧 **承筏**

嗣子 **承羅**

生光緒丁酉
十一月十四
丑時卒光緒
甲辰年六月
初一日卯時
聘硐坑尤氏
名雪娘生於
光緒庚子年
五月十八日
卯時卒光緒
癸卯年六月
十六日巳時

兼祧 **丕寵**

□宗譜

丑長子附

戌時卒咸豐
乙卯十一月
初八日申時

敬留
生咸豐壬子
十一月十七
巳時

養子一

養子承全
生宣統辛亥

嗣子一

嗣子丕察
生民國十六
年丁卯十月
十六日巳時

敬宙
生咸豐戊午年五月初八辰時卒失考

敬隻
紹胞二叔嗣

延蓆公之子
兆偶
號順德
生嘉慶庚申十一月十一戌時卒咸豐甲寅年七月廿九日酉時

紹平
生道光庚子年十月初三子時卒咸豐丁巳年八月初四日吉時葬浯淇潭山

元配內坑雷氏名註娘生嘉慶癸亥年二月初三日未時卒道光丁亥十二月十四日巳時繼配尤氏生嘉慶乙丑年六月廿五日申時卒同治甲子年五月二十日巳時庚子二

兆酒
延溪公長子

丁癸兼未丑

紹算
生道光癸卯年三月初八亥時卒光緒庚子年八月初六日丑時配林氏改志子二

紹筲

敬挖
生光緒壬午年九月廿九酉時卒光緒庚子年七月三十日未時

敬夷
生光緒丙戌年四月初二酉時卒㖭叻

敬覺

承扁
承丕苗擡出長影
天公並爲嗣孫

號東晉
生嘉慶戊午
年七月廿六
戌時卒同治
辛未十一月
十八日酉時
配洋尾謝氏
名蔡娘謚西
池生於嘉慶
癸亥年十月
初三日未時
卒光緒癸卯
五月十二日
巳時
子四

號恭良
生道光乙酉
十二月十一
戌時卒光緒
丁亥年七月
初八日午時
配後境蕭氏
名俊娘謚順
德生於道光
丙戌年八月
二十日卯時
卒光緒辛丑
十一月二十
辰時
子三

生咸豐丁巳
十一月十八
卯時
娶溪柄孫氏
名氣娘生於
同治庚午年
卒
年二月
廿五日吉時

生光緒乙巳
年八月十五
辰時

敬萬
生咸豐庚申
年十月十八
午時卒光緒
辛卯年八月
廿七日辰時

**紹委**
生道光己丑年二月十九午時卒同治癸酉年十月廿一日辰時
元配上方張氏名木娘生道光癸巳年六月廿四日午時卒咸豐

**敬業**
生同治甲子年九月廿二申時卒光緒戊戌年正月初四日吉時

**敬娥** 夭

**敬西**
生咸豐戊午年八月廿九戌時卒民國十八年己巳八月二十日午時
配官橋郭氏名誅娘生於

外甥 **承鐵**
生光緒乙未年四月廿四辰時
娶墟頂吳氏名眞娘生於光緒癸卯年

**丕眺** 殤

**丕諺**
生民國十九年庚午九月十九日午時
娶深圳陳氏名筍娘生於民國庚午[illegible]

丙辰年七月十六日卯時繼配洪後郭氏名與娘生道光戊子年五月廿九日酉時卒光緒辛卯年五月廿四日卯時子二

以胞三弟三子入紹

紹號

號順正生道光戊戌

同治乙丑年十月廿五日吉時卒民國七年戊午十月廿九亥時外甥一

五月廿六日吉時養子一生子一

嗣子敬貫

生同治辛未年七月廿一未時

嗣子承根

天

叶秀敏 [illegible]斗畲叶文遠之妹

生一九三一年十月十四日

敬票

以胞次兄五子入紹

生同治乙丑十一月十三

年十月初五酉時卒光緒丁丑年六月廿五日未時配妹山林氏名比娘謚勤慈生於道光壬寅十一月初三日申時卒光緒丙申年二月廿四卯時子五

未時配　氏

敬貫

生同治丙寅六月十七吉卒民國丙辰六月廿六丑

紹胞二伯嗣

嗣子敬壁

生光緒丙戌十二月初七丑時娶葛仙林氏名要娘生於光緒己丑年十一月十三酉時

承樹

紹胞長伯嗣

承長殤

承門

生民國庚申九年庚申四月十五子時

子六

聘葛仙林氏名翻娘生於民國十四年乙丑十月十三日戌時卒民國十五年丁卯七月初二日亥時

○承厨

紹敬蔭伯嗣

兆軒
延溪公次子
號西晉
生嘉慶壬戌年正月十一寅時卒光緒

紹叫
紹兆軒伯嗣

紹長
號德全
生道光癸巳八月初九日巳時卒光緒

敬伐
出承紹底嗣

敬罕
生咸豐己未年七月初六午時卒番邦

承根
紹三叔嗣

承牛
夭

丙子年六月初七日卯時配田邉李氏名友娘謚順晉生於嘉慶癸亥年二月十五日酉時卒咸豐庚申閏三月廿五日子時

子一

以胞長兄四子入紹

癸未年六月十七日午時配黄塘林氏名匣娘謚勤儉生於道光丁酉年二月十一日未時卒光緒丙申三月初八日未時

子四

**敬蔭**

生咸豐辛酉十一月十八未時卒光緒庚子年七月十七日酉時

以弟敬壥四子入紹

嗣子 [illegible]廚

生民國十一年壬戌八月廿一日寅時

**敬鶴**

生同治甲子三月廿五日辰時卒失考

**敬暴**

生同治丁卯年六月廿[illegible]

嗣子紹叫
號自綸
生道光乙巳
十二月廿三
戌時卒光緒
丁酉年六月
初八日寅時
配下尾鍾氏
名警娘生於
道光庚戌年
五月廿六日
吉時卒民國庚辰年
二月廿五日戌時　主葬勤滑
子三

辰時卒小吡
叻

敬超
生同治辛未
年五月廿四
子時卒光緒
壬寅年三月
廿三日子時
以胞三弟
長子入紹

嗣子承樹
兼承二叔嗣
生民國四年
乙卯八月十
九亥時

敬竹

兼祧承樹

惠

號繼善
生光緒辛巳
年三月廿一
巳時卒光緒
丙申年二月
十六日寅時
以胞長兄
嗣子兼祧

敬壁
紹三伯嗣

延修公長子
兆趨
號晋翼
生嘉慶戊午
年十月十四
亥時卒道光

紹蚶
生道光癸巳
年五月廿一
寅時卒光緒
庚寅年七月

嗣子敬秤
生同治癸酉
年六月十一
丑時卒失考

癸卯年二月
廿九日戌時
元配洪氏名
瑜娘謚
生嘉慶辛酉
年　卒嘉慶
甲戌年九月
初八日吉時
繼配立厝柯
氏名軫娘謚
孝慈生嘉慶
戊辰年五月
初七日吉時
卒同治己巳
年十月廿四
吉時
子二

十三日巳時
配呂厝蔡氏
生道光乙巳
年九月十六
寅時卒同治
丙寅年六月
初三日未時
以胞次弟
次子三子
全入紹

**紹元**
號壽年
生道光癸卯
年正月初十
酉時卒光緒
己亥年二月
廿三日午時
配內林蔡氏
名勤娘謚惠

嗣子**敬整**
生光緒甲午
年五月初二
丑時卒光緒
甲辰年六月
初六日未時

**敬全**
生光緒乙亥
十一月廿六
辰時卒光緒
癸卯年十月
初五日未時
配林氏攸志

慈生於咸豐甲寅年正月廿四酉時卒光緒辛丑年四月廿八日未時

子四

**兆挺**

延語公次子

生嘉慶壬申年九月十八

**紹世**

生道光辛丑年三月十三

**敬抄**

生光緒癸未年四月初二子時卒番邦

**敬秤**

紹胞長伯嗣

**敬整**

紹胞長伯嗣

申時卒光緒辛巳年十月十五日未時配內林王氏名修娘謚慈齋生於嘉慶庚辰十一月初六日酉時卒咸豐壬子年三月十二子時

子二

辰時卒同治甲子年九月廿五日酉時

紹耆

號多才

生道光丁未十月廿七日未時卒光緒甲午年三月初五日卯時配下門李氏名小娘生於咸豐辛酉年十月初十日子時卒

四月

初三日吉時

子一

敬唱

夭

延語公四子

**兆埔**

生道光癸未年七月十四午時卒光緒庚寅年六月初十日巳時配丞春徐氏名鸞娘謚錦秀生於道光己丑年三月十一日辰時卒光緒戊子年三月十六戌時子一

延綸公之子

**紹團**

生咸豐己未二月十六日未時卒民國十八年己巳八月十九日卯時葬本山浯湖潭山坐坤向艮兼申寅

兆臣

生嘉慶乙亥年四月初八酉時卒光緒戊寅年三月十二日丑時元配林氏生嘉慶己卯年四月初七日巳時卒道光丙申年六月初一日吉時繼配杏中李氏名欄娘謚孝順生嘉慶己卯年五月初三日巳時卒同治甲戌年七月十八

紹志

生道光癸卯十一月十八丑時卒光緒癸未年六月十四日午時配嶼行林氏名香娘謚賢德生於道光丙午年六月廿三日巳時卒光緒丁酉年六月十二巳時

子四

敬榜

生同治戊辰年八月初四午時卒吡叻

敬岳

生同治壬申年六月廿九申時

配福州李氏名來娘生於光緒丁亥年

卒宣統己酉年三月十四日巳時

承耒月

生卒失考

以兄承砦次子兼祧

兼祧丕調

寅時

庶生子四

敬巢
生光緒戊寅
十一月初四
寅時卒吡叻

紹滚 殤

紹碧
生咸豐甲寅
正月初七日
戌時卒失考

紹克
生咸豐丁巳
年二月廿四

敬喝
出承母舅嗣

戌時卒光緒戊子年六月初九日吉時

嗣子紹瓜天

兆葛

廷傑公嗣子號寬和生嘉慶丁巳年正月廿三吉時卒咸豐丁巳十一月十五日子時配惠安張氏名棗娘生乾隆丙辰年八月十六寅時卒道光丙申年六月初八日未時嗣子一

廷養公三子

**兆濕**

號孝友
生道光庚寅
年正月十二
酉時卒咸豐
壬子年廿二
辰時
配白石陳氏
名占娘謚懿
範生於道光
乙未十二月
十七日吉時
卒光緒丁酉
年六月初十
巳時
嗣子四

**紹青**

號明玉
生咸豐乙卯
年九月廿七
午時卒民國
七年戊午正
月廿九寅時
螟子一

**紹榮**

號原樂
生咸豐庚申
閏三月廿一
卯時卒

**紹章**

螟蛉**敬深**過房楊丕添承

生光緒丁未
四月三十日
卯時

生同治丁卯年二月十九戌時卒光緒癸未年六月十九日卯時

**紹傳**

生同治己巳年十月廿一巳時卒光緒戊戌十一月廿二日申時

螟子一

螟蛉**敬水**

生光緒庚子年六月廿四午時

娶洪邦蔡氏名花娘生於宣統辛亥年三月初九日卯時

丕境

佳艇

延頭公次子
## 兆閣
號立成
生嘉慶庚辰
九月十八日
子時卒同治
乙丑年十月
廿一日申時
配柯氏名要
娘謚勤順生
道光丙戌年
正月十五日
巳時卒同治
戊辰年七月
廿一日巳時
子二
合葬石鼓山
坐未向丑兼

## 紹悔
號愧才
生道光丙午
十二月初五
卯時卒光緒
己亥年五月
初六日申時
配南邑官厝
曾氏名霜娘
生咸豐甲寅
九月初八日
午時北卒民國
丙子二
日[illegible]時諡敬順
生子三夫妻
南塋在浯淇潭
山生巽乾兼辰戌

## 敬火
生光緒乙亥
二月初四日
未時
配甯頂陳氏
名朴娘生於
光緒戊寅年
十一月
吉時卒光緒
甲午年八月
十九日午時

## 敬太

紹[redacted]

**兆桃**

延養公嗣子

號德順

生道光丁亥年十月初八寅時卒光緒乙亥年九月廿四日午時

嗣子一

**紹柳**

生同治壬申年二月初二酉時卒民國五年丙辰十月初十辰時

娶官橋吳氏名恨娘生於光緒戊寅年十月初九日寅時卒民國甲申年二月廿五日酉時諡克勤

二

**敬搭**

生光緒壬寅年三月廿八巳時卒民國庚寅年正月廿五日未時

娶葛仙林氏名蘇娘生於宣統己酉年三月十六日卯時卒民國丙戌年九月廿五日未時諡慈柳

**敬扁** 殤

徽盈

葉华

坤艮

紹虞

號愧棠

生同治癸亥

十月初二日

丑時卒

初六日酉時

以胞長兄

次子入紹

葬在浯淇潭山坐

巽乾兼辰戌

生
十一日
十五時
諡義 在語
嗣子撒
生光緒五
初九日
巳時卒民國
丁巳 月
二月吉時

# ［福建晋江］温陵晋邑古西吴氏叠轩公派下分支家譜不分卷

佚名纂修

[福建晉江]《温陵晉邑古西吴氏叠軒公派下分支家譜》不分卷，佚名纂修。吴氏居今福建省晉江市。始祖僊護，生元世祖中統元年（一二六〇）。十世祖叠軒，生明嘉靖十三年（一五三四），該支係其所出。是譜載世系分支、生卒年月及墓葬地名頗詳，而於先祖事跡、支派遷居情形等多付闕如。唯十八世祖藹堂及夫人附有像贊、家傳、壽序。詳檢譜載葬地及藹堂家傳，知其先世多有往來臺灣及南洋者。如十六世珍套、十七世士象皆歿葬臺灣。藹堂長子益樸經商南洋，娶吕宋女；五子益檄、六子益森亦僑商於菲律賓。又藹堂次子益冰葬新加坡，五子益檄暫葬吕宋宿務山。二十世文樹葬菲律賓亞虞産省務端市天主教塚。據民國間抄本影印。

# 温陵晋邑古西吴氏叠轩公派下分支家谱

温陵晉邑古西吴氏疊軒公派下分支家譜

一世

始祖僊護公字公祐號贅翁先生

生元世祖中統元年庚申六月十九日丑時卒元

順帝元統元年癸酉二月初二日午時享年七十

有四

祖妣顏氏諱昭男字妙簡本里人

生元世祖中統元年庚申二月十七日吉時卒元
泰定二年乙丑二月十二日吉時享年六十有六
墓公妣合塟東亭嶺南之陽穴坐甲向庚兼卯酉
子五　長震　次應　三致和　四致順　五金
女二　長勤娘配本里前庵黄姓
　　　次儉娘配本里前店

二世祖

政和公字孟順號濟陽處士係僊護公三子

生　　年七月廿七日吉時卒　　年

十一月十六日吉時

妣尤氏諱　娘號　本里樓下份人

生　　年正月初七日吉時卒　　年

三月十四日吉時

墓葬本里上圵山之原坐癸向丁

子三　長道嗣　次道玄　三道器

女三　長適本酤酒蔡家

次適李坑鄉李家

三適坑西田墘陳家

三世祖

道玄公字思齊號平中先生　係政和公次子

生元延祐二年乙卯六月初二日吉時卒明洪武

二年己酉正月十九日吉時享年五十有五

妣陳氏諱　娘號端静　林柄鄉人

生元至治三年癸亥十二月廿七日吉時卒明洪

武十二年己未十一月廿八日吉時享年五十有

七

墓公塟本縣三十一都肖舍坛頭山之原背丁面癸
妣陳氏塟西坡山之原穴坐甲向庚石碑書明古西吳三世祖妣端静陳氏墓
子二　長添祥　次添福
女一　名猪娘　配后宅鄉

四世祖

添祥公字維禎 號若圀　係道玄公長子

生元至正六年丙戌又十月廿四日吉時卒明洪

熙元年乙巳三月初三日卯時享壽八十

原妣蔡氏名五娘 號淑寬

生元至正元年辛巳九月十九日吉時卒明永樂

五年丁亥七月初十日吉時享年六十又七

又妣蔡氏名　娘號淑信　前宅鄉人

生　　　　年九月廿九日吉時卒明永樂五年
丁亥八月初十日吉時享年
墓公與弟添福同金二蔡同金合葬本縣三十一
都肖舍坛頭山之原祔　父道玄公之墳
子一　隣後妣蔡氏出

四世祖

添福公字維善號若川　係道玄公次子

生元至正十年庚寅七月廿三日戌時卒明洪武

三十一年戊寅九月十三日子時得年四十又九

先娶　氏頑而去之世系不錄

繼娶蔡氏名徽娘號純貞　西閣人

生元至正十一年辛卯六月初八日未時卒明永

樂十七年己亥十二月初七日午時享年六十又

九

墓公葬本縣三十一都肖舍坛頭山之原祔　父

道玄公之墳正統己巳六世姪雲静重修。妣葬

坑西上址山之原坐　向

子一　逢初

女二　長宗娘配東嘉蔡八秀

次妹娘配東頭洪克紹

五世祖

逢初公　字永舒　號榕蔭　又號棲齋先生　係添福公之子

生明洪武二十三年庚午四月初六日辰時　卒正統二年丁巳十一月十五日午時　享年四十又八

妣蔡氏　名復九　號妙先　古西東嘉人

生明洪武二十四年辛未十一月初八日巳時　卒天順二年戊寅二月初九日寅時　享年六十又八

墓公塋本縣二十七都羅裳山之原　次男鍵祔焉

○妣葬西綠山之陽坐戌向辰
子二　長釗　次鍵
女三　長環娘配後溪鄉陳永恭
　次綏娘配塘邊鄉王孔悌
　三䕒娘配塘西鄉郭

六世祖

松隱公名乳鐸諱釗字端潄號松隱　係逢初公長子

生明永樂十三年乙未二月廿九日吉時卒成化

十二年丙申正月廿七日卯時享年六十又二

原妣顏氏名引悌號潄徽　本里人

生明永樂十六年戊戌十一月二十日戌時卒正

統三年戊午十一月十五日吉時得年二十又一

無子

繼
妣顏氏名妙玉號峻德　本里人
生明永樂十八年庚子十月十七日吉時卒成化
十六年庚子九月廿七日辰時享年六十又一
墓公與繼妣塋在鷓鴣內坐　向　兼　石碑
書明六世祖松隱吳公洎妣顏氏墓
原妣塋山前坑之東

子三　長昭賜　次孟賜　三川賜出承雲靜公功允

女二　長庚奴配前港鄉施家
次辛奴配港邊路頭

七世祖
昭陽公　字秉光　號穹軒　係松隱公長子
生明正統八年癸亥六月廿二日申時卒正德十
六年辛巳四月初三日亥時享年七十又九
妣施氏名德志字妙意號　坡頭鄉人

生明正統十二年丁卯五月初一日午時卒嘉靖三年甲申七月十四日申時享年七十又八墓公妣合葬西緣山之原坐　向

子四　長長　次會　三和　四幹

八世祖

樸直公諱長字文元號樸直　係穷軒公長子

生成化十年甲午六月十七日巳時卒嘉靖二十

八年己酉正月十七日申時享年七十又六

妣蔡氏名　娘號榮懿　祥芝大堡東厝人

生成化十一年乙未二月廿一日辰時卒嘉靖十

四年乙未十月初十日午時享年六十有一

墓公妣合塟址山之原

子三　長孝　次順　三禮

女二　長尾娘配魯東西坡王家

次未詳

九世祖

質直公 諱孝字弘矫號質直 係樸直公長子

生弘治六年癸丑十月十六日亥時卒嘉靖四十

一年壬戌三月廿七日辰時享年七十

妣郭氏名柔智號慈德 石湖鄉人

生弘治十年丁巳十一月廿九日戌時卒隆慶二

年戊辰十二月十三日丑時享年七十又二

公墓原葬在上坵山後勝祖公拾瓦 棺改葬古東之

原男復英祔馬穴坐　向　兼　分金

妣葬本里前垵穴坐戌向辰

子四　長榮祖　次敏祖　三應祖　四勝祖

女一　配錦塘鄉黃紹甫

十世祖

疊軒公諱勝祖字復瑞號疊軒　係質直公四子

生明嘉靖十三年甲午正月廿一日辰時卒萬曆

三十四年丙午七月廿一日巳時享年七十又三

元妣顏氏名梅娘號慈淑　本里南廳人

生嘉靖十六年丁酉六月廿三日辰時卒嘉靖四

十二年癸亥十二月廿六日酉時得年二十又七

繼妣蔡氏名七娘號慈勤　本里東廳蔡時禮公之子

生嘉靖二十三年甲辰月日時失紀卒萬曆三十年壬寅閏二月初十日辰時享年五十又九

墓公與次兄新軒姪見泉合葬本里內塘山穴坐壬向丙共三壙○元妣葬本里墓口後公邊內壙○繼妣葬本里前安山穴坐庚向甲次媳婦顏氏祔焉石碑書古西姑蔡氏媳顏氏墓

子四　長廷憲　次廷富　三廷賓　四廷寵

女二　長完娘配永寧陳成樂生子文颺
　　　次香娘配沙堤董恩可生子應鯉

公長光諱榮祖字復初號宜軒世系詳載長支譜中
次光諱敏祖字復澤號新軒世系詳載二支譜中
三光諱應祖字復英號回軒世系詳載公譜之中

十一世祖

廷賓公字重一號朋西　係盈軒公三子

生明萬曆六年戊寅十月初三日寅時卒順治十

三年丙申六月十一日酉時享年七十又九

妣洪氏名新娘號仁慈西岑鄉肖賓公之女

生明萬曆十年壬午十月二十日寅時卒順治二

年乙酉四月十三日申時享年六十又四

墓公妣合葬本里許坑頂蔡庚園壙穴坐艮向坤

業丑末
子二 長聲駿 次聲驥
女一 名兆鳳配東安王萃和公長子

十二世祖

聲驥公　字子展字一子稱號志鵬　係朋西公次子

生明萬曆四十七年己未四月初五日申時卒康

熙五十二年癸巳二月十四日辰時享壽九十又

五

妣蔡氏名七娘號順慈　西林鄉仰林公次女

生明萬曆四十七年己未五月初五日戌時卒康

熙三十八年己卯四月初四日戌時享年八十又

一

墓公妣合葬本里内塘坛田墘地穴坐甲向庚兼寅申石碑書古西吳氏祖墳

子三

長曰汪

次曰汀

三曰漳

女三

長卯娘適東嘉蔡寅官生子福英

次偉娘適本里莊斐官生子迎英

三居娘適杏墩王向官生子錦英

十三世祖
日汀公　字承鶴號舜山　係志鵬公次子
生順治八年辛卯十一月初十日丑時卒康熙三
十九年庚辰七月初七日午時享年五十
妣龔氏名轉娘號儉慈
生順治十五年戊戌五月初八日辰時卒乾隆五
年庚申二月十三日寅時享壽八十又三
墓公妣合塟本山赤塗埕穴坐甲向庚兼卯酉石

碑書古西吴氏祖墳

子五　長曰綬　次曰紃　三曰紱　四曰纈

五曰絇

女二　長讓娘配沙堤鄉董權官

次祝娘配西岑鄉洪槪官

十四世祖

曰顯公 字思揚號名侯　係舞山公四子

生康熙二十六年丁卯九月十四日未時卒乾隆

十一年丙寅正月廿五日子時享年六十

妣郭氏名居娘號肅儉郭坑鄉挺伯長女

生康熙四十一年壬午十一月十九日戌時卒乾

隆十八年癸酉三月初八日戌時享年五十又二

墓公妣合葬在本山土石馬坐東向西石碑書古

西吳氏祖墳

子四　長啟喬　次啟偶　三啟才　四啟王

女一　名箕娘適郭宅鄉郭武官外甥漢英

長兄啟喬　次兄啟偶　四弟啟王派下世系俱詳

載本房公譜中

十五世

啟才公字開三號開賢　係名儐公三子

生雍正十年壬子十二月十五日寅時卒嘉慶七

年壬戌七月初七日戌時享年七十又一

妣蔡氏名汝娘號淑範前坡鄉乞伯長女

生乾隆四年己未十二月初十日辰時卒嘉慶十

六年辛未十一月廿六日子時享年七十又三

墓公妣合葬本山赤塗埕穴坐甲向庚兼寅申

子二　長珍剡　次珍奎 蔡氏出

女一　完娘適沙堤鄉龔敬叔長郎春官生子操

英

開賢公墓遷移在關鎖塔南畔地號青狗石溝邊於

清光緒丙申年安葬穴坐辰向戌兼乙辛九度初

七木綠合九星貪狼向乾亥巨門輔水又合武曲

巨門峯其墓有二埕中有六角暗池乃欲消此片

風煞其池小小淺淺遠代若埕損壞欲修理此暗

池宜照樣再創切勿放棄

祖妣淑範墓另移在烏山於清光緒乙未年安葬穴

坐未向丑兼丁癸鬼宿一度甲辰火此山水之親

切但此穴過脈之龍有些少風伯之患宜十二年

一修方可保久遠

十六世祖

珍渕公 字奇杰 號徐軒 係開三公長子

生乾隆三十七年壬辰正月初八日辰時卒道光

二年壬午七月初四日申時享年五十有一

元聘洪氏名姜治號淑婉 台灣真叔之女

生乾隆四十六年辛丑九月十五日巳時卒失錄

繼妣顏氏名器娘號儉德 本里愈官之長女

生乾隆四十一年丙申三月十六日酉時卒道光三十年庚戌十月初七日巳時享年七十有五
墓公妣拾瓦棺合塟內坑尾穴坐壬向丙兼
長男士爍祔焉
子三　長士爍出承珍套　次士象　三士道
女二　長縫娘配林邊鄉許梆官外甥璽英　次衛娘配前坡鄉蔡渺官外甥腆英

十六世

珍套公字　號　係開三公次子

生乾隆四十年乙未二月初八日亥時卒乾隆五

十五年庚戌十一月十四日子時得年十六

墓公歿台灣即葬其地

子　士燦係珍剡之長子過承

十七世

士燦公　字延斕　號煇亭　係珍剡公長子　兼祧珍套公

生嘉慶八年癸亥七月三十日辰時卒咸豊元年

辛亥六月二十日酉時享年四十又九

妣高氏名月娘號柔順　龍穴鄉高際伯之　女

生嘉慶十二年丁卯六月十三日午時卒道光十

八年戊戌十一月初八日巳時得年三十又二

墓公塋本山內坑尾穴坐壬向丙祔父母之墳。

妣葬本山赤塗埕路溝穴坐甲向庚兼卯酉長子

進江祔

子二　長進江　次進沚一名楷

女一　名返娘配本里施鏤舍外甥選英

十七世

士象公　字延爻號　係珍剡公次子

生嘉慶十年乙丑七月初四日巳時卒咸豐四年

甲寅八月十五日午時享年五十

葬公歿於台灣即葬其地

娶　氏

子

十七世

士道公 字延華 號榮亭 係珍剡公三子

生嘉慶十二年丁卯八月二十日辰時卒咸豐三

年癸丑四月初十日丑時得年四十又七

元聘李氏名粉娘號閨節 梅林鄉人

生嘉慶二十五年庚辰五月十四日吉時卒道光

十五年乙未五月三十日吉時得年十六

妣龔氏名糍娘號閨範 沙堤鄉石官之長女

生嘉慶二十四年己卯五月三十日午時卒光緒十年甲申六月十六日辰時享年六十又六墓公往鷺門舟在海上遭風沈歿。元聘李氏原塟梅林山後拾瓦棺移在關鎖塔西畔地號馬鞍堵於光緒元年乙亥安塟穴坐丁向癸兼午子栁宿十三度丁酉火墓碑書古西吳門閨節李氏墓。妣龔氏墓拾塟在杆頭鄉塔仔溪赤鼠石北畔於清光緒甲午年安塟穴坐辛向乙兼酉卯分金

丁卯丁酉胄宿六度庚申木緣宜三十二年方可
修方

子一　進咸 一名衡

女二　長糖娘適前坡鄉蔡渺官三子潯官外甥
海滄
次嫌娘適曾坑鄉楊悳官

十八世祖

進江公字登漢號淮齋　係輝亭公長子

生道光十年庚寅五月三十日巳時卒同治四年

乙丑九月初二日酉時得年三十又六

娶龔氏名虧娘　沙堤人

無子改適

嗣子

益燁 係胞弟進沚子兼承

墓葬台灣山後拾歸葬本山赤塗潭埕祔母之墳

十八世祖

進沚公名一進指字登掌號樨齋　係輝亭公次子

生道光十四年甲午十一月初五日寅時卒光緒

十年甲申六月十九日酉時享年五十又一

妣施氏名椽娘號素儉　蘇坑鄉猴叔長女

生道光二十九年己酉五月廿四日寅時

墓

子　益燁　兼祧進江

女一　嬭娘

十八世祖

藹堂公諱進銜名一光咸字登品號藹堂 係榮亭公長子

前清誥授奉政大夫五品銜候選同知

生道光二十七年丁未六月初一日子時卒民國

十一年壬戌正月十三日酉時享年七十有六

妣蔡氏名閨哫娘號端莊 係大崙鄉疱官長女

前清誥封宜人

生咸豐乙卯五年十二月十六日丑時卒民國三

十五年十月廿八日辰時享年九十有二

墓公前塋在泉州塗門外桃花山土名大芭蕉穴

坐壬向丙兼子午分金辛亥辛巳民國三十八年

拾骸歸本山土名山脊处同穴穴坐坤艮兼申寅

男六

長益樸　次益冰　三益溯

四奎光邑庠生　五益墩又名益文

六益森

生女六

長店娘配岑兜鄉李茲粘官

三緞娘配西岑鄉施宗碧官

五甌娘配梅林鄉李幼隆官

次蝦治早歿

四賴娘配石西山上份許友林官

六美治幼殤

藹堂吳先生玉照

摩挲鏡裡古鬚眉小別十年如見之聞說門楣重手叙膝前寧馨有佳兒　我鄉械鬥成頹俗仗義何人起解紛被髮纓冠能急難延陵高誼欲干雲　開先航業達津沽無定風波覆遠圖任是家貧教子讀一編貨殖薄陶朱　迢迢一水盼齊雲矍鑠如君迥不羣自古宜年惟德厚兢兢鄉里重榆枌

世愚弟蘇大山拜題

壯志梯航記昔年津沽七二路三千風波一笑歸來
後棲隐龐公陸地仙　晚景汾陽福更賒精神龍馬
鬢霜華膝前不數燕山桂玉樹雙開六出花　功名
事業付兒曹杖履優游洛社豪且喜纓冠能急難解
紛義薄魯連高　阿堵傳神妙寫真木公金母認前
身何時重訂巨卿約雞黍聯歡舊主賓

世愚弟陳錫川敬題

故鄉大老屬斯人，富貴天教萃一身。且喜精神猶矍鑠，會看甲子幾翻新。

我與甯馨聚幾秋，知君少日異常儔。台陽一舸乘風去，歲盡翩翩好遠遊。

家道當年已小康，不因徵逐等尋常。膏粱文繡渾閒視，泛海歸來福梓桑。

此身雖不位儒林，倚頓陶朱世所欽。且喜佳兒吴季子，一時聲價重瑯琳。

世愚姪楊昌國敬題

端莊蔡太安人玉照

汝南淑媛產名門彤管徽音衆口喧嫁與延陵諧伉
儷相莊鴻桉仰劉樊　青年夫子習蠡舟中饋全憑
主婦謀孝敬奉姑勤育子持家有道協坤柔　堂前
玉燕肇嘉祥鼎足重聯子姓昌更羨女林徽瑞應聯
翩載詠李平陽　華髮壽母地行仙五福箕疇降自
天我與賢郎交莫逆仰瞻玉照爲題箋
世愚姪郭公闕敬題

崙山蒼翠岩石瑰奇不鍾男子鍾女兒誕降有文
姬一解 母年十七歸於延陵調羹厨下菽水歡承
人言唶唶以孝稱二解 鹿車挽荆釵裙布男兒志
四方一年幾涣台陽渡遲勉而相夫有林下風度
三解 盖椀相莊弄瓦又弄璋呱呱墜地多英物舉
室笑言揚四解 母織子讀機聲軋軋書聲穆穆相
夫教子身雖劬寧馨繞膝家庭福五解 夫色然喜
乘風仍萬里槖載而歸來居然陶倚六解 大椿日

茂德備梱躬芝蘭玉樹滿庭中履境更隆隆 七解
無何而崢嶸鵬摶驥展雲衢萬里咸曰母賢賢矣
八解孫枝日茁門楣喜溢屈指遐齡秩將七遥瞻
梱範福澤期頤猶可必 九解嗚呼噫嘻聘彼母儀
巾幗而鬚眉爲女中師會當登堂一拜之十解
夫宗世愚弟吴　增拜題

延陵派别衍吾泉毓秀崙山頌母賢課讀西窗成大
器催耕南畝樂豐年人欣蔗境由天賦我卜萱幃獲
福全屋宇重新經手創雙雙白首地行仙

夫宗世愚弟吳國藩敬題

## 誥封宜人吳老伯母蔡太宜人七十壽序

葢聞梅開嶺上榮增晚歲之松蘭植階前輝映長春之草頻來雀使以引遐年暫憶鸞牽何期歡宴然而天倫可樂家慶難逢羨萊子之舞衣班聯十二誦魯侯之燕喜客集三千能不共上椒醑用伸萱頌者乎恭惟　吳母蔡太宜人莆陽正派大崙名家嫺習詩書閒說中郎有女投來璧玉共推季子其人迨歸我藹堂先生也弋雁興歌瓜期初過鳴雞戒旦蘭夢

頻驚玉燕早投於懷石麟屢降於屋閨房靜好家室攸宜談奕棋於房中居然母子進羹湯於廚下猶是婦姑四德宜循知不聞乎嗃嗃三從克守覺其樂之融融若乃謝氏一邱相如四壁屋留門而待大釜無米而煩炊上而修蘋藻之儀內而為藁砧之助辟纑有同志不辭分大而鳴機上酒宜竭誠更見齊眉而舉桉由是桓車對挽孟血獨操夫布子錢措施咸理女縫男讀教誨得宜故於晝荻之餘既親操夫井碓

又當辨琴之暇爰跋治乎酒漿門停長者之車餉嘉賓而備雞黍延育才之里效賢母而具熊丸推潤屋之餘資為渠廈之廣蔭寒微被德鄉黨稱仁固宜儉以致祥慈能召福降九苞於丹穴六子皆紅種連璧於藍田五常一白且也有汾陽之子壻可比其清華萃康樂之弟昆當躋其富盛門楣光大壺範聿昭雖黃鶴聲沈痛芝田之返駕而斑龍載至欣桃實以延齡亦可以集一門之喜慶祝百歲之期頤者矣今者特

維伏臘人正擕觴設悅方新喜春風之有信添籌如
舊願愛日之舒長奏法曲於霓裳天上香飄桂子受
靈方於瓊笈堂中人醉梨花玉樹森森盡是瑤環瑜
珥蘭孫藹藹大都虎豹龍麟以壎篪作管絃固無庸
董氏之雲笙玉管也以琮玖為瀟灑更何俟麻姑之
麟脯羊珠也 鶴花生無筆芹獻有心凤諳母儀未因
周瑜而往拜欲賡闈德竟為尹吉而陳詞於是借白
雪以和歌望彤管而染翰圖應數九消寒開北海之

樽祝效呼三定爾介南山之壽

世愚姪黃 鶴拜撰

世愚姪曾 遒拜書

誥封宜人宗老叔母蔡太宜人七旬壽序

世之醉心歐化者輒謂華中重男輕女高唱男女平

權於是大決其隄防縱意所如事事無礙以為本生

文明之世脫出四千餘年牢獄矣而實豈其然哉夫易首乾坤詩始關雎書言媯汭何嘗有畸重畸輕之意一家之中男職外而女職内其功正相等無可重輕也是說也遠而秘之載籍則六經而外如劉向之列女傳及范曄後漢書所著桓孟之傳其事甚悉近而徵之人事則如吾宗　端莊叔母蔡太君之孝勤儉知大義具遠識以相其夫以教其子以充大其門閭者胥是道也　太君年七十矣歲十二月十六日為

其設悅之辰其子樸光汶光森光僑商南洋將於是日張讌海外遠祝春暉奎光溯光近侍庭幃則簉韡鞠腃率男女孫三十餘人躋堂上壽斯亦備家庭之幸福天倫之樂事矣而奎光先期撮太君平日之喜言懿行屬余為撰壽言再四披閱然後知樸光等之或商或耕或讀無不克自樹立有名當世者皆太君之德教有以成之也蓋太君生長富貴之家素嫺教育喜讀古人言孝之書而於古孝女如緹縈曹娥叔

先雄諸遺事則尤深致意暇時輒以所學教諸弟妹意殷勤甚諸弟妹感其德莫不則而效之年十七歸藹堂先生時尚清貧堂上惟一老姑太君服勞奉養先意承志日則追隨左右晷刻弗離夜即於房中寢宿為之温席扇枕無微不至蓋能以昔日之事父母者事姑也夫人能孝則能慈太君於諸兒孫遇事循循訓誨多方曉諭蘄於覺悟而後已未嘗以不祥之語怒罵之或加之以鞭扑其於家人有然即婢僕亦

築石永路之通安橋行人至今賴之若夫徵其遠識則又非凡可及矣歲己未家遭匪患燬於火損失以萬計太君恐後人報復禍將莫解曰毋　貨寶古有明訓故鄉不可居去之可也且得失無常此事焉知非福遂去而之泉城卜宅於育才鋪而鄉居喪亂甚於泉城人始知太君識見之遠也然則如太君者巾幗過於鬚眉誰得而輕之也且人之可重可輕者在己而不在人如女媧螺祖姜源豈非女界中人乎而

至今仰之為神聖混沌竅奇檮杌饕餮非世胄之子乎歷千百世猶以其不才等之於異類天賦人權當具人格若人格墮落何足重之有如太君之克敦女誡知自重而人莫不重矣余不文謹就太君之事略掇其梗概参以鄙見論着其間為太君壽以當祝釐頌祉之詞焉

宗愚姪吳　增拜撰

世愚姪曾　適拜書

## 藹堂公家傳

公諱進衙一名光咸字登品號藹堂生四歲而孤一貧如洗母龔太安人撫養之年十四得戚家蔡姓之佐挈往台灣學商至二十一歲內渡省親越三載完婚即與族人合辦一商店於衙口市復自營一店於梅林鄉精勤過人遐邇從事內顧家政外營商業鄉鄰有事出為排解因是信用大著所業日以發達由店而行並自置輪船以運南北貨物積資漸厚遂於坑東鄉別建夏屋晚年以時局多艱

鄉居不易更於泉城育才鋪購築新居俾後之人城居鄉居得以各從其便謀慮深遠矣公體格雄偉舉止端嚴而性廉潔為人居閒息事未嘗費人一錢平生所與往來類多有名望之人至於積學之士尤為重視故男女十二人均送之就學嘗曰子孫失學不識詩書雖致富鉅萬吾無取也故身歿之後其子或學或商或農均具有智識各得其職無淺見寡聞之誚者皆其豫教使然也不其偉歟公生道光丁未年六月初一日子時卒民國壬戌年正月十

三日酉時春秋 七十有六配蔡氏太安人治家勤儉德與
公配後公　年卒子男六人 長樸光僑商於菲娶施
氏次冰光早逝娶許氏三溯光業農娶蔡氏 四奎光邑庠
生娶黄氏深滬鄉進士 諱登瀛公四女五 汝光娶李氏六
森光娶黄氏均僑商於菲女子六 均適人孫男女三十餘
人外孫男女十餘人公殁之越年八 月初九日安厝於塗
門外桃花山之麓穴坐壬向丙兼子午分金辛亥辛巳

宗世愚弟吳　增拜撰

十九世

益樸公字勤修號伯儉　係藹堂公長子

生同治十二年癸酉五月十三日辰時卒民國十

九年庚午十二月十九日子時享年五十有八

墓公葬在

元妣施氏名閨閣娘號惟貞　曾坑坑前鄉施九舍長

女

生光緒元年乙亥十一月二十日亥時卒宣統己
酉年五月十九日吉時得年
墓瘞在寶蓋山聖公坡穴坐　向　兼

繼妣蔡氏名閨香娘號惟柔　永寧南門蔡掛司伯養
女
生光緒壬辰年正月十五日辰時卒民國癸亥年
十一月初十日午時得年二十有七

墓葬在東門外嶽山麓穴坐　向　兼

三娶王氏名淼娘號　惠安人

生光緒二十六年庚子正月初十日吉時

側室王氏名絲蕊號　呂宗人

生光緒十八年壬辰十一月廿二日未時

子

長文明元妣施氏養

三文傳蔡氏出

五文固呂宋番女出

七文

次文鼎呂宋番女出

四文榔呂宋番女出

六文澤蔡氏出

八文

女

長麗真

次麗韻幼殤

三麗君

四麗環

二十一世

章輝　字　號　係文育　長子

生民國二十四年乙亥三月廿六日酉時

二十一世

章榆

係文育　次子

生一九四一年辛巳　歷八月二十六日亥時

二十世

文容　字　號　係益溯公次子

生民國五年丙辰四月三十日未時

娶李氏名閨滌瑕

生公元一九一九年己未農曆七月初六日　時

子　章德養　章行

女　麗南　麗芳

二十一世

章德　係文容　長子

生一九四六年丙戌農歷十二月二十一日　時

二十一世

章行

係文容　次子

生一九四八年戊子農曆五月十四日子時

二十世

文潞　字　　號　　係益溯公三子

生民國十四年乙丑九月二十日未時

娶曾氏名閨碧琴字　　號

生公歷一九二五年乙丑農歷九月二十日　時

女　麗菁

二十世

文燧　字　號　係益溯公四子

生民國十七年戊辰十月十二日卯時

十九世

益佩公 諱奎光字玉修號季斗 係藹堂公四子

前清龍溪縣學附貢生畢業福州高等商業師範學校歷任廈門金門安海石獅各學校校長由部以辦學功績呈請獎勵以存記縣知事用

生於光緒六年庚辰八月廿四日戌時卒於民國十九年庚午六月十四日戌時享年五十有一

墓公塋在泉州東門外聖墓山

娶黃氏名閨呈燚字淑薰號惟慎　[illegible]滬鄉同治壬戌

恩科舉人辛未大挑二等光緒丁丑科進士欽點

山西即用知縣諱登瀛公第四女

生於光緒七年辛巳六月十六日卯時卒於民國

卅三年　九月廿日巳時

墓塟在寶盖山石窟　艮　坤丑未

子　長文蔭　次文慰　三文相

女　長蓮娘配泉州城内玉犀巷黄子鎏君

次雪娘配深滬鄉黄奇熙君

三慶治配安海水頭王汝芥君

四佁治配青陽莊垂寬君

莫不然見孤寡飢寒者必思有以濟之即雞豚物類亦不忍其痛苦故歲時伏臘庖廚有所宰割恒不敢使之知其仁人愛物如此非其性之慈乎太君舉男女子凡十二人當時或在襁抱或在孩提或在蒙塾習句讀鞠育辛苦一身任之未嘗僱一傭媼稍資臂助而井臼炊爨澣濯縫紉役一槪親操粒米寸絲竹頭木屑極其瑣碎亦畢貫精神燈下紡績兼課兒曹讀書恒至夜分乃已則其勤爲何如也我思古人惟

公父文伯之母庶幾近之耳數十年來風俗奢侈日甚一日太君自少至老衣服不取華麗求可適體而已飲食不備珍饈求可養生而恒語人曰人留有餘之物以還造化留有餘之福以貽子孫也蓋持躬以儉還欲示人以儉也至所謂知大本者太君一遇家祭粢盛器皿必蠲必親以為祖宗者人之本也不可以不敬丙辰之歲樸光等欲祝雙壽復止之曰故鄉祖宇傾頹盡移此以為建築之費閱三月而告竣又

女

長　樣治　早殀元妣出

次　順娘　蔡氏出字錦上鄉郊允贊右

三　文池　幼殤

四　文禮

五　文里　皆呂宗畨女出

六　惠如　三繼室王氏出

二十世

文明　字　號　係益樸公長子

生光緒三十二年　十月廿六日吉時卒民國

廿四年　十一月初二日亥時

墓葬在東關外鳳山

娶郭氏名閨綢娘字志筠號　泉州菜巷内後改節

子

章煇 文育公長子承繼

二十世

文鼎　字　號　係益樸公次子

生宣統三年辛亥十一月十一日吉時卒民國卅

三年　十月廿四日酉時

墓葬在東關外鳳山

娶黃氏閨名靜霞

生公歷一九二十二年壬戌　歷五月十七日

時

子　章安

女　章呢

二十一世

章安　係文淥　長子

生一九四一年辛巳　歷十二月二十八日未時

二十世

文傳　字　號　係益樸公三子

生民國六年丁巳九月十二日丑時

娶陳氏名閨鳳娘

生公元一九二十七年丁卯

子　章平

二十一世

章平　係文傳　長子

生公元一九四六年丙戌農曆九月初七日未時

二十世

文椰　字　號　係益樸公四子

生民國七年戊午五月初九日巳時

二十世

文固　字　號　係益樸公五子

生民國九年庚申五月初三日辰時

二十世

文澤　字　　號　　係益樸公六子

生民國十年辛酉六月初六日卯時

二十世

文　字　號一　係益樸公七子

生民國　年

二十世

文　　字　　號　　係益樸公八子

生民國　　年

十九世

益冰公字源修號仲永　係謳堂公次子

生光緒元年乙亥二月初二日亥時卒宣統三年

辛亥六月十六日吉時得年三十有七

墓公葬南洋新加坡骸未拾回

妣許氏名閨篆娘號惟恭　浯坑鄉許恭官之女

生光緒五年己卯九月初十日亥時卒民國乙卯

年八月初七日子時
墓葬在東關外東岳鳳山穴坐
子　長文茂　次文秀均養

二十世

文茂 字 號 係益冰公長子

生光緒三十一年乙巳十初七日巳時

娶莊氏名閨錦娘字 號 泉州呵爐叔之女

生一九一零年庚戌農曆八月十九日 時

子　長章杰　次章鴻

女　長麗玲配本市水門四堡蘇楊逃

二十一世

章烋　字　號　係文茂　長子

生一九四二年壬午農歷二月初三日卯時

子四　長文育　次文溶　三文潞　四文燧

女四　長乖娘配錦上鄉斗門頭邱允敏官

次料娘配漳平永福陳祖韋

三眉治幼歿

四蓮娘配坑東村尤丰燦

二十世

文育　字　號　係益溯公長子

生宣統二年庚戌十月初四日申時

娶王氏　名閨黛鸞字　號　泉州城内石墻邊光

緒癸未科進士朝考一等翰林院編脩武英殿纂

脩國史館協修甲午乙未兩科會試同考試官諱

式文公孫女宣統辛亥優貢舊制中學畢業民國
十二年任晋江縣教育會會長民國十三十七兩
年任晋江縣政府總務科科長歷任各校校長名
孝翰公女
生民國三年甲寅十二月廿七日寅時

子　章煇出繼 文明　章榆

二十世

文蔭　字世德號鷺影　係季斗公長子

生民國四年乙卯十二月廿九日丑時

福建泉州中學校畢業上海大夏

娶蔡氏名閨雲霞

生乙丑年公歷一九二十五年農歷十二月廿九

日亥時

子　長章堅　次章强

女　長麗蹴幼殤　次麗鑾　三昭烟　四麗姝

二十一世

章堅

係文蔭　長子

生公元一九四五年乙酉農歷五月初一日丑時

二十世

文慰　字世安號厦生　係季斗公次子

生民國六年丁巳十二月廿二日寅時

福建泉州中學校畢業

娶李氏名閨貞儀

生癸亥年公元一九二三年農歷八月十九日時

二十世

文相　字世丞　號桐影　係季斗公三子

生民國十年辛酉六月廿二日巳時

十九世

益檄公 名一益文字崇修號鎮五 係藹堂公五子

生光緒八年壬午十二月初二日子時卒民國十

八年乙巳六月初七日午時得年四十又八

墓暫瘞在呂宋宿務山骸尚未拾回

娶李氏名閨和篤字 號惟敏 銀江店下房李秃

官女

生光緒十六年庚寅十一月廿五日亥時

側室王氏名月珠

生光緒三十一年乙巳十月初二日吉時

子　長文富　次文旋一名三旋　三文仁幼殤

四 文義 一名存義

五 文春 一名振春

六 文遺生

女

長 鴛鴦 幼亡

次 香菰養

三 海棠

四 玉器

五 秀珍

二十世

文富　字　號　係益撒公長子

生宣統元年己酉十月初八日巳時

娶許氏　名閨箕娘　字自敏　號　石獅後花許博官

之女

生民國四年乙卯二月初二日卯時

子　長章典養　次章爐

女　瑞治幼殤　麗清

二十世

文仁　字　係益檄公三子

早歿生卒失紀

二十世

文旋

一名三旋字　號　係益檄公次子

生民國七年戊午五月廿四日巳時

二十一世

章爐　字　號　係文富　次子

生公歷一九四八年戊子農歷正月初五日午時

二十一世

章典　字　號　係文富　長子

生公歷一九四十四年甲申農歷二月初七日

時

二十世

文義　名一存義字　號　係益檄公四子

生民國八年己未十二月二十日丑時

二十世

文春　名一振春字　　號　　係孟欉公五子

生民國十三年甲子八月初十日丑時

二十世

遺生　字　號　係益檝公六子

生民國十九年庚午正月十四日丑時

十九世

益森　字巖修號肅六　係藹堂公六子

生光緒二十年甲午十二月初三日戌時

娶黃氏閨名畢董字瑶芬號惟惠　永寧衛前清誥授

奉政大夫候選同知諱際吝公　女

生光緒二十五年己亥八月十六日寅時

子

長文樹

次文林

三文淵

四文章幼殤

女

幼殤

二十世

文樹　字世業　號伯統　係益森公長子

生民國九年庚申十二月廿三日酉時

娶李氏名閨羅省　字碧英　號懿行　泉州浮橋李明遜

長女

生

子四　長章熙　次章照　三章炳　四章耀

女　長淑嫻

生於公歷一九四六年丙戌陰歷十月二十七日寅時

墓塋在菲律濱亞虞崖省務端市天主教塚

二十一世

章熙　一名章慶　號　　係文樹　長子

生公歷一九四五年乙酉陽歷三月六日　時

二十世

文林　名一文彬字世立號仲峯　係益森公次子

生民國十三年甲子六月初七日巳時

娶陳氏名閨雪友字冰心號懿範

生於

国家出版基金项目
NATIONAL PUBLICATION FOUNDATION

# 海上絲綢之路文獻集成

總主編 陳支平 陳春聲

## 民間譜牒編 90

主編 林楓

海峽出版發行集團
THE STRAITS PUBLISHING & DISTRIBUTING GROUP
福建人民出版社

本册目次

# ［福建同安］銀同東溪陳氏族譜不分卷［一］

陳錫麟　陳修子孟纂修

［福建同安］《銀同東溪陳氏族譜》不分卷，陳錫麟、陳修孟纂修。銀同即今福建省厦門市同安區。開基祖子俊，宋人。該支始遷祖大臨，元時自山東浯水遷浙江長興鰲頭，繼遷福建銀同東溪。譜載序、字行、凡例、贊、通族人物紀、祝文、世譜圖、世序、傳記等。清康熙以後，東溪陳氏族人多有移居臺灣及僑居嘪叻（新加坡）、吧城（雅加達）、安南（越南）者。據清光緒十六年（一八九〇）抄本影印。

# 銀同東谿陳氏族譜

## 東溪陳氏族譜序

人之倫紀莫重於昭穆舉闔族而父子兄弟咸曉然於本源之恩皆肅然於前後之序此人道之極也溯我祖自分離浯水以來始居長興鰲頭繼居仝禾里東溪雖遭海氛而序次昭然可考我族之所以不至奪倫亡等者賴有此耳夫莫為之前美而不彰莫為之後盛而不傳念我祖既有字序以取信於今茲豈可以譜牒脱失而不為之輯續世次以詳其本末但世遠年湮各於房蕃衍不下千數考核弗精則不免負疚於先祖追尋之下不覺惻然於懷爰是堂叔君啟詢之父老細加詳察不畏跋涉不吝筆墨凡行有可採者皆叙入譜中焉為之發凡例以定譜規為之續字行以明世次為之紀人物以明功德為之畫圖式以

便觀覽使知某人者某人之子某人者某人之孫見相生之義焉某人者
某人之兄某人者某人之弟見相次之序焉展親睦族之道端在是矣然
豈敢曰可以盡譜事哉不過抒所見聞草草就序使後世可繼續而
傳耳至若付諸梨棗須諸通族竊有志未逮焉是為序
嘉慶九年歲次甲子復月穀旦二房第十七世孫華國謹序

## 家譜尋源序

譜者何辨昭穆也昭穆辨而後世次明我族支分派衍自晉来同累遭變遷猶見其原委豈非祖宗之靈哉夫血脉之際愚者猶深念況諸知書其責尤重余十三四歲時屢向先君子言此先君子有志未逮越數年且棄世嗚呼悲矣今年春侄公弼議舉此事每憂墜緒茫茫因相追尋祖考推筭紀年不甚了解繼而訪問遺老着戶稽查得有序行八字由是吾宗之世代遂定至其中或名失或塋處無考說以海氛故則猶未免令兹抱歉也雖然陟降左右者列祖之靈源溯可溯遺可補而東溪之陳歷四百餘年昭穆整然不可謂非澹齋公積德之報更不可謂非祖姑不字之力也自今以往相生相成無有奪

倫我忠貞之家安知不寖昌而寖熾哉

嘉慶甲子年仲冬朔日裔孫君啟謹誌

# 重修家譜序

家之有譜猶國之有史也但國史分淑慝法則重乎嚴褒誅家譜溯本源例則遵乎序昭穆我族自元由浯水來距今四五百年矣支分南院宅卜東溪前遭海孳而失記其詳不可得聞然其宗乎子俊公者自如松首撰華國續修厥有成憲焉光陰遞轉後閱八十餘秋其間之廢墜淪亡者凡幾非革余恐其久而差也故欲筆之書而又慮其事實重難噫此何事也豈得以重且難諉之哉夫堯典先睦族周書重展親自古帝王之道亦在乎務本而已誰無祖宗誰非孫子何獨無相維繫之思坐聽其日積而繁亂耶茲猶賴以明尊卑辨次第歷二十餘傳而不紊者則在譜系字行可考耳自茲以往恐支繁序亂流蔽伊

胡底也與其令後人尋墜緒孰若當吾世杜大防則千鈞一線之延於兹尤亟焉念及此而修譜之志益堅矣但余有志未逮即有二三同志者黽勉從事或不憚江河之阻如文六振勉自臺彰來或不忘歲月之勞如際盛慶燕相繼抄寫採揖搜尋參互考証又增添字行以序昭穆事經三年而草草告竣雖滄海不無遺珠猶俟將來以補缺後有作者宜其重加釐訂匡吾不逮幸甚幸甚尤願我族人毋忘葛藟之庇永篤瓜瓞之綿則庶手有睦婣任卹之遺而無同根異種之見也則又予諄諄之意云爾是為序

光緒十六年歲次庚寅臘月　穀旦裔孫錫麟　謹誌

# 東溪重修家譜序

大凡事必有本而後其本以傳業必有基而後其基可造況乎譜尤難憑己見也吾家之族譜由来久矣自我曾祖華國仝族叔祖君啟輯成距今歷有年所各房蕃衍不免遠而難稽彼屬知書之列者顧可因循坐昧耶夫莫導先路無以得其指歸莫步後塵無以彰其美盛念吾祖既有成憲以示當前豈可不輯續以垂於後世乎歲戊子春族叔 文六 自臺彰回唐慨然有感因屬其耆老議舉此事而又恐泛而無統未易觀成故囑知書等各於本房中先自着户稽查草創就序繼而捐貲延人正筆由始迄終三年乃竣舉凡節有可欽行有可表者均録而註於譜中焉爰是仍其世次

辨厥尊卑續以字行成兹倫典俾知孰為父孰為子孰為兄孰為弟得有所考秩然見相生相長之義得有所據昭然明以似以續之宜蓋譜牒之修所關大矣而微我曾祖則亦莫得所宗也但代遠年湮不能無所闕畧其間之散處淪亡者不可勝數後世有作尤宜重加搜尋以補其缺固所願也至於考妣或有生卒年月日而竟廢瘞處者或有瘞處而不備生卒年月日者因時志感此猶未免戚戚耳詎敢曰今兹之譜事詳且盡哉不過沿流溯源别為序次令後之視今猶今之視昔其於展親睦族之道水源木本之思未必無少補云是為序

光緒拾陸年歲次庚寅臘月穀旦　第二十世裔孫修孟　謹識

# 字行便覽

宗良周應爾嘉于基

侯伯君公振文維治

敬敦倫典厥孝（德）聿追

忠貞世守謨烈乃丕

右三十二字宗字至基字係舊字行基字以下再採八個字合而成文後又再採十六字以序昭穆次第有乳名而無字者有字而無字行者即以某字行夾入庶各房畫一便於稽查子孫雖蕃衍

皆可統而同之

## 凡例

一祠堂不可以不肅古者建立廟宇所以妥祖考精神而介景福者也朔望日洒掃庭除潔淨龕棹焚香點燭一切雜物不得塡入誰非祖宗之脉當共凜之

一各祖宗妣生卒年月塟所生子必逐一備書無考者存之以俟查補至于均屬一名其記於父母叙末曰子某者父前子名之義也叙于子名下則必稱公以尊之曰某公之子

一承繼不可以不明凡生子者必載于譜中或有出繼即塡註出繼某人子某人立繼之名字旁伸明某人第幾子承繼庶似續有據昭穆不至混淆

一提頭不可以不清圖式以五世為準五世底層必生有子方再頂提若無子則註止字或年少未曾生子亦不另行提頭以待後之脩譜補入

一功德不可以不詳尚功尚德自古為昭吾宗式微能振家聲者代不多覯如有創垂可稱者脩書功業有節義可取者備書寔行為官者寔書政蹟為士者寔書品學若非官非士有一善可録者亦當備書至于女子嫁出序次中雖不及詳然有功德誥贈榮及祖宗者亦當録之不可没也

忠

顯公洪武開科經魁任汝陽德三州　文皇平燕辟為掌書記甚信倚之嘗乘奕諷諫不聽旋以病告歸靖難初遣使召公義不就夜沐浴具衣冠再拜而死載大同誌殉難忠臣傳雍正四年

特旨建祠崇祀

陳氏世譜圖

大

## 孝 顯公二房派

方三娘德化螺陽人鴻垂公之配也割股事舅孝行著聞以故族里僉舉邑侯王 儒學葉送扁旌孝雖不敢竊比於二十四之列是亦女流中之奇孝所罕覯者也

方氏名三娘貢生今泰妹年十八歸高洋陳持茲越三月老舅病篤每夜持香籲天願減己算救之不愈乃割左股和粥以進舅病果痊里族狀其事於縣製扁旌焉 德化縣誌録

于志諱拱嘉正公三子也時父被倭賊所獲要索多金酷栲異刑欲殺之志逞身請代其死賊憐而釋之雖不比孝孝子之傳是亦為子中之、有可取者 本派

[illegible]

廉

如松公萬歷壬子京闈中式初令蕭山晚守太倉宦途八年潔身善政歲豐猶俟買粟供口性不喜逢迎上人時劉撫臺以公不黨發府取罪張太尊開單云一自本官自時清品不肯下人少謙讓之意一本官自負才高練熟世故於移文不無忽畧一本官設法開河不責公私一文但道迂亦有畧稱不便者一本官才學冠世慶視功名氣高而不能柔撫臺大怒曰此卓異語也淅中當日以為美談至十一月入覲男婦老幼排列香案跪送士民商旅遞送夫價一切不受

按大同誌公字白南翔風陳坑人住西浦登順天試初令蕭山

革常例除罪贖嘗下午連審三十五事當堂署案無稱寃者嚴
盜賊摘伏如神有被殺者無踪跡邑隍犯忽到抬抵朱直指稱
其吏治為浙中第一以忤劉中丞調簡補信宜旋改河源邑學
宮為勢官占營私室公立毀其室復之有泡泉宦據焉公曰山
川之靈靈豈供凶人口腹投筆立止擢守太倉痛懲豪猾拂衣後
瀟洒不覊著有蓮山集語抄學庸解百篇詩老莱吟諸稿

貞節

貞女諱英謚孝勤大臨公之女也弟幼持齋不嫁掌持家業撫養成立旌表貞女列入名媛七月廿七日忌辰壽五十八葬九躍山蕉坑山

按大同誌貞女父陳大臨母張氏性至孝長誓不嫁親戚强之不可奪年五十八卒時至元己卯七月廿七日也州判官林閎孫為誌銘曰許嫁而字著於禮經女子不字易稱其貞十年且難而况一生彼美人兮玉雪同稱題曰貞女百世其馨後有國史徵諸碣石明萬歷四十一年邑人鋤地得誌銘張之俟重收其骨以葬

葉合娘嶺下人監侯公之配也入門未週歲而公逝氏年二十二寡守未有男嗣立侄賞伯承繼撫養成立通族咸稱孝慈十月廿一日忌辰壽七十四葬烏牛頭山

吳演娘石碍人瑞侯公之配也公早逝氏年二十八寡守家貧如洗躬親耕耨撫養幼子抱伯成立外內無閒言十月廿三日忌辰壽五十葬義娘宮后山

葉儀娘內山頭人晃侯公之配也公早逝氏年二十五子勉伯纔三歲家貧如洗矢志寡守舍身耕耨撫養幼子成立十一月十一日忌辰壽七十五葬本處山仔尾

莊聚娘祥露人秦伯公之配也公早逝氏年二十四生一子君通纔六

戩甘心寡守撫養成立今已孫曾繞膝四代一堂真足以娛晚景者

呂氏　娘君養公之配也生一子公平公卽往臺氏年二十餘歲家無片瓦並無一文照顧家中氏甘心苦節借親堂厝居住日夜紡績撫養幼子不倦於勤四月十七忌辰塋處失

柯積娘西柯人公沛公之配也公早逝氏年二十八子振天纔六歲甘心守節勤儉慈惠日出而耕日入而績撫養幼子成立而有孫曾繞膝雖足娛晚景猶是不倦於勤厥後臨終子孫三十餘人羣送諸原亦天所以昭其報也十月十三忌諱享壽七十四齡與子合塋在本處白石山塚下坐丑向未兼艮坤分金辛丑辛未

葉正娘蓮花山人振丙公之配也公早世氏年二十七子文旦纔二歲矢志寡守

以女紅謀生撫養幼子成立十一月廿六日忌諱享壽八十四塋在雉鷄山

蔡粉娘謚端靜烏山人振揹公之配也公早世氏年二十三只生一女未有男嗣甘心守節以紡績謀生後立振鴻第三子文介為繼撫養成立經入節烈七月廿二日忌諱享壽八十一齡塋本處中山仔邊坐壬向丙兼子午分金辛亥辛巳

楊勵娘祥露頂人振烋公之配也公早世氏甘心守節日夜紡績撫養二子文騧文答成立十月廿四忌諱塋本處山頭頂坐巽向乾兼巳亥

葉祄娘圳岸人現在振球公之配也公早世氏年二十七子文漂纔六歲甘心寡守撫養幼子成立

蘇發娘龍鬚人振軒公之配也公早世氏年二十二子文騰纔四歲甘心守節

歷艱辛而無怨言撫養幼子成立六月十三日忌諱葬灯火寨脚坐丑
向未兼癸丁分金丁丑丁未
紀媛娘謚孝慈山仔後人維石公之配也于歸年餘而公故氏年二十一
屢欲自盡諸親以未有後嗣勸免後二子治涯 治淅稍長又因奉姑終年
遂自盡節十一月廿四日忌諱
泉州府誌名媛列傳本年七月廿五日抄出錄附
同安陳貞女父大臨母張氏以至元壬午生依父母不忍嫁共女事不出戶
持父母喪及嫁二妹相其弟咸有條理季妹適康早世遺一女汲育教
誨得其歸所年五十八至元己卯林州判岡孫為之誌銘墓

[illegible]

## 貞女贊 并序

元至元間吾宗有貞女諱英者終身不嫁又能為其兄弟經營家事育妹氏之女性既過人才復丈夫而持齋誦經手不釋卷前福清州判官林岡孫嘗銘其墓曰女子不字易稱其貞十年且難而況一生乃邑乘家譜無有載者其姓名埋没於荒草飛塵之下至萬歷四十年有農夫掘地蔗坑山偶發此石歸而洗之字畫俱真即林岡孫具碣方知其為東里之陳而大臨之女景高之姊也景高名登為姪萃松殷銘始祖則貞女為吾之遠姑明矣吾宗自宋元僻處浯洲復各離析其聚於東溪者為東里而嗣是徙居而浦者因别為西里云嗚呼古之幽人奇遁湮没不傳多矣貞女没二百餘年始以名著閩豈精

誠之所盪抑顯晦之有待贊曰

女之字夫及笄以時猶臣事君風雲為期人皆不仕冠裳絕離女皆不字陰陽安施至有二心閫域淩夷寧其不字金石弗移貞女之守白璧瓊枝貞女之才拮据掌持嗚呼吾宗名位雖卑前有貞女不字而沒史彤史著奇後有南海不仕而死寸心自知忠貞之家或庶幾之天蓋有意現此銘辭辟如巨寶豈忍埋斯承先餘韻以永裘箕

西浦如松識

右忠孝廉節家乘所必及者匪曰誇其先世將以勵我後昆也忠如南海廉如白南孝如三娘貞 如孝勤載在邑乘昭昭可考至於節烈一端查例婦人三十以下寡守至五十以上准府縣詳報督撫題請旌表吾派有合褒旌之例者表而旌列之於譜以示不忘願我後人躁踵其志傚其操無負在天之靈可也

房白世帝圖

## 通族人物紀

### 進士

顯　洪武開科經元時乏員分治賜以進士用授奉直大夫任汝濕德三州事死建文難崇祀忠臣詳傳誌

### 舉人

如松　萬歷壬子科北闈中式任蕭山信宜河源三縣事
陞太倉知州廉潔自持俱有異政

應瑞　乾隆辛酉科中式

本派

文魁

有容　道光辛夘　恩科中式第三十九名

貢士

民懷　歲進士　任錢塘主簿

廩生

錫麟

生員

良受

萃松

殷銘

玉璋　以孫隆例　誥贈武功將軍

彝璋

于鎮

基卿

赫　乾隆丙午科中式被裁

以上俱同安縣學

華國　改名光華　乾隆乙卯年進泉州府學

詩

際昇

修樓

修孟

修璋

陳氏世譜圖

十六

武生

大烈

定邦

以侄有慶貤封武信騎尉

芳

乾隆丙辰年進同安縣學

玕

科登

監生

陳氏世譜圖

經邦

武秩

爾轉　授左都督高尚不仕

嘉爵　任貴州中軍府

隆　任廣東龍門副總兵官

有慶　任建寧鎮中營把戎

志遠　同安營外委

雜職

基鳳

安貞

封君

真德　以子民懷　勅贈文林郎

應坤　以女婿林諱一柱　貤贈奉直大夫

嘉垣　以曾孫隆倒　貤贈武功將軍

于仁　以出嗣孫隆例　贈武功將軍

體國　以子隆　勅贈武信佐郎　例武功將軍

大集　以孫志遠例　貤贈奮武校尉

元健　以子志遠例　勅贈奮武校尉

西池　以子有慶勅贈武信騎尉

鄉賓
基彩　以弟基鄉授鄉飲賓
超德　耆賓
思聰　耆賓

陳氏世譜

祀生

清誼

基茂

# 東溪小宗春冬祭祝文

維

光緒　年歲次　月　朔越清明/冬至日　當祭孫

等謹以剛鬣柔毛清酌庶饈菓品香楮之儀敢昭

告於

宗開基祖子俊公暨妣孺人

浯水始祖開山公暨妣孺人

一世祖考東埜公暨妣孺人

貞女孝勤姑婆祖

二世祖考九麓山公暨妣孺人

陵内世譜圖

三世祖考真德公暨妣孺人

四世長房祖考潛齋公暨妣吕孺人

四世二房祖考隆齋公暨妣林孺人

五世長房長祖考龍敬公暨妣孺人

五世長房二祖考克明公暨妣孺人

五世長房三祖考克似公暨妣孺人

五世長房四祖考克廸公暨妣李王孺人

五世長房五祖考克封公暨妣謝翁黄孺人

五世二房長祖考克洲公暨妣孺人

五世二房二祖考克通公暨妣孺人

長房分六世祖考宗器公暨妣孺人

七世祖考良綏公暨妣彭孺人

八世祖考周積公暨妣劉孺人

列祖之神曰維木有本維水有源派之流積而愈盛支之分久而益繁仰惟我

祖志堅金石氣塞乾坤溯所自生皆當奉籩執豆追厥由始敢忘入廟承膰值茲清明冬至佳節因之怵惕悽愴時存敬脩馨香之薦聿追葛藟之根牲畢具兮在俎酒清酌兮盈樽不數不疏咸著蹌蹌濟濟為昭為穆羣凛親親尊尊伏祈富庶駢臻昌熾特符卜鳳人文蔚起飛騰可比化鯤惟在庭其陟降庶保艾

 

我後昆　尚

饗

# 東溪陳氏私派世譜圖

裔孫君啟公弼仝訂修
文六振吉振勉維獻慶燕樑材仝重修
基茂君博君芳公綸仝參詳
闔族仝較

宋開基祖子俊公

住浯始祖
六郎公
十五郎
十九郎
二十七郎
長銅山　次鐵山　三季銘

東氏士譜圖

長銅山 字五瑞 號樂翁

開山

居東溪一世祖

大臨 號東埜

二世

景高 諱登 號九蓑山

孝勤 諱英 元旌表貞女 國朝誌列名媛

三世

真德

真德 四世

長澹齋 諱惠字民懷 任錢塘主簿 五世

長克進 殞龍湖 六世
- 長宗器 諱琬 七世
  - 長良綏

次克明 六世
- 長宗汊 七世
  - 長良昭

三克似 六世
- 長宗客 七世
  - 長良環

四克廸 諱訓 六世
- 長宗晦 諱珊 七世
  - 長良受 諱舜祚 邑庠生
  - 次良梧
- 次宗瓅 早亡
- 三宗貴 諱瑞 七世
  - 長良衍 諱鎮
- 四宗璉 止

陳氏世譜圖

- 次 隆齋 號二處士 十五世
  - 五 克封 諱詰 號遜齋 十六世
    - 五 宗重 諱璵 十七世
      - 長 良伯
      - 二
    - 長 宗美 諱瑋 號洒齋 十七世
      - 長 良升 諱潮 號僴齋
      - 次 良修 諱汶 號散齋
  - 長 克洲 十六世
    - 長 宗兆 十七世
      - 長 良士
  - 次 克通 諱宣 十六世
    - 長 次失
      - 次 良但
    - 三 宗直 十七世
      - 長 良宜
    - 四 宗多 十七世
      - 長 良川
    - 五 宗友 十七世
      - 長 良白

陳氏世譜圖

良綬

八世

長 周禎 諱友麟 號面沂

九世

長 應賓 諱懋業 號金亭

次 應陽

十世

長 爾法 諱祖華 號隱竹

長 爾聘 諱祖伊 號任吾

次 往臺住北路山底門

十一世

長 嘉垣 諱台良 例貤封 誥贈武功將軍

長 嘉騰 諱三龍 號雲從

次 嘉辰

三 嘉俱 一子于奇止

三

三應坤
女婿鑒察御史林一柱
誥授
十世

長爾至
榜名莘松
邑庠生
十一世

次爾慎
號慎五
十一世

長嘉生

長嘉淑
諱二正官
止

次嘉統
諱三正官
號簡靜

三嘉正
諱七正官

良昭

八世

長周趾

九世

長應鍾

十世

長爾特　次爾祿　三爾正

十一世（爾祿子）

長嘉七　次嘉親（一子于旺止）

良環

八世
長周興

九世
長應文

十世
長爾低

十一世
長嘉晨
次嘉旺 止

- 良受（八世）
  - 長 周南（諱愛道）（九世）
    - 長 應時（十世）
      - 長 爾三（字景日，榜名殷銘，邑庠生）（十一世）
        - 長 嘉實
        - 次 嘉待（止）
      - 次 爾綿（十一世）
        - 長 嘉執（諱宏）
      - 三 爾綬（十一世）
        - 長 嘉式（諱反）
    - 次 應組（十世）
      - 長 爾助（十一世）
        - 長 嘉世（諱裔）
  - 次 學道
  - 三 望道
  - 四 周永（諱宏道，號我積，住西門内）（九世）
    - 長 應性（號翼一）（十世）
      - 長 爾都（號君日）（十一世）
        - 長 嘉兆（諱慶，住厦門劉坂）
        - 次 嘉采（諱八）
      - 次三名失傳，子安懷以後不知

- 良梧
  - 八世 長周景
    - 九世 長應化
      - 十世 長爾文
        - 十一世 長嘉緞
      - 十世 次爾仕
        - 十一世 長嘉同
        - 十一世 次嘉選（止）
        - 十一世 三嘉興

陳氏世譜圖

- 良衍
  - 八世 長周舉（諱愛育，號玉泉）
    - 九世 長應推（諱其恩，號澤宇）
      - 十世 長爾杓（諱☐世，有祀業）
      - 次爾賛（諱參）
      - 三爾鵬（諱完）
    - 次應知（諱其意）
      - 十世 長爾業（諱續）
        - 十一世 長嘉為
      - 次爾張
        - 十一世 長嘉異
        - 次嘉定
  - 次周慎
  - 三周基

- 良伯
  - 八世 長周思
    - 九世 長應禮
      - 十世 長爾榮
        - 十一世 長嘉祖
      - 次爾轉（授左都督）
        - 十一世 長嘉胙
        - 次嘉財
      - 三爾勝
        - 十一世 長嘉新
        - 次嘉武
        - [illegible]

良升

八世
長周觀 諱煥眉

九世
長應崇 諱德

十世
長失
次爾入 諱譽
三失
四爾呈

十一世（次爾入）
長嘉義
次嘉表
三嘉徵 子手 吉止
四嘉碩 諱果

十一世（四爾呈）
長嘉宰 諱寵

良修

八世
長周維

九世
長應浩 止

良士

八世

長周有

九世

長應纘 諱繼志 號肖容

十世

長爾謨 號仰懷

次 傳至基跳 輕侯官侯 二侯俱止

十一世

長嘉侃

次嘉望 子于睽止

良但

八世

長周信 諱仲珪 號榕溪四處士

九世

長應鰲 號玉節

十世

長爾蔭 號敬吾

十一世

長嘉春 查未着

次嘉開

三嘉正 查未着

良宜
- 八世 長周到（字惠昭）
  - 九世 長應高（字朝義）
    - 十世 長爾雄（諱尾）
      - 十一世 長嘉元（諱元郎，住馬巷上曾鄉）
  - 九世 次應容
    - 十世 長爾子
      - 十一世 長嘉種（諱吉）
  - 九世 三應浯（諱輔吾）
    - 十世 長爾慶（諱喜別）
      - 十一世 長嘉誼
      - 十一世 次嘉亥

良川
- 八世 長周孕
  - 九世 長應授
  - 九世 次應親
    - 十世 長爾語（住溪邊三寮尾城仔內）
      - 十一世 長嘉邦

良白
- 八世 長周芍
  - 九世 長應宏
    - 十世 長爾禎（諱隆二）
      - 十一世 長嘉爵（住中軍府，號公調）
  - 九世 次應珪
  - 九世 三應逸
    - 十世 長爾添
      - 十一世 長嘉耀（諱光，字炎輝）
      - 十一世 次嘉外（止）
    - 十世 次爾莘（止）

東氏吉譜圖

嘉垣 諱台良 例貤封 誥贈武功將軍

十二世

長于床 邑庠生榜諱玉璋 例贈武功將軍

十三世

長基體 字體國 係于仁長子 例贈武功將軍 勅贈武信佐郎

十四世

長奏侯 號大集 例貤封勅 贈奮武校尉

次貢侯

三質侯 字大彬

四佳侯 字君長 榜名隆 號榕園 任廣東高州南澳總兵官

五相侯 字君位 榜諱大烈 武生

十五世（奏侯）
長昌伯 出繼貢侯
次套伯 字元健 例贈
三執伯 武信校尉

十五世（貢侯）
長昌伯 係是奏侯長子

十五世（質侯）
長熾伯
次謀伯 字士策

十五世（佳侯）
長六伯 號西池 贈武信騎尉
次朝伯 榜名定邦 字委贄 贈武信騎尉
三槐伯 字植三

十五世（相侯）
長寵伯

陳氏世譜圖

次子縣 字訔錫 號衷厚

三子章 邑庠生榜 諱奐瑋

十三世

長基本

次基行

長基崴 諱輝國

十四世

長龍侯 往臺

十四世

長油侯

十四世

長熙侯

次棣侯

三新侯

四序侯

十五世

長佑伯 往吧

十五世

長欵伯

十五世

長衷伯

次韜伯

十五世

長賜伯

十五世

長等伯

次敬伯

陳氏世譜圖

四子興 諱起 名建瑋 十三世

長基總 十四世
次基向 十四世
三基玆 生一子不知在何處

長悅侯 十五世
次諧侯止
三圭侯 十五世
長老侯 十五世
次思侯 十五世
三探侯止
四科侯止

長聽伯
長外伯
長堅伯
次現伯
長拱伯
次會伯
三典伯
四帝伯
五悟伯
六嫣伯

長基日 字鳳朝
十四世

長孟侯 字廷獻
十五世

次盤侯 字大器
十五世

三鑒侯 妻葉氏守節
十五世

長拯伯 諱救

次執伯 諱度

三簮伯 邑庠生 諱奕榜名赫

四涵伯 諱養

長謙伯 字順德

次賞伯 出繼鑒侯

三請伯 字時敏

四誼伯 字清誼 奉祀生

長賞伯 係是盤侯次子

陳氏世譜圖

十三世
- 五千達 諱雲 號光業

十四世
- 次基植 諱曜
- 三基柄 諱斗 號國寶

十五世
- 長及侯
- 次補侯 號大純
- 三煥侯
- 長元侯

十六世
- 長璽伯
- 長珏伯
- 次琅伯
- 三瑞伯
- 長吻伯
- 次部伯
- 三瓆伯
- 長御伯
- 次晏伯

十

四基明　十四世

五基暄　止

次儼侯　十五世

長梅侯　字士松　十五世

次桂侯　止

三椿侯　十五世

四壬侯　十五世

長梆伯

次團伯

長璉伯

次瑕伯

三琛伯

四瑱伯

長畢伯

長苗伯

次竇伯

東溪世譜

六子仁 字居仁 謚元惠 例贈武功將軍 十三世

長基體
次基協 十四世
三基振 諱衷 十四世
四基運 十四世

基協子：長賀侯、次廷侯

基振子：長庇侯 十五世、次水侯 十五世、三壽侯 十五世、四房侯 出繼長房二基咸

基運子：長遇侯 十五世、次森侯 十五世

庇侯子：長瑤伯

水侯子：長蹇伯、次矯伯

壽侯子：長權伯

遇侯子：長列伯、次重伯、三積伯

森侯子：長炳伯

七子季　諱騆　名琓瑋　十三世

五基溥　十四世
長基業　諱先　十四世
次基峻　諱篤　十四世

長膺侯　十五世
長聯侯　十五世
次臧侯　十五世
三著侯　十五世
長藩侯　字尊德　十五世

次滔伯
三炎伯
長勇伯
長鑽伯
長莫伯　往臺
長逢伯
次白伯
長金伯　往番
次全伯
三朕伯
四臨伯

- 次綽侯
  - 十五世
    - 長宊伯
    - 次寅伯
- 三賢侯
  - 十五世
    - 長受伯
    - 次邁伯
    - 三漸伯 出繼哲侯
    - 四訓伯
    - 五讓伯
    - 六萃伯
- 四哲侯
  - 十五世
    - 長漸伯 係是賢侯三子
    - 次初伯

陳氏世譜圖

嘉騰

十二世

- 長于東

十三世

- 長基政
  - 十四世
    - 長軒侯
      - 十五世
        - 長英伯
    - 次介侯
    - 三法侯
      - 十五世
        - 長轉伯
        - 次偉伯
        - 三暖伯
        - 四佛伯
        - 五[illegible]伯
- 次基懇
  - 十四世
    - 長厲侯
      - 十五世
        - 長且伯
        - 次喜伯（出繼每侯）
        - 三魁伯
        - 四助伯
        - 五尋伯

嘉辰

- 十二世
  - 長于昌
    - 十三世
      - 長基岳 止
      - 次基咸
        - 十四世
          - 長宏侯 係長房基衷四子
            - 十五世
              - 長堅伯 止
              - 次折伯 止
          - 次房侯
            - 十五世
              - 長旺伯
              - 次山伯
          - 三郁侯 止
          - 四潤侯 止

- 次每侯
  - 十五世
    - 長喜伯 係□侯次子
    - 次記伯
    - 三旅伯
- 三科侯
  - 十五世
    - 長羨伯
    - 次約伯
    - 三舉伯
    - 四情伯 俱往臺

嘉生

十二世

- 長 于鉉 止
- 次 于治
  - 十三世
  - 長 基賜
    - 十四世
    - 長 漋侯 二子俱往臺
    - 次 全侯
      - 十五世
      - 長 禮伯
  - 次 基五
    - 十四世
    - 長 性侯
      - 十五世
      - 長 叨伯
- 三 于標
  - 十三世
  - 長 基馮 止

東溪陳氏世譜圖

嘉統

十二世

長子砥 字柱中

十三世

長基棵 諱棟

次基彩 諱德明 鄉飲大賓

十四世

長黑俟　次斐俟（長基棵子）

長愷俟 號國禎　次崇俟　三銳俟（次基彩子）

十五世

長培伯（長黑俟子）

長籌伯（次斐俟子）

長南伯 妻莊氏祥露　次秦伯 人守節　三仁伯 諱勇（長愷俟子）

長哲伯 諱長　次嚴伯　三掌伯（次崇俟子）

長乾伯（三銳俟子）

次子受
三子芬

十三世
長基峻
長基章 諱文

十四世
四晃傒 妻葉氏守節
長生傒
次雄傒
長幸傒 止
次奉傒

十五世
長敏伯
長睍伯
次愈伯
長連伯
次儒伯
三海伯
四賜伯
長吾伯 係是衍傒四子

陳氏世譜圖

長基集

十四世

- 長魏侯
  - 十五世
  - 長面伯 係是岩侯次子
- 次岩侯
  - 十五世
  - 長會伯
  - 次面伯 出繼魏侯
  - 三配伯
- 三衍侯
  - 十五世
  - 長疊伯
  - 次江伯
  - 三添伯
  - 四吾伯 出繼奉侯
  - 五接伯 字邦慶
- 四辯侯
  - 十五世
  - 長黔伯

陳□世譜圖

嘉正

十二世

長于鎮 邑庠生

十三世

次基渠　三基恪　四基鄉 諱垂 邑庠生　五基服

十四世

基渠：長捕侯 止

基恪：長品侯 住錫園　次器侯

基鄉：長造侯　次景侯

基服：長倫侯 止

十五世

造侯：長標伯

景侯：長出伯　次許伯

十五世（接前）：四汀伯　五昶伯

陳氏世譜

次子抱

十三世

長基護

次基兒

十四世

基護：長托侯　次萬侯

基兒：長漢侯

十五世

托侯：長荊伯（止）　次緑伯（止）　三堆伯

萬侯：長玉伯　次兩伯　三相伯　四秋伯

漢侯：長果伯　次佇伯　三節伯　四倪伯

十六

陳氏世譜圖

三子拱
- 十三世：長基眷
  - 十四世：長象俟
    - 十五世：長恭伯、次勁伯

四子簪
- 十三世：長基槐
  - 十四世：長滂俟
    - 十五世：長在伯
- 十三世：次基欲
  - 十四世：長要俟
    - 十五世：長錠伯
  - 十四世：次褒俟
    - 十五世：長廉伯、次橋伯、三□伯

十四世：次君俟
- 十五世：長乞伯（係是從俟長子）

十四世：三從俟
- 十五世：長乞伯（出繼君俟）、次釘伯、三曲伯

# 陳氏世譜圖

- 嘉七
  - 十二世
    - 長 于論
      - 十三世
        - 長 基送
          - 十四世
            - 長 早侯 止
            - 次 潛侯
              - 十五世
                - 長 排伯
            - 三 菖侯 止
        - 次 基福 止
        - 三 基陳 止
    - 次 于采
      - 十三世
        - 長 基珠 一子住同西門
          - 長 協侯
            - 十五世
              - 長 蓮伯
              - 次 錐伯
          - 次 福侯
            - 十五世
              - 長 寮伯 係是海侯長子承繼

一二

嘉晨

十二世

- 長于賜（住金門獅黃鄉）

十三世

- 長基誠
  - 十四世
  - 三瀝侯
    - 十五世
    - 長萬伯（後改閃）
    - 次薰伯
    - 三杏伯
  - 四溪侯
  - 五海侯
    - 十五世
    - 長寮伯（出繼福侯）
    - 次串伯
    - 三定伯
    - 四占伯
    - 五壇伯
- 次基勇
  - 十四世
  - 長順侯
  - 次服侯（俱往臺）
  - 三和侯
    - 十五世
    - 長咸伯（係是仲侯四子）
- 三基贊
  - 十四世
  - 長仲侯
    - 十五世
    - 長時伯
    - 次棕伯
    - 三蟾伯
    - 四咸伯（出繼和侯）
    - 五鞍伯
  - 次粲侯
    - 十五世
    - 長克伯

陳氏世譜圖

嘉寶

十二世

- 長于令
- 次于全 出繼嘉執

于令 — 十三世

- 長基謹
- 次基德 諱尚

基謹 — 十四世

- 長部傒
- 次竹傒
- 三偶傒止

基德 — 十四世

- 長諒傒
- 次西傒
- 三塲傒

竹傒 — 十五世

- 長匭伯 往臺

諒傒 — 十五世

- 長貺伯止
- 次藕伯止
- 三初伯止

西傒 — 十五世

- 長荷伯
- 次章伯
- 三聰伯

塲傒 — 十五世

- 長齊伯

- 三 子糾（十三世）
  - 長 基語（十四世）
    - 長 理侯（十五世）
      - 長 東伯
    - 次 桃侯（十五世）
      - 長 奉伯
    - 三 機侯（十五世）
      - 長 治伯 在臺卒
      - 次 圜伯
      - 三 腆伯
      - 四 文伯
  - 次 基悻 止
  - 三 基澤（十四世）
    - 長 海侯（十五世）
      - 長 興伯
      - 次 爽伯 出繼講侯
      - 三 富伯 出繼浪侯
    - 次 波侯（十五世）
      - 長 題伯
      - 次 塔伯

陳氏世譜圖

嘉報

十二世
- 長 于珍 諱夾

十三世
- 長 基平 諱寇 太學生名經邦

十四世
- 長 甫侯
- 次 昂侯
- 三 講侯
- 四 浪侯

十五世
- 甫侯：長 在伯
- 昂侯：長 梯伯；次 雍伯；三 川伯；四 亩伯
- 講侯：長 爽伯 係是海侯次子
- 浪侯：長 富伯 係是海侯三子

- 嘉執 諱宏（十二世）
  - 長 于全 係是嘉實次子（十三世）
    - 長 基娶（十四世）
      - 長 專俟 往福清
    - 次 基展（十四世）
      - 長 愰俟（十五世）
        - 長 緝伯
        - 次 轄伯
      - 次 應俟（十五世）
        - 長 鈿伯
        - 次 勤伯
        - 三 海伯 俱在吧
      - 三 益俟 止
      - 四 稠俟（十五世）
        - 長 隨伯
        - 次 鳳伯
        - 三 蔭伯
    - 三 基快（十四世）
      - 長 妙俟（十五世）
        - 長 坤伯
        - 次 右伯
        - 三 昔伯

陳氏世譜圖

- 嘉式
  - 十二世
    - 長 于念
      - 十三世
        - 長 基長
          - 十四世
            - 長 和傒 止
            - 次 通傒 止
        - 次 基榜
          - 十四世
            - 長 天傒
              - 十五世
                - 長 佩伯
                - 次 槐伯
                - 三 杉伯
            - 次 品傒
              - 十五世
                - 長 江伯 止
            - 三 端傒
              - 十五世
                - 長 晚伯
        - 四 基院 止
          - 次 吟傒
            - 十五世
              - 長 遷伯
          - 三 魁傒 止
          - 四 肅傒
            - 十五世
              - 長 凉伯
              - 次 祿伯
              - 三 藉伯 在吧

二十

- 長于準
- 次于己

十三世

- 于準 → 長基成
- 于準 → 次基猛
- 于己 → 長基禮止
- 長基喜

十四世

- 基成 → 長點俟
- 基成 → 次德俟止
- 基成 → 三爾俟出繼基猛
- 基成 → 四科俟
- 基猛 → 長爾俟（基成三子承繼）
- 基喜 → 長聚俟止
- 基喜 → 次遂俟（妻吳氏守節）
- 長恕俟

十五世

- 點俟 → 長簡伯
- 爾俟 → 長桂伯
- 遂俟 → 長抱伯
- 恕俟 → 長貞伯

東氏世譜圖

嘉世

十二世

三于美 諱畧

十三世

次基家 諱陶

三基換

十四世

次幸俟

三清俟

四閈俟

五五俟 出繼基碩

長允俟

次遠俟

十五世

長兄伯

次賽伯

三盪伯

四哮伯

五院伯

長京伯

次籃伯

三美伯

長降伯

次碩伯

長脱伯

十

陳氏世譜圖

嘉采

十二世

- 長子相
  - 十三世：長基吉
- 次子遠
  - 十三世：長基送
- 三子斌 號文岳
  - 十三世：
    - 長基輝
      - 十四世：
        - 長振玉
          - 十五世：長曜伯 早亡、次淼伯、三江伯、四來伯、五受伯、六漢伯、七潢伯
        - 次祖俟 出繼基睿
        - 三月雍
        - 四開陽
        - 五騰章
    - 次基睿
      - 十四世：長祖俟 係是基輝次子承繼
- 四子胥
  - 十三世：
    - 長基仰
      - 十四世：長顏俟 止
    - 次基載
    - 四基顧
      - 十四世：長五俟 係是基密之子
        - 十五世：長殊伯、次甘伯、三祿伯、四福伯

陳氏世譜圖

- 嘉緞
  - 十二世：長于孝
    - 十三世：長基裘
      - 十四世：長紌侯（往臺）
      - 十四世：次巾侯（住安海井尾鄉）
        - 十五世：長想伯
        - 十五世：次利伯
- 嘉同
  - 十二世：長于淑（止）
  - 十二世：次于恵（止）
  - 十二世：三于道
    - 十三世：長基武
      - 十四世：長胆侯
      - 十四世：次春侯
    - 十三世：次基芳
      - 十四世：長狀侯
    - 十三世：三基桔
  - 十二世：四于然
    - 十三世：長基偏（止）
    - 十三世：次基待
      - 十四世：長培侯
    - 十三世：三基外（止）
- 嘉興
  - 十二世：長于雙
    - 十三世：長基提（止）
  - 十二世：次于奇
    - 十三世：長基陣
      - 十四世：長旺侯（出繼基祖）
      - 十四世：次企侯
    - 十三世：次基祖
      - 十四世：長旺侯（係是基陣長子承繼）
  - 十二世：三于信（止）

- 四子益
  - 十三世 長基成

嘉為

- 十二世
  - 長子連
    - 十三世 長基真
      - 十四世 長推侯
    - 次基宇
      - 十四世 長博侯
        - 十五世 長洽伯
  - 次子賓 諱低
    - 十三世 長基銀
  - 三子經 止
  - 四子迎
    - 十三世 長基亘 諱旦
      - 十四世 長賴侯
        - 十五世 長棟伯

嘉異

- 十二世 長子清 諱建
  - 十三世 長基維
    - 十四世
      - 長射侯
        - 十五世 長石伯
        - 次漳伯
      - 次仍侯
        - 十五世 長親伯

陳氏世譜圖

嘉定

二十世

長于詉

次于羨止

三于拱 諱畧

四于兼 字于創

次于蔭

二十一世

長基秩

次基耽

長基寛 諱得

長基匀

長基訓止

次基紀

次基畔

二十二世（四十）

長着侯

次鑾侯 出繼基匀

長鑾侯 係是基寛次子承繼

長際侯

次就侯

長甲侯

二十三世（五十）

長辜伯

次殿伯

長猛伯

長爵伯

長賜伯

十三

- 嘉祖
  - 廿二世
    - 長子慶
      - 廿三世：長基朋；次基倩止
    - 次子泰
      - 廿三世：長基兩
    - 三子選
      - 廿三世：長基欣
- 嘉助
  - 廿二世
    - 長子簡止
    - 次子照
      - 廿三世：長基件佳吧；次基誇
    - 三子勅止
- 嘉財
  - 廿二世
    - 長子智
      - 廿三世
        - 長基盛
          - 廿四世
            - 長盈侯
              - 廿五世：長難伯；次樹伯
            - 次代侯
              - 廿五世：長服伯
        - 次基郎
          - 廿四世：長山侯；次兼侯出繼基衫
        - 三基衫
          - 廿四世：長兼侯係是基郎次子承繼

陳氏世譜圖

嘉新

十二世

長子柏　長子惚

十三世

（柏）長基珍　次基衛　三基時　四基魯　五基楧　六基地 往吧

（惚）長基凛　次基強

十四世

（基凛）長安侯

（基珍）長映侯　次夜侯

（基衛）長曉侯 出繼基時　次袞侯　三堯侯 往台　四闔侯

（基時）長曉侯 基時長子承繼

（基魯）長言侯　次畜侯

（基楧）長念侯　次垣侯

十五世

（安侯）長滙伯　次拔伯　三撬伯　四偹伯　五肆伯

（曉侯）長蟾伯

（言侯）長攤伯 往岳口

（畜侯）長亭伯　次套伯　三彩伯

二一四

陳氏世譜圖

十二世

次子忠

三子寬

十三世

長基國

次基曠

長基翁止

十四世

長省侯往吧

次存侯

三周侯

長詩侯

次學侯

十五世

長飽伯

次詞伯俱往台

三慎伯

長覲伯

嘉武

十二世

長子壽

次子福

三子祿

俱往邵武府居住

陳氏世譜圖

- 嘉義（二十世）
  - 長子安 字得所（三十世）
    - 長基弁（四十世）
      - 長諒侯 子承繼 [illegible]（五十世）
        - 長來伯 進侯長子承繼
    - 次基廣（四十世）
      - 長進侯 子承繼（五十世）
        - 長來伯 出繼諒侯
        - 次茵伯
      - 次諒侯 出繼基弁
  - 次子鵬（三十世）
    - 長基山 止
    - 次基實 止
    - 三基帶（四十世）
      - 長濯侯（五十世）
        - 長尖伯 住官田鄉
      - 次掌侯 止
    - 四基彥 止
  - 三子贊 止
  - 四子魁 止
- 嘉表（二十世）
  - 長子啟（三十世）
    - 長基戰（四十世）
      - 長榜侯 基近次子承繼（五十世）
        - 長成伯
    - 次基位 字懷德（四十世）
      - 長讀侯（五十世）
        - 長把伯
      - 次白侯
    - 三基近（四十世）
      - 長題侯（五十世）
        - 長普伯
        - 次忸伯
      - 次榜侯 出繼基戰

二二七

次子偏 出繼嘉宰

三炮侯
四矧侯 往番
五説侯
六朴侯

嘉碩

十二世
- 長子德 諱沛
  - 十三世 長基傑
    - 十四世 長藝侯
      - 十五世 長澤伯
- 次子祥
  - 十三世 長基孕
    - 十四世 長提侯
    - 次肯侯
    - 三悟侯
  - 次基是
    - 十四世 長緣侯
      - 十五世 長趋伯
- 三子和 諱雅止

嘉宰

十二世

長子偏（嘉衷次子承繼）

十三世

長基保

次基鑄

十四世（基保）

長昂侯

十四世（基鑄）

長响侯

次張侯

嘉侃

十二世

- 長 于端

十三世

- 長 基昭（字登桂）

十四世

- 長 志侯
- 次 高侯
- 三 欵侯（字克篤）
- 長 險侯

十五世

- 志侯：長 聘伯；次 都伯
- 高侯：長 顯伯；次 燦伯（字元彩）；三 燕伯（字翼世）
- 欵侯：長 仕伯（字朝佐）；次 覲伯（字朝瑞）
- 險侯：長 強伯；次 將伯（往吧）；三 扶伯

次基瑞 字登瑞

十四世

次用倸

三鋭倸

十五世

四李伯

五晚伯

六園伯

長生伯

次祭伯

三秉伯

長內伯 頭宅仔內 派下住公館

嘉開 住溪邊坂上宮

十二世

- 長子賢 字德行
  - 十三世
  - 長基尚
    - 十四世
    - 長來侯
      - 十五世
      - 長良伯
      - 次和伯
  - 次基添 止
  - 三基傚 止
- 次子鳳 諱盛
  - 十三世
  - 長基昂
    - 十四世
    - 長郎侯
      - 十五世
      - 長憐伯
      - 次文伯
    - 次全侯
- 三子良 諱期
  - 十三世
  - 長基聰
    - 十四世
    - 長旺侯
  - 次基明
    - 十四世
    - 長海侯
    - 次成侯
  - 三基睿 止
  - 四基知 止

陳氏十二世譜圖

十二世

嘉元 現住臺彰化東螺 番仔埔字元郎

十三世

長子仁

次子桂

十四世

子仁—長基拱

子桂—長基炳

十五世

基拱—長賽俟

基炳—長行俟、次合俟、三明俟、四成俟、五白俟

十六世

賽俟—長鎮伯、次碧伯、三千伯、四試伯、五俯伯

行俟—長楯伯、次初伯

合俟—長永伯 白俟之子奉祀

明俟—長烈伯

成俟—長豹伯、次興伯

白俟—長永伯 奉祀合俟

二十八

陳氏世系圖

三子讀（派下現住馬巷上曾鄉）

十三世

次基柳

長基福

次基正

三基美（出繼內田本家）

十四世

長接傒

十四世

長遲傒

次酥傒

十五世

長蔭伯

次愚伯（字玉）

三志伯

十五世

長尋伯

次髻伯

三敬伯

四詮伯

十五世

長夜伯

次花伯

二八

陳氏世譜圖

- 四子 裕
  - 十三世
  - 長 基都
    - 十四世
    - 長 出侯
      - 十五世
      - 長 旺伯
  - 次 基裙
    - 十四世
    - 長 天侯
      - 十五世
      - 長 傳伯 字雲出繼
      - 次 笑伯 浩侯
    - 次 愛侯
      - 十五世
      - 長 情伯 又名惜
      - 次 杰伯
    - 三 浩侯
      - 十五世
      - 長 雲伯 天侯次子承繼
    - 四 耀侯
      - 十五世
      - 長 狗伯
      - 次 淡伯
  - 三 基文
    - 十四世
    - 長 昂侯 外孫君賽承繼
    - 次 發侯
      - 十五世
      - 長 喜伯
      - 次 厚伯
      - 三 風伯 出繼才侯
      - 四 廟伯

陳氏世譜圖

二十九

五烟伯

六能伯

三拈侯 姪女之子君浮承繼

四財侯 五十世

長風伯 昂侯三子承繼

長枝侯 五十世

長河伯

次祈侯 基來三子承繼 五十世

長寬伯 艷侯次子承繼

長禎侯 諱祥 五十世

長威伯

次意伯

長艷侯 五十世

長湖伯

次寬伯 出繼祈侯

長基著 四十世

次基藝 四十世

五千悅 三十世

十三世

長子仲

長基猜

次基盼止

三基芡止

四基温

五基周

六基繕 俱往台

次子富

長基臨止

三基來

十四世

長黨侯（基猜子）

長兜侯（基温子）

次樹侯（基來子）

三祈侯 出繼基著

四榮侯

五辰侯

十五世

長教伯（兜侯子）

次東伯

長湍伯（樹侯子）

次窓伯

三香伯

長辨伯（辰侯子）

三十

陳氏世譜圖

- 嘉種
  - 十二世
    - 三子眼
      - 十三世
        - 長基拔
          - 十四世
            - 長魏侯
              - 十五世
                - 長譜侯（蓮侯四子承繼）
            - 次蓮侯
              - 十五世
                - 長剥伯
                - 次陳伯
                - 三北伯
                - 四譜伯（出繼魏侯）
        - 次基居
          - 十四世
            - 長畧侯
        - 三基前
          - 十四世
            - 長留侯
              - 十五世
                - 長達伯
                - 次赿伯
            - 次返侯
              - 十五世
                - 長宿伯
        - 四基讓（止）
    - 四子飼（止）
- 次基月

陳氏世譜圖

嘉亥

十二世

長于志 諱誥

五于足

十三世

長基尋

長基悌 諱次

次基彛

三基脩 止

四基葵

長基雕

十四世

長挻侯

次牙侯

三惴侯

長望侯

次德侯

長祥侯

長樹侯

次雙侯

三却侯

十五世

長适伯

次洪伯

長籐伯 雙侯之子奉祀

長籐伯

三十一

陳氏世譜圖

次于勢

十三世

次基玩　三基營　四基令

十四世

基玩：長詮俟　次到俟　三蘊俟

基營：長蘊俟（子承繼基玩三）

基令：長素俟（往蓮花山母舅處）

十五世

詮俟：長硯伯　次柿伯

到俟：長位伯　次山伯

蘊俟：長濕伯　次彩伯

嘉邦

十二世

- 長子順
  - 十三世
  - 長基舉
    - 十四世
    - 長興侯 止
    - 次斌侯 往台
- 次子和
  - 十三世
  - 長基德 諱運
    - 十四世
    - 長智侯
      - 十五世
      - 長機伯
      - 次百伯
    - 次定侯
      - 十五世
      - 長傑伯
- 三子褋
  - 十三世
  - 長基甸

嘉爵

十二世

- 長于振　諱麟　號質義
- 次四　往貴州居住
- 三五　俱止

十三世（于振子）

- 長基鳳
- 次基貴　諱尊
- 三基輔
- 四基行　諱健

十四世

- 基鳳：長澤侯；次視侯
- 基貴：長創侯
- 基輔：長唱侯；次立侯
- 基行：長蹇侯　往台；次停侯　止

十五世

- 澤侯：長繼伯　視侯長子承繼
- 視侯：長繼伯　出繼澤侯；次砥伯；三裁伯
- 創侯：長悄伯
- 唱侯：長緞伯；次考伯
- 立侯：長茅伯

三二

陳氏世譜圖

嘉耀

十二世

長于祿 諱福

十三世

長基皆

十四世

長洗侯
十五世
長舌伯
次徊伯
三沙伯 出繼灘侯
四締伯

次彪侯
十五世
長炬伯
次隔伯 出繼歆侯
三塩伯

三歆侯
十五世
長隔伯 彪侯次子承繼

四籍侯
十五世
長花伯
次炭伯

五剪侯 往台卒

五基聲

十四世

長奇侯
十五世
長友伯

三十三

次基惠
十四世
長艾侯
十五世
長箓伯
次扶伯
次動侯 出繼基孔

三基孔
十四世
長動侯 基惠次子承繼

四基最
十四世
長灘侯
十五世
長沙伯 洸侯三子承繼
次旃侯
十五世
長嚷伯
次謗伯
三呼伯

五基遜
十四世
長擾侯
十五世
長咱伯 餘侯次子承繼
次餘侯
十五世
長恁伯
次咱伯 出繼擾侯
三攎伯 出繼尖侯
三鑽侯

- 四扇侯
- 五尖侯
  - 十五世 長壚伯 餘侯三子承繼
- 六基感
  - 十四世 長靄侯
    - 十五世 長比伯
  - 次忠侯
    - 十五世 長沾伯
  - 三讓侯 字揖
    - 十五世 長燒伯
    - 次棹伯
  - 四郁侯
- 長基扳
  - 十四世 長一侯
  - 次寬侯

[illegible]氏世譜圖

次千摩（字超德，著賓）

十三世

次基茂（名巧言）

三基槐（字崇玉）

四基若

十四世

三雅俟

長忍俟

長宋俟

次渠俟

長翠俟

次荇俟

三駒俟

四卜俟

五踏俟

六沉俟

十五世

長杞伯（駒俟長子承繼）

長杞伯（出繼翠俟）

次相伯

長籠伯

三十四

奆伯

十六世
長君淳 執伯次子承繼

十七世
長公豹 出繼君湛
次公象

執伯

十六世
長君湛 外委 官名志遠

十七世
長公豹 君淳長子承繼

次君淳 出繼奆伯
三君濟
四君潭
五君沐

昌伯

十六世
長君獻

十七世
長公斗

十八世
長振陽 名秋
次振炎

次君秀

長公江

長振禮

十九世
長文稅
次文袋 出繼振窑

- 謀伯
  - 十六世
  - 長 君博 名裕
    - 十七世
    - 次 公洲
      - 十八世
      - 次 振窜
        - 十九世
        - 長 文袋 承継振禮孥子
        - 次 文楝
      - 三 振寡
        - 十九世
        - 長 文嗙
        - 次 文乞 出継振奔
    - 三 公奇
      - 十八世
      - 長 振奔
        - 十九世
        - 次 文乞 承継振寡之子
      - 次 振塲
        - 長 文践 承継振抛長子
  - 次 君衲
    - 十七世
    - 長 公杯
      - 十八世
      - 長 振抛
        - 十九世
        - 長 文践 出継振塲
        - 次 文賣
      - 次 振企
      - 三 振厲 出継公素
        - 十九世
        - 長 文川
        - 次 文灘
    - 次 公素
      - 十八世
      - 長 振厲 承継公杯之子

六伯

十六世

三君衲

四君福

五君衿

六君袴

長君蓮 官名有慶 任把戎

次君瑞

長君珊 武生官名芳 字原邃

十七世

長公照

次公元

長公灌

次公與

長公梧 武生官名科登 字星斗

十八世

長振繼 興 字際盛 佾生

次振閭

十九世

長文燦

次文材 偏名兌

朝伯

十六世

次君瑚　字原玗

三君珍　字原聘

四君琚　字原報　往台

十七世

次公樞

長公文　君珍次子承繼

長公麟

次公文　出繼君瑚

三公齡

十八世

三振鳳

四振端

長振興

長振泰　出繼公麟

長振泰　公文之子承繼

長振泰

十九世

長元圭

長元圭

槐伯
- 十六世
  - 長 君瀛
  - 次 君珠

寵伯
- 十六世
  - 長 君艮
  - 次 君良 外甥承繼
    - 十七世
      - 長 公育
      - 次 公啟

佑伯
- 十六世
  - 長 君紹 往吧

欵伯
- 十六世
  - 長 君尊 諱鶴
    - 十七世
      - 長 公按
        - 十八世
          - 長 振侔 公靖長子承繼
      - 次 公靖
        - 十八世
          - 長 振侔 出繼公按
          - 次 振才
          - 三 振仰
      - 三 公來

韜伯
- 十六世 長君羨
  - 十七世 長公淡
  - 次公秋
  - 三公概
  - 四公明
    - 十八世 長振撫

賜伯
- 十六世 長君昨
  - 十七世 長公任
    - 十八世 長振代
    - 次振昭 出繼公伴
  - 次公詮
  - 三公伴
    - 十八世 長振昭 公任次子承繼
- 次君教
  - 十七世 長公桒
    - 十八世 長振送
  - 次公賑
- 三君儀
  - 十七世 長公竭
  - 次公湛

等伯

十六世 長君渡

十七世 長公禄

十八世 長振麟、次振琴、三振樹、四振趾

十九世
- 振麟：長文乾
- 振琴：長文柿、次文橅、三文樸
- 振樹：長文朝

敬伯

十六世 長君鉝

十七世 長公認

十八世 長振金（住灌口魚烏鄉）、次振德

十九世
- 振金：長文淋、次文棣、三文獅
- 振德：長文志、次文能、三……

陳氏世譜圖

長君紀 諱正

十七世

長公柄

次公香

次公近

十八世

長振慶

次振崔

三振春

十九世

長文主

次文裕

三文溪

四文寅

五文臣

六文申

聽伯

十六世

次 君表

十七世

長 公梗
次 公海

十八世（公梗子）

長 振咱
次 振糠
三 振他

十八世（公海子）

長 振署
次 振心
三 振訪

十九世（振咱子）

長 文塗
次 文通
三 文邵
四 文擧

十九世（振糠子）

長 文榇 往叻

十九世（振他子）

長 文主

外伯

十六世
- 長君允
- 次君量
- 三君難
- 四君新
- 五君蹶

- 三君覃
  - 十七世
  - 長公獅
- 四君安
- 五君宇

- 三公山
  - 十八世
  - 長振吾
    - 十九世
    - 長文府 承繼振軒之子
  - 次振曲
  - 三振軒
    - 十九世
    - 長文府 出繼振吾
  - 四振立

陳氏族譜圖

堅伯
十六世
長 君水
次 君利
十七世
長 公董

現伯
十六世
長 君座 止

拱伯
十六世
長 君兵
十七世
長 公末 君雙之子承繼

會伯
十六世
長 君霸 止

典伯
十六世
長 君邦
十七世
長 公來
次 公順
十八世
長 振瓦 出繼公挑
次 振窕
三 振綏 出繼公馮
三 公挑
十八世
長 振瓦 公順長子承繼
四 公質 出繼君煞

四十

次 君弍
- 十七世 長 公柄（住叻）
  - 十八世 長 振玸

三 君煞
- 十七世 長 公質（君邦之子承繼）
- 次 公鎮
- 三 公馮
  - 十八世 長 振綏（公順之子承繼）

帝伯
- 十六世 長 君員
  - 十七世 長 公勅
- 次 君殯
  - 十七世 長 公點
  - 次 公伏

悟伯
- 十六世 長 君賀
  - 十七世 長 公盼
  - 次 公耒（君鬆次子承繼）
    - 十八世 長 振轉（出繼公桂）
    - 次 振戰（奉祀君兵）
- 次 君鬆
  - 十七世 長 公桂
  - 次 公耒（出繼君賀君兵）

嫣伯
- 十六世
  - 長君井
    - 十七世
      - 長公适
      - 次公秦
      - 三公狂
  - 次君閈
    - 十七世
      - 長公琛
  - 三君志
    - 十七世
      - 長公鈑
      - 次公第
        - 十八世
          - 長振大
          - 次振仕
  - 四君而
    - 十七世
      - 長公熊

拯伯
- 十六世
  - 長君倫
    - 十七世
      - 長公一止

次君爾止

三君蔭止

長君薦

十七世

長公楪

次公揀

三公揺

四公櫍

五公椱

長公喜

十八世（公揺）

長振濯

次振永 公賽之子承繼

十八世（公櫍）

長振濯 公揺之子承繼

十八世（公喜）

長振汲

次振舵

三振鏨

二十世（振舵）

外孫承繼 維金 維石

四十二

次君琴

十七世

次公城

三公和 任台

四公坪

五公營

長公波 諱水

十八世

長振蔥

次振萬

長振纂

次振攢

三振寢 出繼公澈

十九世

長文韋

次文旋 出繼振萬

三文茶

長文旋 振蔥次子承繼

次文情

長文黎

次文塊

三文彿

長文朝

軌伯

十六世

三君玉 字璧

十七世

次公晉

三公澈

四公幼

五公入

十八世

四振管

五振薄

長振遠

次振到

長振寢 子承繼公永三

次振罩 早逝

長振便

長振九

長振罕

十九世

長文學 振寢次子奉祀

長文刁 早逝

次文學 奉祀振薄

長文會

長文紹 振罕次子承繼

長文建

次文紹 出繼振九

陳氏世譜圖

四君對

十七世

長公燦

次公係 俱往台

三公研

六公答 字公平

十八世

次振力 字廼勉

三振先

長振恭

十九世

長文故

長文居

五君友 字君鎮

十七世

長公斐 字成章

次公班

十八世

（公斐）次振賴　三振懦

（公班）長振潮　次振毎

長振聿

十九世

（振賴）次文掌　三文啓　四文抄

（振懦）長文厥　次文生 早逝　三文映

（振潮）長文赦　次文謝

（振毎）長文降　次文細

（振聿）長文鵲

三公七

十八世

次振坑

三振斗

十九世

長文話

四公賽

十八世

長振乖

次振永 出繼公揺

三振銅

長振送 字振吉 官章錫麟 邑貢生

十九世

長文卓 字漢文

次文朗

三文柞

四文湯

十八世 五公捀

十九世 次振胡
長文占

三振差
長文畬
次文

十七世 長君委 號清華名怡 例贈文林郎

十八世 長公嬌
十九世 長振淂
長文參 往灌口

十八世 次公瑜 諱斷號松村官章 有容辛卯科文舉人
十九世 長振偃
長文鳺
次振晥 出繼公植

三公善

簪伯

十六世

次 君啟 名沃

十七世

長 公森

次 公伐 名淺

長 公楧

五 公植

四 公瑞

十八世

長 振梭 往番卒

三 振濟

次 振秩

長 振映 出繼公楧

長 振映 公淺長子承繼

長 振嘵 公瑜次子承繼

三君心 名淡

十七世

- 次公翕
  十八世
  - 長振極
  - 次振坪
- 三公楣 有外孫文堵奉祀
- 四公彛
  十八世
  - 長振墻 住厦門
- 五公彔
  十八世
  - 長振閒 住蓮湖
    十九世
    - 長文

長君綏 諱冉來

十七世

- 長公酣
  十八世
  - 長振歆
    十九世
    - 長文桴
  - 次振圖
    十九世
    - 長文桴 出繼振歆
    - 次文洽

陳氏世譜圖

十六世

涵伯 諱養

十七世

次君科 諱登

三君寶 諱亘

長公渠

長公茸

次公象

三公泚

四公檜

長公孟

十八世

三振玉 公焙之子承繼

長振盞

次振田

長振兜 公焙之子承繼

長振潑

次振駕

十九世

長文汀

次文[火定]

長文[火定] 振盞次子承繼

長文海

長文泗

一一

陳氏宗譜

四君憶 諱罷

十七世

次公棟

三公護 字公伸

長公焙

十八世

長振甲

次振與

長振武

次振烈

三振威 出繼公國

四振鉞

長振玉 奉祀公酣

三振蚌

十九世

長文珠

四十六

東溪大宗譜圖

五君旨 諱慈
十七世
次公埒 出繼君邦
十八世
次振兕 出繼公象
三振蓮
三公國
十八世
長振威 公護三子承繼

六君邦 諱宧
十七世
長公埒 俱君旨之子承繼
次公國

長君轉 字婉
十七世
長公卿 字公巨
十八世
長振注
十九世
長文平 振篨之子承繼
次文陶 振鋤之子承繼
次振灶
十九世
長文礑
三振眼
十九世
長文洸 振蚍長子承繼

四十二

陳氏世系圖

次公旺

十八世

- 長振敬
  - 十九世：長文所
- 次振倫
  - 二十九世：佳孫維相（文聰之子承繼）
- 三振仲
  - 十九世：長文聰
- 四振隊
  - 十九世：長文活；次文平（出繼振注）
- 五振垗（公顏之子承繼）
  - 十九世：長文洸（出繼振眼）；次文崎

長公佑

十八世

- 長振華
  - 十九世：長文睡；次文夢；三文弟

四十

謙伯

十六世

- 三 君三
  - 十七世
    - 長 公潤 字浸
      - 十八世
        - 長 振宿
          - 十九世
            - 長 文俊
            - 次 文遠
            - 三 文生
            - 四 文容
            - 五 文清
        - 次 振隨
          - 十九世
            - 長 文韜 字文六
            - 次 文温
    - 次 公深
- 次 君腯 字有終
  - 十七世
    - 次 公庇
    - 三 公成

陳氏世譜圖

四君贊
十七世
長公樞

五君伍
十七世
長公英
十八世
長振尚
十九世
長文玩
次文獅 出繼公闇
次振托
十九世
長文掌
次文春

三公汪
十八世
長振心
次振

四公漢
十八世
長振懿
次振萬

四六

陳氏族譜

長 君開

十七世

次 公綉

長 公綸 名經

次 公闇

十八世

長 振邑

三 振奚

次 振泯

長 振郁

三 振壓

十九世

長 文嬰

三 文坪

次 文出

長 文錄 出繼振郁

長 文林

長 文錄 振奚之子承繼

次 文掌 振托之子承繼

長 文獅 振尚之子承繼

次 文琳 振溫之子承繼

長 文清 振鋤長子承繼

三 文樹

三公續
- 十八世
  - 長振雅
    - 十九世
      - 長文雄
      - 次文土
  - 次振如
    - 十九世
      - 長文土　振雅次子承繼
  - 三振起
    - 十九世
      - 長文鎮
  - 四振科
    - 十九世
      - 長文諧

長公梓
- 十八世
  - 長振貫　字振豁
    - 十九世
      - 長文回　字文溯
      - 次文色　振吟之子承繼
  - 次振概
    - 十九世
      - 長文興　出繼振楠
      - 次文卦
      - 三文蜉

請伯

十六世

十七世

次公桂

十八世

三振桶出繼公莪

長振串出繼公莪

次振圂

三振潑

四振錫

十九世

長文容

次文照

三文歃

十九世

長文僚

次文冉

三文深

四文共

十九世

長文淫振串之子承繼

陳氏世譜圖

次君還

十七世

三公栽

十八世

長振串　承繼公柱之子

次振桶　承繼公梓之子

三振吟　承繼公梓之子

十九世

長文淫　出繼振錫

次文允

三文租

長文興　承繼振慨之子

次文阮　承繼振吟四子

長文色　出繼振貫

次文當

三文課

四文阮　出繼振桶

五文虫

陳氏世譜圖

四公梓

五公樸

十八世

四振雉 公樸長子承繼

長振棒

次振吟 出繼公裁

三振碟

長振雉 出繼公裁

次振甌

十九世

振雉：長文鈴 出繼振檻；次文淨

振棒：長文總

振碟：長文國

振甌：長文和 出繼振檻；次文澗

五十一

陳氏世譜圖

三君芬

十七世

長公培

次公坦

十八世

三振檻

長振沁 公坦之子承繼

次振祥 公型之子承繼

三振底 公垣之子承繼

長振沁 出繼公培

次振練

十九世

長文鈴 振蘣之子承繼

次文和 振甌之子承繼

長文蝗

長文嫩

次文塔

三文曝

長文巧

長文鬧

次文銀

陳氏世譜圖

三公型

十八世

長振祥 出繼公培

次振鋤

三振方

四振底 出繼公培

十九世

長文清 出繼振壓

次文陶 出繼振注

三文鑾

四文良

五文波

長文藺

次文葛

三文極 出繼振底

三文哨

四君印

十七世

長公拜　次公蓮　三公英

十八世（長公拜）

長振齊　次振賓　三振柱

十八世（次公蓮）

長振柱（公拜三子承繼）

三振瓶

十九世

長文雨（振瓶）

長文興（振齊）振概之子承繼

長文乾　次文謦（振賓）

長文曾（振柱）

誼伯

十六世

長 公程（諱鵬）

十七世

長 公順（字公若）

次 公弍

十八世（公順子）

長 振志（止）

次 振蒲（出外）

三 振炮

四 振厠（止）

十八世（公弍子）

長 振愷

次 振粟（公善之子承繼）

長 振難

十九世

長 文泉（振炮子）

長 文樓（振愷子）

長 文檁（振粟子）

長 文[石卬]（振難子）

三公挽 十八世
次振街 十九世
長文汲 振鎗長子承繼
三振鎗 十九世
長文汲
次文柴

四公吉 十八世
長振宙
次振測 出繼公式
三振勇

次君皐 諱鶴 十七世

長公龍 十八世
長振用 十九世
長文豹
次文彪

次公月 十八世
長振温 公輝長子承繼 十九世
長文存
次文林 出繼振壓
三文硯

三公輝 十八世
長振温

陳氏世譜圖

十六世

賞伯

十七世

長 君翰

十八世

長 公嶸

次 公峻 出繼四房

三 公嵩 諱嶺

十八世（公嶸子）

長 振健

次 振雨

三 振儀

十八世（公嵩子）

長 振泮 無傳

次 振時 出繼公霈

三 振瀑

四 振萬

五 振近

十九世

長 文店 振近長子承繼

十九世

長 文椿 振近次子承繼

十九世

長 文店

陳氏十譜圖

四 公霈

五 公授 無傳

次 君鎮

十七世

長 公霈 君翰四子承繼

十八世

六 振紆 往番

七 振北

八 振浯 往番

長 振時 公嵩次子承繼

十九世

五十四

次 文椿

長 文籐

次 文叨 往山頭

長 文舜

璽伯
- 十六世 長君同
  - 十七世 長公禮
- 十六世 次君畜

珏伯
- 十六世 長君貞
  - 十七世 長公意
    - 十八世 長振利（公燁次子）
  - 十七世 次公欽
    - 十八世 長振閩（振挖之子）
  - 十七世 三公燁
    - 十八世 長振焙
    - 十八世 次振利（出繼公意）
    - 十八世 三振朝
  - 十七世 四公挖
    - 十八世 長振閩（出繼公欽）
      - 十九世 長文雙

琅伯

十六世

- 長君芋
  - 十七世
    - 長公廳
      - 十八世
        - 長振芸
        - 次振有
    - 次公畲
- 次君茶
  - 十七世
    - 長公釬
    - 次公閈
      - 十八世
        - 長振為
        - 次振篾
    - 三公舵
      - 十八世
        - 長振省
        - 次振辦（公沐次子）
    - 四公沐
      - 十八世
        - 長振額
        - 次振辦（出繼今宅）

瑞伯 號伯玉

十六世

長君桑

次君欣

三君澤 字君瑞

十七世

（君桑）長公標　次公楫　三公便 俱早亡

（君欣）長公銳 無娶　次公針

（君澤）長公塔　次公駕　三公畢　四公海

十八世

（公針）長振水　次振督

（公畢）長振雅 出繼公海　次振樣 住廈門

（公海）長振雅 公畢長子承繼

四君貨　字君財

十七世

五公南

長公真

次公波

十八世

長振夢

次振蔡　出繼公真

三振共

長振倪

次振正　俱往番

三振蔡　公南次子承繼

吻伯

十六世

長君側

次君論

- 部伯
  - 十六世
    - 長君草
    - 次君設

- 瓊伯
  - 十六世
    - 長君湍
      - 十七世
        - 長公梯
          - 十八世
            - 長振庚
            - 次振發
            - 三振成
        - 次公壹（君認次子承繼）
          - 十八世
            - 長振謀
    - 次君認
      - 十七世
        - 長公添
          - 十八世
            - 長振箸
            - 次振看（出繼公原）
        - 次公壹（出繼君湍）
        - 三公原
          - 十八世
            - 長振看（振添次子承繼）

- 御伯
  - 十六世
    - 長君洛（璉伯三 子承繼）
      - 十七世
        - 長公奪
          - 十八世
            - 長振懋
              - 十九世
                - 長文範
        - 次公奥
    - 次君孚
      - 十七世
        - 長振顏
          - 十八世
            - 長振鯱（出繼公卿）
              - 十九世
                - 長文洗（出繼振眼）
                - 次文崎
            - 次振慶
    - 長君遷
      - 十七世
        - 長公解
          - 十八世
            - 長振往（公頊長 子承繼）
              - 十九世
                - 長文
        - 次公帕

四公酒（無娶）

東[illegible]譜圖

- 晏伯
  - 十六世
    - 次君忝
      - 十七世
        - 長公頡
          - 十八世
            - 長振往 出繼公解
              - 十九世
                - 長文
            - 次振巧
        - 次公泰
          - 十八世
            - 長振願
        - 長公與
          - 十八世
            - 長振漲
              - 十九世
                - 長文抹
                - 次文殿 振勘之子承繼
        - 次公追
          - 十八世
            - 長振扶
              - 十九世
                - 長文韮 佳台
            - 次振叩 出繼公教
              - 十九世
                - 長文皆 振涯之子承繼
            - 三振涯 出繼公八

長君堪

十七世

- 三公佑
- 四公賜 字欽承
- 五公遊
- 六公夏
- 七公蘊
- 八公八

十八世

- 公佑：長振傑、次振盆 皆售
- 公賜：長振荊、次振誥、三振器 恰 出繼公器
- 公遊：長振苞、次振藝
- 公八：長振淮 公追三子承繼

十九世

- 振誥：長文錦 早世
- 振苞：長文弄
- 振藝：長文錦 出繼振誥

柳伯

十六世

次君託（記）　出繼圃伯

十八世

九公教

十公赫

十一公器

長公淵

十九世

長振叩　公追次子承繼

長振勘

次振晚

長振仰

二十世

長文皆　振淮之子承繼

長文殿　出繼振漲

次文兀

三文棨

四文繳　出繼振晚

長文繳

長文球　振荷長子承繼

次文格　振畫長子承繼

三君稽 字君遠

十七世

次公語 出繼君訖
三公講

十八世

長振應
次振心

次振荷
三振晝

十九世

長文球 出繼振仰
次文雕
三文溪 出繼振晝

長文格 出繼振仰
次文溪

陳氏族譜圖

- 園伯
  - 十六世
  - 長 君詫（柳伯次子承繼「詫」）
    - 十七世
    - 長 公集
      - 十八世
      - 長 振愈
        - 十九世
        - 長 文櫕（奉祀振妍）
      - 次 振妍
      - 三 振沾
        - 十九世
        - 長 文騫
        - 次 文程
        - 三 文亭
    - 四 公益
      - 十八世
      - 長 振襖
        - 十九世
        - 長 文內
        - 次 文情
        - 三 文饌
      - 次 振帶
        - 十九世
        - 長 文加
        - 次 文饌（出繼振襖）
        - 三 文井
      - 三 振燒
      - 四 振試

陳氏世譜圖

- 璉伯
  - 十六世
    - 長君簡
      - 十七世
        - 長公沭
          - 十八世
            - 長振火
        - 次公閩
        - 三公鉞　出繼君蘭
        - 四公忞
        - 五公郭　出繼君黎
    - 次君蘭
      - 十七世
        - 長公鉞　君簡三子承繼
    - 三君洛　出繼御伯
    - 四君佋

- 次公語　君稽次子承繼
  - 十八世
    - 長振治
      - 十九世
        - 長文潘
    - 次振魴

六十

塞伯

十六世
- 長君路
- 次君牙
- 三君傳
- 五君黎

君路 十七世
- 長公福
- 次公渾 在台卒

君黎 十七世
- 長公郭 承繼 君蘭五子
- 次公毋

公福 十八世
- 長振市 出繼公渾
- 次振悅

公渾 十八世
- 長振市 公福長子承繼

公郭 十八世
- 長振新

公毋 十八世
- 長盈泉

振悅 十九世
- 長文締
- 次文紡

振市 十九世
- 長文爽

- 璚伯
  - 十六世
    - 長　君恐
      - 十七世
        - 長　公劍
        - 次　公爣
    - 次　君卭
    - 三　君磋
      - 十七世
        - 長　公爣（承繼君卭次子）
    - 長　君孔
      - 十七世
        - 長　公飲
          - 十八世
            - 長　振學
              - 十九世
                - 長　文葛
                - 次　文壁（出繼振草）
            - 次　振碑
            - 三　振草
              - 十九世
                - 長　文壁
            - 長　振礓
              - 十九世
                - 長　文琳
                - 次　文守
                - 三　文駕

陳氏譜圖

權伯
十六世

次 君泉　十七世
- 長 公審　十八世
  - 次 振鈌　十九世
    - 長 文漢
    - 次 文猪
  - 三 振磅
  - 四 振掌　十九世
    - 長 文且
- 次 公獻　十八世
  - 長 振令　十九世
    - 長 文湘 出繼振兩
    - 次 文百
    - 三 文焻
  - 次 振帽

三 君任　十七世
- 長 公箭　十八世
  - 長 振兩　十九世
    - 長 文湘 振令長子承繼
  - 次 振舞 早世
  - 三 振頭
  - 四 振施 早世

四君竿
- 十七世　長公棕
  - 十八世　長振允
  - 十八世　次振宜
    - 十九世　長文團
    - 十九世　次文明
    - 十九世　三文鑿
  - 十八世　三振圓

烈伯
- 十六世　長君民
  - 十七世　長公潑
    - 十八世　長振田
    - 十八世　次振灶（公定長子承繼）

積伯
- 十六世　長君民（出繼烈伯）
- 十六世　次君匠
  - 十七世　長公治

長君粗
- 十七世　長公圳
  - 十八世　長振却（出繼公淺）
  - 十八世　次振夢

東氏世譜圖

- 炳伯
  - 十六世
    - 次君銓
      - 十七世
        - 長公都
          - 十八世
            - 長振教
            - 次振早
            - 三振王
            - 四振厚
        - 次公定
          - 十八世
            - 長振灶 出繼公潑
            - 次振魁
            - 三振樓
        - 次公浅
          - 十八世
            - 長振却 公圳長子承繼
- 韜伯
  - 十六世
    - 長君冷

陳氏世譜圖

豔伯 — 十六世：長君然；次君邑

勇伯 — 十六世：長君金

鑽伯 — 十六世：長君惠

逢伯 — 十六世：長君拱；次君照　皆住台

金伯 — 十六世：長君機　往呷

全伯 — 十六世：長君緣 — 十七世：長公紂

朕伯
十六世
長君衆
次君序

臨伯
十六世
長君富 早世
次君酙
十七世
長公德
次公興

冞伯
十六世
長君楚

寅伯
十六世
長君江
十七世
長公稔
十八世
長振名
次君盈

受伯
十六世
長君帕 華伯之子承繼
十七世
長公風
次公瑛

世譜圖

邁伯
十六世
長君親
十七世
長公興

次君棖
十七世
長公魴

三君拋

訓伯
十六世
長君雙

次君鞍
十八世
長公下（君坤次子承繼）

三君坤
十七世
長公美
次公下（出繼君鞍）

四君蓮

讓伯
十六世
長君雙
次君坤
（皆訓伯之子承繼）

二一四

- 萃伯
  - 十六世 長君帕（出繼受伯）
    - 十七世 長公風
    - 次公[illegible]
- 漸伯
  - 十六世 長君透
    - 十七世 長公涉
    - 次公奢
- 初伯
  - 十六世 長君衣
    - 十七世 長公埒
  - 次君棖（邁伯次子承繼）
- 英伯
  - 十六世 長君物
    - 十七世 長公桃
    - 次公灼
    - 三公標
    - 四公強
    - 五公江（君七長子承繼）
  - 次君合
  - 三君財

東溪世譜圖

二十五

- 轉伯
  - 十六世
    - 長 君秀
- 煖伯
  - 十六世
    - 長 君來
- 佛伯
  - 十六世
    - 長 君爽
    - 次 君不
    - 三 君引
      - 十七世
        - 長 公心
    - 四 君七
      - 十七世
        - 長 公江 出繼君物
        - 次 公規
          - 十八世
            - 長 振
- 長 君送

旦伯
- 十六世
  - 次君布
  - 三君乃
  - 四君粉 出繼尋伯

魁伯
- 十六世
  - 長君笑 隨母居雙圳頭鄉

尋伯
- 十六世
  - 長君粉 旦伯四子承繼

喜伯
- 十六世
  - 長君量
    - 十七世
      - 長公慧
        - 十八世
          - 長振相
  - 次君諾
  - 三君歲
  - 四君試

記伯
- 十六世
  - 長君圭
    - 十七世
      - 長公奇（出繼君綏）
      - 次公源
        - 十八世
          - 長振成
            - 十九世
              - 長文彬
          - 次振美（出繼公照）
          - 三振粒（出繼公奇）
      - 三公照
        - 十八世
          - 長振美（公源次子承繼）
            - 十九世
              - 長文崇
  - 次君哖
    - 十七世
      - 長公海
        - 十八世
          - 長振畨
  - 三君綏
    - 十七世
      - 長公奇（君圭長子承繼）
        - 十八世
          - 長振粒（公源三子承繼）

旅伯
- 十六世
  - 長君坎
    - 十七世
      - 長公稟
        - 十八世
          - 長振福（公玉長子承繼）
      - 次公玉
        - 十八世
          - 長振福（出繼公稟）
          - 次振生（出繼公帆）

美伯

十六世
長君興
次君答 俱住居店仔尾

十七世
三公帆

十八世
長振生 公玉次子承繼
三振籐

旺伯

十六世
長君輝

十七世
長公次 君祖長子承繼

十八世
長振交 公慶長子承繼

長君欵

十七世
長公夜
次公等

十八世
長振芋

十八世
長振水 公變次子承繼

次君德

十七世
長公盼

十八世
長振填
次振放

十九世
長文泳
次文冬

東溪世譜圖

六十二

山伯

十六世

三君祖

四君白

十七世

長公慶

次公次

三公萬

十七世

長公奓 君芳長子承繼

長公奓 出繼君白

十八世

三振嗥

長振交 出繼公次

次振瑾

三振卯 出繼公萬

四振檝

十八世

長振交 公慶長子承繼

十八世

長振卯 公慶三子承繼

十八世

長振石

五 君芳
十七世
次 公攀
十八世
長 振貌 公變次子承繼

三 公變
十八世
長 振秖
次 振貌 出繼公攀
三 振水 出繼公等

禮伯
十六世
長 君芽
十七世
長 公墨
次 公溪

叨伯
十六世
長 君團

培伯
十六世
長 君普
十七世
長 公弁
十八世
長 振亘
次 振燒 出繼公鉗

綢伯

- 十六世 長君稀
  - 十七世 長公里
- 十六世 次君嘴
  - 十七世 長公鉗
    - 十八世 長振燒 公弁次子承繼
  - 十七世 長公登
    - 十八世 長振碧
      - 十九世 長文舵
      - 十九世 次文喨
      - 十九世 三文過
      - 十九世 四文鄭
    - 十八世 次振洒
      - 十九世 長文過 振碧三子承繼
    - 十八世 三振九
      - 十九世 長文鄭 振碧四子承繼
    - 十八世 長振成
    - 十八世 次振欣
      - 十九世 長文虎 振鬱次子承繼

- 南伯（十六世）
  - 長 君守（十七世）
    - 次 公才（十八世）
      - 三 振雹（十九世）
        - 長 文靈（振鬱長子承繼）
      - 四 振鬱（十九世）
        - 長 文靈（出繼振雹）
        - 次 文虎（出繼振欣）
        - 三 文琳
      - 五 振越（十九世）
        - 長 文搽
        - 次 文晷
- 長 振霄（十九世）
  - 長 文杯
  - 次 文水
- 次 振匣（十九世）
  - 長 文快

陳氏世譜圖

次君緩
三君麟

十七世

長公與 無傳

長公好
次公深

三公賀

十八世

三振家 官音
四振籬
五振瀨

十九世

長文舜
次文蔭 出繼振瀨

長文兜
次文宙 出繼振瀨

長文蔭 振家次子承繼
次文宙 振籬次子承繼

陳氏世譜圖

長公祥

次公超 無傳

（公祥）十八世

長振專

次振顏

三振陶

（振專）十九世

長文尋 承繼 [illegible]

次文坂 承繼 振陶長子

（振顏）十九世

長文尋 出繼振專

次文斬

三文犇

四文兡

（振陶）十九世

長文坂 出繼振專

次文甜

三文布

四文果

秦伯 字邦彥

十六世

長君通 字克明

十七世

三公忠　四公世

十八世

（三公忠）長振分　次振皮

（四公世）長振禮

十九世

（振分）長文担　次文劉

（振皮）長文掌　次文養　三文墨　四文共　五文颺

（振禮）長文策　次文繫　三文秧

陳氏世譜圖

次君括幼殤

五公沛字公立

十八世

長振天字得清

次振歛

十九世

長文點

次文老

三文盛

四文糖

五文沙

六文喜字慶燕

十九世

長文良

次文辣

三文化

七上

仁伯

十六世

- 長 君望 字君遠

十七世

- 長 公坦 字公盛

十八世

- 長 振品
- 次 振竹
- 三 振[illegible]
- 四 振要 字守約

十九世

- 振品：長 文川；次 文櫨；三 文論
- 振竹：長 文衛；次 文廟 出繼振鑾
- 振[illegible]：長 文鎮；次 文培 早世；三 文克
- 振要：長 文忽 出繼振懼；次 文突 出繼振憚

陳氏譜圖

三文梲

四文箸

五振鬮
十九世
長文評
次文魏
三文佐

六振鑒
十九世
長文廟 承繼振竹次子

七振懼
十九世
長文突 承繼振要長子

八振憚
十九世
長文忽 承繼振要次子

九振悔
十九世
長文培 承繼振骸次子

長公述

十八世

長振遠

次振醉

長振蘭 出繼公[illegible]

十九世

長文旺

次文儒

十九世

長文桃

次文交

三文篇

十九世

長文顛 出繼振族

次文寶

三文報 出繼振静

四文灶

五文淇

六文達

陳氏族譜

次君芳 諱鰲山

十七世

次公蟾

十八世

次振靜

三振彦 字振鳳

四振族

十九世

長文報 振蘭三子承繼

次文魁 振彦三子承繼

長文田

次文夏 出繼振族

三文魁 出繼振靜

四文標

五文權

六文錫

長文顧 振蘭長子承繼

次文夏 振彦次子承繼

二十世

三公碣

十八世

長振蘭　公鸞長子　承繼

十九世

長文顧　出繼振族

次文寶

三文報　出繼振静

四文灶

五文淇

六文達

四公巳　邑庠生字公巽　官章除昇

十八世

長振合　字太和

十九世

長文潤

次文喬

五公休

十八世

長振沙

十九世

長文歉

次振炮

十九世

長文全

次文疱

三文澳

東溪世譜圖

三君烈

十七世

- 長公肥
  - 十八世 長振鎮
- 次公獻
- 三公栗
  - 十八世 長振軫
    - 十九世 長文誥
- 四公窗
  - 十八世 長振韮
    - 十九世 長文泟 出繼外祖公捌
    - 次文懇
- 五公爍
- 六公波 承繼孫
  - 十九世 長文渫
- 七公捌 承繼孫
  - 十九世 長文送
  - 次文泟 承繼振韮長子
  - 三維醋 承繼文潤長子

二四

哲伯

十六世

- 長君報
- 次君勤
  - 十七世
    - 長公註
    - 次公往
- 三君騰
- 四君捷
  - 十七世
    - 長公輝
      - 十八世
        - 長振習
          - 十九世
            - 長文卡
        - 次振廣
          - 十九世
            - 長文早
            - 次文甘
        - 三振來
        - 四振乞
          - 十九世
            - 長文中

東溪陳氏譜圖

巖伯

十六世
- 長 君正
- 次 君看

君正 十七世
- 長 公愇
- 次 公撰
- 三 公魚

君看 十七世
- 長 公篇 住台
- 次 公向
- 三 公脾 住台
- 四 公㤆
- 五 公章

公愇 十八世
- 長 振珠
- 次 振珍

公撰 十八世
- 長 振坪
- 次 振英 公魚長子承繼

公魚 十八世
- 長 振英 出繼公撰
- 次 振侯 住台

公向 十八世
- 長 振益

振英 十九世
- 長 文樹 振侯長子承繼

振侯 十九世
- 長 文此

二一五

掌伯

十六世
- 長君陟
- 次君洋（俱無傳）
- 三君貴（無傳）
- 四君昭
- 五君潘

十七世（君昭）
- 長公鈿（止）
- 次公討

十七世（君潘）
- 長公張
- 次公敬

十八世（公討）
- 長公振國

十八世（公張）
- 長振長

十八世（公敬）
- 長振樹
- 次振圈
- 三振彪

十九世
- 長文為
- 次文泉
- 三文珠

十九世
- 長文茂

三 公溪

十八世

長 振容

次 振江 出繼公六

三 振日

四 振月

四 公六

十八世

長 振江 公溪次子承繼

乾伯

十六世

長君順
次君取
三君國無傳
四君修
五君要無傳

十七世（長君順）

長公額
次公輔
三公詠

十七世（次君取）

長公畧
次公道

十七世（四君修）

長公東

- 敏伯
  - 十六世
    - 長 君鶴
      - 十七世
        - 長 公楮 諱子利
          - 十八世
            - 長 振執
              - 十九世
                - 長 文堅
            - 次 振碖
              - 十九世
                - 長 文謙
            - 三 振永 出繼公親
        - 次 公淡 出繼君娥
        - 三 公且 無傳
    - 次 君顧
      - 十七世
        - 長 公極
          - 十八世
            - 長 振六 公水長子承繼
              - 十九世
                - 長 文賓 出繼振雨
                - 次 文熏
        - 次 公水
          - 十八世
            - 長 振六 出繼公極
            - 次 振雨 出繼公親
            - 三 振潬
              - 十九世
                - 長 文團
                - 次 文佑
                - 三 文臣
            - 四 振笑

三君娍

十七世

長公淡　君鶴次子承繼

十八世

長振靴
次振汝

十九世

長文莉　振汝長子承繼早世

長文砌
次文莉　出繼振靴
三文潘

三公親

十八世

長振雨　公水次子承繼
次振永　公椿三子承繼

十九世

長文賓　振六長子承繼早世

長文淫
次文温　早世

陳氏六十世普圖

晚伯

十六世

- 長 君辦
  - 十七世
  - 長 公地
    - 十八世
    - 長 振河 住台
      - 十九世
      - 長 文笨
      - 次 文威
      - 三 文宴
  - 次 公華
    - 十八世
    - 長 振郁
      - 十九世
      - 長 文豔 出繼振降
      - 次 文營
    - 次 振降 出繼公元
  - 三 公元
    - 十八世
    - 長 振降 公華次子承繼
      - 十九世
      - 長 文豔 振郁長子承繼
    - 長 振良
      - 十九世
      - 長 文抹
      - 次 文坎
      - 三 文智 出繼振奪

四公裁

十八世

次振寢
- 十九世：長文於、次文國

三振芸
- 十九世：長文千、次文溠、三文隨

四振奪
- 十九世：長文智（振民三子承繼）

五振俟（官音）
- 十九世：長文卦、次文稽

次君典

十七世

長公仁

次公烏

十八世（公仁）

長振奆

次振厎

三振跳 字有瑋

四振翩

十八世（公烏）

長振霈

次振盤

三振諧 俱往番

十九世（振奆）

長文吭

次文啿

三文樣 字花堂 早世

十九世（振厎）

長文闇

十九世（振跳）

長文思 無傳

十九世（振翩）

長文傳 無傳

十九世（振霈）

長文伴

次文知

三文邊 俱早世

陳氏世譜圖

- 愈伯
  - 十六世
    - 長君敦
      - 十七世
        - 長公霈
    - 次君誇
      - 十七世
        - 長公此
          - 十八世
            - 長振待
        - 次公顯
          - 十八世
            - 長振待 出繼公此
            - 次振蜂
        - 三公倩
          - 十八世
            - 長振和
        - 四公畬
- 連伯
  - 十六世
    - 長君昌
      - 十七世
        - 長公衡 出繼君程
        - 次公交
    - 次君程
      - 十七世
        - 長公衡 入繼 君昌長
          - 十八世
            - 長振貪
              - 十九世
                - 長文若
                - 次文戰

十六

陳氏世譜圖

三君燦

疊伯

十六世

長君糧

十七世

長公寶

長振池

次公壬 佳台

十八世

次振洸

次君練 出繼江伯

三君為

江伯

十六世

長君練 承繼疊伯次子

添伯

十六世

長君旋

十七世

長公見

十八世

長振得

十九世

長文和 承繼振樹次子 早世

次振煩

十九世

長文蠶

三振軟

十九世

長文纏

乀卜

接伯（字邦慶）

十六世

- 長　君本

十七世

- 長　博厚
- 次　公泰
- 三　公藕

十八世

- 博厚：長　振繼；次　振經；三　振淵
- 公泰：長　振端；次　振異
- 公藕：長　振霞；次　振魯
- 長　振樹

十九世

- 振魯：長　文樹
- 振樹：長　文賜（出繼振墻）；次　文和（出繼振得）；三　文釀；四　文朕

- 次君丑
  - 十七世
    - 長公齊
      - 十八世
        - 次振墻
          - 十九世
            - 長文賜 振樹長子承繼
            - 次文報 早世
        - 三振潛
          - 十九世
            - 長文清
            - 次文篇
    - 次公義
      - 十八世
        - 長文勅 振
          - 十九世
            - 長文錐
        - 次振同
        - 三振甲
          - 十九世
            - 長文
        - 四振蟬 早世

黔伯

十六世

- 長君畫
  - 十七世
    - 長公信
      - 十八世
        - 長振照
          - 十九世
            - 長文情
    - 次公瓦
- 長公梅
  - 十八世
    - 長振只 出繼公亭
    - 次振蝎
      - 十九世
        - 長文平
        - 次文到
    - 三振桂
      - 十九世
        - 長文到 振蝎次子承繼
    - 四振念 無娶
    - 五振滑
      - 十九世
        - 長文拋
        - 次文璽 出繼振拱
        - 三文乳

陳氏世譜圖

次君召

十七世

次公花　三公亭

十八世（公花）

長振匏　次振自 無娶　三振恥　四振覯

十八世（公亭）

長振只 公梅長子承繼　次振匏 公花長子承繼　四振欽 公春之子承繼

六振拱

十九世

長文壐 振清次子承繼

十九世

長文汀 在叻卒

十九世

長文梯　次文謙

十九世

長文梛　次文佳 往叻卒

八十二

面伯
次儼侯
繼承子

十六世

長君瞳
次君獅

十七世

長公就
次公圓
三公帆
四公春
長公櫎

十八世

長振切
次振串

十八世

長振欽奉祀公亭

十九世

長文晏
次文椿

十九世

長文契

東溪陳氏譜圖

- 十六世 曾伯
  - 十七世 長 君長
    - 十八世 次 公璉
      - 十九世 三 振近
        - 長 文筵 振屘長子承繼
      - 十九世 次 振屘 出繼公鑽
        - 長 文筵
        - 次 文鑓
        - 三 文坪 出繼振判
      - 十九世 長 振位
        - 長 文漳
        - 次 文格
    - 十九世 三 振塔 出繼公鑽
      - 長 文照
      - 次 文相 去聲
      - 三 文友
      - 四 文賁

八十三

三公鑽

十八世

四振判

十九世

長文坪 振屘三子承繼

五振叱 無傳

長振塔 公樵三子承繼

十九世

長文照

次文相

三文友

四文賚

次振屘 公琏次子承繼

十九世

長文筵 出繼振近

次文鑓

三文坪 出繼振判

三振忍 公壇長子承繼

十九世

長文讚

次文栽 早世

東溪世譜圖

三公掇

十八世
- 長振欺 出繼公鑽
- 次振節

四公壇

十八世
- 長振忍 出繼公鑽
- 次振錐
- 三振桂
- 四振汲
  - 十九世
  - 長文藻
  - 次文剪
  - 三文裔

四振欺 公[illegible]長子 承繼無傳

八十四

陳氏世譜圖

- 次君悄
  - 十七世
    - 長公提
      - 十八世
        - 長振委
          - 十九世
            - 長文洸
            - 次文嫌
    - 次公察
      - 十八世
        - 長振漂
          - 十九世
            - 長文程
            - 次文宰
            - 三文點
            - 四文江 往叻
    - 三公尊
      - 十八世
        - 長振匹 往叻卒
        - 次振助
          - 十九世
            - 長文帝
            - 次文上
            - 三文生
            - 四文經
    - 四公達 無傳

- 三君庇
  - 十七世
    - 長公撥 無傳
    - 次公盤
      - 十八世
        - 長振左
          - 十九世
            - 長文夢
        - 次振榜
          - 十九世
            - 長文章
            - 次文字
            - 三文失
            - 四文匾
        - 三振余 無傳
    - 三公選
      - 十八世
        - 長振音
          - 十九世
            - 長文皆
    - 四公山 無傳
    - 五公尾
      - 十八世
        - 長振興

配伯

十六世

長君才

十七世

長公斷 無傳

次公昧

三公領

四公助

五公麟 無傳

十八世

長振文（次公昧子）

長振慶（三公領子）

長振養（四公助子）

十九世（振慶子）

長文瓦

次文禁

三文晈

四文哱

陳氏世譜圖

次君吽

十七世

長公蔡

次公顯

十八世

長振勸 無傳

次振旁 出繼公顯

三振萸

四振愚 無傳

長振情 公寬長子承繼

次振旁 公蔡次子承繼

三振奢 公疊次子承繼

十九世

長文（振萸）

長文淌（振情）

長文泉（振旁）

次文（振旁）

二六

三公寬

十八世

長振情 出繼顯公

次振源 出繼果公

三振脫 早世

四振虎 無傳

五振⿰石無

十九世

長文塔

次文首

六振岸

十九世

長文嶺

次文山

陳氏世譜圖

- 四公疊
  - 十八世
    - 長振岑（出繼公果）
    - 次振奢（出繼公顯）
    - 三振日
    - 四振魁（出繼公果）
- 五公果
  - 十八世
    - 長振源（公寬次子承繼）
      - 十九世
        - 長文皆
        - 次文當
    - 次振岑（公疊長子承繼）
      - 十九世
        - 長文綴
        - 次文瓊
    - 三振魁（公疊四子承繼）

汀伯

- 十六世
  - 長 君火 佳台
    - 十七世
      - 長 公是
        - 十八世
          - 長 振源
            - 十九世
              - 長 文壁
              - 次 文合
              - 三 文進 出繼振成
              - 四 文來
          - 次 振江
      - 次 公亮
        - 十八世
          - 長 振成
            - 十九世
              - 長 文進
      - 三 公發
        - 十八世
          - 長 振生
            - 十九世
              - 長 文獻
              - 次 文合
          - 次 振成 出繼公亮
          - 三 振江 出繼公是
  - 次 君留
    - 十七世
      - 長 公辰
      - 次 公湛
      - 三 公白
      - 四 公點

陳氏世譜圖

- 祖伯
  - 十六世
    - 長君建
      - 十七世
        - 長公勘
          - 十八世
            - 長振鄒 住台
    - 次君漱
      - 十七世
        - 長公里
          - 十八世
            - 長振機
        - 次公智
          - 十八世
            - 長振承
            - 次振厚
            - 三振鼎
            - 四振量
        - 三公舞 無傳
    - 三君總
    - 四君道
    - （三君總、四君道）皆無傳
- 三君粒
  - 十七世
    - 長公甘 無傳
    - 次公古
      - 十八世
        - 長振興

八

陳氏世譜圖

- 標伯
  - 十六世
    - 長君敬　住石碼
- 出伯　字東山
  - 十六世
    - 長君採
    - 次君夏　住金門
    - 三君佐
- 許伯
  - 十六世
    - 長君意
      - 十七世
        - 長公浮
          - 十八世
            - 長振明
          - 十九世（承繼孫）
            - 長文管
            - 次文民　皆女婿潤官所出
        - 次公治
    - 次君結　止
- 長君樹
  - 十七世
    - 長公善

兩伯

- 十六世
  - 長 君賽 子承繼 商伯次
    - 十七世
      - 長 公持 字扶搖
        - 十八世
          - 長 振禄
      - 次 公炳
        - 十八世
          - 長 振乾
      - 三 公科 字公盈
        - 十八世
          - 長 振在
          - 次 振周
      - 四 公準 字平直
        - 十八世
          - 長 振佑
          - 次 振乾 出繼公炳
          - 三 振讓
          - 四 振禄 出繼公持
  - 次 君仂
    - 十七世
      - 長 公埔 無傳
      - 次 公圭 佳台

商伯

十六世

長君印

次君賽　出繼雨伯

十七世

五公曝

六公達　無傳

長公富

次公過　神主在叻後須查補

長公存

十八世

長振岳

次振奠

長振針

長振養　公看長子承繼　現住行頭鄉

十九世

長文返

次文淇　現住叻

陳氏世譜

三君誠

十七世

次公看

三公帛

四公咸

五公頭

十八世（公看）

長振養 出繼公存

次振頤

十八世（公頭）

長振求

四君整

十七世

長公舉

次公靈

十八世（公舉）

長振榮

十九世（振榮）

長文群

十九世（公靈）

承繼孫文景係公舉養林阿祥出乙卜

邱氏世譜圖

- 秋伯 字澄伯
  - 十六世
    - 長君陣 字友于
      - 十七世
        - 長公清
          - 十八世
            - 長振孫
              - 十九世
                - 長文制
            - 次振允
            - 三振措 無娶
        - 次公湍
          - 十八世
            - 長振炙
              - 十九世
                - 長文歆
                - 次文庚
                - 三文淵
                - 四文海
            - 次振協
              - 十九世
                - 長文乾
                - 次文鳳
                - 三文煥
                - 四文渥 早世
                - 五文南

陳氏世譜圖

次君道　字君理

十七世

三公聘

十八世　長振榮

十九世　長文殊　次文恭

四公解　邑庠生字采臣　官章詩

十八世　長振鍠　字鏘士

十九世　長文潘　出繼振鐸　次文深

十八世　次振鐸

十九世　長文潘

長公圈

十八世　長振揚　出外安南

次公隈

三公轂　皆無傳

四公爍

九一一

三君三

十七世

長公貢

次公恪

十八世

長振純

次振拔

三振耀 早世

四振迎 出繼公簞

五振鑼

十八世

長振性

次振治 出繼公簞

十九世

長文洸 出繼振耀

次文椽

三文响

十九世

長文洸

陳氏世譜圖

三公簞
　十八世
　長振迎
　次振治
　三振寮
　四振挑

四公旦
　十八世
　長振寮 出繼公簞
　次振發
　三振郎

五公蒲
　十八世
　長振挑 出繼公簞
　次振誧

三振園

九十二

三振麇
四振查

俔伯
十六世
長君長
次君興

乞伯
十六世
長君禮
次君拜

長君金
十七世
長公茲
次公德

長公茲
十八世
長振遣
次振生

次公德
十八世
長振晃

- 釘伯
  - 十六世
    - 次君別
      - 十七世
        - 長公來
          - 十八世
            - 長振生 出繼公玆
            - 次振晃 出繼公德
    - 三君以 無傳
- 恭伯
  - 十六世
    - 長君時 字青龍
      - 十七世
        - 長公宗
        - 次公擁
        - 三公寮
        - 四公涉
        - 五公探
        - 六公灰
    - 次君應
      - 十七世
        - 長公亥
          - 十八世
            - 長振孟
              - 十九世
                - 長文寬
                - 次文頎
                - 皆早世
            - 次振資

- 勁伯
  - 十六世
    - 長 君化
      - 十七世
        - 長 公撻
        - 次 公傍
    - 次 君慈
- 錠伯
  - 十六世
    - 長 君泰
- 錦伯
  - 十六世
    - 長 君祖
      - 十七世
        - 長 公蔬
          - 十八世
            - 長 振田
              - 十九世
                - 長 文勝
                - 次 文遇
            - 次 振蠶
            - 三 振篇
            - 四 振易
        - 次 公前
          - 十八世
            - 長 振語 早世
            - 次 振大

排伯

十六世

長君球

蓮伯

十六世

長君擯

十七世

長公遠
次公湘
三公球
四公水
五公鮑

次君習

十七世

長公偕
次公敦
三公排

- 錐伯
  - 十六世
    - 長君仁
      - 十七世
        - 長公必
        - 次公洸
    - 次君拱
      - 十七世
        - 長公火
    - 三君清
- 吝伯
  - 十六世
    - 長君銅
- 占伯
  - 十六世
    - 長君萬
- 壇伯
  - 十六世
    - 長君進
- 克伯
  - 十六世
    - 長君殛

荷伯 — 十六世
- 長君金 住灌口

東伯 — 十六世
- 長君力 — 十七世
  - 長公晏
  - 次公名
- 次君蟬
- 三君讓

治伯 — 十六世
- 長君披
- 次君格 文伯長子承繼 — 十七世
  - 長公條 君花三子承繼

為伯 — 十六世
- 長君魚

腆伯 — 十六世
- 長君披 出繼治伯
- 次君奇

陳氏世譜圖

文伯
十六世
- 長君格　出繼治伯
- 次君花
  - 十七世
  - 長公賴　早世
  - 次公南　無傳
  - 三公條　出繼君格
  - 四公嘴　出繼君羗

題伯
十六世
- 長君挽　出繼塔伯
- 次君食

塔伯
十六世
- 長君挽

梯伯
十六世
- 長君鰲
- 次君幼　俱止
- 三君如

雍伯

十六世
- 長君尊
  - 十七世：長公羗
    - 十八世：長振仛 早世
    - 十八世：次振城
      - 十九世：長文服 係溪邉奴 夫永官出
- 次君参
  - 十七世：長公狗
    - 十八世：長振福
      - 十九世：長文培
    - 十八世：次振灶
      - 十九世：長文麟
  - 十七世：次公受
    - 十八世：長振灶 出繼公狗
    - 十八世：次振降
      - 十九世：長文培 奉祀振福
- 四五六皆早世
- 七君留
  - 十七世：長公蓮
    - 十八世：長振來
    - 次振添
    - 三振芳
  - 次公墻 無傳
  - 三公通
    - 十八世：長振旺

三君和（出繼宙伯）
十七世
長公質
次公雨（不知去向）

四君音
十七世
長公秤
次公贊

長公秤
十八世
長振泰

次公贊
十八世
長振圭
次振良
三振為
四振定

長振泰
十九世
長文泉
次文才

長振圭
十九世
長文返
次文聲

次振良
十九世
長文枝

四振定
十九世
長文乞（住台）

- 三公鎰
  - 十八世
    - 長振良 出繼公贊
    - 次振盛
    - 三振合 俱住台
- 四公送 彰化學字公節 榜名化鯤
  - 十八世
    - 長振爽
    - 次振傳 俱住台
- 五君綿
  - 十七世
    - 長公早 在台卒
    - 次公篳
      - 十八世
        - 長振寅
          - 十九世
            - 長文塔
        - 次振意
        - 三振波
        - 四振火

川伯

- 十六世
  - 長君啟
    - 十七世
      - 長公萊
        - 十八世
          - 長振琳
            - 十九世
              - 長文塏
              - 次文徹
          - 次振寅
            - 十九世
              - 長文慶
          - 三振祥 皆住台
            - 十九世
              - 長文木
  - 次君蟶
    - 十八世
      - 長孫振歲 公發四子承繼
  - 三君井 早世
  - 四君抱 出繼宙伯
    - 十七世
      - 長公發
        - 十八世
          - 長振章
          - 次振興
            - 十九世
              - 長文葛 出繼振源
              - 次文佑
          - 三振源 出繼公來
          - 四振歲 出繼伯祖君蟶
      - 次公遠 早世

宙伯

十六世

長君和 雍伯三子承繼

次君鎗

三君抱 雍伯次子承繼

十七世

三公來

四公九

十八世

長振源 公發三子承繼

十九世

長文葛 振興長子承繼

絹伯

十六世

長君賤

轄伯

十六世

長君腔

次君羔

十七世

長公嘴 君花四子承繼

次公自

隨伯
十六世
長君珠
十七世
長公法　陣亡　往後山作勇

鳳伯
十六世
長君肯

坤伯
十六世
長君訪
次君在　出繼菖伯
三君田
四君杯
五君趑

君訪
十七世
長公八
次公宅
三公鎰
四公如
五公用

公八
十八世
長振添　往石潯鄉招生　一子不知係落

佑伯 —— 十六世
- 長君箕
- 次君廳

昔伯 —— 十六世
- 長君庄 坤伯次子承繼

遷伯 —— 十六世
- 長君障

涼伯 諱才良 —— 十六世
- 長君

祿伯 字爵 —— 十六世
- 長君綴 —— 十七世
  - 長公裕 君栢次子承繼
- 次君栢 —— 十七世
  - 長公巽 無傳

[illegible]氏世譜圖

三君明
四君嬖
五君然　字君惠

十七世
十七世
十七世

次公裕　出繼君綴
三公宇
長公檥
次公集
長公生
長公摘

十八世
十八世
十八世

長振傳
次振貴
長振麟
長振汗　公賞長子承繼
次振浪　公爐次子承繼

九一八

六君少 在台卒

次公爐

三公活

四公賞

五公著 字永宣

十八世

爐：長振汝、次振浪 出繼公摘、三振硯、四振塘

賞：長振汗 出繼公摘、次振趆

著：長振捷

- 佩伯
  - 十六世
    - 長 君到
- 杉伯
  - 十六世
    - 長 君敬
      - 十七世
        - 長 公評
          - 十八世
            - 長 振蝗
              - 十九世
                - 長 文協
                - 次 文祥
            - 次 振尚
              - 十九世
                - 長 文淵
        - 次 公水
    - 次 君祥（不知去向）
- 晚伯（字老晚）
  - 十六世
    - 長 君奉（又名鸞鳳）
      - 十七世
        - 長 公呂
        - 次 公震

- 抱伯
  - 十六世
    - 長君蝗
    - 次君門
    - 三君熾
- 貞伯
  - 十六世
    - 長君隈
    - 次君韮
- 賽伯
  - 十六世
    - 長君訪
    - 次君闖
      - 十八世
        - 承繼孫振經
          - 十九世
            - 長文祖
- 盪伯
  - 十六世
    - 長君每

- 阮伯
  - 十六世 長君鉗
    - 十七世 長公良
    - 十七世 次公墻
    - 十七世 三公泥
- 京伯
  - 十六世 長君高
    - 十七世 長公恰
      - 十八世 長振冰
        - 十九世 長文畨
      - 十八世 次振犬
      - 十八世 三振壹（皆往台）
- 籃伯
  - 十六世 長君高（出繼京伯）
  - 十六世 次君包
    - 十七世 長公盛
      - 十八世 長振恭（往台卒）
      - 十八世 次振六
    - 十七世 次公黨（君相三）（子承繼）
      - 十八世 長振丕

陳氏世譜圖

- 三君相
  - 十七世
    - 長公妲
      - 十八世
        - 長振床
    - 次公條
    - 三公黨 出繼君包
    - 四公老
- 四君以
  - 十七世
    - 長公汚
      - 十八世
        - 長振同
    - 次公泰
      - 十八世
        - 長振同 出繼公汚
    - 三公物
      - 十八世
        - 長振
- 五君挨
  - 十七世
    - 長公雕
      - 十八世
        - 長振全
        - 次振會

一百五十三

次公着

十八世

長振壐

次振千

六君反

十七世

長公考

次公普

三公裕

四公果

十八世

長振便

十八世

長振盤

七君貪無傳

美伯
- 十六世
  - 長君濈
  - 次君晩
  - 三君鴆
    - 十七世
      - 長公潛　早世
      - 次公炳

淡伯
- 十六世
  - 長君壬
  - 次君庚
    - 十七世
      - 長公潭
      - 次公才
      - 三公麗

江伯
- 十六世
  - 長君必

助伯
- 十六世
  - 長君㮾
    - 十七世
      - 長公福
  - 次君英

爵伯
- 十六世 長君智
  - 十八世 孫振嬰 保女婿所出

服伯
- 十六世 長君歹 住臺

拔伯
- 十六世 長君賀

彩伯
- 十六世 長君心

飽伯
- 十六世 長君金 出繼周侯
  - 十七世 長公煥
    - 十八世 長振成
    - 十八世 次振涼
  - 十七世 次公輝 現住臺
    - 十八世 長振愛
    - 十八世 次振騫

次君慶 出繼慎伯

三君丙

十七世

長公謙 出繼君緝

次公畨

三公祿 皆住台

四君種

十七世

長公畯 早世

次公印

三公平

四公友 皆住台

五君緝

十七世

長公謙 承繼君丙長子

- 詞伯
  - 十六世
    - 長 君聆
      - 十七世
        - 長 公螺
          - 十八世
            - 長 振嬰
        - 次 公此
    - 次 君獻
      - 十七世
        - 長 公義
          - 十八世
            - 長 振石 係大[illegible]所出
- 慎伯
  - 十六世
    - 長 君厲
      - 十七世
        - 長 公馭 奉祀君慶
    - 次 君慶 飽伯次子承繼
    - 三 君池
      - 十七世
        - 長 公鰍
- 承伯
  - 十六世
    - 長 君湖
    - 次 君討
    - 三 君蔭

普伯
- 十六世 長君馭
  - 十七世 長公琴

忸伯
- 十六世 長君馭 出繼普伯
- 次君賢
  - 十七世 長公琴 出繼君馭
  - 次公琶

瑾伯
- 十六世 長君德
  - 十七世 長公掌

聘伯
- 十六世 長君淵
  - 十七世 長公明
    - 十八世 長振熱
      - 十九世 長文良
      - 次文根 住岳口
  - 次公彩
    - 十八世 長振造
      - 十九世 長文換
      - 次文秌
      - 三文轄
    - 次振熱 出繼公明

次君榮

十七世

長公異　次公慶　三公章

十八世

公異：長振寶　次振赤

公慶：長振玆　次振帖 住臺

公章：長振宣　次振弄

十九世

振寶：長文卜　次文達

振赤：長文濶　次文黜 俱住溪邊

振玆：長文樹

振宣：長文肯　次文富

振弄：長文樹 出繼振玆　次文覩

三君靜

十七世

長公推　次公碧

四公知

十八世

長振寬　次振欽 公碧奉祀

長振銅　次振鑃

四振係

三振曹

十九世　長文朮

二十世　姪孫維濯 承繼

十九世　長文桂　次文宴 出繼振銅　三文發

十九世　長文哖　次文宴

十九世　長文添

十九世　長文哖

陳氏世譜圖

- 都伯
  - 十六世
    - 長君斷
      - 十七世
        - 長公蜜
          - 十八世
            - 長振藻 字黎明
              - 十九世
                - 長文約
                - 次文尋
                - 三文情
                - 四文盞
                - 五文圓
            - 次振寄
              - 十九世
                - 長文錠
                - 孫維金 文派之子承繼
    - 四君蒲
      - 十七世
        - 長公愛
          - 十八世
            - 長振牢
            - 次振契
            - 三振鎮
        - 次公鬪 徙居石井

陳氏世譜圖

次公期

十八世

長振運

十九世

長文舉

次文魚

三文釣

四文掠

三公漳 早世

十八世

次振昌

十九世

長文鉎 出繼振下

次文獵

三文螺

三振塡

十九世

長文亭

次文嘌

四振下

十九世

長文鉎 振昌長子承繼

次君在

十七世

長公寧
次公登
三公俊
四公水

十八世

長公寧 — 長振石
次公登 — 長振來
次公登 — 次振厝
三公俊 — 長振嶽
四公水 — 長振巷

十九世

長振石 — 長文英
長振石 — 次文必
長振石 — 三文門

二十世

長振來 — 姪孫維墻 文必之子承繼

十九世

次振厝 — 長文悻 振傳四子承繼
長振嶽 — 長文門 振石三子承繼
長振巷 — 長文樣

陳氏世譜圖

三君壘
- 十七世
  - 長公助
    - 十八世 長振傳
      - 十九世 長文湍
      - 次文兩
      - 三文悅
      - 四文悻 出繼振厝
  - 次公涼 無傳

四君胡
- 十七世
  - 長公諧
    - 十八世 長振猛
      - 十九世 長文派 在台
  - 次公絅
    - 十八世 長振成
      - 十九世 長文才

五君揚
- 十七世
  - 長公鑾
    - 十八世 長振兼 無傳
    - 次振衷
      - 十九世 長文諜
      - 次文辣

顯伯

十六世

長君養　次君壯　三君宗

十七世（君養）：長公平（出外不知去向）

十七世（君壯）：長公鵠　次公千

十七世（君宗）：長公信　次公洽

十八世（公信）：長振畢　次振鑒　三振港（俱在台卒）

十九世（振畢）：長文定　次文順（俱止）

三振霧　四振崇

十九世（振霧）：長文賜　次文茅

十九世（振崇）：長文摸　次文砌（與母徙居三忠宮後溪鄉）

陳氏世譜圖

燦伯 字光彩

十六世

長君雄

十七世

長公慮　次公習　三公聯

十八世

公慮：長振形

公習：長振易

公聯：長振賜　次振海　三振再

十九世

振海：長文雍（出繼振再）　次文繼　三文出　四文榜

振再：長文雍（振海長子承繼）

一百零九

次君潭
十七世
- 長公挑
  - 十八世
    - 長振探
      - 十九世
        - 長文曾
    - 次振禀
      - 十九世
        - 長文曾（出繼振探）
        - 次文撻
- 次公粉
  - 十八世
    - 長振鴿
      - 十九世
        - 長文冉
    - 次振郊
      - 二十世
        - 再姪孫維垻（文冉次子奉祀）
    - 三振温
      - 十九世
        - 長文叉
        - 次文掌

三君虎

十七世

長公安

次公未

三公錢

四公慊

（公安）十八世

長振闓 出繼公未

次振陰

三振啟

（公未）十八世

長振闓

燕伯

十六世

長君袗

十七世

長公德　次公機（出繼君親　無娶）　三公廣

公德 — 十八世

長振蟯

十九世

長文葛　次文會　三文哄

公廣 — 十八世

長振閔　次振埕

振閔 — 十九世

長文綽（振埕長子承繼）　次文周（振抛長子承繼）　三文豆（振休長子承繼）

振埕 — 十九世

長文綽（出繼振閔）　次文槳（與公神主俱在下宅蘇家）

四公總

十八世

長振砌

三振拋 出繼公機

四振休

五振等 幼殤

十九世

長文棕

次文樣

長文豆 出繼振閂

次文螺

次君輝

十七世

長公郁

次公徠

　十八世

　長振勝

　　十九世

　　長文着

　　次文愁

　次振包

三公猛

四公整

　十八世

　長振衷

長公康

　十八世

　長振侯

　　十九世

　　長文闖

　　次文魯

　　三文焯

三君超

十七世

次公由
三公鏡

十八世

次振萍 出繼公殿
三振坑 出繼公由
四振羨 出繼公批
五振燧 出繼公鏡

（公由）長振坑

（公鏡）長振燧

十九世

四文朊 出繼振雨
五文學 奉祀叔祖公殿
六文旋 奉祀叔祖公鏡

（振坑）長文蔡
次文考 出繼振雨
三文講

（振燧）長文加 出繼振雨
次文蚶

四公起

十八世

長振雨

次振科

十九世

長文覞 振侯四子承繼

次文加 振煖長子承繼

三文考 振坑次子承繼

四文樞 振美四子承繼

長文丁

五公殿

十八世

長振萍

十九世

長文角

六公扡

十八世

長振羡

十九世

長文亮

次文擔

三文巖

四君親

十七世

長公厚

次公機 君親次 子承繼

十八世

長振扡 公廣三 子承繼

次振連

十九世

長文周 出繼振閔

次文兼

三文麥

四文樞 奉祀振甬

五君丕

十七世

長公省

次公厚 奉祀君親

三公無

十八世

長振連 奉祀公機

十九世

長文璧

仕伯 字朝佐

十六世

長君田 字龍見

次君教 字義課

十七世（長君田）

長公禮

次公儀

十七世（次君教）

長公領

次公里

三公蘇

十八世（長公禮）

長振享

十八世（次公儀）

長振賢

十八世（三公蘇）

長振抱

次振仲

三振永 出繼公墻

十九世（長振享）

長文團

十九世（長振賢）

長文興

十九世（長振抱）

長文元

二十世（次振仲）

姪孫維澤奉祀

三君偶　四君參　五君久

十七世

長公蜀　次公浪　皆無傳

三公水

四公墻

十八世

長振琳　佳台

長振永　承繼蘇公三子

十九世

長文尚　次文夕

十六世
瑾伯　字朝瑞

十七世
長君成　諱性

十八世
長公寅　字公弼　榜諱華國　進泉州府學

十九世
長振鴻　字振飛
次振丙　字振耀
三振梢　字振選　號光斗
四振釧　字振器　出繼公飼

長文紹
次文畏
三文介　出嗣振梢
四文欽

長文旦

長文介　振鴻三子承繼

陳氏世譜圖

五振釵

六振全
十九世
長文嫖 住浯口

次公賓 諱觀國
十八世
長振炁
十九世
長文騧
次文答

次振球
十九世
長文漂

三公金 諱固國
十八世
長振昂 幼殤

次振北
十九世
長文東
次文步

二百十五

陳氏世譜圖

次君有 字君富

十七世

- 長公雪
  - 十八世 長振逮 幼殤
- 次公報
  - 十八世 長振吉 早亡
  - 次振漢
- 三公汝
- 四公飼 諱錦國
  - 十八世 長振釧 公寅四子 承繼
    - 十九世 長文蕉
    - 次文滔
  - 三振軒
    - 十九世 長文騰

三君純 字君和

十七世

長公榜

次公極

三公彭

四公禮 札

十八世

長振琳

十九世

長文舫

扶伯

十六世

長君長 住下尾

晚伯

十六世

長君秋

園伯

十六世

長君連

次君順 皆住灌口侯後查補

生伯

十六世

長君鳳 住下崎

祭伯

十六世

長君臣

次君敦

內伯 住城內公館頭宅內

十六世

長君誘

十七世

長公奚

十八世

長振溪

次振鉄

三振魁

十九世

長文進

次文柳

十九世

長文龍 振魁三子承繼

十九世

長文煩 奉叔祖

次文桃 公甯祀

麟伯 住在溪邊坂上宮

十六世

長君溪

十七世

長公相

鎮伯

十六世

長君國

十七世

長公虞

次君輔 無傳

次公崇

十八世

長振裁 出外不知去向

四振添

三文龍 出繼振鉄

- 碧伯
  - 十六世
    - 長君爰
      - 十七世
        - 長公未
- 千伯
  - 十六世
    - 長君質
      - 十七世
        - 長公萬
        - 次公福 出繼君財
- 試伯
  - 十六世
    - 長君質 出繼千伯
    - 次君財
      - 十七世
        - 長公福
    - 三君九
- 府伯
  - 十六世
    - 長君善
      - 十七世
        - 長公來 係小妹次子
        - 長公館

永伯

十六世

長君川

次君米

三君酣

四君族

五君示 出繼愚伯

六君吻

十七世（君川）

次公同

三公心

四公再

十七世（君米）

長公寄

次公瓦

十七世（君酣）

長公量

烈伯
十六世
長 君煥
十七世
長 公聲

豹伯
十六世
長 君井
十七世
長 公枝
次 君溪

亨伯
十六世
長 君金
十七世
長 公匾
次 君添

愚伯
十六世
長 君示 永伯五子承繼

志伯
- 十六世
  - 長君品（出嗣林家）
    - 十七世
      - 長公臭
  - 次君寶

夜伯
- 十六世
  - 長君梅

尋伯
- 十六世
  - 長君梅（奉祀夜伯）
    - 十七世
      - 長公掌
      - 次公鑒
      - 三公得

髻伯
- 十六世
  - 長君次
    - 十七世
      - 長公柑
      - 次公別

敬伯

十六世

長君滿

次君昌

三君時

四君號 無娶

十七世

長君滿：長公織 幼殤　次公紅　三公貢

次君昌：長公禮

三君時：長公角　次公德　三公近　四公卓

詮伯
十六世
長君盞

惜伯
十六世
長君呼
十七世
長公國

次君約
十七世
長公國奉祀君呼

三君儼

四君平

五君尾

傑伯
十六世
長君添

次君紂

氏世譜圖

三君悉

十六世
長君浮　保等侯　承繼孫

十七世
長公宗

十八世
長振淅

淡伯

十六世
長君覺
次君成

喜伯

十六世
長君容
次君葉

十七世
長公水
次公木　出繼君有

厚伯

十六世
長君有

十七世
長公木

廟伯 —— 十六世 長君得 無傳

能伯 —— 十六世 長君執 —— 十七世 長公泉

十六世 長君騫 係店侯承繼孫 —— 十七世 長公爽

風伯 —— 十六世 長君自 無傳

意伯 —— 十六世 長君聲

湖伯 —— 十六世 長君軍 寬伯長子承繼

寬伯
- 十六世
  - 長君軍 出繼湖伯
  - 次君返
  - 三君丁
  - 四君進

湍伯
- 十六世
  - 長君貴
    - 十七世
      - 長公尾
  - 次君鳳

剝伯
- 十六世
  - 長君益 住在內田

北伯
- 十六世
  - 長君教

達伯 — 十六世
長君丙 奉祀趂伯

造伯 — 十六世
長君圭
次君得

洪伯 — 十六世
長君甚
次君雹 俱無傳
三君連

濕伯 — 十六世
長君統
次君瓏
三君國

彩伯——十六世
長君銃

傑伯——十六世
長君貴
次君江

繼伯——十六世
長君深
次君蛟

悄伯——十六世
長君桂
次君祥 住灌口

緞伯——十六世
長君葉

隔伯

十六世
- 長君蹄
  - 十七世
    - 長公漢
    - 次公寃 出繼君電
- 次君蚵
- 三君鎗 出繼綠伯

花伯

十六世
- 長君擧
- 次君簿

炭伯

十六世
- 長君九
- 次君上
- 三君料 出繼麵伯

陳氏世譜圖

四君靚
五君樌

拈伯
十六世
長君乞
次君鑽

麵伯
十六世
長君料 炭伯三子承繼

綠伯
十六世
長君鎗 陽伯三子承繼

長君欉
十七世
長公掖

（接前頁）
次公鵝
三公屋 出繼君邊

沙伯
十六世
次君邊
十七世
長公屋 君欉三子承繼
次公猛 皆早世無傳
三公普

嚷伯
十六世
長君趖
十七世
長公浪
次公團 倶在台
三公達
次君𣋽 無傳

二百

- 三君卞
  - 十七世
    - 長公佑
    - 次公與
    - 三公徹
- 謗伯
  - 十六世
    - 長君輝
      - 十七世
        - 長公錄 君唱次子承繼
- 呼伯
  - 十六世
    - 長君唱
      - 十七世
        - 長公榮 奉祀君犁
        - 次公錄 出繼君照
    - 次君犁
      - 十七世
        - 長公榮 君唱長子承繼

三君棚 —— 十七世 長公培

四君染 字布青 —— 十七世 長公培 出繼君棚

咱伯 —— 十六世 長君潭 出繼恁伯；次君墻

恁伯 —— 十六世 長君潭

㩜伯 —— 十六世 長君瀑

相伯 —— 十六世 長君噹 住下碸坑鄉

陳氏世譜圖

次 君壬

文乾

二十世

長 維帕

文柿

二十世

長 維壽

廿一世

長 治別

次 維實 文樸長子承繼

文樜

二十世

長 維散

次 維庚

三 維淵

一百十五

四維海

文樸
二十世
長維實出繼文柿
次垂蘭

文淋
二十世
長維獻
二十一世
長治才
次維吉

文棣
二十世
長維獻出繼文淋
又維會
三維根
四維加

文獅——十二世——長維昌

文志——十二世——長維添
　　　　　　　　次維贊

文塗——十二世——長維炒（出繼文通）
　　　　　　　　次維陛

文通——十二世——長維炒

文漳——十二世——長維鼓

次維鑼
三維長 出繼文旋

文旋 二十世
長維長

文固 二十世
長維田

文琚 二十世
長維浦 出繼文生
次維楫

文廞 二十世
長維沙 出繼文生
次維道

文生
十二世
長維浦 文琚長子承繼
次維沙 文厥長子承繼

文塢
十二世
長維顧
次維中

文洽
十二世
長維貞
次維堅

文枰
十二世
長維雹 文活三子承繼

長維弁

文活
二十世
次維鎖
三維雹 出繼文枰
四維彩
五維迎

文所
二十世
長維言

文窗
二十世
長維相 出繼振綸
次維寨 出繼貞姑
三維言 出繼文所
四維信

陳氏世譜圖

五維辰

文俊 世十二
長維心
次維詮

文清 世十二
長維波

文韜 字文六 名兆祥 世十二
長維喬 出繼文温
次維庚
三維燾
四維蕙

一百十八

文温 —— 十二世 長維喬 文韜長子承繼

文雄 —— 十二世 長維湯 次維 三維

文令 —— 十二世 長維明 次温桼 俱早亡

文土 在梹榔嶼卒 —— 十二世 長水郊

文鎮 —— 十二世 長清嫖 文諧長子承繼

文諧 —— 二十世 長清嫖 出繼文鎮

文洄 業儒 —— 二十世 長維謀 早世

文寮 —— 二十世 長維丕 出繼文鄒

文淫 —— 二十世 長維本 出繼文兊

文兊 —— 二十世 長維本

文鄒 —— 二十世 長維丕

文爽——廿二——長 維畧 幼殤
　　　　　　　次 維瓦

文舵 徙居噴叻——廿二——長 維翁
　　　　　　　　　　　次 維浸 早世
　　　　　　　　　　　三 維石

文能——廿二——長 維灌 出繼文虎

文虎——廿二——長 維灌

文杯 — 世十二 — 長維丹

文氷 — 世十二 — 長維灘　次維丹出繼文杯

文舜 — 世十二 — 長維井

文尋 — 世十二 — 長維象　次維追　三維霞

文斬 — 世十二 — 長維銚

文拿
二十世
長維

文坂
二十世
長維鋤
次維格

文甜
二十世
長維印

文布
二十世
長維

文策
二十世
長維不
次維筋

文繫
世十二
長維樹

文良
世十二
長維疊
次維流
三維盆

文點
世十二
長維應出外
次維每
三維縛出繼文沙
四維澤
五維怨

六維滾

七維把

文老 世十二

長維好

次維渥 出繼文沙

三維再

四維窕

五維凉

六維狡

文盛 字如松 世十二

長維迎

次維尚

三甘棠

四維善

五維經

六維爕

文糖

十二世

長維遹

次維碟

文沙

十二世

長維縛文點三子承繼

次維渥文老次子承繼

陳氏世譜圖

文喜 守慶燕 —— 廿二世：長維、次維

文川 —— 廿二世：長維楨、次維薑、三維棠

文樾 —— 廿二世：長維高

文鎮 —— 廿二世：長維心、次維葉

文克——二十世——長維章　次維共　三維謦

文忽——二十世——長維重

文評——二十世——長維重出繼文忽　次維欄

文願——二十世——長維城

文潤——二十世——長維醋

次維桑

文喬 字棵材

二十世

長維澗

次維

文淫

二十世

長維

文砌

二十世

長維杭 出繼文莉

次維超

文莉

二十世

長維杭

文笨

二十世

長維旺

廿一世

長治寛 承繼維丞長子

東……譜

二一三四

文成

二十世

長維全 出繼文宴

次維閏

三維轂

四維祥

五維脯

次維丕

廿一世

長治寬 出繼維旺

次治化 出繼王家

三治信

四治道

五治敏 出繼維全

文宴

二十世

長維全

廿一世

長治敏

文豔

二十世

長維易

次維淺

三維記

文抹

二十世

長維吉

次維迎

三維士

四維開

文於
世十二
長維福
次維撥
三維建

文吃
世十二
長維翻 出繼文磡

文磡
世十二
長維翻

文闇
世十二
長維壇
次維賁

文伴 —世十二— 長維圖 出繼文知；次維樟

文知 —世十二— 長維圖

文晏 —世十二— 長維鏡 幼殤；次維注

文椿 —世十二— 長維寅；次維銳

文契 —世十二— 長維

陳氏世譜圖

文照 —— 二十世 長維彩

文相 —— 二十世 長維眼　次維帶

文友 —— 二十世 長維厥

文養 —— 二十世 長維彩 出繼文照

文洗 —— 二十世 長維丕

文程 —— 二十世 長維盆

次維詠

文宰 — 世十二 — 長維笨

文黜 — 世十二 — 長維

文格 — 世十二 — 長維 次維

文緣 — 世十二 — 長維

文讚 — 世十二 — 長維

文返——廿二 長維

文呆——廿二 長維螺　次維清

文換——廿二 長維足　次維盾

文根（住岳口）——廿二 長維有　次維度

文卜——廿二 長維龍　次維猷

——長治三

文達
十二世
長維攀

文潤
十二世
長維清
次維祿 文點次子承繼

文肯
十二世
長維田

文樹
十二世
長維釵
　長治浩
次維墻
三維園 出繼文呼

文襯
十二世
長維泉
次維戎

一百三十八

三維

文咩
十二世
長維園 文樹三子承繼

文添
十二世
長維渥
次維錠

文桂
十二世
長維蘭
次維福
三維輝 皆在台
四維欽
五維彪 出繼文發
六維錦

文宴 — 二十世 — 長維篇

文發 — 二十世 — 長維彪 文桂五子承繼

文朮 — 二十世 — 長維氷
次維濯 奉祀伯祖振寬
三維均

文約 字守仁 — 二十世 — 長維坪 — 廿一世 — 長治道
次治潘 奉祀維妙
次維趲 文員次子承繼

文尋 字文直
- 十二世 長 維體
  - 十一世 長 治港 奉祀維妙

文情 偏生 字訓禮
- 十二世 長 維妙 幼殤
  - 十一世 長 治道 維坪長子承繼
  - 十一世 次 治港 幼殤
- 十二世 次 維健

文盞 字錫智
- 十二世 長 維鶴 字維汀
- 十二世 次 維箕 原名水

文員 字篤信
- 十二世 長 維揺 早世
- 十二世 次 維趲 出繼文約
- 十二世 三 維箕 出繼文盞

文舉——長維月往廈門住北門外

文魚——世十二

長維樟

次維西

三維輕

文鉎——長維顯出繼文獵

次維棊俱幼殤

文獵——長維顯

文螺——長維霈

文英——長維墻文筆次子承繼

陳氏世譜圖

一百

文筆 十二世
長 維木 幼殤
次 維墻 出繼文英

文湍 十二世
長 維跉

文兩 十二世
長 維埕

文悻 十二世
長 維跉 出繼文湍
次 維埕 出嗣文兩

文派 十二世
長 維金 出嗣振寄

文諜 十二世
長 維降 出繼文賜

次維瑞

文賜
世十二
長維降

文茅
世十二
長維翁

文雍
世十二
長維梨
次維廠
三維嘷 出贅溪邊
四維東 文冉長子承繼

文出
世十二
長行來 出繼文梈

次 維歎

三 維栢

四 維門

文榜 —— 二十世

長 行來 文出長子承繼

文冉 —— 二十世

長 維東 出繼文雍

次 維垻 奉祀叔祖振邠

文會 —— 二十世

長 維續

次 維阮 幼殤

三維鑒 幼殤

文棕
世十二
長維渺
次維薰 出繼文樣

文樣
世十二
長維薰 幼殤

文着
世十二
長維進 現在台

文闈
世十二
長維

文團
世十二
長維泮 邑庠生 文介三子承繼
世廿一
長治庚
次治釜 奉祀維石

文源

二十世

次 維謨 文畏次子承繼

長 維澤

文紹

二十世

長 維銅 文旦次子承繼

次 維石 邑庠生 文介長子承繼

廿一世

長 治涯 早世無娶

次 治淅

三 治從 維端長子承繼

四 治清 維楝長子承繼

五 治釜 維泮次子承繼

三 維燕 文畏長子承繼

文畏 鄉賓字懷德 名安仁

二十世

長維燕 奉祀文紹

次維謨 奉祀文園

維燕 廿一世

長治衙

次治宗

文欽

二十世

長維其

文旦

二十世

長維端

次維銅 出繼文紹

三維讀

維端 廿一世

長治從 奉祀維石

次治民 原名冀

維讀 廿一世

長治蜜 奉祀維棟

十二世　文介　五品軍功字景福　名安貞

長維石　邑庠生字維巖　榜諱修樓奉祀文紹　廿一世

次維棟　字維棵　奉祀文蕉　廿一世

長治涯　早世無娶

次治淅

三治從　維端長子

四治[illegible]　維棟長子

五治釜　維泮次子

長治清　奉祀維石

次治籠　幼殤

三治木　奉祀維圭

四治螀　維讀長子承繼

文蕉

二十世

三 維洋 邑庠生 字維獻 榜名修孟 奉祀文團

四 維圭 邑庠生 字維達 榜諱修璋

五 維煜

長 維棟 字維梁 文介次子

廿一世

維洋：長 治庚 奉祀維圭；次 治釜 奉祀維石

維圭：長 治烈

維棟：長 治清 奉祀維石；次 治籠 幼殤；三 治木

陳氏世譜圖

次維米

四治銮 維讀長子承繼

文韶

二十世

長維米 奉祀文蕉

文騧

二十世

長維實

文答

二十世

長維實 奉祀文騧

廿一世

長治江

長維武 字乃文

廿一世

長治通 改名曉

一百四十四

文漂 字碧川

世十二

次維潑 字曉如

三維誥 字克明

文騰

世十二

長維符

# 東溪陳氏世序

一世祖東埜公諱大臨葬本山中山仔坐西向東后有石形如獅口右四十餘步有屈曲石環抱狀如獅脚今墳堆平成堀中有一圈綠草至冬不凋與妣張氏合葬俱傳十二月十八日忌諱生一女諱英一子號九麓山

二世祖九麓山諱登字景高東埜公之子也葬本山九躍山坐東向西前有娘仔石此石今已廢墜石有蔭堆一所與妣合葬此墳週圍七十餘步三面俱有連環石為界惟前一面至路為界近有頑孫盜佔

祖地經裔孫錫麟控告在按歷數任而按方定着現已勒石嚴禁
願子孫世守勿失也俱傳十二月十八日忌諱生一子真德
三世祖真德九麓山公之子也　誥贈文林郎妣林氏　贈太宜人合葬
本處后山坐辛向乙公十二月十一日忌諱妣十二月初一日忌諱
生二子長澹齋次隆齋
四世祖澹齋諱惠字民懷明明經進士任錢塘主簿真德公長子也妣
呂氏謚孝慈合葬溪中虎墩山坐北向南后有土墩七個相隨勢如
猛虎亦名七星墩公七月初六日忌諱妣十月廿一日忌諱生五子
長克進次克明三克似四克迪伍克封分仁義禮智信為序

仁房派

克進號龍敬澹齋公長子也妣合塋礫内坪敬上坐西向東公五月二十

日忌諱妣因海氛失記生一子宗冕

宗冕諱琬龍敬公之子也葬祥路杜橋赤蘭林塚山中坐東向西公八月

初一日忌諱妣合葬因海氛失記生一子良緌

良緌宗冕公之子也生弘治戊申年九月廿六日辰時卒嘉靖辛酉年十

月十五日妣彭氏因海氛失記合葬本鄉去思碑後坐西向東面前

即龍敬公葬處生一子周禎

周禎諱友麟號面沂良緌公之子也生正德戊寅年七月廿九日卒嘉靖

壬戌年正月廿九日妣慎直劉氏生正德己卯年十月初三日卒嘉
靖甲子年二月廿七日合葬本處圳上崙羊抱坐　向　生三子長
應賓次應陽三應坤

仁房長派

應賓諱懋業號金亭周禎公長子也生嘉靖庚子年正月初八日丑時卒萬曆辛卯年十二月十九日申時妣黄氏仁德里洪塘頭環山長女生萬曆壬寅年三月初四日戌時卒萬曆壬戌年四月十三日巳時繼妣孝慈洪氏生嘉靖丙午年二月初九日申時卒天啟甲子年十一月廿八日午時合葬本處后山坐辛向乙生一子爾法

爾法諱祖華號隱竹應賓公之子也生萬曆丙子年八月初二日寅時卒崇禎己巳年二月廿九日寅時妣姓忌諱因海氛失記合葬本處后山應賓公墓邊生一子嘉垣

嘉垣諱台良號寮德爾法公之子也以曾孫佳侯例貤封誥贈武功將軍
生萬曆甲辰年九月廿二日午時卒康熙癸亥年六月廿六日未時
時葬本處圳上山坐東北向西南娶兩妣慈懿莊氏生萬曆甲辰年
九月廿六日卒己亥年五月初三日葬尾寮山夾石中坐辛向乙兼
戌辰慈勤劉氏生萬歷己酉年四月廿六日卯時卒康熙壬子年三
月初一日辰時葬長興里竹垻山崙坐乙向辛兼辰戌例俱應貤封
誥贈夫人共生七子長子庥次子縣三子章四子興五子達六子仁
七子李

子庥名榜玉璋嘉垣公長子邑庠生也以孫例誥贈武功將軍生天啟乙丑

年十二月初九日卒康熙癸亥年七月十八日妣葉氏例誥贈夫人
生順治戊辰年十二月十二日卒康熙辛卯年十二月十二日合葬
本處後壁莿園坐西向東子基體係于仁公長子承繼

于縣字簪錫號衷厚嘉垣公次子處士也生崇禎戊辰年正月初六日卒
康熙乙巳年四月廿四日妣惠淑呂氏生崇禎辛未年六月初六日
卒康熙乙巳年五月十六日合葬本處九株松埕頂坐西北向東南
生二子長基本次基行

于章榜名彝璋嘉垣公三子邑庠生也生崇禎庚辰年九月十七日卒康熙
己未年五月廿八日葬本處圳上坐東北向西南妣因海氛失記生

十子基巖居五顯宮鄉

子興諱起名建璋嘉垣公四子處士也生崇禎癸未年三月廿二日辛雍正丙申年五月廿七日塟本處營頭大路頂坐甲向庚兼夘酉妣趙氏馬塘趙厝人生順治丙戌年七月十四日辛康熙丙戌年十一月初四日葬許宅鄭厝墓右肩上坐東向西生三子長基總次基向三基茲

子逵諱雲璋號光業嘉垣公五子處士也生順治乙酉年六月初九日寅時卒康熙丙申年四月二十日寅時葬義娘廟前許宅墓臨田坐寅向申兼甲庚妣慎勤蔡氏大溪人生順治庚寅年九月初十日卒雍

正丙午年七月初五日葬本處后山壠上坐丁向癸兼午子生五子長基日次基植三基柄四基明五基宣　基宣生康熙癸酉年正月初七日巳時卒康熙癸巳年六月廿四日酉時早亡葬圳上五里后坐北向南無承繼有祀業

于仁字居仁謚元瑋嘉垣公六子也以出嗣孫隆例誥贈武功將軍生順治戊子年二月十五日卒雍正乙卯年四月廿六日葬后塘頂妣賢淑張氏大墩泮塘人例誥贈夫人生順治己丑年四月十三日十雍正庚戌年六月廿三日葬蔡厝山坐西向東生五子長基體出繼子床次基洽三基振四基運五基普

子季諱騶號琬璜嘉垣公七子處士也生順治癸巳年正月二十日卒乾隆元年五月廿三日葬本處王厝墓頂坐卯向酉兼乙辛妣林氏銅魚館人生順治己亥年九月初九日卒乾隆庚申年四月初五日葬九鼇山坐甲向庚兼寅申生二子長基業次基峻

基體名體國號嚴齊于仁公長子承繼于床公也以子佳侯勅贈武信佐郎例誥贈武功將軍生康熙戊申年六月廿六日午時卒康熙壬寅年六月十三日巳時享壽五十有五歲葬營後山坐卯向酉兼甲庚分金丁卯丁酉妣莊氏謚慈懿祥露人勅封安人例誥贈夫人生康熙己酉年七月初五日巳時卒乾隆戊午年四月廿二日酉時葬金門

上坑東山塔仔下坐巳向亥兼巽乾分金丁巳丁亥生五子長奏俟
次貢俟三質俟四佳俟五相俟
基本于猷公長子也生卒年月塟處及妣姓俱失記生一子良俟往臺
基行字維基于縣公次子也生順治辛巳年九月初六日卒康熙丁酉年
四月廿六日塟岳后山烏牛頭妣姓失記六月十九日忌諱生一子
由俟
基嶶諱輝國于章公之子也十一月十二日忌諱妣林氏合塟成化里山
埔地後生四子長熙俟次棣俟三新俟四序俟
基總于興公長子也生

基向于興公次子也生康熙甲子年二月十二日卒雍正戊申年四月十
四日與弟基茲合葬石坊邊公館后坐西向東妣林氏生康熙
年　月　日卒　　年　月　　日葬山仔尾坐　向　生
三子長老侯次思侯三科侯
基日字鳳朝于達公長子處士也生康熙庚戌年十月十三日卒乾隆己
未年十一月廿二日葬竹垻幢播山帶尾臨田坐癸向丁兼丑未妣
慈德孫氏本鄉人生康熙癸丑年六月廿九日卒乾隆己丑年六月
廿三日葬長興里后壠保班鳩山坐艮坤寅申分金辛丑辛未有誌
銘生三子長孟侯次盤侯三鑒侯

基植諱曜于達公次子也生康熙癸亥年九月廿二日卒乾隆癸未年十月十一日葬岳后望斗山坐艮坤丑未妣惠勤王氏生康熙丁卯年五月十六日卒乾隆壬午年二月初六日葬小溪山灣坑上尾湖坐庚甲兼申寅生三子長及侯次補侯三煥侯

基柄諱斗號國寶于達公三子也生康熙乙丑年十二月初十日卒康熙戊戌年正月廿二日葬本處相仔園坐卯酉乙辛妣郭氏浦邊人生康熙戊辰年七月廿九日卒乾隆戊午年三月初六日生二子長元侯次嚴侯

基明于達公四子處士也生康熙己未年卒乾隆癸巳年正月廿七日忌

諱塋五里后坐西向東妣蕭氏諱爵官馬巷人生康熙癸酉年十二
月廿三日巳時卒乾隆丁巳年十一月初二日子時葬梨仔后坐北
向南内向壬丙兼亥巳外向亥巳兼壬丙生四子長梅侯次桂侯三
椿侯四壬侯
基洽于仁公次子處士也生康熙丁巳年正月初二日卒雍正戊申年四
月初三日葬本鄉許宅竿抱坐壬丙亥巳妣朱氏生康熙戊午年六
月初二日卒乾隆癸酉年三月二十日生二子長賀侯次廷侯
基振諱衷于仁公三子處士也生康熙戊午年六月十二日卒乾隆癸酉
年六月十四日塋埔坪坐南向北妣張氏大登洋塘鄉人生康熙丁

卯年十月初一日卒乾隆己卯年三月廿七日塟本鄉山仔尾與子
庇侯合壙坐艮坤丑未生四子長庇侯次永侯三壽侯四房侯（出継長房二基崴）
基運于仁公四子也生康熙庚申年九月初十日卒乾隆甲申年十月廿
七日塟高文嶺義娘廟前左邊坐亥已乾巽妣薛氏生康熙丙寅年
五月二十日卒乾隆己卯年閏六月十七日塟許宅中坐丑未癸丁
生二子長遇侯次森侯
基普于仁公五子也生康熙甲子年十二月初一日卒康熙丙申年七月
初一日塟東宫承天府鬼仔山妣　氏生一子齊侯
基業諱先于季公長子也生康熙乙卯年十一月初八日卒乾隆庚午年

九月十四日塟許宅坐丑未癸丁妣吳氏生康熙戊午年二月十九日卒乾隆壬申年七月十八日塟龍舌山内坐艮坤寅申外艮坤丑未生三子長聯侯次宗侯三箸侯

基峻諱卓號萬順于季公次子也生康熙甲戌年五月十八日卒乾隆戊寅年二月十九日妣思勤林氏井頭人生康熙丁丑年六月初四日卒乾隆戊寅年二月初十日塟本處水尾坐巽乾巳亥生四子長藩侯次綽侯三賢侯四哲侯

奏侯字君愷號大集基體公長子也以孫志遠　例貤封勑贈奮武校尉邑稱豪傑族賴棟樑妣慈德蘊氏　例貤封勑贈孺人公生康熙甲

戌年十月十三日酉時卒乾隆癸酉年四月初九日酉時塟安嶺保西洋鄉土名王厝崙坐辛乙戌辰妣生康熙丁丑年四月初十日卯時卒乾隆辛丑年十月十二日戌時與子執伯合塟中山仔坐北向南生三子長昌伯（出繼貢侯）次奆伯三執伯又側室王氏生康熙戊戌年十二月廿九日酉時卒乾隆乙未年正月初三日酉時塟在烏牛頭

貢侯字大成基體公次子處士也生康熙丁丑年十二月十一日寅時卒康熙庚子年六月十七日未時塟苧溪內東宅鄉新墓后梳粧湖坐坤艮未丑早亡無娶承繼子昌伯

質侯字大彬基體公三子也生康熙庚辰年十一月廿二日卒雍正庚戌

年六月十三日塟高文嶺許宅中坐丑未癸丁分金丁丑丁未妣吳
氏生康熙癸未年三月初四日卒乾隆庚寅年十月廿九日塟本處
后塘頂坐酉卯庚申分金丁酉丁卯生二子長熾伯次謀伯
佳侯官名隆字君長號榕圃基體公四子也由兵部正途授廣東龍門總
兵官又授高州總兵官又授南澳總兵官秉性剛直輕財重義削除
口例通省沾恩監造戰艦多忤奸人公生康熙甲申年九月廿一日
戌時卒乾隆辛卯年九月初六日寅時享壽六十有八歲塟在埔尾古坑五腦山前虎
欖山俗號金山仔坐丁癸午子先妣端靜郭氏諱兩后村人勅封
安人例誥贈夫人生康熙丙戌年正月初十日午時卒乾隆甲子年六

月初一日午時塟苧溪內赤崎頭鄉后茂草洋坐壬丙子午繼妣端篤許氏閩縣人勅封安人例贈夫人生乾隆丙辰年二月十八日卯時卒嘉慶辛未年五月十八日午時塟大媄鄉後下占山仔坐癸丁子午又室端柔童氏惠安人名友生雍正甲寅年二月廿八日卒嘉慶甲子年十二月初九日申時塟榕溪後烏窓內坐坤艮未丑共生三子長六伯次朝伯郭氏出 三槐伯童氏出

相侯榜名大烈字君佐號榕軒基體公五子邑武生也生康熙年月日失記妣許氏謚勤慎生康熙癸巳年三月初三日巳時卒嘉慶丙辰年十一月初七日戌時塟在曾營後生一子寵伯

由侯基行公之子也生康熙壬子年九月十二日卒康熙甲午年七月十九日妣合葬后山生一子佑伯往吧

熙侯基徽公長子也生順治丁酉年六月初三日卒乾隆己未年六月十三日葬梵天山獅嘴口坐夘酉辛乙妣藴氏生康熙乙酉年七月初六日卒乾隆癸酉年十一月廿六日葬塚山中崙尾生一子疑伯

棣侯基徽公次子也　生二子長衷伯止次韜伯

新侯基徽公三子也十一月十四日忌諱生一子賜伯

序侯基徽公四子也　生二子長等伯次敬伯

悅侯基總公長子也生康熙庚辰年十一月廿一日卒乾隆辛未年三月二十日妣趙氏馬塘趙厝人生康熙丙戌年十月初二日卒乾隆辛未年八月十六日兩穴並坐埜山仔尾坐壬丙亥巳生一子聽伯

圭侯基總公次子也生康熙己亥年四月十九日卒乾隆甲寅年正月十一日妣王氏生雍正乙未年四月十一日卒乾隆丙午年五月廿四日與公並坐埜歐坑路坐東向西生一子外伯

老侯基向公長子也生康熙甲午年十一月廿一日卒乾隆己酉年五月十三日埜烏石頭鳳梯墓東屏月眉口坐東向西妣仝氏生康熙乙未年十二月廿四日辰時卒乾隆庚申年五月初四日未時與公合

塋生二子長堅伯次覡伯

思侯基向公次子也生康熙戊戌年卒乾隆甲辰年九月十一日忌諱塋
山仔尾前坐丑未艮坤娶曾氏龍堀人生六子長拱伯次會伯三典
伯四帝伯五悟伯六媽伯

科侯基向公三子也生月失記卒乾隆壬寅年六月廿四日未時塋山仔
尾坐甲庚寅申妣諱前娘生月失記卒乾隆四十九年六月十九日
酉時塋後埔坐東向西無傳

孟侯字廷猷基日公長子也生康熙壬午年四月初五日午時卒乾隆壬申
年正月初五日未時塋義娘廟后白馬山墓在白石内向壬丙亥巳

外向壬丙子午有誌銘先妣慎勤許氏生甲申年辛辛酉年三月十十一日塟歐坑路頂梨仔后坐壬丙亥巳繼妣敬勤原氏生康熙癸巳年七月十五卒嘉慶己未年三月初七日卯時塟鰲頭山御史嶺俗號磚仔墓坐乙辛卯酉左邊班鳩山即母孫氏塟處生四子長極伯次軌伯三篬伯四涵伯

盤侯字大羆謚廣文基日公次子也生康熙乙酉年四月初八日卒乾隆甲午年正月廿九日塟王厝墓后坐未丑丁癸分金丁未丁丑妣慈儉林氏塘頭人生康熙丙戌年十二月初十日卒嘉慶庚申年八月廿一日葬王厝墓后坐酉向卯庚申分金丁酉丁卯生四子長謙伯次賞

伯出繼鑾侯三請伯四誼伯

鑾侯字大士基日公三子也生康熙戊子年八月初二日卒雍正癸丑年九月初五日塟許宅于達公墓邊分金庚寅庚申妣嶺下葉氏諱合娘未週年而公逝謚慈和甘心守節未有男嗣立盤侯次子為繼撫養成立生康熙辛卯年六月十三日卒乾隆甲辰年十月廿一日塟烏牛頭山后坐寅申甲庚承繼子賞伯

及侯基植公長子也生康熙丙戌年十一月廿八日卒乾隆丁丑年九月十日葬本處后埔坐癸丁丑未妣紀氏生康熙丁亥年十二月初二日卒乾隆乙丑年十月初四日俱塟后埔坐艮坤丑未生一子亶伯

補侯字大純基植公次子也生康熙癸巳年七月十三日卒乾隆乙未年四月廿五日妣吳氏生康熙癸巳年十月初八日卒乾隆丙申年正月十五日合葬本處歐坑路坐乾巽戌辰生三子長珏伯次琅伯三瑞伯

煥侯基植公三子也生雍正丁未年十月初九寅時卒嘉慶癸　年七月十五辰時娶許氏生雍正丙午年十一月初六日未時卒嘉慶壬戌年十二月十九子時合葬義娘廟前路頂坐西向東生三子長吻伯次鄙伯三瓊伯

元侯字士魁基柄公長子也生康熙己丑年二月廿三日卒乾隆乙未年六

月十七日塟梨仔后内向壬丙巳亥外向巳亥壬丙妣紀氏后寨人
生康熙己丑年十月十八日卒乾隆丁卯年四月初七日與公合塟
繼妣楊氏生康熙丁酉年正月廿一日卒乾隆庚戌年七月十七日塟
相仔園坐東向西生二子長御伯晏伯
儼侯字士望基柄公次子也生康熙丁酉年十二月初八日卒乾隆丁酉
年五月初八日塟后坑路坐乾向巽兼亥巳分金庚戌庚辰妣郭
氏生康熙辛丑年正月初十日卒乾隆癸卯年二月初五日塟山
仔尾與長子栁伯並坐乾巽亥巳分金生二子長栁伯次團伯
梅侯字士松基明公長子處士也生康熙癸巳年十一月十五日卒乾隆

己夘年十月十五日葬本處王厝墓后坐北向南妣孫氏前街人生
康熙甲午年七月十一日卒乾隆庚戌年四月廿七日葬許宅坐東向
西生四子長璉伯次瑕伯三琛伯止四瑱伯
椿侯基明公三子也葬山尾前坐北向南娶蔡氏諱亮娘大溪人生乾隆
癸酉年五月廿三日酉時卒嘉慶乙丑年六月十五日子時生一子
筆伯
壬侯基明公四子也生康熙乙巳年卒乾隆戊申年七月二十日寅時妣
葉氏上宅人諱蓝官生乾隆癸亥年九月十三日卒道光甲申年五
月廿七日未時合葬本處山仔尾坐東向西生二子長苗伯次寶伯

賀侯基洽公長子也
廷侯基洽公次子也
永侯字德興基東公次子也生康熙癸巳年八月廿二日卒乾隆戊申年
十二月十二日葬中山仔尾坐庚甲申寅妣李氏龍鬚人生康熙丙
申年九月廿八日卒乾隆庚辰年十二月初三日葬后山公路邊坐乾
巽亥巳生二子長蹇伯次矯伯
壽侯基東公三子也生康熙辛丑年二月初五日卒乾隆甲戌年八月十
六日葬圳上坐東向西妣孫氏本鄉人生雍正甲辰年四月初三日
卒乾隆甲寅年六月十三日葬中山仔頂坐丑未癸丁生一子權伯

遇侯基運公長子也生康熙丙戌年十一月十三日卒乾隆己卯年四月廿五日塟本處后巷坐丙壬午子生康熙己丑年八月初一日卒乾隆己卯年六月廿四日塟后山坐丙壬午子生三子長烈伯次重伯三積伯

森侯基運公次子也生康熙癸卯年六月十一日卒乾隆癸巳年二月十六日合祖墳塟高文嶺義娘廟前左邊坐亥己乾巽妣郭氏田厝鄉人生雍正壬子年七月廿九日卒嘉慶癸亥年三月初七日塟龍舌仔頂坐北向南生三子長炳伯次湄伯三炎伯

齊侯基普公之子也生康熙四十九年九月初五日卒乾隆二十四年七月十八日塟臺灣漳化縣重臺庄四塊厝埔中妣李氏生康熙癸未

東氏世譜

年十二月十九日卒乾隆丙午年二月初十日生一子勇伯

聯侯基業公長子也生康熙己卯年卒乾隆辛酉六月廿三日葬許宅坐壬丙子午妣林氏生康熙壬午年卒乾隆己亥年十二月十三日俱葬許宅坐亥己乾巽生一子鑽伯

臧侯基業公次子也生一子奠伯往臺

著侯基業公三子也生康熙丙戌年八月初七日卒乾隆庚子年三月初九日葬義娘廟前坐酉卯乙辛妣　生二子長逢伯次白伯

藩侯字尊德基圳公長子也生康熙庚寅年七月初八日卒乾隆戊申年六月十五日葬烏窓山頂坐北向南娶　氏生四子長金伯次全

伯三朕伯四臨伯

綽侯基俊公次子也生雍正丙午年三月十一日卒乾隆庚申年十一月廿二日妣洪氏營邊人生乾隆丁卯年五月初十日卒乾隆戊申年三月廿日葬烏窓尾坐庚申申寅生三子長定伯次突伯三寅伯

賢侯基俊公三子也生雍正戊申 年九月廿五日卒乾隆戊申年四月初五日葬水尾坐北向南先妣林氏生康熙辛酉年正月廿九日卒乾隆己丑年十二月十四日俱葬水尾坐午子丁癸繼妣黄氏諱聽官生乾隆乙丑年六月十六日未時卒道光己丑年二月初九日未時葬許宅坐壬丙子午分金辛亥辛巳生六子長受伯次邁伯三漸伯出繼哲侯

俱林氏出四訓伯五謙伯六萃伯黄氏出

哲侯號士智基俊公四子也生雍正壬子年四月廿一日卒乾隆戊申年二月初八日塟水尾坐北向南妣黄氏后田人生乾隆戊午年十月初十日卒嘉慶辛酉年七月初七日俱塟水尾内向乾巽戌辰外向丙壬巳亥二子長漸伯係賢侯三子次初伯

奎伯字士揚號元捷奏侯公長子也生雍正乙卯年七月初二日丑時卒乾隆乙酉年二月廿六日辰時塟白興寨山坐北向南妣彭氏諡恭懿彭厝鄉人生乾隆丁巳年三月初六日丑時卒乾隆戊子年正月十一日辰時塟本處石坊邊公館后地内子君茅早亡君淳係乾伯次子承繼

執伯字希健號元健奏侯公次子也以長子例贈奮武校尉生乾隆戊午
年六月初二日亥時卒嘉慶丙辰年十月初五日寅時妣柔順葉氏
西洋人例贈孺人生乾隆戊午年正月十七日卒乾隆戊申年正月
十五與母合葬中山仔坐北向南生五子長君諶次君淳出繼奎伯三君濟
四君潭五君沭

昌伯號元㮚貢侯公之子也生康熙庚子年十一月廿四日酉時卒乾隆己
亥年三月初八日酉時葬中山仔妣蔡順康氏生雍正乙巳年五月
初四日前時卒乾隆乙酉年八月初七日卯時葬郭山后馬塘山后
母石坐辛乙戌辰生二子長君獻次君秀

熾伯字士熾質侯公長子也生雍正乙卯年三月十六日卒乾隆癸酉年四月初五日塟雪山岩芥菜湖芝仔崙坐子午壬丙承繼子

謀伯字士策質侯公次子也生康熙乾隆丁巳年九月廿五日辰時卒嘉慶辛酉年十月初一日丑時塟後塘坐庚甲申寅分金丙申丙寅八妣吴氏石碍人生乾隆辛酉年九月初九日酉時卒道光壬午年六月卅日亥時塟山仔尾後坐坤艮申寅又側室符氏生乾隆丁丑年正月十五日辰時卒道光壬午年八月十四日酉時塟埔坪頂共生六子長君博次君衲三君裃四君褊吴氏出　五君衿六君袴符氏出

六伯字毓週號西池佳侯公長子也以子勅封武信騎尉二十七齡失偶

一生玉潔為人誠懇世稱為魯子敬公生乾隆己未年五月十八日
卒嘉慶己未年正月十二日 妣生乾隆己未年正月十五日卒乾隆
乙酉年四月廿九日合塋本鄉埔坪坐東北向西南生二子長君蓮
次君瑞一女名琨嫁大鞍邵兜官

朝伯名榜定邦字委贄委號墨池佳侯公次子庠武生也以姪貤封勅封武
信騎尉公生平立志整頓鄉閭自少入泮秋闈八科上挑有五臺匪猖
獗 旨下招募蒙邑侯單諭精選義兵進臺立功公生乾隆壬戌年
十二月十六日午時卒道光癸未年七月廿五日未時享壽八十有
二齡塋在本鄉後烏窓虎孔口坐乾巽兼戌辰分金丙辰戌娶孝義洪

氏古山人生乾隆乙丑年八月廿九日卯時卒嘉慶己卯年五月廿六日午時塟在營後鄉甘棠保水吼坑坐甲庚兼卯酉分金庚寅生四子長君珊次君瑚三君珍四君琚又螟蛉一子君修

槐伯字植三號庭池佳候公三子業儒也生乾隆辛巳年十月廿九日巳時卒嘉慶己巳年正月十九日丑時塟在本鄉後山烏窓內坐坤艮兼未丑與母合塋未婚妻葉氏生乾隆庚辰年十一月廿二午時卒乾隆己亥年七月初四申時塟嶺下后潭塔仔山繼娶方氏生乾隆庚寅年七月初九午時卒咸豐戊午年二月廿六未時塟在義娘宮前坐甲庚兼寅申生二子長君瀛次君珠

寵伯相侯公長子也生乾隆丙寅年十一月初四日酉時卒乾隆辛卯年
五月廿三酉時葬在本處雉鷄山烏石頭坐已亥兼丙子妣葉氏生
乾隆丁卯年九月廿六寅時卒乾隆壬寅年四月初八戌時葬在山
仔尾前生二子長君艮次君良

右伯由侯公之子也娶　氏生一子長君紹在吧

欵伯熈侯公之子也三月十一日忌諱葬塚山頭坐北向南妣葉氏嶺下人
諱月娘生康熙辛巳年三月廿六日卒乾隆庚子年十一月十七日葬
十八箱下班鳩墓坐艮坤寅申生一子君箕

等伯序侯公長子也生一子君渡

敬伯序侯公次子也生康熙乙酉年五月十六日卒乾隆己未年九月初三日葬五顯宫中崙坐申寅庚甲妣林氏生康熙壬辰年七月初七日卒乾隆甲申年六月十五日葬五顯宫尾崙坐申寅坤艮生一子君鉦

聽伯名恩聰悅侯公之子也授耆賓先妣魏氏郭坑人無出三月初八日忌諱葬白石山頂坐癸丁丑未繼妣施氏俱郭坑人生雍正癸丑年卒乾隆己亥年十月十四日忌諱葬山頭頂坐亥巳生五子長君紀次君表三君覃四君安五君字續娶蘇氏

外伯圭侯公之子也娶李氏生三子長君允次君量三君難

堅伯老侯公長子也生乾隆甲子年三月廿六日卯時卒乾隆乙卯年八月初五日申時葬在臺娶葉氏諱東娘上宅人生乾隆癸未年七月初八日寅時卒道光壬辰年二月初五日寅時葬在烏石頭下坐乙向申兼酉卯生二子長君水次君利

現伯老侯公次子也先妣方氏繼妣葉氏生一子君座

拱伯思侯公長子也生乾隆辛未年十一月廿五日亥時卒嘉慶庚申年十一月廿二日寅時妣孫氏生乾隆己卯年九月十一日巳時卒乾隆庚戌年七月初四日巳時合葬後埔坐甲寅申分金丙寅申生一子君兵

會伯思侯公次子也生康熙甲戌年七月初八日未時卒乾隆壬寅年十

月初三日午時葬在山仔尾前田墘生寅向申兼庚甲生一子君霸
典伯思侯公三子也生乾隆丙子年十二月初八日寅時卒道光壬辰年六
月初六三日卯時葬烏牛頭白石下坐癸丁兼子午娶曾氏生乾隆
丁亥年八月十五日午時卒道光丁未年二月十七巳時葬在水尾
坐丙壬向午子生三子長君邦次君一三君煞
帝伯思侯公四子也生乾隆己卯年六月廿八日申時卒道光辛卯年九
月廿五日午時妣林氏生乾隆壬辰年八月初八日巳時卒嘉慶丁
丑年七月初六日戌時合葬在面頭山坐子向午兼壬丙分金丙子
生二子長君員次君殯

悟伯思侯公五子也卒三月十五日巳時葬烏石頭邊坐東向西娶 氏
卒二月初十巳時葬山仔尾頂坐東向西生二子長君浩次君鬆
媽伯思侯公六子也生乾隆辛卯年十一月初五子時卒道光癸巳年八月
十一日申時葬在烏石頭坐艮坤兼丑未分金丁丑妣葉氏生乾隆戊
戌年十月廿八日子時卒道光庚戌年七月十一日巳時葬營後頭坐
艮坤兼寅甲分金辛丑生四子長君井次君志三君閘四君而
拯伯諱救孟侯公長子也生乾隆丙辰年六月廿八日卯時卒乾隆甲寅年
四月初六日酉時葬后山塍實公墓左盡尾坐東向西妣淑敬周氏
新墟人生乾隆丙辰年七月廿六日丑時卒嘉慶丁巳年十月初三日

未時葬歐坑路頂地坐子午癸丁生三子長君備次君爾三君蔭

軌伯諱及孟侯公次子也生乾隆壬戌年十二月廿八日戌時卒嘉慶庚申年二月十三日午時妣蔡和楊氏崗頭人生乾隆壬戌年八月十七日戌時卒嘉慶丁巳年九月初九日卯時繼娶楊氏卒嘉慶癸酉年九月廿八日子時合葬在本處土名山仔尾前坐北向南生五子長君薦次君琴三君玉四君對五君友

簪伯諱奕榜名赫號美齋孟侯公三子邑庠生也生平正直慷慨義舉善處鄰里竭力鄉閭矢志從師嗜學不倦乾隆乙巳由府結第八進院蒙　學憲吳取進丙午鄉試薦選鰲峯乙卯蒙　學憲趙舉

優著有照美齋集稿公生乾隆丁卯年十二月十二日酉時卒嘉慶戊午年十一月初七日卯時妣生乾隆丁卯年三月十七日卒嘉慶壬申年三月初七日酉時合葬本處烏窓崙坐癸丁丑未墓向美人山尾一小嶼右邊白石山即孟侯公塋處娶恭恬黃氏石潯黃金光次女生三男長君委次君啟三君心二女長女婚於祥路莊貢生長子諱光傑庠武生次女嫁西塘張外翰之孫

涵伯諱養號文周孟侯公四子處士也生乾隆己巳年十二月廿二日未時卒嘉慶癸亥年八月廿九日寅時葬莊厝后坐庚甲兼申寅分金庚申寅妣恭順李氏白灰宮人庠生李玉章之姪也生乾隆己巳年七

月廿二日巳時卒乾隆庚戌年十月廿五辰時與公合葬未婚妻洪
氏諱妙謚恭美古山人生乾隆己巳年十二月十一日寅時卒乾隆
癸未年三月廿九日辰時葬在山後之泉州東岳山后之北玉笏石
下坐辰乙向戌辛分金丙辰戌人室許氏諱月謚恭儉上路人生乾隆
己丑年正月十五戌時卒道光丙午年六月廿四戌時葬在本山白
石山坐寅申甲庚分金庚寅申共生六子長君綏次君科三君實四
君憶李氏出五君旨六君邦許氏出

謙伯字順德號仲順盤侯公長子也生雍正戊申年六月十九日卒乾
隆甲寅年十二月十七日葬中山坐酉卯庚甲妣慈慎林氏山頭

鄉人生雍正庚戌年十二月初三日卒乾隆辛亥年四月廿三日塟
本處梨仔后坐乾巽丑未生五子長君轉次君腯三君三四君贊五
君伍
請伯字時敏盤侯公三子也為人謙遜毫非不染處世忠厚敬待斯文
嗜學尊師課督子侄生乾隆丁巳年正月十二寅時卒乾隆乙卯
年十二月十四申時塟在后壁山盤侯公左畔坐丁向癸兼午子分金
丙午娶黃氏馬巷街人貢生黃頎菴之侄女也諱招官謚恭嚴生乾
隆丁巳年閏九月十二寅時卒嘉慶丙子年六月初九申時塟在
龍舌山下坐壬丙兼亥巳分金丁亥生四子長君開次君遲三君芬

四君印

諠伯字弼臣名清議盤侯公四子邑祀生也生乾隆庚午年九月十一日
未時癸巳年奉部憲舉俊秀樂生衣頂榮身卒乾隆乙未年十月十
七亥時塟本處后巷坐丙壬午子分金辛巳亥娶蘊氏行軍塘人生
乾隆辛未年十一月十七初三戌時卒嘉慶乙丑年十一月十七巳時
塟本山烏窓崙與次婦合塟坐壬丙兼子午分金辛亥巳生二子長君
程次君皐臯
賞伯盤侯公次子承繼鑿侯公也娶汪氏謚承業生乾隆己未年三月初
六日卒乾隆丁酉年九月初五日塟本處后山坐酉卯庚甲生二子

長君翰次君鎮

璽伯及偯公之子也生乾隆丙辰年八月十六日卒乾隆戊申年七月初三日塟本處油園后坐甲庚寅申 妣戴氏生乾隆丙辰年十月廿七日卒乾隆丙午年正月初四日俱塟油園后坐寅申甲庚生二子長君同次君畜

玨伯補偯公長子也生乾隆戊午年十月廿七未時卒嘉慶丙寅年十一月三十日辰時妣葉氏諱歡娘埔尾人生乾隆壬戌年七月十九未時卒嘉慶辛未年九月三十戌時合塟在烏窓山頭路墘坐亥巳兼壬丙分金辛巳亥 生一君貞

琅伯補侯公次子也生乾隆丁卯年十一月初八辰時卒嘉慶癸亥年六月廿六寅時合塟烏窓山大埔坐辰戌兼乙辛分金丙戌辰 娶蘊氏溪邊人生乾隆戊辰年五月十五未時卒嘉慶二十年正月十七辰時生二子長君芋次君荼

瑞伯字玉春補侯公三子也生乾隆丁丑年十一月初一戌時卒道光庚寅年十二月廿八日巳時娶紀氏諱池娘謚孝慈生於乾隆癸巳年三月廿七申時卒嘉慶庚辰年八月初九巳時合塟本鄉山頭頂坐庚向甲兼酉卯分金庚寅申后寨人生四子長君柔次君欣三君澤四君貨

吻伯煥侯公長子也生乾隆己巳年十二月十六日午時卒乾隆乙卯四月廿七未時塟義娘庙后與文伯公合坐乾巽兼戌辰分金丙戌妣方氏生乾隆丙子年十二月十六卯時卒嘉慶丙辰年四月廿三酉時塟歐坑路頂坐艮坤寅申生二子長君側次君論

部伯煥侯公次子也娶葉氏生二子長君草次君設

瓚伯煥侯公三子也生乾隆丙戌年二月初九戌時卒道光丙申年二月初三寅時娶林氏生乾隆丁亥年九月初二亥時卒道光辛丑年閏三月十八巳時合塟在王厝墓后坐巳向亥兼丙子分金辛巳生二子長君端次君認

御伯元侯公長子也生月失相傳五月廿三日忌諱娶葉氏生月失相傳四月初四日忌諱與妣同塋在横路坐乙辛兼夘酉分金丁酉夘生二子長君路（継伯次子承継）次君孕

晏伯元侯公次子也生乾隆戊寅年四月十六日卒嘉慶辛酉年二月十七日塟梨仔后坐北向南在大埔坐夘向酉兼甲庚分金丁酉夘先妣彭氏正月初九日卒再妣顔氏二月廿四卒三妣李氏四月二十日卒俱塟梨仔后坐北向南續娶柯氏九月十二日卒塟在后坑路坐乾巽兼戌辰分金丙戌辰生二子長君遷（彭氏出）次君恭（柯氏出）

栁伯儼侯公長子也生乾隆壬戌年十一月十四日卒乾隆癸巳年二月初七

日塟山仔尾坐亥巳壬丙與母郭氏墓並坐娶郭氏浦邊人生三子
長子君堪次君訖出繼國伯三君稽

國伯儼侯公次子也生乾隆辛未年十二月初四日卒乾隆戊申年五
月初六日妣施氏生乾隆丙子年十二月十四卒乾隆戊申年五
月初四日合塟歐坑路頂坐酉向東分金辛丑一子君訖係翀伯
次子承繼

璉伯謚伯瑚梅侯公長子也生乾隆戊午年十月初二日午時卒嘉慶
乙丑年三月初三卯時塟在本鄉山仔尾坐癸丁兼丑未分金庚
午子娶呂氏坑朴人生乾隆癸亥年卒乾隆丁未年六月廿九日生

五子長君簡次君難三君洛過繼御伯四君愊五君黎

蹇伯永侯公長子也生乾隆庚申年十月十七辰時卒嘉慶甲戌年正月廿二酉時葬在山仔尾坐乾向巽兼戌辰分金丙戌辰娶宋氏生乾隆乙丑年二月十八辰時卒嘉慶甲子年正月二十寅時葬許宅下坐壬丙兼子午分金辛亥巳大嶝人上宋鄉人生三子長君路次君牙三君傳

矯伯永侯公次子也生乾隆癸亥年十二月廿六寅時卒乾隆乙卯年六月初五寅時葬高文嶺坐北向南娶洪氏小嶝人生乾隆壬申年五月廿一辰時卒道光正月初六亥時葬本山後塘頂坐癸向丁

兼子午分金丙子生三子長君恐次君印三君磋

權伯壽侯公之子也生乾隆丙寅年三月初十戌時卒嘉慶丙子年十二月廿四戌時娶城內后爐蔡氏生四子長君孔次君泉三君任四君干而妣蔡氏先亡生乾隆庚辰年十月十一日午時卒嘉慶辛酉年五月廿九未時合塟在中山仔脚龍吉坐子向午兼癸丁分金庚子午

積伯遇侯公三子也生乾隆戊辰年五月初九日卒嘉慶己未年七月初十日塟義娘庙前南亭王祖墓邊坐北向南娶洪氏窓頭人生乾隆庚午年十二月廿三辰時卒嘉慶甲子年六月廿七未時塟

義娘庙前坐壬丙子午分金辛巳亥生一子長氏出継列伯次君匠
炳伯森侯公長子也生乾隆辛未年十月二十日卒嘉慶壬戌年正
月初六日葬　娶蘓氏生二子長君初次君佺
滔伯森侯公次子也生乾隆庚辰年十一月廿七寅時卒嘉慶甲戌年
八月十八申時葬在白石山烏牛頭　娶葉氏生乾隆癸丑年五月
廿五子時卒道光癸未年六月廿七戌時葬在面頭山脚生一子
君冷
炎伯森侯公三子也生乾隆癸未年卒道光癸未年八月初九戌時葬
在龍舌仔山娶蘇氏生乾隆癸未年八月十八午時卒道光丙申

年三月初五申時塟烏牛頭山生二子長君然次君邑
勇伯齊侯公之子也娶林氏田邊鄉人生一子君金
鑽伯字瑞伯聯侯公之子也生雍正甲辰年卒乾隆癸酉年正月
初六日生一子君惠往台
逢伯著侯公長子也生乾隆丙辰年二月初六日卒乾隆丙申年三
月廿一日生二子長君拱次君昭往臺
全伯藩侯公次子也生乾隆丁丑年八月十六日卒嘉慶丙辰年五
月十七日塟營頭頂大埔坐東向西娶宋氏緝仔陳人九月二
十未時忌諱生一子君緣

朕伯簷侯公三子也生月失柤（相）傳四月廿六卯時忌諱娶　氏生二子
長君衆次君仕（住臺）
臨伯簷侯公四子也生月失相傳九月十一申時忌諱娶吳氏石潯人六
月初七未時忌諱生一子君斟
定伯綽侯公長子也生乾隆丁丑年八月十四丑時卒乾隆庚子年六
月初二日塟本鄉鴨潭宅坐西向東無娶有祀業
奚伯綽侯公次子也生乾隆庚辰年十二月初一戌時卒嘉慶丙戌
年五月十一戌時娶沙溪人吳氏生乾隆己丑年四月十二未時卒
嘉慶戊午年三月初八日塟在中山坐酉卯兼辛乙分金辛（卯酉）

継室王氏生嘉慶戊午年二月初二巳時卒道光辛丑年九月初
田坑穴癸丁丑未分金庚子午生一子君楚
寅伯綽侯公三子也生乾隆戊子年十月十五卯時卒嘉慶丁卯年正
月廿三巳時葬在龍舌山坐丑未癸丁分金丁丑未娶葉氏生乾隆
三十七年十月初四戌時卒道光十六年正月廿九戌時葬烏
窓山坐申乙酉卯分金丁酉卯生二子長君江次君魁
受伯賢侯公長子也生乾隆癸酉年正月初七卯時卒嘉慶八年十
二月廿七寅時 妣沈氏諱 完官生乾隆丁亥年五月二十寅時
卒乾隆五十三年三月廿四卯時葬在中山坐戌辰辛乙分金

陳氏族譜 十九

庚辰戌生一子君幅萃伯之子承繼

邁伯賢侯公次子也生乾隆丙戌年三月廿九日寅時卒道光戊午年正月十五酉時葬中山仔坐酉向東妣戴氏生乾隆己未年十月初十子時卒咸豐癸丑年五月初七未時葬在大埔自己地坐丑未兼癸丁分金丁丑未生三子長君親次君根初伯次子承繼三君拋

訓伯賢侯公四子也生乾隆乙未年六月初十卯時卒道光戊申年六月廿五日寅時葬在水尾坐巽向乾兼辰戌分金丙辰戌妣洪氏生乾隆六月廿九午時卒同治九年六月二十申時葬營頭坐甲庚酉卯分金辛酉卯生四子長君雙出繼讓伯次君鞍三君坤

出繼讓伯四君蓮

讓伯賢侯公五子也生乾隆戊戌年二月初三未時卒嘉慶戊辰年閏五月初六酉時葬在後山田頂坐辛乙戌辰分金辛酉無娶立二子君雙君坤侯訓伯之子承繼

莘伯賢侯公六子也生乾隆壬寅年五月十二日卒嘉慶廿五年二月廿三日葬在九鹿山妣許氏生乾隆戊辰年十一月廿五寅時卒同治四年二月十五未時葬在義娘宮前坐壬丙兼己分金丁亥巳生一子君怕出繼受伯

漸伯賢侯公三子出繼措侯公為長子也生乾隆己丑年五月十二酉

時卒道光癸𡚶年七月初二申時塟在九曜山白石山脚坐艮
坤寅申分金辛丑妣林氏諱進官生乾隆癸巳年十二月初八
午時卒道光辛巳年六月初十午時塟在白石山脚坐艮坤
兼丑未分金丁丑生一子 君透
初伯哲侯公次子也生乾隆壬辰年九月初六巳時卒道光二年
六月廿六寅時塟在丁猴墓邊坐庚甲酉𡚶分金庚寅申妣林
氏生乾隆乙未年三月廿九日卒道光甲午年三月二十亥時塟
在義娘后坐東向西生二子長君衣次君振出繼邁伯
君湛官名志遠字允中執伯公長子也任臺灣中營外委公生乾

君茅夽伯公長子也無娶

君淳字德輝執伯公次子承繼夽伯公也生乾隆甲申年六月初九亥時卒道光丙戌年四月十七寅時葬在寨仔山生二子長公豹（出繼君湛）次公象

君湛（官名）志遠字光中執伯公長子也授武校尉任臺灣中營外委生乾隆辛未年葬在廈門鎮南關立一子公豹（君淳公長子承繼）

君濟字志清執伯公三子也生乾隆丁亥年八月廿三亥時卒乾隆甲寅年二月廿八日寅時葬在溪頭後中山仔

君潭執伯公四子也

君沐執伯公五子也
君獻字文献昌伯公長子也生乾隆庚午年七月十八丑時卒乾隆丙寅
年三月廿三日葬在廈門草仔垵妣余氏生乾隆庚午年七月
廿三申時卒道光壬辰年正月廿一日卯時葬在本鄉後松栢山
仔尾坐坤艮兼申寅分金丙寅申生一子公斗
君秀昌伯公次子也
君博名裕佾生諱伯公長子也生乾隆庚辰年十一月十三未時卒嘉慶
丙子年九月十四日未時葬在烏石頭山妣辛氏後塘人生乾隆壬
午年五月廿一日辛道光辛丑年六月十六丑時生三子長公江次

公洲三公奇
君衲謀伯公次子也生乾隆壬辰年八月十六夘時卒嘉慶丁丑年八
月十四午時葬營頭頂坐癸丁兼子午娶郭氏郭山人生乾隆
戊戌年五月十一未時卒咸豐丁巳年二月初九辰時葬在營頭頂
坐癸丁兼丑未分金庚午子生二子長公杯次公素
君衻謀伯公三子也生乾隆丙申年三月初四辰時卒嘉慶丁丑年三月
初五申時葬在本鄉宅内坐西向東
君褊謀伯公四子也生乾隆壬寅年八月初五戌時卒嘉慶己夘年九
月初七巳時葬在本鄉營頭頂坐壬丙亥巳分金丁巳亥

君衿謀伯公五子也生乾隆丙寅年十月廿三酉時卒嘉慶九月十五日

君袴謀伯公六子也

君蓮名官有慶字允豐六伯公長子也渡臺倖滿現住建寍中營把戎

公生乾隆二十七年十二月十四日寅時卒嘉慶廿四年二月初

九戌時塟在厦門獅山太平巖下土名狭巷口妣楊氏臺灣府

人生二子長公照次公元

君瑞字允祥六伯公次子也娶藴氏生二子長公灌次公與

君~~珊~~名榜芳字原遥號碧巖朝伯公長子庠武生也生乾隆辛夘年

十二月廿三日夘時卒道光戊申年四月十七日丑時享壽七

十有八齡妣李氏謚忍寬杜壇人歲進士李諱賢公之女也生乾隆
癸巳年六月廿六日戌時卒道光戊子年二月初五日戌時享壽五
十有六齡合葬在感化里田峯保艾前漯甕山坐壬向丙兼亥巳
分金丁巳亥生二子長公梧次公樞

君瑚名榜 玕字原琳號崙巖朝伯公次子邑武生也生乾隆乙未年十一月
初六午時卒道光癸卯年十一月十三丑時葬烏窓山頂坐坤艮丑
未分金丁丑未子公文君珍公次子承繼

君珍字原聘朝伯公三子業儒也生乾隆癸卯年九月十四亥時卒道光
戊戌年十一月初一日亥時葬白石山下宋墓邊坐甲庚寅申分金丙

寅申

妣曾氏生嘉慶壬戌年九月廿四酉卒道光丙申年二月十六卯

時生三子長公麟次公文出繼君瑚三公齡

君琚字原報朝伯公四子也往臺灣

君修字立道朝伯公五子也生乾隆三十一年八月十一日時卒乾隆六

十年三月廿七卯時葬溪頭石坊邊

君瀛諱聰明字進功槐伯公長子也生乾隆乙卯年九月初六午時卒

道光乙酉年四月廿三寅時葬溪頭石坊邊赤程埔坐乾巽兼亥巳

君珠字哲清槐伯公次子也生嘉慶壬戌年十月十九卯時卒道光己

酉年十月廿一寅時葬在壇埔河仔墘穴坐壬丙子午

君艮寵伯公長子也
君艮字君盛寵伯公次子外甥承繼也生乾隆壬辰年七月廿九午時
卒道光庚子年十月廿二辰時葬烏窓山坐戌辰乾巽分金庚戌辰
妣石潯鄉吳氏生乾隆壬辰年卒道光二十三年九月十二亥時
葬白石山塚坐北向南生二子長公育次公啟
君渡等伯公之子也生乾隆丙寅年十月十五寅時卒乾隆丙戌年八
月廿一卯時葬中崙堀仔頂坐酉向東無娶立一子公祿
君鉝敬伯公之子也生乾隆戊午年十二月十二日卒乾隆甲寅年四月
初七日葬灌口中崙山穴庚甲申寅妣吳氏

生二子長公認次公近住灌口

君紀諱君正聽公長子也生乾隆癸酉年十月初九巳時卒道光庚寅年五月十八未時葬龍舌仔山穴辛乙戌辰分金庚午子妣宋氏諱甘娘生乾隆庚辰年三月初八午時卒道光壬辰年五月初二午時葬龍舌山生二子長公柄次公香

君表聽伯公次子也生乾隆己卯年三月十二午時卒嘉慶戊寅年十月十二日葬烏窓山坐乾巽戌辰分金丙辰戌與父母合葬妣林氏諱詠官郭山林趍公之女也生乾隆丙戌年九月廿四未時卒道光戊戌年正月廿九未時葬山仔尾頂穴艮坤寅申分金辛丑酉生三子

長公梗次公海三公山

君潭聽伯公三子也生乾隆　年六月　日　時卒道光癸巳年六月廿七日塟龍舌山妣李氏諱粉娘未婚而亡生月失記相傳四月廿一日忌諱繼妣林氏諱法娘生平失記卒道光辛巳年六月三十戌時塟龍舌山生一子公獅

君安聽伯公四子也生乾隆甲申年九月初三寅時卒乾隆丙午年六月初九辰時塟烏窓山穴酉卯庚申無娶

君宇聽伯公五子也生乾隆丙申年十二月廿五申時卒嘉慶己巳年七月十五酉時塟龍舌山穴壬丙亥巳妣吳氏諱做娘

生乾隆癸卯年二月十一戌時卒嘉慶丁卯年五月初八未時葬龍
舌山坐巳亥巽乾

君量外伯公次子也

君水堅伯公長子也生乾隆辛丑年四月初四辰時卒道光五年十一月
廿一日戌時葬白石山坐壬丙無娶有祀業

君利堅伯公次子也生嘉慶乙卯年九月初六日卒道光乙巳年十二月十
八未時葬烏窓山後穴丙卯庚甲分金丁卯酉妣石氏生一子公董

君邦典伯公次長子也生乾隆癸丑年十月廿一丑時卒道光丁未年九
月十一巳時葬後埔田頂坐北向南妣王氏生嘉慶庚申年七月十二

辰時卒道光丙戌年五月十五亥時葬山仔尾坐辛向乙繼妣黄
氏生道光乙丑年五月十一未時卒　年三月初三未時葬烏石
頭山坐酉向東生四子長公來次公順三公扐四公質出繼君煞
君弍典伯公次子也生年月失記卒同治八年正月初八卯時葬山仔
尾後坐酉向東妣吴氏生嘉慶己巳年八月廿一巳時卒道光庚
戌年二月十九未時葬義娘后坐甲庚卯酉分金庚寅申生一子公
柄
君煞典伯公三子也生嘉慶丁卯六月十二巳時卒同治甲戌年九月廿
七巳時葬埔坪坐東向西妣紀氏生嘉慶己亥年五月初三亥

時卒光緒甲申年正月初一子時葬山仔尾穴丑未艮坤分金辛
丑未生三子長公賀君邦四子承繼次公鎮三公馮
君員帝伯公長子也生乾隆乙卯年三月初三戌時卒咸豐辛亥年
正月初一寅時葬后埔自己地坐艮坤兼寅申分金辛丑未妣蘓氏
諱衫官月龍人生乾隆庚辰年十月初五日卒光緒癸未年五
月初一戌時葬后埔坐癸丁丑未生一子公勅
君殯帝伯公次子也生嘉慶丁巳年十月廿四亥時卒道光乙巳年
四月廿一午時葬後埔坐艮坤丑未妣林氏生嘉慶乙丑年十一月二
十卒道光戊申年三月十三葬水尾坐北向南生二子長公默次公伏

君兵拱伯公之子也生乾隆庚子年三月十三辰時卒嘉慶甲申年六
月廿四巳時葬山仔尾坐東向西立一子公未君双次子承繼
君覇會伯公三子也生乾隆戊戌年十一月廿九辰時卒道光壬午年
正月廿三寅時葬水尾後埔坐東向西無傳
君賀悟伯公長子也生乾隆乙卯年三月十一戌時卒道光辛卯年九月十
五子時葬雉鷄山坐巳向亥癸金辛巳辛亥生一子公盼承繼子公未
君雙悟伯公次子也生嘉慶庚申年十月十七卯時卒咸豐癸丑年正
月初二辰時葬烏窓山穴艮坤丑未分金丁丑妣李氏生嘉慶戊辰
年三月初三日卒同治丁卯年五月十八戌時葬後埔穴子午壬丙

分金丙杍生二子長公桂次公未出繼君兵賀

君升媽伯公長子也生嘉慶己未年五月廿二午時卒道光丁酉年

四月十二午時葬山仔尾坐北向南三穴合塋妣林氏生嘉慶壬

戌年正月廿二巳時卒嘉慶庚辰年九月廿九酉時繼妣黃氏

生嘉慶甲子年十月初八巳時卒道光己亥年十月廿八未時

生三子長公适次公秦出繼三公狂

君志媽伯公次子也生丁卯年正月初八子時卒十一月初九日葬山仔尾

後坐南向北妣曾氏岳口人生嘉慶丙辰年十月初二酉時卒光緒癸

未年十一月初七酉時葬山仔尾前坐癸丁子午分金丙杍生二子長公

鈑次公第

君開媽伯公三子也生嘉慶甲子年正月廿八寅時卒同治戊辰年十二月十二巳時塟後埔穴癸丁丑未分金庚孖妣葉氏生嘉慶乙丑年七月初五夘時卒同治丁夘年七月初二午時塟後埔穴子午癸丁分金丙孖生一子 公琛

君而媽伯公四子也生嘉慶與庚午年七月初九亥時卒光緒丙子年四月初十未時塟營頭樣脚坐北向南妣王氏生嘉慶癸酉年六月初一酉時卒同治癸酉年十月廿一戌時與公合塟一處 穴坐艮坤丑未分金丁丑生一子公能

君備拯伯公長子也生　　妣許氏海澄縣人生一子公一

君泉拯伯公次子也生乾隆　卒道光丙戌年四月十二午時塟營頭

頂坐東向西妣吳氏石潯人生乾隆五月初一辰時卒道光六月十

一寅時塟營頭頂坐北向南生一女名樸英

君蔭拯伯公三子也無

君薦執伯公長子也生乾隆乙酉年三月十三巳時卒嘉慶乙亥年五月

初十午時塟山仔尾坐壬丙子午分金辛巳亥妣許氏馬巷耒厝人生

乾隆乙酉年三月初十戌時卒道光甲申年三月廿四未時塟山仔

尾前坐癸丁子午分金丙午子與四男公櫇合塋生五子長公樑次公棟三公

搖四公擷五公複

君琴字和鳴執伯公次子也生乾隆乙亥年四月廿三日卒道光壬辰年五月初五辰時妣劉氏城内人諱靜謚宜淑生乾隆丁亥年十二月子時卒道光丁亥年八月廿二戌時合葬山仔尾生五子長公喜次公城三公和出繼君科四公玶五公營

君玉字式執伯公三子也生乾隆甲午年十月初五午時卒道光己亥年十月初四巳時妣曾氏岳口人生乾隆乙未年八月初一寅時卒道光庚子年六月二十卯時合葬本處山仔尾向坐辛乙酉卯分金辛酉生六子長公水次公晉三公徹四公幼五公答六公答

君對執伯公四子也往臺灣未詳妣洪氏崗頭人生乾隆己亥年五月廿八亥時卒道光甲申年十二月十五巳時葬山仔尾後坐辛乙酉卯分金丁卯酉生三子長公燦次公研三公係俱往臺

君友字君鎮執伯公五子也生乾隆辛丑年九月十七酉時卒道光壬午年十二月十八子時葬山仔尾執伯公之墓前下坐壬丙子午妣許氏諱水官岳口人生乾隆己巳年六月廿二吉時卒光緒戊寅年十月初八卯時公早逝家貧妣勤儉慈惠撫養幼兒成立一家合食四十餘人享壽九十四齡生為五世祖亦天所以昭其報也葬王厝墓後坐癸丁子午分金丙午子生五子長公斐次公班三公七四公賓五公撵

君委名悟號清華簪伯公長子也生乾隆辛卯年五月廿一辰時卒道光壬午年七月廿八酉時妣郭氏面前埔人生康熙　年五月十五日卒咸豐元年六月廿七日合葬烏窓山坐西向東生三子長公嬌次公瑜三公善側室黃氏生乾隆丁酉年十月廿六酉時卒道光辛丑年二月初二午時葬白石山坐乾巽亥巳分金庚戌生二子長公瑞次公揸公生平好學教子有義方後次子公瑜榜名有容道光辛卯科中式例贈文林郎又善整理社務和睦族人至今咸稱頌焉

君啟名沃簪伯公次子也生乾隆丁酉年六月十一辰時卒嘉慶丁丑年十二月初六日與次子合葬莊厝後穴庚甲酉卯分金庚寅申妣顏氏岳口

庠生顏諱蘭之孫女也生乾隆丁酉年六月初六亥時卒道光丙午
年九月廿四亥時葬玉屑墓頂生二子長公楧次公淺
君心名談簪伯公三子也生乾隆戊子年三月初七寅時卒道光癸未年
廿一月十三戌時妣許氏謚勤勉馬巷后許鄉太學生許諱邦光之女
也生乾隆庚子年十二月初二卯時卒道光丁酉年十月初四戌時
合葬本山龍舌仔穴壬丙亥巳生五子長公淼次公翕三公湑四公
弇五公彖
君綏名再來涵伯公長子也生乾隆辛卯年九月十六辰時卒乾隆乙卯
年六月十五申時葬歐坑路頂梨仔后祖母許氏墓左邊坐北向南妣

吴氏石浔人諱足娘生乾隆壬辰年月日失記卒嘉慶乙丑年九月二十己時葬與君綏公並列穴子午壬丙分金丙午子生一子公酣

君科名登號碧岩涵伯公次子處士也生乾隆癸巳年十月十九日卒乾隆甲寅年二月廿六日葬山仔尾烏石頭山坐東向西娶許氏出生二子長公渠次公和係君琴第三子承繼後因君琴子孫希徵請歸本柱

君寶名亜涵伯公三子也生乾隆甲辰年十二月二十午時卒道光戊申年三月十九丑時葬烏窓山穴庚甲卯酉分金庚寅申妣葉氏生乾隆丙午年七月廿九寅時卒咸豐癸丑年四月初七寅時葬白石山穴巽乾亥巳分金庚戌辰生四子長公茸次公象三公沘四公櫓

君憶名羆號莊亭涵伯公四子處士也生乾隆庚戌年十月廿五辰時卒
同治乙丑年五月廿二午時妣洪氏諱別娘生乾隆甲寅年六月廿
九戌時卒同治丁卯年三月初九酉時公秉性溫和能睦眾又善誘
人後往台彰神崗庄其族人賴以安焉至今子孫昌盛皆公之遺
種也生三子長公孟次公棟三公護

君旨名慈涵伯公五子也生癸丑年二月十三戌時卒咸豐五年九月二
十辰時葬王厝墓后穴壬丙子午分金辛巳亥妣張氏馬巷人諱春娘
謚懿和生嘉慶庚辰年八月廿八未時卒光緒壬午年九月初四巳
時葬烏牛頭穴乾巽戌辰生三子長公焙次公埒三公國二人出繼君寧

君邦名寧涵伯公六子處士也生嘉慶甲子年二月十一日辰時卒道光乙酉年九月十三子時與兄君羆俱往台無娶以君慈之第二子公埒公國承繼

君轉字婉讓伯公長子也生乾隆甲戌年四月廿八日卒道光丙戌年六月初八日巳時妣施氏諱女官謚宜靜郭坑人生乾隆乙亥年五月初五日午時卒道光壬午年三月廿五日戌時合葬在莊厝后穴庚甲酉卯分金庚寅申生二子長公卿次公旺

君腈字有終讓伯公次子也生乾隆丁丑年七月十五日未時卒乾隆乙巳年三月十四日申時葬后山穴坤艮未丑分金丁丑未妣林氏井頭

人相傳三月十二日忌諱生三子長公佑次公庇三公成
君三諱伯公三子也生乾隆辛巳年四月十一日寅時卒道光甲申年
四月初六日未時原配呂氏坑朴人諡慈勤生乾隆壬午年五月吉
日卯時卒嘉慶乙丑年六月廿一日辰時合葬本鄉后壁溝穴
丁癸午子分金丙子丙午生四子長公潤次公深三公汪四公漢
君讚諱伯公四子也生乾隆丙戌年二月二十日巳時卒嘉慶庚辰年五
月初六日亥時葬山仔尾前穴艮坤寅申分金庚寅庚申妣高氏生乾隆
丙戌年五月廿九日辰時卒道光丙申年二月廿一日巳時葬大埔地
穴卯庚甲分金丁酉丁卯生一子公樞

君伍字已謙伯公五子也生乾隆庚寅年五月初九日戌時卒道光己未年十月十八日申時葬山頭頂穴寅申甲庚分金庚寅申妣顏氏鰲頭人生乾隆壬辰年十月廿四日寅時卒道光己酉年正月廿二日寅時葬在厝後穴乾巽亥巳分金庚戌辰生二子長公英次公闇

君開請伯公長子也生平失記卒嘉慶　年三月十八日葬烏石長山妣葉氏諱雪官上宅人生乾隆己卯年七月廿一日午時卒道光乙酉年八月廿四未時葬中山仔東邊穴辛乙酉卯分金丁酉卯生三子長公經次公綉三公續

君遲字升請伯公次子也生乾隆庚辰年七月二十日卒嘉慶戊午年

三月十七日塟營頭頂穴寅坤申艮坤分金丙申寅妣朱氏美珠塘

人生乾隆辛己年十二月初二辰時卒道光戊申年七月初六未

時塟本鄉山頭頂橫路山腰穴乙辛辰戌分金辛卯酉生五子長公杼

次公枉三公裁四公梓五公樸

君芬謚清輝請伯公三子也生乾隆壬午年九月廿一辰時卒道光乙未

年三月初五子時塟義娘宮邊穴子午癸丁分金庚午子妣顏氏埈

墟人生乾隆壬午年十月初二子時卒道光甲辰年十月十三辰時

塟莊厝后穴酉卯庚甲分金丁卯酉生三子長公培次公垣三公型

君印字玉璽請伯公四子也生乾隆丁酉年五月二十申時卒道光癸卯

年七月初三午時妣李氏諱纖娘謚惠縞田坂人下生乾隆戊戌年正
月十五卯時卒道光癸巳年三月十七午時葬本鄉歐坑路頂穴艮
坤丑未分金丁丑未生四子長公拜次公執三公蓮四公荚

君程名鵬諠伯公長子也生乾隆辛卯年三月廿九未時卒道光壬辰年
四月廿一卯時妣葉氏埔尾人生乾隆辛卯年正月初五寅時卒道光
丙午年四月初四丑時合葬烏窓山穴辛乙酉卯分金丁卯酉庶妣郭
氏諱春娘生乾隆甲寅年閏四月初三申時卒嘉慶戊寅年五月初
六未時葬后山穴辛乙酉卯分金丁卯酉生四子長公順次公式三公
挽四公吉

君鶴誼伯公次子也生乾隆癸巳年五月廿七丑時卒道光己丑年六月
廿七巳時塟龍舌山穴壬丙子午分金辛巳亥妣歐氏胡厝宅人生乾
隆壬辰年五月初九戌時卒道光癸未年九月初九戌時塟烏窓崙
與母合塋穴壬丙子午分金辛巳亥生三子長公龍次公月三公輝
君翰賁伯公長子也生乾隆己卯年五月十五寅時卒道光壬午年四月
十三戌時塟烏牛頭穴午子癸丁分金庚午子妣顏氏諱燕娘生乾隆
己卯年三月二十未時卒道光丙戌年十一月十一未時塟烏牛頭坐
北向南生五子長公嶸次公峻出繼四房三公嶺四公沛出繼君鎮五公揆
君鎮賁伯公次子也生乾隆癸未年二月十六日卒乾隆乙卯年十月廿六

塟中山仔穴巳亥巽乾妣紀氏生乾隆癸丑年七月初一卒乾隆甲寅年十二月十八日塟中山仔穴酉夘庚甲一子公沛君翰四子承繼

興姑婆賞伯公之女也生乾隆癸巳年卒乾隆乙巳年三月初一寅時塟塚口穴酉夘庚甲

君同署伯公長子也生乾隆戊子年十月廿三日卒嘉慶丙辰年十一月十九日塟相仔園坐東向西妣蔡氏出生一子公禮

君畜署伯公次子也生年失記卒道光三年十一月十一日塟失記

君貞角伯公之子也生辛夘年九月廿六申時卒道光十七年正月初十亥時塟在大埔穴巳亥乾巽分金丁巳亥妣施氏枣娘郭坑人生

乾隆丁酉年四月初一辰時卒咸豐甲寅年十月十四卯時葬大埔穴辰戌巽乾分金庚辰戌生四子長公意次公欽三公燁四公挖

君芋琅伯公長子也生乾隆四十四年九月十五午時卒道光十五年二月廿九亥時葬烏牛頭山中崙穴壬丙亥巳分金丁亥妣林氏生年十二月初十日卒　年二月十五寅時葬烏牛頭山中崙生二子長公廳次公奢

君茶琅伯公次子也生道光壬寅年八月廿六未時卒咸豐己未年二月十六亥時葬許宅穴乾巽亥巳分金庚戌元配妻葉氏名未娘生乾隆丁未年五月十一卯時卒嘉慶二十年十二月初十子時

葬許宅坐北向南續娶林氏名月娘生乾隆申亥年正月初二日卯
時卒同治甲子年十月廿六辰時葬大埔穴甲庚寅申分金丙寅丙申
生五子長公針次公閂葉氏出三公鮀四公沐林氏出
君柔瑞伯公長子也生　丙午年四月廿七辰時卒咸豐五年七月
初八酉時葬許宅穴丑未艮坤分金辛丑辛未妣施氏生年失記卒
道光十年正月廿二午時葬中山崙坐向失記生三子長公標次公
楫三公便
君欣謚君清瑞伯次子也生乾隆己酉年閏五月初五寅時卒道光丁酉
年五月廿三丑時葬烏窓山頂穴壬丙亥巳分金丙戌丙辰妣葉氏相傳

九月廿六日忌辰生二子長公鋭次公斜

君澤字惠瑞伯公三子也生卒年庚俱失妣張氏諱腰官生乾隆己未年四月初九寅時卒道光己酉年八月廿七日合葬在義娘宮后穴乾巽亥巳分金庚戌生五子長公塔次公駕三公筆四公海五公南

君貨字君財瑞伯公四子也生嘉慶庚申年八月初九巳時卒道光戊子年八月初七夘時妣葉氏生嘉慶癸亥年九月十二寅時卒光緒癸未年十二月廿八丑時合葬本鄉山頭頂穴酉夘庚甲分金丁酉夘生二子長公真次公波

君端瓊伯公長子也生乾隆庚戌年二月廿四寅時卒道光戊申年

二月廿三丑時與吻伯公合塋義娘宮後穴乾巽戌辰分金丙辰戌

生二子長公梯次公壹君認公次子承繼

君認瓊伯公次子也生嘉慶丙戌年五月廿六酉時卒同治己巳年六月

十三巳時塟許宅穴子午壬丙分金丙子午妣黃氏石潯人生四子長

公添次公壹出嗣君滿三公愿四公酒

君洛字君爵璉伯公三子出繼御伯為長子也生乾隆甲午年正月初八

寅時卒道光壬寅年二月初八未時塟曾厝後穴辛乙酉卯分金丁酉卯

妣顏氏謚恭儉后垻人生乾隆丙申年七月三十丑時卒道光辛

丑年四月十八未時塟王厝墓後穴子午癸丁分金庚子午生二子

長公奪次公奧

君孚御伯公次子也生乾隆辛丑年四月廿六午時卒道光丙午年四月十二午時葬山仔尾坐北向南無娶有祀業

君遷晏伯公長子也生乾隆庚子年正月二十寅時卒道光癸未年十一月初九未時在台未詳葬處妣紀氏諱菊官后廳人生乾隆丙寅年八月三十日卒咸豐戊午年三月初一寅時葬大坵頂穴甲庚甲酉卯分金庚寅申生二子長公攺次公怕

君泰晏伯公次子也生嘉慶己未年四月初八寅時卒咸豐乙卯年五月初五未時葬白石山脚穴子午癸丁妣柯氏名桂娘五呂人生二子長公頓次公泰

君堪柳伯公長子也生乾隆乙酉年十二月廿二酉時卒道光乙酉年三
月十五戌時葬本鄉山仔尾穴子午癸丁分金庚子午妣吳氏諱嫌謚
勤慈廟山鄉吳東公長女也生乾隆丙戌年二月十九戌時卒道光
辛丑年三月十八丑時葬本鄉山仔尾穴辛乙酉卯分金丁酉卯繼妣
謝氏諱 桃官生乾隆甲午年五月十五午時卒道光丁酉年六月初
七亥時葬烏窓山頂穴坤艮丑未分金辛丑未共生十一子長公與次
公追三公佔四公肆五公油六公夏七公蘊八公八九公教十公赫
十一公氣
君訖字君聲柳伯公次子承繼團伯公也生乾隆戊子年七月初八戌時卒

乾隆辛亥年七月初十巳時葬山仔尾前穴子午癸丁分金庚孖妣
呂氏諱埜謚宜勤坑朴人生乾隆丁亥年十一月十八午時卒嘉慶
辛未年四月廿三卯時葬龍舌山穴癸丁子午分金丙孖生二子長
公集次公語君稽次子承繼

君稽字君遠柳伯公三子也生乾隆辛卯年六月初八巳時卒道光壬辰
年九月初七戌時妣方氏教塲人諱錠謚慈澤生乾隆癸巳年十一
月初一子時卒道光四月初九寅時合葬龍舌山穴亥巳壬丙分金
丁亥巳生四子長公淵次公語出繼君訖三公港四公益

君簡璉伯公長子也生乾隆乙酉年三月初十巳時卒道光庚寅年

十月初十午時塟處未詳　妣呂氏諱　理娘　坑朴人生乾隆丙辰年十
一月廿四亥時卒嘉慶丁卯年七月十三午時塟曾厝后穴坤艮未
丑分金丁丑未生五子長公沐次公閩三公鍼（出繼君蘭）四公君恣又娶蘇氏生
一子五公郭

君蘭璉伯公次子也無娶與母呂氏合塟立一子公鍼（君簡公三子承繼）

君黎璉伯公五子也生乾隆庚子年七月廿四巳時卒道光壬午年九月
廿七未時塟本鄉大埔穴甲庚寅申分金丙寅申　妣出立二子公郭（君簡之子）
（承繼）次公母（早亡）

君路蹇伯公長子也生乾隆癸酉年十二月廿二酉時卒嘉慶戊寅年三

月初十戌時葬埔坪妣施氏諱寔官生乾隆戊子年正月初五亥卒
道光甲辰年十月初五申時葬山仔尾穴乙辛卯酉分金丁卯酉生
二子長公福次公渾
君牙蹇伯公次子也生乾隆戊戌年卒道光己亥年十一月十八卯時
君傳蹇伯公三子也生乾隆壬寅年正月十八卯時卒嘉慶乙丑年九
月初九寅時
君恐蹻伯公長子也生乾隆丙午年十一月十五戌時卒道光廿七年十一
月廿四戌時葬中山仔穴壬丙子午妣　氏諱謹娘生嘉慶辛亥
年五月初五申時卒咸豐癸丑年三月初一戌時葬山仔尾穴壬丙

子午分金辛亥巳生二子長公劍次公㩗出繼君磋

君磋嬌伯公次子也生乾隆丙午年七月初九卯卒道光庚戌年正月廿

五酉時葬營頭頂穴乙辛卯酉分金丁卯酉立一子公㩗君恐次子承繼

君仰　子也生月失記相傳十一月十九忌辰

君孔權伯公長子也生乾隆甲辰年卒嘉慶己卯年五月三十午時葬

中山脚坐北向南妣林氏生乾隆癸卯年卒同治甲子年六月廿九

葬烏窓山穴亥巳壬丙分金丁亥巳生一子公歆

君泉權伯公次子也生乾隆壬午年三月初三卒道光己亥年十一月初

六酉時妣徐氏諱嬌娘生乾隆丙辰年九月廿五丑時卒道光丙

午年二月初十午時塟本處未詳穴亥巳壬丙分金辛亥巳生二子長
公猷次公審
君任權伯公三子也生乾隆甲寅年三月初七卒道光戊子年八月十三
戌時塟宅內坐西向東妣林氏諱烝娘生嘉慶己未年十二月十五
未時卒嘉慶己卯年九月廿八酉時塟本山后塘尾穴巽乾巳
亥分金丁亥巳生一子公箭
君竿權伯公四子也生乾隆丁巳年五月初六卒道光丙戌年三月十六
丑時塟本山會厝後穴庚甲申寅分金丙寅申妣王氏諱勤娘生嘉慶
辛酉年正月廿八午時卒咸豐己未年十月廿七酉時塟龍舌仔山

穴子午壬丙分金丙子午生一子公棕

君民積伯公長子承繼列伯公也生乾隆戊子年九月十八戌時卒道光十二年八月十六酉時葬白石山脚穴乙辛酉卯分金丁酉卯妣蔡氏生乾隆庚子年正月廿五日卒咸豐癸丑年十一月初八酉時葬在宅内穴乙辰辛戌分金庚申己生一子公潑

君匠積伯公次子也生乾隆丁酉年三月十九辰時卒道光丁亥年十月廿九丑時葬烏石頭山坐北向南妣戴氏生乾隆丁巳年十一月廿七日辰時卒同治甲子年十一月初一戌時生一子公沾

君粗烟伯公長子也生乾隆己巳年七月初十卯時卒道光甲辰年十一

月十七丑時塟烏石頭　妣洪氏名遠娘生嘉慶庚申年八月初二辰
時卒同治　年八月十八辰時塟山仔尾烏石頭脚穴甲庚酉卯
分金庚寅申生二子長公圳次公淺
君銓炳伯公次子也生嘉慶癸丑年十月十二酉時卒咸豐丙辰年九月
廿四午時妣吳氏名碧娘現在生二子長公都次公定
君燃炎伯公長子也
君楚哭伯公之子也生乾隆丙戌年四月廿四子時卒道光丁未年七月
初十申時塟在許宅坐子午壬丙分金丙午子妣
君江寅伯公長子也生乾隆乙卯年八月十一卯時卒道光丁未年八月十

六戌時葬許宅穴癸丁子午分金丙子午妣葉氏名諒娘生嘉慶庚申年九月十七戌時卒道光丁未年六月初七卯時葬許宅穴子午壬丙分金丙子午生一子公⿰米僉

君魁寅伯公次子也生嘉慶戊辰年五月十二日卒咸豐甲寅年二月十五卯時葬烏窓山穴申寅坤艮分金丙寅申妣忌諱生一子公紂

君緣全伯公之子也生月失記相傳五月初八午時忌諱妣五月初十日

君斟臨伯公之子也生月失記相傳八月初七子時忌諱妣王氏諱勸官五月初十忌諱生二子長公誌次公興

君富臨伯公之子也生月失記相傳六月初七戌時忌辰

一妣柯氏八月初九日酉時忌諱

一妣猛官七月初九日卯時忌諱

一妣市官八月廿七日申時忌諱

以上數名俱從神主牌收錄未詳

一娘八月廿三日忌諱

君怕萃伯公之子出継受伯也娶葉氏生二子長公埃次公風

君親邁伯公長子也生嘉慶丙寅年四月初七寅時卒道光丙申年

七月廿四酉時葬中山仔頂自己地穴庚申酉卯分金庚申寅妣

吳氏生嘉慶辛未年十月十九日辛時卒咸豐丁巳年九月廿七巳時葬

白石山穴子午癸丁分金丙子午生一子公興

君棖邁伯公次子也生嘉慶庚午年十一月初八午時卒同治七年閏四月十一酉時塟新塚穴庚甲酉卯分金庚寅申妣顏氏生嘉慶乙亥年十月初六辰時卒道光　　年十月初四塟義娘后穴乙辛辰戌分金辛卯酉繼妣藴氏名鉄官黌壳坑人生一子公鰟

君枷邁伯公三子也生嘉慶辛未年八月二十巳時卒道光十二年閏九月廿五卯時塟許宅自己地穴壬丙亥巳分金辛亥巳無娶有祀業

君逶漸伯公之子也生嘉慶戊辰年十二月十六寅時卒同治癸酉年七月初六丑時塟後山穴庚甲申寅分金庚寅申妣劉氏諱靜官康潯人

生道光戊寅年正月初六巳時卒光緒庚辰年八月初八未時塟在水尾穴乙辛卯酉分金丁卯酉生二子長公涉次公脊

君鞍訓伯公次子也生嘉慶丁丑年十一月十八亥時卒同治辛未年十月十六申時塟龍舌仔穴亥巳乾巽分金丁亥巳無娶立一子公下係君坤之子承繼

君坤訓伯公三子也生道光癸未年七月初六卒光緒壬午年五月廿九卯時塟在水尾穴甲庚卯酉分金庚卯酉妣葉氏諱繡官生道光甲申年辰時吉日卒光緒元年六月廿七未時塟在水尾穴丁癸未丑分金庚午子生二子長公羨次公下出繼君鞍

君衣初伯公子也生嘉慶甲子年九月十五巳時卒道光戊申年十月
十九寅時葬義娘後坐東向西妣顏氏出生一子公埒
公象字文儀君淳公次子也
公豹字從賢君淳公長子承繼君湛公也
公斗君猷公長子也生乾隆庚寅年六月初八申時卒嘉慶己未年六月
廿七亥時葬山仔尾坐北向南分金子午癸丁妣林氏生乾隆庚寅
年八月廿九卯時卒嘉慶丙子年閏六月初十酉時生一子振炎
公江君博公長子也生嘉慶庚戌年十月初十日卒道光丙午年五月初
五日妣許氏生嘉慶戊午年十二月十一日卒道光壬寅年七月二十

日未時

公洲君博公次子也生嘉慶癸丑年十二月初十寅時卒道光廿八年十二

月初六辰時塟本鄉五欉松脚穴辛乙酉卯分金丁卯酉妣辛氏生月

塟處失記生三子長振禮次振窰三振寡

公奇君博公三子也生嘉慶丙辰年九月廿九巳時卒道光二十三年五

月初五卯時塟白石山下坐北向南妣林氏生月塟處失記生二子

長振奔次振塲

公杯君衲公長子也生嘉慶五年四月廿三辰時卒同治九年三月十一日

酉時妣呂氏諱吱官生嘉慶十二年六月初六日卒同治十年七月

三十辰時合塟本鄉宅內生三子長振抛次振企三振勵出繼公素

公素君衲公次子也生乾隆壬戌年十二月初十卒光緒戊寅年七月廿七

寅時塟在宅內穴乙申卯酉分金丁卯丁酉立一子振勵公杯三子承繼

公照君蓮公長子也

公元君蓮公次子也

公灌君瑞公長子也

公與名官復興君瑞公次子也任澎湖外委

公梧榜名登科 字日生斗 號奇堂君珊公長子庠武生也生於嘉慶庚申

年三月初四日卯時卒於道光戊申年七月廿九日酉時享壽四

十有九齡妣莊氏諱珠蘭謚慎儉銅魚舘人國斌公之女也生嘉慶辛未年二月十三日酉時卒同治甲戌年九月初六日午時享壽六十有四齡合塟在猴石山下新塚脚穴坐壬丙亥巳分金丁亥丁巳又側室王氏安海人生道光甲申年七月十三日

共生四子長振興次振閭三振鳳莊氏出四振端王氏出

公樞字星拱君珊公次子也生嘉慶丁卯年生月失記卒道光丁亥年六月初七日塟在大埈鄉山狗崎穴坐亥巳乾巽分金丁巳亥立一子振繼

公文君珍公次子承繼君瑚公也生道光戊子年八月十三酉時卒光緒庚辰年正月廿三巳時妣汪氏生道光戊戌年七月廿六辰時卒同治丙寅年八月十四辰時合葬在營后鄉

繼妣林氏生一子振泰汪氏出

公麟君珍公長子也生嘉慶庚辰年生月失記卒道光戊戌年三月十五寅時葬在梵天子振泰公文子承繼

公齡君珍公三子也早亡

公育君良公長子也

公啟君良公次子也

公祿君渡公之子也生乾隆戊寅年九月廿一辰時卒道光丁酉年正月
廿一巳時葬梵天郭厝墓邊穴壬丙亥巳分金丁巳亥妣張氏諱絹
娘生乾隆丁亥年正月初八酉時卒道光戊子年十二月十六巳
時葬墓祀亭後橫路頂穴酉卯辛乙生四子長振麟次振琴三
振樹四振趾往台

公認君鉝公長子也生
生三子長振金次振德三振春

公近君鉝公次子也生
生二子長振慶次振崔

公柄君式公之子娶郭氏現生一子振玽

公梗君表公長子也生乾隆辛亥年六月廿三子時卒光緒辛巳年九月十七未時葬烏窓前穴乾巽戌辰分金丙戌戌妣林氏諱勸官生嘉慶庚申年八月初六丑時卒道光戊申年十月初一子時葬烏窓前坐北向南生三子長振懶次振糠三振他

公海君表公次子也生嘉慶己未年九月三十酉時卒咸豐丁巳年九月十二酉時葬烏山窓山穴申寅坤艮分金丙寅申妣郭氏諱報官城内人生嘉慶癸酉年六月十六夘時卒光緒甲申年六月十一酉時葬中山穴坤艮申寅分金辛丑未生三子長振署次振心三振訪

公山君表公三子也生嘉慶壬戌年十二月十二午時卒咸豐九年四月十四巳時葬中山穴癸丁子午分金丙孖先妣吳氏諱占娘鄭宅人未婚而亡生嘉慶丁卯年十二月十二卯時卒道光甲申年十月初四子時葬感化里鄭宅鄉土名畲尾埔路上穴辛乙酉卯繼妣楊氏諱到娘井仔崎人生嘉慶甲戌年正月十九午時卒光緒庚辰年十月初八寅時葬中山仔穴艮坤寅申生四子長振吾次振曲三振軒四振立

公董君利公之子也娶李氏名桂官小西門人現生一女甚娘

公來君邦公長子也生月失記相傳二月十三忌諱無娶有祀業

公順君邦公次子也生道光己丑年七月初二巳時卒光緒丙戌年八月十三巳時葬山仔尾前穴庚甲申寅分金庚申寅娶林氏名川官社頭人現生三子長振瓦出繼公桃次振寵三振雖出繼公馮

公桃君邦公三子也生道光甲午年八月廿一巳時卒同治元年九月初五戌時葬水尾穴午子丁癸分金庚午子無娶立一子振瓦公順長子承繼

公質君邦公四子承繼君煞公也生道光辛丑年十二月初三巳時卒咸豐辛酉年九月廿九戌時葬許宅生北向南無娶有祀業

公鎮君煞公次子也生咸豐壬子年七月廿三未時卒光緒辛巳年十一月廿九申時葬寔叻記山無娶有祀業

公馮君煞公三子也生咸豐丁巳年七月二十日辛光緒乙酉年七月初九戌時葬白石山頂穴壬丙子午分金辛巳亥無娶立一子振雖公順三子承継

公來君雙公次子出繼君賀公也娶方氏名鬆娘方兜人現生二子長振轉出繼公桂次振戦

公桂君雙公長子也妣劉氏諱尾官五甲人生道光壬寅年八月廿六日卒同治辛未年四月十六午時葬在后埔穴癸丁子午分金丙子生一子振雜次振轉公來之子承繼

公适君并公長子也生道光丁亥年五月十三未時卒同治癸酉年六月初五巳時葬在后埔水尾生壬丙亥巳分金丁巳亥無娶有祀業

公狂君井公三子也生道光甲午年六月廿六日午時卒同治丙寅年十
月廿二未時葬白石山塚坐北向南無娶有祀業

公鈑君志公長子也娶林氏名盡娘相頭人現生三女

公第君志公次子也娶許氏名定娘現生二子長振大次振

公態君而公之子也娶蘇氏名寶娘溪邊人現生五女

公樑君薦公長子也生卒年月失記妣林氏諱報娘謚勤慎生乾隆
戊午年七月十一午時卒道光己丑年四月初四午時餘亦失記

公揀君薦公次子也生乾隆己酉年十一月初八巳時卒道光戊子年四
月二十亥時葬柿鷄山坐東向西穴甲庚寅申分金丙寅申

公榣君薦公三子也生乾隆五十八年八月初四巳時卒道光十六年十
二月廿六巳時妣沈氏諱愛官生嘉慶十年十月十四酉時卒
道光廿二年五月廿二午時合葬義娘后穴乾巽亥巳分金庚
辰庚戌生二子長振濯次振永係公賽次子承繼

公㯋字立君薦公四子也生嘉慶戊午年六月三十未時卒道光丁
亥年正月廿四午時葬山仔尾前與母許氏合葬穴癸丁子午
分金丙午立公榣長子振濯承繼

公喜字悅君琴公長子也生　己酉年七月廿一巳時卒道光十三年
十二月廿九巳時妣王氏生　己酉年九月十七寅時卒道光

年十月十六申時合塟在許宅義娘廟前穴癸丁丑未分
金庚仔生三子長振汲次振鈀三振鑿
公和君琴公三子也生乾隆癸丑年十二月廿四日卒同治甲子年五月
十一未時妣李氏諱月娘生嘉慶甲戌年正月十九寅時卒在
台彰神崗庄塟處未詳生二子長振葱次振萬
公水字波君玉公長子也生嘉慶元年丙辰五月十三卯時卒道光二
十一年辛丑十月十三寅時塟本處山仔頂穴壬丙子午分金
辛己亥妣翁氏岳口人諱燕娘生　己未年六月十五午時卒同
治六年二月初四亥時塟壠仔尾石盤邊穴寅申甲庚分金

庚寅申生五子長振篆次振擯三振寢出繼公徹四振管五振簿

公晉君玉公次子也生嘉慶戊午年五月廿九戌時卒道光戊申年九月初七亥時葬義娘庙后坐東向西穴甲庚卯酉分金庚寅申妣宋氏諱謹娘生嘉慶戊辰年十一月十八寅時卒同治辛未年十一月初九未時葬壠仔尾穴壬丙子午分金辛亥巳生二子長振　次振到

公澈君玉公三子也生平失記卒　　年八月廿八日葬山仔尾后坐北向南妣李氏歐坑人諱市官生癸酉年五月十五卒光緒壬午年十月廿五戌時葬壠仔尾穴寅申甲庚分金庚寅申生二子長振四早次

振寢 公水之子承繼

公幼君玉公四子也生嘉慶丁卯年四月初三寅卒道光己亥八月初五卯與君玉公合塟山仔尾頂穴辛乙酉卯分金丁卯酉妣出生一子振辨往番

公入君玉公五子也生　辛未年八月廿一午時卒光緒戊寅年六月初九日塟隴仔尾頂坐東向西妣石氏前街人生　庚辰年十一月十五亥時卒同治五年三月廿九亥時塟烏石頭下穴乙辛卯酉分金辛卯酉生一子振九往番

公苓君玉公六子也生嘉慶己卯八月初六午卒同治癸亥年八月初三酉塟中山仔草埔頂穴壬丙亥巳分金丁亥巳娶岳口曾氏諱盡娘

公早逝養子成人伯早亡撫侄有室生道光乙酉年三月初四己
卒光緒丙子年六月十一卯時塟義娘后坐乾巽亥巳生二子長振罕
次振力　側室黄氏諱香官生道光丁亥年六月廿三日卒光緒己卯年九
月初三日塟中山邊穴亥巳乾巽生一子振先
公斐號成章君友公長子也生嘉慶壬戌年九月初十己時卒同治
丙寅年八月十四子時妣石潯鄉人曾氏諱月娘生嘉慶壬戌年九
月廿八日午時卒同治丁卯年六月廿八日未時合塟玉暦墓頂
坐北向南與母許氏同列公生平慷慨公正嚴明不可干以私
内而族黨外而鄰鄉咸嘉賴之至今聲稱籍甚生三子長振恭

次振賴三振懦

公班君友公次子也生嘉慶乙丑年二月初七巳時卒道光丁酉年五月十九戌時妣許氏城内大老衙後人生道光辛未年六月初十午時卒道光丙午年十一月初七日合葬本山義娘后坐北向南生二子長振潮次振每奉祀姪振聿公七長子振湖公撵次子

公七字其寶君友公三子也娶顔氏五甲相公宫人諱盛娘生月失記卒同治甲戌年九月十二卯時葬本山處塚口坐東向西生三子長振聿次振坑三振斗

公賫君友公四子也生嘉慶甲戌年六月初九巳時卒同治癸酉年

四月十一午時塟王厝墓頂穴壬丙子午分金辛巳亥 妣劉氏諱揣
娘五甲人生嘉慶甲戌年四月初六寅時卒同治六年二月
廿七巳時塟山仔尾前　　生三子長振乖次振
永出繼公搖三振銅

公撦號英華君友公五子鄉賓也生嘉慶庚辰年九月廿六日寅
時卒光緒乙酉年二月十五未時塟義娘庙前許宅穴坐壬
丙亥巳分金丁巳亥 妣傅氏謚貞淑大西門內人生道光壬午年
七月初十戌時卒同治癸巳年四月廿七日辰時塟在白石山下
自己園內穴坐亥巳乾巽分金丁巳亥 公志氣剛直節操堅

貞平生篤嗜書香生三子長振送名錫麟邑庠生次振湖三振槎
公嬌字奉君怡公長子也生嘉慶丙辰年七月廿六子時卒道光庚子
年二月初一卯時葬烏石頭穴寅申艮坤分金丙寅申妣葉氏諱捷
謚恭敬生嘉慶戊午年十月十七卯時卒咸豐壬子年五月廿
二未時葬烏窓山穴庚甲申寅分金丙寅申生一子振潯
公瑜字斷榜名有容號松村君怡公次子也生嘉慶辛酉年十月初六
寅時卒道光丁未年七月廿三卯時葬　妣吳氏
諱粉娘石潯人生嘉慶　年四月十四日卒光緒乙酉年五月廿
二申時葬烏窓山坐西向東生二子長振偃次振喨出繼公植公天姿

明敏以文章著世道光辛卯科舉人也生平料事必中果斷
有餘不特閤族賴以安即遠方之人亦多感德其事實不能備
錄焉

公瑞君怡公三子也生嘉慶癸亥年十一月十五酉時卒道光辛丑年正
月十三卯時葬白石山穴乾巽兼亥巳分金庚辰戌無娶

公善君怡公四子也生嘉慶十四年二月初六戌時卒道光十八年正月
初六辰時葬本山烏窓坐南向北

公植君怡公五子也字公鳴號東邑生嘉慶辛未年四月初一巳時卒道
光乙未年十一月初十巳時葬山仔尾前穴癸丁子午分金丙子午公少

年磊落矢志篤學不幸早逝子振喨公瑜𦘕次子承繼

公榢君沃公長子也生嘉慶八年三月十七未時卒道光五年七月初二巳時葬王厝墓頂坐北向南一子振映公淺之子承繼

公淺君沃公次子也生嘉慶丙寅年九月廿四辰時卒道光甲辰年十一月十八申時與君沃公合葬妣葉氏諱寡娘寨后邊人生嘉慶戊午年卒光緒辛巳年九月十三辰時葬寨后邊生三子長振映出繼公榢次振秩三振濟一女美娘嫁與城內舉人黃垂昆

公森字滄君談公長子也生嘉慶癸亥年十一月廿六寅時卒道光庚子年八月廿八未時葬烏窓山穴申寅庚甲分金庚申庚寅娶呂氏名真娘

坑朴人現生一子振梭出繼公𨥉 生嘉慶丁酉年六月初六日未卒光緒戊子年六月初五日午葬中山仔坐乾向巽兼亥巳

公翁君諱公次子也生嘉慶丁卯年三月十七亥時卒道光癸卯年四月廿七葬本山大埔穴艮坤寅申分金辛丑娶施氏美珠塘仝生二子長振極次振坪

公徽君諱公三子也生嘉慶己巳年七月十九酉時卒咸豐壬子年正月初九午時葬岳口東頂頂穴庚甲申寅娶葉氏生一子振金又外孫館裡郭文諸奉祀

公𨥉君諱公四子也生嘉慶癸酉年十月初十寅時卒道光丁酉年五月十六未時葬灯猴墓邊穴乾巽亥巳分金庚戌未娶而亡三子長振

梭公森之子次振墻三振極公翕之子承継

公耆君談公五子也娶莊氏名為官現生一子振問

公酣君綏公之子也生乾隆乙卯年七月初五日辛道光庚戌年十一戌時

塟白石山穴乙辛卯酉分金丁卯酉妣鄭氏諱甘謚敬德岳口人生乾

隆甲寅年二月初四卯時卒嘉慶丁丑年六月十二午時塟山仔尾

頂穴壬丙子午分金丙子午生二子長振歆次振圖三振玉公焙之子承継

公渠君登公長子也生乾隆壬子年正月初七卯時卒咸豐四年十一月十四

辰時塟烏窓山穴庚甲酉卯分金庚申寅妣劉氏五甲人生　戊辰年

九月初五辰時卒同治九年十月十三酉塟烏牛頭山穴酉卯庚甲生

泉以上譜

二子長振盞次振田

公葺君匣公長子也生嘉慶丁卯年七月初九未時卒道光庚戌年十月十九辰時葬白石山烏窓邊穴庚甲酉卯妣李氏田坂下人生嘉慶戊申年七月初一午時卒道光辛丑年閏三月廿三葬烏窓山上坑尾穴壬丙子午生一子振克

公象君匣公次子也生　　年四月十八日辛道光廿八年六月初二辰時葬白石山穴戌辰辛乙分金丙戌辰未娶而歿一子振嘲公焙之子承継

公檜君匣公三子也卒在台相傳十月廿四忌辰

公孟字頂君罷公長子處士也生嘉慶乙亥年十月廿四亥時卒咸豐

乙卯年九月廿四子時妣蔡氏諱炎娘生道光戊子年十月廿六戌
時卒光緒甲申年十月廿五丑時生三子長振活次振駕三振
蚌 俱任台彰

公棟號素齋君羆公次子處士也生嘉慶戊寅年四月廿八子時卒同
治乙丑年六月十六戌時娶林氏現生二子長振甲次振與 任台彰

公護字仲號篤齋君羆公三子處士也生道光乙未年正月廿九子時
卒光緒丙戌年六月初九戌時享壽五十有四娶蔡氏名器官
現生四子長振武次振烈三振威出繼公國四振鉞公性恬靜博
聞多識不矜己長好成人美又善處鄉閭足嗣君羆公之徽

音雖生平不獲一矜而府縣試屢拔前茅聲名籍甚迨同
治壬申科試嘗蒙彰邑主吳本杰取結榜首閱其文如
獲異珍特以大器目之後遭府道齟齬竟屏棄不錄闇
郡為之不平而公獨優游自適絕無含怨意信所謂學問
深純意氣天之不玉成斯人也惜哉至處家庭之內事寡
嫂如慈母撫羣姪若己子其慈祥愷悌之情不能備述爰舉
數事以為後世法

公國君旨公三子承繼君邦公也生道光癸巳年六月十九日卒同治
甲子年十一月廿七戌時立一子振威 公護公之子承繼

公焙君慈公長子也娶葉氏名碧娘后溪墘人現生三子長振玉次振嘲出繼公酣三振蓮出繼公象

公卿字公巨君轉公長子也生乾隆戊戌年八月十九卯時卒道光庚寅年十一月十五辰時葬與父母合妣葉氏諱儉娘埔尾人生乾隆戊戌年十一月廿九卯時卒道光辛卯年五月十二巳時葬甌坑路頂穴壬丙亥巳分金丁巳亥生五子長振汪次振灶三振眼四振隊五振魷公顏之子承繼

公旺君轉公次子生乾隆庚子年正月廿九日卒道光丙午年二月十四戌時葬甌坑路頂穴丙壬巳亥分金丁巳亥妣王氏諱速官岳

口人生乾隆甲辰年三月初九酉時卒同治己巳年二月廿四丑
時葬中山后穴丙壬己亥分金丁亥巳生三子長振敬次振倫三振仲
一女名貢娘適曾姓未嫁而亡
公佑君腒公長子也失月失記相傳四月二十巳時忌辰葬
妣葉氏謚淑修生乾隆戊戌年十月二十巳時卒嘉
慶辛酉年四月十五酉時葬后坑路頂生一子振華
公潤字公浸君三公長子也生乾隆乙巳年九月廿一日亥時卒道
光丁亥年十六月廿八日未時葬中山仔坑溝邊穴壬丙亥巳分
金丁巳亥妣葉氏諱採官埔尾西坑人生乾隆庚戌年七月初一

午時卒咸豐丙辰年十一月初四日未時葬台彰神崗左車
水崎埔穴壬丙亥巳生二子長振宿次振垂俱在臺
公深君三公次子也生月失記相傳　月　日忌辰有祀業
公汪君三公三子也生乾隆癸丑年九月廿三卯時卒道光戊戌年六月
廿八申時葬中山邊穴戌辰辛乙分金丙戌丙辰妣林氏生三月十四相
傳正月十四忌辰生二子長振聰次振萬
公漢君三公四子也生日失相傳八月廿四忌辰妣刘氏生相傳正月十四忌辰
公英君伍公長子也生乾隆甲寅年八月初六巳時卒道光戊申年八月
十二申時妣吳氏石潯人生乾隆乙卯年六月十九亥時卒咸豐丙
辰年八月初十辰時合葬本處山頭頂穴甲庚卯酉分金庚寅庚申

生三子長振尚次振托三振壓

公闓君伍公次子也生嘉慶辛未年卒咸豐戊午年二月二十卯時塟山頭穴外酉甲庚分金丁酉卯無娶姪孫文獅振尚子文掌振托子

公經字公綸君開公長子也生乾隆庚子年二月初九卯時卒道光癸未年正月十七未時塟義娘后穴乾巽亥巳分金庚戌辰妣楊氏諱柔官大松人生乾隆辛丑年四月初四午時卒道光戊申年九月廿六未時塟烏石頭穴甲庚申分金丙申寅生三子長振郁次振泯三振炎

公綉君開公次子也生乾隆甲辰年十二月二十寅時卒咸豐癸丑年

五月二十未時妣顏氏諱晟官生乾隆乙巳年十一月廿六卒咸豐
甲寅年閏七月廿二未時俱葬在台彰生一子振邑

公續君開公三子也生乾隆乙卯年閏二月十二子時卒道光己亥年
三月廿五未時葬在台妣黃氏諱潘官馬巷人生乾隆癸丑年卒
光緒三年九月廿四未時葬山仔尾前坐南向北生四子長振雅次
振如三振起出嗣四振科

公杼謚公元君暹公長子也生乾隆壬寅年二月十五辰時卒咸豐己未
年五月初五戌時妣楊氏諱衍官謚慈儉甕窯人生乾隆丙午年
四月廿一午時卒道光辛丑年五月十四巳時合葬后坑路頂穴子

午壬丙分金丙午子繼妣林氏諱粉官謚慎修美珠塘人生嘉慶丁巳年卒咸豐丁巳年六月廿七夘時塟后坑路頂坐北向南生三子長振貫次振概三振桶早亡出繼公裁

公柱字公亨君暹公次子也生乾隆甲辰年九月廿二戌時卒道光辛夘年九月廿一午時塟龍舌山後穴已亥巽乾分金丁妃妣紀氏諱嫣前娘生乾隆壬子年十二月廿二辰時卒咸豐庚申年十一月初五申時塟美珠塘九陸山穴庚甲夘酉分金庚寅申生四子長振串出繼公裁次振圈三振潑四振錫

公裁君暹公三子也生乾隆己酉年四月十五寅時卒嘉慶丁夘年六月初

六寅時葬義娘前穴壬丙兼巳無娶立四子長振串（公柱子承繼）次振捅（公捊三子承繼）三振吟（公梓二子承繼）四振綏（公朴長子承繼）

公梓君遲公四子也生乾隆壬子年正月廿二子時卒道光丙午年十月十九戌時葬山仔尾前穴寅申甲庚分金庚寅庚申妣張氏諱照官岳口人四甲人生乾隆甲寅年二月十三子時卒道光辛巳年十二月十四寅時葬高文嶺前穴癸丁子午分金丙子丙午繼妣王氏生嘉慶丁酉年二月初十午時卒光緒乙酉年正月廿六巳時葬中山仔穴乾巽兼巳亥分金丁亥丁巳生三子長振捧次振吟（出繼公栽）三振碟

公樸字公貞君遲公五子也生嘉慶丁巳年二月初八辰時卒道光丁未

年十月廿九未時葬山頭頂穴戌辰乾巽分金庚戌辰戌妣黄氏沙溪人
生嘉慶己巳年七月廿二午時卒同治丁卯年十月初二戌時葬義
娘前穴子午壬丙分金丙子午生三子長振莊出繼公栽次振甌三振械
公培君芬公長子也生乾隆丙午年七月初二子時卒嘉慶庚申年十一月
初七申時葬營頭頂穴艮寅申分金辛丑立三子長振沁公坦長子承繼次振
祥公型長子承繼三振抵公坦四子承繼
公坦字大平君芬公次子也生乾隆辛亥年六月廿三子時卒道光戊子
年十月十四未時葬會厝后穴戌辰辛乙分金丙戌辰戌妣林氏諱兼官
井頭江厝鄉人生乾隆壬子年十月廿二辰時卒光緒二年七月十四丑

時葬山頭頂穴庚甲申寅分金丙寅申生四子長振沁出繼公培次振練三振
方四振抵出繼公培
公型字守業君芳公三子也生嘉慶戊午年七月十一子時卒道光戊申
年二月初五亥時葬營頭穴甲庚卯酉分金丁卯酉妣林氏施塲人生
嘉慶乙丑年六月十一子時卒同治辛未年五月廿五未時葬后坑
路穴壬丙子午分金辛巳亥生三子長振祥出繼公培次振鋤三振瓶
公拜君印公長子也生嘉慶辛酉年十二月十五卒癸巳年三月十八巳時
妣顔氏諱桂娘生月失記相傳三月廿八未時忌辰繼妣郭氏諱月
官樹林内人生嘉慶丁卯年十一月十九酉時卒光緒丁亥年八月十

七亥時塟后壁溝穴乾巽亥巳分金庚戌生三子長振齊次振桂出繼

三振彬

公執君印公次子也出外生死失記妣李氏諱續官生嘉慶庚午年九月

十五午時卒道光癸巳年六月廿四酉時塟路頂穴壬丙子午分金辛巳亥

公蓮君印公三子也生嘉慶辛未年四月十二巳時卒咸豐壬子年九月

廿四卯時妣郭氏諱緩官莊上人生道光壬午年四月初三亥時卒

道光庚子年二月三十酉時塟龍舌山穴亥巳乾巽分金丁巳亥立一子

振柱公拜次子承繼

公炎君印公四子也生嘉慶乙亥年十二月十二巳時卒在外方未詳時日

公順字公若君程公長子也生乾隆三十四年七月十三戌時卒道光十七年二月廿五丑時葬后山穴庚甲酉卯分金丙（寅申）妣顏氏諱期官埈爐人生乾隆辛亥年十一月廿九寅時卒道光癸卯年十二月初二亥時葬烏窓山穴坐北向南生四子長振志次振蒲（出外早亡）三振炮四振（公吉次子承繼）

厠

公式君程公次子也生嘉慶戊午年四月廿四寅時卒咸豐壬子年七月初三午時葬后壁山穴辛乙酉卯用縫針分金辛（酉卯）妣林氏諱牽官前街人生嘉慶丁酉年二月廿二辰時卒光緒元年十月初二戌時葬山頭頂穴壬丙亥巳分金丁（亥巳）生二子長振愷次振粟

陳氏上譜

公挽君程公三子也生嘉慶癸丑年十一月十八辰時卒光緒壬午年十
二月廿二辰時葬灯猴墓前穴申寅庚甲分金庚寅申妣葉氏諱
別官埔尾下井田鄉人生嘉慶乙丑年六月廿八午時卒同治庚午
年三月初七寅時葬烏窓山穴庚甲酉卯分金庚寅申生三子長振
蘭次振街三振鎗
公吉君程公四子也生嘉慶庚辰年二月廿二辰時卒同治三年正月二
十丑時葬后山穴酉卯庚甲分金丁酉卯娶吳氏名累官石潟人現生
三子長振宙次振粟出繼公式三振養
公龍字公吟君鶴公長子也生乾隆壬子年十二月初九子時卒道光

戊子年正月十四辰時葬曾厝后穴庚甲酉卯分金庚申寅妣黄氏諱
越娘店仔尾人生乾隆乙卯年九月初二酉時卒同治乙丑年十月
初六巳時葬后坑路頂穴丑未癸丁分金丁丑未生一子振用
公月君鶴公次子也生嘉慶戊午年六月十六戌時卒道光己丑年正月
十一午時葬后坑路穴壬丙子午分金辛巳亥娶林氏出生一子振溫
公輝之子承繼 立一孫文豹 振用之子承繼
公輝君鶴公三子也生嘉慶癸亥年十二月初五卯時卒咸豐戊午
年七月初一未時葬本山埔坪穴甲庚酉卯分金庚寅申娶吳氏名
生嘉慶癸亥年二月十七辰卒光緒己丑年七月初八未葬面頭山
涼官石潯人現生一子振溫出繼公月
坐丑向未兼艮坤分金丁丑丁未

公嶸君翰公長子也生月失記相傳九月十三忌辰葬塚口坐東向西妣
顔氏諱伴官埅炉人生乾隆丁未年二月初一辰時卒道光己亥年正
月廿九戌時葬王厝墓后穴癸丁丑未分金丁丑生三子長振健次振
雨三振儀

公嶺字嵩君翰公三子也生乾隆辛亥年三月十三亥時卒咸豐庚戌年
十一月十九辰時葬烏牛頭穴亥巳壬丙分金辛亥妣黄氏生乾隆
甲寅年十二月十三寅時卒同治壬申年七月十四辰時葬烏窓穴
辰戌乾巽分金庚戌生八子長振泮次振時出繼公沛三振瀑四振萬五
振近六振紆七振北八振語

公沛君翰公四子承繼子君鎮公也生乾隆甲寅年九月廿二卯時卒嘉慶廿五年十一月廿八辰時葬烏窓山坐東向西一子振時（公嶺次子承繼）

公禮君同公之子也

公意君貞公長子也生乾隆乙卯年二月廿五亥時卒道光十九年十一月十四巳時葬許宅穴壬丙亥巳分金丁亥 妣葉氏出立一子振利（公燁之子承繼）

公欽君貞公次子也生嘉慶辛酉年八月初六亥時卒咸豐戊午年正月廿四卯時葬義娘前穴乾巽戌辰分金庚戌（庚辰） 無娶立一子振閩（公抱之子承繼）

公燁君貞公三子也娶林氏名歲娘馬巷人現生三子長振焙次振利（出繼公意）三振朝

公梲君貞公四子也娶曾氏名笑娘大路尾人現生一子振閩（出繼公欽）
公廳君芋公長子也生嘉慶乙丑年六月初四巳時卒道光廿七年七月
十七亥時葬烏窓山右穴酉卯庚甲分金丁（卯酉）娶楊氏岳口人現生
二子長振芸次振有
公奢君芋公次子也生道光閏五月三十戌時卒正月十七午時葬烏牛
頭中崙坐向失記無娶
公針君茶公長子也生嘉慶己巳年卒道光甲申年八月十五申時早亡
公閂君茶公次子也生嘉慶壬申年四月廿五寅時卒咸豐七年三月
十一辰時葬許宅穴癸丁子午分金丙（子午）妣呂氏諱碧娘岳口人

生　乙酉年十月初九未時卒咸豐十一年九月十四未時塟

許宅義娘前生二子長振為次振箴

公舵君茶公三子也生　丙戌年六月十九寅時卒乙丑年十月廿六

日塟許宅坐北向南妣吳氏生道光己丑年四月十六日寅時卒光

緒辛巳年二月十三卯時塟大埔穴未丑丁癸分金丁未丑生二子

振省振办公沐之子承継

公沐君茶公四子也娶葉氏埔尾人現生二子長振額次振办出継公舵

公標君柔公長子也生壬申年九月初五日卒十二月十五日塟烏窓山

穴壬丙子午分金辛亥巳妣吳氏出生一子振瓏早亡

公揖君柔公次子也早亡

公便君柔公三子也生道光四年七月初二寅時卒同治二年正月初一

塟許宅坐向失記妣謝氏出

公鋭君欣公長子也生嘉慶丁丑年二月初九申時卒道光甲午年九

月廿二酉時塟義娘前許宅口穴戌辰乾巽分金庚戌無娶

公斜君欣公次子也生月失記相傳三月廿三忌辰塟烏窓山妣黄氏生

道光己丑年九月初一卒同治乙丑年閏五月十二巳時塟烏窓山

坐向失記生二子長振水次振督

公塔君澤公長子也生嘉慶庚辰年七月十五寅時卒道光乙巳年十一

月十二日塟杜橋塚坐北向南妣楊氏出

公駕君澤公次子也生甲申年二月十七戌時卒咸豐己未年八月十六
卯時塟塚邊坐向失記妣吳氏出生一子振山早亡

公筆君澤公三子也娶莊氏現生二子長振雅出繼公海次振樣住廈門

公海君澤公四子也生戊戌年六月十五辰時卒咸豐三年十一月初十
戌時塟烏窓山穴庚甲申寅分金辛巳無娶立一子振雅公筆之子承繼

公南君澤公五子也娶紀氏后麝人現生三子長振夢次振蔡出繼公真三振
共

公真字心田君貨公長子也生道光甲申年六月廿四戌時卒同治壬

戌年八月十六巳時塟本山穴午子丁癸分金丙午孖娶吳氏石潯人
生二子長振俔次振正俱往番　立一子振蔡公南之子承繼
公波君貨公次子也生辛亥年閏五月十五辰時卒咸豐丁巳年八月
十八辰時塟后埔坐向失記　妣葉氏出
公梯君湍公長子也娶嘮咖𡢃人生月失記卒同治壬申年六月初八
巳時塟大埔穴乙辛卯酉分金丁酉卯生三子長振庚次振發三
振承繼室徐氏生道光丙申年四月十二酉時卒光緒庚辰年
十一月初六日子時塟義娘后穴乙辛卯酉又娶林氏
公添君認公長子也娶葉氏現生二子長振箸次振看

公壹君諱公次子也承繼君端公也生道光壬寅年九月十四巳時卒光緒丙子年六月十九戌時葬大埔穴巽乾辰戌分金庚辰戌娶吳氏石潯人生一子振謀

公原君諱公三子也生道光己酉年閏四月廿七巳時卒光緒壬午年十月初四戌時葬白石山前穴甲庚寅申分金丙寅申妣李氏出立一子振看公添次子承繼

公酒君諱公四子也生咸豐己未年五月廿四巳時卒光緒癸未年七月十七巳時葬大埔

公奪君洛公長子也生嘉慶壬戌年十月廿八卯時卒咸豐甲

寅年九月十五戌時妣王氏諱蘊官前街人生嘉慶十六
年四月廿五寅時卒同治元年閏八月十七巳時合葬后山
穴酉卯庚甲分金丁卯酉生一子振井

公奐君洛公次子也

公顏君孕公之子也生嘉慶六月初七卒同治辛未年正月初
六葬灌口穴乾巽亥巳妣郭氏出生二子長振鮡出繼公卿次振
慶

公攺君遷公長子也生嘉慶壬戌年十月十二酉時卒道光己酉年九月
廿六寅時葬營頭生東南向西南無娶立一子振汪公頓長子承繼

公帕君遷公次子也生嘉慶丁丑年正月初十亥時卒道光乙巳年十一月初九午時塟山仔尾坐北向南無娶有祀業

公頻君忝公長子也生道光戊寅年二月十九午時卒同治庚午年五月廿一巳時塟烏石頭穴甲庚卯酉分金庚申寅娶林氏名意官桕頭人現生二子長振往出繼公攺次振巧

公泰君忝公次子也娶劉氏名獺官康溽人現生一子振頤

公與君堪公長子也生乾隆丙午年二月十六申時卒嘉慶丁卯年七月初七未時塟山仔尾前穴亥巳壬丙分金辛巳亥妣蘇氏出生一子振漲

公追君堪公次子也生乾隆戊申年正月初四卒道光辛丑年七月初十

午時妣李氏諱罔官田坂下人生乾隆辛亥年四月初十申時卒道
光辛丑年六月初七未時合塟烏窓山坐東北向西南生三子長振
扶次振叩出繼公教三振涯出繼公八

公佑君堪公三子也生月失記相傳九月十三忌辰塟在台妣葉氏諱圓
官生乾隆乙卯年正月十二辰時卒嘉慶庚辰年八月廿五辰時塟
烏窓山穴庚甲酉卯分金庚寅申生二子長振傑次振盆俱往台

公賜字欽承君堪公四子也生乾隆壬子年十月廿三寅時卒道光辛丑
年六月廿五申時塟中山尾穴壬丙亥巳分金丁亥妣蘇氏諱傻懿
藍田埔下人生乾隆乙卯年卒道光己酉年閏四月廿九卯時塟烏窓

山穴亥己壬丙分金丁巳亥生三子長振蒯次振誥三振恰出繼公氣

公滸君堪公五子也生嘉慶丙辰年十月十一酉時卒道光癸未年十月

十五亥時葬烏窓山穴庚甲申寅分金丙寅申妣吳氏出生二子長振

苞次振藝

公八字公愷君堪公八子也生嘉慶甲寅年八月三十辰時卒道光乙未

年五月廿九酉時葬山仔尾下穴癸丁子午分金丙午子妣張氏出立

一子振涯公進二子承繼

公赫君堪公十子也生嘉慶戊辰年十月廿六卒咸豐辛亥年七月初六

未時葬山仔尾坐癸向丁娶吳氏名專官銅魚館人現生二子長振

勘次振晛

公淵字公傳君稽公長子也生嘉慶丙辰年七月廿八子時卒道光壬辰年四月廿九未時塟中山仔穴庚甲申寅分金丙寅丙申妣葉氏生嘉慶丙辰年九月初七巳時卒同治八年十二月十三酉時塟曾厝后坐西向東生三子長振仰次振荷三振晝

公港君稽公三子也生嘉慶癸亥年七月廿七辰時卒道光

妣吳氏諱寅官石潯人生嘉慶甲子年十一月廿七寅時卒同治癸酉年十一月廿九申時塟埔坪穴丙壬巳亥分金丁巳丁亥生二子長振應次振心

公益君稽公四子也生嘉慶丙寅年正月十九子時卒咸豐乙卯年九月
廿六酉時葬中山后穴申寅坤艮分金丙寅申妣胡氏謚恭儉生嘉慶
己卯年七月初一酉時卒同治壬申年六月廿八子時葬許宅穴
丙壬巳亥分金丁巳亥生四子長振禊次振帶三振燒四振試
公集君詑公長子也生乾隆庚戌年四月初十午時卒道光己酉年
七月十九申時葬山仔尾坐北向南妣葉氏下峯人生乾隆庚戌年
十一月初二子時卒咸豐辛酉年十月廿九酉時葬大埔坐東向
西生三子長振愈次振妍三振沾
公語君稽公次子承繼君詑公也生嘉慶戊午年六月初十戌時卒道

光戊子年五月十九巳時妣葉氏塘邊人生嘉慶辛酉年八月
十九子時卒道光戊子年四月初二辰時生二子長振治次振勳
公沐君簡公之子也生乾隆辛亥年十二月廿六申時卒道光丁未
年四月初一午時塟本處山中崙妣呂氏諱坤娘坑朴人生嘉
慶壬戌年三月二十日卒光緒辛巳年八月初四塟白石山穴癸
丁丑未生一子振火
公郭君簡公五子承繼君黎公為長子也娶妻林氏諱幼娘相頭人
生道光丁亥年正月十四酉時卒咸豐辛酉年十一月十七戌
時塟岳邊坐北向南生一子振申

公母君黎公次子也生道光三十年十二月廿二寅時卒咸豐六年六
月廿八辰時娶　氏生一子盈泉
公福君路公長子也生乾隆甲寅年七月十二酉時卒道光庚子年
七月初六辰時葬山仔尾生二子長振市出繼公混　次振悦
公混君路公次子也生嘉慶丁巳年六月初二戌時卒道光七年七月
廿九寅時葬在台彰葫蘆墩立一子振悦公福公之子承繼
公劍君恐公長子也生月失記相傳十一月廿九忌辰
公榢君恐公次子承繼君磋公也生嘉慶庚辰年七月初十子時卒
道光戊申年九月十三巳時

公欽君孔公之子也生嘉慶壬申年二月十八午時卒光緒丙子年五月初五卯時葬灯猴墓邊穴乙辛卯酉縫針分金辛酉卯妣葉氏諱埜官生嘉慶丙子年三月初九戌時卒光緒丙子年八月廿四未時葬龍舌仔穴庚甲申寅分金庚戌生三子長振學次振卑三振草

公審君泉公長子也生嘉慶乙亥年六月十八卒咸豐庚申年五月初二葬義娘后坐西向東妣　氏生嘉慶庚辰年十一月二十申時卒光緒壬午年七月二十酉時葬義娘穴乾巽戌辰生四子長振疆次振缺三振磅四振掌

公獻君泉公次子也生道光甲申年正月十八辰時卒光緒甲申年正月
初九申時妣蘇氏諱糖娘生道光丁亥年八月十六午時卒光緒癸
酉年正月廿二午時塟山仔尾穴癸丁丑未分金庚子午生二子長振
合次振帽

公箭君壬公之子也生道光丁亥年八月二十午時卒光緒二年六月廿
二戌時塟龍舌仔穴癸丁子午分金丙子午娶葉氏名段官現生四子
長振兩次振武三振頭四振施

公棕君竿公之子也生道光甲申年三月十一酉時卒咸豐壬子年八月
廿五未時塟中山仔穴癸丁丑未分金庚子午娶洪氏名玉官現生三

子長振瀼次振宜三振員

公潑君氏公之子也生嘉慶辛酉年四月初六辰時卒道光庚寅年七月初七戌時葬白石山穴艮坤寅申分金辛丑生二子長振田次振灶公定之子承繼

公治君匠公之子也娶蘊氏

公圳君粗公長子也生道光戊寅年八月初八辰時卒同治乙亥年正月初四酉時葬白石山坐子向午分金丙午娶蘇氏名拈娘現生二子

長振却出繼公淺　次振夢

公淺君粗公次子也生道光壬辰年四月廿二巳時卒咸豐己卯年六月

三十午時塟山仔尾穴巳亥丙壬分金辛巳亥立一子振却公圳之子承繼

公都君銓公長子也生道光乙酉年十二月初三子時卒光緒壬午年七月廿七酉時娶盧氏名返官現生四子長振教次振早三振王四振後

公定君銓公次子也娶蘇氏名鶴官現生三子長振灶出繼公潑次振魁三振樓

公德君斟公之子也生月失記相傳六月十五卯時忌辰

公稼君江公之子也生道光壬午年五月廿七未時卒同治癸亥年十一月十八吉時塟義娘后穴坤艮丑未原妣葉氏諱有娘生道光庚寅年五月廿三卯時卒咸豐丁巳年八月廿九戌時塟許宅穴壬

丙亥巳分金辛巳亥繼室葉氏生一子振名

公涉君遠公長子也生道光戊戌年四月十五未時卒光緒癸未年七月
廿三巳時塟新塚坐東向西南無娶有祀業

公瑛君帕公長子也生道光乙酉年七月初四巳時卒同治元年二月初
八申時塟佛祖宮口穴乙辛辰戌分金辛酉卯

公風君帕公次子也現住在澳内不知生死

振炎名秋陽公斗公長子也生乾隆乙卯年八月廿一寅時卒嘉慶庚辰
年七月十二辰時塟溪頭石坊公館邊坐庚甲申寅無娶

振禮公洲公長子也生嘉慶庚辰年十月三十日辰時卒同治甲戌年五

月初七亥時塟龍質穴甲庚卯酉分金庚寅申娶蘇氏現生二子長文
税次文袋出繼振寔

振寔公洲公次子也娶劉氏生道光己亥年六月初六日卒光緒甲申年十
月十五未時塟新塚穴乾巽戌辰生二子文棟早亡立一子文袋振禮次子承繼

振寡公洲公三子也娶林氏生道光戊申年十月十五午時卒同治庚午
年二月十四巳時塟堀仔頭穴庚甲酉卯分金庚寅申卒又娶蘇氏
生道光辛丑年十月十二辰時卒光緒戊子年十一月廿四辰時塟
許宅坐北向南生二子長文屏次文乞

振奔公奇公長子也生道光　年六月廿六卒　年六月初

四日葬新塚脚承繼子文乞 振寡次子

振塲公奇公次子也生道光　年七月廿八日卒　年六月十

一日葬宅内坐南向北立一子文踐 振拋長子承繼

振拋公杯公長子也娶洪氏生二子長文踐 出繼振塲 次文賣

振企公杯公次子也生道光乙亥年九月初二卒十二月初一葬后塘頂

振勵公杯公三子承繼公素公也娶吴氏現生一子文川

振興 字 際盛 榜名 德承 號 敬先公梧公長子佾生也生道光己丑年九月

初四日午時卒光緒戊子年十月十四日酉時享壽六旬

振閭字際克公梧公次子也生於道光癸巳年十月十三辰時卒同治壬申年六月二十卯時塟在岳口烏牛頭塚穴坐辛向乙兼戌辰分金辛酉辛卯

振鳳字際翔公梧公三子也生道光戊戌年閏四月初六戌時卒光緒己卯年閏三月廿九未時塟在王公山頭崙穴坐巳亥丙壬分金丁巳亥

振端字際新公梧公四子也生道光己酉年正月初一巳時卒光緒丙子

年七月初四夘時葬在山兜王公山糞箕湖

振繼公樞公之子也

振泰公文公之子也生咸豐戊午年娶下施氏下窖人生一子元圭

振麟公祿公長子也生乾隆甲辰年七月初三戌時卒道光丙午年十月初三子時葬處未詳妣洪氏諱玉娘生一子文乾

振琴公祿公次子也生乾隆戊申年十月初七寅時卒道光戊申年九月廿八未時妣方氏諱教娘后埂人生嘉慶庚申年三月十一夘時卒道光辛夘年三月三十亥時與公合葬鯉魚石邊坐西向東繼妣曾氏生嘉慶八月初七辰時卒同治乙丑年八月初七寅時生三子長文

柿次文樵方出　三文朴曾氏出

振樹公祿公三子也生乾隆癸丑年十二月初三巳時卒道光　年十一月十八午時葬墓祀亭邊坐南向北妣洪氏　生一子文朝

振趾公祿公四子也往台未詳

振金名怡寶公認公長子太學生也生嘉慶甲戌年四月廿五巳時卒光緒庚辰年六月十五午時葬在魚孚鄉棋盤大厝後坐癸丁丑未妣黃氏生嘉慶戊寅年十一月十五申時卒光緒乙酉年正月初二亥時葬本社榕脚莿園邊生三子長文淋次文棣三文獅

振德公認公次子也生二子長文志次文能

振春公認公三子也

振慶公近公長子也生六子長文主次文裕三文溪四文寅五文臣六文申

振崔公近公次子也

振玸公柄公之子也娶李氏名揪娘李厝鄉人現生二子任嚏叻

振懶公梗公長子也娶李氏名銀娘前院鄉人現生四子長文塗次文通

三文部四文苐

振糠公梗公次子也娶劉氏名審娘墓庵鄉人現生一子文操

振他公梗公三子也生道光甲午年五月初五午時相傳七月廿一忌辰

塋中山土地宮口坐東向西立一子文主

振署公海公長子也生道光丁酉年三月初七子時卒咸豐辛酉年五月十六未時葬虎空頂穴壬丙亥巳分金丁巳亥無娶

振心公海公次子也娶張氏諱葉官五甲店仔尾人生咸豐丙寅年二月十五午時卒光緒甲申年九月廿二巳時葬烏窓山穴申寅庚甲分金庚申寅

振訪公海公三子也娶紀氏名乃娘后嚳埔后鄉人

振吾公山公長子也生月失記相傳三月初六忌辰葬中山坐西向東立一子文府振軒長子承繼

振曲公山公次子也生道光丁酉年八月廿八卒光緒丙戌年五月初十

午時塟嘪叻無娶

振軒公山公三子也娶林氏名枝娘惠安人現生一子文府出繼振吾

振立公山公四子也娶塗氏名蜜娘到頭坑人

振永公賽公次子承繼公榣公也娶高氏名發娘小西門內人

振汲公喜公長子也生嘉慶壬申年八月廿八酉時卒道光壬辰年七月

初四申時塟烏窓山邊坐東向西

振舵公喜公次子也原配楊氏早逝繼娶林氏生二女招夫現生二孫長

維金次維名

振鑿公喜公三子也生月失記相傳六月初一忌辰妣張氏九月初一忌辰

振蕊公和公長子也生道光庚寅年十一月初三酉時卒同治癸酉年三月初七巳時妣王氏諱衫娘生道光甲午年三月十八巳時卒光緒己卯年十月十八戌時生三子長文漳次文旋出繼振萬三文茶

振萬公和公次子也生道光丁酉年四月二十寅時生光緒丙戌年六月十六午時原妣林氏生道光乙未年十二月十三辰時卒同治癸亥年九月初八亥時繼娶王氏生二子長文旋振蕊次子承繼 次文情

振篆公水公長子也生嘉慶廿二年八月初十日卒同治八年七月十四葬烏石頭坐北向南妣林氏浦頭人生辛卯年正月廿七未時卒咸豐十一年三月廿六午時葬山仔尾后穴亥巳乾巽分金丁巳亥生二

子長文黎次文塊

振擯公水公次子也生　　年十月卅日午時卒咸豐三年九月十一未時葬烏石頭下穴丑未癸丁分金丁丑未娶吳氏出一子文朝

振管公水公四子也生道光甲午年正月十四丑時卒道光庚戌年十二月初四巳時葬王厝墓后坐東向西

振薄公水公五子也生庚子年八月初四丑時卒咸豐十一年四月廿五辰時葬山仔尾后坐乾巽亥巳分金庚辰戌奉祀文學

振遠公晋公長子也娶林氏諱執讀城内人生甲辰年十一月十五辰時卒同治五年五月十一辰時葬溪邊粟倉埕穴乙辛卯酉

振到公晉公次子也生丁酉年五月廿四卒辛未年十月廿七午時塟籠仔尾穴癸丁丑未分金庚午子

振寢公徹公次子也生道光戊子年七月初六辰時卒同治壬申年四月廿二卯時塟山仔尾穴辰戌乙辛分金丁巳妣葉氏諱湍官西洋人生道光己亥年二月初二卒光緒辛巳年二月初二亥時塟隴仔尾穴巳亥丙壬分金辛巳生二子長文刁次文學

振辨公幼公之子也生道光乙酉年三月廿一辰時卒光緒己卯年六月十七丑時往番邦娶黃氏出生一子文會

振九公入公之子也往番失記

振罕公答公長子也娶鄭氏名霞娘北門内人現生一子文建
振力字廼勉公答公次子也娶林氏名絨娘臺彰神崗庄人
振恭公斐文公長子也生道光壬午年九月初四酉時卒道光丁酉年二月
十四申時塟白石山穴亥巳壬丙分金辛巳亥未娶而亡養一子文固
振頮公斐文公次子也生道光丙戌年十一月十五巳時卒同治庚午年五
月初七卯時塟義娘后穴甲庚卯酉分金庚寅申妣楊氏諱杒娘米市
人生道光庚寅年四月初二酉時卒咸豐戊午年二月初十亥時塟
義娘后穴卯酉庚甲分金丁卯酉生二子長文琚次文掌繼娶邱氏諱
一娘柑欖嶺人現生二子長文浯次文抄
振懦公斐文公三子也娶顏氏謚淑馨坡爐人生道光庚寅年二月十六午

八一七

時卒光緒戊寅年三月初九未時塟山頭頂穴乙辛辰戌分金辛卯酉
生三子長文厥次文生三文向
振潮公班公長子也生道光辛卯年十月十三辰時卒光緒壬午年四月
廿二巳時塟烏窓山穴乾巽戌辰分金丙辰戌娶許氏城内人生二子
長文湊次文社
振每公班公次子也娶林氏謚端肅太守坊人生道光丁酉年九月初七
丑時卒光緒甲申年六月十九卯時塟大埔穴乙辛卯酉分金丁卯酉
生二子長文降次文細
振聿公七公長子處士也往番失記生道光丙申年三月十一後以三

月十一為忌辰娶吴氏名恬娘石潯人生一子文鵲

振坑公七公次子也娶楊氏名隨娘甕窰人現生一子文話

振十公七公三子也生道光己酉年十一月十一卒光緒癸未年七月廿

九塟白石山脚塚口路下坐東向西無娶

振乘公賽公長子也生道光乙未年正月十三酉時卒咸豐元年二月廿

九巳時塟王厝墓頂坐北向南無娶奉祀文焜振送次子文瞻振湖之子

振銅公賽公三子也

振送字吉榜名錫麟號石溪公攙公長子也同治己巳年蒙學憲邵取進

同安學第一名光緒戊寅又蒙學憲孫取壹等第一補廩娶曾氏松柏

林人現生四子長文焯次文熀三文柞四文湯一女園英
振湖公捧公次子也娶郭氏後洋人現生一子文瞻
振槎公捧公三子也娶劉氏
振溥公嬌公之子也生嘉慶庚辰年四月十三午時卒咸豐乙卯年二月
廿二午時塟許宅穴艮坤丑未分金丁丑未娶葉氏名次娘后溪墘人
生一子文參
振偃字修公瑜公長子業儒也生道光乙酉年十二月初十未時卒咸豐
丙辰年十一月初九巳時妣顏氏謚勤儉后塘人生道光乙酉年十
二月初八巳時卒咸豐壬子年六月廿九巳時塟本山大旂葉穴申

寅坤艮分金丙寅坤生一子文塢

振嘵公瑜公次子也生道光丙申年四月十二未時卒咸豐丙辰年四月

二十己時塟横路地穴酉卯辛乙分金辛酉卯無娶

振梭公淼公之子也生　十一月十五未時卒在噴叻塟處未詳相

傳七月廿六忌辰娶邵氏諱圏娘漏盈人

振歆公酣公長子也生嘉慶甲戌年七月十三辰時卒道光乙未年九月

月廿七辰時塟山仔尾坐北向南無娶立一子文桴振圖之子承繼

振圖公酣公次子也生嘉慶乙亥年卒光緒己卯年十一月廿八寅時生

二子長文桴出繼振歆　次文洽

振盞公渠公長子也娶吳氏名薑娘胡厝宅人現生二子長文汀次文烶出繼振田
振田公渠公次子也生道光己丑年六月初二丑時卒同治元年八月初十亥
時葬本處貓文窟穴亥巳壬丙無娶立一子文烶振盞之子承繼
振活諱潑公孟公長子處士也生道光己酉年閏四月初七酉時卒光緒
甲申年十二月三十酉時娶張氏養一子文海
振駑公孟公次子也娶王氏現生一子文泗
振蚌公孟公三子也生咸豐癸丑年五月初二亥時卒光緒丙子年七月
初三寅時無娶承繼子文沫
振汪公卿公長子也生嘉慶癸亥年七月廿二酉時卒同治甲子年十月

初一辰時塟山仔尾前穴艮坤寅申分金辛丑未妣吳氏諱器官石潯人生嘉慶丁亥年十一月二十寅時卒光緒元年四月三十巳時塟中山下穴乾巽亥巳分金庚申寅生子長文坪振隊之子次文陶振鋤之子承繼

振灶公卿公次子也生慶嘉丙寅年十一月廿九酉時卒同治戊辰年六月廿六辰時塟后坑路頂穴甲庚卯酉分金庚寅申無娶立一子文礌

振眼公卿公三子也生嘉慶甲戌年十月廿九酉時卒咸豐辛亥年十一月廿四午時塟后墩地穴癸丁子午分金庚午子無娶立一子文洸振鮡之子承繼

振隊公卿公四子也生嘉慶廿二年十月廿一子時卒道光廿七年九月十七辰時葬龍舌仔穴子午壬丙分金丙子妣曾氏諱緞官岳口人生道光五年五月十一寅時卒道光廿六年十月廿二戌時葬中山下穴乾巽亥巳分金丙戌生一子文活繼室張氏諱金官溪邊人生一子文坪出繼振汪

振銚公顏公之子也出繼公卿公為五子也娶曾氏窟頭人生二子長文洗出繼振眼次文崎

振敬公旺公長子也生嘉慶丁亥年卒同治九年七月廿六葬龍舌仔坐北向南原妣林氏生嘉慶甲子年九月十三午時卒嘉慶戊寅年四

月十八未時塟梅山寺左邊觀音石下坐東向西未娶而亡繼妣葉
氏埔尾人生嘉慶乙丑年五月廿四酉時卒道光廿一年六月初八
戌時塟龍舌山坐北向南生一子文所

振綸公旺公次子也生嘉慶年間卒道光二月三十日塟后坑路坐北向
南立姪孫維相文聰之子承繼

振仲公旺公三子也生嘉慶己巳年九月廿四申時卒道光廿七年八月
十三亥時塟中山邊穴戌辰辛乙分金丙辰戌妣黃氏諱寶官岳口人
生嘉慶甲戌年二月十一午時卒道光廿七年九月廿七戌時塟山
頭頂穴巳亥丙壬分金辛巳亥生一子文聰

振華公佑公之子也生嘉慶戊午年十月初六巳時卒同治己巳年八月廿一酉時葬中山下穴壬丙兼巳娶林氏名京娘施塲人生三子長文畽次文夢三文地俱早亡

振宿公潤公長子也生嘉慶辛未年三月初七巳時卒同治己巳年十月十二妣王氏生道光壬午年十月十五寅時卒光緒丙戌年九月十七申時生五子長文俊次文遠三文生四文容五文清

振垂號裕成公潤公次子也生嘉慶癸酉年十一月十二巳時自道光壬辰年渡臺住彰化捒東上保神崗庄卒同治壬申年六月十二辰時葬公館庄東北片紅大井崎仔頂穴戌辰乾巽原妣紀氏諱留娘

生道光癸未年二月廿一辰時卒道光甲辰年九月廿六酉時葬頂
員林第一份自己田中穴壬丙亥巳分金丁巳亥繼娶紀氏名寶娘生
二子長文韜次文温
振題公漢公長子也娶黃氏名花娘現生一子文角
振萬公漢公次子也娶楊氏諱定娘生道光甲辰年十一月初八丑時卒
光緒丙子年七月廿七未時生一女好娘招夫生一孫維接
振尚公英公長子也生道光戊寅年十月初八巳時卒同治己巳年三月
廿二亥時葬山仔尾穴癸丁子午分金庚午子妣黃氏諱市娘洋坂鄉
人生道光丁亥年十一月初八戌時卒咸豐戊午年六月廿三未時

塋曾厝后堀仔頭穴戌辰乾巽分金庚戌辰生二子長文玩次文獅出繼公闇

振托公英公次子也娶郭氏諱岸娘后埔田厝鄉人生道光丁酉年十月廿五辰時卒咸豐己未年九月初四戌時塋山頭頂穴壬丙子午生一子文掌出繼公闇 繼室莊氏現生二子文春文樹

振壓公英公三子也生道光乙未年六月十三亥時卒同治己巳年二月十三巳時塋烏窓山穴子午癸丁分金庚子午無娶立二子長文清振鋤長子承繼 次文林振溫之子承繼

貞娘公旺公之女也生嘉慶廿四年九月初五辰時卒道光十三年四月廿六午時原配曾氏未嫁而逝塋本處龍眼宅坐北向南立姪孫

維寨承繼

振郁公經公長子也生嘉慶壬戌年七月十五午時卒咸豐壬子年七月初十丑時葬灯猴墓后穴戌辰乾巽分金庚戌庚辰無娶立一子文録早亡

振泯公經公次子也生嘉慶庚午年五月三十日午時卒咸豐己未年廿八巳時葬嘡叻妣洪氏出生一子文林

振炎公經公三子也生嘉慶己卯年八月初十酉時卒同壬申年五月初二酉時葬烏窓山穴辛乙戌辰分金卯酉妣呂氏諱火官焙仔内鄉人生道光辛卯年十一月廿五辰時卒同治庚午年十月十九戌時葬烏窓山坐艮坤寅申生三子長文録出繼振郁次文出三文坪

振邑公綉公之子也生嘉慶丙寅年五月初九巳時卒光緒庚辰年十一月初一酉時妣王氏生嘉慶丙寅年十月十一日卒咸豐丙辰年七月十六戌時生一子文嬰

振雅公績公長子也生嘉慶丁丑年五月初七申時卒咸豐辛酉年五月十七吉時塟番邦銀島娶顏氏名納官埈爐人現生二子長文雄次文土出繼振如

振如公績公次子也生嘉慶庚辰年正月初十未時卒同治己巳年七月初十一未時塟山仔尾前穴癸丁子午分金丙午子娶高氏名觀娘溪邉人生子文令次文土振雅次子承繼

振起公續公三子也生道光癸未年二月廿二子時卒光緒己卯年五月初三未時塟烏窓山穴乾巽亥巳分金辛巳亥娶李氏名勤娘溪邊人生一子文鎮

振科公續公四子也原娶林氏諱救娘相頭人生道光乙未年十一月十七申時卒咸豐戊午年十月十六酉時塟后坑路頂穴甲庚寅申分金丙寅申生一子文諧繼室潘氏名流官馬巷籃柄人

振豁諱貫業儒公杼公長子也生嘉慶丙寅年九月廿四卯時卒同治庚午年四月十九子時塟車水崎埔妣莊氏諱妍官謚儉篤橋仔頭人生嘉慶乙亥年六月初四辰時卒道光辛丑年六月初三丑時塟

營頭穴艮坤寅申分金辛丑生一子文泗文色振吟長子承繼

振概公杼公次子也娶林氏名醒官施塲人現生三子長文興出繼振桶次文卦三文蟳

振圈公柱公次子也生嘉慶戊寅年十一月十七申時卒光緒辛巳年十月初四辰時葬大埔穴甲庚卯酉分金丙寅申娶蔡氏名等官坑黄鄉人生三子長文陽出繼振錫次文照三文捙

振潑公柱公三子也娶張氏名定官岳口人現生四子長文寮出繼振錫次文染三文深四文湘

振錫公柱公四子也生道光癸巳年三月初十戌時卒光緒戊申年九月

十四酉時塟上坑尾穴辰戌乙辛分金丙辰戌無娶立三子文溪振串長子承繼次文陽振圖長子承繼三文寨振潑長子承繼

振串字玉田公柱長子承繼公裁公也生嘉慶庚午年五月初九寅時卒光緒乙亥年七月廿二戌時妣李氏諱儀娘上埔鄉人生嘉慶己卯年四月十二戌時卒光緒辛巳年十月初三巳時合塟中山邊穴庚甲申寅分金丙寅申生三子長文溪出繼振錫次文兑三文祖

振捅公杼公三子承繼公裁公也生嘉慶庚辰年二月廿七辰時卒道光甲辰年三月初九午時塟營頭頂穴寅申甲庚分金庚寅申無娶立二子長文興振概長子承繼次文阮振吟之子承繼

振吟公梓公次子承繼公栽公也娶葉氏名韞娘嶺下鄉人現生五子長
文色出繼振貫次文當三文課四文阮出繼振桶五文虫
振捧公梓公長子也生嘉慶丁亥年九月初二亥時卒光緒丙戌年九月初
五酉時塟鳥窓山穴庚甲酉卯分金庚寅申妣翁氏諱寶官岳口人生
道光丁酉年八月廿七亥時卒光緒丙子年二月廿七巳時合塟鳥
窓山生一子文聰
振碟公梓公三子也娶黃氏名小娘岳口人現生一子文屋
振𧄼公樸公長子也生道光辛卯年四月廿一子時卒同治辛未年二月
十三亥時塟山頭頂穴亥巳壬丙分金辛巳亥娶葉氏名跳官溪邊人

生二子長文鈴出繼振棫次文淨

振甌公樸公次子也生道光丙申年正月十三酉時卒光緒壬午年十月十二亥時葬山頭頂穴巽乾戌辰分金辛卯酉娶吳氏名鑽娘石潯人

生二子長文和出繼振棫次文潤

振棫公樸公三子也生道光己亥年十一月初十午時卒同治甲子年十二月廿八申時葬王厝墓后右邊穴乙辛辰戌分金辛卯酉無娶立二子

長文鈴振甡長子承繼次文和振甌長子承繼

振沁公垣公長子承繼公培公也生道光乙亥年正月廿二丑時卒光緒壬午年十月廿四寅時葬鷄母山脚穴寅申分金丙寅申娶呂氏名器

官岳口人現生一子文蛏

振松公型公長子承繼公培公也娶石氏名池娘岳口人現生三子長文嫩早亡次文塔三文曝

振抵公坦公四子承繼公培公也娶林氏諱粲娘井頭人生戊戌年正月廿三辰時卒同治戊辰年十月廿五巳時葬龍舌山穴壬丙亥巳分金丁亥巳繼妣顏氏諱近娘前街人生道光癸卯年十月初五巳時卒同治辛未年十月廿一巳時葬山頭頂穴亥巳壬丙分金丁巳亥生一子文巧立一子文極振方三子承繼

振煉公坦公次子也生嘉慶庚辰年三月十五寅時卒光緒己卯年五月

廿七申時葬烏石頭頂穴甲庚卯酉分金庚申寅妣呂氏岳口人生道

光乙酉年十二月初十寅時卒咸豐丙辰年四月十九午時葬本山

應前墓穴庚甲酉卯分金丙寅申繼室楊氏名五官井仔崎人生三子

長文漏次文銀呂氏出三文哂楊氏出

振方公坦公三子也娶葉氏名壬娘溪邊人現生三子長文東次文萬三

文極出繼振抵

振鋤公型公次子也娶李氏名向娘下歐坑鄉人現生五子長文清出繼振壓

次文陶出繼振注三文鸞四文艮五文波

振瓶公型公三子也娶林氏諱聽官邑内太守坊人生道光庚戌年五月

初七夘時卒同治辛未年正月初一戌時葬後坑路穴甲庚寅申分金丙寅申繼室劉氏名盡娘五甲人生一子文禹

振齊公拜公長子也生乾隆丁未年四月廿六戌時卒光緒二年十月十三丑時葬烏窓山坐北向南妣林氏諱樣官城內人生乾隆戊辰年卒光緒二年六月廿三巳時葬烏窓山坐北向南立一子文興振概之子

振柱公拜公次子承繼公蓮公也生道光戊戌年正月十八午時卒同治己巳年八月十五巳時葬桂田右邊穴寅申甲庚分金庚寅申生一子

加曾

振彬公拜公三子也娶石氏名循娘岳口人現生二子長文乾次文譽

振志公順公長子也生嘉慶辛未年三月十七巳時卒道光庚戌年三月十四寅時葬山頭頂穴卯酉甲庚分金丁卯酉無娶

振炮公順公三子也娶張氏諱送官南門內人生道光乙酉年正月初九申時卒同治四年正月廿一未時葬龍舌山穴子午癸丁分金庚子午生一子源泉

振廁公順公四子也生道光己丑年四月初十子時卒道光戊申年九月二十巳時與父合葬在后山穴庚甲酉卯分金丙寅申

振愷公弍公之子也生月失記相傳十月廿五申時忌辰妣葉氏諱臣官塘邊人生道光乙酉年十月初八未時卒同治甲子年九月十五酉

時葬灯猴墓口穴酉夘庚甲分金丁卯酉継室林氏名晃官施埸人生
一子文炉葉氏出
振栗公吉公次子承継公式公也娶吴氏名盏娘現生一子文標
振蘭公挽公長子也娶張氏諱溅官西塘鄉人生道光甲辰年八月初六
辰時卒光緒癸未年五月廿三戌時葬白石山后穴乾巽亥巳分金
丙戌生一子文砌
振街公挽公次子也生道光己亥年三月初七酉時卒咸豐己未年四月
初八戌時葬山頭頂穴亥巳壬丙分金丁亥巳立一子文汲振鎗之子承継
振鎗公挽公三子也娶張氏諱花官西洪塘人生咸豐辛亥年七月廿五

酉時卒光緒庚辰年七月廿一申時葬山狗墓穴酉卯辛乙分金辛

卯酉生二子長文汲出継振街次文柴

振用公龍公之子也生嘉慶二十年四月初八辰時卒同治乙丑年閏五

月廿三丑時葬后坑路頂穴癸丁子午分金庚午子娶江氏名腰官溪

邊人生二子長文豹出継公月次文彪

振温公輝公之子承繼公月公也娶林氏名潛娘嶺頭崎人生三子長文

存次文林出継振壓三文硯

振洋公嶺公長子也生嘉慶壬申年八月廿六卒光緒丙戌年九月廿二

午時葬山仔尾穴庚甲申寅分金丙申寅

振時公嶺公次子也生嘉慶乙亥年正月初四辰時卒咸豐四年八月廿二辰時塟烏牛頭坐北向南娶施氏名盖娘下路人生一子文遜

振瀑公嶺公三子也生嘉慶戊寅年十月廿六寅時卒道光辛丑年七月初五巳時塟岳口塚坐西向東一子文店振近長子承繼

振萬公嶺公四子也生道光壬午年十月廿四寅時卒道光丁酉年十一月廿四未時塟烏窑山坐北向南一子文椿振近次子承繼

振近公嶺公五子也娶林氏名富娘相頭人現生二子長文店出繼振瀑次文椿出維振萬

振紆公嶺公六子也往番不知存亡

振北公嶺公七子也生道光庚寅年十月廿五卒光緒元年四月十五卯時葬頂山頭妣吳氏溪邊人生道光乙巳年八月廿五卯時卒同治乙丑年五月十一未時葬塚口穴癸丁子午生二子長文藤次文叨

振浯公嶺公八子也往番邦不知存亡

振朝公煒公三子也生咸豐辛卯年正月初一卯時卒同治庚午年十月初一未時葬大埔穴甲庚卯酉分金丁烟無娶

振閩公挖公之子也生甲寅年九月廿一酉時卒光緒乙酉年四月二十卯時葬許宅穴亥巳壬丙分金辛巳亥妣紀氏生丁丑年十二月十六未時卒癸亥年九月十三葬山兜坐向失記生一子文雙

振芸公廳公長子也娶吳氏石潯人生道光癸卯年八月十九辰時卒九
緒丙子年九月十五子時葬義娘后穴辰戌辛乙分金庚戌

振有公廳公次子也生道光癸未年十一月初五辰時卒同治戊辰年十
一月十七卯時葬白石山下穴甲庚卯酉分金丁酉卯無娶

振為公閈公長子也娶吳氏石潯人

振筏公閈公次子也娶鐘氏南門內人

振省公舵公之子也生咸豐甲寅年十月初二卒光緒庚辰年十月二十
葬酱邦未詳

振額公沐公之子也娶王氏朱厝人

振水公斜公長子也生咸豐戊申年十一月卒光緒元年八月初十卯時

塋白石山下穴艮坤 丑未分金辛丑無娶

振督公斜公次子也娶林氏

振夢公南公之子也娶黃氏

振倪公真公長子也娶孫氏生戊申年十二月十一寅時卒光緒己卯年

八月初三亥時塋烏窓山穴乾巽亥巳分金辛亥

振正公真公次子也生咸豐甲寅年十月廿一辰時卒光緒乙酉年二月

初八卯時塋在日哩

振庚公梯公長子也娶葉氏生同治庚午年十二月初八卒光緒丙戌年

十一月初三葬義娘后坐東向西穴乙辛卯酉分金丁卯酉

振井公奪公之子也娶孫氏名初娘窯頭人現生一子文䈆

振慶公顏公次子也娶張氏名幼娘鋪前人現生一女

猛娘公奪公之女也生月失記相傳七月初六忌辰

振汪公頓公之子承繼公改公也娶吳氏名有娘石潯人

振滙字海公與公之子也生嘉慶十二年五月初九午時卒道光廿七年

八月十五寅時葬山仔尾穴壬丙寅巳分金丁陜妣呂氏諱謹官四

口圳人生嘉慶十二年六月初九卯時卒道光廿七年九月廿三戌

時葬山仔尾穴壬丙子午分金丙子午生一子文抹文殿振勘之子承繼

振扶公追公長子也娶李氏諱勤官生一子文韮往台

振叩公追公次子承繼公教公也生道光甲申年二月初一夘時卒道光
戊申年十月廿六午時葬山仔尾穴癸丁子午分金丙钘立一子文
皆振涯之子承繼

振涯公追公三子承繼公八公也娶洪氏諱新官生一子文皆出繼振叩往台湾

振蒴公賜公長子也生嘉慶二十年四月初七寅時卒道光十二年二月
十四夘時葬后坑路坐西向東無娶有祀業

振語公賜公次子也生嘉慶廿五年七月十二午時卒道光廿七年十月
十三午時葬白石山穴乾巽亥巳分金丁頭無娶立一子文錦振藝之子承繼

振芭公滸公長子也生嘉慶己卯年十一月十八戌時卒咸豐戊午年七
月十七卯時葬烏窓山穴庚甲申寅分金丙幀妣劉氏出生一子文弄
振藝公滸公次子也娶翁氏名定娘岳口人現生二子長文笑次文錦出繼振詰
振勘公赫公長子也生道光甲午年四月廿八日酉時卒光緒丙子年四
月廿二丑時葬烏窓山穴申寅庚甲分金庚𥨊娶葉氏名雀娘西
洋鄉人生五子長文殿出繼振漲次文瓦三大棨四文繳五文哮
振晲公赫公次子也生道光丙申年十二月十二子時卒同治壬申年七
月十三卯時葬烏窓山穴庚甲申寅無娶立一子文緻振勘四子承繼
振仰公淵公長子也生嘉慶己丑卯年四月廿一子時卒道光戊申年七

月初七巳時塟在台妣葉氏生月失記卒道光八月十六夘時塟西

塚坐東向西二子文求振荷長子承繼文格振畫之子承繼

振荷公淵公次子也生道光甲申年八月廿八戌時卒光緒辛未年十

一月十四寅時塟中山仔穴庚甲酉夘分金庚寅申妣葉氏諱好娘蓮

花山人現生三子長文求出繼振仰次文彤三文奚出繼振畫

振畫公淵公三子也生道光己丑年七月十七戌時卒光緒壬午年二月

廿二未時塟后塘頂穴艮坤寅申分金辛丑妣杜氏生道光庚子年

十七卒同治己巳年七月廿二戌時塟山仔尾前穴癸丁子午分金

丙午生一子文格出繼振仰文奚振荷之子承繼

振禊公益公長子也生道光癸巳年五月初三子時卒同治乙丑年四月廿四戌時葬中塚穴壬丙子午分金辛巳亥娶湖氏名布娘下路人現生二子長文內次文情 三文鐉振帶之子承繼

振帶公益公次子也娶吳氏生道光庚戌年二月十三午時卒葬義娘后坐東向西繼室王氏名救娘生三子長文加次文饌三文井

振燒公益公三子也生道光戊寅年七月初三丑時卒光緒丁亥年五月十六酉時葬烏石頭穴癸丁丑未妣劉氏諱令官生道光辛丑年十月廿五辰時卒光緒壬午年十月初八寅時葬義娘宮后穴卯酉乙

辛分金辛酉卯

振試公益公四子也生道光己酉年正月十四子時現在番邦

振愈公集公長子也娶劉氏名云娘米市人現生一子文積出繼振妍

振妍公集公次子也生道光十年十月廿三午時卒道光廿五年正月十

三巳時葬山仔尾坐北向南無娶立一子文積振愈之子承繼

振沾公集公三子也娶葉氏埔尾人現生三子長文騫次文程三文亭

振治公語公之子也生嘉慶己卯年十二月廿二寅時卒同治癸亥年九

月初四未時葬山仔尾穴壬丙子午妣出生一子文潘

振火公沐公之子也生道光丁卯年五月初七卒光緒辛巳年八月十九

午時葬白石山

振申公郭公之子也娶　氏

振市公福公長子承繼公混公也生道光戊子年十一月十六亥時卒同
治壬申年十一月廿六戌時葬在台妣李氏現生一子文爽

振悦公福公次子也生
娶葉氏現生二子長文締次文紡

振學公欽公長子也生道光九年正月廿六申時卒同治十年十一月初
九妣顔氏諱橋官生道光戊申年八月初八卒光緒四年十一月初
四巳時葬本山橋仔長石穴壬丙子午分金辛亥巳生二子長文葛次

文璧出繼振草

振卑公欽公次子也

振草公欽公三子也生道光丙午年十一月廿五未時卒同治壬申年八月廿八寅時葬龍舌仔妣葉氏生咸豐辛亥年十二月十二日卒同治癸亥年十二月初五寅時葬橋仔頭石坐北向南一子文璧振學之子承繼

振礓公審公長子也娶吳氏現生二子長文琳次文守

振缺公審公次子也娶施氏諱花官生同治癸亥年九月十六午時卒光緒己卯年四月十九未時葬后塘尾穴亥巳壬丙分金辛巳亥継室氏現生二子長文漢次文

振磅公審公三子也生咸豐壬子年九月廿七巳時卒光緒丁亥年十月
十五葬在厦島
振掌公審公四子也娶吳氏
振两公箭公長子生咸豐庚戌年八月廿四巳時卒光緒丙子年八月初
一午時葬后塘尾穴甲庚卯酉分金庚申寅一子文湘 振令之子承繼
振武公箭公次子也生咸豐壬子年十月廿九亥時卒光緒丙子年七月
初三巳時葬后塘頂穴乙辛辰戌分金辛酉卯
振頭公箭公三子也娶蘇氏
振施公箭公四子也生同治丁卯年三月初二卯時卒光緒壬午年九月

十六午時與振武仝在后塘頂芊脚

振宜公椋公次子也娶蔡氏現生三子長文團次文明三文鑾

振員公椋公三子也生咸豐壬子年八月廿四酉時卒同治甲戌年四月

十二申時與父合堂

振令公猷公長子也娶　氏現生二子長文湘出繼振丙次文百

振帽公猷公次子也娶葉氏

振郜公圳公之子承繼公浅公也生丙午年十月十九午時卒不知時

日葬在嗄叻

振早公都公次子也娶吴氏

文稅振禮公長子也娶鄭氏東洋人

文袋振禮公次子承繼振窯公也娶蘇氏

文燦振興公長子也娶　氏

文乾振麟公之子也生　　妣王氏出生一子維帕

文柿振琴公長子也生嘉慶庚辰年二月廿一寅時卒光緒丙戌年

四月初四卯時塟中崙穴庚甲申寅娶林氏名圭娘北門人子長

維壽次維寔文朴之子承繼

文櫎振琴公次子也娶蘇氏諱涼娘行軍塘人生道光乙未年十一月

初八寅時卒咸豐申寅年六月十三亥時塟蘇厝岩山坐東向

西繼室蔡氏名專娘后坂人生四子長維歆次維庚三維淵四維
海
文樸振琴公三子也生道光丁酉年十一月十八寅時卒同治壬申年八
月初八申時葬中崙穴申寅艮坤妣阮氏出生二子長維寔出繼文栴
次垂蘭
文朝振樹公之子也娶黃氏
文淋振金公長子也生道光戊戌年九月十三寅時卒同治丁卯年九月
初五未時妣氏立一子維献文棣長子承繼次維吉
文棣振金公次子也生道光辛丑年三月廿七亥時卒光緒丁亥年六月

廿七申時妣郭氏生四子長維猷出繼文淋次維會三維君四維加

文獅振金公三子也娶　氏生一子維昌

文志振德公長子也生道光辛五年六月初七寅時卒光緒丙戌年十二月廿二戌時妣龔氏生二子長維添次維贊

文塗振懶公長子也娶高氏名雪娘溪邊人現生二子長維炒出繼文通次維竪

文通振懶公次子也生道光庚戌年十一月廿九戌時卒光緒三年三月初八亥時無娶立一子維炒文塗之子承繼

文郘振懶公三子也娶吳氏名相娘石潯人

文掾振糠公之子也娶李氏名儀娘前院人生一女烏娘

文王振他公之子也生月失記相傳八月初十忌辰有祀業

文漳振蔥公長子也生咸豐辛亥年九月廿四辰時卒光緒戊寅年九月廿七酉時娶林氏名罔娘生三子長維鼓次維鑼三維長出継文旋

文旋振蔥公次子承継振萬公也生咸豐乙卯年十二月吉日卯時卒光緒甲申年六月廿八寅時妣　氏出立一子維長文漳之子承継早亡

文學振寢公之子也娶吳氏名鮑娘石潯人

文固振恭公之子也娶葉氏名勉娘前　人現生一子維田

文琚振賴公長子也娶吳氏名品娘石潯人現生二子長維浦次維楫

文洛振賴公三子也娶吳氏名花娘厦門人

文厥振懦公長子也娶王氏名詮娘岳口人現生二子長維沙次維道
文生振懦公次子也生咸豐戊午年八月初七酉時卒同治壬申年三月
廿四亥時葬烏窓山穴申寅庚甲分金庚寅申無娶立二子維浦文琚之子承繼
維沙文厥之子承繼
文塢振偃公之子也生道光丙午年五月初十未時卒光緒乙酉年十一
月廿一未時葬烏石頭穴亥巳乾巽分金辛亥巳娶王氏双圳頭人現生
二子長維顧次維忠
文洽振圖公之子也娶王氏現生二子長維貞次維堅
文汀振盞公之子也娶吳氏名帖娘石潯人

文枰振注公之子也生道光丁未年七月十八辰時卒光緒　年五月初

二未時葬在台無娶立一子維雹文活之子承繼

文礑振灶公之子也娶葉氏名劇娘寨后邊人

文洸振鮡公之子承繼振眼公也現在番

文活振隊公之子也娶紀氏名順娘后磨山仔后鄉人現生五子長維弁

次維鎖三維雹出繼文枰四維彩五維迎

文所振敬公之子也往番不知存亡立一子維言文聰之子承繼

文聰振仲公之子也娶李氏名宿娘山頭鄉人現生五子長維相出繼振綸

次維寨出繼貞姑三維言出繼文所四維信五維仄

文地振華公三子也生道光辛丑年十二月廿七巳時卒光緒丁丑年三月廿六酉時葬梹榔嶼承繼子維章

文俊振宿公長子也生道光庚子年十月三十日巳時卒光緒丙子年閏五月初四午時葬在台娶鄭氏現生二子長維心次維詮

文遠振宿公次子也生道光壬寅年四月初十卯時卒咸豐己未年九月初二亥時在台

文生振宿公三子也生道光甲辰年八月十二戌時卒同治癸亥年三月初五午時在台

文容振宿公四子也娶江氏生咸豐辛酉年十二月十六辰時卒光緒庚

辰年十一月十九戌時繼室楊氏名市娘

文清振宿公五子也娶吳氏現生一子維波

文韜字文六名兆祥振垂公長子國學生也生平慷慨見義必為娶王氏

名瑤池現生四子長維喬出繼文溫次維庚三維燾四維蕙

文溫振垂公次子也生咸豐辛酉年六月十四寅時卒同治戊辰年正月

初四丑時葬在台彰北庄后自己田中一子維喬文六長子承繼

文角振蘬之子也生同治甲子年九月初十戌時卒光緒丁亥年十月廿

五巳時在台

文掌振托公長子也生咸豐戊午年九月十八卒光緒戊寅年九月廿八

戌時塟在台

文嬰振邑公之子也娶　氏現生

文雄振雅公長子也娶葉氏名漳娘溪邊人現生三子維湯維交三維

文令振如公長子也生道光甲辰年七月廿五戌時卒同治甲戌年三月初五戌時塟吉墓穴寅申坤艮分金庚寅申立二子維明溫柔俱早已

文土振雅公次子承繼振如公也生咸豐癸丑年十二月廿一巳時卒光緒丁丑年十月初八戌時塟在梹榔嶼立一子水交

文鎮振起公之子也生咸豐壬戌年十二月十五辰時卒光緒壬午年十月廿五亥時塟義娘后穴艮坤寅申　分金丙寅申立一子清嫖文諧之子承繼

陳門江氏諱力官銅魚館人振起公媳婦也生咸豐已未年十月十五申

時卒光緒丙子年閏五月廿五未時葬營後頭坐東向西

文諧振科公之子也娶黄氏名成娘城内人現生一子清嫖出繼文鎮

文泗振豁公之子業儒也生道光已亥年八月初四辰時卒光緒甲申年七

月廿九亥時妣黄氏諱芹娘生咸豐癸丑年六月卒光緒甲申年七

月廿九卯時葬在台車水崎埔邊坐向未詳生一子維謀早亡

文興振概公長子承繼振桶公也娶紀氏名祿娘后爾鄉人

文陽振圈公長子承繼振錫公也娶林氏名桃娘岳口人

文寮振潑公長子承繼振錫公也娶葉氏名燕娘溪邊人現生一子維丕出繼文租

文染振潑公次子也娶楊氏名宿娘

文溪振串公之子承繼振錫公也娶莊氏名訂娘銅魚館人現生一子維本出繼文兌

文兌振串公次子也生咸豐癸丑年十月廿二辰時卒同治庚午年十月十九未時葬烏窓山下穴壬丙亥巳分金丁亥巳立一子維本文溪之子承繼

文祖振串公三子也生咸豐丙辰年十月初六酉時卒光緒丙子年七月初一巳時立一子維丕文寮長子承繼

文鈴（鈐）振械公長子也娶李氏名飲娘大學鄉人

文嫩振祥公長子也生同治丙寅年七月初九巳時卒光緒庚辰年八月初八午時葬本處半斗仔穴坤艮申寅分金辛丑

文銀振煉公次子也生咸豐癸丑年四月初九寅時卒光緒辛巳年十月
初二寅時葬烏石頭頂穴甲庚卯酉分金庚申寅
文巧振抵公之子也娶莊氏名桃娘祥露人
文爐振愷公之子也生月失記相傳六月二十午時忌辰
文豹振用公長子承繼公月公為孫也生道光癸卯年八月十六亥時卒
咸豐辛酉年九月十六戌時葬后坑路頂穴丑未癸丁分金庚子午
文彪振用公次子也生咸豐丙戌年七月十二酉時卒光緒己卯年九月
廿三巳時葬后坑路穴亥巳壬丙分金辛亥巳
文店振近公長子也娶邱氏名鶯娘南門內人

文抹振滁公之子也生道光丙申七月廿五卒咸豐辛酉年八月十一夘時
　葬許宅坐北向南
文殿振勘公長子承繼振滁公也娶劉氏名糖娘溪邊人
文錦振藝公次子承繼振詰公也娶顔氏名遜娘后塘鄉人
文笑振藝公長子也娶呂氏名李娘五甲人
文内振襖公長子也生咸豐庚申年十一月廿一巳時卒光緒丁丑年六
　月初八丑時葬后坑路頂坐北向南
文爽振市公之子也娶黄氏現生二子長維畧次維乱
一附若泉生乾隆乙酉年十月十八丑時卒嘉慶乙丑年閏六月初九午

時塋山仔尾大碑坐北向南姪波奉祀

維壽文柿公長子也生道光丙午年七月十七卯時卒光緒丁丑年九月

廿三戌時塋中崙坐西向東娶紀氏名治娘后厝人生一子治別

維歆文檫公長子也生咸豐丁巳年二月廿五丑時卒光緒丁丑年四月

廿六午時塋墓祀亭邊坐西向東

維庚文檫公次子也娶葉氏名兜娘路嶺人

維淵文檫公三子也生同治戊辰年九月廿八卒光緒丁丑年四月十七

巳時塋許宅坐東北向西南

維海文檫公四子也生同治庚午年九月廿三丑時卒光緒丙戌年六月

初一未時塟許宅義娘宫前坐東北向西南

維獻文棣公長子承繼文淋公也娶　氏生一子治才

国家出版基金项目
NATIONAL PUBLICATION FOUNDATION

# 海上絲綢之路文獻集成

總主編　陳支平　陳春聲

## 民間譜牒編 91

主編　林　楓

海峽出版發行集團
THE STRAITS PUBLISHING & DISTRIBUTING GROUP
福建人民出版社

# 本册目次

# 〔福建同安〕銀同東溪陳氏族譜不分卷〔二〕

陳錫麟　陳修子孟纂修

仁房二派

應陽周禎公次子也葬后山祖墓邊坐東向西生三子長爾聘次名失往臺

爾聘諱祖伊號任吾應陽長子也生萬曆戊寅年九月十五日卒崇禎辛巳年三月初一日妣蔡氏諱勤毅生萬曆乙酉年三月初二日卒順治戊子年八月廿六日合葬歸得里洪炎坑員山坐辛向乙生三子長嘉騰次嘉辰三嘉俱

嘉騰諱三龍號雲從爾聘公長子也生萬曆甲辰年十月十五日卒崇禎甲申年六月廿八日妣十月十五日忌諱合葬本處圳上坐酉向卯生一子于束

嘉辰爾聘公次子也生崇禎丁卯年四月初一日卒康熙癸丑年正月初八日妣蘇氏生崇禎己巳年三月十七日卒康熙癸卯年六月廿四日合葬三秀山中崙宮邊坐癸丁丑未生一子于昌

嘉俱爾聘公三子也生崇禎己巳年五月初三日卒康熙癸丑年六月廿四日

葬埔坪坐甲向庚生一子于奇

于束嘉騰公之子也生順治乙酉年二月十四日卒康熙癸巳年六月廿四日

葬圳下坐巽乾亥巳妣蘇氏生順治吉年九月十八日生康熙吉年三月廿

九日葬圳上大墓邊生二子長基政次基懇

于昌嘉辰公之子也生順治辛卯年十二月初九日卒雍正丁未年十二月十二

日葬埔坪坐壬丙亥巳妣姓失生二子長基嶽次基咸

于奇嘉俱公之子也生順治丁亥年十二月廿四日卒康熙戊子年五月十六日

葬五里后坐辛乙戌辰無傳

基政諱郎于束公長子也生康熙丁巳年十月初四日卒乾隆丁巳年九月初六

日葬圳下坐巽乾亥巳妣李氏生康熙辛酉年二月初四日卒乾隆乙亥年
七月初十日俱葬圳下生三子長軒候次畀候三法候
基懇于東公次子也生康熙丙寅年閏四月十九日卒雍正壬子年九月十二日
妣韓氏生康熙甲戌年十月廿二日卒乾隆壬辰年七月初六日葬埔坪並
坐乾巽亥巳生三子長厲候次毎候三科候
基嶽子昌公長子也葬五里后猪母潭頂坐東向西無傳
基感于昌公次子也生康熙三十五年正月廿八日卒乾隆十四年八月初一日
妣蘇氏生康熙辛巳年三月初一日卒乾隆丙戌年九月廿三日合葬本
處山仔尾坐亥巳壬丙生四子長宏候次房候係基袁第四子承繼三郁候四潤候
軒候基政公長子也生康熙甲申年五月初七日卒乾隆丙申生七月廿九日葬東

一百十七

義塚坐東向西妣李氏二月十四日忌諱葬山仔尾坐東向西生二子長

英伯次待伯

界侯基政公次子也

法侯基政公三子也生康熙庚子年正月初三日卒乾隆壬寅年七月初四日

葬東義塚坐乙向辛妣曾氏生雍正癸卯年九月十五日卒乾隆癸酉

年二月初五日葬圳下坐亥巳乾巽繼妣林氏共生五子長轉伯次偉伯

係曾氏出　三嫒伯四佛伯五蜜伯係林氏出

厲侯基懇公長子也生康熙辛丑年七月初五日卒乾隆壬寅年十二七月初廿四

日葬義娘后坐東向西妣盧氏生康熙辛丑年七月初七日卒乾隆

戊申年五月十五日葬埔坪坐東向西生五子長旦伯次喜伯出繼每侯三魁

伯四助伯五壽伯

每侯基戀公次子也生雍正丙午年三月三十日卒乾隆乙巳年二月十六日葬山仔尾妣薛氏六月初九日忌諱葬　圳下坐巽乾亥巳無出繼妣洪氏生雍正庚戌年八月十二日卒乾隆甲寅年二月初三日葬埔坪坐夘酉甲庚生三子長喜伯厲侯次子承繼次記伯三旅伯

科侯基戀公三子也妣紀氏生四子長羨伯次約伯止三舉伯四情伯俱往臺

宏侯基咸公長子也八月初二日忌諱葬山仔尾妣蘇氏四月初八日忌諱葬猪母潭頂坐東向西生二子長堅伯次折伯無傳

房侯仁房長分基袁公次子承繼咸公也生雍正己酉年十月初八日卒乾隆壬寅年四月初十日葬后山内向辛乙酉夘外向辛乙戌辰妣盧氏生雍正

甲寅年二月十八日卒乾隆甲寅年十月十九日葬橋仔頭坐西向東生二
子長旺伯次山伯
郁侯基咸公三子也十二月十九日忌諱止
潤侯基咸公四子也五月初七日忌諱止與郁侯合葬山仔尾坐壬丙亥巳
英伯軒侯公長子也生乾隆戊午年六月十二日卒嘉慶戊午年四月十七日
葬烏牛岳山坐酉卯辛乙妣吳氏八月廿四日忌諱葬義娘廟后坐東向西
生三子長君物次君合三君財
待伯軒侯公次子也
轉伯法（侯）公長子也生乾隆癸亥年十一月十二日卒乾隆壬寅年五月廿九日妣
朱氏生乾隆壬申年三月初二日卒嘉慶丙辰年十二月初四日俱葬

埔坪並坐東向西生一子君秀

偉伯法侯公次子也生乾隆己巳年十二月廿九日酉時卒嘉慶丁卯年十一月
初十日酉時塟烏牛長

煖伯法侯公三子也生乾隆己卯年正月十二日卒嘉慶丙子年十一月十二日戌
時塟義娘宮后坐乾巽辰戌妣李氏生乾隆乙酉年正月十四日亥時卒嘉
慶己卯年二月廿一日辰時塟烏石頭坐乾巽亥巳生一子君來

佛伯法侯公四子也生乾隆辛亥年六月初四日亥時卒道光壬午年六月初二
卯時妣劉氏諱秀娘均德洋鄉人生乾隆乙亥年七月廿八午時卒道光
丙申年十二月初六巳時合塟后山大墓邉穴辰戌乙辛分金丙辰丙戌
生四子長君爽次君不三君引四君七

陳氏世譜

蛮伯法侯公五子也

旦伯厲侯公長子也生乾隆丙寅年九月初六日卒嘉慶庚申年五月廿

二日塟義娘宮后坐東向西妣葉氏生乾隆辛未年三月初九日卒乾隆

戊申年六月二十日塟烏窓山坐東向西生四子長君送次君布三君乃四

君粉出繼尋伯

魁伯厲侯公三子也生乾隆十八年正月十三卒乾隆戊申年九月初四塟

埔坪坐東向西生一子君笑隨母居雙圳頭

助伯厲侯公四子也

尋伯厲侯公五子也生乾隆乙酉年二月初九卒乾隆戊申年九月初四

四月廿三塟山仔尾坐北向南無要承繼子君粉係旦伯四子

喜伯厲俟公次子出繼每俟公為長子也生乾隆甲戌年十一月初七卒乾隆丁
未年四月初五日塟圳下地坐南向北妣紀氏生四子長君量次君祿往臺三
君戢四君賜

記伯每俟公次子也妣郭氏生三子長君主次君哖三君綏

旅伯每俟公三子也妣洪氏生一子君坎

羡伯科俟公長子也妣氏生二子長君與次君答俱居店仔尾

約伯科俟公次子也止

舉伯科俟公三子也往臺

情伯科俟公四子也往臺

堅伯宏俟公長子也無傳

折伯宏侯公次子也無傳
旺伯房侯公長子也生乾隆甲申九月初六日辛乾隆癸卯年八月廿一日妣
黄氏生乾隆乙酉年七月十五日辛乾隆丙午年九月十八日申時合
塟后山頂坐北向南生一子君輝
房山伯房侯公次子也生乾隆丁亥年十月十二日酉時卒道光丙午年九
月三十日丑時塟義娘后坐寅申甲庚妣呂氏諱徽娘生乾隆丙戌年
十二月廿九日寅時卒道光壬辰年四月廿三日未時塟后塘頂坐甲庚
寅申生五子長君欵次君德三君祖四君白五君芳
君物英伯公長子也生乾隆壬午年六月初二日午時卒嘉慶丙戌年六月
十七日戌時塟白石山脚坐乙辛卯酉妣宋氏生乾隆癸巳年八月廿

一百二十二

四日辰時卒道光廿一年四月廿四日未時葬白石山坐丑未癸丁生四子長公

桃次公灼三公摽四公強

君合英伯公次子也

君財英伯公三子也

君秀轉伯公之子也生乾隆辛丑年二月三十戌時卒嘉慶乙丑年十一月廿

一日午時

君來燰伯公之子也

君爽佛伯公長子也生嘉慶丙寅年正月初六卒道光壬午年七月初九巳時葬

義娘后坐北向南

君引佛伯公次子也生道光己巳年七月初一日午時卒同治二年五月廿九子

陳氏世言

時塟埔坪穴丙壬子午分金辛亥巳養一子公心

君不佛伯公三子也

君七佛伯公四子也生　年　月　時　年　月

時妣葉氏名黍娘梨仔林顧厝鄉人生　年　月　時卒光緒

己丑年　月　時塟　生二子長公江出繼君物次公規

君送旦伯公長子也

君布旦伯公次子也

君乃旦伯公三子也

君粉旦伯公四子也出繼尋伯

君量喜伯公長子也生月失記相傳七月初六忌辰妣章氏城內人生乾隆丙

辰年九月廿七寅時卒道光丁未年七月初六卯時塟小塚穴坤艮申寅分

金辛丑生一子公葸

君祿喜伯公次子也生乾隆甲戌年十一月初七亥時卒道光丁未年四月初

五午時

君崴喜伯公三子也

君試喜伯公四子也

君主記伯公長子也生乾隆庚子年十二月初五戌時卒道光戊申年七月初

六寅時妣黃氏諱鋥娘生乾隆己酉年六月廿一寅時卒同治癸亥年六月

十六酉時生三子長公奇出繼君綏次公元三公照

君哖記伯公次子也生乾隆癸卯年三月廿五戌時卒道光丁未年十月廿

三夘時妣梁氏諱勸娘生嘉慶癸亥年二月初七亥時卒道光壬辰
年七月廿四未時生一子公海
君綬記伯公二子也生乾隆庚戌年正月廿九夘時卒道光庚寅年十月十六
戌時無娶立一子公奇君王長子承繼
君坎旅伯公之子也生嘉慶癸酉年正月初八午時卒道光庚寅年九月廿四
丑時妣莊氏諱豆娘生嘉慶癸亥年二月初五夘時卒光緒乙亥年七
月初三未時生三子長公稟次公玉三公帆
君輝旺伯公之子也生乾隆癸夘年十一月初一辰時卒嘉慶庚辰年三
月十三辰時妣柯氏諱愛娘生乾隆壬子年十二月十五亥時卒道光
嘉慶己巳年三月十六申時合葬水尾宮後穴　夘酉乙辛分金辛

卯酉生一子公次君祖長子承繼

君欵山伯公長子也生乾隆丁未年三月初九辰時卒道光丙戌年七月十六

戌時塟后塘尾坐向未詳生二子長公夜次公等

君德山伯公次子也生乾隆己酉年三月廿七辰時卒嘉慶丁未年三月初六

寅時塟義娘后穴乾巽亥巳分金庚戌辰生一子公聆

君祖山伯公三子也承繼旺伯公生乾隆辛亥年四月初八辰時卒道光丁酉年

九月初三寅時妣黃氏諱綉花生乾隆癸丑年十月廿八戌時卒同治己巳年

七月初十辰時合塟后山祖墓邊穴亥巳壬丙分金辛亥巳生三子長公

次君輝出繼次公慶三公萬

君白高山伯公四子也生嘉慶己未年五月十七巳時卒道光壬辰年四月十

二午時瘗埔坪穴甲庚寅申分金丙寅丙申承繼子公奓係君芳長子

君芳山伯公五子也生嘉慶丙戌年三月初六酉時卒咸豐辛亥年九月
十九午時瘗埔坪穴癸丁丑未縫針分金辛丑辛未妣葉氏生嘉慶乙
酉年九月廿一亥時卒同治甲戌年九月廿三亥時瘗義娘宮后坐北向
南生三子長公奓出繼君白次公攀三公變

公桃君物公長子也

公灼君物公次子也生乾隆戊午年七月廿八未時卒道光庚子年十月廿
七未時瘗義娘宮后穴甲庚卯酉分金庚寅庚申

公摽君物公三子也

公強君物公四子也生嘉慶壬申年五月十七午時卒咸豐癸丑年六

月初七巳時塟白石山穴癸丁丑未分金庚子午

公心君引公之子也

公江君七公長子也出繼君物

公規君七公次子也娶林氏名養娘銅魚館人現在

公蒠君量公之子也生嘉慶癸酉年九月廿八未時卒同治辛未年三
月初一酉時塟白石山下穴艮坤丑未妣蘇氏諱惜娘下溪頭鄉人
生道光癸未年四月廿四戌時卒光緒癸未年八月廿七巳時塟烏
牛頭穴午子分金庚子午生一子振相

公奇君主公長子也生道光癸未年十月二十未時卒道光戊戌年七月
初一生一子振粒係公元次子承繼

陳氏世譜

一百二十六

公元君主公次子也生道光戊子年三月二十寅時卒光緒甲申年四月十三巳時妣鄭氏諱佑娘生道光癸巳年二月十七辰時卒咸豐乙卯年八月初二丑時繼室郭氏名招娘現生三子長振成次振美出繼公照三振粒出繼公奇

公照君主公三子也生道光癸巳年十二月十一戌時卒咸豐癸丑年十一月十三寅時承繼子振美係公元次子

公海君哖公之子也生道光丁亥年九月十三酉時卒咸豐癸丑年十月十六亥時娶王氏生一子振畨

公稟君坎公長子也生道光壬午年二月廿九寅時卒同治丙寅年二月廿四未時承繼子振福係公玉次子

公玉君坎公次子也生道光癸巳年十一月初二戌時卒光緒甲申年四月十五

申時娶劉氏生三子長振福出繼公稟次振生出繼公帆三振籐

公帆君坎公生道光丁酉年五月十九戌時卒同治癸亥年五月初五巳時承繼

子振生係公玉次子

公次君祖公長子承繼君輝公也生道光甲申年卒十月初七塟本處宅内

承繼子振交係公慶長子

公夜君欵公長子也生嘉慶壬申年五月廿三辰時卒咸豐庚申年正月初十

卯時塟埈下妣　氏生嘉慶戊寅年十二月廿三午時卒光緒元年八月廿

一子時與公合塋坐東向西生一子振苧

公筭君欵公次子也生嘉慶乙亥年十月十四午時卒咸豐乙卯年九月十

陳七世諱

六寅時塟白石山脚穴巽乾巳亥分金庚戌庚辰承繼子振水係公變次二子

公盼君德公之子也生嘉慶甲戌年五月初二夘時卒咸豐戊午年七月十九

申時塟結墓穴辰戌巽乾分金庚戌庚辰妣許氏諱究娘生道光癸未年六月

初七未時卒道光辛丑年七月初四午時塟義娘宮后穴丁癸午子分金丙午丙子

與姑吕氏合塋繼室紀氏生三子長振填次振放三振嗥

公慶君祖公次子也生道光丁亥年六月廿五夘時卒光緒乙酉年十一月廿七

寅時娶蔡氏名酙娘店仔尾人現生四子長振文次出繼公次振瑾三振卯出繼公萬

四振熾

公萬君祖公三子也生道光庚寅年九月十七夘時卒光緒己丑年九月廿五

申時享壽六十歲塟山仔尾前橄欖壠埈頂坐壬向丙兼亥巳分金丁巳丁亥

無娶承嗣子振卯字振育 係公慶三子

公夽君芳公長子承繼君白公也生道光丙戌年十一月廿六丑時卒光緒甲申年

七月十三寅時妣李氏諱儉娘生道光癸巳年六月初一酉時卒光緒甲申年

七月十七寅時合葬義娘宮後穴卯酉乙辛分金辛卯辛酉生一子振石

公攀君芳公次子也娶曾氏諱官娘生道光庚子年八月廿三丑時卒同治

乙丑年五月廿六卯時葬白石山脚穴丁癸午子分金丙子丙午繼室呂氏 名寶

娘現生一子振貌

公燮君芳公三子也娶劉氏 允娘生 年 月 時卒光緒己

丑年 月 時葬 生三子長振毯

振貌 賣出公攀永為繼嗣 三振水 出繼公等

振相公惹公之子也　[illegible][illegible]七言

振成公元公長子也娶林氏名　娘北庄后人現在住臺

振美公元次子出繼公照公也

振粒公元公三子出繼公奇公也

振畨公海公之子也生咸豐壬子年八月二十寅時卒光緒己卯年五月初一午時葬在臺

振福公玉公長子出繼公亶公也

振生公玉公次子出繼公忻公也

振籐公玉公三子也

振学公夜公之子也

振填公盼公長子也
振放公盼公次子也娶紀氏溪邊人現生二子長文泳次文冬
振嗥公盼公三子也娶葉氏現在
振交公慶公長子也娶汪氏店仔尾人名麵英現在

智房二派

宗貴字瑞克廸公三子行第十二處士也生己巳年十二月廿六日巳卒六月初五日妣戴氏四月初六忌辰継室林氏閏六月初三日忌辰合葬本處莿塘頂坐申向乙生一子良行

良行諱鎮宗貴公之子也生月失卒戊申年九月初九日妣失葬五里東宅生三子長周舉次周慎三周基次三查未着

周舉諱愛道號玉泉良行公長子也生嘉靖壬子年正月十六日卒萬歷戊午年三月十一日妣呂氏王氏顏氏十一月十六忌辰合葬本處莿塘頂坐辛向乙生二子長應推次應知

應推諱其恩號澤宇周舉公長子也生萬歷丙戌年卒崇禎乙亥年

六月十三日妣康氏生萬歷己丑年卒崇禎庚辰年十月十
四日合葬會厝后坐庚甲生三子長爾杓次爾贊三爾鵬
應知諱其意周舉公次子也生萬歷甲辰年六月廿一日卒天啟丁卯
年七月廿六日葬五里外界山之左坐東向西即公葬所妣黃
氏生萬歷丙午年十二月廿三日卒順治辛丑年吉月吉日葬
五里外界山之右坐東向西生二子長爾業次爾張
爾杓諱士應推公長子也生萬歷己酉年十二月十五日卒康熙辛
亥年十一月初八日妣蘇氏二月初八日忌辰無傳有業祀
爾贊諱參應推公次子也生崇禎癸亥年二月十六日卒康熙戊
午年三月十一日葬會厝后坐西向東妣趙氏生己巳年九月十

九日卒丁丑年三月十五日葬后山坐北向南以下傳次查未着

爾鵬 諱完應推公三子也生崇禎壬申年十月初八日卒康熙戊午年十月初二日妣吳氏生崇禎庚辰年三月初十日卒康熙庚子年四月十二日合葬五里后坐庚向甲以下傳次查未着

爾業 諱續應知公長子也生戊辰年正月初五日卒癸亥年二月廿五日附父葬外界山之左坐甲庚卯酉妣原氏正月廿三日忌辰再妣林氏三月廿七日忌辰並葬埔平生一子嘉為

爾張 應知公次子也生癸亥年十月廿六日卒癸酉年三月廿一日妣王氏九月初六日忌辰繼室楊氏葬埔平又妣葉氏六月廿三日忌辰葬莉塘頂周舉公墓右坐辛乙戌辰生二子長嘉

異楊葉氏 出次嘉定葉氏出

嘉為爾業公之子也生康熙己未年四月初十日卒乾隆癸亥年十月初十日葬梅山坐坤艮申寅妣莊氏生康熙癸亥年十一月廿四日卒乾隆癸酉年五月十一日葬后塘上祖墓左生四子長于連次于賓三于經四于迎

嘉異爾張公長子也生順治辛卯年五月初八日酉卒雍正戊申年二月初二日巳妣沈氏生戊戌年四月初二日申卒甲戌年六月初八日戌並葬本處山腰坐卯向酉生二子長于清次于蔭

嘉定諱敬爾張公次子也生康熙癸丑年三月初九日戌卒乾隆戊辰

年六月十八日辰妣戴氏戌生康熙戊午年正月廿二日卒乾隆
丙子年五月十七日葬東義塚生四子長于訒次于羨止三于
拱四于創

于連嘉為公長子也傳二子長基德次基宇

于實諱岱嘉為公次子也生康熙丁亥年八月廿十日卒乾隆癸酉
年七月十三日塟相仔園坐南向北妣盧氏生康熙戊子年卒乾
隆癸酉年六月初二日葬后山坐北向南生一子基銀

于經嘉為公三子也生康熙丙戌年九月廿八日卒雍正丙午年九月
十九日葬埔平坐東向西無傳

于迎嘉為公四子也生康熙庚子年十月初七日卒乾隆癸酉年四

月十七葬后山坐乾巽壬寅妣失生一子基亘

于清諱建嘉異公長子也生康熙庚午年十月初十日亥卒乾隆戊辰年十一月十二日酉葬美珠塘山坐丁癸未丑妣顔氏后塘人生康熙甲戌年八月初七日申卒乾隆丁酉年十一月初五日寅葬本處山腰坐北向南生二子長基維次基畔

于蔭嘉異公次子也生康熙乙丑年正月二十日寅卒乾隆丙子年九月十一日子葬本處山腰坐乾向巽妣蘇氏生康熙丁卯年十月十七日子卒雍正癸丑年三月初七日酉葬五里塚坐東向西生二子長基訓次基紀

于訒嘉定公長子也傳二子長基秩次基耽

于拱諱史嘉定公三子也生康熙己丑年八月初三日未卒乾隆甲申年三月初六日酉葬梨仔后坐辛乙卯酉妣黄氏生康熙辛卯年十月十二日卒乾隆癸酉年六月廿一日葬水尾坐癸向丁生一子基寬

于創諱熏嘉定公四子也娶方氏勤娘金門人公殁氏二十八歲子基旬方三歲甘心寡守紡績供食可憐其子又殁不得奉以終老詩云哀此煢獨信其然矣公生康熙壬辰年十一月初十日未卒乾隆辛酉年十二月初三日未葬本處内宅坐癸向丁妣生康熙甲午年八月廿一日卒乾隆戊戌年六月初七日壽七十五葬五里后

基德諱真于連公長子也生雍正甲辰年八月廿八日卒乾隆癸酉
年六月初五日葬山仔尾坐北向南妣　氏生一子推侯
基宇于連公次子也生雍正丙午年八月十六日卒乾隆戊寅年
四月廿九日葬東義塜妣　氏生一子博侯
基亘諱且于迎公之子也生乾隆甲寅年十月十六日卒乾隆辛
丑年七月初三日葬歐坑路上坐北向南生一子賴侯
基維于清公長子也妣　氏生二子長射侯次仍侯
基畔于清公次子也生雍正甲寅年十月二十日卯卒乾隆丁未年五
初五日寅葬本處山腰坐西向東妣葉氏三月十三日忌辰葬歐
坑路坐丑向未再妣紀氏生乾隆壬戌年八月廿三日卒乾隆癸丑

年十月廿五日葬山頭頂坐西向東生二子長甲侯次就侯

基紀于蔭公次子也妣薛氏生一子際侯

基寬諱得于拱公之子也妣　氏生二子長着侯次鑾侯出繼基匀

基匀于創公之子也生乾隆巳未年十月十七日卒乾隆戊戌年六月初七日葬五里后無娶承繼子其鑾侯係基寬次子

推侯基德公之子也

博侯基宇公之子也妣出生一子洽伯

賴侯基亘公之子也

射侯基維公長子也妣出生二子長石伯次漳伯隨母住南門内

仍侯基維公次子也妣出生一子親伯隨母去

甲侯基畔公長子也生乾隆戊戌年二月初一日辰卒道光丁亥年十月初八日午妣洪氏生嘉慶丁巳年十三月辛光緒辛巳年正月　七日寅生一子助伯此條但就所抄叙入後宜再查確寔

就侯基畔公次子也傳一子爵伯

際侯基紀公之子也妣出生一子猛伯

着侯基寬公之子也娶　氏生二子長犇伯次殿伯

鑾侯基匀公承繼子也

助伯甲侯公之子也生嘉慶戊寅年四月初五日卒光緒辛巳年六月初二日寅妣何氏生嘉慶癸酉年八月十八日午卒光緒癸未年十二月廿四日午生二子長君榮次君英

爵伯就侯公之子也生嘉慶辛未年八月十五日卒光緒癸未年十月
廿七日卯妣　氏生嘉慶庚辰年十一月十五日戌卒道光辛丑年
七月十七日寅繼室紀氏生嘉慶巳卯年四月十五日酉卒
咸豐壬子年十二月十一日申兩妣俱無生只養一媳婦呂氏
花娘招接陳智官生一女蕉娘配呂清官生一子振嬰承繼

君榮勛伯公長子也生道光庚戌年九月初四日丑卒同治癸酉年
八月初四日未妣出生一子公福

君英勛伯公次子也

君智爵伯公承繼子也生道光丁酉年七月十五日午卒光緒乙酉
年十二月初四日寅承繼孫振嬰係子婿之子

公福君榮公之子也

一神主祖考名失生康熙辛卯年十二月廿六日酉卒乾隆辛卯年八月初六日未葬梵天觀音堂前妣許氏生康熙壬辰年三月十三日卯卒乾隆壬寅年四月十九日寅葬義塚坐東向西

一妣顧氏生康熙壬午年八月十六日戌卒雍正甲辰年六月三十日

一妣黃氏生康熙十六年六月初　日卒乾隆十四年八月十二日吉時葬灯火寨

一妣彭氏生雍正癸卯年九月初六日寅卒乾隆己亥年七月廿六日未葬山仔尾坐巳亥乾巽分金辛巳丁亥

此數條問諸遺老俱不知候後知者查補

智房三派

宗重諱璵克廸公四子也生弘治庚戌年五月廿九日卒嘉靖己亥年五月十六日葬五里后妣洪氏生弘治壬子年五月廿八日卒嘉靖丙辰年九月廿三日葬義塚上傳子良伯良伯傳周恩俱因海氛失據今就此叙之

應禮周恩公之子也生月失卒康熙乙巳年二月十二日妣姓諱七娘卒康熙辛酉年五月初六日葬莿塘頂妣葬本處五里亭大宅内生三子長爾榮次爾轉三爾勝

爾榮諱科應禮公長子也生崇禎癸酉年正月十三日卒康熙壬午年十二月十二日妣葉氏生崇禎己卯年二月十四日寅卒雍正戊

申年十月初六日酉與公合葬本處鴨潭宅坐乾巽巳亥生
一子嘉祖

爾轉授左都督高尚不仕應禮公二子也生崇禎辛巳年十月初一
日卒康熙甲戌年七月初四日妣姓失生崇禎癸未年八月十
一日卒康熙癸酉正月初二日俱葬灯火寨坐丑未艮坤生二子
長嘉助次嘉財

爾勝應禮公三子也生順治戊子年四月二十日卒乾隆巳未年十二
月十二日妣方氏生順治癸丑年八月廿三日卒康熙辛丑年七
月初七日合葬雉圭山坐乾隆[巽]亥巳生二子長嘉新次武

嘉祖爾榮之子也生卒失妣石氏側室呂氏生康熙乙酉年二月廿

日卒乾隆壬申年十二月十一日戌共生三子長于慶次于泰三
于選
嘉助爾轉公長子也生康熙壬子年十月初一日卒康熙辛丑年十
月廿六日葬義塚頭坐癸向丁妣黃氏生三子長于簡往叻次子
照三于勅止
嘉財爾轉公次子也生康熙甲子年九月十八日卒乾隆庚辰年六月
廿五日妣丁氏生康熙庚辰十月十六日卒乾隆庚子年四月廿
八俱葬后山坐卯酉乙辛生二子長于智次于惚
嘉新字善二爾勝公長子也生康熙乙卯年十二月初六日卒乾隆甲
戌年五月十一日葬圳上山坐乙辛辰戌妣蘇氏生康熙丁丑年

四月廿一卒乾隆十九年三月十四俱葬圳上坐乙辛卯酉生三

子長于柏次于忠三于寬

嘉武爾勝公次子也移居邵武府生三子長于壽次于福三于禄

于慶嘉祖公長子也生二子長基平次基倩無傳

于泰嘉祖公次子也生二子雍正乙酉年八月初七日申卒乾隆癸未

年三月初九生一子基兩無傳

于選嘉祖公三子也往吧卒妣林氏生一子基欣

于煦嘉助公次子也生康熙壬午年五月初七卒乾隆癸酉年三月十

五日妣蘇氏生康熙丙申年四月初二卒乾隆甲申年六月初二

合葬埔平坐卯向酉生二子長基件往吧次基誇

于智嘉財公長子也娶何氏生雍正巳酉年八月初四日卒乾隆癸
卯年正月初一日葬烏窓山坐乾巽亥巳生三子長基盛次基郎
三基彩
于愢嘉財公次子也生雍正乙卯年十月初十日卒乾隆乙巳年七月
初一日葬許宅坐子午壬丙妣出二子長基漂次基强
于栢謚文清嘉新公長子也生康熙丙子年十二月廿三日卒乾隆巳
卯年三月初五日妣鄭氏合葬山仔尾坐亥巳壬丙生六子長基
珍次基衛三基時四基樸五基魯六基地往吧
于忠基嘉新公次子也生康熙癸酉年五月初七日卒乾隆庚寅年
五月十一日葬圳上山坐甲庚卯酉妣姓失生康熙甲申年二

月初十日卒乾隆丙戌年十一月初六日葬埔平下坐辰戌兼乾

生二子長基國次基曠

基欣于選公之子也

基盛于智公長子也生乾隆丙子年十一月十五日卒乾隆丁未年七

月十一日葬山仔尾坐癸丁子年妣出生二子長盛侯次代侯

基郎于智公次子也生乾隆庚辰年二月廿五日亥卒嘉慶甲子年

四月廿八日忌巳葬后山坐西向東妣孫氏生乾隆壬辰年月失

卒咸豐壬子年七月十二日再妣　氏生二子長山侯次兼侯出繼

基彩

基彩于智公三子也生乾隆乙酉年七月廿九日戌卒乾隆丁未年三

月廿九日未妣失承繼子兼侯係基郎次子

基凛于惚公長子也生　戊戌年六月初五日卯卒道光辛卯年十月
十一日寅葬白石山塚邊坐壬丙兼巳亥妣林氏水娘生乾隆乙巳年五
月十八日巳卒同治壬戌年六月廿六日丑葬丁猴墓口坐辛乙
卯酉生一子安侯

基强于惚公次子也住窐頭未知其祥

基珍于栢公長子也生康熙戊戌年九月初五日卒乾隆甲午年五
月十一日妣彭氏合葬東義塚坐酉向卯生二子長映侯止
次夜侯

基衛于栢公次子也生雍正乙巳年六月初七日亥卒乾隆巳酉年四

東氏世譜　一

月二十日辰葬山仔尾前坐北向南分金壬丙兼子午妣張氏思娘生雍正己酉年七月廿一日申卒嘉慶乙丑年十月三十日卯葬山仔尾前坐壬向丙兼子午生四子長曉侯（出繼基時）次袞侯三堯侯（往台）四厰侯

基時于栢公三子也往吧卒生雍正己酉年正月初九日寅卒乾隆壬午年閏五月十四日葬在吧生二子長解侯次曉侯（係基衛長子）

基魯于栢公四子也卒乾隆戊申年三月　日葬汀溪保双林山寮仔崙坐丑未辛乙娶葉氏生二子長言侯次畜侯

基樣于栢公五子也生乾隆癸亥年七月十一日卒乾隆戊申年五月初三日亥妣朱氏生乾隆辛酉年八月十一日辰卒乾隆戊申年

四月廿三日丑合葬山仔尾坐西向東生二子長念侯次環侯

基國于忠公長子也生雍正乙丑年三月十七日卒嘉慶丁巳年十月十五日妣葉氏生雍正戊申年四月十八日卒嘉慶丙辰年九月廿四日葬后山圳上坐庚甲卯酉生三子長省侯往吧次存侯三周侯

基曠于忠公次子也生雍正戊戌年七月初五日卒乾隆辛卯年八月初二日妣洪氏生二子長詩侯次學侯

盈侯基盛公長子也生乾隆甲寅年十一月初五日申卒道光廿一年四月十五日午葬丁猴墓坐卯酉辛乙妣葉氏法娘生嘉慶己巳年七月十八日戌卒道光壬辰年十月廿三日寅葬莿破墓邊坐東向西繼室新娘生嘉慶丁巳年九月初六日丑卒道光辛丑年

六月廿一日寅葬白石山生二子長難伯次樹伯

代侯基盛公次子也生嘉慶辛酉年八月初二日辰卒咸豐乙卯年正月十一日巳葬山仔尾后坐癸丁子午妣胡氏勉娘生嘉慶甲七月初四日酉卒道光戊戌年五月十八日午與公合葬繼室劉氏生年月失卒同治丙寅年六月廿四日生一子服伯

山侯基郎公長子也生　年　月　日　卒　月　日

兼侯基彩公承繼子也生　年　月　日　卒　月　日

安侯基濂公之子也娶楊氏生道光戊子年七月十四日巳卒咸豐癸丑年十一月初四日巳葬白石山坐北向南繼室黃氏朕娘生

映侯基珍公長子也五子長滔伯往番次拔伯三椗伯四脩伯五肆伯

夜侯基珍公次子也
衮侯基衛公次子也
堯侯基衛公三子也
厥侯基衛公四子也
曉侯基時公承繼子也生一子蟾伯
言侯基魯公長子也生一子攤伯住岳口
畜侯基魯公次子也生乾隆壬辰年六月十三日卒道光丙申年
六月廿七日妣葉氏生乾隆辛亥年十月初八日戌卒道光癸
巳年七月初十日合葬虎墩五張抬商埔生三子長亭伯次奎伯
三彩伯在臺

念侯基檏公長子也
垣侯基檏公次子也生乾隆庚寅年五正月十一日亥卒嘉慶戊寅
年九月初六日丑
省侯基國公長子也
存侯基國公次子也生乾隆乙卯年十月初九日戌卒嘉慶庚午年
七月初三日巳妣林氏萃娘生乾隆辛卯年六月十五日未卒咸
豐甲寅年八月廿九日酉葬牛椆坑大湖坐北向南生三子長飽
伯次詞伯三慎伯往台
周侯基國公三子也生乾隆戊午年六月初十日戌卒道光癸未年十二月
初二日午葬葫蘆墩十八灵魂南片田墘坐北向南承繼孫君全

係餽伯長子　次君猷　係詞伯次子

詩侯基曠公長子也

學侯基曠公次子也生一子覲伯

難伯盈侯公長子也妣徐氏生　　　　年

樹伯盈侯公次子也生道光十四日十一月初三日酉卒同治七年十

月初三日酉葬丁葔墓坐甲庚酉卯未娶而卒

服伯代侯公之子也生　　年　月　日卒　年

月　日　葬　坐　妣戴氏生一子君反住台

拔伯安侯公次子也生同治庚申年九月初八日寅卒光緒己丑年四

月初八日辰葬山仔尾坐子午癸丁妣吳氏桂娘生一子君賀

撬伯安侯公三子也娶葉氏月娘上峯人

蟾伯曉侯公之子也

攤伯言侯公之子也

亭伯畜侯公長子也生月失九月三十日忌辰住台

奎伯畜侯公次子也生月失十月十三日忌辰住台

彩伯畜侯公三子也生月失九月初六日忌辰生一子君心住台

飽伯存侯公長子也生乾隆甲寅年九月初六日未卒咸豐庚申年

五月初九日午妣張氏市娘生嘉慶乙丑年八月十三日巳卒同治

癸亥年九月初四日寅合葬十塊蓼庄墓垃桶坐北向南生五子長

君全出繼周侯次君慶出繼慎伯三君丙四君種五君緝住台

十三

詞伯存侯公次子也生嘉慶丁巳年九月十一日寅卒咸豐乙卯年十一月廿七日未妣林氏勤娘生嘉慶庚午年十二月二十日酉卒道光壬子年四月十七日辰繼室賴氏共生二子長君盼次君獻出繼周侯 住台

慎伯存侯公三子也生嘉慶壬戌年六月初九日巳卒道光己丑年八月初七日巳妣翁氏出生三子長君厲次君慶係飽伯次子 三君池 住台

覲伯學侯公之子也失生月傳四月初八日忌辰養一女子順娘招林德官為婿生一子公掌承繼 住台

君全周侯公承繼孫也生道光癸未十一月廿六日亥卒咸豐乙卯年七月初十日卯葬處失妣張氏秋娘生卒葬處失生二子長公煥次公輝 住台

君丙飽伯公三子也娶張氏月娘生三子長公謙次出繼君緝次公畬三公祿
俱在台
君種飽伯公四子也娶柯氏生四子長公暖早逝次公印三公平四公友住台
君緝飽伯公五子也生道光巳丑甲辰年四月十二日亥承繼子公謙係君丙
長子住台
君盼詞伯公長子也生道光巳丑年七月初七日未卒道光戊甲年十二月十
二日酉妣周氏出生二子長分公螺次公此住台
君猷詞伯公次子也生道光申卯年八月十四日未卒咸豐癸亥年二月初
四日寅妣姓失生一子公義住台
君厲慎伯公長子也生道光戊子年四月十七日酉卒同治癸酉年十二月十

八日酉妣白氏生一子公釵出繼君慶住台

君慶慎伯公承繼子也生道光戊子年九月廿六日午卒道光巳亥年二月

初九日巳葬處失承繼子公釵係君厲之子住台

君池慎伯公三子也妣郭氏生道光庚寅年七月廿八日丑卒光緒庚辰

年二月十二日亥生一子公鰍住台

君掌觀伯公之子也

公煥君全公長子也娶洪氏現存生二子長振成次振涼

公輝君全公次子也娶林氏生道光庚戌年五月廿一日寅卒光緒乙亥年

五月廿一日午生二子長振愛次振騫

公暖君種公長子也生同治甲子年正月十四日寅卒光緒巳卯年八月十

九日辰

公螺君盼公長子也娶林氏生一子振嬰

公義君猷公之子也生咸豐丁巳年二月十九日卒光緒壬午年十二月十七日子無娶承繼子振石係大妋之子

# 信房世系序

五世祖克封諱誥號遜齋潛齋公五子也卒四月廿七日妣謝氏卒十二月初七日合塟後山又妣翁氏卒正德辛巳年六月廿四日與子合塟磨厝宅又妾黃氏卒十二月廿六日塟杜塘上地共生三子長宗美次十月廿一忌諱三三月十二忌諱塟處未詳

宗美諱瑋號洒齋克封公之子也生成化辛卯年二月初六卒嘉靖三十三年四月初七妣慈惠葉氏生成化辛卯年閏九月廿三卒嘉靖二十年正月廿四合塟本處土名磨厝宅内坐丑向未生二子長良升次良修

良升諱潮號僩齋宗美公長子也生正德乙亥年十月廿二卒嘉靖壬戌年正月廿五塟仝禾里五都洪坑宫後水陸塘之源坐坤向艮妣淑懿曾

氏生萬曆庚辰年正月十三卒萬曆甲辰年八月初九與公合塋子周觀

良修諱汐號散齋宗美公次子也生庚辰年卒隆慶壬申年四月十二塋處

妣姓俱失子周維

周觀諱煥庸號奎峯良升公之子也生嘉靖丁酉年三月十六卒萬曆丁亥年十一月初五塋縣西營邊坐申向寅妣姓失十月廿三忌諱塋處未詳生四子僅傳次子應崇

周維良修之子也年傳正月十三忌諱妣姓塋處俱未詳生一子應浩

應崇周觀次子也生萬曆辛亥年七月廿二卒崇禎壬申年二月初十妣蔡氏大澤溪人生萬曆甲戌年卒天啟丙辰年十一月初一合塋五里後山坐庚向甲兼酉卯生四子長名失次爾入三名失四爾呈

應浩周維公之子也傳正月初二忌諱止

爾入應崇公次子也生萬曆丁酉年九月初六卒隆武丙戌年七月十九妣徐氏烏泥人生萬曆丙申年六月初三卒康熙戊午年十二月初七合塋五里山坐午向子兼丁癸妣姓失坐庚向甲生四子長嘉義次嘉表三嘉碩四嘉徵

爾呈應崇公四子也生　庚戌年九月初五卒　癸卯年七月初九妣蔡氏烏山人生　壬子年三月初十卒　甲午年正月廿七全塋東義塚公坐北向南妣坐東向西生一子嘉宰

嘉義爾入公長子也生萬曆甲寅年正月初二卒康熙庚午年二月初二塋燈火寨坐乙向辛兼辰戌妣楊氏生乙卯年正月初四卒戊辰年七

月廿七塟宮仔后坐子向午兼壬丙生四子長于安次于諱三于贊四于魁

嘉表爾入公次子也生天啟丙寅年正月十九卒康熙五年正月十九妣吳氏卒康熙乙丑年十月廿六合塟五里牌后坐巽向乾繼妣黃氏生庚辰年九月初十卒雍正元年正月初六仝塟杜塘五里后生二子長于啟次于篇

出繼嘉宰

嘉徽爾入公三子也生卒年月日塟處及妣姓俱失傳生一子于吉止

嘉碩諱果爾入公四子也生己卯年二月十二卒戊辰四月廿五塟山頭頂妣洪氏崗頭人生甲申正月初六卒己丑年九月初五塟后塘尾生三子

長于沛次于祥三于和

嘉宰諱家爾呈公之子也生崇禎丁丑年十二月十二卒康熙甲午年五月

初七葬五里山坐東向西妣盧氏生崇禎庚午年十一月廿九卒康熙庚寅年
正月廿四與公合葬五里后坐西向東承繼子千篇係嘉表第次子
千安字得所嘉義公長子也生順治甲午年五月廿六卒康熙丁亥年十一月十
五葬埔坪妣黃氏生康熙乙巳年五月廿五卒乾隆己巳年八月初九日
葬東義塚坐丙向壬生二子長基弁次基廣
千評嘉義次子也生順治丁酉正月初七卒康熙辛年九月初二葬龍舌仔
頂坐巳向亥兼巽乾妣朱氏生康熙庚戌年閏二月十四卒雍正乙
卯四月十六葬宮仔后坐子午兼壬丙生四子長基山次基斌三基帶
四基彥
千啟嘉表公長子也生康熙戊午年五月廿六卒乾隆壬申年十二月初二

辰時享壽七十五塟五里后坐酉向夘兼辛乙妣施氏生康丁夘年十一月
初二卒乾隆戊戌年八月十五塟　　生三子長基戰次基位三
基近
于德諱沛嘉碩公長子也生康熙乙夘年十二月廿八卒乾隆丁夘年八月
十一妣塟處未詳生一子基傑
于祥嘉碩公次子也卒十月初十塟后塘尾妣洪氏崗頭人生康熙戊午
年六月初十卒乾隆辛未年十月廿二塟東義塚中坐甲向庚兼寅
申生二子長基孕次基是
于和諱雅嘉碩三子也生康熙丙寅年二月十九卒乾隆癸亥年八月廿八
塟東義塚坐酉向東無傳妣曾氏生康辛未年四月廿四卒雍正

乙巳年九月廿五葬白石山坐北向南配未詳何人

子吉嘉徵公之子也生崇禎丙子年八月初一卒康熙丙寅年九月初七日

妣郭氏生崇禎辛巳年二月十三卒康熙壬午年二月初七合葬壟

西山后無出

子篇字炳慈嘉寀公承繼子也生康熙癸亥年五月初七卒乾隆辛酉

年十月廿七葬烏牛頭山烏石頭下坐南向北妣劉氏生康熙乙巳年

八月十一卒乾隆壬午年七月廿六葬溪仔墘坐庚向甲兼酉卯生二

子長基保次基鑄

基弁子安公長子也生康熙戊辰年八月廿五卒乾隆癸酉年三月初七葬行

軍塘坐南向北承繼子諒侯係基廣次子

基廣于安公次子也生康熙甲申年五月十八卒乾隆辛酉年四月十九

塟白石山義塚坐北向南妣孜出生二子長基進侯次諒侯（出繼基升）

基山于評公長子也生康熙丙子年二月廿八卒雍正癸丑年九月三十日

無傳

基斌于評公次子也七月廿七忌諱無傳

基帶于評公三子也生康熙癸酉年五月廿五卒乾隆癸酉年正月十一

塟西義塚妣李氏卒十二月初六塟義娘宮后生二子長濯侯次掌

侯

基彥于評公四子也無傳

基戰于啟公長子也生康熙丙戌年十一月初九卒雍正丙午年正月初

二塟西山后坐西向東承繼子榜侯（基近次子）

基位（號懷德）于啟公次子也卒乙酉年五月十四塟未定妣顏氏諱柔承

生康熙甲午年九月十七卒乾隆辛酉年九月廿七塟雉鷄山坐癸向丁

兼丑未生二子長讀侯次白侯

基近于啟公三子也生雍正甲辰年五月卒嘉慶戊午年九月初十塟埔

坪坐南向北妣劉氏卒五月初三與公合塟生六子長題侯次榜侯

（出繼基戰）三炮侯四矧侯五說侯六朴侯

基傑于德公之子也生康熙戊子年十二月初八卒乾隆辛巳年十一月二

十塟東義塚坐南向北妣方氏卒十月十二塟東義塚坐東向西

生一子藝侯

基孕于祥公長子也生康熙乙酉年四月初六卒乾隆戊寅年四月廿七
坐塋東義塚坐庚申兼丑未妣葉氏二月初二忌諱塋東義塚生
三子長提侯次肯侯三悟侯俱往臺無傳
基是于祥公次子也生康熙丙申年四月廿二卒乾隆辛丑年五月十一
塋五里坐西向東一子緣侯
基保于篇公長子也生乾隆五十年四月廿一塋許宅妣蘇氏生雍正
甲辰年八月初四卒乾隆四月廿九塋東義塚坐東向西生一子昂侯
基鑄于篇公次子也生雍正戊申年二月初一卒乾隆壬寅年四月二十日
塋五里后坐東向西妣改出子响侯次張侯
諒侯基升公承繼子也生乾隆丙辰年十一月廿九卒乾隆乙未年三月初

八塋宮仔后坐北向南承繼子來伯係進侯長子

進侯基廣公長子也生乾隆甲寅年九月初八卒嘉慶辛酉年五月十九塋義

娘廟后坐北向南妣　氏生乾隆丁卯年卒乾隆甲申年七月三十日繼

妣林氏生二子長來伯出繼諒侯次茵伯

濯侯基帶公長子也卒七月十二塋白石山西義塚妣孜出子尖伯住官田鄉

掌侯基帶公次子也卒五月廿九塋白石山義塚無傳

榜侯基戰公承繼子也卒五月十七塋　妣方氏生乙酉年

五月十二卒嘉慶己未年九月廿二塋東義塚生一子咸成伯

讀侯基位公長子也娶后塘顏氏生乾隆辛酉年正月初九卒嘉慶己未

年七月廿九塋白石山坐北向南生一子杞伯

白侯基位公次子也卒十月廿九塟東義塚坐東向西無傳
題侯基近公長子也生乾隆乙亥年正月初三卒嘉慶庚申年十月初五
塟杜塘上坐酉向卯蕙甲庚妣劉氏康潯人生二子長普伯次忸伯
炮侯基近公三子也卒十月十八塟東義塚無傳
藝侯基傑公之子也卒五月廿三塟東義塚坐東向西妣方氏生一子澤伯
緣侯基是公之子也生乾隆甲子年六月十九卒乾隆乙未年五月初三
與父合塟五里后妣洪氏生一子趣伯
成伯榜侯公之子也生乾隆丁未年七月十六卯時卒道光庚子年十一月初八
戌時塟梅山寺口穴甲庚寅申分金丙寅丙申妣劉氏諱來娘東橋人生
嘉慶壬子年九月十二巳時卒光緒辛巳年十月十四戌時塟白石山

塜坐東向西生三子長君湖次君討三君蔭一女大娘

把伯讀僕公之子也生乾隆丙午年二月　卒嘉慶庚午年六月十八吉時

普伯題僕公長子也生乾隆癸卯年八月廿七未時卒嘉慶丙子年十月

初三申時葬烏牛頭義塜坐向北南無娶一子金釵係杻伯長子承継

杻伯題僕公次子也生乾隆辛亥年八月十三巳時卒光緒乙亥年十一月廿二

辰時葬埔坪穴未丑丁癸分金丁未丑妣洪氏諱粲相公宮人生乾隆癸亥

年三月初二申時卒光緒丁亥年五月廿七午時葬白石山穴癸丁丑

未分金庚子午生二子長金釵出繼普伯次君賢

君湖成伯公長子也生道光　年三月廿二酉時卒同治甲申年三月十六巳

時葬梅山坐東向西

十二

君討成伯公次子也娶葉氏名店娘蓮花山瓦窰鄉人

君蔭成伯公三子也生道光丙申年八月初九巳時卒咸豐甲寅年八月廿八巳時葬獅口坐西向東

火娘成伯公之女也生道光壬辰年十一月初七子時卒道光廿八年十二月初八寅時無嫁

金釵恒伯公長子承繼普伯公也生道光辛巳年十一月廿一戌時卒道光三十年四月十八戌時葬埔坪無娶立一子公琴君賢長子承繼

君賢恒伯公次子也生道光丙戌年七月初五辰時卒同治壬申年六月十三巳時葬桂花山穴庚甲申寅分金丙申寅娶郭氏名伴娘伍顕宫人生二子長公琴出繼金釵次公琵

大二房世系序

隆齊真德公次子也二月廿七忌諱妣林氏號淑慈五月初一忌諱合塋歐行

保郭坑坐西向東面前即郭坑鄉生二子長克洲次克通

克洲隆齊公長子也與妣合塋後塘頂地坐西向東左則周公墓其生卒

年月日時以及妣姓俱因海氛失記傳一子諱宗兆亦失據宗兆傳

二子長良士次良但

良士宗兆公長子處士也三月廿一忌諱妣彭氏三月十四忌諱合塋后山生一子

周有

良但宗兆公次子也徙居溪邊坂上宮其神主多失據皆由洪水漂流今

就所存有字序神主序下其無字序可據者附記於末以備

查補子一二三俱失據惟傳四子周信

周有良士公之子也生正德甲戌年八月廿九亥時卒隆慶壬申年正月
初四辰時葬後埔垻上右則克洲公墓下則嘉望公墓妣失生一子
應纘

周信諱仲珪四行良但公四子處士也生嘉靖乙酉年三月十二卒萬曆甲午
年十二月廿九享壽七十齡葬西山林前公墓左邊下生一子應鰲

應纘諱繼志號肖榕周有公之子也生嘉靖壬寅年八月廿四巳時卒萬
曆壬寅年十二月廿六辰時妣嶺下葉氏號真懿生嘉靖乙巳時
十月十九巳時卒萬曆己亥年三月初三辰時合葬本處後巷山
坐辛向乙與曾家並坐在上一穴生一子爾謨

應鰲字玉節周信公之子也生嘉靖庚戌年五月廿四卒萬曆甲寅

年十二月初五卒葬埔頭崎妣東市薛氏生嘉靖癸丑年正月二十卒
萬曆己丑年正月十二葬埔頭崎薛公墓邊坐乙向辛生五子俱
失據惟爾蔭有傳

爾謨號仰懷應纘公之子也二月廿九忌諱妣葉氏生隆慶丁卯年十一
月十九巳時卒天啟癸亥年四月廿五辰時合葬埔坪坐庚向申兼
坤生二子長嘉侃次嘉望

爾蔭號敬吾應鰲公之子也生萬曆丙戌年正月二十卒順治庚子
年六月十七享壽七十五齡葬本處西山坐卯向酉兼乙辛生三
子長嘉春次嘉開三嘉正

嘉侃爾謨公長子也生　丁巳年七月初五卒　甲辰年五月

茜妣許氏生　　己未年九月初六卒戊戌年七月十一合塟本鄉
宅内左有施將軍石坊生一子于端

嘉望諱儼爾謨公次子也生萬曆庚申年七月十二卒隆慶二年十三
月廿一塟後山荊塘上坐酉向卯兼庚甲生一子于聯止

嘉開字啟陽號元應爾蔭公次子也生順治庚寅年八月初二卒雍正丁
未年十二月十九塟九麓山公墓右邊坐乾向巽兼戌辰妣劉氏生康
熙二年十月初二卒乾隆甲子年十二月初三塟安嶺保西洋葉英崙
坐坤向艮兼未丑生三子長于賢次于鳳三于良

嘉正爾蔭公三子也生天啟壬戌年四月初七卒康熙甲辰年七月初七塟
塟處以及妣子俱失據

子瑞嘉佩公之子也生己未年七月廿九卒壬寅年三月廿一生江氏生戊辰年正月廿六卒辛酉年十月初六合塟郭坑祖地内坐北向南生二子
長基昭次基瑞

子賢字德行嘉開公長子也生康熙甲寅年六月二十卒乾隆丁丑年八月初七享壽七十有四塟梵天尾崙坐午向子兼丙壬妣李氏生康熙甲戌年九月初八卒乾隆癸酉年五月十九塟梵天尾崙坐丁向癸兼未丑生三子長基尚次基添三基最

子鳳諱盛嘉開公次子也生康熙甲子年九月廿六卒乾隆戊寅年九月廿一塟梵天中崙妣　氏七月初五忌諱俱塟梵天中崙坐西向東生一子基嵓

千良諱期字光彩嘉開公三子也生康熙癸酉年七月初四卒乾隆乙酉年正月廿八葬梵天中崙頂坐辛向乙兼戌辰妣張氏生康熙辛巳年十月廿二卒乾隆庚子年八月初七葬梵天中崙與公同向生四子長基聰次基明三基睿四基智

基昭字登桂千端公長子也生順治己丑年十二月廿二卒雍正癸丑年七月初四葬埔坪坐艮向坤兼寅申妣蘇氏生順治癸巳年四月十四辰時卒乾隆乙丑年八月十五葬山仔尾頂坐西南向東北生三子長志侯次高侯三欵侯

基瑞千端公次子也生順治庚子年十月廿四卒雍正己酉年閏七月十二葬柑欖壠坐壬向丙兼亥巳妣原氏生康熙己酉年四

月十四卒乾隆戊辰年六月初五酉時塟埔坪坐甲向庚兼夘酉生三子
長險候次用候三親候
基尚于賢公長子也生庚戌年六月初七卒乾隆戊申年三月廿二塟梵天
尾崙坐酉向東妣徐氏生丙辰年十一月廿九卒乾隆戊申年五月廿八塟
梵天尾崙坐酉向東生一子來候
基昌字重器于鳳公之子也生雍正乙巳年三月十二卒乾隆辛未年八月
初二塟梵天第二崙坐庚向甲兼夘酉妣黃氏生雍正癸酉年正月十
五卒乾隆乙夘年七月初五塟梵天中崙與公並坐生二子長郎候
次全候
基聰住居蔡宅于良公長生乙巳年八月十四卒九月　塟蔡宅坐南向北

妣史氏葵宅人生卒年月日塋俱莫可考生一子旺倸

基明于良公次子也生己酉年十二月十八卒乾隆戊申年四月初四塟梅山坐
東向西妣葉氏生二子長海倸次成倸

基眘于良三子也生癸亥年　月　日　時卒十月初五塟梵天尾崙坐南
向北早世止

基智于良公四子也生雍正乙卯年十月初一卒乾隆壬申年八月十四塟
梵天中崙早世無娶止

志倸基昭公長子也生康熙乙卯年十月初十卒乾隆壬午年九月二十日
塟馬豆山後觀音崙路上坐酉向卯兼辛乙妣蘇氏生康熙戊午年
正月初九卒乾隆己巳年九月廿六塟雉鷄山前坐癸向丁兼丑未

生二子長聘伯次都伯

高侯基昭公次子也生康熙己未年九月十二卒乾隆辛未年十月廿八葬

本處義塚坐寅向申兼甲庚妣黃氏辜井人生　年　月

日　時卒雍正乙巳年正月十二葬東義塚坐東北向西南生三子

長顯伯次燦伯三燕伯

欵侯字克篤基昭公三子也生平忠厚樸實安分守己生康熙丁卯年六

月初九酉時卒乾隆戊戌年十一月廿八酉時享壽九十有二妣顏氏鞍

爐人諱裕娘謚慈惠生康熙己巳年九月廿二亥時卒乾隆丁酉年十二

月初七辰時享壽八十有九自道光戊子年合葬在梵天鷄參崙山

坐辛向乙兼戌辰分金辛卯酉生二子長仕伯次覲伯

險侯基瑞公長子也十一月初四忌諱妣　氏三月初一忌諱丕塟埔坪坐東
向西生六子長強伯次將伯三扶伯四奪伯五晚伯六園伯
用侯基瑞公次子也生康熙辛巳年正月十三申時卒乾隆壬辰年十月十三
巳時塟東義塚坐庚向甲兼申寅妣　氏諱暖娘生康熙丙戌年七
月初六未時卒乾隆戊戌年十月十六酉時塟后埔山坐丑向未兼艮坤
生三子長生伯次祭伯三秉伯
貌侯基瑞公三子也生康熙丙戌年六月初三丑時卒乾隆壬辰年十月十八
塟本處宅內祖墓前右邊坐庚向甲兼申寅妣蘇氏生康熙戊戌
年二月十四卒乾隆己未年二月廿一塟西山坐南向北生一子內伯
來侯基尚公之子也生乾隆甲戌年六月廿九卒乾隆戊申年五月十四塟

梵天尾崙坐西向東妣王氏生二子長良伯次和伯
郎侯基昂公長子也生乾隆己巳年十一月初四卒乾隆癸丑年九月初三塟
梵天中崙坐南向北妣史氏蔡宅人諱閒娘生乾隆乙酉年十二月初九寅
時卒同治壬戌年四月廿五未時享壽九十有八塟粟倉埕荔枝脚坐
東向西生二子長麟伯次文伯
全侯基昂公次子也生月失記六月廿五忌諱塟
聘伯志侯公長子也生康熙戊寅年八月十四卒乾隆癸卯年十一月十三妣柯何
氏生康熙己卯年九月初八卒乾隆甲午年九月初十合塟山仔尾烏
石頭前內坐甲庚寅申外坐甲庚卯酉生四子長君淵次君榮三君靜
四君蒲

郁伯志侯公次子也生康熙丁亥年三月初六卒乾隆戊申年五月十五妣林氏生康熙丙戌年十月廿二卒乾隆辛丑年正月十一合葬義娘廟后坐辛向乙兼戌辰生五子長君斷次君在三君壘四君湖五君揚

顯伯高侯公長子也生康熙甲申年十一月初五卒乾隆甲子年十二月初二葬本處許宅坐　向　妣黄氏下楓人生康熙　年　月　日卒乾隆戊申年　月　日葬處失記生三子長君養次君壯三君宗

燦伯字元彩高侯次子也生康熙癸巳年八月廿一卒乾隆癸巳年四月十六葬九麓山坐酉向卯兼庚甲分金丁卯酉妣葉氏窑頭人生康熙丙申年二月初三午時卒乾隆乙巳年二月初三申時葬本山大龍舌仔中山下坐乾向巽兼戌辰分金丙辰戌生三子長君雄次君潭三君虎

燕伯字翼世高侯公三子也學舉子業課督子姪無不正宗功姪華國
師事七年凡從學者皆稱道不置惜命不逢時僅以課督終公
生雍正丙午年三月初四卒乾隆戊戌年七月初四葬本處崎頭尾
坐寅向申兼甲庚分金丙寅妣洪氏崗頭人生雍正戊申年十月十三卒
嘉慶庚午年六月初二葬埔坪坐寅向申兼艮坤生五子長君移
次君輝三君超四君親五君丕

仕伯字朝佐欵侯公長子也生康熙甲午年十二月廿四辰時卒乾隆戊申年六
月廿三寅時享壽七十有五葬燈火寨坐癸向丁兼丑未分金庚仔嫡
妣顏氏鞍爐人諱玉娘謚恭順生康熙戊戌年五月廿五申時卒乾隆
乙未年十一月廿五酉時享壽五十有八葬雉鷄山坐丑向未兼艮

坤分金辛丑　庶妣林氏生乾隆壬戌年八月十五吉時卒乾隆戊申年正月初二吉時享壽四十有七　塟失記　共生五子長君田次君敎三君偶四君參五君久臺往　長次俱是顏氏生餘是林氏生

覲伯字朝瑞　欵倹公次子也為人正直義舉尊師嗜學子姪負笈從師不惜多費至乾隆乙卯年孫公弼入泮人皆稱為好學有報公生康熙丁酉年九月廿五亥時卒乾隆甲辰年十一月初四辰時享壽六十有八塟山仔尾前坐辛向乙兼戌辰分金辛酉　妣吳氏諱愛娘謚倹慎新厝仔人生雍正癸卯年六月十八辰時卒乾隆癸未年正月初一巳時享壽四十有一　塟烏窓山橫路邊坐乾向巽兼亥巳分金庚戌　又妣原氏陽翟人　諱合娘謚勤倹生康熙庚戌年九月十六吉時卒嘉慶

辛酉年十二月廿六丑時享壽七十有二葬埔坪坐艮向坤兼寅申分
金辛丑生三子長君性次君有（俱吳氏出）三君純（係原氏出）附葬
扶伯險侯公三子也及妣神主俱被子君長（帶往下尾鄉居住）
晚伯險侯公五子也生甲寅年六月初五卒嘉慶丁巳年正月初四葬西
義塚烏牛頭西崙坐西向東妣　氏生乙卯年三月廿八卒乾隆甲寅
年五月廿七葬本鄉水尾坐西向東生一子君秋
園伯險侯公六子也妣　氏生二子長君連次君順（俱往灌口陳井居住）
生伯用侯公長子也妣　氏生一子君鳳（往住下崎）
叅伯用侯公次子也生乾隆丁巳年四月廿七辰時卒嘉慶辛酉年七月
初四寅時葬雉鷄山頂坐丑向未兼艮坤妣李氏生二子長君

臣次君敦

内伯貌俟公之子也（子孫現住公館頭宅仔内）生乾隆丁巳年五月初八卒乾隆戊申年六月初八葬烏牛頭西義塚妣黄氏生乾隆丙寅年正月初七寅時卒嘉慶庚午年三月初八未時葬宅内坐庚向甲兼申寅分金丙（寅申）生一子君誘

麟伯郎俟公長子也生月失記十月初三忌諱葬粟倉埕荔枝脚坐東向西妣黄氏後埔人諱進娘生嘉慶辛未年三月初十亥時卒光緒丁亥年四月廿八夘時葬梵天東關帝後坐乾向巽兼亥巳生一子君溪

文伯郎俟公次子也生月失記八月初三忌諱

君淵聘伯公長子也生康熙壬寅年八月廿七卒乾隆壬午年六月十八葬義娘廟後坐東向西妣林氏生雍正丙午年三月廿六亥時卒嘉慶丁卯年三月初二寅時葬義娘廟後坐酉向卯兼辛乙分金辛卯酉生二子長公明次公彩

君榮聘伯公次子也生雍正甲辰年十一月十五卒乾隆辛丑年二月初十葬山仔尾烏石頭下坐甲向庚兼寅申妣施氏諱賓娘生雍正甲寅年正月廿九卒嘉慶壬戌年六月廿七葬白石山下路邊坐乙向辛兼卯酉生四子長公巽次公慶三公章四公知

君靜聘伯公三子也生雍正己酉年四月十八卒嘉慶丙辰年十一月十一葬白石山下路邊坐東向西妣王氏諱美娘生乾隆戊午年十月二十卒乾隆丁酉年十一月廿九葬饅頭山腳坐東向西續娶朱厝王氏諱巧娘

卒　年正月初八塟雉鷄山下坐北向南生二子長公推次公碧

君蒲暍伯公四子也生乾隆己未年六月初八卒乾隆癸丑年十月初十塟

白石山坐癸向丁兼丑未妣劉氏生乾隆辛酉年四月初十卒乾隆

癸卯年五月初九塟烏石頭后嶺仔脚坐艮向坤兼丑未生二子

長公愛次公闢

君斷都伯公長子也生雍正庚戌年正月廿八卒乾隆壬寅年四月十一塟烏

窓山坐東向西妣李氏生乾隆甲寅年二月十五卒乾隆乙巳年十月

初十塟烏窓山坐西向東生三子長公寮次公期三公牛

君在都伯公次子也生雍正癸丑年七月廿七卒乾隆辛丑年六月廿四塟

山仔尾前坐北向南妣葉氏生乾隆己未年二月初七卒乾隆戊申

年四月廿三葬烏牛頭山崙樹脚頂右邊坐子向午兼癸丁生四子長公靈次公丁
三公俊四公水
君壘都伯公三子也生雍正十三年十二月廿五卒乾隆戊申年二月二十葬烏牛
頭山中崙坐北向南妣翁氏生乾隆丙申年九月初十寅時卒嘉慶丙子年
五月初九葬烏窓山坐東向西分金庚辛寅生二子長公助次公涼
君胡都伯公四子也生乾隆庚申年十月十三卒乾隆戊申年二月初八葬烏牛
頭山尾崙田仔頂坐戌向辰兼辛乙妣楊氏生乾隆甲子年正月十二卒嘉
慶丁丑年七月十四葬烏窓山頂坐乾向巽兼亥巳分金庚辰戌生二子長公
諸次公網
君揚都伯公五子也生乾隆乙丑年十一月十一卒乾隆庚子年十二月初七

塋烏窓山坐辛向乙兼戌辰妣柯氏諱孌娘生乾隆己巳年十月廿七
卒道光癸巳年二月廿六與公合塋生一子公鑾
君養顯伯公長子也家無斥丸生一子即往臺並無一文照顧家中妻呂
氏甘心苦節借親堂厝居住日夜紡績撫養幼子不倦於勤生乾隆
丁巳年七月初六卒乾隆壬戌年四月十七塋失據生一子公平
君壯顯伯公次子也公妣生卒年月日俱失據惟傳二子長公鵠次公千
君宗顯伯公三子也生乾隆甲子年十月初九戌時卒乾隆癸丑年二月初
二申時塋豬母潭頂坐癸向丁兼丑未妣徐氏烏泥人生卒年月
日失據生二子長公信次公洽
君雄燦伯公長子也生乾隆戊午年二月十七卒嘉慶癸亥年正月初

九塋雉鷄山下坐艮向坤兼丑未妣葉氏内宅人生乾隆二年十二月廿
九卒嘉慶戊辰年六月十一塋山仔尾坐　向　生三子長公慮次公
習三公聯
君潭燦伯公次子也生乾隆丁夘年六月廿六卒嘉慶甲戌年二月初九妣
洪氏崗頭人生乾隆丙寅年九月十五卒嘉慶庚申年十月十二合塋
龍舌仔坐子向午兼癸丁分金庚午子生二子長公挑次公粉
君虎燦伯公三子也生乾隆己巳年十二月廿八卒乾隆乙巳年　月十六塋
西山坐　向　妣孫氏生卒年月日失記生四子長公安次公未三公
錢四公慊
君袗燕伯公長子也卒　年十一月十九塋燈火寨山與公機合塋妣張氏

西洪塘人生乾隆辛未年正月十一卒嘉慶丙辰年十二月廿五葬
五里後堀仔頂坐甲向庚兼夘酉分金辛酉郊生四子長公德次公機三
公廣四公總（出繼君親）

君輝燕伯公次子也生　　年　月　日時卒　　年　月　日
吉時葬
妣徐氏烏頭人生卒年月日失記生四子長
公郁次公徠三公猛四公整

君超燕伯公三子也卒　　年七月初二葬雉鷄山坐　向　妣紀氏
諱專娘后嶼人生乾隆壬午年十月初八卒道光己酉年九月初十
葬許宅坐丑向未兼艮坤生六子長公康次公油三公鏡四公起五
公殿六公托

君親燕伯公四子也生乾隆癸未年十一月十一卒乾隆戊戌年九月二十塟
埔坪坐東向西早世無娶承繼子長公厚（係君王次子）次公機（係君袗次子）
君王燕伯公五子也生乾隆丙戌年九月　日卒　年六月廿九塟
東義塚坐東向西妣洪氏崗頭人生乾隆癸巳年六月十一卒道光
年十月廿九塟白石山坐北向南生三子長公省次公厚（出繼君親）三公無
君田字龍見仕伯公長子也生乾隆戊午年七月初一丑時卒乾隆壬子年十
一月十八丑時塟墩下坐甲向庚兼夘酉分金庚申寅妣許氏前街人（諱）勉
娘生乾隆　年　月　日　時卒嘉慶庚辰年九月初十未時塟
山頭頂坐艮向坤兼丑未分金丁未丑生二子長公禮次公儀
君教字文課仕伯公次子也生乾隆乙丑年十一月十九酉時卒乾隆辛

丑年閏五月初十六午時妣劉氏康磚人生乾隆甲子年十一月二十申時卒乾隆戊申年三月初七酉時合塋庵後橋大路邊坐乾向巽兼戌辰分金丙戌辰生四子長公領次公理三公蘇勤四公墻

君偶仕伯公三子也生乾隆壬午年七月十二申時卒道光辛巳年二月廿七未時塋在臺

妣蘇氏南門內人九月廿八忌諱塋在臺

生三子長公蜀次公浪三公水

君参仕伯公四子也在臺卒生　年　月　日　時卒

年　月　日　時塋

君久仕伯公五子也在臺卒生　年　月　日　時卒

年　月　日　時塋

君性字君成覲伯公長子也生平慷慨正直毫非不染課督子姪猶有羲方公生乾隆癸亥年七月十二亥時卒嘉慶己卯年十月初一寅時享壽七十有七妣葉氏埔尾人諱推娘謚淑柔生乾隆壬戌年四月十五未時卒道光丁亥年閏五月初十寅時享壽八十有六合塟灯火寨脚坐丑向未兼癸丁分金丁丑生四子長公寅次公賓三公金四公飼

君有字君富覲伯公次子也妣蘇氏行軍塘人生三子長公雪次公報三公汝以後公妣神主俱被公報之子振漢帶在鋪前居住生卒莫考

君純字君和覲伯公三子處士也生乾隆甲申年三月廿九亥時卒

嘉慶甲戌年七月十二午時與母合塟埔坪分金艮坤挨度　妣　氏

五月十六忌辰塟　　生四子長公榜次公極三公彭四公

札

君誘内伯公之子也三月廿三忌辰塟烏牛頭山坐　向　妣改嫁生二子

長公奚次公崇

君溪麟伯公之子也生道光癸巳年六月初九酉時卒光緒甲申年六

月廿五未時塟九曜山荔枝脚角坐乙向辛兼卯酉分金丁酉承

繼子公相（係柯家承繼）

公明君淵公長子也生乾隆壬申年六月十五卒乾隆　年正月廿

四塟白石山脚首崙坐北向南　妣出嫁奉祀子振熱（係公彩之子）

公彩君淵公次子也生乾隆已卯年十一月初十卒道光乙酉年四月十五塟
饅頭山坐甲向庚兼寅申分金丙鉀妣劉氏諱勸娘生乾隆乙酉
年正月廿九卒道光丙戌年八月廿三塟山仔尾坐東向西生二子長
振造次振熱

公异君榮公長子也生乾隆甲戌年七月十五亥時卒嘉慶壬申年五月十
二酉時妣黃氏生乾隆己卯年十月十七午時卒道光甲申年九月十
二子時合塟龍舌仔坐東向西生二子長振寶次振赤公妣神主現
在溪邊

公慶君榮公次子也生乾隆丁丑年十月十六卒乾隆乙未年二月廿六
塟白石山脚中崙坐北向南妣顏氏鞍爐人七月廿四忌辰塟在

生二子長振兹次振帖

公章君榮公三子也生乾隆庚寅年十月初九卒嘉慶癸巳年九月初八葬烏石頭山坐東向西妣徐氏城內人諱再娘生乾隆戊子年八月初一卒嘉慶庚辰年十月二十葬烏石頭山坐東向西生四子長振宣次振弄三振曹四振傺

公知君榮公四子也生乾隆壬辰年月　日吉時卒道光丁亥年十月十三巳時葬龍舌仔坐南向北妣蔡氏諱粉娘蔡厝口人生乾隆丁酉年二月廿七卒道光庚寅年二月初十酉時葬山仔尾坐東向西生二子長振鑼銅次振銅鑼

公推君靜公長子也生乾隆廿九年九月初九卒道光六年八月初八葬

妣林氏生乾隆己丑年十二月卅四卒乾隆丁未年六月十八塟雉鷄山脚坐東向西無出繼妣詹氏諱昔娘跛橋人生乾隆壬戌年十二月廿四卒道光戊申年七月初五塟義娘廟后坐東向西生二子長振寬次振飲

公碧君静公次子也生乾隆丙戌年　月　日吉時卒乾隆丙午年五月初八塟烏石頭脚坐東向西無娶奉祀子振飲（是公推次子）

公愛君蒲公長子也生　年　月　日吉時卒　年　月　日吉時塟　妣劉氏生乾隆丁丑年十二月廿九卒乾隆壬子年二月十四塟山仔尾烏石頭脚坐　向　繼妣葉氏生　年　月　日吉時卒　年　月　日吉時塟在

生三子長振宰（是劉氏出）次振契三振鎮（往臺　俱是葉氏出）

公鬬君蒲公次子也（徙居石井）

公崧君斷公長子也生乾隆甲申年四月十五卒道光乙未年九月廿三

妣江氏諱春娘生乾隆乙酉年正月廿九卒道光丁未年六月十四合

葬烏窓山坐庚向甲兼申寅分金丙（寅申）生二子長振藻次振寄

公期君斷公次子也生乾隆丁亥年五月廿一卒道光戊申年八月初五

妣李氏上埔人諱初娘生乾隆丁亥年九月初六卒道光戊申年十

二月廿四合葬饅頭山仔坐丁向癸兼未丑分金庚（子午）生四子長振

運次振昌三振填四振下

公牛君斷公三子也生乾隆壬辰年十二月廿二卒嘉慶乙亥年十月

十二塟白石山坐乾向巽兼亥巳分金庚辰戌妣楊氏米市人卒道光辛卯年七月初八塟白石山塚坐北向南分金辛丑生一子振漳

公璽君在公長子也生乾隆乙卯年八月二十卒嘉慶癸亥年十月廿六塟白石山下坐壬向丙兼子午妣李氏生乾隆癸未年三月三十日卒道光戊戌年正月初七與公合塟生一子振石

公登君在公次子也生乾隆戊子年十月廿二卒嘉慶己巳年七月二十塟白石山坐亥向巳兼壬丙分金丁亥妣宋氏生乾隆壬寅年六月初七卒道光辛丑年五月初一塟白石山邊坐子向午兼壬丙分金丙子午生二子長振來次振厝

公俊君在公三子也生乾隆壬辰年三月十二卒道光甲午年十一月十

三塋烏窗山頂坐庚向甲兼酉卯分金庚寅申　妣洪氏卒　年
正月初六塟後埔坐北向南生一子振岳
公水君在四子也生乾隆甲午年十一月十一卒嘉慶辛未年三月初九
塟白石山坐亥向巳兼乾巽分金丁亥　妣莊氏生乾隆癸卯年十二月
初十卒道光癸卯年閏七月廿八塟白石山坐乾向巽兼亥巳生一
子振菴
公助君壘公長子也生乾隆庚辰年正月初二卒道光壬辰年四月
三十日塟烏窓山坐艮向坤兼寅申分金辛丑　妣林氏諱萃娘生
乾隆癸未年十一月廿一卒道光丁酉年十一月初五塟白石山塚坐
乾向巽兼亥巳生一子振傳

公涼君壘公次子也生乾隆丙申年七月初八卒嘉慶丁丑年九月初一塟在

妣洪氏無出

公諧君湖公長子也生乾隆丁酉年六月十八卒道光壬寅年三月初十塟在臺

妣　氏生　年　月　日　時卒　年　月

日　時塟　生一子振猛

公綢君湖公次子也生乾隆丙午年九月廿七卒道光戊子年五月初四塟在臺

妣　氏生一子振成

公鑾君揚公長子也生乾隆辛卯年九月十九卒道光己亥年九月初七塟烏窓

山坐庚向甲兼夘酉分金丁丑妣柯氏諱攡娘生乾隆丙申年二月十六

卒道光辛巳年十二月廿三塟烏窓山坐庚向甲兼夘酉分金庚寅

生四子長振兼𦔮次振衷三振霧四振崇

公平君養公之子也出外不知去向

公鵲君壯公長子也

公千君壯公次子也

公信君宗公長子也娶　氏生三子長振筆次振鑒止三振港止住臺

公洽君宗公次子也

公慮君雄公長子也生乾隆丙戌年二月十四卒嘉慶戊午年九月初六塟

美珠塘坐南向北娶縣口馬氏生一子振形母子在臺

公習君雄公次子也生乾隆癸巳年十二月十六卒嘉慶辛酉年三月初九

塟五里後豬母潭頂坐北向南娶紀氏后麝人生一子振易

公聯君雄公三子也生乾隆丁酉年十二月初七卒咸豐甲寅年十一月廿六葬山仔尾坐艮向坤兼寅申分金辛丑妣呂氏名鸞娘坑朴人生乾隆丙申年八廿八卒道光壬寅年九月初九葬饅頭山仔坐艮向坤兼寅申分金辛丑生三子長振賜次振海三振再

公挑君潭公長子也生　甲午年四月廿六卒　年七月初一葬處在外失據妣黄氏諱小娘竹垻人生乾隆丁酉年七月廿六卒　年七月初四葬白石山脚坐東向西生二子長振探次振禀

公粉君潭公次子也生乾隆己亥年六月廿一卒嘉慶庚辰年八月十七葬大龍舌仔坐　向　妣張氏諱玉娘縣口人生乾隆丙午年五月十三卒咸豐甲寅年二月三十日葬義娘廟后坐東向西生三子長

振鴿次振郊三振恩

公安君虎公長子也生卒俱失據妣葉氏丙宅人生卒以及塋處亦失

據生三子長振閩(出繼公未) 次振陰三振啟

公未君虎公次子也生乾隆戊戌年九月十七卒嘉慶辛酉年五月十二塋雉

鷄山坐東向西早世承繼子振閩(係是公安長子)

公錢君虎公三子也出外未詳何處

公慊君虎公四子也出外未詳何處

公德君移公長子也生乾隆　年九月初六卒道光戊申年十月十

七塋白石山坐癸向丁兼子午分金丙午子妣呂氏諱讓娘古湖人生乾

隆乙未年正月十三卒道光丙午年十一月十二塋東義塚坐甲向

庚兼卯酉生一子振蟯

公機君袗公次子承繼君親公也生乾隆乙未年十二月十三卒乾隆辛亥年七月十四葬灯火寨山坐癸向丁兼子午與父合葬早世承繼子長振拋（係是公廣三子）次振連（係公厚之子）

公廣君袗公三子也生乾隆戊戌年八月初五卒道光癸巳年八月初八葬灯火寨頂坐癸向丁兼子午分金丙子午妣柯氏諱錦娘梧呂人生乾隆癸丑年十二月初二卒道光辛丑年十二月初十葬山仔尾坐丑向未兼艮坤分金辛丑未生五子長振閔次振塭三振拋（出繼公機）四振香五振等

公總君袗公四子也生乾隆丙午年七月廿九卒嘉慶己卯年五月三十日葬灯火寨坐子向午兼庚寅妣蘇氏諱旨娘生乾隆丁丑年四月

十五卒同治戊辰年五月十三葬義塚坐甲向庚兼寅申分金丙寅
生一子振卯
公都君輝公長子也生卒葬處俱未詳
公徠君輝公次子也生乾隆丁未年十月十二亥時卒咸豐甲寅年八月
二十巳時葬在臺妣李氏神主歸伊前夫兒子生二子長振勝次振包現在臺灣
公猛君輝公三子也
公整君輝公四子也前往臺灣妣不知姓氏據名曰文娘生一子振
衷以後竟不知
公康君超公長子也生乾隆丙午年正月廿六卒咸豐丙辰年三月初
二葬灯火寨坐甲向庚兼卯酉分金庚寅妣蘇氏諱滿娘下宅

人卒　年九月初八塟饅頭山仔坐北向南生五子長振傒次振萍(出繼公嚴)三振坑(出繼公由)四振羨(出繼公抧)五振燧(出繼公鏡)

公由君超公次子也生乾隆丁未年五月廿一卒道光壬辰年六月廿八塟雉鷄山尾坐東向西承繼子振坑(係是公康三子)

公鏡君超公三子也生　年　月　日　時卒　年　月日　時塟在臺　承繼子振燧(係是公康五子)奉祀孫文旋

公起君超公四子也生乾隆甲寅年十一月十七卒道光丁未年三月十五塟饅頭山仔與弟公抧合塟坐西向東妣紀氏諱池娘后麝傳厝宅人生　年七月廿一卒光緒甲申年三月廿六塟白石山塚坐東向西生二子長振雨次振科(出繼公抧)

陳氏族譜　一一二

公殿君超公五子也卒　年七月廿四葬大路墘墩下坐東向西承
繼子振萍公康次子再姪孫文學仝奉祀
公枇君超公六子也生嘉慶庚申年五月十七卒道光乙未年二月十
六葬饅頭仔山與兄公起合葬坐西向東妣吳氏諱受娘石潯人生
年四月十四卒同治丙寅年正月初六葬結墓坐東向西分
金丁酉郊承繼子長振羨公康四子次振科公起次子
公省君丕公長子也
公厚君丕公次子也生嘉慶己未年十月十六卒道光丙午年五月三
十日妣劉氏五甲人生嘉慶　年　月　日　時卒道光己亥年
四月十六合葬燈火寨坐癸向丁兼子午生一子振連

公無君丕公三子也生　年　月　日　時卒　年　月
日　時葬
公禮君田公長子也生乾隆壬午年十一月三十日辰時卒乾隆壬寅年十月
初八巳時葬庵后橋大路邊坐甲向庚兼卯酉妣出生一子振享
公儀君田公次子也生乾隆丁亥年　月　日　時卒嘉慶壬戌年六月廿四葬
許宅路下坐東向西妣出生一子振賢
公領君敎公長子也生乾隆庚寅年　月　日　時卒乾隆戊申年三月廿
四午時葬大路墘坐東向西無娶而卒
公理君敎公次子也不知去向
公蘇君敎公三子也生乾隆乙未年十月廿七申時卒道光丁未年正

月廿二午時妣劉氏名注娘生乾隆己亥年十一月十二戌時卒道光己亥年己亥年正月十三寅時合塋埔坪坐　向　生三子長振　抱次振仲三振永出繼公墻

公墻君敎公四子也生乾隆庚子年四月初八午時卒嘉慶甲子年九月初六巳時塟梵天山店仔尾后與振捎之墓比連早世承繼子振永係公蘇三子

公蜀君偶公長子也生　年　月　日　時卒　年二月廿七塋在臺

公浪君偶公次子也生　年　月　日　時卒　年十一月初三塋在臺

公水君偶公三子也生嘉慶乙丑年十月三十日巳時卒咸豐戊午年九月廿三丑時妣林氏生道光己卯年二月十八卒光緒庚辰年十二月廿五戌時塋在臺　生一子振琳

公寅字公弼名榜華國君成公長子也乾隆乙卯年進泉州府學生乾隆癸未年九月初一寅時卒嘉慶戊寅年十一月廿四寅時妣曾氏諱解娘謚懿莊銅魚館人生乾隆丁亥年七月十八亥時卒嘉慶辛巳年十一月十三巳時合塋燈火寨山下坐丑向未兼癸丁分金丁丑　生六子長振鴻次振丙三振捎四振釧出繼公嗣五振釵六振全

公賓諱觀國君成公次子也業農生乾隆丁亥年七月十八巳時卒道光庚寅年十二月初九酉時妣呂氏諱銀娘坑朴人生乾隆丙戌年十月

初一戌時合塟雉鷄山脚内坐寅申兼艮坤分金丙寅申外坐寅向申
兼甲庚分金庚寅申生二子長振熹次振球
公金諱囿國君成公三子業商也生乾隆癸巳年十二月初六寅時卒咸
豐己未年五月十七午時享壽八十七塟埔坪坐癸向丁兼子午分
金丙子午妣王氏諱珍娘蔡宅人生乾隆己酉年正月十七寅時卒同
治丁卯年三月初五申時享壽七十九塟埔坪坐子向午兼壬丙
分金丙子午生三子長振禹早世次振北三振軒
公飼　諱錦國君成公四子也儒業生乾隆壬寅年六月十七辰時卒嘉慶己未
年三月十五辰時塟雉鷄山尾坐癸向丁兼丑未分金庚子午承繼
子振釧係公弼四子

公雪君富公長子也娶埔尾葉氏公妣生卒年月日俱失據俟後查補生

一子振遠

公報君富公次子也娶李氏松柏林人生二子長振吉次振漢以後公妣神主

為振漢帶往鋪前現無可考

公汝君富公三子也莫考

公榜君純公長子也在臺

公極君純公次子也在臺

公彭君純公三子也在臺

公札君純公四子也生年月失據惟傳七月十二忌辰塋在臺

妣出生一女諱專英招婿王琳現在生一子文舫承嗣

公奚君誘公長子也生嘉慶丙寅年十月初二卯時卒光緒戊寅年九月廿
六未時葬饅頭山仔坐子向午兼癸丁分金庚午子 妣辛氏諱痛娘坂
壠尾人生嘉慶丁丑年十月廿九辰時卒光緒戊子年十二月初九未時
葬　生三子長振溪次振鉄三振魁出繼公養 庶妣洪氏諱
品娘生道光乙丑年十二月十七午時卒咸豐己未年七月廿一午時葬
白石山坐癸向丁兼子午分金丙午巳 生一子振添
公崇君誘公次子也生嘉慶庚午年十月初十辰時卒同治己巳年十二月初
二巳時葬白石山前坐癸向丁兼子午分金丙午子 養一子振戴
公相君溪公之子也係是柯家承繼 生同治庚午年正月初四吉時
現在未娶

振造公彩公長子也生嘉慶甲子年十月廿九卒同治丁卯年十一月初二葬
烏窓山坐北向南與公明合塋妣王氏諱取娘生嘉慶丙子年八月
十五卒光緒戊子年七月十六申時葬饅頭山仔坐東向西生三子長
文換次文秕三文轄

振熱公彩公次子也承繼公明卒　年四月廿五葬
妣林氏諱茶娘卒光緒己丑年　月　日　時葬烏窓山坐北向
南生二子長文良次文根現住嵒

振寶公異公長子也生乾隆庚子年八月廿七卒道光庚戌年十二月初
十葬在臺　妣吳氏生乾隆壬子年四月初八卯時卒同
治癸亥年二月廿九戌時葬在臺　生二子長文卜次

文達
振赤公異公次子也生嘉慶二年八月初九未時卒道光二十年十一月
初三酉時塟第一山坐南向北妣黃氏生　年　月
日　時卒　年　月　日　時塟　生二子
長文濶次文點現住溪邊

振茲公慶公長子也生　年　月　日　時卒　年八
月初八未娶而卒塟　奉祀子文樹係振弄長子

振帖公慶公次子也在臺

振宣公章公長子也生乾隆癸丑年九月十四卒道光戊申年七月
廿六塟蛇舌仔坐北向南妣蘇氏卒　年三月十七塟在

繼妣蘇氏諱榜娘下宅人生嘉慶乙丑年十月十六卒光緒丙子年正月初五葬烏石頭山坐南向北生二子長文肯次文富

振弄公章公次子也生嘉慶四年正月十八卒道光辛丑年正月十八葬龍舌仔坐癸向丁兼子午分金丙子午妣邵氏諱挖娘柑仔欖人生嘉慶壬申年正月初十卒同治甲戌年八月十九葬龍舌仔坐甲向庚兼寅申生二子長文樹次文襯

振曹公章公三子也生嘉慶癸亥年八月廿八卒道光丙午年六月廿一葬烏窓山蛇舌仔坐壬向丙用縫針分金丁亥妣葉氏諱視娘生嘉慶癸酉年十二月十二卒光緒辛巳年五月十七葬蛇舌仔坐癸向丁兼丑未生一子文呼

振係公章公四子也生嘉慶戊辰年正月廿六卒道光庚戌年九月廿七塟
蛇舌仔坐艮向坤兼寅申分金辛丑　妣吳氏諱謹娘生嘉慶乙亥年
十一月十一卒光緒戊寅年五月初九塟小烏窓山坐辛向乙兼酉卯分
金丁卯酉生一子文添
振銅公知公長子也卒　年十月初五未娶而卒塟在臺
承繼子長文哖（係振曹之子）次文宴（係是振鑼次子）
振鑼公知公次子也生嘉慶癸酉年九月廿二卒同治癸亥年十月廿二塟
在臺　妣林氏諱秀娘生道光乙酉年八月初一卒同治
癸亥年八月廿七塟在臺　生三子長文桂次文宴（出繼
振銅）三文發

振寬公推公長子也生乾隆甲寅年二月初九卒　年　月　日塟在臺
妣　氏生　年　月　日卒　年二月初
八塟龍舌仔高田坐北向南承繼姪孫維濯
振欽公推公次子也生嘉慶丙寅年十二月十一卒同治癸亥年四月十六塟在
臺
妣紀氏名綢娘龍窟西人生嘉慶乙亥年九月十七辰
時現在生一子文术
振藻字黎明公容公長子也嘉慶丙辰年八月初四卒同治丙寅年四月初
六妣葉氏諱緞娘溪邊人生嘉慶甲子年十一月十四卒光緒庚辰年
十二月廿七合塟烏窓山坐壬向丙兼子午分金辛亥次子文壽附塟
生五子長文約次文壽三文情四文盞五文員

振寄公窑公次子也在臺居住生嘉慶辛未年十月廿六卒光緒乙亥年
七月初四塟　　妣劉氏諱東英未于歸而卒九月十五
忌辰再娶盧氏生一子文錠後偕出又在臺續娶魏氏生嘉慶
辛未年九月十二卒光緒丁亥年四月廿四塟在臺無傳文派之子
維金奉祀

振運公期公長子也生嘉慶己未年二月初五卒道光丁未年十月十
二妣李氏上埔人諱寶娘生嘉慶十一年六月初四卒同治乙丑年七月
十七合塟烏窓山洪厝墓邉坐北向南生四子長文舉次文魚三文
釣四文掠

振昌公期公次子也生嘉慶癸亥年六月初一卒光緒壬午年九月十二

葬山仔尾坐東向西妣吳氏石潯人諱有娘生嘉慶乙亥年十二月
廿六卒光緒庚辰年八月廿三葬山仔尾坐　向　生三子長文鉎
出嗣振下次文獵三文螺

振填公期公三子也生嘉慶丁卯年十月十二卒道光戊申年二月十六
葬烏窓山坐酉向卯兼辛乙妣葉氏生嘉慶戊寅年九月初七卒
同治丁卯年三月廿七葬烏窓山坐乾向巽兼亥巳分金庚戌生二
子長文亨次文嘌

振下公期公四子也生嘉慶癸酉年三月初八卒道光己巳年八月初九
葬后埔坐北向南妣吳氏卒　年三月廿七葬在外慶奉祀
子文鉎係是振昌長子

振漳公靈卄公之子也早世生嘉慶壬戌年六月十八卒道光壬寅年四月十
四葬白石山塚坐北向南
振石公靈公之子也生嘉慶壬戌(庚申)年正月初九卒咸豐己酉年十一月初
一葬白石山坐壬向丙兼子午分金丁亥 妣鄭氏諱 妹娘生嘉慶
甲戌年正月二十卒光緒己卯年八月二十葬白石山坐壬向丙兼
亥巳分金丁亥 生三子長文英次文筆三文門
振來公登公長子也生嘉慶壬午年二月十七卒道光丙戌年正月初
一葬烏窓山前坐東向西早世奉祀姪維墻(文筆次子)
振厝公登公次子也早世生嘉慶戊辰年四月廿三卒道光戊申年十二
月初四葬白石山坐戌向辰兼辛乙分金丙戌辰 奉祀子文悻(係是振專四子)

振傳公助公長子也生乾隆癸丑年六月初一卒道光癸未年六月十五塟
烏窓山坐乾向巽兼戌辰妣蔡氏溪邊人諱市娘生嘉慶丁巳年
十二月初十卒咸豐庚申年六月十七塟義娘廟後坐乙向辛兼
辰戌分金丁酉卯生四子長文滿次文雨三文悅四文悻出嗣振眉

振猛公諧公長子也生嘉慶丁巳年六月十五吉時卒咸豐壬子年八月
十二未時塟在臺　妣紀氏生嘉慶癸酉年二月
廿七未時卒道光庚戌年二月十二亥時塟在臺
生一子文派

振成公綱公之子也生　年　月　日　時卒　年　月
日　時塟在臺　妣出生一子文才

振兼公鑾公長子也早世六月初七忌辰塋烏窓山路邊坐西向東止

振衷公鑾公次子也生嘉慶己巳年六月初六卒咸豐丙辰年十月廿三塋烏窓山坐酉向卯兼庚甲分金丁卯酉妣吳氏石潯人名信娘生嘉慶丙戌年二月十三現在生子長文諜次文辣

振霧公鑾公三子也生嘉慶辛未年九月廿五卒咸豐丙辰年九月廿八塋烏窓山坐辛向乙兼戌辰分金辛卯酉妣張氏名永娘西洪塘人生嘉慶己丑年八月初八現在生二子長文賜次文茅

振崇公鑾公四子也生嘉慶乙亥年八月初六卒同治丁卯年九月廿七塋小烏窓坐庚向甲兼申寅分金丙寅申妣曾氏現在生三子長文摸次文砌現與母俱徙居三忠宮後溪鄉

振筆公信公長子也娶林氏生二子長文定止次文順止俱早世

振形公慮公之子也

振易公習公之子也

振賜公睽公長子也

振海公睽公次子也生嘉慶辛酉年十月初六卒同治庚午年四月初二塋山仔尾坐寅向申兼甲庚分金庚寅申妣蘇氏董厝人諱信娘生嘉慶乙丑年六月廿五卒道光癸卯年十月廿一塋山仔尾坐艮向坤兼丑未分金丁丑未生四子長文雍（出繼振再）次文繼三文出四文桍

振再公聯公三子也生嘉慶己巳年正月廿七卒道光己丑年六月廿八塋山仔尾妣李氏生乙亥年四月十六卒年八月十八塋山仔尾承繼子文雍（係是振海長子）

陳氏族譜　五十一

振探公挑公長子也生嘉慶己未年八月初三卒同治丙寅年五月十六與弟振亶合塋在許宅承繼子文曾係是振亶長子

振亶公挑公次子也生嘉慶丙子年十月十六卒同治丙寅年八月十六與兄振探合塋在許宅坐乙向辛兼卯酉分金辛卯辛酉妣林氏山頭人名秀娘生道光庚寅年八月初二現在生二子長文曾出繼振探次文撻

振鴿公粉公長子也生嘉慶甲子年七月十四卒道光丁未年五月初二塋白石山坐癸向丁兼子午分金丙午子妣葉氏馬塘人名里娘現在生一子文冉

振郊公粉公次子也生　　年卒　　年九月廿九塋處失據

再侄孫 維垻奉祀 係文冉次子

振恩公粉公三子也生嘉慶辛亥年九月初七卒同治甲戌年八月十七葬烏石頭脚坐甲向庚兼卯酉分金辛卯酉 妣曾氏下庄人諱曲娘生嘉慶己卯年五月初六卒同治壬申年四月初八葬烏石頭脚圳邊坐甲向庚兼卯酉分金庚寅庚申生二子長文及次文掌

振閩公安公長子也 出繼公求

振陰公安公次子也 查無據

振啓公安公三子也查無據

振蟯公德公之子也生嘉慶丙寅年四月廿一卒同治辛未年十二月廿四葬白石山坐癸向丁兼子午分金丙子午 先娶鄧氏岳口人諱樹娘生

嘉慶壬申年四月初四卒咸豐二年六月廿二再娶紀氏諱兩娘
后鹿蔚人生嘉慶丁卯年四月初四十六卒同治丁卯年十月十三
二妣合塋塚仔頭坐艮向坤兼寅申生三子長文葛次文會三文
哄

振閔公廣公長子也生嘉慶丙寅年十一月初十卒道光己酉年六月
廿三塋　妣吳氏生月失據卒九月初十塋失承繼
子長文綽（振埕長子）次文周（振拋長子）三文豆（振休長子）

振拋（埕）公廣公次子也生月失據卒正月廿四塋雉鷄山坐　向　妣出承繼（生二）
子長文綽（出繼振閔）次文榮

振拋公廣公三子也生嘉慶己卯年六月初六卒同治甲戌年正月初

六埜山仔尾坐艮向坤兼寅申分金辛丑辛未妣莊氏蓮湖人諱賞
娘生道光己丑年四月初一卒光緒丙子年八月廿七埜猴石山坐申
向寅分金庚申寅生三子長文周出繼振閔次文兼三文麥

振休公廣公四子也生嘉慶癸未正月初六卒光緒丁丑年正月十二埜
饅頭山仔坐癸向丁兼丑未分金庚午子妣鄭氏溪邊後巷人名蟾
娘生　年二月十五現在生二子長文豆出繼振閔次文螺

振等公廣公五子也幼殤

振卯公總公長子也生道光戊寅年八月十五卒同治庚午年六月初二埜
埔坪坐東向西妣邵氏柑仔攬人名晚娘生道光辛巳年五月初
四現在生二子長文棕次文欉

振勝公徠公長子也生道光丁亥年正月十六辰時卒光緒乙酉年二月十
六子時塟在臺　妣張氏現在生三子長文着次文獺
三文憇現在臺
振包公徠公次子也生道光戊子年十二月十七未時卒咸豐己未年十二
月初八午時未娶而卒塟在臺
振衷公整公之子也無可考
振俟公康公長子也生道光甲申年十二月廿九卒光緒丁丑年四月十
七塟烏牛頭坐北向南妣紀氏埔後人名齋娘現在生六子長文
闖次文魯三文棹四文貺出繼振雨五文學奉祀叔祖公殿六文旋奉祀叔祖公鏡
振萍公康公次子承繼公殿公也生道光丁亥年十月十五卒光緒

丁丑年六月初九葬中塚坐壬向丙兼亥巳分金丁巳亥妣蘇氏下宅人諱璧
娘生道光壬寅年九月初八卒同治丁卯年七月初十葬饅頭山仔
坐壬向丙兼亥巳分金辛巳亥生一子文角

振坑公康公三子也承繼公油生道光辛卯年十二月初四卒光緒庚辰年
七月十一葬烏石頭脚坐甲向庚兼寅申分金丙寅申妣蘇氏下宅人名
延娘現在生三子長文蔡次文考出繼振雨三文講

振羨公康公四子也承繼公挑現在娶蘇氏龍鬚人生咸豐壬寅年二
月十九卒同治庚午年閏十月初二葬山仔尾坐艮向坤兼寅申分
金辛丑未又娶葉氏寨后邉人名濆官現在生四子長文亮次文
擔三文巖四文樞出繼振雨

振煖公康公五子也承繼公鏡妣紀氏后麃尉傅厝宅人諱篘娘生
咸豐癸丑年六月十二卒光緒癸未年正月初三塋白石山塚坐
庚向甲兼申寅分金康庚寅申生二子長文佳出繼振雨次文蚶
振雨公起公長子也生道光己丑年九月十七卒同治己巳年七月十七塋山
仔尾坐東向西未娶而卒承繼子長文既振侯四子次文佳振煖長子三文考
振坑次子四文樞振羨四子
振科公起公次子也承繼公批娶邵氏劉營人名要娘俱在現生一子
文丁
振連公厚公之子也生道光壬辰年四月初四卒光緒壬午年十月十
八塋中塚坐乾向巽兼戌辰妣出生一子文辟

振享公禮公之子也生乾隆辛丑年 月 日 時卒咸豐壬戌年八月廿八塟
失記妣出生一子文團
振賢公儀公之子也生嘉慶丁巳年八月十五酉時卒同治丙寅年七月十二
未時塟墘上大路邊坐甲向庚兼卯酉分金庚寅庚申養一子文
興
振抱公蘇公長子也生嘉慶乙丑年八月十三卯時卒道光己亥年九月
三十日卯時塟新塚與弟振仲同穴坐 向 妣江氏諱 妹娘生月
失記卒光癸未年十月初八塟庵后橋大路邊坐 向 生一子文
元
振仲公蘇公次子也生嘉慶癸酉年六月初六丑時卒同治壬戌年正月

廿三戌時瘞新塚與兄振抱合塋無娶而卒姪孫維澤奉祀

文元之子

振永公蘇公三子也承繼公墻生道光己卯年五月廿四丑時卒同治己巳年九月十八未時瘞許宅坐巳向亥兼巽乾分金丁亥巳妣葉氏上峯人諱罔娘生道光戊戌　月　日失卒咸豐辛酉年十一月初六酉時瘞白石山坐壬向丙兼子午分金辛亥生一女名珠英現歸米市劉坑官

振琳公水公之子也娶石氏俱在臺現生二子長文尚次文歹

振鴻字振飛公弼公長子業商也為人忠厚儉樸物我無間生乾隆丙午年九月初五午時卒光緒丙子年正月初一申時享壽九十

一塋灯火寨山坐　向　妣卯氏前街人諱刋娘生乾隆庚戌年三月初二吉時卒同治癸亥年三月十九巳時享壽七十四塋本處西山坐丙向壬兼午子分金丁亥巳生四子長文紹次文畏三文介振捎出繼四文欽

振丙字振耀公弼公次子也儒業少蒙庭訓府縣二試曾經取拔惜命不可長甫及壯而棄世生乾隆辛亥年十一月廿九亥時卒嘉慶庚辰年三月廿六寅時塋白石山坐癸向丁兼子午分金丙子午與子文旦合塋　妣葉氏蓮花山人諱正娘公早世氏年二十七子纔二歲矢志寡守以女紅謀生撫養幼子成立生乾隆甲寅年十二月初一吉時卒光緒丁丑年十一月廿六卯時享壽八十四塋雉雞山坐　向　生一子文旦

振捎字振選號光斗公弼公三子業農也生乾隆甲寅年五月十三

未時卒嘉慶戊寅年五月廿三卯時塟店仔尾后石盤頂坐乾向巽兼亥巳分金庚戌辰與公墻之墓連坐妣蔡氏烏山人諱粉娘謚端靜公早世氏年二十三只生一女未有男嗣甘心守節以紡績謀生後立振鴻第三子為繼撫養成立經入節烈氏生乾隆丙辰年十月廿五巳時卒光緒丙子年七月廿二子時享壽八十一塟本處中山仔邊坐壬向丙兼子午分金辛亥 振鴻三子文介承繼

振釗字振器公彌公四子業農也出繼公飼生嘉慶戊午年六月廿六辰時卒同治丙寅年十一月初六申時享壽六十九塟本處西山坐乙向辛兼辰戌分金辛卯酉妣吳氏石潯人諱宜娘生嘉慶壬戌年月日失記卒同治戊辰年十月十七寅時享壽六十七塟本處西山坐乙

向辛兼卯酉分金丁卯生二子長文蕉次文鞱

振欽公弼公五子也生嘉慶乙丑年卒咸豐辛亥年出贅陽翟生卒月日未詳葬溪邊粟倉埕塚坐　向

振全公弼公六子也生嘉慶戊辰年八月二十卯時卒道光乙巳年十月十九亥時葬安嶺保中山亭尾坐丑向未兼癸丁分金丁丑　妣出生一子

文嫖仝住梧呂

振恚公賓公長子業農也生乾隆壬子年九月初六辰時卒嘉慶庚辰年十一月十七丑時葬山仔尾前坐戌向辰兼辛乙分金丙戌　妣楊氏祥露頂人諱勵娘公早世氏甘心守節日夜紡績撫養二子成立氏生乾隆壬子年三月廿二未時卒同治丁卯年十月廿四午時葬

本慶西山頂坐巽向乾兼巳亥分金庚戌辰生二子長文騗次文答

振球公賓公次子業農也生嘉慶庚申年八月初八辰時卒道光己丑年九月廿一午時葬灯火寨脚坐癸向丁兼丑未分金庚午子妣葉氏圳岸人名衿娘公早世氏年二十七子六歲甘心寡守撫養一子成立生嘉慶癸亥年十二月三十日吉時現在生一子文漂

振鼎公金公長子也幼殤生卒年月日俱不載

振北公金公次子業商也生嘉慶丁丑年八月廿七寅時卒同治甲戌年五月初二戌時葬圳頂坐寅寅向申兼甲庚分金庚申寅妣蘇氏大鄉諱麵娘生道光辛巳年七月初一卯時卒咸豐辛亥年三月初九未時葬許宅坐丙向壬兼午子分金丙午子生一子文東又娶林

氏城内人名取娘現在生一子文步

振軒公金公三子也生道光壬午年三月初七亥時卒道光丙午年八月初六亥時

塋烏窓山脚坐庚向甲兼申寅分金丙寅申妣蘇氏龍鬚人諱發娘公早

世氏年二十二子纔四歳甘心守節歷艱辛而無怨言撫養一子成立

氏生道光己酉年十月初七午時卒同治己巳年六月十三辰時塋燈火

寨脚坐丑向未兼癸丁分金丁丑生一子文騰

振逺公雪公之子也幼殤生卒不載

振吉公報公長子也未娶而卒生死塋處俱未詳

振漢公報公次子也生一女即居鋪前公生卒塋處及妣姓生卒塋處

俱無據

振溪公奚公長子也生道光辛卯年九月十二丑時卒光緒庚辰年二月十
九丑時塟白石山坐甲向庚兼卯酉分金庚寅　妣黃氏名月娘城内金
帝爺宫人生道光壬辰年十月十五現在生二子長文進次文柳
振鉄公奚公次子也生道光己亥年五月十八寅時卒光緒己卯年二月廿
四未時塟烏牛頭坐丑向未兼癸丁分金丁丑　妣吴氏諱眞娘銅
魚舘人生道光己酉年十二月廿八未時咸豐丙辰年五月初九辰
時塟白石山坐辛向乙兼戌辰分金辛卯酉又娶葉氏鷄母岫人諱
順娘生道光甲辰年十月十二卒同治甲戌年八月廿八亥時塟白石
山坐辛向乙兼戌辰承繼子文龍振魁三子
振魁公奚公三子也生道光乙巳年三月十七吉時卒光緒己丑年　月

日時娶張氏西塘人名爲娘現在生三子長文煩次文桃奉叔祖公窗祀三文
龍出繼振鈇
振添公奚公四子也現在未娶
振裁公崇公之子也出外不知去向
文換振造公長子也娶劉氏名椰娘俱在現生三子長維灼次維盾
文根振熱公次子也娶吳氏名娘俱在現生二子長維有次維度俱
住岳口四甲
文卜振寶公長子也生道光戊寅年八月廿七卒咸豐己未年六月初二
塟在臺　妣賴氏生道光乙酉年十月二十卒同
治己巳年九月十九塟在臺　生二子長維龍次維

獻

文達振寶公次子也生道光庚寅年七月初九卒同治乙丑年六月十一娶李氏現在生一子維攀公塋在臺

文潤振赤公長子也生道光己丑年六月廿二辰時卒同治庚午年閏十月初三辰時塋社壇埔坐東向西妣邵氏柑仔欖人生道光庚寅年八月初五戌時卒咸豐甲寅年十二月初六戌時塋龍舌仔坐艮向坤兼寅申生一子維清又文黜次子維祿全奉祀

文黜振赤公次子也娶李氏俱在現生

文肯振宣公長子也現在妣莊氏祥露人生道光癸卯年十二月

日吉時卒光緒乙亥年七月廿八葬烏石頭山坐東向西生一子維田

文富振宣公次子也娶郭氏郭山人諱衛官生咸豐乙卯年　月

日卒光緒壬午年三月廿八葬烏石頭山坐東向西生一女名　英

文樹振弄公長子也出嗣振滋娶蔡氏溪邊人名廉娘俱在現生三子長維斂

次維墻三維園出嗣文吽

文襯振弄公次子也娶梁氏城内人名發娘俱在現生三子長維泉次維戎

三維

文吽振曹公長子也生道光己亥年五月廿三卒同治壬申年正月廿五葬

烏窓蛇舌仔坐壬向丙兼亥巳分金丁巳妣出承繼子維園文樹三子

文添振傜公之子也出嗣振銅生道光乙未年八月十八卒同治丙寅年

八月初一塟高田仔坐北向南妣劉氏名蕊娘現生二子長維沃次維錠

文桂振耀公長子也娶王氏現在生六子長維蘭次維福次三維輝四維欽五維彪出嗣文發六維錦俱在臺

文宴振耀公次子也娶賴氏現在生一子維篇

文發振耀公三子也生咸豐癸丑年五月初十午時卒光緒癸未年十一月廿三午時塟在臺　早世承繼子維彪文桂五子

文朮振欽公之子也娶顏氏鞍爐人名吱娘現生二子維米次維濯奉祀伯叔振寬

文約字守仁振藻公長子也生道光甲申年七月廿五卒光緒己卯年六月初六塟白石山坐壬向丙兼亥巳分金辛亥巳先娶溪邊葉

氏諱罔娘生道光乙酉年三月十六卒道光庚戌年三月二十塟烏窓山坐庚向甲兼卯酉分金庚寅申續娶蘇氏頂碣坑人名靜娘現在

生一子維坪

文尋字直義振藻公次子也生道光丙戌年初五卒光緒辛巳年十月初七塟烏窓山與父母合塋娶康氏康厝鄉人諱僯娘生道光乙酉年二月十九卒光緒己丑年七月初一巳時塟白石塚坐北向南

生一子維體

文情字訓禮業儒振藻公三子也曾經取佾生生道光己丑年七月廿三卒咸豐戊午年三月二十塟烏窓山坐庚向甲妣楊氏諱花娘甕窆人生道光己丑年二月初八卒光緒庚辰年九月初

四坙烏窓坐西向東生二子長維妙次維健

文盞字錫智振藻公四子也現在先娶坑朴郭厝呂氏諱襯娘生道光甲辰年九月十三卒同治辛未年九月廿五坙烏窓山坐壬向丙兼子午分金辛亥生一子維鶴又娶蘇氏名蜀娘蘇厝大鄉人

文員字篤信振藻公五子也娶林氏名省娘相頭人俱在現生三子
長維搖次維趲出嗣文約三維箕出嗣文盞

文錠振寄公之子也從母出嫁

文舉振運公長子也現住厦門

文魚振運公次子也現在娶李氏諱争娘上埔人生道光乙巳年五

月初七卒光緒壬午年十月廿九塟山仔尾坐艮向坤兼寅申分金辛丑未

三子長維濚次維酉三維輕

文鈞振運公三子也往叻卒不知其詳

文掠振運公四子也往叻卒不知其詳

文銈振昌公長子也振下出嗣生道光甲辰年十月初九卒光緒癸未年十月廿

七塟山仔尾坐艮向坤兼亥巳分金庚辰戌妣吴氏諱月娘石潯人

生咸豐丁巳年八月初六卒光緒己丑年八月廿九巳時塟白石山塚坐

北向南生二子長維顯出嗣文獵次維其

文獵振昌公次子也生咸豐辛亥年八月十八卒光緒辛巳年十月廿二塟山

仔尾石鼓山坐癸向丁兼丑未分金庚子庚午妣出承繼子維顯

文銈長子

文螺振昌公三子也娶吴氏名弇娘石潯人現生一子維沛

文亭振填公長子也生道光癸卯年正月廿四卒同治元年八月十六葬烏窓

山坐辛向乙兼酉卯分金辛卯酉未娶而卒

文嘌振填公次子也早世生卒月日俱未詳

文英振石公長子也卒　年八月廿五未娶而卒承繼子維墻文

筆次子

文筆振石公次子也娶蘇氏名謙官董厝鄉人現在生二子長維木次

維墻出嗣文英

文聞振石公三子也出嗣振岳現在未娶

文樣振荅公長子也生道光己亥年九月廿一卒同治己巳年四月十四葬義娘
廟後坐東向西妣林氏諱泥娘生道光癸卯年九月十二卒同治丙
寅年十月初十葬白石山坐東向西無傳

文滿振傳公長子也生嘉慶丙子年七月十九卒道光丙午年二月廿三
葬義娘廟後坐東向西未娶而卒奉祀子維跉文悻長子

文雨振傳公次子也生嘉慶己卯年閏四月初七卒同治戊辰年九月廿
一葬義娘廟後坐東向西未娶而卒奉祀子維埕文悻次子

文悅振傳公三子也現在娶許氏出

文悻振傳公四子也出嗣振厝娶葉氏名不娘西洋人現在生二子長維跉出嗣
文滿次維埕出嗣文雨

文派振猛公長子也娶黃氏現在生一子維金出嗣振寄

文才振成公之子也在臺

文諜振東公長子也娶吳氏名女娘石潯人現在生二子長維降出嗣文賜次

維瑞

文辣振衷公次子也現未娶

文賜振霧公長子也生咸豐辛亥年七月十二卒光緒乙亥年七月初二

葬烏窓山坐辛向乙兼卯酉分金丁卯酉未娶而卒承繼子維降文

諜次子

文矛振霧公次子也現在

文摸振崇公長子也從母徙居溪

文砌振崇公次子也從母徙居後溪
文雍振海公長子也出嗣振再生道光戊子年十月十二卒光緒己卯年九月初七葬白石山坐壬向丙兼子午分金辛巳亥先娶葉氏諱勸娘生道光己丑年五月初九卒咸豐庚申年六月初七葬烏石頭脚坐甲向庚兼寅申分金庚寅申又娶紀氏諱圈娘生道光乙酉年十月十五卒同治甲戌年正月初三與元配合葬生三子長維梨次維厥三維鏵文冉長子維東仝奉祀
文繼振海公次子也昔往吧東現未詳
文出振海公三子也生道光辛丑年三月廿八卒光緒丙子年六月廿六葬山仔尾坐甲向庚兼寅申分金丙寅申妣蘇氏名執娘洪塘

人現在生四子長維行(出嗣文梈)次維歎三振栢四維閒
文梈振海公四子也生咸豐丙辰年十二月初四卒同治己巳年四月廿
七瘞饅頭山仔向癸向丁兼丑未分金庚子庚午早世承繼子
維行(文出長子)
文冉振鴿公之子也娶紀氏(名)來娘后山仔後俱在現生二子長維東
(出嗣文雍)次維垻(奉祀叔祖振郊)
文葛振蟯公長子也昔往岑兜
文會振蟯公次子也妣吳氏諱御娘石潯人生道光丙午年十月廿六卒
光緒壬午年十一月初四瘞饅頭山仔坐艮向坤兼寅申分金辛丑
生三子長維續次維阮三維濫

文哄振蟯公三子也外出不知何處

文綽振埕公長子也出繼振閔現在下宅鄉蘇家處

文槳振埕公次子也由下宅鄉往叻

文周振拋公長子也生咸豐癸丑年四月初四卒光緒甲申年十二月十二塟

在嚏叻 諱允娘卒　年十月十三塟饅頭山仔坐　向　無傳

文兼振拋公次子也早世生咸豐辛酉年五月初九卒光緒丁丑年四月廿

二塟白石山塚坐西向東無傳

文豆振休公長子也出繼振閔娶范氏名文娘后溪人

文棕振砌公長子也生　年八月十五卒光緒己丑年十月二十戌

時塟埔坪塚仔頭坐東向西娶蘇氏諱岳嶽娘大鄉人生咸豐

甲寅年八月初十卒光緒乙亥年七月廿三塟許宅路下坐丑向未兼
癸丁分金丁丑又娶林氏名印娘現生二子長維渺次維薰出繼文樣

文樣振卯公次子也生咸豐戊午年八月初九卒同治癸酉年十月三十
塟塜仔頭坐亥向巳兼壬丙分金辛亥承繼子維薰文棕次子

文着振勝公長子也生道光戊申年七月廿二巳時卒光緒癸未年十月十
一辰時塟在臺　妣出生一子維進

文獺振勝公次子也生咸豐壬戌年正月三十日亥時卒光緒戊寅年
正月十七辰時塟在臺　未娶而卒

文闖振俟公長子也娶曾氏名勤官岳只人俱在

文魯振俟公次子也生咸豐乙卯年十二月廿七卒塟在叻不知其詳

文棹振傒公三子也生咸豐丁巳年十一月十四卒同治壬申年十月十三塟義娘
廟後坐東向西未娶而卒

文學振傒公五子也奉祀叔祖公殿生同治乙丑年四月廿四卒光緒壬午年九月初二
塟白石山坐艮向坤兼丑未分金丁丑未娶而卒

文霓振連公之子也生同治丁卯年十二月廿二卒光緒　年五七月廿六塟在
喤叻

文團振享公之子也生嘉慶辛酉年　月　日卒八月廿八塟處未詳
無娶承繼子長維洋之子文玠次維謨次子文猥全奉祀

文興振賢公之子也出贅澳頭生卒未詳

文元振抱公之子耕商也生道光戊戌年十一月初八丑時卒光緒

壬午年五月初九午時葬後廳后橋大路邊生寅向申兼甲庚分金庚寅庚申
妣林氏諱倩娘潘泥人生咸豐乙卯年　月　日卒光緒　年　月
日葬潘泥坐　向　生一子維澤

文紹振鴻公長子業農也生嘉慶丙子年正月初四午時卒道光乙巳
年九月初五辰時葬白石山塜坐　向　未娶而卒承繼子長維
銅文旦次子次維石文介長子三維燕文畏長子仝奉祀

文畏字懷德名安仁振鴻公次子也現在娶李氏名猜娘田坂人現在生
二子長維燕出繼文紹次維謨出繼文團

文欽振鴻公四子業商也現在娶楊氏蘇營人名花娘現在生一子維
某

文旦振丙公之子業商也生嘉慶己卯年七月十三午時卒道光戊申年九月十七丑時與父合塋白石山妣葉氏諱不娘塘邊人生道光壬午年四月初三酉時卒咸豐丙辰年七月廿一卯時塋許宅坐乙向辛兼辰戌時分金丙辰戌生三子長維端次維銅奉祀文紹三維讀

文介字景福名安貞振捎公之子也係振鴻公三子光緒甲申年以軍功賞給五品生平謙遜樸實敬待斯文性尤嗜學四子三儒現在妣吳氏石潯人即現任安平都閫吳永兆輪船管駕吳永兆宗之姊諱笑娘謚恭順生道光丙戌年十一月初一卯時卒光緒丙戌年五月初六丑時享壽六十有一塋烏窓山之巔左則本鄉毋山右則烏牛頭山內坐正針癸丁子午外坐縫針癸丁子午分金丙子有誌銘生

四子長維石（奉祀文紹）次維棟（奉祀文蕉）三維洋（奉祀文團）四維圭

文蕉振釗公長子也生道光丁亥年八月廿七申時卒咸豐辛亥年十二月廿七丑時塟許宅坐艮向坤兼丑未分金辛丑未娶而卒承繼子長維棟次（文介次子）次維米（文翰之子）仝奉祀

文翰振釗公次子業農也生道光己丑年七月初三吉時卒光緒戊子年八月初九酉時塟　娶方氏名側娘下楓入現生一子維米奉祀

文獻

文騶振烝公長子也業農生嘉慶癸酉年九月廿五寅時卒道光辛丑年四月廿六午時塟山仔尾坐癸向丁兼丑未分金庚子未娶而卒奉祀子維實文答之子

文答振黍公次子業農也生嘉慶丙子年二月十九寅時卒道光甲辰年十一月十一丑時葬本處西山坐乙向辛兼辰戌分金辛酉卯妣林氏名雙娘雙墘頭人公早世氏年二十一子纔二歲甘心守節以紡績謀生撫養幼子不倦于勤現在生一子維實奉祀文騶

文漂字碧川振球公之子業商也生道光甲申年十一月初七寅時卒光緒戊子年十一月初九寅時葬土地宮后坐乾向巽兼戌辰娶葉氏名箪娘墘岸人現在生三子長維武次維潑三維詰

文東振北公長子業農也娶葉氏名丹娘埔尾人現在

文騰振軒公之子業農也娶王氏名喜娘山内人俱在現生一子維符

文魴公札公之孫也係女專娘招婿王琳官生來承嗣現在臺

文進振溪公長子也現在妣許氏諱蕉娘九思巷人生咸豐丙辰年十二月廿七午時卒光緒甲申年五月十七戌時塋白石山坐乙向辛兼夘酉分金丁酈生一子維木

文煩振魁長子也娶黄氏名春娘俱在現生

維良文卜公長子也生道光甲辰年九月初五卒光緒壬午年五月十七妣賴氏生道光甲辰年三月初七卒光緒丁丑年十二月初九俱塋在臺　後娶番女養一媳婦承嗣

維猷文卜公次子也娶蔡氏俱在現生一子治三在臺

維攀文達公長子也妣葉氏生道光庚戌年四月十二卒光緒己夘年十二月初八塋在臺　生一女治娘承繼在臺

維釹文樹長子也娶林氏名㚽娘銅魚舘人俱在現生一子治浩

維福文桂次子也生同治戊辰年十一月十二卯時卒光緒辛巳年六月廿二
辰時未娶而卒塟在臺

維采文木長子也娶胡氏名循娘城内關帝廟口人現在

維濯文朮次子也生光緒丁亥年十月廿三卒　年　月　日
塟　幼殤

維坪文約公之子也娶葉氏名们娘長興里后埔鄉人現生二子長治
道奉祀維妙次治潘

維體文尋公之子也生咸豐甲寅年九月初三卒光緒戊子年六月
十四辰時塟烏窓山右邊坐甲向庚兼卯酉娶邱氏名愛娘城内

後爐人現在生一子治港

維妙文情公長子也卒　年八月十七幼殤承繼子長治道維坪長子

次治港維體之子全奉祀

維健文情公次子也娶楊氏名菜娘祥露頂人現生一女

維鶴字維汀文盞長子也現肄業娶蕭氏名專娘城內北鎮人俱在現

生　子

維搖文員長子也生光緒丙子年正月初一卒光緒己丑年十月初一塟

白石山塚坐北向南

維跉文悻長子也娶黃氏諱驕娘北門外人生同治丁卯年二月初一

卒光緒戊子年六月廿三巳時塟烏窓山右邊坐東向西

維梨文雍公長子也生咸豐丁卯己酉年　月　日卒同治壬戌年五月廿八

塟處未詳早世

維啍文雍公三子也現出贅溪邊

維灩文棕（會）公長子也生光緒丁丑年十一月十七幼殤

維薰文棕公生光緒乙酉年十一月十五出嗣文樣幼殤

維澤文元公之子也奉叔祖振仲祀現在潘泥鄉

維燕字夢玉文畏長子業商也奉祀文紹娶蘇氏名錠娘東宅鄉人俱在

生二子長治銜次治

維端文旦公長子也娶劉氏名就娘五甲人現在生二子長治從奉祀維巖

次治民

維讀文旦公三子也娶紀氏名堅娘埔后人現在生一子治鎣奉祀維棟

維石字維巖又字植三榜諱修樓安貞長子邑庠生也奉祀文紹同治丁卯年進同安縣學第十二名生道光丙午年九月十一辰時卒同治己巳年十一月十七辰時妣紀氏諱熡娘謚孝慈山仔后人即姑文之女庠生紀瀾之姪女于歸年餘而公故氏年二十一歲屢欲自盡諸親以未有後嗣勸免後二子稍長又因奉姑終年遂自盡節氏生道光己酉年五月廿一卯時卒光光緒丙戌年十一月廿四申時合堊

養二子長治淮早世次治浙又奉祀子長治從維端長子次治清維棟長子三治釜維洋之子仝奉祀

維棟字維樑安貞次子業商也奉祀文蕉生咸豐壬子年九月十一酉時

卒光緒己卯年四月廿六午時塟峯上

妣葉氏名箱娘上峯人現

在生三子長治清維巖奉祀次治籠早世三治木又維讀之子治銮仝奉祀

維洋字維獻又字仲銓名修孟安貞三子也奉祀文團光緒己丑年進同安縣

學第七名娶葉氏名鸞娘埔尾勵軒人郎庠生葉印節忠長女

舉人葉印春魁孫女俱在現生二子長治庚次治釜奉祀維嶽

維圭字維達又字復三榜名修瑋安貞四子也光緒甲申年進同安縣庠

十五名生同治乙丑年閏五月十五吉時卒光緒己丑年九月初四未

時塟　娶顏氏名住娘鞍爐人現在

維耒文韜公之子業農也奉祀文蕉娶葉氏名哎娘下峯人現在

維寔文答公之子也奉祀文騧生道光癸卯年五月三十日子時卒光緒丁

丑年十月十六寅時塋西山坐巽向乾兼巳亥分金丁亥娶葉氏名語
娘東橋頭人現在生一子治江
維武字乃文文漂公長子業商也娶紀氏名纏娘山仔后人俱在現生一子
治通
維潑字曉如文漂公次子業商也娶劉氏名　娘五甲人
治港維體公長子也出嗣維妙生光緒丙戌年八月十五卒光緒　年
月　日幼殤
治涯維嚴公長子也早世生同治己巳年四月廿五卒光緒己丑年九月
十二未時塋
治籠維樑公次子也生光緒戊寅年正月十二吉時卒光緒己丑年十一

月初三辰時早世塋在

附記坂上宫派此乃是神主失據

一預章諱祿生崇禎甲戌年六月十七卒康熙壬午年閏六月廿三行三

一士英諱科生順治辛丑年十一月初八卒乾隆戊午年七月十三

一全官生康熙丁亥年正月十一卒乾隆壬寅年七月十一

一名失生壬申年卒己未年十月十一塋烏牛頭坐東北向西南妣生乙亥

年正月初十卒癸卯年十一月初七塋梵天三崙坐西向東

一妣二娘生萬曆壬寅年六月十三卒康熙壬寅年四月十九塋西山附父墓

右邊

一妣吳氏生萬曆丁卯年正月十三卒康熙乙酉年正月二十塋郭坑

一妣洪氏生崇禎己卯年二月初四卒康熙壬辰年十一月十五葬溪邊保大墓
尾坐東向西

一妣勸娘生康熙丙午年七月十三卒乾隆乙丑年十二月廿五葬在臺諸
羅山北門外坐甲向康(庚)兼卯酉

一在娘生康熙己卯年八月初七卒康熙丙申年七月初五葬梵天中崙嶺
仔頂坐庚向甲兼酉卯

大二房二派世系序

五世祖克通 諱宣隆齋公次子也六月十八忌諱妣葉氏十月十三忌諱合塋

后埔坐北向南生五子長次俱失惟傳宗直宗多宗友

宗直克通公三子也生卒年月及妣塋處生俱失生一子良宜

宗多克通公四子也生卒年月及妣塋處俱失生一子良川

宗友克通公五子也生卒年月及妣塋處俱失生一子良白

良宜宗直公之子也生卒年月及妣塋處俱失生一子周到

良川宗多公之子也生卒年月及妣塋處俱失生一子周孚

良白宗友公之子也生卒年月及妣塋處俱失生一子周芍

周到字惠昭良宜公之子也合塋后埔公九月十九忌諱妣三月初四

忌諱生三子長應高次應容三應浯

周孕良川公之子也合塟巖前山公三月初二忌諱妣七月廿五忌諱塟

后埔生二子長應授次應親

周芍良白公之子也合塟白石山傳正月廿九忌諱妣失記生四子長應宏

次應珪三應逸四應運

應高字朝義周到公長子也生卒年月及妣塟處俱失生一子爾雅

應容周到公次子也生卒年月及妣塟處俱失生一子爾子

應浯諱輔吾周到公三子也生卒年月及妣塟處俱失生一子爾慶

應授周孕公長子也生卒年月塟處俱失無傳

應親周孕公次子也生卒年月及妣塟處俱失生一子爾語住溪邉三寮尾泥城仔内

應宏周芍公長子也生卒年月及妣塋處俱失生一子爾禎

應珪周芍公次子也生卒年月及妣塋處俱失無傳

應逸周芍公三子也生卒年月及妣塋處俱失長生二子長爾添次爾萃

應運周芍公四子也生卒年月塋處俱失記無傳

爾雄諱尾應高公之子也生崇禎乙亥年十二月廿九午時卒康熙壬午年十二月十六酉時塋六都施坂山仔前坐酉向卯兼辛乙妣林氏生崇禎庚辰年閏正月十四未時卒康熙癸巳年正月三十未時與媳婦合塋在東村雷打石山坐酉向卯兼辛乙乾隆四十三年八月十五改塋外辛乙兼酉卯生一子嘉元住馬巷上曾鄉

爾子應容公之子也公十二月十五忌諱妣方氏五月十五忌諱合塋郭坑祖

地內生七子惟傳第七子嘉種

爾慶諱喜別應浯公之子也生萬曆癸丑年三月廿七卒康熙丁丑年二月十八享壽八十五妣曾氏諱俏娘生天啓丙寅年十月十五卒康熙甲申年四月初五塋本處宫仔後生二子長嘉誼次嘉亥

爾語應親公之子也徙居溪邊三寮尾其神主多被洪水漂流失據今就所抄神主敘之以備查補生一子嘉邦

爾禎諱隆二應宏公之子也生萬曆辛丑年正月初五申時卒康熙乙亥年二月十九未時妣吳氏諱香娘生天啟壬子年正月廿三戌時卒康熙壬戌年十月廿一戌時合塋本處官路下坐癸向丁兼子午生一子

嘉咢

爾添應逸公長子也生萬曆辛未年十月廿一卒康熙庚寅年四月廿三 妣張氏生萬曆壬申年十一月十八卒康熙甲戌年十二月初五合葬本處山仔頂坐西向東生二子嘉耀嘉外止

爾萃應逸公次子也生萬曆辛巳年二月初八與兄合葬山仔尾前坐北向南妣王氏生萬曆甲申年卒康熙己未年正月廿六無傳

嘉元諱元郎爾雅公之子也住馬巷上曾鄉生康熙丙辰年正月廿一酉時卒雍正乙卯年九月廿五寅時葬五義洞坐巽向乾兼辰戌妣林氏生康熙壬戌年十一月初四戌時卒乾隆癸酉年三月初二酉時與姑林氏合葬六都東村雷打石鯉魚石下山坐酉向卯兼辛乙外坐辛乙兼酉卯生五子長于仁次于桂三于讀四于裕五于悦長次四五俱住臺彰東螺番仔埔惟三住居馬巷上曾鄉

嘉種諱吉爾子公之子也九月初九忌諱瑩本處相仔園妣方氏三月廿七忌諱瑩山仔尾坐戌向辰生五子長子仲次子富三子眼四子飼止五子足

嘉誼諱內爾慶公長子也生順治戊子年八月二十卒康熙丙申年六月十九瑩處失記無娶止

嘉亥爾慶公次子也二月十六忌諱瑩后埔坐東向西妣黄氏五月廿一忌諱瑩義娘廟前坐北向南生二子長子詰次子勢

嘉邦爾語公之子也生卒年月及妣瑩處俱失生三子長子順次子和三子襟

嘉僑字公調爾禎公之子也任貴州中軍府生崇禎辛巳年七月初四亥時卒康熙癸亥年八月二十辰時柩在貴州省瑩不至康熙己卯

年八月廿六酉葬本處檄仔壠坐東向西故名貴田妣蓮坂葉氏生順治丙戌年十月初十卒康熙壬戌年正月初九生五子長于振次四俱居貴州三無傳五幼殤葬五峯田中央鄉

嘉耀諱光號炎煇爾添公長子也生康熙癸丑年二月初五卒乾隆癸酉年十月三十日葬后埔坐丑向未兼癸丁妣王氏生康熙丁卯年二月廿三卒乾隆庚寅年二月初九葬郭坑周壠尾坐坤向艮兼申寅生二子長于祿次于群

于仁嘉元公長子也神主在馬巷上曾鄉裔孫在臺彰東螺番仔埔居住公生康熙庚辰年六月初七寅時卒康熙辛丑年九月初九酉時葬

妣神主失據生一子基拱

于桂嘉元公次子也裔孫現在臺彰東螺番仔埔居住生康熙壬午年
九月十九卯時卒乾隆戊寅年二月初十吉時塟
妣郭氏生康熙乙酉年九月廿三辰時卒乾隆丁未年正月廿一亥時
塟　生二子長基炳次基椰

于讀嘉元公三子也裔孫現在馬巷上曾居住生康熙乙酉年十月廿四
吉時卒乾隆乙酉年四月十一吉時塟和尚埔坐東向西妣許氏生康
熙戊子年三月廿七子時卒乾隆壬戌年五月十九寅時塟芸下坐壬
向丙兼子午生三子長基福次基正三基美出繼本家内田鄉人

于裕嘉元公四子也裔孫現在臺彰東螺番仔埔居住生康熙四十九
年十二月廿三吉時卒乾隆十九年九月初八吉時塟

妣林氏生雍正甲午年七月初七亥時卒嘉慶己未年十一月廿三午時
塟　　生三子長基都次基群三基文
于悦嘉元公五子也裔孫現在臺彰東螺番仔埔公生康熙甲午年九月
廿七卒乾隆丁丑年七月初五酉時塟在仙里霧街頭坐南向北妣蔣
氏生康熙丁酉年六月初九卯時卒嘉慶丙寅年八月十八吉時塟在
生三子長基著次基藝三基來
于仲嘉種公長子也生康熙癸酉年九月十六卒乾隆辛卯年三月初三
塟五里坐艮向坤兼寅申妣何氏崎坑仔入生康熙乙亥年十二月
初八卒乾隆癸未年八月十三塟山仔尾生六子長基精次基盼止
三基炎止四基溫五基周六基善俱住臺卒

子富嘉種公次子也生康熙庚辰年五月初一卒乾隆壬申年六月二十妣黃氏生康熙辛巳年八月卄四卒乾隆戊申年八月卄四塋東義塚生二子長基臨止次基月

子眼嘉種公三子也十一月初一忌諱塋本處相仔園坐東向西妣莊氏十一月十八忌諱與公合塋生四子長基拔次基居三基前四基讓

子足嘉種公五子也卒乾隆二十年十月初三忌諱妣咏娘塋相仔園坐乙向辛兼酉卯繼妣林氏卒乾隆十八年十八忌諱生一子基尋往臺止

子志諱浩嘉亥公長子也生康熙甲申年九月廿七卒乾隆壬寅年二月十三塋龍舌仔尾坐西向東妣黃氏生康熙丙戌年七月初七卒乾

隆癸卯年八月十九葬烏窯尾丁酉丁卯分金生四子長基第次基舜
三基脩止四基葵
于勢嘉亥公次子也生康熙丁亥年七月廿二卒乾隆甲戌年七月初三葬本
處后埔坐艮向坤兼寅申妣許氏生康熙五十二年五月十三卒乾隆戊
申年四月廿三葬烏窯尾小龍舌仔坐乾向巽兼戌辰生四子長基雕
次基玩三基營四基令
于順嘉邦公長子也生康熙己酉年十月十九卒乾隆辛未年七月初九
妣戴氏生康熙庚申年九月二十卒乾隆丁巳年七月廿一俱葬梵
天尾崙生一子基舉
于和嘉邦公次子也卒乾隆八月初二葬烏牛頭頂神主被水漂流妣郭

氏生康熙壬戌年八月十九卒乾隆乙酉年七月二十塋本處后埔生一子基德

于襟嘉邦公三子也生卒年月及妣塋處俱莫可考惟傳一子基甸止

于振諱麟號質義嘉邦公之子也生康熙壬戌年十月初五未時卒乾隆庚申年八月廿三午時塋雉鷄山坐癸向丁兼丑未妣郭氏諡柔順生康熙辛亥年八月二十寅時卒乾隆辛酉年五月初九巳時塋雉鷄山坐向與公同生五子長基鳳次基貴三基輔四基行五基聲

于祿諱福嘉耀公長子也生康熙甲午年十月初三卒乾隆癸巳年三月十二塋歐行保曾山坐午向子兼丁癸妣劉氏生康熙戊戌年

十二月廿八卒乾隆乙卯年七月初七葬九麓山中山頂坐西向東生六子長基
皆次基惠三基孔四基做五基遜六基感
子群字超德嘉耀公次子也為人忠直視他人事如己事弱被強欺毋出力
伸寃不畏疆禦東西二界欽慕其人少學醫道內外兼優家藏膏
藥施捨不吝邑侯　鄔公延請醫治痊愈予給看賓頂帶榮身至
康熙辛丑年十月廿三卒嘉慶丁巳年六月廿九妣蔡氏生雍正甲辰
年四月廿七卒嘉慶戊午年七月初八葬
生四子長基攀次基巧三基槐四基若
基拱子仁公之子也生康熙年間十月卅四卒乾隆年間八月初九妣失生一子
賽侯

基炳子桂公長子也生乾隆丁巳年三月十一寅時卒乾隆己酉年八月初五午時塟　妣曾氏生乾隆丙子年九月十五辰時卒嘉慶己巳年六月廿四卯時塟　生五子長行俟次合俟三明俟四遠俟五白俟

基楙子桂公次子也生乾隆丁卯年十二月初五巳時卒乾隆庚辰年六月廿六寅時塟　妣　氏生　年　月　時卒　年　月　時塟　生一子接俟

基福子讀公長子也生乾隆庚申年十一月初八吉時卒嘉慶庚午年十二月十五酉時與次子暹俟合塋上曾社后宗墓邉坐西北向東南分

金巳亥兼乾巽妣　氏生乾隆乙酉年八月十三吉時卒嘉慶己巳年十一月
廿九丑時葬煙墩脚坐壬向丙兼亥巳分金丁亥丁巳生二子長蘇俟次
暹俟

基正于讀公次子也生雍正甲寅年正月廿一戌時卒嘉慶甲子年五月廿八
亥時享壽七十有一齡葬南勢埔坐甲向庚兼寅辛分金庚寅庚辛
無傳

基都于裕公長子也生雍正癸丑年十月十九寅時卒乾隆壬寅年九月十
六午時葬　妣　氏生　年　月　時卒

基羣于裕公次子也生乾隆丁巳年八月初三午時卒嘉慶戊辰
年　月　時葬　生一子出俟

年十一月初三午時塟　妣林氏三二月初二忌諱繼妣許
氏卒乾隆戊戌年六月廿九忌諱又妣潘氏卒道光乙酉年七月
初四未時生四子長天侯次愛侯三浩侯四耀侯

基著于悦公長子也八月十九忌諱妣李氏七月初四忌諱塟處俱失生
二子長敎侯次祈侯是基來三子承繼

基藝于悦公次子也生乾隆壬戌年八月廿九午時卒乾隆丁酉年五月十二巳
時塟　妣蔣氏四月初五忌諱生一子祥侯

基來于悦公三子也生乾隆甲戌年十一月廿三戌時卒嘉慶甲戌年八月初
六申時塟　妣薛氏生七月初二午時卒四月廿四申時塟
生五子長炎侯次樹侯三祈侯出繼基著四滎侯五

辰侯

基文于裕公三子也生乾隆庚申年三月十九寅時卒嘉慶壬戌年十一月廿四吉時塟　妣吳氏生乾隆庚辰年十月十六卯時卒道光丙戌年六月十一未時塟　生四子長等侯次發侯三店侯四射侯字才　此當挿在基藝公之下

基精于仲公長子也生康熙甲申年十二月十二卒乾隆二十八年四月十四塟烏牛頭坐北向南妣高氏生康熙乙亥年十一月初六卒乾隆丙申年十一月初六塟相仔園坐卯向酉兼乙辛生一子黨侯

基溫于仲公四子也五月初八忌諱塟相仔園無娶將外甥為子名兜侯

基周于仲公五子也往臺

基善于仲公六子也往臺

基撥于眼公長子也生雍正甲辰年十一月廿二卒乾隆辛卯年十二月十八塟五里塚坐丑向未兼艮坤妣紀氏鮎鮐潭鄉人生二子長魏侯次蓮侯

基居于眼公次子也生雍正年間卒嘉慶九年十月　日塟本處

妣林氏后蕭鄉人生　年　月　日卒

年　月　日塟　生一子畧侯

基前于眼公三子也四月十六忌諱塟東義塚坐東向西妣出生二子長留侯次返侯

基讓于眼公四子也十月十六忌諱無傳
基第諱次于志公長子也生雍正丁未年十二月初一卒乾隆癸巳年三
月十一葬東義塚坐東向西妣改嫁生三子長挺俟次牙俟三惴
俟
基舜于志公次子也生雍正庚戌年八月初四卒乾隆庚子年五月十六葬
烏窓坐坤向艮兼申寅妣黃氏生乾隆丁巳年三月初五卒乾隆癸
未年正月廿二葬烏窓尾坐東向西繼妣邱氏生雍正癸丑年四月
初一卒乾隆壬寅年二月廿三葬白石山塚坐東向西無出一子長望俟
是黃氏出又次德俟
基葵于志公四子也生乾隆戊辰年妣黃氏生乾隆壬申年十月初一

卒乾隆戊申年四月初六葬白石山塚生一子祥侯
基倫于志公三子也生乾隆甲子年十一月廿三卒乾隆戊申年二月初二葬
烏窓尾坐北向南妣楊氏生乾隆壬申年卒乾隆戊申年六月初三
葬義娘廟前許宅坐東向西無傳
基雕于志勢公長子也生雍正十年十一月初六卒乾隆戊申年六月初一葬
山仔尾龍舌仔坐庚向甲兼申寅妣劉氏生乾隆丁巳年八月初二
卒乾隆甲午年十二月十六葬東義塚坐東向西生三子長樹侯次
遡早次雙侯又妣吳氏生一子却侯
基玩于勢公次子也生乾隆庚申年四月廿六卒乾隆戊申年三月廿五
葬水尾宮後坐東向西妣劉氏生三子長詮侯次到侯三蘊侯

出繼基榮

基榮于勢公三子也生乾隆癸亥年三月十四卒乾隆癸巳年三月廿三塟白石山塚邊坐癸向丁妣改嫁承繼子蘊侯係基玩公三子

基令于勢公四子也生乾隆癸酉年四月卒嘉慶己未年五月十二塟西義塚坐北向南妣葉氏生乾隆甲申年八月廿八卒乾隆戊申年七月廿三塟后埔水尾宮後坐東向西生一子素侯往蓮花山毋舅處

基舉于順公之子也生康熙壬辰年二月十六卒乾隆辛丑年十二月初四塟梵天山坐巳向亥兼丙壬妣方氏卒乾隆戊申年三月初十塟烏牛頭生二子長興侯次斌侯

基德諱連號聯芳于和公之子也生康熙辛巳年六月初二卒乾隆辛卯

年九月十六葬白石山妣鄭氏生康熙壬午年六月廿三卒乾隆戊子
年十月初一葬五里塚坐艮向坤兼寅申生二子長智侯次定侯

基甸于襟公之子子也

基鳳諱緝于振公長子也生康熙甲戌年三月初四卒乾隆己巳年七月廿
二葬九龍山坐甲向庚兼卯酉妣葉氏生康熙乙亥年十二月初七卒
乾隆戊子年十二月廿七葬水尾坐北向南生二子長澤侯次視侯

基貴諱尊于振公次子也生康熙丙子年十一月初三辰時卒乾隆壬
戌年七月十七亥時葬雉鷄山仔頂坐甲向庚兼寅申妣李氏龍鬚人
諱敬娘生康熙癸未年十月十一酉時卒乾隆癸巳年九月初十亥時
葬白石山後坐丁向癸兼未丑生一子創侯

基輔于振公三子也生康熙庚辰年五月初七卒乾隆己未年四月三十日塟雉鷄山坐東向西妣郭氏生康熙癸未年七月十四卒乾隆辛巳年七月廿一塟白石山塜邊坐癸向丁兼丑未生二子長唱侯次立侯

基行諱健于振公四子也生康熙乙酉年三月初十卒乾隆乙酉年四月廿五妣郭氏生康熙丙戌年五月十七卒乾隆癸丑年正月十三合塟山仔尾後坐丑向未生二子長蹇侯往臺次騰侯止

基聲諱礐于振公五子也及妣生卒年月塟失據惟傳一子奇侯

基皆于祿公長子也妣張氏板橋人生五子長洸侯次克侯三歙侯四藉侯五勇侯

基惠于祿公次子也妣葉氏埔尾新厝人生二子長艾侯次動侯出嗣基孔

基孔于禄公三子也生乾隆己巳年四月初四卒乾隆己卯年六月初六葬后埔水尾坐北向南承繼子動侯係昊基惠次子

基儆于禄公四子也妣郭氏郭山劉厝人生二子長灘侯次煎侯

基遯于禄公五子也妣蕭氏后許人生五子長擾侯次餘侯三鑽侯四扇侯五尖侯

基慼于禄公六子也生卒年月葬處失據妣李氏白灰宮人生乾隆甲申年十月廿八卒嘉慶壬戌年十月廿九葬高文嶺后右邊坐艮向坤兼寅申生四子長露靄侯仍次忠侯三揖侯四郁侯

基攀于群公長子也生乾隆戊辰年八月十二卒嘉慶戊午年七月十六葬高文嶺坐東向西妣顏氏生三子長一侯次寬侯三雅侯

基茂諱巧言于群公次子也妣李氏上埔人生一子忍侯
基槐字崇玉于群公三子也生乾隆庚辰年三月廿八卒嘉慶丁巳年
七月初十葬后埔坐北向南妣蔡氏生二子長宗侯次渠侯
基若于群公四子也妣王氏西浯塘人生四子長翠侯次荇侯三駒侯四
踏侯又名卜五沉侯
賽侯基拱公之子也生乾隆庚子年十二月初二丑時卒道光戊申年三月
十五寅時葬　妣錢氏生乾隆丁酉年五月廿八卯時卒道
光乙巳年九月廿八午時葬　生五子長鎮伯次碧伯三
千伯四試伯五府伯
行侯基炳公長子也生　年　月　日吉時卒　年　月

日吉時妣黃氏生　　年　月　日吉時　　年
月塟　　生二子長楯伯次初伯
合侯基炳公次子也生乾隆丙申年卒乾隆己酉年十二月三十日無娶承
嗣子永伯係是白侯之子
明侯基炳公三子也生乾隆壬寅年八月十七子時卒咸豐壬子年四月初三
午時塟　　妣卓氏生乾隆辛丑年五月初一巳時卒咸豐壬
子年八月初十巳時塟　　生一子烈伯
遠侯基炳公四子也生乾隆己亥年三月廿四寅時卒道光己亥年正月十
二丑時塟　　妣蕭氏生乾隆庚子年五月初八酉時卒咸
豐甲寅年二月初五未時塟　　生二子長豹伯次亨伯

白偯基炳公五子也生乾隆戊申年正月二十亥時卒道光丁亥年十月廿五巳時塟
妣林氏生乾隆戊申年正月廿四亥時卒同治丁卯年九月十六午時塟
生一子永伯出嗣合偯

接偯基柳公之子也生乾隆辛卯年九月十五辰時卒道光乙酉年五月廿六丑時塟
妣張氏生乾隆甲午年二月日失卒道光壬午年七月廿八丑時塟
生三子長蔭伯次愚伯又名玉三志伯

蘇偯基福公長子也生乾隆壬申年四月十六亥時卒嘉慶己卯年三月十三酉時與長子合塋上曾泥井仔邊坐北向南妣神主失傳二子長夜伯次苑伯

暹偯基福公次子也生乾隆庚辰年十月廿二辰時卒道光癸未年十月

廿六戌時與父合塋上曾社后宋墓邊坐西北向東南分金亥巳兼乾巽妣李氏諱文娘塔埔人生乾隆甲午年九月廿九申時卒咸豐元年十月廿九巳時塟頂埔仔坐亥向巳兼壬戌分金辛巳亥生四子長尋伯次敬髻伯三敬伯四銓伯次三俱出嗣小弟

一神主名失子孫傳聞說是基福公之子生乾隆甲子年卒乾隆四十九年七月三十日塟沄仔坐西向東奉嗣祀子長髻伯次敬伯俱是暹侯之子

出侯基都公之子也生乾隆丁酉年卒道光己丑年　月初五塟

妣吳氏生乾隆己亥年十一月初八丑時卒嘉慶癸亥年八月初三戌時塟　生一子旺伯

天侯基群公長子也生　年　月　日吉時卒　年

月　日　時塟　妣　氏生　年　月　日　時
卒　年　月　日　時塟　生二子長傳伯次
笑伯字雲
愛候基群公次子也生乾隆丙申年十二月初二丑時卒嘉慶甲戌年八月十四酉
時塟　妣謝氏生乾隆五十年九月二十五時卒道光乙巳年
十月十三未時塟　生二子長惜伯次傑伯
賀候基群公三子也生乾隆癸卯年七月初五未時卒嘉慶甲戌（庚辰）年八月
初十巳時塟　妣吳氏
耀候基群公四子也生乾隆丁未年十一月十四酉時卒道光甲申年閏七月
初六酉時塟　妣楊氏生嘉慶丁巳年六月初九巳時

卒道光己酉年閏四月廿五未時塋　生二子長狗伯次
淡伯

等侯基文公長子也生乾隆辛丑年四月初八辰時卒道光丁未年十月
十九寅時塋　妣吳氏卒道光戊戌年四月十二午時塋在
傳一孫君淳係女子之子承繼

發侯基文公次子也生乾隆甲辰年十二月十八午時卒道光甲辰年十月廿
三未時塋　妣林氏生乾隆乙巳年正月廿七亥時卒同治
乙丑年十一月十九寅時塋　生六子長喜伯次厚伯三風
伯四廟伯五烟伯六能伯

店侯基文公三子也生乾隆乙巳年卒道光己酉年二月十三戌時塋

無娶承繼孫君騫 係姪女之子

才侯基文公四子也生嘉慶庚辰年二月廿一酉時卒道光壬午年七月十三

丑時無娶承繼子風伯 係發侯三子

教侯基著公長子也生乾隆庚子年六月初四卒嘉慶壬申年七月初一亥

時塟　妣　氏生一子河伯

祈侯基著公次子也生卒年月及妣俱失奉嗣子寬伯 係炎侯次子

祥侯基藝公之子也生乾隆甲辰年十一月廿三子時卒道光　年七月

廿五忌諱塟　妣李氏生乾隆戊申年四月十九酉時卒

道光乙巳年九月初十戌時塟　生二子長威伯次意伯

炎侯基來公長子也生乾隆戊申年八月十一丑時卒道光乙未年十月

十九未時卒　妣許氏生乾隆庚戌年十月廿一寅時卒道
光丁未年六月十一未時卒　生二子長湖伯次寬伯出嗣祈偀

樹偀基來公次子也卒道光甲辰年五月初四未時卒
妣薛氏生嘉慶乙卯年十一月廿二卯時卒道光戊申年七月初四未時
卒　生三子長蒲伯次聰伯三香伯

滎偀基來公四子也四月廿七忌諱卒　妣　氏七月十三忌諱

辰偀基來公五子也生嘉慶乙酉年十二月廿四卒咸豐丙辰年二月初
九寅時卒　妣吳氏生嘉慶壬申年八月十二卒道光壬寅
年十一月初九生一子辦伯　卒

兜偀基温公承繼子也娶林氏生二子長敎伯次東伯

魏侯基拔公長子也生乾隆庚申年月日時俱失卒乾隆五十六年四月三十

承繼子譖伯係蓮侯四子

蓮侯基拔公次子也生乾隆癸未年五月廿三卒嘉慶丙子年七月初三塟

烏牛頭坐子向午兼癸丁妣紀氏后廍鲇鲐潭人生乾隆丙申年九月

初十卒道光辛巳年十月初二生四子長剃次篠伯三北伯四譖伯出嗣魏侯

略侯基居公之子也生乾隆丁酉年二月十七卒道光丁未年十月十六

留侯基前公長子也生乾隆丙申年八月廿三卒道光辛卯年五月廿五妣

張氏生卒年月塟處俱失生二子長達伯次趝伯

返侯基前公次子也生乾隆己亥年十二月十八卒道光庚戌年六月廿四日

塟義娘廟后坐甲向庚兼夘酉妣失生一子宿伯

望侯基舜公長子也生乾隆丁丑年　月　日　時卒嘉慶元年十月初八
卯時葬　妣翁氏岳口人生乾隆甲申年三月三十日卒咸豐
乙卯年八月三十申時葬　生二子長造伯次紅伯

德侯基舜公次子也生卒年月葬處俱失無傳

樹侯基雕公長子也生乾隆己卯年正月廿九卒乾隆戊申年四月初三日
葬本處水尾　妣黃氏生乾隆甲申年十一月十六卒乾隆戊申年十
月廿四葬烏牛頭生一子奉祀籐伯係雙侯之子

雙侯基雕公次子也生乾隆辛巳年十二月初八卒道光己亥年十二月
初六葬饅頭山仔坐壬向丙兼子午　妣吳氏石潯人生乾隆癸巳年
月　日卒嘉慶丙寅年八月廿四葬白石山塚坐東向西生一子

籐伯出嗣樹侯

却侯基雕公三子也卒道光十年十月廿七葬樵內崎溪厝埔坐東向西

無傳

詮侯基玩公長子也生乾隆辛卯年十二月廿四子時卒嘉慶癸酉年四月廿六葬白石山塚坐北向南妣黃氏坑柄人繼妣葉氏生乾隆辛卯年九月十九寅時卒嘉慶辛酉年三月初八與公合葬生二子長硯伯次柿伯俱黃氏出

到侯基玩公次子也生乾隆乙未年三月初八酉卒嘉慶乙亥年四月初十葬白石山塚坐北向南妣蔡氏生乾隆年間　月　日　時卒嘉慶年間四月廿二葬處失生二子長位伯次山伯

蘊侯基玩公三子也基榮承嗣生乾隆庚子年九月廿七辰時卒咸豐甲寅年七月廿六辰時塟許宅坐乾向巽兼戌辰妣　氏生乾隆丙辰年八月初三卒光緒辛巳年七月初二生二子長濕伯次彩伯

素侯基令公之子也往蓮花山毋舅處

智侯基德公長子也生乾隆元年八月十五卒乾隆乙巳年十一月十八塟

妣高氏生二子長機伯次栢伯

定侯基德公次子也生乾隆戊午年四月初四卒乾隆丙戌年四月十二塟嶺停保荇后妣林氏生乾隆庚申年二月廿八卒嘉慶戊午年正月初二塟白石山塚生一子傑伯

澤侯基鳳公長子也生雍正己酉年閏七月廿四卒乾隆甲戌年十月十

六塋大埔坐甲向庚兼卯酉　妣改嫁　奉祀子繼伯（係視侯長子）

視侯基鳳公次子也生雍正辛亥年九月廿七卒乾隆甲午年八月十三塋白石山塚坐艮向坤兼寅申　娶五通下邉張氏生三子長繼伯（出嗣澤侯）次砥伯三彛伯

劃侯基貴公之子也生乾隆戊午年五月初二卒嘉慶年間　月　日吉時塋失　妣井頭　譁猜娘生乾隆戊辰年五月廿二卒乾隆丙午年五月初一塋白石山後坐丁向癸兼未丑生一子悄伯

唱侯基輔公長子也生乾隆辛亥年正月十一卒乾隆癸未年十二月十五塋雞鷄山坐壬向丙兼亥巳　妣郭氏生乾隆戊午年七月十六卒乾隆丁酉年十二月十二塋與公比連分金同生二子長綴伯次

陳氏世譜　九十一

考伯
立侯基輔公次子也生乾隆丙辰年七月初四卒乾隆乙未年十二月
初八塟雉鷄山坐癸向丁兼丑未妣出生一子茅伯
蹇侯基行公長子也在臺
奇侯基聲公之子也生卒年月塟處及妣俱莫可考惟傳一子友
伯
洸侯基皆公長子也生乾隆壬午年十月十九辰時卒嘉慶戊寅年五
月廿五酉時塟　妣葉氏生乾隆乙酉年二月十五巳時卒
道光辛巳年十月廿三未時塟后埔坐亥向巳兼壬丙生四子長舌
伯次徊伯三沙伯出嗣灘侯四締伯

貌侯基皆公次子也生乾隆丙戌年九月初九酉時卒嘉慶丁卯年五月十七未時葬后埔坐壬向丙兼亥巳妣劉氏康濤人卒五月十四葬義娘廟后坐東向西生三子長炬伯次隔伯出繼歃侯三盤伯

歃侯又名揷基皆公三子也生乾隆庚寅年十月三十卒道光辛丑年四月廿五卯時葬白石山坐壬向丙兼子午分金辛巳亥妣洪氏岳口人生乾隆丙申年十月廿三丑時卒嘉慶壬申年六月廿二巳時葬白石山坐辛向乙生一子浸伯又承繼子隔伯係貌侯次子繼室林氏生乾隆庚寅年十二月初三卒嘉慶丙子年六月初九辰時葬梅山壠仔頂坐東向西又娶蔣氏生乾隆乙酉年正月廿四辰時卒道光辛卯年二月初九午時葬本山龍舌仔中崙坐壬向子兼亥巳

藉俟基皆公四子也娶馬塘趙厝趙氏生二子長花伯次炭伯

剪俟基皆公五子也生乾隆戊戌年四月廿二卒道光癸卯年六月　日

在臺卒塟

艾俟基惠公長子也生乾隆壬辰年六月十四未時卒道光甲午年三月廿

六午時塟白石山下坐東向西兼甲庚寅申妣　氏生二子長綠伯次

扶伯

動俟基惠公次子承繼基孔公也生乾隆庚子年十月廿四辰時卒嘉

慶丙寅年十一月初五寅時塟后埔水尾坐甲向庚兼寅申

灘俟基做公長子也生乾隆辛丑年八月初四午時卒嘉慶辛酉年

七月廿一午時塟許宅坐北向南妣出生一子沙伯

煎侯基儆公次子也生乾隆甲辰年十二月初一寅時卒道光己酉年九月初十
辰時葬梨仔林下泥樓坐壬向丙兼子午妣鍾氏生乾隆癸丑年七
月初三辰時卒同治丙寅年正月廿九戌時葬蘇厝洪塘埔坐亥向巳
兼壬丙生三子長壞伯次謗伯三呼伯

擾侯基遜公長子也生乾隆戊戌年八月初五卒道光癸卯年九月廿四
葬烏牛頭坐乾向巽兼戌辰妣李氏生乾隆庚戌年七月十六卒
道光庚子年七月初一與公合葬承繼子咱伯

餘侯基遜公次子也生乾隆辛丑年十月初九卒道光乙未年正月廿
一葬烏牛頭山脚坐癸向丁兼子午妣張氏生乾隆五十三年五月
初四卒道光廿一年四月十五葬白石山脚坐子向午兼癸丁生三

子長恁伯次咱伯出繼攑侯三攎伯出繼关侯
关侯基遯公五子也生嘉慶丁巳年十六月正初六卒道光己亥年十一月十五
塟白石山塜坐丑向未兼艮坤承繼子攎伯係餘侯三子
靄侯基感公長子也生乾隆甲辰年九月廿五卒嘉慶丁丑年九月十二塟
后埔坐北向南妣出生一子比伯
忠侯基感公次子也生乾隆己酉年三月初十卒咸豐己未年十一月二
十塟白石山坐子向午兼壬丙妣　氏卒七月初八生一子治伯
讓侯字揖基感公三子也生乾隆壬子年十月廿七卒道光戊申年七月
十二塟處失妣莊氏生嘉慶庚甲年八月　日吉時卒道光戊戌
年八月初四塟白石山頂坐寅向申兼艮坤生一子鑪伯

郁俟基感公四子也生卒年月及妣塋處俱失記惟傳二子長燒伯次
棹伯

翠俟基若公長子也生乾隆癸丑年三月十二卒道光庚寅年閏四月十
七塋后埔水尾坐艮向坤兼寅申分金辛耝承繼子駒杞伯係駒俟長子

荇俟基若公次子也生乾隆丁巳年四月十五卒同治乙丑年五月二十日
塋后埔水尾坐北向南妣洪氏生乾隆癸亥年 月 日吉時卒咸
豐辛亥年五月十八塋后埔水尾

駒俟基若公三子也生嘉慶庚申年五月初七卒道光乙未年三月廿八塋
後埔水尾妣林氏生嘉慶丙寅年十二月初三卒光緒丙子年五月
廿五塋後埔塚生二子長杞伯翠俟出嗣次相伯

踏侯基若公四子也生嘉慶乙丑年卒道光庚戌年二月廿三塟后埔水尾
妣吳氏八月初八忌諱亦塟后埔水尾生一子寵伯
沉侯基若公五子也生嘉慶戊辰年正月十五卒道光廿四年十一月二十日
塟白石山坐艮向坤兼丑未
鎮伯賽侯公長子也六月廿一忌諱塟　妣林氏十月初十
忌諱生二子長君國次君輔
碧伯賽侯公次子也生嘉慶乙丑年閏六月初四未時卒道光己酉年六
月初二未時塟　妣傅氏生嘉慶己卯年七月十八午時現
在生一子君爰
千伯賽侯公三子也生嘉慶己巳年九月初十酉時卒道光辛卯年十月

初三酉時奉祀子君質係試伯長子

試伯賽侯公四子也生嘉慶丙子年正月初六酉時卒咸豐甲寅年七月初二巳時葬　妣王氏生道光甲申年閏七月初二卒同治癸酉年十一月十九寅時葬　生三子長君質出嗣千伯次君才三君九

府伯賽侯公五子也生嘉慶戊寅年十月初八子時卒咸豐辛酉年六月廿六申時葬　妣顏氏生嘉慶己丑年十一月十九辰時現在生一子君善

楯伯行侯公長子也生卒年月葬處俱失無傳

初伯行侯公次子也生卒年月葬處俱失無娶

永伯合侯公承繼子也（係是白侯之子）生嘉慶丁丑年三月廿九酉時娶薛氏生道光壬午年正月二十午時卒道光乙巳年八月二十酉時塟

繼妣謝氏生道光己丑年九月初八亥時卒道光庚戌年十月初三巳時塟

又妣王氏生道光壬辰年四月苗卒同治癸酉年四月十一卯時塟

現生六子長君川次君米三君酣四君族五君示（出繼愚伯）六君吻

烈伯明侯公之子也（臺佳）生嘉慶戊辰年八月十二午時卒同治乙丑年九月初三未時塟

妣施氏生嘉慶年間八月十三巳時卒同治丙寅年五月初九酉時塟

生一子君煥

豹伯遠侯公長子也生嘉慶丁巳年正月十五辰時卒同治甲子年八

月二十申時卒　妣宋氏生嘉慶癸　年二月十四酉時卒同
治丙寅年七月初九戌時卒　生二子長君井次君溪
亨伯遠侯公次子也生嘉慶庚午年三月十五卯時卒同治癸亥年正
月廿一卯時卒　妣　氏生嘉慶戊寅年八月初十寅時卒
道光甲辰年七月初八辰時卒　生二子長君金次君添
蔭伯接侯公長子也
愚伯接侯公次子也隨女往王爺處娶氏承繼子君示係永伯五子
志伯接侯公三子也生嘉慶丙戌年四月廿一寅時卒同治庚午年五

月初三未時塟　妣楊氏生道光丁酉年十月廿五寅時
辛同治戊辰年二月廿三酉時塟　生二子長君品出嗣林家次
君寶

夜伯蘇侯公長子也生乾隆庚戌年六月十八申時卒嘉慶辛未年三
月十三辰時與父合塋承繼子君梅係尋伯之子

尋伯暹侯公長子也生嘉慶戊午年正月十九子時卒咸豐癸丑年正
月廿二午時塟上曾社後頂埔仔庭邊坐壬向丙兼亥巳分金辛
亥巳妣林氏諱約娘店頭人生嘉慶壬戌年十一月十三寅時卒咸豐
辛亥年十二月初七巳時塟后壁水尾宮坐亥向巳兼壬丙分金
辛亥巳生一子君梅奉祀夜伯

髻伯暹侯公次子承繼失名之弟也生嘉慶甲子年二月廿一酉時卒道光戊戌年五月廿一亥時妣汪氏生嘉慶甲子年二月廿三巳時卒道光丁未年十一月初五巳時合塟本處後壁土地公潭仔頂坐壬向丙兼亥巳分金丁亥生一子君處

敬伯暹侯公三子承繼失名之弟也生嘉慶壬申年九月二十吉時卒光緒己丑年六月廿八巳時妣許氏諱淡娘九都許山頭人生嘉慶己卯年二月十六辰時卒光緒癸未年六月初三午時合塟斗十六地頭坐亥向巳兼壬丙分金辛亥辛巳生四子長君滿次君昌三君時四君號

詮伯暹侯公四子也現在妣蔡氏諱寶娘樜下人生道光辛卯年三月

初四卯時卒光緒丙子年六月廿三寅時塟上曾社后頂埔仔坐北
向南生一子君盞
旺伯出傒公之子也生　年　月　日吉時卒　年　月
日　時塟　未娶而卒無傳
傳伯天傒公長子也生　年　月　日吉時卒　年月
日　時塟　未娶而卒無傳
惜伯愛傒公長子也生嘉慶戊午年八月十四申時卒道光乙巳年三月
初一卯時塟　妣鄭氏生嘉慶己未年十月十六辰時卒
咸豐庚申年六月廿六未時塟　生五子長君呼次君
約三君儼四君平五君尾

傑伯愛侯公次子也生嘉慶壬戌年正月初六午時卒道光丙午年八月廿八寅時塟　妣施氏卒同治甲子年十一月十一辰時塟

生三子長君添次君紂君恣

雲伯賀侯公之子也生　年　月　日　時卒　年　月日　時塟　妣吳氏生乾隆甲辰年七月三十日卯時卒嘉慶甲戌年六月廿六未時塟

狗伯耀侯公長子也生道光丙戌年三月初七丑時卒咸豐庚申年八月初六未時塟　妣鄭氏生道光甲午年十二月廿二辰時卒咸豐壬子年四月十八寅時塟　養一女名歎奉祀

淡伯耀侯公次子也生道光壬辰年八月廿五寅時娶張氏現在生二

子長君覺次君成

喜伯發倈公長子也生嘉慶丁卯年七月初二酉時卒同治庚午年八月初七巳時塟　妣蔡氏生嘉慶乙亥年二月初四亥時卒道光庚戌年正月初二午時塟　生二子長君容次君葉

厚伯發倈公次子也生嘉慶己未年十月十一寅時卒同治甲子年八月十九申時塟　妣詹氏生嘉慶丙子年七月十四辰時卒咸豐甲寅年十二月十二戌時塟　生一子君有

廟伯發倈公四子也生嘉慶戊寅年八月廿一卯時卒道光戊申年七月十二未時塟　妣王氏出嫁生一子君得

烟伯發倈公五子也幼殤生卒年月塟處俱失

能伯發俟公六子也生道光丙戌年正月初一亥時卒光緒戊寅年四月
初二亥時塟　妣謝氏生道光戊子年十月廿一未時卒
道光己酉年六月廿九辰時塟　繼妣蘇氏生道光庚戌辛未
年八月廿九寅時卒道光庚戌年十二月十二寅時塟
又妣洪氏生一子君執
風伯才俟公承繼子係是發俟公三子也生　年　月　日　時
卒　年　月　日　時塟　妣　氏生一子君自
河伯教俟公長子也生嘉慶丙寅年九月廿三辰時卒　庚辰年三月
三十日酉時塟
威伯祥俟公長子也生卒年月塟處俱失無傳

意伯祥侯公次子也生　年月　日時卒　年月
日　時塟　妣鄭氏生一子君聲

湖伯炎侯公長子也生嘉慶乙亥年九月初七巳時卒道光庚子年十一
月初十酉時塟　妣　氏未有子而出嫁承繼子君軍（係寬伯長子）

寬伯炎侯公次子承繼祈侯公也生道光癸未年五月初九巳時卒光
緒乙酉年正月廿七未時塟　娶朱氏生道光庚寅年四月
廿八巳時現生四子長君軍（出繼湖伯）次君返三君丁四君進

潢伯樹侯公長子也生嘉慶戊寅年三月十二娶潘氏生道光丙申
年三月十四俱在現生二子長君貴次君鳳

辨伯辰俟公之子也四月廿三忌辰

剩伯蓮俟公長子也生卒年月塋處及妣俱失生一子君益住內田

北伯蓮俟公三子也生卒年月塋處及妣俱失生一子君敎

達伯留俟公長子也生卒年月塋處及妣俱失生一子君丙出繼赾伯

造伯望俟公長子也生乾隆癸丑年十月廿四卒咸豐丁巳年三月廿五丑時塋　妣顏氏二月十八忌諱生二子長君圭次君得

洪伯望俟公次子也妣　氏生三子長君甚次君雹三君連俱無傳

硯俟伯詮俟公長子也生乾隆癸丑年十一月十九巳時卒道光甲辰年十一月初七戌時塋后埔宮仔後

柿伯詮俟公次子也卒道光壬寅年十一月廿二塋處失記

湿伯蘊侯公長子也生乾隆壬午年六月十八申時卒光緒庚辰年九月廿
二戌時塟許宅坐艮向坤兼寅申妣蔡氏生　四年五月廿八申時
卒咸豐二年六月初二塟白石山塚口坐東向西繼妣　氏現在生三
子長君統次君瓏三君國

彩伯蘊侯公次子也生乾嘉慶己丑年二月廿七酉時卒光緒四年五月十
七酉時塟營頭水尾坐南向北妣失生一子君鋭

傑伯定侯公長子也娶洪氏三蓁尾人生二子長君貴次君江

繼伯澤侯公承繼子係視侯公長子也娶趙氏城內人生二子長君深
次君蛟

悄伯創侯公之子也娶柯氏下崎人生二子長君桂次君祥住灌口

緞伯唱俟公之子也娶郭氏 郭山人生一子君葉
舌伯洗俟公長子也未娶而卒傳十月初六忌諱塋許宅坐東向西
田伯洗俟公次子也未娶而卒相傳四月初一忌諱塋中塚坐北向南
炬綿伯號洗俟公三子也未娶而卒相傳七月廿七忌諱塋中塚坐北向南
炬伯號俟公之子也生乾隆癸丑年八月初七丑時卒道光丁酉年十一月初
四吉時塋臺灣彰化縣
陽伯揀俟公承繼子號俟公次子也生嘉慶丙辰年九月廿六午時卒
咸豐辛亥年八月廿六午時塋白石山脚坐子向午兼癸丁 妣曾氏
生嘉慶乙丑年十月十三巳時卒道光戊申年十一月初六亥時塋白
石山脚坐乾向巽兼戌辰生三子長君蛴次君 蚵 三君鎗奉祀 錄伯

浸伯揀侯公次子也生卒年月塋處俱失記

花伯藉侯公長子也生乾隆辛酉年十一月初七午時卒光緒丙子年正月廿三卯時塋義娘廟後塚脚坐辰向戌兼乙辛妣趙氏諱豆娘趙厝人生嘉慶乙亥年六月初四亥時卒咸豐乙未年八月十三酉時塋白石山脚坐巽向乾兼巳亥生二子長君擇次君簿

炭伯藉侯公次子也生乾隆癸亥年八月初三卒同治戊辰年二月初四塋

妣葉氏諱藕娘溪邉人生嘉慶丁丑年八月廿六卒道光癸卯年八月初八塋山仔尾饅頭山脚坐癸向丁兼丑未繼妣張氏岳口人生嘉慶乙亥年九月初九卒光緒丙戌年二月十二塋白石山中塚坐艮向坤兼寅申生五子長君九次君上三君料四君覩五君樑

乳伯藉俟公三子也生嘉慶丙寅年九月初七卒咸豐乙未年四月廿九塋
妣葉氏寨頭人生嘉慶庚辰年五月初六卒道光己酉
年八月十五塋許宅坐巽向乾兼巳亥

拈伯藉俟公四子也生嘉慶庚午年五月廿四卒光緒乙亥年二月初七塋
白石山脚坐癸向丁兼子午妣邱氏前街人生道光癸未年十二月廿
二現在生二子長君乞次君鑽

麵伯藉俟公五子也生嘉慶乙亥年正月廿九卒同治庚午年五月初十
塋饅頭山脚坐艮向坤兼寅申妣劉氏相公宮人生道光乙酉年
正月十六卒道光甲辰年正月十七塋饅頭山脚坐艮向坤兼寅申
繼妣　氏承繼子君料係是炭伯三子

緑伯艾候公之子也生嘉慶癸亥年十月十六辰時卒道光丁酉年五月廿五未時妣　氏塟白石塚坐亥向巳承繼子君鎗係隔伯三子

沙伯灘候公之子也生乾隆癸丑年七月初三戌時卒咸豐乙卯年正月初三丑時塟義娘廟後坐丑向未兼艮坤分金辛丑妣吳氏諱隨娘石潯人生嘉慶丁巳年十二月廿一子時卒道光己酉年八月二十寅時塟大學東關帝邊東屏坐南向北生二子長君欉次君邉

嚷伯煎候公長子也生嘉慶丁卯年七月廿三酉時卒道光戊子年十一月初九卯時塟山仔尾坐戌向辰兼乾巽妣郭氏郭山人生嘉慶戊辰年六月廿七申時卒道光戊戌年正月初五卯時塟塋頂梨仔尾後坐甲向庚兼寅申生三子長君趮次君曝三君乍

誇伯煎侯公次子也生嘉慶庚午年正月十八未時卒道光丙申年十一月廿七戌時妣葉氏埔尾人生嘉慶壬申年五月初三辰時卒道光乙未年三月初一夘時合塋義娘廟後西邊坐辰向戌兼乙辛生一子

君照

呼伯煎侯公三子也生嘉慶丙子年二月初六巳時卒光緒癸未年二月初三戌時擇塋長興里庄上社邊坐寅向申兼艮坤現未塋妣葉氏圳岸人生嘉慶戊寅年二月廿七現在生三（四）子長君唱次君犁

三君棚四君染

咱伯擭侯公承繼子係是餘侯公次子也生嘉慶壬申年十二月十四卒同治二年七月廿四塋後埔坐東向西妣吳氏諱瘺娘石潯人生道光己

丑年正月初五生二子長君潭出繼恁伯次君墻

恁伯餘俟公長子也生嘉慶己巳年八月二十卒道光壬寅年三月十三葬

白石山西塚坐艮向坤兼寅申妣李氏諱水娘后壠人生嘉慶乙亥年

四月廿七卒道光甲午年三月初三與公合葬承繼子君潭係咱伯長子

攎伯尖俟公承繼子係是餘俟公三子也生道光丁丑年七月廿三卒光緒

癸未年五月二十葬白石山坐癸向丁兼子午妣吳氏諱進娘石潯人生

道光辛卯年二月十四卒咸豐辛酉年六月廿七葬白石山脚坐子向

午兼壬丙繼妣林氏生嘉慶己卯年二月三十卒光緒壬午年八月

十四葬白石山塚坐艮向坤兼寅申生一子君瀑

比伯靄俟公長子也生嘉慶丁丑年六月初三卒咸豐丙辰年四月廿九

卒在海面
治伯忠侯公長子也生卒年月塋處俱失妣出
鑪伯揖侯公之子也生卒年月塋處俱失
燒伯郁侯公長子也生卒年月塋處俱失
棹伯郁侯公次子也生卒年月塋處俱失
杞伯翠侯公承繼子係是駒侯公長子也生道光丙戌年正月初五卒
同治元年七月十六塋白石山坐艮向坤兼丑未妣出
相伯駒侯公次子也生道光癸巳年　月　日卒同治乙丑年十二月廿二塋
濯口妣出生二子長君噹次君壬
籠伯踏侯公長子也生道光庚戌年五月初三卒同治癸亥年八月十四

塋后埔水尾

君國鎮伯公長子也生道光丁　年　月　日吉時卒　年四月初八吉時塋

娶　氏出嫁生一子公虞

君輔鎮伯公次子也卒光緒丁亥年十月十一申時無傳

君爰碧伯公之子也生道光乙未年十二月廿七丑時卒光緒己卯年九月

廿七戌時塋　娶莊氏現在生一子公未

君質千伯公承繼子係試伯公長子也生咸豐己酉年十一月初八午時娶

林氏生咸豐丁巳年六月十七申時俱在生二子長公萬次公福

君財試伯公次子也生咸豐甲寅年九月初八午時卒光緒己卯年

八月廿三巳時塋　無娶承繼子公福係君質次子

君善府伯公之子也生道光己酉年八月初九申時卒同治甲戌年六月十八辰時塟

奉祀子公來係小妹次子

君川永伯公長子也生嘉慶己酉年六月十八寅時娶林氏生咸豐丙辰年十月廿八未時俱在現生四子長公諠次公同三公心四公再

君米永伯公次子也生咸豐丁巳年三月廿七子時娶吳氏生咸豐戊午年十月廿六未時俱在現生二子長公寄次公瓦

君酣永伯公三子也生咸豐己未年十月初三寅時娶王氏生同治丙寅年二月十二午時俱在現生一子公量

君煥烈伯公之子也娶林氏俱在現生一子公聲

君井豹伯公長子也生嘉慶辛巳年六月十八未時卒同治癸亥年七月

廿八未時歿　　娶　氏卒同治乙丑年八月廿八夘時　生一子公枝

君金亨伯公長子也娶蔡氏生道光癸夘年　月　日吉時卒光緒庚辰

年十月初十巳時歿　　現生一子公扁

君添亨伯公次子也前娶洪氏卒光緒丙子年十二月十七辰時歿

後娶　氏現生一子公

君品志伯公長子也出繼林家生咸豐乙巳年四月初六酉時娶范氏俱在

現生一子公臭

君示愚伯公承繼子係永伯公五子也生同治丙寅年五月初三子時

君梅壽伯公之子也奉祀夜伯娶林氏名緣娘瓊坑人俱在現生三子長公掌次

公鑒三公得

君次髻伯公之子也娶蔡氏名每娘黃碇人俱在現生二子長公柑次公別

君湍敬伯公長子也生道光己亥年六月廿九寅時卒光緒十二年六月
廿六申時塋土名大墓坐甲向庚兼寅申娶黃氏名越娘九都田中
央人現在生三子長公織殤幼次公紅三公貢

君昌敬伯公次子也娶許氏名跣娘九都許厝人俱在現生一子公札

君時敬伯公三子也娶洪氏名蜜娘市頭人俱在現生四子長公角次公
德三公近四公篤

君號敬伯公四子也現在無娶

君盞詮伯公之子也

君呼惜伯公長子也卒同治四年七月廿四吉時塋　　娶林氏午

二月初二忌諱塋　承繼子公國（係君約之子）
君約惜伯公長（次）子也生道光戊子年正月初十辰時卒光緒丙戌年三月廿
二寅時塋　娶程氏生道光戊戌年二月初十卯時現生一
子公國（奉祀君呼）
君儼惜伯公三子也生道光甲午年七月十八辰時卒光緒戊寅年五月十
八子時塋　娶　氏現生一女奉祀
君平惜伯公四子也生　年四月初八吉時卒　年十月廿
四吉時無娶塋　養一女奉祀
君尾惜伯公五子也八月十五忌諱有一姪女奉祀（係君約所出）
君添傑伯公長子也娶周氏生道光庚子年六月廿三酉時卒光緒乙亥

年十二月初九戌時塟　　現生一女名快英贅曾家承繼

君紂傑伯公次子也生　　年　月　日　時卒　年　月　日

時塟

君淨等佚公承繼孫也係是女子所出生嘉慶丙戌年八月廿八吉時娶宋氏現

生一子公宗又養一女贅曾家名淅承繼

君容喜伯公長子也無娶生　　年　月　日　時卒　年

月　日　時塟

君葉喜伯公次子也生道光己亥年九月十一卯時卒光緒乙酉年正月十

二卯時塟　　娶林氏出嫁現生二子長公水次公木出繼厚伯

君有厚伯公之子也承繼　子公木係是君葉次子

君得伯廟公之子也生　年　月　日時卒　年　月　日時

塋　早卒無傳

君執伯能公之子也娶　氏現生一子公泉

君騫店侯公承繼孫也係等侯公之女所生生道光己丑年十月廿八寅時前娶鄭氏

卒光緒乙亥年十一月十九酉時塋　後娶莊氏現生一子

公奭

君自風伯公之子也生　年　月　日時卒　年　月　日

時塋　早卒無傳

君軍湖伯公承繼子係寬伯長子也生道光戊申年八月初六巳時娶楊

氏生咸豐癸丑年八月十一寅時

君貴滿伯公長子也生咸豐丙辰年十一月廿九卯時娶黃氏生咸豐丙辰
年九月廿九未時俱在現生一子公尾
君丙趂伯公承繼子也係達伯公之子生卒年月塟處俱失
君圭造伯公長子也生道光庚子年十二月初一卯時卒光緒己卯年五月
十九辰時塟　妣王氏出嫁生一女蘭英奉祀
君瓏湿伯公次子也生同治壬戌年九月十七酉時卒光緒己丑年七月初
九巳時塟佛崗嶺後坐東向西早世無娶
君鋭彩伯公之子也生同治壬戌年九月十七酉時卒光緒己丑年七月
初九巳時塟佛崗院後坐東向西早世無娶
君蹄隅伯公長子也生道光四年十二月十六辰時卒咸豐五年十一月廿

六巳時塟白石山坐子向午兼壬丙妣吳氏石潯人生道光戊子年九月
初六卒光緒辛巳年閏七月廿六巳時塟白石山坐壬向丙兼亥巳生二
子長公漢次公寃出繼君雹

君蚵隔伯公三子也生道光戊戌年九月十六寅時卒同治甲戌年五月初
十吉時塟

君攑花伯公長子也在海面卒生卒年月莫考

君簿花伯公次子也在臺灣卒

君九炭伯公長子也生道光己亥年月　日卒同治　年月　日卒在
嚮水橋莫考

君上炭伯公次子也生道光己亥年月　日卒光緒　年月　日

瑩本山中塚　妣出無傳

君料炭伯公三子也（出嗣麵伯）生道光乙巳年五月初五

君靚炭伯公四子也生道光己酉年六月十二

君樌炭伯公五子也生咸豐甲寅年　月　日　時在叻卒

君櫼沙伯公長子也生嘉慶辛巳年五月十二子時卒光緒丁丑年五月十六午時瑩中塚坐北向南娶林氏名月娘銅魚舘人生嘉慶辛巳年六月十六現在生三子長公拔次公鵝三公屋（出繼君邉）

君邉沙伯公次子也現在妣吳氏諱檻娘石潯人生道光庚寅年正月十二卒同治壬申年六月廿七瑩白石山脚坐巽向乾兼辰戌生三子長公屋（係君櫼三子）次公猛三公晋

君趨嚷伯公長子也生道光丙戌年　月　日　時卒　年　月
日塟妣顏氏前街人生道光戊子年　月　日卒　年
月　日　時塟　生三子長公浪次公團三公達俱在臺
君曝嚷伯公次子也生卒年月塟處俱失無傳
君卞嚷伯公三子也生道光己丑年六月廿九卒光緒乙亥年正月廿六塟
新塚坐　妣石氏石潯人生道光甲午年十一月廿四卒光緒壬
午年十一月初一塟　生三子長公佑次公與三公徹
君照謗伯公長子也生道光辛卯年正月初七卒咸豐丙辰年十二月
十七塟　妣出承繼子公録係君唱次子
君唱呼伯公長子也生道光己亥年正月初二卒光緒丙戌年七月

初四塋白石山脚坐 娶張氏名千娘西洪塘人現在生二子

長公爍次公錄出繼君照

君犁呼伯公次子也生道光癸卯年九月初四卒同治己巳年五月初八

塋義娘廟 坐乙向辛兼戌辰無娶奉祀子公爍 係君唱長子

君棚呼伯公三子也生道光己酉年四月廿二卒光緒辛巳年四月十六塋

義娘廟后坐壬向丙兼子午妣葉氏出承繼子公培 係君染之子

君染字君青呼伯公四子也娶方氏名瑾娘下方人俱在現生一子公培

出繼君棚

君潭呴伯公長子也奉祀悠伯 娶林氏名親娘厦門人

君嚐相伯公長子也現住下𥖁坑

公來君善公之子也娶黄氏現在

公宗君浮公之子也娶許氏現生一女又承繼子振淅

公奕君驀公之子也娶洪氏現生二女

公拔君欉公長子也生道光甲辰年五月廿五卯時卒同治壬戌年七月十

三葬義娘廟後坐甲向庚兼卯酉

公屋君邊公承繼長子係君欉公三子也妣張氏名進娘厦門人

公猛君邊公次子也生咸豐甲寅年　月　日時卒同治壬申年九

月初一葬中塚坐北向南無傳

公普君邊公三子也生咸豐己未年九月十八卒　　年八月十八

葬義娘廟後坐北向南無傳

公浪君⿺走良公長子也現在臺娶　氏生　子

公團君⿺走良公次子也現在臺

公達君⿺走良公三子也現在臺

公佑君乍公長子也生咸豐丁巳年正月十三卒光緒庚辰年四月

初一塟岳口塚坐

公與君乍公次子也生同治丙寅年三月十一卒光緒癸未年三月廿二

塟岳口塚坐

始祖名失生　丙辰年二月初二丑時卒嘉靖乙夘年正月二十亥時與三處
士合葬感化里東庄溪墘尾姓妣氏葬處及子名俱失
三處士生嘉靖已丑年十月十四辰時卒嘉靖乙夘年十月廿七戌時與始祖合
葬感化里東庄溪墘尾
一妣
氏三娘豪嶺康人生嘉靖甲辰年八月初四巳時卒萬曆乙酉年十二月
十七酉時合葬感化里後洋赤土崎後崙山頂坐北向南生一子天喜
一祖考名失生嘉靖丁巳年十月十九吉時卒崇禎庚辰年四月初四二午時葬東
庄山坐寅向申兼甲寅年妣鄭氏名純慈生嘉靖丁巳年十二月十三夘時
卒萬曆甲寅年二月廿八未時與公合葬生一子夢璘
夢環生萬曆丙戌年十一月廿二未時卒順治丁亥年九月廿十丑時葬梵天後

中崙坐坤向艮妣孫氏生萬曆丙申年二月初一酉時卒　　年五月十
七巳時葬營邊溪西山坐辛向乙生
一生萬曆庚子年九月十七卯時卒崇禎癸未年三月十一酉時葬草也格平崙
下坐北向南
竹崖公提調都司九月初九忌辰葬感化里後洋赤土崎後山頂西邊坐壬丙兼
亥巳妣張氏諱淑娘十二月十七忌辰與公合葬生一子天祿
一生嘉靖甲寅年五月廿八辰時卒萬曆癸丑年十一月廿八未時葬本山大石
下坐壬向丙兼子午
一生嘉靖癸亥年七月十六辰時卒崇禎壬申年　月　日　時葬本山溪墘尾
坐寅向申兼甲庚有子名失

一生隆慶辛未年八月初十吉時卒崇禎乙亥年十二月廿一吉時葬東庄山坐
乾向巽兼亥巳
一妣黄氏諱聘娘西樓人生崇禎丙子年正月十五子時卒　　年五月十五未
時葬營邊溪西山坐酉向卯生一子諱陞
一妣葉氏生崇禎壬午年四月初八午時卒康熙癸巳年二月廿四丑時葬草也
榕頭崙坐壬向丙生二子長選次琚
應甲字子觀生天啓己未年六月十四子時卒康熙戊申年九月初三寅時葬在
溪西山竹仔林坐辛向乙先妣邱氏卒順治九月廿二忌辰繼妣許氏名四娘
馬巷人生崇禎己亥年十二月廿七寅時卒康熙壬戌年四月廿一寅時合葬在
夫恪衷在歸得里溪西山竹仔林坐辛向乙生三子長奇次鳳三外

外字鳴龍應甲公三子也生康熙丁未年二月初三巳時卒康熙戊戌年七月初
九未時塟安嶺水磨坑獅公崙坐辛向乙兼酉卯妣神主失真生二子長勝
次壽
一祖妣林氏生康熙丁巳年九月廿九酉時卒雍正乙卯年四月廿八酉時塟新
山坐子向午兼壬丙
一生康熙癸亥年四月十三辰時卒乾隆己未年二月初六亥時塟什班山路下坐
未向丑兼丁癸生二子長供次飛
一祖妣劉氏生康熙丙寅年五月十九酉時卒乾隆壬戌年正月十七未時塟什
班山坐庚向甲兼申寅
勝外公長子也生康熙戊寅年八月廿五吉時卒乾隆戊戌年八月初二寅時塟

嶺亭保官旗竿崙坐甲向庚兼酉卯妣失生五子長敬次千三萬四春五艮

一生康熙壬午年六月廿四未時卒乾隆庚辰年二月廿十丑時葬什班山草耳

頂坐酉向卯兼庚甲妣葉氏諱義娘生康熙戊子年十一月初一丑時卒乾

隆甲戌年九月廿一亥時葬什山姑嫂潭頂坐坤向艮兼申寅生一子端

一祖妣林氏諱錦娘生康熙癸未年十月廿四酉時卒乾隆壬辰年十二月廿三

丑時葬旗竿崙坐甲向庚兼申寅申生四子長義次敬三燦四信

拱使生康熙癸巳年六月初三吉時卒乾隆己巳年十月十九未時葬處失記

義生乾隆康熙辛丑年七月廿七未時卒乾隆乙酉年七月十四巳時葬官坪埔勒

隔崙坐壬向丙兼子午生一子遷

敬生雍正甲寅年十月十五卯時卒乾隆戊戌年八月十六戌時葬在官山旗竿

崙

燦生雍正甲辰年九月初四未時卒乾隆辛卯年十月十一戌時葬官山馬後塘
頂坐未向丑兼坤艮妣李氏諱好娘前宅人生雍正癸丑年十二月廿九巳時
卒嘉慶庚午年十月十六子時葬嶺亭保官山馬內塘路上坐申向寅兼坤艮
生二子長春次良

信生乾隆壬戌年三月初五寅時卒乾隆丁酉年二月十六辰時葬嶺亭保山馬后
塘坐丑向未兼坤艮妣失生一子名良玉

一祖考神主名失生雍正甲辰年十二月廿七酉時卒乾隆癸未年八月十九午時
葬什班山姑嫂潭頂坐坤向艮兼申寅妣盧氏生雍正癸丑年五月廿九未時
卒嘉慶乙亥年十二月廿二未時葬什班山姑嫂潭頂坐坤向艮兼未丑生二子

長恭次寬
奂生雍正戊申年二月十七吉時卒嘉慶戊午年七月十二午時塟什班山坐辛向
乙兼戌辰生二子長千次萬
戴生乾隆戊辰年七月初五亥時卒道光甲申年七月十九申時塟糞箕湖邊崙
坐戌向辰兼辛乙妣周氏生乾隆己卯年六月初十吉時卒道光丁未年二
月廿八辰時塟山兜王公後和尚山脚坐癸向丁兼丑未生四子長澤次漢三
宰四奭
恭生乾隆辛巳年六月初八卯時卒嘉慶己巳年十月初二亥時塟什班姑嫂潭頂
坐丑向未兼艮坤妣李氏諱福娘生乾隆乙亥年十二月十二亥時卒道光甲
申年十月十八酉時塟什班山旗竿崙坐辛向乙兼戌辰生二子長宗次澤

裕恩諱寬神主失明生卒年月塟處俱失妣楊氏生乾隆甲申年正月十八寅時
卒嘉慶丙寅年三月初一酉時塟埔下保東山嶺风髻山湳田崙向未向丑
兼丁癸生四子長傳次巖三貫四吉

春燦公長子也生乾隆壬申年六月十七亥時卒乾隆乙酉年十一月十一寅時
塟營後蘘萁湖坐壬向丙兼亥巳奉祀子名鏢係澄良長子

澄良燈燦公次子子生乾隆戊子年正月初一酉時卒道光丁未年十一月十一
寅時營塟營邊磨仔山坐巳向亥兼巽乾妣王氏諱説娘生乾隆己亥年五
月廿四午時卒道光丁未年七月廿六亥時塟營邊磨仔山坐巳向亥兼巽
乾生三子長鏢出継春次貢三係

此条寫重複

一祖妣張氏諱泰娘行宮墘下人生乾隆己巳年五月十六酉時卒嘉慶丁丑年

十七亥時卒乾隆乙酉年十一月十一寅時葬營後糞箕湖坐壬向丙兼亥

已奉祀子名鏢 係澄良長子

此条寫重複

澄良燦公次子也生乾隆戊子年正月初一酉時卒道光丁未年十一月十一寅

時葬營邊磨仔山坐巳向亥兼巽乾妣王氏諱說娘生乾隆己亥年五月

廿四午時卒道光丁未年七月廿六亥時葬營邊磨仔山坐巳向亥兼巽乾

生三子長鏢出繼春 次貢三係

一祖妣張氏諱泰娘行宮埈下人生乾隆己巳年五月十六酉時卒嘉慶丁丑年

十月十三辰時葬糞箕湖坐丙向壬兼子午生二子長落次按

四娘行三生乾隆辛未年二月廿六戌時卒嘉慶癸亥年九月廿九未時葬湖井

内寮山上坐北向南生三子長昇次傳三同

澤戴公長子也生乾隆壬寅年十一月廿八亥時卒道光乙酉年正月初三酉時

塟什班柳仔山邊過坑仔崙坐乾向巽兼亥巳妣失生一子文請

漢戴公次子也生乾隆己亥年三月初十吉時卒道光丙午年五月十四申時塟

寮仔內山坐癸向丁兼子午

宰戴公三子也生乾隆庚戌年七月初七午時卒道光丁未年三月初三寅時塟

桐嶼山仔坐癸向丁兼丑未

士奕戴公四長子也卒生嘉慶戊午年十二月初一午時卒同治丙寅年十月初七

未時塟什班冀箕湖崙下坐辛向乙兼戌辰生一子沛妣呂氏諱情娘生

嘉慶己巳年五月初六卒光緒丙子十月十七子時塟什班山旗竿崙邊

坐夘向酉兼甲庚

真真宗棻公長子也卒道光癸巳年三月十六吉時葬姑嫂潭坐丁向癸兼午子生
生二子長浩次博
傳裕恩公長子也生乾隆甲辰年二月初十未時卒道光戊申年十二月廿四寅時
葬什班山姑嫂潭頂坐坤向艮兼申寅元配白氏諱揉娘生乾隆乙巳年二月
初四辰時卒道光辛卯年十月廿一未時葬什班姑嫂潭頂馬內塘坐坤向艮
兼未丑生五子長碧次鉄三馮四房五儀
巖裕恩公次子也神主在石碍鄉惟傳四子長根出繼吉 次欉三抛四柄
貫裕恩公三子也生乾隆辛亥年四月十九亥時卒同治丁卯年七月廿二巳時葬冀
箕湖崙頂坐乾向巽兼亥巳妣林氏諱悔娘生乾隆辛亥年四月十九辰時卒
道光丙午年六月十三午時葬營後楊厝山中崙坐卯向酉兼乙辛生三子長

芳次飛三貴

吉裕恳公四子也生嘉慶壬申年四月初三午時卒道光壬辰年三月十一辰時塟嶺亭保加冬〻崙坐艮向坤兼寅申生二子長根 係巖長子 次朝

鏢澄艮公長子也承繼春公也生嘉慶壬戌年五月初五辰時卒道光壬寅年三月十九辰時塟山兜保王公後和尚山脚坐巳向亥兼丙壬生二子長洗 係是貢次子 次潘 係是次子承繼

貢字法顏澄艮次子也生嘉慶丙寅年十月廿六午時卒同治壬申年四月廿六巳時

妣葉氏 諱 愛娘生嘉慶乙亥年十月十九寅時卒同治庚午年閏十月十一戌時合塟什班山糞箕湖東面左邊坐庚向甲兼申寅生二子長潤次洗

出繼鏢

繫澄良公三子也生嘉慶己巳年三月初二戌時卒同治庚午年十月十二寅時
葬什班山姑嫂潭崙坐辛向乙兼酉卯妣歐氏諱得娘生道光辛巳年三月
初四巳時卒同治庚午年十月初七未時葬什班山姑嫂潭崙坐辛向乙
兼酉卯生二子長崇次潘出繼鏢

昇四娘公長子也生乾隆丁酉年九月初五戌時卒嘉慶丁卯年二月十二辰時
葬處失生二子長連次使

一祖妣黃氏諱年娘生乾隆乙酉年卒同治壬戌年二月初七亥時葬姑嫂潭頂
坐庚向甲兼申寅生二子長巖次吉

沛士奐公之子也生道光甲申年正月廿一戌時卒光緒乙酉年六月初七卯時
葬什班山冀箕湖崙坐壬向丙兼亥巳生三子長柿次墻三棕

浩真宗公長子也生傳一子超

博真宗公次子也卒道光乙未年　月　日　時塟什班山坐癸向丁

碧傳祖公長子也生嘉慶癸亥年八月十一酉時卒嘉慶己夘年五月十一未時
塟旗竿崙坐巳向亥兼巽乾奉祀子砌係是馮長子

鉄傳祖公次子也生嘉慶丁夘年四月廿三巳時卒同治壬戌年七月初三戌時
塟什班山麻兜洗面坐寅向申兼甲庚生四子長恭次鑽三烈出繼房四馮五
鈔

瑪傳祖公三子也生嘉慶辛未年十一月初十巳時卒咸豐庚申年六月廿八子
時塟什班山麻兜洗面坐乙向辛兼辰戌妣林氏諱　汶娘生道光壬午年十
月廿八子時卒咸豐甲寅年十一月十一亥時塟旗竿崙坐寅向辛兼甲庚

生三子長砌出繼碧次抽三牛

房傳祖公四子也生嘉慶甲戌年九月十七吉時卒道光庚戌年二月十四丑時

塟什班山旗竿崙坐辛向乙兼酉卯生一子烈

儀傳祖公五子也生道光乙酉年十二月初八寅時卒同治辛未年六月十七戌

時塟糞箕湖崙坐壬向丙兼亥巳生一子薄

芳貫公長子也生嘉慶癸酉年七月十五寅時卒光緒甲申年六月十八丑時塟

什班山刘興義後坐甲向庚兼酉卯妣顏氏諱瀧娘生嘉慶己卯年八月十

七辰時卒咸豐己未年八月十九巳時塟什班糞箕湖崙坐巳向亥兼丙壬

生四子長得次盔三雀四釵

飛貫公次子也生　年　月　日卒光緒庚寅年　月　日　時　塟　娶　氏

現在生四子長美次峻三琛四深

貴贊公三子也娶盧氏諱有英生道光壬辰年二月十九子時卒道光丙午年十月廿一子時葬桐輿山坐庚向甲兼酉卯生四子長控次美係是飛長子三崔係是芳三子　四潭

洸貢公次子也承繼鏢公也生道光癸卯年四月廿二十巳時卒咸豐壬申年六月初七酉時葬什班山崎仔頂坐乾向巽兼戌辰奉祀子長肴次府俱是鑽之子

潤貢公長子也娶　氏俱在生三子長眉次府三明出繼崇

崇繫公長子也生道光己酉年卒光緒戊寅年正月初五戌時葬什班山冀箕湖行東在左邊坐辛向乙兼酉卯生一子明

柿沛然公長子也生咸豐辛酉年九月初一亥時卒光緒乙亥年六月初三午時

葬桐與山坐東向西

茶鉄公長子也生道光壬寅年十月十二辰時卒同治壬申年六月初七酉時葬什

班山崎仔頂坐乾向巽兼戌辰奉祀子玉係是鑽之子

烈鉄公三子也承繼房公也生道光戊申年十一月初三戌時卒同治甲戌年七

月十八外時葬糞箕湖坐戌向辰兼申寅生一子鋪

得芳公長子也生一子永

盈芳公次子也生一子琳

雀芳公三子也奉祀子艮係是美長子

美飛公長子也生道光甲辰年九月初三申時卒光緒癸未年八月十二辰時葬

妣葉氏生道光己酉年十月初六酉時卒光緒甲申年七月十七

卯時塋什班山坐乙向辛兼卯酉生二子長艮次駕長子出繼崔

峻飛公次子也娶　氏現在生

崔係是芳公三子承繼貴公也生道光甲辰年七月十八子時卒同治丁卯年九

月廿二未時塋龔箕湖崙邊坐亥向巳兼壬丙生三子長乞次英三艮係是

美長子

府潤公次子也承繼洗公也生同治戊辰年三月初十午時卒光緒丙戌年八月

初五酉時塋什班山旗竿崙頂坐癸向丁兼丑未生一子科

就官十二月初十忌諱

前另抄一概是東庄鄉派子孫相傳說是吾祖分支

但世遠年湮神主字畫俱皆失真亦無字行可考不

知出自何支即問之父老亦莫識其詳今就東庄所抄

東濠錄付矣後加詳查補

仁房三派

應坤周禎公三子也以女婿監察御史林諱一柱　誥贈奉直大夫四月十一忌諱妣姓失二月十九忌諱合葬本處後山坐辛向乙生二子長爾至次爾慎

爾至榜名莘松邑庠生應坤公長子也生萬曆己卯年十月初一卯時卒順治戊戌年六月十二寅時妣彭氏生萬曆庚辰年三月初三酉時卒順治丙申年八月十七午時葬失生一子嘉生

爾慎號慎五應坤公次子也生萬曆壬午年八月廿四申時卒崇禎甲戌年七月初十申時妣蘇氏生萬曆丙戌年十月廿一戌時卒崇禎癸酉年正月初十申時合葬長興里后宵鵝塘埧坐丁向癸生三子長嘉淑

次嘉統三嘉正

嘉生爾至公之子也生辛康熙丙午年八月廿五辰時卒葬妣姓俱失生三子

長子鉉止次子治三子標

嘉淑諱二正爾慎公長子也生萬曆壬子年十二月廿二丑時卒崇禎丁丑

年三月廿二午時葬本處雉圭山無傳

嘉統諱三正號簡靜爾慎公次子也生萬曆戊午年四月初八巳時卒順治

壬辰年四月初三戌時葬五龍樓四舍湖坐甲向庚妣蘇氏生萬曆己未

年五月廿六申時卒康熙己酉年三月初九卯時葬草囷嶺五龍樓坐

庚向甲生三子長子砥次子受三子芬

嘉正諱七正爾慎公三子也生天啟甲子年七月初八未時卒康熙戊子年七月

十三午時塟厰化里昇溪山坐乾向巽兼戌辰妣葉氏生天啟于卯年三月廿

六卯時卒順治庚子年六月廿四戌(亥)時塟外家埔尾寨仔山坐甲向庚生四子長

子鎮次子抱三子拱四子簪

子鉉嘉生公長子也止

子治嘉生公次子也生崇禎丙子年二月廿七午時卒康熙己丑年五月廿七辰時妣

侯氏生崇禎戊寅年十月初六卯時卒康熙己亥年八月十四未時合塟十三

都侯厝南埔人下坐北向南生二子長基賜次基丑

子標嘉生公三子也生崇禎壬申年十月初十辰時卒順治丁酉年十二月廿一巳時

妣黃氏生崇禎丁丑年二月初十亥時卒順治乙未年三月十三亥時塟失

生一子基馮止

陳氏生皆

于砥字柱中嘉統公長子也生崇禎庚辰年十一月十二寅時卒康熙甲申年四月十三子時妣黃氏諱順儉生崇禎庚辰年九月廿五戌時卒康熙己卯年六月初二未時合塟山仔尾坐丑未癸丁生二子長基棣次基彩

于受嘉統公次子也生崇禎庚辰年十一月十二卒康熙戊午年十一月廿七辰時妣梁氏謚淑慎生崇禎辛巳年十二月廿十九子時卒康熙甲寅年七月初三酉時合塟埔尾蛇仔崙坐艮坤寅申生一子基浚

于芬嘉統公三子也生順治庚子年九月初八酉時卒康熙壬午年三月廿六酉時妣蘇氏生順治戊子年三月廿二卒康熙申辛亥年十一月初五合塟五里后坐辛向乙兼酉卯生一子基章

于鎮嘉正公長子邑庠生也生崇禎甲申年正月十二戌時卒康熙庚辰年

十月廿七子時享壽五十七歲妣張氏生順治丁亥年正月十三卒康熙己亥年五月十四葬五里后生五子長基集次基渠三基恪四基卿邑庠生五基服

于抱嘉正公次子也生崇禎乙酉年十月廿九戌時卒康熙庚寅年十一月十六子時妣蘇氏大人家人生順治戊子年五月初一午時卒雍正甲辰年正月初三未時公葬雉圭山埔坪頂坐北向南妣葬五里山頭頂坐東向西生二子長基護次基兒

于志諱拱嘉正三子也父被倭寇挾擄私索家貧難應賊將殺之志請代賊憐其情而釋之生順治戊子年十月廿七寅時卒康熙丙子年八月初三巳時葬山頭頂坐酉向卯妣蔡氏生順治戊子年六月十一寅時卒

康熙壬辰年二月初二未時塟後塘頂坐卯向酉生一子基眷
于簪嘉正公四子也生康熙癸巳年十月初九未時卒康熙壬辰年五月
八未時妣盧氏生順治庚子年九月十一巳時卒雍正乙巳年三月廿二戌
時合塟九躍山穴坐辰戌乙辛生二子長基槐次基欲
基賜于治公長子也生康熙丙午年三月初七丑時卒乾隆丙辰年正月廿七辰時
塟十三都五里碑金山埔坐東向西妣侯氏生康熙壬子年九月廿九巳時
卒乾隆庚申年正月十九酉時生二子長漋侯次全侯
基丑于治公次子也生康熙戊午年十月廿九丑時卒康熙戊子年三月十八丑時
塟十三都洪坑山路下坐酉向東妣姓失生康熙乙丑年十二月十九卯時
卒乾隆乙丑年五月廿七未時塟十三都侯厝山仔后坐北向南生一

子性侯

基樑于砥長子也生康熙庚戌年十月廿三卯時卒康熙丁亥年七月初四戌時塟山
仔尾坐北向南妣張氏生康熙辛亥年二月十七寅時卒雍正戊申年四月廿二
辰時塟東義塚生二子長黑侯次斐侯

基彩于砥公次子也授鄉飲賓生康熙壬子年卒乾隆己巳年五月十二辰時
享壽七十八塟許宅坐丑未癸丁妣葉氏謚謹默生康熙辛亥年四月十二
卯時卒乾隆庚申年二月廿二未時塟在公墓上坐向與公同生四子長
愷侯次崇侯三鋭侯四晃侯

基浚于受公之子也生康熙癸卯年三月初五未時卒康熙壬辰年四月十七
辰時塟雉圭山坐艮坤寅申妣蘇氏生康熙庚戌年五月十三卯時卒

乾隆丁未年閏九月廿五酉時葬雉圭山坐艮坤丑未生二子長生傒次
雄傒

基章于芬公之子也生康熙丁未年九月三十日亥時卒乾隆丁巳年七月廿二寅
時妣蘇氏生康熙壬子年九月十九酉時卒康熙甲午年十月初七酉時合
葬本處庵后橋坐卯向酉生四子長章傒次奉傒三衍傒四辯傒

基集于鎮公長子也生康熙戊申年四月廿四卒雍正甲寅年八月十五葬后塘
頂坐卯向酉妣郭氏生康熙戊午年二月初七卒乾隆庚辰年三月廿
五先妣葉氏正月初六忌諱並葬后山坐北向南生二子長魏傒次巖
傒

基卿于鎮公四子邑庠生也生康熙辛酉年八月廿九亥時卒乾隆癸亥年

九月初九子時享壽六十三歲妣吳氏生康熙乙丑年七月廿八卒雍正乙夘年
十二月　三日合葬許坐癸丁丑未生二子長造侯次景侯

基集渠于鎮公次子也　生一子捕侯止

基恪于鎮公三子也　生二子長品侯
住錫園　次器侯

基服于鎮公五子也　生一子倫侯　止

基護于抱公長子也生康熙甲寅年十二月十二辰時卒乾隆甲戌年正月初九午時
葬五里山頭坐庚甲卯向酉妣盧氏生康熙丁巳年十二月初三寅時卒乾隆戊
辰年十月十九寅時並葬五里山頭坐庚甲酉夘生二子長托侯次萬侯

基兜于抱公次子也生康熙庚申年三月廿一巳時卒乾隆戊申年三月

廿四戌時葬燈火寨坐巽乾辰戌妣謝氏大人家人生康熙丁夘年八月廿七未時卒乾隆癸夘年正月二十未時俱葬燈火寨坐庚甲酉夘生三子長生漢侯次湝侯三從侯

基眷字基纘于志公之子也生康熙乙夘年十月廿八亥時卒乾隆辛巳年九月十五酉時葬本處山腰妣蘇氏生康熙庚申年六月十六申時卒乾隆癸亥年四月廿二酉時葬后山鷄給崙生一子象侯

基槐于簪公長子也生康熙乙夘年十月廿四申時卒康熙壬辰年七月初六子時妣洪氏生康熙乙未年八月十八申時卒乾隆癸亥年四月廿九申時葬處皆無可考生一子滂侯

基欲于簪公次子也生康熙甲戌年二月初六丑時卒乾隆丙戌年七月初二

葬九躍山妣林生康熙丁丑年二月初十卒雍正辛亥年十月十二葬水尾坐丁癸
未丑生二子長要倿次襃倿

滌倿基賜公長子也生康熙癸酉年正月十一子時卒康熙己未年四月廿八酉時妣
娃失生康熙丙子年二月初十卒乾隆丙辰年六月初十生二子俱往臺不知何名

全倿基賜公次子也生康熙庚辰年十一月廿三寅時卒乾隆丙寅年四月廿二寅時生
一子禮伯

性倿基丑公之子也生康熙丁亥年九月十七丑時卒乾隆辛未年八月初四亥時葬
倿厝山仔后坐子向午生一子叨伯

黑倿基樑公長子也生康熙癸酉年正月初六酉時卒雍正乙巳年十二月初十戌時
葬山仔尾生一子培伯

斐侯基樑公次子也生康熙戊寅年六月十九寅時卒乾隆丁亥（卯）年八月十三寅時葬五里塚坐乾巽亥巳妣詹氏生康熙壬午年三月十五卒雍正戊申年五月十二辰時葬墘下坐東向西繼妣李氏生康熙乙酉年卒乾隆壬辰年四月初二葬埔坪坐東向西生二子長宰伯次籌伯俱是詹氏出

愷侯號國楨基彩公長子也生康熙乙亥年五月十九酉時卒乾隆丁酉年五月十八巳時享壽八十三歲葬山頭頂龍質灯火寨坐未向丑兼坤艮妣蘇氏生康熙丁丑年二月二十日卯時卒乾隆癸酉年二月廿四辰時葬中宅坐辛乙戊辰生三子長南伯次秦伯三仁伯

崇侯基彩公次子也生康熙丁丑年七月十六辰時卒乾隆甲戌年五月初四辰時妣蘇氏生康熙丁丑年三月初九丑時卒乾隆丁亥年六月廿九巳時葬

后塘頂坐東向西生三子長哲伯次嚴伯三韋伯

銑侯基彩公三子也生康熙庚子年七月廿一卒乾隆乙未年九月十四葬隘頭洪厝崙坐北向南妣姓失生康熙丁亥年八月初八卒乾隆戊寅年二月二十日葬隘頭山觀崙坐甲庚卯酉生一子乾伯

晃侯基彩公四子也妣葉氏諱儀娘內山頭人公早逝氏年二十五子勉伯纔二歲家貧如洗矢志寡守舍身耕耨撫養成人公生康熙丁亥年十月廿五辰時卒雍正乙卯年八月初八酉時葬后山坐丁癸午子妣生康熙辛卯年九月十六巳時卒乾隆乙巳年十一月十一巳時享壽七十五歲葬山仔尾坐庚甲酉卯

生侯基浚公長子也生康熙己巳年五月十三申時卒雍正己酉年七月十九午

時妣蘊氏生康己巳年十月廿八子時卒乾隆丁亥年二月十九酉時生二子
長晚伯次愈伯
雄侯基浚公次子也生康熙戊寅年正月初八酉時卒乾隆丁丑年三月廿三丑時
塟本處下宅坐北向南妣李氏生　庚辰年四月初一巳時卒乾隆丙申年
八月初十寅時生四子長連伯次儒伯三海伯四賜伯
幸侯基章公長子也生康熙　年卒康熙壬辰年四月十九塟埔坪無傳
奉侯基章公次子也生康熙癸酉年八月廿八酉時卒乾隆丁卯年五月初二戌時
塟埔坪坐北向南妣林氏九月廿九忌諱又妣李氏十一月初七忌諱俱塟埔
坪無出承繼子吾伯係衍侯四子
衍侯基章公三子也生康熙庚辰年十二月廿三酉時卒乾隆癸酉年三月

初四（午時）塟后塘頂內向外酉乙辛外向兼甲庚妣劉氏均德洋鄉人生康熙
乙酉年五月廿八辰時卒乾隆甲午年八月廿七戌時塟
生五子長疊伯次江伯三添伯四吾伯五接伯

辯侯基章公四子也生康熙癸亥年六月初二巳時卒康乾隆庚寅年五月初三
申時妣吳氏生康熙甲午年九月初十酉時卒乾隆乙夘年八月廿五未時
生一子黔伯

魏侯基集公長子也生康熙乙酉年十一月十八亥時卒雍正癸夘年五月廿一
夘時塟五里東義塚坐東向西無娶承繼子面伯（係嚴侯次子）

嚴侯基集公次子也生康熙癸巳年二月十八卒乾隆戊申年六月十二享壽
七十六歲塟后塘頂坐東向西妣郭氏生康熙戊戌年二月十九卒乾

隆丙子年七月廿三葬后山坐北向南生五子長會伯次面伯出繼魏侯三配伯四汀

伯五祖伯

捕侯基渠公之子也止

品侯基恪公長子也住錫園

器侯基恪公次子也

造侯基卿公長子也生康熙甲申年卒乾隆辛夘年十月初六葬雉圭山坐

東向西妣劉氏生康熙甲午年二月十八卒乾隆丙午年六月吉日生一子

標伯

景侯基卿公次子也生康熙己丑年八月初十寅時卒乾隆乙未年九月廿

六戌時享壽六十七歲葬烏牛頭坐丑未艮坤妣李氏生二子長出

伯次許伯

托僕基護公長子也生康熙戊寅年二月十八亥時卒乾隆癸酉年四月廿一巳時塟雉鷄坐癸向丁兼丑未妣許氏岳口人生康熙庚辰年正月廿四丑時卒乾隆庚辰年六月廿一卯時塟五里山頭坐甲庚卯酉生三子長經伯次録伯止三推伯止

萬僕基護公次子也生康熙五十四年十月十四午時卒乾隆己酉年十月廿九酉時塟五里山頭坐東向西妣張氏后寮邊人生雍正元年三月廿四午時卒嘉慶己未年五月十七亥時塟許宅坐北向南生四子長玉伯次兩伯三商伯字金榜四秋伯

漢僕基兜公長子也生康熙戊子年十二月廿四酉時卒乾隆癸酉年正月廿五寅時塟騎馬伏坵坐乾向巽兼巳亥妣劉氏康礡人生康熙庚子年十二月初四辰時卒乾隆戊戌年四月廿一酉時塟本處白石山坐午子丙壬生四子長果僕伯

次停伯三葤伯俱出四俔伯

渃侯基兜公次子也生康熙庚寅年十二月十二亥時卒乾隆辛巳年八月三十日寅時

葬　承繼子乞伯係從侯長子

從侯基兜公三子也生康熙辛亥年八月十三亥時卒乾隆嘉慶丁巳年正月十七

巳時葬水尾宮后坐丑向未兼癸丁妣洪氏新厝后人生卒年月日失合葬

水尾宮后生三子長乞伯出繼渃侯次釘伯三曲伯

象侯基眷公之子也生康熙甲申年二月廿五申時卒雍正癸丑年九月廿五亥時

妣蘊氏生康熙丙戌年十二月廿八酉時卒乾隆乙亥年十月初三未時葬感化

里汀溪五老生二子長萘伯次勁伯

滂侯基槐公之子也生康熙壬午年十二月初五丑時卒乾隆癸亥年九月初

八辰時妣宋氏生康熙壬午年六月廿一戌時卒乾隆己亥年十二月初三未時塟
五里塚坐丑向未兼癸丁生一子在伯

要倰基欲公長子也生康熙辛丑年六月廿七午時卒乾隆戊子年三月初十未時
塟五里塚妣張氏生雍正壬子年十二月廿八寅時卒乾隆丁丑年正月十
九未時塟大路邊坐乾向巽兼丙壬生一子君錠

襃倰基欲公次子也
妣宋氏
生三子長廉伯次喬伯三鋪伯

禮伯全倰公之子也生康熙乾隆己酉年正月初五午時卒嘉慶丙辰年八月
初四巳時塟十三都晉巖石埔下坐巽向乾兼巳亥妣　氏生乾隆乙未
年八月初四戌時卒嘉慶戊午年二月廿九未時生一子君茅

叨伯性傒公之子也　妣　氏
生　生一子君團
培伯黑傒公之子也生康熙甲午年八月廿六卒乾隆乙酉年正月初四塟東義
塚妣　氏　生一子君錫
籌伯斐傒公之子也　妣林氏生
生二子長君稀次君嵩
南伯字邦傑愷傒公長子也生雍正癸卯年四月廿六丑時卒乾隆戊寅年三月
初五丑時與祖母合塟許宅坐丑向未兼癸丁妣蘇氏生雍正甲辰年九
月廿四未時卒嘉慶辛酉年六月十五酉時塟大埔坐乙坐向辛兼卯酉
生三子長君守次君綏三君麟

秦伯字邦彥生雍正乙巳年九月廿四巳時卒乾隆癸酉年正月三十子時葬本
鄉后山坐南向北妣莊氏諱聚娘祥露人公歿子幼氏年二十　歲甘
心守節撫養成立克全夫婦之義盡母子之情今已孫曾繞膝四
代一堂矣妣生雍正戊申年月日時失卒嘉慶甲子年十月初十未時葬
許宅下坐子向午兼癸丁分金庚子午生二子長君通字克明次君适無傳

仁伯諱勇愷侯公三子也篤志經書處己廉潔制族人以義勉後生嗜學生
雍正甲寅年六月初六亥時卒嘉慶辛酉年十二月十七巳時附基彩公葬
本處許宅崙坐丑向未兼癸丁妣郭氏郭山人十二月十九忌辰葬義娘
宮石路邊生三子長君望字君遠次君芳諱鰲山三君烈

哲伯諱長崇侯公長子也生康熙壬寅年十二月廿七生卒乾隆庚戌年十一月初

二

二塋本處油柞後坐卯向酉兼乙辛妣葉氏生雍正丁未年十一月廿七卒
乾隆甲申年十二月二十日繼妣葉氏生乾隆辛酉年二月三十日巳時卒乾隆
丙午年十月初一巳時俱塋本處義娘宮邊宋暮墓邊坐甲向庚兼
寅申生四子長君報次君勤三君騰四君捷

嚴伯崇倸公次子也生雍正丁未年六月十二亥時卒嘉慶辛未年十二月廿六寅
時塋本處許宅崙坐北向南妣郭氏生雍正辛亥年正月廿五亥時卒嘉
慶癸亥年五月初六午時塋許宅崙坐子向午兼癸丁生二子長君正次君
看

掌伯崇倸公三子也生雍正乙亥卯年三月廿七辰卒乾隆戊申年五月初四子時
塋鴨潭宅坐西坐東妣洪氏生乾隆丁巳年十二月初十辰時卒嘉慶

癸酉年十月苗戌時塟本處下宅坐丑向未兼艮坤生六子長君陟次君泮三
君賁四君昭五君潘往臺六君自

乾伯銳侯公之子也生雍正壬子年八月十六卒嘉慶庚申年四月十三塟后塘尾坐乙
向辛兼辰戌妣葉氏生雍正甲寅年正月初八卒嘉慶戊午年四月初八塟中
宅尾坐東向西生五子長君順次君取三君圖四君修五君要

敏伯晃侯公之子也生雍正甲寅年正月二十午時卒嘉慶戊午年九月二十卯時塟
山仔尾后坐庚甲酉卯與母葉氏合妣林氏草爾蘢人生雍正乙卯年八月廿七卯
時卒嘉慶丙子年十月廿五辰時塟　　生三子長君鶴次君顧
三君娥

晚伯生侯公長子也生雍正甲辰年四月初六辰時卒乾隆壬申年五月初二

申時妣林氏生雍正乙巳年十一月十四午時卒嘉慶壬戌年十一月十四午時
合葬本處許宅坐癸向丁兼丑未生二子長君辨次君典
愈伯生侯公次子也生雍正丁未年八月初十酉時卒乾隆庚寅年三月初三卯
時葬許宅坐癸丁丑未妣郭氏生乾隆丙辰年六月十三未時卒乾隆乙卯
年十二月廿二卯時葬許宅坐癸丁丑未生二子長君敦次君誇
連伯雄侯公長子也生
妣王氏生乾隆庚申年九月廿一巳時卒乾隆癸巳年四月初一酉時葬山
仔尾坐
生三子長君昌次君程三君燦
儒伯雄侯公次子也生雍正戊申年十二月初八卒乾隆戊申年四月初一葬本
處大埔無傳

海伯雄倓公三子也生雍正庚戌年十二月廿三卒嘉慶辛酉年十二月初十葬
無傳
賜伯雄倓公四子也生雍正癸丑年三月初三卒乾隆戊申年三月初三葬
無傳
疊伯衍倓公長子也生雍正丙午年十一月十七午時卒乾隆己酉年九月十九寅
時葬本處埔坪崙坐乾向巽妣黃氏均德洋鄉人生乾隆壬戌年正月
初六寅時卒乾隆戊戌年閏五月初三午時葬　生三子長
君糧次君練（出繼江伯往臺）三君爲
江伯衍倓公次子也生雍正己酉年九月十三酉時卒乾隆癸酉年四月十四寅
時葬本處山仔尾坐北向南無娶承繼子君練（係疊伯次子）

添伯衍侯公三子也生雍正甲寅年卒嘉慶二年三月初二
妣施氏卒乾隆五十八年二月廿六日生一子君旋
接伯字邦慶衍侯公四子也秉性善忍為宗族辦事無不竭力與叔侄論
事一於和平生乾隆癸卯年三月十六辰時卒道光庚寅年九月初三子
時葬許宅坐壬向丙兼子午與君旋相合妣劉氏諱酙娘生乾隆甲戌
年十月初三丑時卒道光辛丑年六月廿九巳時葬葛塤垻後大邊崙坐
坤向艮兼申寅生二子長君本次君丑
黔伯辦侯公之子也生乾隆丙辰年正月初二酉時卒乾隆辛卯年十月十三
酉時與父辦侯公合葬水尾山坐寅向申兼甲庚妣吳氏生乾隆戊午年
七月廿五卯時卒乾隆甲申年九月廿九巳時葬烏窓山坐壬向丙兼

十三

亥巳繼妣蘇氏諱寶娘下宅人生乾隆　　　卒道光壬辰年十月廿

三丑時葬烏窓山坐西向東生二子長君畫次君召倶是吳氏出

會侯伯巖侯公長子也生雍正乙卯年八月初六酉時卒嘉慶壬戌年正月初

五亥時妣葉氏埔尾人生乾隆壬戌年二月廿一亥時卒道光戊子年二月

十七甲時合葬烏石頭山坐甲向庚兼酉卯生三子長君長次君悄三君

庇

面伯巖侯公次子承繼魏侯公子也生

妣　氏　　　生二子長君曈次君

獅

配伯巖侯公三子也生乾隆乙丑年五月十七酉時卒嘉慶壬戌年正月初

東　氏　譜　　十四

五亥時妣葉氏馬塘人生乾隆己巳年七月三十日未時卒嘉慶甲戌年
七月十四寅時合葬本處后山坐戌向　兼乾巽生二子長君才次君叫
汀伯巖俟公四子也生　　年八月廿八卒　　己午年三月十四巳時葬烏窓山
坐南向北妣葉氏上峰人卒四月十九巳時葬山仔尾前坐北向南生三
子長君火次君留三君粒
袒伯巖俟公五子也生乾隆戊寅年正月十四丑時卒嘉慶辛未年六月
廿三申時葬義娘宮邊坐癸丁丑未妣葉氏馬塘人生乾隆癸酉年
七月初七寅時卒道光乙巳年六月十九未時葬山仔尾后坐癸丁子午
生四子長君建次君潤三君總四君道
標伯造俟公之子也生　　　　　妣　氏生一子君敬住石潯

出伯字兼山景侯公長子也生乾隆丙辰年正月初二酉時卒乾隆戊申年四月十八子時葬　妣張氏生乾隆丙辰年　卒乾隆戊年三月廿二午時葬后埔坐艮坤丑未生三子長君搽次君夏徃金门三君佐

許伯景侯公次子也生乾隆乙丑年六月十九卒道光癸未年十一月十一巳時葬許宅坐北向南妣汪氏生乾隆庚午年九月廿七午時卒嘉慶戊寅年四月廿五酉時葬烏窓山坐北向南生一子君意

經伯托侯公長子也生乾隆癸卯年十二月十九辰時卒乾隆甲戌年九月廿一亥時葬山仔尾前坐東向西妣　氏生　卒

錄伯托侯公次子也生乾隆甲午年七月初六子時卒　葬　生一子君隨往蓮山頭

埜沙墩無傳

堆伯托俟公三子也止

玉伯諱蘭萬俟公長子也生乾隆丁卯年六月十七酉時卒乾隆壬子年三月初九子時葬后山田頂妣吳氏寨后邉人生乾隆乙丑年七月十三亥時卒乾隆己亥年二月廿二戌時葬本處山仔尾坐艮向坤兼寅申繼妣顏氏卒道光己亥年六月廿五申時葬后山龍舌仔邉生二子長君樹元配生次君仂顏氏生

兩伯萬俟公長次子也生乾隆甲戌年十月廿九酉時卒乾隆丁酉年五月初五午時葬本處后山田頂中山仔邉蛇舌仔崙坐戌向辰兼辛乙坐南向北承繼子君賽係商伯次子

商伯字金榜萬俟公三子也生乾隆丁丑年八月初一吉時卒道光乙酉

六月十一辰時塟山仔尾前田頂坐乾向巽兼亥巳妣蘇氏卧龍人生乾隆戊寅年八月初　日吉時卒道光壬午年九月初八巳時塟生四子長君卯次君賽出繼兩伯三君誠四君盤

秋伯字澄萬侯公四子也生乾隆壬午年八月廿八子時卒道光戊戌年九月廿三辰時塟梧峯山茂林后審安坐坤向艮兼未丑妣蘓氏下宅人生乾隆癸未年四月廿六午時卒道光庚寅年六月初三午時塟山仔尾前坐子向午兼癸丁生三子長君陣次君道三君杉

果伯漢侯公長子也生乾隆乙丑年五月三十日丑時卒乾隆乙酉年十月十一寅時塟五里后坐北向南無娶

節伯漢侯公次子也生乾隆己丑年五月三十日吉時卒　年六月

初六吉時葬本處沙墩仔邊生東向西無娶

佇伯漢侯公三子也

俔伯漢侯公四子也生　　卒

妣張氏洪塘人生二子長君涱次君與

乞伯從侯公長子出繼滔侯公也生乾隆六十年七月廿八酉時卒道光壬午年六月二十酉時葬水尾宮后坐丑向未兼癸丁妣張氏生乾隆乙未年三月廿四辰時卒嘉慶庚辰年十月十二辰時葬義娘宮后坐乙向辛兼辰生二子長君禮次君拜

釘伯從侯公次子也生乾隆辛卯年正月廿八寅時卒道光壬午年七月初八未時葬白石山脚坐癸向丁兼丑未妣鄭氏生乾隆甲辰年六月十

九酉時卒嘉慶丙辰年十二月廿一午時塟本處埔坪生三子長君金次
君别三君以

曲伯從侯公三子也生乾隆乙未年二月初一辰時卒嘉慶丙辰年十二月廿一
午時坐許宅坐艮向坤兼丑未無娶

恭伯象侯公長子也生雍正乙巳年六月廿七子時卒乾隆己亥年三月初六申
時塟破墓坐夘向酉兼甲庚妣盧氏生二子長君時次君應

勁伯象侯公次子也生
妣　氏生　生二子長君化次君慈

在伯滂侯公之子也

鋑伯要侯公之子也生乾隆戊辰年　卒嘉慶壬戌年六月初六

塋　妣　氏改嫁生一子君泰

錦伯襃侯公長子也生　卒　年六月十

五塋山仔尾坐北向南妣　氏卒　年三月初八塋山仔尾坐北

向南生一子君祖

藨伯襃侯公次子也

喬伯襃侯公三子也

鋪伯襃侯公四子也

君芽禮伯公之子也生　卒

塋　妣　氏生二子長公墨次公溪止

君團叨伯公之子也

君錫培伯公之子也生乾隆乙亥年卒乾隆甲寅年四月廿四葬
妣呂氏生乾隆辛巳年十月十五午時卒道光壬辰年七月初
九丑時葬義娘宫后坐東向西生一子公弁
君稀籌伯公長子也生乾隆甲申年九月十六午時卒嘉慶乙亥年十二月初
四未時葬白石山坐北向南分金庚子庚午妣　氏生一子公里
君嘴籌伯公次子也生乾隆戊戌年閏六月十九卯時卒道光辛卯年二月廿
四戌時葬許宅坐癸向丁兼丑未妣洪氏生一子公鉗
君守南伯公長子也生乾隆乙丑年六月廿七卯時卒道光己丑年十月十一巳時
葬山腰穴壬丙亥巳妣劉氏生乾隆戊辰年六月廿七卯時卒道光甲申年
四月廿九乙未時夫婦合葬妣康潯人生三子長公登次公才三公賀

君綬南伯公次子也生乾隆戊辰年七月十五寅時卒嘉慶庚辰年十一月十一戌時葬義娘宮後坐甲向庚兼卯酉妣曾氏生乾隆丙子年三月十五辰時卒乾隆庚辰(戌)年九月初一日戌時葬義娘宮前許宅坐北向南生一子

公與

君麟南伯公三子也生　戊寅年七月初六卒　丙寅年二月廿九辰時葬白石山坐北向南妣(或洪或鄭未知孰是)生　己卯年十月廿六卒　戊寅年三月廿三巳時公葬墩下頂與妣並坐卯向酉兼乙辛生二子長公好次公深

君通字克明秦伯公長子也生乾隆戊辰年十一月十二亥時卒乾隆乙卯年十二月初十卯時葬本處后塘頂坐東向西妣蘇氏諱祈娘東宅人生乾隆辛未年十一月十三酉時卒道光壬辰年九月廿五子時葬本處

白石山下坐亥向巳兼乾巽與子公沛相合前向田後坐白石山兩邊皆地生五子長公祥次公超無傳三公忠四公世五公沛字公立

君适秦伯公次子也生　　卒乾隆丁酉年十一月初八葬后塘頂坐　　無傳

君望字君遠仁伯公長子也生乾隆戊寅年五月初九戌時卒乾隆壬子年閏四月廿一午時與愷侯公合葬在龍蹟頂向燈火寨坐未向丑兼坤艮妣王氏古溪人諱旱娘生乾隆甲申年六月十二午時卒道光戊戌年五月廿五辰時葬本處　生一子公垣

君芳諱鰲山仁伯公次子也生乾隆庚寅年十二月廿三申時卒道光辛丑年三月廿八未時葬　妣葉氏馬塘人諱錦娘生乾隆庚寅年

閏五月初二子時卒乾隆甲申八月十八未時葬營頭坐丑向未兼癸丁公
與子金⿰石區合葬許宅坐午向子兼丙壬　生五子長公述次公蟾　三公⿰石區四公巳
五公休

君烈仁伯公三子也生乾隆甲午年三月初三未時　卒道光乙未年二月廿六戌
時葬本處頂宅坐西向東妣曾氏生
卒
生七子長公肥次公獻　三公爍四公惌　五公燥　六公波　七公八

君報哲伯公長子也

君勤哲伯次子也生乾隆乙丑年四月廿七亥時卒道光壬寅年三月廿二巳時
葬白石山前坐東向西妣李氏生乾隆己亥年　卒道光乙巳

年十一月廿四未時葬許宅坐丑向未兼癸丁生二子長公注次公往

君騰哲伯公三子也

君捷哲伯公四子也生乾隆甲辰年二月十三寅時卒咸豐丁巳年四月十五卯時葬

許宅坐乾向巽兼戌辰妣施氏生一子公輝

君正嚴伯公長子也生乾隆癸酉年二月初八未時卒嘉慶壬申年十一月初八卯時

葬許宅坐癸向丁兼丑未妣許氏生乾隆癸未年六月初一巳時卒道光丁酉

年六月十六戌時生三子長公悻次公撰三公魚

君看嚴伯公次子也生乾隆乙酉年三月初八亥時卒嘉慶丙子年六月十二丑

時葬許宅路下坐甲向庚兼卯酉妣顏氏生乾隆己丑年十一月廿七辰時卒

道光甲午年十月十五巳時葬下宅五房墓邊坐癸向丁兼丑未生五子

長公篇往臺次公向三公脾四公恢往臺五章
君陟掌伯公長子也生乾隆乙酉年二月十一子時卒乾隆乙巳年七月初十申時葬
后塘尾坐甲向庚兼夘酉無娶
君泮掌伯公次子也生乾隆戊子年六月廿九夘時卒乾隆癸丑年十二月初三寅
時葬本處將軍潭尾坐西向東無娶
君昭掌伯公四子也生乾隆乙未年正月廿九寅時卒道光丁酉年五月十九未時
葬埔坪坐北向南妣宋氏生
生二子長公鈿次公討
君貴掌伯公三子也生乾隆辛夘年七月廿九丑時卒嘉慶己未年四月十一申
時葬本處將軍潭坐北向南無娶

君潘掌伯公五子也生乾隆壬寅年八月十八午時卒道光戊子年九月初十未時
妣呂氏生乾隆丁未年十月初十辰時 卒咸豐己未年十月十八戌時 生四子
長公中次公敬三公溪四公六
君順乾伯公長子也生乾隆癸酉年十月十二卒乾隆甲寅年四月廿八妣孫氏生三子
長公顏次公輔三公詠
君取乾伯公次子也生乾隆　年　卒
妣　氏生二子長公畧次公道止
君園乾伯公三子也生乾隆庚寅年十月廿一卒乾隆丙午年十二月十一葬后
山榕樹下無娶
君修乾伯公四子也生乾隆　妣葉氏

生一子公東止

君要乾伯公五子也生乾隆丙申年四月廿一未時卒嘉慶戊午年三月廿五申
時塟本處后山榕樹下坐辛向乙無娶

君鶴敏伯公長子也生乾隆丁丑年四月十六辰時卒嘉慶辛未年十二月廿七酉
時塟許宅坐庚向甲兼卯酉妣施氏過坑人生乾隆丙辰年六月初四戌時
卒道光癸卯年十月十三亥時塟山仔尾田頂坐　生三子長
公楮次公淡出繼君娍三公且

君顧敏伯公次子也生乾隆辛巳年九月十六酉時卒嘉慶辛未年二月初十
巳時塟許宅塟坐　妣孫氏諱挑娘生乾隆壬辰年十月初七卒
道光癸巳年四月初五寅時與公合塟生三子長公極次公水三公親

君娥敏伯公三子也生乾隆癸未年八月廿五子時卒乾隆甲辰年正月初七未時
塟山仔尾后坐西向東承繼子公淡係君鶴次子
君辦晩伯公長子也生乾隆丁卯年九月廿五巳時卒嘉慶乙卯年十一月廿三卯時
塟　妣洪氏崗頭人生乾隆辛未年二月廿七卒嘉慶丙子年六
月廿二午時合塟白石山塚生四子長公地次公華三公元四公栽
君典晩伯公次子也生乾隆辛未年八月廿六亥時卒嘉慶癸酉年九月初五巳
時妣顏氏軍倉人生乾隆己卯年十一月廿五卒道光甲午年五月廿七巳時
合塟雉鷄山頂坐寅向辛生二子長公仁次公鳥
君敦愈伯公長子也生乾隆乙亥年六月廿三卯時卒乾隆壬寅年四月十六戌
時塟山頭頂坐甲向庚兼卯酉　妣郭氏馬亘人生乾隆丙子年三月廿一子

時卒道光庚寅年四月十二辰時葬山仔尾前坐辛向乙兼戌辰生一子
公寵往臺
君誇愈伯公次子也生乾隆戊寅年七月酉卒嘉慶癸亥年七月十八葬
許宅坐北向南妣呂氏生乾隆丁亥年六月初二卯時卒道光癸卯年
六月廿八未時葬義娘宮后坐乾向巽兼亥巳生三子長公此次公倩三
公奢又承繼于公顯
君昌連伯公長子也生乾隆辛巳年四月廿一未時卒嘉慶丁丑年四月廿八
未時葬白石山坐北向南妣王氏生乾隆辛巳年十二月十一未時卒嘉
慶辛未年五月初一未時葬東塚坐北向南生二子長公衡出繼程君次
公文

君程連伯公次子也生乾隆癸未年六月廿六卒乾隆戊申年四月初八戌
時塟許宅坐東向西承繼子公衡係君昌長子
君燦連伯公三子也生乾隆丙戌年十一月廿三巳時卒乾隆戊申年四月廿五巳
時塟本處下宅坐西向東無娶
君糧疊伯公長子也生乾隆壬午年六月廿一寅時卒道光辛卯年十月初三
巳時塟許宅坐北向南妣劉氏生乾隆丁亥年十一月廿五辰時卒道光戊
申年正月初十未時塟許宅坐乙向辛兼辰戌生二子長公寶次公壬往臺
君旋添伯公之子也卒嘉慶十一年二月初十卯時與叔父接伯合塟許宅坐
壬向丙兼子午妣許氏卒道光丙戌年五月十八巳時生一子公見
君本接伯公長子也生乾隆辛丑年十一月廿九丑時卒道光癸未年七月初

六巳時葬金門山外妣鄭氏卒道光乙巳年十一月廿八戌時生三子長公厚
次公泰三公藕往臺妣葬大碑坐戌向辰兼乾巽
君丑接伯公次子也生乾隆辛丑年四月初五戌時卒道光戊戌年十月十三寅
時葬山頭頂坐卯向酉兼乙辛妣葉氏生二子長公齊次公義
妣生乾隆癸丑年八月廿三戌時卒同治乙丑年八月十六卯時葬大碑坐
戌向辰兼乾巽分金庚戌庚辰
君盡黔伯公長子也生乾隆戊寅年七月十九巳時卒嘉慶甲子年五月
二十酉時葬大碑坐西向東妣顏氏生乾隆乙酉年九月十五亥時卒
嘉慶乙丑年四月廿一未時與公合葬生二子長公信次公瓦
君召黔伯公次子也生乾隆辛巳年二月十五巳時卒道光丙辰年八月廿

一午時塟烏牛頭坐子向午兼癸丁妣顏氏南門人諱敬官生乾隆乙丑年十二月初四亥時卒道光乙未年二月初四酉時塟山仔尾坐乾向巽兼亥巳生四子長公梅次公花三公亭四公春

君瞳面伯公長子也生

妣郭氏田厝人生三子長公就次公圓三公帆

君獅面伯公次子也

君長會伯公長子也生乾隆戊子年六月初四子時卒嘉慶丁丑年十月十二夘時塟本處龍舌仔坐壬向丙兼子午妣藕氏臥龍人生乾隆庚寅年十月廿三酉時卒嘉慶丙寅年十二月十四丑時塟義娘宮邊坐寅向申兼甲庚生五子長公蕪次公挺三公鑽四公壇五公掇

君悄會伯公次子也生乾隆癸巳年十二月廿八丑時卒嘉慶壬申年七月廿四子時塟烏窓山坐亥巳兼乾巽妣郭氏田厝人生乾隆丙申年五月十一酉時卒道光乙巳年十月初十未時塟山仔尾前坐北向南生四子長公提次公案三公尊四公達止

君庇會伯公三子也生乾隆戊戌年五月初一巳時卒道光己亥年五月廿五巳時塟本處后埔坪山坐申丑向寅未兼坤艮用縫針妣葉氏埔尾人生五子長公撥次公盤三公選四公山五公尾　妣生乾隆辛丑年九月初八戌時卒同治丁卯年三月二十辰時與公合塟

君才配伯公長子也生乾隆戊戌年七月初七辰時卒道光戊子年正月廿八申時塟猴石山坐壬向丙兼亥巳妣王氏生乾隆癸卯年二月十九卒同治壬戌年十二月二十日未時　生五子長公斷次公領三公昧四公助五公吝

君㪷配伯公次子也生乾隆甲辰年十月廿五丑時卒道光乙未年正月廿
八申時塟烏窓山坐乾向巽兼亥巳妣周氏生乾隆戊申年十一月廿一卒道光丙申
年六月初三塟埔坪頂坐甲向庚兼寅申生四子長公蔡次公寬三公
顯四公疊

君火汀伯公長子也往臺生乾隆辛丑年二月初九寅時卒道光己酉年五月廿六未時妣黃氏生乾隆壬子年九月廿九酉時卒同治癸亥年八月初十巳時生三子長公是次公亮三公發

君留汀伯公次子也生乾隆丙午年十一月十四子時卒道光壬辰年閏九月
初九巳時塟山仔尾坐癸向丁兼子午妣朱氏生四子長公辰次公湛三
公白四公黙　妣生乾隆丙辰年五月初八寅時卒　年八月廿六吉時

君粒汀伯公三子也生乾隆壬子年四月廿五辰時卒道光辛丑年二月三十日
申時塟烏牛頭坐亥向巳兼乾巽妣葉氏生乾隆辛酉年九月初九

巳時卒光緒辛巳年三月廿六葬西姑坑坐丑向未艮坤

生三子公古次公甘止

君建祖伯公長子也生嘉慶甲寅年四月初二戌時卒道光甲辰年十二月三十日辰時

葬本處烏窓山前坐壬向丙

妣郭氏生嘉慶甲寅年四月初二戌時卒道光甲辰年十二月三十日

辰時葬烏窓前坐壬向亥丙兼亥巳生一子公勘

君潤祖伯公也次子也生

妣王氏生

生三子長公李次公智三公舞

君總祖伯三子也生嘉慶庚申年五月　卒嘉慶壬申年七月

廿四戌時葬白石山下坐北向南無娶

君稻祖伯公四子也生嘉慶癸亥年六月十七酉時卒道光丁未年十月廿

三子時塟義娘宮后坐癸向丁兼子午
君敬標伯公之子也往石潯
君採出伯公長子也止
君夏出伯公次子也止
君佐出伯公三子也止
君意許伯公之子也生乾隆乙未年十月初二卒道光辛卯年十月十三卯
時與父合塟在許宅白石塚坐北向南妣呂氏生乾隆甲辰年十一月初六午時卒
道光辛丑年三月十七丑時塟烏窓山下坐壬向丙兼子午生二子長公
浮次公治
君樹玉伯公長子也生乾隆癸巳年十一月廿二未時卒嘉慶壬戌年六月

初五申時塟本處烏牛頭坐甲向庚兼夘酉妣　氏生一子公善
君仂玉伯公次子也生乾隆丙午年正月廿六夘時卒道光辛丑年閏三
月廿五巳時塟義娘宮后東塚坐乙向辛兼辰戌妣張氏生嘉慶
己未年十二月廿九吉時卒道光庚子年三月十二巳時塟義娘宮後
坐乙向辛兼辰戌生二子長公埔無娶次公圭往臺
君賽商伯公長次子承繼兩伯公也生乾隆乙巳年十二月廿二寅時卒道光
壬辰年七月廿三巳時塟雉雞山下坐艮向坤兼寅申妣鄭氏諱換娘碧
溪人生乾隆乙夘年三月初五酉時卒道光癸未年五月廿三未時塟
中山仔邊蛇舌仔崙坐戌向辰兼辛乙又妣劉氏諱勤娘城内後爐人
生乾隆甲寅年二月十七巳時卒道光辛丑年五月廿九巳時塟后山

丁猴墓下生　生六子長公持鄭氏出次公炳三公科四公準五公曝

六公達

君卯商伯公長子也生乾隆癸卯年二月廿五申時卒嘉慶庚辰年八月十五
辰時葬九欉山坐東向西妣葉氏嶺下人生乾隆癸丑年十二月十一酉時
卒道光乙丑年八月十三申時葬烏窓山坐丑向未兼癸丁生二子長公

富次公告

君誠商伯公三子也生乾隆甲寅年正月初三寅時卒道光辛丑年四月
十五辰時葬結墓坐巳向亥兼丙壬妣孫氏生　戊午年十二月初
九午時卒咸豐　年十二月十八巳時葬垵頂坐丑向未兼艮坤
生五子長公存次公看三公帛四公咸五公泥頭

君整商伯公四子也往臺居住生嘉慶己未年二月十七亥時卒道光戊戌年正月初一午時塟臺灣　妣柯氏諱蝣娘生嘉慶辛酉年十月十二酉時卒咸豐丙辰年正月初一巳時塟　生二子長公舉次公能

君陣字友千秋伯公長子也待贈鄉飲賓生乾隆丙午年十一月廿二酉時卒咸豐丁巳年六月廿四辰時塟下𠷧坑曾山松柏下坐午向子兼丁癸妣林氏生乾隆戊申年正月初五吉時卒咸豐癸丑年五月十五巳時塟后亭山坐丙壬子午生四子長公清次公潲三公聘四公解字采臣邑庠生

君道字君理秋伯公次子也生嘉慶己未年四月初一寅時卒道光庚子年十二月十九辰時塟義娘宮左邊坐酉向卯兼辛乙妣葉氏伍顯宮人生卒同治辛未年十二月初八吉時塟許宅口坐壬向

丙兼午子生四子長公圜次公限三公轂四公燦

君三　秋伯公三子也生嘉慶壬戌年九月廿五辰時卒同治丁夘年七月初六酉時葬梧峯山兇仔　坐艮向坤兼丑未妣蘇氏生嘉慶乙丑年正月廿二寅時卒道光庚寅年十二月初三申時葬后塘尾坐甲向庚兼夘酉又妣林氏生嘉慶癸亥年二月廿八夘時卒同治壬申年正月廿三辰時葬山仔尾后坐坤向艮兼未丑生五子長公貢次公恪三公篳蘇氏出四公旦五公蒲林氏出

君長　傀伯公長子也

君興　傀伯公次子也

君禮　乞傀伯公長子也

君拜乞伯公次子也

君金釘伯公長子也生嘉慶己巳年卒道光己酉年十一月初五辰時葬

妣洪氏

生二子長公茲次公德

君別釘伯公次子也生嘉慶　卒光緒庚

寅年閏二月十二　葬雉鷄山坐　承繼子公來

君以釘伯公三子也生嘉慶壬午年四月十八午時卒道光辛丑年十月初

五巳時葬白石山邊坐子向午無娶

君時諱青龍恭伯公長子也生乾隆辛未年七月廿四巳時卒嘉慶丙寅年

三月初七寅時葬破墓后坐卯向酉兼甲庚妣鄭氏生

繼妣蔣氏生五子長公宗次公掬鄭氏出三公寮四公涉五公探蔣氏出

君應蔡伯公次子也生乾隆戊寅年四月廿五辰時卒乾隆戊申年四月十八寅時塟

妣宋氏生乾隆丁丑年十一月廿七子時卒乾隆戊申年十月初九未時塟

生一子公亥

君仡勁伯公長子也生

妣　氏生二子長公撻次公傍俱止

君慈勁伯公次子也止

君泰錠伯公之子也止

君祖錦伯公之子也生乾隆壬子年六月十八申時卒道光丁未年九月初

三寅時塟白石山坐北向南妣葉氏生嘉慶己未年　月　日吉時卒
道光庚寅年二月廿五未時塟烏窓山坐庚向甲生二子長公莊次公前
公弁君錫公之子也生嘉慶己酉年十二月初一卯時卒道光己亥年十二月初
七寅時塟下宮后坐北向南妣呂氏諱素娘生二子長振直次振蕭出繼公鉗
公里君稀公之子也生嘉慶癸亥年正月三十日卯時卒咸豐丁巳年十二月
初五戌時塟下宮後坐丑向未兼癸丁無傳
公鉗君嘴公之子也生嘉慶己卯年　月　日午時卒道光己亥年九月十
七戌時承繼子振蕭公弁次子往叻止
公登君守公長子也生乾隆癸亥年十二月廿八巳時卒道光壬辰年四月初一
午時塟雉鷄山坐寅向申兼艮坤妣郭氏生乾隆癸卯年十月初

十巳時卒咸豐壬子年六月十五巳時葬義娘宮后坐甲向庚兼卯酉分
金庚寅庚申後與公合葬生三子長振碧次振洒三振九

公才君守公次子也生乾隆庚子年五月初十辰時卒咸豐己未年八月十五
卯時葬本處下宅坐北向南妣葉氏生乾隆乙亥年八月十五卯時卒
咸豐甲寅年正月初一辰時
生五子長振成次振欣三振雹四振鬱五振越

公賀字玉璽君守公三子也生乾隆乙巳年九月廿七巳（寅）時卒道光巳酉年九
月初七巳時妣張氏生乾隆癸丑年十一月十二申時卒咸豐戊午年二月
十四子時與公合葬在龍舌仔坐丑向丙兼亥巳分金庚（丁亥巳亥）生五子長振
宵次振匣三振迦四振籬五振瀨

公與君緩公之子也生乾隆丙申年六月十八夘時卒道光辛巳年十月十八申時葬埈頂坐夘向酉兼乙辛無傳
公好君麟公長子也
公深君麟公次子也
公祥君通公長子也生乾隆甲午年十月廿七辰時卒嘉慶己夘年八月初九午時葬本處中宅坐亥向巳兼乾巽妣葉氏生乾隆丙申年九月初六辰時卒道光癸未年六月十五申時葬　生三子長振專次振顔三振陶
公超君通公次子也生乾隆乙酉年九月初三戌時卒嘉慶己未年二月廿九申時無娶

公忠君通公三子也生乾隆丙午年七月廿六寅時卒咸豐己未年八月卅四巳時與弟公世合塋山頭頂妣顔氏生乾隆壬子年四月廿七寅時卒道光己酉年七月十九子時與弟婦曾氏合塋龍舌仔后生二子長振分次振皮

公世君通公四子也生乾隆己酉年七月初十午時卒道光己亥年正月初九巳時與兄公忠合塋山頭頂長寮坵窟仔墘坐丑向未兼癸丁妣曾氏生與二嫂顔氏合塋龍舌仔頂生二子長振禮次振歛

公沛字公立君通公五子也生乾隆癸丑年五月初十未時卒道光甲申年四月十五申時與母蘇氏諱祈官東宅人合塋本處白石山下

坐亥向巳兼乾巽分金庚戌庚辰後背白石前臨田左右是地妣柯氏諱積官西柯人
生嘉慶丁巳年三月初一酉時卒同治庚午年閏十月十三巳時享壽七十四
齡公逝子振天方四歲妣堅心守節勤儉慈惠日出而耕日入而織撫
養幼兒以至成立而有孫曾繞膝朝夕奉侍雖足娛晚景仍是勤
儉為心厥後臨終子孫滿眼羣送諸原以終餘年亦天所以昭其報
也與子合塋本處白石山塚下坐丑向未兼艮坤分金辛丑後坐白石為
蓋落之山前向天馬為明堂之案左重龍右重虎生一子振天字得
清
公坦字公盛君遠公之子也生乾隆壬子年十月二十申時卒同治己巳年
正月初七辰時塋艾后山坐　妣王氏生乾隆甲寅年二月

初一酉時卒道光丁未年十一月廿九巳時葬本處山頭頂坐酉向卯兼
庚甲繼妣詹氏生嘉慶壬戌年二月十九寅時卒咸豐丙辰年八月十九巳
時葬本處大埔坐乙向辛兼辰戌生九子長振品次振竹三振舦四振要
五振閑六振鑾七振懼八振憚九振悔

公述君芳公長子也生乾隆癸丑年十二月十二申時卒咸豐乙卯年十二月十九
戌時葬埔坪坐　妣曾氏諱悦官生嘉慶丁巳年閏六月初四
丑卒道光辛巳年閏三月廿二申時葬後塘內坐西向東繼妣姚氏諱
招娘生嘉慶丁卯年九月十七午時卒咸豐甲寅年十月十九戌時與
公合葬生二子長振遠次振醉

公蟾君芳公次子也生嘉慶丁巳年七月十七酉時卒光緒己卯年十一月三

十丑時妣蘇氏生嘉慶癸亥年十二月初八巳時卒光緒乙亥年七月十
五辰時合塋龍舌仔后坐巳向亥兼巽乾分金丁亥丁巳生四子長振蘭出繼公碯
次振靜三振彥四振族

公碯君芳公三子也生嘉慶己未年九月十九辰時卒道光壬午年十二月初
一亥時與父合塋許宅承繼子振蘭係公蟾長子

公巳名榜際昇字公巽邑庠生君芳公四子也公素精醫生嘉慶丁卯年十
一月初五酉時卒同治丁卯年七月廿四子時塋九躍山坐乙向辛兼卯
酉分金丁卯丁酉妣蘇氏大鄉人生嘉己卯年閏四月廿二良時卒光緒辛
巳年八月初四申時塋山仔尾前坐　生一子振合

公休君芳公五子也生嘉慶辛未年七月初五子時卒光緒己卯年九

月廿九寅時葬本處龍質頂七星墓邊坐 妣劉氏改嫁繼

妣蘇氏生二子長振沙劉氏出次振炮蘇氏出

公肥君烈公長子也生嘉慶丁卯年十二月初十酉時卒咸豐庚申年九月初

七戌時葬東秀湖內白嶺頂坐戌向辰兼乾巽妣 氏諱椰娘生嘉慶

庚辰年 卒咸豐丙辰年十二月廿七卯時葬義娘廟前許

宅坐癸向丁兼子午生一子振鎮

公獻君烈公次子也往叻止

公爍君烈公三子也生乾隆癸酉年九月廿二午時卒光緒丙戌年八月初二

卯時葬白石山下坐卯向酉兼乙辛妣吳氏生嘉慶

卒光緒己丑年九月初一 時葬許宅坐東向西生一子振軫

公窓君烈公四子也生道光壬午年六月初五申時卒同治庚午年七月初四申
時塟許宅坐酉向卯兼甲庚娶黃氏現生一子振韮
公燥君烈公五子也往叻止
公波君烈公六子也生道光丙寅年九月初三酉時卒同治癸亥年四月廿
三酉時塟義娘廟後坐乙向辛兼卯酉承繼孫子文渫
公八君烈公七子也生道光戊午年正月十六丑時卒同治乙丑年六月廿五
寅時塟義娘宮前坐癸向丁兼丑未承繼孫長文送次文涇三維醋
公註君勤公長子也生嘉慶壬申年六月初二亥時卒道光癸巳年二月初七
戌時塟許宅坐北向南
公往君勤公次子也

公輝君捷公之子也生嘉慶癸酉年正月初八寅時卒同治辛未年五月廿六
辰時塟岳口塚坐北向南妣蔡氏生道光庚寅年六月十三寅時卒同治
癸酉年四月十三亥時塟許宅坐乾向巽生四子長振習承繼子振廣
三振來四振乞

公悻君正公長子也生乾隆乙巳年九月初一丑時卒嘉慶丁丑年三月三十日
亥時塟許宅坐　妣盧氏生乾隆丙午年三月初九丑時卒嘉
慶丁丑年四月三十日未時塟五里塚坐午向子兼丙壬生二子長振珠
次振珍

公撰君正公次子也生乾隆丁卯年九月廿六亥時卒道光丁酉年六月十九
卯時塟義娘宮后白石山塚邊坐癸向丁兼丑未妣葉氏生乾隆

嘉慶丁巳年三月廿三午時卒同治乙丑年三月十五日寅時生一子振枰

公魚君正公三子也相傳三月初十忌諱塋

妣　氏生一子振英早逝将媳婦曾氏名音娘招接振傑在臺

公篇君看公長子也往臺

公向君看公次子也生嘉慶丙辰年二月初九戌時卒道光　年四月初六塋下宅五房墓邊坐北向南妣　氏生一子振益止

公脾君看公三子也

公恢君看公四子也往臺

公章君看公五子也生嘉慶癸酉年九月十七巳時卒道光　年二月十三塋許宅坐北向南止

公鈿君昭公長子也生嘉慶癸亥年十二月初五巳時卒嘉慶丁丑年十一月廿五酉時葬將軍潭尾止

公討君昭公次子也生嘉慶

妣　氏生一子振國

公張君潘公長子也生嘉慶癸酉年七月廿四丑時卒光緒甲申年四月初七辰時葬

妣王氏諱盡娘

公敬君潘公次子也生嘉慶丁丑年七月初七酉時卒光緒庚辰年九月初九巳時葬

妣林氏生道光丁亥年十二月初八戌時卒咸豐壬子年七月十三戌時葬

繼妣紀氏共生二子長振樹是林氏出次振園三振歷是紀氏出

公溪君潘公三子也生道光丙戌年七月初五未時卒同治癸酉年六月十八丑時葬

妣洪氏生道光癸巳年二月廿二丑時卒光緒甲申年九月十六午時葬　生四子長振容次振江（出繼公六）三振日四振月

公六君潘公四子也生道光戊子年　卒咸豐辛亥年八月十三夘時葬　無娶承繼子振江（係公溪第次子）

公顏君順公長子也

公輔君順公次子也

公詠君順公三子也

公畧君取公四子也

公道君取公次子也

公東君修公之子也

公梓君鶴公長子也生乾隆辛亥年六月初九寅時卒道光壬寅年三月

十三午時塟許宅坐卯向酉妣蘇氏新宅人生乾隆乙卯年四月十九卯時卒光緒壬午年十月初九亥時塟生三子長振軌次振碖三

振永出繼公親

公渼君鶴公次子也出嗣君娥生乾隆癸丑年八月十五戌時卒道光乙未年十

月十九酉時塟山仔尾坐辛向乙兼酉卯妣張氏岳口人生乾隆嘉慶辛未

年十一月初八戌時卒光緒庚辰年十二月廿五巳時　生二子長振靰次

振汝

公且君鶴公三子也相傳正月初七忌諱塟山仔尾后坐甲向庚無傳

陳氏族譜　三十六

公極君顧公長子也生乾隆辛亥九月廿四日吉時卒嘉慶戊寅年五月十八寅時葬山頭頂破墓后坐東向西承繼子振六

公水君顧公次子也生乾隆甲寅年二月初二巳時卒咸豐壬子年九月初五戌時葬后塘尾坐　妣蘇氏生三子長振六出繼公極次振雨出繼三振漳　妣蘇氏埔下人生嘉慶辛酉年八月廿一午時卒同治丙寅年七月十二未時與公合葬

公親君顧公三子也生嘉慶壬戌年六月初五巳時卒道光癸巳年十月廿八巳時葬山仔尾坐癸向丁兼丑未承繼子長振雨係公水次子次振水（永）是公梓三子

公地君顧公長子也生乾隆癸巳年十月十一吉時卒道光乙巳年三月二十戊時葬　妣顏氏諱救娘軍倉人生乾隆戊戌年七月

廿五吉時卒道光甲辰年十一月初五酉時塟　生一子振河住臺

公華君辦公次子也生乾隆壬寅年三月十八卯時卒嘉慶辛未年五月十六寅時塟許宅坐壬向丙妣紀氏生乾隆丙午年六月初三丑時卒同治庚午年三月十七塟仔尾坐東向西生二子長振郁次振降出繼公元

公元君辦公三子也生乾隆乙巳年四月十二亥時卒嘉慶辛酉年九月初六酉時塟許宅坐北向南承繼子振降是公華次子

公裁君辦公四子也生乾隆　年二月十八　時卒同治丙寅年七月初三卯時妣李氏塔埔人生嘉慶　年二月廿三　時卒同治戊辰年六月廿四卯時公妣合塟山頭頂坐甲向庚兼卯酉生五子長振良次振寢三振芸四振奪五振俠

公仁君典公長子也生乾隆丙午年十月十八卒咸豐甲辰年八月初十戌時享壽六十九塟雉鷄山頂坐南向北妣葉氏伍顯宫人生嘉慶甲寅年正月廿七午時卒咸豐庚申年三月初四塟山仔尾坐北向南生四子長振奮次振炘三振跳四振翻

公烏君典公次子也生乾隆乙卯年三月廿六卯時卒道光乙酉年八月廿六辰時塟　妣顏氏軍村人生乾隆　年　月　日卒　年七月初七塟山仔尾坐北向南生三子長振霑次振盤三振諧

公宛君敦公長子之也往臺

公此君誇公次子也生乾隆癸卯年十二月初五寅時卒道光丙申年十月十八午時塟許宅坐乙向辛兼卯酉妣吳氏石潯人生乾隆　年月

卒光緒戊子年正月十七辰時葬義娘宮后坐西向東生一子振待

公顯君諱公承繼子也生　　卒

葬　　生一子振蜂

公倩君諱公三子也生　年　月　卒　年　月

葬　妣　氏生　年　月　卒

年　月　葬　繼妣　氏生　年　月

卒　年　月　葬　生一子振

和

公奢君諱公三[四]子也生乾隆己酉年十二月廿六卯時卒嘉慶癸卯年四月十

六午時葬許宅生

公衡君昌公長子也出繼公程生乾隆乙酉年八月十九亥時卒道光戊子年九月
十四巳時葬陽翟墘岸坐庚向甲兼申寅妣　氏生　年　月
時卒　年　月　時葬　生一子振貪

公交君昌公次子也生乾隆丙辰年六月廿三日未時卒乾乙卯年十二月廿二
卯時葬本處　止

公寶君糧公長子也

公壬君糧公次子也正月初十忌諱　葬在臺　妣改嫁　生二子長振
灿次振洗俱住臺

公見君旋公之子也生嘉慶己未年十一月初二午時卒道光丙午年四
月十五午時與添伯合葬山頭頂坐辰向戌兼乙辛分金丙辰丙戌

妣顏氏諱成官生嘉慶甲子年四月初一卯時卒光緒壬午年十月十
五巳時塟許宅田頂坐艮向坤兼甲（庚）庚寅生三子長振得次振熕三
振軟

博厚君本公長子也
時塟埔坪坐南向北妣　氏　塟　生三子長振繼次振經三振淵

公泰君本公次子也生嘉慶戊辰年八月廿九戌時卒咸豐辛亥　月
塟在番不知 妣蘇氏諱白娘正月初五忌諱塟許宅坐北向南
在邦慶公墓口 生二子長振端次振異

公藕君本公三子也生嘉慶壬申年三月十三申時卒同治壬申年正月十
二辰時塟在臺　妣葉氏生嘉慶辛未年六月廿四吉時
卒道光戊申年十一月廿八酉時塟　生二子長振霞次振
魯

公齊君丑公長子也生道光己卯年三月十四寅時卒光緒乙酉年十二月初三
戌時塟埔坪坐丑向未兼坤艮娶吳氏現生三子長振樹次振墻早逝
三振潛

公義君丑公次子也生道光庚寅年正月十二丑時卒同治壬戌年五月初
十巳時塟義娘宮后坐東向西妣葉氏生道光庚寅年八月廿二
吉時卒光緒丙午年五月二十午時塟山仔尾前坐北向南生四子

長振勅次振同三振甲四振蟬早逝無娶

公信君畫公長子也生乾隆乙巳年十二月廿四巳時卒道光辛亥年正月
二十寅時塟白石山坐丑向丙兼子午妣李氏生一子振照

公瓦君畫公次子也

公梅君召公長子也生乾隆壬子年六月廿六辰時卒道光辛丑年五月廿
一未時塟后埔坐寅向申兼艮坤妣紀氏梧塘人諱配官生乾隆壬
子年四月初九亥時卒光緒辛巳年十月初六寅時塟柳仔廍坐壬
向丙兼子午生六子長振只出繼公亭次振謅三振桂四振念五振滑六振
拱

公花君召公次子也生乾隆甲寅年八月廿九亥時卒道光己亥年

四月初一辰時葬仔尾坐壬向丙兼亥巳妣楊氏井仔崎人諱娥娘生乾隆
乙卯年十二月初一亥時卒道光壬辰年九月十五酉時葬烏窓山坐艮
向坤兼丑未生四子長振匏（出繼公亭）次振自三振恥四振覿
子

公亭君召公三子也生嘉慶辛酉年五月（三）廿四（初七）卯（戌）時卒嘉慶癸酉年七月
十一午時葬許宅坐東向西承繼子振只（係公梅長子）振匏（係公花長子）振欽（係公春之）

公春君召公四子也生嘉慶乙丑年五月廿四卯時卒道光丁未年八月十一
午時葬臺灣淡水溪州庄妣蔡氏橘仔樹人生嘉慶丙寅年十二
月十三卒光緒丙戌年五月十六辰時葬雉鷄山坐甲向庚兼卯酉分
金庚寅庚申生一子振欽（出繼公亭）

公就君暉公長子也
公圓君暉公次子也
公帆君暉公三子也俱止
公蕉君長公長子也生乾隆辛亥年十二月初三夘時卒咸豊戊午年九月
二十未時妣蘇氏生乾隆庚戌年六月初九巳時卒同治辛未年十二月
廿四未時公妣合塋山仔尾前坐癸向丁兼子午生三子長振切次振串
三振塔出繼公鑽
公挺君長公次子也生乾隆丙辰年九月初八亥時卒咸豊辛亥年七月廿
五戌時塋后塘尾坐辰向戌兼乙辛妣王氏生嘉慶丁巳年二月初四
寅時卒道光己巳年十月十二巳時塋本處崙頭坐乾向巽生五子

長振位　次振屈（出繼公鑽）　三振近　四振判　五振吔

公鑽君長公三子也生嘉慶壬午年九月三十日寅時卒嘉慶庚辰年十二月十七未時與父合塋龍舌仔坐壬向丙兼子午承繼子長振塔（係公蕉第三子）

次振屈（係公挺第二子）　三振忍（係公壇長子）

公壇君長公四子也生嘉慶辛酉年十月初二午時卒道光乙巳年九月十五辰時塟本處烏窓山坐未向丑兼坤艮妣呂氏坑墣人生嘉慶乙丑年七月十二午時卒光緒乙亥年正月初九寅時塟

生四子長振忍（出繼公鑽）　次振雖　三振柱　四振汲

公掇君長公五子也生嘉慶癸亥年十二月十四卯時卒同治己巳年五月十七未時塟山仔尾後坐癸向丁兼子午　妣吳氏生嘉慶丁卯年五月十九卯

時卒同治甲子年十月初七子時壟梵天口坐　生二子長振欺次
振節

公提君悄公長子也生嘉慶壬戌年七月廿一丑時卒道光戊申年三月
十二戌時壟後山橫路坐西向東妣許氏生

公察君悄公次子也生嘉慶庚申年三月十八辰時卒道光辛亥年六月
十八辰時壟山仔尾坐丑向未兼癸丁妣　氏生　生一子振委

公尊君悄公三子也生嘉慶癸亥年正月十三丑時卒道光壬辰年五月
十九未時壟烏窓山坐壬向丙兼亥巳妣洪氏生嘉慶戊辰年九月　生一子振漂

初一未時卒道光庚子年六月初八巳時葬　生二子長振匹
次振助
公達君悄公四子也止
公撥君庇公長子也生嘉慶乙丑年十二月十八艮時卒咸豐壬子年八月
初二辰時葬山仔尾壠與弟合葬坐壬向丙兼亥巳妣紀氏生嘉慶戊辰
年七月廿四申時卒道光辛夘年八月十七夘時繼妣葉氏生嘉慶丙寅
年七月初四艮時卒道光己酉年八月廿三辰時合葬烏窓山坐子向午
無傳
公盤君庇公次子也生嘉慶丁夘年十二月廿七丑時卒光緒丙子年七月初
四辰時葬雉圭山脚坐癸向丁妣葉氏現生三子長振庄次振榜三振余

公選君庇公三子也生嘉慶辛未年正月十六寅時卒道光丙午年十二月廿五酉
時葬白石山下坐丙向壬妣改嫁生一子振音
公山君庇公四子也生嘉慶丁丑年正月廿九寅時卒道光庚寅年閏四月十九
亥時與兄公撥合葬無傳
公尾君庇公五子也生道光壬午年六月初八亥時卒咸豐戊午年九月初三酉
時葬在噴叻山妣改嫁生一子振與
公斷君才公長子也生嘉慶壬戌年二月廿七午時卒咸豐辛亥年正月初十巳時葬
后山坐丁向癸兼午子無傳
公昧君才次子也生嘉慶己巳年正月十七寅時卒咸豐癸丑年十一月初五午
時葬土地公宮后坐壬向丙兼亥巳妣郭氏北門外人生一子振交

公領君才公三子也生嘉慶丙寅年七月初二酉時卒同治壬戌年三月廿二
辰時葬烏窓山坐西向東妣曾氏生　　生一子振慶
公助君才公四子也生嘉慶壬申年五月十二酉時卒咸豐癸丑年七月初一酉
時葬后山坐乾向巽兼亥巳妣　氏生　　生一子振犂
公轔君才公五子也生嘉慶乙亥年正月十二酉時卒道光丁未年十一月初
四戌時葬后山坐乾向巽兼亥巳無傳
公蓁君吽公長子也生嘉慶丙寅年九月二十未時卒光緒壬午年十一月初
三子時葬歐坑路坐甲向庚妣方氏生嘉慶壬申年五月廿八午時卒光
緒　年　月　　生四子長振勸次振旁

(出繼公顯)三振奠四振愚
公顯君卟公次子也生嘉慶戊辰年七月廿四辰時卒道光癸巳年五月初五
酉時葬白石山坐乾向巽無娶承繼子長振情次振源(俱是公寛之子)三振旁
(係公蔡第次子)四振任五振奮六振魁(俱公疊之子)
公寛君卟公三子也生嘉慶丙子年四月十七寅時卒光緒丙子年六月廿九戌時
葬烏牛頭坐辛向乙娶呂氏生嘉慶戊寅年九月廿四子時現生六子長振情
次振源(俱出繼公顯)三振脫四振虎五振⿰石無六振岸
公疊君卟公四子也生嘉慶庚辰年五月廿八辰時娶葉氏生道光甲午年
六月初八申時現生子長振任次振奮(俱出繼公顯)三振日四振魁(又出繼公顯)
公果君卟公五子也生道光甲申年十月　日吉時卒道光丙午年十一

月十七酉時與兄公顯合塟白石山坐乾向巽承繼子長振情次振源俱是
公寬之子三振旁係公蓁第次子四振任五振奮六振魁俱是公疊之子
公是君火公長子也生嘉慶甲戌年九月十四寅時卒咸豐戊午年十二月初
十亥時塟　妣林氏生道光乙酉年十一月廿一辰時卒光緒丁
亥年九月廿一巳時塟　生二子長振元次振江係是公發三子
公亮君火公次子也生嘉慶丁丑年六月十九寅時卒同治癸亥年十二月十九午
時妣林氏生道光戊子年十月初十辰時卒咸豐辛酉年四月廿三巳時承
繼子振成係公發第二子
公發君火公三子也生道光乙酉年四月十六子時卒光緒乙酉年四月三十日
未時娶　氏現生三子長振生次振成出繼公亮三振江出繼公是

公辰君留公長子也生嘉慶壬申年十二月十八寅時卒道光戊申年八月十一亥時
葬本處烏窓山坐北向南無傳
公湛君留公次子也往臺生嘉慶丁丑年八月十五午時卒光緒辛巳年八月廿六未時葬
公白君留公三子也生嘉慶乙未年正月初三巳時卒光緒丙戌年三月十二
辰時葬白石山坐戌向辰兼乾巽妣童氏現在
公點君留公四子也生道光辛卯年七月廿七戌時卒道光己酉年閏四月初
四午時葬烏窗山坐乾向巽兼戌辰無傳
公甘君粒公長子也生道光壬午年十一月三十日酉時卒道光戊申年正月初七
未時葬白石山坐西向東止
公古君粒公次子也娶李氏臺灣人現生一子振興

公勘君建公之子也娶蘇氏生道光戊戌年十一月廿七午時卒同治甲戌年十月
廿二戌時葬在臺生一子振鄒

公里君潤公長子也生道光丁亥年六月廿六申時卒光緒戊寅年五月廿五申
時葬西姑坑坐巽向乾娶葉氏現生一子振機

公智君潤公次子也生道光癸卯年十月十四酉時卒光緒乙亥年三月二十
日酉葬本處烏窓山坐東向西娶劉氏名鴛鴦米市人現生四子長
振成次振厚三振昂四振量

公舞君潤公三子也生道光己亥年正月初九寅時卒道光戊申年五月廿
五申時葬義娘宮後坐東向西無傳

公浮君意公長子也生嘉慶戊辰年閏五月十四良時卒光緒辛巳年九

月廿三吉時塟白石山塚下坐癸向丁娶紀氏生嘉慶甲戌年九月初六吉
時生二子長振潤次振明
公治君意公次子也生道光壬午年三月初八寅時卒道光甲辰年三月十七申時
塟烏牛頭頂坐北向南
公善君樹公之子也 止
公埔君仂公長子也 止
公圭君仂公次子也
公持字扶搖君賽公長子也生嘉慶庚辰年五月十六午時卒光緒戊子年
七月十六未時塟白石山坐乾向巽兼亥巳妣吳氏諱銓娘下尾人生道光
丙戌年十月十七吉時卒光緒丙戌年七月廿二寅時塟白石山坐辛向

乙蒹戊辰承繼子振祿係是公準四子

公炳君賚公次子也生嘉慶庚辰年七月初七午時卒同治壬申年五月初六巳時塟在嚝叻坡妣周氏諱盛娘東門外人生道光壬辰年正月初十卯時承繼子振乾係是公準次子

公科字昌盈謚先甲君賚公三子也生道光甲申年八月十三未時卒同治庚午年十一月初二戌時塟馬珠塘雄鷄山下坐午向子兼丙壬妣吳氏名爲娘石礡人大厝內吳士廉之四子現在生二子長振在字柔德次振周字雲從

公準字平直君賚公四子也生道光戊子年八月廿八吉時卒光緒乙亥年三月十五未時塟在嚝叻妣邵氏諱淳娘生道光癸巳年八月初九丑

時卒同治辛未年十一月十六丑時葬
生四子長振祐次振
乾出繼公炳三振讓四振祿出繼公持

公曝字旭日君賽公五子也生道光壬辰年
葬在寔叻妣葉氏現生二子長振嶽次振奠

公達君賽公六子也相傳十月廿三忌諱葬

公富君印公長子也其生卒年月日神主現在實叻生一子振針居住寔叻
妣紀氏生嘉慶癸酉年十月十六未時卒道光乙巳年七月廿三戌
時葬後塘坐東向西

公過君印公次子也生嘉慶甲戌年正月初二寅時卒道光乙巳年十
月十九戌時葬烏窓山坐東向西止

公存君誠公長子也生嘉慶戊寅年五月十三未時卒道光庚子年八月
十七酉時塟雉鷄山脚生丑向未兼艮坤承繼子振養(現住行頭鄉)

公看君誠公次子也(現住臺灣)妣　氏生
生二子長振養(出繼公存)次振頎(現時住行頭鄉)又娶李氏(住臺)帶一孫女(名)此英

公帛君誠公三子也生道光丙戌年十一月十七巳時卒咸豐庚申年九月
招本家(名)震官
廿四巳時塟　止

公咸君誠公四子也

公頭君誠公五子也生道光癸巳年十一月初五辰時卒咸豐辛亥年九月
初三辰時生一子振求

公舉君整公長子也生道光丙戌年六月十七午時卒光緒壬午年八月十六午時葬在臺　妣張氏諱緣娘生道光己丑年十二月初七辰時卒咸豐丁巳年六月廿一未時繼妣楊氏諱杏娘生道光丙辰年　月　日良時卒咸豐辛酉年　月　日良時葬　又妣張氏諱金娘生道光己亥年正月十七卯時卒光緒壬午年十一月十三未時葬　生一子振榮 在臺居住

公能君整公次子也生道光庚寅年正月十五未卒咸豐戊申年八月十七未時葬　無娶承繼孫文景 係是公舉養林阿祥所出

公清君陣公長子也生嘉慶己巳年十一月廿五午時卒咸豐庚申年九月初八辰時葬烏窓山坐庚向申兼酉卯妣葉氏嶺下人 現在 生嘉慶甲、

年八月十八夘時生三子長振孫次振允三振播避

公滿君陳公次子也生嘉慶癸酉年二月廿七酉時卒同治戊辰年二月十七未

時塟山仔尾前坐甲向庚兼夘酉妣葉氏現在生嘉慶丙子年九月十五辰

時生二子長振炙次振協

公聘君陳公三子也生嘉慶丙子年四月廿一辰時卒咸豐壬子年八月初

三夘時塟　妣李氏現在生一子振榮

公解君陳公四子也邑庠生名榜詩字采臣號說樵別號榕村生嘉慶庚辰年

十二月十九辰時卒同治戊辰年十月廿七未時塟　妣吳氏諡

元珍城内後爐宫甲人也生嘉慶癸未年正月十五辰時卒同治庚午

年閏十月初六未時塟在東岳宫邊飯店口坐子向午兼癸丁。與

二嫂合葬在右畔生二子長振鏗字鏘士次振鐸

公振圈君道公長子也生道光乙酉年十一月初十未時卒同治壬戌年十月廿八辰時葬義娘宮後坐艮向坤分金辛丑未妣　氏生一子振揚出外安南

公隈君道公次子也生道光戊子年十月廿七午時卒同治癸亥年三月初九酉時葬烏窓山坐癸向丁兼丑未無娶

公轂君道公三子也神主失落無所可考

公燦君道公四子也生道光己亥年七月初七未時卒同治二年二月廿八戌時與公隈合葬烏窓山坐癸向丁兼丑未無娶

公貢君三公長子也生道光乙酉年正月十六辰時卒光緒乙酉年三月初十卯時葬白石山坐乾向巽兼亥巳妣施氏現在生五子長振純次

振拔　三振耀（早世）　四振迎（出繼公篝）　五振鑼

公恪君三公次子也生道光丁亥年三月十五辰時卒光緒癸未年十一月十九夘時塟　妣劉氏生道光乙未年五月十九巳時卒咸豐甲寅年四月廿八巳時塟　繼妣郭氏生道光戊子年十月十二巳時卒咸豐辛酉年七月初十未時塟在停四方坐乙向辛兼辰戌又繼妣王氏生道光丁酉年八月初十寅時卒同治癸亥年七月十五巳時又繼妣葉氏生道光甲午年二月初四酉時卒光緒甲申年二月廿四未時塟　生三子長振性（係郭氏出）　次振治（出繼公篝）　三振園（俱葉氏出）

公篝君三公三子也生道光九年三月初三未時卒同治元年八月十

六辰時塟停四方坐乙向辛兼辰戌承繼子長振迎係公貢四子次振寮係是公旦長子

三振治係是公恪次子四振挑係是公蒲長子

公旦君三公四子也生道光壬辰年五月十五丑時卒光緒己丑年十一月廿六

酉時塟本山雉鷄山坐丑向未兼艮坤妣汪氏生道光庚子年正月廿五巳

時卒光緒丙戌年十月初二午時塟山中仔后土地公宫口坐申向寅兼庚甲

現生三子長振寮出繼公箽次振發三振郎

公蒲君三公五子也娶蘇氏俱在現生四子長振挑出繼公箽次振謟三振廩四振查

公兹君金公長子也生道光乙未年十一月十一亥時卒光緒戊寅年六月廿九

申時塟

妣蘇氏生二子長振遣次振生

公德君金公次子也生道光壬寅年十一月十五卯時卒光緒戊子年七月初二

午時塟烏牛頭坐　承繼子振冕係是公來次子

公來君別公之子也娶蘇氏俱在現生二子長振生出繼公茲次振冕出繼公德

公宗君青公長子也

公捆君青公次子也

公僚君青公三子也

公涉君青公四子也

公探君青公五子也

公亥君應公之子也生乾隆癸卯年七月十九亥時卒道光己丑年八月十三子時塟山仔尾坐　妣孫氏生嘉慶戊午年七月吉日良時卒同治乙丑年九月廿六申時塟眠長山仔脚坐癸向丁生二子長振孟次振資

公摙君仡公長子也

公傍君仡公次子也俱止

公蓝君祖公長子也生道光甲申年九月廿四未時卒光緒壬午年十月十四酉時葬本處白石山下坐戌向辰妣蘇氏生道光乙未年三月廿六未時卒咸豐壬子年七月十五巳時葬　又妣葉氏生四子長振田次振蠶三振篇四振易

公前君祖公次子也生道光庚子年正月十七吉時娶蘇氏生道光戊戌年三月廿二吉時俱在　現生二子長振語無娶早世　次振大

振直公弁公長子也

振燒公弁公次子承繼公鉗公也往叻

振碧公登公長子也生嘉慶甲子年二月廿一申時卒同治　年八月初三艮時葬本處龍舌仔坐丑向未兼艮坤分金丁丑妣蘇氏生嘉慶丙子年八月初七午時卒咸豐庚申年九月十七戌時葬本處下宅坐甲向庚兼夘酉分金庚申寅生四子長文舵次文㖔三文過出繼振洒四文鄭

振洒公登公次子也生嘉慶丁夘年十一月廿七午時卒道光壬辰年四月廿八未時葬后塘頂坐甲向庚兼夘酉分金庚寅申妣劉氏生嘉慶戊辰年二月初十巳時卒道光壬辰年四月十九未時葬后塘頂坐庚向甲兼辛寅分金丙寅申承繼子文過係振碧第三子

振九公登公三子也生嘉慶癸酉年五月十七夘時卒道光壬辰年五月初一午時葬后塘頂坐庚向甲兼辛寅分金丙寅申承繼子文鄭係振碧四子

振成公才公長子也

振欣公才公次子也生嘉慶癸酉年十月初五申時卒道光乙巳年十二月十八午時葬本處下宅坐癸向丁兼丑未分金丁丑未承繼子文虎是振鬱之次子

振雹公才公三子也生嘉慶戊寅年三月初三巳時卒道光丁未年七月初二未時葬許宅坐子向午兼癸丁分金庚子午承繼子文靈係是振鬱長子

振鬱公才公四子也生道光癸未年　月　日　時卒同治甲子年六月廿三卯時葬本處頂宅坐東向西妣顏氏名緞娘生道光戊子年　月　日　時現在生三子長文靈出繼振雹次文虎出繼振欣三文琳

振越公才公五子也生道光庚寅年八月初一巳時娶吳氏名敲娘石潯人生道光癸巳年二月二十未時俱在現生二子長文摓次文畧

振霄公賀公長子也生嘉慶甲戌年正月十一寅時卒光緒　年十月廿七戌時葬垵下坐東向西妣葉氏生嘉慶丙子年三月十六巳時卒道光庚子年八月廿五卯時葬垵下坐甲向庚兼卯酉繼妣葉氏生嘉慶甲戌年十月初一良時卒咸豐甲寅年七月廿七卯時葬下宮坐庚向寅又繼妣林氏生道光壬午年三月十八午時卒同治戊辰年十月十一酉時葬烏牛頭山坐　生二子長文杯次文氷

振匣公賀公次子也生嘉慶丙子年八月十八寅時卒同治己丑年二月初三巳葬本處下宅坐子向午兼壬丙分金丙子午妣　氏生一子文快早世

振官音家公賀公三子也生嘉慶戊寅年八月廿四辰時卒咸豐丙辰年二月初九辰時葬義娘宮後坐甲向庚兼卯酉分金庚寅申妣鄧氏現在生二

子長文舜次文蔭出繼振瀨
振籲公賀公四子也生道光丙戌年十月廿四卒光緒癸未年十一月初十卯時
葬本處下宅生
妣葉氏生道光己丑年十一月廿四辰時生現在
二子長文兜次文宙出繼振瀨
振瀨公賀公五子也生道光癸巳年十一月廿八午時卒道光丁未年六
月廿六酉時葬本處下宅生癸向丁兼子午分金丙子午承繼子文蔭
係是振家次子次文宙係是振籲次子
振專公祥公長子也生
與弟振顏合葬本處宅尾坐西向東承繼子長文尋
係是振顏長子次文坂係是振陶長子

東　氏　譜　五一三

振顏公祥公次子也生嘉慶甲戌年十月初四寅時卒道光壬午年十月廿四未時葬本處宅尾坐西向東妣葉氏張溪人名緞娘現在生四子長文尋出繼振專次文斬三文彝四文犯

振陶公祥公三子也生嘉慶丙寅年八月廿四寅時卒同治乙卯年十二月初八巳時葬本處山仔尾坐北向南妣　柯氏現在生四子長文坂出繼振專次文甜三文布四文果

振分公忠公長子也生道光丙申年十二月廿八辰時卒光緒甲申年九月初三寅時葬本處宅尾坐　妣林氏生道光丁亥年正月初二辰時卒光緒癸未年十月廿七戌時葬本處許宅坐　生三子長文担次文劉

振皮公忠公次子也娶蘇氏黌壳人名從官俱在現生五子長文掌次文
養三文墨四文共五文歷
振禮公世公長子也生道光壬午年九月初九酉時卒光緒戊寅年十二月初
七寅時葬上坑頂坐丑向未兼癸丁妣葉氏埔尾人名定官現在生子長
文策次文繫三文秩
振斂公世公次子也娶蘇氏名寸娘新宅人俱在生三子長文良次文棣三文
化
振天字得清公沛公之子也生嘉慶丁亥年十二月二十日酉時卒光緒癸
未年三月廿八巳時享壽六十有五與母柯氏合葬本處白石山塚下
坐丑向未兼艮坤分金辛丑公少失怙慈母甘心守節躬親撫養

及其成立諸兒繼起克服其勞生平清閒欲修善事敬待斯文性尤嗜學設立學校勉進後生志氣剛直節操堅貞為宗族事無不畢力正人是非一於公心厥後臨終子孫三十餘人共送至原娶葉氏名機官嶺下人勤儉慈惠又憐恤貧窮現在生六子長文黙次文老三文盛四文糖五文沙六文喜

振品公坦公長子也生嘉慶癸酉年九月廿九子時卒同治甲戌年十二月廿三辰時葬烏窓山坐庚向甲兼酉卯妣吳氏現在生三子長文川次文檻三文論

振竹公坦公次子也生嘉慶乙亥年九月十六戌時卒同治甲戌年八月初八亥時葬新塚坐　向　妣張氏生嘉慶丙子年三月十二

午時卒道光己酉年十二月廿九辰時葬大埔坐卯向酉兼甲庚生
一子文衛繼妣卓氏現在生一子文廟出繼振鑒
振艤公坦公三子也生嘉慶丁丑年十一月廿二卯時卒咸豐丙辰年十
二月十一午時葬烏窗山坐庚向甲兼酉卯妣蘇氏現在生三子長文
鎮次文培出繼振悔三文克
振要字守約公坦公四子業儒也生道光癸未年十月初一辰時卒光緒丁
亥年四月十三寅時葬本處宅尾坐丙向壬兼亥巳妣葉氏生道光丁
酉年八月廿七午時卒光緒乙酉年五月廿六卯時葬大埔坐丑向
未兼艮坤生四子長文哭出繼振懼次文忽出繼振憚三文棁四文箸
振鬪公坦公五子也生道光丙戌年九月初四酉時卒同治壬申年八

 

月廿八卯時葬大埔坐

妣許氏生道光甲午年五月廿七申

時卒光緒丙子年五月廿七戌時葬山頭頂坐甲向庚兼卯酉生三

子長文評次文巍三文佐

振鑒公坦公六子也生道光己丑年正月十三卯時卒咸豐壬子年七月十六

子時葬山頭頂坐申向庚兼卯酉承繼子文廟係是振竹次子

振懼公坦公七子也生道光辛卯年十一月初十卯時卒光緒乙亥年十月

十二戌時葬大埔坐丑向未兼艮坤承繼子文𡗗係是振要次長子

振惲公坦公八子也生道光辛卯年十一月初十寅時卒咸豐甲寅年十

二月初四巳時葬烏窗山坐庚向甲兼酉卯承繼子文忽係是振要次子

振悔公坦公九子也生道光甲午年十月初二戌時卒道光甲辰三二

月二十辰時葬本處山頭頂坐乙向辛兼夘酉承繼子文培係是振猷次子

振遠公術公長子也生道光丙申年十月十二申時卒光緒乙酉年八月初八夘酉時葬烏牛頭坐南向北妣紀氏生道光戊申年十月十六午時卒光緒癸未年十月廿九午時葬面頭山坐癸向丁兼子午生二子長文旺次文榆繼妣　氏現生

振醉公術公次子也娶紀氏俱在現生三子長文桃次文爻三文篇

振蘭公蟾公長子也娶鄭氏名泰官俱在現生六子長文願出繼振静族次文寶三文報出繼振静四文灶五文淇六文達

振静公蟾公次子也生道光乙未年二月初六亥時卒咸豐癸丑年十月廿七戌時與弟振族合葬烏牛頭山坐午向子承繼子長文

報係是振蘭三子次文魁係是振彥三子

振彥字振鳳公蟾公三子也娶紀氏俱在現生六子長文田次文夏出繼振族

三文魁出繼振靜四文標五文權六文錫

振族公蟾公四子處士也生道光辛丑年十月廿一酉時卒同治壬戌年閏八

月廿九酉時與兄振靜合塋烏牛頭坐午向子承繼子長文願係是

振蘭長子次文夏係是振彥次子

振合字太和公巳公之子也娶蘇氏龍鬚人俱在現生二子長文潤次文

喬

振沙公休公長子也娶葉氏溪邊人俱在現生一子文歉

振炮公休公次子也娶黃氏俱在現生三子長文全次文庖三文澳慈

振鎮公肥公之子也
振軫公鑠公之子也娶　氏現生一子文詰
振韮公聰公之子也娶周氏名運官岳口人現生二子長文証次文懇
振習公輝公長子也生道光庚子年七月十二寅時卒同治庚午年十月廿三
午時葬義娘廟前坐甲向庚兼寅申分金丙寅丙申妣郭氏現在三
一子文卞
振廣公輝公次子也妣郭氏現生二子長文早次文甘
振來公輝公三子也生道光甲申二月廿五吉時卒同治乙丑年閏五月廿
九午時葬
振乞公輝公四子也娶李氏現生一子文江中

振珠公惇公長子也生嘉慶乙丑年十月二十午時卒道光乙巳年十月十九申時葬許宅坐癸向丁兼丑未

振珍公惇公次子也生嘉慶壬申年二月十五卯時卒道光丁酉年六月初六辰時葬許宅坐子向午兼壬丙

振枰公撰公之子也生道光甲申年正月廿八亥時卒道光辛丑年五月初十未時葬雉鷄山脚坐子向午兼壬丙

振英公魚公長子也 生卒月日葬處俱失記相傳九月廿四忌諱 妣曾氏現在 承繼子文樹係是振俟所出

振俟公魚公承繼子也生道光癸卯年五月十七吉時卒光緒癸未年十一月廿三丑時葬在臺 妣曾氏名音娘生二子長文

樹出嗣振英次文此

振益公向公之子也

振國公討公之子也

振長公張公之子也

振樹公敬公長子也娶劉氏俱在現生三子長文為次文泉三文珠

振園公敬公次子也生咸豐甲寅年八月廿七辰時卒光緒甲申年七月二十未時妣王氏改嫁公塋在臺　生一子文茂

振㢟公敬公三子也在臺生

振客公溪公長子也在臺居住

振日公溪公三子也

振月公溪公四子也

振江公溪公次子承繼公六公也

振執公楮公長子也生嘉慶丁丑年十二月廿八巳時卒道光戊申年四月初三塋許宅坐乙向辛兼辰戌妣吳氏石潯人生道光乙酉年八月廿夘時卒道光庚戌年八月廿六亥時塋烏牛頭坐乙向辛兼辰戌生一子文堅

振崘公楮公次子也生道光庚寅年八月初四午時卒道光庚子年二月初七良時塋山仔尾后坐西向東承繼子文謙

振靴公淡公長子也生道光庚午年八月廿二巳時卒道光乙未年八月

十二戌時葬白石山坐辰向戌兼乙辛承繼子文莉係是振汝次子

振汝公淡公次子也娶許氏名靜官城内大埕人俱在現生三子長文砌次文莉早世係是出繼振靴三文潘

振六公水公長子也娶蘇氏名花官岳口人現在生二子長文賓出繼振雨次文再煮

振雨公水公次子承繼公親公為長子也生道光庚寅年九月初二戌時卒道光癸巳年十月廿八巳時葬許宅頂坐　承繼子文賓係是振六長子

振永公楮公三子承繼公親公為次子也生道光甲午年四月廿四辰時卒同治乙丑年八月初三葬將軍潭尾坐亥向巳兼乾巽妣吳

氏石潯人生道光丁酉年十二月十五酉時卒光緒庚辰年十一月初八郊
時瘞鴨潭宅坐戌向辰兼乾巽生二子長文滛次文思往叻卒
振潭公水公三子也往灌口卒　娶蘇氏名省官卧龍人現生三子長文團次
文佑三文臣
振河公地公之子也生乾隆甲寅年正月初二辰時卒咸豐己未年十一月
廿四郊時瘞在臺妣林氏諱秋娘生嘉慶辛酉年十月初九巳時卒
道丁未年八月廿二巳時瘞在臺　生三子長文笨次文成三
文宴
振郁公花公長子也生嘉慶己巳年十二月十九寅時卒同治乙丑年
月十七日瘞在臺　妣李氏生嘉慶己巳年十一月廿二卒咸豐

癸丑年三月十五卯時葬許宅坐壬向丙兼子午生二子長文炎出繼振降
次文營
振降公花公次子也生嘉慶辛未年十一月初三午時卒道光甲辰年十月
廿三卯時葬許宅坐癸向丁兼子午出繼公元承繼子文炎係振郁之長子
振艮公栽公長子也生道光壬午年正月廿九丑時卒同治庚午年八月廿四
午時葬烏窗山坐艮向坤兼寅申娶吳氏名餋官石潯人現在生三
子長文抹次文坎三文智出繼振奪
振寢公栽公次子也現在妣葉氏寨後邊人生道光庚寅年初六辰時卒
咸豐丙辰年七月廿四戌時葬義娘廟後坐辛向乙兼戌辰繼妣
葉氏伍顯宮人生道光甲午年五月十三卯時卒同治丙寅年三

月初八辰時塟義娘廟坐辛向乙兼戌辰生二子長文於次文國

振芸公裁公三子也娶蘇氏名進官下宅人俱在現生三子長文仟次文溠三

文隨

振奪公裁公四子也出外不知妣黃氏生道光　年二月廿六戌時卒同治甲

戌年九月初十丑時塟龍質頂坐東向西承繼子文智係振艮之三子

振侯作官音公裁公五子也生道光甲午年九月廿八寅時卒同治癸酉年十一月

十一寅時塟許宅坐丑向未兼艮坤娶吳氏名襯官石溽人現在

生二子長文卦次文稽

振奎公仁公長子也生嘉慶　年四月廿七亥時卒光緒辛巳年十二

月廿一未時塟山仔尾坐北向南妣郭氏田厝人生嘉慶戊寅年

十二月廿七卯時卒光緒丙戌年四月廿一未時壟義娘廟後坐卯向酉兼乙辛生三子長文吭去聲次文磡三文樣

振辰公仁公次子也生嘉慶戊寅年六月初四卯時卒道光丁未年正月十一午時壟山仔尾坐北向南娶蘇氏新宅人現在生一子文闇

振跳字有瑋公仁公三子庠士也生道光甲申年九月二十辰時卒咸豐辛酉年二月廿五丑時壟雉鷄山坐艮向坤兼丑未妣葉氏埔尾人現在生一子文書

振翻公仁公四子也生道光己丑年五月初二丑時卒咸豐丙辰年十一月廿二子時壟山仔尾坐甲向庚兼卯酉妣曾氏岳口人生道光乙未年二月初二巳時卒光緒庚辰年七月初七未時壟山仔尾坐北向南生一子文傳

振霃公烏公長子也生道光癸未年七月廿三巳時卒光緒戊子年七月初七午
時塟　娶葉氏名寨官後埔人現在生三子長文伴次文知三
文邊
振盤公烏公次子也往叻
振諧公烏公三子也往叻
振待公顕公長子也出繼公此生
振蜂公顯公次子也往叻
振和公倩公之子也
振貪公衡公長子也生嘉慶丁巳年三月初四卯時卒咸豐戊午年

五月初十辰時塟山仔尾坐　妣郭氏生道光丙戌年　月

時卒道光庚戌年六月廿未時塟　繼妣　氏生二子長

文戰若係郭氏出　次文戰

振池公壬公長子也在臺早世　相傳十一月十七忌諱塟

振洸公壬公次子也現在臺

振得公見公長子也生道光甲寅年正月初一辰時卒同治壬戌年十二月廿

四巳時塟許宅坐亥向巳兼乾巽無娶承繼子文和係是振樹次子

振傾公見公次子也生道光甲午年六月十八未時卒光緒丙戌年三月初二

申時塟後塘尾坐東向西妣魏氏名鄭娘盧前人生道光戊戌年十

月初二酉時卒光緒壬午年七月初三巳時塟許宅坐乾向巽兼

戌辰生一子文蚕

振軟公見公三子也娶郭氏現在生一子文纏

振計博厚公長子也 往番

振經博厚公次子也生道光壬戌辰年七月二十夘時卒咸豐壬子年十月

初九戌時塟許宅坐 止

振淵博厚公三子也 往番卒

振端公泰公長子也 出外未詳

振異公泰公次子也

振霞公藉藕公長子也生道光癸巳年十月十二辰時卒咸豐庚申年

六月三十日巳時塟 在臺

振魯公藕公次子也在臺居住娶戴氏俱在生一子文樹

振樹公齊公長子也娶顏氏名更官後塘人俱在現生四子長文賜出繼振墻次文和出繼振得三文讓四文朕

振墻公齊公次子也無娶早世生道光甲辰年十月初一寅時卒己巳年六月初二申時塟大碑坐　奉嗣子文報又承繼子文賜係振樹長子

振潛公齊公三子也現在娶　氏

塟　繼妣邵氏名幼官柑仔欖人又

娶洪氏名正官嚌吻人俱在現生二子長文篇郭氏出次文清洪氏出

振勑公義公長子也生道光癸丑年正月廿三良時卒光緒乙酉年五月二十午時塟許宅坐丑向未兼艮坤分金辛丑娶吳氏名襯官石潯人

振同公義公次子也娶張氏名梅官現在
現在生一子文錐
振甲公齊義公三子也娶葉氏名吻官西洋人俱在
振蟬公義公四子也生
振照公信公之子也娶童氏名莽官生一子文情
振只公梅公長子也生嘉慶乙亥年二月十六巳時卒光緒己卯年十月十
九寅時葬大碑坐北向南妣吳氏名濤人諱錢官生嘉慶甲戌年三
月十九辰時卒道光乙酉年十月十四巳時葬　生二子
長文梯次文謙

振塭公梅公次子也生嘉慶甲戌年十二月初二巳時卒光緒辛巳年八月十三辰時塟山仔尾坐壬向丙兼亥巳娶王氏岳口人名銀娘現在生二子長文平次文到出繼振桂

振桂公梅公三子也生道光甲申年正月廿八亥時卒咸豐壬子年六月廿六巳時塟在嚐叻娶鄭氏埔地人現生一承繼子文到係是振塭次子

振念公梅公四子也生道光甲申年正月廿八亥時卒咸豐壬子年五月廿八巳時塟在嚏叻無娶

振滑公梅公五子也生道光丁亥年五月初十亥時卒光緒戊寅年十二月初六酉時塟埈下坐甲向庚兼寅申分金丙寅丙申娶葉氏現在生三子長文抛次文璽三文乳

振拱公梅公六子也生道光壬午年九月廿五戌時卒光緒乙亥年正月
廿六未時塋許宅坐癸向丁兼丑未妣紀氏生道光乙卯年十一月
初九辰時卒光緒乙亥年五月十九巳時與公塋承繼子文璽係是
振滑次子
振匏公花公長子也生嘉慶己卯年四月十三卯時卒同治乙丑年十一月
廿九塋烏窓山坐壬向丙兼子午妣葉氏現在生二子長文郴次文
佳
振自公花公次子也生道光辛巳年九月初一亥時卒道光癸卯九月
廿二卯時塋烏牛頭山坐丙向壬兼巳亥分金丁巳亥無娶
振恥公花公三子也生道光丙戌年正月初七良時卒光緒甲申年七

月十九巠　　　　妣劉氏米市人生一女往外家居住
振獨公花公四子也生道光庚寅年五月廿七亥時卒同治壬申年二月初
五辰時巠許宅坐　　　　妣改嫁生一子文汀往叻卒
振欽公春公之子也承繼公亭生道光癸卯年三月十一亥時卒咸豐辛酉年十月
廿七午時巠雉圭山坐　　　　妣張氏諱鑾官洋坂人生　　年
月卒　　年　月　　時巠在
振切公蕉公長子也生嘉慶甲戌年十一月初二申時卒光緒丙戌年二月初
八申時巠本處棺脚仔坐卯向酉兼乙辛分金辛卯酉　妣葉氏名燧官
溪邊人生道光辛巳年十月初七吉時現在生二子長文晏次文呑
振串公蕉公次子也生嘉慶庚辰年十月廿一丑時作忌諱巠

妣盧氏生道光辛夘年九月廿一亥時卒光緒丁丑年七月十四年時塟　生一子文契

振塔公蕉公三子也生道光壬午年八月初十辰時卒光緒甲申年七月二十巳時塟　妣葉氏名鑽官埔尾汥墘鄉人生道光辛夘年三月初三夘時現在　生四子長文照次文相去聲三文友四文賫

振位公挺公長子也生嘉慶乙亥年七月十九寅時卒咸豐癸丑年二月初八未時塟義娘廟後坐寅向申兼甲庚妣葉氏生道光壬午年七月廿一申時卒現在　生二子長文漳次文格

振屆公挺公次子也承繼公鑽　生嘉慶戊寅年七月初三戌時卒同治庚

午年閏十月廿八未時塟烏窗山坐艮向坤兼寅申　妣葉氏生道
光丁亥年十二月十四艮時卒光緒　年　月　艮時塟在
生三子長文延次文鈚三文坪

振近公挺公三子也生
承繼子文廷延係振屘長子

振判公挺公四子也生道光庚寅年五月十三戌時卒同治甲子年七
月十二巳時塟義娘廟後坐丑向未承繼子文坪係振屘三子

振吡公挺公五子也生道光癸巳年十一月廿九酉時卒光緒己卯年十二
月十八未時塟本處義娘廟後坐艮向坤

振忍公壇公長子也生　年　月　日　時卒　年

月　日時巹　妣王氏生　年　月　日

時卒光緒　年　月　日　時巹　生二子長文讚次

文偶

振錐公壇公次子也生道光己丑年六月十二日辰時卒咸豐辛亥年三月十七

日未時巹在嘪叻

振柱公壇公三子也現在叻

振汲公壇公四子也現在娶　氏生

振欺公撥公長子也生道光乙酉年十二月十一辰時卒道光庚戌年九月卅四酉時

塋本處燈大寨脚坐　早世無傳

振節公撥公次子也　現在叻

振委公提公之子也生道光己丑年正月廿五酉時卒同治庚午年二月初七

未時塋結墓坐寅向申兼艮坤妣許氏現在　生二子長文洗次文嫌

振漂公寮公之子也生道光丁亥年三月二十巳時卒同治乙亥年正月三十日

午時塋山仔尾坐艮向坤娶葉氏名緣官上厝人現在生三子長文程

次文宰三文默又側室　氏現在嘮吧居住　生一子文江

振匠公尊公長子也　往叻卒莫考

振助公尊公次子也生道光己丑年七月十八吉時卒光緒壬戌年十月二十

吉時妣呂氏生道光甲午年十一月初五吉時現在生四子長文帝次文　三文
聲四文經
振庄公盤公長子也現在娶葉氏生　年　月　時卒
年　月　時塋　又娶邵氏現在生二子長文欵次文夢
振榜公盤公次子也現在娶葉氏名盈官埈岸人又娶鍾氏名玉官⿰口實叻人生
年　月　時卒光緒　年　月　時塋在⿰口寔叻生
四子長文字係葉氏出次文章係鍾氏出三文尖亦鍾氏出四文扁係葉氏出
振余公盤公三子也
振音公選公之子也娶洪氏名甘官現在生一子文皆

振與公尾公之子也

振交公昧公之子也

振慶公領公之子也娶葉氏俱在現生三子長文禁次文繳三文哮

振養公助公之子也

振勸公蔡公長子也生道光甲午年十月廿四巳時卒道光庚戌年十二月初六戌時塟白石山坐北向南無傳

振旁公蔡公次子也承繼顯公生道光丙午年十二月十九酉時娶王氏山坪人生道光辛亥年九月十二酉時俱在現生二子長文泉次文

振蒖公蔡公三子也生道光己酉年三月十四巳時娶李氏後壠人生咸豐辛酉年三月十四酉時俱在現生一子文

振愚公蔡公四子也生道光庚戌年九月廿一戌時卒光緒丙子年七月廿
四丑時早世無傳塋白石山坐　向
振情公寬公長子也（承繼公顯）生道光己亥年九月初七戌時卒光緒丙子年
九月十七巳時塋　　　娶蘇氏白石人生道光庚戌年十月初
七吉時（現在）生一子文渴
振源公寬公次子也（承繼公果）生道光癸夘年二月十五巳時娶呂氏生道光庚戌
年二月十九戌時（現在）生二子長文該次文當
振脱公寬公三子也生道光丙午年三月十四酉時卒咸豐庚申年五月廿
五夘時塋本處白石山坐　向　早世無娶
振虎公寬公四子也生道光庚戌年二月初八戌時卒咸豐己未年九月

廿六酉時塟白石山坐　向　早世無傳

振礁公寬公五子也生咸豐癸丑年二月廿五寅時娶紀氏後藉人生咸豐丁巳年五月初一卯時俱在生二子長文裕次文首

振岸公寬公六子也生咸豐己未年五月廿七辰時妣呂氏生同治壬戌年九月廿九亥時俱在現生二子長文嶺次文山

振岑公振疊公長子也承繼公顯生咸豐乙卯年六月初六申時娶紀氏龍窟西人生咸豐戊午年十月十一酉時俱在現生二子長文綴次文瓊

振脊公疊公次子也承繼公果生咸庚申年五月初二戌時娶吳氏石潯人生同治己巳年十月廿五巳時俱在現生

振日公疊公三子也生同治癸亥年六月十六辰時娶徐氏烏泥人生同治戊

申年二月十九卯時俱在現生

振魁公疊公四子也承繼公果生同治庚午年三月十二戌時娶吳氏石潯人生同治壬申年九月廿八辰時俱在現生

振源公是公長子也娶林氏生四子長文璧次文合出繼振生三文進出繼振成四文來俱在臺居住

振江公是公承繼子公發公三子也

振成公亮公承繼子係公發公三子也

振生公發公長子也娶蔡氏現生一子文獻又承繼子文合係振源次子

振潤公淳公長子也生道光戊子年正月廿五吉時卒光緒甲子年正月廿九吉時瘞白石山塚前與父合瘞妣康氏生咸豐甲午年九

月十九吉時現生二子長文管次文民
振明公淳公次子也娶蘇氏鑾壳人
振祿公持公承繼子也
振乾公炳公承繼子也娶曾氏松柏林人
振在字秉德公科公長子也娶吳氏現生二子長文熙次文鑒
振周公科公次子也娶吳氏名岸官生咸豐辛酉年二月初十戌時卒同治
甲戌年八月初四未時塋美珠塘雀鳥墓頂坐戌向辰兼辛乙
振祐公準公長子也生咸豐辛酉年二月初二吉時卒光緒丙戌年三月
初三吉時塋在嘡叻坡
振讓公準公三子也現在

振岳公曝公長子也

振奠公曝公次子也

振針公富公之子也（往叻居住）娶王氏名友官現生二子長文返次文淇

振養公看公之子也承繼公存現住行頭鄉

振顧公看公次子也現住臺灣

振榮公舉公之子也娶林氏生同治丙寅年十二月廿五巳時卒光緒癸未年二月十七巳時葬　又娶吳氏生一子文犀

振孫公清公長子也生道光庚子年九月廿九寅時卒光緒丙子年三月十七吉時葬在㖒叻坡坐向莫考　妣蘇氏生道光甲辰年四月初四卯時卒同治庚午年閏十月初三巳時葬白石山坐甲向庚兼

寅申生一子文濟

振允公清公次子也娶紀氏後麝人俱在

振播公清公三子也生咸豐乙卯年　月　日　時卒光緒戊子年正

月初八未時葬在嗹叻坐向莫考

振炎公湍公長子也生道光癸未年正月十五辰時卒光緒戊子年十六

月廿四辰時葬許宅坐癸向丁兼丑未妣　氏生四子長文歆次文

庚三文淵四文海

振協公湍公次子也現在娶紀氏生道光丙午年二月十六酉時卒光緒己

卯年六月廿三巳時葬義娘廟後坐丑向未兼癸丁又娶葉氏

名月娘生五子長文乾次文鳳三文煥四文渥五文藍俱紀氏出

陳氏族譜　七十

振榮公聘公之子也生道光庚戌年八月廿五夘時卒光緒乙酉年七月廿六寅時塋在嗟叻坡娶賀氏名水官五甲人生二子長文殊次文恭

振鏗字鏘士號少村公解公長子處士也娶吴氏名片娘石潯人俱在現生二子長文潘出繼振鐸次文深

振鐸公解公次子也生咸豐丙辰年月廿七辰時卒光緒戊寅年八月廿四午時塋雉鷄山坐甲向庚兼寅申承繼子文潘係振鏗長子

振揚公圈公之子也現在安南

振純公貢公長子也娶紀氏後廍人俱在現生三子長文洗出繼振耀次文掾三文响

振拔公貢公次子也娶蘇氏名八娘俱在現生

振耀公貢公三子也生咸豐己未年四月廿一寅時卒光緒丙子年六月十一戌

時瘞本處大埔坐甲向庚兼卯酉承繼子文洗係振純長子

振性公恪公長子也娶劉氏名報官大學鄉人俱在

振寮公旦公長子也娶汪氏名愛官俱在

振孟公亥公長子也生嘉慶戊寅年三月十九吉時卒同治壬申年九月十

八卯時瘞山仔尾後坐辛向乙兼戌辰分金辛卯酉妣王氏名錢官生道

光癸未年吉日良時卒光緒戊子年六月初四子時瘞後山坐

向 生二子長文寬次文頗

振資公煥公之子也生道光丁酉年五月初六吉時卒光緒庚午年

正月初四吉時壅　妣　氏無傳

振田公藍公長子也娶方氏現生二子長文勝次文遇

振蠶公藍公次子也生咸豐戊午年十一月廿七子時卒光緒乙酉年

三月十一巳時壅　妣改嫁

振篇公藍公三子也生同治甲子年正月廿三吉時現在

振易公藍公四子也生同治丁卯年四月廿六吉時現在

振語公前公長子也生同治丁卯年七月十二吉時卒光緒己丑年十

一月廿二寅時壅　早世無娶

振大公前公次子也生同治甲戌年九月廿六吉時現在

文舵振碧公長子也娶　氏名蕤官現在住勿生三子長維翁次維

浸早世三維石

文喨振碧公次子也往叻卒莫考

文遏振碧公三子也現在叻

文鄭振碧公四子也娶楊氏名摘娘臺灣人俱在現生一子維壽

文靈振鬱公長子也生咸豐庚戌年九月初六巳時娶劉氏生同治丁

卯年九月廿五午時俱在現生一子維灌出繼文虎

文虎振鬱公次子也生咸豐癸丑年十月初七辰時卒同治庚午年閏

十月廿七酉時葬本處下宅坐西向東承繼子維灌係文靈長子

文琳振鬱公三子也生咸豐己卯年十二月初四辰時現在

文揉振越公長子也生咸豐辛酉年正月初十午時現在

文畧　振越公次子也　生同治乙丑年三月初三子時現在
文杯　振霄公長子也娶生道光癸卯年六月初二艮時娶蘇氏名美
官大鄉人現在承繼子維丹係文氷次子
文氷　振霄公次子也生道光癸卯年十二月初五娶許氏生道光丁未
年四月二十卯時卒光緒辛巳年十月十三卯時葬茔烏石頭山
坐艮向坤兼丑未分金丁丑丑未現生二子長文維灘次維丹出繼文杯
文怏　振亘公之子也生咸豐辛　年十一月十一卒光緒辛巳年十月初八
未時葬雉鷄山坐艮向坤兼丑未分金辛亥巳早世無娶
文舜　振家公長子也宮音娶王氏名香官俱在現生一子維井
文蔭　振家公次子也生咸豐乙卯年四月初六現在娶葉氏生同治癸

亥年七月初五夘時卒光緒乙酉年五月初三午時塟龍質坐巽向
乾兼巳亥繼娶朱氏現在

文兜振籬公長子也娶洪氏現在

文尋振顏公次長子也出繼振專娶葉氏名雲官上峯人現生三子長維象次
追三維霞

文斬振顏公次子也娶蘇氏名春官大鄉人現在生一子維銚

文彝振顏公三子也娶郭氏後洋人現生一子維胤

文坂振陶公長子也娶葉氏現生二子長維鋤次維格

文甜振陶公次子也娶葉氏名佑官現生一子長維印

文布振陶公三子也娶葉氏名葉官下峯人現生一子維宜

文担振分公長子也娶施氏名崔娘現在

文掌振皮公長子也娶蘇氏大鄉人現在

文策振禮公長子也娶葉氏名柿官現在生二子長維勃次維閬

文繫振禮公次子也娶蘇氏名會官鱟殼坑人現在生一子文維樹

文秧振禮公三子也娶郭氏名為娘郭山人現在

文良振斂公長子也娶紀氏名渾官後廨人現生三子長維疊次

維流三振盆

文棟振斂公次子也早世　生　年　月　日　時卒

年　月　日時塋　無傳

文化字盛德振斂公三子也

文默振天公長子也娶馬氏諱進娘小銅人早世無出生道光癸丑年九月
二十申時卒同治壬戌年八月十二丑時葬本處飯店口蛇舌仔坐北向南
與弟婦林氏諱鍊娘相依繼娶蘇氏名片官埔下人現生七子長維
應次維每奉祀馬氏三維縛出繼文沙四維澤五維怨六維滾七維把
文沙四三維再四維宛五維涼六維狡
文老振天公次子也娶鄧氏岳口人名菊官現生六子長維好次維渥出繼
文盛字如松振天公三子也娶葉氏名勤官溪邊人現生六子長維迎
次維尚三維棠字祖蔭四維善五維經六維爕
文糖振天公四子也生道光戊申年七月廿三亥時卒光緒乙亥年五月初七
巳時葬烏牛頭頂坐西向東妣林氏諱鍊娘官潯人生道光戊申

年十一月廿七酉時卒同治丙寅年十月十一戌時葬本處飯店口龍舌仔
與長嫂馮氏諱進娘相依維繼娶林氏名伴官官潯人改嫁生二子
長維篙次維碟

文沙振天公五子也生咸豐乙夘年三月廿六申時卒同治庚午年十月十三亥時
葬垵下大路邊坐寅向申兼甲庚分金庚寅庚申承繼子長維縛
係文點王子次維渥係文夫次子

文喜字慶燕振天公六子也娶蘇氏諱鳳娘謚恭順黌壳坑人生同治
丁夘年四月十一夘時卒光緒丁亥年九月初八辰時葬
生一女玉嬌繼娶吳氏諱採娘謚順德石潯人生
卒光緒庚寅年七月十四申時葬

七十一

文川振品公長子也娶趙氏現生三子長維貞次維羲三維案

文檻振品公次子也娶劉氏名笑娘伍顯宮人現生一子維高

文廟振竹公次子也承繼振鑒生咸豐丁巳年八月廿一辰時卒光緒丙子年六月初九卯時塟後埔坐甲向庚兼卯酉分金庚申寅無娶早世

文鎮振熊公長子也娶葉氏名賜官埔尾人生　年　月　日　時卒光緒己丑年　月　日　時塟烏窗頂坐北向南生二子長維心次維葉

文培振熊公次子也生道光丙午年三月二十卯時卒咸豐丙寅年十二月廿九申時塟大埔坐甲向庚兼卯酉無娶

文克振熊公三子也娶紀氏后麝下壕人現生三子長維章次維共

三維髻

文忽振要公次子也生咸豐庚申年六月初十未時卒光緒己卯年十二月十五申時塟大埔坐丙向壬兼巳亥承繼子維重（係文枰長子）

文枰振鬮公長子也娶林氏（名治官）現生二子長維重次維欄

文魏振鬮公次子也娶紀氏后埔人生同治癸亥年九月十七未時卒光緒丁亥年七月初三寅時塟後塘尾坐癸向丁兼子午（無傳）

文顧振蘭公長子承繼振族公也娶劉氏（名琴英）城內教塲人現生一子維城

文頁振彥公次子承繼振族公也娶葉氏（名音官）寨后邊人（俱在）

文潤振合公長子也生咸豐庚申年七月廿九亥時卒光緒丁亥年十二月

十三戌時塋　娶劉氏名招娘後埧人現生二子長維醋次維

桑

文喬字樑材振合公次子也娶黃氏名錄娘沙溪十三都蔡宅鄉人現生一子

維瀾

文淫振永公長子也娶　氏現生一子維

文㬂振永公次子也往叻卒莫考

文砌振汝公長子也娶劉氏名藹娘現生二子長維杭次維超

文莉振汝公次子也早世生同治辛酉年十二月廿一申時卒光緒丙子年八月十

一未時塋後塘尾生乙甲向辛庚兼卯酉承繼子維杭係文砌長子

文賓振六公長子也早世

文棨振河公長子也生嘉慶壬申年十月初五巳時卒光緒己卯年二月十六亥
時妣蘇氏生嘉慶癸酉年三月廿三辰時卒咸豐庚申年九月十三亥時
公塋　妣塋　生二子長維旺次維丕

文成振河公次子也生道光丁亥年十月十九卯時卒光緒己卯年八月廿七
辰時塋在臺　妣林氏諱飔娘生道光辛卯年　月
時卒光緒癸未年五月初十巳時塋在臺　生五子長維全
出繼文宴次維閏三維穀四維祥五維脯

文宴振河公三子也生道光丁未年十一月廿七丑時卒咸豐甲寅年八月廿六
寅時塋在臺承繼子維全係文成長子

文炎振郁公長子也承繼振降娶康氏生月日俱失卒咸豐壬子年十一月十五吉

時歿　繼娶紀氏後麝山仔后人現生三子長維易去聲次

維淺三維記

文抹公振良公長子也娶吳氏石潯人生　年　月　日　時卒光緒

戊子年十二月廿一寅時歿　現生四子長維吉次維迎三維

十四維開

文坎振良公次子也娶　氏名坤娘打埔人現在

文於振寢公長子也娶葉氏名扇娘伍顯宮人現生三子長維福次維撥

三維建

文仟振芸公長子也娶葉氏名錦官西洋人現在

文卦振侯公長子也娶葉氏名絨娘上峯人現在

文吭振奎公長子也娶練氏名網罔娘城内後城人現生一子維翻（出繼文磡）

文磡振奎公次子也生道光癸卯年九月廿一寅時卒光緒乙亥年三月十九良時葬嗅吻麒麟山承繼子維翻（係文吭長子）

文樣字花堂振奎公三子處士也生咸豐庚申年十二月廿七卯時卒光緒辛巳年九月十六寅時葬雉鷄山尾坐丑向未兼癸丁無娶

文闓振仮公之子也生道光甲辰年九月初五子時卒光緒己丑年正月十九丑時妣蘇氏名足娘尾厝人生道光戊申年八月廿二卯時卒同治癸亥年三月廿九辰時合葬山仔尾前坐壬向丙兼亥巳分金丁亥丁巳又娶林氏名琴娘相頭人現生二子長維壇次維賣

文書振跳公之子也（早世無娶）生　年　月　日　時卒光緒戊子年

十二月廿一寅時卒

文傳振翩公之子也生咸豐己巳年九月初五巳時卒光緒甲申年四月初二亥時葬在嘡叻麒麟山坐東向西無傳

文伴振霓公長子也娶顏氏軍村人現生二子長維徒（出繼文知）次維樟

文知振霓公次子也生道光己酉年十二月廿六卯時卒光緒戊寅年九月廿一未時葬山仔尾坐甲向庚卯酉承繼子維徒（係文伴長子）

文邉振霓公三子也（早世無娶）生咸豐己未年六月廿四申時卒光緒辛巳年九月廿五丑時葬面頭山仔坐北向南無娶

文若振貪公長子也生　　年　月　日　時卒　　年　月日　時葬雉鷄山坐北向南無傳

文賜振樹公長子也承繼振得墻娶葉氏名信娘潘厝人現在

文和振樹公次子也承繼振得生　年　月　時卒　年　月

時塟

文平振蝎公之子也娶　氏現在

文到振桂公之子也娶　氏現在

文榔振匏公長子也生　癸丑年五月初二亥時卒光緒甲申年十月

十七午時塟許宅宋墓口坐東向西娶葉氏出嫁

文佳振匏公次子也娶　氏現在

文汀振獨公之子也生同治壬戌年十月初四亥時卒同治（光緒）己巳年六月

初一良時塟在⿰口是叻

文晏振切公長子也娶黃氏名拈官城内福星樓人現生二子長維鏡早世次維
注
文呑振切公次子也娶葉氏西洋人現生二子長維寅次維銳
文契振串公之子也娶呂氏名蓮娘坑打人生同治癸亥年九月初五巳時卒
光緒庚辰年十月十四午時塟義娘廟后坐乙向辛分金丁卯酉又
娶郭氏名看官郭山人現在
文照振塔公長子也生咸豐辛亥年七月初九辰時卒同治乙丑年正月二十
卯時塟　承繼子維彩係文養長子
文相振塔公次子也生咸豐丙辰年九月廿四卯時卒光緒壬午年十二月十一
辰時塟　妣紀氏名菊官后廨人現生三子長維眼

次維戴三維札
文友振塔公三子也生咸豐庚申年　月　日良時卒同治甲戌年十二
月初五巳時塟　奉祀子維厥
文養振塔公四子也娶黃氏名雲娘古宅後埔鄉人現生一子維彩出繼文照
文漳振位公長子也娶紀氏生　年　月　日時卒
年　月　日　時塟
文格振位公次子也娶紀氏後礐人現生二子長維擇次維叫
文延振屈公長子也承繼振近娶李氏後壠人俱在
文⿰金禮振屈公次子也娶林氏名笑官
文讚振忍公長子也娶吳氏石⿰石壽人現生一子維

文偶振忍公次子也生　　年　月　日　時卒光緒己丑年
月　日　時塟
文洸振委公長子也生咸豐甲寅年七月十二日巳時卒光緒辛巳年十月
四日戌時塟白石山坐癸向丁兼丑未妣葉氏名綢娘現生一子振丕
文程振漂公長子也生咸豐辛酉年四月十四酉時卒光緒壬午年十月廿九
申時塟義娘宮後坐乙向辛娶曾氏名市娘岳口人現生二子長維盆
次維詠
文宰振漂公次子也娶葉氏城壇人現生一子維笨
文黜振漂公三子也娶葉氏名春娘伍顯宮人現在
文江振漂公四子也現在噴叻居住

文帝振助公長子也娶呂氏坑朴人俱在
文上振助公次子也娶葉氏上峯人
文欵振在公長子也娶葉氏名納官現在
文章振榜公長子也娶洪氏名圈娘岳口人現在
文字振榜公次子也娶吳氏石碍人現在
文尖振榜公三子也娶葉氏名仟官洪厝人現在
文返振針公長子也娶　氏嘡叺人現在
文歆振炎公長子也生咸豐辛亥年二月廿五寅時卒光緒丙子年四
月廿六未時塟店仔尾墓祠亭坐庚向申兼酉卯無出
文庚振炎公次子也生同治癸亥年五月廿一辰時卒光緒戊子年

月廿三申時塋許宅坐　向　妣葉氏名兊娘現在

文淵振炎公三子也生同治戊辰年九月廿八申時卒光緒丁丑年六月十
八午時塋許宅早世無娶

文海振炎公四子也生同治庚子年九月初三丑時卒光緒丙戌年六月
初一未塋許宅早世無娶

文渥振協公四子也早世無娶生光緒乙亥年七月初十辰時卒光緒丁亥年九
月十七寅時塋許宅坐癸向丁兼子午

文寬振孟公長子也生咸豐己酉年正月十一巳時卒光緒庚辰年十
二月廿二巳時塋棺脚仔坐卯向酉兼甲庚早逝無娶

維浸文舵公次子也早世生　　年　月　日　時卒　　年

維每文點公次子也娶蘇氏名哖官埔下人俱在現生
月　日時塟
維縛文點公三子也娶李氏名斷娘下碿坑人俱在現生
維迎文盛公長子也娶蘇氏名嘌娘下宅人俱在現生
維貞文川公長子也娶葉氏名愼娘寨後邊人俱在現生
維旺文箂公長子也在臺早世生　年　月　日　時卒
年　月　日　時塟　承繼子治寬係維歪長子
維歪文箂公次子也生　年　月　日　時卒　年
月　日　時塟在臺　妣王氏名謹娘生咸豐
乙卯年十二月廿四辰時卒一光緒丙戌年八月十六辰時塟

現生五子長治寛（出繼維日）次治化（出繼王家）三治信四治道五治敏

維全文成公長子也（承繼文宴）生咸豐甲寅年八月廿九巳時卒光緒壬午年七月初十巳時塟（在臺）

承繼子治敏（係維歪五子）

義房派世系叙

克明濬齋公二子也生卒年月塋處妣姓因海氣失記傳至宗修俱莫
可考中有神主存而字畫失真亦有名存不知何承接皆由遷
移子孫零落失據今就所存叙之以俻查補

良昭 諱洋生甲申年八月初六卒戊午年六月廿二塋長興里周家馬
壠山妣失記

周趾生卒年月塋處及妣生卒俱失據

應鍾生己巳年六月初一卒九月初二妣姓失生庚午年十一月十一卒己
丑年二月初一合塋曾厝塘頭坐辛向乙生三子長爾直次爾禄
三爾正

一名失生嘉靖丁未年卒崇禎元年四月廿六妣彭氏十四都翔風

里人生嘉靖丁未年卒萬曆正月十四葬仝禾里五都陳庫施厝
頭進用進選大仔細仔

一名失生萬曆庚戌年八月初五卒順治辛丑年四月十五葬燈火
寮坐北向南

一名失生崇禎年間卒康熙丙午年五月廿四葬處失

一諱宣生康熙丙寅年四月卒雍正戊申年六月廿四葬五里后坐
庚向甲

嘉七生卒年月葬處及妣俱失據惟傳二子長于論次于來
于論嘉七公長子也九月初二忌諱妣失姓葬本處宮仔後沙墩灣
生三子長基送次基福止三基陳止

于采嘉七公次子也生卒年月塋處及妣俱失據惟傳一子基珠住同安西
後莫考
基送于論公長子也生康熙戊寅年正月初一卒乾隆丁酉年閏二月
三十塋義娘廟后坐壬向丙兼子午妣林氏生康熙乙酉年九月
廿八卒乾隆戊申年十月初九酉塋本處后山坐酉向東生三子長潛
侯次早侯止三葛侯止
一名失住趙岡生　癸丑年十月初七卒　丁酉年八月初七塋
本處崎頭坐北向南
潛侯基送公長子也生乾隆甲子年四月廿五日辰時卒嘉慶丁卯年八月
廿三日塋義娘廟後坐北向南妣　氏生一子排伯

排伯潛侯公之子也生　年　月　日　時卒　年　月

日　時塋　妣　氏生一子君球

君球排伯公之子也生年月日失卒道光壬辰年十月十四辰時塋

處失妣　氏諱切娘生吉年三月初二午時卒吉年五月初七

忌諱

一祖妣諱連娘不知其公之配也卒嘉慶乙丑年七月廿九丑時塋

丿山仔尾坐北向南

一祖妣辛氏卒道光庚寅年正月十四午時塋山仔尾

# 禮房派世系叙

充似澹齋公三子也生卒年月塋處及妣姓俱因海氛失記惟傳宗客

良環周興應文爾低因世遠神主中字畫失真僅存名號而生

卒年月塋處亦皆罔據惟爾低傳三月廿四忌諱妣五月廿六

忌諱今就嘉晨嘉旺叙起以偹查補

嘉晨爾低公長子也生丁夘年十月十二辰時卒丁夘年九月廿六丑時妣

氏正月廿七忌諱合塋本處公舘後坐西向東生一子于賜

嘉旺爾低公次子也四月初四忌諱妣六月廿六忌諱合塋本處埈墘生一女

嫁金門西黄獅旗尾黄家是以于賜依奴住居西黄鄉

于賜嘉晨公之子也生康熙甲子年十二月初一辰時卒乾隆丁丑年

十月廿九辰時享壽七十四妣原氏諱素娘謚淑慎生康熙癸酉年十月廿
九卯時卒乾隆己卯年七月廿一寅時合葬金門西黄墓仔下坐癸
向丁兼子午生三子長基誠次基勇三基贊此派俱住居金門西黄社

基誠字志誠于賜公長子也生康熙丙申年三月初二寅時卒乾隆癸卯年
三月初九巳時葬金門石匱仔山坐西向東妣楊氏官澳鄉人生五
子長協候次福候三瀝候四溪候五海候

基勇字志敢于賜公次子也生康熙乙亥年六月廿六巳時卒乾隆庚寅
年十二月初五戌時妣吴氏官澳人生雍正庚戌年四月初九亥時
卒乾隆戊申年三月初二戌時合葬金門西江生三子長順候次
服候三和候

基贊字亿育于賜公三子也生雍正戊申年二月十九卯時卒乾隆壬子年八月初三戌時塟金門鶺鴒石坐西向東妣蔡氏諱盡娘生乾隆丙辰年二月初九卒乾隆己卯年四月初三塟澈尾山坐北向南繼妣張氏生二子長重僎係蔡氏出次爍僎係張氏出

協僎基誠公長子也生乾隆甲戌年正月廿六酉時卒嘉慶癸酉年二月初八卯時塟金門石匱仔前坐西向東妣黃氏諱轉娘水頭人生乾隆三十九年八月二十辰時卒咸豐二年二月初四巳時塟澈尾山坐北向南生二子長蓮僎伯次錐伯

福僎基誠公次子也生乾隆戊寅年二月十五戌時卒乾隆戊戌年九月廿九酉時無娶塟金門頂踏路坐東向西承繼子寮伯係海僎長子

瀝侯基誠公三子也生乾隆丁亥年三月廿六卯時卒道光癸未年十一月廿八亥時葬石匱仔前妣黃氏諱祈娘生乾隆戊戌年十月廿六卒咸豐辛亥年十月三十日卯時葬散尾山生四子長葛伯次閂伯侯三纛伯四各伯

溪侯字廷考考基誠公四子也生乾隆辛巳年三月十五戌時卒乾隆丁未年十二月廿三葬金門姑婆脚桶山坐東向西無娶

海侯基誠公五子也生乾隆庚辰年十一月初四戌時卒道光辛巳年六月三十丑時葬石匱仔前妣黃氏諱櫶娘生乾隆己亥年十二月初七巳時卒咸豐辛亥年閏八月十一巳時與公合葬生五子長寮伯出繼福侯次串伯三定伯四占伯五壇伯

舜侯不知其公之子也生乾隆丙子年九月十七卒嘉慶丙子年十二月廿五酉時

和侯基勇公三子也生乾隆癸未年十月廿九卒道光癸未年六月初九酉時葬西江外坐東向西妣王氏山后人無傳承繼子咸伯係仲侯四子

重侯基贊公長子也生乾隆丙子年正月廿九午時卒嘉慶丁卯年十一月三十日戌時妣羅氏諱巧娘生乾隆壬午年四月初三卒道光甲午年正月廿六午時葬西江外坐東向西生五子長時伯次棕伯三蟾伯四咸伯出繼和侯五鞍伯

燦侯基贊公次子也生乾隆乙未年十月二十申時卒道光己亥年五月廿五辰時葬鴟鴒石坐東向西妣黃氏諱焘娘生乾隆丁酉年

十月十一午時卒嘉慶元年二月廿八十申時繼　妣張子氏諱殘娘生乾隆癸
卯年十一月廿六申時卒嘉慶庚辰年十月十五丑時塟西江外坐東北向西
南生一子克伯　元妣塟犀山邉坐東向西

蓮伯協侯公長子也生嘉慶戊午年十二月初十亥時卒光緒乙酉年正
月廿七巳時妣楊氏諱救娘生嘉慶甲子年十月初十酉時卒道光癸
未年十月十五卯時繼室林氏諱桃娘生嘉慶乙丑年五月初六辰時
卒光緒辛巳年五月初四未時塟散尾坐北向南生二子長君擯次
君習

鏵伯協侯公次子也生嘉慶戊辰年六月初八辰時卒光緒乙亥年六月
廿三戌時塟　妣張氏生三子長君仁次君拱三君清

寮伯福俟公承繼子係海俟公長子也生嘉慶戊午年十一月初五亥時
卒咸豐壬子年九月初二未時葬石匱仔前坐西向東
閃伯瀝俟公長子也娶楊氏往臺
黨伯瀝俟公次子也生嘉慶己巳年九月初九辰時卒咸豐癸丑年三
月十六巳時葬
客伯瀝俟公三子也娶蔡氏俱在現生一子君銅
串伯海俟公次子也生嘉慶辛酉年　月　日　時出外卒莫考
定伯海俟公三子也生　年　月　日　時
占伯海俟公四子也生嘉慶壬申年六月十一申時卒光緒六年八月初
二寅時妣張氏諱吁娘葬生道光壬午年九月十六酉時卒咸豐

丁巳年閏五月十五戌時塟　　生一子君萬
壇伯海侯公五子也生嘉巳卯年四月十二丑時卒光緒戊寅年二月廿
九戌時塟　　妣汪氏現在生一子君進
一妣諱取娘不知其公之妻也生乾隆戊午年十月初九辰時卒嘉慶己
卯年五月十一午時塟
一妣王氏諱味娘不知其公之妻也生乾隆丙戌年十一月十八卒道光己丑
年三月廿三子時塟
一神主名失生乾隆庚戌年四月初九亥時卒乾隆五十三年三月初
二戌時塟
時伯重侯公長子也生乾隆乙巳年五月十三巳時卒嘉慶戊寅年十

月初六寅時歿
棕伯重俟公次子也生嘉慶丙寅年　月　日　時卒咸豐壬子年五
月初五午時歿
蟾伯重俟公三子也生乾隆己酉年九月初九未卒道光甲戌年十
月廿七酉時歿
一名吉不知其公之子也生乾隆丙辰年二月初九卒乾隆己卯年四
月初　日未時歿
克伯爍俟公之子也娶楊氏俱在現生四子長君併次君庫三君屋
四君殛
君擯蓮伯公長子也娶黃氏俱在現生五子長公遠次公湘三公求

四公水五公鮑

君習蓮伯公次子也娶黃氏水頭人俱在現生三子長公皆次公敦三
公排

君仁錐伯公長子也生道光甲辰年二月初八午時卒光緒壬午年十
月初六未時塟　　妣黃氏本社人現在生二子長公畢
次公洗

君拱錐伯公次子也娶楊氏俱在現生一子公火

君清錐伯公三子也娶黃氏補頭人現在生　子

君萬占伯公長子也生道光庚戌年八月廿四辰時卒同治甲子年
十二月十二戌時塟

君進壇伯公長子也生咸豐壬戌年九月初三申時卒光緒乙夘年六月
廿九

君併克伯公長子也娶張氏現在生一子公土

君庫克伯公次子也娶楊氏現在生一子公

陳日世言　月十一

智房世系

克廸諱訓濟齋(澹)公第四子也生正統癸亥年十一月十七日卒弘治甲子年四月廿七日妣李氏葛園人卒弘治甲子年五月初七日合葬本處柑欖壠繼妣王氏生景泰癸酉年十月廿一日卒正德壬申年閏五月初一日與早亡子楹合葬本處五里東宅共四子長宗晦次宗瑞三宗璉止四宗重

智房長派

宗晦諱珊克廸公長子也生成化庚子年十二月廿二日卒嘉靖丁巳年四月廿七日妣郭氏后村人五月十五日忌合葬曾厝后生二子長良受次良梧

良受諱舜祢邑庠生宗晦公長子也生正德吉年二月廿二日卒嘉靖壬戌
年六月初五日妣儉德莊氏祥路人生正德戊寅年十二月廿八日卒
嘉靖己未年八月初七日合葬虎墩祖墓邊坐西向東生四子長愛
道次學道三望道四宏道

良梧宗晦公次子也生丙戌年十一月卒十二月初七日妣姓葬所俱失生一子
周景

周南諱愛道良受公長子也生嘉靖丁酉年八月十一日卒萬曆辛巳年五
月初六日葬本處亭下（石坊）妣洪氏生嘉靖甲辰八月初七日卒萬曆丁未
年九月十三日葬馬巷轄香山坐申寅坤艮生二子長應時次應組

周永諱宏道號我積良受公四子處士也生嘉靖丙辰年正月廿三日辰卒萬

歷辛亥年十月初八日巳時葬后廳傳厝宅坐甲庚卯酉妣　氏生嘉
靖丁卯年五月十一日亥時卒崇禎壬子年二月初三日葬第二橋中
崙坐乾向巽生一子應性

周景良梧公之子也生丙寅年三月十七日卒五月十四日妣孫娘梁氏生壬
戌年正月十五日卒七月十三日生一子應化

應時周南公長子也八月廿三日忌辰姓妣姓失葬本處山頭頂坐東向西
三子長爾三次爾綿三爾綬

應性號翼一周永公之子也生萬歷丙戌年五月十一日申時卒崇禎辛巳年
五月二十日申時葬任畬踏瓦崙妣呂氏生萬歷己丑年三月廿六日戌時
卒順治戊子年葬失生三子長爾都次爾名俱失皆卒于順治戊子

東溪陳氏族譜　九十三

年僅傳承重孫安懷後不知

應化周景公之子也生萬歷　年九月十五日卒天啟癸巳年五月十四日妣

林氏享娘葬西山官路下坐北向南生二子長爾文次爾仕

爾三字景日榜名殷銘應時公長子邑庠生也生萬歷戊子年卒順治甲

午年九月十二日妣張氏查未寔生萬歷癸巳年卒順治甲午年九〔十二〕月

十〔初〕五日合葬東園溪頭坐丁癸午子生三子長嘉寔次嘉待〔止〕三嘉報

爾綿諱姢錄號岵嶒應時公次子處士也生萬歷壬辰年卒崇禎　年十一

月廿六葬樸仔上山名九鹿坐乙向辛妣　氏正月初三日忌生一子長

嘉執

爾綬應時公三子也生萬歷　年　月　日卒崇禎乙亥年十二月廿二日葬

東園故厝地生一子嘉式

爾助應組公之子也生　癸丑年十月廿八日卒　庚申年五月廿二日葬后
埔大墓下妣康氏生　丙寅年十月二十日卒　甲辰年六月初二日
葬本處后山坐　生一子嘉世

爾都號君日應姓公之子也生萬歷丁丑年五月廿九日亥時卒康熙乙
丑年七月十六日辰時葬湖井内後壠仔隅仔后土名尾厝坐丑未癸
丁妣姚氏生崇禎壬申年九月初四戌時卒康熙辛卯年十一月十九日子
時葬梵天中崙尾坐丁癸未丑生二子長嘉兆次嘉采

爾文應化公長子也生　己巳年八月初七日卒　丁巳年三月初十葬許宅
坑妣吳氏生　庚辰年十一月十六日卒戊子十一月十六日生一子嘉緞

爾仕應化公次子也生崇禎丁丑年十月初五日卒康熙戊戌年六月廿九日葬雉鷄山坐戌辰乾巽妣慈勤李氏十三都人生順治己丑年四月初十日卒康熙己亥年六月廿六日葬山頭頂坐亥巳乾巽生三子長嘉同次嘉選三嘉興

嘉寔爾三公長子也生　年九月初七日忌辰妣　氏葬山仔尾西邊坐北向南生三子長于令次于全出繼嘉執三子糾

嘉待爾三公次子也生崇禎戊辰年卒順治丙申年九月初六日與弟合葬東園坐東北向西南無傳

嘉報爾三公三子也生崇禎庚午年二月十五卒順治甲午年三月廿三日葬東園東邊坐寅申坤艮妣黃　娘生崇禎庚午年二月廿五日

卒康熙甲申年七月十七日葬頭[illegible]　卜西姑坑坐壬丙亥巳面前臨坑
仔有誌銘生一子于珍
嘉執諱宏爾綿公之子也生　甲戌年三月廿六日卒甲辰年五月十五日附
石坊亭下祖墓公邊妣郭卯娘　氏生　丁丑正月十八日卒　壬寅年
五月十一日葬本處后山嘉寔次子于全承繼
嘉式諱友爾綬公三之子也生萬歷乙未年七月初七日卒順治戊子年文四
月十三日葬東園坐東向西妣失記生一子于念附記妣神主
一妣吳氏生萬歷壬子年卒崇禎癸酉年五月廿七日葬崎口東係南
邑人
一妣張氏生崇禎丁丑卒雍正癸卯年七月廿三日葬王厝后墓

一妣辛氏生乙卯年卒丙辰年二月三十日葬外家坂壠尾埔附
母妗合葬坐西向東此三条皆是嘉式派内抄出不知何公之配
存之以備查補

嘉世諱喬爾助公之子也生崇禎乙亥年六月十一日卒康熙甲辰年五
月十三日葬本處莿塘上山腰坐卯酉甲庚妣丁氏生順治辛巳
年六月十九日辛卒康熙丙寅年四月廿八日葬本處后山生四子長
于淮次于己三于美四于習

嘉兆諱慶爾都公長子也住廈門劉坂下不知何去

嘉采諱八爾都公次子也生乾隆癸丑年十一月初三日卯時卒乾隆癸
酉年四月初七日卯時葬梵天寺崙改葬田峯前山坐乾巽兼巳

妣黃氏生康熙丁丑已年十月十九日巳時卒乾隆丙辰年八月初八日子時葬汀溪晃巖邊黃岫崙坐艮坤丑未生三子長于相次于遠三于斌

嘉緞爾文公之子也生　乙未年八月初六日卒　己酉年三月十五日

妣焘娘彭氏生康熙乙未年五月十九日卒康熙己亥年六月初九日生一子于孝

嘉同爾仕公長子也生康熙乙酉年十月初四日卒雍正壬子年正月初七日葬五里后坐辛乙卯酉妣黃氏生康熙乙丑年三月廿五日卒于乾隆癸酉年正月初十日葬雄圭山柑欖壠坐西向東生四子長于淑止次于患止三于道四于然

嘉選爾仕公次子也生康熙乙巳年卒康熙庚子年三月十七日葬圳下坐東
向西無傳
嘉興爾仕公三子也生康熙辛未年十二月廿六日卒乾隆庚午年十一月
十五日葬后山坐西北向東南妣李氏生康熙丁卯年十月初四日卒
乾隆辛酉年三月十四日葬雉圭山坐丑未艮坤生四子長于雙
生一子基提止 次于奇三于信四于益
于令嘉寔公長子也生順治乙酉年正月十一日卒康熙甲戌年四月初八
日妣勤慎柯氏生順治庚寅年十一月廿一日卒雍正丙午年八月初
三日目 葬本處曾厝后坐西向東生二子長基謹次基德
于糾嘉寔公　子也生順治癸巳　九月十五日卒康熙戊子年八月初

十日　　仔園后坐夘向酉　　氏生三子長基語次基悻止三基

澤

于珍諱奭嘉報公之子也生順治庚寅年二月廿七日卒康熙壬寅年
十一月廿五日葬雉圭山內向寅申艮坤外向艮寅申妣黃氏生
順治庚子年六月廿一日卒乾隆辛丑年三月十三日葬水尾內坐
癸丁丑未外坐丑未癸丁生一子基平

于全嘉寔公次子也承繼嘉執公生順治戊子年十二月廿一日卒康
熙壬辰年九月二十日葬本處后山坐北向南妣吳氏生順治丙申
年九月初六日卒乾隆元年十二月初四日與公合葬生四子長基
娶次基展三基快四基院

于念嘉式公之子也傳二子長基長（生二子和侯通侯俱止）次基榜

于準嘉世公長子也生康熙甲寅年六月初六日卒雍正丙午年四月廿四日
兄弟合葬埔平尾坐乙辛卯酉妣　氏生康熙丁卯年四月廿四日卒雍正
庚戌年二月初九日葬歐坑路生二子長基平次基猛

于美諱畧嘉世公三子也生康熙丙辰年九月廿九日卒雍正庚戌年三月
十八日葬山仔尾妣沈氏生康熙庚午年十二月廿五日卒乾隆癸酉年
年正月廿六日葬本處后山坐子向午生四子長基喜次基陶三基
換四基顧

于相嘉采公長子也生康熙辛巳年七月十五日巳時卒乾隆庚寅年七月初
三日巳時葬梵天頀界宫后止　妣蔡氏生康熙癸巳年五月初

五日巳時卒乾隆戊午年七月　十日巳時與公合葬繼妣劉氏生康熙
丁亥年九月廿九日卒乾隆乙未年四月十六日未時葬店仔尾頭
崙生一子基吉

子遠嘉采公次子也生康熙癸酉年十月初八日卒乾隆辛巳年十月初六日
葬梵天妣林氏生康熙丁酉年八月十六日亥時卒乾隆甲子年十一
月廿一日未時葬尾崙坐庚甲申寅兼妣林氏生康熙己丑年九月十
七日午時卒乾隆丁酉年二月廿六日丑時葬尾崙坐南向北生一子
基送

子斌號文岳嘉采公三子也生康熙丁酉年十二月十二日亥時卒乾隆辛丕
年十一月二十日巳時妣曾氏生雍正丁未年十二月十三日寅時卒

乾隆己未年七月廿七日丑時公葬南安縣廿八都苦溪鄉上田湖土
名分水湖穴在湖上坐甲庚卯酉妣葬梨仔保顏家山土名師公
崙湖坐庚甲申寅生二子長基輝次基厝

于孝嘉緞公之子也生康熙戊寅年十一月十六日巳時卒乾隆四十八年二月
十三日巳時妣鳳娘洪氏生康熙己卯年正月十九日巳時卒乾隆丙戌
年八月初九日辰時葬烏窓山坐西向東生一子基裘

于淑嘉同公長子也生康熙壬午年五月初五日卒康熙戊戌年正月十
八日葬五里后坐北(西)向東南與弟(于慈)俱無傳

于道嘉同公三子也生康熙辛卯年十二月廿六日卒乾隆辛卯年三月十三日
葬梵天觀音堂前妣許氏生康熙壬辰年三月十三日卒乾隆壬寅年

四月十九日葬義娘塚生三子長基武次基芳三基桔
于然嘉同公四子也生康熙乙未年十月初五日卒乾隆丁未年九月廿七日
葬山仔尾妣蘇氏葬義塚坐北向南生三子長基徧止次基待徙居灌口
三基外止

于奇嘉興公次子也生康熙乙未年十二月初七日卒嘉慶戊午年七月初
三日葬丁葉墓邊坐西向東妣葉氏九月初二日忌辰葬梨仔后坐
北向南生二子長基陣次基祖

于信嘉興公三子也生康熙己亥年六月初一日卒乾隆甲戌年正月廿六
日無傳

于益嘉興公四子也生康熙壬寅年十月三十日卒乾隆丁卯年二月十一日葬

山仔尾坐東北向西南生一子基成

基謹于全公長子也生康熙壬戌年三月十七日卒雍正癸丑年正月十九日葬埔平坐東向西妣孫氏生康熙甲子年十二月十九日卒乾隆三十三年二月初七日葬許宅義娘廟前坐艮坤寅申生三子長捕侯止次竹侯三偶侯止

基德諱尚于令（全）公次子也生康熙丙寅年五月廿七日卒乾隆丙子年三月廿六日葬龍舌中山仔内向癸丁丑未外向丑未癸丁妣蔡氏生康熙乙亥年三月初一日卒乾隆己卯十一月初二日葬許宅坐壬丙子午生三子長諒侯生三子俱止次西侯三場侯

基語于糾公長子也生康熙己巳年二月初四日卒乾隆壬申年八月廿六日

妣蔡氏生康熙甲戌年正月二十日卒　辛丑年六月初七日再妣　氏
生康熙丁卯年八月初六日卒乾隆丁卯年七月初　日葬山仔尾坐東
向西生三子長理俟元配出次桃俟止三機俟繼妣出

基澤于糾公三子也生康熙丁丑年八月三十日卒乾隆辛巳六月廿三日葬
山仔尾坐乾向巽妣石氏生康熙辛巳年八月初十日卒乾隆乙巳年十月
初八日葬埔平坐東向西生四子長海俟次波俟三浪俟四港俟

基平諱寧太學生名經邦于珍公之子也生康熙戊辰年十月初五日卒康
熙壬寅年八月廿五日與父合葬妣葉氏南洋人生康熙庚午年正月初
四日卒康熙丙申年八月初三日與母黃氏合葬繼妣勤（聰）娘林氏生康
熙庚午年七月廿九日卒乾隆己丑年十月廿八日葬溪仔墘坐丁癸

午子生三子長甫侯(生一子在伯止)次台侯(葉氏出止)三昂侯(林氏出)

基娶于全公長子也生康熙乙巳年十月初二日卒乾隆戊寅年十一月十一日

妣吳氏十二月初四忌辰俱葬東義塚坐東向西生一子專侯往福

清

基展于全公次子也生康熙辛酉年六月十九日卒乾隆庚申年十二月廿

三日妣楊氏生　丙寅年八月十八日卒　壬辰年八月十一日繼妣林

氏生康熙癸酉年四月廿初六日卒乾隆庚申年十一月初十日俱葬

東義塚坐東向西生四子長榥侯(妣楊氏出)次應侯三益侯(止)四稠侯(妣林氏出)

基快于全公三子也生康熙甲子年正月十五日卒乾隆戊寅年十月初三

日葬福清妣許氏生康熙乙亥年六月初一卒乾隆辛巳年七月三十

日葬山仔尾坐東向西生四子長妙侯次吟侯三魁侯四肅侯

基院于全公四子也生康熙丁卯年二月初六日卒　辛卯年二月初六日（二）

往台無傳

基榜于念公次子也生康熙己未年正月初七日卒雍正己酉年七月廿

六日妣紀氏生康熙庚午年　月　日卒乾隆乙亥年八月廿三日

並葬本處山頭頂坐南向北生三子長天侯次品侯三端侯

基成于準公長子也生康熙戊戌年八月廿四日卒乾隆丙申年七月十五日

葬山仔尾后坐西向東妣趙氏生雍正癸卯年五月初八日卒乾隆辛

未年九月二十日生四子長點侯次德侯（往吧卒無傳）三爾侯（出繼基猛）四料侯

基猛于準公次子也生康熙壬寅年五月初一日卒乾隆甲午年　月　日

承繼子爾俟係基成三子

基喜于美公長子也生康熙庚寅年五月十八日卒乾隆戊子年九月
十六日葬山仔尾妣魏氏生康熙庚寅年七月初一日卒乾隆
甲戌年十二月十九日繼妣洪氏生康熙戊戌年　月　日卒乾隆
丁丑年十二月廿四日葬本處山頭頂無出魏氏生二子長聚俟
次遂俟

基容諱陶于美公次子也生康熙甲午年八月初四日卒乾隆丁酉年
八月初七日葬山仔尾坐壬向丙子年午妣李氏生康熙甲午年
十月十八日卒乾隆戊申年十月初六日生五子長恕俟次幸俟三
清俟四門俟五悟俟出繼基願

基換于美公三子也生雍正丙午年正月初四日卒乾隆四十九年三月
十九日葬本處大埔坐東向西妣林氏九月初七日忌艮生二子
長允侯次遠侯
基願于美公四子也生雍己酉年十二月初八日卒乾隆二十二年十二月初
三日葬山仔尾承繼子悟侯係基容第五子
基吉于相公之子也生卒葬處俟知者查補
基送于遠公之子也生乾隆戊辰年十二月　日卒道光辛巳年十月廿
三日午葬梵天関帝后坐丑未癸丁
基輝于斌公長子也公生平篤寔處己忠厚待人對祖宗有奮發
之志見叔姪存親愛之情住銀同大西門外開香舖陳福春

號公生乾隆丁卯年十月初十日戌時卒道光庚寅年正月十二
日寅時葬梵天山店仔尾佛祖宮口双欉松邊坐午子丁癸妣
王氏東橋尾人生乾隆戊戌寅年二月初三日辰時卒道光壬
辰年九月廿九日未時葬五方山鳳舍崙生五子長玉侯次祖成
出繼基膺三雍侯四楊侯五章侯

基膺子斌公次子也生乾隆辛未年三月初七日酉時卒乾隆甲午年
十二月十八日辰時葬梵天中崙坐申坤艮承繼子成侯祖係基
輝次子

基裘子孝公之子也生康熙　年四月初九日巳時卒乾隆戊申年四月
廿八日戌時妣　氏生康熙　年二月初二日卒乾隆戊申年五

一百零三

月初七日巳時生二子長純侯往台 次軍侯從居安海井尾鄉

基武于道公長子也生乾隆丙辰年十一月廿五日卒乾隆戊申年七月初九日葬本處后壁山坐西向東妣李氏生二子長胆侯次春侯

基芳于道公次子也先妣　氏生一子狀侯

基桔于道公三子也

基待于然公次子也徙居灌口生一子培侯

基陣于哥公長子也生　卒　葬

妣　氏生二子長旺侯出繼基祖 次企侯

基祖于哥公次子也生乾隆乙酉年八月初十日卒乾隆戊申年四月

十一日與父合葬承繼子旺侯係基陣長子

部補侯基謹公長子也止

竹侯基謹公次子也傳一子匭伯往台

偶侯基謹公三子也生康熙丁亥年正月初三日卒雍正丙午年二月廿一日葬大埔坐東向西無傳

諒侯基德公長子也生卒年月失記生三子長朊伯次藕伯三初伯俱止

西侯基德公次子也妣吳氏生乾隆八年十月初二日卒乾隆五十二年十二月十三日葬義娘后坐北向南生三子長荷伯往灌口次章伯三聰伯往台

塲侯基德公三子也妣出生一子長齊伯字金露

理侯基語公長子也生康熙丙申年二月十六日卒乾隆辛未年十

廿三日妣李氏生康熙壬寅年九月二十日卒乾隆戊辰年十

二月初七葬　坐　生一子東伯

桃侯基語公次子也　生一子奉伯

機侯基語公三子也生雍正壬子年十月初六日卒乾隆乙未年十月

廿八日葬歐坑路坐壬丙亥巳妣洪氏生乾隆元年六月初六日

卒嘉慶六年正月十三日葬　坐　生四子長治伯往白卒次

為伯三腆伯四文伯

海侯基澤公長子也傳三子長興伯次奐伯出繼港侯三富伯出繼浪侯

波侯基澤公次子也生己未年九月二十日卒甲寅九月十六妣　氏生
乾隆元年七月廿九日卒乾隆五十三年七月十月六合葬鳥
窓山坐西向東生二子長題伯次塔伯
港侯基澤公三子也生　卒　承繼子奭伯係海侯次子
浪侯基澤公四子也生乾隆壬辰年五月初三卒乾隆己丑年五月
初八日承繼子富伯係海侯三子
甫侯基平公長子也葬許宅坐北向南生一子在伯止
台侯基平公次子也　止
昂侯基平公三子也生雍正壬寅年十一月初四卒乾隆丁酉年
二月十六享壽五十六歲葬許宅山坐丑未癸丁妣葉氏

諱素娘內頭人生康熙壬寅年八月初四日未卒嘉慶丁卯年
十二日十四日巳享壽九十四歲葬許宅山地角坐癸丁子
午在邉郎次男雍伯之故生四子長梯伯次雍伯三川伯四宙伯

專侯基娶公之子也往福清

梘侯基展公長子也生康熙己丑年十二月初二日卒乾隆庚子年
四月廿二日妣原氏生雍正甲寅年正月初六日卒乾隆丙
午年閏七月初七日合葬大埔坐甲庚寅申生二子長絹伯次
轄伯

應侯基展公次子也傳三子長鈿伯次勤伯三海伯俱在吧

益侯基展公三子也止

陳氏譜

稠侯字（日日廿訂）文芳基展公四子也生雍正乙卯年閏四月初九（一百零五）卒乾隆壬寅年九月初五在吧卒妣許氏生乾隆甲子年九月廿六卒乾隆壬寅年九月初五葬蘇厝潭仔頂坐西向東生三子長隨伯次鳳伯三蔭伯

妙侯基快公長子也生康熙乙未年二月十五日卒乾戊寅年十一月十四葬東義塚坐東向西妣馬氏生康熙甲辰年十一月初五卒乾隆乙卯年十二月初六葬山仔尾前坐壬丙子午生三子長坤伯次右伯三昔伯

吟侯基快公次子也生康熙戊戌年十月十六日卒乾隆壬寅年二月廿三葬東義塚坐東向西妣林氏生一子遷伯

魁侯基快公三子也十二月初四忌辰妣楊氏三月十六忌辰無傳

肅侯基快公四子也生乾隆庚申十二月十五寅時卒嘉慶丁巳年七月十七日酉葬潮州浦盌縣南門外妣　氏生三子長涼侯伯次禄伯三藉伯

天侯基榜公長子也生康熙庚寅年六月十九日卒乾隆丁亥年五月十四日辰葬所失妣辦娘生雍正乙巳年五月廿四日亥卒乾隆癸巳年閏四三月初八日酉葬烏窓生三子長侃伯次懷伯往邑三杉伯

品侯基榜公次子也生康熙丁酉年八月初三卒乾隆丙辰年十二月十三日葬烏窓坐西向東妣出生一子江伯止

端侯基榜公三子也生康熙辛丑年四月廿八卒乾隆乙未年六月初三

陳田世譜

葬烏牛頭坐乾巽戌辰妣葉氏與公合葬生一子晚伯

一百零六

點侯基成公長子也生乾隆己未年十月廿一日卒乾隆戊午年二月廿
八葬白石山下坐東向西生一子簡伯 往台卒
德侯基成公次子也 往吧卒
爾侯基成公三子也 出繼基猛
料侯基成公四子也生乾隆乙酉年六月廿一卒嘉慶癸亥年八月初七
葬后埔坐北向南 止
爾侯基猛公承繼子也生　　卒　　妣　氏生一子桂伯
聚侯基吾公長子也生乾隆癸亥三月初七卒乾隆戊戌年八月廿三妣
周氏十月廿六忌辰 止

遂俟基喜公次子也生乾隆乙丑年八月初三日卒乾隆壬辰年十二月初七葬本處烏窓山妣吳氏諱演娘石潯人公早逝氏年方二十八甘心守節玉潔氷清家貧如洗矢志立心躬親畊耨撫養幼子抱伯成立生乾隆乙丑年十一月廿七卒乾隆乙卯年十月廿三享壽五十一葬義娘廟後坐癸丁丑未

賜俟基容公長子也生乾隆丙辰年十一月初七卒乾隆癸卯年正月十四葬烏窓山妣吳氏生乾隆二年卒乾隆廿三年葬營頭壠坐東向西再妣郭氏生二子長貞伯次哮伯係幸俟四子承繼

幸俟基容公次子也生乾隆己未年正月十二日卒乾隆乙卯年六月廿二葬烏窓山坐壬向丙妣林氏生五子長兊伯次賚伯三溫

伯　四哮伯出繼賜侯　五院伯

清侯號璒侯基客公三子也生乾隆辛酉年八月初十寅時卒嘉慶甲子年十一月十一酉葬義娘廟后坐酉卯辛乙妣施氏生乾隆丙寅年二月十六寅時卒嘉慶戊辰年九月廿三辰時葬山頭頂坐乙向辛兼卯酉外坐卯向酉兼乙辛生三子長京伯次籃伯三美伯

閉侯基客公四子也生乾隆甲子年十一月廿九卒乾隆巳酉年十月十八

妣王氏十月十四忌辰合葬許宅生二子長降伯次碩伯

悟侯基客公五子也出繼基頎

允侯基夔公長子也生乾隆丁卯年卒乾隆四十四年五月初一葬山

仔屘公[illegible][illegible]南妣林氏生一子脫伯

遠侯基渙公次子也

悟侯基願公承繼子也生乾隆庚午年十月十四卒乾隆丙午年七月廿二葬山仔頭頂妣出生四子長殊伯次甘伯三禄伯四福伯

玉侯名玉振基輝公長子也生乾隆丙申年十一月初四辰時卒道光癸未年十一月廿四子時葬梅山倒籐梅坐庚甲申寅妣林氏北門內人生乾隆丁亥年正月十九辰時卒道光甲辰年十月初九日戌葬五峯與媳婦合葬生七子長曜伯早亡次浚伯三江伯四來伯五受伯六漢伯七滿伯

雍侯名月雍基輝公三子也生乾隆己酉年十二月廿九申時卒嘉慶

甲戌年九月廿二申時葬田峯土地公崙坐辛乙酉卯分金丁酉
丁卯無娶
陽侯名開陽基輝公四子也止
章侯名騰章基輝公五子也生嘉慶丁巳年五月十四日亥卒道光甲
申年五月十三日卯葬梵天東閔帝坐庚甲申寅分金丙
申丙寅
祖侯名成祖基霽公承繼子也娶欄杆崎黃氏
純侯基裘公長子也生乾隆辛巳年九月十六日往台
軍侯基裘公次子也生乾隆乙酉年六月廿八日亥妣葉氏生二
子長想伯次利伯

胆侯基武公長子也娶葉氏生卒年月失記俟後查補

春侯基武公次子也

狀侯基芳公之子也

培侯基待公之子也

企侯基陣公次子也

旺侯基祖公承繼子也係基陣公長子自胆侯至此數人生卒年月俱失記俟後查補

苟伯西侯公長子也生卒年月失妣姓失生一子君金

章伯西侯公次子也生月失卒道光辛丑年六月十八忌辰葬白石山脚坐北向南生平朴素頗諳地理故葬此

聰伯西侯公三子也無傳往臺葬葫炉墩埔坐南向北

齊伯塲侯公之子也

東伯理侯公之子也生乾隆甲子年八月初十日卒乾隆乙卯年九月廿一葬東義塚妣李氏生三子長君力次君蟬三君讓

奉伯桃侯公之子也

治伯機侯公長子也往臺卒承繼子君披係腆伯長子次君格係文伯長子

為伯機侯公次子也生　　卒　　葬　　坐

妣楊氏生乾隆庚寅年四月十一卒嘉慶乙巳年七月初七

葬梨仔后坐北向南生一子君魚

腆伯機侯公三子也妣　氏生二子長君披出繼治伯次君奇

文伯機侯公四子也生乾隆己丑年七月廿六寅時卒嘉慶甲戌年八
月初六妣葉氏嶺下人生月十一月初八忌辰生二子長君格（出繼治伯）
次君花

題伯波侯公長子也生　　卒　　葬　　妣　　氏生二子長君
挽（出繼塔伯）次君食

塔伯波侯公次子也生乾隆廿六年四月十九卒乾隆戊申年五月十
六葬山頭頂祖墓邊坐東向西承繼子君挽係（題）文伯長子

奐伯港侯公承繼子也　係海侯次子

富（伯）侯浪侯公承繼子也　係海侯三子　妣出生一子隨母去

在伯甫侯公之子也

梯伯昺侯公長子也生乾隆戊辰年　月　日卒嘉慶庚午年四月
廿二日義娘后坐東向西妣李氏諱捷娘謚儉慎仙命已巳山
内造水大會鞍人卒道光丙申年五月十八日卯葬中山后坐
巽乾辰戌生七長君鰲次君幼三君如俱止四五六早逝七君留

雍伯號伯颺昺侯公次子也生乾隆辛未年六月初三寅時卒道光
丙戌年十二月初十未時享壽七十六歲葬本鄉義娘廟前許
宅坐壬丙亥巳妣林氏諱鑾娘賈厝后林楷公之長子生乾隆
丙子七月二十寅時卒道光庚寅年七月廿四日巳葬感化里
坛造溪保埔仔尾山坐戌辰乾巽面前向内壠社生五子長
君尊次君參三君和出繼宙伯四君音五君綿

川伯昂侯公三子也生乾隆丁丑年七月廿九申時卒道光二十年二月初一卯時葬中塚坐西向東上即祖母林氏墳墓妣林氏諱樓娘山頭人生乾隆丁亥年三月廿五申時卒道光壬寅年七月廿一日午生三子長君啟次君蟶三君抱出繼宙伯

宙伯昂侯公四子也生乾隆壬午年十二月廿二亥時卒嘉慶乙丑年七月十一巳時葬許宅山地下坐北向南妣出生一女諱塩改名柑娘婚於同城內後炉鄭金禄次男諱榮貴一子君鎗早逝承繼二子長君和係雍伯三子次君抱係川伯三子

絹伯榥侯公長子也生乾隆丁丑年十月十五卒乾隆庚戌年十二月初七葬白石山坐艮坤寅申生一子君賤

轄伯梘侯公次子也生　年　月　日卒　年　月　日葬

妣　氏生　年　月　日卒　年　月　日葬

生二子長君腔次君羌

鈿伯應侯公長子也在吧不知其詳

勤伯應侯公次子也

海伯應侯公三子也兄弟俱在吧不知下落

隨伯稠侯公長子也妣　氏生一子君珠

鳳伯稠侯公次子也妣　氏生一子君肯

蔭伯稠侯公三子也

坤伯稠妙侯公長子也妣　氏生五子長君誘次君莊出繼昔伯三君田四

君杯五君趣

右伯妙侯公次子也妣　氏生二子長君箕次君廳

昔伯妙侯公三子也生乾隆壬申年六月廿四卒乾隆壬辰年十一月初四往吧卒承繼子君莊係坤伯次子

遷伯吟侯公之子也傳一子君障

涼傛名才良肅侯公長子也生平輕財重義外出成家不忘桑梓善待兄弟和睦叔姪在安南生一子君　在家娶中山仔葉氏

祿伯字爵祿肅侯公次子也生乾隆辛卯年九月初一日卒道光七年九月初六日寅葬岳口塚坐乾向巽元配紀氏生乾隆庚寅年九月十二日卒乾隆辛亥年六月十七日繼妣周氏

陟明也諱

生乾隆甲午年四月十四日巳卒咸豐己未年九月初七日 一百十二
卯與公合葬生六子長君綴次君栢三君明四君嬖五君然
六君少
侃伯天侯公長子也妣　氏生一子君到
懷伯天侯公次子也往吧
杉伯天侯公三子也生乾隆癸酉年七月廿九日寅卒嘉慶己卯年
正月十二日酉葬白石山坐北向南分金辛亥辛巳妣出生二
子長君敬次君祥不知去向
江伯品侯公之子也止
晚伯字老晚端侯公之子也生　年二月初九日卒　年八月十六日

辰時葬烏窓坐甲庚辛乙妣紀氏后藉鮎鱿潭人生　年八月
初五日午卒同治六年二月三十日辰葬猿石山坐壬丙子午
生一子君奉名鸞鳳
簡伯點侯公之子也往台卒
桂伯爾侯公承繼子也
抱伯遂侯公之子也妣　氏生三子長君蟳次君門三君熾
貞伯賜侯公長子也妣　氏生二子君隈次君韭
哮伯賜侯公承繼子也
光伯幸侯公長子也生乾隆三十年九月十九日卒嘉慶卒六月年
三月三十日妣出

賽伯幸侯公亟子也生月失正月初十日忌辰妣吴氏生乾隆己亥
八月初四日卯卒道光己丙戌年三月廿三日戌生二子長君
訪次君闖

盪伯幸侯公三子也妣出生一子君每

院伯幸侯公五子也妣柯氏生一子君鉗

京伯青侯公長子也生乾隆己丑年三月十九日卒乾隆乙酉年六月廿
七日葬烏窓無娶承繼子君高（係藍伯長子）

籃伯青侯公次子也生乾隆癸巳年正月初二日亥卒道光己亥年十月
廿三日卯葬山〔頭〕頂坐庚甲酉卯妣素娘施氏郭坑人生乾隆庚子
年八月初九日卯卒咸豐辛酉年十月初六日戌葬小烏窓坐戌向

巽生七子長君高出繼京伯次君包三君相四君以五君挨六君反七

君貪早亡

美伯青侯公三子也生三乾隆己亥年六月十六日亥卒道光乙酉年

五月廿二日辰葬大埔坐東向西分金辛乙卯（酉）妣葉氏生乾隆壬

寅年六月十五日卯卒道光甲申年三月廿四日辰葬王厝墓后

坐乾巽向乾兼巳亥生四三子長君濕次君晚三君鴆

降伯閈侯公長子也

碩伯閈侯公次子也

脫伯允侯公之子也

殊伯悟侯公長子也

君讓東伯公三子也
君拔治伯公承繼子也
君格治伯公次子也係文伯長子承繼生嘉慶庚申二月初十日亥卒咸豐
辛酉年十二月十六日戌承繼子公條係君花三子
君魚為伯公之子也妣　氏　傳子
君奇腆伯公次子也
君花文伯公次子也生嘉慶壬戌年十一月十四日子卒咸豐丁巳年十一月
十六日子妣廖氏生嘉慶癸酉年十月廿三日辰卒咸豐癸丑年午
一月廿四日寅葬失生四子長公賴早亡次公南無傳三公條出繼君格四公
嗩出繼君羌

君挽題伯公長子也（出繼塔伯）

君食題伯公次子也

君鰲梯伯公長子也（止）

君幼梯伯公次子也（止）

君如梯伯公三子也（止）

君留梯伯公七子也生嘉慶乙卯年二月十五日午卒同治丙寅年七月廿一日申妣葉氏生嘉慶丙寅年四月二十日卯卒同治癸亥年六月初二日亥葬不知生三子長公連次公墻三公通

君尊號君崇雍伯公長子也生平矢志經營秉心正直勤朴立業重存大義課督子姪勉進後生生乾隆戊戌年十二月十六日午卒道光壬

世計　一百十六

辰年十月初八日子葬王厝墓頂坐卯酉乙辛妣石氏器娘謚端

勤岳口人生乾隆乙巳年十二月廿二日亥卒道光壬午年七月廿

五日巳葬九麓山坐甲庚寅申分金丙寅丙申生一子君公羌

君參雍伯公次子也生乾隆辛丑年九月初八日午卒咸豐辛亥年十

月十三日未妣葉氏生乾隆辛丑年九月初八日午卒嘉慶庚申

年九月十八日未繼妣林氏生嘉慶丙辰年正月初九日午卒同

治甲子年正月十七日酉生二子長公狗　壽

君和雍伯公三子承繼宙伯也生乾隆丙辰年十月十九日辰卒道光巳

酉年八月十七日酉妣劉氏茂庵人生辛酉年正月十六日辰卒咸

豐五年正月二十日戌葬倒籐梅坐北向南生二子長公　次公兩不

知去向

君音雍伯公四子也生乾隆己酉年十二月初八日午卒道光丁七八年十一月初八日巳葬葫芦墩十八灵瑰崎仔南片坐北向南妣曾氏趋娘生月失七月廿三忌辰生一子公秤繼妣柯氏險娘生乾隆乙卯年三月廿四日巳卒道光甲辰年三月廿一日生三子次公贊三公鎰四公送字公節彰學在臺

君綿雍伯公五子也生嘉慶丁卯年六月廿三日寅卒道光甲午年二月十九日卯葬許宅許長者墓邊坐壬丙夾巳妣劉氏程獅人生嘉慶戊辰年十一月十九日卯卒同治五年八月初九日巳葬義娘后坐壬丙子午生二子長公早次公簞

君啟川伯公長子也生乾隆乙巳年九月初十日寅卒道光甲午年四月初三日酉妣紀氏后寨人招娘生乾隆辛亥年十二月初九日午卒道光甲午年八月初七日申葬白石山塚生一子公菜

君蟶川伯公次子也生乾隆乙卯年十一月初五日酉卒道光六年十月廿三日戌承繼孫振崴係公發四子

君抱川伯公三子也生嘉慶甲子年十月十九日卒咸豐丙辰年七月初十日未妣張氏女娘生嘉慶乙亥年七月十二日寅卒光緒乙亥年五月初七卯時生四子長公發次公遠早亡三公來四公九在臺

君鎗宙伯公長子也早逝

君賤絹伯公之子也生乾隆甲辰年十月廿六日卒道光三十年三月初
十日酉葬白石山脚坐甲庚寅申分金庚寅庚申無娶

君腔轄伯公長子也

君姜轄伯公次子也生卒俱失妣楊氏正月十四日忌辰生二子長公嘴次
公自

君珠隨伯公之子也生月失二月初二日忌辰妣王氏桂娘七月十二日
忌辰生一子公法往后山作勇陣亡

君肯鳳伯公之子也

君訪坤伯公長子也妣高氏生五子長公八次公宅三公鐘四公如五公
用

君田坤伯公三子也

君杯坤伯公四子也

君趣坤伯公五子也

君箕右伯公長子也

君廳右伯公次子也

君莊昔伯公承繼子也　係坤伯次子

君障遷伯公之子也

君　涼伯公之子也

君綴爵禄伯公長子也生嘉慶戊午年五月十一卒咸豐戊午年七月

十二日丑妣杂氏嶺下人生月失卒二月廿三日寅葬裴娘后無

傳承繼子公裕係君栢次子

君栢爵禄伯次子也生嘉慶戊戌年生月失卒咸豐壬寅年六月十六日亥妣邱氏保娘生嘉慶丁酉年月失卒咸豐辛亥年八月廿三日巳生三子長公巽次公裕出繼君綴三公宇

君明爵禄伯公三子也生嘉慶戊辰年四月廿五日寅時卒咸豐甲寅年八月廿八日酉妣徐氏招娘生嘉慶戊寅年正月十三日午卒同治癸亥年八月初一日生二子長公欈次公集往臺

君嬖爵禄伯公四子也生卒俱失養一媳婦張氏其娘招林生官為婿生一子振鄰承繼往臺

君然字君惠爵禄伯公五子也生嘉慶辛未年七月初六日吉時卒光

陳氏[illegible]譜　一百十九

緒甲申年六月廿六日子時葬鷄母山前下崎尾邊坐西向東
乾巽戌辰分金丙戌丙辰妣呂氏秀娘生嘉慶戊辰年五月十
四日午時卒光緒癸未年五月廿八日未時葬烏牛頭前中塚坐北
向南癸丁子午分金丙子丙午生五子長公摘次公炉三公活四公
賞五公著
君少爵禄伯公六子也在臺生卒不知
君到侃伯公之子也
君敬杉伯公長子也生乾隆　年十二月十四日辰卒咸豐癸丑年五月
十四日申葬粟倉埕坐東向西妣劉氏甘娘生嘉慶丁巳年六月
初六日卒咸豐甲寅年十二月十四日未葬塔頂坐西向東庚甲

酉夘生二子長公評次公水

君祥侃(杉)伯公次子也不知去向

君奉字鸞鳳晚伯之子也生嘉慶庚午年八月十四日午卒光緒七

年九月初六日巳葬新塚坐丑未癸丁妣何氏溪邊人生　　年

月　日卒　年　月　日葬　坐　生二子長公

呂次公振

君蟳抱伯公長子也

君門抱伯公次子也

君熾抱伯公三子也

君隈貞伯公長子也

君韭貞伯公次子也

君訪賽伯公長子也生嘉慶丁丑年十一月十一日卒道光甲辰年七月初四日午無娶

君闖賽伯公次子也生嘉慶己卯年四月初二日戌卒光緒二年三月廿六日寅妣林氏生道光丙子年九月廿五日巳卒同治庚午年四月初十日戌養一孫婦洪氏英娘招陳經官生一子文祖承繼

君每盪伯公之子也

君鉗院伯公之子也妣柯氏生三子長公涼次公墻三公

君高京伯公承繼子也生嘉慶己未年十月初三日戌卒咸豐乙卯年

十二月廿九日辰妣楊氏帕娘生嘉慶甲申年二月初二日卒葳豐戊午年十月十三日寅合葬大埔坐東向西生一子公恰

君包籃伯公次子也生嘉慶癸亥年八月十九日寅卒道光丙戌年七月十六日申妣施氏嫩娘生嘉慶丙辰年正月十三日卯卒光緒戊寅年八月十六日戌合葬西塚烏石頭下坐戌辰辛乙生三子長公盛次公亶係君相三子承繼

君相籃伯公三子也生嘉慶乙丑年七月初七日酉卒同治壬申年五月十六日戌葬西塚田墘坐酉卯辛乙妣吳氏秋娘生壬戌年四月十六日卒同光緒十年九月十八日丑葬義娘后田墘生四子長公妲次公條三公亶出繼君包四公老

君以籃伯公四子也生嘉慶丙辰年正月廿九日亥卒同治元年
四月十八日未與長子公汚合葬營后山大古下坐丁向癸分金
丙午丙子妣林氏渥娘生道光辛巳年五月十七日寅卒同治
辛未年六月初五日辰生三子長公汚次公泰三公物

君挨籃伯公五子也生嘉慶甲戌年七月十二日子卒道光丙午年九
月初八日酉葬烏窓山坐寅申甲庚妣蘇氏生丁丑年五月初三
日午卒道光九年十二月初五日申坐酉向東生二子長公雕次
公着

君反籃伯公六子也生嘉慶丁丑年正月十七日寅卒光緒乙酉年　月
廿七日丑妣葉氏嶺下人生四子長公考次公普三公裕四公果

君貪籃伯公七子也早逝

君濕美伯公長子也生嘉慶丙寅年七月十四日午卒道光庚寅年十二月初九日申葬許宅坐戌辰

君晩美伯公次子也生嘉慶癸酉年七月十三日午卒道光壬辰年八九月十六日葬烏窓山坐寅向辛

君鷦美伯公三子也生嘉慶戊寅年九月廿三日子卒壬申年十月初十日亥葬義娘后坐戌辰辛乙妣高氏椒娘生二子長公潛次公炳

君壬淡伯公長子也生卒不知葬田峯妣蔡氏

君庚淡伯公次子也妣蔡氏生三子長公潭次公才三公罷

公晏君力公長子也

公名君力公次子也

公條君格公承繼子也

公賴君花公長子也早卒

公南君花公次子也生道光戊戌年日月失卒咸豐戊午年八月廿一日
已無傳

公嘴君花公四子也出繼君恙　生道光甲辰年十月初三日酉卒同治乙
丑年七月初七日酉

公連君留公長子也生道光壬午年十月十五日子卒同治四年七月
十一日未　妣林氏生三子長振來次振添三振芳

公墻君留公次子也生道光丙申年十一月初四日丑卒同治戊辰年
又四月十二日卯
公通君留公三子也生道光癸卯年六月十三日午卒光緒庚辰
年三月十五日酉妣鍾氏生一子振旺
公姜君尊公之子也生嘉慶廿五年正月正月十七日丑卒同治
甲子年十二月廿八日酉葬在臺妣王氏湶娘生嘉慶戊子
年卒光緒乙酉年八月初七日未葬岳口塚坐南向北生二子
長振早逝次振城
公狗君參公長子也生道光辛巳年八月廿五日酉卒道光壬辰年
十月初二日午承繼子振福次振灶係公爰長子

公受君參公次子也生道光甲申年九月廿三日戌卒光緒戊寅年六月十四日未妣王氏現在生二子長振灶出繼公狗次振澤

公質君和公長子也

公雨君和公次子也兄弟俱不知去向

公秤君音公長子也生嘉慶乙亥年六月十二日酉卒光緒己卯年五月初九日酉妣李氏生嘉慶己卯年十一月初八日寅卒道光己亥年五月廿九日繼室王氏生月失卒同治甲子年六月廿七日未生一子振泰

公贊君音公次子也生　年　月　日卒　年　月　日葬　坐　妣蔡氏謹娘生道光甲申年十一月廿

四日卒咸豐己未年六月初二日未継 妣蔡氏邁娘現在生四子長
振圭次振良（係公鎰長子承継）三振為四振定（住臺）
公鎰君音公三子也生道光丁亥年十二月廿五日子卒同治庚午年
二月初十日午 妣王氏金娘生道光甲申年十一月 日卒同治丙
寅年四月廿四日子生二子長振良（出継公贊） 次振盛妾楊氏生道
光甲午年六月十五日卒光緒丁丑年十二月廿三日酉生一子振
合共三子（住臺）
公送字公節（榜名）化鯉彰學君音公三子也生道光己丑年五月十六
日午卒咸豐辛酉年九月廿五日巳 妣王氏歛娘生道光庚寅
年四月廿一日午卒光緒丁亥年正月廿四日寅生二子長振奕

次振傳住臺

公早君綿公長子也生道光戊子年九月初九日往臺卒

公篹君綿公次子也娶石潯吳氏吉娘生道光戊戌年三月廿九日丑卒同治壬申年十二月二十日寅葬岳口塚坐甲乙戌辰继妣葉氏窒娘現生四子長振寅次振意三振波四振火

公菜君啟公三子也生道光癸未年七月十二日卒同治癸酉年又六月初一日未妣劉氏桃娘生三子長振琳次振寅三振常住臺

公發君振抱公長子也妣王氏生道光丁酉年四月廿四日辰卒光緒乙酉九月初四日酉生四子長振章次振興三振源四振崴

公遠君抱公次子也早卒

公來君抱公三子也生道光乙巳年十二月廿四日寅卒同治甲午年九月
初三日卯承繼子振源係公發三子
公九君抱公四子也
公嘴君羌公承繼子也生卒上巳騰真
公自君羌公次子也
公法君珠公之子也往臺卒
公八君訪公長子也
公宅君訪公次子也
公鎰君訪公三子也
公如君訪公四子也

公用君訪公五子也此數兄弟生卒年月俱未折入後宜查補

公裕君轂公承繼子也生道光丙申年十月廿七日申卒光緒丙戌年四月廿三日戌無傳

公巽君栢公長子也生道光癸巳年六月初三日卒咸豐甲寅年六月廿三日巳無娶

公宇君栢公三子也娶王氏生二子長振傳次振貴

公欉君明公長子也

公集君明公次子也生咸豐癸丑年七月十八日寅卒光緒癸未年四月廿六日未往臺

公生君燮公承繼子也妣張氏生一子振鄰

一百二十五

公摛君然公長子也生道光戊戌年七月十四戌時卒光緒己卯年八月十六日亥葬龍舌仔坐丑向未妣蕭氏棕娘生道光庚子年七月初七日戌卒咸豐三年正月十五日午葬　坐

承繼子振汗係公賞長子次振浪係公炉次子

公爐君然公次子也妣井頭鄉林氏援娘現生四子長振汶次振浪出繼公摛三公振硯四振塘

公活君然公三子也元配呂氏引娘生咸豐癸丑年十一月廿四日巳卒同治丁卯年七月十六日未葬　坐　繼室林氏現存

公賞君然公四子也妣紀氏現存生二子長振汗出繼公摛次振起

公著字永宣君然公五子處士也娶后爵紀氏　娘現存生一子

振捷

公評君敬公長子也生嘉慶己巳年八月廿五日丑卒道光乙巳年
正月廿九日未葬烏牛頭塚坐癸丁丑未妣徐氏生道光　年
八月廿　日卒同治辛未年十月十九日未葬岳口塚尾坐寅
向巳生二子長振蟳次振尚

公水君敬公次子也

公呂君奉公長子也

公涼君鈕公長子也

公墻君鈕公次子也

公恰君高公之子也生道光壬午年九月初三日寅卒光緒庚辰年

一百五十六

十二月十四日寅妣葉氏埔尾人現在生三子長振氷次
振犬三振壹住臺
公盛君包公長子也生道光甲寅年五月初三日午出外不知妣周氏
香娘生二子長振恭往叻卒次振六
公黨君包公承繼子也娶王氏生道光已未年八月廿四日卒光緒
戊寅年七月廿六日酉葬中塚塚坐辛乙戌辰繼室　氏花娘
生一子振丕
公妲君相公長子也生道光癸巳年九月廿八日寅卒光緒辛巳年
五月十九日戌葬義娘宮后坐艮坤丑未妣石氏向娘生道光
戊戌年十一月十一日寅卒光緒辛巳年五月十六日卯葬西塚

坐艮坤丑未生一子振床

公條君相公次子也娶馬氏文娘生一子振

公老君相公四子也娶呂氏好娘

公污君以公長子也生巳亥年十月十三日亥卒乙丑年七月初九日亥與毋合葬在后山坐丁向癸妣林氏灌娘生道光乙丑年十二月廿二日寅卒同治丁卯年三月廿一日巳承繼子振同係公泰長子

公泰君以公次子也娶紀氏現存生一子振同出繼公污

公物君以公三子也娶紀氏現在生一子振

公雕君挨公長子也娶顏氏棵娘生道光甲辰年八月初五日子卒光緒壬午年九月初三日巳葬西塚田塊坐乾巽戌辰生二子長

振全次振會
公着君挨公次子也娶蘇氏現在生二子長振璽次振千
公考君反公長子也生　年　卒　年
日　葬　坐　妣林氏現在生一子振便
公普君反公次子也娶王氏現在生一子振盤兄弟俱往臺
公潛君鴆公長子也早卒
公炳君鴆公次子也娶石氏倪娘生現
公潭君庚公長子也生咸豐己未年十一月初一日子卒同治甲戌年十月
十八日亥與叔合葬無娶
公才君庚公次子也

公麗君庚公三子也

振來公連公長子也

振添公連公次子也生咸豐丁丑年二月初二日卒光緒甲申年七月十五日巳無娶

振芳公連公三子也

振旺公連通公之子也

振化公姜公長子也

振城公姜公次子也生咸豐五月年八月初十日酉卒光緒庚辰年十一月十八日酉葬義娘后坐東向西承繼子文服係奴夫永官之子

振福公狗公承繼子也生道光壬寅年五月初一日巳卒同治甲子年

三月廿三日未承繼子文培係振澤長子

振灶公受公長子也出繼公狗生咸豐甲寅年十二月廿六日酉卒光

緒庚辰年七月初八日午葬　坐　妣林氏現在生一子

文麟

振澤公受公次子也娶楊氏現在生一子文培出繼振福兄弟俱往臺

振泰公秤公之子也生道光丁酉年十一月初六日巳妣楊氏生二子長

文杲次文才

振圭公覽贊公長子也生道光甲寅年七月十五日酉卒同治乙丑年

六月十六日未　妣蔡氏出生一子文返人承繼子文聲

振良公贊公次子也生道光庚戌年月失卒光緒辛巳年十月廿四

日妣林氏梅娘生咸豐癸丑年八月初四日午卒光緒己卯年八
月十八日午承繼子文枝
振為公贊公三子也娶　氏現生
振定公贊公四子也妣賴氏生咸豐辛酉年八月廿七日午卒光緒
辛巳年九月廿六日未繼室郭氏生一子文乞兄弟俱住臺
振盛公鎰公次子也生咸豐壬子年六月十九日巳卒同治辛未年七月
初三日未無娶住臺
振合公鎰公三子也生　年　月
振輿公送公長子也娶徐氏對娘生道光辛亥年四月十五日巳卒光
緒丁亥年七月初六日辰

振寅公簞公長子也生　年　月　日　卒光緒　年　月
日　妣溪埔店人林氏謹娘生一子文塔
振琳公菜公長子也生　年　妣林氏現在生二子長文塏次文徹
振寅公菜公次子也娶林氏現在生一子文慶
振祥公菜公三子也娶王氏現在生一子文木兄弟俱往臺
振章公發公長子也娶紀氏現在生
振興公發公次子也娶賴氏現在生二子長振文葛出繼振源　次文佑
振源公發公三子承繼公來也生同治癸亥年八月廿五日巳卒光緒癸未年十
一月初八日葬　坐　承繼子文葛係振興長子

## 圖書在版編目（CIP）數據

海上絲綢之路文獻集成．民間譜牒編．第十一輯 / 林楓主編．-- 福州：福建人民出版社，2024.7.
ISBN 978-7-211-09480-6

Ⅰ. K203

中國國家版本館CIP數據核字第2024S7B818號

## 海上絲綢之路文獻集成・民間譜牒編（第十一輯）

主　　編　林　楓
責任編輯　趙遠方
美術編輯　白　玫
出版發行　福建人民出版社
電　　話　0591-87533169（發行部）
電子郵箱　fjpph7221@126.com
地　　址　福建省福州市東水路 76 號
經　　銷　福建新華發行（集團）有限責任公司
印刷裝訂　上海中華印刷有限公司
地　　址　上海市青浦區匯金路 889 號
電　　話　021-69213456
開　　本　787 毫米 ×1092 毫米　1/16
印　　張　269.5
版　　次　2024 年 7 月第 1 版第 1 次印刷
書　　號　ISBN 978-7-211-09480-6
定　　價　3600.00 元（共 9 册）